Stefan Kühl · Petra Strodtholz · Andreas Taffertshofer (Hrsg.)

Handbuch Methoden der Organisationsforschung

Stefan Kühl · Petra Strodtholz
Andreas Taffertshofer (Hrsg.)

Handbuch Methoden der Organisationsforschung

Quantitative und Qualitative Methoden

VS VERLAG FÜR SOZIALWISSENSCHAFTEN

Bibliografische Information der Deutschen Nationalbibliothek
Die Deutsche Nationalbibliothek verzeichnet diese Publikation in der
Deutschen Nationalbibliografie; detaillierte bibliografische Daten sind im Internet über
<http://dnb.d-nb.de> abrufbar.

1. Auflage 2009

Alle Rechte vorbehalten
© VS Verlag für Sozialwissenschaften | GWV Fachverlage GmbH, Wiesbaden 2009

Lektorat: Kea Brahms

VS Verlag für Sozialwissenschaften ist Teil der Fachverlagsgruppe Springer Science+Business Media.
www.vs-verlag.de

Das Werk einschließlich aller seiner Teile ist urheberrechtlich geschützt. Jede Verwertung außerhalb der engen Grenzen des Urheberrechtsgesetzes ist ohne Zustimmung des Verlags unzulässig und strafbar. Das gilt insbesondere für Vervielfältigungen, Übersetzungen, Mikroverfilmungen und die Einspeicherung und Verarbeitung in elektronischen Systemen.

Die Wiedergabe von Gebrauchsnamen, Handelsnamen, Warenbezeichnungen usw. in diesem Werk berechtigt auch ohne besondere Kennzeichnung nicht zu der Annahme, dass solche Namen im Sinne der Warenzeichen- und Markenschutz-Gesetzgebung als frei zu betrachten wären und daher von jedermann benutzt werden dürften.

Umschlaggestaltung: KünkelLopka Medienentwicklung, Heidelberg
Druck und buchbinderische Verarbeitung: Krips b.v., Meppel
Gedruckt auf säurefreiem und chlorfrei gebleichtem Papier
Printed in the Netherlands

ISBN 978-3-531-15827-3

Inhalt

Einführung

Leseanleitung 10

Qualitative und quantitative Methoden der Organisationsforschung – ein Überblick 13
    Stefan Kühl, Petra Strodtholz und Andreas Taffertshofer

Teil I: Qualitative Methoden der Organisationsforschung

Einzelinterviews

Experteninterview 32
    Renate Liebold und Rainer Trinczek

Narratives Interview 57
    Ursula Holtgrewe

Beobachtungsinterview 78
    Martin Kuhlmann

Gruppenorientierte Methoden

Gruppendiskussion 102
    Brigitte Liebig und Iris Nentwig-Gesemann

Rollenspiel 124
    Brigitte Nagler

Großgruppenverfahren als Methoden transformativer Organisationsforschung 145
    Susanne Maria Weber

Open Space 180
    Matthias Freitag

Visualisierungsmethoden 195
    Stefan Kühl

Organisationskarten 216
    Sonja Barth und Holger Pfaff

Lebenslinien 229
    Manfred Moldaschl

Beobachtung

Teilnehmende Beobachtung 248
    Götz Bachmann

Videoanalyse 272
    Bernt Schnettler und Hubert Knoblauch

Analysemethoden

Objektive Hermeneutik 300
    Michael Scherf

Artefaktanalyse 326
    Ulrike Froschauer

Konversationsanalyse 348
    Irene Forsthoffer und Norbert Dittmar

Photobasierte Befragung 369
    Anna Brake

Teil II: Quantitative Methoden der Organisationsforschung

Befragung

Schriftliche Befragung 392
    Anna Brake

Internetbasierte Befragung 413
    Anna Brake und Susanne Maria Weber

Organizational Survey 435
    Rainhart Lang

Delphi-Befragung 458
    Ursula Ammon

Repertory Grid 477
    Matthias Rosenberger und Matthias Freitag

Simulation und Modellierung

Computersimulation 498
    Nicole J. Saam

Modellbildung 517
    Nicole J. Saam

Experiment und Planspiel

Experiment 534
   Stefan Kühl

Planspiel 558
   Willy Kriz

Beobachtung

Strukturierte Beobachtung 580
   Simone Kauffeld

Beobachtung mit SYMLOG 600
   Frank Heinze und Heiko Farwer

Inhaltsanalyse

Printmedienindikatoren 628
   Jos Benders, Jan-Hendrik Klumb, Jurriaan Nijholt und Stefan Heusinkveld

Analysemethoden

Mehrebenenanalyse 648
   Thomas Hinz

Netzwerkanalyse 668
   Boris Holzer

Zähldatenanalyse 696
   Nikolaus Beck

Ereignisanalyse 714
   Nikolaus Beck

Zu den Autoren 742

Einführung

Leseanleitung

Ziel dieses Handbuchs ist es, Wissenschaftlern und Studierenden, aber auch Organisationsberatern, Managern und Betriebsräten den Zugriff auf ein breites Spektrum an Methoden der Organisationsforschung zu ermöglichen. Unser Anspruch ist es, den Leser in die Lage zu versetzen, die beschriebenen Methoden gezielt für eigene Forschungszwecke zu nutzen und mit ihnen zu arbeiten.

Aufbau des Handbuchs

Einer kurzen Einführung in die Methodenentwicklung des Fachs folgen im Teil I des Handbuchs insgesamt sechzehn Beiträge, die jeweils eine qualitative Methode der Organisationsforschung in den Mittelpunkt stellen. Ihre Handhabung wird über die Phasen der Datenerhebung und -interpretation hinweg ausführlich geschildert und durch ein Anwendungsbeispiel illustriert. Weiterführende theoretische Überlegungen etwa zu Fragen des Methodenmixes, der Integration in Fallstudien, der Validierung oder des Feedbacks in die Organisation erhalten kein eigenes Kapitel, sondern sind in die einzelnen Methodenbeiträge integriert.

Die Einteilung der Autorenbeiträge in die fünf Blöcke „Einzelinterviews" (Experteninterview, Narratives Interview und Beobachtungsinterview), „Gruppenorientierte Methoden" (Gruppendiskussion, Rollenspiel, Großgruppenverfahren und Open Space), „Visualisierungsmethoden" (Visualisierte Diskussionsführung, Organisationskarten und Lebenslinien), „Beobachtungsverfahren" (Teilnehmende Beobachtung, Videoanalyse) und „Analyseverfahren" (Objektive Hermeneutik, Artefaktanalyse, Konversationsanalyse und Photobasierte Verfahren) soll dem Leser eine erste Orientierung bei der Suche nach geeigneten Methoden geben. Dieses eher grobe Ordnungsschema geht von der einfachen Überlegung aus, dass Organisationsforscher in der Regel sehr früh festlegen müssen, ob sie nur mit Einzelpersonen sprechen dürfen oder wollen (Einzelinterviews), ob sie die Möglichkeit haben und auch nutzen, mehrere Organisationsmitglieder als Gruppe zu befragen (Gruppenorientierte Methoden), ob sie die Möglichkeit haben, die Diskussionsergebnisse in eine visuelle Form zu bringen (Visualisierungsmethoden), oder ob sie langfristig angelegte, weitgehend offene Beobachtungen in der Organisation anstellen oder gar auf unabhängig von den Unternehmungen des Forschers erstellte Materialstücke zurückgreifen wollen (Beobachtungsverfahren, Analyseverfahren).

Im Teil II des Handbuchs stehen die quantitativen Methoden der Organisationsforschung im Vordergrund. In sechzehn Beiträgen wird das methodische Vorgehen über die Phasen der Datenerhebung und der Dateninterpretation hinweg ausführlich erläutert und durch ein Anwendungsbeispiel illustriert. Die Einteilung der Autorenbeiträge in die sechs Themenblöcke „Befragung" (Schriftliche Befragung, Internetbasierte Befragung, Organizational Survey, Delphi-Befragung, Repertory Grid), „Simulation und Modellierung" (Computersimulation, Modellbildung), „Experiment und Planspiel" (Experiment, Planspiel), „Beobachtung" (Strukturierte Beobachtung, Beobachtung mit

SYMLOG), „Inhaltsanalyse" (Printmedienindikatoren) und „Analysemethoden" (Mehrebenenanalyse, Netzwerkanalyse, Zähldatenanalyse, Ereignisanalyse) gibt dem Leser eine erste Orientierung bei der Suche nach geeigneten Methoden. Dieses eher grobe Ordnungsschema hilft bei der Überlegung, ob eine eigene Befragung durchgeführt werden soll, eher auf Simulation und Modellbildung gesetzt wird, ein Experiment oder Planspiel der Datenerhebung vorgeschaltet wird, eine eigene Beobachtung konzipiert oder mit bereits produzierten Texten gearbeitet wird. Auch die Wahl anspruchsvollerer Analysemethoden findet relativ früh im Forschungsprozess statt.

Die Beschreibung jeder einzelnen Methode kann unabhängig von den übrigen Kapiteln des Buchs gelesen werden. Zwar werden in den Beiträgen immer wieder Querverbindungen zu anderen Methoden aufgezeigt, die einzelnen Beschreibungen und Handlungsanleitungen sind jedoch so vollständig, dass andere Beiträge nicht zur Kenntnis genommen werden müssen.

Aus Gründen der Lesbarkeit haben wir darauf verzichtet, Bezeichnungen wie „Forscher", „Befragte" oder „Wissenschaftlerin" jeweils in der männlichen und in der weiblichen Form anzugeben. Im Folgenden wird entweder nur die männliche oder nur die weibliche Form in beliebigem Wechsel verwendet. Im pluralischen Gebrauch meint die männliche Form die weibliche mit.

Gliederung der Beiträge

Um dem Leser eine möglichst schnelle Orientierung zu ermöglichen, haben alle Methodenbeiträge den gleichen Aufbau.

In der *Einleitung* wird die Methode kurz vorgestellt, ihre Entstehungsgeschichte geschildert und der praktische Hintergrund ihres Einsatzes erläutert.

Im zweiten Abschnitt *Datenerhebung* folgt eine Handlungsanweisung, die den Leser in die Lage versetzt, die Methode selbst anzuwenden. Beiträge, die den Leser in aufwendige Erhebungsverfahren (z. B. Gruppendiskussionen, Open Space oder teilnehmende Beobachtung) einführen, setzen hier einen deutlichen Schwerpunkt. Schließlich werden Bezugspunkte und Abgrenzungen zu weiteren Methoden genannt.

Im dritten Abschnitt *Dateninterpretation und Feedback* wird dargestellt, in welcher Weise die verschiedenartigen Informationen ausgewertet werden können. Beiträge, die sich um nicht-reaktive Verfahren wie die Artefaktanalyse oder die Konversationsanalyse bemühen, legen ein größeres Gewicht auf diesen Abschnitt. Darüber hinaus gehen die meisten Beiträge auf Möglichkeiten ein, die nunmehr verdichteten Informationen in die beforschte Organisation zurückzuleiten und reflexive Forschungsprozesse zu initiieren.

Im vierten Abschnitt *Anwendungsbeispiel* werden die Vorgehensweisen in den Phasen der Datenerhebung und -interpretation anhand einer konkreten Studie veranschaulicht. Hier werden auch Möglichkeiten aufgezeigt, die Ergebnisse der empirischen Forschungen für organisationsspezifische Fragestellungen fruchtbar zu machen.

Im fünften Abschnitt *Möglichkeiten und Grenzen der Methode* beschreiben die Autoren zusammenfassend deren Stärken und Schwächen. Es geht unter anderem darum, den Leser vor Fallgruben bei der Anwendung zu warnen und Entwicklungsmöglichkeiten der Methodik aufzuzeigen.

Schließlich finden sich im sechsten Abschnitt *Literatur* neben der im Beitrag zitierten Literatur auch weitere Hinweise auf zentrale Artikel, Bücher und Forschungsberichte zum methodischen Hintergrund des Verfahrens. Dieses relativ ausführliche Literaturverzeichnis soll dem Leser bei der Aneignung der entsprechenden Methode behilflich sein.

Qualitative und quantitative Methoden der Organisationsforschung – ein Überblick

Stefan Kühl, Petra Strodtholz und Andreas Taffertshofer

Obwohl die Organisationsforschung weder über eine allgemein akzeptierte Organisationstheorie noch über eine einheitliche methodische Herangehensweise verfügt, sind sich doch die meisten Forscher darin einig, was eine Organisation ist – und was nicht. Genauso wie die meisten Praktiker zu wissen scheinen, ob sie es mit einer Organisation zu tun haben oder nicht, bildet sich auch unter Organisationsforschern bei allen theoretischen und methodischen Gegensätzen meist schnell Konsens, ob sie überhaupt mit einer Organisation befasst sind oder nicht.

In modernen Gesellschaften unterscheiden sich Organisationen von Gesprächen in Kneipen und Zusammenkünften in Fahrstühlen, von Familien und Gruppen, von sozialen Bewegungen und von gesellschaftlichen Teilsystemen wie der Wirtschaft oder der Politik durch drei Merkmale: durch Zwecke, durch Hierarchien und durch Mitgliedschaften. Besonders die systemtheoretische Organisationsforschung hat herausgearbeitet, dass in der Strukturierung moderner Gesellschaften die Bedeutung von Zwecken, Hierarchien und Mitgliedschaften abnimmt, dass diese aber als zentrales Strukturierungsmerkmal von Organisationen einen zunehmend prominenten Platz bekommen (vgl. in Anlehnung an Luhmann hierzu besonders Kieserling 1994; siehe auch Kühl 2000a und Tacke 2001).

Demnach verzichten moderne Gesellschaften im Gegensatz zu den Gesellschaften des Altertums oder des Mittelalters darauf, sich übergeordneten *Zwecken* wie der Beglückung der Bevölkerung oder der Befolgung göttlicher Gebote zu verschreiben. Ganz anders Organisationen: Egal, ob es sich um eine staatliche Verwaltung, ein Unternehmen in der Internet-Branche, ein Krankenhaus oder eine Gewerkschaft handelt – konkrete Zwecke wie eine mehr oder minder freundliche Befriedigung von Anfragen nach Aufenthaltsgenehmigungen, die Eroberung des Markts mit einem neuen Web-Browser, die kostengünstige und möglichst effektive Behandlung von Patienten oder aber der Abschluss eines Tarifvertrags mit hohen Lohnsteigerungen spielen eine zentrale Rolle in der Ausrichtung von Organisationen (vgl. Luhmann 1973, S. 87 ff.; 1997, S. 826 ff.).

Auch das Management des Eintritts und Austritts – die Bestimmung von *Mitgliedschaften* – handhaben Organisationen anders als moderne Gesellschaften. Ein totaler Ausschluss aus der Gesellschaft findet nur noch in Ausnahmefällen statt. Auf die Aberkennung der Staatsbürgerschaft verzichten die meisten modernen Staaten (ausgenommen vielleicht die Todesstrafe in einigen „zivilisierten Ländern"). Das Management der Mitgliedschaft ist dagegen ein zentrales Merkmal von Organisationen. Über die Mitgliedschaft wird trennscharf festgelegt, wer zu einer Einrichtung gehört und wer nicht. Dadurch werden Grenzen geschaffen, in denen sich die Mitglieder (und eben nur die Mitglieder) den Regeln der Organisation zu unterwerfen haben (Luhmann 1995, S. 16).

Schließlich verlieren auch *Hierarchien* in der Gesellschaft an Bedeutung, während sie für die Strukturierung von Organisationen zentral bleiben. Es gibt in modernen Gesellschaften keine Fürsten, Könige oder Kaiser mehr, die über Befehls- und Anweisungsketten in die verschiedenen Lebensbereiche der Bevölkerung hineinregieren könnten. Eine solche Gesellschaft gälte als diktatorisch, rückständig und unmodern. In der modernen Gesellschaft akzeptiert niemand die Präsidentin als oberste Vorgesetzte einer Befehlshierarchie. Einzige Ausnahme: Mitarbeiter der Präsidialorganisation. Im Gegensatz zu modernen Gesellschaften sind Organisationen zentral über Hierarchien strukturiert. Aller Enthierarchisierungs- und Dezentralisierungsrhetorik zum Trotz können wir uns komplexere Organisationen ohne Hierarchie nicht vorstellen. Erst die Hierarchie stellt sicher, dass die Anweisungen und Zusagen der Spitze auch umgesetzt werden. Sie gewährleistet somit, dass Verbände, Verwaltungen und Unternehmen überhaupt als berechenbare kollektive Akteure auftreten können (Luhmann 1997, S. 834).

1   Das quantitative Paradigma in der Organisationsforschung

In der frühen Organisationsforschung wurde die Organisation vom Zweck her gedacht. Organisationszwecke wie etwa die Erzielung eines höheren Marktanteils im Hörbuchbereich oder die Verringerung der Mortalitätsrate im Krankenhaus galten als gesetzte Zwecke, an denen sich die jeweilige Organisation zu orientieren hat. Im Verlauf der Zielverfolgung und -realisation bilden Organisationen, so die Grundüberzeugung, formale Strukturen aus, um die Aktivitäten ihrer Mitglieder sowie den Technik- und Materialeinsatz zielgerecht zu steuern. Das Regelwerk, die Hierarchie und die internen Arbeitsabläufe betrachteten die frühen Vertreter des Fachs lediglich als Mittel, mit dem die Organisation ihre Zwecke und Ziele zu erreichen sucht (vgl. Kieser/Segler 1981).

Dieses „Denken" der Organisation von ihren *Zwecken* her prägte maßgeblich auch den Methodeneinsatz der frühen Organisationsforschung. Mit Blick auf die Effektivität und Effizienz einer Organisation interessierte sich die junge Disziplin vor allem für ausgesuchte Zweck-Mittel-Relationen, die sie mit Hilfe standardisierter Fragebögen und statistischer Auswertungsverfahren ausführlich beforschte. Im Mittelpunkt der Untersuchungen standen in der Regel eine überschaubare Anzahl von dem Weber'schen Bürokratiemodell entlehnten Strukturvariablen (z. B. Leitungsspanne, Aufgabenspezialisierung und -standardisierung) sowie deren potenzielle Determinanten in der Organisation oder in ihrem Umfeld (vgl. Blau 1955; Hall 1963; Udy 1965; Pugh/Hickson 1976).

Der erkenntnistheoretischen Tradition des *logischen Positivismus* verpflichtet, gehen die Vertreter der quantitativen Organisationsforschung bis heute ganz selbstverständlich davon aus, dass sie einer objektiven sozialen Realität mit verallgemeinerbaren Gesetzmäßigkeiten gegenüberstehen. Ihr Ziel ist die Entwicklung eines kumulativen Wissensbestandes durch die systematische Überprüfung und mathematische Darstellung bereits vorgefasster Kausalitätsannahmen. Ihr Ehrgeiz liegt darin, mittels hochgradig -standardisierter Instrumente und Forschungsstrategien möglichst wertfreie Erkenntnisse über isolierte organisationale Variablen und ihre Determinanten zu gewinnen (Johnson/Duberley 2000, S. 8 f.). Die beschriebenen Kausalzusammenhänge sind zugleich Grundlage für eine planmäßige Umgestaltung der Organisation: Organisationale Beratung und Gestaltung wird als Formulierung und gezielter Transfer von Regeln und Verhaltensrichtlinien – etwa den Arbeitsablauf oder die Zentralisierung von Entscheidungsbefugnissen betreffend – verstanden. Der beratende Organisationsforscher nimmt nach diesem

Modell mit den oberen Hierarchieebenen Kontakt auf, um sich der offiziellen Zielvorstellungen zu vergewissern, Fragen hinsichtlich des Forschungsdesigns zu klären und Bericht an die Auftraggeber zu erstatten. Unterstellt wird, dass die institutionelle Verwertung der Forschungsergebnisse die Planungssicherheit in der Organisation erhöht, Entscheidungsgrundlagen verbessert und eventuell Trendaussagen ermöglicht (Kubicek 1975, S. 15).

Diese Orientierung am naturwissenschaftlichen Ideal der exakten, *empirisch-quantitativen Wissenschaft* hat sicherlich zur Etablierung und Befestigung des Fachs beigetragen. Damals wie heute steht die zahlenmäßige Erfassung organisationaler Realität insbesondere für die Ziele der Generalisierung und der Objektivierung der gewonnen Erkenntnisse. Als geradezu prototypisch dafür lässt sich die von Frederick W. Taylor im frühen zwanzigsten Jahrhundert entwickelte Methode der wissenschaftlichen Betriebsführung (Scientific Management) nennen. Statt auf fehleranfällige „Spontaneinschätzungen" und „Daumenregeln" des Managements zu vertrauen, basierte das Scientific Management auf quantitativen Bestimmungen der Arbeitsproduktivität. Aus genau kontrollierten Messungen seien dann rationale Maßnahmen des Managements abzuleiten (vgl. Taylor 1967).

Diese frühen Ansätze der quantitativen Organisationsforschung beschränkten sich meistens auf die Untersuchung einer einzelnen Organisation. Dies mag damit zusammenhängen, dass die Entstehung der Organisationsforschung relativ stark als Praxisanwendung intendiert war. Der enge Bezug zur Betriebswirtschaftslehre, als positive Reflexionswissenschaft ihres Gegenstands, ist hier eindeutig. Aus dieser Perspektive sind vor allem einzelne Organisationen (Betriebe) von Interesse. Auch praxisbezogene Management- oder Betriebsvergleiche kommen im Grunde über diese Einzelperspektive noch kaum hinaus. Mit fortschreitender Theorieentwicklung löst sich die Organisationsforschung vom unmittelbaren Praxisbezug. Der Forschungszweck verlagert sich weg von Betriebszwecken hin zu Beiträgen der wissenschaftlichen Theoriebildung. Insbesondere in der Zeit nach dem Zweiten Weltkrieg bilden sich Ansätze aus, in denen mehrere Organisationen verglichen werden. Das Interesse verlagert sich von der Beforschung einzelner Organisationen hin zur vergleichenden Analyse mehrer Organisationen.

Die anwachsende Zahl an Organisationstheorien führte immer dringlicher die Frage vor Augen, was Organisationen eigentlich sind bzw. wie Organisationen angemessen zu beschreiben sind. Schon Max Weber (1976) hatte darauf mit der Beschreibung von Bürokratie als Herrschaftsapparat eine Antwort geliefert. Bis zur Nachkriegszeit waren aber, beispielsweise mit der verhaltenswissenschaftlichen Entscheidungstheorie nach Barnard (1938) und Simon (1947) oder mit herrschafts- und konflikttheoretischen Ansätzen (z. B. Selznick 1948), eine Reihe weiterer Forschungsrichtungen entstanden, die eine eigene Antwort versuchten. In Folge der theoriegeleiteten Frage nach dem Wesen oder auch Kernelementen von Organisation setzte sich die Forderung nach der vergleichenden Analyse von einer Vielzahl von Organisationen durch. Auch hier zeigte sich wiederum das Streben nach Generalisierung, die durch die Erhebung möglichst vieler Einzelfälle erreicht werden sollte. Wieder einmal waren quantifizierende Methoden gefragt. Insbesondere drei Forschungstraditionen motivierten das wachsende Interesse an quantifizierenden Vergleichen (vgl. Kubicek/Welter 1985, S. 3).

Ein erster Traditionsstrang fragte im Anschluss an die klassische Bürokratieanalyse von Weber, inwiefern der Idealtyp der bürokratischen Organisation auf weitere

Organisationsarten, insbesondere Wirtschaftsbetriebe und Unternehmen, generalisiert werden könne. Im englischsprachigen Raum entwickelte sich nach der Übersetzung Max Webers „Wirtschaft und Gesellschaft" ein breite Diskussion, ob die „rational-bürokratischen" Merkmale, wie Hierarchie, Regeln, geregelte Kompetenzen etc., beibehalten werden könnten (vgl. Weber 1968). Abweichungen von den Idealtypen waren empirisch evident. Allerdings war unklar, ob man die Idealtypen mit besseren Merkmalen ersetzen sollte oder ob man die Abweichungen von den Idealtypen als informelle Organisation zu beschreiben habe. Diese Diskussion generierte eine Reihe von Studien, die Webers Bürokratie-Typologien variierten.

Eine weitere Forschungstradition setzte mit der Entkolonialisierung nach dem Zweiten Weltkrieg ein. Es entwickelte sich ein wachsendes Interesse an empirischen Vergleichen zwischen Organisationen in traditionellen und nichttraditionellen Gesellschaften. Die Frage war unter anderem, ob Organisationsformen kulturspezifisch auftreten oder ob sich hier Universalien finden (Udy 1959, 1970).

Die dritte Forschungstradition entstand mit der englischsprachigen Managementlehre. Diese hatte – ganz in der Tradition von Taylor – lange Zeit versucht, universelle Organisationsprinzipien herauszuarbeiten. Solche Prinzipien sollten für jedes Unternehmen, jede Verwaltung, jedes Krankenhaus und jede Universität gleichermaßen Geltung besitzen. Es setzte sich jedoch die Erkenntnis durch, dass der „one best way" für das Management von Organisationen nicht auszumachen ist. Die Entwicklung von Managementtheorien reagierte auf diese Einsicht unter anderem mit der Forderung, optimale Managementstile nach den spezifischen Situationen zu differenzieren, in denen sich die Organisationen jeweils befinden.

Diese Ausweitung der Organisationsforschung auf den analytischen Vergleich von mehreren Organisationen bedeutet eine Erweiterung der Forschungsperspektiven. Damit gelangte die Organisationsforschung in den Einzugsbereich weitere Wissenschaftsdisziplinen, etwa der Volkswirtschaftslehre und Politikwissenschaft, aber auch gesellschaftlicher, kultureller und psychologischer Perspektiven. Für die hier angebotene Übersicht ist festzuhalten, dass die quantitative Organisationsforschung beide Analyseschemata abdeckt: sowohl die Analyse einzelner Organisationen als auch die Untersuchung von Merkmalen einer ganzen Reihe von Organisationen.

Die Verwurzelung der Organisationsforschung in den quantitativen Methoden ist so stark, dass in manchen Disziplinen wie der Betriebswirtschaftslehre, der Organisationspsychologie oder der Arbeitswissenschaft die quantitativen Methoden eine dominierende Stellung, wenn nicht gar eine Monopolstellung einnehmen. In Anschluss an Frederick Taylor bildete sich eine eigene Schule, die unter dem Begriff „Work Study" oder „Industrial Engineering" Eingang in die Ingenieurswissenschaft, die Betriebswirtschaftslehre und die Arbeitswissenschaft fand. Die Arbeiten der Forschungsgruppe um Elton Mayo waren schließlich dafür verantwortlich, dass sich unter dem Begriff „Human Relations" eine eigene Forschungsrichtung ausbildete, die nach Wegen suchte mit einer stärkeren Fokussierung auf Gruppenprozesse sowohl die Arbeitszufriedenheit als auch die Produktivität zu erhöhen. Der Aufschwung der Organisationspsychologie und eines Teils der Arbeitswissenschaft ist durch die enorme Popularität dieses Ansatzes nach dem Zweiten Weltkrieg zu erklären. Die beibehaltene Orientierung der Human Relations Bewegung an zentralen quantifizierbaren Größen, wie der Produktivität, Zufriedenheitsscores etc., verdeutlicht dabei ihre starke Verbindung zu quantitativen Forschungsmethoden.

Trotz der festen Verankerung in einer Reihe von organisationstheoretischen Ansätzen, hat die quantitative Methodik in der deutschsprachigen Organisationsforschung einen – im Vergleich zum englischsprachigen Sprachraum – eher geringen Stellenwert eingenommen. Dieser geringere Stellenwert lässt sich auch damit erklären, dass in den Großerhebungen, wie dem Sozio-oekonomischen Panel (SOEP), der allgemeinen Bevölkerungsumfrage in den Sozialwissenschaften (ALLBUS) und dem Wohlfahrtssurvey, kaum Daten erhoben werden, die etwas über die „organisationsbezogene Strukturiertheit" der Gesellschaft aussagen. Es liegen aus „erhebungs- und stichprobentechnischen Gründen" lediglich partielle Informationen vor, beispielsweise über die Größe von Arbeitsorganisationen (Allmendinger/Hinz 2002, S. 23).

Ergebnis dieser mangelhaften Datenbestände ist, dass bei quantitativen Studien der Organisationsforschung häufig „selbstgenerierte Datenbestände" benutzt werden. Eine Vielzahl dieser Erhebungen basiert auf Befragungen von Mitarbeitern mittels selbstgestalteter Fragebögen, die häufig nicht den wissenschaftlichen Minimalanforderungen genügen. Methodische Schwächen solcher Arbeiten wie geringe Stichprobenumfänge und Validitätsprobleme in der Datenerhebung sind evident.

Erst die immense Entwicklung des letzten Jahrzehnts im Bereich der preisgünstigen und zugleich leistungsfähigen Personalcomputer und entsprechender sozialwissenschaftlicher Software hat die Möglichkeiten quantitativer Forschung außerordentlich beflügelt. Eine Entwicklung, die durchaus vergleichbar zu dem Technologie-Push in den 60er Jahren verläuft (vgl. Kubicek/Welter 1985). Zunehmend anspruchsvollere Analysemethoden lassen sich jetzt auf breiterer Basis durchführen. Verbessert wurden damit aber nicht nur Analysemethoden. Im gleichen Maße profitieren davon Hypothesengenerierung und Theoriebildung, weil weitere empirische Zusammenhänge mit Hilfe der Computertechnologie analysiert, geprüft und überhaupt erst entdeckt werden können (vgl. insbesondere die Beiträge zur Inhalts-, zur Mehrebenen- und zur Netzwerkanalyse in diesem Band).

Ein weiterer Vorteil quantitativer Methoden, der ihre Bedeutung in der Organisationsforschung stärkt, ergibt sich aus ihrer Erwartungsindifferenz. Zwar fließen die subjektiven, möglichst theoretisch begründeten Erwartungen der Forscher durch Konzipierung und Operationalisierung im erheblichen Maße in den gewonnenen Datensatz ein. Liegen quantitative Daten aber erst einmal vor, sind sie relativ resistent gegen Erwartungszusammenhänge. Daraus resultieren bisweilen überraschende Ergebnisse in der Analyse oder in Replikationsstudien, die vorhandene Datensätze in weiteren Forschungskontexten nutzen. In diesem Sinne empfehlen sich quantifizierende Daten durchaus für Hypothesengenerierung und (Weiter-)Entwicklung von Theorien und öffnen so wissenschaftliche wie praxisorientierte Diskussionen über die Bedeutung und die Interpretation der gewonnenen Ergebnisse.

2 Die Öffnung der Organisationsforschung für qualitative Methoden

Die Verschiebung der Forschungsperspektive auf Organisationen als Sozialsysteme mit prinzipiell nicht-planbaren, dennoch aber spezifischen Interaktionen und zwischenmenschlichen Beziehungsformen hat die Bedeutung der quantitativen Methodik einschließlich ihres ingenieurwissenschaftlich geprägten Transfermodells relativiert. In bewusster Abgrenzung zum positivistischen Paradigma setzen Organisationswissenschaftler heute vermehrt auch *qualitative* Methoden ein, um das organisationale Geschehen aus der Sicht der handelnden Subjekte zu rekonstruieren, unerwartete Phänomene mit möglichst wenigen Vorentscheidungen hinsichtlich Design und Methode einzufangen und auf diese Weise menschliches Verhalten und Handeln einer prozessualen Sicht zugänglich zu machen. Ziel der qualitativen Forschung ist weniger der breit angelegte Vergleich organisationaler Wirkungsmechanismen als vielmehr das Eindringen in die Tiefe des Einzelfalls. Immer neue Details der jeweils untersuchten Einrichtung sollen den Blick für das „Unbekannte im scheinbar Bekannten" freigeben, den Forscher mit „widerständigen" und nicht-selektiven Daten konfrontieren und ihm so eine ganzheitliche, gegenstandsnahe Theoriebildung ermöglichen (Hopf 1993, S. 28; Silverman 1997).

Die zunehmende Verbreitung der qualitativen Methodik in der Organisationsforschung stützt sich auf zentrale Argumente der *phänomenologischen Forschungstradition*. Besondere Bedeutung messen qualitativ orientierte Organisationsforscher der frühen Erkenntnis der Klassiker bei, dass soziale Wirklichkeit nicht unabhängig von Zeit und Raum als objektive Wahrheit zu begreifen sei. Vielmehr wird sie als Ergebnis kollektiver und individueller Wahrnehmung und Interpretation betrachtet und dementsprechend prozessual, d. h. in Form von Kommunikations- oder Handlungssequenzen im alltäglichen Kontext untersucht (Glaser/Strauss 1993, S. 92 f.). Aufgabe des Empirikers ist daher nicht die Isolierung einzelner Kausalitäten, sondern die Rekonstruktion subjektiv gemeinten Sinns und das „Verstehen" komplexer Zusammenhänge (vgl. Schütz 1971). Auch gilt die subjektive Wahrnehmung des Forschers nicht als Störquelle, sondern als selbstverständlicher Bestandteil des Forschungsprozesses. Der Wissenschaftler ist aus phänomenologischer Sicht selbst in die Deutungs- und Interaktionsprozesse der Organisation eingebunden. Da seine Forschungsergebnisse beständig neue Wirklichkeitskonstruktionen und Bedeutungszusammenhänge kreieren, nimmt er unweigerlich an der Konstituierung seines Forschungsgegenstandes teil (Flick/Kardorff/Steinke 2000, S. 23). Forschung und Beratung fallen schließlich dort in eins, wo Konzept- und Methodenentwicklung im dialogischen Vorgehen den Bedürfnissen der betroffenen Mitarbeiter angepasst werden und verschiedene Rückkopplungsschleifen im Forschungsprozess (z. B. in Form von Gruppendiskussionen) einen gemeinsamen Lernprozess von Forschern und Organisationsmitgliedern ermöglichen (Guba/Lincoln 1989, S. 42).

Wo liegen die Gemeinsamkeiten der verschiedenen qualitativen Methoden der Organisationsforschung? Als prägendes Merkmal ist zunächst das *Prinzip der Offenheit* hervorzuheben, das sich in sämtlichen Phasen des Forschungsprozesses bemerkbar macht. Um eine Nähe zum Gegenstand herzustellen, setzen qualitativ orientierte Organisationsforscher in der Phase der Erhebung unstandardisierte oder wenig standardisierte Instrumente ein (siehe die Beiträge zum Experteninterview, zur teilnehmenden Beobachtung, aber auch zur visualisierten Diskussionsführung in diesem Band). Ausgewertet werden die Ergebnisse „verdichtend" oder „typisierend" beispielsweise im Rahmen einer Fallstudie oder eines Erfahrungsberichts; verallgemeinernde Vergleiche finden sich, wenn überhaupt, erst in den Abschlussphasen der Untersuchung (Hopf 1993, S. 14; Kitay/Callus 1998, S. 101 ff.). Als zweites Kennzeichen sei auf die *Gegenstandsangemessenheit* der Verfahren hingewiesen. Entscheidend für deren Auswahl und Bewertung ist nicht die statistisch zu ermittelnde „Messgenauigkeit", sondern der untersuchte Gegenstand, seine Eigenheiten, sein alltäglicher Kontext sowie die besondere Fragestellung der Studie. Eine Weiterentwicklung des vorhandenen Methodeninstrumentariums geht daher häufig auf inhaltliche Überlegungen zurück (Flick/Kardorff/Steinke 2000, S. 22 f.; klassisch Strauss 1991). Schließlich geben auch die *Gütekriterien* der qualitativen Forschung Aufschluss über die Eigentümlichkeit ihrer Instrumente und Verfahren. Aufgrund ihres gegenstands- und kontextabhängigen Charakters entzieht sich die qualitative Forschung einer Beurteilung nach den klassischen Kriterien der quantitativ-hypothesentestenden Wissenschaft. An die Stelle der exakten Überprüfung von Validität, Repräsentativität und Reliabilität tritt ein bewusst flexibel gehaltenes System von Kriterien, das der geringen Formalisierbarkeit und Standardisierbarkeit der Forschungsaktivitäten und -instrumente Rechnung trägt. Zu den am häufigsten genannten Kriterien gehört hier die „Nachvollziehbarkeit", die über ausführliche Dokumentation, interkollegiale Kontrollen und kodifizierte Vorgehensweisen verbessert werden soll (Lincoln/Guba 1985, S. 292; Steinke 2000, S. 323 f.).

Eine gewisse Vorrangstellung unter den vielfältigen Verfahren, die mittlerweile im Bereich der Organisationsanalyse Verwendung gefunden haben, kommt dem *qualitativen Interview* zu. Ihren ersten Durchbruch hatte die offene Befragung bereits im Rahmen der berühmten Hawthorne-Studien, in deren Verlauf die Wissenschaftler auf unstandardisierte mündliche Interviews umschwenkten, um die Relevanz und Authentizität ihrer Ergebnisse zu erhöhen (Roethlisberger/Dickson 1939; vgl. Rosenstiel 2000b, S. 232). Heute wird insbesondere das leitfadengestützte Experteninterview eingesetzt, um das „Fach-, Dienst- und Geheimwissen" der Professionellen gezielt für explorative wie auch für hypothesenprüfende Forschungsfragen nutzen zu können (Pfaff/Bentz 1998, S. 315; siehe den Beitrag zum Experteninterview in diesem Band). In Forschungsprojekten mit Interventionsabsichten hat außerdem das Gruppeninterview bzw. die Gruppendiskussion einen festen Platz. Die freie oder themenzentrierte Reflexion unter ausgewählten Organisationsmitgliedern hat sich vor allem in den Phasen der Maßnahmenplanung und -evaluation als hilfreich erwiesen (Rosenstiel 2000a; Guba/Lincoln 1989; siehe den Beitrag zur Gruppendiskussion in diesem Band). Schließlich bedient sich die empirische Organisationsforschung überdurchschnittlich häufig der *Dokumenten- und Aktenanalyse*, z. B. wenn sie sich in der Phase der Organisationsdiagnose mittels interner Schriftstücke (Aktennotizen, Verträge, Tätigkeitsbeschreibungen usw.) den Strukturen und Prozessen einer Einrichtung zu nähern versucht oder im Rahmen einer Evaluation deren Wirksamkeit bewertet (Phillips/Palfrey/Thomas 1994, S. 46 f.).

Methodische Innovationen erwarten Organisationswissenschaftler derzeit unter anderem von der breiteren Anwendung bislang „untergenutzter" unstandardisierter Verfahren. Die inhaltliche Schwerpunktverlagerung der empirischen Forschung auf soziale Phänomene im Alltagsgeschehen der Organisation, auf die Interaktionen, Praktiken und Diskurse der Organisationsmitglieder, erzeugt einen Bedarf an „naturalistischen" und „kontextnahen" Daten, wie sie mit Hilfe offener und unstandardisierter Instrumente wie z. B. des narrativen Interviews oder der teilnehmenden Beobachtung gewonnen werden können. Die vergleichsweise aufwendigen Datenerhebungs- und Auswertungsphasen wiegen diese Verfahren durch ihre Nähe zum konkreten Handlungsgeschehen und durch ihren Zugang zum impliziten Wissenspotenzial sowie zu den Interpretationen und Bewertungen der Interaktionsteilnehmer bei weitem auf (Brewerton/Millward 2001, S. 11 f.; Becker/Geer 1993, S. 140). So gilt als besonderer Vorzug der *teilnehmenden Beobachtung* die fast perfekte Auflösung der Barrieren zwischen Forscher und Beobachtungsfeld: Im unmittelbaren Kontakt mit den untersuchten Personen ist der Wissenschaftler in der Lage, neben den hypothetisch vorausgesetzten, auch vollkommen unerwartete Einsichten in das natürliche und situationsspezifische Verhalten der Teilnehmer zu sammeln (Friedman/McDaniel 1998; siehe den Beitrag über teilnehmende Beobachtung in diesem Band). In ähnlicher Weise enthüllt das *biographisch-narrative Interview*, das sich zugunsten des Erzählprinzips vom strikten Frage-Antwort-Schema gelöst hat, vergleichsweise effektiver als standardisierte Interviewformen die im Einzelfall hochkomplexen Prozesse der Bedeutungs- und Sinnherstellung, der Produktion von Selbst- und Weltbildern in der Organisation (Miller/Glassner 1997; siehe den Beitrag über narrative Interviews in diesem Band). Neben diesen offenen Formen der Beobachtung und Befragung ist auch die weit verbreitete *Dokumentenanalyse* mit Blick auf „sozial organisierte Praktiken der Produktion und Rezeption" rund um den Prozess der internen Verschriftlichung in ihren Potenzialen noch lange nicht ausgeschöpft. Die interpretative Auswertung „latenter" Kommunikationsinhalte, beispielsweise durch eine qualitative Inhaltsanalyse, ist bislang zugunsten einer faktenorientierten Vorgehensweise weitgehend vernachlässigt worden (Wolff 2000, S. 505; Watson 1997; siehe den Beitrag über Artefaktanalyse in diesem Band).

Innovationen werden jedoch nicht nur von einem „mutigeren" Umgang mit weitgehend unstandardisierten Verfahren, sondern auch von einer allgemeinen Flexibilisierung im Zuschnitt der Forschungsstrategien erwartet. Als Ausdruck einer zunehmend experimentellen und unorthodoxen Haltung in Fragen des Forschungsdesigns wie auch der Rolle des Forschers im Untersuchungsfeld kann hier etwa der Zuwachs an *ethnographischen Studien* in der Organisationsforschung gewertet werden (vgl. z. B. Helmers 1993; Neuberger/Kompa 1987). Als deren wesentliches Kennzeichen gilt im Allgemeinen der Fokus auf das soziale Geschehen, die kommunikative und interaktive Ordnung in abgrenzbaren Gruppen. Die ethnographische Forschung konzentriert sich auf die in der Organisation vorherrschenden Formen der Sinngebung und Verständigung und steht damit stets auch in enger Verbindung zur phänomenologischen Lebensweltanalyse (Flick 2001, S. 57 f.; Hirschauer/Amann 1997). Unabdingbar für die Untersuchung alltäglich angewendeter und modifizierter Interaktions- und Kommunikationsregeln (so genannter Ethnomethoden nach Garfinkel 1967) ist dem Ethnographen dabei die „Kopräsenz von Beobachter und Geschehen". Der über einen längeren Zeitraum andauernde Feldaufenthalt schließt den Mitvollzug sozialer Ereignisse, die Übernahme einer allseits akzeptierten Rolle und den Aufbau von Vertrauensbeziehungen zu Untersuchungspersonen ein. Der Forscher entscheidet situations- und fallangemessen über den Einsatz der geeigneten Methodik und berichtet nachträglich in Feldprotokollen über seine Erfahrungen. Dabei haben gerade die nicht-planbaren, zufälligen und individuellen Momente des Forschungsprozesses der Ethnographie das Kompliment der „art of fieldwork" eingebracht, aber auch den kritischen Vergleich mit journalistischen Techniken provoziert (Lüders 2000, S. 391 ff.; Wolcott 1995). Im Bereich der Organisationswissenschaften wurde die ethnographische Vorgehensweise zuerst in der Arbeits- und Berufsforschung angewendet. So untersuchten bereits die klassischen Studien der 1950er Jahre Veränderungen im Zuschnitt der Arbeitstätigkeiten, im Ausmaß der professionellen Autonomie oder der Organisierbarkeit von Klasseninteressen mittels teilnehmender Beobachtungen und offener Befragungen (vgl. Wilensky 1956; Sayles/Strauss 1953; siehe als Überblick z. B. Friedman/McDaniel 1998). Heute greifen vor allem Forschungen zur Organisationskultur auf die ethnographische Vorgehensweise zurück, wenn sie sich beispielsweise den Zeremonien und Ritualen, den Mythen oder Tabus einer Organisation als deren Symptom bzw. Objektivierung nähern (Kieser 1988; Neuberger 1995).

3 Zeitliche, sachliche und soziale Arbeitsteilung und weitergehende Kombinationsmöglichkeiten von quantitativen und qualitativen Methoden

Die Forderung, quantitative und qualitative Methoden zu kombinieren, wird in der Organisationsforschung seit längerem laut. Die strikte Trennung zwischen den wissenschaftlichen Paradigmen quantitativer und qualitativer Methodik wird als unfruchtbar und beengend beklagt. Tatsächlich bestehen aber Formen der zeitlichen, sachlichen oder sozialen Arbeitsteilung, die die Methodenkombination problematisch werden lassen.

Bei einer zeitlichen Arbeitsteilung wird der Forschungsprozess in verschiedene Phasen unterteilt, die dann mit unterschiedlichen qualitativen und quantitativen Methoden bearbeitet werden. In einer Variante werden zu Beginn der Untersuchung statistisch auswertbares Material erhoben, zur Unterstützung der Interpretation dann aber punktuell qualitative Interviews geführt (vgl. die Hawthorne-Experimente, Mayo 1933). In einer anderen Variante wird zur Vorbereitung einer qualitativen Untersuchung erst eine repräsentative Stichprobe gezogen. Dadurch sollen Aussagen darüber getroffen werden, inwieweit die Stichprobe der qualitativen Untersuchung bezüglich bestimmter Merkmale typisch ist (vgl. Freter/Hollstein/Werle 1992, S. 98; Merkens 1997, S. 97 ff.). Bei einer besonders von quantitativen Organisationsforschern bevorzugte Variante werden qualitative Interviews geführt, um ein Gespür für das Feld zu bekommen und die Hypothesen zu entwickeln. In der „eigentlichen" Untersuchung werden dann quantitative Methoden herangezogen, um die gewonnenen Hypothesen zu testen und die Erkenntnisse zu sichern (Barton/Lazarfeld 1955, S. 321 ff.). Gerade die letzte Form der Arbeitsteilung wird jedoch immer häufiger umgangen. Nicht nur erheben qualitative Methoden zunehmend den Anspruch zur Überprüfung von Hypothesen geeignet zu sein, sondern es werden immer mehr quantitative Methoden für die Generierung von Hypothesen entwickelt. Gerade die Faktorenanalyse und die Clusteranalyse eigenen sich hervorragend dazu, Zusammenhänge zu erschließen und Hypothesen zu generieren (vgl. Hollstein/Ullrich 2003, S. 33).

Bei der sachlichen Arbeitsteilung werden thematische Forschungsfelder so definiert und damit getrennt, dass die einen mit quantitativen Methoden und die anderen mit qualitativen Methoden bearbeitet werden. Diese sachliche Trennung resultiert häufig in einer Trennung sogenannter mikro- und makrosozialer Phänomene. Markoanalysen, wie beispielsweise der Strukturenvergleich mehrerer Organisationen, tendieren auf Grund der möglichst hohen Fallzahlen zur Anwendung quantitativer Forschungsdesigns. Aus der Perspektive einer quantitativ orientierten Sozialforschung können bei den Vergleichen zwischen Organisationen individuelle Interpretationen vernachlässigt werden. Bei der Messung der Formalstruktur von Organisationen handelte es sich um weitgehend verobjektivierte Sachverhalte. Wahrnehmungsunterschiede im Detail scheinen dafür nicht von großer Bedeutung. Dagegen eigenen sich für Mikroanalysen, beispielsweise bei der Wiedergabe mikropolitischer Prozesse in einer teilautonomen Arbeitsgruppe, eher qualitative Methoden.

Als dritte Form ist die soziale Arbeitsteilung anzuführen. Bei dieser weitverbreiteten Arbeitsteilung werden qualitative und quantitative Untersuchungen von verschiedenen Forschern wahrgenommen. Zumeist spezialisieren sich Forscher auf bestimmte Methoden und Forschungstraditionen, die geradezu identitätsstiftend wirken. Die Arbeitsteilung stabilisiert sich dann an den wissenschaftlichen Identitäten der im Forschungsprozess beteiligten Personen.

In der empirischen Organisationsforschung wie auch allgemein in der empirischen Sozialforschung macht sich eine zunehmende Unzufriedenheit mit diesen Formen der zeitlichen, sachlichen und sozialen Arbeitsteilung breit (vgl. Engler 1997, S. 123 f.). Insbesondere die Forderung, die strikte Differenzierung zwischen quantitativen und qualitativen Forschungsansätzen zu überwinden, scheint inzwischen schon zum Standardrepertoire methodischer Abhandlungen zu gehören. Unter Begriffen wie Methoden-Mix, multimethodischem Vorgehen (vgl. Campbell/Fiske 1959) oder Triangulation (Kelle/Erzberger 2000) setzen sich zunehmend Verfahren durch, die bei der Untersuchung auf mehrere Methoden zurückgreifen. Der Begriff der Triangulation stammt ursprünglich aus der Navigations- und Militärlehre. Dort wird der Einsatz von multiplen Bezugspunkten dafür genutzt, die genaue Position eines Objektes zu bestimmen (vgl. Jick 1979, S. 24). Analog dazu erhofft man sich durch die Anwendung mehrerer methodischer Bezugspunkte Erklärungskraft und Realitätsbezug wissenschaftlicher Forschungen zu erhöhen (vgl. Kelle/Erzberger 2000).

4 Der Verwendungsbezug der Organisationsforschung außerhalb der Wissenschaft

Die Organisationsforschung hat, wie bereits angedeutet, Phasen eines sozialtechnologisch geprägten Verständnisses von *Beratung* und *Gestaltung* hinter sich, in denen vorzugsweise betriebswirtschaftliches oder sozialpsychologisches Expertenwissen „rezeptartig" aufbereitet und in Praxiszusammenhänge transferiert wurde (vgl. den Überblick bei Kieser 1995, S. 28 ff.; 86 ff.; 107 ff.). Das Scheitern vieler technokratischer Interventionsprojekte, in Deutschland beispielsweise im Gefolge des staatlich geförderten Programms zur „Humanisierung der Arbeit", war der Grund dafür, dass sich bedeutende Stränge der Organisationsforschung (Ausnahmen sind die Betriebswirtschaftslehre sowie Teile der Arbeitswissenschaft und der Organisationspsychologie) einer zu eng geführten Verwendung ihres Wissens entzogen (vgl. z. B. Braczyk 1992). Unkontrollierbare Interessenkonstellationen im Interventionsprozess, unbeeinflussbare Randbedingungen oder auch der nur strategische und instrumentelle Umgang mit dem Expertenwissen in der Organisation hatten eine Krise des einfachen, ingenieurwissenschaftlich geprägten Transfermodells ausgelöst und spätestens ab Mitte der 1980er Jahre einen Rückzug auf Fragen des wissenschaftlichen Ertrags und Erkenntnisgewinns empirischer Forschungsprojekte eingeleitet. „Gestaltung durch Aufklärung" hieß das defensive Programm deutscher Organisationswissenschaftler und Industriesoziologen, mit dem außerwissenschaftliche, praktische Beratungsaufgaben zunächst hinter die analytisch-diagnostischen Fähigkeiten der Disziplin zurückgestellt wurden.

In den 1990er Jahren öffnete sich die Organisationsforschung wieder in einem breiteren Ausmaß für den Transfer ihrer Ergebnisse in die Organisationspraxis. Gegründet war diese erneute Öffnung auf die Überzeugung, dass nicht von einer simplen Übertragung „richtiger" wissenschaftlicher Erkenntnisse in eine „unterbelichtete" Praxis auszugehen sei, sondern dass die Handlungsweisen und Formen der Wissensgenerierung in Unternehmen, Verbänden, Verwaltungen und Krankenhäusern vielmehr in ihrer Verschiedenheit anzuerkennen seien. Wissenschaftliches Expertenwissen wird den Problemlösungskompetenzen der Praktiker nicht länger hierarchisch übergeordnet, es wird ihnen als Fremdwahrnehmung und alternative Deutungsweise gleichrangig beigestellt.

Dabei haben die Betonung der Problemlösungskompetenzen in der Organisation und die vorläufige Herabsetzung des „zweiten Blicks" des Organisationsforschers und/oder des Organisationsberaters auf das Niveau eines verzichtbaren Luxus ihren guten Grund. Eine Organisation kann ohne die Handlungen der Organisationsmitglieder, d. h. ohne den „ersten Blick" der Organisationspraktiker, nicht auskommen – die Manager würden nicht entscheiden, die Mitarbeiter nicht produzieren und der Außendienst nicht verkaufen. Ob und inwieweit der „zweite Blick" für die Organisation sinnvoll ist, hängt von der Situation ab. Ein Zuviel an Reflexion kann die Organisation verwirren und ihre Handlungen blockieren (siehe Brunsson 1985).

Auch andere Wissenschaftszweige und Beratergruppen haben mittlerweile die Rückspiegelung von Forschungsergebnissen als einen Prozess mit eigenen Gesetzmäßigkeiten, Funktionsweisen und Tücken in den Mittelpunkt gerückt. Der amerikanischen *Evaluations- und Verwendungsforschung* beispielsweise entstammt die Erkenntnis, dass Forschungsergebnisse in zeitlich und räumlich versetzten Interpretationsprozessen klein gearbeitet und in Abhängigkeit von kommunikativen Routinen und beruflichen Traditionen reformuliert werden, bis sie schließlich die Form von Planungs- und Steuerungswissen in der Organisation annehmen (Weiß 1987; siehe auch Beck/Bonß 1989, S. 22 f.). Die vorwiegend im deutschsprachigen Raum etablierte *systemische Beratung* hat herausgestellt, dass das Verhältnis zwischen Forschern bzw. Beratern und Organisation als Kontakt zweier verschiedener Systeme begriffen werden muss. Im Verlauf des Kontakts bilden sich „Beratungssysteme" und „Wissenschafts-Praxis-Kontaktfelder" heraus, mit deren Hilfe die Kommunikation zwischen den beiden selbstreferenziellen Systemen mühevoll aufrechterhalten wird (vgl. z. B. Wimmer 1993; Mingers 1996). Ansätze der *organisationalen Beratung*, die an die theoretischen Überlegungen zu Grenzen der Zweckrationalität anknüpfen, betonen, dass die in jeder Organisation existierenden blinden Flecken unmöglich im Sinne einer „Aufklärung der Organisation über sich selbst" aufgedeckt werden können. Forscher und Berater müssen vielmehr eigene Interventionspraktiken entwickeln, um das Wahrnehmungsspektrum der Organisation zu erweitern.

Ob diese (erneute) Öffnung der Organisationsforschung in Richtung Organisationspraxis zu einer sichtbaren „Verbesserung" von Management und Beratung geführt hat bzw. künftig führen wird, lässt sich noch nicht abschätzen. Deutlich ist jedoch, dass umgekehrt eine auffällige *Bereicherung des Methodenspektrums* in der empirischen Organisationsforschung stattgefunden hat. So wurden die in den letzten Jahren zunehmend etablierten gruppenorientierten Erhebungsmethoden (Organisationskarten, visualisierte Diskussionsführung, Open Space, Rollenspiel u. a.; siehe die entsprechenden Beiträge in diesem Band) aus Organisationsberatung, Personalentwicklung oder Aus- und Weiterbildung übernommen und als Methode der empirischen Sozialforschung weiterentwickelt. Es ist interessant, dass ihre Wurzeln häufig in der frühen Organisationsforschung liegen (z. B. der Human-Relations-Bewegung in der Tradition Kurt Lewins), dass sie aber im wissenschaftlichen Kontext lange Zeit kaum beachtet wurden. Ihren verstärkten Einsatz in der neueren Organisationsforschung kann man daher auch als Wiederentdeckung früherer Forschungstraditionen verstehen. Eine neue *Reflexivität* im Zuschnitt der Forschungsstrategien ergänzt diese Methodenvielfalt: Im Mittelpunkt auch wissenschaftlicher Forschungsprojekte stehen immer häufiger die von Organisationsmitgliedern wahrgenommenen praktischen Probleme und Handlungszwänge, der Dialog zwischen Forschern und beforschten Einrichtungen sowie die Entwicklung eines organisations- und problemspezifischen Methodenmixes.

Forschung wird als sozialer Lernprozess begriffen, in dessen Verlauf nicht nur die Verwissenschaftlichung des Praxisfeldes intendiert ist, sondern auch Rückwirkungen auf Fragestellungen, Methoden und Standards der Forschung zugelassen sind (Beck/Bonß 1989, S. 33 f.).

Zusammenfassend lässt sich feststellen, dass drei Entwicklungen die Methodendiskussion der Organisationsforschung maßgeblich beeinflusst haben: der Abschied von zweckrationalen Vereinfachungen im Organisationsverständnis, der überhaupt erst Raum für eine stärkere Betonung qualitativer Methoden geschaffen hat; die Ausdifferenzierung und vielfältige Entwicklung der empirischen Sozialforschung als Fundament der organisationswissenschaftlichen Methodendebatte; schließlich die zunehmende Problematisierung des Transfermodells, die zu einer Öffnung der wissenschaftlichen Forschung für Methoden aus den Bereichen Beratung, Personalentwicklung und Weiterbildung geführt hat. Die weitere Methodendiskussion in der Organisationsforschung wird unter anderem davon abhängen, inwieweit es gelingt, diese drei Stränge zusammenzuführen.

5   Literatur

Allmendinger, Jutta/Hinz, Thomas (2002): Perspektiven der Organisationssoziologie, in: dies. (Hrsg.), Organisationssoziologie. Sonderheft 42 der Kölner Zeitschrift für Soziologie und Sozialpsychologie, Wiesbaden, S. 9–28

Barnard, Chester I. (1938): The Functions of the Executive, Cambridge

Barton, Allen H./Lazarsfeld, Paul F. (1955): Some Functions of Qualitative Analysis in Social Research, in: Frankfurter Beiträge zur Soziologie, 1, S. 321–361

Barton, Allen H./Lazarsfeld, Paul F. (1993): Das Verhältnis von theoretischer und empirischer Analyse im Rahmen qualitativer Sozialforschung, in: Christel Hopf/Elmar Weingarten (Hrsg.), Qualitative Sozialforschung, Stuttgart, S. 41–89

Beck, Ulrich/Bonß, Wolfgang (1989): Verwissenschaftlichung ohne Aufklärung? Zum Strukturwandel von Wissenschaft und Praxis, in: dies. (Hrsg.), Weder Sozialtechnologie noch Aufklärung? Analysen zur Verwendung sozialwissenschaftlichen Wissens, Frankfurt a. M., S. 7–45

Becker, Howard S./Geer, Blanche (1993): Teilnehmende Beobachtung: Die Analyse qualitativer Forschungsergebnisse, in: Christel Hopf/Elmar Weingarten (Hrsg.), Qualitative Sozialforschung, Stuttgart, S. 139–166

Blau, Peter M. (1955): The Dynamics of Bureaucracy, Chicago

Braczyk, Hans-Joachim (1992): Die Qual der Wahl. Optionen der Gestaltung von Arbeit und Technik als Organisationsproblem, Berlin

Brewerton, Paul M./Millward, Lynne J. (2001): Organizational Research Methods, London

Brunsson, Nils (1985): The Irrational Organization. Irrationality as a Basis for Organizational Action and Change, Chichester u. a.

Campbell, Donald T./Fiske, Donald W. (1959): Convergent and Discriminant Validation by the Multitrait-multimethod Matrix, in: Psychological Bulletin, 56, S. 81–105

Crozier, Michel/Friedberg, Erhard (1979): Macht und Organisation. Die Zwänge kollektiven Handelns, Königstein/Ts.

Dierkes, Meinolf/Rosenstiel, Lutz v./Steger, Ulrich (Hrsg.) (1993): Unternehmenskultur in Theorie und Praxis, Frankfurt a. M.

Engler, Steffani (1997): Zur Kombination von qualitativen und quantitativen Methoden, in: Barbara Friebertshäuser/Annedore Prengel (Hrsg.), Handbuch Qualitative Forschungsmethoden in der Erziehungswissenschaft, München, S. 118–130

Flick, Uwe (2001): Qualitative Sozialforschung – Stand der Dinge, in: Soziologie, 2, S. 53–66
Flick, Uwe/Kardorff, Ernst v./Steinke, Ines (2000): Was ist qualitative Forschung? Einleitung und Überblick, in: dies. (Hrsg.), Qualitative Forschung. Ein Handbuch, Reinbek bei Hamburg, S. 13–29
Freter, Hans-Jürgen/Hollstein, Betina/Werle, Markus (1992): Integration qualitativer und quantitativer Verfahrensweisen – Methodologie und Forschungspraxis, in: ZUMA-Nachrichten, 29/1992, S. 98–114
Friedberg, Erhard (1993): Le pouvoir et la règle. Dynamiques de l'action organisée, Paris
Friedman, Raymond A./McDaniel, Darren C. (1998): In the Eye of the Beholder: Ethnography in the Study of Work, in: Keith Whitfield/George Strauss (Hrsg.), Researching the World of Work, New York, S. 113–126
Garfinkel, Harold (1967): Studies in Ethnomethodology, Englewood Cliffs NJ
Glaser, Barney G./Strauss, Anselm L. (1967): The Discovery of Grounded Theory, Chicago
Glaser, Barney G./Strauss, Anselm L. (1993): Die Entdeckung gegenstandsbezogener Theorie: Eine Grundstrategie qualitativer Sozialforschung, in: Christel Hopf/Elmar Weingarten (Hrsg.), Qualitative Sozialforschung, Stuttgart, S. 91–111
Guba, Egon G./Lincoln, Yvonna S. (1989): Fourth Generation Evaluation, Newbury Park et al.
Hall, Richard H. (1963): The Concept of Bureaucracy, in: American Journal of Sociology, 69, S. 32–40
Helmers, Sabine (1993): Ethnologie der Arbeitswelt. Beispiele aus europäischen und außereuropäischen Feldern, Bonn
Hirschauer, Stefan/Amann, Klaus (Hrsg.) (1997): Die Befremdung der eigenen Kultur. Zur ethnographischen Herausforderung soziologischer Empirie, Frankfurt a. M.
Hollstein, Betina/Ulrich, Carsten G. (2003): Einheit trotz Vielfalt? Zum konstitutiven Kern qualitativer Forschung, in: Soziologie, 32, S. 29–43
Hopf, Christel (1993): Soziologie und qualitative Sozialforschung, in: Christel Hopf/Elmar Weingarten (Hrsg.), Qualitative Sozialforschung, Stuttgart, S. 11–37
Jick, Todd D. (1979): Mixing Qualitative and Quantitative Methods: Triangulation in Action, in: Administrative Science Quarterly, 24, S. 602–611
Johnson, Phil/Duberley, Joanne (2000): Understanding Management Research, London
Kelle, Udo/Erzberger, Christian (2000): Qualitative und quantitative Methoden: kein Gegensatz, in: Uwe Flick/Ernst von Kardorff/Ines Steinke (Hrsg.), Qualitative Forschung. Ein Handbuch, Reinbek, S. 299–308
Kieser, Alfred (1988): Von der Morgenansprache zum „Gemeinsamen HP-Frühstück". Zur Funktion von Werten, Mythen, Ritualen und Symbolen, in: Eberhard Dülfer (Hrsg.), Organisationskultur, Stuttgart, S. 207–225
Kieser, Alfred (1995): Organisationstheorien, 2. Auflage, Stuttgart et al.
Kieserling, André (1993): Konturen einer soziologischen Unternehmensberatung, unveröff. Manuskript, Bielefeld
Kieserling, André (1994): Organisationssoziologie und Unternehmensberatung. 6 Lehrvorträge, unveröff. Manuskript, Bielefeld
Kitay, Jim/Callus, Ron (1998): The Role and Challenge of Case Study Design in Industrial Relations Research, in: Keith Whitfield/George Strauss (Hrsg.), Researching the World of Work, New York, S. 101–112
Kubicek, Herbert (1975): Empirische Organisationsforschung, Stuttgart
Kubicek, Herbert/Welter, Günter (1985): Messung der Organisationsstruktur, Stuttgart
Kühl, Stefan (2000a): Grenzen der Vermarktlichung. Die Mythen um unternehmerisch handelnde Mitarbeiter, in: WSI-Mitteilungen, 53, S. 818–828
Kühl, Stefan (2000b): Das Regenmacher-Phänomen. Widersprüche und Aberglaube im Konzept der lernenden Organisation, Frankfurt a. M./New York
Lincoln, Yvonna S./Guba, Egon G. (1985): Naturalistic Inquiry, Beverly Hills

Lüders, Christian (2000): Beobachten im Feld und Ethnographie, in: Uwe Flick/Ernst von Kardorff/Ines Steinke (Hrsg.), Qualitative Forschung. Ein Handbuch, Reinbek bei Hamburg, S. 384–401
Luhmann, Niklas (1973): Zweckbegriff und Systemrationalität. Über die Funktion von Zwecken in sozialen Systemen, Frankfurt a. M.
Luhmann, Niklas (1995): Funktionen und Folgen formaler Organisation, 4. Auflage, Berlin
Luhmann, Niklas (1997): Die Gesellschaft der Gesellschaft, Frankfurt a. M.
Luhmann, Niklas (2000): Organisation und Entscheidung, Opladen
March, James G. (1990): Entscheidung und Organisation: Kritische und konstruktive Beiträge, Entwicklungen und Perspektiven, Wiesbaden
Mayo, Elton (1933): The Human Problems of an Industrial Civilization, Boston
Merkens, Hans (1997): Stichproben bei qualitativen Studien, in: Barbara Friebertshäuser/Annedore Prengel (Hrsg.), Handbuch Qualitative Forschungsmethoden in der Erziehungswissenschaft, München, S. 97–106
Merton, Robert K. (1957): Social Theory and Social Structure, 2. Auflage, Glencoe
Miller, Jody/Glassner, Barry (1997): The „Inside" and the „Outside": Finding Realities in Interviews, in: David Silverman (Hrsg.), Qualitative Research. Theory, Method and Practice, London et al., S. 99–112
Mingers, Susanne (1996): Systemische Organisationsberatung. Eine Konfrontation von Theorie und Praxis, Frankfurt a. M./New York
Neuberger, Oswald (1995): Mikropolitik. Der alltägliche Aufbau und Einsatz von Macht in Organisationen, Stuttgart
Neuberger, Oswald/Kompa, Ain (1987): Wir, die Firma, Weinheim
Pfaff, Holger/Bentz, Joachim (1998): Subjektive Daten – objektive Analyse, in: Friedrich W. Schwartz et al. (Hrsg.), Das Public Health Buch. Gesundheit und Gesundheitswesen, München, S. 310–328
Phillips, Ceri/Palfrey, Colin/Thomas, Paul (1994): Evaluating Health and Social Care, London
Pugh, Derek S./Hickson, David J. (1976): Organizational Structure in its Context. The Aston Programme I, Westmead
Roethlisberger, Fritz Jules/Dickson, William J. (1939): Management and the Worker. An Account of a Research Program Conducted by the Western Electric Company, Hawthorne Works, Chicago, Cambridge Mass.
Rosenstiel, Lutz v. (2000a): Grundlagen der Organisationspsychologie, Stuttgart
Rosenstiel, Lutz v. (2000b): Organisationsanalyse, in: Uwe Flick/Ernst von Kardorff/Ines Steinke (Hrsg.), Qualitative Forschung. Ein Handbuch, Reinbek bei Hamburg, S. 224–238
Sayles, Leonard R./Strauss, George (1953): The Local Union, New York
Schnelle, Wolfgang (2001): Moderieren von Verständigungsprozessen, Quickborn
Schreyögg, Astrid (1992): Supervision. Ein integratives Modell, Paderborn
Schütz, Alfred (1971): Gesammelte Aufsätze. Bd. 1: Das Problem der sozialen Wirklichkeit, Den Haag
Selznick, Philip (1948): Foundations of the Theory of Organisations, in: American Sociological Review, 13, 1, S. 25–35
Silverman, David (1997): Introducing Qualitative Research, in: ders. (Hrsg.), Qualitative Research. Theory, Method and Practice, London u. a., S. 1–7
Simon, Herbert A. (1947): Administrative Behavior, New York
Simon, Herbert A. (1976): Administrative Behavior. A Study of Decision-Making Processes in Administrative Organizations, 3. Auflage, New York
Steinke, Ines (2000): Gütekriterien qualitativer Forschung, in: Uwe Flick/Ernst von Kardorff/Ines Steinke (Hrsg.), Qualitative Forschung. Ein Handbuch, Reinbek bei Hamburg, S. 319–331
Strauss, Anselm L. (1991): Grundlagen qualitativer Sozialforschung – Datenanalyse und Theoriebildung in der empirischen soziologischen Forschung, München
Tacke, Veronika (2001) (Hrsg.), Organisation und gesellschaftliche Differenzierung, Wiesbaden

Taylor, Frederick W. (1967): The Principles of Scientific Management, New York
Udy, Stanley H. (1959): Organization of Work. A Comparative Analysis of Production among Nonindustrial Peoples, New Haven
Udy, Stanley H. (1965): The Comparative Analysis of Organizations, in: James G. March (Hrsg.), Handbook of Organizations, Chicago, S. 678–709
Udy, Stanley H. (1970): Work in Traditional and Modern Science, Englewood Cliffs
Watson, Rod (1997): Ethnomethodology and Textual Analysis, in: David Silverman (Hrsg.), Qualitative Research. Theory, Mcthod and Practice, London et al., S. 80–88
Weber, Max (1968): Economy and Society, New York
Weber, Max (1976): Wirtschaft und Gesellschaft. Grundriß der verstehenden Soziologie, 5. rev. Auflage, Tübingen
Weiß, Christa (1987): Evaluating social problems: What have we learned?, in: Society, 25, 1, S. 40–45
Wilensky, Harold (1956): Intellectuals in Labor Unions, Glencoe
Wimmer, Rudolf (1993): Zur Eigendynamik komplexer Organisationen. Sind Unternehmen mit hoher Eigenkomplexität steuerbar?, in: Gerhard Fatzer (Hrsg.), Organisationsentwicklung für die Zukunft. Ein Handbuch, Köln, S. 255–308
Wolcott, Harry F. (1995): The Art of Fieldwork, London
Wolff, Stephan (2000): Dokumenten- und Aktenanalyse, in: Uwe Flick/Ernst von Kardorff/Ines Steinke (Hrsg.), Qualitative Forschung. Ein Handbuch, Reinbek bei Hamburg, S. 502–513

Teil I:

Qualitative Methoden der Organisationsforschung

Einzelinterviews

Experteninterview

Renate Liebold und Rainer Trinczek

1 Einleitung

Der Begriff ‚Experteninterview' ist außerordentlich unpräzise. Etwas überspitzt formuliert könnte man sagen, der folgende Beitrag handelt von einem methodischen Verfahren, das es als eine bestimmte Interviewform im Grunde gar nicht gibt. Bereits die Spezifizierung des Verfahrens qua Verweis auf den Interviewpartner sowie dessen spezifische Qualität (‚Experte') ist ungewöhnlich. Üblicherweise werden Interviewverfahren sprachlich durch eine Präzisierung der Erhebungsmethode näher bezeichnet: Das narrative Interview, das vollstandardisierte Interview, das problemzentrierte Interview, das Telefoninterview etc.

Trotz alledem kann das Experteninterview als eine ‚eingeführte' Methode bezeichnet werden. In unzähligen Forschungsberichten verweisen ausgewiesene und erfahrene Empiriker auf eben dieses Verfahren, wenn sie ihr methodisches Vorgehen beschreiben. Und wenn man eine Umfrage unter empirisch arbeitenden Sozialforschern machen würde, käme aller Wahrscheinlichkeit nach auch weitgehende Einigkeit darüber zustande, was das Experteninterview methodisch ausmacht: Im Grunde scheint nämlich stillschweigender Konsens darüber zu herrschen, dass das Experteninterview ein Leitfadeninterview zu sein habe – und darüber werden wir im Folgenden denn auch schreiben: das leitfadengestützte Experteninterview.

Dieser vordergründige Konsens, dem wir uns hier der Einfachheit halber anschließen, darf freilich nicht darüber hinwegtäuschen, dass Experten in der Tat auch mit ganz anderen Verfahren interviewt werden können. Es sei nur daran erinnert, dass Fritz Schütze ‚sein' narratives Interview ursprünglich ja nicht als ein biographisch orientiertes Verfahren entwickelt hatte, als was es gegenwärtig vorwiegend eingesetzt wird, sondern im Kontext einer Analyse von Machtprozessen auf Gemeindeebene: Das narrative Interview diente zunächst also der Erhebung unter Experten. Und dass Experten u. a. auch mit vollstandardisierten Interviews traktiert werden, ist an der Existenz von Repräsentativbefragungen zu zahlreichen ‚Expertenthemen' unschwer zu erkennen.

Trotz der hieraus resultierenden ‚reservatio mentalis' gegenüber der Bezeichnung ‚Experteninterview' werden wir diesen Begriff im Weiteren verwenden, aber ausschließlich in der schon gekennzeichneten Engführung als ‚leitfadengestütztes Experteninterview'.

Dieses leitfadengestützte Experteninterview dürfte – ohne dass wir dies hier näher belegen können – eines der in der empirischen Sozialforschung am häufigsten genutzten Verfahren darstellen. Gleichwohl gehört es zu den Verfahren, die in der methodologischen und methodischen Debatte eher randständig behandelt werden; lange Zeit gab es in der bundesdeutschen Diskussion lediglich den Aufsatz von Christel Hopf (1978), dem dann seit den frühen 90er Jahren vor allem die Arbeiten von Michael Meuser und Ulrike Nagel folgten (Meuser/Nagel 1991; 1994; 1997). Die angelsächsische Diskussion wird nach wie vor durch den nun schon über 50 Jahre alten Text von Merton/Kendall (1946; dtsch. 1979) beherrscht (vgl. auch Merton et al. 1956).

Eine solche Diskrepanz zwischen forschungspraktischer Relevanz und mangelnder Beachtung in der methodologischen Diskussion ist erklärungsbedürftig. Ohne dies an dieser Stelle weiter vertiefen zu können, gibt es u.E. zwei (eher wissenssoziologisch orientierte) Erklärungsmöglichkeiten.[1] Die eine setzt am vermeintlich methodologisch prekären Status des Leitfadeninterviews als ‚schmutziges' Verfahrens an: Methodologische Grundsatzdebatten lassen sich offensichtlich besser unter Rekurs auf die ‚reinen' Extremfälle im Methodenspektrum als auf die Zwischen- und Mischformen führen, auch wenn diese die Praxis empirischer Sozialforschung dominieren mögen. Die zweite Erklärungsmöglichkeit verweist auf die Nähe des leitfadengestützten Experteninterviews zum Handeln von Subjekten in der alltäglichen Lebenspraxis: Jemanden etwas zu fragen, von dem man sich eine adäquate Antwort erhofft (der einem also im trivialen Sinne ein Experte zu sein dünkt), ist in höchstem Maße Teil der ‚natürlichen' lebensweltlichen Einstellung von Menschen zu und in ihrer Welt. Daher scheint ein solches Verfahren des zwar zielgerichteten, gleichwohl aber auch ‚offenen' Fragens und Nachhakens, was eben typisch für das Leitfadeninterview ist, auch in der wissenschaftlichen Praxis kaum der Begründung und weiteren Reflexion zu bedürfen. Man möchte als Sozialforscher etwas über einen bestimmten Sachverhalt in dieser Gesellschaft wissen – was liegt da näher, als in der Art und Weise vorzugehen, wie man es als Alltagsmensch doch ständig so erfolgreich praktiziert. Kurzum: Die strukturelle Nähe des leitfadengestützten Experteninterviews zur (Frage-)Praxis alltäglicher Lebensführung resultiert darin, dass dieses Verfahren häufig der Diskussion um die methodologische Grundlegung von Interviewformen und der Debatte um die jeweiligen Vor- und Nachteile und potentiellen Anwendungsfälle enthoben zu sein scheint – es scheint zu selbstverständlich. Gegen diese vordergründige Selbstverständlichkeit des leitfadengestützten Experteninterviews soll im folgenden Beitrag ein wenig angeschrieben werden.

Exkurs: Zum sozialwissenschaftlichen Begriff des ‚Experten'

Als ‚Experten' werden im landläufigen Sinne Sachverständige, Kenner oder Fachleute bezeichnet, also Personen, die über besondere Wissensbestände verfügen. Damit zeichnet sich das Experteninterview dadurch aus, dass es auf einen exponierten Personenkreis zielt, der im Hinblick auf das jeweilige Forschungsinteresse spezifisches Wissen mitbringt. Wie lässt sich nun dieses Wissen charakterisieren? Was genau macht einen Experten aus?
Dieser Frage hat sich die Soziologie – völlig unabhängig von der Methodendiskussion – wesentlich differenzierungs- und wissenssoziologisch zu nähern versucht:

- Differenzierungstheoretisch wird argumentiert, dass aufgrund der zunehmenden Ausdifferenzierung von Subsystemen in der Moderne eine Vielzahl spezialisierter Rollen entsteht, was sich auf der Wissensebene als ein System differenzierten Fachwissens darstellt. Die Existenz eines solchen ‚fachlich orientierten Sonderwissens' dient dann als entscheidendes Kriterium zur Bestimmung von ‚Experten'.[2]
- Wissenssoziologisch wird regelmäßig an Alfred Schütz' Bestimmung des Experten in seinem Essay über den „gut informierten Bürger" (1972) angeschlossen. Für Schütz zeichnet sich der Experte durch ein detailliertes und spezialisiertes Wissen aus, über dessen Begrenzung er weiß. Sein Wissen ist durch auferlegte Relevanzen, d.h. durch die Entscheidung zur Konzentration auf ein klar abgestecktes Wissensgebiet bestimmt.

> Es existiert ein klar begrenzter Bezugrahmen, den der Experte übernimmt, wenn er Aussagen über einen eindeutig abgegrenzten Realitätsausschnitt tätigt. Außerhalb dieses Realitätsausschnitts agiert der Experte als „Mann auf der Straße" oder als „gut informierter Bürger".

Dabei verdeutlichen die einschlägigen Debatten, dass die Bestimmung von Wissensbeständen als ‚Expertenwissen' hochgradig voraussetzungsvoll ist: Sie basiert in modernen ausdifferenzierten Gesellschaften wesentlich auf der allgemeinen Anerkennung einer je gegenstandsspezifischen Differenz von ‚Experte' und ‚Laie'[3], wobei die überlegene Kompetenz des Experten regelmäßig an seiner Zugehörigkeit zu entsprechenden Berufen bzw. Professionen festgemacht wird. Konstruktivistisch gewendet bedeutet dies, dass Experten Personen sind, deren Konstruktion von Wirklichkeit in einem spezifischen Teilsegment der Gesellschaft sich als durchsetzungsmächtiger bzw. allgemein akzeptierter erwiesen hat als das anderer Personen (‚Laien‚). Die gesellschaftliche Konstruktion von ‚Experten' kann daher nur gelingen, wenn gleichzeitig die ‚Laien' die jeweilige Logik der spezifischen Wissensform ‚Expertenwissen' akzeptieren, auch wenn ihnen die Kenntnis über deren interne Abläufe zur selbständigen eigenen Problemlösung fehlt.[4]

Vor diesem allgemein-soziologischen Hintergrund haben nun Meuser/Nagel (1997) innerhalb der Methodendiskussion zum Experteninterview zu Recht darauf verwiesen, dass es methodentechnisch prinzipiell zwei Möglichkeiten gibt, den Expertenstatus eines potenziellen Interviewpartners zu bestimmen. Die eine Option stellt vorrangig auf das Forschungsinteresse des Sozialwissenschaftlers ab: Zum Experten für den Wissenschaftler wird derjenige, der ihm mit Blick auf sein spezifisches Forschungsthema Relevantes beizutragen verspricht. In einem methodologischen Sinne wäre der Expertenstatus demnach ein je nach Forschungsinteresse (auch) zugeteilter Status von Wissenschaftlern, mit anderen Worten: Ein situativ-relationaler Status. Treibt man diesen Gedanken auf die Spitze – etwa indem man Interviewpartner in einem biographieorientierten Forschungsprojekt als ‚Experten ihrer selbst' bezeichnet – ist der Begriff des Experten nicht mehr diskriminierend: Jeder Interviewpartner ist dann quasi per definitionem ‚Experte'.

Aus diesem Grund ist es methodologisch zwingend, sich dem Expertenstatus anders zu nähern: Eine Person wird nur dann Adressat von Experteninterviews, wenn begründeterweise angenommen wird, dass sie über Wissen verfügt, „das sie zwar nicht alleine besitzt, das aber doch nicht jedermann bzw. jederfrau in dem interessierenden Handlungsfeld zugänglich ist" (Meuser/Nagel 1997, S.484). Daher bezieht sich die von den Forschern „vorgenommene Etikettierung einer Person als Experte (...) notwendig auf eine im jeweiligen Feld vorab erfolgte und institutionell-organisatorisch zumeist abgesicherte Zuschreibung" (Meuser/Nagel 1997, S.486). Dies bedeutet, dass sich das Experteninterview auf einen Personenkreis richtet, der hinsichtlich der jeweiligen Forschungsfragen einen deutlichen Wissensvorsprung aufweist (vgl. dazu auch Walter 1994, S.271) bzw. durch eine „institutionalisierte Kompetenz zur sozialen Konstruktion von Wirklichkeit" (Hitzler et al. 1994) im forschungsrelevanten Feld beiträgt. Kurzum: Adressaten von Experteninterviews sind demnach Funktionseliten[5] innerhalb eines organisatorischen und institutionellen Kontextes. Diese Funktionseliten zeichnen sich zum einen dadurch aus, dass sie für den Entwurf, die Implementierung oder auch die Kontrolle einer Problemlösung verantwortlich sind. Zum anderen gelten diejenigen Personen als Experten, die über einen privilegierten

Zugang zu Informationen hinsichtlich Personengruppen und Entscheidungsprozesse verfügen (vgl. Meuser/Nagel 1991, S.443).

Dies bedeutet auch, dass es weder die Person des Experten noch dessen Biographie sind, die den Sozialforscher im Rahmen von Experteninterviews an einem Experten interessieren; statt dessen wird der in einem „Funktionskontext eingebundene Akteur zum Gegenstand der Betrachtung" (Meuser/Nagel 1997, S.485). Der Fokus wissenschaftlichen Interesses ist dabei selektiv gerichtet auf die Problemsicht des Experten innerhalb ‚seines' organisatorischen und institutionellen Zusammenhangs.

Expertenwissen ist nun freilich nicht einfach als ‚Rezeptwissen' abfragbar; nicht alles, was ihr Denken und Handeln beeinflusst, gehört zum bewussten Wissensrepertoire der Experten selbst. Vielmehr müssen die jeweiligen Relevanzsysteme bzw. die „überindividuellen, handlungs- bzw. funktionsbereichsspezifischen Muster des Expertenwissens (...) entdeckt, d.h. interpretativ rekonstruiert werden" (Meuser/Nagel 1994, S.183). Damit ist es letztlich die Aufgabe der sozialwissenschaftlichen Interpreten, diesen ‚impliziten Hintergrund' des Handelns zu rekonstruieren.

2 Datenerhebung

Methodologischer Hintergrund

Der praktische Verwendungszusammenhang von Experteninterviews ist es, komplexe Wissensbestände zu rekonstruieren, die für die Erklärung sozialer Phänomene, auf die sich das aktuelle Forschungsinteresse bezieht, von Bedeutung sind. Experteninterviews beziehen sich entweder auf diejenigen Akteure, die als Funktionseliten implizite und explizite Regelsysteme, Strukturen und Entscheidungsprozesse in dem relevanten Wirklichkeitsausschnitt repräsentieren, oder auf ‚intime Kenner' der Situation im relevanten Feld, die nicht notwendigerweise (mehr) direkt zur Funktionselite gehören müssen.

Leitfadengestützte Experteninterviews sind thematisch strukturierte Interviews. Ziel ist es, die Eigenpräsentation der Akteure durch erzählgenerierende Fragen zu motivieren. Um sowohl eine inhaltliche Fokussierung als auch eine selbstläufige Schilderung zu gewährleisten, kommt ein offen und unbürokratisch zu handhabender Leitfaden zum Einsatz, der hinreichend Raum für freie Erzählpassagen mit eigenen Relevanzsetzungen lässt (vgl. auch Hopf 1978). Mit dieser Ausrichtung gehört das Experteninterview zu den so genannten ‚offenen Verfahren' und entspricht damit den Grundannahmen des interpretativen Paradigmas, wie es Wilson (1973) versteht.

Dazu kurz einige Erklärungen: In den 70er Jahren wurde die Debatte über die methodologischen Grundlagen der Sozialwissenschaften durch die Auseinandersetzung zwischen den konkurrierenden Standpunkten des normativen und des interpretativen Paradigma markiert. Die hypothesenprüfenden und standardisierten Verfahren wurden dabei den rekonstruktiven Verfahren gegenübergestellt. Während sich Wirklichkeit bei Ersteren als eine von den Subjekten unabhängige, so genannte objektive Wirklichkeit darstellt, ist sie bei den rekonstruktiven Verfahren nicht von den jeweils konkreten Interpretationsleistungen der Subjekte unabhängig zu denken. Das heißt, die Frage danach, wie die Subjekte ihre Wirklichkeit konstruieren, führt konsequenterweise dazu, empirisch an der Alltagswelt der Subjekte anzusetzen, da diese die sozialen und natürlichen Zusammenhänge ihrer Welt deuten – eine Fähigkeit, die im Laufe der Sozialisation erlernt und strukturiert wird. Damit ist eine bestimmte Realitäts- und Wirklichkeitsauffassung bezeichnet, nämlich: Wirklichkeit als eine zu interpretierende zu verstehen, und zwar nicht nur in der Weise, dass sie in hohem Maße interpretationsbedürftig ist, sondern vielmehr sich selbst überhaupt erst in den Interpretationen der Subjekte konstituiert (vgl. Bohnsack 1991).

Interpretative Sozialforschung versucht daher konsequenterweise, soziale Wirklichkeit dadurch zu erfassen, dass sie die in der Alltagswelt der Subjekte generierten Erfahrungen, Perspektiven, Sinngebungen und Relevanzstrukturen zu rekonstruieren sucht. Das Experteninterview wird der soeben skizzierten Eigentümlichkeit der Sozialwelt insofern gerecht, als es die zentralen Postulate interpretativer Sozialforschung – ‚Offenheit' und ‚Kommunikation' (vgl. Hoffmann-Riem 1980) – aufnimmt sowie dem Postulat der ‚Prozesshaftigkeit im Forschungsprozess' gerecht wird:

- Die Datengewinnung vollzieht sich im Experteninterview als kommunikativer Akt. Damit wird auf die Konstitutionsbedingungen sozialwissenschaftlicher Datengewinnung verwiesen, in denen der „Zugang des Forschers zu bedeutungsstrukturierten Daten" nur dann gelingt, wenn „er eine Kommunikationsbeziehung mit dem Forschungssubjekt eingeht und dabei das kommunikative Regelsystem des Forschungssubjekts in Geltung läßt" (Hoffmann-Riem 1980, S. 346).
- Mit dem Experteninterview kann der Prozesshaftigkeit des Forschungsablaufes Rechnung getragen werden. Eine schrittweise Gewinnung und Prüfung von Daten ist möglich, wobei Zusammenhang und Beschaffenheit der einzelnen Elemente sich allmählich und in einem ständigen reflexiven Bezug herausschälen. In diesem Sinne geht es um ein Entdeckungsverfahren, bei dem die Forscher – wie es Kleining (1982, S. 231, zit. in Witzel 1985, S. 233) ausdrückt –, „den Weg der Überwindung des Vorverständnisses gehen, und zwar im Prozess des Forschens". Der Gesprächsverlauf im Interview beinhaltet die Möglichkeit, einen reziproken Verstehensprozess zu entwickeln.

Das Experteninterview eignet sich also zur „Exploration des Unbekannten" (Behnke/Meuser 1999, S. 13). Mit der relativ weitgehenden Eigenpräsentation der Forschungssubjekte wird ein Oktroyieren künstlicher und für die Eigenperspektive der Informanten irrelevanter Erhebungsschemata weitgehend vermieden und ein notwendiges Maß an Offenheit erreicht. Damit wird es den Forschungssubjekten ermöglicht, andere Dimensionen und Wirklichkeitskonstruktionen zum Ausdruck zu bringen, als die Wissenschaftler erwarten. Für die Interviewpraxis bedeutet dies, Fragen mit narrativer Generierungskraft (vgl. unten) zu stellen und die Erzählsequenzen der Interviewpartner nicht zu beeinflussen.

Die eigentümliche ‚Zwitterposition' des Experteninterviews

Innerhalb der interpretativen Verfahren der empirischen Sozialforschung, aber auch verglichen mit den ‚harten', hypothesenprüfenden und standardisierten Methoden gilt das Experteninterview als ein eher „randständiges Verfahren" (Meuser/Nagel 1997, S. 481), das – wie bereits angesprochen – in der methodologischen bzw. methodischen Diskussion kaum reflektiert wird. Meist firmiert es unter der groben Rubrik ‚nicht-standardisiertes' bzw. ‚qualitatives' Interview.

Es ist ebenfalls bereits darauf verwiesen worden, dass die geringe Beachtung des Experteninterviews damit zusammenhängen dürfte, dass es keine ‚reine' Form einer methodischen Ausrichtung präsentiert, sondern eine forschungspragmatisch begründete Mischform der Datenerhebung darstellt: Zum einen haben Experteninterviews eine klar definierte inhaltliche Ausrichtung, die durch den Leitfaden vorstrukturiert ist. Dabei ist der Fokus des Experteninterviews auf das Herantasten an bestimmte exklusive Wissensbestände der Befragten gerichtet. Die je individuellen Motiviertheiten und Begründungen der Experten im biographischen Entstehungszusammenhang werden dabei bewusst vernachlässigt. Experten interessieren nicht als Personen, sondern als Träger von Wissen, an dem der Sozialforscher interessiert ist. Experten stehen daher lediglich für Strukturzusammenhänge, sie verkörpern organisationale und institutionelle Entscheidungsstrukturen und Problemlösungen, sie repräsentieren Wissensbestände im Sinne von Erfahrungsregeln, die das Funktionieren von sozialen Systemen bestimmen – oder sie haben ‚nur' Einblick in all diese Wissensbestände. Zum anderen fehlt dem Experteninterview eine streng induktive Vorgehensweise, wie wir sie beispielsweise im autobiographisch-narrativen Interview vorfinden; vielmehr wird eine Kombination aus Induktion und Deduktion mit der Chance auf Modifikation der theoretischen Konzepte oder Kategorien der Forscher vorgenommen. Mit anderen Worten: Mit der Entscheidung, bestimmte Experten mit Hilfe eines bestimmten Leitfadens zu befragen, ist die Ausrichtung auf einen bestimmten Wirklichkeitsausschnitt gefallen, auf den dann im Interview Bezug genommen wird. Die Funktionsgebundenheit der Interviewpartner bedeutet für das Experteninterview per se eine Vorstrukturierung. Bei der Auswahl der Experten, aber auch im Interview selbst müssen die Forscher dieser thematischen Schwerpunktsetzung Rechnung tragen. Hinzu kommt, dass der locker strukturierte und flexibel einsetzbare Leitfaden ja auch bereits Ausdruck erster (theoriegeleiteter) Hypothesen ist, die dann mit der sozialen Realität konfrontiert werden.

Allerdings ist das Experteninterview gerade auch durch seine relative Offenheit dazu geeignet, konzeptionelle Vorüberlegungen ‚über den Haufen zu werfen', so dass die Theoriegenerierung durch die Befragten erhalten bleibt. Die Bedeutungsstrukturierung der sozialen Wirklichkeit bleibt durch die erzählende Gesprächsstruktur dem Befragten überlassen. Die im Expertengespräch generierten Erkenntnisse über das ‚Feld' modifizieren die weitere Untersuchung. Diese doppelte Ausrichtung des Experteninterviews kann als ‚geschlossene Offenheit' bezeichnet werden: Zum einen strukturieren konzeptionelle Überlegungen das Feld, zum anderen bleibt durch das Erzählprinzip die Bedeutungsstrukturierung durch die Forschungssubjekte erhalten. Deduktion und Induktion gehen Hand in Hand.

Die Erhebungssituation als Gratwanderung zwischen Strukturierung und Offenheit

Die Erkenntnischancen des Experteninterviews werden zum einen in der Annäherung an ein alltagsweltlich vertrautes Kommunikationsschema gesehen, in dem die bereits erwähnten Forschungsprinzipien der Offenheit und der Kommunikation ihren Ausdruck finden. Zum anderen wird die Gesprächssituation durch konzeptionelle Vorüberlegungen strukturiert. Dieser doppelten Struktur des Experteninterviews, die als ‚geschlossene Offenheit' beschrieben wurde, wird in der Interviewpraxis dadurch Rechnung getragen, dass ein mehr oder minder ausführlicher und flexibel handhabbarer Interviewleitfaden vorbereitet wird. Dieser Fragebogen ist das Resultat theoretisch-wissenschaftlicher Vorüberlegungen, mit denen die Forscher die Feldphase vorbereiten. Die Betonung liegt auf ‚Offenheit' und ‚Flexibilität', denn grundsätzlich gilt, dass es sich bei einem Expertengespräch um keine geschlossenen Fragen handelt, also keine Antwortkategorien vorgegeben sind. Der Detaillierungsgrad der Fragen ist niedrig; sie sind der alltagsweltlichen Gesprächssituation angepasst und keinesfalls vorformuliert anzuwenden. Die Leitfragen sind als Gedächtnisstützen gedacht: Sie motivieren den Interviewpartner zu einem Gespräch mit eigenen Relevanzsetzungen, ohne die verschiedenen Dimensionen des Erkenntnisinteresses sowie den interessierenden Problembereich zu vergessen.

In der Erhebungssituation zeichnet sich das Experteninterview trotz seiner konzeptionellen Vorüberlegungen durch eine offene Gesprächstechnik aus, bei der die Interviewer zwischen einer thematisch-kompetenten Gesprächsinitiierung und -leitung sowie einer zurückhaltend-interessierten Haltung im Interviewverlauf changieren müssen. Der Grad der Strukturierung des Interviewverlaufs durch einen Leitfaden und durch einen gezielt fragenden, diskursiven oder eher betont zurückhaltenden Interviewstil ist letztlich nicht abstrakt vorzuentscheiden, sondern ausschließlich nach dem Kriterium der Gegenstandsadäquanz zu beantworten. Dafür ist eine gewisse Kenntnis des Handlungsfeldes des Experten unabdingbar, wie es das folgende Praxisbeispiel mit betrieblichen Managern verdeutlicht (vgl. Trinczek 1995).

Für das Gelingen eines Experteninterviews mit Vertretern des betrieblichen Managements ist erforderlich, die Interviewführung – wie in jedem anderen Feld auch – an die Regeln der alltäglichen Kommunikation dieses ganz spezifischen Kontextes anzupassen. Dies heißt beispielsweise für die Anfangssequenz des Interviews, dass von den interviewten Managern – eine Klientel, sie sich als chronisch zeitarm wähnt – typischerweise eine Gesprächssituation erwartet wird, welche zielgerichtet und effizient strukturiert ist; es wird in aller Regel erwartet, von einem Forschungsteam mit präzisen Fragen konfrontiert zu werden. Meist wird die Interviewsituation nach den üblichen Begrüßungsritualen denn auch mit den Worten eingeleitet: „So, jetzt schießen Sie mal los. Was wollen Sie von mir wissen; fragen Sie einfach" (ebd., S. 62). Zeit wird in der betrieblichen Kommunikation als knappes Gut gehandelt, und dies spiegelt sich eben in der Erwartungshaltung nach einer solchen vermeintlich klaren und effizienten Gesprächsstrukturierung wider. Erst wenn sich im Laufe der Interviewsituation die Gesprächsatmosphäre entspannt, relativiert sich üblicherweise diese ursprüngliche Erwartungshaltung an eine Gesprächsverteilung im Stil einer Frage-Antwort-Struktur.

Umgekehrt kann allerdings ein Experteninterview genauso misslingen, wenn von den Interviewern überangepasst ein Gesprächsverhalten an den Tag gelegt wird, das zwar den gängigen Vorstellungen des jeweiligen Handlungsfeldes entspricht, aber nicht mehr berücksichtigt, dass hinter den Selbstinszenierungen auch andere Sprachstile und Verhaltensweisen hervorgelockt werden können. Genau in dieser Situation bewährt sich die Offenheit und Flexibilität qualitativer Interviewführung, die das Experteninterview auszeichnen.

Für das Interviewerverhalten heißt das, dass in Antizipation der alltagsweltlichen Kommunikationsstrukturen – zumindest in der Anfangsphase des Interviews – ein situationsadäquater Fragestil geboten ist, der dem Sprachcode und dem sozialen Kontext der Interviewpartner angepasst ist. Ob dabei ein eher non-direktiver Frageton angebracht ist oder ein Fragestil, der in diskursiv-argumentativer Manier ein Gespräch zu initiieren versucht, muss in der je konkreten Situation entschieden werden. Als Faustregel gilt: Eine bezugnehmende Anteilnahme der Interviewer am Expertenwissen trägt in der Regel zum Gelingen eines Interviews bei. Im Idealfall trifft die wissenschaftliche Untersuchung bei Experten auf Neugierde an der Sache. Dafür werden dann Geheimnisse gelüftet sowie Informationen und Erfahrungen extemporiert.

Eine leitfadengestützte Gesprächsführung mit Experten hat den Vorteil, dass sie dem thematischen Fokus des Forschungsinteresses gerecht wird. Gleichzeitig bedeutet die konzeptionelle Aufbereitung des Themas, dass sich die Interviewer bereits im Vorfeld des eigentlichen Interviews mit dem Handlungsfeld vertraut machen. Dies hat entscheidende Vorteile: Zum einen verhindert eine solche inhaltliche Auseinandersetzung mit dem Gegenstand des Experten die Gefahr, im Interview lediglich zum ‚Erfüllungsgehilfen' des Leitfadens zu werden. Der Leitfaden bestimmt nicht den Ablauf des Diskurses; die Interviewer sind lediglich dazu angehalten, im Interesse ihres Forschungsprojekts verschiedene Dimensionen des Themas anzusprechen. Die in die Entwicklung des Leitfadens miteingeflossene inhaltliche Arbeit erleichtert es, die verschiedenen Dimensionen des Forschungsinteresses frei zu formulieren, d.h. sie ohne am Leitfaden zu kleben umzusetzen sowie durch immanentes Nachfragen weitergehende Erzählungen zu generieren. Zum anderen beschränkt die inhaltliche Sachkunde der Interviewer die Gefahr, sich in Themen zu verlieren, die nichts mehr mit dem Forschungsinteresse zu tun haben.

Ein inhaltlich kompetentes Auftreten der Forscher im Interview bedeutet eine Respektsbekundung gegenüber den Interviewpartnern, die ihre Zeit zur Verfügung stellen. Im betrieblichen Kontext (um noch einmal das Beispiel der betrieblichen Manager aufzugreifen) kann ein zu ‚offener' Fragestil beim Gegenüber auch als Respektlosigkeit aufgefasst werden, weil unspezifische Fragen zum eigenen Fachgebiet mit Nichtwissen und dieses wiederum mit Interesselosigkeit gleichgesetzt wird. Und noch auf ein weiteres Spezifikum des betrieblichen Handlungsfeldes soll aufmerksam gemacht werden: Nicht selten erwarten die Manager von Forschungsteams einen intellektuellen Gedankenaustausch zwischen Wissenschaft und Praxis, bei dem die betrieblichen Akteure „ihrer Lust am handlungsentlasteten intellektuellen Austausch, am Argumentieren und Diskutieren" nachkommen können (Trinczek 1995, S. 64). Die Interviewer sind in einer solchen Situation dazu angehalten, bewusst Gegenpositionen zu formulieren, so dass der Interviewte seine subjektiven Relevanzsetzungen diskursiv entfalten kann. Diese Art konstruktiv-diskursiver Interviewführung setzt allerdings inhaltlich wie sozial in hohem Maße kompetente Interviewer voraus und ist letztlich auch mit Gefahren verbunden. So kann das Interesse des Experten am Gedankenaustausch eine Reziprozität der Perspektiven unterstellen und den Interviewer in die Rolle des Co-Experten drängen. Zudem provoziert eine derartige diskursive Gesprächsstruktur möglicherweise ein Abstraktionsniveau, das explizit indexikal ist, wenig Narrationen enthält (keine Erzählungen generiert) und jegliche Detaillierungen außen vor lässt. In anderen Fällen kann das Interview zur bloßen rhetorischen Inszenierung des Standpunktes des Experten werden. Um derartige verfahrene Interviewsituationen positiv zu wenden, schlagen Meuser und Nagel (1991, S. 449) vor, dann das Forschungsinteresse nochmals neu zu rahmen, eine Detaillierung der thematischen Fokussierung vorzunehmen und diese in den Kontext des Experten einzubetten. Gelingt dies nicht, so ist aus forschungsethischen Gründen ein ‚Gesichtsverlust' zu vermeiden. Es ist in einer derartigen diffizilen Situation geboten, sich auf den Diskursverlauf des Gesprächspartners einzulassen und das Interview in dem dafür vorgesehenen Zeitraum zu beenden.

Das Experteninterview ist also, was die soziale und inhaltliche Kompetenz der Interviewer betrifft, voraussetzungsvoll. Grundsätzlich gilt, dass die ‚gegenseitige Fremdheit' der Akteure zum Auslöser wird, sich über die anliegende Thematik zu verständigen. Meistens beginnt das Interview mit Fragen der Experten zur Forschungsfrage und zum Auftraggeber der Forschung. Bereits in dieser ersten Sequenz der Begegnung werden wichtige Zeichen für den weiteren Gesprächsverlauf gesetzt. Es ist der Intuition des Forschers vorbehalten, den Ton zu wählen und – wenn nötig – Kompetenzen (unauffällig) zu demonstrieren.

Es gibt keine dekontextualisierten, d.h. ‚reinen' Interviewsituationen. Im Experteninterview (wie auch bei anderen Erhebungsmethoden der empirischen Sozialforschung) wirken mit Sicherheit Status und Milieuzugehörigkeit, Geschlecht, aber auch die Generationszugehörigkeit der Interviewer auf die Erhebungssituation. Das gilt für alle Phasen im Forschungsprozess: Feldzugang, Datenerhebung und -interpretation. Daraus folgt, dass, wenn schon diese nicht kontrollierbaren Kontextbedingungen nicht ausgeschaltet werden können (niemand tritt z. B. jemals als geschlechtsloses Wesen in die Forschungsinteraktion), so doch wenigstens deren Bedeutung für die Interviewsituation reflektiert werden kann und muss. Für das Experteninterview heißt dies, dass zwar einige ‚ideale' Situationen ausgemacht werden können, in denen beispielsweise eine ‚habituelle Übereinstimmung' von Forschern und Experten von Vorteil ist. Gleiches kann aber auch zum Nachteil geraten. Für einen fruchtbaren diskursiv-argumentativen Interviewdiskurs beispielsweise, wie er von betrieblichen Managern teilweise erwartet wird, spielt die Qualifikation und auch der formale Status eine wichtige Rolle: „Unpromovierte ‚Youngster' aus der Wissenschaft können da – völlig unabhängig von ihrer wahren Kompetenz – in den Augen von Management-Vertretern kaum bestehen" (Trinczek 1995, S. 65).

Umgekehrt können aber gerade solche Statusdemonstrationen für Interviewpartner bedrohlich wirken und den Gesprächsfluss hemmen. Manchmal, so Behnke und Meuser (1999, S. 79) kann eine „Harmlosigkeitsunterstellung" gegenüber jüngeren Forschern auch zum Vorteil geraten, weil offener und vertraulicher kommuniziert wird. Einen ähnlich gelagerten Geschlechtseffekt spüren vor allem jüngere Forscherinnen, die sich in männerdominierten Forschungsfeldern bewegen. Neben der kulturell tief verankerten Zuweisung von emotionaler Kompetenz an Frauen erhalten diese auch deshalb wichtige Informationen, weil man davon ausgeht, dass bestimmte Fakten für sie erklärungsbedürftig sind, und ihnen nicht zugetraut wird, über spezifische Sachverhalte aufgeklärt zu sein. Diese Zuschreibungen können im Interview strategisch genutzt werden, weil die ‚weibliche Dummheitsunterstellung' immer auch an die Bereitschaft der (männlichen) Experten appelliert, Aufklärung zu betreiben (Abels/Behrens 1998, S. 86).

Für das Experteninterview ist – soweit dem nicht das explizite Interesse des Interviewpartners entgegensteht – eine Tonbandaufzeichnung zwingend. Bekanntlich ist der Prozess der Aufbereitung und Auswertung von empirischem Material ein Prozess der systematischen und kontrollierten Datenvernichtung; allerdings sollte der Prozess eben ‚kontrolliert' und ‚systematisch' erfolgen und nicht der jeweiligen Erinnerungsleistung des Interviewers bzw. Protokollanten geschuldet sein. Daher ist die Praxis in zahlreichen ‚großen' Sozialforschungsinstituten, die aus forschungsökonomischen Gründen von vornherein auf die Aufzeichnung der Interviews verzichten, unter methodischen Gesichtspunkten als hochgradig problematisch einzuschätzen. Der beliebte Spruch, man sei selbst überrascht, dass man sich wortwörtlich an ganze Interviewpassagen erinnern könne und mit Sicherheit alle wichtigen Informationen im Protokoll festhalten könne, kann angesichts der wahrnehmungspsychologischen Einsicht in die durch das eigene Vorwissen und eigene inhaltliche Positionen geprägte selektive Informationsaufnahme kaum Bestand haben. Protokolle sind nur im Fall verweigerter Aufzeichnung angezeigt, sollten unmittelbar nach dem Interview angefertigt werden, und die Forscher sollten sich deren Status als Material von lediglich sekundärer Qualität bewusst sein.

3 Dateninterpretation und Feedback

Datenaufbereitung

Eine entscheidende Frage bei der Datenaufbereitung ist die Frage nach der Transkriptionsgenauigkeit. Während bei der Herstellung des Primärmaterials eine eindeutige Linie (und zwar: durchgängige Tonbandaufzeichnung) zwingend ist, da man sich ansonsten jeglicher Möglichkeit der (Eigen- wie Fremd-) Kontrolle eigener Einschätzungen und Interpretationen am Originalmaterial begibt, sind die Kriterien bei der Verschriftlichung des Tonbandmaterials weniger ‚hart'.

Im Idealfall ist natürlich ein Volltranskript wünschenswert, wobei die Transkriptionsregeln nicht den Grad an Detailliertheit und Genauigkeit des Transkripts sicherstellen müssen, wie dies etwa bei Verfahren der ‚dokumentarischen Interpretation' (nach Bohnsack) erforderlich ist. Als Regel gilt: Das Transkript muss – jenseits des schieren Textes – all die Informationen umfassen, die bei der Interpretation genutzt werden. Wer nicht vorhat, systematisch etwa Sprechpausen im Interview auszuwerten und zu interpretieren, der muss diese auch nicht im Transkript kenntlich machen.

Volltranskripte haben für die wissenschaftlichen Mitarbeiter eines Projektes den entscheidenden Vorteil, dass die zeitaufwendige Aufgabe der Herstellung dieser Volltranskripte ‚fremdvergeben' werden kann. Was dann ‚nur' noch zu tun ist, ist der Abgleich des Tonbandmitschnitts mit dem erhaltenen Transkript und dessen eventuelle Korrektur – insgesamt auf jeden Fall eine erhebliche Zeitersparnis (für – nebenbei bemerkt – ja auch vergleichsweise hochqualifiziertes und teures Personal, das sich während der eingesparten Zeit sinnvolleren Aufgaben widmen kann!). Der entscheidende Nachteil ist die hohe Kostenintensität, die zunehmend weniger Projektträger in vollem Umfang zu tragen bereit sind.

Nicht zuletzt aus diesem Grund hat es sich eingebürgert, dass Experteninterviews nur noch selektiv transkribiert bzw. überhaupt nur noch paraphrasiert werden. Selektive Transkription bzw. Paraphrasierung können jedoch nur von den wissenschaftlichen Mitarbeitern selbst bzw. von speziell eingearbeiteten studentischen Mitarbeitern erledigt werden, da die Kriterien der Selektion und die Relevanzkriterien bei der Paraphrase (wo ausführlich, wo kursorisch) nur von kompetentem Personal mit detaillierter Kenntnis des Forschungsinteresses adäquat in Anschlag gebracht werden können. Der Nachteil liegt auf der Hand: Ein erhebliches Zeitkontingent qualifizierten Personals wird für diese Tätigkeit gebunden. Als Vorteil ist dagegen – neben dem Vorliegen von ‚handhabbarem' und bereits inhaltlich ‚reduziertem' Material – vor allem die intime Kenntnis des Interviewmaterials anzusehen: Wer ein Interview in dieser Weise bearbeitet hat, kennt es in der Regel außerordentlich gut.

Eines muss bei dieser Form des Umgangs mit dem Material allerdings stets bedacht sein: Die Selektionsschritte bei der Paraphrase bzw. der Transkription – häufig unter solch harmlos klingende Label wie etwa ‚Datenaufbereitung' gefasst – sind bereits erste Schritte der Interpretation, die jedoch in aller Regel nicht als solche wahrgenommen bzw. kenntlich gemacht werden. Was wird transkribiert, was paraphrasiert, was inhaltlich gerafft, was relativ genau paraphrasiert, welche theoriehaltigen Begriffe werden in die Paraphrase eingeführt, etc. – all dies sind ohne Zweifel erste Interpretationsschritte des Forschers im Prozess der Datenaufbereitung. Nicht umsonst hat Ralf Bohnsack für diesen Schritt konsequenterweise die Bezeichnung „formulierende Interpretation" gewählt (Bohnsack 1991, S. 36).

Der zweite Schritt der Datenaufbereitung ist die inhaltliche Verschlagwortung des Interviews durch das Einfügen von thematischen Überschriften.

Tabelle 1:   Arbeitsschritt: ‚Überschriften'

Fall	TEIL-THEMEN (T 1–6)								
F 1	T2	T5	T2	T1	T6	T3	T4	T3	T6
F 2	T1	T6	T4	T2	T5	T4	T3		
F 3	T5	T1	T6	T1	T4	T3	T2	T6	T4	T2
F 4	T4	T5	T2	T1	T6	T3			
F 5	T6	T2	T1	T3	T5	T4	T5	T2	

Zwar ist der Forderung von Meuser und Nagel prinzipiell zuzustimmen, dass dabei „textnah vorzugehen (ist), d.h. die Terminologie der Interviewten" (1991, S. 457) aufzugreifen sei. Bei Leitfadeninterviews dürfte es sich jedoch regelmäßig ergeben, dass sich im Interviewtext die verschiedenen Punkte des Leitfadens wiederfinden; daher bietet es sich an, die Interviews – soweit dies der Interviewtext zulässt – gleich nach den Themen des Leitfadens zu untergliedern. Die Existenz gleicher Überschriften in den verschiedenen Interviews erleichtert dann auch den abschließenden Schritt der Datenaufbereitung von Leitfadeninterviews, nämlich die Aufhebung der Sequenzialität des einzelnen Interviewtextes und das Rearrangement des gesamten empirischen Materials unter die verschiedenen thematischen Überschriften.

Tabelle 2:   Arbeitsschritt: Aufhebung der Sequenzialität

Fall	TEIL-THEMEN (T 1–6)					
F 1	T1	T2	T3	T4	T5	T6
F 2	T1	T2	T3	T4	T5	T6
F 3	T1	T2	T3	T4	T5	T6
F 4	T1	T2	T3	T4	T5	T6
F 5	T1	T2	T3	T4	T5	T6

Gerade mit Blick auf die Aufhebung der Sequenzialität des Textes und auf das weitere Vorgehen bei der Auswertung und Interpretation der Interviews muss nun freilich dem eigentümlichen ‚Zwittercharakter' des Experteninterviews (vgl. oben) Rechnung getragen werden. Dies heißt, dass beim weiteren Arbeiten mit dem Interviewmaterial zwischen der ‚Fallgestalt', also dem einzelnen Interview als Ganzem und dem nach Themenblöcken geordnetem Material ständig changiert wird. Während bei erstem vor allem die inhärente Logik eines Expertengesprächs sowie die kontextuelle Einbettung und Entstehung von Argumentationen (aber auch Ungereimtheiten und Widersprüche im Interview) interessieren, geht es bei der (quer-)dimensionalen Analyse, wie sie weiter unten detaillierter beschrieben wird, um den systematischen Vergleich der inhaltlichen Passagen. Etwas zugespitzt formuliert lässt sich sagen, dass die dimensionale Analyse des Interviewmaterials darauf abzielt, die erhobenen Daten zu reduzieren und in einer verdichteten Geordnetheit wiederzugeben. Die Fallgestalten füllen dabei jedoch die gerafften Informationen stets wieder mit Leben; sie (re-)kontextualisieren komprimierte Forschungsdaten, indem sie z. B. über die jeweiligen Perspektiven, Relevanzsetzungen sowie institutionelle Rahmenbedingungen von Interviewpersonen – in unserem Fall Experten – Auskunft geben.

Als hilfreich bei der Datenaufbereitung hat sich die Nutzung entsprechender Spezialsoftware erwiesen (etwa MAX). Zwar wird man bei Nutzung dieser Programme nicht der Erledigung der einzelnen soeben beschriebenen Arbeitsschritte enthoben, aber bereits der letzte Schritt, die thematisch orientierte Neuordnung des Interviewmaterials, wird von diesen Programmen automatisch erledigt. Daneben haben diese Programme den Vorteil, bei der Verschlagwortung von Interviews problemlos mit der Bildung überlappender thematischer Blöcke zurechtzukommen und auch die Zuweisung mehrerer Überschriften zu einzelnen thematischen Blöcken ohne jeden Aufwand zu akzeptieren. Entscheidender Vorteil solcher Programme ist jedoch, dass sie es zum einen zulassen, auch nach Aufhebung der Sequenzialität des Einzelfalls Sozialdaten und weitere Informationen über den Interviewpartner den einzelnen Interviewsegmenten zuzuordnen, und dass sie es zum anderen ermöglichen, stets zwischen Fallgestalt und entsequenzialisiertem Themen-Block hin und her zu wechseln. Auf diese Weise ist es möglich, bei Bedarf beide Textebenen ständig gleichzeitig im Blick zu behalten.

Mit Experteninterviews kann im Prozess der Datenaufbereitung und -interpretation ganz Unterschiedliches gemacht werden – je nach Erkenntnisinteresse. Mitunter interessiert der einzelne Experte als besonderer Fall, mal ist die Analyseebene die Organisation (und es werden die verschiedenen Expertengespräche, die in einer Organisation geführt wurden zu einer Organisationsfallstudie verdichtet), mal ist das forscherische Interesse auf das Erstellen einer Typologie ausgerichtet. Da an dieser Stelle nicht auf alle diese verschiedenen Verfahren eingegangen werden kann, werden wir uns im Folgenden auf den Fall des Erstellens einer Typologie konzentrieren.

Zur Interpretation des Experteninterviews: Das Beispiel der typologisierenden Analyse

Am Ende der ‚Datenaufbereitung' liegt das gesamte Material aller Interviews inhaltlich nach den jeweiligen Punkten des Leitfadens geordnet vor. Dies bedeutet nicht nur, dass die Sequenzialität des einzelnen Interviews aufgehoben ist, sondern auch, dass das Einzelinterview zwar immer noch als Fallgestalt präsent ist, gleichzeitig aber auch textlich aufgelöst wird und im weiteren Fortgang der Arbeit teilweise eben auch nicht mehr als weitere Arbeitsgrundlage dient. Gearbeitet wird nun wesentlich mit dem aus allen Interviews zu jeweils einem spezifischen Teil-Thema extrahierten Material, wobei freilich immer wieder zur weiteren Kontexualisierung der Einzeltexte auf die Fallgestalt zurückgegriffen wird.

Ein solches Teil-Thema kann sich – je nach Differenziertheit der Datenaufbereitung – auf eine oder mehrere inhaltlich relevante ‚Überschriften' beziehen. Diese Teil-Themen werden gemeinhin als einzelne inhaltliche ‚Dimensionen' des Gesamtmaterials bezeichnet; eine Analyse des Materials, die sich hierauf konzentriert, heisst entsprechend ‚(quer)dimensionale Analyse'.

Tabelle 3: Arbeitsschritt: Reorganisation des Materials entlang der Teil-Themen (Dimensionen)

Teil-Thema	Fälle (1–5)				
T 1	F1	F2	F3	F4	F5
T 2	F1	F2	F3	F 4	F5
T 3	F1	F2	F3	F4	F5
T 4	F1	F2	F3	F4	F5
T 5	F1	F2	F3	F4	F5
T 6	F1	F2	F3	F4	F5

Nun gehen Soziologen professionsbedingt von der sozialen Strukturiertheit von Wissen, Einschätzungen und Interpretationen in der gesellschaftlichen Wirklichkeit aus. Dies bedeutet, dass sie mit dem (sich in aller Regel bestätigenden) Anfangsverdacht an ihr empirisches Material herangehen, es könnten sich möglicherweise im Material hinter der Vielfalt individueller Äußerungen in den Interviews eine begrenzte Anzahl typischer Einstellungen, Positionen, Orientierungen, Konstruktionen von Wirklichkeit etc. finden lassen, die herauszuarbeiten lohnend ist. Häufig ist es auch genau dies, wofür ihnen Förderinstitutionen entsprechende Mittel zur Verfügung stellen.

Um solche typischen Ausprägungen von Wirklichkeit zu rekonstruieren, werden bei der Interpretation des Materials in einem ersten Schritt für jedes als relevant erachtete Teil-Thema die entsprechenden Passagen aus den verschiedenen Interviews systematisch inhaltlich miteinander verglichen, um jeweils Gemeinsamkeiten und Unterschiede heraus zu arbeiten. Diese Gemeinsamkeiten und Unterschiede werden dann für jedes Teil-Thema typologisierend verdichtet, so dass am Ende dieses Schrittes eine Vielzahl von ‚dimensionalen Typologien' erstellt ist, in denen das komplexe Interviewmaterial strukturiert und verdichtet vorliegt und die alle für sich textlich verarbeitbar sind. Derartige dimensionale Typologien beschränken sich daher ausdrücklich auf die Rekonstruktion der Strukturiertheit gesellschaftlicher Wirklichkeit in (mehr oder weniger kleinteilig ausgewählten) Ausschnitten der forschungsrelevanten Wirklichkeitsbereiche.

Sollte es allerdings das Ziel eines Forschungsvorhabens sein, eine komplexe Typologie eines bestimmten sozialen Gegenstandsbereiches zu erarbeiten, muss in einem weiteren Schritt nach bestimmten typischen Kombinationen von Ausprägungen in den dimensionalen Einzeltypologien gefahndet werden, und die innere Logik der Typen kontrastierend rekonstruiert werden. Dies erfordert, dass bei diesem Arbeitsschritt wiederum die einzelnen Fälle als ganze ins Blickfeld genommen werden, also die Aufteilung des Gesamtmaterials in verschiedene Teil-Themen insoweit zurückgenommen werden muss, als nun interessiert, wie sich in jedem einzelnen Fall die Ausprägungen auf den Dimensionen kombinieren.

Tabelle 4: Arbeitsschritt: Fallspezifische Ausprägungen der dimensionalen Typologien

Fall	TEILTHEMEN (T 1–6) (typische Ausprägungen a – c)					
F 1	T1 – c	T2 – a	T3 – b	T4 – b	T5 – a	T6 – a
F 2	T1 – a	T2 – a	T3 – a	T4 – b	T5 – b	T6 – a
F 3	T1 – b	T2 – b	T3 – b	T4 – a	T5 – b	T6 – b
F 4	T1 – a	T2 – a	T3 – a	T4 – b	T5 – b	T6 – a
F 5	T1 – a	T2 – a	T3 – a	T4 – b	T5 – b	T6 – b

Zum anderen muss gleichzeitig eine Entscheidung über die für die Gesamttypologie als typrelevant zu erachtenden Dimensionen gefällt werden; die Wahrscheinlichkeit, dass alle Themenblöcke (und das können zahlreiche sein!) als gleich relevant erachtet werden, ist unwahrscheinlich. Diese gewichtende Extraktion der typrelevanten Dimensionen aus dem Material heraus stellt in aller Regel den schwierigsten interpretativen Schritt bei der Erstellung komplexer Typologien dar – und kann nur in einer rekonstruktiven Herangehensweise erfolgreich bewerkstelligt werden, die den Versuch unternimmt, die zentralen ‚Bausteine' der verschiedenen Fälle, aus denen sich deren Logik wesentlich erschließen lässt, kontrastierend herauszuarbeiten.

Ist dies erfolgreich bewältigt, erfolgt ein Verfahren, das man – etwas überspitzt formuliert – als ‚qualitative Clusteranalyse' bezeichnen könnte: Das Material wird ‚einfach' entlang der fallspezifischen Kombinationen der Ausprägungen in den einzelnen relevanten Dimensionen dahingehend untersucht, ob sich hier klar gegeneinander abgegrenzte Kombinationen finden lassen, denen eine gewisse innere Logik inhärent ist und die dann zur Rekonstruktion der Gesamt-Typologie genutzt werden können. Insofern ist es zwingend, dass die einzelnen Typen stets an den Fallgestalten, die den Typen zuzuordnen sind, rekonstruktiv validiert werden.

Tabelle 5: Arbeitsschritt: ‚Qualitative Clusteranalyse'

Typen	Typrelevante Dimensionen T1, T3, T5		
1 (= F1)	T1 – c	T3 – b	T5 – a
2 (= F2, F4, F5)	T1 – a	T3 – a	T5 – b
3 (= F3)	T1 – b	T3 – b	T5 – b

Die Interpretation empirischen Materials ist ohne Zweifel derjenige Schritt im Forschungsprozess, für den es – aus verständlichen Gründen – am schwierigsten ist, ‚Rezeptwissen' zu formulieren. Entsprechende skizzenhafte Hinweise, wie sie soeben am Beispiel der typologisierenden Analyse daher auch nur kurz angedeutet werden konnten, verbleiben zwangsläufig etwas arg schematisch auf der formalen Ebene der Beschreibung von Arbeitsschritten, helfen demjenigen, der vor mehreren Ordnern an Interviewmaterial steht, aber nur bedingt weiter. Nach wie vor ist es so, dass bei der Interpretation Forschungserfahrung, Imagination, Kreativität etc. wesentlich mit hineinspielen – alles Qualitäten, die zwar in gewisser Weise erlernbar sind, die sich allerdings nur bedingt lehrbuchmäßig vermitteln lassen. Die Qualität von Interpretationen ist es jedoch letztlich, die über die Qualität eines empirischen Sozialforschers entscheidet.

Formen des Feedbacks

Das Feedback ist im Grunde kein besonderer oder gar integraler Bestandteil des Experteninterviews als Methode. Dies bedeutet nun allerdings nicht, dass in Projekten, die sich dieses Verfahrens bedienen, nicht auch Feedbackprozesse organisiert werden können, nur: Diese stehen weder formal noch inhaltlich in einem besonderen Zusammenhang zum gewählten methodischen Vorgehen, sondern werden als (mehr oder weniger) selbstverständliche Service-Leistung des Forschungsteams gegenüber den Interviewpartnern verstanden, die man auch erbracht hätte, wenn man sich anderer Methoden bedient hätte. Mitunter ist die Zusicherung eines solchen Feedback auch Teil von Vereinbarungen mit den beforschten Organisationen, die überhaupt erst den Zugang zu diesem Feld sichern.

Dabei steht bei den Interviewpartnern zum einen das Interesse an einem ‚kompetenten Blick von außen' auf die eigene soziale Praxis im Vordergrund. Dies wird Wissenschaftlern zumeist zugetraut, da man ihnen in gewisser Hinsicht Neutralität und Unvoreingenommenheit unterstellt und sie auch keiner interessierten Position mit konkreten Handlungsabsichten verdächtigt, wie dies etwa bei externen Unternehmensberatern der Fall ist, bei denen Experten häufig (und wohl auch zu Recht) den Verdacht hegen, hier werde gezielt die Situation von und in Organisationen ‚schlecht geredet', um sich dann selbst als möglicher ‚Retter in der Not' präsentieren zu können.

Zum anderen sind Experten freilich typischerweise auch daran interessiert zu erfahren, wie sich die Situation in anderen Organisationen ausnimmt, die das Projektteam ebenfalls beforscht hat. Man weiß, dass das längere Eingebundensein in eine Organisation zu einer systematischen Einschränkung der eigenen Perspektive führen kann, so dass man sich von den Forschern einen Blick ‚über den eigenen Tellerrand hinaus' wünscht. Vielleicht kann man ja auch die eine oder andere Anregung für das eigene Expertenhandeln aus diesem Feedback mitnehmen.

Üblicherweise erfolgt das Feedback vor dem endgültigen Abschluss des Forschungsvorhabens. Damit kann es – neben den bereits erwähnten Funktionen für die befragten Experten – auch für das Forschungsteam noch eine produktive Funktion erhalten: Es kann sowohl dazu dienen, sachliche Fehler zu bereinigen, wie auch dazu, Interpretationen und Einschätzungen mit den Experten zu diskutieren, um diese dann möglicherweise vor dem Hintergrund neuer zusätzlicher Informationen noch zu spezifizieren oder zu modifizieren.

In der Praxis haben sich zwei Formen des Feedback bei Experteninterviews als probate Verfahren erwiesen: Das ‚Einzelfeedback' sowie die ‚Expertentagung'. Vor- und Nachteile der beiden Optionen liegen auf der Hand: Das Einzelfeedback, in dessen Rahmen Feedbackprozesse in jeder an der Untersuchung beteiligten Organisation stattfinden, zeichnet sich durch höhere Spezifität des Feedback sowie eine dichtere und fallnähere Diskussion aus. Dem möglichen zusätzlichen Informationsgewinn steht allerdings der hohe (Zeit-)Aufwand für das Forschungsteam gegenüber – und dies just in der Projektabschlussphase, die ohnehin typischerweise durch eine angespannte Zeitsituation geprägt ist.

Zu Expertentagungen werden alle an der Untersuchung beteiligten Experten eingeladen und mit den (zwangsläufig summarischer ausfallenden) Projektergebnissen konfrontiert. Dieses Verfahren hat nicht nur den Vorteil, dass es organisatorisch und zeitlich weniger aufwändig ist als das Einzelfeedback, sondern auch, dass im Austausch der Experten untereinander vielfach neue Perspektiven auf den Forschungsgegenstand generiert werden. Allerdings leiden solche Feedbacktagungen regelmäßig – so zeigen unsere Erder Grenze des Betriebsverfassungsgesetzes oder reicht er darüber hinaus? Relevant sind die faktischen Mitbestimmungsbefugnisse, die über formell eingeräumte Beratungsfunktionen hinausreichen, die vom Betriebsverfassungsgesetz abweichende Zahl der Freistellungen von Betriebsräten etc.

Um die Vergleichbarkeit der von uns in den einzelnen Firmen erhobenen Daten sicherzustellen, haben wir uns zusätzlich in allen Betrieben den Ablauf von den Befragten selbst als besonders ‚schwierig' eingeschätzten Bargaining-Fällen ausführlich schildern lassen; auf diese Weise wurden eingeübte Konflikteskalationsstrategien mit ihren typische Formen des Einsatzes von Machtmitteln erhoben. Um die unterschiedliche Aushandlungs- und Regelungspraxis der Betriebe bei vorgegebenen Rahmenbedingungen vergleichend studieren zu können, wurde darüber hinaus in den Interviews nach der für alle Betriebe zur Untersuchungszeit wichtigen Umsetzung der Tarifverträge zur Arbeitszeitverkürzung gefragt.

Insgesamt wurden 32 Betriebe aufgesucht, in 26 von ihnen fanden Kurzrecherchen statt und in sechs Betrieben wurden Intensivfallstudien durchgeführt. Bei den Kurzrecherchen beschränkten wir uns auf zwei bis drei Experteninterviews mit Vertretern der Geschäftsleitung und mit dem Betriebsrat; in den Intensivfallstudien wurden sechs bis acht Expertengespräche mit verschiedenen Managementvertretern und Betriebsräten durchgeführt.

Um den Gesprächscharakter zu wahren, fungierten die themenzentrierten Leitfäden nur als Orientierungshilfe, von der – je nach Gesprächsdynamik und Ergiebigkeit – auch abgewichen werden konnte; in bestimmten thematischen Kontexten waren längere Erzählsequenzen der Befragten erwünscht. Die Interviewer waren lediglich gehalten, alle wichtigen Dimensionen im Verlauf des Gesprächs anzusprechen, um die Vergleichbarkeit der Resultate sicherzustellen. Die Gespräche wurden mit wenigen Ausnahmen auf Band mitgeschnitten und anschließend komplett bzw. teiltranskribiert.

Alle Interviews wurden zunächst einer ersten Aufbereitung unterzogen, die in diesem Arbeitsschritt der chronologischen Struktur des Interviews folgte. Die darauf folgende thematische Aufbereitung war darauf abgestellt, mit dem aufbereiteten Material sowohl längs- wie querschnittsorientierte Auswertungen zu ermöglichen. Dazu wurden die transkribierten Protokolle einer thematischen Umgruppierung unterworfen, durch die der Gesprächsverlauf teilweise aufgelöst und das Protokoll gleichzeitig auf die wesentlichen Passagen hin verdichtet wurde.

In einem nächsten Schritt wurden so genannte ‚Betriebsprofile' erstellt, in die die Informationen aller Interviews einflossen, die in einem Betrieb durchgeführt worden waren. In diesen kürzeren Texten von etwa sechs bis acht Seiten sind alle wesentlichen Informationen über einen Betrieb, seine Akteure und Interaktionsstrukturen anhand der für unsere Fragestellung wesentlichen Kategorien knapp zusammengefasst. Die Betriebsprofile dienten zum einen als Orientierungshilfe bei der querdimensionalen Auswertung, weil es kaum möglich ist, alle Facetten der 32 Betriebe jeweils präsent zu haben; zum anderen wurden sie für die Rekonstruktion der Typen herangezogen.

Für diese Rekonstruktion der typischen Interaktionsmuster waren nicht zuletzt die sechs Intensivfallstudien zentral. Für die Fallstudienbetriebe wurden zusätzlich aufeinander bezogene Längsschnittanalysen der Interviews durchgeführt. Diese Analysen wurden dann – unter Nutzung der Originaltranskripte und des jeweiligen Betriebsprofils – zu betrieblichen Falldarstellungen verdichtet. Aus diesen Falldarstellungen und dem Material aus den

Kurzrecherchen, in dem sich auch Varianten eines Typus finden ließen, wurde schließlich der Interaktionstypus gebildet.

Die innerbetrieblichen Austauschbeziehungen zwischen Management und Betriebsrat lassen sich anhand typkonstitutiver Kriterien zu einer Reihe von Interaktionsmustern zusammenfassen und typologisieren. Aus dem Material konnten fünf Dimensionen als grundlegend für die Typisierung herausgearbeitet werden. Diese Dimensionen verdichten sich zu einer Art ‚Konfiguration', also zu einer Gruppe von Merkmalen oder Faktoren, die typischerweise gemeinsam auftreten und in dieser Gemeinsamkeit einen spezifischen Modus innerbetrieblicher industrieller Beziehungen konstituieren. Es sind dies:

a. Interessendefinition und Wahrnehmung der betrieblichen Interessenkonstellation;
b. strukturierender Interaktionsmodus;
c. Machtmittel;
d. Rolle der Belegschaft;
e. Beziehung zu den Verbänden.

Die fünf Dimensionen, auf die hier inhaltlich nicht näher eingegangen werden kann, wurden weder rein analytisch noch rein empirisch gewonnen. Vielmehr stellen sie spezifische Relevanzsetzungen der Befragten in einem vom Forschungsteam qua Leitfadenkonstruktion in gewisser Weise vorstrukturierten Themenfeld dar. ‚Analytisch' sind die Dimensionen insofern, als sie Teil eines größeren Themenspektrums sind, das das Forschungsteam im Vorfeld der Empirie durch Literaturrecherchen, Explikation empirischer Vorkenntnisse und theoretische Reflexion gewonnen hatte und durch das es die in diesem Feld relevanten Einflussfaktoren abgedeckt sah. Als ‚empirisch' sind die Dimensionen hingegen zu bezeichnen, da sich in ihnen die im Feld vorgenommenen Selektionen, Präferenzen und Akzentuierungen der Befragten widerspiegeln. In den Interviews rekurrierten die Interviewpartner zur Charakterisierung ‚ihrer' Austauschbeziehungen typischerweise vor allem auf diese fünf Dimensionen aus dem vom Forschungsteam angebotenen und im Interview thematisierten Spektrum.

Ziel der hier vorgelegten Untersuchung war es, Aussagen über die Interaktionsmuster in ihrer inneren Vielfalt, ihrer empirischen Breite und vor allem ihrer typischen Strukturiertheit zu treffen, nicht aber über deren Verteilungen bzw. ‚quantitative (numerisch gesicherte) Repräsentativität'.

In der nachstehenden Übersicht sind die typkonstitutiven Dimensionen mit ihren wichtigsten Ausprägungen zusammengefasst und den sechs Interaktionstypen zugeordnet.

Tabelle 6: Typologie der Interaktionsmuster: Typen 1–3

Dimensionen \ Typen	Typ 1: Konfliktorisches Interaktionsmuster	Typ 2: Interessenbezogene Kooperation	Typ 3: Integrationsorientierte Kooperation
Interessendefinition	Dominanz divergierender Interessen mit partiell antagonistischen Zügen	Anerkennung gemeinsamer Interessen bei Betonung divergierender	Anerkennung divergierender Interessen, Dominanz der betrieblichen als gemeinsamer Interessen
Strukturierender Interaktionsmodus	Konflikt als Modus des Interessenausgleichs mit Option auf Kompromiss	Kompromiss als Modus des Interessenausgleichs mit Option auf Konflikt	‚Rationale' Argumentation und Sachzwangverpflichtung
‚Pace-setter' (prägt den Interaktionstil)	Betriebsrat	Betriebsrat	Geschäftsleitung und Betriebsrat
Dominante Form der Alltagskommunikation	Institutionalisierte Treffen kollektiver Gremien	Institutionalisierte Treffen kollektiver Gremien	Kollektive Verhandlungen mit 4-Augen-Gespräch im Vorfeld
In Konfliktsituationen eingesetzte Machtmittel	Streik in allen Formen	Streik als selten eingesetztes Mittel in eingeschränkter Form	- /
	Herstellung betriebsexterner und -interner Öffentlichkeit durch den BR	Herstellung betriebsinterner Öffentlichkeit durch den BR	- /
	Betriebsexterne Konfliktregulierung durch GL und BR	Bereitschaft zu betriebsexterner Konfliktlösung bei GL und BR	Konsensuale Anrufung externer Stellen als neutralem Schlichter
	Strategischer Einsatz der Mitbestimmungsrechte durch BR	Strategischer Einsatz der Mitbestimmungsrechte durch BR	Drohung des BR mit verschärfter Handhabung der Mitbestimmungsrechte
	Drohung mit ökonomischen Sanktionen durch GL	Eingeschränkte Drohung mit ökonomischen Sanktionen durch GL	- /
	Einsatz symbolischer Machtmittel durch BR und GL	Einsatz symbolischer Machtmittel durch BR und GL	Einsatz symbolischer Machtmittel durch BR und GL
Rolle der Belegschaft im innerbetrieblichen Politikprozess	Enges Verhältnis von BR und Belegschaft. Exklusive Vertretungskompetenz des BR	Im Konfliktfall enger Bezug, sonst nur in reduziertem Maß	Marginalisierung der Belegschaft. Stellvertreterpolitik des BR
Verhältnis zu den Verbänden	BR als Avantgarde der Gewerkschaft, Unternehmen solidarisch zum AGV	BR als verlängerter Arm der Gewerkschaft, pragmatisches Verhältnis der GL zum AGV	‚Gebremste' betriebspartikularistische Kooperation auf beiden Seiten

Tabelle 7: Typologie der Interaktionsmuster: Typen 4–6 (Forts. von Tabelle 6)

Typ 4: Harmonistischer Betriebspakt	Typ 5: Patriarchalische Betriebsfamilie	Typ 6: Autoritär-hegemoniales Regime
Dominanz der betrieblichen Interessen als ge-meinsame, divergierende Interessen. nur bei betriebspolitischen Randthemen	Interessenidentität, Belegschaftsinteressen gehen im Betriebsinteresse auf	Vernachlässigung der Belegschaftsinteressen bei reibungsloser Durchsetzung der betrieblichen
Vertrauensvolle Einigung zwischen Management und BR-Vorsitzendem	Akzeptierte Hegemonie der GL mit gelegentlicher Appellation des BR an Eigentümer	Unangetastete Hegemonie der GL, betriebspolitische Marginalisierung des BR
Geschäftsleitung und BR (-Vorsitzender)	Geschäftsleitung (Eigentümer)	Geschäftsleitung
Häufige 4-Augen-Gespräche, Termine nach beiderseitigem Bedarf	Geringe Kommunikationsdichte, seltene 4-Augen-Gespräche	Äußerst geringe Kommunikationsdichte, sehr seltene 4-Augen-Gespräche
- /	- /	(Keine offenen Konfliktsituationen, Verzicht des BR auf Einsatz von Machtmitteln)
- /	- /	- /
- /	- /	- /
Hinweis des BR auf ‚seine' Mitbestimmungsrechte	- /	- /
- /	- /	rigorose Durchsetzung der GL-Politik
Einsatz symbolischer Machtmittel durch BR und GL	Appell an Moral und Gerechtigkeit durch den BR	- /
Marginalisierung der Belegschaft. Stellvertreterpolitik des BR	Pakt zwischen Eigentümer und Belegschaft bei partieller Exklusion des BR	Exklusion der Belegschaft als Kollektiv
Weitgehende betriebspartikularistische Kooperation auf beiden Seiten	Abschottung des Betriebs gegenüber den jeweiligen Verbänden	Gewerkschaft und AG-Verband als betriebspolitisch unbedeutende Größen

5 Möglichkeiten und Grenzen der Methode

Der Grundsatz empirischer Sozialforschung, die Methode dem jeweils individuellen Gegenstand angemessen zu wählen und an ihm zu entwickeln, gilt auch für das Experteninterview. Ob nun explorativ-felderschließend oder im Fokus der eigentlichen Hauptuntersuchung stehend, geben Experteninterviews exklusive Einblicke in Strukturzusammenhänge und Wandlungsprozesse von Handlungssystemen, wie etwa in Entscheidungsstrukturen und Problemlösungen von Organisationen und Institutionen. Sie informieren über die Insider-Erfahrungen spezifischer Status- und Interessengruppen und eröffnen den Zugriff auf implizite Regeln, die an der Schnittstelle zwischen makro- und mikrosoziologischer Analyse zu verorten sind.

Experteninterviews ermöglichen damit eine privilegierte Problemsicht. Sie repräsentieren mit ihrem in einen Funktionskontext eingebundenen Akteurswissen kollektive Orientierungen und geben Auskunft über ein funktionsbereichsspezifisches Wissen.

Durch seine doppelte Ausrichtung, die wir ‚geschlossene Offenheit' genannt haben, nimmt das Experteninterview allerdings eine eigentümliche Zwitterposition innerhalb des interpretativen Paradigmas ein. Immer dann, wenn das Forschungsinteresse darauf abzielt, komplexe Wissensbestände zu rekonstruieren, ohne auf bereits vorab formulierte theoretische oder sekundäranalytische Überlegungen zu verzichten, sind Gespräche mit Experten eine vorzügliche Methode, neue Einblicke in Forschungsfelder zu gewinnen, ohne konzeptuelle Vorüberlegungen außen vor lassen zu müssen bzw. diese erst gar nicht zu explizieren. Im Gegenteil: Indem theoretisches Vorwissen offengelegt (und in den Fragekomplexen des Interviews zum Ausdruck gebracht) wird, besteht die Möglichkeit, neu gewonnene Erkenntnisse in den Forschungsprozess wieder einzuflechten. Explikation und Prozesshaftigkeit manifestieren sich so wechselhaft in dem Prinzip der Reflexivität von Gegenstand und Analyse, einem der zentralen methodologischen Kriterien qualitativer Forschung. Die Vorteile von Experteninterviews liegen also auf der Hand: Durch die Prinzipien der Prozesshaftigkeit, Kommunikation und Flexibilität bieten Experteninterviews Erkenntnischancen qualitativen Zuschnitts. Gleichzeitig sind thematische Schwerpunktsetzungen und gegenstandsbezogene (erste) Hypothesen möglich – ohne in standardisierter Manier lediglich vorab konzeptualisiertes Wissen zu überprüfen. Sowohl in der Erhebungssituation als auch bei der Auswertung des Datenmaterials hilft die Geordnetheit der Themen, vergleichend zu interpretieren und die Vielfalt der Informationen in Typiken zu kondensieren. Ziel auch hierbei ist die ‚Entdeckung des Unbekannten'. Theoriebildung findet im Forschungsprozess durch interpretierte Handlungs-, Deutungs- und Wahrnehmungsmuster statt.

Trotz der erkenntnistheoretischen Chancen von Expertengesprächen soll abschließend auf zwei potentielle Problemzonen hingewiesen werden, die sowohl im Forschungsdesign reflektiert als auch in der konkreten Interviewsituation von den Interviewern gelöst bzw. austariert (oder auch: ausgehalten) werden müssen.

Zum einen ist die Gradwanderung zwischen Strukturierung und Offenheit, also der themenzentrierte Zuschnitt in der Erhebungssituation sowie in der Auswertung des Materials bei möglichst weitgehender Eigenpräsentation der Forschungssubjekte ein voraussetzungsreiches Unterfangen. Denn wie es beispielsweise gelingt, trotz leitfadengestützter Interviewführung einen offenen Ablauf des Gesprächs zuzulassen, damit eigene Relevanzsetzungen der Interviewpartner diskursiv entfaltet werden können, ist nicht zuletzt der sozialen Kompetenz der Interviewer geschuldet. Nur dadurch kann sichergestellt werden, dass die Erkenntnischancen einer forschungspragmatischen Fokussierung des Experteninterviews genutzt werden können, ohne der Gefahr aufzusitzen, die Perspektive über Gebühr einzuschränken.

Inhaltliche und soziale Kompetenz auf Seiten des Interviewers ist darüber hinaus erforderlich, weil die Tatsache, ein Interview mit jemandem zu führen, der über ein privilegiertes Sonderwissen verfügt (also ein Experte ist), es in spezieller Weise notwendig erscheinen lässt, sich bei seinem Gegenüber als akzeptierten Fragekommunikator auszuweisen. Das heißt, dass Kenntnisse des Handlungsfeldes unabdingbar sind. Gleichzeitig birgt die demonstrative Präsentation von Detailkenntnissen wissenschaftlicher (Co)-Experten auch die Gefahr, ein ‚Experten-Duell' zu inszenieren, so dass der eigentliche Erkenntnisgewinn verloren geht. Auch hier sollte das Bemühen im Vordergrund stehen, die Selbstverständlichkeiten der eigenen Wahrnehmung und Deutung des Sozialen ‚einzuklammern' und durch dieses Prinzip der Fremdheit zwischen Forschenden und Erforschten ‚Neues' auch in vermeintlich vertraut scheinenden Terrains zu entdecken.

Zum anderen darf der (u. a. auch zugeschriebene) Expertenstatus nicht darüber hinwegtäuschen, dass es sich auch bei einem Expertengespräch um die jeweiligen Perspektiven, Sinngebungen und Relevanzstrukturen eines Gesellschaftsmitgliedes handelt. Eine künstliche Trennung zwischen Person und Experte ist u.E. problematisch, weil auch ein exklusives Wissen grundsätzlich stets nur über die Person und deren Erfahrungshintergrund zugänglich ist.

6 Anmerkungen

1   Hinzu kommt, dass das Experteninterview häufig auch ‚nur' explorativ-felderschließend genutzt wird (vgl. unten); mit Expertengesprächen wird nicht selten der Weg in die ‚eigentliche' Hauptuntersuchung vorbereitet, die dann auf einem anderen methodischen Zugang basiert. An explorative Verfahren werden aber üblicherweise nicht dieselben strengen methodologischen und methodischen Maßstäbe herangetragen wie an die in den Hauptuntersuchungen genutzten Verfahren – und daher bedürfen solche Verfahren auch nur reduzierter Aufmerksamkeit (so auch Meuser/Nagel 1997, S. 482).

2   In einer gesellschafts- und modernisierungstheoretischen Diskussion über die Folgen einer sogenannten ‚Expertokratisierung' der Gesellschaft werden in kritischer Perspektive die Folgen dieser ungleichen Wissensverteilung diskutiert (vgl. dazu Hitzler et al. 1994). Die Diskrepanz zwischen dem Wissen des einzelnen und dem produzierten und verfügbaren Wissen der Gesamtgesellschaft wird in diesem Kontext mit Stichworten wie „Entmündigung durch Experten", „Expertenherrschaft" u.ä. diskutiert. Vor allem in der Professionssoziologie, aber auch in der Eliteforschung finden sich einschlägige Arbeiten darüber.

3   Vgl. hierzu insbesondere Sprondel (1979), der bei seiner Gegenüberstellung von ‚Experte' und ‚Laie' explizit an die Schütz'schen Überlegungen anschließt.

4   Dass diese wechselseitig akzeptierten komplementären Zuschreibungen des Experten- und Laienstatus nun selbst dem gesellschaftlichen Wandel unterliegen, zeigt sich an der neueren Debatte um das Verhältnis von Laien und Experten, etwa am Beispiel von sogenannten ‚Risikotechnologien' (vgl. etwa Beck 1986).

5   Meuser/Nagel (1994) orientieren sich an einem handlungstheoretischen Elitebegriff. Eliten werden über ihre Funktion und nicht über ihre Position (Positionselite) bestimmt; sie sind qua ihrer Funktion in der Lage, die sozialen Prozesse in ‚ihrem' Sozialsystem in stärkerem Maße zu

beeinflussen als Nicht-Eliten. In dieser Hinsicht sind Eliten anderen Mitgliedern dieses Systems ‚überlegen' (vgl. dazu auch Endruweit 1979, S.43).
6   Zur Unterscheidung von Kontext- und Betriebswissen vgl. Meuser/Nagel 1991, S. 446.
7   Die Ergebnisse dieser Untersuchung sind in zwei Bänden dokumentiert: Bosch et al. 1999 und Artus et al. 2001. Die weiteren Aussagen beziehen sich auf denjenigen Untersuchungsteil, der sich mit der Situation in den alten Bundesländern beschäftigt (Bosch et al. 1999).

7   Literatur

Abels, Gabriele/Behrens, Maria (1998): ExpertInnen-Interviews in der Politikwissenschaft. Das Beispiel Biotechnologie, in: Österreichische Zeitschrift für Politikwissenschaft, 27, S. 131–143

Artus, Ingrid/Liebold, Renate/Lohr, Karin/Schmidt, Evelyn/Schmidt, Rudi/Strohwald, Udo (2001): Betriebliches Interessenhandeln, Bd. 2: Zur politischen Kultur der Austauschbeziehungen zwischen Management und Betriebsrat in der ostdeutschen Industrie, Opladen

Beck, Ulrich (1986): Risikogesellschaft. Auf dem Weg in eine andere Moderne, Frankfurt a. M.

Behnke, Cornelia/Meuser, Michael (1999): Geschlechterforschung und qualitative Methoden, Opladen

Bohnsack, Ralf (1991): Rekonstruktive Sozialforschung. Einführung in die Methodologie und Praxis qualitativer Forschung, Opladen

Bosch, Aida/Ellguth, Peter/Schmidt, Rudi/Trinczek, Rainer (1999): Betriebliches Interessenhandeln. Bd.1: Zur politischen Kultur der Austauschbeziehungen zwischen Management und Betriebsrat in der westdeutschen Industrie, Opladen

Endruweit, Günter (1989): Elitebegriffe in den Sozialwissenschaften, in: Zeitschrift für Politik, 26, S. 30–46

Hitzler, Ronald (1994): Wissen und Wesen der Experten. Ein Annäherungsversuch – zur Einleitung, in: Ronald Hitzler/Anne Honer/Christian Maeder (Hrsg.), Expertenwissen. Die institutionalisierte Kompetenz zur Konstruktion von Wirklichkeit, Opladen, S. 13–30

Hoffmann-Riem, Christa (1980): Die Sozialforschung einer interpretativen Soziologie – Der Datengewinn, in: Kölner Zeitschrift für Soziologie und Sozialpsychologie, 32, S. 339–372

Hopf, Christel (1978): Die Pseudo-Exploration. Überlegungen zur Technik qualifizierter Interviews in der Sozialforschung, in: Zeitschrift für Soziologie, 7, S. 97–115

Merton, Robert K./Fiske, Marjorie/Kendall, Patricia L. (1956): The Focused Interview: A Manual of Problems and Procedures, Glencoe Ill

Merton, Robert K./Kendall, Patricia L. (1946): The Focused Interview, in: American Journal of Sociology, 51, S. 541–557

Merton, Robert K./Kendall, Patricia L. (1979): Das fokussierte Interview, in: Christel Hopf/Elmar Weingarten (Hrsg.), Qualitative Sozialforschung, Stuttgart, S. 171–204

Meuser, Michael/Nagel, Ulrike (1991): Experteninterviews – vielfach erprobt, wenig bedacht. Ein Beitrag zur qualitativen Methodendiskussion, in: Detlef Garz/Klaus Kraimer (Hrsg.), Qualitativ-empirische Sozialforschung. Konzepte, Methoden, Analysen, Opladen, S. 441–471

Meuser, Michael/Nagel, Ulrike (1994): Expertenwissen und Experteninterview, in: Ronald Hitzler/Anne Honer/Christian Maeder (Hrsg.), Expertenwissen. Die institutionalisierte Kompetenz zur Konstruktion von Wirklichkeit, Opladen, S. 180–192

Meuser, Michael/Nagel, Ulrike (1997): Das Experteninterview – Wissenssoziologische Voraussetzungen und methodische Durchführung, in: Barbara Friebertshäuser/Annedore Prengel (Hrsg.), Handbuch Qualitative Forschungsmethoden in der Erziehungswissenschaft, Weinheim-Basel, S. 481–491

Trinczek, Rainer (1995): Experteninterviews mit Managern: Methodische und methodologische Hintergründe, in: Christian Brinkmann/Axel Deeke/Dieter Völkel (Hrsg.), Experteninterviews in der Arbeitsmarktforschung. Diskussionsbeiträge zu methodischen Fragen und praktische Erfahrungen (= BeitrAB 191), Nürnberg, S. 59–67

Schütz, Alfred (1972): Der gut informierte Bürger, in: ders., Gesammelte Aufsätze, Bd. 2: Studien zur soziologischen Theorie, Den Haag, S. 85–101

Sprondel, Walter M. (1979): „Experte" und „Laie": Zur Entwicklung von Typenbegriffen in der Wissenssoziologie, in: Walter M. Sprondel/Richard Grathoff (Hrsg.), Alfred Schütz und die Idee des Alltags in den Sozialwissenschaften, Stuttgart, S. 140–154

Walter, Wolfgang (1994): Strategien der Politikberatung. Die Interpretation der Sachverständigen-Rolle im Lichte von Experteninterviews, in: Ronald Hitzler/Anne Honer/Christian Maeder (Hrsg.), Expertenwissen. Die institutionalisierte Kompetenz zur Konstruktion von Wirklichkeit, Opladen, S. 268–284

Wilson, Thomas (1973): Theorien der Interaktion und Modelle soziologischer Erklärung, in: Arbeitsgruppe Bielefelder Soziologen (Hrsg.), Alltagswissen, Interaktion und gesellschaftliche Wirklichkeit, Reinbek, S. 54–79

Witzel, Andreas (1985): Das problemzentrierte Interview, in: Gerd Jüttemann (Hrsg.), Qualitative Forschung in der Psychologie. Grundfragen, Verfahrensweisen, Anwendungsfelder, Weinheim u. a., S. 227–255

Narratives Interview

Ursula Holtgrewe

1 Einleitung

In narrativen Interviews werden die Gesprächspartner veranlasst, spontane Stegreiferzählungen zu den interessierenden Forschungsfragen zu erzeugen. Eine solche Methode wird in der Organisationsforschung selten eingesetzt. Gerade das, was Organisationen ausmacht, ihre Ausbildung von Zwecken, Routinen und Mitgliedsrollen, scheint sich gegen die Lebensweltlichkeit des Erzählens zu sträuben. Andererseits sind Organisationen Räume sozialer Erfahrung. Hier handeln Menschen, sie (re)produzieren organisationelle Strukturen, deuten Situationen, bringen ihre Identitäten als Organisationsmitglieder und Personen ins Spiel, schließen Ereignisse aneinander an und stellen Kontinuitäten her. Und wie man als Organisationsmitglied und -forscher weiß, kursieren auch und gerade in Organisationen Geschichten, gibt es Helden und Schurken, Erfolgsstorys und Tragödien. Die Produktion von Erzählungen ist auch hier „the preferred sense-making currency of human relationships among internal and external stakeholders" (Boje 1991, S. 106). Es könnte sich also lohnen, die erzählerischen Kompetenzen von Interviewpartnern gezielt zu nutzen, um mit den Möglichkeiten dieser Methode „hinter" das Erzählte zu blicken und neben den offensichtlichen Akteurskonstellationen und Ereignisketten auch hintergründige Strategien, *constraints* und Handlungsblockaden zu entdecken.[1]

Narrative Interviews in der Organisationsforschung

In der Organisationsforschung sind narrative Interviews dann zu gebrauchen, wenn es für die gewählte Fragestellung auf subjektive Erfahrungen und erzählenswerte Ereignisse ankommt. Nicht jeder Ausschnitt der sozialen Wirklichkeit, der Organisationsforscher interessiert, ist der Erzählung zugänglich. Routinen, regelmäßige Abläufe und *standard operating procedures* sind schwerlich erzählbar. („Wie war's in der Schule?" „Och, so normal.") Was erzählenswert ist, muss aus der Routine hervortreten und sich der Erzählerin und ihrem Gesprächspartner als Ereignis(-kette) präsentieren (vgl. Bohnsack 1995), die zur Sinnkonstitution, zu Bilanzierung und Evaluation anregt. Dabei wird das Relevanzsystem, in dem Erzählenswertes ausgewählt wird, von beiden in der Interviewsituation interaktiv etabliert.

Geeignet sind also im phänomenologischen Sinn „problematische" Ereignisse, an denen die Befragten beteiligt sind: wahrnehmbare Transformationsprozesse, Projekte mit einem Anfang und einem Ende oder Krisen, die Brüche und Rekonstruktionen der Erfahrung anstoßen. In der Pionierarbeit von Schütze waren dies Fusionen von Gemeinden im Zuge der Verwaltungsreformen der 1970er Jahre, deren Verläufe von beteiligten Kommunalpolitikern erzählt wurden. Das Untersuchungsfeld der Ortsgesellschaft schien Schütze in besonderer Weise geeignet, das Verhältnis von lokal situiertem Handeln und den *constraints* übergeordneter sozialer Strukturen zu bestimmen. „Ortsgesellschaft ist neben

Organisation [!; U. H.] die intermediäre soziale Einheit par excellence zwischen makrostruktureller Gesellschaftsformation und individueller Handlungsabwicklung" (Schütze 1976, S. 204).

Die „Handlungsabwicklung" ist dabei in diesem Zitat eine etwas missverständliche Formulierung: Auch und gerade das Verhältnis von Handeln und Ausführen fremdverfügter Zwänge kann dem Anspruch von Schütze nach über die Analyse von Erzählungen untersucht werden. Dieser Punkt ist hervorzuheben. Die Methode ist sensibel für Selbsttäuschungen und Prozesse, in denen weniger gehandelt denn erlitten wird – auch wenn dies in der Selbstbeschreibung der Befragten erst auf den zweiten Blick zum Ausdruck kommt.

Beschreibung und Herkunft der Methode

Das narrative Interview wurde in Deutschland von Fritz Schütze (1976; 1982; 1983; Hermanns 1995) und seinen Kollegen als Methode ausgearbeitet. Es fügt sich in die Reihe von qualitativen Verfahren ein, die mit weitreichendem, auch gesellschaftstheoretischem Anspruch in den 1970er Jahren ausgebaut wurden. Es steht in der Tradition der Phänomenologie und des symbolischen Interaktionismus (Schütz 1971; Cicourel 1975; Schatzman/Strauss 1966). Schütze wurde insbesondere von Anselm Strauss angeregt.

Typisch für das narrative Interview ist, dass Erzählungen im Unterschied zu anderen Textgenres generiert werden. Befragte sollen also nicht in erster Linie berichten, beschreiben, begründen oder argumentieren, sondern in Bezug auf den relevanten Gegenstandsbereich selbst erlebte Ereignisse und die eigene Beteiligung daran entlang der Zeitachse rekonstruieren:

- wie alles anfing;
- wie sich die Dinge entwickelten;
- was daraus geworden ist.

Dabei bedient man sich einer grundlegenden Kompetenz der Befragten, denn Erzählungen sind gesellschaftsweit geübte und gepflegte Verfahren der Entwicklung von Sinnhorizonten und Situationsdefinitionen (Schütze 1976; Wiedemann 1986). „Prinzipiell kann nämlich von der These ausgegangen werden, daß in der narrativ-retrospektiven Erfahrungsaufbereitung sowohl die Interessen- und Relevanzstrukturen, im Rahmen derer der Erzähler als Handelnder im Verlauf der zu erzählenden Ereignisabfolge handelte, als auch das Komponentensystem der elementaren Orientierungs- und Wissensbestände zur Erfahrungsaufbereitung und zur Handlungsplanung in der zu berichtenden Ereignisabfolge im aktuell fortlaufenden Darstellungsvorgang reproduziert werden müssen, so lange erzählt wird" (Schütze 1977, S. 196).

Die Erzählung verspricht in der Sicht der Vertreter dieser Methode also einen privilegierten Zugang zur Erfahrung der Subjekte, die hier nicht einfach abgefragt, sondern konstruiert und rekonstruiert wird (vgl. Küsters 2006, S. 32ff.). Die Grundannahme dabei ist, dass diese Rekonstruktion der Erfahrung in der Erzählung Muster aufweist, die den Mustern des Handelns und seiner Begrenzungen in der „Wirklichkeit" entsprechen. Dies ist so, weil Ereignisse und Handlungen eben immer erst auf dem Weg der rückblickenden Rekonstruktion zu Erfahrungen werden, die in die Identität der Subjekte eingehen und damit weitere Erfahrungen strukturieren (Mead 1934/1973; Oevermann 1991). Im narrativen Interview ist demnach gewissermaßen *sensemaking* (Weick 1995) in Echtzeit zu beobachten.

2 Datenerhebung

Die Vorbereitung

Bei der Auswahl von Interviewpartnern kommt es wie immer auf den Untersuchungsgegenstand an. Geht es um bestimmte Prozesse, Ereignisse oder Projekte, so liegt es nahe, die Akteure auszuwählen, die an diesen gestaltend und/oder betroffen beteiligt waren. Das muss in Organisationen nicht nur das obere Management sein. Geht es um Fragestellungen, die sich im Vorfeld weniger genau abgrenzen lassen, oder gerade darum, was die Befragten als relevant und erzählenswert betrachten, wird man *theoretical sampling* betreiben: Interviewpartner mit erwartbar unterschiedlichen oder/und ähnlichen Erfahrungen auswählen (Maximal- und Minimalkontrastierung, vgl. Strauss 1994), Rollen in der Organisation, Betriebszugehörigkeit, Alter und Geschlecht variieren usw. Eine geschichtet-"zufällige" Auswahl durch die Forscher lässt sich jedoch nicht immer realisieren. Vorsicht ist dabei geboten, sich Interviewpartner von „interessierten" Akteuren in der Organisation, sei es dem Management oder dem Betriebsrat, nennen zu lassen. Dann kann man versuchen, strategische oder versehentliche Effekte des Auswahlverfahrens zu korrigieren und sich z. B. von den Interviewpartnern weitere Ansprechpartner nennen lassen, eine Zufallsauswahl aus den von der Organisation Benannten treffen usw. Allerdings geht die Methode davon aus, dass die Vielfalt subjektiver Erfahrungen und die Breite und Tiefe, mit der sie erhoben werden, einer allzu strategischen Selbstdarstellung im Sinne der Organisation Grenzen setzen. Selbst wenn die Befragten sich strategisch positionieren, ist die Interpretation sensibel für vorgeschobene Deutungen, Ambivalenzen, hintergründige Interessen und Verstrickungen.

In der praktischen Organisation der Gespräche muss man die räumlichen und zeitlichen Anforderungen narrativer Interviews einerseits, die der Organisation und der Befragten andererseits berücksichtigen. Zu rechnen ist mit einer Dauer ab anderthalb Stunden (in den wenigsten Arbeitsorganisationen empfiehlt es sich, eine Gesprächsdauer von mehr als zwei Stunden während der Arbeitszeit vorher anzukündigen). Die Interviews am Arbeitsplatz durchzuführen setzt voraus, dass man dort ungestört ist. Gegebenenfalls kann man einen Besprechungsraum organisieren, wenn einer vorhanden und dieses Setting für die Befragten nicht allzu ungewöhnlich oder einschüchternd ist. Weil Organisationen per Definition lebensweltliche Bezüge der Befragten ausblenden, hat man in der Organisation das Problem des Kontextes (siehe nächsten Abschnitt), in dem etwa biographische Erzählungen schwerer zustande kommen als arbeitsbezogene. Andererseits signalisiert die Befragung während der Arbeitszeit die Legitimation und Bedeutung des Projekts – und sie erspart es den Befragten, Freizeit aufzuwenden. Vielfach werden aber die zeitlichen und thematischen Beschränkungen geringer sein, wenn man die Befragten privat aufsucht oder die Interviews im Büro der Forscher durchführt. Letzteres ist, wenn man am Ort forscht, oft günstig. Es bietet eine „neutrale" Umgebung, die die Befragten unmittelbar aus ihren eigenen Kontexten herauslockt und zu erzählenden Rekonstruktionen dieser Kontexte anregt. Natürlich sorgt die Interviewerin für Ungestörtheit.[2] Die Interviews werden auf Band aufgenommen und transkribiert (dazu ausführlich Dittmar 2004).

Das Interview

Ein narratives Interview beginnt mit der Bitte um eine Erzählung. Das ist gerade in organisationellen Kontexten durchaus nicht trivial. Stellen die Forscher sich und ihr Projekt so vor, dass es sich um Arbeit und Organisation dreht, so ist die Bitte um eine Erzählung, eine biographische zumal, hoch erklärungsbedürftig. Die Annahme, dass ein Stimulus der Art „Tell me about your life" (Holstein/Gubrium 1995) kontextunabhängig umfassende und dichte biographische Erzählungen anstößt, unterschätzt die Bedeutung der Situation. Im Kontext von Organisation und Beruf erwarten Gesprächspartner, als Experten oder als Inhaber von Lebensläufen angesprochen zu werden. Nicht immer gelingt es, die Information über das Projekt und die Terminvereinbarung sauber vom Erzählstimulus zu trennen, wie Küsters das empfiehlt (2006, S. 44 ff.). Die Aushandlung zwischen Interviewer und Befragter um relevante Themenfelder und Darstellungsebenen ist deswegen aufmerksam zu betreiben. Dann freilich kann sie auch wieder Aufschluss über Selbstpositionierungen und Relevanzen der Erzählerin im Untersuchungsfeld geben. Bei sensiblen und komplexen Themen kann man den Trick verwenden, den schon Schütze (1977) angewandt hat: Es wird zunächst eine Erzählung über ein „harmloses" Nebenthema angeregt (die Namensfindung der neu entstandenen Gemeinden statt den Prozess der Zusammenlegung), bei welchem aber die Zugzwänge des Erzählens es erfordern, dass Erzählende auch die Rahmenbedingungen und -entwicklungen mit berichten.

Die Abweichung von dem, was in Organisationen und von Sozialwissenschaftlern erwartet wird, ist gleichzeitig eine (mögliche) Stärke der Methode, wenn das Erzählen in Gang gekommen ist. Eine Erzählung verlangt nach Kondensierung, Detaillierung und Gestaltschließung. Damit die Geschichte verstanden wird, muss der Zuhörer die relevanten Informationen bekommen. Der Erzähler muss die Beteiligten und die Situation einführen, notwendige Erklärungen liefern, einen Spannungsbogen aufbauen und zu Ende bringen und darf sich nicht in überflüssigen Details verlieren. Diese „Zugzwänge des Erzählens" (Schütze 1976) können auch Gesprächspartner wie Politiker oder Manager, die auf strategische Selbstdarstellung und Kommunikation spezialisiert sind, dazu veranlassen, mehr an Hintergünden, Motiven, Interessen und Betroffenheiten preiszugeben, als sie das in einem anderen Darstellungsmodus täten. Wiedemann (1986, S. 76) weist allerdings darauf hin, dass die listige Wirksamkeit dieser Zugzwänge nicht zu überschätzen ist. Sie greift nur dann, wenn schon ein Vertrauensverhältnis zwischen Zuhörer und Erzählerin entstanden ist – aber umgekehrt kann ja das Erzählen ein solches Vertrauensverhältnis etablieren, wie immer räumlich und zeitlich beschränkt.

Kommt die Erzählung in Gang, so darf die Interviewerin nicht oft unterbrechen, sondern muss aktiv zuhören. Mitunter ist es nötig, den Erzähler auf dem narrativen Gleis zu halten oder ihn dorthin zurückzulotsen. Solche Nachfragen sollten im Erzählmodus bleiben: „Und dann?", „Wie ist das denn gelaufen, als …?", „Wie kam das?", „Wie haben Sie davon erfahren?" Sie dürfen nicht dazu auffordern, die Ebene zu wechseln („Warum?", „Was meinen Sie?"). Allerdings ist nach meiner Erfahrung ein Interview, in dem man sich auf den Vorrang des Erzählens geeinigt hat, ein vergleichsweise fehlerfreundliches Arrangement. Auch „falsche" Unterbrechungen, geschlossene Fragen und andere Abzweigungen sind durch den Erzähler oder die Interviewerin zu reparieren. Insgesamt wird man auch kaum je eine reine Erzählung erhalten. In die Erzählpassagen sind immer wieder Beschreibungen und Begründungen eingelagert (Hermanns 1995). Wenn der Erzähler nicht von selbst auf die Erzählung zurückkommt, wird die Interviewerin den roten Faden wieder aufnehmen: „Wir waren dort stehen geblieben, wo Sie ..."

Eine komplette Erzählung als Textgenre folgt einer universellen Grammatik unabhängig davon, ob es sich um Fiktionen oder um selbst Erlebtes handelt (Labov 1972). Sie beginnt mit einem „Abstract", der die Erzählung ankündigt und legitimiert („Mir ist da gestern ein Ding passiert ..."). Wird die Erzählung auf Nachfrage produziert wie im narrativen Interview, kann der Abstract wegfallen, da der Erzählstimulus diese Funktion übernimmt. Er wird vom Interviewten ratifiziert („Ja, das kam so ..."). Es folgt die Orientierung über Schauplatz, Beteiligte usw. und dann die Komplikation, das Ereignis oder die Folge von Ereignissen, um die es geht. Darauf folgt eine Evaluation oder Einschätzung des Geschehens, die Auflösung (wenn das Geschehen abgeschlossen ist) und schließlich, als Signal für das Ende der Erzählung, eine Coda („Das war es so im Wesentlichen."). Erzählte Passagen erkennt man weiterhin daran, dass sie im erzählend etablierten System der Indexikalität bleiben, also die Verweisstruktur der Namen, Pronomen, Orte und Zeiten durchhalten, in denen die Erzählung situiert ist. Typisch für Erzählungen ist die Verwendung erlebter Rede („und dann sagt er zu mir, ..."). Nimmt die Indexikalität ab, so weist das auf einen Ebenenwechsel hin, und dieser lässt – so Schütze (1976) – auf Verwicklungen und hintergründige Interessen des Gesprächspartners schließen.

Die Coda der Erzählung ist das Signal für den Beginn des Nachfrageteils. Hier wird die Interviewerin zunächst im Bezug auf den Erzählmodus verbleiben: bei unklaren Zusammenhängen um Detaillierungen bitten und an unterbelichteten oder wenig plausiblen Punkten weitere narrative Sequenzen anregen. Dabei kann es produktiv sein, sich etwas „dumm" zu stellen: „Sie sagten vorhin ... Das habe ich nicht ganz genau mitbekommen, könnten Sie das noch einmal erzählen?" (vgl. Schütze 1983, S. 285). Man kann im Nachfrageteil bestimmte Zeitphasen oder bestimmte Situationen „ansteuern" oder auch weitere Belegerzählungen für eher argumentativ entfaltete Passagen erbitten (Fischer-Rosenthal/Rosenthal 1997, S. 146f.) Erst, wenn die Erzählungen ausgeschöpft sind, wird die Interviewerin zu Selbstdeutungen und Bilanzierungen anregen. Sind solche Passagen – was wahrscheinlich ist – schon als Kommentare in die Erzählungen der Interviewpartnerin eingelassen, so wird man dort ansetzen und solche Selbstdeutungen – nicht zu früh! – aufgreifen, zurückspiegeln, ausführen lassen.

In biographischen Interviews haben Brose, Wohlrab-Sahr und Corsten (1993, S. 224 ff.)[3] und die Forscher des Duisburger Telekom-Projekts darüber hinaus in der Bilanzierungsphase auch mit Metaphern gearbeitet, um den Interviewten über einen Ebenenwechsel bei der Sinnkonstitution einen Ansatzpunkt zur biographischen Reflexion anzubieten.

Frage: Ja, Sie meinen, wenn man sich halt auf einen bestimmten Kurs festlegt, dass es dann eher wie ein Zug auf Schienen ist als wie ein Boot, wo man den Kurs wechseln kann [Richtig, richtig], und demgegenüber würden Sie lieber Boot als Zug fahren?

Antwort: Das liegt in der Natur der Sache, ja, es ist immer beides, ist immer beides, und es ist immer das, was man denn daraus macht. Solange ich das mache, was ich selber denn auch verantworten kann, oder was ich in dem Moment für richtig halte, ist es auf jeden Fall Boot, ein

Boot, was ich steuere. Von daher muss man schon offensiv oder offen an die Arbeit rangehen, und auch mit Interesse drangehen, wenn natürlich Desinteresse da ist, und man wird geführt oder einem wird die Arbeit angetragen, man sucht sie nicht selber, dann ist das natürlich Schiene. Wenn einer – einer kommt, legt mir morgens meinen Stapel da hin, das ist Schiene, nur wenn ich es selber mache, wenn ich es aktiv mache, wenn ich es umsetze, dann ist es immer Steuer [Ahja, ahja, also –] – oder würden Sie das anders sehen? (T 2105 Z. 809 ff.)

3   Dateninterpretation und Feedback

Transkription und Auswertung im Überblick

Hat man ein oder mehrere narrative Interviews oder narrative Passagen vorliegen, so sind diese zu transkribieren und zu interpretieren. Die Methodologie folgt der „grounded theory" (Glaser/Strauss 1967; Strauss/Corbin 1991; Strauss 1994). Bei der Transkription, für die man hinreichend Zeit und Manpower einplanen sollte (Drittmittelprojekte!), besteht bekanntlich ein Trade-off zwischen Genauigkeit und Lesbarkeit. Für die Analyse von Erzählungen wird in den meisten Fällen eine wörtliche Mitschrift zumindest der narrativen Passagen nötig sein, eine phonetische Transkription hingegen nicht. In unseren Untersuchungen hat es sich bewährt, die Transkription in Schriftdeutsch vorzunehmen. Das genaue Transkribieren z. B. dialektsprachlicher Passagen, phonetischer Besonderheiten usw. ist dann zu überlegen, wenn diese aussagekräftig für den Untersuchungsgegenstand sind und auch interpretiert werden können. Das ist eher in der Biographieforschung als in der Organisationsforschung der Fall. Weil abgebrochene, neu begonnene und fehlerhafte Sätze möglicherweise auf aufschlussreiche Brüche in der Erzählung hinweisen, empfiehlt es sich in solchen Fällen nicht, die Syntax in der Transkription zu glätten. Man kann solche Sätze per Gedankenstrich in grammatisch richtige Satzteile aufteilen. Dies beim Transkribieren, mit der gesprochenen Sprache im Ohr, zu tun, erspart Interpretationsaufwand beim Auswerten.[4] Die Phase der Transkription ist auch ein günstiger Zeitpunkt, Interviews zu anonymisieren. Das bezieht sich nicht nur auf Personen. Auch Organisationseinheiten, Organisationen und Regionen, die die Fälle wieder erkennbar machen, sind nach den Regeln des Datenschutzes und der guten professionellen Praxis unter der Prämisse zu verschlüsseln, dass sie nicht mehr identifizierbar sind. Ggf. muss man auch bei der Veröffentlichung Abstriche bei Kontextinformationen machen.

Die Interpretationsarbeit findet also am und im transkribierten Text statt, sei es computerunterstützt oder mit Papier, Bleistift, Karteikarten und/oder bunten Klebezetteln. Zuerst wird der einzelne Fall (das einzelne Interview) interpretiert, dann werden Fälle verglichen. Für die konkrete, handwerkliche Seite der Auswertung geben die verschiedenen Hand- und Lehrbücher (Fuchs 1984; Denzin 1989; Flick et al. 1995; Bohnsack 1995; Feldman 1995; Jüttemann/Thomae 1998; Küsters 2006) einigermaßen wenig her. Jene Beiträge, in denen die Grundzüge verschiedener qualitativer Ansätze pilotiert wurden (wie Schütze 1976; Oevermann et al. 1979; Heinze 1991), oszillieren zwischen Ansprüchen auf Allgemeingültigkeit und doch hoher Projektspezifität. Einig sind sich die Vertreter qualitativer Verfahren darüber, dass die Auswertung auf verschiedenen Ebenen der Analyse erfolgt und sich in kontrollierten Schritten zwischen Konkretion und Abstraktion, De- und Rekonstruktion bewegt.

Das idealtypische Vorgehen sieht folgendermaßen aus: Texte werden zunächst in Sequenzen aufgeteilt, dann die Sequenzen paraphrasiert und interpretiert. Diese Deutungen werden zunehmend abstrahiert, bis man zu strukturellen inhaltlichen Beschreibungen des Gesagten kommt. Diese werden für die einzelnen Sequenzen miteinander in Beziehung gesetzt und verglichen, bis sich Muster, Prozess- oder Fallstrukturen daraus entwickeln lassen – zunächst innerhalb eines Interviews, sodann im Fallvergleich zwischen Interviews (Minimal- und Maximalkontrastierung).

Mit welchem Aufwand, auf welcher zentralen „Ebene" und in welcher „Tiefe" man interpretiert, wird stark auf die Situation und den Kontext der jeweiligen Forschung ankommen. Biographische Handlungsmuster etwa sind nur dann von Interesse, wenn biographisch konstituierte Subjektivität für die Fragestellung eine Rolle spielt. Geht es um organisationelle Prozesse, wird man sich schneller dem Vergleich zwischen Interviews zuwenden, schon um den Gang der erzählten Ereignisse aus den Sichten mehrerer Beteiligter zu rekonstruieren. Die Methode der Sequenzanalyse „Satz für Satz" durchgängig anzuwenden, wird schon wegen des hohen Aufwands vielfach nicht möglich sein. Insbesondere die Anforderungen, die etwa die Objektive Hermeneutik (Oevermann et al. 1979; Reichertz 1995) an das sequenzielle Vorgehen, die Generierung möglichst vieler verschiedener Lesarten in einer Arbeitsgruppe und deren Engführung und Bündelung stellt, sind im Rahmen „normaler" Forschungsprojekte nur punktuell zu leisten.

Jedoch eignet die Sequenzanalyse sich meines Erachtens, selektiv eingesetzt zu werden. Man kann beispielsweise am Anfang der Auswertung versuchen, für die Eingangssequenz möglichst vielfältige Deutungshypothesen zu erzeugen. Ist die Auswertung schon fortgeschritten, ist es mitunter sinnvoll, besonders interessante, gewichtig oder problematisch erscheinende Textstellen und Erzählpassagen auf diesem Wege zu entschlüsseln oder anderweitig rekonstruierte Fallstrukturhypothesen durch eine Sequenzanalyse ausgewählter Passagen zu validieren. Besonders lohnend ist es nach meiner Erfahrung, gerade für schwierige Passagen in Interviews, in denen narrative Brüche auftreten, Erzählungen nicht auf den Punkt kommen o. Ä., die Fähigkeiten einer Gruppe bei der Interpretation zu nutzen (vgl. Mruck/Mey 1998).[5]

Die Auswertung im Einzelnen

Zunächst wird der Text nach „Genres" in Sequenzen aufgeteilt, in denen Erzählungen von Argumentationen, Beschreibungen oder Berichten unterschieden werden. Zur Identifizierung von Erzählungen und anderen Darstellungsweisen hat Wiedemann (1986, S. 98) einen Ereignisbaum vorgeschlagen. Schütze (1976; 1983) plädiert dafür, die nicht narrativen Passagen bei der Interpretation zunächst außen vor zu lassen und Erzähltexte „pur" zu interpretieren. Erst nach der Analyse der Erzählung sollen die dort rekonstruierten Prozessstrukturen mit den Selbstdeutungen der Befragten abgeglichen werden: „Ohne den lebensgeschichtlichen Ereignis- und Erfahrungsrahmen für die eigentheoretischen Wissensproduktionen des Biographieträgers zu kennen, ist es unmöglich, den Stellenwert biographischer Theorieproduktionen für den Lebensablauf zu bestimmen" (1983, S. 287).

Das „Ausschneiden" von Erzählungen aus dem Interview zur Interpretation scheint mir jedoch wieder Informationen zu verschenken. Gerade die Ebenenwechsel im Text, etwa zum Theoretisieren, Räsonnieren oder Berichten und zurück zur Erzählung, können aufschlussreich sein. Das spricht dafür, das Interview zwar als Ganzes zu interpretieren, aber den erzählten Passagen für die Auswertung gegenüber expliziten Selbstdeutungen den Vorrang einzuräumen.

Hat man also die Sequenzen identifiziert, so werden sie interpretiert, zunächst paraphrasierend, dann zunehmend abstrakter beschreibend. Südmersen (1983) schlägt vor, Sequenzierung und Textanalyse nicht nacheinander vorzunehmen, sondern sich nach der Abgrenzung der ersten Sequenz gleich an deren Interpretation zu machen. Die Interpretation besteht darin, „eine festgesetzte Sequenz mehrfach intensiv zu lesen, dann einfach aufzuschreiben, was dort passiert, Zeile für Zeile" (Südmersen 1983, S. 299).

Die Sequenzanalyse (vgl. Hildenbrand 1995) geht davon aus, dass das Erzählen oder allgemein Produzieren von Text analog dem Handeln und Erfahren ein aktiver Prozess in der Zeit ist, in dem aus dem objektiven Bedeutungsbereich Möglichkeiten ausgewählt werden. Auch die Struktur des Falls entfaltet sich dann von Anfang an im Verfolgen der Selektionen, die die Textproduzentin vornimmt. Man geht also beim Interpretieren „Satz für Satz" vor. Die Regel ist: Später im Text anfallende Informationen dürfen nicht zu einem früheren Zeitpunkt in die Interpretation einbezogen werden. Das ist natürlich schwierig, wenn man den Text schon kennt, ihn z. B. selbst transkribiert oder segmentiert und relevante Passagen ausgewählt hat. In dem Fall wird man sich lediglich artifiziell „dumm" stellen können und sich (am besten in der Gruppe) systematisch immer wieder die Frage stellen: „Woher wissen wir das?" Das Ziel ist, eine möglichst große Vielfalt von Lesarten und Möglichkeiten zu erzeugen, wie der Text weitergehen könnte, und die Bedingungen für diese Lesarten zu identifizieren. Im Durchgang durch den Text werden diese Lesarten dann wieder eingeschränkt, sodass sich Muster der getroffenen Selektion aus den möglichen Alternativen ergeben. Zentrale Bedeutung kommt bei diesem Vorgehen der Interpretation der Eingangssequenzen zu (Bude 1998). „Hier muß sich die zur Rede gestellte Person buchstäblich ins Nichts entwerfen, was oft dazu führt, daß bereits in den ersten völlig unscheinbaren Äußerungen das Ganze eines Lebens zum Vorschein kommt" (ebd., S. 252).

Beim Interpretieren nimmt man schon eine erste Unterscheidung von Analyseebenen vor, nach dem „Was" und dem „Wie" des Textes (vgl. Czarniawska-Joerges 1997b, S. 365):[6]

1. Auf der einen Ebene sind die erzählten sachlichen Abläufe (z. B. der Lebenslauf, die „Geschichte") zu rekonstruieren (Was ist geschehen?), die Akteure und Umstände zu identifizieren. Auch auf dieser Ebene der faktischen Gegebenheiten kann man schon interpretieren (Oevermann u. a. 1979, Brose/Wohlrab-Sahr/Corsten 1993, S. 72; Reichertz 1995; Küsters 2006): Was sind die strukturellen Bedingungen und wahrscheinlichen Folgen für diesen oder jenen Verlauf? Indem man auf das Wissen der Interpreten über den Untersuchungsgegenstand und seine soziale Umwelt, über Interaktionsstrukturen, Handlungsmöglichkeiten und Restriktionen zurückgreift, kann man Hypothesen über die Fallstruktur entwickeln, deren Aktualisierung und Entfaltung dann am Text zu überprüfen ist.
2. Auf der nächsten Ebene wird die Darstellung als Prozess sozialer Positionierung und Zurechnung in der Erzählung entschlüsselt: Wie werden Handlungen zugerechnet, wer ist Akteur, wer sind „wir" oder die „anderen"? Welche Interessenkonstellationen und Strategien, Absichten und Pläne sind aufzufinden? Wie verhalten diese sich zu den Er-

gebnissen des Handelns? Wie bezieht sich die Erzählerin auf fremdverfügte Vorgaben und *constraints*?
3. Welche Relevanzen werden gesetzt und welche Bewertungen vorgenommen? Wie deutet beispielsweise die Befragte Erfolg oder Scheitern? Auf welchem Niveau sind moralische Orientierungen angesiedelt? Solche Interpretationen und Abstraktionen werden in der Forschungstradition der *grounded theory* in „Memos" festgehalten und verdichtet.
4. Über den Vergleich verschiedener Erzählpassagen miteinander, aber auch der Erzählpassagen mit anderen Textgenres im Interview lassen sich dann übergreifende Strukturierungsmuster und Fallstrukturen ausmachen.
5. Diese gewinnen über den Vergleich verschiedener Interviews an Kontur. Auch im Vergleich wird zunächst die „Geschichte" rekonstruiert, nunmehr aus den Darstellungen verschiedener Beteiligter. Sodann werden geteilte und divergierende Zuschreibungen von Handlungen, Strategien, Ergebnissen und Folgen ausfindig gemacht. Aufschlussreich sind natürlich besonders die Abweichungen. Sie erlauben Schlüsse auf Verschleierungen und Selbsttäuschungen, auf hintergründige Interessen, Widersprüche, Verwicklungen und auch auf die Funktion, die die generierten Erzählungen und Sinnstrukturen für die Befragten haben.

Feedback in Organisationen

Hat sich das narrative Interview auf die subjektive Erfahrung und/oder die Biographie der Befragten bezogen, so sind solche Befunde natürlich schwerlich direkt in die Organisation zurückzugeben. Weil dort die Personen unvermeidlich identifizierbar sind, wird man vom Material weit abstrahieren müssen. Weil aber die individuellen Voraussetzungen der Erfüllung von Mitgliedsrollen aus Organisationen tendenziell ausgeblendet werden, sind sie auch von begrenzter Relevanz. Anders sieht dies aus, wenn man Geschehnisse in der Organisation oder zwischen Organisationen narrativ erhebt oder narrative Interviews zur Organisationsdiagnostik einsetzt. Rekonstruierte Akteurskonstellationen, Strategien und Handlungsverkettungen, Wahrnehmungs- und Zurechnungsmuster sind durchaus kommunizierbar. Auch dann werden natürlich subjektive Fallstrukturen diskret zu behandeln sein.

Dabei kann es attraktiv sein, die Form der Erzählung mit ihrer lebensweltlichen Anschlussfähigkeit auch zur gewissermaßen didaktischen Vermittlung in die Organisation einzusetzen. Dazu kann man an die Tradition von Fallstudien in der Managementausbildung und an den Stellenwert von Erzählungen im *change management* und der Diskussion über Organisationskulturen (vgl. Boje 1991) anschließen. Jedoch steht einem umstandslosen Einsatz von Erzählungen entgegen, dass man bei der Vermittlung wissenschaftlicher Befunde in die Organisation den Hang von Organisationsmitgliedern zur personalisierenden Zurechnung wird bremsen müssen. Aus diesem Grund empfiehlt es sich, die Präsentation von den Stegreiferzählungen der Interviewpartner zu distanzieren, Verfremdungseffekte einzubauen und eine eher generische Erzählung in der Art einer Fabel zu destillieren oder Beispiele aus anderen Kontexten zu verwenden. Mit solchen narrativen Impulsen kann man, um eine Gruppendiskussion anzuregen, auch die Sequenzanalyse als Übung anwenden, also Lesarten generieren lassen („Wie könnte die Geschichte weitergehen?").

Das Feedback an die Befragten selber ist sensibel zu handhaben. Schütze (1983) hält zwar eine biographische Beratung im Hinblick auf undurchschaute Handlungsblockaden und Lähmungen durchaus für möglich und wünschenswert. Er begibt sich damit in die Nähe sozialarbeiterischer oder gar therapeutischer Intervention. Hopf (1995, S. 180) rät davon ab, da man meist als Forscherin keine entsprechende Hilfe anbieten kann. Solche Möglichkeiten bieten sich jedoch dann, wenn der Forschungskontext nahe an Formen professioneller oder biographischer Selbstreflexion liegt, die von den Befragten selbst betrieben werden (z. B. berufliche Weiterbildung, Supervision, systemische Beratung), und wenn Veränderungen bei den Akteuren von diesen gewünscht sind.

Von Befragten wird man mit Wünschen nach Rückmeldung durchaus konfrontiert. Zum einen geht es dabei darum, die einseitige Kommunikationssituation im Interview wieder an die Gepflogenheiten alltäglicher Interaktionen anzunähern. Dann bekommt die Interviewerin vor, während oder nach dem Interview auch Fragen nach dem eigenen Werdegang, der eigenen Arbeitssituation usw. gestellt. Wenn dies im Interview geschieht, sollte man eine Rückfragephase im Anschluss vereinbaren.[7] Es gibt jedoch auch ein gewissermaßen organisationell generiertes Beratungsinteresse bei Befragten. Dies ist vermutlich umso stärker, je mehr Organisationen selbst sich „kommunikativ rationalisieren". Über Gruppenarbeit, Zielvereinbarungen, Personalauswahlverfahren, Kommunikationstrainings, Coaching usw. breiten sich ja Formen der Selbstreflexion und mehr oder minder strategischen Selbstdarstellung in den Arbeitsalltag auch solcher Beschäftigter aus, die nicht Sozial- und Kommunikationsberufe ausüben. Wie im Interviewauszug von Herrn Baumeister in Abschnitt 4 deutlich werden wird, rahmen gerade jüngere Befragte die Situation teils ähnlich wie ein Vorstellungsgespräch und sind zur Optimierung ihrer Selbstpräsentation an Rückmeldung interessiert. Wenn die Forscherin sich in der Lage sieht, darauf einzugehen, kann sie das für den Schluss des Interviews vereinbaren, wird aber die eigene entscheidungsentlastete Rolle als Wissenschaftlerin dabei transparent machen und nicht allzu „persönlich" werden.

Auch methodisch sind biographische Interviews nur begrenzt für ein Feedback geeignet. Die Auswertung erfordert gerade gegenüber der angestrebten Vertrauenssituation im Interview eine weitgehende Distanzierung der Forscherin gegenüber dem Untersuchungsgegenstand und auch gegenüber den eigenen Verwicklungen in die Interaktion. Durch eine vorschnelle Orientierung auf Beratung und Feedback kann der Prozess der distanzierten Erzeugung von Lesarten meines Erachtens gestört werden. Den Wechsel zurück, also vom wissenschaftlich-auswertenden zum professionell-beratenden Handeln, wird man am ehesten vollziehen können, wenn man sich von den Normen und Praxen professioneller Intervention belehren lässt.

4 Anwendungsbeispiel

Im folgenden Beispiel skizziere ich die subjektiven Verarbeitungsweisen und biographischen Voraussetzungen für die Flexibilität, die Mitgliedern einer Organisation abverlangt wird, die sich ehedem durch extrem erwartbare Karriereverläufe in einer Art „Super-Normalarbeitsverhältnis" auszeichnete (vgl. Blutner et al. 2002).[8] Mit der Privatisierung der Telekom wurde das Berufsbeamtentum flexibilisiert. Die traditionelle Orientierung des Unternehmens auf die Pflege und den Aufbau der technischen Infrastruktur in stabilen marktlichen und institutionellen Umwelten wurde durch eine Orientierung auf den Markt ersetzt. Während die traditionell zentralen Bereiche der Technik und Instandhaltung Personaleinbußen und Entwertungen verzeichnen mussten (Holtgrewe 2000), entstanden neue Funktionen insbesondere im Managementstab und in Vertrieb und Marketing. In den Niederlassungen konnten jüngere Beschäftigte des gehobenen Dienstes davon durchaus profitieren. Diesen Beamten bieten sich erweiterte Aufgabenfelder und Profilierungschancen. Die Frage, wie sie diese biographisch be- und verarbeiten, ist deswegen interessant, weil wir für diese Gruppe bei der Berufswahl durchaus überkommene beamtentypische Motive (Sicherheit, auch die Bearbeitung beruflicher Enttäuschungen) vermuten konnten (vgl. etwa Kudera 1986). „BeamtIn werden und dann doch Managementkarriere machen (müssen? können? dürfen?)" schien uns eine voraussetzungsvolle biographische Konstruktion.

Der Text

In dem Textausschnitt aus einem Interview des Telekom-Projekts werden sowohl die Tücken der Durchführung narrativ-biographischer Interviews in der Organisation deutlich als auch die biographische Fallstruktur des Interviewten.

> *„Frage:* Ja, Sie haben, was wir untersuchen wollen ist eigentlich, haben wir da wahrscheinlich sogar etwas komplizierter erklärt, im Grunde geht es um die Auswirkung der Reorganisation der Telekom bis hin zum, zu den Wirkungen auf das Leben und das Arbeiten der Beschäftigten selber, und das ist der Punkt wo man halt mit Experteninterviews mit dem Management und mit Fragebogenaktionen nicht sehr viel weiter kommt, da kriegt man zwar ein Gesamtbild, aber weiß nicht wie das auf der Ebene von Erfahrungen eben aussieht [hm, hm]. Und da sind, und deswegen führen wir diese biographischen Interviews, und das – weil man eben Erfahrungen die man mit Reorganisationsprozessen macht, Auswirkungen auf Arbeiten und Leben dann am besten versteht, wenn man auch was über die Person mit der man da spricht weiß, insofern würde ich Sie bitten einfach mal mit Ihrer Lebensgeschichte und Ihrem persönlichen Hintergrund anzufangen.
> *Antwort:* Sie meinen jetzt meinen beruflichen Werdegang oder allgemein?
> *Frage:* Beides, beides.
> *Antwort:* Beides [gern] allgemein [ja] gut also, meinen Namen kennen Sie [ja], bin der Achim Baumeister (Name geändert, U. H.), ich hab eine Berufsausbildung als Elektriker gemacht [hm, hm], bin Handwerker von Haus aus, hab danach noch mein Abitur gemacht, Fachabi [hm, hm], äh, studiert in M., das ist eine Enklave der Uni in P. und, äh, hab dort abgeschlossen als Ingenieur für Elektrotechnik [ah ja, ah, ja hm] so das war 1992, im Oktober '92 und da war der Berufs- oder Arbeitsmarkt nicht so, dass man sich hätte was aussuchen können [hm, hm ja] wie's noch 'n Jahr oder zwei vorher war. Und da hab ich die Stelle bei der Telekom angetreten, erst mal unter dem Gesichtspunkt besser den Spatz in der Hand als wie die Taube auf'm Dach, bewerben kannste dich ja immer noch [hm hm] und, äh, weil halt nicht sehr viel andere Möglichkeiten gab, im Osten gab's noch 'n paar aber [hm hm], äh, privat hatt' ich auch eher die Beziehung hier hoch und deswegen bin ich aus [der Region] – aus der Provinz praktisch hier ins Ruhrgebiet gezogen. Äh ja wie gesagt, ich hab dann angefangen, eingestellt wurde ich von der Direktion in E., und das waren damals noch sehr komische Umstände die Personalgewinnung, das heißt man wird eingestellt und weiß aber gar nicht wo man landet [aha] und in welchem Bereich, das heißt, das kann sein Verkauf, Vertrieb, das kann sein Technik, und es kann genauso gut sein Organisation [ja ja] und, äh, eigentlich 'ne sehr unbefriedigende Situation wenn man

eine Stelle antritt und kennt noch nicht mal sein Aufgabengebiet, noch nicht mal den Ort. [...] Gut, ich hab dann direkt angefangen in E., pardon, in F. hab ich angefangen, nach meiner Anwärterzeit, war dort im Privatkundenservice, das war meine erste Stelle, ich hab sehr oft gewechselt in der ersten Zeit aber, äh, das war meistens auf meinen Wunsch hin, oder in der Regel war es auch mein Wunsch, weil ich Wert darauf lege, dass mir die Arbeit Spaß macht, dass ich mit der Umgebung leben kann, dass ich mit dem Chef leben kann, das ist mir das Wichtigste, das ist erst mal übergeordnet über die Aufgabe, für meine Verhältnisse. Und, äh, weil ich sehr viel Ehrgeiz mitbringe oder auch schon mal 'ne Stunde länger bleibe hab ich auch ganz gute Beziehungen – auch 'n recht guten Standpunkt immer gehabt, wenn ich 'ne Veränderung angestrebt hab. [hm, hm] Äh, sodass das in der Regel kein Problem war. Jetzt bin ich seit April letztes Jahr bei der Niederlassungsleitung, das hört sich hoch an, ist es aber nicht, das heißt ich bin mit ein Zuarbeiter für den Niederlassungsleiter."

Der Einstieg

Bei dem Workshop „Qualitative Methoden in der Organisationsforschung" haben wir die Methode sequenzanalytischer Interpretation in der Gruppe auf den Eingangsstimulus angewendet. Auch solche Interpretationsdiskussionen lassen sich übrigens gut visualisieren (siehe dazu den Beitrag über visualisierte Diskussionsführung in diesem Band). Es handelt sich zwar hier nicht um eine narrative Passage, aber in der Diskussion wurde deutlich, dass diese Passage in der Tat einige Fragen der Positionierung qualitativer Organisationsforschung beleuchtet.

In der Eingangssequenz versucht die Interviewerin viele Dinge: Sie sucht das Projekt zu erläutern, den Interviewpartner zur Kooperation zu bewegen, wissenschaftliche Kompetenz zu demonstrieren und dem Befragten die Untersuchung und das Vorgehen transparent zu machen. Sie positioniert sich als Teil einer Forschungsgruppe, distanziert sich ein Stück von einer „komplizierten" Erklärung der Frage und schließt eine weitere komplizierte Erklärung des gewählten Methodenmixes an, die das Interview in den Kontext des gesamten Vorhabens stellt, ihm aber dort einen bestimmten, zentralen Stellenwert zuschreibt. Damit zieht sie sich ein Stück in die Rolle der Expertin zurück, die einem interessierten Laien etwas erläutert – eine Rolle, die mit der der empathisch interessierten Zuhörerin kollidiert. Expertin und Laie, Forscherin und Beforschter werden also durch die Interviewerin sortiert. Jedoch versucht sie, die Wissenschaft als eine – begrenzte – Praxisform neben anderen zu etablieren und deren Pragmatik transparent zu machen. Sie verquickt also den Versuch, Transparenz über das Vorhaben herzustellen und die Situation zu kontrollieren, und schiebt den Moment auf, in dem sie dem Interviewten diese Kontrolle und Rahmung überlässt. Indem sie die Trennung zwischen Organisation und biographischer Erfahrung im Sinne des Projekts zu überbrücken sucht, reproduziert sie sie im Namen der Wissenschaft.

Das ist gewiss nicht die bestmögliche Einleitung eines narrativen Interviews gleichzeitig – aber wir sehen daran, warum es empfehlenswert ist, den Eingangsstimulus von solchen Verwicklungen frei zu halten (Küsters 2006, S. 44ff.). Sie macht aber deutlich, dass es insbesondere in einem organisationssoziologischen Forschungskontext einer gewissen Anstrengung bedarf, die Rolle der Erzählungen anstoßenden, offenen Zuhörerin einzunehmen. Interviewer tun also gut daran, sich diesen eigenen Rollenwechsel gerade dann vorher klar zu machen, wenn sie vorher Expertengespräche geführt und ihr Projekt präsentiert haben. Gegebenenfalls muss man das regelrecht üben.

Andererseits ist es sowohl fair als auch vertrauenbildend, die Interviewten ein Stück weit über die Verwendungszusammenhänge der Interviews ins Bild zu setzen. Wenn man Ort und Zeit für das Interview vereinbart, kann man die nötigsten Informationen über das Vorhaben geben. Dann sollte in der Interviewsituation selbst das persönliche Interesse am Thema und an der Person in den Vordergrund treten.

Herr Baumeister

Herr Baumeister ist Jahrgang 1967, Beamter des gehobenen Dienstes und im Managementstab der Niederlassung A beschäftigt – zuletzt mit der Implementation der ISO 9000 ff. Er gehört zum Beschäftigtentyp der „von Anfang an Mobilen",[9] denen sich bei der Telekom keine vorgeprägten Karrierepfade mehr bieten. Die Anforderungen des Unternehmens an Flexibilität, Marktorientierung und Leistung übernimmt er auf Umwegen: Wenn er sich als Management-Leistungsträger stilisiert, nimmt er das im jeweils nächsten Satz wieder zurück und rekurriert auf eine unprätentiöse „eigentliche" Identität als „Handwerker von Hause aus" (Z. 35) und als netter, behüteter Junge vom Land.

Herr Baumeister ist in einer ländlichen Region aufgewachsen, sein Vater war Schreiner und ist 1972 gestorben. Der Vater hat ein schuldenfreies Haus hinterlassen, sodass Herrn Baumeisters Mutter ihn und seine vier Jahre ältere Schwester zwar bescheiden, aber ohne finanzielle Probleme allein großziehen konnte. Nach seiner Ausbildung in einem Kleinbetrieb am Ort ist er zu einem Aufzugsbaubetrieb gewechselt. Dort war er als Monteur eingesetzt, also viel unterwegs und nur am Wochenende zu Hause. Seine Mutter hatte ihm schon länger geraten, das Fachabitur zu machen und zu studieren, doch hat er selbst die tatsächliche Entscheidung recht plötzlich nach einem Streit mit einem Kollegen getroffen. Nach dem Fachabitur hat er an der FH in der nächsten Kleinstadt Elektrotechnik studiert und ist dann, nach einer wohl nicht allzu langen Suchphase, zur Telekom gegangen.

Durch den Fall zieht sich eine gewisse Unschärfe von Anforderungen, Erwartungen der Organisation und zurückgenommener eigener Ambition. Herr Baumeister charakterisiert sich selbst als einen Menschen, der etwas Druck oder einen gelegentlichen Tritt braucht. Während seines Studiums war er sich über seine Motivation, die Erwartungen und das Ausreichen seiner Leistungen nie ganz sicher. Ebendeswegen aber „passen" seine handwerklich fundierte, unvollständig professionalisierte berufliche Identität und der flexibilisierte Personaleinsatz, mit dem die Organisation sich gegen konkrete Kenntnisse und Spezialisierungen indifferent setzt, ineinander.

Das wird besonders deutlich, als er seine rapiden Stellenwechsel 1995 begründet. Er selber beschränkt sich darauf, generalisierte Bereitschaften und unspezifisches Engagement zu signalisieren, statt sich selbst auf klare Ziele und bestimmte Interessengebiete festzulegen. Der weiterführende Ehrgeiz, den Herr Baumeister für sich reklamiert, hat eher damit zu tun, dass er Erwartungen signifikanter anderer zu erfüllen sucht (von der Mutter bis zum Chef) – die er jedoch in einem zweiten Schritt für sich durchaus übernimmt.

Zugemutete Chancen: Das beschreibt er selbst als einen persönlichen Entwicklungsprozess. Er hat – auch da stilisiert er sich etwas als typischer Techniker – eigentlich immer lieber „bisschen zurückgezogen, in sich gekehrt" (Z. 132) gearbeitet, aber über die Anforderungen seines Jobs auch gelernt, zu kommunizieren und zu präsentieren:

"Also das ist eine persönliche Entwicklung, die man da durchzieht oder die man da durchmacht in der Zeit, [hm, wie kam –] und auch immer noch durchmacht, ich mache jetzt Lehrgänge, ich mache Veranstaltungen, auch mit für Ressortleiter und Niederlassungsleiter, ich hatte heute morgen den Präsidenten da, und vor dem dann stehen und ein Thema präsentieren, äh, da wächst man mit der Zeit erst rein, das muss man lernen" (Z. 136 ff.)

Er beschreibt also solche Prozesse ganz allgemein so, dass er sich und seine „eigentlichen" Neigungen mit organisationellen (über Personen vermittelten) Erwartungen konfrontiert findet, die er sich dann zu Eigen macht. Das ist keine selbst gesteuerte Entfaltung, auch wenn er in diesem Aneignungsprozess von Anforderungen eine Chance persönlicher Entwicklung sieht. Aber diese „zieht" er nicht durch, sondern „macht" sie durch. Der „zugemutete" Charakter solcher Anforderungen und der Verzicht auf Arbeitsweisen, die ihm eigentlich näher liegen, ist also noch präsent.

Die Handwerker-Identität: Die Identität, „von Haus aus Handwerker" zu sein, hat bei Herrn Baumeister mehrfache „Funktionen". Die damit verbundenen Gegenstandsbezüge kann er im Beruf nicht mehr zur Geltung bringen, verfolgt sie jedoch in der Freizeit: Er hat sein Bauernhaus auf dem Land selbst renoviert, fährt Motorrad und hilft mitunter im Kleinbetrieb eines Freundes als Dreher aus. Aus solchen Tätigkeiten heraus bezieht er Anerkennung, und mit ihrer Intrinsik bieten sie ihm auch eine gewisse Unabhängigkeit von der Anerkennung durch andere. Er kann dabei anschließen an einen sozialgeschichtlich entwickelten Habitus handwerklicher Arbeit und Lebensführung (vgl. Alheit 1996) und an eine überkommene handwerklich-technische (Sub-)Kultur in der Telekom selbst.

Herrn Baumeisters handwerkliche Orientierung bildet einerseits den Ausgangspunkt seiner beruflichen Positionierung, andererseits einen kompensatorischen Rückzugsraum in der Freizeit und schließlich einen normativen Rahmen, dem er seine beruflichen Erfahrungen anzugleichen sucht. Von dort aus bemüht er sich, organisationelle Vorgaben sich anzueignen und mit einem hohen Maß an persönlicher Authentizität aufzufüllen; aber er schafft es gleichzeitig, den Abstand zum anderen, eigentlich authentischen Leben präsent zu halten, in dem Aufgabe, Motivation und Bewährung zusammenfallen. Das hat gewisse Züge Weber'scher Rastlosigkeit, etwa wenn er „Trägheit" und „nur den Abend vorm Fernseher verbringen" (Z. 940 ff.) als unakzeptable Lebensführung ablehnt.

Diese Selbstdeutungen stehen jedoch in gewisser Spannung zu anderen Facetten seiner Erzählung: Im Beruf gewinnt der (auch durch persönliche Beziehungen getragene) Spaß an der Arbeit notgedrungen das Übergewicht über die Inhalte der Arbeitsaufgabe. Auch eine gewisse Bequemlichkeit hat er sich ja zugeschrieben. Von der vom Handwerker-Habitus nahe gelegten Eindeutigkeit technischer Gegenstandsbezüge aus einerseits, der Orientierung an den Erwartungen signifikanter anderer aus andererseits erarbeitet er sich die Fähigkeit zur Ambiguitätstoleranz, die ihm eben auch abgefordert wird.

Dennoch und vermutlich deswegen betont und stilisiert er neben der Intrinsik die Sachlichkeit, die er sich zuschreibt. Gegenüber der Firma hat er „keine Emotionen" (Z. 1331), und seinen Bezug zu seiner Arbeit kontrastiert er mit einer Personen- und Beziehungsorientierung, die er eher Frauen, zum Beispiel seiner Ehefrau oder auch Kolleginnen, zuschreibt. Über den Umweg über das private und das organisationell-informelle Geschlechterverhältnis also stellt Herr Baumeister die Ordnung beruflicher Identitäten her, die in seiner eigenen Biographie ja etwas uneindeutiger erscheint.

Diese subjektiven Dispositionen passen funktional zu seiner Stabsfunktion und der Aufgabe, Vorgaben wie die ISO 9000 ff. Norm zu implementieren. Dort müssen nicht völlig unstrukturierte Situationen strukturiert werden, sondern bestimmte Vorgaben flexibel, situations- und personenbezogen angepasst und umgesetzt und dazu Unterstützung eingeworben werden. Der Habitus des „netten Jungen vom Lande", der über seinen eigenen Aneignungsprozess solcher Vorgaben wahrscheinlich ein hohes Maß an persönlicher Authentizität mobilisieren kann, wird ihm und der Organisation dabei nützlich sein.

Fazit: Biographie und Organisation

Die Anforderungen, die eine Organisation, die sich kontinuierlich reorganisiert, an das flexible Strukturierungspotenzial ihrer Beschäftigten und an deren Vermögen, Probleme zu lösen und zu definieren (Heidenreich 1996; Holtgrewe 2006), stellt, werden von diesen bearbeitet, indem sie vermehrt auf biographische und kulturell verfügbare Ressourcen zurückgreifen (vgl. ausführlicher Blutner et al. 2002). Beim Managementnachwuchs finden wir – auch im Vergleich mit anderen Fällen (z. B. Wagner 2000) – eine generalisierte und explizite Anpassungsbereitschaft. Diese jedoch ist unterschiedlich formiert und biographisch voraussetzungsvoll. Herr Baumeister formuliert diese als Aneignung von Anforderungen auf der Basis eines handwerklichen Habitus und der Pflege entsprechender Praxisfelder. Dort findet er die Spielräume, vielfältige Erfahrungsmöglichkeiten und Erfolgskriterien zu entwickeln und technisch-experimentell zu überprüfen.

Die Fallstudie illustriert nicht nur die veränderten organisationellen Zugriffe auf die Arbeitskraft im Prozess organisationeller Transformation. Diese fordern dem mittleren Management und den Arbeitenden insgesamt mehr Fähigkeiten ab zu organisieren. Während die Verdichtungen solcher Anforderungen in Typenbildungen wie dem „Arbeitskraftunternehmer" (Voß/Pongratz 1998) Subjektivität von der Seite organisationeller Anforderungen her konzipieren, macht die Perspektive biographischer Erzählungen deutlich, dass diese Anforderungen auf wiederum sozial voraussetzungsvolle, biographisch erworbene Weise erfüllt werden. Dabei sind für die Organisation nicht nur Strukturierungspotenzial und Machertum ihrer Mitglieder verwertbar, sondern gerade auch die den Subjekten nicht verfügbare Begrenzung und Blockade ihrer Handlungskapazitäten kann sich als funktional erweisen.

5 Möglichkeiten und Grenzen der Methode

Das narrative Interview ist gleichzeitig mit verschiedenen Formen qualitativer Interviews in den 1970er Jahren weiterentwickelt worden (siehe Hopf 1995). Gegenüber den verschiedenen Arten offener Interviews, die interpretativ ausgewertet werden (z. B. Witzel 1982; Kaufmann 1999), kommt es hier darauf an, das Textgenre der Erzählung und seine Anforderungen in den Mittelpunkt der Methode zu stellen. Die Grundannahme ist die, dass die Weise der Sinnkonstitution in der Erzählung auf die Weisen des Handelns der Erzählerin schließen lässt, dass also Muster der Erzählung Mustern des Handelns und der Selbstpositionierung entsprechen (Schütze 1976; Wiedemann 1986). Dann bringen die Anforderungen der handlungsentlasteten Erzählung diese Muster sogar deutlicher hervor.

Es wird also möglich, über die im Interview und in der Auswertung doppelt dekontextuierte Erzählung *hinter* die Weise zu blicken, in der Erzählungen *im* Kontext der Organisation selbst zur Situationsdefinition, Wissensmobilisierung und Interessenaushandlung eingesetzt werden.

Wie in der Konversationsanalyse geht es um die Entfaltung von Sinnhorizonten im Prozess – doch findet dies beim narrativen Interview nicht in der „echten" Handlungssituation statt, die man aufzeichnet und anschließend analysiert, sondern in einer handlungsentlasteten Situation, als Rekonstruktion durch die Befragten selber, in denen diese, nicht die Situation, die Relevanzen setzen. Man bedient sich also auch ihrer Deutungs- und Interpretationskompetenzen.

Dass die Befragten im narrativen Interview selbst Erlebtes spontan erzählen sollen, unterscheidet diese Methode auch von der Untersuchung von Erzählungen in Organisationen. Auch Autoren, die „organizational narratives" untersuchen (Martin et al. 1983; Boje 1991; Czarniawska 1997a; Gabriel 2000), gehen davon aus, dass das Produzieren von Erzählungen ein zentraler Modus des organisationellen *sensemaking* ist. Dabei nähert sich Boje einer eher ethnographischen Forschungsperspektive an (vgl. dazu den Beitrag über teilnehmende Beobachtung in diesem Band), wenn er vorschlägt, Erzählungen in ihrem natürlichen Kontext in Gesprächen und Interaktionen zu dokumentieren und zu analysieren, in welchem sie häufig abgekürzt oder strategisch geglättet werden.

Martin et al. (1983) heben den generischen Charakter organisationeller Erzählungen hervor. Sie entwickeln eine Typologie von Erzählungen, die sich um die folgenden Kernfragen drehen: „Is the Big Boss Human? Can the Little Person Rise to the Top? Will I Get Fired? Will the Organization Help Me When I Have to Move? How Will the Boss React to Mistakes? How Will the Organization Deal with Obstacles?" (Martin et al. 1983, S. 442 ff.) Organisationelle Erzählungen drehen sich demnach um die Themen der Macht, Gleichheit und Sicherheit und um die Leistungsfähigkeit der Organisation.

Gegenüber der Identifizierung tradierter organisationeller Erzählungen und Genres, die die Kultur der Organisation transportieren und der organisationellen (Selbst-)Sozialisation dienen, liegt im narrativen Interview der Akzent eher auf dem Besonderen, Fallspezifischen der Geschichte, auf dem Wie der Strukturierung des Geschehens durch bestimmte Akteure/Erzähler und ihrer Verwicklung und Verstrickung. Eine Identifizierung des Geschichtentyps mit Rückgriff auf diese Typologie – oder die Entwicklung einer eigenen Typologie – kann jedoch brauchbar sein, zumal dann, wenn man z. B. zur Rückmeldung in die Organisation Erzählungen stilisieren will oder muss.

Wenn die Untersuchungsebene nicht in erster Linie die subjektive Erfahrung ist, sondern die Organisation (oder: das Projekt, das Netzwerk usw.), wird sich das narrative Interview in einen Methodenmix einfügen müssen (Flick 2008). Die Kontexte der Ereignisse in der Organisation und die organisationellen Strukturen, Strategien, Ablaufmuster und Umwelten wird man auch über andere Verfahren in Erfahrung bringen (Experteninterviews, Dokumentenanalyse usw.), schon um relevante und erzählbare Ereignisse zu identifizieren und die zu generierenden Erzählungen nicht mit Erklärungen und Rückfragen überfrachten zu müssen. Diese Ereignisse wird man meistens von verschiedenen Gesprächspartnern erzählen lassen. Dann bietet das narrative Interview die Möglichkeit, Beschreibungen, Legitimationen und retrospektive Deutungen des Geschehens, die man aus anderen Datenquellen bezieht, aus der Perspektive des narrativ rekonstruierten Erlebens und Handelns der Befragten zu beleuchten. „Offizielle" Selbstdeutungen der Organisation, *mission statements,* „Visionen" und andere Bestandteile des organisationellen „talk" (Brunsson 1989) können so auf ihre Erfahrungshaltigkeit hin überprüft werden.

Aus diesem Grund scheint mir gerade in der Organisationsforschung eine gewissermaßen punktuelle Anwendungsweise narrativer Interviews durchaus möglich und aussichtsreich. Man kann dabei auch in leitfadengestützten Experten- oder Beobachtungsinterviews oder Gruppendiskussionen – ohne sich sehr umfassende Erzählungen zu erhoffen – zur Validierung von Beschreibungen und Situationsdeutungen durchaus nach Beispielen und Erzählungen fragen: „Wie ist das im Einzelnen gelaufen, als das das letzte Mal passiert ist?", wie etwa Flick das mit dem „episodischen Interview" (2008, S. 28ff.) vorschlägt. Wenn sich Erzählungen entwickeln, lassen sich solche Passagen entsprechend interpretieren. Wo es also auf subjektive Erfahrungen und das Handeln von individuellen Akteuren ankommt und wo die Organisation ihnen und sie selber sich Handlungen zurechnen, bietet das narrative Interview (oder auch schon eine narrative Perspektive auf das Material) die Möglichkeit, Handlungsspielräume und -kapazitäten, aber auch Betroffenheiten, Verstrickungen und Fiktionen von Handlungsvermögen aufzufinden und zu überprüfen.

Die Anwendung der Methode narrativer Interviews ist also meines Erachtens nicht auf die Biographieforschung beschränkt. Wenn Organisationen selbst Routinen in Frage stellen, Strukturen flexibilisieren und dazu das Handlungs- und Strukturierungsvermögen ihrer Mitglieder nutzen, dann ist es wahrscheinlich, dass Ereignisse in Organisationen vermehrt Anstöße zur narrativen Selbstpositionierung von Akteuren bieten (vgl. Wilz 2002). Im Zuge gesellschaftlicher Individualisierungs- und organisationeller Dezentralisierungsprozesse werden ja den Individuen Verantwortlichkeiten unvermittelt(er) zugerechnet, und sie selbst vollziehen diese Zurechnungen (mit).[10] Projektförmige Arbeit, Unternehmensneugründungen und „entgrenzte" Karrieren (Arthur/Rousseau 1996) verlangen den Organisationsmitgliedern ab, Zusammenhänge und Kontinuitäten herzustellen, die eben nicht mehr organisationell „gegeben" sind (Holtgrewe 2006). Nicht nur für Berufsbiographien, sondern auch für Prozesse organisationellen Wandels und gesellschaftlicher Reorganisation kann demnach das narrative Interview Material generieren – sofern man sich für die Ebene der Erfahrung und des Handelns von Subjekten interessiert.

6 Anmerkungen

1   Ein herzliches Dankeschön geht an meine Kollegen im Telekom-Projekt Hans-Georg Brose, Doris Blutner und Gabriele Wagner, an Bernd Bienzeisler, Ulrike Kissmann, Karen Shire, Sylvia M. Wilz und Sam Zeini und ganz besonders an die Teilnehmer und Organisatoren des Magdeburger Workshops für vielfältige Anregungen und Verbesserungsvorschläge des Beitrags. Verbleibende Fehler und Ungenauigkeiten sind der Autorin anzulasten.

2   Cafés und Kneipen sind aufgrund des Geräuschpegels eine Notlösung, wie man spätestens beim Transkribieren merken wird.

3   „Wenn Sie nun den bisherigen Ablauf Ihres Lebens mit einem Bild vergleichen sollten, was für ein Bild würde Ihnen dazu einfallen?" Wenn die Interviewpartner kein spontanes Bild entwickelten, wurde ihnen eine Auswahl von Metaphern angeboten (Brose/Wohlrab-Sahr/Corsten 1993, S. 224).

4   An schwierigen Stellen oder wenn die Transkription nicht von den Forschern vorgenommen wird, sollte man die Bandnummer notieren und gegebenenfalls nachhören.

5   Die Arbeitsweise mit Interpretationsgemeinschaften hat in der interpretativen Sozialforschung Tradition (siehe schon Oevermann et al. 1979). Forschungswerkstätten wie die der Magdeburger mikrosoziologischen Arbeitsgruppe um Fritz Schütze, der regelmäßig veranstaltete Sommerkurs von Ulrich Oevermann und vielfältige Tagungen mit Workshop-Charakter sind üblich. In der Erfahrung der Autorin haben sich auch selbst organisierte, projektübergreifende Auswertungsgruppen bewährt. In Duisburg hat sich über mehrere Jahre eine Arbeitsgruppe aus Forschern und Diplomanden zusammengefunden, in der reihum, je nach Bedarf, Auszüge aus verschiedenartigen offenen Interviews (biographischen wie Experteninterviews) gemeinsam auf die Fragestellungen hin interpretiert wurden, die für die jeweils Vortragenden relevant waren. Das bringt eine größere Breite von Lesarten, die in der Diskussion begründet, verteidigt oder ausgeschlossen werden können, und aufschlussreiche Querbezüge zu anderen organisationellen Kontexten und Erfahrungsbereichen.

6   Beim Auswerten „von Hand" haben sich aus Sicht der Autorin unterschiedliche Schriftfarben für unterschiedliche Ebenen bewährt.

7   Managementgeschulte Befragte geben einem mitunter selbst auch eine Rückmeldung über ihren Eindruck des Gesprächs oder des Interviewerverhaltens.

8   Das Beispiel entstammt dem Forschungsprojekt „Transformation der Beschäftigungsverhältnisse bei der Deutschen Telekom AG", das die Autorin gemeinsam mit Hanns-Georg Brose, Doris Blutner und Gabriele Wagner von 1996 bis 1999 durchgeführt hat. Hier wurde versucht, dem Wandel der Organisation von einem staatlichen Infrastrukturanbieter zu einem global agierenden Telekommunikationsunternehmen bis auf die Ebene der subjektiven und biographischen Verarbeitung dieses Wandels nachzugehen. Wir haben die Implementation verschiedener Reorganisationsschritte und deren subjektive und biographische Verarbeitung durch die Beschäftigten in zwei Niederlassungen untersucht. Dazu wurden Experteninterviews geführt, die Beschäftigten schriftlich zu Reorganisationserfahrungen und -erwartungen und ihren beruflichen Werdegängen befragt, und schließlich wurden ca. 40 biographische Interviews geführt, um der subjektiven Prozessierung der organisationellen Transformation nachzugehen.

9   Die Fallauswahl für die biographischen Interviews wurde geschichtet auf der Grundlage einer qualitativen Auswertung der Lebensläufe, die in der schriftlichen Befragung der Telekombeschäftigten erhoben worden waren. Diese erbrachte eine Typologie beruflicher Verläufe, in der die Aufwärts- und Seitwärtsmobilität laufbahn- und altersspezifisch variierte. Deutlich wurde, dass in der Tat die jüngeren Beschäftigten des gehobenen (und höheren) Dienstes gegenüber ihren älteren Kollegen eine höhere Zahl an Positionswechseln verzeichneten und veränderte, marktnähere Aufgabenbereiche übernahmen.

10 Zur individualisierungstheoretischen Unterscheidung der Zunahme von Wahl- und Entscheidungsmöglichkeiten einerseits, der Zurechnung solcher Wahlen andererseits vgl. Wohlrab-Sahr 1997 mit Rückgriff auf Beck 1986.

7   Literatur

Alheit, Peter (1996): Die Modernisierung biographischer Handlungsumwelten und die Transformation gewachsener Wissensbestände: Theoretische Aspekte einer Pädagogenkarriere, in: Dieter Nittel/Wilfried Marotzki (Hrsg.), Berufslaufbahn und biographische Lernstrategien: Eine Fallstudie über Pädagogen in der Privatwirtschaft, Baltmannsweiler, S. 36–58

Arthur, Michael B./Rousseau, Denise M. (Hrsg.) (1996): The Boundaryless Career. A New Employment Principle for a New Organizational Era, New York/Oxford

Beck, Ulrich (1986): Risikogesellschaft. Auf dem Weg in eine andere Moderne, Frankfurt a. M.

Blutner, Doris/Brose, Hanns-Georg/Holtgrewe, Ursula (2002): Telekom – wie machen die das? Die Transformation der Beschäftigungsverhältnisse bei der Deutschen Telekom AG, Konstanz

Bohnsack, Ralf (1995): Rekonstruktive Sozialforschung. Einführung in Methodologie und Praxis qualitativer Sozialforschung, 2. Auflage, Opladen

Boje, David M. (1991): The Storytelling Organization: A Study of Story Performance in an Office-Supply Firm, in: Administrative Science Quarterly, 36, S. 106–126

Brose, Hanns-Georg/Hildenbrand, Bruno (1988): Biographisierung von Erleben und Handeln, in: dies. (Hrsg.), Vom Ende des Individuums zur Individualität ohne Ende, Opladen, S. 11–30

Brose, Hanns-Georg/Holtgrewe, Ursula/Wagner, Gabriele (1994): Organisationen, Personen und Biographien: Entwicklungsvarianten von Inklusionsverhältnissen, in: Zeitschrift für Soziologie, 23, S. 255–274

Brose, Hanns-Georg/Wohlrab-Sahr, Monika/Corsten, Michael (1993): Soziale Zeit und Biographie, Opladen

Brunsson, Nils (1989): The Organization of Hypocrisy. Talk, Decisions and Actions in Organizations, Chichester u. a.

Bude, Heinz (1998): Lebenskonstruktionen als Gegenstand der Biographieforschung, in: Gerd Jüttemann/Hans Thomae (Hrsg.), Biographische Methoden in den Humanwissenschaften, Weinheim, S. 247–258

Cicourel, Aaron V. (1975): Sprache in der sozialen Interaktion, München

Corsten, Michael (1998): Die Kultivierung beruflicher Handlungsstile, Frankfurt a. M.

Corsten, Michael (1999): Treulose Arbeitsindividuen ohne berufliche Bindung – Mythen und Anti-Mythen zur Krise der beruflichen Sozialisation, in: Claudia Honegger/Stefan Hradil/Franz Traxler (Hrsg.), Grenzenlose Gesellschaft? Verhandlungen des 29. Kongresses der Deutschen Gesellschaft für Soziologie, des 16. Kongresses der Österreichischen Gesellschaft für Soziologie, des 11. Kongresses der Schweizerischen Gesellschaft für Soziologie, Teil 1, Opladen, S. 290–306

Czarniawska, Barbara (1997a): Narrating the Organization. Dramas of Institutional Identity, Chicago/London

Czarniawska-Joerges, Barbara (1997b): Symbolism and Organization Studies, in: Günther Ortmann/Jörg Sydow/Klaus Türk (Hrsg.), Theorien der Organisation, Opladen, S. 360–384

Denzin, Norman K. (1989): Interpretive Biography, Newbury Park u. a.

Dittmar, Norbert (2004): Ein Leitfaden mit Aufgaben für Studenten, Forscher und Laien, Wiesbaden

Feldman, Martha S. (1995): Strategies for Interpreting Qualitative Data, Thousand Oaks u. a.

Fischer-Rosenthal, Wolfram/Rosenthal, Gabriele (1997): Narrationsanalyse biographischer Selbstpräsentation, in: Hitzler, Ronald/Anne Honer (Hrsg.), Sozialwissenschaftliche Hermeneutik, Opladen, S. 133–164

Flick, Uwe (2000): Episodic Interviewing, in: Bauer, Martin/George Gaskell (Hrsg.), Qualitative Researching with Text, Image and Sound – a Handbook, London, S. 75–92

Flick, Uwe (2008): Triangulation. Eine Einführung,, Wiesbaden

Flick, Uwe/Kardorff, Ernst v./Keupp, Heiner/Rosenstiel, Lutz v./Wolff, Stephan (Hrsg.) (1995): Handbuch qualitative Sozialforschung. Grundlagen, Konzepte, Methoden und Anwendungen, 2. Auflage, Weinheim

Fuchs, Werner (1984): Biographische Forschung. Eine Einführung in Praxis und Methoden, Opladen

Fuchs-Heinritz, Werner (1998): Soziologische Biographieforschung: Überblick und Verhältnis zur Allgemeinen Soziologie, in: Gerd Jüttemann/Hans Thomae (Hrsg.), Biographische Methoden in den Humanwissenschaften, Weinheim, S. 3–23

Gabriel, Yiannis (2000): Storytelling in Organizations: Facts, Fictions and Fantasies. Oxford

Glaser, Barney G./Strauss, Anselm S. (1967/1979): The Discovery of Grounded Theory. Strategies for Qualitative Research, New York

Heidenreich, Martin (1996): Die subjektive Modernisierung fortgeschrittener Arbeitsgesellschaften, in: Zeitschrift für Soziologie, 24, S. 24–43

Heinze, Thomas (Hrsg.) (1991): Interpretation einer Bildungsgeschichte. Überlegungen zur sozialwissenschaftlichen Hermeneutik, Hagen

Hermanns, Harry (1995): Narratives Interview, in: Uwe Flick et al. (Hrsg.), Handbuch qualitative Sozialforschung. Grundlagen, Konzepte, Methoden und Anwendungen, 2. Auflage, Weinheim, S. 182–185

Hermanns, Harry/Tkocz, Christian/Winkler, Helmut (1984): Berufsverlauf von Ingenieuren. Biographieanalytische Auswertungen narrativer Interviews, Frankfurt a. M./New York

Hildenbrand, Bruno (1995): Fallrekonstruktive Forschung, in: Uwe Flick et al. (Hrsg.), Handbuch qualitative Sozialforschung. Grundlagen, Konzepte, Methoden und Anwendungen, 2. Auflage, Weinheim, S. 256–260

Hohn, Hans-Willy/Windolf, Paul (1988): Lebensstile als Selektionskriterien – Zur Funktion „biographischer Signale" in der Rekrutierungspolitik von Arbeitsorganisationen, in: Hanns-Georg Brose/Bruno Hildenbrand (Hrsg.), Vom Ende des Individuums zur Individualität ohne Ende, Opladen, S. 179–207

Holstein, James A./Gubrium, Jaber F. (1995): The Active Interview, Thousand Oaks u. a.

Holtgrewe, Ursula (2000): „Meinen Sie, da sagt jemand danke, wenn man geht?" Anerkennungs- und Missachtungsverhältnisse im Prozess organisationeller Transformation, in: Ursula Holtgrewe/Stephan Voswinkel/Gabriele Wagner (Hrsg.), Anerkennung und Arbeit, Konstanz, S. 63–84

Holtgrewe, Ursula 2006: Flexible Menschen in flexiblen Organisationen. Bedingungen und Möglichkeiten kreativen und innovativen Handelns, Berlin

Hopf, Christel (1995): Qualitative Interviews in der Sozialforschung. Ein Überblick, in: Uwe Flick et al. (Hrsg.), Handbuch qualitative Sozialforschung. Grundlagen, Konzepte, Methoden und Anwendungen, 2. Auflage, Weinheim, S. 177–182

Jüttemann, Gerd/Thomae, Hans (Hrsg.) (1998): Biographische Methoden in den Humanwissenschaften, Weinheim

Kaufmann, Jean-Claude (1999): Das verstehende Interview. Theorie und Praxis, Konstanz

Kudera, Sabine (1986): Historische Veränderungen von „Normalkarrieren"? Kohortenverschiebungen in Lebensverläufen und Orientierungen von mittleren Beamten, in: Hanns-Georg Brose (Hrsg.), Berufsbiographien im Wandel, Opladen, S. 44–55

Küsters, Ivonne (2006): Narrative Interviews. Grundlagen und Anwendungen, Wiesbaden

Labov, William (1972): The Transformation of Experience in Narrative Syntax, in: William Labov (Hrsg.), Language in the Inner City: Studies in the Black English Vernacular, Philadelphia, S. 354–396

Luhmann, Niklas/Mayntz, Renate (1973): Personal im öffentlichen Dienst. Eintritt und Karrieren, Baden-Baden

Martin, Joanne/Feldman, Martha S./Hatch, Mary Jo/Sitkin, Sim B. (1983): The Uniqueness Paradox in Organizational Stories, in: Administrative Science Quarterly, 28, S. 438–453

Mead, George Herbert (1934/1973): Geist, Identität und Gesellschaft, Frankfurt a. M.

Mruck, Katja/Mey, Günter (1998): Selbstreflexivität und Subjektivität im Auswertungsprozess qualitativer Materialien. Zum Konzept einer „Projektwerkstatt qualitativen Arbeitens" zwischen Colloquium, Supervision und Interpretationsgemeinschaft, in: Gerd Jüttemann/Hans Thomae (Hrsg.), Biographische Methoden in den Humanwissenschaften, Weinheim, S. 284–306

Mutz, Gerd/Ludwig-Mayerhofer, Wolfgang/Koenen, Elmar J./Eder, Klaus/Bonß, Wolfgang (1995): Diskontinuierliche Erwerbsverläufe. Analysen zur postindustriellen Arbeitslosigkeit, Opladen

Oevermann, Ulrich (1991): Genetischer Strukturalismus und das sozialwissenschaftliche Problem der Erklärung der Entstehung des Neuen, in: Stefan Müller-Doohm (Hrsg.), Jenseits der Utopie. Theoriekritik der Gegenwart, Frankfurt a. M., S. 267–336

Oevermann, Ulrich/Allert, Tilman/Konau, Elisabeth/Krambeck, Jürgen (1979): Die Methodologie einer „objektiven Hermeneutik" und ihre allgemeine forschungslogische Bedeutung in den Sozialwissenschaften, in: Hans-Georg Soeffner (Hrsg.), Interpretative Verfahren in den Sozial- und Textwissenschaften, Stuttgart, S. 352–434

Ortmann, Günther/Windeler, Arnold/Becker, Albrecht/Schulz, Hans-Joachim (1990): Computer und Macht in Organisationen. Mikropolitische Analysen, Opladen

Pioch, Roswitha (1995): Technische Rationalität und biographische Orientierungsmuster im Berufsfeld der Ingenieure, in: Erika M. Hoerning/Michael Corsten (Hrsg.), Institution und Biographie. Die Ordnung des Lebens, Pfaffenweiler, S. 95–110

Reichertz, Jo (1995): Objektive Hermeneutik, in: Uwe Flick et al. (Hrsg.), Handbuch qualitative Sozialforschung. Grundlagen, Konzepte, Methoden und Anwendungen, 2. Auflage, Weinheim, S. 223–228

Riemann, Gerd (1987): Das Fremdwerden der eigenen Biographie. Narrative Interviews mit psychiatrischen Patienten, München

Schatzman, Leonhard/Strauss, Anselm (1966): Social Class and Modes of Communication, in: Alfred G. Smith (Hrsg.), Communication and Culture, New York, S. 442–455

Schütz, Alfred (1971): Gesammelte Aufsätze, Bd. 1, Den Haag

Schütze, Fritz (1976): Zur Hervorlockung und Analyse von Erzählungen thematisch relevanter Geschichten im Rahmen soziologischer Feldforschung – dargestellt an einem Projekt zur Erforschung von kommunalen Machtstrukturen, in: Arbeitsgruppe Bielefelder Soziologen: Kommunikative Sozialforschung, München, S. 159–260

Schütze, Fritz (1977): Die Technik des narrativen Interviews in Interaktionsfeldstudien – dargestellt an einem Projekt zur Erforschung von kommunalen Machtstrukturen, Universität Bielefeld: Fakultät für Soziologie

Schütze, Fritz (1982): Narrative Repräsentation kollektiver Schicksalsbetroffenheit, in: Eberhard Lämmert (Hrsg.), Erzählforschung. Ein Symposium, Stuttgart, S. 568–590

Schütze, Fritz (1983): Biographieforschung und narratives Interview, in: Neue Praxis, 13, S. 283–293

Strauss, Anselm L. (1994): Grundlagen qualitativer Sozialforschung, München

Strauss, Anselm L./Corbin, Juliet M. (1991): Basics of Qualitative Research. Grounded Theory Procedures and Techniques, Newbury Park u. a.

Südmersen, Ilse M. (1983): Hilfe, ich ersticke in Texten! – Eine Anleitung zur Aufarbeitung narrativer Interviews, in: Neue Praxis, 13, S. 294–306

Voß, G. Günter/Pongratz, Hans J. (1998): Der Arbeitskraftunternehmer. Eine neue Grundform der Ware Arbeitskraft?, in: Kölner Zeitschrift für Soziologie und Sozialpsychologie, 50, S. 131–158

Wagner, Gabriele (2000): Berufsbiographische Aktualisierung von Anerkennungsverhältnissen. Identität zwischen Perspektivität und Patchwork, in: Ursula Holtgrewe/Stephan Voswinkel/Gabriele Wagner (Hrsg.), Anerkennung und Arbeit, Konstanz, S. 141–166

Weick, Karl E. (1995): Sensemaking in Organizations, Thousand Oaks u. a.

Wiedemann, Peter M. (1986): Erzählte Wirklichkeit. Zur Theorie und Auswertung narrativer Interviews, Weinheim/München

Willisch, Andreas (1999): Sozialer Wandel und die Kategorie der Überflüssigkeit, in: Claudia Honegger/Stefan Hradil/Franz Traxler (Hrsg.), Grenzenlose Gesellschaft? Verhandlungen des 29. Kongresses der Deutschen Gesellschaft für Soziologie, des 16. Kongresses der Österreichischen Gesellschaft für Soziologie, des 11. Kongresses der Schweizerischen Gesellschaft für Soziologie, Teil 2, Opladen, S. 83–95

Wilz, Sylvia M. 2002: Organisation und Geschlecht. Strukturelle Bindungen und kontingente Kopplungen, Opladen

Witzel, Andreas (1982): Verfahren der qualitativen Sozialforschung. Überblick und Alternativen, Frankfurt a. M./New York

Wohlrab-Sahr, Monika (1997): Individualisierung: Differenzierungsprozess und Zurechnungsmodus, in: Ulrich Beck/Peter Sopp (Hrsg.), Individualisierung und Integration: neue Konfliktlinien und neuer Integrationsmodus?, Opladen, S. 23–36

Beobachtungsinterview

Martin Kuhlmann

1 Einleitung

Der Begriff „Beobachtungsinterview" verweist zwar auf den zunächst trivialen Sachverhalt, dass Beobachten und Fragen in Alltagssituationen in der Regel miteinander verschränkt sind, das Beobachtungsinterview als eigenständiges Verfahren ist jedoch ein vergleichsweise junges Produkt einer sich in ihren Methoden immer weiter ausdifferenzierenden Sozialforschung. Als Bezeichnung für eine Methode der empirischen Sozialforschung wird der Begriff „Beobachtungsinterview" erst in jüngerer Zeit insbesondere im Zusammenhang mit in der Arbeitspsychologie entwickelten Instrumenten einer systematischen Arbeitsanalyse verwendet. Im Kontext dieser stark am Methodenverständnis einer naturwissenschaftlich geprägten Psychologie orientierten Disziplin sind seit Beginn der 1980er Jahre eine Vielzahl von Arbeitsanalyseinstrumenten[1] entstanden, bei denen Arbeitssituationen entlang von Leitfäden und über gezielte Fragen an die Beschäftigten strukturiert beobachtet und beurteilt werden (einen Überblick bieten Dunckel 1999; Frieling/Sonntag 1999, Ulich 2005). Die Notwendigkeit der Kombination von Beobachtungs- und Befragungselementen ergibt sich in diesen Instrumenten häufig daraus, dass sie auf handlungstheoretischen Konzepten beruhen, die den Denkprozessen der Arbeitenden einen hohen Stellenwert einräumen. Ziel dieser arbeitspsychologischen Beobachtungsinterviews sind personen*unabhängige*, zumeist als bedingungsbezogen bezeichnete Arbeitsanalysen, bei denen jedoch nicht äußere Merkmale der Tätigkeiten im Vordergrund stehen, sondern die vielmehr auf einem Verstehen der Arbeitsprozesse und der Handlungsstrukturen von Arbeitstätigkeiten beruhen (Oesterreich/Volpert 1987).

Hiermit ist aber nur ein Anwendungsgebiet des Beobachtungsinterviews bezeichnet. Weitgehend unabhängig von Entwicklungen der Arbeitspsychologie wird das Verfahren seit vielen Jahren auch bei der Untersuchung von Arbeitssituationen durch die phänomenologisch orientierte Arbeits- und Industriesoziologie eingesetzt, der es ebenfalls um eine verstehende Analyse von Arbeit geht. Die mittlerweile klassischen Texte dieser Tradition sind die beiden Bände „Technik und Industriearbeit" sowie „Das Gesellschaftsbild des Arbeiters" von Popitz et al. (1957a; 1957b), die im Anhang (1957b, S. 250–288) die „Arbeitsmonographie der Umwalzer an der Draht- und Feinstraße eines Walzwerkes" enthalten – ein frühes Beispiel für die Ergebnisse eines Beobachtungsinterviews. Das Ziel dieses später unter der Überschrift „Arbeitsplatzbeobachtung" (Kern/Schumann 1970; Schumann et al. 1982) weiter ausgearbeiteten und verfeinerten Instruments ist: eine personenunabhängige, auf typische Merkmale ausgerichtete Beschreibung und Analyse von Arbeitssituationen durch eine mitunter mehrtägige Beobachtung der Arbeitenden während des Vollzugs ihrer Tätigkeiten sowie begleitende Gespräche, in denen es um Verständnisfragen zu den beobachteten Sachverhalten sowie die Erhebung von nicht direkt beobachtbaren Aspekten, komplexen Erfahrungsbestandteilen und sozialen Bedeutungen[2] geht.

Beobachtungsinterviews werden zwar in unterschiedlichen Kontexten als Instrument zur Analyse von Arbeitstätigkeiten genutzt, zum Verfahren selbst finden sich in den einschlägigen Studien – und auch in vorliegenden Lehrbüchern der empirischen Sozialforschung – jedoch nur sehr spärliche Hinweise. Während die Arbeits- und Industriesoziologie ihre Vorgehensweise bei Beobachtungsinterviews kaum expliziert und sich nicht selten mit dem generellen Hinweis auf die Durchführung von Arbeitsplatzbeobachtungen begnügt, beschränken sich arbeitspsychologische Veröffentlichungen zumeist auf Erläuterungen zur Operationalisierung der arbeitsanalytischen Kategorien. Obwohl es sich bei den Instrumenten zur Arbeitsanalyse in der Regel um umfangreiche Manuale mit einer Vielzahl von einzeln einzustufenden Merkmalen und Skalen handelt,[3] die zudem auf einer umfangreichen Dokumentation unterschiedlicher Arbeitsfunktionen beruhen, sind die Hinweise zur konkreten Vorgehensweise auch hier vergleichsweise knapp und eher allgemein gehalten oder beschränken sich auf die Benennung von notwendigen Rahmenbedingungen. Detailliert festgelegt wird, *worauf* sich das Beobachtungsinterview zu richten hat, das heißt, welche Beobachtungskategorien einzustufen und welche Daten zu erheben sind; dem Vorgehen in der Erhebungssituation wird dagegen sehr viel weniger Aufmerksamkeit geschenkt: „Im *Manual* werden dem Untersucher von ihm (und nicht von dem Arbeitenden) zu beantwortende Fragen vorgegeben. In freier Beobachtung und Befragung muß sich der Untersucher alle Informationen verschaffen, die ihm die Beantwortung der vorgegebenen Fragen – überwiegend mit standardisierten Antwortkategorien – erlauben" (Oesterreich/Leitner 1989, S. 240).

Der vorliegende Beitrag wird keinen Einblick in die theoretisch-kategorialen Weiterentwicklungen und Ausdifferenzierungen der arbeitsanalytischen Methodik in der Arbeitspsychologie sowie Arbeits- und Industriesoziologie geben, sondern die Besonderheiten der Methode des Beobachtungsinterviews darstellen und auf mögliche Einsatzgebiete eingehen. Zudem werden konkrete Hinweise zum praktischen Vorgehen gegeben. Der Begriff Beobachtungsinterview deutet allerdings eine weitere notwendige Fokussierung an: Da es sich bei diesem Erhebungsverfahren um eine Kombination von Beobachtungs- und Interviewmethoden handelt, sind viele Hinweise aus dem Kapitel über die teilnehmende Beobachtung sowie die Besonderheiten qualitativer Interviews auch für das hier vorgestellte Verfahren relevant. Damit es bei der Darstellung nicht zu umfangreichen Wiederholungen von bereits behandelten Sachverhalten kommt, wird sich die Vorstellung des Beobachtungsinterviews auf Besonderheiten der Methode und deren Anwendung sowie auf Vorteile und Grenzen beziehen, die aus der Kombination von Beobachtung und Interview resultieren.

2 Datenerhebung

Eine Grundregel empirischer Sozialforschung besagt, dass die Untersuchungsmethoden sich an der jeweiligen Erkenntnisabsicht einer konkreten Untersuchung zu orientieren haben. Beim Beobachtungsinterview erscheint es daher auch wenig sinnvoll, unterschiedliche Formen im Sinne eines eher quantitativen oder eher qualitativen Vorgehens zu unterscheiden oder unterschiedliche Grade der Strukturierung einander gegenüberzustellen (vgl. zu diesen Aspekten insbesondere Lamnek 2006). Entscheidend ist vielmehr, dass sich Beobachtungsinterviews dort bewähren, wo sich Aufschlüsse gerade durch die Kombination von Beobachtung und Interview gewinnen lassen. In der Organisationsforschung liegt das

Hauptanwendungsgebiet von Beobachtungsinterviews daher in der Arbeitsanalyse, d. h. der Untersuchung von Arbeitssituationen.

Die besondere Leistungsfähigkeit von Beobachtungsinterviews beruht darauf, dass sie auf zwei Ebenen der sozialen Wirklichkeit zugleich ansetzen. Aufgrund des Beobachtungscharakters und der Tatsache, dass das Beobachtungsinterview vor Ort, während der Arbeit durchgeführt wird, sind zunächst faktische, quasi-objektive Bestimmungsmomente der Arbeit direkt erfahrbar und damit Gegenstand der Datenerhebung. Hierbei geht es beispielsweise um die Beschreibung von räumlichen Gegebenheiten der Arbeit, technische Arbeitsmittel und Kontrollinstrumente, maßgebliche Unterlagen (Arbeitsunterlagen, Vorschriften und Arbeitsanweisungen) sowie die wichtigsten Schritte des Arbeitsprozesses einschließlich der dabei relevanten Voraussetzungen und Folgewirkungen. Neben der Erhebung faktischer Sachverhalte zielt der verstehende Charakter der Arbeitsanalyse, der sich in besonderer Weise – aber nicht nur – aus den Gesprächssequenzen des Beobachtungsinterviews ergibt, im Kern jedoch auf eine sinnhafte Analyse der Arbeit. Dabei stehen allerdings nicht die individuellen Sinnzuschreibungen der handelnden Subjekte im Zentrum – der subjektiv gemeinte Sinn je individueller Personen –, sondern eher der das soziale Handeln bestimmende soziale Sinn entsprechend der Theorietradition der von Max Weber und Alfred Schütz begründeten verstehenden Soziologie (Weber 1980; Schütz 1974; Helle 1999; Hitzler/Honer 1997; Schneider 2004), bei der die intersubjektiven Momente des sozialen Handelns und Erlebens stärker betont werden. Für die Interviewsituation und insbesondere die Fragetechniken bleibt dies nicht ohne Folgen. Letztere unterscheiden sich in mehrfacher Hinsicht vom typischen Experteninterview oder einem qualitativen Einzelinterview, bei denen die Entfaltung persönlicher Bezüge sowie subjektiver Bewertungen einen sehr viel größeren Stellenwert einnehmen. Im Beobachtungsinterview geht es demgegenüber eher um Typisches, und es entspricht aufgrund der Kombination von Beobachten und Fragen sowie Faktischem und Sinnstrukturen in besonderer Weise der mittlerweile zum Standard empirischer Sozialforschung gewordenen Forderung nach Methodenvielfalt, „cross-examination" bzw. Triangulation (Kern 1982; Diekmann 2007; Flick 2008).

Im Bereich der Organisationsforschung scheint dieses Merkmal des Beobachtungsinterviews insbesondere deshalb vorteilhaft, weil Organisationen durch ein hohes Maß an Komplexität und Multidimensionalität gekennzeichnet sind – eine Tatsache, aus der sich zugleich wichtige Bezugspunkte der Datenerhebung ergeben. So zeichnen sich Arbeitstätigkeiten bzw. Arbeitsplätze als zentrale Untersuchungseinheiten von Beobachtungsinterviews zunächst dadurch aus, dass sie Bestandteile von komplexen Wertschöpfungs- oder (Dienst-) Leistungserstellungsketten sind, die einerseits aus Kooperationsprozessen bestehen, andererseits aber auch durch Formen der Über- und Unterordnung geprägt sind. Ein hohes Maß an Komplexität im Sinne der Verschränkung von objektiv-faktischen mit sozial-sinnhaften Momenten in der Arbeit kommt außerdem dadurch zustande, dass Arbeit sowohl als konkret stofflicher Arbeits- bzw. Produktionsprozess zu analysieren ist als auch lebensweltliche Bezüge beinhaltet, die zu explizieren sind. Da es sich bei den Untersuchungsfeldern der Organisationsforschung häufig zugleich um abhängige Erwerbsarbeit handelt, kommen weitere, für die Analyse von Arbeit relevante Bestimmungsmomente hinzu wie das Ziel der Erwirtschaftung von Gewinnen oder der Herrschaftscharakter von Organisationen. Ein anschaulicher Überblick über grundlegende Dimensionen bei der Analyse von Arbeitssituationen findet sich bei Littek (1982, S. 102–114), der eine stofflich-technisch-funktionale, eine ökonomische und eine politisch-herrschaftliche Dimension unterscheidet.

Ausgangspunkt für die Datenerhebung auch bei Beobachtungsinterviews ist zunächst, sich Klarheit über die Erkenntnisabsicht der Forschung zu verschaffen, um auf dieser Basis die Untersuchungseinheit zu bestimmen, auf die sich das Beobachtungsinterview beziehen soll. Da es in den meisten Fällen um eine personenunabhängige Analyse von Arbeit geht, sind die häufigsten Untersuchungsgegenstände konkrete Arbeitssituationen oder Tätigkeiten, die sich zu einer bestimmten Arbeitsrolle im Sinne eines abgrenzbaren spezifischen Arbeitshandelns bündeln. Denkbar wären jedoch auch erweiterte Untersuchungseinheiten. So wird im Anwendungsbeispiel dieses Kapitels über eine Untersuchung berichtet, in der es um die Analyse von Arbeitssituationen bei Gruppenarbeit ging. Beobachtungsinterviews gehen also keineswegs zwangsläufig mit einer Fokussierung auf Einzelarbeitsplätze einher. Die Erkenntnisabsicht von Beobachtungsinterviews kann im Anspruch einer ganzheitlichen Betrachtung von Arbeitssituationen bestehen; häufiger werden jedoch bestimmte, mehr oder weniger scharf umrissene Ausschnitte von Arbeitssituationen untersucht. So richten sich insbesondere die in der Einleitung erwähnten arbeitspsychologischen Arbeitsanalyseverfahren oft auf ganz spezielle Aspekte von Arbeitssituationen wie Stressbelastungen oder handlungstheoretisch definierte Regulationserfordernisse.

Auswahlentscheidungen

Im Anschluss an die notwendigen Vorklärungen der Erkenntnisabsichten erfolgt die Auswahl eines konkreten Untersuchungsfeldes innerhalb von Organisationen. Typischerweise sind dies bestimmte Arbeitssituationen: etwa die eines Schichtmeisters in einem vollkontinuierlichen Chemiebetrieb, die Arbeit eines Call-Center-Agenten, einer Stationsschwester, einer Bestückerin in einer Flachbaugruppenfertigung oder eines Montagearbeiters in der Großserienproduktion der Automobilindustrie nach der Einführung von Gruppenarbeit. Beobachtet werden sollten stets mehrere konkrete Arbeitsplätze, die sich idealerweise in verschiedenen Abteilungen einer Organisation oder, besser noch, in verschiedenen Organisationen befinden. Zudem sollten mögliche Variationen einer konkreten Tätigkeit gezielt zum Gegenstand weiterer ergänzender Beobachtungsinterviews gemacht werden.

Bei der Auswahl der Untersuchungspersonen geht es darum, für den betreffenden Arbeitsplatz typische Beschäftigte hinsichtlich Qualifikationsniveau, Arbeitsbiographie oder betrieblichem Karriereverlauf einzubeziehen sowie sozialstatistische Merkmale und die Dauer der Betriebszugehörigkeit zu berücksichtigen. Die Arbeitsplatzinhaber sollten die Tätigkeit bereits seit längerer Zeit ausüben und die normalerweise an den Arbeitsplätzen verlangten qualifikatorischen Anforderungen mitbringen. Aufgrund der besonderen Bedeutung von Verbalisierungen für die Methode des Beobachtungsinterviews erscheint es außerdem notwendig, dass auch hinsichtlich der Sprachkenntnisse eine direkte Verständigung zwischen Forschenden und den zu beobachtenden Personen möglich ist. Grundsätzlich gilt, dass die Untersuchungspersonen in etwa repräsentativ für die Gesamtheit der an den Arbeitsplätzen eingesetzten Personen sein sollten. Andererseits lassen sich über Beobachtungsinterviews mit Personen, die nicht den typischen Beschäftigten entsprechen, mitunter ergänzende Einsichten gewinnen. So ist insbesondere darauf zu achten, ob die Tätigkeiten von solchen Beschäftigten anders ausgeführt werden. Beispiele wären: Personen, die sich noch im Anlernprozess befinden, eine überdurchschnittlich lange Arbeitsplatzerfahrung haben oder über Vorerfahrungen auf vergleichbaren Arbeitsplätzen in anderen Organisationen verfügen.

Für die Dauer eines Beobachtungsinterviews lassen sich keine generellen Größenordnungen angeben. Sie hängt vor allem vom Charakter, der Komplexität und den Zeitrhythmen der Tätigkeiten sowie von der im Vorfeld zu präzisierenden Erkenntnisabsicht ab. In der Regel sollten sich Beobachtungsinterviews jedoch über mehrere Arbeitstage erstrecken. Entscheidend ist, dass die Forschenden sich in der Lage sehen, alle im Erhebungsprogramm vorgesehenen Fragen zu beantworten und die entsprechenden Einstufungen durchzuführen. Letztlich geht es darum, die jeweiligen Tätigkeiten in ihren Grundzügen verstehend nachvollziehen zu können. Die Empfehlung lautet daher: Ein Beobachtungsinterview dauert so lange, bis man die Arbeitssituation verstanden hat. Ein Beobachtungsinterview ist erst dann als beendet anzusehen, wenn durch weitere Beobachtungen und Gespräche keine neuen Informationen mehr gewonnen werden, sondern nur noch das bereits vorhandene Verständnis der jeweiligen Arbeitssituation bestätigt wird.

Vorgehensweise

Gerade weil es anders als bei Interviews oder Fragebögen kaum formale Kriterien für die Ausgestaltung eines Beobachtungsinterviews gibt, spielen Hinweise zum Ablauf und zur Vorgehensweise eine besondere Rolle. Entscheidend für die soziale Situation beim Beobachtungsinterview ist die Tatsache, dass es sich um eine typische Feldsituation handelt. Die Forschenden folgen den Untersuchungspersonen während des Arbeitsablaufs und stellen immer wieder Fragen, die der Einordnung des Gesehenen dienen, ohne jedoch die jeweiligen Handlungsabläufe zu stören oder zu sehr zu zerstückeln. Genau wie bei den meisten Formen der Beobachtung (vgl. den Beitrag zur teilnehmenden Beobachtung in diesem Band sowie Girtler 2001) sind die Forschenden damit in einer natürlichen Situation unmittelbar präsent, dringen also in Alltagssituationen der Untersuchungspersonen ein. Dies setzt ein hohes Maß an Einverständnis bei allen Beteiligten voraus. Nicht nur der Anlass und die generelle Zielsetzung der Untersuchung sind deshalb mitzuteilen und zu begründen, offen zu legen sind auch die spezifischen Erkenntnisabsichten und die Vorgehensweise beim Beobachtungsinterview.

Aufgrund der bereits genannten Besonderheiten des Gegenstandes der Organisationsforschung spielt das Vertrauen der Untersuchungspersonen sowie der Vertrauensschutz eine entscheidende Rolle. Zwingend notwendig ist es daher, nicht nur die jeweilige Leitung einzubeziehen, sondern, falls vorhanden, auch die betriebliche Interessenvertretung. Da sich die Forschenden im Arbeitsbereich frei bewegen und grundsätzlich, das heißt, soweit die Arbeitsprozesse es zulassen, über die Möglichkeit verfügen müssen, jeden Beschäftigten jederzeit ansprechen zu können, gewinnen sie detaillierte Einblicke in die konkrete Praxis der jeweiligen Tätigkeiten. Die doppelte Wirklichkeit von Organisationen (Weltz 1991) wird damit zu einem wichtigen Gegenstand des Beobachtungsinterviews. Damit kommen aber auch solche Verhaltensweisen in den Blick, die beispielsweise gegen betriebliche Vorschriften verstoßen und im Einzelfall nicht einmal den jeweiligen Vorgesetzten bekannt sind. Auch aus diesem Grund ist während der Erst-Information der Beschäftigten der Hinweis auf die besondere Vertrauenssituation, dass es sich bei der Beobachtung nicht um eine Kontrolle durch den Betrieb handelt, besonders wichtig. Außerdem ist klarzustellen, dass es nicht um eine Beobachtung einzelner Personen, sondern um das Verstehen von Tätigkeiten geht. Bewährt hat sich beispielsweise der Hinweis, dass man eben nicht nur „am grünen Tisch" über die betreffenden Tätigkeiten reden, sondern sie auch ganz konkret kennen lernen und in Ansätzen verstehen wolle.

Das eigentliche Beobachtungsinterview ist schließlich so anzulegen, dass es von den Untersuchungspersonen als eher unspektakulär erlebt wird. Diese gehen im Wesentlichen ihren normalen Tätigkeiten nach – mit dem Unterschied allerdings, dass sie dabei von einer weiteren Person beobachtet werden und von Zeit zu Zeit Nachfragen zu unterschiedlichen Aspekten ihres Arbeitshandelns gestellt bekommen. Wenn die beobachtete Person mit anderen Personen Kontakt aufnimmt, ist es mitunter zweckmäßig, dass der Forscher kurz vorgestellt wird. Grundsätzlich sollten derartige Entscheidungen und die Initiative hierzu jedoch bei den Untersuchungspersonen und nicht bei den Forschenden liegen: Die Beschäftigten definieren, was aus ihrem Verständnis der Arbeitsrolle und den jeweiligen Gepflogenheiten heraus üblich und zu tun ist. Die Forschenden sollten nur auf Aufforderung in die Situation aktiv eingreifen. Zudem bleibt es der Untersuchungsperson überlassen, ob sie den Forscher in bestimmten Situationen bittet, die Beobachtung zu unterbrechen. Letzteres kann etwa bei einem Führungsgespräch mit einem Untergebenen sinnvoll sein. In solchen Fällen sind aber die für das Beobachtungsinterview relevanten Aspekte nach Möglichkeit gesprächsweise unmittelbar im Anschluss an eine solche Situation zu klären.

Im Unterschied zur aktiv teilnehmenden Beobachtung sollte man jedoch darauf verzichten, Teile der beobachteten Arbeitstätigkeit selbst auszuführen. Dies dürfte bei den meisten Tätigkeiten ohnehin wenig praktikabel sein; darüber hinaus könnte es jedoch auch zu Fehlschlüssen infolge des Missverständnisses besonderer Unmittelbarkeit oder gar Authentizität verleiten. Entscheidend ist – wie bei verstehenden Methoden generell –, ein hohes Maß an Empathie wirksam werden zu lassen und sich so weit wie möglich in die Situation der beobachteten Person hineinzuversetzen, hierbei jedoch nicht dem Trugschluss zu verfallen, das Erleben und die Handlungsweisen der Untersuchungsperson unmittelbar nachvollziehen zu können. Allerdings ist gerade bei einfachen Tätigkeiten durchaus damit zu rechnen, dass die Forschenden aufgefordert werden, einige Handgriffe doch selbst einmal zu versuchen – eine Aufforderung, der man sich prinzipiell auch nicht entziehen sollte. Einerseits kann eine solche Situation Anlass für eine Gesprächssequenz über das Erleben dieser Tätigkeit sein, andererseits kommt – vergleichbar mit der Situation in einem qualitativen oder narrativen Interview – der Aufrechterhaltung des besonderen Charakters der von hohem Vertrauen geprägten Untersuchungssituation eine besondere Bedeutung zu.

Die Qualität der Ergebnisse eines Beobachtungsinterviews erhöht sich beträchtlich, wenn es gelingt, die beobachteten Personen aktiv in den Untersuchungsprozess einzubeziehen. So ist es beispielsweise sinnvoll, die Beschäftigten im Anschluss an die Erläuterungen zur Untersuchungsfragestellung und zur Vorgehensweise aufzufordern, zu überlegen, welche Unterlagen für das Verständnis ihrer Tätigkeit wichtig sind und welche besonderen Teilaufgaben oder Situationen (z. B. Schichtwechsel oder Nachtschicht) sich die Forschenden auf jeden Fall anschauen sollten. Im Verlauf eines Beobachtungsinterviews ist es außerdem erstrebenswert, möglichst viele Beschäftigte eines Bereiches zu erreichen und jede sich bietende Gelegenheit (beispielsweise in gemeinsam verbrachten Arbeitspausen) zu ergreifen, Einzelaspekte in ad hoc entstehenden Diskussionen zwischen mehreren Arbeitsplatzinhabern zu vertiefen. Gerade wenn solche Gespräche von differierenden Einschätzungen einzelner Personen ausgehen, helfen sie, ein detailliertes Bild der jeweiligen Tätigkeit zu zeichnen.

Letztlich sind alle Entscheidungen hinsichtlich der Vorgehensweise dem zentralen Ziel unterzuordnen, möglichst viele Aspekte der Tätigkeit direkt zu beobachten und mittels kurzer Gesprächssequenzen in ihrem Bedeutungsgehalt, möglichen Unterschieden in der Ausführung sowie in ihren Wirkungen auf die Arbeitssituation einschließlich der hierfür relevanten Einflussfaktoren zu verstehen. Praktisch bedeutet dies, dass man nicht nur möglichst unterschiedliche Situationen kennen lernen sollte; erreicht wird dieses Ziel auch dadurch, dass Beobachtungsinterviews zu ein und derselben Tätigkeit mit unterschiedlichen Personen durchgeführt werden. Diese Möglichkeit sollte auch deshalb extensiv genutzt werden, um einzelne Personen nicht zu sehr zu belasten, sämtliche Beschäftigten in die Untersuchung einzubeziehen und so einen Eindruck vom gesamten Arbeitssystem zu erhalten. Gerade die beim Beobachtungsinterview in der Regel im Vordergrund stehenden typischen Merkmale unterschiedlicher Arbeitssituationen lassen sich recht gut über den Vergleich von Beobachtungsinterviews mit verschiedenen Untersuchungspersonen ermitteln. Besonders gute, unbedingt zu nutzende Vergleichsmöglichkeiten bieten sich dabei in Organisationen, in denen aufgrund von Schichtarbeit ohnehin unterschiedliche Beschäftigte an identischen Arbeitsplätzen arbeiten. Hier besteht zudem die Chance, sich bestimmte Tätigkeiten mehrfach erklären zu lassen, ohne dass daraus Irritationen entstehen. Generell bewährt hat sich eine Mischung aus kurzen, mitunter gezielt auf einzelne Aspekte ausgerichteten Beobachtungs- und Interviewsequenzen einerseits und längeren Passagen, die im Extremfall den Charakter einer teilnehmenden Beobachtung annehmen können, andererseits. Bei besonders komplexen Tätigkeiten bietet sich auch die Vorgehensweise des Mitverfolgens eines ganzen Arbeitstages an. Auch hierbei ist allerdings wichtig, dass immer wieder die Möglichkeit besteht, das Verständnis der erlebten Situationen durch Nachfragen zu vertiefen. Am Ende eines solchen Tages sollte zudem Zeit eingeplant werden, um zu klären, inwieweit der erlebte Tag typisch und was ungewöhnlich war.

Fragetechniken, Fragearten

Entscheidend für die Datenerhebung ist, dass es sich beim Beobachtungsinterview primär gerade nicht um ein Interview handelt. Gesprächssequenzen spielen zwar eine wichtige Rolle bei der Datenerhebung; im Vordergrund steht jedoch die Beobachtung, und die Interviewsequenzen dienen eher dem Sinnverstehen der beobachteten Situationen sowie dem Nachvollzug von Denk- und Entscheidungsprozessen. Grundsätzlich sollte also immer zunächst beobachtet werden. Der normale Arbeitsprozess darf dabei so wenig wie möglich unterbrochen werden. Dies bedeutet, dass vollständige Handlungssequenzen oder Interaktionsfolgen abzuwarten sind, Gesprächspassagen nicht zu lang sein sollten und deutliche Markierungen für eine Rückkehr in die Beobachterrolle einzusetzen sind (einen Schritt zurücktreten, kurze verbale Hinweise oder Aufforderungen). Auch dann, wenn bestimmte Aspekte der Arbeitssituation im Gespräch bilanzierend geklärt werden, sollten die Interviewfragen stets von beobachteten oder erlebten Szenen ausgehen. Falls ein Beschäftigter von sich aus in ein längeres Gespräch beginnt, sollte man ihn zunächst auffordern, doch diese oder jene Tätigkeit zu zeigen oder zu wiederholen. Letztlich bleibt aber nur die Möglichkeit, die Situation behutsam abzubrechen – beispielsweise indem man sich zunächst einem anderen Arbeitsbereich zuwendet.

Die Fragen im Beobachtungsinterview ergeben sich teils aus der grundlegenden Erkenntnisabsicht, teils aus den verschiedenen Zielrichtungen einzelner Gesprächssequenzen. Als besonders übliche Fragearten des Beobachtungsinterviews lassen sich unterscheiden: (1) die Frage nach verfügbaren Handlungs- bzw. Entscheidungsalternativen sowie die Nachfrage zu Begründungen für die jeweils gewählte Alternative; (2) die Bitte, Rahmenbedingungen und Voraussetzungen für das Eintreten von bestimmten Situationen zu erläutern – hierbei ist darauf zu achten, inwieweit diese den Handelnden überhaupt transparent sind; (3) die Frage nach möglichen und wahrscheinlichen Folgewirkungen von Handlungen für die eigene Tätigkeit bzw. Arbeitssituation; (4) die Bitte, den Zusammenhang des eigenen Arbeitshandelns mit Handlungen anderer zu erläutern; (5) Fragen zur zeitlichen und inhaltlichen Verortung von beobachteten Situationen (Beispiele: „Wie oft muss man so etwas bei dieser Arbeit erledigen?", „War dies jetzt ein besonders schwieriges Gespräch – eine besonders knifflige Anlagenstörung?", „Kann es auch mal sein, dass das Zusammenbauen nicht so reibungslos klappt?"). Besonders gut verwertbare Informationen ergeben sich dort, wo es gelingt, die beobachtete Person dazu zu bringen, ihre Überlegungen sogar während des Vollzugs einer Tätigkeit zu verbalisieren – insbesondere in solchen Fällen, wo den mit einer Tätigkeit einhergehenden kognitiven Prozessen eine große Bedeutung zukommt. Die Bitte, bei der Arbeit doch einmal laut zu denken, kann äußerst präzise und anschauliche Verbalisierungen des Arbeitshandelns hervorbringen.

Nutzung von Problemsituationen

Besonders aussagefähige Situationen ergeben sich während eines Beobachtungsinterviews immer dann, wenn mehrere Personen zusammenkommen, um sich über ihr Handeln zu verständigen oder mögliche Reaktionen zu diskutieren. Grundsätzlich gilt daher, dass man im Feld keine Chance ungenutzt lassen sollte, sich in solche Situationen hineinzubegeben – oft gibt es in Arbeitsbereichen sogar bestimmte Orte (z.B. die Messwarten in der Prozessindustrie), an denen Gespräche über das Arbeitshandeln besonders häufig stattfinden. Sinnvoll ist es, die gerade versammelten Personen im Anschluss an eine beobachtete Szene um eine Kommentierung zu bitten oder sie mit daran anschließenden Fragen zu konfrontieren.

Problembehaftete Situationen, auftauchende Konflikte, voneinander abweichende Einschätzungen sowie sich anbahnende Auseinandersetzungen sind für Beobachtungsinterviews von hoher Relevanz und mit besonderer Aufmerksamkeit und Sorgfalt zu verfolgen. Sie lassen sich in einem Beobachtungsinterview zwar nicht erzeugen, dürften aber bei mehrtägigen Beobachtungen in der Regel vorkommen und sind für die Analyse und Interpretation stets besonders aufschlussreich. Dem Nachgehen von problematischen Ereignissen kommt bei der Datenerhebung daher eine wichtige Rolle zu, was am Beispiel eines Beobachtungsinterviews bei einer Anlagenführertätigkeit im Rohbau eines Automobilherstellers kurz erläutert werden soll.

Zu Beginn der Problemsituation sah sich die beobachtete Gruppe von Anlagenführern mit der Tatsache konfrontiert, dass die Zulieferung einer bestimmten Türart aufgrund eines Zulieferproblems – ein LKW war durch einen Stau aufgehalten worden – zu stocken drohte. Die Arbeitsgruppe war zuständig für eine von drei parallelen Montagelinien, in denen die Türen weitgehend automatisiert angebaut wurden, sowie für ein alle drei Linien versorgendes Hochregallager, in dem verschiedene Türvarianten vorgehalten wurden. Nachdem die Gruppe durch Nachfrage bei der Logistik über den nahe bevorstehenden Mangel einer Türart informiert war, antizipierte sie, dass dies aufgrund technischer Abhängigkeiten der Anlage dazu führen könnte, dass alle drei Montagelinien zum Stillstand kommen. Nach kurzer Beratung beschlossen die Anlagenführer daher, eine der drei Linien komplett nicht mehr zu versorgen, da nur dies geeignet war, einen Rückstau von Ladungsträgern zu verhindern. Hierdurch war gewährleistet, dass die beiden anderen Montagelinien weiter versorgt werden konnten. Da sich der verantwortliche Meister auf einer Weiterbildung befand, informierte die Gruppe selbst den vom geplanten Belieferungsstopp betroffenen Bereich, dessen Vorgesetzter sich jedoch kurz darauf bei der Gruppe beschwerte und sie unter Drohungen anwies, die Versorgung „seiner" Linie trotz des damit verbundenen Risikos wieder aufzunehmen. Die Situation eskalierte, und aus Verärgerung ging die Gruppe, entgegen der bisherigen informellen Praxis des Durchfahrens von Pausen mittels einer Notbesetzung, geschlossen in die Mittagspause, was eine weitere Unterbrechung der Belieferung der dritten Linie zur Folge hatte. Am nächsten Tag hatte dieser Vorfall ein Nachspiel, bei dem sogar die Rohbauleitung eingeschaltet wurde, um die Situation zwischen den verschiedenen Vorgesetzten und der Gruppe zu klären.

Für das Beobachtungsinterview erweist sich ein solches Ereignis insofern als „Glücksfall", als es einen besonders guten Einblick in die Entscheidungskompetenzen, das Arbeitshandeln und die widersprüchlichen Momente der Arbeitssituation der Anlagenführer erlaubt. Bei der Datenerhebung ist entscheidend, dass die verschiedenen Phasen eines solchen Vorfalls teils direkt beobachtet, teils mit den verschiedenen Akteuren besprochen werden. Hierzu war es im erwähnten Fall zunächst notwendig, in die verschiedenen Anlagenbereiche zu gehen, um sich einen Überblick über die Auswirkungen zu verschaffen. Am Ende des ersten Tages war zudem klar, dass die Rückkehr des zuständigen Meisters am nächsten Tag nach Möglichkeit vor Ort mitzuerleben war. Während der Ereignisse und vor allem am Tag danach waren darüber hinaus kurze Gespräche mit den verschiedenen Akteuren über ihre Sichtweise der Ereignisse notwendig, und schließlich war gesprächsweise auch noch zu klären, ob der beobachtete Ablauf aus Sicht der Beteiligten typisch war und wie häufig solche oder ähnliche Vorkommnisse stattfinden.

Das Ansetzen an problembehafteten Situationen und die Technik des systematischen Nachverfolgens solcher Ereignisse ist nicht nur ein besonders wichtiger Baustein von Beobachtungsinterviews, es ist zudem ein gutes Beispiel für die enge Verschränkung von Beobachtungs- und Interviewsequenzen sowie für die Unterschiedlichkeit der Fragearten.

3 Dateninterpretation und Feedback

Da es für Beobachtungsinterviews, insbesondere wenn sie zur Arbeitsanalyse in der Organisationsforschung eingesetzt werden, charakteristisch ist, dass sich die Phasen der Datenerhebung und der Dateninterpretation stark überlappen, werden unter der Überschrift „Dateninterpretation" auch Aspekte angesprochen, die zeitlich-räumlich noch in die Phase der Datenerhebung fallen. Aus dem bereits Dargestellten dürfte nicht nur deutlich geworden sein, dass der Prozess der Datenerhebung insbesondere aufgrund seiner verstehenden Methodik bereits in hohem Maß Interpretationscharakter besitzt; noch entscheidender ist, dass wesentliche Kategorien der Analyse – wie im Konzept der „grounded theory" beschrieben (Strauss/Corbin 1996; Glaser/Strauss 2005) – erst im Verlauf des Beobachtungsinterviews, d. h. während der Datenerhebung, entstehen. Eine strenge Trennung von Datenerhebung und Dateninterpretation ist nur in den in der Einleitung beschriebenen weitgehend standardisierten arbeitspsychologischen Arbeitsanalyseverfahren möglich, deren Ziel in erster Linie ein methodisch gesicherter Vergleich unterschiedlicher Tätigkeiten in bestimmten Einzeldimensionen sowie die Erarbeitung von Hinweisen für die prospektive Gestaltung von Tätigkeiten ist. Von diesem Einsatzfeld abgesehen, in dem es vor allem um das Ausfüllen bereits vorliegender Schemata geht, liegt ein wichtiger Anwendungsbereich von Beobachtungsinterviews in der Arbeitssoziologie und Organisationsforschung eher in der iterativen Erarbeitung von Analysekategorien. Hierbei erweisen sich gerade die Verschränkung von Beobachtungs- und Interviewsequenzen als besonders förderlich.

Dokumentation der Ergebnisse

Praktisch bewährt hat sich bei Beobachtungsinterviews die aus ethnografischen Beobachtungsverfahren geläufige tägliche Niederschrift des Erlebten – häufig werden vor allem die während des Beobachtungsinterviews bereits angefertigten Kurznotizen ergänzt – sowie die Sichtung, Systematisierung und reflektierende Kommentierung der bisherigen Ergebnisse. Grundsätzlich ist es ratsam, Beobachtungen und Gesprächsinhalte möglichst zeitnah zu dokumentieren, was aufgrund der ohnehin notwendigen Offenlegung der Forschungssituation in der Regel auch leicht möglich sein dürfte. Während die in der Einleitung beschriebenen standardisierten Analyseinstrumente Interpretationsspielräume bewusst einschränken und möglichst eindeutige, wenn auch nicht immer einfach zu handhabende Zuordnungsregeln vorgeben und bei der Protokollierung der Ergebnisse sogar mit Vordrucken arbeiten,[4] ist die schrittweise Entwicklung von Analysekategorien in anderen Fällen eine wichtige Interpretationsleistung der Forschenden.

In einer Pendelbewegung aus Beobachtung, Gespräch und Durcharbeiten der vorliegenden Daten entsteht dabei nach und nach ein Gesamtbild des Untersuchungsgegenstandes. Schritt für Schritt wird der Untersuchungsgegenstand differenziert und in seinen einzelnen Facetten bearbeitet. Die Durchsicht der bereits protokollierten Ergebnisse unter dem Gesichtspunkt ihrer Vollständigkeit, Plausibilität und Widersprüchlichkeit gibt zudem Hinweise für weitere Beobachtungs- und Gesprächssequenzen. Den im Laufe des Beobachtungsinterviews erhobenen faktischen Daten und gesammelten Unterlagen (Beschreibungen/Pläne der räumlichen Gegebenheiten, verfügbare oder selbst erhobene Produktions- und Beschäftigtendaten, vorhandene Tätigkeitsbeschreibungen, Vorschriften oder Schulungsunterlagen) kommt dabei insofern eine besondere Rolle zu, als sie gegenüber den ansonsten im Vordergrund stehenden Interpretationsleistungen der Forschenden eine wichtige Korrekturfunktion haben.

Dateninterpretation als kollektiver Prozess

Ein wichtiges Mittel der Sicherung der Validität von Beobachtungsinterviews liegt darin, diese als kollektiven Forschungsprozess zu organisieren. Im Zweier-, Dreier- oder Viererteam besteht nicht nur die Möglichkeit einer umfangreicheren Datenerhebung, besonders vorteilhaft ist eine solche Konstellation vor allem für den Prozess der Dateninterpretation. Im Diskutieren und Abwägen unterschiedlicher Deutungen (instruktiv auch für das Beobachtungsinterview sind Oevermann et al. 1979 und Neumann 1984) sowie dem Vergleich der jeweiligen Einschätzungen und Materialien entsteht üblicherweise ein sehr viel breiteres und tiefenschärferes Bild des Untersuchungsgegenstandes. Gerade in der Anfangsphase eines Beobachtungsinterviews, wenn die Forschenden sich überwiegend noch mit unterschiedlichen Personen oder Teilbereichen beschäftigen, kommt es nicht selten zu aufschlussreichen Diskussionen, die die Komplexität und den Facettenreichtum des Untersuchungsgegenstandes in besonderer Weise zum Ausdruck bringen. Das frühzeitige Protokollieren und spätere Interpretieren von unterschiedlichen Sichtweisen innerhalb des Untersuchungsteams fördert häufig besonders relevante Ergebnisse zutage.

Anschlussfähigkeit als Voraussetzung für Methodenvielfalt

Das Prinzip der Methodenvielfalt ist nicht nur deshalb für die Dateninterpretation grundlegend, weil beim Beobachtungsinterview sowohl faktische Daten als auch Sichtweisen der Beschäftigten erhoben werden, sondern auch deshalb, weil die hierdurch gewonnenen Ergebnisse häufig selbst wiederum nur ein Baustein innerhalb komplexer Fallstudien sind. Bereits bei der Interpretation der durch Beobachtungsinterviews gewonnenen Daten kommt der Verschränkung von faktischen Momenten und Deutungen eine zentrale Rolle zu. Die begrifflichen Unterscheidungen (etwa von Aspekten der Arbeitssituation), Typisierungen (etwa von Tätigkeiten) sowie vergleichenden Einstufungen (z. B. von Ausprägungen relevanter Untersuchungsdimensionen) sollten dabei so formuliert sein, dass sie anschlussfähig insbesondere für Untersuchungsmethoden sind, bei denen es primär um die Erhebung von Bewertungen und Deutungen der Untersuchungspersonen geht. Gerade in der Organisationsforschung werden mittels Beobachtungsinterviews erarbeitete Arbeitssituationsanalysen vor allem dann aussagekräftig, wenn es gelingt, diese mit qualitativen Interviews und Befragungen zu kombinieren.

Feedback

Grundsätzlich lässt die Methode des Beobachtungsinterviews eine unmittelbare Einbindung der Untersuchungspersonen bereits während der Datenerhebung zu, d. h. noch im Verlauf der Feldphase. So kann es in Abhängigkeit vom Charakter und der Komplexität des Analyseschemas sowie den betrachteten Tätigkeiten durchaus praktikabel sein, Beschäftigte selbst Einblick in das Analyseschema nehmen zu lassen oder sie in bestimmten Phasen der Ausarbeitung direkt einzubeziehen. Und zwar selbst dann, wenn es sich nicht um einen Aktionsforschungsansatz handelt und die Rolle der Forschenden letztlich traditionell definiert bleibt, in dem ausschließlich sie für die verschiedenen Selektionsleistungen und Entscheidungen im Forschungsprozess verantwortlich sind.

Einen systematischen Stellenwert bekommen Feedbackverfahren im Anschluss an die Phasen der Datenerhebung und Datenanalyse. Die Reaktion der Beschäftigten auf die von den Forschenden vorgetragenen Untersuchungsergebnisse stellt einen wichtigen Schritt der kommunikativen Validierung der Untersuchungsbefunde dar. Obwohl es mittlerweile fast zur gängigen Praxis geworden ist, den an Forschungsprojekten beteiligten Organisationen eine direkte Rückmeldung über die Untersuchungsergebnisse zu geben, lohnt ein besonderer Hinweis auf das Feedback beim Beobachtungsinterview, weil es sich hierbei in der Regel um aus Sicht der Beschäftigten besonders erfahrungsnahe Sachverhalte handelt. Die Beschäftigten verfügen insbesondere bei der Frage nach den verschiedenen Merkmalen ihrer Tätigkeiten über besondere Kompetenzen.

Die Präsentationsveranstaltungen von Untersuchungsergebnissen in den beteiligten Organisationen sollten daher workshopartig organisiert sein: Nicht nur genügend Zeit ist wichtig, sondern der Charakter der Veranstaltung ist entscheidend. Bewährt haben sich Kleingruppen- und Plenumsdiskussionen sowie eine unabhängige Moderation. Fast immer werden innerhalb einer Organisation nicht einzelne Arbeitsplätze untersucht, sondern es geht um den Vergleich unterschiedlicher Arbeitssituationen. Hieraus ergeben sich dann zumeist nicht nur interessante Vergleichsperspektiven und damit Diskussionen; mitunter kommt es auch zu aufschlussreichen Kontroversen, da die Vergleichsergebnisse eines objektivierenden Analyseinstruments nicht unbedingt mit den Selbstwahrnehmungen der Organisationsmitglieder übereinstimmen müssen. Da diese Kontroversen bei einer Workshop-Organisation, die den verschiedenen Beteiligten ausreichende Artikulationsmöglichkeiten bietet, typischerweise aber nicht ausschließlich zwischen den Forschenden auf der einen und den verschiedenen Beschäftigtengruppen auf der anderen Seite stattfinden, sind solche Veranstaltungen auch zur Validierung von Untersuchungsergebnissen geeignet, die sich auf die Sozialbeziehungen zwischen den Organisationsmitgliedern beziehen. Gelegentlich lässt sich die Feedback-Phase sogar als weitere Phase der Datenerhebung nutzen.

4 Anwendungsbeispiel

Das Anwendungsbeispiel stammt aus einer arbeitssoziologischen Untersuchung, in der es um die arbeitssituativen Auswirkungen der Einführung von Gruppenarbeit ging. Typisch für den Einsatz von Beobachtungsinterviews in der Organisationsforschung ist dieses Beispiel insofern, als das Instrument zusammen mit anderen Methoden im Rahmen eines komplexen Untersuchungsansatzes zum Einsatz kam (vgl. als Beispiel für einen komplexen Untersuchungsansatz auch Strohm/Ulich 1997). Charakteristisch ist die vorgestellte Anwendung zudem dadurch, dass für die Arbeitsanalysen nicht einfach auf bewährte Verfahren zurückgegriffen werden konnte, sondern die Entwicklung eines Analyserasters ausdrücklicher Bestandteil der Untersuchung war. In der Arbeits- und Industriesoziologie sowie der Arbeitspsychologie lagen zum Zeitpunkt des Untersuchungsbeginns (Frühjahr 1993) zwar eine Reihe von Arbeitsanalyseinstrumenten für Einzeltätigkeiten vor; die seit Ende der 1980er Jahre verstärkt in die Industrie Einzug haltenden Formen von Gruppenarbeit ließen sich hierdurch jedoch nicht in ausreichendem Maß analysieren und beurteilen (Weber 1997; Kauffeld 2001).

Die Untersuchungen selbst erfolgten im Auftrag von Großunternehmen aus den Bereichen Chemie/Pharma, der Automobilindustrie sowie dem Zulieferbereich dieser Branche. In weitgehend vergleichbaren Betriebsvereinbarungen hatten die Unternehmen eine zunächst pilothafte Einführung von Gruppenarbeit in der Produktion beschlossen, die nicht nur Wirtschaftlichkeitsverbesserungen für die Unternehmen, sondern zugleich verbesserte

Arbeitssituation für die Beschäftigten bewirken sollte. Der Forschergruppe des Soziologischen Forschungsinstituts Göttingen (SOFI) war hierbei die Rolle zugefallen, die arbeitssituativen Auswirkungen der in verschiedenen Betrieben erprobten Gruppenarbeit zu untersuchen und für den weiteren Entscheidungsprozess der Unternehmen zu bilanzieren (zum Forschungsansatz siehe Gerst/Kuhlmann 1998; Ergebnisse aus verschiedenen Etappen dieser Untersuchungen finden sich in Gerst et al. 1994; 1995; Kuhlmann 1996; 2001; Schumann/Gerst 1997; Gerst 1998; Kuhlmann/Schumann 2000).

Angesichts heftiger Debatten über die Vor- und Nachteile von Gruppenarbeit einerseits sowie eines fast vollständigen Mangels an vergleichenden empirischen Untersuchungen zu den Auswirkungen dieser Arbeitsform andererseits entschied sich die Forschergruppe für einen komplexen Untersuchungsansatz mit Fallstudien in ausgewählten Pilotbereichen auf der Basis eines breiten Methodenmixes. Zum Einsatz kamen: Experteninterviews mit den unterschiedlichen betrieblichen Akteuren, mehrstündige qualitative Interviews mit einer Auswahl von Gruppenarbeitern sowie standardisierte Befragungen aller Gruppenmitglieder und schließlich Arbeitsanalysen mittels Beobachtungsinterviews.[5] Gerade in den ersten Untersuchungsfällen erstreckte sich die Feldarbeit in Gruppenarbeitsbereichen mit 20 bis 40 Beschäftigten verteilt auf zwei oder drei Schichten jeweils über mehrere Wochen, und die Beobachtungsinterviews spielten dabei eine zentrale Rolle.

Nachdem das Forscherteam – bestehend aus zumeist vier Personen, von denen zwei Wissenschaftler über sämtliche Etappen an der Untersuchung beteiligt waren – vorgestellt und das Ziel der Untersuchung sowie die Vorgehensweise allen Beteiligten erläutert war,[6] wurde vor Ort zunächst mit den Beobachtungsinterviews begonnen, d. h. mit der Anwesenheit der Forscher in den Arbeitsgruppen. Erst wenn die Forschenden sich auf diesem Weg bereits einen ersten Eindruck von den Arbeitsplätzen, den Tätigkeiten und insbesondere von den Arbeitsgruppen selbst verschafft hatten, wurden nach und nach immer mehr Expertengespräche mit Bereichsverantwortlichen sowie qualitative Interviews mit einzelnen Gruppenmitgliedern geführt. Im Zentrum der Interviews standen unter Aufnahme von arbeitsbiographischen Hintergründen eine ausführliche Einschätzung der jeweiligen Sichtweise der Gruppenarbeitsrealität sowie Bewertungen der Gruppenarbeit und Wünsche für die weitere Gestaltung der Arbeitsorganisation einschließlich der dabei relevanten Begründungen und Beurteilungsmaßstäbe. Während die Beobachtungsinterviews eine Vertrautheit mit den jeweiligen Situationen – und den handelnden Personen – erzeugten, konkrete Anknüpfungspunkte für die qualitativen Interviews lieferten und bei der Einordnung der Aussagen der Befragten halfen, ging es in den qualitativen Interviews und den Expertengesprächen vor allem darum, etwas über die Bewertung der ermittelten Arbeitssituationen zu erfahren.

Ausschlaggebend für den Einsatz und die konkrete Ausformung der Beobachtungsinterviews war der zum Untersuchungsstart gegebene Stand der Forschung,[7] der durch entschiedene Argumentationen pro und contra Gruppenarbeit geprägt war und in dem normative Überlegungen und Gestaltungskonzepte aus Beraterkreisen eine große Rolle spielten, bei dem es jedoch nur wenige empirische Befunde zum Thema Gruppenarbeit gab. Problematischer noch mit Blick auf den Zweck der gerade begonnenen Untersuchung war, dass sowohl die gängigen Konzepte der Arbeitsanalyse als auch die zum damaligen Zeitpunkt geführten Debatten die mit der Gruppenarbeit einhergehenden Spezifika wie Gruppenverantwortung, auf Gruppenebene angesiedelte Entscheidungskompetenzen, Gruppengespräche oder Wahl von Gruppensprechern kaum berücksichtigten, sondern vor allem auf Qualifikationsthemen gerichtet und an Einzeltätigkeiten orientiert waren (neben Weber 1997 sei hier für die Industriesoziologie exemplarisch verwiesen auf Kern/Schumann 1985 aufgrund der daran anschließenden Debatte sowie auf Pries et al. 1990, die einen guten Überblick über die damalige Diskussion geben).

Bereits vor Beginn der ersten Felderfahrungen erschien es daher plausibel, dass Beobachtungsinterviews im Forschungsprozess einen zentralen Stellenwert haben würden und dass eine wichtige Aufgabe darin bestehen musste, in der Arbeitsanalyse über ein im engeren Sinn arbeitssituatives Analyseschema hinauszugelangen. Wie wichtig die Berücksichtigung von Aspekten der Arbeit, die aus der Gruppenarbeitssituation resultieren, werden würde und wie stark die Rückwirkungen solcher Aspekte selbst auf vermeintlich gut erforschte Dimensionen der Arbeitssituation sind, waren dem Forschungsteam zum damaligen Zeitpunkt allerdings noch nicht klar. Das in Teilen aus früheren Untersuchungen übernommene, beim Start der Feldarbeiten jedoch bereits ergänzte und schließlich im Verlauf der Forschung erst vollständig ausgearbeitete Analyseschema enthielt daher neben Analysedimensionen, die der Aufnahme der Arbeitssituation im engeren Sinn dienen sollten, auch Blöcke, die explizit unter der Überschrift „Gruppensituation" standen. Im Verlauf der Untersuchung wurde nicht nur die Notwendigkeit der Erweiterung vorhandener Arbeitsanalyseinstrumente deutlich, sondern zugleich die Tatsache, dass Beobachtungsinterviews in besonderer Weise zur Klärung von hierbei relevanten Sachverhalten geeignet sind.

Ob und in welchem Ausmaß sich beispielsweise eine Gruppenverantwortung herausgebildet hat und inwieweit es zu wechselseitiger Unterstützung in der Gruppe kommt, konnte zwar anhand unterschiedlicher Produktionssituationen beobachtet werden, Nachfragen und kurze Gesprächssituationen spielten dabei aber eine wichtige Rolle. Etwa dann, wenn geleistete Hilfestellungen zu interpretieren und mit Blick auf das Analyseschema einzuordnen waren: „Warum hat der Kollege Sie jetzt unterstützt?", „Warum haben Sie das jetzt für Ihren Kollegen erledigt?", „Macht man das so, dass man ...?". In einem Fall sahen die betrieblichen Zeitvorgaben sogar vor, dass man an einigen weniger stark ausgelasteten Plätzen verpflichtet war, an anderen Plätzen auszuhelfen, sodass hier besonders komplexe Kooperations- und Hilfeleistungskonstellationen entstanden, die sich über Beobachtungen allein nicht klären ließen. Auch die Rolle der Gruppensprecher und der Charakter der Gruppengespräche – die weitere Dimensionen der Arbeitsanalyse darstellten – waren aufgrund der mit den Beobachtungsinterviews gegebenen Möglichkeit, faktische Ereignisse zeitnah und zugleich flexibel auf Sinnzuschreibungen und Begründungen der Handelnden zu beziehen, besonders gut zu klären. Auch hier erwiesen sich Beobachtungsinterviews vor allem dann als leistungsfähig, wenn es darum ging, die Perspektiven unterschiedlicher Beteiligter in Erfahrung zu bringen.

Bei den Gruppengesprächen wurde zudem die Bedeutung des Rückgriffs auf vorhandene Dokumente deutlich: Die Teilnahme an Gruppengesprächen war zwar eine wichtige Primärerfahrung während der Beobachtungsinterviews, sie ersetzte jedoch nicht die Durchsicht der vorliegenden Protokolle, aus denen sich wiederum Nachfragen zu früheren Vorkommnissen und zum generellen Charakter der Gruppengespräche ergaben. Letztlich resultiert die besondere Leistungsfähigkeit der Beobachtungsinterviews daher nicht nur aus ihrer Fähigkeit zur Triangulation unterschiedlicher Erfahrungs- und Sinnebenen sowie aus der Möglichkeit von „cross-examination"; sie bieten auch die Chance, den zeitlichen Bezugsrahmen der Datenerhebung zu erweitern und Daten über Vorstellungen zu möglichen Abläufen zu erheben: „War dies immer so?", „Wie hat man diese Dinge vor Einführung der Gruppenarbeit erledigt", „Würde man immer so reagieren?", „Ist es stets so, dass ...?".

In den Gruppenarbeitsuntersuchungen bestand das Ziel nicht nur darin, sich ein Bild über die jeweiligen Arbeits- und Gruppensituationen zu verschaffen; auf der Basis der jeweils gewonnenen Einschätzungen musste zudem ein Analyseinstrument entwickelt werden, das einen Vergleich von verschiedenen Gruppen ermöglichte (vgl. Abbildung 1). Hierzu wurden von der Forschergruppe interpretatorisch zunächst relevante Aspekte der Arbeit unterschieden und als Analysedimensionen definiert, anschließend fand eine Einstufung[8] der verschiedenen Gruppen in diesen Dimensionen statt.

Abbildung 1: Exemplarische Projektprofile (hohes, mittlere, geringes Realisierungsniveau selbstorg.-funktionsintegr. Gruppenarbeit)

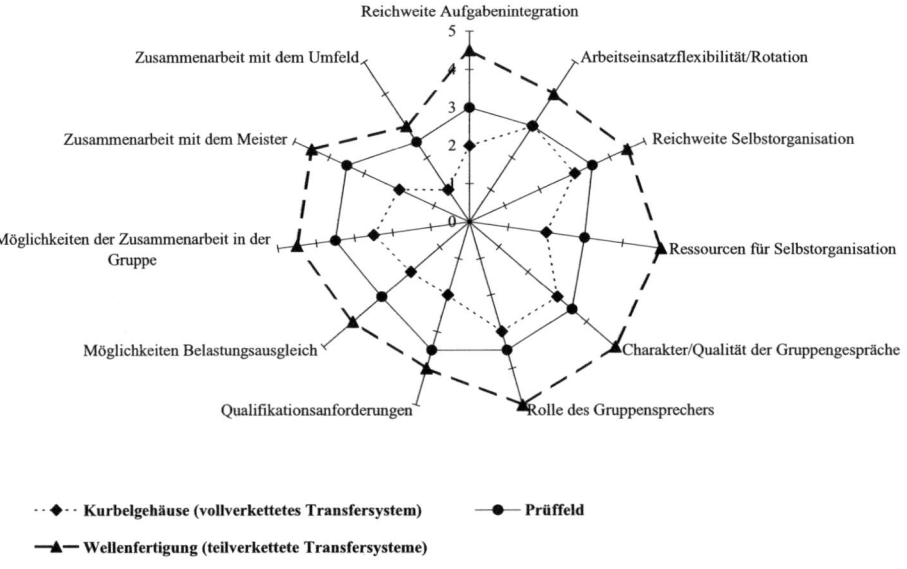

Soweit möglich, wurden die einzelnen Dimensionen dann über das Vorliegen eindeutig bestimmbarer Sachverhalte (z.B. die Frage, ob Gruppengespräche regelmäßig durchgeführt werden oder ob dabei der Vorgesetzte anwesend ist) untergliedert, um Vergleiche zu vereinfachen. Aufgrund der Komplexität und Mehrdimensionalität der meisten Aspekte war dies aber nur bedingt möglich. Bei den Einstufungen handelt es sich vielmehr um relationale, bei denen zudem sehr viele und nur selten klar hierarchisierbare Momente eine Rolle spielen. Protokolliert wurden außer der jeweiligen Einstufung auch Begründungen sowie die wichtigsten Besonderheiten der einzelnen Gruppen.

Aufgrund der Komplexität der Arbeits- und Gruppensituationen ließen sich nur in Ausnahmefällen einfach handhabbare Kriterien und Verfahrensregeln festlegen. Entscheidend war vielmehr, dass innerhalb der Forschergruppe ein Diskussions- und Abklärungsprozess stattfand, in dem Einschätzungen ausgetauscht und wechselseitig überprüft wurden, sodass sukzessive ein gemeinsames Bild und eine klare Rangfolge der jeweiligen Einstufung entstand. Da es sich um relationale Einschätzungen handelte, kam es im Fortgang der Untersuchung auch zu Modifikationen von einzelnen Einstufungen, ohne dass sich aber die Rangreihen dadurch veränderten. Die Übereinstimmung zwischen den Forschenden in der Einstufung der einzelnen Aspekte war das entscheidende Gütekriterium – auch hier gilt jedoch, dass zunächst unterschiedliche Interpretationen mitunter besonders aufschlussreich für das Verständnis der jeweiligen Gruppenarbeit waren. Letztlich konnten mit der hier beschriebenen Vorgehensweise in technischer Hinsicht allerdings bei weitem nicht die in Teilen der Arbeitspsychologie üblichen Methodenstandards erreicht werden (vgl. etwa die methodischen Ausführungen zu den in der Einleitung erwähnten Analyseinstrumenten) – ein Manko, das aber mit Blick auf den engeren Wirklichkeitsausschnitt der dort entwickelten Instrumente in Kauf genommen wurde.

Diese Grundproblematik bei der Entwicklung des Analyseinstruments sei an zwei Beispielen kurz erläutert. Relativ einfach ist die Handhabung im Fall eines vergleichsweise wenig komplexen Aspekts wie der Arbeitseinsatzflexibilität. Zumindest die Pole der Einstufung lassen sich hier relativ leicht benennen: „alle Gruppenmitglieder können alle Tätigkeiten übernehmen, und es wird regelmäßig rotiert" versus „jeder führt nur eine einzige Tätigkeit aus". Dass die Einstufungen sich selbst hier nicht auf eine technische Zuordnung reduzieren lassen, sondern Beurteilungen beinhalten, wird daran deutlich, dass es nicht nur darum geht, wie hoch der Anteil von Beschäftigen ist, die die verschiedenen Tätigkeiten beherrschen und regelmäßig ausüben, sondern zusätzlich um die Häufigkeit des Vorkommens bestimmter Tätigkeiten, den Schwierigkeitsgrad, die relative Bedeutung von Aufgaben sowie die Abhängigkeiten zwischen Tätigkeiten, aber auch darum, inwieweit eine gemeinsame Kernaufgabe aller Gruppenmitglieder existiert oder ob es neben formellen Rotationsregeln auch einen ungeregelten situativen Arbeitswechsel gibt. All dies muss nicht nur im Beobachtungsinterview geklärt, sondern letztlich auch bei der Einstufung der Arbeitseinsatzflexibilität berücksichtigt werden.

Bei der Einstufung der Rolle des Gruppensprechers wird die Komplexität von Einstufungen noch deutlicher. Im Grundsatz war in der Gruppenarbeitsuntersuchung zu klären, inwieweit es sich beim Gruppensprecher um eine von der Gruppe ausgewählte Person bzw. Funktion handelt, die in die regulären Tätigkeiten fest eingebunden ist und gerade nicht mit besonderen Privilegien, Befugnissen oder Zuständigkeiten ausgestattet wird, oder ob die Rolle eher der eines Vorarbeiters entspricht. Ganz verzichtet wurde auf die Ausdifferenzierung eines Gruppensprechers in keinem von uns untersuchten Fall, mitunter wurde jedoch der Versuch gemacht, einen Wechsel in der Wahrnehmung dieser Aufgabe zu institutionalisieren. Für die Einstufung der Rolle des Gruppensprechers sind eine Fülle von Merkmalen relevant: der reale Aufgabenzuschnitt, der Modus der Findung des Gruppensprechers, sein Selbstverständnis sowie die Rollenzuschreibungen von Kollegen, Vorgesetzten und Kooperationspartnern bis hin zu besonderen Entgelt- oder Arbeitszeitregelungen. Entscheidend ist ferner die Gewichtung dieser Aspekte, die in verschiedenen Untersuchungsfällen aufgrund der jeweiligen Besonderheiten der Bereiche unterschiedlich ausfallen kann. Selbst bei einer vermeintlich einfachen Einstufung wie der Frage, ob es sich um einen gewählten oder einen vom Betrieb ernannten Gruppensprecher handelt, lassen sich durchaus relevante Schattierungen ausmachen: Vorgesetzte können versuchen, eine Wahl mehr oder weniger subtil zu beeinflussen, die Anzahl der Kandidaten kann unterschiedlich sein usw.

Abschließend sei noch einmal auf das Verfahren des Nachverfolgens problembehafteter Ereignisse hingewiesen. Ausgangspunkt eines solchen Vorgehens in der hier berichteten

Untersuchung war, dass der Vorgesetzte einer Gruppe den Gruppensprecher zu sich holte und ihn bat, der Gruppe mitzuteilen, dass nun entschieden sei, dass ab der nächsten Woche der neue Kollege in die Gruppe komme. Offensichtlich war über diesen Vorgang im Vorfeld bereits gesprochen worden. Der Gruppensprecher meinte allerdings, dass dies nicht seine Aufgabe sei und dass der Meister dies der Gruppe doch bitte selbst mitteilen solle, was dieser in einem improvisierten Gruppengespräch dann auch tat. Hierbei kam es zu einer längeren Diskussion, in der sich die Gruppe zunächst darüber beschwerte, den neuen Kollegen aufnehmen zu müssen, mit dem Meister dann jedoch übereinkam, dass versucht werden solle, einen erfahrenen Kollegen der anderen Schicht zum Wechsel in die jetzige zu bewegen und diese mittelfristig fachlich besser auszustatten. Vereinbart wurden außerdem zusätzliche Zeitspielräume zur besseren Anlernung.

Nachdem die Ausgangssituation während der Beobachtung miterlebt worden war, bestand das Nachgehen in diesem Fall zunächst aus einer Reihe von kurzen Einzelgesprächen mit dem Meister, dem Gruppensprecher und Gruppenmitgliedern. Hierbei wurde deutlich, dass die Schichtgruppe das Gefühl hatte, gegenüber den anderen Schichten benachteiligt zu werden, da es bei ihnen eine geringere Anzahl langjährig erfahrener und gut qualifizierter Leute gibt. Der anfängliche Widerstand gegen den neuen Kollegen richtete sich also nicht gegen ihn als Person. Über weiteres Nachverfolgen konnte geklärt werden, dass diese Schicht in der Tat im Schnitt über weniger Arbeitserfahrung an den überwiegend neuen Anlagen verfügte und zudem bereits zu früheren Zeitpunkten neues Personal bekommen hatte, während erfahrene Leute in eine andere Schicht gewechselt waren. Im weiteren Verlauf des Beobachtungsinterviews war daher auch zu klären, inwieweit es die behaupteten Unterschiede zwischen den beiden Schichten gab – der Meister verneinte dies, wies aber auf unterschiedliche Arbeitsstile der Schichten hin – und inwieweit weitere Schichtunterschiede zu beobachten waren: z. B. ob sich das Gefühl der Benachteiligung der einen Schicht auch an anderen Dingen festmachen ließ, ob die andere Schicht sich beispielsweise durch ein besseres Gruppenklima auszeichnete, das dann zu den Wechseln geführt haben könnte. Vervollständigt wurde die Analyse dieses Ereignisses schließlich durch ein Gespräch mit dem neuen Kollegen der Gruppe, dem der „Wirbel" um seinen Wechsel nicht verborgen geblieben war.

5 Möglichkeiten und Grenzen der Methode

Charakteristisch für das Beobachtungsinterview ist, dass es im Kontext unterschiedlicher Untersuchungsstrategien eingesetzt werden kann. Seine besonderen Qualitäten entfaltet es jedoch gerade dann, wenn es Bestandteil einer explorativen Vorgehensweise ist oder im Sinne der „grounded theory" eingesetzt wird. Gerade in Forschungsprojekten, in denen ganz neue Felder oder Fragestellungen erschlossen werden sollen, sowie in besonders komplexen sozialen Situationen versprechen Beobachtungsinterviews besondere Erkenntnischancen, da sie die Entfaltung unterschiedlicher Sinnzuschreibungen ermöglichen und diese stets und vergleichsweise unmittelbar auf faktisches Handeln sowie auf technische oder organisationsstrukturelle Artefakte und Voraussetzungen rückbeziehen.

Von Vorteil ist neben der Flexibilität beim Einsatz der Beobachtungs- und Gesprächselemente sowie der Tatsache, dass Beobachtungsinterviews im Prozess der Datenerhebung unterschiedliche Dimensionen von Wirklichkeit (faktische Momente, sozialen Sinn, subjektiv gemeinten Sinn) in den Blick zu nehmen versuchen, auch die hohe situative Flexibilität dieses Verfahrens. Der ausgesprochene Feldforschungscharakter dieser Methode fördert die Vertrautheit der Forschenden mit den von ihnen untersuchten Gegenständen, schafft aber auch besondere Verhaltensanforderungen und Bedingungen. Hierzu zählen hohe soziale Kompetenzen, die Notwendigkeit einer weitgehenden Offenlegung der Erkenntnisabsichten sowie die Notwendigkeit des Vermeidens der aus der teilnehmenden Beobachtung bekannten Gefahr des „going native", d.h. der zu starken Identifikation mit dem untersuchten Feld.

Erkauft werden die Vorteile von Beobachtungsinterviews allerdings mit einem gravierenden Nachteil und im konkreten Forschungsprozess nicht zu unterschätzenden Gefahren. Als Begrenzung der Anwendungsmöglichkeiten der Methode ist vor allem der hohe Aufwand zu nennen. Dies gilt natürlich zunächst insofern, als Beobachtungsinterviews einen hohen zeitlichen Aufwand voraussetzen. Weiter ist die Qualität von mittels Beobachtungsinterviews erstellten Analysen im Normalfall dann besonders hoch, wenn sie aus dem kollektiven Forschungsprozess eines Forscherteams hervorgehen, was die Methode unter forschungsökonomischen Gesichtspunkten noch aufwendiger macht. Bei enger umrissenen Fragestellungen sind jedoch auch punktuelle Anwendungen von Beobachtungsinterviews bezogen auf klar abgegrenzte Aspekte einer Arbeitssituation denkbar, wofür die arbeitspsychologischen Analyseinstrumente ein gutes Beispiel sind.

Eng verbunden mit der Problematik des hohen Aufwands ist die Gefahr, dass Beobachtungsinterviews in ihren Erträgen deswegen hinter dem erheblichen Ressourceneinsatz zurückbleiben, weil die Flexibilität des Verfahrens umgekehrt eben auch ein vergleichsweise geringes Maß an Systematik und Regelhaftigkeit bedeutet und damit hohe Anforderungen an die Erfahrung und Expertise der Forschenden sowie die vorherige Explikation der Erkenntnisabsichten stellt. Mit Beobachtungsinterviews geht insofern das Risiko unproduktiver Umwege und uninterpretierter Datenberge einher. Um den Mangel an generell gültigen Verfahrensregeln gerade im Prozess der Selektion relevanter Daten zu kompensieren, kommt der vorab und kontinuierlich im Forschungsprozess ohnehin zu leistenden Explikation, Überprüfung und Weiterentwicklung der Untersuchungskategorien und Analysedimensionen eine wichtige Rolle zu. Zugleich liegt hierin ein entscheidendes Gegengewicht zur bereits erwähnten Gefahr des „going native" – die allerdings im Bereich der Organisationsforschung weniger ausgeprägt sein dürfte, da Organisationen in der Regel von spannungsreichen sozialen Beziehungen und Interessengegensätzen durchzogen sind.

Beim Einsatz von Beobachtungsinterviews zum Zweck der Arbeitsanalyse ist die Gefahr der unzureichenden analytischen Durchdringung des Untersuchungsgegenstandes zwar weniger groß, weil das vorab vorliegende bzw. nach und nach zu entwickelnde Analyseschema immer wieder zur Selektion relevanter Aspekte zwingt und den Einzelfall zugleich im Lichte anderer Fälle verortet. Auch hier bleibt jedoch die bei Beobachtungsmethoden immer gegebene Gefahr, dass die Vielfalt möglicher Kontexte oder Einflussgrößen nicht genügend berücksichtigt wird. Dies kann beispielsweise daraus resultieren, dass die Auswahl der Beobachtungseinheiten unsystematisch geschieht und nicht genügend reflektiert wird; es kann aber auch als Folge unangemessener Interpretationen auftreten, die die Besonderheiten der jeweiligen Untersuchungsbereiche nicht genügend berücksichtigen.

6 Anmerkungen

1 Typische Beispiele sind das Tätigkeitsbewertungssystem (TBS) von Hacker et al. (1983) oder die Verfahren VERA (Verfahren zur Ermittlung von Regulationserfordernissen in der Arbeitstätigkeit; Volpert et al. 1983; Oesterreich/Volpert 1991), RHIA (Regulationshindernisse in der Arbeitstätigkeit; Oesterreich et al. 2000) und KABA (Kontrastive Aufgabenanalyse im Büro; Dunckel et al. 1993; Dunckel/Pleiss 2007).

2 In den Erläuterungen zum Beobachtungsinterview der MTO-Analyse, die verschiedene arbeitspsychologische Instrumente kombiniert, ist allgemein von „psychischen Prozessen" die Rede, die „allein durch Beobachtung nicht fundiert erschlossen werden können" (Strohm/Ulich 1997).

3 Einstufungen zu arbeitssituativen Merkmalen sind in sämtlichen Verfahren ein zentrales Ergebnis von Beobachtungsinterviews, auch wenn die jeweilige Ausgestaltung der Einstufungen sehr unterschiedlich erfolgt. Anhand von drei Beispielen aus arbeitspsychologischen Instrumenten sollen verschiedene Formen kurz illustriert werden, im Anwendungsbeispiel des vierten Abschnitts wird dann ein eher qualitativ orientierter Ansatz vorgestellt. – Im VERA-Verfahren werden fünf Ebenen und insgesamt zehn jeweils aufeinander aufbauende Stufen der Handlungsregulation unterschieden. Die niedrigste Stufe 1R besagt: „Für den Entwurf der zu regulierenden Abfolge von Arbeitsbewegungen bedarf es keiner bewußten Planung. Es werden stets die gleichen Werkzeuge verwendet." Auf dem vergleichsweise hohen Niveau der Stufe 4 heißt es: „Mehrere Teilplanungen (im Sinne der Stufe 3) von sich gegenseitig bedingenden Teilen des Arbeitsprozesses sind miteinander zu koordinieren." Grundlage der Einstufungen sind mehrstufige Fragealgorithmen auf der Basis des Vorliegens bestimmter Bedingungen. – Im Tätigkeitsanalyseinventar (TAI) findet sich ein Item „Variationsmöglichkeit der Arbeitszeit", bei dem fünf Kategorien der Einstufung vorgegeben sind: (1) der Stelleninhaber kann Arbeitsbeginn und -ende nach Absprache mit Vorgesetzten variieren; (2) es besteht Gleitzeitregelung; (3) der Stelleninhaber kann regelmäßig Arbeitsbeginn und -ende nach Absprache mit Vorgesetzten variieren; (4) keine Variationsmöglichkeit, Zeiten müssen genau eingehalten werden; (5) Arbeitsbeginn und -ende richten sich nach betrieblichen Erfordernissen. – Im Instrument zur Stressbezogenen Tätigkeitsanalyse (ISTA), das stärker mit Befragungsmethoden arbeitet, wird mitunter mit Gegenüberstellungen gearbeitet. In der Skala „Unsicherheit" findet sich beispielsweise folgendes Item: „A macht eine Arbeit, bei der immer sofort klar ist, ob ein Arbeitsschritt gelungen ist oder nicht." „B macht eine Arbeit, bei der sich oft erst nach Stunden oder Tagen herausstellt, ob ein Arbeitsschritt gelungen ist oder nicht." Eingestuft werden soll, ob der eigene Arbeitsplatz „genau wie der von A (1)", „ähnlich wie der von A (2)", „zwischen A und B (3)", „ähnlich wie der von B (4)" oder „genau wie der von B (5)" beschaffen ist. Nachlesen lassen sich diese Beispiele in Dunckel 1999, wo die einzelnen Verfahren übersichtlich vorgestellt und überblicksartig verglichen werden.

4 Diese Verfahren sind das Ergebnis aufwendiger Forschungs- und Entwicklungsprozesse, in denen die jeweiligen Instrumente erarbeitet und validiert werden. Üblicherweise betonen die Autoren jedoch, dass der Einsatz dieser Verfahren sich nicht auf eine technische Anwendung beschränkt, sondern eine umfangreiche Unterweisung voraussetzt und damit letztlich nur durch erfahrene, mit den zugrunde liegenden theoretischen Konzepten vertraute Anwender erfolgen sollte.

5 Selbstverständlich erfolgte in allen Fällen eine umfangreiche Sichtung der die Pilotbereiche betreffenden Dokumente: von internen Projektunterlagen und Ergebnisdokumentationen bis hin zu Gruppengesprächsprotokollen der untersuchten Gruppen. In einigen Fällen wurden auch Gruppendiskussionen durchgeführt. Zudem handelte es sich bei den Untersuchungen teilweise um Panelstudien mit Zeitpunkten zu Beginn sowie ein bis zwei Jahre nach Einführung der Gruppenarbeit.

6 Die für Beobachtungsinterviews äußerst wichtige Offenlegung der Erkenntnisabsichten war in allen Fällen unproblematisch, da es im Zentrum ja darum gehen sollte, die Erfahrungen und

Bewertungen der Beschäftigten selbst zu erforschen und die Unabhängigkeit der Forscher ausdrücklich betont wurde. Da Geschäftsleitung *und* Betriebsrat ihr Interesse an den Ergebnissen bekundeten und die Fortführung der Gruppenarbeit ausdrücklich von den Erfahrungen der Pilotphase abhängig machten, fiel den Forschern die Rolle eines unparteiischen Gutachters zu, und die Beschäftigten konnten sich von der Untersuchung einen konkreten Nutzen zumindest erhoffen. Der Wunsch der Forscher, die praktischen Auswirkungen der Gruppenarbeit möglichst „ungeschminkt" kennen zu lernen, stieß bei den Arbeitsgruppen daher sehr schnell auf Zustimmung. Nach einer kurzen Kennenlernphase bestand eine große Bereitschaft, den Forschern Einblick in die eigene Arbeitssituation zu gewähren. Die von den Beschäftigten gemachte Erfahrung, dass die Forscher den direkten Kontakt suchen, Interesse an der konkreten Situation der Gruppenmitglieder zeigen und bereit sind, vor Ort sehr viel Zeit zu verbringen, hat die Mitarbeit der Beschäftigten im Forschungsprozess erhöht. Dass sich eine solche Situation herstellen lässt, ist insgesamt eine wichtige Voraussetzung für das Gelingen von Beobachtungsinterviews.

7 Daneben sei jedoch noch einmal an die bereits erwähnten, nicht zu unterschätzenden forschungspraktischen Gründe erinnert: Das Forschungsprojekt machte sich mit den Beobachtungsinterviews gewissermaßen einen Hawthorne-Effekt in Bezug auf ihren eigenen Forschungsprozess zunutze – der in diesem Fall jedoch keine manipulativen Zwecke verfolgte.

8 Die Fünfer-Skala wurde aus pragmatischen Gründen gewählt. Sie lässt ein ausreichendes Maß an Differenzierung zu, ohne dass jedoch der Merkmalsraum zu groß und damit unübersichtlich würde. Für die diskursive Klärung von Einstufungen bietet sich eine Fünfer-Skala insofern an, als mit dem Wert 3 die einfache Benennung einer Mitte möglich ist und die Werte 2 und 4 Einstufungen von eindeutigen Tendenzen in Bezug auf die definierten Endpunkte darstellen. Hierdurch ist eine sehr einfache sowie erfahrungsnahe Zuordnung im Sinne von „ja"/"nein", „eher ja"/"eher nein" oder „teils, teils" möglich. Genauere Differenzierungen und detailliertere Rangfolgen lassen sich anschließend durch die Zuordnung zu Halbstufen gewinnen.

7 Literatur

Diekmann, Andreas (2007): Empirische Sozialforschung. Grundlagen, Methoden, Anwendungen, 18. Auflage, vollst. überarb. und erw. Neuausg., Reinbek bei Hamburg

Dunckel, Heiner (Hrsg.) (1999): Handbuch psychologischer Arbeitsanalyseverfahren. Ein praxisorientierter Überblick, Zürich

Dunckel, Heiner et al. (1993): Kontrastive Aufgabenanalyse im Büro. Der KABA Leitfaden, Zürich

Dunckel, Heiner/Pleiss, Cordula (Hrsg.) (2007): Kontrastive Aufgabenanalyse. Grundlagen, Entwicklungen und Anwendungserfahrungen, Zürich

Flick, Uwe (2008): Triangulation. Eine Einführung, 2. Auflage, Wiesbaden

Frieling, Ekkehart/Sonntag, Karlheinz (1999): Lehrbuch Arbeitspsychologie, 2., vollst. überarb. und erw. Auflage, Bern

Gerst, Detlef (1998): Selbstorganisierte Gruppenarbeit. Gestaltungschancen und Umsetzungsprobleme, Eschborn

Gerst, Detlef/Hardwig, Thomas/Kuhlmann, Martin/Schumann, Michael (1994): Gruppenarbeit in der betrieblichen Erprobung – ein „Modell" kristallisiert sich heraus; in: Angewandte Arbeitswissenschaft, Heft 142, S. 5–30

Gerst, Detlef/Hardwig, Thomas/Kuhlmann, Martin/Schumann, Michael (1995): Gruppenarbeit in den 90ern: Zwischen strukturkonservativer und strukturinnovativer Gestaltungsvariante, in: SOFI-Mitteilungen, Nr. 22, S. 39–65

Gerst, Detlef/Kuhlmann, Martin (1998): Unternehmensfinanzierte Sozialforschung – Erfahrungen im Rahmen einer Evaluation von Gruppenarbeitsprojekten, in: Jürgen Howaldt/Ralf Kopp (Hrsg.), Sozialwissenschaftliche Organisationsberatung, Berlin, S. 251–271

Girtler, Roland (2001): Methoden der Feldforschung, Wien

Glaser, Barney/Strauss, Anselm (2005): Grounded Theory. Strategien qualitativer Forschung, Bern
Hacker, Winfried/Iwanowa, Anna/Richter, Peter (1983): Tätigkeits-Bewertungs-System. Verfahren zur objektiven Tätigkeitsanalyse, Berlin
Helle, Horst Jürgen (1999): Verstehende Soziologie, München
Hitzler, Ronald/Honer, Anne (Hrsg.) (1997): Sozialwissenschaftliche Hermeneutik, Opladen
Kauffeld, Simone (2001): Teamdiagnose, Göttingen
Kern, Horst (1982): Empirische Sozialforschung. Ursprünge, Ansätze, Entwicklungslinien, München
Kern, Horst/Schumann, Michael (1970): Industriearbeit und Arbeiterbewußtsein, Frankfurt a. M.
Kern, Horst/Schumann, Michael (1985): Das Ende der Arbeitsteilung? Rationalisierung in der industriellen Produktion, München
Kuhlmann, Martin (1996): Erfahrungen mit neuen Arbeitsformen in der Automobilindustrie, in: Reinhard Bahnmüller/Rainer Salm (Hrsg.), Intelligenter, nicht härter arbeiten? Gruppenarbeit und betriebliche Gestaltungspolitik, Hamburg, S. 112–139
Kuhlmann, Martin/Schumann, Michael (2000): Was bleibt von der Arbeitersolidarität? Zum Arbeits- und Betriebsverständnis bei innovativer Arbeitspolitik, in: WSI-Mitteilungen, 51, S. 18–27
Kuhlmann, Martin (2001): Reorganisation der Produktionsarbeit in der Automobilindustrie: Entwicklungslinien und Arbeitsfolgen, in: Werner Dostal/Peter Kupka (Hrsg.), Globalisierung, veränderte Arbeitsorganisation und Berufswandel, Nürnberg, S. 47–79
Kuhlmann, Martin/Sperling, Hans Joachim/Balzert, Sonja (2004): Konzepte innovativer Arbeitspolitik, Berlin
Lamnek, Siegfried (1995): Qualitative Sozialforschung, 4., vollst. überarb. Auflage, Weinheim
Littek, Wolfgang (1982): Arbeitssituation und betriebliche Arbeitsbedingungen, in: ders./Werner Rammert/Günther Wachtler (Hrsg.), Einführung in die Arbeits- und Industriesoziologie, Frankfurt a. M., S. 92–135
Neumann, Enno (1984): Zur Methode der Durchführung und hermeneutischen Interpretation von Interviews, in: Rainer Zoll (Hrsg.), „Hauptsache ich habe meine Arbeit", Frankfurt a. M., S. 118–134
Oesterreich, Rainer/Leitner, Konrad (1989): Handlungstheoretische Arbeitsanalyseverfahren „VERA" und „RHIA", in: Siegfried Greif/Heinz Hollig/Nigel Nicholson (Hrsg.), Arbeits- und Organisationspsychologie, München, S. 240–244
Oesterreich, Rainer/Volpert, Walter (1987): Handlungstheoretisch orientierte Arbeitsanalyse, in: Uwe Kleinbeck/Josef Rutenfranz (Hrsg.), Arbeitspsychologie, Göttingen, S. 43–73
Oesterreich, Rainer/Volpert, Walter (Hrsg.) (1991): VERA Version 2, Berlin
Oesterreich, Rainer/Leitner, Konrad/Resch, Marianne (2000): Analyse psychischer Anforderungen und Belastungen in der Produktionsarbeit. Das Verfahren RHIA/VERA-Produktion, Göttingen
Oevermann, Ulrich/Allert, Tilmann/Konau, Elisabeth/Krambeck, Jürgen (1979): Die Methodologie einer „objektiven Hermeneutik" und ihre allgemeine forschungspraktische Bedeutung in den Sozialwissenschaften, in: Hans-Georg Soeffner (Hrsg.), Interpretative Verfahren in den Sozial- und Textwissenschaften, Stuttgart, S. 352–433
Popitz, Heinrich/Bahrdt, Hans Paul/Jüres, Ernst August/Kesting, Hanno (1957a): Technik und Industriearbeit, Tübingen
Popitz, Heinrich/Bahrdt, Hans Paul/Jüres, Ernst August/Kesting, Hanno (1957b): Das Gesellschaftsbild des Arbeiters, Tübingen
Pries, Ludger/Schmidt, Rudi/Trinczek, Rainer (1990): Entwicklungspfade von Industriearbeit, Opladen
Schneider, Wolfgang Ludwig (2004): Grundlagen der soziologischen Theorie, Bd. 3: Sinnverstehen und Intersubjektivität, Wiesbaden
Schnell, Rainer/Hill, Paul B./Esser, Elke (1999): Methoden der empirischen Sozialforschung, München
Schumann, Michael/Einemann, Edgar/Siebel-Rebell, Christa/Wittemann, Klaus Peter (1982): Rationalisierung, Krise, Arbeiter. Eine empirische Untersuchung auf der Werft, Frankfurt a. M.

Schumann, Michael/Gerst, Detlef (1997): Innovative Arbeitspolitik – Ein Fallbeispiel. Gruppenarbeit in der Mercedes-Benz AG, in: Zeitschrift für Arbeits- und Organisationspsychologie, 41, S. 143–156

Schütz, Alfred (1974): Der sinnhafte Aufbau der sozialen Welt. Eine Einleitung in die verstehende Soziologie, Frankfurt a. M.

Strauss, Anselm/Corbin, Juliet (1996): Grounded Theory: Grundlagen Qualitativer Sozialforschung, Weinheim

Strohm, Oliver/Ulich, Eberhard (Hrsg.) (1997): Unternehmen arbeitspsychologisch bewerten. Ein Mehr-Ebenen-Ansatz unter besonderer Berücksichtigung von Mensch, Technik und Organisation, Zürich

Ulich, Eberhard (2005). Arbeitspsychologie, 6., überarb. und erw. Auflage, Zürich

Volpert, Walter/Oesterreich, Rainer/Gablenz-Kolakovic, Silke/Krogoll, Tilmann/Resch, Marianne (1983): Verfahren zur Ermittlung von Regulationserfordernissen in der Arbeitstätigkeit (VERA). Analyse von Planungs- und Denkprozessen in der industriellen Produktion, Köln

Weber, Max (1980): Wirtschaft und Gesellschaft. Grundriß der verstehenden Soziologie, Tübingen

Weber, Wolfgang G. (1997): Analyse von Gruppenarbeit. Kollektive Handlungsregulation in soziotechnischen Systemen, Bern

Weltz, Friedrich (1991): Der Traum von der absoluten Ordnung und die doppelte Wirklichkeit der Unternehmen, in: Eckart Hildebrandt (Hrsg.), Betriebliche Sozialordnung unter Veränderungsdruck, Berlin, S. 85–97

Gruppenorientierte Methoden

Gruppendiskussion

Brigitte Liebig und Iris Nentwig-Gesemann

1 Einleitung

Gruppen bilden zentrale Untersuchungseinheiten in der qualitativen Organisationsforschung (vgl. z. B. Cassell/Symon 1994; Symon/Cassell 1998). Zu den bekanntesten auf Gruppen zielenden Erhebungsverfahren zählen die ursprünglich aus der kommerziellen Markt- und Meinungsforschung stammenden Methoden des *Gruppeninterviews* und der *Focus Groups* (vgl. z. B. Demmer/Szymkowiak 1998; Morgan 1998; Lamnek 2005, Barbour 2007), die heute in so verschiedenen Bereichen wie der Personalauswahl, der Organisationsentwicklung oder der Organisationskulturforschung genutzt werden. Die *Gruppendiskussion* wird in der Regel begrifflich in der – insgesamt spärlichen – Literatur zu Gruppenmethoden in der Organisationsforschung mit diesen beiden Verfahren gleichgesetzt, wobei sie im Rahmen unterschiedlichster Zielsetzungen und auf dem Hintergrund unterschiedlichster Definitionen dessen, was eine „Gruppe" ist, Verwendung findet (vgl. Steyaert/Bouwen 1994; s.a. Flick 2007). Als eigenständige Methode ist die Gruppendiskussion im interdisziplinären Feld der Organisationsforschung aber noch kaum bekannt, obgleich sie in den letzten Jahren in der empirischen Sozialforschung stark an Bedeutung gewann und in einer Vielzahl von Forschungsfeldern genutzt und ausdifferenziert wurde.[1]

Im angloamerikanischen Raum lässt sich die Gruppendiskussion bis in die 1930er Jahre zurückverfolgen. Der Sozialpsychologe Kurt Lewin und seine Schüler setzten sie in einer großen Zahl von Untersuchungen ein (vgl. Lewin 1963), die als historisch älteste Form der qualitativen Organisationsanalyse gelten. Ausgehend von zwei zentralen theoretischen Annahmen konzentrierte sich Lewins Interesse auf die Dynamik kollektiver Prozesse (vgl. 1975, S. 112ff., 128ff.). So ging er erstens davon aus, dass die Gruppe als „dynamische Ganzheit" zu verstehen sei und weit mehr als die Summe ihrer Mitglieder darstelle. Zweitens nahm er an, dass individuelles Verhalten nur im Kontext seines „Lebensraums"– zu dessen grundlegenden Determinanten mehrere ineinander verschachtelte soziale „Felder" gehören – zu verstehen und zu verändern sei. Hieran anschliessend wurden unter anderem in Industriebetrieben und im kommunalen Bereich in mehreren als „Aktionsforschung" konzipierten Untersuchungen gruppendynamische Prozesse und Möglichkeiten ihrer Veränderung erforscht.[2]

Die Ursprünge des Gruppendiskussionsverfahrens lassen sich im deutschsprachigen Raum auf Mitte der 1950er Jahre datieren: Im Rahmen einer Studie am Frankfurter Institut für Sozialforschung setzte Friedrich Pollock (1955) – geleitet von einer grundlegenden Kritik an den gängigen Umfragemethoden – die Gruppendiskussion ein, um politische Einstellungen und Ideologien von Menschen im Nachkriegsdeutschland freizulegen.[3] Pollock ging davon aus, dass individuelle Meinungen und Einstellungen nicht isoliert existieren, sondern in der Regel in sozialen Kontexten situiert sind, innerhalb dieser ausgebildet und artikuliert werden. Diese latent vorhandenen Einstellungen – Pollock spricht von „Dispositionen" (Pollock 1955, S. 33) – würden dem Einzelnen „häufig erst während der Auseinandersetzung mit anderen Menschen deutlich. Sie mögen zwar latent vorhanden sein, gewinnen aber erst Konturen, wenn das Individuum – etwa in einem Gespräch – sich gezwungen fühlt, seinen Standpunkt zu bezeichnen und zu behaupten" (ebd., S. 32). Die Gruppendiskussion wird hier vor allem als Methode verstanden, mit der es gelingen kann, die *individuellen* Meinungen von Einzelnen zu erfassen, die durch die Diskussion mit den anderen Teilnehmern spontaner, unkontrollierter und durch die Bezugnahme auf differente (insbesondere konträre) Ansichten auch deutlicher zum Ausdruck gebracht werden.[4]

In den folgenden Jahren wurde das Verfahren innerhalb und außerhalb des Frankfurter Instituts vielfältig, aber ohne wesentliche methodische Weiterentwicklung eingesetzt. Erst die ebenfalls am Frankfurter Institut für Sozialforschung entstandenen Arbeiten von Werner Mangold (1960; 1967) leiten die entscheidende Wende und empirisch-methodische Neukonzipierung des Gruppendiskussionsverfahrens ein: Mangold arbeitete heraus, dass die Gruppendiskussion vor allem geeignet ist, um „informelle Gruppenmeinungen" (vgl. 1960, S. 59ff.) zu untersuchen, also den „empirischen Zugriff auf das Kollektive" zu gewährleisten (Bohnsack 2000, S. 125). Während das Verfahren zuvor meist eingesetzt wurde, um die – sich unter dem Einfluss von Gruppendynamik und -kontrolle besonders deutlich herauskristallisierenden – individuellen Meinungen von Einzelnen zu erfassen, rückte nun die Erforschung von kollektiv verankerten Orientierungen in den Vordergrund. Diese Gruppenmeinungen betrachtete Mangold als das Produkt von gemeinsamen Erfahrungen und kollektiven Interaktionen, die *vor* der Diskussionssituation liegen und in dieser lediglich aktualisiert werden.

Eine theoretisch-methodische Grundlage erhielt das Gruppendiskussionsverfahren endlich durch Rekurs auf wissenssoziologische Überlegungen, wie sie Ralf Bohnsack im Anschluss an die Überlegungen Mangolds vorgenommen hat (vgl. Mangold/Bohnsack 1988; Bohnsack 1989). Zentrale Bedeutung erhält dabei das Konzept des „konjunktiven Erfahrungsraums" des Soziologen Karl Mannheim: Für ihn stellt sich der Mensch in erster Linie als Gemeinschaftssubjekt dar, das den Sinn von Erfahrungen aus der Bezogenheit auf „einen bestimmten von einer Gemeinschaft getragenen Erfahrungszusammenhang" gewinnt (1980, S. 241). Anders als die konkreten Bedingungen des Lebensraums, auf die Lewin sein Augenmerk richtete, lassen sich konjunktive Erfahrungsräume oder auch kulturelle „Milieus" im Sinne von Mannheim dadurch charakterisieren, „dass ihre Angehörigen (…) durch Gemeinsamkeiten des Schicksals, des biographischen Erlebens, Gemeinsamkeiten der Sozialisationsgeschichte miteinander verbunden sind. Dabei ist die Konstitution konjunktiver Erfahrung nicht an das gruppenhafte Zusammenleben derjenigen gebunden, die an ihr teilhaben" (Bohnsack 2000, S. 131).

Gruppendiskussionen eröffnen somit einen Zugang sowohl zu einer kollektiven Erlebnisschichtung in einem gemeinschaftlichen Lebensraum, als auch – und dies ist für den Erkenntnisgewinn von zentraler Bedeutung – zu „übergemeinschaftlichen" konjunktiven Entstehungszusammenhängen kollektiver Orientierungen. Die konkrete Diskussionsgruppe wird also nicht als der ausschließliche soziale Zusammenhang für die Genese von gemeinsamen handlungsleitenden Orientierungen betrachtet, wohl aber als ein Ort, an dem gemeinsame und strukturidentische Erfahrungen besonders eindrücklich artikuliert und exemplifiziert werden können – in denen also der empirische Zugriff auf „Milieutypisches" im Sinne übergreifender konjunktiver Erfahrungsräume (beispielsweise Generationen-, Geschlechter-, Herkunfts- und Bildungsmilieus, sozialräumliche Milieus) gelingen kann (vgl. Bohnsack 2000, S. 123ff.). Die Orientierungen und ihre Rahmung sind den Mitgliedern einer Gruppe weder gänzlich bewusst, d. h. sie können nicht gezielt abgefragt werden, noch gänzlich unbewusst und also einer empirischen Zugangsweise verschlossen. Die Chance des Verfahrens liegt darin, das handlungsleitende, implizite Alltagswissen bzw. das „tacit knowledge" (vgl. Polanyi 1966) von Personen oder Personengruppen begrifflich-theoretisch zu explizieren, und zwar auf der Grundlage von Erzählungen und Beschreibungen der Erforschten.

Das ebenfalls in dieser methodologischen Tradition verwurzelte forschungspraktische Interpretationsverfahren, das im 3. Abschnitt ausführlich beschrieben wird, ist die „dokumentarische Methode"[5] (Bohnsack 2000; Bohnsack et al. 2007). Die theoretische Weiterentwicklung und empirische Erprobung des Gruppendiskussionsverfahrens sowie eng verzahnt damit auch der dokumentarischen Methode der Interpretation wurde im Sinne einer derart verstandenen Milieuanalyse bzw. Rekonstruktion milieuspezifischer Orientierungen unterdessen in einer Vielzahl von Studien unterschiedlicher Inhaltsbereiche vorangetrieben.[6]

2 Datenerhebung

Vorüberlegungen und Vorbereitungen

Die hier in aller Kürze skizzierte methodologisch-theoretische Fundierung des Gruppendiskussionsverfahrens hat zahlreiche Implikationen für dessen forschungspraktische Anwendung im Rahmen der Organisationsforschung.

So geht es im Unterschied zu Gruppeninterviews bzw. Fokusgruppen weder darum, mehr oder minder standardisiert einen schnellen Einblick in Organisationen zu erhalten oder möglichst zahlreiche Informationen zu vordefinierten Fragestellungen zu sammeln. Vielmehr handelt es sich um eine Methode, die in erster Linie dem Erfassen des „impliziten" Wissens der Organisationsmitglieder bzw. dem Generieren von Theorien über Wissen und Handeln in Organisationen dient. Und während Gruppeninterviews oftmals eine individualisierende theoretische Perspektive zugrunde liegt – auch wenn sie zum Teil auf die aus Gruppensituationen entstehenden Synergieeffekte zielen –, so stehen bei der Gruppendiskussion von vornherein *kollektive* Phänomene – Erfahrungszusammenhänge, Prozesse und Orientierungen – im Vordergrund. Auch wird das Gespräch im Rahmen dieser Methode weder von den Forschenden gesteuert oder „fokussiert", noch werden – wie in ethnographisch oder konversationsanalytisch orientierten Zugängen der Organisationsforschung – in alltäglichen Situationen entstehende Unterhaltungen der Erforschten dokumentiert, sondern es werden „in einer Gruppe fremdinitiiert Kommunikationsprozesse angestoßen (...), die sich in ihrem Ablauf und der Struktur zumindest phasenweise einem „normalen" Gespräch annähern" (Loos/Schäffer 2001, S. 13). Die Gruppe soll sich in Bezug sowohl auf die für sie zentralen Inhalte als auch auf ihre Sprache weitestgehend in ihrer Eigenstrukturiertheit entfalten können. In das Forschungsinteresse eingeschlossen sind hier gleichermaßen die Erzählungen und Beschreibungen der Teilnehmenden über ihr (Er-)Leben wie auch ihre kollektive Praxis des Miteinander-Redens. Gleichwohl begleiten die Forschenden – von ihrer Erkenntnisabsicht und den daran anknüpfenden immanenten und vorformulierten Nachfragen geleitet – die Diskutierenden quasi durch die Gruppendiskussion hindurch. Dieses Gleichgewicht zu wahren, stellt weniger eine erlernbare Interviewtechnik, sondern eine „Kunst" dar, die letztlich nur über Erfahrung anzueignen und zu verfeinern ist.

Im Vorfeld einer Gruppendiskussion muss zudem geklärt werden, ob Gespräche mit so genannten Realgruppen oder aber mit „künstlich zusammengestellten Gruppen" durchgeführt werden sollen (Loos/Schäffer 2001, S. 43ff.). Beides ist – in Abhängigkeit von der jeweiligen Fragestellung – grundsätzlich möglich, wobei – quasi als Verbindung zwischen den diskutierenden Gruppenmitgliedern – vergleichbare existenzielle Hintergründe und Erfahrungsgrundlagen vorliegen sollen. Bei Mitgliedern von Realgruppen, die sich auch jenseits der Erhebungssituation in einem sozialen Zusammenhang befinden und miteinander interagieren, kann man zum einen per se von einer konkreten, kollektiv geteilten Erfahrungsbasis ausgehen, an die die Fragestellungen unmittelbar anschließen können. Zum anderen gehört es zum Charakter von Realgruppen, dass sie hinsichtlich einzelner Milieudimensionen eine relativ große Homogenität aufweisen, die Mitglieder beispielsweise einen ähnlichen Bildungshintergrund haben oder derselben Generation zugehören. Gleichwohl können auch Mitglieder einer künstlich gebildeten Gruppe, beispielsweise leitende Angestellte oder Manager verschiedener Unternehmen, in Bezug auf mehrere Dimensionen ihres existenziellen Erfahrungshintergrundes (z. B. Geschlecht, Bildung, Kontext der Organisation) in hohem Maß über strukturidentische Erfahrungen verfügen (vgl. z. B. Liebig 2000). Der zentrale Vorteil von Diskussionen mit Mitgliedern von Realgruppen ist, dass diese nicht nur durch die Ebene vergleichbarer Erfahrungen, sondern darüber hinaus durch eine *gemeinsame Handlungspraxis* verbunden sind. Die erlebnismäßige und interaktive Herstellung von Wirklichkeit durch die Gruppenmitglieder, die Entwicklung von kollektiven Orientierungen in ihrer Prozesshaftigkeit dokumentiert sich sowohl in Erzählungen und Beschreibungen über miteinander Erlebtes – in der Performativität der erzählten Handlungspraxis – als auch in der Art und Weise, *wie* der Diskurs geführt wird – in seiner Performanz. Das Ziel von Gruppendiskussionen mit Realgruppen ist in diesem Sinne dann auch nicht, situationsgebundene und aus der konkreten Interaktionssituation emergierende Meinungen eben dieser spezifischen Gruppe zu rekonstruieren, sondern einen Zugang zu kollektiven, situationsunabhängigen Orientierungsmustern zu finden, die auf der Ebene von Milieus angesiedelt sind.[7] Wie homogen bzw. heterogen die Gruppe bezüglich welcher der verschiedenen, sich überlagernden Milieudimensionen sein soll, kann letztlich nur in Abhängigkeit von der Erkenntnisabsicht beantwortet werden. So kann beispielsweise ein hierarchisches Gefälle, ein großer Kontrast zwischen den Diskutierenden – wie zwischen der Leiterin einer Kindertagesstätte und ihrem Team – für die Rekonstruktion von milieuspezifischen Gemeinsamkeiten auf anderen Ebenen ausgesprochen ertragreich sein (vgl. Nentwig-Gesemann 1999, S. 90ff.).

Die Gruppe, die schließlich ausgewählt wird, kann aus zwei Personen bestehen (man spricht dann auch von einer „Paardiskussion") und sollte eine Teilnehmerzahl von maximal zehn Personen nicht überschreiten, um ein Auseinanderfallen der Gruppe und eine in der Transkription nicht mehr zu rekonstruierende Verschachtelung mehrerer Diskurse zu vermeiden. Auch ein Interviewerpaar hat sich aus ganz pragmatischen Gründen – die Zuständigkeiten vor, während und nach der Diskussion können aufgeteilt werden – als vorteilhaft erwiesen. Darüber hinaus haben wir die Erfahrung gemacht, dass ein größeres Potenzial an Aufmerksamkeit von unterschiedlich wahrgenommenen Interviewerpersönlichkeiten bei den Interviewten ihrerseits zu mehr Konzentration und diskursiver Dichte führt.

Bevor die Gruppendiskussion beginnen kann, müssen zunächst einige technische und organisatorische Vorbereitungen getroffen werden, die eine entspannte Kommunikation und störungsfreie Aufnahme auf einen Tonträger gewährleisten: Der Raum, in dem die Diskussion stattfindet, sollte vor allem ruhig sein, ein angemessener Zeitrahmen sollte vereinbart und gesichert sein (zwischen ein und zwei Stunden), die technische Ausrüstung muss verlässlich und auf ihre Funktionstüchtigkeit hin überprüft sein.[8]

Der Prozess der Gruppendiskussion

In der *Eröffnungsphase* der Gruppendiskussion stellen die Interviewer sich und ihr Projekt vor, wobei die Erkenntnisabsicht auf einer sehr allgemeinen Ebene formuliert werden sollte, um keine thematische Einengung vorzugeben. Auch der Ablauf der Gruppendiskussion und die Rollenverteilung müssen skizziert werden, da sie von standardisierten Erhebungsverfahren und den damit verbundenen Erwartungen deutlich abweichen: Die Interviewer werden die Rolle aufmerksamer Zuhörer einnehmen und weder mit thematischen noch mit evaluativen Interventionen in den Gesprächsverlauf eingreifen. Den Interviewten muss also klar sein, dass *sie* im Verlauf der Diskussion die Themenbereiche bestimmen können, dass vor allem Beschreibungen und Erzählungen aus der eigenen Alltagspraxis von Interesse sind und es sogar erwünscht ist, dass sie das Gespräch in der für sie charakteristischen Sprache führen. Schließlich muss eine Aufklärung über die Gewährleistung des Datenschutzes erfolgen.

Der Prozess des möglichst selbstläufigen Erzählens und Diskutierens untereinander wird dann durch einen in allen Gruppen gleich gesetzten *erzählgenerierenden Ausgangsstimulus* angeregt, der einerseits einen möglichst allgemein gehaltenen thematischen Rahmen absteckt und damit Vergleiche zwischen den Gruppen erleichtert, andererseits jeder Gruppe Freiräume für eine für sie spezifische thematische Ausdifferenzierung bietet. Während des nun folgenden ersten und zentralen *selbstläufigen Teils der Diskussion* ergibt sich die Rolle der Interviewer aus der Fokussierung auf die Erzeugung von Selbstläufigkeit im Gespräch der Teilnehmenden, die allenfalls durch Paraphrasierungen oder immanente Nachfragen – die auf die Generierung von Erzählungen und Beschreibungen bezüglich von der Gruppe bereits angesprochener Themen abzielen – gesichert wird. Die immer als Gruppe angesprochenen Interviewten sollen sich auf die ihnen gemeinsamen Erlebniszusammenhänge, auf ihre zentralen Erlebniszentren und Relevanzsysteme, die für den kollektiven Orientierungsrahmen und dessen Rekonstruktion von zentraler Bedeutung sind, einpendeln und deren Bearbeitung in der für sie typischen Eigenstrukturiertheit und Sprache kollektiv und prozesshaft entwickeln können.[9]

Erst wenn die Gruppe ihr „*immanentes Potenzial*" (Loos/Schäffer 2001, S. 53) ausgeschöpft hat, auch nach längeren Pausen weder neue Themen von den Diskutierenden aufgeworfen werden noch sich Passagen mit hoher interaktiver und metaphorischer Dichte – so genannte „Fokussierungsmetaphern" (Bohnsack 2000, S. 101) – entwickeln, in denen die Orientierungsmuster einer Gruppe besonders prägnant und plastisch zum Ausdruck kommen, beginnt die Phase der *exmanenten Nachfragen*. In diesem Teil werden für die Erkenntnisabsicht der Untersuchung besonders relevante Themen und Bereiche angesprochen, sofern diese noch nicht im selbstläufigen Teil thematisiert wurden. Die Bedingungen für eine komparative Analyse, d.h. die Arbeit mit empirisch fundierten Vergleichshorizonten, werden damit erleichtert bzw. verbessert. Auch wenn man davon ausgeht, dass sich die Grundstruktur eines Falls in allen angesprochenen Themen reproduziert, d.h. die zentralen Orientierungen sich in der Bearbeitung verschiedener Themen immer wieder herauskristallisieren, ist es für die Interpretation durchaus hilfreich, wenn inhaltlich vergleichbare Textpassagen vorliegen. Auch diese Nachfragen sind „demonstrativ vage" gehalten und müssen darauf abzielen, detaillierte Erzählungen und Beschreibungen zu generieren (vgl. Bohnsack 2000, S. 214f.). Schließlich ist es möglich, noch eine *direktive Phase* folgen zu lassen, in der auch Widersprüche und Auffälligkeiten vom Forscher offen, sogar konfrontativ angesprochen werden können (vgl. Loos/Schäffer 2001, S. 54).

Nach Abschluss der Diskussion sollte von den Interviewten ein Kurzfragebogen zu soziodemographischen Daten ausgefüllt werden. Auch empfiehlt es sich, so bald wie möglich ein detailliertes Beobachtungsprotokoll zu schreiben und eine Sicherheitskopie der Aufnahme anzufertigen.

Transkription

Zunächst wird das gesamte Band abgehört, um einen Überblick über den *thematischen Verlauf* der Diskussion zu erstellen, d.h. eine Gliederung in Ober- und Unterthemen vorzunehmen. Anschließend wird dann zunächst eine inhaltlich und formal in sich geschlossene Passage für die Transkription ausgewählt, später kommen ein oder zwei weitere hinzu. Die Wahl wird zum einen von der thematischen Relevanz der Passage im Hinblick auf die Fragestellung bzw. ihre thematische Vergleichbarkeit mit entsprechenden Stellen aus anderen Gruppendiskussionen geleitet. Die Transkription und Interpretation der Eingangspassage – mit ihrer unmittelbaren Reaktion der Gruppe auf den Ausgangsstimulus – kann sich als sehr geeigneter und ertragreicher Einstieg in die Interpretationsarbeit erweisen. Zum anderen empfiehlt es sich, eine Passage mit hoher interaktiver und metaphorischer Dichte auszuwählen, da die Orientierungsmuster einer Gruppe dort besonders prägnant und plastisch zum Ausdruck kommen. Die Transkription erfolgt nach spezifischen Regeln, die von Ralf Bohnsack und seinen Mitarbeitern entwickelt wurden und sich in der Praxis bewährt haben (Bohnsack 2000, S. 233 f.).[10] Als übergeordnetes Prinzip kann das der „demütigen Verschriftung von Details" formuliert werden, ohne dass damit die Lesbarkeit der Passagen gefährdet werden sollte (vgl. Deppermann 1999, S. 39 ff.).

3 Dateninterpretation

Die dokumentarische Methode

Für die Auswertung von Gruppendiskussionen hat sich die bereits erwähnte dokumentarische Methode bewährt, die hier zunächst auf der theoretisch-methodologischen Ebene in aller Kürze skizziert werden soll. Wir orientieren uns dabei an den forschungspraktischen und theoretischen Arbeiten von Ralf Bohnsack. Die „dokumentarische Methode der Interpretation" ist ein zentraler Begriff der Wissenssoziologie von Karl Mannheim, der von der Grundidee ausgeht, dass das Fremde nur in seiner jeweiligen Milieu- oder Seinsgebundenheit zu begreifen ist. Damit der Milieufremde, also auch der Forscher, die Milieuangehörigen verstehen kann – d.h. sie nicht auf der Grundlage seiner eigenen Standortgebundenheit interpretiert –, ist es notwendig, über die z. B. von einer Gruppe dargestellten Erlebnisprozesse zumindest virtuell in ihren konjunktiven Erfahrungsraum einzutauchen und die Genese ihrer handlungsleitenden Orientierungen aus diesem Kontext heraus zu rekonstruieren. Es geht also nicht um die Frage danach, *was* gesellschaftliche Tatsachen *sind*, sondern zum einen, *wie* Lebensverhältnisse, soziale Konstellationen und auch Fremdzuschreibungen individuell erlebt, interpretiert und verarbeitet werden. Zum anderen kann – auf dem Weg der Analyse habitualisierter Handlungspraxis und handlungspraktischen Erfahrungswissens – rekonstruiert werden, *wie* gesellschaftliche Tatsachen von den Akteuren selbst interaktiv bzw. diskursiv hergestellt werden.

Arbeitsschritte der Interpretation

Im ersten Schritt der dokumentarischen Methode, der *formulierenden Interpretation*, wird eine thematische Feingliederung der ausgewählten Passagen sowie eine Zusammenfassung ihres Inhalts vollzogen. Durch eine Strukturierung in Unterpassagen und die Kennzeichnung von Themen durch Überschriften wird die Übersichtlichkeit des Textes erhöht. Inhalt und Struktur eines Textes werden gleichsam entschlüsselt, ohne dass der Interpret das Begriffssystem und den Orientierungsrahmen der Gruppe verlässt. Im Sinne von Mannheim handelt es sich bei der formulierenden Interpretation also um die Erfassung des „immanenten oder objektiven Sinngehaltes" (Mannheim 1970, S. 104).[11]

Im zweiten Schritt, der *reflektierenden Interpretation*, wird im eigentlichen Sinn eine dokumentarische Interpretation vorgenommen: Die Frage nach der Erlebnisgebundenheit von Orientierungen und nach dem interaktiven Prozess der Herstellung von Wirklichkeit im Rahmen kollektiver Handlungspraxis bestimmt nun den Interpretationsvorgang. Der entsprechende Zugang erschließt sich über die „Rekonstruktion und Explikation des *Rahmens*, innerhalb dessen das Thema abgehandelt wird" (Bohnsack 2000, S. 150). Der Rahmen ist über die so genannten *positiven* und *negativen Gegenhorizonte* identifizierbar, die eine Gruppe in ihren Erzählungen entfaltet, um ihren eigenen Standort schärfer zu konturieren. In Beschreibungen und vor allem in erzählten Geschichten werden die „Enaktierungspotenziale" der Gegenhorizonte deutlich, d.h. ihre Erlebnisgebundenheit und die Prozesse der Umsetzung von Orientierungen in Alltagshandeln (vgl. ebd., S. 151). „Jene Orientierungsfigur bzw. die sie konstituierenden Gegenhorizonte, die im Focus des Diskurses stehen und somit den Rahmen konstituieren, kommen am prägnantesten in jenen Passagen zum Ausdruck, die sich durch besondere interaktive und metaphorische Dichte auszeichnen, den sog. *Focussierungsmetaphern*" (ebd., S. 152). Eine Fokussierungsmetapher lässt sich leicht durch ein großes (emotionales) Engagement der Beteiligten und häufige Sprecherwechsel auch innerhalb von Sätzen oder Passagen, also eine hohe interaktive Dichte, identifizieren. Bei der Auswertung zeigt sich dann oft, dass diese Passagen darüber hinaus eine hohe metaphorische Dichte, d.h. Bildhaftigkeit und Plastizität der Äußerungen, aufweisen. Die kollektiven Orientierungen einer Gruppe, deren Mitglieder durch alltägliche Handlungspraxis miteinander verbunden sind, werden also in der Regel nicht begrifflich-theoretisch expliziert, sondern kommen in metaphorischer Form in den Erlebnisdarstellungen über die Alltagspraxis zum Ausdruck. Da es um die Analyse kollektiver Orientierungen geht, die während der Gruppendiskussion prozesshaft (im Sinne einer Aktualisierung) entfaltet werden, und nicht um das individuell Charakteristische, wird in der reflektierenden Interpretation also zum einen die *Dramaturgie des Diskursprozesses* herausgearbeitet: „Dort, wo in *dramaturgischer* Steigerung die interaktive Bezugnahme ihre höchste Intensität und Dichte erreicht (...), verschmelzen die Einzelbeiträge am deutlichsten ineinander, und es treten die Individuen, die Charaktere der einzelnen Sprecherpersönlichkeiten zurück hinter das *gemeinsame Erleben*, das hier seinen *Focus* hat" (ebd., S. 155).

Demselben Zweck, der Einstellung auf das Kollektive, dient zum anderen auch die Rekonstruktion der formalen *Diskursorganisation*, auf die nun in ihrer spezifischen Begrifflichkeit etwas genauer eingegangen werden soll.[12] Mit der Analyse der Verschränkung der Redebeiträge wird gleichsam auch das „Gerüst" des kollektiven Rahmens der Gruppe rekonstruiert. Orientierungen werden grundsätzlich in Form von *Propositionen* zum Ausdruck gebracht, die Bohnsack im Anschluss an Harold Garfinkel (1961) als Stellungnahmen zu einem Thema definiert, in denen eine Orientierung oder Haltung impliziert ist (vgl. Bohnsack 2000, S. 240). In *Anschlusspropositionen* wird das Thema beibehalten, der Rahmen aber erweitert oder verändert. Bei den Beiträgen, in denen Propositionen oder Anschlusspropositionen bearbeitet oder elaboriert werden, unterscheiden wir (a) *Validierungen* („ja"), in denen sich eine Übereinstimmung ausdrückt, (b) *Differenzierungen* („ja, aber"), mit denen der propositionale Gehalt von Äußerungen ergänzt oder in seiner Reichweite eingeschränkt wird, und (c) *Oppositionen* („nein"), in denen die Nichtvereinbarkeit mit vorangegangenen Propositionen bzw. Orientierungen zum Ausdruck kommt. Im Rahmen einer *Synthese* werden am Ende der Elaboration bzw. Differenzierung eines Rahmens (positive und negative Gegenhorizonte sowie deren Enaktierungspotenziale) differierende Erfahrungen und Einschätzungen in einen gemeinsamen Orientierungsrahmen integriert. Mit einer *Konklusion* wird ein Thema endgültig abgeschlossen. Eine *Transposition* stellt gleichermaßen eine Konklusion als auch eine Überleitung auf ein neues Thema dar.

Die Art und Weise, wie nun der Diskurs einer Gruppe organisiert ist – und dies kann in Abhängigkeit vom jeweiligen Thema innerhalb derselben Gruppendiskussion durchaus variieren –, lässt nicht nur Rückschlüsse über die aktuelle Interaktionsdynamik der Gruppe zu, sondern es dokumentiert sich hier darüber hinaus, welche der sich überlagernden milieuspezifischen Erfahrungsdimensionen die zentrale(n) und verbindende(n) der Gruppe ist bzw. sind, aus der oder denen heraus sich ihre handlungsleitenden Orientierungen entwickelt haben. In der Übereinstimmung von – in der Linguistik auch als „Suprasegmentalia" bezeichneten – Phänomenen wie Lautstärke, Sprechtempo, Intonation oder Tonhöhe, die in einer Gruppe bei der Bearbeitung bestimmter Themen gefunden wird und auch als „gemeinsamer Rhythmus" bezeichnet werden kann (vgl. Gumperz/Cook-Gumperz 1981, S. 436; Auer 1986, S. 29), dokumentieren sich auch Gemeinsamkeiten bzw. Ähnlichkeiten auf der Ebene von milieuspezifischen Erfahrungsgrundlagen. Gibt es in Bezug auf einzelne Milieudimensionen keine geteilten Erfahrungen – z. B. bei unterschiedlicher Geschlechtszugehörigkeit –, lässt sich auch dies an der Diskursorganisation bei Themen, in denen diese für die Gruppenmitglieder den zentralen Erfahrungshintergrund bilden, quasi „ablesen". Idealtypisch lassen sich mehrere diskursive Muster unterscheiden, von denen hier drei dargestellt werden sollen (vgl. Przyborski 2004): Eine (a) *oppositionelle Diskursorganisation* zeichnet sich dadurch aus, dass es eine Aufspaltung der Gruppe in mehrere Untergruppen gibt, die sowohl auf der Ebene von Themen bzw. Inhalten als auch hinsichtlich der Frage, *wie* über diese diskutiert wird, konkurrieren. Als Konsequenz kann es in einem derartigen Fall entweder zum offenen Streit kommen, eine „Partei" kann eindeutig die dominante Position beanspruchen oder sich erstreiten, ein Teil der Gruppe kann sich völlig aus der Diskussion zurückziehen oder diese verlassen. Eine oppositionelle Diskursorganisation lässt darauf schließen, dass in Bezug auf die verhandelten Themen kein kollektiv geteilter Orientierungsrahmen vorliegt, also auch keine gemeinsame milieuspezifische Erfahrungsbasis. Eine (b) *konkurrierende oder antithetische Diskursorganisation* zeichnet sich dadurch aus, dass es – auf der Grundlage eines gemeinsamen Orientierungsrahmens – in der Konkurrenz der Diskutierenden darum geht, wer diesen am besten zu beschreiben und zu exemplifizieren vermag. Die Gruppe strebt hier nach einer für alle befriedigenden Konklusion, die nicht mit einem Konsens in jeder Beziehung zu verwechseln ist! Von einer (c) *parallelisierenden Diskursorganisation* spricht man, wenn in einer Gruppe parallel oder überlappend gesprochen wird, ohne einander dabei zu stören. Die Gesprächsbeiträge werden von einer unsichtbaren Klammer – zumindest strukturidentischer Erfahrungen – zusammen gehalten. Dem Hörer erschließt sich dabei nicht unmittelbar, ob es sich um Propositionen zu einer gemeinsamen Thematik handelt und welche diese dann überhaupt ist.

Beginnend mit der Auswahl der Gruppen bis zur Typenbildung ist das Prinzip, den Kontrast in der Gemeinsamkeit zu suchen, fundamental.[13] Die Methode der komparativen Analyse bzw. des Milieuvergleichs kommt nicht erst zur Anwendung, wenn die Einzelfallanalyse oder sogar die Konstruktion von Typen abgeschlossen ist, sondern stellt ein leitendes Prinzip dar, das auf jeder Ebene des Forschungsprozesses zur Anwendung gelangt. Zwar bleibt im Rahmen der reflektierenden Interpretation der Fall in seiner Besonderheit der zentrale Bezugspunkt sowohl der Analyse als auch der Darstellung, der fallübergreifende Vergleich gewinnt aber mit jedem weiteren interpretierten Fall, der als Kontrastfolie genutzt werden kann, an Bedeutung. Zum einen können milieutypische Unterschiede nur evident werden, wenn man sie vor dem Hintergrund von Gemeinsamkeiten betrachtet, zum anderen lässt sich die Standortgebundenheit des Interpreten durch die komparative Analyse methodisch kontrollieren. Vor der Erstellung von Diskurs- oder Fallbeschreibungen, die nicht mit einem neuen Interpretationsschritt verbunden sind, sondern eine Verdichtung und Zusammenfassung der gesamten Interpretationsergebnisse darstellen, müssen also durch vielschichtige komparative Analysen fallübergreifende Typen generiert und spezifiziert werden.

Die Analyse auf der *sinngenetischen Ebene* zielt, auf der Grundlage der in reflektierender Interpretation generierten kollektiven Orientierungsrahmen einzelner Gruppen, auf die Herausarbeitung von Gemeinsamkeiten der Fälle. Für diese *Abstraktion des Orientierungsrahmens* ist die fallübergreifende komparative Analyse von zentraler Bedeutung, weil von der je fallspezifischen Besonderheit abstrahiert werden kann und Orientierungsfiguren mit Abstraktions- oder Verallgemeinerungspotenzial von dieser unterschieden werden können. Zum anderen stellt die komparative Analyse eine methodische Kontrolle der Standortgebundenheit des Forschers dar. Erst die Nutzung von empirisch beobachtbaren und überprüfbaren Vergleichshorizonten erlaubt die Generierung von Typen mit relativ hohem Abstraktionspotenzial. Konkret werden in diesem Arbeitsschritt also zunächst thematisch vergleichbare Passagen aus mehreren Gruppendiskussionen auf gemeinsame Orientierungsmuster hin untersucht.

Es folgt die *Spezifizierung des Typus*, und zwar durch fallübergreifende und fallinterne Vergleiche. Die fallübergreifende komparative Analyse ist nun nicht mehr primär auf die

Gemeinsamkeiten der Fälle, sondern auf die Kontraste gerichtet: „Das gemeinsame Dritte, das tertium comparationis ist nun nicht mehr durch ein (fallübergreifend) vergleichbares Thema gegeben, sondern durch den (fallübergreifend) abstrahierten Orientierungsrahmen bzw. Typus" (vgl. Bohnsack 2007, S. 236f.). Im Zuge der fallinternen komparativen Analyse geht es noch einmal darum, die Struktur der Einzelfälle erneut in den Fokus der Interpretation zu rücken, um die erarbeiteten spezifizierten Typen auf ihre Validität hin zu überprüfen. Sind also die herausgearbeiteten typisierten Orientierungsmuster nur für einzelne Situationen von handlungspraktischer Bedeutung, oder bilden sie einen übergeordneten Rahmen der Gruppe? Die Frage, *wofür* die in den jeweiligen Typen herausgearbeiteten Orientierungen typisch sind, aus welchen konjunktiven Erfahrungsräumen bzw. welcher spezifischen Überlagerung von Erfahrungsräumen heraus sie sich entwickelt haben, kann auf dieser Ebene noch nicht beantwortet werden.

Erst wenn über die Ebene der sinngenetischen Interpretation, also die Generierung und Spezifizierung von in Bezug auf Orientierungen und Handlungspraxis kontrastierende Typen hinaus, Erfahrungsräume identifiziert werden können, auf die sich die Unterschiede zurückführen lassen, ist eine Ebene der Interpretation und damit auch Typenbildung erreicht, die wir mit Mannheim als *soziogenetische* bezeichnen (vgl. 1980, S. 85ff.). Die sinngenetische Interpretation und Typenbildung ist hier zwar Voraussetzung, die Typen werden aber wieder vollständig neu komponiert. Es gilt, auf dieser Ebene zu rekonstruieren, aus welchen – individuellen und kollektiven – Erfahrungsräumen oder „existenziellen Hintergründen" heraus sich bestimmte handlungsleitende Orientierungen entwickelt haben. Die komparative Analyse findet an diesem Punkt nicht mehr auf der Ebene von Themen oder Orientierungen bzw. der unterschiedlichen Bearbeitung eines Orientierungsproblems statt, sondern auf der mehrdimensionalen Ebene der einander überlagernden Erfahrungsräume der Erforschten. Das Interesse an der Fallstruktur tritt hier endgültig in den Hintergrund. Die Analyse richtet sich vielmehr auf die Struktur von Milieus, also beispielsweise auf sozial-räumliche oder organisationsspezifische Strukturen und in sie eingelagerte Erlebnisse und Interaktionsprozesse, die zur Herausbildung bestimmter handlungsleitender Orientierungen und habitualisierter Handlungspraxis geführt haben. Die an Einzelfällen erkannte Zugehörigkeit zu einem konjunktiven Erfahrungsraum, einem Milieu, kann – um nur einige Beispiele zu nennen – generations-, geschlechts- oder auch organisationstypisch sein.[14] Bei jedem Einzelfall überschneiden oder überlagern sich nun die verschiedenen *Typiken* auf je spezifische Art und Weise. Die soziogenetische Typenbildung „erfasst damit den Fall nicht lediglich in *einer* Bedeutungsschicht oder -dimension, und d.h. in bezug auf *eine* Typik, sondern zugleich unterschiedliche Dimensionen oder Erfahrungsräume des Falles, so dass unterschiedliche Typiken in ihrer Überlagerung, Verschränkung ineinander und wechselseitigen Modifikation sichtbar werden" (Bohnsack 2000, S. 175). Die Struktur der Typologie, die im Rahmen der dokumentarischen Methode angestrebt wird, spiegelt diese Perspektive: Jeder Fall wird innerhalb der Typiken der Typologie umfassend verortet und kann damit zum Dokument und zur Exemplifizierung für mehrere Typiken werden.

In der Diskursbeschreibung geht es, wie schon erwähnt, nicht um neue Interpretationsleistungen, sondern um eine Verdichtung der Textinterpretationen zum Zwecke der verständlichen Vermittlung an die Leserschaft. Die Diskursbeschreibung einer Gruppe folgt in der Regel der dramaturgischen Entwicklung der interpretierten Passagen, das heißt, sie beginnt mit der jeweiligen Themeninitiierung und gelangt über die Darstellung der dramaturgischen Steigerungen zu den Konklusionen, die sich durch eine sachliche Zusammenfassung oder einen rituellen Abschluss erkennen lassen. Auch die Ergebnisse aus der Rekonstruktion der Diskursorganisation werden hier eingefügt (vgl. Bohnsack 2000, S. 155ff.). Kreative Variationen sind hier nicht nur möglich, sondern auch erwünscht: So können auch immer zwei Gruppen, die in Bezug auf bestimmte Merkmale einen minimalen, in Bezug auf andere einen maximalen Kontrast darstellen, in einer Fallbeschreibung vergleichend und zusammenfassend dargestellt werden. Die Methode der komparativen Analyse und ihre Bedeutung für den Erkenntnisgewinn kann damit besonders gut verdeutlicht werden (vgl. Nentwig-Gesemann 1999, S. 69ff.).

Das Einfügen ausgewählter Textsequenzen in Form des Originaltranskripts soll die vorgenommene Rekonstruktion der zentralen Orientierungen der Gruppe sowie ihre positiven und negativen Gegenhorizonte transparent und nachvollziehbar machen. Häufig werden dafür Passagen ausgewählt, die den Charakter von Fokussierungsmetaphern haben, da sich in ihnen die für das Alltagshandeln der Gruppe konstitutiven Orientierungen in hohem Maß dokumentieren.

Auf die Diskursbeschreibung folgt schließlich die Typenbildung,[15] also die abschließende Formulierung von *Typiken*, die die generierte Gesamttypologie ergeben. Die Fallbeschreibungen dienen als Belege bzw. Exemplifizierungen einer Typik, welche Milieus – und nicht Fälle – voneinander unterscheidet. Erst wenn, wie im Rahmen der dokumentarischen Methode, jeder Fall nicht nur einem Typus zugeordnet wird bzw. die Typen nicht durch die Kondensation maximal ähnlicher und die Unterscheidung von maximal kontrastierenden Einzelfällen gebildet werden, sondern die Fälle in ihren verschiedenen Dimensionen erfasst werden und die im Anschluss konstruierten Typiken dann eine Komposition aus mehreren Einzelfällen darstellen, kann man von einer *Mehrdimensionalität der Typologie* sprechen.

4 Anwendungsbeispiel: Kommunikationskulturen im Management

Verdeutlicht werden kann die Methode der Gruppendiskussion am Beispiel von Studien, die sich mit den betrieblich-kulturellen Voraussetzungen für das Gleichstellungsverhalten von Unternehmen befassen (Liebig 2000; 2001; 2003; 2005, 2007).[16] Ausgehend von Arbeiten, die auf die Bedeutung kultureller Determinanten für das Scheitern oder Gelingen von Gleichstellungsmassnahmen in Organisationen verweisen (vgl. dazu z. B. Cockburn 1991; Harlow/Hearn 1995; Müller 1999), wurden hier im betrieblichen Alltag ausgebildete, *kollektive Orientierungen zu Geschlechterbeziehungen und Gleichstellungsvorgaben* als zentrale Elemente von Organisationskultur untersucht.

Untersuchungseinheiten der Studie stellten Gruppen von Vertretern und Vertreterinnen des Managements führender wirtschaftlicher Unternehmen in der Schweiz dar. Die Auswahl der Firmen wurde von der These Kanters (1993) geleitet, dass sich mit einem höheren Frauenanteil in leitenden Positionen auch die Aufstiegschancen von Frauen verbessern – ein Phänomen, das sie primär kulturellen Faktoren zuschrieb. So wurden Betriebe aus Branchen des Industrie- und Dienstleistungssektors ausgewählt, die über einen unterschiedlich hohen Anteil an Frauen in Belegschaft und Management verfügten. Die Diskussionsgruppen wurden von Kontaktpersonen – Mitgliedern der Personalleitung oder Gleichstellungsbeauftragte der Unternehmen – nach vorgegebenen Kriterien zusammengestellt: Die Gruppen besaßen zwar keinen natürlichen Charakter wie Projektteams oder Arbeitsgruppen, konstituierten sich jedoch aus Beschäftigten des gleichen Betriebs und gehörten alle dem mittleren Management an, dem eine zentrale Rolle bei der Koordination, Kommunikation sowie Veränderung betrieblicher Kulturen zukommt (vgl. Walgenbach 1993). Bei einer Gruppengröße von fünf bis sieben Personen waren in der Regel zwei der Kader weiblichen Geschlechts; in Unternehmen mit einem vergleichsweise hohen Frauenanteil im Management nahmen auch mehr Frauen am Gespräch teil. Die geschlechtergemischte Zusammensetzung der Gruppen sollte dazu dienen, Merkmale der betrieblichen Kultur nicht nur auf der Ebene des potenziell differenten Erfahrungszusammenhangs des einen oder anderen Geschlechts zu erfassen, sondern auch die Verständigung über diese Zusammenhänge im Rahmen der diskursiven Auseinandersetzung der Geschlechter zu verfolgen.

Die insgesamt 23 Gruppendiskussionen von 1½- bis 2½-stündiger Dauer fanden zumeist im Hauptsitz der Unternehmen statt. War die Geschäftsleitung bzw. die Kontaktperson im Haus oder an der Diskussion beteiligt, so wurde die Gruppe zunächst durch diese begrüßt. Daraufhin stellte die Forscherin in aller Kürze die Fragestellung des Projekts sowie das Konzept „Organisationskultur" vor. Die Gruppengespräche wurden mit folgender Eingangsfrage eröffnet, die – an alle gerichtet – auf die persönliche Erfahrung der Anwesenden zielte: „Wie war das damals, als Sie das erste Mal dieses Unternehmen betraten? Wie haben Sie das erlebt, welche Erfahrungen haben Sie gemacht?" Auf diese Fragen hin begann eine oftmals sehr lebhafte und in der Regel thematisch selbst bestimmte Diskussion unter den anwesenden Kadern, die mit ihrem Einverständnis auf Tonband aufgezeichnet wurde. Die Aktivität der Untersuchungsleitung beschränkte sich zumeist auf das Fördern des Gesprächs- und Erzählflusses durch parasprachliche Äußerungen und Gesten; nur in Ausnahmefällen wurden Gesprächsimpulse durch Anschlussfragen eingebracht. Erst gegen Ende der vereinbarten Diskussionszeit fand ein Nachfragen, ein Reflektieren von Äußerungen oder selten auch der Verweis auf Inkonsistenzen statt.

Im Anschluss an die Gruppendiskussion erhielten die Teilnehmenden einen Dokumentationsbogen zu einigen soziodemographischen sowie berufsbezogenen Merkmalen. Die deskriptiv-statistische Auswertung dieser Erhebung wurde im Rahmen der Gesamtauswertung ergänzend verwendet und erlaubte nochmals einen genaueren Einblick in die Zusammensetzung der Gruppen. Überdies wurden die Kontaktpersonen um die Beantwortung eines Fragebogens zu einigen strukturellen Charakteristika des jeweiligen Unternehmens gebeten. Schließlich wurde ein Postskriptum zum *setting* des Gesprächs angefertigt, das nicht nur allgemeine Beobachtungen zum Gesprächsort und zu Interaktionen vor und nach Beginn der Aufzeichnung der Diskussion, sondern auch Eindrücke über Formen der Selbstdarstellung der Befragten (Auftreten, Kleidung, Haartracht u. a.) festhielt (zur Dokumentation von Daten s.a. Flick 2007, S. 371–385).

Um das Potenzial von Gruppendiskussionen zu verdeutlichen, sei hier auf einen Ausschnitt der Untersuchung Bezug genommen, welcher der Frage galt, ob und wie Erfahrungen von Ungleichstellung und Diskriminierung innerbetrieblich vermittelt werden können. Die Analyse erfolgte auch hier in Anlehnung an die dokumentarische Methode, wobei – orientiert am Prinzip der Kontrastierung (vgl. Bohnsack 2000) – Gruppendiskussionen aus Unternehmen ausgewählt wurden, die entweder über einen ausgesprochen geringen Frauenanteil oder aber vergleichsweise ausgeglichene Geschlechterverteilungen in Leitungspositionen verfügten. Wie gezeigt werden soll, erlaubt die dokumentarische

Methode nicht nur die Rekonstruktion kollektiver Orientierungen, sondern auch die Interpretation jener interaktiven bzw. diskursiven Prozesse, innerhalb deren die Orientierungsfiguren hervortreten. Werden, wie in diesem Falle, Gruppendiskussionen mit beiden Geschlechtern durchgeführt, so schließt die Analyse die „Mikropolitik" (vgl. Küpper 1992; Knapp 1995) der Geschlechter ein, indem sie die spezifische Organisation der Diskurse im Zuge der Interpretation miterfasst.

Zur Transkription gelangten die für die oben genannte Fragestellung als zentral identifizierten Gesprächspassagen. In der folgenden Sequenz aus einer Gruppendiskussion unter Kadern eines Unternehmens der pharmazeutischen Industrie, in dem Frauen in Führungspositionen eine Seltenheit sind, stellt eine junge weibliche Führungskraft ihre alltägliche Konfrontation mit der „inneren Ablehnung" der Kollegen dar:

> Ef:[17] aber eine gewisse innere Ablehnung finde ich immer wieder (.) nicht per Kopf also die meisten Männer sind unheimlich offen es waren auch immer Männer die mich eingeladen haben und auch letztendlich Männer die mich eingestellt haben (.) es ist sowas (.) wie soll ich sagen nicht wie von der Ratio gesteuert sondern von der Struktur der Menschen wie sie erzogen worden sind so ganz tief drin (.) wie ich dann hier angestellt war wurde ich ins Telephonbuch eingetragen und hab dann wollte dann voller Stolz da meinen Namen lesen und da stand da *(X-Vorname und -Name)* (.) dachte ich komisch wieso steht mein Doktortitel da nicht dabei (.) dann hat sich das durchgezogen bei vielen Einladungen stand dann immer Frau *(X-Name)* Doktor soundso Doktor soundso Doktor soundso und
>
> Af: hoppla
> Ef: ich beziehe es schon lang lang nicht mehr auf mich persönlich es passiert mir zu oft (.) und ich werde auch immer wieder als Herr *(X-Name)* angesprochen
>
> Af, Bm, Dm: (lautes Lachen)
> Ef: also Aug in Aug das ist nicht so dass man das per Telephon vielleicht durch die dunkle Stimme sondern Aug in Aug

Nicht allein der akademische Titel, sondern die weibliche Identität wird der Sprecherin (Ef) „Aug in Aug" in heterosozialen Interaktionen im Betrieb aberkannt.[18] Dabei finden sich in die Schilderungen der Betroffenen bereits Deutungsangebote für das Fehlverhalten der Kollegen eingeflochten: Als nicht intentional wird es entschuldigt, „nicht von der Ratio gesteuert", sondern der „Struktur des Menschen" inhärent, „so ganz tief drin" und somit weder einer Reflexion zugänglich noch willentlich beeinflussbar.

Die Ausführungen der Kollegin setzen allerdings keine Diskussion über die Situation von Frauen im Betrieb in Gang. Vielmehr geht hier – wie in vielen anderen Gruppendiskussionen in Unternehmen, in denen weibliche Kader in der Minderheit sind – die Differenz der männlichen und weiblichen Alltagserfahrung mit einem Dissens, d.h. einem Misslingen der Verständigung zwischen den Geschlechtern einher (s.a. Liebig 2007). Der weibliche Erlebniszusammenhang kann den Kollegen im Gespräch nicht vermittelt werden; statt Empathie zu wecken, rufen die Darstellungen zunächst Unglauben, dann Widerspruch hervor. Weit entfernt sind die männlichen Teilnehmer der Gruppe davon, die geschilderten Erfahrungen als Ausdruck einer betrieblichen Kultur zu deuten, in der den wenigen auf Leitungsebene tätigen Frauen – allen Gleichstellungsbemühungen des Unternehmens zum Trotz – eine unübersehbare Ablehnung entgegenschlägt. So beginnt auch die anschließende

Stellungnahme eines Managers nur scheinbar („ist sowieso schlimm") mit einer Bezugnahme auf das weibliche Votum:

> Dm: ja das ist sowieso schlimm ich kenne auch so einen Fall wo man einfach jemand soweit gebracht hat weil jetzt man einer Frau mal hat eine Chance geben wollte und jetzt sind wir schon glaub bei dem Thema und ich finde da sollte man wirklich keine Unterschiede machen ich finde wenn jemand Fähigkeiten hat (.) dann klappt das bestens also ich habe als junger Kaufmann vor 30 Jahren habe ich eine Chefin gehabt und das ist sehr gut gegangen aber das ist eine <u>Persönlichkeit</u> gewesen hingegen wenn man dann nun wegen der Quote eine Frau jetzt nimmt und die dann dahinstellt und die gar nicht glücklich ist dann tut sie äh in ihrem ganzen Auftreten und in der Argumentation ist sie einfach überfordert und dann gibts Überreaktionen oder das ist klar (.) solche Fälle kenn ich also auch und dann ist der Frau nicht gedient ihr selbst nicht und auch der Sache der Frau ist nicht gedient

Der Kollege (Dm) nimmt, wie die Rekonstruktion des Diskursinhalts erkennen lässt, die vorgängigen Darstellungen als Ausdruck von Überforderung und Inkompetenz sowie mangelnden Selbstbewusstseins wahr. Wie der Vergleich mit anderen weiblichen Vorgesetzten zeigt („wenn jemand Fähigkeiten hat", „das ist eine <u>Persönlichkeit</u> gewesen"), wird die von der Mitarbeiterin (Ef) beschriebene Szene als Reaktion auf ihre fehlende Führungsautorität interpretiert. Dargelegt wird dabei auch, dass inkompetentes „Auftreten" und „Argumentieren" von Frauen in Entscheidungsfunktionen zu „Überreaktionen" der männlichen Belegschaft führen kann.

Dass der weibliche Versuch misslingt, alltäglich erlebte Formen der Benachteiligung zur Sprache zu bringen, wird noch deutlicher, als zu einem späteren Zeitpunkt des Gesprächs die Gruppe nochmals auf die Verleugnung des Doktortitels von *Ef* Bezug nimmt:

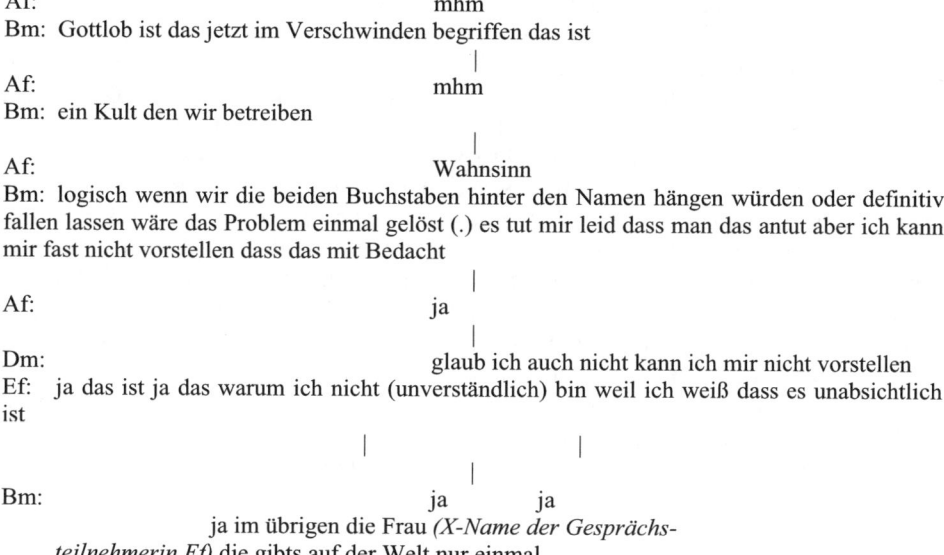

wunderbar
Af: (lacht)
Bm: wir sind alle zusammen Unikate ob mit oder ohne Ausbildungstitel

Der Anspruch der weiblichen Führungskraft, dass ihr akademischer Titel – wie derjenige der Kollegen auch – in internen schriftlichen Dokumenten des Unternehmens Erwähnung findet, wird hier zunächst als ein Festhalten an längst überkommenen Konventionen („etwa 10 Jahre hintendran") kritisiert, auch wenn der Sprecher (Bm) diese Kritik nicht persönlich, sondern an das Unternehmen gerichtet formuliert. Und wiederum wird das eingebrachte Thema nicht in den Rahmen betrieblich-kultureller Formen der Ausgrenzung von Frauen gestellt, sondern als individuelles Problem der offensichtlich über wenig Selbstvertrauen verfügenden Kollegin interpretiert, wie aus vermeintlich bestätigenden Worten wie: „die Frau *(X-Name)*, die gibts auf der Welt nur einmal, wunderbar" oder: „wir sind alle zusammen Unikate, ob mit oder ohne Ausbildungstitel" hervorgeht. Zugleich aber handelt es sich dabei um eine Zurechtweisung: Eine gezielte Form der Diskriminierung ist aus männlicher Sicht nicht vorstellbar.

Wie sich zeigt, sind die Perspektivendifferenzen der Geschlechter in diesem Gruppengespräch begleitet von einem diskursiv-argumentativen Muster, das trotz erheblichen Differenzen bzw. oppositionellen Stellungnahmen der männlichen und weiblichen Kader versucht, das darin angelegte Konfliktpotenzial zu entschärfen und doch noch einen Konsens herbeizuführen. In diesem Fall treffen sich die Auffassungen der Gesprächsteilnehmer und -teilnehmerinnen letztlich in dem Kompromiss, dass diskriminierendes Verhalten zwar durchaus existiert (Bm: „es tut mir leid dass man das antut"), jedoch „unabsichtlich" erfolgt (Ef: „weiß, dass es unabsichtlich ist"). Während somit der geschilderten Diskriminierung von männlicher und weiblicher Seite sehr unterschiedliche Ursachen zugeschrieben werden – nämlich „innere Ablehnung" oder aber Reaktion auf Inkompetenz –, wird auf der Ebene des formalen Diskurses von beiden Geschlechtern der Anschein einer Übereinstimmung gewahrt, gewissermaßen eine „Rhetorik des Konsenses" gepflegt. Sie verschleiert, dass es keinen kollektiv geteilten Orientierungsrahmen gibt.

Erst der Vergleich der hier rekonstruierten Orientierungsfiguren und diskursiven Muster mit jenen anderer Gruppendiskussionen macht jedoch das Charakteristische an dem beschriebenen Fall deutlich. So sind in Diskussionen unter Kadern aus Dienstleistungsunternehmen, die über einen deutlich höheren Frauenanteil in Entscheidungsfunktionen verfügen, zwar nicht weniger geschlechtsspezifisch divergierende Orientierungshorizonte, jedoch eine weitaus größere Konfliktbereitschaft zu finden (s.a. Liebig 2007). Anstelle rhetorischer Strategien der Konfliktvermeidung lässt die diskursive Bezugnahme der Geschlechter hier trotz der Differenz der Alltagserfahrung eine ausgeprägt konkurrierende bzw. antithetische Diskursorganisation erkennen, in deren Rahmen die Teilnehmer der Gruppen um gegenseitige Verständigung und die Gültigkeit von Orientierungen ringen. Als Typus lässt sich diese Form der betrieblichen Kommunikation deutlich von dem zuvor beschriebenen Fall abgrenzen, der gewissermaßen für eine kommunikative Kultur der „Non-Konfrontation" steht. Die Analyse macht somit nicht nur auf lebensweltliche Differenzen der Geschlechter – als organisationsübergreifendes Merkmal – aufmerksam, sondern auch auf organisationsspezifische Orientierungen, die sich auf den Umgang mit Geschlechterkonflikten beziehen.

Ohne die an dieser Stelle nur ansatzweise dargelegte Erarbeitung einer Typologie von betrieblichen Kulturen auszuführen, soll darauf verwiesen werden, dass die soziogenetische

Rekonstruktion der „existenziellen Hintergründe" für die unterschiedlichen Kommunikationskulturen im Management zur proportionalen Verteilung der Geschlechter in leitenden Funktionen zurückführt, wie sie anfangs im Sinne eines „sensitizing concept" (Strauss 1987) die Auswahl der Unternehmen und die Gegenüberstellung der Gruppendiskussionen leitete. Das heißt: Ein nur geringfügig geschlechtersegregiertes Arbeits- bzw. Managementumfeld stellt eine deutlich bessere Voraussetzung für die Thematisierung von Kontroversen und Konflikten dar, wie sie mit den unterschiedlichen Erfahrungen, Perspektiven und Interessenlagen der Geschlechter einhergehen, als ein betrieblicher Kontext, in dem Frauen allein durch ihre geringe Zahl deutlich in einer Position der Schwäche sind. Während im ersteren Fall eine lebendige Auseinandersetzung zwischen den Geschlechtern keineswegs die Zusammenarbeit zu gefährden droht und der Verwirklichung von Gleichstellung zuarbeiten kann, zeugt eine non-konfrontative kommunikative Kultur davon, dass es Männern wie Frauen bei der Diskussion über Differenz und Ungleichstellung im Betrieb in erster Linie um „Friedenssicherung" geht – eine Strategie, die letztlich weniger einem Wandel als der Aufrechterhaltung des status quo dient.

5 Möglichkeiten und Grenzen der Methode

Vor dem Hintergrund der hier beschriebenen theoretisch-methodischen Grundlagen hält die Gruppendiskussion deutlich über andere Gruppenmethoden hinausreichende Möglichkeiten der Analyse für die Organisationsforschung bereit.[19] So beschränkt sich ihre Anwendung nicht auf eine Analyse der subjektiven Wahrnehmung und Verarbeitung von Alltagssituationen durch organisationale Akteure, sondern kann auch als Instrument zur systematischen Rekonstruktion kollektiver Orientierungen dienen, wie sie aus dem gemeinsamen Erleben, der gemeinsamen Geschichte und Alltagspraxis der Organisationsmitglieder resultieren und wesentlich das Handeln der Organisationen bestimmen. Mit ihrer Geschichte, spezifischen Wettbewerbsbedingungen, Märkten, Kunden, Produkten, Technologien usw. konstituieren Organisationen dabei jeweils selbst einen unverwechselbaren „konjunktiven Erfahrungsraum". Nicht selten aber lassen sich innerhalb dieses gemeinsamen Rahmens unterschiedliche lebensweltliche Bezüge unter Personen verschiedener Funktionsbereiche, Hierarchiestufen, Berufsgruppen oder – wie angedeutet – Geschlechtszugehörigkeit identifizieren, welche die Mehrdimensionalität organisationaler Erfahrungswelten oder auch Gemeinsamkeiten zwischen den Organisationen bedingen.

Dabei besitzt das Verfahren zunächst großen Nutzen für all jene Bereiche der Forschung, deren Erkenntnisabsichten und Fragestellungen sich an einem Begriff von Organisation orientieren, der diese nicht als objektive Realität jenseits der Subjekte fasst, sondern – orientiert am interpretativen Paradigma der Sozial- und Organisationswissenschaften (vgl. Burrell/Morgan 1979) – auf der Ebene der subjektiven Bedeutung und Erfahrung der Organisationsmitglieder den Zugang zur Organisationswirklichkeit und ihren Facetten sucht. Darüber hinaus besitzt die hier beschriebene Methode der Gruppendiskussion dann einen besonderen Stellenwert, wenn es um das Erkennen, Verwerten sowie das Management von organisationalen Wissenspotenzialen geht, zu denen heute nicht allein Faktenwissen und Informiertheit der Mitarbeiterschaft, sondern insbesondere auch kollektive Interpretationen der Wirklichkeit gezählt werden (vgl. Pawlowsky 1998).

Im engeren Sinn können besonders Studien im Bereich der qualitativen Organisationskulturforschung, die sich mit symbolisch-kulturellen Bedeutungssystemen und kollektiven Wirklichkeitsauffassungen in Organisationen befassen (vgl. z. B. Frost et al. 1991; Alvesson/Berg 1992), von der Methode der Gruppendiskussion profitieren. Während sich viele Studien heute auf Ausschnitte der Organisationskultur und auf „an der Oberfläche" liegende kulturelle Phänomene konzentrieren, gelingt es mittels der dokumentarischen Interpretation von Gruppendiskussionen, jene oftmals nicht bewussten „taken-for-granted beliefs, perceptions, thoughts, and feelings", die schon von den Klassikern der Organisationskulturanalyse als „ultimate source of values and action" (Schein 1987) bezeichnet werden, auf organisationsinterne und -externe Erfahrungszusammenhänge zurückzuleiten. Dabei gibt die soziogenetische Interpretation das Zusammenspiel der Erfahrungsdimensionen zu erkennen, wie sie auf dem Hintergrund der Eingebundenheit der Organisationsmitglieder in verschiedenste soziale Bezüge entstehen. Aber auch in Untersuchungen, die mit dem Ziel der Intervention und der Organisations- bzw. Personalentwicklung durchführt werden, kann mit Hilfe von Gruppendiskussionen das in der Alltagspraxis der Organisationen herausgebildete „tacit knowledge" (vgl. Nonaka/Takeuchi 1995) bzw. „latente" Wissen (Probst et al. 1997) in seinem Beitrag zur Produktivität der Organisationen sowie als Ressource der Veränderung organisationaler Verhältnisse thematisiert werden. Wenn auch nicht im Sinne der Aktionsforschung, so können – bei adäquatem Feedback an die Organisationen und ihre Mitglieder – die Forschungsergebnisse doch zum Ausgangspunkt für organisationale Lernprozesse, Innovation und die Erweiterung von Handlungsspielräumen werden.

Grenzen sind dem Verfahren zunächst aufgrund der forschungstechnischen Erfordernisse gesetzt, die mit der Zusammenstellung von Untersuchungsgruppen in Organisationen einhergehen. Organisationen sind sensible Forschungsbereiche, die sich keineswegs selbstverständlich einer Betrachtung und Analyse öffnen. Grundsätzlich sehen sich qualitative Forschungsvorhaben hier vor erhebliche Anforderungen gestellt und erfordern eine sorgfältige Vorbereitung des Einstiegs ins Feld. Zu beachten ist überdies, dass oftmals zur Auswahl der Teilnehmer für die Gruppendiskussionen Kontaktpersonen herangezogen werden müssen, die ausführlich über die Wahl von Personen zu instruieren sind; als „gatekeeper" können diese den Zugang zum Feld aber nicht nur eröffnen, sondern zuweilen auch erheblich erschweren (Mulder/Rottenburg 1989).[20] Hinzu kommt, dass besonders in Phasen der Reorganisation und Neuorientierung von Organisationen weder gern Interna an die (Forschungs-) Öffentlichkeit getragen noch eine größere Zahl an Mitarbeitenden für wissenschaftliche Untersuchungen freigestellt werden. Dies gilt insbesondere, wenn das Management zur Zielgruppe einer Studie zählt, da dann oftmals ein zusätzlicher Aufwand bei der Koordination von Terminen zu leisten ist. Andererseits können gerade Krisen und Umbrüche ein besonderes Interesse an Organisationsanalysen hervorrufen, wenn vonseiten der Forschung deutlich gemacht werden kann, dass diese zur Bewältigung aktueller Fragen und Probleme der Organisationen beitragen. In gewissem Grad muss dabei auch symbolisch-sprachlich eine Anpassung erfolgen, im Sinne einer angemessenen sprachlichen Vermittlung der wissenschaftlichen Methoden und Ziele. In jedem Fall ist es der bei qualitativen Studien oftmals ausgedehnte Forschungszeitraum, der nicht dem Bedürfnis der Organisationen nach rasch verfügbaren Resultaten entspricht und in besonderer Weise legitimiert werden muss.

Schließlich stellen die hier beschriebenen Hintergründe der Gruppendiskussion und des damit verknüpften Verfahrens der dokumentarischen Methode der Interpretation vergleichsweise hohe Anforderungen an die Ausbildung der Forschenden im Bereich qualitativer Methoden, die heute noch zu wenig im Rahmen sozial- oder organisationswissenschaftlicher universitärer Bildungsgänge verankert ist. Letztlich kann aber selbst die Existenz eines solchen Angebots nicht die erfolgreiche Durchführung und Auswertung von Gruppendiskussionen garantieren. Denn wie bei allen Verfahren der qualitativen Sozialforschung bedarf es dazu eines erheblichen Maßes an Forschungserfahrung, Geschick und theoretischer Kreativität, wie sie kaum durch Ausführungen in Lehrbüchern und -veranstaltungen, sondern allein in einer langjährigen Forschungspraxis gewonnen werden können.

6 Anmerkungen

1 Ein Kapitel zum Gruppendiskussionsverfahren gehört inzwischen zum Standard von Handbüchern zur Einführung in qualitative Forschungsmethoden (vgl. Bohnsack 2000; Flick/Kardoff/Steinke 2004; Flick 2007; Friebertshäuser/Prengel 1997; Lamnek 2005a). Auch im Rahmen der qualitativen Evaluationsforschung wird das Gruppendiskussionsverfahren vermehrt eingesetzt (vgl. Patton 2002; Bohnsack/Nentwig-Gesemann 2006).
2 Einen umfassenden Überblick über die von Lewin und seinen Schülern durchgeführten Untersuchungen gibt Marrow 1977.
3 Als „Grundreiz", dessen sorgfältige Konstruktion Pollock ausführlich erläutert (1955, S. 41 ff., 501 ff.), wurde den künstlich zusammengesetzten Gruppen die Tonbandaufnahme eines fingierten offenen Briefs eines alliierten Soldaten vorgespielt, der nach fünfjähriger Besatzungszeit seine positiven wie negativen Eindrücke über Deutschland und die Deutschen formuliert. Ausgehend von der Überzeugung, dass in Bezug auf die angesprochenen Themen bewusste oder unbewusste Widerstände der Teilnehmer vorlagen, unterschied Pollock zwischen den rationalisierenden „manifesten Aussagen" mit ihrem „oberflächlichen Inhalt" – wie sie auch in der standardisierten Meinungsforschung ermittelt werden – und dem „latenten Inhalt" (1955, S. 33), zu dem er über die Einführung dieser „neuen" Methode einen Zugang aufzuzeigen vermochte.
4 Eine umfassende Analyse von Problemen, die mit der Anwendung von Gruppendiskussionen zur Erforschung von Einzelpersonen verbunden sind, findet sich in Mangold 1967.
5 Die dokumentarische Methode der Interpretation eignet sich zwar in besonderer Art und Weise für die Interpretation von Gruppendiskussionen, wird aber auch zur Auswertung von biographisch-narrativen Interviews, Bild- und Videomaterial oder auch Schriftdokumenten eingesetzt. Ein Überblick über die verschiedenen Anwendungsbereiche findet sich in Bohnsack/Nentwig-Gesemann/Nohl 2007.
6 Allgemein zum Gruppendiskussionsverfahren vgl. Bohnsack 1996; 1997; 2000; Bohnsack/Przyborski/Schäffer 2006; Loos/Schäffer 2001. Für den Bereich der Jugendforschung vgl. Bohnsack 1989; Bohnsack et al. 1995; Breitenbach 2000; Schäffer 1996; für die Migrationsforschung Nohl 1996; 2000; für die Organisationsforschung Liebig 2000; 2001; 2003, 2005, 2006, 2007; Mensching 2006; Nentwig-Gesemann 1999; für die Geschlechterforschung Loos 1999; Meuser 1998; für die Medienrezeptionsforschung Michel 2001; Schäffer 1998; 2000.
7 Diese Eigenschaft ist es, der zufolge Bohnsack die Kritik an der fehlenden Reproduzierbarkeit von Gruppendiskussionen, wie sie u. a. Volmerg 1977 äußert, zurückweist, da sich diese Kritik am unmittelbaren Sinngehalt von Aussagen bzw. Gruppendiskussionstexten orientiert.
8 Genauere und sehr hilfreiche praktische Hinweise finden sich in Loos/Schäffer 2001.

9 Eine detaillierte Beschreibung von Prinzipien der Initiierung und Leitung von Gruppendiskussionen hat Ralf Bohnsack formuliert (2000, S. 212 ff.). Von zentraler Bedeutung ist zum einen die „demonstrative Vagheit" der Fragestellungen, mit denen die Forschenden ihre milieuspezifische Fremdheit verdeutlichen und die Erforschten als Experten ihrer Erfahrungswelt ansprechen. Zum anderen gilt, dass während des ersten Teils der Gruppendiskussion jeder „Eingriff in die Verteilung von Redebeiträgen" vermieden werden sollte, damit die Diskursorganisation nicht vom Interviewer strukturiert wird.

10 Ausführliche Auseinandersetzungen mit bzw. Darstellungen von Transkriptionssystemen finden sich noch in Deppermann 1999, S. 39 ff., 119 ff., sowie in Dittmar 2000.

11 Beispiele für formulierende Interpretationen finden sich in Bohnsack 2000; Bohnsack et al. 2001; Loos/Schäffer 2001.

12 Eine detaillierte Darstellung der „Kategorien zur Beschreibung der Diskursorganisation" sowie der „Typen der Diskursorganisation" findet sich in Loos/Schäffer 2001, S. 66 ff. sowie in Przyborski 2004.

13 Zur Bedeutung der komparativen Analyse für die dokumentarische Methode vgl. Nohl 2007a.

14 Die Zugehörigkeit zu einem Milieu wird hier nicht nur als die Einbindung in bestehende soziale Erfahrungszusammenhänge oder Kulturen verstanden. Auf der Grundlage kollektiver Erfahrungen, wie sie z. B. mit der auf alle Ebenen bezogenen Transformation der Krippen- und Kindergartenpädagogik nach der Wende verbunden waren, können Milieuzusammenhänge auch restrukturiert oder neu konstituiert werden (vgl. dazu z. B. Bohnsack 1998).

15 Zur Typenbildung der dokumentarischen Methode vgl. Bohnsack 2007 und Nentwig-Gesemann 2007.

16 Die Studie wurde mit finanzieller Unterstützung des Schweizerischen Nationalfonds im Rahmen zweier Phasen des Schwerpunktprogramms „Zukunft Schweiz" (1997–2000, 2001–2003) durchgeführt (www.sppzukunftschweiz.ch).

17 Die Diskussionen finden sich hier ausschließlich unter Angabe von Pausen (.), parasprachlichen Äußerungen (lacht) sowie Betonungen (positiv) verschriftet und sprachlich leicht geglättet. Die Folge, in der die Gesprächsteilnehmerinnen und -teilnehmer das Wort ergriffen, ist mit dem Alphabet gekennzeichnet (A = erste sprechende Person); das Geschlecht der Sprechenden markieren die Buchstaben „m" oder „f" (maskulin oder feminin).

18 Dies muss umso mehr erstaunen, als die Gesprächsteilnehmerin ihre Weiblichkeit durch Kleidung, Haartracht, Make-up deutlich unterstreicht.

19 Zur „Unterforderung" des Verfahrens der Gruppendiskussion im Rahmen bisheriger Anwendungen siehe bereits Krüger 1983.

20 Eine solche Erschwernis stellte in der hier exemplarisch angeführten Studie (vgl. Liebig 2000, 2003, 2007) etwa die vom Personalleiter eines Betriebs vorgenommene Personenauswahl für die Gruppendiskussion dar, zu der vier leitende Mitarbeiter aus dem Bereich Öffentlichkeitsarbeit und zwei ihrer Sekretärinnen zählten. Allein schon aufgrund des Statusgefälles wurde das Gespräch zur betrieblichen Gleichstellungssituation fast ausschließlich von den männlichen PR-Beauftragten geführt.

7 Literatur

Alvesson, Mats/Berg, Per Olof (1992): Corporate Culture and Organizational Symbolism. An Overview, Berlin/New York

Auer, Peter (1986): Kontextualisierung, in: Studium der Linguistik, 19, S. 22–47

Barbour, Rosaline (2007): Doing Focus Groups (Book 4 des SAGE Qualitative Research Kit, hrsg. von Uwe Flick), London/Thousand Oaks/New Delhi

Bohnsack, Ralf (1989): Generation, Milieu und Geschlecht, Opladen

Bohnsack, Ralf (1996): Gruppendiskussionen: Neue Wege einer klassischen Methode, in: Zeitschrift für Sozialisationsforschung und Erziehungssoziologie, 16, S. 323–326
Bohnsack, Ralf (1997): Gruppendiskussionsverfahren und Milieuforschung, in: Barbara Friebertshäuser/Annedore Prengel (Hrsg.), Handbuch qualitativer Forschungsmethoden in der Erziehungswissenschaft, Weinheim/München, S. 492–502
Bohnsack, Ralf (2000): Rekonstruktive Sozialforschung. Einführung in Methodologie und Praxis qualitativer Forschung, Opladen
Bohnsack, Ralf (2007): Typenbildung, Generalisierung und komparative Analyse, in: Ralf Bohnsack/Iris Nentwig-Gesemann/Arnd-Michael Nohl (Hrsg.), Die dokumentarische Methode und ihre Forschungspraxis, Opladen, S. 225–253
Bohnsack, Ralf/Loos, Peter/Schäffer, Burkhard/Städtler, Klaus/Wild, Bodo (1995): Die Suche nach Gemeinsamkeit und die Gewalt der Gruppe. Hooligans, Musikgruppen und andere Jugendcliquen, Opladen
Bohnsack, Ralf/Nentwig-Gesemann, Iris (2006): Dokumentarische Evaluationsforschung und Gruppendiskussionsverfahren – am Beispiel einer Evaluationsstudie zu Peer-Mediation an Schulen, in: Ralf Bohnsack/Aglaja Przyborski/Burkhard Schäffer (Hrsg.), Das Gruppendiskussionsverfahren in der Forschungspraxis, Opladen, S. 267–283
Bohnsack, Ralf/Przyborski, Aglaja/Schäffer, Burkhard (Hrsg.) (2006): Das Gruppendiskussionsverfahren in der Forschungspraxis, Opladen
Bohnsack, Ralf/Nentwig-Gesemann, Iris/Nohl, Arnd-Michael (Hrsg.) (2007): Die dokumentarische Methode und ihre Forschungspraxis. Grundlagen qualitativer Sozialforschung, Opladen
Breitenbach, Eva (2000): Mädchenfreundschaften in der Adoleszenz. Eine fallrekonstruktive Untersuchung von Gleichaltrigengruppen, Opladen
Burrell, Gibson/Morgan, Gareth (1979): Sociological Paradigms and Organisational Analysis. Elements of the Sociology of Corporate Life, London
Cassell, Catherine/Symon, Gillian (Hrsg.) (1994): Qualitative Methods in Organizational Research. A Practical Guide, London
Cockburn, Cynthia (1991): In the Way of Women. Men's Resistance to Sex Equality in Organizations, London
Gumperz, John J./Cook-Gumperz, Jenny (1981): Ethnic Differences in Communicative Style, in: Charles Ferguson/Shirley B. Heath (Hrsg.), Language in the USA, Cambridge, S. 430–445
Demmer, Ingo/Szymkowiak, Frank (1998): Die Gruppendiskussion in der Marktforschung: Grundlagen, Moderation, Auswertung: Ein Praxis-Leitfaden, Opladen
Deppermann, Arnulf (1999): Gespräche analysieren, Opladen
Dittmar, Norbert (2000): Transkribieren. Ein Leitfaden für Forscher und Laien, Opladen
Flick, Uwe (2007): Qualitative Sozialforschung – Eine Einführung, Reinbek
Flick, Uwe/Kardoff, Ernst von/Steinke, Ines (Hrsg.) (2004): Qualitative Forschung – Ein Handbuch, Reinbek
Friebertshäuser, Barbara/Prengel, Annedore (Hrsg.) (1997): Handbuch qualitativer Methoden in der Erziehungswissenschaft, Weinheim/München
Frost, Peter/Moore, Larry/Louis, Meryl/Lundberg, Craig/Martin, Joanne (Hrsg.) (1991): Reframing Organizational Culture, Newbury Park u. a.
Garfinkel, Harold (1961): Aspects of Common-Sense Knowledge of Social Structures, in: Transactions of the Fourth World Congress of Sociology, Bd. IV, S. 51–65
Harlow, Elisabeth/Hearn, Jeff (1995): Cultural Constructions: Contrasting Theories of Organizational Culture and Gender Construction, in: Gender, Work and Organization, 2, S. 180–191
Kanter, Rosabeth Moss (1993) [1977]: Men and Women of the Corporation, New York
Knapp, Gudrun-Axeli (1995): Unterschiede machen: Zur Sozialpsychologie der Hierarchisierung im Geschlechterverhältnis, in: Regina Becker-Schmidt/Gudrun-Axeli Knapp (Hrsg.), Das Geschlechterverhältnis als Gegenstand der Sozialwissenschaften, Frankfurt a.M./New York, S. 163–194

Krüger, Heidi (1983): Gruppendiskussionen. Überlegungen zur Rekonstruktion sozialer Wirklichkeit aus der Sicht der Betroffenen, in: Soziale Welt, 34, S. 90–109
Küpper, Willi (1992): Mikropolitik. Rationalität, Macht und Spiele in Organisationen, Opladen
Lamnek, Siegfried (2005): Gruppendiskussion: Theorie und Praxis, Stuttgart
Lamnek, Siegfried (2005a): Qualitative Sozialforschung, Lehrbuch, Weinheim/Basel
Lewin, Kurt (1963): Feldtheorie in den Sozialwissenschaften, Bern
Lewin, Kurt (1975): Die Lösung sozialer Konflikte, Bad Nauheim
Liebig, Brigitte (2000): Organisationskultur und Geschlechtergleichstellung. Eine Typologie betrieblicher Geschlechterkulturen, in: Zeitschrift für Frauenforschung & Geschlechterstudien, 18, 3, S. 47–66
Liebig, Brigitte (2001): Katalysator des Wandels oder verschärfte Konkurrenz? Orientierungen zur Geschlechtergleichstellung im Kontext betrieblicher Transformationen, in: Zeitschrift für Personalforschung, 15, 1, S. 18–36
Liebig, Brigitte (2003): Vom ‚Ernährer' zum ‚Entrepreneur'. Human Relations in Zeiten der New Economy, in: Ellen Kuhlmann/Sigrid Betzelt (Hrsg.), Geschlechterverhältnisse im Dienstleistungssektor – Dynamiken, Differenzierungen und neue Horizonte, Baden-Baden, S. 175–188
Liebig, Brigitte (2005): Zwischen sozialer Gerechtigkeit und Nutzenorientierung. Arbeitskultur und Geschlechtergleichstellung in IT-Betrieben, in: WISO Wirtschafts- und Sozialpolitische Zeitschrift, 28, 3, S.49–66
Liebig, Brigitte (2006): Fragile Identitäten. Informatik zwischen Marktlogik und Autonomieanspruch, in: Schweiz. Zeitschrift für Soziologie, 32, 1, S. 119–139
Liebig, Brigitte (2007): Tacit knowledge" und Management: Ein wissenssoziologischer Beitrag zur qualitativen Organisationskulturforschung, in: Ralf Bohnsack/Iris Nentwig-Gesemann/Arnd-Michael Nohl (Hrsg.), Die dokumentarische Methode und ihre Forschungspraxis, Opladen, S. 147–165
Loos, Peter (1999): Zwischen pragmatischer und moralischer Ordnung. Der männliche Blick auf das Geschlechterverhältnis im Milieuvergleich, Opladen
Loos, Peter/Schäffer, Burkhard (2001): Das Gruppendiskussionsverfahren. Theoretische Grundlagen und empirische Anwendung, Opladen
Mangold, Werner (1960): Gegenstand und Methode des Gruppendiskussionsverfahrens, Frankfurt a. M.
Mangold, Werner (1967): Gruppendiskussionen, in: René König (Hrsg.), Handbuch der empirischen Sozialforschung, Bd. I, S. 209–225
Mangold, Werner/Bohnsack, Ralf (1988): Kollektive Orientierungen in Gruppen Jugendlicher. Bericht für die Deutsche Forschungsgemeinschaft, Erlangen
Mannheim, Karl (1970): Wissenssoziologie. Auswahl aus dem Werk, Neuwied/Berlin
Mannheim, Karl (1980): Strukturen des Denkens, Frankfurt a. M.
Marrow, Alfred J. (1977): Kurt Lewin – Leben und Werk, Stuttgart
Meuser, Michael (1998): Geschlecht und Männlichkeit. Soziologische Theorie und kulturelle Deutungsmuster, Opladen
Michel, Burkard (2001): Dimensionen der Offenheit. Kollektive Sinnbildungsprozesse bei der Rezeption von Fotografien, in: Yvonne Ehrenspeck/Burkhard Schäffer (Hrsg.), Film- und Photoanalyse in der Erziehungswissenschaft. Ein Handbuch, Opladen, S.227–249
Morgan, David L. (1998): The Focus Group Guidebook, Thousand Oaks
Mulder van der Graaf, José/Rottenburg, Richard (1989): Feldforschung in Unternehmen – Ethnographische Explorationen in der eigenen Gesellschaft, in: Rainer Aster/Hans Merkens/Michael Repp (Hrsg.), Teilnehmende Beobachtung. Werkstattberichte und methodologische Reflexionen, Frankfurt a.M./New York, S. 19–34
Müller, Ursula (1999): Geschlecht und Organisation. Traditionsreiche Debatten – aktuelle Tendenzen, in: Hildegard Nickel/Susann Volker/Hasko Hüning (Hrsg.), Transformation, Unternehmensorganisation, Geschlechterforschung, Opladen, S. 53–75
Nentwig-Gesemann, Iris (1999): Krippenerziehung in der DDR: Alltagspraxis und Orientierungen von Erzieherinnen im Wandel, Opladen

Nentwig-Gesemann, Iris (2007): Die Typenbildung der dokumentarischen Methode, in: Ralf Bohnsack/Iris Nentwig-Gesemann/Arnd-Michael Nohl (Hrsg.), Die dokumentarische Methode und ihre Forschungspraxis, Opladen, S. 277–302

Nohl, Arnd-Michael (1996): Jugend in der Migration. Türkische Banden und Cliquen in empirischer Analyse, Baltmannsweiler

Nohl, Arnd-Michael (2001): Migration und Differenzerfahrung. Junge Einheimische und Migranten im rekonstruktiven Milieuvergleich, Opladen

Nohl, Arnd-Michael (2007a): Komparative Analyse: Rekonstruierte Forschungspraxis und Methodologie, in: Ralf Bohnsack/Iris Nentwig-Gesemann/Arnd-Michael Nohl (Hrsg.), Die dokumentarische Methode und ihre Forschungspraxis, Opladen, S. 255–276

Nonaka, Ikujiro/Takeuchi, Hirotaka (1995): The Knowledge Creating Company. How Japanese Companies Create the Dynamics of Innovation, Oxford

Patton, Michael Quinn (2002): Qualitative Evaluation and Research Methods, London/Thousand Oaks/New Delhi

Pawlowsky, Peter (1998): Integratives Wissensmanagement, in: ders. (Hrsg.), Wissensmanagement. Erfahrungen und Perspektiven, Frankfurt a.M., S. 9–45

Polanyi, Michael (1966): The Tacit Dimension, London

Pollock, Friedrich (1955): Gruppenexperiment. Ein Studienbericht, Bd. 2 der Frankfurter Beiträge zur Soziologie, Frankfurt a. M.

Probst, Gilbert/Raub, Steffen/Romhardt, Kai (1997): Wissen Managen: Wie Unternehmen ihre wertvollste Ressource optimal nutzen, Frankfurt a. M.

Przyborski, Aglaja (2004): Gesprächsanalyse und dokumentarische Methode. Qualitative Auswertung von Gesprächen, Gruppendiskussionen und anderen Diskursen, Wiesbaden

Schäffer, Burkhard (1996): Die Band – Stil und ästhetische Praxis im Jugendalter, Opladen

Schäffer, Burkhard (1998): Generation, Mediennutzungskultur und (Weiter)Bildung. Zur empirischen Rekonstruktion medial vermittelter Generationenverhältnisse, in: Ralf Bohnsack/Winfried Marotzki (Hrsg.), Biographieforschung und Kulturanalyse. Transdisziplinäre Zugänge qualitativer Forschung, Opladen, S. 21–50

Schäffer, Burkhard (2000): Das Internet: ein Medium kultureller Legitimität in Bildungskontexten?, in: Winfried Marotzki/Dorothee Meister/Uwe Sander: Zum Bildungswert des Internet, Opladen, S. 259–285

Schein, Edgar (1987): Organizational Culture and Leadership, San Francisco/London

Steyaert, Chris/Bouwen, René (1994): Group Methods of Organizational Analysis, in: Catherine Cassel/Gillian Symon (Hrsg.), Qualitative Methods in Organizational Research. A Practical Guide, London, S. 123–146

Strauss, Anselm (1987): Qualitative Analysis for Social Scientists, Cambridge

Symon, Gillian/Cassell, Catherine (Hrsg.) (1998): Qualitative Methods and Analysis in Organizational Research: A Practical Guide, London

Volmerg, Ute (1977): Kritik und Perspektiven des Gruppendiskussionsverfahrens in der Forschungspraxis, in: Thomas Leithäuser (Hrsg.), Entwurf zu einer Empirie des Alltagsbewußtseins, Frankfurt a.M., S. 184–217

Walgenbach, Peter (1993): Mittlere Manager, in: Hans-Dieter Ganter/Gerd Schienstock (Hrsg.), Management aus soziologischer Sicht. Unternehmensführung, Industrie- und Organisationssoziologie, Wiesbaden, S. 190–215

Rollenspiel

Brigitte Nagler

1 Einleitung

Das Rollenspiel hat bisher nur eine geringe Rolle im Kanon der Erhebungsmethoden der qualitativen Sozialforschung gespielt. Einerseits mag die stark psychologisch-experimentelle Forschungsperspektive Saders (1986; 1995) dazu beigetragen haben, der bisher das Thema im deutschsprachigen Raum „besetzt" hielt, dass das Rollenspiel von anderen Disziplinen nicht übernommen worden ist. Andererseits liegt die festzustellende „Abstinenz" wohl darin begründet, dass die Rollenspielmethode als aufwendig gilt; dies sowohl hinsichtlich des Zeitaufwands, der für die Gestaltung der Erhebungssituation zu veranschlagen ist, als auch hinsichtlich der Auswertung. Die genannten Aspekte haben sicherlich dazu beigetragen, dass das Rollenspiel bisher weder einen „angestammten" Platz im Methodenrepertoire der qualitativen Sozialforschung gefunden hat[1] noch im engeren Bereich der sozialwissenschaftlichen Organisationsforschung in größerem Umfang als Analyse- und Beobachtungsverfahren angewendet wird. Ein Zustand, der die Stärken der Rollenspielmethode für die Organisationsforschung vertut: Im Rollenspiel kann eine Erhebungssituation geschaffen werden, die es erlaubt, betrieblich relevante Handlungsanforderungen sowie Normen und Werte, die mit Entscheidungen, Problem- oder Konfliktlösungen verbunden sind, in Aktion zu erleben, und die der Organisationsforschung die Möglichkeit eröffnet, subjektive Erlebnisperspektiven der Akteure in einer ganzheitlichen Weise zu analysieren.[2] Wie jede andere Methode qualitativer Sozialforschung ist sie mit einem gewissen Zeitaufwand verbunden und verlangt von den Anwendern bestimmte Qualifikationen sowohl bei der Durchführung als auch bei der Auswertung.

Das Rollenspiel, wie es heute in den unterschiedlichsten Lernsituationen, in Beratung, Weiterbildung und Training oder therapeutischen Prozessen eingesetzt wird, hat in dem von Moreno im Jahr 1921 begründeten Stegreifspiel (Moreno 1923/1970) und in dessen Weiterentwicklung zum Psychodrama[3] seine grundlegende Wurzel (siehe z.B. Sader 1986, Saaman 1991). Das Stegreiftheater lebt von der Augenblickskunst, in der die Spieler spontan Rollen übernehmen, die sie kreativ ausgestalten. Das Rollenspiel im Psychodrama ist daran angelehnt ein spontanes Spiel, in dem der Protagonist ohne Anleitungen/Rollenvorgaben agiert (vgl. Saaman 1991, S. 33). Rollen, so die Moreno'sche Ausgangsüberlegung, werden in bestimmten Situationen gelernt sowie internalisiert und werden in späteren vergleichbaren oder ähnlichen Situationen nahezu mechanisch wiederholt. Dabei sind die Rollen, die Menschen in einer gegenwärtigen oder zukünftigen Situation zur Antwort auf das Rollenverhalten und die Rollenerwartungen anderer übernehmen, häufig unangemessen. Das Verlernen alter Rollenstereotype (Konserven) und die Herausbildung neuer situationsangepasster Rollen führen dazu, dass Menschen durch Rollenvielfalt und Perspektivenwechsel befähigt werden, „angemessener" zu reagieren, oder dass seelische Probleme geheilt werden können. Im Psychodrama geschieht alles Wesentliche im Hier und Jetzt. Die Ereignisse der Vergangenheit und die auf die Zukunft bezogenen Absichten werden im Psychodrama in die Gegenwart geholt. Im therapeutischen Psycho- oder Soziodrama geht es um eine Selbstdarstellung (Protagonistenspiel) von persönlich erlebten Situationen bzw. um die Selbstdarstellung innerhalb einer Gruppensituation.

Im Gegensatz dazu werden im Rollenspiel Eigen- und Fremdrollen in angenommenen Situationen, in *Als-ob-Situationen* dargestellt.[4] In der Rollenspielliteratur wird zwischen Psychodrama und Pädagogischem Rollenspiel unterschieden, um zwischen therapeutischen Heilungs- und pädagogisch orientierten Lernprozessen zu differenzieren, die jeweils im Vordergrund stehen. Aus meiner Sicht ist dies eine sinnvolle Vorgehensweise, um Rollenspiel und Psychodrama zumindest intentional auseinander zu halten.[5] Ein auf Lernen ausgerichtetes Rollenspiel beinhaltet natürlich auch immer Momente der Selbsterfahrung, es verzichtet aber auf den Einsatz von Techniken, die die psychischen Befindlichkeiten der Spielenden gezielt beeinflussen sollen, z. B. das Spielen von Situationen aus frühkindlichen Entwicklungsprozessen oder die Anweisung zum Doppeln.

Die in der pädagogischen Rollenspielmethodik vorgenommene Unterscheidung zwischen Protagonistenspiel, Gesamtgruppenspiel und Erzählspiel hat insofern einen praktischen Wert, als sie eine Spezifizierung der Themen und Situationen ermöglicht, die im Rollenspiel bearbeitet werden. Stehen im Protagonistenspiel individuelle Befindlichkeiten und persönlich erlebte Situationen im Vordergrund, so haben im Gesamtgruppen- oder Erzählspiel gesellschaftliche, ökonomische, ökologische oder kulturelle Themen und Situationen einen bedeutsamen Stellenwert. Im Gesamtgruppen- und Erzählspiel wird darauf abgehoben, intra- und interkulturelle[6] Situationen über Erleben zu verstehen und zu ändern.[7] Weiterhin kann zwischen solchen Rollenspielen unterschieden werden, in denen die zu bearbeitenden Themen und Situationen von den am Rollenspiel Beteiligten selbst definiert und selbständig ausgestaltet werden, und solchen Rollenspielen, in denen die thematischen Vorgaben und Spielanleitungen von der Spielleitung oder der Moderation vorgegeben werden. Spontane und angeleitete Rollenspiele bilden hier die beiden Pole einer Vielzahl von Ausprägungen und Facetten in der Rollenspielpraxis. Bei den angeleiteten Rollenspielen kann zwischen Interaktionsspielen und Plan- und Entscheidungsspielen unterschieden werden. Das Interaktionsspiel wird von Stahlke (2001, S. 66) als ein Rollenspiel bezeichnet,[8] in dem, bezogen auf eine mehr oder weniger festgelegte Thematik, Rolleninformationen vorgegeben werden. Die gegebenen Rolleninformationen begrenzen einerseits den Interpretationsspielraum des Einzelnen, andererseits ist der Spielraum im Interaktionsspiel größer als z. B. in Plan- und Entscheidungsspielen,[9] in denen in der Regel unter stark festgelegten Anweisungen agiert wird. Je nach Zielsetzung des Rollenspiels, ob es als problemdarstellend, problemlösend oder problemverarbeitend konzipiert ist, sind Fatzer (1993, S. 76) zufolge die Rollen bzw. die Situationen mehr oder weniger vorstrukturiert.

In den 1970ern erhielt das Rollenspiel insbesondere in der Schule ein breites – aber auch nicht unumstrittenes – Anwendungsfeld. Reformpädagogen waren überzeugt, mit dem Rollenspiel eine Methode zu besitzen, mit der Durchsetzungsvermögen und effektiveres Sozialverhalten benachteiligter Schülerinnen und Schüler gestärkt werden könnte. In der Diskussion um die rollentheoretischen Fundamente des Rollenspiels und der praktisch-politischen Wirksamkeit einer Rollenspielpraxis kam es vor nunmehr 35 Jahren zu einer intensiven Debatte um die emanzipatorischen oder gesellschaftsstabilisierenden Wirkungszusammenhänge von Rollenspielen. Frigga Haugs (1972) provokatorische Behauptung, das Rollenspiel sei Mittel der Erziehung und qua Rollenspielpädagogik werde die Umsetzung moderner soziologischer Rollentheorie in die pädagogische Sozialisationspraxis betrieben, wodurch die Individuen an den jeweiligen Rollensatz „angepasst" werden sollten, löste heftige Gegenreaktionen aus. „Dieser Instrumentalisierung will sich das Pädagogische Rollenspiel nicht fügen, vielmehr liegt unsere Intention ja eher darin, Rollen zu tauschen, zu variieren, zu modifizieren, zu verlassen, Rollensätze zu erweitern und zu verändern, nicht im Sinne einer besseren Anpassung an gesellschaftliche Normen, sondern im Sinne der Möglichkeit einer freieren Entfaltung der Persönlichkeit" (Lensch/Montau 1996, S. 3). In ähnlicher Weise wird diese Position von Mävers und Volk-von Bialy (1995, S. 26) beschrieben: „Die Rollenspielpädagogik, wie die Gestalttherapie in der Tradition der Humanistischen Psychologie verankert, versteht sich nicht als Trainingskonzept für die Übernahme erwünschter Rollen, sondern als Konzept, das den Rollenspielnutzern dazu verhelfen soll, jenseits der Rollenzwänge zu echterem, spontanerem, kreativerem, weitgehend selbstbestimmtem, aber auch umsichtigem und gesamtverantwortlichem Handeln zu finden". Die von der Rollenspielpädagogik zurückgewiesene Kritik richtet sie selbst jedoch an einen Teil der (Management-)Praxis. Aus unterschiedlichen Motiven heraus – aber ebenso umstritten – wird das Rollenspiel seit langem in Managementschulungen und im Verkaufstraining eingesetzt. Ziel ist es hier, im Training Verhaltensänderungen herbeizuführen.[10]

Das Rollenspiel hat in der Organisations- Personal- und Teamentwicklung inzwischen einen festen Platz gefunden (siehe z. B. v. Ameln/Kramer 2007). Als handlungsorientierte Methode im Rahmen von Personal-, Team- und Organisationsentwicklung werden mit dem Rollenspiel Lernprozesse spielerisch unterstützt. Die Wirklichkeit der Teilnehmer/innen solcher Maßnahmen wird in einem szenischen Arrangement abgebildet und kann somit von ihnen neu erlebt und angeeignet werden.

Im vorliegenden Beitrag wird davon ausgegangen, dass der Einsatz von Rollenspielen als Erhebungsmethode mit einer ethisch-moralischen Dimension verbunden ist: Die Rollenspielmethode zielt auf die Reflexion eingespielten Handelns und auf Verhaltensänderungen ab. Die Gratwanderung zwischen Persönlichkeitserweiterung und Manipulation erhält dann einen sicheren Pfad, wenn Situationen geschaffen werden, in denen die Rollenspielenden die Kontrolle über den Prozess behalten bzw., anders ausgedrückt, „process owner"[11] bleiben. Dies ist die Anforderung, die an Forschung und Beratung in der konkreten Situation gestellt wird.

Ziel der folgenden Ausführungen ist es aufzuzeigen, dass das Rollenspiel dazu geeignet ist, sowohl Aktions-[12] als auch Erhebungsmethode zu sein. Im Rahmen qualitativer Sozialforschung stellt das Rollenspiel eine Ergänzung des bestehenden Methodenrepertoires dar, die für die Organisations- und Beratungsforschung fruchtbar gemacht werden sollte. Das Rollenspiel – genutzt als Erhebungsmethode – ermöglicht es in spezifischer Weise, Konfliktlösungen und die zugrunde liegenden Werte, Normen und Haltungen der Handelnden zu erheben und eröffnet somit nähere Einblicke in die arbeitskulturelle Beschaffenheit von Organisationen. Damit ist das Rollenspiel in besonderer Weise dazu geeignet, lebensweltliche Dimensionen der Arbeitswelt aus der Subjektperspektive zu erheben. Denn, so führen beispielsweise Volmerg et al. (1983, S. 369f.) aus: „Spiele gewähren, gemessen an Gruppendiskussionen, einen besonderen Schutz. Die Regeln, die in den Spielen gelten, garantieren, dass das, was in ihnen verhandelt wird, nicht für bare Münze, für wirklich genommen werden muss – sie erlauben Unbekümmertheit des Ausdrucks, Abweichung von Normen und Normalität, einen relativ freien Umgang mit

Angst machenden Vorstellungen ebenso wie mit lebensgeschichtlich verschlüsselten Hoffnungen. Im Schutze dieser gleichsam institutionalisierten Konfliktabwehr des Spiels entsteht ein Handlungsklima, das spontanes Interagieren begünstigt."

Der Einsatz des Rollenspiels als Erhebungsmethode der Organisationsforschung ist eng mit der Bedeutung von Rollen in Organisationen verknüpft: Organisationsmitglieder übernehmen in Organisationen Rollen, sie nehmen Positionen ein, sie haben bestimmte Funktionen auszuüben und sind mit Rollenerwartungen konfrontiert. Von den Akteuren wird Rollenhandeln in der Realität gefordert. Aus organisationspsychologischer Sicht definiert Sievers (1985, S. 53) Rolle als Schnittstelle zwischen Individuum und Organisation. Organisation und Person treffen sich in der Rolle bzw. in der Übernahme und Ausgestaltung der Rolle. Der Autor geht davon aus, dass Menschen in der Lage sind, sich selbst in ihren Rollen zu managen. Das Selbstmanagement der Rollen durch die betrieblichen Akteure wird von ihm als ein Baustein für die Organisationsentwicklung angesehen. Veränderung beginnt ihm zufolge beim Einzelnen und schließt eine Sichtweise über die Veränderung der Organisation mit ein, wobei diese Veränderungen immer auch mit Friktionen, d. h. mit Rollenkonflikten, Rollendilemmata und Rollenambiguität (Regnet 1992, S. 83) gekoppelt sind.

Diese Zusammenhänge bilden den Ausgangspunkt dafür, dass Rollenspiele einerseits häufig in betrieblichen Weiterbildungs-, Trainings- und Teamentwicklungsmaßnahmen sowie Beratungszusammenhängen eingesetzt werden, um in einer *Als-ob-Situation* Konflikte nachzuspielen, Dilemmata zu verdeutlichen und Ambiguität erfahrbar zu machen und dadurch neue Lösungsmöglichkeiten zu finden. Die im Spiel übernommenen Rollen erlauben es den Spielenden, das eigene, in der betrieblichen Realität ausgeübte Rollenhandeln aus einer Distanz heraus zu reflektieren, seine Auswirkungen sinnesspezifisch zu erleben und verändertes Verhalten zu proben. Andererseits können die skizzierten Zusammenhänge als Ausgangspunkt dafür genommen werden, das Rollenspiel als Erhebungsmethode der Organisationsforschung zu nutzen. Im vorliegenden Beitrag möchte ich aufzeigen, dass das Rollenspiel – eingebettet in aktionswissenschaftliche Forschungspraxis[13] – dazu beitragen kann, eine Verknüpfung von Reflexion, Erfahrung und Probehandeln herzustellen. Eingesetzt als Forschungsmethode, ermöglicht das Rollenspiel, Interaktionen auf betrieblicher Ebene sowie gruppendynamische und mikropolitische Prozesse zu analysieren und systematisch darzustellen.

2 Datenerhebung

Der Begriff Rollenspiel wird im vorliegenden Beitrag für all jene unterschiedlichen Spielformen verwendet, die in den jeweiligen Spielkontexten Themen/Situationen aufgreifen, die ein „lebendiges Lernen" von Gruppen in nicht-therapeutischer Absicht[14] befördern. Das Rollenspiel wird als Lernhilfe und Trainingsmöglichkeit für konkrete Problemlösungen verstanden, in denen es darum geht, erfahrene oder zukünftig erwartete „typische" Problemkonstellationen (nach) zu spielen und neue Handlungsperspektiven zu eröffnen. Das Rollenspiel fokussiert somit auf zwischenmenschliche Beziehungen und intendiert das direkte Angehen später zu behandelnder wirklicher Konflikte, indem „fiktive Konflikte durch Darstellung von vielerlei Rollen meist traditioneller, familiärer oder beruflicher Art bearbeitet werden" (Schützenberger 1976, S. 60).

Nur Rollenspiele, in denen Menschen in *Als-ob-Situationen* Rollen übernehmen, sollten den Rahmen für organisationswissenschaftliche Forschung bilden. Sader folgend (1986, S. 15 f.) ist es wichtig, dass ein Rollenspiel einen *Als-ob-Charakter* hat, es mit konkretem Handeln in einer konkreten Situation verbunden ist und die Handlungs- und Verhaltenssequenzen von den Spielenden selbst als Spiel, als eine *Als-ob-Situation* erlebt werden.[15] Auch für Broich (1999, S. 9 f.) ist dies ein wesentliches Kriterium: „Das Rollenspiel ist ein handlungsorientiertes Spielverfahren. Das Verhalten der Teilnehmer ist im Rollenspiel von Rollen geprägt, die erfahren, gewechselt und geändert werden. Diese Spielerfahrung schafft für den Rollenhandelnden die Voraussetzung einer Rollendistanz, mit deren Hilfe die Rollen in der Lebenswirklichkeit unterschiedlich gestaltbar sind. (...) Als Grundvoraussetzung aller unterschiedlichen Rollenspielverfahren gilt das spielerische Erleben in Als-ob-Situationen. (...) Die Erfahrung verschiedener Wirklichkeiten, einer veränderbaren Eigen- und Fremdwahrnehmung und die Möglichkeit zum Ausprobieren eigener Verhaltensvorstellungen bieten sich zu einer Erfahrungsübertragung in die eigene Wirklichkeit an."

Phasen des Rollenspiels

Ist der *Als-ob-Charakter* der Situation gewährleistet, ist für die Erhebungssituation eine grundlegende Voraussetzung geschaffen. Ob die Rollenspiele spontan oder angeleitet durchgeführt werden, ob sie als Interaktions-, Plan- oder Entscheidungsspiel konzipiert werden, ist dann eine Frage des Forschungsgegenstandes und liegt in der Entscheidung der Forschenden, die über grundlegende Kenntnisse in der Dramaturgie und Leitung von Rollenspielen verfügen sollten. Die Einstimmung auf das Thema und die Entwicklung der Bereitschaft, am Rollenspiel teilzunehmen, stehen zu Beginn des Rollenspiels. Nach der Planung des Spielinhalts und des Szenenaufbaus folgt die eigentliche Spielphase, die Phase der Handlung. Das Rollenspiel wird mit einer Reflexionsphase abgeschlossen, in der die Spielerfahrungen der Teilnehmer/innen ausgetauscht und Handlungskonsequenzen für die reale Situation erörtert werden. Der Prozess der Datenerhebung erstreckt sich über alle Phasen des Rollenspiels:

Einstimmung bzw. „Erwärmung" für das Rollenspiel: Üblicherweise ist das Rollenspiel in einen (Weiter-)Bildungs-, Trainings- oder Beratungszusammenhang eingebettet. Das heißt, die Teilnehmer/innen nehmen an einer mehrstündigen Veranstaltung(sreihe) oder einem (Mehr-) Tagesseminar teil, in denen es um die Bearbeitung eines bestimmten Themas geht. Die Seminarleitung gibt zu Beginn der Veranstaltung einen Überblick über den Ablauf des Seminars und führt in die Arbeitsweise ein. In der Regel ist das Rollenspiel eine Methodik neben anderen Arbeitsweisen wie Brainstorming oder Gruppendiskussionen im Plenum oder themenspezifischen Arbeitsgruppenphasen. Dies impliziert, dass das Rollenspiel im Allgemeinen nicht zu Beginn einer Veranstaltung oder eines Seminars steht, sondern erst eingesetzt wird, nachdem die Teilnehmenden die Möglichkeit hatten, die Seminarleitung und die anderen Teilnehmer/innen in zuvor durchgeführten Arbeitsschritten, in denen ebenfalls mit interaktiven und dialogisch orientierten Methoden gearbeitet wurde, kennen zu lernen.[16]

Je nachdem, ob es sich um ein angeleitetes Rollenspiel oder ein spontan entwickeltes Rollenspiel handelt, sind bei der Planung der Spielinhalte und des Szenenaufbaus unterschiedliche Aspekte zu berücksichtigen.

Angeleitete Rollenspiele, Interaktionsspiele bzw. Plan- oder Entscheidungsspiele zeichnen sich dadurch aus, dass eine Situation beschrieben wird, in der unterschiedliche Rollen vorgegeben sind, die mit mehr oder weniger klaren Handlungsanweisungen verbunden sind. In der konkreten Situation geht es darum, dass die einzelnen Rollen von den Teilnehmenden übernommen und entsprechend den Anweisungen oder Nicht-Anweisungen ausgefüllt werden. Angeleitete Rollenspiele können entweder für den konkreten Arbeits- bzw. Seminarzusammenhang entwickelt oder aber aus dem vorliegenden Rollenspielangebot übernommen werden. Im ersten Fall kommt es darauf an, das Fallbeispiel, das im Rollenspiel bearbeitet werden soll, umfassend zu recherchieren und so umzusetzen, dass es für die Teilnehmer/innen nachvollziehbar und anschlussfähig ist. Die Auswahl aus vorliegenden Rollenspielszenarien hat darauf zu achten, dass die beschriebenen Situationen im jeweiligen Seminarzusammenhang „Sinn machen".

Spontane Rollenspiele werden aus einem (Forschungs-)Seminar- oder Beratungszusammenhang heraus entwickelt. Dies beinhaltet, dass die Themen und die zu übernehmenden Rollen von den Teilnehmenden selbst generiert werden, wobei die Moderation den Findungsprozess unterstützen kann. Dies geschieht dadurch, dass die Teilnehmer/innen aufgefordert werden, in einem Brainstorming Situationsbeispiele zu sammeln, in denen sie z. B. „Gruppenarbeit als belastend empfanden" oder in denen sie „keinen Einfluss auf wichtige Abteilungsentscheidungen" nehmen konnten. Aus den genannten Beispielen werden diejenigen zur Bearbeitung im Rollenspiel gewählt, für die sich die meisten der Teilnehmer/innen aussprechen, wobei unterschiedliche Ziele mit dem Rollenspiel verbunden sein können: Es kann darum gehen, die Situation in all ihren Facetten für die Teilnehmenden erfahrbar zu machen, um eine gemeinsame Basis für die Weiterarbeit zu erhalten, oder aber es kann darum gehen, neue Handlungsmuster auszuprobieren, in denen z. B. mehr Einfluss auf Entscheidungen genommen werden kann oder Gruppenarbeit weniger belastend gestaltet wird.

Die Planung der jeweiligen Inszenierung hängt davon ab, welches Design mit welchem Ziel gewählt wird. Angeleitete Rollenspiele aus Spielbüchern werden meist ohne Probe in direkter Umsetzung der Rollenanweisungen durchgeführt. Angeleitete Rollenspiele, die auf konkreten Fallanalysen beruhen, können ebenso inszeniert werden. Welche Gestaltungsmöglichkeiten in den einzelnen Rollen vorhanden sind, hängt davon ab, ob feste Rollenprofile (mit der Anweisung, davon nicht abzuweichen) und eine „richtige" Lösung vorgegeben sind oder ob offene Rollenbeschreibungen vorliegen und die Spielenden die Möglichkeit bzw. Aufgabe haben, *„ihre* richtige" Lösung zu finden. Im letzteren Fall kann es sinnvoll sein, dass sich die Spielenden vor dem eigentlichen Spiel auf eine Lösung verständigen und die dazu passende Inszenierung finden.

Techniken

Spielleitung: Auch hier ist die Variationsbreite groß. In der Rollenspielpraxis gibt es Inszenierungen, die im Sinne des Moreno'schen Stegreiftheaters ohne Spielleitung spontan von den Beteiligten durchgeführt werden, in denen die Spielenden selbst entscheiden, eine Szene zu wiederholen, sie in anderer Form auszugestalten oder in denen sie das Thema ändern. Es gibt aber auch Rollenspiele, die exakt nach einer Spielanweisung und einer vorgegebenen Dramaturgie ablaufen und in denen die Spielleitung darauf achtet, dass die Vorgaben eingehalten werden. In Protagonistenspielen ebenso wie in Gesamtgruppenspielen kann die Spielleitung „Regieanweisungen" sowohl in Bezug auf Rollenausgestaltung als auch in Bezug auf Rollentausch oder Rollenwechsel geben (siehe weiter unten). Im Gegensatz zum Psychodrama, in dem es die dezidierte Aufgabe der Regie bzw. der Psychodramaleitung ist, den Protagonisten und die Mitglieder der Gruppe in ihren Handlungen und ihren Veränderungsbemühungen aktiv zu unterstützten, interveniert die Spielleitung im Rollenspiel weniger direkt. Es geht zwar darum, Gruppen bei der Themenfindung für Rollenspiele zu unterstützen und Methodenvorschläge einzubringen, die Ausgestaltung der Rollen liegt aber in der Regie der Rollenspieler/innen. Insbesondere tritt die Spielleitung dann in den Hintergrund, wenn es sich um angeleitete Interaktionsspiele oder Plan- und Entscheidungsspiele handelt. Die Aufgaben der Leitung beziehen sich hier im Wesentlichen darauf, den Rahmen für ein Gelingen des Rollenspiels herzustellen, das heißt, sie beantwortet Verständnisfragen, behält den zeitlichen Ablauf im Auge und/oder stellt benötigte Requisiten zur Verfügung. Die Moderation kann aber auch eine bestimmte Rolle im Spiel erhalten, indem sie z. B. über bestimmte Informationen verfügt oder entsprechend der Spielanlage zusätzliche Anweisungen in das Spiel hineinbringt.

Bühne: Die Rollenspielinszenierungen werden auf einer „Bühne" dargestellt. Diese räumliche Verortung des Spiels hat sich insofern bewährt, als die Bühne für die Spielenden den Ort ausmacht, wo sie in der *Als-ob-Situation* agieren. Die Rollen werden auf der Bühne übernommen, mit dem Verlassen der Bühne wird auch die Rolle verlassen, in der gehandelt wurde. Das Zurückkommen in die reale Welt wird dadurch erleichtert. Darüber hinaus fordert das Vorhandensein einer Bühne dazu auf, diese „einzurichten", mit in der jeweiligen Situation vorhandenen Mitteln wird also ein Bühnenbild geschaffen, das das Spiel unterstützt.

Rollenübernahme, Rollenwechsel und Rollentausch: Die Spielenden entscheiden sich für eine Rolle, die sie während des Rollenspiels in der Regel beibehalten. Es besteht die Möglichkeit, die Rollenspiele mit anderer Besetzung der Rollen zu wiederholen. Dies wird häufig dann gemacht, wenn die Teilnehmer/innen sinnlich erfahren und erleben sollen, dass unterschiedliche Personen gleiche Rollen sehr unterschiedlich ausgestalten und somit andere Lösungen bzw. Ergebnisse produzieren. Die Übernahme von verschiedenen Rollen in einem Spiel trägt darüber hinaus dazu bei, dass für die Teilnehmenden die Situationen aus unterschiedlichen Perspektiven erfahrbar werden und es ihnen dadurch ermöglicht wird, ihr Rollenspektrum zu erweitern. Der Rollenwechsel ist zu unterscheiden vom Rollentausch. Rollentausch findet immer dann statt, wenn auf Anweisung der Spielleitung während des Spiels die Rolle des Gegenübers eingenommen und in dessen Rolle weiteragiert wird.[17]

Sharing und Selbstauswertung: Rollenspiele dienen einerseits dazu, vorhandene Handlungs- und Verhaltensmuster zu verdeutlichen und zu hinterfragen, andererseits ist es Ziel, Rollenvielfalt und die Erweiterung des Handlungsrepertoires zu unterstützen oder aber bestimmte Situationen zu verdeutlichen. Dies impliziert, dass den am Rollenspiel Beteiligten die Gelegenheit eröffnet werden muss, ihre Erfahrungen aus dem Rollenspiel zu reflektieren und in Bezug auf die möglichen Anwendungssituationen zu bewerten. Mit dem Sharing liegt eine Technik der Selbstauswertung in der Gruppe vor. Sharing bedeutet, dass die Teilnehmer/innen die im Rollenspiel dargestellten und bearbeiteten Situationen auf ihre eigenen Erfahrungen in ähnlichen realen Situationen beziehen. Das Sharing kann durch eine Rückmeldung der Spielleitung oder der Moderation und durch weitere Schritte der Selbstauswertung ergänzt werden. In welcher Form diese Reflexions- und Auswertungsschritte durchgeführt werden, ist abhängig von den Zielsetzungen und der Arbeitsweise im Forschungs-, Trainings- oder Beratungszusammenhang, in dem das Rollenspiel stattfindet. So kann dies z. B. in einer abschließenden Reflexionsrunde, in einer themenzentriert moderierten Gruppendiskussion, in einem gesonderten Arbeitsschritt „Handlungsalternativen" oder in einem kurzen Blitzlicht zur Frage „Was nehme ich mit nach Hause/an meinen Arbeitsplatz?" geschehen.

Bezugspunkte und Abgrenzung des Rollenspiels zu anderen qualitativen Verfahren

Das Rollenspiel steht in keiner direkten Konkurrenz zu anderen qualitativen Verfahren. Die Erhebung von Normen, Werten und Haltungen in der Arbeitswelt ebenso wie die Untersuchung von Problemlösungs- und Konfliktlösungsstrategien sowie Bewältigungsmustern von Organisationsmitgliedern kann z. B. auch mit Gruppendiskussionsverfahren, narrativen und/oder leitfadengestützten Interviews durchgeführt werden. Aus unserer Sicht ist das Rollenspiel ein ergänzendes Verfahren, das mit der bestimmten Absicht angewendet wird, zusätzliche Informationen und Befunde für die jeweilige Forschungsfrage zu erhalten. Dieser „added value" liegt vor allem darin begründet, dass mit dem Rollenspiel eine Methode vorliegt, die eine ganzheitliche Betrachtungsweise und Analyse von Situationen zulässt. Der sprachliche Ausdruck ist mit Handlung verbunden, die Spielenden sind mit allen Sinnen an der Ausgestaltung von Situationen beteiligt. Neben der Sprache können im szenischen Spiel Körperausdruck, Gestik und Mimik erhoben und ausgewertet werden. Darüber hinaus ermöglicht das Rollenspiel als Forschungsmethode die Darstellung und Erfahrung der Dynamik und Dramatik von Konflikten in einem geschützten Raum und eröffnet den Beteiligten damit den Spielraum, in der Rolle ohne Scham- und Schuldgefühle zu agieren (vgl. hierzu Stahlke 2001, S. 205).

Im Laufe der letzten Jahre hat sich mit dem Unternehmenstheater eine weitere szenische Methode zur Bearbeitung von unternehmensrelevanten Themen und Problemen im Methodenrepertoire der Organisationsentwicklung und Beratung etabliert, die deutlich vom Rollenspiel abzugrenzen ist. Beim Unternehmenstheater bringen professionelle Theaterleute betriebliche Probleme „live" auf die Bühne. Das Unternehmenstheater beansprucht, die Problemsituation dadurch transparenter und damit besser lösbar zu machen. Eine Reihe von Theatergruppen haben sich derzeit darauf spezialisiert, mit Ausdrucksformen des darstellenden und szenischen Spiels Problemsituationen von Unternehmen für Unternehmen und Belegschaft zu verdeutlichen,[18] womit auch der Unterschied zum Rollenspiel deutlich wird, in dem die betrieblichen Akteure typische Entscheidungs-, Problem- oder Konfliktsituationen selbst auf der Basis eines eigenständig entwickelten Skripts in Szene setzen. Für Orthey, Tilemann, Rischer und Wehner (2000, S. 40) liegt die derzeitige Nachfrage nach Unternehmenstheater darin begründet, dass es den Unternehmen offenbar besser gefalle, „das Theater auf der Bühne inszenieren zu lassen (und damit zu kontrollieren) als zum unfreiwilligen Mitspieler in einem alltäglichen (und häufig schlechten) Laienstück zu werden". Ihr Konzept der „themenorientierten Improvisation" (TOI) versteht sich demgegenüber als eine Form des szenischen Spiels, die den „Möglichkeitssinn" (ebd., S. 43), d.h. die Fähigkeit, verschiedene Beobachtungsformen auf Wirklichkeitskonstruktionen einnehmen zu können, bei den Beteiligten unter anderem dadurch fördert, dass sie die betrieblichen Akteure über Feedbackschleifen immer wieder in das Schreiben der Drehbücher einbezieht.

Themenorientierte Improvisation hat damit, obwohl sie von professionellen Schauspielern durchgeführt wird, einen engeren Bezug zum (spontanen) Rollenspiel.[19]

3 Dateninterpretation und Feedback

Um das Rollenspiel in der Organisationsforschung als Erhebungsinstrument nutzen zu können, bedarf es der Einbindung des Rollenspiels in einen „kontrollierbaren" Rahmen, in ein Forschungsdesign, das das von Kommunikation, Interaktion, Dynamik und Einmaligkeit lebende Rollenspiel so in den Forschungsprozess integriert, dass eine Auswertung und Analyse der Rollenspiele möglich wird. Die Forschungsmethode Rollenspiel ist auf das Engste mit der Dokumentation und „Bewahrung" der Rollenspiele verbunden. Erst die umfassende Dokumentation der einzelnen Inszenierungen sowie deren Vor- und Nachbereitung in den jeweiligen Gruppen ermöglichen die Interpretation der Inszenierungen. Analyse und Interpretation der Inszenierungen geschehen unter Bezug auf die Fragestellungen des Forschungsvorhabens.

Dokumentation der Rollenspiele

Die wohl solideste Art, die Inszenierungen zu dokumentieren und somit einer Analyse und Auswertung zugänglich zu machen, sind Videoaufnahmen, die alle Phasen des Rollenspiels wiedergeben. Hierdurch ist gewährleistet, dass neben der wortwörtlichen Aufzeichnung der Sprache nonverbale und direkte körperliche Interaktionen bei der Interpretation berücksichtigt und Worte, Handlung und mimischer Ausdruck eindeutig auf die einzelnen Rollenspieler bezogen werden können. Werden die Rollenspiele mit der Videokamera aufgezeichnet, besteht darüber hinaus die Möglichkeit, dass die Rollenspiele während des Forschungsprozesses noch von den Teilnehmern selbst ausgewertet und von den Moderatoren kommentiert werden können, was einer zusätzlichen Feedbackschleife gleichkommt. Schon mit Tonbandaufzeichnungen können wesentliche Informationen verloren gehen, denn es ist nicht immer eindeutig gewährleistet, dass die einzelnen Gesprächsbeiträge den jeweiligen Rednern zugeordnet werden können. In einem solchen Fall ist es erforderlich, zumindest parallel protokollarische Aufzeichnungen zu führen, in denen die Rollenbesetzung dokumentiert sowie das Bühnenbild bzw. die Inszenierung des Spiels in groben Zügen festgehalten werden. Die Dokumentation von Rollenspielen allein durch

Beobachtung und Mitschriften ist prinzipiell möglich, ist aber letztlich der Methode nicht angemessen und vergibt die Chancen einer tiefer gehenden Interpretation.

Analyse und Auswertung der Rollenspielinszenierungen

Wichtig ist, zwei Ebenen der Analyse und Auswertung zu unterscheiden. Einerseits geht es um die Selbstauswertung der Teilnehmer/innen. Hier kommt es darauf an, Zeit für ein Sharing, Blitzlicht oder eine moderierte Gruppendiskussion einzuplanen und eventuell mit Hilfe von visuell unterstützten Moderationstechniken Ergebnisse zusammenzufassen. Die Selbstauswertung kann für die am Spiel Beteiligten bedeuten, dass sie z. B. neue Einsichten und Perspektiven oder aber eine Bestätigung bisheriger Sichtweisen in Bezug auf Entscheidungsfindung bzw. Konfliktsituationen erhalten haben. Andererseits stellt die im Anschluss an das Rollenspiel durchgeführte Selbstauswertung für die Forschung eine Basis für die Interpretation und Sinnerschließung der einzelnen Inszenierungen dar, auf der die im Rollenspiel gewonnenen Informationen und Daten für die forschungsleitende Fragestellung nutzbar gemacht werden können. Rollenspiele können im Forschungszusammenhang als Berichte über das eigene Erleben verstanden werden, die z. B. in Form phänomenologischer Beschreibung oder als adressatenspezifische und kontextbezogene Typologisierung von Handlungsmustern ausgewertet werden.

Zu beachten ist, dass mit der Erhebungsmethode eine zweite Realitätsebene im Forschungsprozess verankert wird. Das Agieren in der eigenen oder in einer angenommenen Rolle in der *Als-ob-Situation* beinhaltet, dass die produzierten Texte auf der Folie einer doppelten Realität ausgewertet und interpretiert werden müssen, wobei die Inszenierung im Spiel die eine Ebene der Realität darstellt, die betriebliche Praxis die andere. Konkret bedeutet dies, dass eine Interpretation der Inszenierungen darauf angewiesen ist, über weitergehende Informationen zu verfügen: Wer übernimmt welche Rolle, welches sind die beruflichen Rollen, die im Hintergrund stehen? Werden die Rollenvorgaben und/oder die Situationskontexte realitätsbezogen ausgestaltet, oder nehmen sich die Spielenden den spielerischen Freiraum, andere Intentionen mit der übernommenen Rolle zu verbinden?

Wenn das Rollenspiel als eine spezifische Form qualitativ-interpretativer Sozialforschung verstanden wird (siehe dazu Leithäuser/Volmerg 1988; Flick et al. 1995; Flick 2007; Flick et al. 2000), dann gilt auch hier, dass es nicht eine einzig akzeptable Auswertungsmethodik gibt, sondern dass im jeweils konkreten Fall entschieden werden kann und muss, nach welchen Standards vorgegangen wird, wobei es in erster Linie darauf ankommt, offen zu legen, von welchen theoretischen und forschungspragmatischen Prämissen ausgegangen wird. Welche Formen der „Codierung und Kategorisierung" angewendet werden oder ob sequenzielle Analysen bevorzugt werden, liegt in der Verantwortung der Forschenden. Sader (1986) thematisiert verschiedene Möglichkeiten: Im Rahmen eines Hypothesen prüfenden Vorgehens können Kategorien gebildet werden, nach denen Rollenspielszenen inhaltlich und nach der Anzahl ihrer Häufigkeit geordnet werden; darüber hinaus geht er auf inhaltsanalytische und deskriptive Verfahren ein. Stahlke (2001, S. 179 f.) beschreibt ein tiefenhermeneutisches Interpretationsverfahren, das inhaltsanalytische Aspekte mit deskriptiven Elementen verbindet und dadurch szenisches Verstehen ermöglicht.

Generell können Rollenspiele sowohl vertikal als auch horizontal ausgewertet werden: Bei der vertikalen Betrachtung geht es um die Durchdringung des einzelnen Spiels, die horizontale Analyse ist Basis für eine vergleichende Auswertung.

Feedback von Ergebnissen und Erkenntnissen

Das Feedback der Selbstauswertungen und der wissenschaftlichen Analyse in den betrieblichen Alltag geschieht auf der einen Seite durch die einzelnen am Rollenspiel beteiligten Personen, die über ihr persönliches Engagement im Rollenspiel ein reflexives Potenzial entwickeln, das in der Realität des betrieblichen Alltags zum Tragen kommt. Die in Rollenspielen gewonnenen Einsichten und Erkenntnisse können als handlungsweisend für Handlungsoptionen im betrieblichen Kontext wirken.[20] Auf der anderen Seite kommt es darauf an, dass die Befunde der wissenschaftlichen Analyse den am Prozess beteiligten Akteuren zurückgekoppelt und einer breiteren Öffentlichkeit zur Verfügung gestellt werden. Für die direkte Rückkopplung an die Rollenspielteilnehmer/innen bieten sich Formen der kommunikativen Validierung an wie Feedbackgespräche, in denen den am Forschungsprozess beteiligten betrieblichen Akteuren Gelegenheit gegeben wird, die Befunde zu kommentieren. Eine spezifische, adressatenbezogene Aufbereitung der Befunde dient darüber hinaus dazu, dass Erkenntnisse und Einsichten, die im Rollenspiel gewonnen wurden, den Beteiligten in einer neuen Qualität zur Verfügung stehen.[21]

4 Anwendungsbeispiel

Das hier beschriebene Anwendungsbeispiel entstammt der Arbeitskulturstudie[22], in der Forschungsseminare zur „Herausforderung Gruppenarbeit" zentraler Ort für die Erhebungen waren und den Rahmen für die Rollenspielinszenierungen darstellten. Mit einem auf das subjektive Erleben abgestellten Methodenrepertoire sollten Werker und Meister aus der Automobilindustrie mit Erfahrungen in Gruppenarbeit ihre eigenen Vorstellungen von Arbeitsqualität und „guter Arbeit" präzisieren und Möglichkeiten zu ihrer Realisierung erörtern. Im Rollenspiel konnten die betrieblich relevanten Erlebnisperspektiven der in diese Prozesse involvierten Akteursgruppen erhoben und für weitere Entscheidungsprozesse insofern nutzbar gemacht werden, als einerseits die Teilnehmer der Forschungsseminare die neu gewonnenen Erkenntnisse und Perspektiven in ihrem betrieblichen Alltag erproben konnten, andererseits die Befunde der wissenschaftlichen Analyse veröffentlicht vorliegen.

Dieses Anwendungsbeispiel steht in einem arbeitswissenschaftlichen Forschungszusammenhang. Anknüpfend an die in der Einleitung dieses Beitrags unterschiedenen Rollenspieltypen lassen sich die Rollenspiele als Interaktionsspiele beschreiben, die als Gesamtgruppenspiele durchgeführt wurden.

Zielsetzung: In der Arbeitskulturstudie wurde das Rollenspiel als Erhebungsinstrument genutzt, um betriebliche Handlungsroutinen und gewünschte Handlungsalternativen zu erfassen und der Selbstanalyse durch die Beteiligten zugänglich zu machen. Im Rollenspiel wollten wir von den betrieblichen Akteuren selbst erfahren, wie zum einen unter Bedingungen von Gruppenarbeit im Betrieb Konfliktsituationen wahrgenommen werden und wie zum anderen Konflikte ihres Erachtens richtig bearbeitet werden sollten.

Rollenspieldesign: Die Interaktionsspiele waren als angeleitete Rollenspiele konzipiert, deren Basis betriebliche Fallstudien darstellten. In der Auswertung der in der ersten Phase des Projekts geführten Experteninterviews und Gruppendiskussionen mit betrieblichen Akteuren in zwei Werken der deutschen Automobilindustrie verdichteten sich zwei Themen als konfliktträchtig: (a) Obwohl mit Einführung der Gruppenarbeit formal die Gruppenmitglieder für tägliche Arbeitseinsatzplanung zuständig waren, wurde in den Gesprächen immer wieder davon berichtet, dass nach wie vor Meister gern bestimmten, wer in andere Gruppen bzw. Montageabschnitte „verliehen" werden sollte. (b) Darüber hinaus wiesen Meister und Werker in unterschiedlichsten Zusammenhängen darauf hin, dass es schwierig sei, Konflikte innerhalb der Gruppe zu regeln. Die beiden Situationen wurden zur Vorlage von zwei Rollenspielanleitungen. In den Geschichten „Die Verleihung" und „Einer fehlt" wurden vonseiten des Forschungsteams die Situationen und die beteiligten Rollen beschrieben. Jedes Spiel war so konzipiert, dass die (jeweils fünf) Rollen von Meistern, Gruppensprechern und Werkern zu besetzen waren, und die Spielenden wurden aufgefordert, die Rollen entsprechend der geschilderten Situation auszugestalten. In einem „klärenden" Gespräch sollte eine Lösung für den Konflikt gefunden werden.

Durchführung der Rollenspiele: Die beiden Geschichten wurden in den Forschungsseminaren jeweils im Plenum vorgelesen, und es wurde vonseiten der Moderation um eine kurze Rückmeldung gebeten, ob die Situationen verständlich und realistisch geschildert worden seien.[23] Die Teilnehmer wurden dann aufgefordert, sich für ein Thema zu entscheiden. Je nach Teilnehmerzahl im Seminar gab es zwei oder drei Kleingruppen, die je ein Thema bearbeiteten, wobei die Themenwahl nach Interesse durchgeführt wurde. In allen Forschungsseminaren wurden beide Themen gewählt, wobei es sein konnte, dass die „Verleihung" nur einmal gewählt wurde und zum Thema „Einer fehlt" zwei Spiele vorbereitet wurden bzw. umgekehrt. Wichtig war die freiwillige Wahl eines Themas. Die Aufgabe der Kleingruppen bestand darin, eine Lösung der Konfliktsituation zu finden und sie in Form eines Rollenspiels den anderen Gruppen zu präsentieren. Die Mitglieder des Forschungsteams nahmen an der Vorbereitung der Gruppen beobachtend teil und übernahmen nur dann Moderationsfunktionen, wenn es darum ging, Fragen zur Spielanleitung zu beantworten, oder wenn die Gruppe den „roten Faden" verloren hatte bzw. vom zu bearbeitenden Thema abgekommen war.[24]

Die Rollenübernahme, d.h. die Entscheidung, wer welche Rolle spielen wollte, stand zu Beginn der Kleingruppenphase. In der Regel geschah die Wahl der Rollen spontan, wobei für die Teilnehmer zu entscheiden war, ob sie eine angenommene Rolle oder die eigene betriebliche Rolle übernehmen wollten. Als förderlich für die spätere Inszenierung erwies es sich, wenn in der Vorbereitungsgruppe die zu findende Lösung aus den übernommenen Rollen heraus entwickelt wurde. Die einzelnen Inszenierungen wurden im Plenum aufgeführt, und die Teilnehmer aus den anderen Gruppen hatten jeweils im Anschluss der Aufführung die Möglichkeit, in einer Gesprächsrunde die Spiele aus ihrer Sicht zu kommentieren und im Sinne eines Sharing eigene Erfahrungen mit der Thematik zu verbinden.

Dokumentation und Selbstauswertung: Sowohl die Spielfindung als auch die Inszenierungen im Plenum wurden durchgängig auf Tonband aufgezeichnet, und zum Teil wurden zusätzlich Videoaufzeichnungen gemacht. Im Anschluss an die Inszenierungen und das Sharing fand eine moderierte Gruppendiskussion statt, in der drei Fragenkomplexe erörtert wurden: Was waren die Gemeinsamkeiten/Unterschiede in den präsentierten Lösungen eines Themas? Welche Situation wurde als schwieriger empfunden? Welche Schlussfolgerungen und Handlungskonsequenzen können von den Teilnehmern gezogen werden? Durch die Selbstauswertung in der Gesamtgruppe wurde den Teilnehmern ermöglicht, das eigene Handlungsrepertoire zu reflektieren und konfliktlösende Kommunikations- und Handlungsstrategien für vergleichbare betriebliche Gruppenarbeitssituationen zu identifizieren.

Analyse und Interpretation: Die transkribierten Texte der Rollenspiele wurden unter den Gesichtspunkten Rollenhandeln der Akteure, Lösungsansatz in der Situation und Lernen bei der Rollenausgestaltung ausgewertet, wobei jeweils berücksichtigt wurde, ob die Spielenden in einer angenommenen oder in ihrer eigenen betrieblichen Rolle agierten (vgl. hierzu Nagler 1997a). Aus den so gewonnenen Kurzfassungen der Spiele in Form von dichten Beschreibungen (siehe hierzu insbesondere Geertz 2001) der Erlebnisperspektiven wurden in einem zweiten Schritt typische Handlungsmuster des Meisters, des Gruppensprechers und des Werkers für die zwei Situationen zusammengefasst. So konnten Verhaltensstrategien beschrieben sowie subjektive Handlungsziele im Kontext von Gruppenarbeit dargestellt und analysiert werden. Richtiges und gerechtes Handeln – so ein Befund der Untersuchung – ist abhängig von Interessen und Situationen. Im einen Fall erweisen sich gemeinsam definierte Verfahrensregeln, an die sich alle zu halten haben, als die Lösung. Im anderen Fall kommt es auf eine Konfliktlösung im Einzelfall an.

Feedback: Es können zwei Ebenen des Feedbacks in der betrieblichen Praxis unterschieden werden. Zum einen trugen die Teilnehmer der Forschungsseminare die im Forschungsseminar gewonnenen Erkenntnisse in ihren betrieblichen Zusammenhang zurück. Zum anderen gab die Aktionsforschung ein Feedback an die Teilnehmer der Forschungsseminare insgesamt. In einem eigens konzipierten Feedbackworkshop wurden die in den Forschungsseminaren erhobenen Befunde den Teilnehmern rückgekoppelt und zum Ausgangspunkt einer erneuten Reflexionsschleife gemacht. Das in den Rollenspielen identifizierte Spannungsverhältnis zwischen „richtig" und „gerecht" handeln wurde auf dem Feedbackworkshop vertieft.

Ertrag für die arbeitswissenschaftliche Grundlagenforschung: Die Analyse und Interpretation der Rollenspiele lieferte einen Beitrag zu Gerechtigkeitsvorstellungen in der betrieblichen Lebenswelt und zu subjektiven Bewältigungsstrategien von Beschäftigtengruppen im Zusammenhang mit neuen Arbeitsanforderungen.

5 Möglichkeiten und Grenzen der Methode

Mit dem Anwendungsbeispiel konnte exemplarisch aufgezeigt werden, wie das Rollenspiel, als angeleitetes Interaktionsspiel, als Erhebungsmethode angewendet werden kann.[25] An dieser Stelle möchte ich zusammenfassend Erfolgsbausteine beschreiben, die generell für die Anwendung des Rollenspiels als organisationswissenschaftliche Erhebungsmethode von Bedeutung sind und deren Berücksichtigung in der Rollenspielpraxis zu empfehlen ist. Die Grenzen der Rollenspielmethode sind eng mit den beschriebenen Erfolgsbausteinen verbunden, sollen aber ebenso wie die Möglichkeiten des Einsatzes der Rollenspielmethode hier gesondert thematisiert werden.

Erfolgsbausteine

Einbettung der Rollenspiele und Freiwilligkeit: Die im Anwendungsbeispiel beschriebenen Erhebungen fanden im Rahmen von zweitägigen Forschungs- bzw. Weiterbildungsseminaren statt. Neben der Schaffung einer spezifischen Lernumgebung, die für die Teilnehmer beinhaltete, dass sie berufsbezogene Themen aus einer gewissen Distanz heraus betrachten konnten, hatte das Forschungsteam den Seminarablauf so geplant, dass das Rollenspiel erst am zweiten Tag, also nachdem die Gruppe sich kennen gelernt hatte und eine vertrauensvolle Beziehung zwischen Forschungsteam und Teilnehmern aufgebaut werden konnte, zum Einsatz gelangte. Spiel und Rollenübernahme fanden auf freiwilliger Basis statt.

Rollenspiel als Teil eines Sets von Erhebungsmethoden: Das Rollenspiel war in ein Set qualitativer Erhebungsmethoden eingebunden, die den jeweiligen inhaltlichen Arbeitsschritten angepasst waren (z. B. Gruppendiskussionsverfahren, Phasen mit narrativer Schwerpunktsetzung oder symbolisch unterstützten Selbstauswertungsverfahren) (siehe hierzu insbesondere Senghaas-Knobloch/Nagler/Dohms 1997, S. 33 ff.). Die in den Rollenspielen entwickelten Bewältigungs- und Handlungsmuster konnten so in Bezug zu Problemdefinitionen und Lösungsstrategien gesetzt werden, die in thematisch vergleichbaren Zusammenhängen in anderen Arbeitsschritten formuliert worden waren.

Passfähigkeit der Situationsbeschreibungen und Instruktionen: Die im Forschungsprozess eingesetzten Situationsbeschreibungen für die Rollenspiele basierten auf umfangreichen Recherchen und Vorerhebungen und spiegelten reale betriebliche Situationen wider. Die Situationsbeschreibungen waren somit für die Rollenspieler anschlussfähig, das heißt, diese konnten sich in die Situationen hineinversetzen, und in den Inszenierungen wurde authentisches Erleben in der *Als-ob-Situation* ausgedrückt.[26]

Wahrung der Als-ob-Situation: Die Moderation der Rollenspiele wurde von Forscherinnen übernommen, die über Erfahrung mit der Rollenspielmethodik verfügen. Die Rollenspiele waren konsequent themenzentriert angelegt und beinhalteten die Übernahme von Fremd- und Eigenrollen in angenommenen, d. h. in *Als-ob-Situationen*. Dadurch wurden die einzelnen Personen in der Szene vor eigenen oder fremden Grenzüberschreitungen geschützt. Die Erhaltung der psychischen Integrität der Rollenspieler galt als wesentlicher Grundsatz. Die Initiierung und Verstärkung psychodynamischer Prozesse im Sinne von Selbsterfahrung war nicht die primäre Zielsetzung, sondern es wurde im Gegenteil Wert und Aufmerksamkeit darauf gelegt, dass persönliche Berührtheit, die durch das Rollenhandeln ausgelöst wurde, thematisch-sachlich eingehegt bleiben konnte.

Einhaltung von Standards: Die Rollenspiele selbst wurden nach einem je vergleichbaren „Fahrplan" erarbeitet, inszeniert und von den Teilnehmern in einem Verfahren der Selbstauswertung bewertet. Die einzelnen Arbeitsschritte wurden einheitlich dokumentiert (Tonband bzw. Videoaufnahmen) und anschließend transkribiert. Die so produzierten Texte waren für das Forschungsteam Basis für die weitergehende Analyse. Die gewählte Form der wortwörtlichen (und szenischen) Dokumentation der Spiele bewahrte die jeweiligen Kontexte umfassend und schloss eine auf individuellen Wert- und Bewertungsmaßstäben beruhende Verzerrung der Primärdaten weitestgehend aus.

Offenheit für die subjektive Sicht der am Rollenspiel Beteiligten: Die Rollenspiele stellten für die Forschungsteams zwar das Erhebungsinstrument dar; die am Spiel Beteiligten konnten aber in vollem Umfang Sichtweisen, Perspektiven und Lösungsansätze selbst entwickeln und Konsequenzen für sich und ihre Arbeitssituation eigenständig erschließen. Das bedeutet, dass die Spielenden während der gesamten Zeit „process owner" waren. Die Teilnehmenden produzierten ihre eigenen Produkte und Ergebnisse, die sie während der Seminare selbst bewerteten und in der Diskussion auf ihre Tragfähigkeit im betrieblichen Raum überprüften.

Sinnerschließende Interpretation: Die weitergehende Analyse der Rollenspiele durch das Forschungsteam in Interpretationsgemeinschaften erbrachte Einsichten in typische und häufig nicht bewusst gestaltete Sozial- und Arbeitsbeziehungen bzw. in die Bewältigungsmuster der betrieblichen Akteure. Die textlich dokumentierten Rollenspiele erlaubten eine tiefere Durchdringung der gelebten Wert- und Normvorstellungen der am Forschungsprozess beteiligten betrieblichen Akteursgruppen. Es wurden Auswertungsmethoden gewählt, die eine sinnerschließende Interpretation der thematisierten Problemkonstellationen und Lösungsvorschläge ermöglichten.

Feedback: Die Rückkopplung der im Forschungszusammenhang insgesamt gewonnenen Befunde geschah auf einem Wochenendseminar, zu dem alle Teilnehmer der Forschungsseminare eingeladen waren und das der Forschung eine kommunikative Validierung ermöglichte. Die „Übersetzung" der gewonnenen Befunde in einen eigens für diesen Zweck produzierten Videofilm trug außerdem dazu bei, dass die Befunde einem größeren Personenkreis zur Verfügung gestellt und konkret im weitergehenden betrieblichen Kontext genutzt werden konnten.

Grenzen

Angewiesenheit auf Ergänzung: Das Rollenspiel ist sinnvollerweise nur im Zusammenhang mit anderen qualitativen Erhebungsmethoden wie Gruppendiskussionen, leitfadengestützten Interviews, beobachtender Teilnahme usw. anzuwenden. Das Rollenspiel ist insofern keine eigenständige Erhebungsmethode, als die Interpretation der erhobenen Daten/Texte immer auch Kenntnis des betrieblichen Kontextes voraussetzt, soll die im Rollenspiel erhobene Möglichkeitsform von Handeln nicht nur immanent, d.h. auf der Ebene des Spiels verstanden, sondern in Bezug zur betrieblichen Realität gesetzt werden. Insofern ist ein „Methodenmix" zwingend.

Verlassen der Als-ob-Situation: Wenn der *Als-ob-Charakter* der Situation nicht mehr aufrechterhalten werden kann, wenn also real erlebte Situationen gespielt werden und ein Kontrollverlust bei Spielern durch wiederkehrende Ängste und persönliche Betroffenheit droht, ist der Punkt gekommen, an dem das Rollenspiel abgebrochen werden muss. Es ist in diesem Zusammenhang hilfreich zu wissen, dass meistens die Spielenden selbst merken, dass mit der Fortführung des Rollenspiels die Grenze der persönlichen Integrität überschritten würde, und das Spiel abbrechen.[27] Gleichsam ist es die Aufgabe der Spielleitung oder der Moderation, den Abbruch des Spiels herbeizuführen, wenn die psychoemotionale Betroffenheit eines Spielers oder mehrerer Spieler in der Inszenierung die themenzentrierte Bearbeitung eines Problems oder Konflikts in den Hintergrund treten lässt.

Gefahr der Fehlinterpretation: Wird das Rollenspiel als Erhebungsmethode genutzt, kann es dazu beitragen, dass individuelle Unterschiede der beteiligten Rollenspieler in Bezug auf verbale und nonverbale Ausdrucksfähigkeit sowie in Bezug auf Improvisation und Spontanität des Handelns als strukturell begründete Handlungsoptionen fehlinterpretiert werden. In diesem Zusammenhang ist insbesondere darauf zu achten, wer welche Rollen im Spiel übernimmt und wo Grenzen der Ausgestaltbarkeit der Rolle in (fehlender) fachlicher Qualifikation und/oder eingeschränkten persönlichen Fähigkeiten begründet liegen.

Rollenspieler „spielen nicht mit": Es kann vorkommen, dass die vorgegebenen Rollenspielinstruktionen von den am Rollenspiel Mitwirkenden (bewusst) nicht verstanden, nicht akzeptiert oder so uminterpretiert werden, dass die Inszenierungen nicht brauchbar sind. Kommt dies im Forschungsprozess häufiger vor, ist es ein Indiz dafür, dass die Methode dem Forschungsgegenstand nicht angemessen ist oder aber dass der Rollenspieleinsatz ungenügend vorbereitet wurde. Dass einzelne Spiele aufgrund von Ablehnung der Methode oder eigenwilliger Abwandlung der vorgegebenen Thematik nicht ausgewertet werden können, ist demgegenüber ein Risiko, mit dem z. B. auch in Befragungssituationen zu rechnen ist.

Möglichkeiten

Die Möglichkeit, die Methode im Rahmen von Organisationsforschung anzuwenden, besteht unseres Erachtens in weit größerem Umfang, als bisher gedacht und ausgeschöpft wurde. In vielen Trainings- und Weiterbildungsseminaren und in vielen Beratungsprojekten, in denen Rollenspiele durchgeführt werden, könnte das Rollenspiel auch als Erhebungsmethode unter der Voraussetzung eingesetzt werden, dass die Rollenspiele in einem „kontrollierten" Seminardesign stattfinden, das die szenische und wortwörtliche Dokumentation der Spielverläufe beinhaltet.

Mit der Ausweitung sozialwissenschaftlicher Organisationsberatungsleistungen erhöht sich die Anzahl derer, die Beratungsprozesse als Forschungsfeld begreifen und für eine analytische Betrachtungsweise öffnen. Wenn sich die von Weltz (1997) formulierte Vision, dass sozialwissenschaftliche (Organisations-)Beratung nicht ohne Forschung stattfinden sollte, durchsetzt, bestünde auch für das Rollenspiel ein breiteres Anwendungsfeld im Rahmen aktionswissenschaftlicher Feldforschung, in der durch eine unmittelbare Verbindung von Forschen und Handeln ein angemessener Gegenstandsbezug direkt realisiert werden kann, z.B. bei der Diagnose und Planung von betrieblichen Veränderungsmaßnahmen.

Beratung, die sich einem solchen Ansatz verpflichtet sieht, und Aktionsforschung bieten einen Rahmen und Gelegenheiten, in denen die betrieblich handelnden Subjekte vergangene oder aktuelle Handlungen reflektieren können. Rollenspielmethodik und sinnerschließende Auswertungsverfahren sind dazu geeignet, einen Beitrag zur sozialwissenschaftlich orientierten sozioökonomischen Grundlagenforschung zu leisten und zugleich praxis- wie handlungsrelevante Effekte für die am Forschungsprozess beteiligten Gesprächspartner zu bewirken, indem über die Reflexionsarbeit Ergebnisse (im Sinne neuer Handlungsperspektiven) produziert werden.

Das Rollenspiel ist eine Methode aktionswissenschaftlicher Veränderungsforschung, die in ein dialogisch-kommunikativ basiertes Forschungsdesign eingebettet sein und mit anderen qualitativen Verfahren kombiniert werden sollte. Von daher kann sie viele Möglichkeitsformen annehmen.

6 Anmerkungen

1   Zwar ist dem Rollenspiel ein Kapitel im „Handbuch Qualitative Sozialforschung" gewidmet (siehe Sader 1995), aber selbst die Berücksichtigung in einem Methodenhandbuch hat nicht wesentlich dazu beigetragen, dass das Rollenspiel als Erhebungsmethode der empirischen Feldforschung breiten Zulauf erhalten hätte. Mit der Arbeit von Stahlke (2001) hat das Thema neue Aktualität erfahren.
2   Ich beziehe mich dabei auf die Anwendung des Rollenspiels als Erhebungsmethode in der arbeitswissenschaftlichen Feldforschung (siehe hierzu Nagler 1997a; 1997b).
3   Einen tieferen Einblick in das Psychodrama bieten die Publikationen von Moreno 2007; 1989; 1970; zu den Standardwerken über das Psycho-/Soziodrama gehören u. a.: v. Ameln et al. 2004, Wittinger 2005, Leveton 2000; Petzold 1993; Leutz 1974.
4   Nach wie vor findet sich in der Literatur keine eindeutige Grenzziehung zwischen Rollenspiel und Psychodrama, und es wird mit unterschiedlichen Begrifflichkeiten auf unterschiedlichen Ebenen operiert.
5   Dennoch bringt auch die z. B. von Mävers/Volk-von Bialy (1995, S. 11) unternommene Differenzierung zwischen Protagonistenspiel als Psychodrama und Gruppen- und Erzählspiel als pädagogischem Rollenspiel keine eindeutige Klärung des Problems. Da im Rollenspiel Eigen- und Fremdrollen in angenommenen Situationen dargestellt werden, ist es möglich, dass das Rollenspiel als *Protagonistenspiel* konzipiert werden kann. Somit hat ein als Protagonistenspiel konzipiertes Rollenspiel ohne Frage starke Bezüge zum Psychodrama.
6   Wobei im Rahmen von Organisationsforschung darunter insbesondere organisations- und arbeitskulturelle Aspekte zu verstehen sind.
7   Auch hier sind die Übergänge fließend, was im Soziodrama deutlich wird, wo im Spiel auch intra- und interpersonelle Situationen der Gruppenmitglieder selbst bearbeitet werden können.
8   Stahlke (2001) bezieht sich hier auf die Arbeit von Volmerg et al. 1983.
9   Plan- und Entscheidungsspiele sind zumeist in Weiterbildungs- und Trainingsmaßnahmen eingebettet, in denen es darum geht, die Kooperationsbeziehungen und die Qualität der Zusammenarbeit der Teilnehmer bzw. unterschiedlicher Interessengruppen zu analysieren oder sie zu befähigen, bestimmte zuvor erlernte Verhaltens- und Wissensaspekte im Spiel umzusetzen. Entscheidungsspiele werden aber z.B. auch im Assessment Center eingesetzt, um qualifikatorische wie soziale Kompetenzen der Bewerber/innen zu beurteilen. In dieser Art von Rollenspielen werden reale bzw. antizipierte Situationen aus Organisationen oder aus dem Politikbereich in einer Spielanweisung thematisch abgebildet. Den Spielanweisungen kommt insofern eine be-

sondere Bedeutung zu, als in ihnen der Rahmen für Handlung spezifiziert wird. So werden Entscheidungskompetenzen genau definiert, oder es werden sachliche Informationen, die für eine Entscheidung wichtig sind, nur bestimmten Rollen oder Gruppen bekannt gegeben, was für das Agieren in der Rolle unterschiedliche Konsequenzen hat.

10   Die instrumentelle Verwendung des Rollenspiels hat im Managementtraining eine weite Verbreitung gefunden. Typisch in diesem Kontext ist die Position von Birkenbihl (1996, S. 15): „Der einzig legitime Zweck eines sogenannten Management-Trainings ist es, das Verhalten der Seminarteilnehmer zu verändern. Das heißt, wenn sie das Seminar verlassen, sollen die Teilnehmer ihre Mitarbeiter besser führen und motivieren können als vorher. Da aber kaum ein Mensch sein Verhalten aufgrund intellektueller Einsicht ändert, muß man den Teilnehmern die Gelegenheit geben, dieses neue, im Verhältnis zu früher bessere Führungsverhalten *einzuüben*. Wichtigstes Mittel dazu ist das Rollenspiel." Eine andere Auffassung vertreten Brenner et al. 1996. In ihrem Konzept der Bearbeitung betrieblicher Konflikte im Rollenspiel geht es in erster Linie um Reflexion und persönliche Perspektiv- und Handlungserweiterung.

11   Vgl. hierzu das Konzept der Prozessberatung von Edgar Schein (2000).

12   Wenn ich von Aktionsmethode spreche, beziehe ich mich auf Schützenberger 1976.

13   French/Bell (1994, S. 110) verstehen Aktionsforschung als eine fortlaufende Reihe von Handlungen und Ereignissen und bezeichnen sie als das Modell, das der Organisationsentwicklung zugrunde liegt: „Aktionsforschung ist ein Prozess der systematischen Sammlung empirischer Daten über ein System in bezug auf dessen Ziele und Bedürfnisse; aus dem Feedback dieser Daten an das System und aufgrund zusätzlicher Hypothesen werden Aktionen zur Veränderung einzelner Systemvariablen entwickelt; durch erneute Datensammlung werden die Ereignisse dieser Aktion überprüft und ausgewertet." Die Autoren bezeichnen Aktionsforschung als ein Problemlöse- und Lernmodell, oder als ein „Modell für geplante Veränderung" (ebd., S. 113), das auf der Kooperation zwischen „den Personen im System, den Klienten und den Personen, den Beratern bzw. den Forschern" (ebd., S. 117) basiert.

14   Es ist natürlich nicht auszuschließen, dass einzelne Personen in der von ihnen gespielten Rolle zu tieferen Einsichten über ihr Verhalten kommen, die therapeutische Wirkung haben. Weiterhin ist es sinnvoll, bei der Beschreibung der Rollenspielmethode das Psychodrama einzubeziehen, da eine Reihe von Techniken in Rollenspielen angewendet werden, die im Psychodrama ihren systematischen Ursprung haben (siehe weiter unten).

15   Sader wendet sich insbesondere gegen vermeintliche Rollenspielexperimente in der psychologischen Forschung, in denen „Versuchsteilnehmer" das Spiel für Ernst halten, da sie durch die „Versuchsanordnung" getäuscht wurden/werden. Damit grenzt er das Rollenspiel vom Rollenvorstellungsexperiment ab.

16   Wenn Rollenspiele fest im Programm eingeplant sind, sollte darauf hingewiesen werden, dass die Möglichkeit besteht, Fallbeispiele dann in Rollenspielen zu bearbeiten, wenn sich dies in den Seminarablauf einfügt. Inzwischen haben viele Teilnehmer/innen Rollenspielerfahrungen aus den unterschiedlichsten Arbeitszusammenhängen, und es zeigt sich immer wieder, dass sowohl Begeisterung als auch Skepsis hinsichtlich dieser Methode geäußert wird. Skepsis sollte ernst genommen werden, gleichzeitig sollte aber eine Atmosphäre geschaffen werden, in der es für die Teilnehmer/innen möglich wird, sich freiwillig auf neue Lernsituationen einzulassen.

17   Mit dieser Technik sollen dem Protagonisten über Einsichten in die Perspektiv- und Erlebniswelt des Antagonisten tiefere Einblicke in die eigenen Handlungsweisen ermöglicht werden. Im psychodramatischen Rollenspiel werden z. B. Rollentausch, Doppeln, Spiegeln und Standbilderstellung usw. als Techniken eingesetzt.

18   Zum Unternehmenstheater siehe z. B. Schreyögg 1998/2007, Schreyögg/Dabitz 1999, das Heft 3/2000 der Zeitschrift Organisationsentwicklung sowie Boal 1999.

19   Von daher wären Unternehmenstheater, TOI oder andere Formen des szenischen Spiels prinzipiell auch als Erhebungsmethode im Rahmen von Organisationsforschung geeignet. Entsprechende Überlegungen werden aber noch nicht systematisch diskutiert.

20 Hier ist insbesondere auf die Dimension des „Probehandelns" hinzuweisen. Erfahrungsberichte belegen, dass im Rollenspiel erprobte Alternativen und Lösungen dem Rollenspieler mehr Sicherheit in Bezug auf Argumentation und emotionale Reaktionen in der Realität geben. Darüber hinaus ist es möglich, in der Rollenspielsituation ohne negative Sanktionen zu handeln und zu experimentieren.
21 Stahlke (2001) berichtet, dass in dem von ihr beschriebenen Forschungszusammenhang ein Handbuch für Fahrer/innen eines öffentlichen Nahverkehrsunternehmen erstellt worden ist, in dem im Rollenspiel erprobte Strategien zur Deeskalation von Konflikten zwischen Fahrer/in und Fahrgästen bzw. zwischen Fahrgästen dokumentiert wurden.
22 Detailliertere Ausführungen zum Forschungsdesign sind in Senghaas-Knobloch/ et al. 1997, S. 33 ff. zu finden.
23 Dies wurde in allen Fällen bestätigt.
24 In zwei von zwölf Rollenspielvorbereitungen war dies der Fall.
25 Stahlke 2001 beschreibt im Detail, wie spontane Rollenspiele als Erhebungsmethode im Forschungsprozess Anwendung finden können.
26 Bei spontanen Rollenspielen sind es die Beteiligten selbst, die die Spielsituation beschreiben, von daher ist die Anschlussfähigkeit gewährleistet.
27 Dieser Selbstschutz der Person muss im Forschungsprozess akzeptiert werden und darf nicht mit „Widerstand" gegen die Rollenspielmethode verwechselt werden.

7   Literatur

Ameln, Falko von/Kramer, Josef (2007): Organisationen in Bewegung bringen – Handlungsorientierte Methoden für die Personal-, Team- und Organisationsentwicklung, Berlin

Ameln, Falko von/Gerstmann, Ruth/Kramer, Josef (2004): Lehrbuch Psychodrama, Berlin

Birkenbihl, Michael (1996): Rollenspiele schnell trainiert. So optimieren Sie Ihre Trainings, Landsberg a. L.

Boal, Augusto (1999): Der Regenbogen der Wünsche. Methoden aus Theater und Therapie, Seelze

Brenner, Inge/Clausing, Hanno/Kura, Monika/Schulz, Bernd/Weber, Hermann (1996): Das pädagogische Rollenspiel in der betrieblichen Praxis. Konflikte bearbeiten, Hamburg

Broich, Josef (1999): Rollenspiel-Praxis. Vom Interaktions- und Sprachtraining bis zur fertigen Spielvorlage, Köln

Eberling, Wolfgang/Wiese, Michael (1981): Sozialwissenschaftliche Forschungsprogramme. Zur Notwendigkeit von Gesellschaftstheorie für eine kritische sozialwissenschaftliche Untersuchungspraxis, Frankfurt a. M.

Fatzer, Gerhard (1993): Ganzheitliches Lernen. Humanistische Pädagogik und Organisationsentwicklung. Ein Handbuch für Lehrer, Pädagogen, Erwachsenenbildner und Organisationsberater, Paderborn

Flick, Uwe (2007). Qualitative Sozialforschung – Eine Einführung, rowohlts enzyklopädie, erweiterte Neuausgabe, Reinbek

Flick, Uwe/Kardorff, Ernst v./Keupp, Heiner/Rosenstiel, Lutz v./Wolff, Stephan (Hrsg.) (1995): Handbuch Qualitative Sozialforschung, 2. Auflage, Weinheim

Flick, Uwe/Kardorff, Ernst v./Steinke, Iris (Hrsg.) (2000): Qualitative Forschung. Ein Handbuch, Reinbek bei Hamburg

French, Wendell L./Bell, Cecil H. jr. (1994): Organisationsentwicklung, 4. Auflage, Bern/Stuttgart/Wien

Geertz, Clifford (2001): Dichte Beschreibung. Beiträge zum Verstehen kultureller Systeme, 7. Auflage, Frankfurt a. M.

Haug, Frigga (1972): Kritik der Rollentheorie, Frankfurt a. M.

Hirschfeld, Karin/Preissler, Harald/Hoffmann, Christian (2000): Was soll das Theater? Erfahrungen mit Spiel und Theater in der Organisationsentwicklung, in: Organisationsentwicklung, 19, 3, S. 30–39

Kebeck, Günther (1983): Rollenspiel als Rekonstruktionsmethode, in: Gruppendynamik, 14, S. 255–267

Korittko, Alexander (1978): Rollenspiel und Psychodrama. Abgrenzung und Ergänzung, in: Arbeitskreis Pädagogisches Rollenspiel e.V. (APR) (Hrsg.), Spielen und Anwenden. Rollenspiel Arbeitsbuch Nr. 1, Textsammlung aus den „Materialien zur Praxis des Rollenspiels" Nr. 1–4, 2. Auflage 1989, Hannover, S. 49–55

Kroneck, Ulrike/Rosenbaum, Martina (2007): Das Psychodrama. Eine praktische Orientierungshilfe! Stuttgart

Leithäuser, Thomas (1995): Psychoanalytische Methoden in der Sozialforschung, in: Uwe Flick et al. (Hrsg.), Handbuch Qualitative Sozialforschung, 2. Auflage, Weinheim, S. 278–281

Leithäuser, Thomas/Volmerg, Birgit (1988): Psychoanalyse in der Sozialforschung. Eine Einführung am Beispiel einer Sozialpsychologie der Arbeit, Opladen

Lensch, Martin/Montau, Robert (1996): Wie beweglich sind Rollen? Soziologische Rollentheorie und Pädagogisches Rollenspiel, in: Deutsche Gesellschaft für Rollenspielpädagogik und Szenische Gruppenverfahren e.V. (DGRS) (Hrsg.), Pädagogisches Rollenspiel. Materialien zur Theorie und Praxis, 19, Nr. 31, S. 3–17

Leutz, Grete A. (1974): Psychodrama, Theorie und Praxis. Bd. I: Das klassische Psychodrama nach J. L. Moreno, Berlin/Heidelberg

Leveton, Eva (2000): Mut zum Psychodrama, 4. Auflage, Salzhemmen

Mävers, Wolfram/Volk-von Bialy, Helmut (1995): Rollenspielpädagogik. Entwicklungsperspektiven für ein erlebnisbegründetes Lehr-Lern-Verfahren, in: Deutsche Gesellschaft für Rollenspielpädagogik und Szenische Gruppenverfahren e.V. (DGRS) (Hrsg.), Pädagogisches Rollenspiel. Materialien zur Theorie und Praxis, 18, Nr. 29/30, S. 5–106

Moreno, Jakob L. (1970): Das Stegreiftheater, 2. Auflage, New York (zuerst erschienen 1923 in Potsdam)

Moreno, Jakob L. (1989): Psychodrama und Soziometrie, Köln

Moreno, Jakob L. (2007): Gruppenpsychotherapie und Psychodrama. Einleitung in die Theorie und Praxis, 6. Auflage, Stuttgart

Nagler, Brigitte (1997a): Richtig und gerecht handeln. Konfliktbearbeitung im Lernprozess, in: Eva Senghaas-Knobloch/Brigitte Nagler/Annette Dohms: Zukunft der industriellen Arbeitskultur. Persönliche Sinnansprüche und Gruppenarbeit, 2. Auflage, Münster, S. 163–188

Nagler, Brigitte (1997b): Analyse als Intervention. Überlegungen zum arbeitswissenschaftlichen Methodenrepertoire, in: Hellmuth Lange/Eva Senghaas-Knobloch (Hrsg.), Konstruktive Sozialwissenschaft. Herausforderung Arbeit, Technik, Organisation, Münster, S. 153–167

Opdenhoff, Hanns-Eckart (1978): Rollenspiel – Grundlagen, Ziele und Methode, in: Arbeitskreis Pädagogisches Rollenspiel e.V. (APR) (Hrsg.) (1989), Spielen und Anwenden – Rollenspiel Arbeitsbuch Nr. 1, Textsammlung aus den „Materialien zur Praxis des Rollenspiels" Nr. 1–4, 2. Auflage, S. 9–32

Orthey, Frank Michael/Tilemann, Friedericke/Ritscher, Jörg/Wehner, Reinold (2000): Themenorientierte Improvisation (TOI). Theater bei laufendem Betrieb, in: Organisationsentwicklung, 19, 3, S. 40–51

Petzold, Hilarion G. (1993): Angewandtes Psychodrama in Therapie, Pädagogik und Theater, 4. Auflage, Paderborn

Regnet, Erika (1992): Konflikte in Organisationen. Beiträge zur Organisationspsychologie, Bd. 12, Göttingen

Saaman, Wolfgang (1991): Auf dem Weg zur Organisation von morgen, 2. Auflage, Stuttgart

Sader, Manfred (1984): Rollenspiel als diagnostische Methode, in: Gerd Jüttemann (Hrsg.), Aspekte klinisch-psychologischer Diagnostik, Göttingen, S. 124–147

Sader, Manfred (1986): Rollenspiel als Forschungsmethode, Opladen

Sader, Manfred (1995): Rollenspiel, in: Uwe Flick et al. (Hrsg.), Handbuch Qualitative Sozialforschung, 2. Auflage, Weinheim, S. 193–198
Schaller, Roger (2006): Das große Rollenspiel-Buch. Grundtechniken, Anwendungsformen, Praxisbeispiele, aktualisierte und erweiterte Auflage, Weinheim
Schein, Edgar H. (1999): Process Consultation Revisted. Building the Helping Relationship, Reading Mass.
Schein, Edgar H. (2000): Prozessberatung für die Organisation der Zukunft. Der Aufbau einer helfenden Beziehung, Köln
Scheller, Ingo (1998): Szenisches Spiel. Handbuch für die pädagogische Praxis, Berlin
Schreyögg, Georg (1998): Unternehmenstheater als Intervention, in: Organisationsentwicklung, 17, Nr. 1, S. 52–59
Schreyögg, Georg (2007): Unternehmenstheater als Spiegel – zur Bedeutung von Beobachtung 2. Ordnung, in: Falko von Ameln/Josef Kramer (Hrsg.), Organisationen in Bewegung bringen, Berlin, S. 234–238
Schreyögg Georg/Dabitz, Robert (1999): Unternehmenstheater: Formen, Erfahrungen, erfolgreicher Einsatz, Wiesbaden
Schützenberger, Anne (1976): Einführung in das Rollenspiel: Anwendungen in Sozialarbeit, Wirtschaft, Erziehung und Psychotherapie, Stuttgart
Senghaas-Knobloch, Eva/Nagler, Brigitte/Dohms, Annette (1997): Zukunft der industriellen Arbeitskultur. Persönliche Sinnansprüche und Gruppenarbeit, 2. Auflage, Münster
Sievers, Burkhard (1985): Rolle und Beratung in Organisationen, in: Akademie für Jugendfragen Münster (Hrsg.) (1992), Supervision, 7, Juni 1985, Frankfurt a. M.
Stahlke, Iris (2001): Das Rollenspiel als Methode qualitativer Sozialforschung. Möglichkeiten und Grenzen, Internationale Hochschulschriften, Bd. 332, Münster
Strauss, Anselm (1991): Grundlagen qualitativer Forschung. Datenanalyse und Theoriebildung in der empirischen soziologischen Forschung, München
Volmerg, Birgit/Volmerg, Ute/Leithäuser, Thomas (1983): Kriegsängste und Sicherheitsbedürfnis. Zur Sozialpsychologie des Ost-West-Konflikts im Alltag, Frankfurt a. M.
Weltz, Friedrich (1997): Beobachtende Teilnahme – ein Weg aus der Marginalisierung der Industriesoziologie, in: Hellmuth Lange/Eva Senghaas-Knobloch (Hrsg.), Konstruktive Sozialwissenschaft – Herausforderung Arbeit, Technik, Organisation, Münster, S. 35–47
Wittinger, Thomas (Hrsg.) (2005): Handbuch Soziodrama. Die ganze Welt auf der Bühne, Wiesbaden

Großgruppenverfahren als Methoden transformativer Organisationsforschung

Susanne Maria Weber

1 Einleitung

In den letzten 10 Jahren sind Großgruppenverfahren im deutschsprachigen Raum nicht als qualitative Methoden der Organisationsforschung, sondern als Verfahren der Organisationsberatung bekannt geworden (Weber 2005a, b). In diesem Kontext ermöglichen sie das partizipative Arbeiten in großen und sehr großen Gruppen zwischen 30 bis über 3000 Teilnehmenden (Weber 2000). Zu den im deutschsprachigen Raum besonders bekannt gewordenen Verfahren gehören Open Space nach Harrison Owen (1997), die Zukunftskonferenz (Weisbord/Janoff 1995), das Verfahren der Wertschätzenden Erkundung im Großgruppendesign (Bruck/Weber 2000), das Verfahren Real Time Strategic Change (RTSC) (Dannemiller/Tyson 2000) sowie das Verfahren World Café (Brown/Isaacs 2007). Bereits in der ersten Auflage der deutschen Übersetzung des „Change Handbook" (Holman/Devane 2002) sind annähernd 20 Verfahren aufgeführt und dargestellt. Unter dem Oberbegriff der Großgruppenverfahren versammeln sich also je spezifische Verfahren, die in Gruppengrößen über 30 Teilnehmenden ihre spezifische Qualität der Großgruppenarbeit entfalten.

Seit Mitte der 90er Jahre haben sich die Großgruppenverfahren zunehmend im Feld der systemischen Beratung und lernenden Organisation etabliert (Weber 2002) und werden hier primär an die Argumentationsfigur der lernenden Organisation angeschlossen (Senge 1997). Die Vielfalt der Großgruppenverfahren als Interventionsmethoden erschließt sich über Übersichtsbeiträge (Weber 2000) und Praxiseinführungen (Holman/Devane 1999 Königswieser/Keil 2000), die für die praktische Durchführung solcher Formate weiterführende Orientierung bieten.

Die Erforschung der Großgruppenverfahren ist zu unterscheiden zwischen Forschung über Großgruppenverfahren und Forschung mit Großgruppenverfahren. Lediglich für das erste Forschungsgebiet kann konstatiert werden, dass die empirische und theoretische Forschungstätigkeit zu Großgruppenverfahren allmählich stärker einsetzt (Bunker 1999; Oels 2000, 2003; Polanyi 1999; Saam 2002; Weber 2002, 2005 a,b). Forschung, in der Großgruppenverfahren als Methoden qualitativer Organisationsforschung zum Einsatz kommen, muss derzeit noch als weitestgehend in den Anfängen stehend angesehen werden. Damit steht ein einführender Beitrag zu Großgruppenverfahren als Methoden der Organisationsforschung vor der Herausforderung, die Landkarte einer „terra incognita" zu zeichnen.[1] Im Folgenden sollen hier zunächst kurz drei Argumentationslinien skizziert werden, die den Einsatz von Großgruppenverfahren als Methoden qualitativer Organisationsforschung begründen.

Begründungslinien

Eine historische Begründungslinie verweist auf ihre gemeinsamen Wurzeln mit anderen qualitativen Forschungsmethoden. Eine konzeptionelle Begründungslinie knüpft an die in der Aktions- und Handlungsforschung geführte Diskussion um die Gleichzeitigkeit von Forschen und Verändern an. Eine dritte, wissenssoziologische Begründungslinie verweist auf die Universalisierung forschender Wissensgenerierung als gesellschaftliche Praxis.

Die historische Perspektive zeigt auf, dass sich die gemeinsame Theoriebezüge der Verfahren bis in die 1930er und 40er Jahre des letzten Jahrhunderts in den Grenzgebieten der Sozialpsychologie, der Systemtheorie, der Kybernetik, der Gruppendynamik und Psychoanalyse, der Chaosforschung sowie den Komplexitäts- und Selbstorganisationstheorien zurückverfolgen lässt (Boos/Königswieser 2000, S. 18). Zentral gerade für die Entwicklung qualitativer Forschungsmethoden waren die sozialpsychologischen Forschungsarbeiten Lewins zur Gruppendynamik (Lewin 1982; Bion 1971) und die Feldtheorie dynamischer Kräftefelder (Lewin 1982, S. 157 ff.). Diese Arbeiten mündeten in die Entwicklung heute bereits etablierter Methoden qualitativer Sozialforschung wie z. B. der Gruppendiskussion (Lamnek 2005a, b) und der Handlungsforschung (Brödel et al. 2003) ein. Während die Gruppendiskussion als Forschungsmethode jedoch bereits auf eine 50jährige Geschichte zurückblicken kann, steht die Forschung mit Großgruppenverfahren als Methode qualitativer Organisationsforschung noch am Anfang.

Aus diesen historischen Perspektiven leitet sich die zweite, konzeptionelle Begründungslinie der Gleichzeitigkeit von „Forschen" und „Verändern" ab. Diese wurde in der Aktionsforschung der 70er Jahre (Moser 1976, 1978; Cremer/Klehm 1978) als Anspruch Praxis verändernder Forschung vertreten. Aktionsforschung entwarf das Verhältnis von Forschung und gestaltender Transformation als partizipatives, auf (Forschungs-)subjekte bezogenes Verhältnis. Forschende und Betroffene sollten gemeinsam den Handlungs- und Forschungsablauf bestimmen und auch PraktikerInnen wurden als ForscherInnen verstanden. Demnach sind die Definition der Problemstellung, die gewählten Untersuchungsmethoden, die Durchführung der Datenerhebung, die Interpretation der Daten bis hin zur Problemlösung darauf ausgerichtet, Veränderungsprozess mit und in der Praxis zu sein. In den Theorien qualitativer Evaluation (Guba/Lincoln 1989) wurde damit die Perspektive gesellschaftlichen und organisationalen Lernens und des „Empowerment" gestärkt und auch im Feld der qualitativen Evaluation verankert (Fetterman 2001; Torres et al. 2005). Andererseits existieren weiterhin Auffassungen, die die Gleichzeitigkeit von Handeln und Forschen in sogenannten interventiven Formen der Datenerhebung und -auswertung in Frage stellen. So wird daran gezweifelt, dass in der Verwobenheit von Datenerhebung und -auswertung neben engagierter Partizipation und unmittelbarer Veränderung auch distanzierte Erkenntnis entstehen könne. Qualitative Forschung sei dann nicht zuvörderst wissenschaftliche „Methode", sondern „Teil sozialer Bewegungen" (Terhart 1997, S. 35).

In heutigen Konzepten der Handlungsforschung wird das Verhältnis von Forschung und Transformation eher als ein Verhältnis wechselseitigen Lernens aus pluralen Wissensbeständen rekonstruiert (Brödel et al. 2003). Altrichter et al. (1997) verstehen Aktionsforschung als Strategie, aus der Praxis heraus forschendes Lernen für die Praxis anzuregen – also das Forschen als Tätigkeit der PraktikerInnen selbst zu verstehen. Auch Prengel (1997, S. 599) zeigt auf, dass professionelles Handeln in den verschiedensten

Arbeitsfeldern stets auf Situationsanalysen und Handlungsentwürfen beruht. Sie verfolgt die These, dass auch in der Praxisforschung eine Reihe qualitativer Forschungsmethoden entwickelt und verwendet würden. Diese Perspektive „forschender Praxis" verweist auf die dritte, wissenssoziologische Begründung des Einsatzes von Großgruppenverfahren als Methoden qualitativer Organisationsforschung.

Als dritte Begründungslinie kann die wissenssoziologische Position Weingarts (2001) der Generalisierung eines forschenden Handlungsmodus angelegt werden. Demnach etablieren sich an vielfältigen gesellschaftlichen Orten, an denen Handeln auf Wissen gegründet ist, solche – strukturähnlich wie in der Wissenschaft selbst ablaufenden – forscherischen Praxen. Wissen generierende und Wissen prüfende Kommunikationspraxen (ebd., S. 337) wie hypothetisches Denken und experimentelles Handeln generalisieren sich und dehnen wissenschaftliche Prinzipien erfahrungsgesteuerter Produktion und Revision von Wissen auf andere Wissensformen und Organisationen aus, ohne den Umgang über das „langsame" Wissenschaftssystem zu nehmen (Willke 1998, S. 165). Auch Organisationsveränderung wird dann im Modus forschender Wissensgenerierung angelegt und Großgruppenverfahren als Methoden systemischer Selbsterforschung in und von Organisationen rekonstruierbar.

Methodologische Prinzipien der Großgruppenverfahren

Es stellt sich daher die Frage, wer mit solchen Verfahren forscht – die Praxis, die Wissenschaft oder beide: Die Frage nach den Anwendungshorizonten und Akteuren der Verfahren ist relevant, da sich Fragestellungen, Forschungsdesigns und die Möglichkeit der Einflussnahme und Ausgestaltung verändern in Abhängigkeit von der „Situation" im Feld. So kann die Initiative von den Forschenden, dem Praxisfeld oder von beiden in Koproduktion ausgehen. Dies bringt wissenschaftlich orientierte Forschung dementsprechend in die sehr unterschiedliche Position des „Zugpferdes", des „Beibootes" oder des „Tandems". Diese unterschiedlichen Akteurspositionen gilt es für die Anwendung von Großgruppenverfahren im Feld der qualitativen Organisationsforschung mitzuführen.

Der Bezugspunkt der Strukturierung als organisierende Perspektive

Sind die Forschenden initiativ, gestalten sie aktiv das Erhebungsdesign und strukturieren die Erhebungssituation. Sie schaffen ein reaktives Forschungsdesign. Im umgekehrten Falle geht die Initiative der Intervention vom Praxisfeld aus und die Forschenden befinden sich dann in der Rolle der teilnehmenden Beobachtung und der Datennutzung im Sinne nonreaktiver Verfahren. Im dritten Falle gestalten Forschung und Praxis koproduktiv das Erhebungssetting und verfolgen gleichermaßen forschende und transformative Absichten. Ein solches koproduktives Modell transformativer Forschung und „lernförderlicher Forschungspraxis" (Schäffter 2007) kommt den Vorstellungen einer Handlungsforschung nahe, die von der Möglichkeit der Gleichzeitigkeit von Forschen und Handeln ausgeht. Flick (1995) unterscheidet als Bezugspunkte der Strukturierung die Forschenden mit ihrem Forschungsinteresse, die Subjekte und ihre Sichtweise sowie die Situation, in der untersucht wird bzw. in die die Subjekte eingebettet sind. Die folgende Darstellung der methodologischen Prinzipien der Großgruppenverfahren geht im Sinne systemischer Forschungsansätze von der Simultaneität von Forschung und Veränderung aus und folgt damit dem koproduktiven Modell der Wissensgenerierung.

Großgruppenverfahren verstehen sich als systemische Verfahren, die eine spezifische Qualität und einen spezifischen Nutzen im Feld qualitativer Organisationsforschung entfalten können. Angelehnt an die Ausarbeitungen zum Managementparadigma, das Königswieser/Keil (2000) unter Rückgriff auf Probst (1987) vorgeschlagen haben, wird dieses hier genutzt, um die methodologische Logik einer Großgruppen basierten Forschung entlang des Forschungsprozesses deutlich werden zu lassen.

Partizipative Planung und Vorbereitung des Forschungsprozesses

Während in nicht partizipativen Forschungsdesigns Auftraggebende oder Forschende selbst das Design entwerfen und ggf. „Pretests" vornehmen, orientieren sich Großgruppenformate als systemische Forschungsdesigns daran, eine horizontal vernetzte und heterogen zusammengesetzte Teilnehmenden- bzw. Mitforschungsgruppe einzusetzen, welche aus verschiedenen Bereichen, Strömungen, Perspektiven einer Organisation oder Netzwerk besteht.

Systemische Forschungsperspektiven gehen auch davon aus, dass die Auseinandersetzung mit dem Gegenstand auch die Forschung und die ForscherInnen berührt. Das Forschungsdesign wird als Grundkonzept geplant und auf der Grundlage eines Grobdesigns, das für klare Rahmenbedingungen sorgt, prozessoffen angelegt. Vertrauen, kollektive Stimmung und latente Themen sollen einen wichtigen Stellenwert haben und damit Prinzipien der Selbstläufigkeit, wie sie strukturähnlich auch im Narrativen Interview zur Geltung kommen sollen, ins Zentrum gestellt. Das Forschungsdesign gilt als veränderbar, wie es auch die Konzeption der grounded theory vorsieht (Strauss 1991).

Damit werden die Befragten als aktive Co-Produzenten verstanden, deren Energien einen wesentlichen Beitrag für den Forschungsprozess darstellen. Die Unterschiedlichkeit und Authentizität der Meinungen sowie die Pluralität der Perspektiven soll im Prozess sichtbar werden. Im Interesse der Komplexitätsorientierung sollen so viele Wissensträger wie nötig einbezogen werden, um systemische Rekonstruktionen zu ermöglichen.

Koproduktives Forschen im Prozess

Im Falle koproduktiver Ausgestaltung des Designs von Forschenden und Organisation sind nicht nur die Forschenden, sondern auch die Teilnehmenden als Gruppe und Einzelne verantwortlich für das Gelingen des Forschungsprozesses. Daten werden nicht durch Vereinzelung der zu Befragenden gewonnen, sondern es wird davon ausgegangen, dass gelingende Forschungsprozesse ein hohes Maß an Selbstorganisation aufweisen. Forschende nehmen damit eher eine Kontext gestaltende als eine aktive Rolle ein. In systemischen Forschungsdesigns sollen eher horizontale Dialoge gefördert und Gespräche aktiviert werden. Forschungssettings werden bewusst offen gestaltet, unstrukturierte, offene Zeit wird bewusst eingeplant für Kommunikation zwischen den WissensträgerInnen. Themen und Ziele werden weniger vorgegeben. Damit soll der Fokus der Wissensbildung auf der kollektiven Ebene liegen. Ein experimentierender, dialogischer Zugang wird als sinnvoll angesehen, um Wissen zu generieren.

Forschen in und mit großen Gruppen

Während andere interaktive Forschungsdesigns eher in den Größenordnungen zwischen fünf und 20 Teilnehmenden liegen, geht der systemische Forschungsansatz davon aus, dass interaktives Forschen auch mit mehr als 100 teilnehmenden Personen möglich ist. In Großgruppenformaten wird in der Regel wieder in kleine Kleingruppen „fraktale" gruppiert. Hier wird jedoch nicht davon ausgegangen, dass jede Gruppe durch eine professionelle Moderation und Leitung begleitet werden muss, sondern dass die sich selbst organisierenden Gruppen lediglich eine genaue Aufgabenstellung benötigen. Entgegen dem Forschungsansatz, Diskussionen zu fördern, unterstützen systemische Forschungsdesigns den Dialog. Das Raumarrangement soll Kommunikation fördern durch in Kreisen angeordnete Sitz- oder Tischgruppen. Weiterhin setzen systemische Methodendesigns eher an Lösungs- als an problemorientierten Forschungszugängen an. So sind visions- und ressourcenorientierte Forschungsfragen ebenso aussagestark wie problemorientierte Ansätze. Komplexe Arrangements und Forschungsprozesse sollen nicht linear angelegt sein, sondern auch zirkuläre Rückkopplungsschleifen einbeziehen.

Unterschiede und Gemeinsamkeiten zu anderen interaktiven Formaten

Großgruppenverfahren stellen rein zeitlich gesehen bereits ein wesentlich komplexeres Erhebungsformat dar als andere interaktive Erhebungsformate, die hier vergleichend herangezogen werden sollen. Solche – ebenfalls multimethodischen – Formate sind in der Regel zwischen zwei bis maximal sechs Stunden angelegt. Die ca. zwei stündig angelegte Gruppendiskussion wurde ausgebaut zur habitushermeneutisch orientierten und im Workshopformat angelegten vierstündigen Gruppenwerkstatt (Bremer 2004), die wiederum gefolgt wird vom auch didaktisch angelegten interaktiven und sechsstündig angelegten Format der „Forschenden Lernwerkstatt" (Grell 2006).

Während die Gruppendiskussion im allgemeinsten Sinne ein „Gespräch mehrerer Teilnehmer zu einem Thema" darstellt, welches von einer Diskussionsleitung benannt wird und dazu dient, „Informationen zu sammeln" (Lamnek 2005a, 408ff; 2005b), machte Bremer (1999, 2004) auf Grundlage der Gruppendiskussion auch kreative Zugänge für das Verfahren der Gruppenwerkstatt fruchtbar und integrierte sowohl Kartenabfragen wie auch das Arbeiten mit Bildmaterial, und damit verschiedene, aus der Gruppenmoderation bekannte Verfahren und Techniken zu Gruppenerhebungsformaten und Gruppenworkshops. Das Methodenensemble der „Forschenden Lernwerkstatt" (Grell 2006) erweitert die Konzeption der „Gruppenwerkstatt" und reichert diese weiter an zu einem Erhebungsdesign in acht Schritten, das von der Begrüßung und Einführung hin zu einer ersten Runde mit Bildkarten, Gruppendiskussion, Vertiefung mit Metaplan, symbolisch-bildlicher Gestaltung, Rückmeldung, Reflexion, weiterführenden Absprachen und dem Einsatz eines sozialstatistischen Fragebogens reicht (ebd., 81ff). Weiterhin können grundsätzlich auch „critical incidents", sowie moderierte oder unmoderierten Brainstormings zum Einsatz kommen.

Zielstellungen und Themenspezifik der Forschungsformate

Neben den deutlichen Unterschieden in der zeitlichen Dauer und Strukturierung, verfolgen die Verfahren auch unterschiedliche Zielstellungen. Während die Gruppendiskussion keinen transformativen Anspruch verfolgt, sondern sich – ebenso wie die Gruppenwerkstatt (Bremer 2004) vollständig als Forschungsverfahren versteht, so weist die „Forschende Lernwerkstatt" (Grell 2006) bereits eine didaktische Zielstellung auf. Hier sollen die Teilnehmenden nicht „InformantInnen" sein, sondern selbst auch einen Lernprozess erfahren, ebenso wie dies auch in den transformativen Großgruppenverfahren angelegt ist.

Die interaktiven Erhebungsformate unterscheiden sich weiterhin auch in Bezug auf das Ausmaß der Spezifik ihrer thematischen Orientierung. Während die Großgruppenverfahren zwar themenunspezifisch, aber auf komplexe Systeme und damit in der Anwendung auch recht stark auf den Organisationenbezug orientiert sind, kann das Format der Gruppendiskussion als gänzlich themenoffen und damit themenunspezifisch gelten. Die „Gruppenwerkstatt" (Bremer 1999, 2004) hingegen zielt explizit auf eine spezifische Fragestellung, nämlich die typenbildende Milieu- und Habitusanalyse im Kontext von Zielgruppen- und potentiell auch Marktforschung. Auch die „Forschende Lernwerkstatt" versteht sich eher themenspezifisch in dem Sinne, dass sie sich auf Bildungsprozesse von Lernsubjekten bezieht.

Ausmaß und Art der Strukturierung und Steuerung

Ein weiteres Unterscheidungsmerkmal stellt das Ausmaß der Strukturierung und Steuerung dar. Während die genannten Formate durch externe Expertise und Moderation angeleitet und gesteuert werden, arbeiten Großgruppenformate mit interaktiv-forschenden Zugängen in kleineren, sich selbst steuernden Gruppen. Während Gruppendiskussion, Gruppenwerkstatt und „forschende Lernwerkstatt" Gruppengrößen zwischen fünf und 15 Teilnehmende adressieren, können Erhebungs- und Datengenerierungsprozesse in Großgruppenverfahren mehrere Hundert oder gar Tausende Teilnehmende zugleich erreichen. Großgruppenverfahren sind damit in der Lage, das Erhebungsdesign einer Gruppendiskussion quasi zu multiplizieren, indem sie simultane Gespräche in parallel agierenden Gruppen ermöglichen. Damit gestalten sich solche Erhebungssituationen potentiell „naturalistisch" in Selbstorganisation der Teilnehmenden.

Ebenfalls unterschiedlich ist das Maß der Ausgestaltung der Erhebungssituation mit verbalen oder auch gestalterisch-inszenierenden Zugängen. Großgruppenverfahren arbeiten hier durchaus multimethodisch im Gegensatz zur deutschen Rezeptionslinie der Gruppendiskussion. Im amerikanischen Strang der „Focus Groups" (Greenbaum 1998) kommen kreative Formate weit stärker zur Geltung. Auch im deutschen Sprachraum wurden bereits mit „kreativer Gruppenexploration" (Salcher 1995); „moderierter Kreativgruppe" (Kepper 1996) oder der „Moderationsmethode" (Bortz/Döring 1995) exploriert und methodisch experimentiert. Um stärker auch emotionale und nicht-bewußte Ebenen der Beteiligten ansprechen zu können, fanden Verfahren wie „Creative Workshops" und „Extensive Creativity Groups" zunehmend auch in der Marktforschung ihren Ort. Auch im Forschungsgebiet politischer Bildung wurde mit solchen methodischen Zugängen gearbeitet (Flaig et al. 1997, S. 41).

Grad der Subjektorientierung und Partizipation

Auch im Ausmaß der Subjektorientierung und des Partizipationsanspruches unterscheiden sich die Verfahren im Vergleich. Während die Gruppendiskussion Partizipation im Sinne der Informationsgewinnung, des Meinungsaustauschs und der Meinungsbildung vorsieht, zielt die Gruppenwerkstatt auf Partizipation in dem Sinne, die Teilnehmenden aufzuschließen und ihre Artikulation multimethodisch zu unterstützen. Die „forschende Lernwerkstatt" als auch didaktisches Format strebt explizit Partizipation der Teilnehmenden an, indem sie auch die Unverfügbarkeit und Willensfreiheit der einzelnen Person sowie der Partizipation zu methodologischen Prinzipien erhebt. Unter Partizipation als Forschungsprinzip wird hier verstanden, dass die Menschen Mitsprache- und Mitbestimmungsrechte in der Forschung haben sollen (Grell 2006, S. 67 ff.). Während hier die Reflexivitätsfunktion auf der Subjektebene im Vordergrund steht, zielen Großgruppendesigns in ihrer Anlage strukturell auf transformative und systemische Wirkungen ab.

Erhebungssituation zwischen Labor- und Feldforschung

Eine weitere Unterscheidung betrifft die Forschungs- und Erhebungssituation der jeweiligen Forschungsformate. Bezogen auf die Gruppendiskussion trifft Lamnek (2005a, S. 412) die Unterscheidung zwischen vermittelnden und ermittelnden Anwendungsformaten. Erstere finden im Praxisfeld der Personal- und Organisationsentwicklung Anwendung. In der ermittelnden Variante stehen die Angaben und Gruppenprozesse im Interesse der Forschenden. Die Gruppendiskussion wird dann als „Gespräch einer Gruppe von Untersuchungspersonen zu einem bestimmten Thema unter Laborbedingungen" (ebd., S. 413) gefasst. Auch die Gruppenwerkstatt ist in diesem Sinne ein „ermittelndes" Verfahren, die unter „Laborbedingungen" stattfindet. Die „forschende Lernwerkstatt" verortet sich als didaktisch angelegtes Verfahren im Grenzbereich zwischen einem ermittelnden und vermittelnden Format und auch zwischen Laborsituation und natürlicher Forschungsumgebung. Großgruppenforschung wird, abhängig davon, ob der Impuls von den Forschenden, dem Praxiskontext oder aus der Koproduktion beider Akteursgruppen entsteht, sowohl im Labor als auch der natürlichen Forschungsumgebung anzusiedeln sein. Sie führt sowohl das ermittelnde als auch das vermittelnde Format mit.

Während Gruppendiskussion, Gruppenwerkstatt und forschende Lernwerkstatt auf die Subjekt-, Gruppen- und Milieuebene zielen, knüpfen die Großgruppenverfahren am stärksten an Konzeptionen der Aktions- und Handlungsforschung an (Brödel et al. 2003) und beziehen sich dabei systematisch auf Systemtransformation in organisationalen Feldern. Es handelt sich um feldforschende Formate (Friebertshäuser 1997), wenn Forschungsakteure „an den alltäglichen Lebenszusammenhängen der Beforschten" (Legewie 1995, S. 189) teilnehmen.

2 Datenerhebung und Datenaufbereitung

Im Folgenden sollen die Großgruppenimmanenten Unterschiede verschiedener methodischer Zugänge hinsichtlich systematischer Alternativen für die Datenerhebung und -aufbereitung dargestellt werden. So lassen sich methodische Großgruppenarrangements erstens dahingehend unterscheiden, inwieweit sie mit dem Strukturprinzip der Offenheit arbeiten oder vorstrukturierend ansetzen. Eine zweite Differenzierung stellt die Alternative thematisch lösungs- oder problemorientiert ansetzender Verfahren dar. Drittens soll die Unterscheidung von diskursiv versus auch inszenatorisch und kreativ orientierten methodischen Zugängen vorgenommen werden.

Die Selbstorganisation des Feldes als Forschungsprinzip

Das offenste und am geringsten vorstrukturierte Erhebungsformat im Großgruppendesign stellt das Verfahren Open Space (Owen 1997, Maleh 2000, 2002; Weber 2000) dar. Es setzt das Prinzip der Unverfügbarkeit und Willensfreiheit der Teilnehmenden (Grell 2006, S. 67) zentral und greift in keiner Weise dem Eigeninteresse der Teilnehmenden vor. Dies wird methodisch realisiert, indem ausgehend von einem im Vorfeld definierten Rahmenthema Themenanliegen aus dem Kreis der Teilnehmenden gesammelt und im Rahmen der einhalb- bis mehrtägigen Veranstaltung bearbeitet werden. Es erfolgt dabei keinerlei Vorgruppierung der Teilnehmenden, die sich selbst entscheiden, ob sie an den Ad-Hoc-Themenworkshops teilnehmen und an welchen Themen sie mitwirken möchten. Es existieren keinerlei thematische, Prozess moderierende oder die Zusammensetzung der Teilnehmenden vorstrukturierenden Instanzen. In diesem Format werden organisationsrelevante Themen in Ad-Hoc-Dialogen bearbeitet. Im Rahmen des Veranstaltungsformates entsteht eine durch die Teilnehmenden selbst erstellte Dokumentation.

Je nachdem, ob das Verfahren bzw. die Datenerhebung durch die Forschung, durch die Praxis oder durch beide in Koproduktion initiiert und aktiv gestaltet wird, handelt es sich hier um ein reaktives oder nonreaktives Setting der Datenerhebung. Nimmt die Forschung lediglich teil an den „im Feld" stattfindenden selbstläufigen Prozessen, so sind sie in der Rolle teilnehmender Beobachter und partizipiert so am Selbsterforschungsprozess des Organisationssystems. Solcherart selbstläufige dialogisch-interaktive Prozesse lassen sich mittels Video- und Audioaufzeichnung mitvollziehen. Weiterhin entsteht Printmaterial in Form von Metaplankarten sowie Pinwand- und Flipchartschriften (Grell 2006, S. 158 ff.) sowie eine elektronische oder Printdokumentation der Teilnehmenden, die noch im Rahmen der Veranstaltung selbst erstellt wird.

In diesem, auf Selbstläufigkeit angelegten Großgruppenformat ist der Eingriffscharakter durch Forschung strukturell „minimal-invasiv" angelegt und kann kombiniert werden z. B. mit dem Einsatz fotobasierter Verfahren (vgl. den Beitrag von Brake in diesem Band), der Durchführung von Interviews mit einzelnen Teilnehmenden oder auch der Durchführung von Ad-Hoc-Erhebungen mittels elektronischer opinion polls (Brake/Weber in diesem Band), wie sie auch in rein praxisorientierten Veranstaltungsformaten bereits Anwendung finden.

Forschungslogisch entspricht das Prinzip des Erhebungsformates „Open Space" dem auf Selbstläufigkeit angelegten „narrativen Interview" (Herrmanns 1995, S. 182 ff.) in dem Sinne, dass sich hier die kollektive „Narration des Systems" erschließen lässt (Weber 2005a). Ähnlich wie eine autobiographische Darstellung entlang der subjektiven Relevanzsetzungen (Jakob 1997) idealer Weise in Selbstläufigkeit erfolgt, wird hier ein Format systemischer Selbstläufigkeit entlang kollektiver Relevanzsetzungen realisiert. In diesem

Systemzusammenhang können praktisch erläuternde Argumentationstexte ebenso wie Handlungen und Ereignisse berichtende Beschreibungstexte und szenische, die Orientierungsstrukturen des faktischen Handelns rekonstruierenden Erzähltexte (Lamnek 2005a, S. 357) entstehen.

Forschungsprinzip Vorstrukturierung: Arrangierte Differenz und kollektive Suche

Im Gegensatz zu Vorgehensweisen, die das Prinzip der Offenheit und Selbstorganisation für Prozesse systemischer Selbsterforschung methodisieren, gehen andere Verfahren gruppierend, systematisierend und konstellierend mit der Gestaltungs- und Forschungssituation um. Zu solchen eher vorstrukturierenden Verfahren gehört auch das Verfahren Zukunftskonferenz (Weisbord/Janoff 1995), das hinsichtlich der Perspektiven, des Prozesses und der Teilnehmenden vorstrukturierend angelegt ist. Das im Ablauf kleinschrittig standardisierte Format der Zukunftskonferenz ist auf 2,5 Tage angelegt und verläuft in einem vorab definierten Veranstaltungs- und Erhebungsdesign. Bereits im Vorfeld identifiziert eine systemisch konstellierte Vorbereitungsgruppe – die je nach Ausgangslage der Forschungssituation durch die Forschung, die Praxis oder in Koproduktion gebildet wird – die potentiellen Systembeteiligten des relevanten Themas. Teilnehmende werden systematisch ausgewählt und gezielt eingeladen nach den Kriterien themenrelevanter Wissensträger, Machtträger, Promotoren und Betroffenen. Damit orientiert sich die Teilnehmendenkonstellierung an der Repräsentation des „Systems" und der Rekonstruktion der Systemperspektiven. Nach inhaltlichen und demographischen Faktoren werden Teilnehmende repräsentativ in strukturell heterogener Zusammensetzung gruppiert. Idealerweise sieht das Design acht Gruppen à acht FunktionsträgerInnen, also 64 Teilnehmende vor.

Vorstrukturiert ist auch der Veranstaltungsablauf, der den Dreischritt Geschichte – Gegenwart – Zukunft durchläuft ebenso wie die Mehrebenenanalyse von globalen – regionalen – persönlichen Entwicklungen im definierten Zeithorizont beleuchtet. Das Verfahren Zukunftskonferenz erlaubt daher in besonderem Maße prozessuale und historisierende Rekonstruktionen der Entwicklung von Organisationen und organisationalen Systemen, die Vergangenheit rekonstruieren und Zukunftsszenarien imaginieren und visionieren. Im Verlauf der Prozessschritte werden Ergebnisse verdichtet, um den Prozess kollektiver Meinungsbildung zu einem integrierten Ergebnis zu führen. Damit schließt die Zukunftskonferenz methodisch an den oben bereits benannten amerikanischen focus groups an, die ja explizit auch mit kreativen und inszenierenden Praxen und Arrangements arbeiten. Allerdings geht es hier weniger um „Diskussion" im Sinne des Abgleichs oder Abtauschs von Meinungen und Positionen, sondern um dialogische Prozesse kollektiver Meinungsbildung. Die explizite Suche nach Gemeinsamkeiten setzt nicht – wie die Gruppendiskussion (Lamnek 2005a, S. 433) – homogene Gruppen als Ausgangspunkt, die kollektive Meinungen bilden, reproduzieren oder in denen sich konjunktive Erfahrungsräume widerspiegeln. Im Gegenteil geht es hier um den transformativen Prozess dialogischer Verständigung und kollektiven Lernens aus der arrangierten Differenz heraus. Daher werden im Verfahren auch die Teilnehmenden als Mitverantwortliche für den Prozess der selbst steuernden Gruppen in Rollenverantwortungen gebracht. Diese soll über den Prozess rollierend wahrgenommen werden und das Prinzip geteilter kollektiver Verantwortung zur Geltung bringen: Im Einzelnen sind diese eine Moderationsfunktion, eine Visualisierungsfunktion, eine Zeithüterfunktion und eine Präsentationsfunktion.

Multiperspektivität stellt den Ausgangspunkt dieses methodischen Arrangements dar. Es ist bereits in sich methodenplural angelegt, insofern Gruppendialoge, szenische Darstellungen, neue Konstellierungen in homogene oder heterogenen Gruppen ebenso wie Moderationsmethoden etc. integriert werden. Insbesondere auch das Prinzip der Zukunftsorientierung und der systemischen und mehrdimensionalen Rekonstruktion werden in den folgenden Grundprinzipien der Zukunftskonferenz erkennbar: „Das ganze System in einen Raum holen", „Global denken, lokal handeln", „Focus auf die Zukunft statt auf Probleme" und „in selbststeuernden Gruppen arbeiten" (Weisbord/Janoff 2000). Auch hier wird die Binnendynamik in der Gruppe nicht durch die Gesprächsführung von Forschenden, sondern von Systemmitgliedern gestaltet, die in ihren Rollen über den Gesamtprozess durchaus wechseln können und damit eine demokratische und Kompetenzen entwickelnde und fördernde Funktion haben (sollen). Im Verfahren wird der Perspektivwechsel methodisiert – in Strukturähnlichkeit zum qualitativen Interview (Graumann et al. 1995, S. 67).

Forschungsprinzip Perspektivische Strukturierung: Lösungsorientierung

Das Entscheidungskriterium „perspektivische Strukturierung" bezieht sich auf die Ausrichtung der Forschungsfragen, die sich entlang problemorientierter oder auch lösungsorientierter Perspektiven gruppieren können. Wie oben bereits verdeutlicht, entspricht es dem methodologischen Fokus der Großgruppenverfahren, der lösungsorientierten Perspektive Raum zu geben. Anschließend an Traditionen der Aktionsforschung sieht Cooperrider (1999, 2000) die Notwendigkeit und die Möglichkeit, wissenschaftliches Fragen und Intervenieren zu verbinden als Einheit und Doppelstrategie. Das Verfahren der „Wertschätzenden Erkundung" lässt sich damit direkt zurückführen auf die Prinzipien der gestaltungsorientierten Aktions- und Handlungsforschung und der Zugänge systemischer Lösungsorientierung, wie sie aktuell durch Senge et al. (2004) vertreten werden.

Aus konstruktivistischer Perspektive sieht Cooperrider Wissenschaft als Normalisierungspraxis der Herstellung kollektiver Realitäten. Auch wissenschaftliche Fragerichtungen stellen demnach Normalität her. Die den Forschungspraxen zugrunde liegenden mentalen Modelle seien Produkte kollektiver Überzeugungen und sozialer Akzeptanz und damit grundsätzlich revidierbar. Cooperrider fordert daher eine neue wissenschaftliche Haltung, die an wertschätzenden Wissensformen ausgerichtet ist (Srivastva et al. 1999, S. 1). „Future as opportunity, not destiny" (ebd., S. 9) bedeute für Wissenschaft und Theoriebildung eine veränderte Aufgabe: Statt Problemverhaftethet und -fokussierung des „sagens was ist" solle Wissenschaft die Rolle einzunehmen zu sagen, „wie es werden könne". Der Perspektivwechsel von „Defizitfokussierung" zu „Ressourcen- und Lösungsfokussierung" unterstütze den Wandel zum Positiven und Besseren durch die explizit lösungsorientierte Befragung von Subjekten und Systemen. Aus Cooperriders (1999) Sicht sind auch organisationale Handlungsmuster nicht fixiert, sondern basieren auf mentalen Modellen als Produkte kollektiver Überzeugungen und sozialer Akzeptanz. Damit seien sie grundsätzlich revidierbar hin zu wertschätzenden Wissensformen. Die Zeitdimension im Sinne der antizipierenden Realität ist demnach im Organisationshandeln besonders wichtig: Jede soziale Handlung impliziere Antizipationen der Zukunft. Sie beinhalte ein reflexives nach vorne und nach hinten Schauen. Cooperrider bezieht sich dabei auch auf Heideggers Konzept der „Geworfenheit" und des „Entwurfs", also einer „projekthaften" Existenz. Wertschätzendes Wissen rekonstruiert er als mentale Kraft, die in der Textur der Gegenwart die Zukunft eingewoben findet.

Die methodische Umsetzung dieses neuen wissenschaftlichen Paradigmas stellt das Verfahren der „Wertschätzenden Erkundung" dar. Im Kern handelt es sich hierbei um einen Gesprächsleitfaden für ein qualitatives Interview. Diese Struktur eines analytisch orientierten Interviews (Lamnek 2005a, S. 334) zielt darauf, einerseits die Bedingungen der Praxis aus der Rekonstruktion der Organisationsmitglieder zu untersuchen und diese mit dem Subjekt selbst zu verknüpfen, insofern der eigene Beitrag zum Gelingen herausgearbeitet wird. Das „positive und wertschätzende Fragen" lässt die Person ihre Aufmerksamkeit auf ihre Qualitäten und ihren Beitrag fokussieren. Die empirisch gewonnenen Faktoren des Erfolgs und subjektiven Vorstellungen werden erweitert und vergrößert zu der Frage nach der Vision des optimal Gelingenden. Dieses ideale Szenario wird dann daraufhin befragt, wie es Wirklichkeit werden kann und welche Schritte dazu erforderlich sind. Es handelt sich bei der Wertschätzenden Erkundung damit um ein „transformatives Interview", das die subjektive Narration des Einzelnen in kollektive Narrationen rückbindet und dynamisiert. Die üblicherweise gegebene Asymmetrie im qualitativen Interview (ebd., S. 335) tritt mit diesem transformativen Interview nicht auf, da es sich im Regelfall um ein Partnerinterview handelt. Möglich sind allerdings auch Einsatzformen, in denen Kräfte zunächst speziell geschult werden, die Interviews zu führen, die besten Erfahrungen zusammenzutragen und im Großgruppenformat aus der Vielfalt der Fälle des Gelingens eine neue und andere kollektive Narration und Selbstbeschreibung entstehen zu lassen, die zugleich vergangenheitsfundiert und zukunftsgeleitet ist und die aus der Zusammenführung, Kollektivierung und Verdichtung der individuellen Erfahrungen entsteht.

Damit setzt das Verfahren konsequent an konstruktivistischen und systemischen Perspektiven an und verankert das oben beschriebene „empirische Prinzip" wissenschaftliche und gleichzeitig transformative Praxen in Organisationen. Im Modus einer biographisch-reflexiven Erinnerungsarbeit werden Faktoren und situative Qualitäten erschlossen (Kade/Nittel 1997) um Systemnarrationen zu generieren. Diese stellen wichtige, datenintegrative Erkenntnisquellen dar, da sie sinn- und Zusammenhangs bildende Bedeutungsordnungen repräsentieren (Kraimer 1997, S. 459).

Problemorientierung als Strukturierungskriterium

Das gegensätzliche Prinzip perspektivischer Strukturierung stellt der – gesellschaftlich weithin bekanntere und auch akzeptiertere – Zugang der Problemorientierung dar. Während das Verfahren der „Wertschätzenden Erkundung" auf die unterschiedlichsten Themenstellungen Anwendung finden kann und dabei stark im Organisationskontext Anwendung findet, indem es Großgruppenformaten vorgelagert oder in sie integriert wird, stellt das Verfahren RTSC (Real Time Strategic Change) ein auf 2,5 Tage angelegtes Multi-Methoden-Arrangement dar, das Problemorientierung zum Ausgangspunkt nimmt. Im Duktus und Kommunikationsstil beginnt es damit nicht „weich" und „einfühlend" mit offenen Erzählaufforderungen, sondern setzt als Veranstaltungsformat eher konfrontativ an der „Vermittlung schlechter Nachrichten" an, die Veränderungsbereitschaft im Großgruppenkontext erzeugen sollen (zur Bonsen 2003). Angelegt als das Veranstaltungsformat „Strategiekonferenz" wird formale Organisations- und Entscheidungshierarchie systematisch als Leitungsebene repräsentiert, im Gegensatz zu den anderen Verfahren, die Entscheidungsmacht nicht symbolisch repräsentieren. Die Führung – im öffentlichen Raum z. B. Mandatsträger oder führende, mit Entscheidungskompetenzen ausgestattete Verwaltungskräfte nachgeordneter Behörden und Ämter – nehmen räumlich eine herausgehobene Position ein und nehmen auch im Verlauf der mehrtägigen Veranstaltung Richtung weisend Einfluss auf den Prozess der Themenbearbeitung und -ausgestaltung. Im Kontext von Organisationsforschung ist damit die Rekonstruktion der Inszenierung von Führung und Entscheidung besonders potenzialreich mit diesem Verfahren möglich. Jacobs/Mc Keown (1999, S. 299) sehen den Einsatz von RTSC als generell dann geeignet an, wenn Wandel dringend erforderlich sei und nachhaltige Veränderung angestrebt werde. Problematisierung mündet in die Schritte „Diagnose und Problemerhellung" zugrunde liegender „Muster und Alternativen" sowie der konkreten „Vorgehensweisen zum Besseren". Als Transformationsmethode findet RTSC Anwendung in strategischer Planung, Organisationsdesign, Fusionen, Qualitätsmanagement, Reengineering, Training und Kulturwandel und findet im öffentlichen Sektor ebenso Anwendung wie in der Privatwirtschaft (Bredemeyer et al. 2002).

Auch der problemorientierte Einstieg des Verfahrens, in dem das Nicht-Gelingende der Organisation problematisiert wird und die Herausforderungen und Anforderungen aufgezeigt werden, lassen sich als systemische Selbstthematisierungen und kollektive Narrationen untersuchen, die multimethodisch erschlossen werden können. Im Prozess transformativer Forschung praktizieren die Systeme Selbsterforschung und Reflexivierung ihrer Narrationen und Sinnproduktionen. In der transformativen Kommunikationssituation wird Reflexivität selbst generiert, ebenso wie in Prozessen qualitativer Interviews, welche Deutungs- und Handlungsmuster der Befragten erschließen (Lamnek 2005a, S. 351). Da im Verfahren RTSC Elemente und mögliche Vorgehensweisen und Fragefoci passgenau auf die Fragestellung, den Gegenstand und das Interventionsziel hin akzentuiert werden, eignet es sich für eine multimethodische und im Sinne eines Baukastenprinzips vielseitig einsetzbare Organisationsforschung (Dannemiller et al. 1999).

Zwischen Diskursivität und Intuitivität: Dialogische und Inszenatorische Zugänge

Im Unterschied zur Unterschiede suchenden, Annahmen rechtfertigenden und verteidigenden „Diskussion" liegt im Anschluss an Bohm (1998) das kommunikative Anliegen der Großgruppenverfahren eher auf dem Dialog, auf der Suche nach dem Ganzen, das die Teile verbindet, nach Verbindungen und Beziehungen, nach dem Lernen und dem Verstehen, also einer selbst- und fremdreflexiven Fragehaltung. Damit sind die Verfahren weniger an „Diskussion", sondern mehr an „Dialog" orientiert (Weber i.E.a). Bohm sieht eine „soziale Aufklärung" als erforderlich an, um die Fragmentierung der Welt zu überwinden und eine höherwertige soziale Intelligenz zu erreichen. „When you listen to somebody else, whether you like it or not, what they say becomes part of you" (ebd., S. 119). Anstatt Argumente im Schlagabtausch hin und her zu schicken, will der Dialog Konsensbildung auf der Ebene tiefen Verstehens erreichen. Der grenzüberschreitende Dialog soll Vertrauen und Zugehörigkeit eröffnen (Hartkemeyer et al. 1999).

Neben dialogischen Praxen kommen inszenatorische und szenische ebenso wie anderweitig visualisierende Zugänge in den Großgruppenformaten zum Einsatz. Besonders die Verfahren Zukunftskonferenz und RTSC integrieren systematisch auch ideengenerierende Verfahren, sowie assoziative und kreative Verfahren, um Problemlösungen zu finden. Kreative Denkstrategien kommen zum Einsatz, um eine Diversität von Lösungsideen zu erzeugen. Neben analytischen Funktionen werden in Großgruppenverfahren damit auch kreative Impulse für die Wissensgenerierung möglich. Hier können Collagen (Teiwes-Kügler 2001; Bremer/Teiwes-Kügler 2003), ebenso wie Bildmaterial (Mollenhauer 1997; Marotzki/Niesyto 2006), Bildkarten und ihre Kommentierungen (Grell 2006, S. 149) sowie zunehmend auch fotobasierte Verfahren (Fuhs 1997; Ehrenspeck/Schäffer 2006; Michel 2007) zum Einsatz kommen. Insbesondere im Verfahren Zukunftskonferenz werden szenische und theatrale Darstellungen und Inszenierungen (Sader 1995; Nitsch/Scheller 1997; Weiß 2001), oder auch Kombinationen bild- und textbasierter Zugänge (Friebertshäuser et al. 2007), künstlerischer Interventionen (Ermert et al. 2003) und Videoaufzeichnungen (Wagner-Willi 2007).

Solche inszenatorischen und dialogischen Praxen mäeutischer Qualität stellen einen Interventionstyp dar, der auf der Ebene kollektiver Narrationen ansetzt. Kognitives und affektives Lernen werden gleichrangig unterstützt (Kraimer 1997, S. 465). Entscheidend ist nicht das, was im Gespräch berichtet wird, sondern welche Art der Interaktion sich in der Situation herstellt; diese ist wesentlich für die Bedeutungsbildung (Mollenhauer 1997). Dialogische organisationale Praxen stellen narrative Erkenntnisquellen und Potenziale mäeutischer Interventionen dar. Sie können zur ganzheitlichen Erschließung organisationaler Sinnstrukturen und „mentaler Modelle des Organisierens" (Weick 1985; Morgan 1997, 1998) beitragen. Als ästhetische Praxen des Organisierens und der Selbstbeschreibung des Organisierens verweisen sie auf eine narrative Organisationstheorie, wie sie von Czarniawska (1997, 1998) entworfen wird.

3 Datenanalyse und Dateninterpretation

Die Frage der Auswertung und Analyse empirischer Daten ist generell zunächst eine wissenschaftstheoretische Frage, die zwischen abbildtheoretischen und konstruktivistischen Positionen und Kontroversen verläuft. Die mentalen Modelle der beiden paradigmatisch unterschiedlichen Konzepte wissenschaftlichen Forschens bezeichnen König/Bentler (1997) treffend als „Landkarten"- und „Beobachter"-Modell. Das erstgenannte Modell geht davon aus, dass es die „Wirklichkeit an sich" gibt und nach den unerforschten und unerschlossenen weissen Flecken gesucht werden kann. Gegen eine solche abbildtheoretische Vorstellung des empiristischen Paradigmas gehen konstruktivistische und systemische Konzepte davon aus, dass wissenschaftliche Erkenntnis immer abhängt von Unterscheidungen, die ein Beobachter trifft, es also immer um Beobachterperspektiven geht, die sich aus den gesetzten begrifflichen Rahmen und den zugrunde gelegten Forschungsmethoden ergeben (ebd., S. 89). Wissenschaftliches Forschen und Auswerten in der qualitativen Organisationsforschung muss damit die Beobachterperspektive transparent werden lassen, aus der heraus geforscht und ausgewertet wird.

Sinnbildung und Analyse der Sinnbildung im Mehrebenenarrangement

Geht es also um die Untersuchung der Konstitution von Prozessen der Sinnbildung, so befinden wir uns im Feld der Großgruppenverfahren bereits in einem Mehrebenenarrangement der Analyse und des Sinnverstehens. Mit Graumann et al. (1995, S. 67–77) sollen im Folgenden Ansätze des Sinnverstehens auf die konkrete Erhebungs- und Auswertungssituation des Forschens mit Großgruppenverfahren adaptiert werden. Der Einsatz eines solchen Verfahrens stellt für das Organisationssystem einen Prozess der intentionalen Reflexivität und der Sinnbildung dar. Die (Selbst-)Beschreibung entspricht dem, „was Personen in ihrem Verhalten und Handeln als den von ihnen erlebten/gesetzten Sinn eben diesen Verhaltens und Handelns – bildlich gesprochen – vor Augen haben" (ebd., S. 68). Im Kontext der Großgruppenverfahren geht es dabei nicht in erster Linie um die Verhaltensdeskription anderer Menschen, sondern um die „Erlebnisdeskription der eigenen Verfassung oder Aktivität" (ebd., S. 70) als organisationales System. Es geht auch nicht um die Ebene alltäglichen (primären) Sonnverstehens. Allerdings ist der Einsatz von Großgruppenverfahren auch nicht nur im Sinne einer zweiten Ebene eines wissenschaftlichen (sekundären) Sinnverstehens zu fassen. Der Akt der Selbstbeforschung des Systems stellt bereits eine reflexive Denkhandlung dar, da das Organisationssystem hier eine Metaposition einnimmt, d.h. den Prozess der Beschreibung und Erklärung seiner Sinnkonstitutionsprozesse mitführt. Die genannten Autoren sehen hier Anschlussstellen in biographieanalytischen, ethnomethodologischen und phänomenologischen Theorie- und Auswertungsperspektiven (ebd.).

Zwar ist die Organisation in ihrer Selbstbeforschung in der Regel an weitergehenden theorieorientierten Rekonstruktionen weniger interessiert als am Ziel der Optimierung ihrer Handlungsfähigkeit. Da es sich aber nicht um alltagsweltliche Sinnbildung handelt, sondern Großgruppenverfahren bereits einen Akt der Selbstbeforschung darstellen, ist hier bereits für das Organisationssystem eine zweite Ebene vorzusehen, die das Zustande kommen kommunikativer Deutungs- und Handlungsmuster unter genetischer Perspektive rekonstruiert. Die Autoren schließen hier Ansätze des symbolischen Interaktionismus und der Theorien des Dialogs an.

Im Kontext der Großgruppenforschung setzt erst auf der dritten Ebene die Perspektive eines primär wissenschaftlichen Forschens an, die das Sinnverstehen als Beschreibung und Erklärung von Momenten der Sinnbildung eines Organisationssystems zum Gegenstand hat. Diese wissenschaftliche Analyseperspektive entzieht sich dem Zugriff des kommunizierenden Systems, auch wenn es an der Sinnbildung beteiligt ist. Gegenstand der Untersuchung sind die dem System-Handeln und den Rekonstruktionen des System-Handelns zugrunde liegenden Muster und Dispositionen sowie kulturellen Codes. Die Autoren schlagen für diese Perspektiven Mentalitätsgeschichtliche, strukturalistische und semiotische Ansätze zur Analyse vor (ebd., S. 73).

Simultaneität von Selbst- und Fremderforschung als Prinzip für die Datenauswertung

Entsprechend der forschenden Erkenntnissuche und der Sinnproduktion im Mehrebenenarrangement stellt sich die Frage, welche Daten von wem ausgewertet werden können und sollen. Es stellt sich auch die Frage, wie mit der systematisch im Erhebungssetting gegebenen Multiperspektivität umgegangen werden kann.

Dem Prinzip der Selbsterforschung des Systems entsprechend analysiert das beteiligte Organisationssystem in der Erhebungssituation bereits Teile des Materials Auch im methodischen Zugang der „forschenden Lernwerkstatt" ist dieser Tatbestand gegeben (Grell 2006, S. 128ff), insofern hier Teilnehmende z. B. selbst Auswertungsplakate zur Veranstaltung im Sinne einer interaktiven, kommunikativen Auswertung erstellen. Die partizipative und selbsterforschende Qualität schließt an die Forderungen und Perspektiven der Aktionsforschung (Moser 1976, 1978) bzw. Handlungsforschung an, dass ohne forschendes Erkennen keine innovative Praxis möglich sei. Prengel (1997, S. 603) argumentiert mit Perspektivitätstheorien, die „die Wechselwirkungen zwischen erkennender Person und zu erkennendem Weltausschnitt ohne eine der beiden Seiten zu vernachlässigen" analysieren. An der Frage des „Bildausschnittes" in Mikro oder Makroperspektive, an Standort und Gerichtetheit des Sprechens und Forschens, am motivationalen Grundzug des Blicks, an den Horizonten, der Horizontalität und Dynamik der Perspektiven und Perspektivenverschiebungen zeige sich die perspektivische Struktur von Erkenntnis (ebd., S. 611). Als Ertrag einer perspektivitätstheoretischen Analyse benennt sie, dass von außen kommende InterviewerInnen anderes sehen, weil sie andere Standorte einnehmen, von unterschiedlichen motivationalen Erfahrungen und Erkenntnisinteressen geprägt sind und sich in unterschiedlichen Interpretationshorizonten bewegen. Praxisforschung findet sie im forschenden Habitus, der von der Fremdheit der Anderen ausgeht – als epistemische Meta-Perspektive (Schütze 1994, S. 201). Vorhandene Standpunkte, Motive und Bedeutungshorizonte stellen jedoch die Grenzen einer solchen permanent dynamischen Forschungshaltung dar (Prengel 1997, S. 613). Sowohl das Praxissystem wie das Forschungssystem führt also seine „blinden Flecken" und Dispositionen mit.

Im Sinne einer systemischen Auswertungsperspektive wird das sich selbst beobachtende Praxissystem durch die Forschenden beobachtet, die wiederum beobachten, wie sie selbst beobachten. An die Stelle geradlinig-kausaler Analyse- und Erklärungsdesigns treten damit zirkuläre Analyseperspektiven und Erklärungen. Statt isolierter Objekte werden die Relationen zwischen ihnen betrachtet (Simon 2007, S. 13). Aus systemtheoretischer Sicht kann sich die Untersuchung der Sinnkonstrukte auf Sozial-, Sach- und Zeitdimensionen beziehen (Luhmann 1984, S. 112ff.).

Vogd (2005) legt eine „empirische Versöhnung der systemischen und rekonstruktiven Theorieperspektiven" vor und schließt diese an sozialwissenschaftliche Organisationsforschung an. Orientiert an einer praxeologischen Perspektive stellt ein rekonstruktiver Zugang „die Logik der durch die Praxis vollzogenen epistemischen Unterscheidungen in den Vordergrund" (ebd., S. 13ff). Systemische und rekonstruktive Ansätze legen den Analyseschwerpunkt auf kollektive und dialogische „Beobachtungen zweiter Ordnung", in denen Prozess, Herstellung und die Standortabhängigkeit der Akteure eine methodologische Bearbeitung findet. Systemtheoretische und rekonstruktive Perspektiven begreifen die untersuchten Gegenstände als komplexe Phänomene, die zirkuläre Kausalverhältnisse beinhalten, behandeln den Forschungsprozess selbstreflexiv, d.h. unter Einbeziehung der eigenen Standortgebundenheit, betrachten und analysieren Handeln, Intentionalität und Entscheiden als Zurechnungsproblem und reduzieren Herstellungskontexte und -dynamiken nicht auf ihre zweckrationale Seite. Eine solche Forschungsperspektive untersucht die interaktive bzw. kommunikative und sich als „Text" manifestierende Herstellung von Sinn,

Handlungsorientierung und Kommunikation und versteht soziale Wirklichkeit als geschichtlich gewordene Realität, die als „Feld", „System" oder „Sinnstruktur" erkenn- und rekonstruierbar sind. Der Analyseschwerpunkt liegt dann auf „Beobachtungen zweiter Ordnung", in denen der Prozess und die Herstellung von Sinn in den Vordergrund treten.

Neben der systemischen Rekonstruktion auf der Organisationsebene wird auch das Verhältnis von Organisation und Profession in der Dimension von Biographizität adressierbar (Hartz 2004). Vogd (2005) fasst Habitus als soziales Gedächtnis und als Koproduktion von Bewußtsein und Sozialem. Die Konzeption des Habitus und des Professionshabitus erlaubt zu beschreiben, wie sich soziale Semantiken an den Körper ankoppeln und als inkorporierte Praxis wirksam werden (ebd., S. 17). Auf dieser Beobachtungsebene lässt sich ein Verständnis von kommunikativ generalisierter Kommunikation ebenso wie von spezifischer (lokaler) konjunktiver Erfahrung gewinnen. Mittels solcher Analysen wird Intentionalität als abgeleitetes Phänomen sozialer Zurechnung begriffen und „funktionale Rahmen" untersuchbar. Anschlussfähig für solche Forschungsperspektiven ist hier auch das von Bohnsack (1997) vorgeschlagene methodologische Konstrukt „kollektiver Orientierungsmuster", das an Mannheims (1980) Konzept der „konjunktiven Erfahrungsräume" anschließt und hier auch für die Organisationsforschung fruchtbar gemacht werden kann.

Im Prozess vom Praxissystem, vom Forschungssystem oder von beiden Teilsystemen können die erschließbaren Sinnebenen potenziell auch gemeinsam weiter analysiert und interpretiert werden. Eine partizipative Auswertung kann auch im Sinne einer Wechselseitigkeit der Beobachtung in der Narrationengenerierung fruchtbar gemacht werden. Grundsätzlich liegen hier auch Potenziale für kommunikative Validierung und wechselseitige Kommentierung mit dem Praxisfeld.

Offenheit als Auswertungsparadigma

Da systemische und rekonstruktive Auswertungsstrategien die spezifische Logik des jeweiligen Feldes zu erschließen suchen, liegt der Anschluss an feldbasierte und Theorie generierende Auswertungsstrategien nahe. Als an Hypothesen- und Theoriebildung orientierter Auswertungszugang hat sich seit langem die „grounded theory" (Glaser/Strauss 1998) in der qualitativen Forschung etabliert. Der Verzicht auf eine ex-ante Hypothesenbildung sowie auch das Prinzip einer gleich schwebenden Aufmerksamkeit erlaubt, im Forschungsprozess Neues zu erschließen. Auswertung als offenen, zirkulären Prozess anzulegen ermöglicht die späte Strukturierung des Gegenstands, lässt neue Annahmen sukzessive entstehen und am Material korrigieren. Grell (2006) empfiehlt, dass der Auswertungsprozess den Gegenstand nicht vor der Analyse durchstrukturieren sollte. Stattdessen soll er die Möglichkeit eröffnen, neue Erkenntnisse zu generieren und Fehlinterpretationen durch wiederkehrende Kontrastierungen zu vermeiden.

Offenheit in der Strukturierung des Gegenstandes kann allerdings nicht heißen, vollständig auf eine Strukturierung des Auswertungsprozesses zu verzichten. Als zirkulärer Analyseprozess erfolgt die Auswertung in mehreren Schritten von Empirie zu Theorie. Bezogen auf die „Forschende Lernwerkstatt" unterscheidet Grell (2006, S. 144ff) hier drei Schritte: erstens das Identifizieren von Aspekten, zweitens die Entwicklung von Kategorien und Zusammenhängen und drittens das Verstehen und Typisieren von Handlungen. Das Identifizieren von Aspekten umfasst das Aufschlüsseln von Daten, sowie das Überführen von Phänomenen in eine eigene Sprache. Im zweiten Schritt schlägt sie vor, Zusammenhänge und Strukturen zwischen den Aspekten entdecken und Kategorien zu entwickeln. Hier werden die Bezugs- und Abstraktionsebenen miteinander verglichen und gewechselt und die erkannten Aspekte in Bezug zueinander gesetzt. Im dritten Schritt geht es darum, Handlungen und Begründungszusammenhänge zu verstehen und eine grenzbewußte Typisierung von Handlungen vorzunehmen. Aus den erkannten Zusammenhängen und Strukturen gilt es, den Sinn von Handlungen nachzuvollziehen und auf einer weiteren Abstraktionsebene diesen in seinen zentralen Bezügen zu charakterisieren.

Jedem dieser Verfahrensschritte ordnet sie einen Materialkorpus aus dem (spezifisch auf die „forschende Lernwerkstatt" zugeschnittenen) Methodenensemble zu. Statt eines Zuganges, der die einzelnen Datengruppen schematisch „abarbeitet", wird das Prinzip der Offenheit und des Perspektiven triangulierenden Verstehens vorgeschlagen. Im Analyseprozess wird also nicht sequenziell gearbeitet, sondern mit Kodierung und Kategorisierung, die quer zu den Datengruppen verlaufen kann. Auf diese Weise kann die Vielfalt der Daten thematisch neu gruppiert und zusammengesetzt werden, ähnlich dem Dreischritt des offenen, axialen und selektiven Codierens in der grounded theory (Glaser/Strauss 1998; Strauss/Corbin 1996, Strauss 1998).

Plurale Datenbestände als offenes Archiv: Methoden- und Perspektiventriangulation

Dem systemischen Paradigma entsprechend und aufgrund der erheblichen methodischen Komplexität generieren Großgruppenverfahren auch als Forschungsmethoden eine Fülle unterschiedlicher Datenquellen. In solchen – oftmals mehrtägig angelegten transformativen Forschungsprozessen – wird eine Fülle auswertbarer Materialien produziert, deren Vielfalt per se ein multimethodisches Arrangement darstellt. Durch die Breite des Methodenensembles bestehen bereits wesentliche Unterschiede zu gängigen Auswertungskonzepten. Es liegt auf der Hand, dass die Auswertungsbedarfe eines solch pluralen Datenmaterials in diesem Rahmen nicht annähernd angemessen ausgeleuchtet werden können. Die Frage der Auswertung pluraler Datengruppen kann hier lediglich auf der Frageebene nach Gegenstands- und Perspektiven angemessenen Auswertungsstrategien weiterverfolgt werden.

Auch wenn die methodischen Vorgehensweisen der Großgruppenverfahren zunächst methodenplural – und nicht unbedingt im Verfahren selbst bereits triangulierend – eingesetzt werden, so lässt sie sich doch triangulierend nutzen. Das Ziel der Triangulierung liegt allerdings nicht in der Validierung von Daten und Auswertungsergebnissen (Denzin 1978). Triangulierung verfolgt hier das Ziel, der Analyse im Sinne einer gegenstandsorientierten Theoriebildung „mehr Breite und Tiefe" zu verleihen (Schründer-Lenzen 1997, S.108) und somit die Funktion einer Generalisierungs- oder Erkenntnisgewinnungsstrategie zu übernehmen. Triangulierende Zugänge sind bestrebt, der Komplexität der Gegenstände methodisch gerecht zu werden (Kelle 1997, S. 192) und diese konkret zu veranschaulichen. Wissenschaft wird dann zum „fortlaufenden Kommunikationsprozess, der über wechselseitige Reflexivität und Selbstreflexivität der Beteiligten kontrolliert wird. Dieser Prozess ermöglicht „Komplexitätsproduktion statt -reduktion" (ebd., S. 196). Idealerweise wird dann mittels der „dichten" Beschreibung sozialer Welten (Geertz 1987) die „genaue Beschreibung sozialer Ordnungen" und die „Machart und Webtechniken der erforschten Gewebe" (Kelle 1997, S. 199) erschlossen. Dazu bedarf es einer Methodologie, die offen und in der Lage ist, „das Wechselspiel von Komplexitätsreduktion und -produktion im Forschungsprozess zu methodisieren" (ebd., S. 207). Neben der Methoden- und Perspektiventriangulation kommen hier auch die ForscherInnen- und Beteiligtentriangulierung sowie Theorie- und Ergebnistriangulation in Betracht. Auch Flick (1990, 1992) spricht von mehrperspektivischer und systematischer Perspektiven-Triangulation und nähert sich damit der Vorstellung des „theoretical sampling" (Strauss 1991; Glaser/Strauss 1998).

Grell (2006, S. 143ff) sieht den Erkenntnisgenerierungsprozess angelegt im Wechselspiel von Induktion und Deduktion und schlägt vor, nach der Transkription Metaplankarten im Wechselspiel von induktiv und deduktiv zu strukturieren und im Sinne der grounded theory in der Suche nach Ähnlichkeiten und Differenzen zu codieren. Auf dieser Grundlage lassen sich allgemeinere Strukturraster finden, aus Originalaussagen Codes und übergeordnete Bereiche identifizieren sowie subjektive Handlungsstrategien und Begründungsmuster rekonstruieren. Die Analyse erfolgt in Form von Kategorienbildung, Thesenentwicklung, die in Memos festgehalten werden und kontinuierlich mit Daten aus anderen Materialien kontrastiert, verändert und eingegrenzt werden kann. Im Sinne der oben bereits angesprochenen flexiblen und zirkulären Prozess der Erkenntnis- und Theoriebildung können so alte Verstehensmuster verändert werden und kann strukturell neue Erkenntnis entstehen. Die Analyse des empirischen Materials ist dann orientiert an der Erweiterung und Irritation der Vorverständnisse und seiner Grenzen und findet im Wechselspiel zwischen Theorie gebundenem und kategorial geleitetem Denken statt.

Probleme der Auswertung

Fragen der Auswertung offener und methodenpluraler Erhebungs- und Auswertungsarrangements führen weitere Fragen der damit zusammenhängenden Probleme mit sich. Bereits Strauss (1991, S. 200–222) macht auf einige Probleme mit der Datenauswertung und -analyse aufmerksam. Als Probleme benennt Strauss das zu kleinteilige Analysieren ebenso wie das Problem des Dimensionierens, das Problem des zu umfangreichen Kontextwissens ebenso wie das Problem, zu viel Datenmaterial zu generieren und kaum analytische Arbeit zu leisten. Auch das Problem der Zusammenhangsbildung zwischen makroskopischen Bedingungen und mikroskopischen Daten wird thematisiert ebenso wie das Problem, das zentrale Thema der Studie zu bestimmen und die Lücke im Diagramm zu finden. Diese übergreifenden und bekannten Probleme sollen hier nicht weiter ausgeführt werden, da sie mit der hier vertretenen offenen Auswertungsstrategie allgemein einhergehen. Im Folgenden soll daher auf spezifische Probleme des Auswertens und Analysierens komplexer, methodenplural generierter Datensätze eingegangen werden, die sich in je spezifischer Weise mit den genannten Problemen verbinden können.

Die Balance zwischen Struktur und Offenheit

Werden die Auswertungsprinzipien der Offenheit und Zirkularität zugrunde gelegt, dann stellt eine wesentliche Frage dar, wie mit methodologischen Fragen und Geltungsbegründungen umgegangen wird. Weder dürfen diese ausgeblendet werden noch können Verfahrensregeln einen Ersatz für begründete Entscheidungen im Forschungsprozess darstellen (Grell 2006, S. 139). Das Prinzip der theoretischen Offenheit sollte nicht dazu verleiten, die Präzisierung und Eingrenzung der eigenen Fragestellung zu vernachlässigen. Auch können methodische Verfahrensregeln zwar den Auswertungsprozess strukturieren, nicht aber Qualitätsfragen ersetzen. Im je konkreten Fall muss das Verhältnis zwischen einer sich aus systematisierenden und festlegenden Struktur und einer gegenstandsadäquaten Offenheit begründet werden.

Umgang mit Datenfülle und Vollständigkeit der Auswertung

Wie oben bereits verdeutlicht, werden im Forschen mit Großgruppenverfahren große und plurale Datensätze generiert, die sinnvoll und begründet verarbeitet werden müssen. Probleme solcher methodenpluraler Zugänge sind, dass de facto auf Vollständigkeit verzichtet werden muss (ebd., S. 148 ff.). Andererseits ist die Fülle des entstandenen Materials – oftmals auch unter den Bedingungen von Zeitdruck und Ressourcenknappheit – nicht vollständig bearbeitbar. Die Frage der „Abkürzungsstrategien", die durchaus in der Forschungspraxis Anwendung finden, wird jedoch nur in Ausnahmefällen thematisiert (Rädiker/Stefer 2007).

Umgang mit und Erkenntnisgewinn durch Triangulation

Lamnek (2005a, S. 290) problematisiert die Risiken einer nutzlosen Anwendung von Triangulation. Sei die Fragestellung nicht ausreichend theoretisch und konzeptionell abgeklärt, seien unzureichende Ergebnisse zu erwarten. Weiterhin könne Triangulation dazu benutzt werden, eigene persönliche Vorstellungen zu legitimieren. Statt dessen seien die einzelnen Methoden jedoch Gegenstands angemessen einzusetzen. Ausgehend von den Forschungsregeln der intersubjektiven Nachprüfbarkeit in Durchführung, Auswertung und Interpretation von Untersuchungen, benennt er als weiteres Problem multimethodischer Studien ihre Replizierbarkeit. Multimethodisches Vorgehen sei damit kein Wert an sich.

Probleme der Verkennung: Umgang mit den eigenen „Verstrickungen"

Wichtig zu beachten sind immer auch die „Bedingungen der eigenen Möglichkeiten", das eigene Beteiligtsein und die „strukturelle Verstrickung in den Forschungsgegenstand" (Schäffter 2006, S. 4). Reflexivität als „Eigenschaft sozialer Prozesse" wird methodisch durch Reflexion als „Tätigkeit der Selbstvergewisserung von Personen, Gruppen und Organisationen" unterstützt (ebd., S. 5). Auch Bremer (2004, S. 156) problematisiert das Problem der Verkennung. Die in der Gruppenwerkstatt offen gelegten vorreflexiven, verborgenen Habitusschemata der Akteure werden auch durch „vorreflexive und weniger bewusste Schemata der Forschenden klassifiziert".

Transparenz der Interpretationsschritte? Festlegung und Begründung des praktischen Vorgehens

Auch existiert bislang kein Konsens in der wissenschaftlichen Debatte, wie mit Materialsprüngen im Auswertungsprozess umzugehen ist. Die separate und vollständige Auswertung von vielfältigen und unterschiedlichen Materialien ist oftmals nicht leistbar. Die Redlichkeit einer hermeneutisch angelegten Forschung ist jedoch partiell auch unkontrollierbar, womit das Gütekriterium der Transparenz an eine Grenze gerät. Daher sieht Grell (ebd., S. 141) eine größtmögliche Transparenz der Verfahrensschritte als erforderlich an. Generell gilt es, Konzepte zu entwickeln, die den Daten angemessen sind.

Umgang mit Theorie im Prozess der Auswertung

Als ein weiteres Problem im Auswertungsprozess nennt Grell (2006, S. 140) den Umgang mit Theorie. Das Prinzip der Offenheit – das den Materialbezug prioritär setzt und die Ausblendung des theoretischen Vorwissens vorsieht – negiere, dass Erkennen von Realität mit der Möglichkeit, die Realität auch denken zu können, zusammenhänge. Ein bewusster Umgang mit den theoretischen Vorannahmen im Prozess der Auswertung steht damit immer in dem „Dilemma, ein Wechselspiel zwischen Induktion und Deduktion zuzulassen, für das es keine formalen Regeln gibt" (ebd.). Vorgängige Theoriebausteine dürften jedoch nicht einfach auf das Material aufgesetzt werden. In Gegenstands angemessenen Auswertungsprozessen stellt das „unreglementierbare Wechselspiel" zwischen Induktion und Deduktion eine Hürde dar.

Umgang mit der Entstehung der Erkenntnis im Auswertungsprozess

Grell (ebd.) problematisiert ebenfalls, dass diffus bleibt, wie in Auswertungsprozessen das Neue entsteht. Strauss rekurriere hier auf die notwendigen Fähigkeiten des ungezwungenen Umgehens mit Kontextwissens, des Gespürs für Verhaltensnuancen, die Beherrschung der grundlegenden Analysetechniken und analytische Fähigkeiten. In Studien werde die entsprechende Diskussion um Abduktion in der Regel allerdings nicht geführt. Die Frage der Entstehung des Neuen im Auswertungsprozess sei jedoch als Problem der Auswertung zu reflektieren.

Die Frage der Abgeschlossenheit des Auswertungsprozesses

Auswertungsprozesse schließen sich nicht von selbst ab und auch die Abarbeitung methodischer Verfahrensregeln stellt für sich keine Begründung dar (ebd.). Auch das Konzept der „Theoretischen Sättigung" (Glaser/Strauss 1998, S. 68 ff., S. 117) rekurriere auf inhaltliche und nicht auf formale Kriterien. Es stellt sich also die Frage nach den Kriterien, die begründet erlauben, den Auswertungsprozess abzuschließen.

Die Darstellung der im Analyseprozess gewonnenen Erkenntnisse

Dieses Problem betrifft den Widerspruch zwischen zirkulären Forschungs- und Auswertungsprozessen und einer ergebnisorientierten, linearen Darstellung. Werden Ergebnisse in Form ihres Endproduktes, der Theorie, präsentiert, lässt sich dann noch die Transparenz der Interpretationsschritte gewährleisten? (Grell 2006, S.142).

4 Anwendungsbeispiel: Das Projekt „Regionale Bildungsnetzwerke"

Das im Folgenden darzustellende Anwendungsbeispiel steht im Zusammenhang eines Evaluationsprojektes, in dem eine SchülerInnenkonferenz durchgeführt wurde. Diese Konferenz soll im Folgenden als Beispiel einer aus der NutzerInnensicht angelegten transformativen Organisationsforschung rekonstruiert werden. Diese „SchülerInnenkonferenz" ist eingebettet in den Rahmen einer auf zwei Jahre angelegten Begleitevaluation und bezieht sich auf ein Entwicklungsprogramm im Bereich der institutionellen Vernetzung an der Schnittstelle schulischer Allgemeinbildung, Benachteiligtenförderung und beruflichen Bildung.[2] Im Rahmen des Projektes wurden landesweit an ca. 30 Schulen etwa 840 SchülerInnen der achten und neunten Klassen an allgemein bildenden Schulen sowie in Berufsschulen gefördert. Im zu evaluierenden Projekt „Regionale Bildungsnetzwerke zur Orientierung im Übergang Schule – Arbeitswelt" sollen landesweit institutionelle Netzwerke auf lokaler Ebene entstehen, um benachteiligte SchülerInnen strukturell besser unterstützen zu können. Damit geht es hier um institutionelle Vernetzung am Schnittpunkt von Schule – Jugendhilfe und Beruf.

Projektfragestellung und -zusammenhang: Formative Evaluation und Systemlernen

Im engeren Sinne wurde im genannten Projekt das Konzept einer formativen Evaluation gewählt, das bedeutet, dass Evaluation im laufenden Prozess auf die Verbesserungsmöglichkeiten von Umsetzung und Management von Interventionen fokussiert. Der gewählte Evaluationsansatz (Weber 2006) ist netzwerktheoretisch fundiert und stellt auch Netzwerkevaluation in den Kontext der Mehrebenenregulation in Netzwerken. Damit greift der Ansatz die in der Evaluation des Programmes „lernende Regionen – Förderung von Netzwerken" des Bundesministeriums für Bildung und Forschung (BMBF) formulierten Desiderata einer Kontextualisierung und Prozessualisierung der durch Evaluation realisierten Netzwerkrekonstruktionen auf (Nuissl et al. 2006).

Sowohl Evaluation als auch Forschung dienen der Wissenserzeugung, beide sind theoriebasiert und beide verwenden wissenschaftliche Methoden, um neue Erkenntnisse zu gewinnen, zu erklären und zu entwickeln. Im Unterschied zu Forschung hat Evaluation allerdings immer zusätzlich auch eine Bewertungsfunktion (Descy/Tessaring 2006, S. 12). Aus der Perspektive transformativer Organisationsforschung (Weber 2005a) wird also das Ziel einer Qualitätsentwicklung im Mehrebenensystem verfolgt ebenso wie die Generierung und die Weiterentwicklung „theoretisierbaren" Wissens im Modus einer „lernförderlichen Forschungspraxis" (Schäffter 2007). Die Lernfunktion stellt die wichtigste Funktion der Evaluation dar und ist als Instrument organisationalen Lernens zu verstehen (Preskill und

Torres 1999). Daher wird auch im Evaluationskontext mit partizipativen, dialogischen und Wissen generierenden Zugängen einer „neuen Lernkultur" (Schüßler/Thurnes 2005) gearbeitet. Im Rahmen der Projektlaufzeit wurden mehrere partizipative Erhebungen mit verschiedenen Akteursgruppen realisiert. So wurden NetzwerkkoordinatorInnen, regionale Netzwerke, LehrerInnen und SchülerInnen in solche transformativen Erhebungsformate eingebunden. Im Folgenden soll das realisierte Erhebungsformat der Schülerkonferenz vorgestellt werden, da das Feld im Vorfeld der Auffassung war, dass mit der Zielgruppe benachteiligter SchülerInnen so nicht gearbeitet werden könne. Diese Vorannahme des Systems – die ein deutliches Licht wirft auf seine „blinden Flecken" und Anerkennungsproblematik (!) – bestätigte sich nicht. Mit den HauptschülerInnen unterschiedlicher Schulen der Klassenstufe 8 ließ sich das Erhebungsformat ohne Probleme realisieren.

Fragestellung, Ziele und Konzeption der Schülerkonferenz

Ziel der zum Einsatz gekommenen Reflexions- und Visionskonferenz war es, die Zielgruppenperspektive benachteiligter SchülerInnen der 8. Klasse von Hauptschulen aus sechs verschiedenen regionalen Netzwerkregionen eines Bundeslandes in Bezug auf die Organisation „berufsorientierende Schule" zur Geltung kommen zu lassen. Im Projektzusammenhang wurde deutlich, dass berufsorientierende Maßnahmen an Schulen derzeit noch punktuellen Charakter aufweisen. Demgegenüber stand die Frage nach der Vision einer „berufsorientierenden Schule" aus der Sicht der benachteiligten SchülerInnen. Thema der Konferenz war also, wie sich die SchülerInnen die Vision einer berufsorientierenden Schule vorstellen.

Der Nutzen der SchülerInnenkonferenz sollte einerseits darin liegen, die Partizipation und Teilhabe der SchülerInnen zu unterstützen, indem die Anliegen artikuliert werden und so Gehör finden können. Der Originalton der Verbesserungswünsche der SchülerInnen sollte eingefangen und den Institutionen hörbar gemacht werden. Der Nutzen der Veranstaltung wurde auch darin gesehen, dass SchülerInnenpartizipation und ihre Ergebnisse einen wertvollen Beitrag für die Entwicklung von Schulprogrammarbeit leisten kann. Neben Impulsen für die Entwicklung der Schulen sollte sie aber auch zur Bewusstseinsbildung im Feld beitragen, da es hier auch um neue Selbstverständnisse von LehrerInnen und Schulen geht. Nicht zuletzt stellt die SchülerInnenkonferenz ein übertragbares Modell für Schülerpartizipation in Schulen und Regionen dar.

Aus allen sechs Netzwerk-Standorten wurden die SchulkoordinatorInnen/LehrerInnen gebeten, je 10 SchülerInnen (aus verschiedenen Schulen/Klassen) zum Veranstaltungsort einzuladen und sie zur SchülerInnenkonferenz zu begleiten. Insgesamt nahmen 60 SchülerInnen an der Veranstaltung teil. Im Zentrum der Konferenz standen die SchülerInnen selbst. Die LehrerInnen waren in einer parallel stattfindenden Lehrerkonferenz eingebunden und kamen erst zum Programmschritt „Die Traum-LehrerIn" dazu, um diesen mitzuverfolgen und dann mit den SchülerInnen wieder den Rückweg in die jeweilige heimische Region anzutreten.

Methodisches Vorgehen

Generell stellen Angemessenheit und Begründbarkeit der Methoden die entscheidenden Kriterien für die Ausgestaltung methodischer Forschungsdesigns dar. Steinke (2003, S. 327) spricht hier von der „Indikation der Methodenwahl" im Einsatz der vielfältigen methodischen Möglichkeiten. In einem partizipativen Erhebungsformat darf sich das Kriterium der Angemessenheit nicht nur auf die Fragestellung, sondern auch auf die Bedürfnisse der Teilnehmendengruppe beziehen. Daher wurden im Vorfeld der Veranstaltung Kriterien gemeinsam mit PraxisvertreterInnen aus Jugendhilfe und Schule entwickelt: Damit wurde die Anforderung eines interaktiven und lebendigen Formates formuliert, dass nicht lediglich verbal fixiert sein dürfe und Bewegung zulassen müsse. Partizipation und Artikulation solle möglich werden, ohne aber die Teilnehmenden zu überfordern.

Das eintägige interaktive Format wurde multimethodisch angelegt mittels Foto- und Collagentechniken, Metaplanmethode, Spruchbändern sowie szenischem Spiel. Audio-Aufzeichnung und Video sollten sowohl im Veranstaltungsverlauf eine didaktische Funktion erfüllen als auch eine Datenquelle der Forschungsdokumentation darstellen. Um auch die Visualisierung der Fotocollagen im Großgruppenformat zu ermöglichen, wurde die Simultan-Videoübertragung mit Hilfe eines Beamers realisiert.

Im Großgruppenformat wurden die 60 SchülerInnen zunächst in homogenen Regionalgruppen à 10 Personen, später in heterogenen 6er Gruppen und abschließend in 12er Gruppen platziert. Unter dem Themenimpuls „Was hilft mir an meiner Schule auf dem Weg zum Beruf"? wurden in den regionalen Gruppenkonstellationen Gruppencollagen zusammengestellt. Diese entstanden aus den im Vorfeld der Veranstaltung erstellten (vergrößerten) Fotos, die mittels einer Einweg-Kamera in jeder der Projektschulen von den SchülerInnen fotografiert worden waren (vgl. Beitrag Fotobasierte Verfahren in diesem Band). Aus der Gruppe der SchülerInnen selbst fand sich in jeder Regionalgruppe eine ReporterInnen- und InterviewerInnenstaffel, die eine Gruppe interviewte und filmte und dann diese Rollen an die nächste Staffel abgab.

Nach diesem Schritt gruppierten sich die SchülerInnen neu – nun nach regional gemischten „heterogenen" Gruppen, so dass in jedem Kreis eine VertreterIn einer jeden Region zu finden war. Die Gruppierung und Selbst-Zuordnung in die farblich gekennzeichneten neuen Sitzkonstellationen mit je sechs Teilnehmenden erfolgte durch die Ziehung von Schokoladentäfelchen unterschiedlicher Farben. In diesen neuen Konstellationen hielten die Teilnehmenden auf Metaplan-Moderationskarten fest, wie die ideale berufsorientierende Schule aus Sicht der SchülerInnen aussieht. Um die Ergebnisse dieses Schrittes im Plenum zu präsentieren, wurden in den Gruppen Kernsätze gebildet, auf ein Spruchband geschrieben und im Plenum präsentiert. Dieser Schritt wurde wiederum jeweils durch SchülerInnen-"Reporter" und „Filmer" begleitet. Die dann vorliegenden 10 Kernsätze wurden dann mit einer individuellen Punktabfrage durch alle Teilnehmenden priorisiert.

Nach diesem Schritt fusionierten je zwei Sechser-Gruppen zu 12er Gruppen. Diese bereiteten eine Szene in der „Future-Schule" vor, in der ein Traumlehrer oder die Traumlehrerin dargestellt werden sollte. So entstanden insgesamt fünf Klassenszenen auf der Bühne, die die konkrete Praxis von LehrerInnen in der idealen, berufsorientierenden Schule darstellten. Zum Abschluss der Veranstaltung überreichte die Projektleitung allen Teilnehmenden-Gruppen auf der Bühne des Veranstaltungssaales ein Zertifikat, eine CD zur Berufsorientierung sowie Reiseproviant für den Heimweg.

Planung und Vorbereitung des Forschungsprozesses

Ein organisatorischer Schritt im Vorfeld war das Erstellen der Fotos an den jeweiligen Schulen. Die Kooperationspartner der freien Träger der Jugendhilfe stellten den LehrerInnen Einwegkameras zur Verfügung, die diese den SchülerInnen überreichten, um jeweils einige Fotos zum Thema „Was hilft mir an meiner Schule auf meinem Weg zum Beruf?" zu fotografieren. Pro Schule wurden eine bis zwei Kameras zur Verfügung gestellt. Die LehrerInnen oder die MitarbeiterInnen der freien Träger ließen die Bilder entwickeln und brachten sie zur Veranstaltung mit. Die Rekrutierung der Teilnehmenden erfolgte systematisch aus den regionalen Bildungsnetzwerken heraus. Wesentliches Kriterium für die Teilnahme war das Interesse der SchülerInnen an einer solchen Veranstaltung und die paritätische Mischung nach demographischen Faktoren wie z. B. Geschlecht und Migrationshintergrund.

Im Design realisierte Forschungsprinzipien

Das Veranstaltungsformat war vorstrukturierend im Sinne der Themenstellung, der Vorbereitung und der Gruppierung im ersten Teil angelegt. Im weiteren Verlauf wurden Wahl-Pflichtförmige Elemente eingesetzt durch die Ziehung der Farben (die sich aber eher an den Geschmackspräferenzen der Schokoladesorten orientiert haben dürfte). Die Neugruppierung in 12er Gruppen stellte ebenfalls ein vorstrukturierendes Moment dar. Allerdings existierten immer auch die Möglichkeiten, herausgehobene oder weniger prominente Rollen im Veranstaltungsverlauf zu besetzen. So gab es InterviewerInnen, FilmerInnen, Präsentierende, später auch SchülerInnen, die die „Lehrerrolle" inszenieren gegenüber einer „Schulklasse", die auch ein Agieren im Schutz der Gruppe erlaubt.

Insgesamt fand in diesem Projekt transformativer Organisationsforschung vorrangig das Prinzip der lösungsorientierten thematischen Strukturierung Anwendung. Die Leitfragen und Impulse wurden vorgegeben, ermöglichten aber dennoch die Eigentätigkeit der TeilnehmerInnen und auch ihre Selbstorganisation in den homogenen und heterogenen Gruppen. Forschungsinterventionen dominierten damit nicht den Prozess in unangemessener Weise. Für ein eintägiges Veranstaltungsformat erwies sich das gewählte Mischformat als geeignet, Zielgruppen angemessen und partizipativ die bestehenden Anliegen auf kreative und dialogische Weise herauszuarbeiten. Die gewählte Vorgehensweise kombinierte verbale mit inszenatorischen Zugängen und schuf damit ein abwechslungsreiches und verschiedenen Artikulationsmöglichkeiten angemessenes Forschungsdesign.

Auswertungsebenen der so gewonnenen Daten

Auf diese Weise lag eine Fülle an Datengruppen vor, die von Audio-Aufzeichnung über Video-Aufzeichnung bis hin zu Metaplanwände, Spruchbänder, Fotocollagen und szenischen Darstellungen reichten. Im Rahmen des genannten Evaluationsprojektes war diese Fülle an Datenmaterial nicht in allen Möglichkeiten auszuschöpfen. Sicherlich wäre es hier potenzialreich gewesen, die Auswertung an die dokumentarische Methode nach Bohnsack (1997) anzulehnen. Grundsätzlich müssen sich Auswertungsverfahren jedoch am Kriterium der Gegenstandsangemessenheit orientieren. Im Rahmen des Evaluationskontextes war eine solch aufwendige Auswertung der SchülerInnenkonferenz daher nicht möglich. Hier ging es um die quervernetzende, synoptische Zusammenschau und Rekonstruktion akteursspezifischer Perspektiven im Gesamtgefüge der Netzwerkentwicklung. Insofern nahmen die jeweiligen Einzelveranstaltungen den Stellenwert eines wiederum in eine Gesamt-Datenmenge der anderen Veranstaltungen und Konferenzen einzubringenden Datenmaterials ein.

Die Rückbindung der Konferenzergebnisse in die Gesamtevaluation

Die Einschätzungen der SchülerInnen ebenso wie ihre Wünsche und Anliegen zeigen, dass sie Berufsorientierung grundsätzlich als wichtig ansehen und in den Schulen deutlich verstärkt sehen möchten. Die „Future-Schule" ist zudem eine gewaltfreie Zone, ein Bereich in dem Teamarbeit und Gerechtigkeit wichtig ist und keine Konkurrenz geschaffen und provoziert wird. In den qualitativen Aussagen und Kommentierungen der SchülerInnen wird Schule zu einem sozialen Ort und zu einer attraktiven Bildungsstätte, in der auf vielfältige Arten gelernt wird und in der konstruktive Werte erlernt und gelebt werden. In den dargestellten Szenen des „idealen Lehrers" wird das Bedürfnis der SchülerInnen nach Partizipation, Ernst genommen werden, abwechslungsreichem und lebendigem Lernen, sowie einem „menschlichen" und zugewandten Kommunikationsstil, der von Humor und Verständnis geprägt ist, deutlich.

Im Gesamtrahmen des Evaluationsprojektes lässt sich somit ein Wunschbild von Schule erkennen, das Desiderat, nicht aber bereits weithin gelebte organisationale Praxis ist. Die Sicht der SchülerInnen kombiniert mit den Erhebungen aus Lehrerkonferenz, Netzwerken und NetzwerkkoordinatorInnen lässt ein mehrperspektivisches Bild entstehen, das Zusammenhänge und Strukturen in den Blick kommen lässt, die hier nicht weiter inhaltlich ausgeführt werden können. Unmittelbar kontrastiv lassen sich institutionelle Rationalitäten von Schulämtern mit den subjektiven Bedürfnissen der „NutzerInnen" von Schule in Kontakt bringen, die gemeinhin ihre Prioritäten nicht artikulieren können – scheinen sie sich doch weithin immer noch in einem hochgradig frontalen Unterrichtssetting zu bewegen. So erlauben interaktive Großgruppenformate Einblicke in eine unhinterfragte oder unhinterfragbare Normalität, die sich selbst in den Repräsentationen des Idealen wieder finden lässt.

Wie im letzten Teilkapitel bereits ausgeführt, ermöglicht der Zugang der „Grounded theory" (Glaser/Strauss 1998) in solchen Forschungsformaten gegenstandsnahe Hypothesen- und Theoriebildung. Anhand der formulierten Bedürfnisse und Wünsche kommen die „Oberflächen" der Handlungsrationalitäten von Organisationen und der Organisationsmitglieder spezifischer organisationaler Milieus in den Blick. Perspektiven-, Methoden- und Datentriangulation betten die Sicht der in institutionellen Gefügen agierenden Subjekten in dieses ein und lassen so die Definitionen ebenso wie die Begrenzungen der Spielräume in organisationalen Settings erkennen.

5 Möglichkeiten und Grenzen der Großgruppenverfahren als Methoden transformativer Organisationsforschung

Wie deutlich geworden ist, arbeiten Großgruppenverfahren als Methoden transformativer Organisationsforschung generell mit den Grundprinzipien qualitativer Forschung, also dem Prinzip der Offenheit, dem Prinzip, Forschung als Kommunikation anzulegen, dem Prozesscharakter von Forschung und Gegenstand, der Reflexivität von Gegenstand und Analyse, der Explikation und Flexibilität (Lamnek 2005a).

Vorteil Größe, Simultaneität und Variation

Dabei stellt die Größe der Gruppenformate, das Kriterium der Simultaneität und der systematischen Variation der Gruppen ein besonderes Unterscheidungsmerkmal der Großgruppenverfahren dar. Im Idealfall ermöglichen diese Verfahren, dass nicht nur Teilsysteme, sondern das „ganze offene (Organisations-)System", also die relevanten Beteiligten- und Betroffenengruppen in einem Raum mittels „selbsterforschender" Praxen miteinander in Kontakt kommen kann.

Vorteil der Teilnehmenden-Aktivierung

Die Verfahren stellen ein aktivierendes Design dar, in dem sich die Teilnehmenden selbst Impulse und Anregungen zuspielen. Auch hier kann es allerdings eintreten, dass einzelne Personen nicht zu Wort kommen. Aufgrund der Unkontrollierbarkeit des Settings erscheint es allerdings eher als unwahrscheinlich, dass Äußerungen verhindert werden. Zwar können auch hier „SchweigerInnen" auftreten, diese allerdings fallen nicht mehr so sehr ins Gewicht wie in den anderen Formaten. Die Niedrigschwelligkeit der Formate, die Formatwechsel, die unterschiedlichen Möglichkeiten der Übernahme von Verantwortung und Rollen im Prozess ermöglicht den Teilnehmenden zu partizipieren und aktiv zu werden.

Systemische Selbstbeforschung und die Vermeidung von Fehlerquellen

Eher Interviewer- und fragezentrierte Verfahren qualitativer Sozialforschung bergen die bekannten Fehlerquellenpotenziale wie die Etablierung eines „Bias" durch die Kriterien der Forschenden, die Abhängigkeit von der Interviewsituation, die Rapportabhängigkeit, die Abhängigkeit davon, die „gleiche Sprache zu sprechen", die Anschlussfähigkeit an soziale Milieus etc.. In Forschungsprozessen, in denen sich das System selbst beforscht, können solche Fehlerquellen vermieden werden. Die in der Datengenerierung, der Phasen der Erhebungsprozesse, der Arten der erzielbaren Daten, der Designs und Settings liegenden Risiken im Forschungsprozess lassen sich minimieren durch die Stärkung der Eigentätigkeit des Systems in seinen Relevanzstrukturen.

Vorteil immanente Methoden- und Perspektiventriangulation

Großgruppenverfahren führen in sich bereits Methodenpluralität mit, sind allerdings auch mit weiteren Methoden kombinierbar wie z. B. Beobachtung, Einzelinterview oder auch quantitativen Formaten. Die jeweiligen Kombinationen sind abhängig von Fragestellung und Untersuchungsgegenstand, Population und Erkenntnisziel. Aufgrund der methodischen Vielfalt der verschiedenen Zugänge werden Forschungsmethoden und Perspektiven gezielt und variabel kombinierbar und erlauben, vielfältige Aspekte eines Problems zu berücksichtigen. Aufgrund der systematischen Anlage von Multiperspektivität im Erhebungsdesign wird in der Datenauswertung eine systematische Triangulation der Perspektiven möglich.

Vorteil Zeit- und Kostenersparnis

Die Verfahren eröffnen ein breites Themenspektrum der Organisationsforschung. Sie eröffnen intensivere und damit aber auch aufwendigere Forschungssettings als die anderen hier vorgestellten Vergleichsformate multimethodischer Forschung. Großgruppenverfahren stellen einen sozialen Kontext her, der erhebliche Potenziale birgt für Kosten- und Zeitersparnis, insofern in kurzer Zeit und in netzförmig statt sternförmig angelegten Kommunikationsarrangements nicht nur eine erhebliche Datenfülle, sondern bereits Sinnbildungsprozess des Systems selbst hervorbringt. Diese – bereits Datenmengen integrierenden – Systemnarrationen können Gegenstand weiterer Analyseschritte zur weiteren Auswertung im Forschungskontext sein.

Vorteil Vielseitigkeit: Anwendung in spezifischen Kontexten und Einsatzgebieten

Großgruppenverfahren sind flexibel anzupassen an die spezifischen Themen, Populationen, etc.. Auch die hier adressierbaren Gegenstände können sich ebenfalls auf unterschiedlichste Fragestellungen der Organisationsforschung beziehen. Die Einsatzgebiete der Großgruppenverfahren sind multifunktional und können sehr verschiedenen Zwecken dienen. Sicherlich stellt ein Vorteil dar, dass sie nicht unter Laborbedingungen, sondern im Feld des natürlichen Kontextes angelegt werden. Generell ist davon auszugehen, dass Großgruppenformate besonders dann erfolgreiche Erhebungsformate sein können, wenn das Kriterium des Eigeninteresses der Teilnehmenden durch das zu bearbeitende Thema gegeben ist. Sicherlich müssen die Möglichkeiten und Grenzen der Verfahren im Kontext von Evaluationsforschung dahingehend problematisiert werden, dass Wissensteilung auch auf Vertrauen beruht. Im Evaluationskontext ist daher sicherzustellen, dass Datengenerierung bzw. überprüfende Wissenspraxen im öffentlichen Rahmen nicht auf Einzelprojektebene stattfinden (Weber i.E.b).

Transformative Forschung und Macht

Gerade aufgrund des transformativen Charakters der Forschungsformate stellt sich die Frage der Macht in mehrfacher Weise. In Interventionsformaten wird als wesentliche Erfolgsbedingungen für den transformativen Erfolg von Großgruppeninterventionen die Systemrelevanz der Themen und die Erwünschtheit schnellen Wandels genannt. So müsse die Führungsspitze in Organisationen offen sein für die Zukunft der Organisation und dazu bereit sein, mit Menschen aller Ebenen Macht zu teilen (Jacobs/Mc Keown 1999, S. 299). Solche Fragen des Umgangs mit Macht stellen sich jedoch nicht nur in der interventiven Anwendung (Weber 2007), sondern können ebenfalls im Forschungskontext gleichermaßen relevant werden und auch konflikthaft verlaufen. Sie durchziehen die gesamte Praxis von transformativer Forschung als kommunikativen Prozess.

Ein bereits langjährig bekanntes Spannungsfeld der Aktions- und Handlungsforschung betrifft das Spannungsfeld zwischen Intervention und Analyse. Hier werden Rollenkonflikte und Vermischungen der Selbstverständnisse und Systemerwartungen bereits angelegt, die ausbalanciert werden müssen. Dies betrifft auch das Spannungsfeld zwischen Nähe bzw. Engagement und Distanz, zwischen Beobachtung und Verstehen. Die eingangs eingeführten drei strukturell unterschiedlichen Konstellationen des Verhältnisses von „Forschung" und „Transformation" führen unterschiedliche Positionierungen, Machtkonstellationen und Verortungsfragen der Forschenden und des Praxisfeldes mit sich.

Spannungsfelder und Balancierung der methodologischen Prinzipien

Diese betreffen in allen Varianten das Selbstverständnis und die Haltung der verantwortlich Forschenden. Wie offen oder wie geschlossen gehen die verantwortlich Forschenden mit ihrer Entscheidungsmacht um? Wie viel „öffnen sie" und stellen sie zur Disposition, in welchem Umfang werden die Interessen der methodologisch als „Mitforschenden" rekonstruierten Praxis berücksichtigt, angesichts der Tatsache, das solche Forschungsformate auf Koproduktion angewiesen sind. Diese Frage berührt den Subjekt- und Objektstatus der Forschungsteilnehmenden. Bedeutet Orientierung an „Subjektivität" der Forschungsteilnehmenden, ihre Individualität, Biographie, Differenz wertzuschätzen – oder bedeutet es, ihnen Gestaltungsmacht einzuräumen? Der Grad an Mitsprache und Mitbestimmung der Teilnehmenden und das Maß, in dem sie ihr Eigeninteresse an der gemeinsamen Arbeit einbringen (Grell 2006, S. 73) stellt damit ein Terrain der Aushandlung dar. Teilnehmende als „Mitforschende" zu rekonstruieren, liegt im Spektrum zwischen Eigentätigkeit und Mitentscheidung. Lamnek (2005a, S. 632 ff.) wirft hier auch das Dilemma von Identifikation und Distanz auf.

Methodologischer Stellenwert der Verfahren

Methodische Zugänge lassen sich daraufhin befragen, welchen systematischen Stellenwert ihnen als Forschungsverfahren zukommt. Lamnek (2005a, S. 475) differenziert den Stellenwert von Verfahren als untergeordnet, komplementär und eigenständig oder gar zentral für die methodische Ausgestaltung von Forschungsdesigns. Der Stellenwert methodischer

Zugänge kann demnach in der Illustrierung, Exploration oder Absicherung liegen, in Kombination mit anderen Verfahren Anwendung finden oder Geltung als eigenständiges Verfahren beanspruchen können. Das Potenzial und der Stellenwert von Großgruppenverfahren weist allerdings deutlich über solche ergänzenden Funktionen hinaus und verweist auf einen eigenständigen Status als Methoden qualitativer Organisationsforschung, wenngleich die Verfahren sich erst noch im Feld der qualitativen Organisationsforschung etablieren müssen.

Die Erschließung organisationaler Orientierungsmuster und Narrationen

Für die Zukunft kann ein wesentlicher methodologischer Stellenwert der Verfahren in der Erschließung organisationaler Sinnbildungsprozesse und Narrationen gesehen werden. So wie Bohnsack (1997, S. 495) die Gruppendiskussion vom Bezugsbegriff der „Gruppe" und damit der Situationskomponente der „Gruppenmeinung" loslöste, so bietet die methodologische Rekonstruktion „kollektiver Orientierungsmuster" auch für die Analyse der mittels Großgruppenverfahren vorfindbaren und erschließbaren Sinnbildungsprozesse in Organisationen ihren Mittelpunkt. Mit dem Mannheim'schen (1980) Konzept „konjunktiver Erfahrungsräume" kann das gemeinsame Erleben sowie die individuell-prozesshaften Sinnzuschreibungen in kollektiv-strukturellen Sinnmustern in den Vordergrund gestellt werden. Im Kontext der Organisationsforschung gestalten sich diese nicht nur entlang der Kategorien Generation, Geschlecht, Bildung und sozialräumlicher Milieus (Bohnsack 1997, S. 498), sondern lassen sich hier auch auf organisationale Milieus und ihre Narrationen erweitern.

6 Anmerkungen

1 Ich danke meinem Forschungsteam Julia Elven, Natalie Pape und Jörg Schwarz für unsere Diskussion und ihre Rückmeldung zu diesem Beitrag.
2 Das auf zwei Jahre angelegte Projekt „Regionale Bildungsnetzwerke", finanziert durch das EU-Programm EQUAL II, das Kultusministerium Hessen sowie kommunale Institutionen und Agenturen für Arbeit.

7 Literatur

Altrichter, Herbert/Lobenwein, Waltraud/Welte, Heike (1997): PraktikerInnen als ForscherInnen. Forschung und Entwicklung durch Aktionsforschung, in: Barbara Friebertshäuser/Annedore Prengel (Hrsg.), Handbuch qualitative Forschungsmethoden in der Erziehungswissenschaft, Weinheim/München, S. 640–660

Bion, Wilfried (1971): Erfahrungen in Gruppen und andere Schriften, Stuttgart

Bohnsack, Ralf (1997): Gruppendiskussionsverfahren und Milieuforschung, in: Barbara Friebertshäuser/Annedore Prengel (Hrsg.), Handbuch qualitativer Forschungsmethoden in der Erziehungswissenschaft, Weinheim/München, S. 492–501

Bohm, David (1998): Der Dialog. Das offene Gespräch am Ende der Diskussion, Stuttgart

Boos, Frank/Königswieser, Roswitha (2000): Unterwegs auf einem schmalen Grat: Großgruppen in Veränderungsprozessen, in: Roswitha Königswieser/Marion Keil (Hrsg.), Das Feuer der großen Gruppen. Konzepte, Designs, Praxisbeispiele für Großveranstaltungen, Stuttgart, S. 17–29

Bortz, Jürgen/Döring, Nicola (1995): Forschungsmethoden und Evaluation, Berlin

Bunker, Barbara Benedict (1999): Appreciating Diversity and Modifying Organizational Cultures: Men and Women at Work, in: Suresh Srivastva/ David L. Cooperrider (Hrsg.), Appreciative Management and Leadership. The Power of Positive Thought and Action in Organizations, rev. Edition, Ohio, S. 126–149

Bunker, Barbara Benedict/Alban/Billie, T. (1997): Large Group Interventions. Engaging the Whole System for Rapid Change, San Francisco

Bredemeyer, Sabine/Maleh, Carole/Nelles, Hans-Georg (2002): „Wir bilden Zukunft" – Eine RTSC-Konferenz rüttelt wach und weckt Vernetzungspotenzial, in: Susanne Weber (Hrsg.), Vernetzungsprozesse gestalten. Erfahrungen aus der Beraterpraxis mit Großgruppen und Organisationen, Wiesbaden, S. 143–153

Bremer, Helmut (2004): Von der Gruppendiskussion zur Gruppenwerkstatt- Ein Beitrag zur Methodenentwicklung in der typenbildenden Mentalitäts-, Habitus- und Milieuanalyse, Münster

Bremer, Helmut (1999): Soziale Milieus und Bildungsurlaub. Angebote, Motivationen und Barrieren der Teilnahme am Angebot von „Arbeit und Leben" Niedersachsen, E.V.

Bremer, Helmut/Teiwes-Kügler, Christel (2003): Die Gruppenwerkstatt. Ein mehrstufiges Verfahren zur vertiefenden Exploration von Mentalitäten und Milieus, in: Heiko Geiling (Hrsg.), Probleme sozialer Integration. Agis Forschungen zum gesellschaftlichen Strukturwandel, Hamburg/London, S. 207–236

Brown, Juanita/Isaacs, David (2007): Das World Café. Kreative Zukunftsgestaltung in Organisationen und Gesellschaft, Heidelberg

Brödel, Rainer/Bremer, Helmut/Chollet, Anke/Hagemann, Ina-Marie (Hrsg.) (2003): Begleitforschung in Lernkulturen, Münster/New York

Bruck, Walter/Weber, Susanne (2000): Appreciative Inquiry Summit – der nächste Schritt in der Evolution der Großgruppenarbeit, in: Roswitha Königswieser/Marion Keil (Hrsg.), Das Feuer der großen Gruppen. Konzepte, Designs, Praxisbeispiele für Großveranstaltungen, Stuttgart, S. 164–178

Cooperrider, David L. (1999): Positive Image, Positive Action: The Affirmative Basis of Organizing, in: Suresh Srivastva/ David L. Cooperrider (Hrsg.), Appreciative Management and Leadership. The Power of Positive Thought and Action in Organizations, rev. Edition, Ohio, S. 91–125

Cooperrider, David (2000): Positive Image, Positive Action: The Affirmative Basis of Organizing, in: David L. Cooperrider et al. (Hrsg.), Appreciative Inquiry. Rethinking Human Organization Toward A Positive Theory of Change, Champaign, Ill., S. 29–54

Cremer, Christa/Klehm, Wolf (1978): Aktionsforschung. Wissenschaftshistorische und gesellschaftliche Grundlagen – methodische Perspektiven, Weinheim/Basel

Czarniawska, Barbara (1998): A Narrative Approach to Organization Studies, Copenhagen

Czarniawska, Barbara (1997): Narrating the Organization. Dramas of Institutional Identity, Chicago

Dannemiller, Kathleen D./James, Sylvia/Tolchinsky, Paul D. (1999): Whole Scale Change In: Holman, Peggy/Devane, Tom: The Change Handbook. Group Methods for Shaping the Future, San Francisco, S. 203–216

Dannemiller Tyson Associates (2000): Whole-Scale Change, San Francisco

Descy, Pascaline/Tessaring, Manfred (2006): Der Wert des Lernens – Evaluation und Wirkung von Bildung und Ausbildung. Synthesebericht. Dritter Bericht zum aktuellen Stand der Berufsbildungsforschung in Europa. (Reference Series, 66) CEDEFOP

Denzin, Norman (1978): The Research Act, New York

Ehrenspeck, Yvonne/Schäffer, Burkhard (2006): Film- und Fotoanalyse in der Erziehungswissenschaft, Wiesbaden

Ermert, Karl/Gnahs, Dieter/Siebert, Horst (2003) (Hrsg.), Kunst-Griffe. Über Möglichkeiten künstlerischer Methoden in Bildungsprozessen. Wolfenbüttel

Fetterman, David M. (2001): Foundations of Empowerment Evaluation, London/New Delhi
Flaig, Berthold Bodo/Meyer, Thomas/Ueltzhöffer, Jörg: (1997): Alltagsästhetik und politische Kultur. Zur ästhetischen Dimension politischer Bildung und politischer Kommunikation, 3. Auflage, Bonn
Flick, Uwe (1995): Stationen des qualitativen Forschungsprozesses, in: ders. et al. (Hrsg.), Handbuch Qualitative Sozialforschung. Grundlagen, Konzepte, Methoden und Anwendungen, 2. Auflage, Weinheim, S. 148–176
Flick, Uwe (1992): Entzauberung der Intuition. Systematische Perspektiven-Triangulation als Strategie der Geltungsbegründung qualitativer Daten und Interpretationen, in: Jürgen H. P. Hoffmeyer-Zlotnik(Hrsg.), Analyse verbaler Daten, Opladen, S. 11–55
Flick, Uwe (1990): Fallanalysen: Geltungsbegründung durch systematische Perspektiven-Triangulation, in: Gerd Jüttemann (Hrsg.), Komparative Kasuistik, Heidelberg, S. 184–204
Friebertshäuser, Barbara (1997): Feldforschung und teilnehmende Beobachtung, in: Barbara Friebertshäuser/Annedore Prengel (Hrsg.), Handbuch qualitativer Forschungsmethoden in der Erziehungswissenschaft, Weinheim/München, S. 503–534
Friebertshäuser, Barbara/von Felden, Barbara/Schäffer, Burkhard (2007) (Hrsg.), Bild und Text. Methoden und Methodologien visueller Sozialforschung in der Erziehungswissenschaft, Opladen
Fuhs, Burkhard (1997): Fotografie und qualitative Forschung. Zur Verwendung fotografischer Quellen in den Erziehungswissenschaften, in: Barbara Friebertshäuser/Annedore Prengel (Hrsg.), Handbuch qualitativer Forschungsmethoden in der Erziehungswissenschaft, Weinheim/München, S. 265–285
Geertz, Clifford (1987): Dichte Beschreibung, Frankfurt a. M.
Glaser, Barney/Strauss, Anselm (1998): Grounded Theory. Strategien qualitativer Forschung (1967)
Glaser, Barney/Strauss, Anselm (1979): Die Entdeckung gegenstandsbezogener Theorie: Eine Grundstrategie qualitativer Forschung, in: Christel Hopf/Weingarten Elmar (Hrsg.), Qualitative Sozialforschung, Stuttgart, S. 91–111
Guba, Egon/Lincoln, Yvonna S. (1989): Fourth generation Evaluation, Newbury Park u. a.
Graumann, Carl F./Métraux, Alexandre/Schneider, Gert (1995): Ansätze des Sinnverstehens, in: Uwe Flick et al. (Hrsg.), Handbuch Qualitative Sozialforschung. Grundlagen, Konzepte, Methoden und Anwendungen, Weinheim, S. 67–77
Greenbaum, Thomas L. (1998): The Handbook of Focus Group Research, Thousand Oaks u a.
Grell, Petra (2006): Forschende Lernwerkstatt. Eine qualitative Untersuchung zu Lernwiderständen in der Weiterbildung, Münster
Hartkemeyer, Martina/Hartkemeyer, Johannes/Freeman, Dhority L. (1999): Miteinander denken. Das Geheimnis des Dialogs, 2. Auflage, Stuttgart
Hartz, Stefanie (2004): Biographizität und Professionalität. Eine Fallstudie zur Bedeutung von Aneignungsprozessen in organisatorischen Modernisierungsstrategien, Wiesbaden
Herrmanns, Harry (1995): Narratives Interview, in: Uwe Flick et al. (Hrsg.), Handbuch Qualitative Sozialforschung. Grundlagen, Konzepte, Methoden und Anwendungen, 2. Auflage, Weinheim, S. 182–185
Holman, Peggy/Devane, Tom (2002): Change Handbook. Zukunftsorientierte Großgruppen-Methoden, Heidelberg
Holman, Peggy/Devane, Tom (1999): The Change Handbook. Group Methods for Shaping the Future, San Francisco
Jacobs, Robert W./Mc Keown, Frank (1999): Real Time Strategic Change, in: Peggy Holman/ Tom Devane (Hrsg.), The Change Handbook. Group Methods for Shaping the Future, San Francisco, S. 295–312
Jakob, Gisela (1997): Das narrative Interview in der Biographieforschung, in: Barbara Friebertshäuser/Annedore Prengel (Hrsg.), Handbuch qualitativer Forschungsmethoden in der Erziehungswissenschaft, Weinheim/München, S. 445–458

Kade, Jochen/Nittel, Dieter (1997): Biographieforschung . Mittel zur Erschließung von Bildungswelten Erwachsener, in: Barbara Friebertshäuser/Annedore Prengel (Hrsg.), Handbuch qualitative Forschungsmethoden in der Erziehungswissenschaft, Weinheim/München, S. 745–757

Kelle, Helga (1997): Die Komplexität sozialer und kultureller Wirklichkeit als Problem qualitativer Forschung, in: Barbara Friebertshäuser/Annedore Prengel (Hrsg.), Handbuch qualitative Forschungsmethoden in der Erziehungswissenschaft, Weinheim/München, S. 192–208

Kepper, Gaby (1996): Qualitative Marktforschung. Methoden, Einsatzmöglichkeiten und Beurteilungskriterien, Wiesbaden

König, Eckard/Bentler, Annette (1997): Arbeitsschritte im qualitativen Forschungsprozess, in: Barbara Friebertshäuser/Annedore Prengel (Hrsg.), Handbuch qualitative Forschungsmethoden in der Erziehungswissenschaft, Weinheim/München, S. 88–96

Königswieser, Roswitha/Keil, Marion (2000): Das Feuer der großen Gruppen. Konzepte, Designs, Praxisbeispiele für Großveranstaltungen, Stuttgart

Kraimer, Klaus (1997): Narratives als Erkenntnisquelle, in: Barbara Friebertshäuser/Annedore Prengel (Hrsg.), Handbuch qualitative Forschungsmethoden in der Erziehungswissenschaft, Weinheim/München, S. 459–467

Lamnek, Siegfried (2005a): Qualitative Sozialforschung. Lehrbuch, 4. Auflage, Weinheim/Basel

Lamnek, Siegfried (2005b): Gruppendiskussion. Theorie und Praxis, 2. überarb. Auflage, Weinheim

Legewie, Heiner (1995): Feldforschung und teilnehmende Beobachtung, in: Uwe Flick et al. (Hrsg.), Handbuch Qualitative Sozialforschung. Grundlagen, Konzepte, Methoden und Anwendungen, 2. Auflage, Weinheim, S. 189–193

Lewin, Kurt (1982): Feldtheorie, Stuttgart

Luhmann, Niklas (1984): Soziale Systeme, Frankfurt a. M.

Maleh, Carole (2002): Open Space in der Praxis. Highlights und Möglichkeiten, Weinheim

Maleh, Carole (2001): Appreciative Inquiry. Bestehende Potenziale freilegen und für die Organisation nutzbar machen, in: Zeitschrift für Organisationsentwicklung, 2001/1, S. 32–42

Maleh, Carole (2000): Open Space: Effektiv arbeiten mit großen Gruppen. Ein Handbuch für Anwender, Entscheider und Berater, Weinheim

Mannheim, Karl (1980): Strukturen des Denkens, Frankfurt a. M.

Marotzki, Winfried/Niesyto, Horst (2006): Bildinterpretation und Bildverstehen, Wiesbaden

Michel, Burkard (2007): Fotografien und ihre Lesarten. Dokumentarische Interpretation von Bildrezeptionsprozessen, in: Ralf Bohnsack/Iris Nentwig-Gesemann/Arnd-Michael Nohl (Hrsg.), Die dokumentarische Methode und ihre Forschungspraxis, 2. Auflage, Wiesbaden

Mollenhauer, Klaus (1997): Methoden erziehungswissenschaftlicher Bildinterpretation, in: Barbara Friebertshäuser/Annedore Prengel (Hrsg.), Handbuch qualitative Forschungsmethoden in der Erziehungswissenschaft, Weinheim/München, S. 247–264

Morgan, Gareth (1998): Löwe, Qualle, Pinguin. Imaginieren als Kunst der Veränderung, Stuttgart

Morgan, Gareth (1997): Bilder der Organisation, Stuttgart

Moser, Heinz (1978): Aktionsforschung als kritische Theorie der Sozialwissenschaften, München

Moser, Heinz (1976): Anspruch und Selbstverständnis der Aktionsforschung, in: Zeitschrift für Pädagogik, 22, S. 357–368

Nitsch, Wolfgang/Scheller, Ingo (1997): Forschendes Lernen mit Mitteln des szenischen Spiels als aktivierende Sozial- und Bildungsforschung, in: Barbara Friebertshäuser/Annedore Prengel (Hrsg.), Handbuch qualitative Forschungsmethoden in der Erziehungswissenschaft, Weinheim/München ,S. 704–710

Nuissl, Ekkehard/Dobischat, Rolf/Hagen, Kornelia, Tippelt, Rudolf (Hrsg.) (2006): Regionale Bildungsnetze. Ergebnisse zur Halbzeit des Programms „Lernende Regionen – Förderung von Netzwerken", Bielefeld

Oels, Angela (2003): The power of visioning. An evaluation of community-based Future Search conferences in England and Germany. Doctoral Dissertation. School of Environmental Sciences. University of East Anglia, Norwich

Oels, Angela (2000): „Let's get together and feel alright!" Eine kritische Untersuchung von 'Agenda 21' Prozessen in England und Deutschland, in: Hubert Heinelt/ Eberhard Mühlich (Hrsg.), Lokale 'Agenda 21' Prozesse, Opladen, S. 182–200

Owen, Harrison (1997): Expanding our now: The Story of Open Space Technology. Berrett Koehler Publishers, San Francisco

Polanyi, Michael F.D. (1999): A qualitative analysis and critique of a „Future Search" conference: Reframing repetitive strain injuries for action. Doctoral Dissertation. Faculty of Environmental Studies. York University, Toronto, Ontario

Prengel, Annedore (1997): Perspektivität anerkennen – zur Bedeutung von Praxisforschung in Erziehung und Erziehungswissenschaft, in: Barbara Friebertshäuser/Annedore Prengel (Hrsg.), Handbuch qualitative Forschungsmethoden in der Erziehungswissenschaft, Weinheim/München, S. 599–627

Preskill, H./Torres, R.T. (1999): Evaluative Inquiry for learning in organizations, Thousand Oaks, CA

Probst, Gilbert J. B. (1987): Selbstorganisation. Ordnungsprozesse in sozialen Systemen aus ganzheitlicher Sicht, Berlin

Rädiker, Stefan/Stefer, Claus (2007): Qualitative Evaluation – Versuch einer Abkürzungsstrategie, in: Udo Kuckartz/Heiko Grunenberg/Thorsten Dresing (Hrsg.), Qualitative Datenanalyse – computergestützt, 2. Auflage, Wiesbaden, S. 78–92

König, Eckard/Bentler, Annette (1997): Arbeitsschritte im qualitativen Forschungsprozess – ein Leitfaden, in: Barbara Friebertshäuser/Annedore Prengel (Hrsg.), Handbuch qualitative Forschungsmethoden in der Erziehungswissenschaft, Weinheim/München, S. 88–96

Saam/Nicole (2002): Das Großgruppenverfahren Open Space – Einführung von Marktmechanismen in Organisationen, in: Zeitschrift für Soziologie, 31/2002, S. 163–185

Sader, Manfred (1995): Rollenspiel, in: Uwe Flick et al. (Hrsg.), Handbuch Qualitative Sozialforschung. Grundlagen, Konzepte, Methoden und Anwendungen, 2. Auflage, Weinheim, S. 193–198

Salcher, Ernst F. (1995): Psychologische Marktforschung, Berlin/New York

Schäffter, Ortfried (2007): Erwachsenenpädagogische Institutionenanalyse. Begründungen für eine lernförderliche Forschungspraxis, in: Ute Heuer/Ruth Siebers (Hrsg.), Weiterbildung am Beginn des 21. Jahrhunderts, Münster, S. 354–370

Schäffter, Ortfried (2006): Die Generierung von Professionswissen vom Akteursstandpunkt pädagogischer Praxis. Ein Reflexionsstufenmodell lernförderlicher Institutionenforschung, Online: https://ebwb.hu-berlin.de/team/schaeffter/downloads/lebenslanges%20lernen (5.2.2008)

Schründer-Lenzen, Agi (1997): Triangulation und idealtypisches Verstehen in der (Re-)konstruktion subjektiver Theorien, in: Barbara Friebertshäuser/Annedore Prengel (Hrsg.), Handbuch qualitative Forschungsmethoden in der Erziehungswissenschaft, Weinheim/München, S.107–117

Schüßler, Ingeborg/Thurnes, Christoph (2005): Lernkulturen in der Weiterbildung. Bielefeld

Schütze, Fritz (1994): Ethnographie und sozialwissenschaftliche Methoden der Feldforschung. Eine mögliche methodische Orientierung der Ausbildung und Praxis der Sozialen Arbeit: In: Groddeck, Norbert/Schumann, Michael (Hrsg.), Modernisierung Sozialer Arbeit durch Methodenentwicklung und -reflexion. Freiburg

Senge, Peter/Scharmer, Otto/Jaworski, Joseph, Flowers, Betty Sue (2004): Presence. Human Purpose and the Field of the Future. Exploring Profound Change in People, Organizations and Society, Cambridge, Mass.

Senge, Peter M. (1997): Die fünfte Disziplin. Kunst und Praxis der lernenden Organisation, 4. Auflage, Stuttgart (1990)

Simon, Fritz B. (2007): Einführung in Systemtheorie und Konstruktivismus, Heidelberg

Srivastva, Suresh/Cooperrider, David L. (1999): Appreciative Management and Leadership, Ohio

Steinke, Ines (2003): Gütekriterien qualitativer Forschung, in: Uwe Flick/Ernst von Kardorff/Ines Steinke (Hrsg.), Qualitative Forschung. Ein Handbuch, 2. Auflage, Reinbek, S. 319–331

Strauss, Anselm (1991): Grundlagen qualitativer Sozialforschung. Datenanalyse und Theoriebildung in der empirischen soziologischen Forschung, München

Strauss, Anselm (1998): Grundlagen qualitativer Sozialforschung. Datenanalyse und Theoriebildung in der empirischen soziologischen Forschung, München
Strauss, Anselm/Corbin, Juliet (1996): Grounded Theory. Grundlagen Qualitativer Sozialforschung, Weinheim
Teiwes-Kügler, Christel (2001): Habitusanalyse und Collageninterpretation. Ein Beitrag zur Entwicklung einer methodisch-theoretisch begründeten Hermeneutik am Beispiel von empirischen Einzelfallanalysen aus Gruppenwerkstätten mit zwei sozialen Milieus. Diplomarbeit an der Uni Hannover
Terhart, Ewald (1997): Entwicklung und Situation des qualitativen Forschungsansatzes in der Erziehungswissenschaft, in: Barbara Friebertshäuser/Annedore Prengel (Hrsg.), Handbuch qualitative Forschungsmethoden in der Erziehungswissenschaft, Weinheim/München, S. 27–42
Torres, Rosalie T./Preskill, Hallie/Piontek, Mary E. (2005): Evaluation Strategies for Communicating and Reporting. Enhancing Learning in Organizations, 2nd edition, London/New Delhi
Vogd, Werner (2005): Systemtheorie und rekonstruktive Sozialforschung. Eine empirische Versöhnung unterschiedlicher theoretischer Perspektiven, Opladen
Wagner-Willi, Monika (2007): Videoanalysen des Schulalltags. Die dokumentarische Interpretation schulischer Übergangsrituale, in: Ralf Bohnsack/Iris Nentwig-Gesemann/Arnd-Michael Nohl (Hrsg.), Die dokumentarische Methode und ihre Forschungspraxis. Grundlagen qualitativer Sozialforschung. 2. erweiterte und aktualisierte Auflage, Wiesbaden
Weber, Susanne Maria (i.E.a): Dialog, Reflexivität und Transformation: Übergänge zum Neuen, in: Bundesinstitut für Berufsbildung (Hrsg.), Dialog in der lernenden Organisation. Dorothea Schemme: Modellprojekte organisationalen Lernens
Weber, Susanne Maria (i.E.b): Systemreflexive Evaluation und organisationales Lernen. Strukturelle Spannungsverhältnisse zwischen Diskurs, Organisation und Intervention: Das Beispiel „Reflexionskonferenz". Zeitschrift für Pädagogik. Sonderheft Pädagogische Organisationsforschung, 5/2008
Weber, Susanne Maria (2007): Machtfreie Räume? Großgruppenverfahren als Rituale der Transformation, in: Zeitschrift Weiterbildung. Schwerpunkt Konferenzmanagement, 4/2007, S. 9–13
Weber, Susanne Maria (2006): Systemreflexive Evaluation von Netzwerken und Netzwerk-Programmen. Eine methodologische Perspektive, in: Report, 4/2006, S. 17–25
Weber, Susanne Maria (2005a): Rituale der Transformation. Großgruppenverfahren als pädagogisches Wissen am Markt, Wiesbaden
Weber, Susanne Maria (2005b): The dangers of success: The transition of Large Group Interventions from Innovation to Normalization in German-speaking Countries, in: Alban, Billie/Bunker, Barbara (Hrsg.), Special Issue on Large Group Interventions. Journal of Applied Behavioral Science, S. 111–121
Weber, Susanne Maria (2002): Vernetzungsprozesse gestalten. Erfahrungen aus der Beraterpraxis mit Großgruppen und Organisationen, Wiesbaden
Weber, Susanne Maria (2000): Power to the people!? Selbstorganisation, Systemlernen und Strategiebildung mit großen Gruppen, in: Sozialwissenschaftliche Literaturrundschau Heft Nr. 2/2000, S. 63–89
Weingart, Peter (2001): Die Stunde der Wahrheit? Zum Verhältnis der Wissenschaft zu Politik, Wirtschaft und Medien in der Wissensgesellschaft, Weilerswist
Weisbord, Marvin/Janoff, Sandra (2000): Zukunftskonferenz. Die gemeinsame Basis finden und handeln, in: Roswitha Königswieser/Marion Keil (Hrsg.), Das Feuer der großen Gruppen. Konzepte, Designs, Praxisbeispiele für Großveranstaltungen, Stuttgart, S. 129–145
Weisbord, Marvin/Janoff, Sandra (1995): Future Search. An Action Guide to Finding Common Ground in Organizations and Communities, San Francisco
Weick, Karl E. (1985): Der Prozess des Organisierens, Frankfurt a. M.
Weiß, Anja (2001): Rassismus wider Willen. Ein anderer Blick auf die Struktur sozialer Ungleichheit, Wiesbaden
Willke, Helmut (1998): Systemisches Wissensmanagement, Stuttgart

zur Bonsen, Matthias (2003): Real Time Strategic Change. Schneller Wandel mit großen Gruppen, Stuttgart
zur Bonsen, Matthias/Maleh, Carole (2001): Appreciative Inquiry (AI): Der Weg zur Spitzenleistungen, Weinheim

Einschlägige Web-Ressourcen:

www.tmn.com/openspace
www.appreciative-inquiry.de
www.searchnet.org
www.dannemillertyson.com
www.all-in-one-spirit.de

Open Space

Matthias Freitag

1 Einleitung

Harrison Owen, der Begründer der „Open Space Technology" (kurz OST), entwickelte diese Großgruppenmethode in den USA als Reaktion auf eine Umfrage unter Teilnehmern einer Konferenz im Jahr 1983 (Owen 1997b, S. 1), für deren Planung und Strukturierung Owen mehr als ein Jahr benötigte. Die Ergebnisse der Befragung zeigten, dass nicht die Vorträge der Redner als das Wichtigste bewertet wurden, sondern die Pausengespräche der Teilnehmer untereinander. Diese informellen Begegnungen boten für alle Beteiligten die Möglichkeit der offenen, „selbst organisierten" Kommunikation, durch die neue Kontakte und Netzwerke geknüpft werden konnten.

Die Idee von Owen war nun, die informellen Elemente einer „guten Kaffeepause" mit den substanziellen Aktivitäten und Ergebnischarakteristika einer „guten Konferenz" zu verknüpfen (1997b, S. 3).

Als Basis der Kommunikation im Open Space dient das Prinzip des Kreises, welches eine offene und direkte Kommunikation fördert, so Owen. Diese beiden Erfahrungen, die Energie der Selbstorganisation in Kaffeepausen und die Bedeutung des Kreises, sind wichtige Grundelemente der Open-Space-Methode, welche Owen 1985 zum ersten Mal anwandte.

Owen selbst betont, dass die Methode nicht das Ergebnis eines theoretisch fundierten Designs war, sondern „einfach entstand" (Owen/Stadler 1999, S. 241). Retrospektiv benennt er als theoretische Fundierung der Wirksamkeit von Open Space Selbstorganisationstheorien, Forschungen zu komplexen adaptiven Systemen und dissipativen Strukturen (Owen/Stadler 1999, S. 242) sowie die Natur und Funktion von Mythen, Ritualen und Kultur (ebd., S. 243).

2 Datenerhebung

OST ist zunächst, so Owen und Stadler (1999, S. 235), eine schnelle, billige und einfache Art, um bessere und produktivere Großgruppenkonferenzen zu organisieren. Auf einer tieferen Betrachtungsebene ermöglicht Open Space die Erfahrung einer neuen Qualität von Organisation mit autonomen Arbeitsgruppen, geteilten (Führungs-)Erfahrungen, Empowerment und der Erfahrung von Diversität als Vorteil einer Gruppe (ebd.).

Die Open-Space-Methode wurde bereits in Gruppen von fünf bis 1000 Personen in verschiedenen Kulturkreisen und organisationalen Kontexten erfolgreich angewandt, die Teilnehmerobergrenze ist praktisch offen (Owen 1997b, S. 22). Anwendungsfelder dieser Gestaltungsmethode sind Situationen mit hoher Komplexität, hoher Diversität (die Beteiligten betreffend: z. B. Fähigkeiten, Kenntnisse, Herkunft, Sichtweisen), die Anwesenheit von potenziellen oder aktuellen Konflikten und die Notwendigkeit einer schnellen Entscheidungsfindung (Owen/Stadler 1999, S. 236). Abhängig von der Dauer des Open Space (Owen nennt ein bis drei Tage – Owen/Stadler 1999, S. 236; die Regel ist drei Tage – Petri 1999, S. 148: „sollte nicht weniger als einen Tag dauern [...] und nicht länger als 3½, da sonst das Energieniveau drastisch zu sinken beginnt") wird Folgendes garantiert: Jede Fragestellung kann angesprochen werden, die Fragestellungen können so lange diskutiert werden, wie es die Beteiligten wünschen, zu Ende des Open Space werden die Ergebnisse in einer Dokumentation für alle Beteiligten zur Verfügung gestellt. Diese zeigen die Prioritäten auf, verwandte Fragestellungen und erste Handlungsschritte.

Die Grundsätze, mit denen Open Space große Gruppen zu gemeinsamer Anliegenbearbeitung und Problembewältigung bewegt, sind nach Owen Leidenschaft und die Übernahme von Verantwortung für ein Anliegen – „passion and responsibility" (Owen/Stadler 1999, S. 236). „Begeisterung und Verantwortung für ein Thema sind Kern der Open Space Technologie" (Petri 1999, S. 149). Leidenschaft führt dazu, dass die Teilnehmer sich für eine Sache einsetzen, Verantwortung dazu, dass die Aufgaben ergebnisorientiert bearbeitet werden.

Ablauf

Obwohl Open Space grundsätzlich selbstorganisiert verläuft, gibt es Prinzipien, welche es allen Beteiligten ermöglichen, anhand eines „roten Fadens" ihre Anliegen zu bearbeiten. Diese Prinzipien wurden in vielen Publikationen beschrieben und gehen auf Owens „Brief User's Guide to Open Space Technology" (zu finden auf: www.mindspring.com/~owenh) zurück, später als „Open Space Technology – A User's Guide" (Owen 1997b; dt. 2001a) - publiziert. In deutscher Sprache existieren davon abgeleitete Anleitungen im Internet (z. B. von Pannwitz 2000, www.michaelmpannwitz.de) oder als Printpublikationen (z. B. Maleh 2000a; Möller/Pannwitz 1998).

Grundlage der OST-Konferenz ist ein gemeinsames Thema, zu dem eingeladen wird. Die Teilnehmer, die sich von der Problemstellung angesprochen fühlen, treffen in einem großen Raum zusammen. Eine entscheidende Tatsache, so Owen (1997b), ist, dass „die, die da sind, genau die Richtigen sind". Aufgabe der Teilnehmer ist es, „ganz dabei", voll gegenwärtig und offen für die Prozesse zu sein sowie für die Umsetzung der Ergebnisse Verantwortung zu übernehmen.

Alle Teilnehmer nehmen zunächst in einem Stuhlkreis Platz und werden von einem Begleiter kurz in die Besonderheiten der Open- Space-Technologie eingeführt. Die Rolle des Begleiters ist es, den sicheren Raum zu organisieren, in dem die Teilnehmer arbeiten können.

Dazu umreißt er in maximal 20 Minuten kurz das allgemeine Thema und lädt die Teilnehmer ein, ihre besonderen Anliegen zu benennen. In dieser Zeit geht es in erster Linie um „die Schaffung einer Kultur von Sicherheit und Vertrauen in Raum und Zeit" (Petri 1999, S. 150). Mit dem Abschluss dieser Aufgabe „tut er nichts mehr" (Owen/Stadler 1999, S. 239), außer in besonders schweren Fällen der Störung zu intervenieren. „Er hält sich im Hintergrund und doch in Bereitschaft" (Owen 1997b). Gleichwohl benennt Owen den Fokus, die Präsenz und den Abstand des Begleiters als wesentliche Erfolgsvariable einer Open-Space-Konferenz (Owen 1997b, S. 155).

Jeder Teilnehmer, der an einem Anliegen arbeiten will, tritt in die Mitte des Stuhlkreises, stellt sich und sein Anliegen kurz vor und heftet einen Zettel (Name, Anliegen) an eine zuvor vorbereitete Anliegenwand mit den Zeitfenstern (selbst auf die Angaben von Zeiten wird in vielen Fällen verzichtet). Damit bestimmen die Teilnehmer den Inhalt der Veranstaltung. Für die Benennung des Anliegens liegt in der Mitte des Kreises Moderationsmaterial (Stifte, Plakate z. B. in DIN-A3-Größe).

Neben dem Anliegenbrett findet man ein „Bulletin Bord" (Anschlagbrett), ein Nachrichtenbrett für aktuelle Informationen. Die Dokumentationen bereits abgeschlossener Gruppensitzungen werden an einer so genannten Dokuwand ausgehängt.

Sind alle Anliegen formuliert, ist der so genannte Marktplatz eröffnet. Das bedeutet, dass jeder Teilnehmer sich bei den für ihn wichtigen Anliegen namentlich einträgt. Die Aufgaben des Begleiters sind hier nochmals zusammengefasst:

Ablauf von Open Space für Begleiter

Willkommen

- Begrüßung durch den Veranstalter. Kurz, konzentriert. Keine Ansprache. Das Wesentliche ist bereits durch die Einladung bekannt. Die Open-Space-Begleiter ansagen.

Die Gruppe wahrnehmen
- Begleiter begrüßt die Gruppe: Willkommen im Open Space!
- Den Innenkreis abschreiten, alle Teilnehmer wahrnehmen und jeden einladen, sich umzuschauen. Wer ist alles da? Wen kenne ich? Mit diesen Menschen werde ich zusammen sein, arbeiten, Ideen entwickeln, Pläne aushecken. Zeit, sich zu sammeln.

Das Thema ansagen
- In die Mitte des Kreises treten.
- Herausfordernd, einladend, aber kurz und klar den Grund nennen, warum wir hier sind und was wir vorhaben.
- Knapp benennen, was als Ergebnis des Open Space erwartet wird, wie es sein soll und wofür es verwendet werden wird.

Das Verfahren beschreiben
- Ganz kurz etwas zur Entwicklungsgeschichte von Open Space sagen.
- Ansagen, was nach der Vorstellung des Verfahrens geschehen wird: Alle, die im Rahmen des Themas ein Anliegen haben, das ihnen unter den Nägeln brennt und für das sie was tun wollen, haben die Gelegenheit, dies zu benennen. Wenn jemand ein Anliegen hat: in die Mitte des Kreises treten, Anliegen und Namen auf ein Blatt schreiben, sich vor die Gruppe stellen, Namen und Anliegen nennen. Danach wird das Blatt zur Anliegenwand gebracht und dort angeheftet.
- Die vier Grundsätze, das Gesetz der Füße, die zwei Erscheinungen (Hummeln, Schmetterlinge) und die Ermahnung (Augen auf, mit Überraschungen ist zu rechnen) vorstellen.
- Räume, Zeiten, Essensphasen usw. ansagen.
- Arbeitsweise in den Gruppen vorstellen: selbst organisiert, Anliegenträger leitet ein und sorgt für Dokumentation, die zusammen mit den Berichten aus allen anderen Gruppen laufend an der Dokuwand ausgehängt werden. Auf Arbeitsmaterial hinweisen.
- Dokumentationshinweise geben: Ergebnisse, Empfehlungen und Vereinbarungen aus den Arbeitsgruppen werden entweder handschriftlich auf vorgefertigten Ergebnisbögen oder per Computer in bereits angelegte Masken geschrieben. Redaktionsschluss ansagen.

Die Anliegenwand erstellen
- Alles ist vorgestellt, jetzt aufrufen, die Anliegen zu benennen.
- Etwas, wofür ich mich einsetze, was mir auf den Nägeln brennt, woran ich mit Leib und Seele hänge und wofür ich Verantwortung übernehme, aufschreiben, der Gruppe mitteilen und an der Anliegenwand anbringen.
- Kein Anliegen? Keine Panik! Ruhe bewahren! Abwarten! Es kommt!

Den Markt eröffnen
- Alle auffordern aufzustehen, zur Anliegenwand zu gehen und sich dort einzutragen, wo man mitmachen will.
- Bei Zeitkonflikten: mit Einberufer verhandeln, Prioritäten setzen (nicht vergessen, es kann gehummelt werden).
- Ähnliche Themen nicht gleich zusammenlegen: je mehr Gruppen, umso mehr Vielfalt.
- Jetzt verabschiedet sich der Begleiter bis zur angekündigten nächsten gemeinsamen Runde (Zwischentreffen oder Abendnachrichten).

Quelle: Nach Harrison „Owen Open Space Technology – A User's Guide" (aus dem Amerikanischen übertragen von Pannwitz 2000)

In der Regel wird der Workshop von dem Teilnehmer moderiert, der das Anliegen zur Sprache gebracht hat (Einberufer). Dies geschieht jedoch auf freiwilliger Basis. Er hat aber auf jeden Fall Verantwortung für das Anliegen, er muss also gewährleisten, dass eine Dokumentation der Ergebnisse erfolgt, was auch durch Delegation möglich ist.

In dieser Phase können Probleme auftreten, wenn Teilnehmer bei Anliegenrunden dabei sein wollen, die zeitgleich stattfinden. Es obliegt der Organisation der Teilnehmer, die Anliegen entsprechend zeitlich und räumlich zu organisieren.

Haben sich die Teilnehmer für eine oder mehrere Arbeitsgruppen entschieden, wird mit der Anliegenbearbeitung begonnen. Für die folgende Arbeit ist das „Gesetz der Füße" oder auch „Gesetz der persönlichen Initiative" von wesentlicher Bedeutung, denn jeder Teilnehmer soll eine Arbeitsgruppe verlassen, wann immer er feststellt, nichts mehr beitragen und selbst nichts mehr lernen zu können.

Das heißt für die Teilnehmer: „Ich ehre die Gruppe mit meiner Abwesenheit, wenn ich weder etwas lernen noch etwas beitragen kann. Ich gehe dorthin, wo es für mich und andere fruchtbar ist. Ich bestimme, wo und wie lange ich mich beteilige. Diese Haltung ist hier gesetzlich vorgeschrieben, also mehr als nur erlaubt, auch wenn sie mich, andere, den Vorgesetzten oder den Leiter völlig aus der Fassung bringt. Für Vielredner, aber auch für Alleswisser und Bestimmer kann es ernüchternd und vielleicht auch heilsam sein, wenn andere in der Gruppe das Gesetz befolgen und einer nach dem anderen geht" (Pannwitz 2000).

Durch das Nutzen des Gesetzes der Füße und den Wechsel zwischen mehreren Arbeitsgruppen können die Teilnehmer die gewonnenen Erfahrungen von Workshop zu Workshop weitertragen. Weil sie sich einerseits in ein Anliegen vertiefen, andererseits durch ihr Weiterfliegen andere Teilnehmer mit ihrem Wissen anregen, nennt Owen sie *Hummeln*.

Durch Pausengespräche auf den Fluren oder in den Aufenthaltsräumen verbreiten sie Anregungen und Ideen. Sie sind „durch die Teilnahme an vielen verschiedenen Gruppen Träger von Informationen des Gesamtprozesses" (Petri 1999, S. 151). *Schmetterlinge* sind Teilnehmer, die in keine Gruppen gehen und sich scheinbar nicht beteiligen. Sie sind systemisch gesehen Orte der Inaktivität. Darin liegt ihre Bedeutung: Wo sie sind, ist nichts vorgesehen. Deswegen ist dort viel „Raum", in dem viel Neues und Unerwartetes geschehen kann.

Für die Workshops sind seitens des Veranstalters genügend Räumlichkeiten mit der entsprechenden Ausstattung bereitzustellen. Es empfiehlt sich insbesondere, in den Räumen Moderationsmaterial (Karten, Stifte, Pinnwände) bereitzustellen, um eine visualisierte Diskussionsführung zu unterstützen (vgl. dazu den Beitrag über visualisierte Diskussionsführung in diesem Band).

Für die Arbeit gelten einige Grundvoraussetzungen, die die Offenheit und Diskussionsbereitschaft der Teilnehmer garantieren („vier Grundsätze"):

1. **Die da sind, sind genau die Richtigen.**
   - Ich spreche, arbeite, verhandle, spinne, verabrede mich mit denen, die da sind.
   - Ich konzentriere mich auf die Anwesenden.
   - Über die Abwesenden zu grübeln lenkt nur von den Anwesenden ab.

Wenn es zur Gruppenbildung gekommen ist, kann es vorkommen, dass nur ich selbst zu meinem Anliegen erschienen bin. Da kann sich mir die Frage stellen, wie das nun ist, mit den „Richtigen". Es gibt verschiedene Möglichkeiten:
   - Dies Anliegen interessiert niemanden außer mir.
   - Das Anliegen ist zur falschen Zeit/am falschen Ort angeschlagen.
   - Andere Anliegen sind wichtiger.
   - Das Anliegen ist goldrichtig und muss auch dringend behandelt werden, und nur ich bin kompetent dafür. In diesem Fall kann ich allein daran arbeiten. Vorteil: Die Arbeit daran ist auch ziemlich schnell erledigt, und ich kann eine längere Pause machen, oder ich kann mal Hummel sein.

2. **Was auch immer geschieht: Es ist das Einzige, was geschehen konnte.**
   - Ich konzentriere mich auf das, was jetzt ansteht, was jetzt geschieht.
   - Ich nehme die Möglichkeiten wahr, die sich auftun, anbieten, jetzt deutlich werden.
   - Alles, was nicht vorgekommen ist, was nicht geschah, was zur Sprache hätte kommen sollen oder hätte geschehen können, ist bedeutungslos und ohne Folgen.

3. **Es fängt an, wenn die Zeit reif ist.**
   - Der kreative Schub, die tolle Idee, der bahnbrechende Einfall, die Inspiration oder der Heilige Geist kommen nicht zu einem bestimmten Termin, oder weil unsere Sitzung um 10:30 anfängt.
   - Ich begebe mich in den Rhythmus der Menschen um mich herum … höre zu … atme gemeinsam … gehe ein Stück mit den anderen … arbeite, wenn es so weit ist … spiele, wenn das dran ist.
   - Ich erharre den richtigen Zeitpunkt gelassen.

4. **Vorbei ist vorbei und nicht vorbei ist nicht vorbei.**
   - Ich wende mich anderen Dingen zu, wenn eine Aufgabe erledigt ist.
   - Ich haushalte mit meiner Zeit und mit meiner Energie.
   - Wenn etwas schneller erledigt ist als erwartet, dann geh ich weiter, arbeite an einem anderen Projekt, geh spielen, besuche eine andere Gruppe, pack was Neues an.

Nicht vorbei ist nicht vorbei.

- Wenn die vereinbarte Zeit vorbei ist und wir gerade dann erst anfangen, wirklich ins Thema zu kommen, dann ist es nicht vorbei.
- Wir verabreden eine neue Zeit, planen ein neues Treffen.

Quelle: Pannwitz 2000

Diese vier Grundsätze bilden den „roten Faden" durch die gesamte Open-Space-Veranstaltung. Jeder Teilnehmer arbeitet an den Anliegen mit, die für ihn wichtig sind bzw. zu denen er etwas beitragen will. Jede Mitarbeit und Teilnahme ist freiwillig. Für den erfolgreichen Abschluss einer Open-Space-Konferenz ist die darauf folgende Dokumentation der Ergebnisse von wesentlicher Bedeutung, die jede Arbeitsgruppe in einem Protokoll zusammenfasst, wofür z. B. Computer bereitzustellen sind (Owen 1997b, S. 41). Dazu werden Formulare vorgegeben (Titel der Veranstaltung – Anliegen – Ergebnisse, Empfehlungen, Vereinbarungen – Einberufer – Teilnehmer), oder es wird eine spezielle Software benutzt (siehe Maleh 2000a, S. 153). Am Ende des Open Space werden diese Protokolle zu einer Dokumentation zusammengestellt und den Teilnehmern überreicht (veröffentlichtes, aber redaktionell überarbeitetes Beispiel: Nationale Unterstützungsstelle der Bundesanstalt für Arbeit ADAPT 1999; Beispiele für Originaldokumentationen: Globalchicago 2000a; 2000b; zahlreiche Dokumentationen finden sich auf der Homepage von M. Pannwitz: www.michaelmpannwitz.de).

Eine Open-Space-Veranstaltung kann sich über bis zu drei Tage erstrecken, obwohl kürzere Veranstaltungen mit ein bis zwei Tagen eher die Regel sind. Nach der Ankunft und der Begrüßung führt der Begleiter kurz ein, danach steht offener Raum für die Workshops zur Verfügung (vgl. zur Bonsen 1998, S. 22; Maleh 2000a, S. 56), die Essenspausen werden meist variabel angeboten, der Tag wird mit einer Runde und „Abendnachrichten" abgeschlossen (Owen 1997b, S. 110). Der zweite Tag beginnt mit den „Morgennachrichten" in der Runde, es schließt sich wieder ein offener Raum an bis zu den „Abendnachrichten". Dem dritten Tag kommt besondere Bedeutung zu (zur Bonsen 2000): Die Dokumentation ist verfügbar und wird gelesen, es werden Prioritäten gesetzt und Maßnahmen mit hoher Priorität identifiziert (dazu siehe Abschnitt 3 über Datenfeedback). Eine OST-Konferenz wird in der Gesamtgruppe mit einem Reflexionsprozess abgeschlossen (Petri 1999), wobei sich jeder Teilnehmer zur inhaltlichen Gestaltung, zum Prozess und zur persönlichen Wirkung äußern kann. Owen schlägt dazu die „Talking-Stick Ceremony" vor (1997b, S. 134), ein Ritual, das er aus der nordamerikanischen Indianerkultur übernommen hat: Ein Stock wandert in der Runde, und der momentane Besitzer des Stocks spricht, alle anderen hören zu. Bei größeren Gruppen kann ein Mikrophon als symbolischer Stock dienen.

Open Space Methode als Forschungsgegenstand und -instrument

Open Space ist entstanden als Großgruppeninterventionsmethode. Die Wirksamkeit und Wirkungsmechanismen werden einerseits von einer wachsenden Zahl von Anwendern zum Teil euphorisch beschrieben (beispielhaft Owen 1995), andererseits finden sich systematische wissenschaftliche Evaluationen bisher in der Literatur selten (Norris 2000, S. 2), allenfalls wenig systematisierte Fallstudien (beispielsweise Owen 1995, aber auch in zahlreichen Ressourcen im Internet, die am Ende des Beitrags angeführt sind) oder Vorschläge für mögliche Untersuchungsthemen (Owen 1997b, S. 155). Zusammenfassend kann gesagt werden, dass die systematischen empirischen Belege zu OST als *Forschungsgegenstand* rar sind.

Zur Verwendung als *Forschungsinstrument* in der qualitativen Organisationsforschung gibt es nur vereinzelte Belege. Auf dem jährlich stattfindenden internationalen Treffen von OST-Anwendern „Open Space on Open Space" fand dazu 2000 in Berlin ein Workshop statt (20.-23. 9. 2000). Ein Konsens über OST als Forschungsinstrument konnte nach Aussage von Doersam (2000) dort nicht erreicht werden. Diskussionspunkte waren Erwägungen der Forschungsethik (Vertraulichkeit, Informed Consent), Fragen der Datenerhebung (Nutzung der fixierten Ergebnisse oder Aufzeichnung des Prozesses), die Rolle des Forschers (Beobachter, Teilnehmer oder teilnehmender Beobachter) und das Problem der Fokussierung auf das Forschungssubjekt. Kritik wurde naturgemäß vor allem von Vertretern quantitativer Verfahren geübt. Doersam (2000) selbst berichtet, dass ihre Organisation OST als Forschungswerkzeug im Rahmen von Aktionsforschung zur Datenerhebung einsetzt und es sich dabei nach ihrer Einschätzung als eine valide Methode erwiesen hat.

In der Diskussionsliste OSLIST@listserv.boisestate.edu wurde das Thema zur Diskussion gestellt. Auch hier war die Bewertung von OST als Forschungsinstrument diskrepant, wenngleich insgesamt positiv. Betont wurde vor allem die Nützlichkeit in Kombination mit anderen Verfahren wie herkömmlicher Aktionsforschung. Als notwendig wurde herausgestellt, dass es eine Gruppe von Stakeholdern zur jeweiligen Forschungsfrage geben muss, die an einem Austausch im Open Space zu einem Thema vitales Interesse hat.

Owen (2000) selbst bewertet in dieser Diskussion die Brauchbarkeit von OST als Aktionsforschungsinstrument positiv und hält sogar eine Quantifizierung der Ergebnisse für möglich. Als besonderen Vorteil der Methode sieht er, dass vorher implizite, verborgene Strukturen sichtbar werden; dies weniger in einem theoretischen Rahmen als im „Aktionsmodus". Norris (2000, S. 56) schlägt die Methode vor, um die „Stärken und Schwächen der Organisationskultur einer Organisation" zu untersuchen. OST erlaube, in „Echtzeit" authentische Daten über Stärken und Schwächen der Organisationskultur zu erheben, und unterstütze die gemeinsame Reflexion organisatorischer Fragestellungen.

OST biete sich vor allem in Kombination mit anderen, auch quantitativen Instrumenten an. Ein Forschungsdesign mit einer Kombination von quantitativen und qualitativen Daten ist ein übliches und anerkanntes Vorgehen (Miles/Huberman 1994, S. 40). Ein wesentlicher Vorteil dürfte sein, dass OST den Akteuren wesentliche Freiheitsgrade einräumt und so Sichtweisen eröffnet werden können, die in einem eher zentrierten Forschungsansatz nicht hervortreten würden.

OST weist im Kontext der *Datenerhebung* Bezüge zu zahlreichen klassischen Verfahren auf: Gruppenverfahren (Gruppeninterviews und -diskussionen, gemeinsames Erzählen, visualisierte Gesprächsführung), Erzählungen als Zugang (z. B. narratives Interview) und Beobachtungsverfahren (Beobachtung, teilnehmende Beobachtung).

Im Vergleich zu den Gruppenverfahren der qualitativen Forschung wie Gruppeninterview oder Gruppendiskussion (vgl. Flick 1996, S. 143) weist OST zahlreiche Gemeinsamkeiten auf (ebd., S. 146): die Strukturierung des Verfahrens durch eine Dynamik, die sich in der Gruppe entwickelt, Durchführungsprobleme wegen des kaum planbaren Verlaufs, Probleme der Vergleichbarkeit und Schwierigkeiten durch den Verzicht auf (Fremd-)

Steuerung. Die Möglichkeit der (Fremd-)Steuerung und Kontrolle ist jedoch bei OST wesentlich stärker als bei anderen Verfahren radikal und methodenimmanent ausgeschlossen.

Im Vergleich zu Beobachtungsverfahren (ebd., S. 152) stößt man bei OST bei der Datenerhebung auf logistische Probleme: Die Beobachtung der Kommunikationsprozesse in den einzelnen Workshops ist nur möglich, wenn eine genügend große Zahl von Beobachtern zur Verfügung steht oder wenn mit großem technischen Aufwand Video- oder Audioprotokolle angefertigt werden. Beide Vorgehensweisen bewirken eine erhebliche Veränderung des Untersuchungsgegenstandes selbst, und es ist zu vermuten, dass reaktive Effekte zu erwarten sind (Bortz/Döring 1995, S. 472).

Bezüglich der *Datendokumentation und -auswertung* können die herkömmlichen Verfahren und Instrumente auf OST angewandt werden (Flick 1996, S. 186), beispielsweise Codieren, qualitative Inhaltsanalyse, narrative Analyse usw.

Open-Space-Methode und ausgewählte Großgruppenverfahren

Neben OST werden in den letzten Jahren weitere Großgruppenmethoden diskutiert (Holman/Devane 1999; Bunker/Alban 1997). Um sie in ihrem Anwendungsfeld, ihrer Vorgehensweise und ihren Ergebnissen voneinander abzugrenzen, werden die Methoden OST, „Future Search" (Weisbord 1992; Weisbord/Janoff 1995), „Real Time Strategic Change" (Dannemiller/Jacobs 1992; Jacobs 1994) und „Appreciative Inquiry Summit" (Maleh 2000b; zur Bonsen/Maleh 2001) im Folgenden vergleichend gegenübergestellt (vgl. Leith 1996; zu einer ausführlichen synoptischen Darstellung von 21 verschiedenen Verfahren vgl. Holman/Devane 1999: Part IV: Comparative Matrix).

Die gegenwärtig am häufigsten eingesetzte Methode von den genannten ist OST.

3 Dateninterpretation und Feedback

Der Einsatz der Open-Space-Methode als Forschungsinstrument impliziert, wie oben dargelegt wurde, stets die Anwendung einer Open-Space-Konferenz mit Teilnehmern, die Anliegen haben und die freiwillig teilnehmen (sich also nicht „nur" zu Forschungszwecken auf Wunsch des Forschers treffen).

Die in einer OST-Konferenz anfallenden „Daten" werden den Teilnehmern als Sammlung der schriftlichen Dokumentationen rückgemeldet, welche im Laufe der Konferenz von den einzelnen Workshops selbst organisiert und ohne weiteres Zutun eines Forschers formuliert wurden (vgl. dazu das klassische Konzept des Survey Feedback und Gruppenfeedback bei Heller 1969). OST enthält also als wichtiges Element bereits die Rückmeldung und Reflexion der gemeinsam gewonnenen Ergebnisse an die Teilnehmer, allerdings als „Rohmaterial" noch ohne Bearbeitung (Verdichtung oder Interpretation) durch den Forscher.

Die Rückmeldung mittels der Dokumentation und der darauf aufbauenden Ergebnisse kann im Anschluss an die OST-Konferenz in einer zweiten Rückkopplungsschleife auch an die Organisation erfolgen (z. B. an die Geschäftsführung oder an Mitarbeiter, die nicht teilgenommen haben).

Der Rückmeldung und Reflexion der Ergebnisse kommt schon allein deswegen große Bedeutung zu, weil die Konsequenzen, die eine Open-Space-Veranstaltung haben soll, in hohem Maß davon abhängen. Wie zahlreiche Elemente in Open Space ist auch die Rückmeldung ritualisiert: Die Berichte (über Nacht kopiert und geheftet) liegen in der Mitte des Stuhlkreises im Open Space. Sie werden schließlich „entdeckt" und von den Teilnehmern in eigener Regie verteilt (zur Bonsen 2000). Es schließt sich eine Lesephase an. Der Begleiter bittet die Teilnehmer, sich aus ihrer Sicht wesentliche Ergebnisse zu markieren. Im Anschluss werden die Ergebnisse nach ihrer Wichtigkeit „gepunktet" (vgl. Thema „Gewichtungsfragen" im Beitrag über visualisierte Diskussionsführung in diesem Band). Dies ist technisch bei kleineren Gruppen kein Problem, bei Gruppen von 1000 Teilnehmern mit jeweils fünf Punkten kann die Auswertung jedoch sehr aufwendig sein, weshalb Owen auch eine einfache Software dazu vorschlägt: Die Präferenzen werden als Zahl in PCs oder Notebooks eingetippt und sind dann schnell in ein Balkendiagramm umzusetzen (Owen er al. 1998).

Anschließend werden die ausgewählten z. B. zehn Anliegen auf Flipcharts weiterbearbeitet. Die Titel werden auf Flipchartpapier notiert, darunter zwei Spalten: „verwandte Anliegen" und „zusätzliche Maßnahmen". Von den Teilnehmern werden in diese Spalten die Nummern der verwandten Anliegen aus dem Bericht und zusätzliche, noch nicht benannte Maßnahmen eingetragen.

Zu diesem Vorgehen gibt es verschiedene Varianten (vgl. als Übersicht Maleh 2000a, S. 71; Leith 2000). Zur Bonsen (2000) schlägt vor, in einer weiteren Open-Space-Runde die zehn Anliegen erneut in parallelen Workshops zu diskutieren. Somit kann als weitere Möglichkeit ein gleicher Ablauf wie die OS-Veranstaltung erfolgen, indem die wichtigsten Anliegen ausgewählt, diese in eine Agenda eingetragen und zu deren Bearbeitung kleine Workshops gebildet und erste Schritte in die Zukunft geplant werden (zum Follow-up nach einer OST-Konferenz vgl. zur Bonsen 2001).

Ziel ist es nun festzulegen, wie und wann weitergemacht wird. Schließlich werden konkrete Verabredungen getroffen, wie das weitere Vorgehen gestaltet werden soll. Abschließend werden die Gruppen fotografiert.

Die Fixierung der gemeinschaftlich entwickelten Ergebnisse und Entscheidungen ist, wie wohl auch die Fotografie, in ihrer Verbindlichkeit und Wirksamkeit mit dem Verfahren der Gruppenentscheidung zu erklären, das Kurt Lewin zur Gewinnung und Sicherung der Gewohnheitsänderungen entwickelt hat und das bis heute in der angewandten Sozialpsychologie einen prominenten Rang einnimmt (Lewin 1951: Lewin verwendet Zettel, die von den Teilnehmern nach der Gruppenentscheidung individuell mit einer Verpflichtung versehen und eingesteckt werden).

OST impliziert, wie dargestellt, gleich mehrfache Feedbackschleifen: Die Dokumentation gibt den Teilnehmern ein Feedback und dient als Basis für Gewichtung und Ableitung von Maßnahmen; die ursprüngliche Dokumentation und die schriftlich fixierten Maßnahmen dienen für externe Akteure (Geschäftsführung, sofern sie nicht teilgenommen hat, nicht teilnehmende Mitarbeiter) als Feedback.

Die beschriebene Methode der Rückmeldung mittels der Dokumentationen ist sehr effizient, jedoch gehen bei der ausschließlichen Verwendung der Ergebnisprotokolle Informationen über die Prozesse verloren. Die Komplexität der Workshops und der Diskussionsinhalte wird in den jeweils ein bis zwei Seiten Dokumentation nicht wiedergegeben. Dieser Nachteil wird zumindest teilweise durch die weiteren sich anschließenden Diskussionen in den Arbeitsgruppen der zehn ausgewählten Anliegen kompensiert.

Bemerkenswert ist, dass in allen Phasen der OST die Aufgaben Datensammlung, -interpretation, -dokumentation, -feedback, -reflexion und Ableitung von Verpflichtungen weitgehend selbst organisiert von den Teilnehmern ohne das Zutun eines Forschers übernommen werden.

Eine über diese Praxis hinausreichende Datensammlung (z.B. mittels Video-, Audioaufzeichnung oder teilnehmender Beobachtung) ist bei der großen Anzahl der verschiedenen möglichen Arbeitsgruppen und der Bedeutung der informellen Prozesse außerhalb der Arbeitsgruppen (Kaffeepausen!) praktisch sehr schwierig und darüber hinaus mit erheblichen methodischen Problemen verbunden (vor allem Reaktivität z. B. bei Verwendung von Aufzeichnungsgeräten). Die bereits in Abschnitt 2 beschriebene Kombination mit anderen qualitativen und quantitativen Methoden (z.B. eine sich anschließende Teilnehmerbefragung) ist machbar, aber bisher nicht konzeptuell und methodisch ausreichend diskutiert und beschrieben.

Neben der inhaltlichen Interpretation der Ergebnisberichte ist für Forschungszwecke auch interessant, welche Anliegen angesprochen wurden (was bewegt die Mitarbeiter in einer Organisation?), wie viele Teilnehmer an den Workshops teilgenommen haben (worauf konzentriert sich das Interesse?) und wie sich der Teilnehmerkreis zusammensetzt (z.B. über Hierarchien hinweg, über Abteilungsgrenzen usw.).

4 Anwendungsbeispiel

Während es zahlreiche Beispiele für die Anwendung der Open-Space-Methode in unterschiedlichen Kontexten und Kulturkreisen gibt (z.B. Owen 1997a; dt. 2001b) – in einzelnen Abteilungen oder Projektteams, in einzelnen oder mehreren (verbundenen) Unternehmen, staatlichen Organisationen und NGOs, in Grassroot-Initiativen, im Gesundheitswesen, in Gewerkschaften (vgl. IG Metall 1997), im Kontext von Restrukturierungen/Massenentlassungen (vgl. Frommann 2000), im Kontext transnationaler europäischer Projektarbeit (Nationale Unterstützungsstelle der Bundesanstalt für Arbeit ADAPT 1999) usw. –, findet man nur spärlich Fälle zum Einsatz von OST in der empirischen Sozialforschung. Das unten kurz skizzierte Beispiel steht in der Tradition von Aktionsforschung.

Im Rahmen eines Projekts zur Kooperationsentwicklung zwischen kleinen und mittleren Unternehmen wurde die Methode in einzelnen mehrstündigen Beratungen eingesetzt. Die Durchführung als „klassische" Drei-Tage-Variante war aufgrund von fehlenden zeitlichen Ressourcen in Unternehmen nicht realisierbar.

Thematischer Hintergrund waren Probleme der interorganisationalen Kooperation: Eine Gruppe von kleinen und mittleren Unternehmen, vertreten durch die Geschäftsführer, fand sich zu einem vertikalen Unternehmensnetzwerk (d.h. ergänzende Gewerke entlang der Wertschöpfungskette) zusammen mit dem Ziel, gemeinsam Leistungen auf dem Bausektor anzubieten. Dem Kunden wurde ein gesteigerter Kundennutzen durch geringere kundenseitige Koordinationserfordernisse („Alles aus einer Hand") und verbesserte Qualität (durch eingespielte Zusammenarbeit und zentrale Koordination der Leistungen) in Aussicht gestellt. Die genaue Strategie (z.B. Marktsegment) des Netzwerks war regelmäßig

Thema ausführlicher Beratungen und wechselte mehrfach, auch aufgrund der schwierigen konjunkturellen Umfeldbedingungen. Die Mitarbeiter waren, so die Geschäftsführer, über die Kooperation informiert. Es zeigte sich bald, dass die Kooperation zwar von der Leitung gewollt, aber auf der Baustelle wenig gelebt wurde. In dieser Situation wurde in Beratungen die Open-Space-Methode mehrfach eingesetzt, um zu den Themen „Kooperation – wohin wollen wir" und „Kooperation – wie gestalten wir sie" auch unter Beteiligung der Mitarbeiter aus den Unternehmen gemeinsam unternehmensübergreifend zu arbeiten. Der Projektmitarbeiter, der als externer Berater die Kooperationsentwicklung unterstützte, nahm als „Beteiligter" am Open Space teil, die meisten Geschäftsführer und Mitarbeiter je nach Interesse (die Konferenzen fanden zum Teil außerhalb der regulären Arbeitszeit statt), daneben Projektmitarbeiter als teilnehmende Beobachter. Der Umgang mit der Methode war anfangs ungewohnt: Man brachte sich vor allem seitens der Mitarbeiter nur zögerlich ein und wartete eher ab. Dann zeigte sich jedoch, dass Anliegen angesprochen wurden, die bisher nicht thematisiert worden waren (z. B. bei der Koordination der Gewerke auf der Baustelle), und es gab kreative Lösungsvorschläge für bekannte Probleme (z. B. gemeinsames Marketing).

Als besonders positiv wurde bewertet, endlich einmal die Probleme auch unternehmensübergreifend diskutieren zu können, anstatt Schuldzuweisungen auf der Baustelle auszutauschen. Für die Projektbetreuung bot der Open Space die Möglichkeit, ein Feedback zu ihrem Vorgehen und konkret angewandten Methoden der Kooperationsentwicklung zu bekommen bzw. durch die Identifikation von bisherigen „blinden Flecken" die Fortentwicklung zu diskutieren. Dazu berief der Projektbetreuer einen Workshop mit dem Anliegen der Bewertung seiner Unterstützungsleistungen ein. Die gewonnenen Erkenntnisse und Vorschläge aus den Workshops wurden zum Abschluss der Veranstaltungen gewichtet. Die nicht anwesenden Mitarbeiter und Geschäftsführer wurden über die Ergebnisse mittels der Dokumentation informiert, und es fand auch informell ein reger Austausch dazu statt.

Für die Projektleitung boten das Dokumentationsmaterial und die Ergebnisgewichtung die Gelegenheit, die bisherige Strategie zu reflektieren, zu evaluieren und neue Herangehensweisen zu planen, z. B. überbetriebliche Qualitätszirkel. Zu Problemfeldern aus der OST-Konferenz, die von besonderem Interesse waren, wurden in den Wochen nach der OST-Konferenz halbstrukturierte Einzelinterviews durchgeführt. Befragt wurden auch Mitarbeiter, die nicht teilgenommen hatten.

5 Möglichkeiten und Grenzen der Methode

Ein entscheidendes Merkmal, durch das sich die Open-Space-Methode von anderen Großgruppeninterventionsverfahren unterscheidet, ist der hohe Grad an Selbstorganisation durch die Teilnehmer einer solchen Veranstaltung bis hin zum Datenfeedback, der Reflexion der Ergebnisse und der Ableitung von Schlussfolgerungen in Form von Verpflichtungen. Die Teilnehmer haben große Freiheitsgrade: Die Teilnahme an sich, das Einbringen von Anliegen und die Teilnahme an den Workshops sind freiwillig. Für den Forscher bietet das die Möglichkeit, Themen zu identifizieren, welche für die Beteiligten relevant sind (in der OST-Terminologie „Anliegen"). Natürlich sind soziale Erwünschtheit, Gruppendruck und Konformitätsprozesse auch bei OST nicht völlig auszuschließen, aber zumindest unwahrscheinlicher als bei anderen qualitativen Verfahren.

Die Anlehnung an die „Wohlfühl-Kommunikation" in den Kaffeepausen hilft, das Commitment der Teilnehmer zu erschließen. Die Methode selbst ist so für die Teilnehmer positiv besetzt: Man bewegt sich nicht in einem fremdbestimmten Setting (z. B. in einer Interviewsituation), sondern in einer individuell selbst gestaltbaren Situation.

Der „offene, freie Raum", so die zahlreichen Verfechter, schafft eine Plattform, auf der alle Teilnehmer gleichberechtigt agieren können und jeder zum Gelingen der Konferenz beitragen kann bzw. die Verantwortung für die Ergebnisse mitträgt. Der Anspruch des Verfahrens ist somit, die Hierarchien zeitweise aufzuheben, vergleichbar mit der Metaplan-Methode (vgl. abermals den Beitrag über visualisierte Diskussionsführung in diesem Band), und eine gleichberechtigte Kommunikation zu ermöglichen. Teilnehmer der verschiedenen Hierarchieebenen haben formal die gleichen Rechte. Die Führungskraft muss „Teil des Ganzen sein, um seinen Mitarbeitern durch Zurückhaltung so viel Raum wie möglich zur eigenen Entfaltung zu geben" (Petri 1999). Das Gesetz der Füße erlaubt es dem Unterstellten, sich bei einer für ihn unangenehmen (hierarchischen) Situation zumindest aus dem Feld zu bewegen (zu „fliehen"), ohne dafür innerhalb des Regelwerks von OST Sanktionen befürchten zu müssen, im Gegenteil: Ein Wechseln zwischen den Workshops wird vom Verfahren OST ausdrücklich wertgeschätzt. Wie im Open Space informell die hierarchischen Muster abgebildet werden und wie damit umgegangen wird bzw. wie die Situation nach der Open-Space-Konferenz aussieht, wurde bisher nicht systematisch untersucht. Owen berichtet (Owen et al. 1998), dass vielfach bei Kombination von OST mit sich anschließenden anderen Konferenzmodellen (Podiumsdiskussion oder Vorträgen) nach dem Open Space ein Fortfahren im nun wieder fremdorganisierten Modus wegen der Teilnehmerwiderstände nicht möglich war. Widerstand ist bei der Anwendung der OST-Methode umso geringer, je weniger vorgegeben wird. „Es gibt einen einzigen Weg, der den Misserfolg eines Open-Space-Ereignisses garantiert, und das ist der Versuch, die Kontrolle zu behalten" (Owen 1997). Ob und wie OST sich nun auf den betrieblichen hierarchischen und fremdbestimmten Alltag „danach" auswirkt, bleibt eine offene Forschungsfrage (vgl. zur Bonsen 2001).

Die Art der Ergebnisdokumentation, das Feedback und die abschließende Ableitung von Maßnahmen belässt es nicht bei der „Wohlfühl-Kommunikation", sondern erhöht die Wahrscheinlichkeit für die tatsächliche Umsetzung der Maßnahmen. Dazu bedient man sich sozialpsychologischer Mechanismen wie etwa dem der Gruppenentscheidung (Lewin 1951). Auch die ritualisierten Elemente von OST (Kreis, Talking-Stick-Zeremonie) tragen, indem sie die „tieferen" Schichten der Teilnehmer ansprechen, ebenso wie der gesamte Rahmen, der bei einem guten Begleiter durch das Klima der gegenseitigen Wertschätzung gekennzeichnet ist, zu einer hohen Identifikation und einem hohen Commitment bei (zu den im Rahmen von OST erlebten Werten vergleiche die empirische Untersuchung von Norris 2000).

Der Vorteil des Verfahrens, die Selbstorganisation, impliziert andererseits eine geringe (Fremd-)Steuer- und Kontrollierbarkeit und ist nicht nur für manche Auftraggeber beängstigend, sondern auch für den Einsatz als zielgerichtetes Forschungsinstrument problematisch, zumindest wenn man die Gütekriterien der quantitativen sozialwissenschaftlichen Forschung anlegt. Wie viele andere qualitative Methoden genügt diese Methode nicht den klassischen Gütekriterien Objektivität, Reliabilität und Validität. Die Frage nach der Erfüllung der Kriterien für qualitative Ansätze – Flick (1996, S. 14) nennt die Begründung der Erkenntnisse im empirischen Material, die Angemessenheit der Auswahl und der

Anwendung gegenüber dem Forschungsgegenstand, die Relevanz und die Reflexivität des Vorgehens – ist erheblich schwieriger zu beantworten: OST zeigte sich in Forschungsarbeiten des Autors als eine einfache, effiziente und angemessene Methode, um vor allem als heuristisches Instrument im Rahmen von Aktionsforschung Daten als Ergebnis von Gruppendiskussionen in Form von Workshopdokumentationen zu erheben, rückzumelden und gemeinsam zu reflektieren sowie Maßnahmen abzuleiten. Die Teilnahme an der OST-Konferenz wie an einzelnen Workshops ist freiwillig, sodass der Forscher keinen Einfluss auf die Gruppenzusammensetzung hat. Inwieweit die Anliegen und Ergebnisse für die Forschungsfragestellung und die aktuellen Prozesse in einer Organisation repräsentativ und relevant sind, hängt in hohem Maß von den Teilnehmern ab (Zusammensetzung, Anzahl). Teilnehmende Beobachter können, wie im genannten Fallbeispiel, für die Forschungsfragestellung relevante Anliegen als Themen für Workshops benennen, sind aber auch hier auf die freiwillige Teilnahme der Akteure angewiesen. Auf eine systematische Prozessdokumentation wurde im genannten Beispiel verzichtet. Diese ist nur sehr aufwendig möglich, in den meisten Fällen wird auf Video- oder Audioprotokolle verzichtet. Es bleibt in vielen Fällen den meist wenigen teilnehmenden Beobachtern überlassen, welchen der parallelen Workshops sie jeweils besuchen: Eine völlige Dokumentation ist also auch so nicht möglich. In eigenen Forschungsarbeiten wurde das Verfahren mit anderen Verfahren (halbstrukturierte Interviews, Fragebögen zur Evaluation) kombiniert eingesetzt. Diese boten sich an, um einzelne Diskussionsstränge zur reflektieren und zu vertiefen. Das Verfahren wurde in einem Umfeld, das anderen sozialwissenschaftlichen Verfahren meist nur wenig Akzeptanz entgegenbringt, von den Teilnehmern positiv aufgenommen, vor allem wegen der Freiwilligkeit, der Freiheitsgrade der Teilnehmer und der positiv bewerteten Relevanz der (selber erzeugten) Ergebnisse. Als förderlich aus Sicht der Forscher erwies sich auch die im Verfahren selbst vorgesehene Rückmeldung und Gewichtung.

Hinsichtlich der Zentrierung der Diskussionsthemen („Anliegen") auf das Forschungsthema kann der Forscher zum einen versuchen, das allgemeine Thema entsprechend zu wählen und zu formulieren, zum anderen als teilnehmender Beobachter selbst spezifische Anliegen zur Diskussion zu stellen.

Während, wie die Literatur zeigt, das Verfahren in der Praxis längst ein „Renner" ist, bleiben trotz erster positiver Erfahrungen jedoch hinsichtlich der Verwendung als Forschungsinstrument noch genug Fragen, die offenen Raum für zukünftige Experimente bieten.

6 Literatur

Bonsen, Matthias zur (1998): Mit der Konferenzmethode Open Space zu neuen Ideen, in: Harvard Business Manager, 3, S. 19–26

Bonsen, Matthias zur (2000): Der dritte Tag in Open Space, www.zurbonsen.de/lit/ost/ost02.htm

Bonsen, Matthias zur (2001): Und was passiert jetzt? Follow-up von Open Space, in: managerSeminare, 49, S. 82–89

Bonsen, Matthias zur/Lau-Villinger, Doris (1999): Die Methode Open Space, in: Handbuch Personalentwicklung, Kapitel Nr. 6.16, S. 1–26

Bonsen, Matthias zur/Maleh, Carole (2001): Appreciative Inquiry. Der Weg zu Spitzenleistungen, Weinheim

Bortz, Jürgen/Döring, Nicola (1995): Forschungsmethoden und Evaluation für Sozialwissenschaftler, Berlin

Bunker, Barbara Benedict/Alban, Billie T. (1997): Large Group Interventions, San Francisco

Dannemiller, Kathy/Jacobs, Robert W. (1992): Changing the Way Organizations Change: A Revolutionary in Common Sense, in: Journal of Applied Behavioral Science, 28, S. 480–498

Doersam, Laurel (2000): E-Mail-Mitteilung an den Autor vom 1. Dezember 2000

Flick, Uwe (1996): Qualitative Forschung. Theorien. Methoden, Anwendung in Psychologie und Sozialwissenschaften, Reinbek bei Hamburg

Freitag, Matthias/Bleicher, André/Schöne, Roland (1998): Personal- und Organisationsentwicklung in kooperativen KMU-Netzwerken, in: QUEM-Bulletin, 5/98, S. 8–10

Frommann, Reinhard (2000): Dismissed employees of the Red Cross decide to do an Open Space, in: OSLIST: http://groups.yahoo.com/group/oslist/message/192

Globalchicago (2000a): Open Space Technology: The Evolving Model for Training in Transformation, Leadership and Learning, Chaos and Creativity, Spirit at Work, www.globalchicago.net/mha/workshops/ost98proceeds.html

Globalchicago (2000b): Open Space Technology: The Evolving Model for Organization Learning and Transformation Experience-Based Training and Development, Intentional Evolution in Organization, Leadership and Learning Chaos and Creativity, www.globalchicago.net/mha/workshops/ost99proceeds.html

Heller, Frank (1969): Group Feedback Analysis: A Method of Action Research, in: Psychological Bulletin, 72, S. 108–117

Herzog, Isis (1999a): Menschen für Visionen gewinnen. RTSC-Konferenz, in: managerSeminare, 34, S. 108–115

Herzog, Isis (1999b): Marktplatz der Ideen. Open Space-Konferenz, in: managerSeminare, 35, S. 92–100

Höflinger, Ralf (1997): Open Space Event. Großflächige Veränderung initiieren, in: Agogik 4, S. 31–39

Holman, Peggy/Devane Tom (1999): The Change Handbook. Group Methods for Shaping the Future, San Francisco

IG Metall (1997): Innovieren statt Entlassen. Bericht von einem Workshop mit der Methode Open Space, Frankfurt a. M.

Isaacs, William (1993): Dialogue. The Power of Collective Thinking, in: The System's Thinker, vol. 4, no. 3, www.pegasuscom.com/stindex.html

Jacobs, Robert W. (1994): Real Time Strategic Change, San Francisco

Leith, Martin (1996): The CLGI Guide to Creating Fast Change. How to use large group intervention methods and sabre interventions to create change that is fast, acceptable, strategic, transformational, in: Special Edition published in association with MaggPannwitzWalter, Amsterdam

Leith, Martin (2000): Maintaining momentum following an Open Space Technology meeting, www.martinleith.com/openspace

Lewin, Kurt (1951): Feldtheorie in den Sozialwissenschaften. Ausgewählte theoretische Schriften, Bern

Maleh, Carole (2000a): Open Space. Arbeiten mit großen Gruppen. Ein Handbuch für Anwender, Entscheider und Berater, Weinheim

Maleh, Carole (2000b): Appreciative Inquiry, in: managerSeminare, 44, S. 90–95

Miles, Matthew B./Huberman, A. Michael (1994): Qualitative Data Analysis, Thousand Oaks

Möller, Fred/Pannwitz, Michael M. (1998): Open Space. Arbeitsmaterial für Begleitteams, Berlin

Nationale Unterstützungsstelle der Bundesanstalt für Arbeit ADAPT (1999): ADAPT im Open Space II, Transfer-Forum, Hannover 1.–3. Februar 1999, Bonn

Norris, Richard D. (2000): A Grounded Theory Study on the Value Associated with Using Open Space Technology. HRDV Report 6000 Webster University, Merrit Island, FL

Owen, Harrison (1995): Tales from Open Space, Potomac

Owen, Harrison (1997a): Expanding our Now. The Story of Open Space, San Francisco

Owen, Harrison (1997b): Open Space Technology. A User's Guide, San Francisco

Owen, Harrison (2000): E-Mail-Mitteilung an die Liste OSLIST@listserv.boisestate.edu vom 1. Dezember 2000

Owen, Harrison (2001a): Open Space Technology. Ein Leitfaden für die Praxis, Stuttgart
Owen, Harrison (2001b): Erweiterung des Möglichen. Die Entdeckung von Open Space, Stuttgart
Owen, Harrison/Bartels, Johanna/Möller, Fred (1998): Opening Space – Expanding Now. Open Space Training Berlin, Berlin
Owen, Harrison/Stadler, Anne (1999): Open Space Technology, in: Peggy Holman/Tom Devane (Hrsg.), The Change Handbook. Group Methods for Shaping the Future, San Francisco, S. 233–244
Pannwitz, Michael M. (2000): Einführung in Open Space, www.michaelmpannwitz.de
Petersen, Hans-Christian (2000): Open Space in Aktion. Kommunikation ohne Grenzen, Paderborn
Petri, Katrina (1996): Let's meet in Open Space! Die Story von Kaffeepausen, chaotischen Attraktoren und Organisations-Transformation, in: Organisationsentwicklung, 2, S. 56–65
Petri, Katrina (1999): Open Space Technologie, in: Roswita Königswieser/Marion Keil (Hrsg.), Das Feuer großer Gruppen. Konzepte, Designs, Praxisbeispiele für Großveranstaltungen, Stuttgart, S. 146–164
Seibold, Brigitte/Ebeling, Ingrid (1997): Open Space Technology. Fragen und erste Antworten, in: Agogik, 4, S. 19–29
Stadler, Anne (1997): Open Space – A Simple Way of Being, in: At Work, 6, 2, S. 1–4
Weisbord, Marvin R. (1992): Discovering Common Ground, San Francisco
Weisbord, Marvin R./Janoff, Sandra (1995): Future Search, San Francisco
Witthaus, Udo/Wittwer, Wolfgang (2000): Open Space – eine Methode zur Selbststeuerung von Lernprozessen in Großgruppen, Bielefeld

Internet-Ressourcen:

www.michaelmpannwitz.de
www.mindspring.com/~owenhh
www.openspacetechnology.com
www.openspaceworld.org
www.zurbonsen.de
www.appreciative-inquiry.de
www.openspaceworld.com

Bulletin Board:
www.openspaceworld.org
Liste OSLIST@listserv.boisestate.edu (zu abonnieren unter: http://listserv.boisestate.edu/archives/oslist.html)
Liste OSLIST@yahoogroups.com (zu abonnieren unter: http://groups.yahoo.com/group/oslist)

Visualisierungsmethoden

Stefan Kühl

1 Einleitung

Die Methode der visualisierten Diskussionsführung wird unter den Markennamen Metaplan-Moderationsmethode, Pinwand-Technik, Neulandmoderation oder ModerationMethode bei der Strukturierung von Gruppengesprächen in Unternehmen, Verwaltungen und Verbänden eingesetzt.[1] Die Methode basiert auf der Stimulierung von Gruppendiskussionen durch interaktionsauslösende Fragen und der Mitvisualisierung der Diskussionen auf Karten, die anschließend an Pinwänden geordnet werden.

Die Entstehung der Methode der visualisierten Diskussionsführung in den späten sechziger, frühen siebziger Jahren ist nur vor dem Hintergrund der damaligen gesellschaftlichen Umbrüche zu verstehen (vgl. Klebert et al. 1996, S. 5; Neuland 1999, S. 56-58; Dauscher 1996, S. 7). Erstens gewannen durch die politischen Umbrüche am Ende der sechziger Jahre (Stichworte: Studentenbewegung, Auseinandersetzung mit der NS-Vergangenheit und Proteste gegen den Vietnamkrieg) offene Gesprächssituationen an Bedeutung. Teilnehmer an einer Diskussion waren nicht mehr bereit, einem Vorsitzenden die Entscheidungsgewalt darüber zu überlassen, wer auf einer Sitzung sprechen darf und wer nicht. Zweitens kam es durch ein wachsendes Interesse an der Gruppendynamik verstärkt zu Forderungen, Gesprächsmethoden zu entwickeln, die nicht hierarchisch geprägt sind und den Diskussionsteilnehmern größere Entfaltungsfreiheiten bieten. Drittens standen während der Planungseuphorie Anfang der siebziger Jahre keine adäquaten Methoden zur Organisation von umfassenden Planungsprozessen unter der Beteiligung der Betroffenen zur Verfügung. In Planungsprozessen wurden häufig nur Gutachten erstellt, die dann nach einer zentral gefällt Entscheidung umgesetzt wurden.

In diesem gesellschaftlichen Umfeld entwickelte ab Mitte der sechziger Jahre eine Gruppe um die Brüder Eberhard und Wolfgang Schnelle unter dem Namen Metaplan-Moderationsmethode die Grundzüge der Methode der visualisierten Diskussionsführung. Bei der Entwicklung der Methode griff die Gruppe auf Elemente der Soziologie, der Organisationslehre, der humanistischen Psychologie, der Gruppendynamik und Gruppentechnik sowie Planungs- und Visualisierungstechnik zurück (vgl. Schnelle 1966; Schnelle 1973; Schnelle 1978).

Nach dem die Methode Anfang der siebziger Jahre in Seminaren und Workshops mit den Schwerpunkten Problemsondierung und Lösungsfindung erprobt wurde, fand sie im Laufe der letzten dreißig Jahre in immer neuen Feldern der Organisation ihre Anwendung: als interaktionell ausgerichtetes Instrument der Fort- und Weiterbildung (vgl. Schnelle 1978); in der Form des Informationsmarktes oder der Großkonferenz als Mittel zur Strukturierung der Diskussion von mehren hundert oder tausend Mitarbeitern (Schnelle 1981), als qualitatives Marketinginstrument, als interaktives Element auf Messeständen, als methodischen Kernbestandteil von Qualitätszirkeln, Lernstätten und Werkstattzirkeln (vgl. Mauch 1981), als didaktisches Instrument in Schulen und Universitäten (Nissen/Nissen

1995), als Mittel zur Unterstützung der Planung von Entwicklungshilfeprojekten (vgl. GTZ 1987) oder als Instrument zu Strukturierung von Bürgerversammlungen.

Bisher gibt es jedoch nur wenige systematische Überlegungen wie die Methode der visualisierten Diskussionsführung zur (wissenschaftlichen) Analyse von Organisationsstrukturen eingesetzt werden kann.[2] Von Betriebswirten, Soziologen und Psychologen wird die Methode nur selten in der empirischen Sozialforschung eingesetzt. Auch in der Organisationspraxis werden zwar Workshops häufig mit Unterstützung dieser Methode durchgeführt, zur Erkundungen im Vorfeld und zur Analyse der Organisationsstrukturen und Machtverhältnisse wird aber eher auf klassische Instrumente wie das Expertengespräch oder das Gruppeninterview zurückgegriffen. Die Einsichten in die Funktionsweise von Organisationen fallen so eher zufällig als das Nebenprodukt von visualisierten Workshops oder Seminaren an.

Diese weitgehende Ausblendung des Fokus auf die Organisationsanalyse hängt damit zusammen, dass ein zentraler Kontext bei der Weiterentwicklung der visualisierten Diskussionsführung die Gruppendynamik war. Durch die Anreicherung mit Elementen der Themenzentrierten Interaktion, des Psychodramas und der Transaktionsanalyse rückte die Sorge um das Wohlbefinden der Gruppe auf den Seminaren stärker in den Mittelpunkt. Die Rückbindung an die organisationstheoretischen Wurzeln dieser Methode wurde eher vernachlässigt.

2 Datenerhebung

Mit der Methode der visualisierten Diskussionsführung wird bezweckt, eine Form der Diskussionsführung zu finden, in der jeder Gesprächspartner sich einmischen kann und auch halbreife Gedanken geäußert werden können. Ziel ist es, dass jede Äußerung – unabhängig von Bedeutung eines Sprechers und der eingesetzten Rhetorik – das selbe Gewicht zugewiesen bekommt. Dabei soll die Interaktion zwischen den Teilnehmern so stimuliert werden, dass diese durch Einlassungen und durch Widersprüche anderer neue Einsichten gewinnen.

Die Methode der visualisierten Diskussionsführung besteht aus vier Pfeilern: erstens einer Visualisierung des Diskussionsverlaufs, zweitens einer ausgefeilten Frage-Antworttechnik, drittens einer Methode, mit der eine Dramaturgie (eine durchstrukturiere und vorgedachte Folge von Frage und Sageelementen) entwickelt wird und viertens aus Verhaltensmustern des Moderators als Diskussionsführer.

Erster Pfeiler: Visualisierung der Diskussion

Ein zentraler Pfeiler der Methode ist das Visualisieren, das heißt das bildhafte Darstellen und Entwickeln von Beiträgen. Dabei geht es nicht alleine um die optische Präsentation von Ergebnissen wie sie bei dem Einsatz von Folien oder Flipcharts im Mittelpunkt steht. Vielmehr soll der gesamte Gesprächsverlauf optische entwickelt werden, in dem jeder Diskussionsteilnehmer auch Visualisierer seiner eigenen Beiträge wird. Die Methode erlaubt es dabei der Gruppen, Auge und Ohr gleichzeitig für ihren Informationsaustausch zu nutzen (Schnelle-Cölln 1975, S. 12).

Das äußere Kennzeichen bei der visualisierten Diskussionsführung ist die Verwendung von großen Packpapierbögen, von gelben, grünen, orangen und weißen Kärtchen in der Form von Rechtecken, Ovalen und Kreisen, von Klebepunkten und von Filzstiften. Mit Hilfe dieses Handwerkszeugs werden die Äußerungen in der Diskussion an Pinnwänden für alle Diskussionsteilnehmer sichtbar gemacht.

Zweiter Pfeiler: Fragen und Behauptungen: Die „Erhebungstechniken"

Ein zweiter Pfeiler sind Fragen oder Behauptungen, mit denen die Diskussionsteilnehmer aktiviert werden, eigene Ansichten einzubringen. Durch Fragen oder Behauptungen werden bei den Teilnehmern simultane Äußerungen ausgelöst. Es wird bei den Teilnehmern eine Spannung und Neugierde geweckt, ob die eigenen Antworten durch andere Beiträge bestätigt werden oder ob andere Antworten zu den eigenen im Widerspruch stehen. Durch die Auslösung von simultanen Äußerungen soll das Verlangen bei den Teilnehmern ausgelöst werden, Widersprüchlichkeiten zu klären, unterschiedliche Perspektiven herauszuarbeiten und Konfliktlinien aufzudecken.

Um eine solche Interaktionsdynamik in einer Gruppe auszulösen, muss die Frage offen formuliert sein, ohne dabei aber zu allgemein oder zu vage zu werden. Solche offenen Fragen beginnen in der Regel mit Fragwörtern wie „Weshalb", „Warum", „Wann" oder „Wie" und schließen Ja/Nein-Antworten aus. Die Fragen sollen die Teilnehmer herausfordern und betroffen machen, ohne dabei aber den Diskussionsteilnehmern gegen den Strich zu gehen. Fragen, die peinlich berühren, führen in der Regel zu einer Blockierung der Diskussion. Die Fragen sollen auf ein Ziel hinführen, dürfen dabei aber nicht (zu) suggestiv gestellt sein. Rhetorische Fragen werden schnell als solche entlarvt und führen nicht zu einer Auslösung von Interaktion. Interaktionsauslösende Fragen sollen nicht Wissen erfragen. Fragen, auf denen die Antworten richtig oder falsch sein können, brauchen in der Regel nicht in einer Gruppe ausführlich behandelt zu werden (vgl. Metaplan Ewige Werte 1998, 201; Schnelle 1982, S. 30).

Ziel ist es mit den Fragen Antworten zu generieren, die dann in der Gruppe diskutiert werden können. Durch „Blitzen" können die Diskussionsteilnehmer Antworten markieren, mit denen Sie nicht einverstanden sind oder die sie gerne vertiefen wollen. Durch den Moderator werden die Kontroversen auf ovalen weißen Karten mitprotokolliert und so die Facetten der Auseinandersetzung visuell ausgebreitet. Die interaktionsauslösenden Impulse werden dabei vorrangig in Form von vier Instrumenten gesetzt: Der Kartenfrage, der Zuruffrage, der Gewichtungsfrage und der These.

Bei dem ersten Instrument, der Zuruffrage (vgl. Abbildung 1), lässt sich der Moderator die Antworten auf seine Frage zurufen und notiert diese selbst auf Karten, die er an die Pinnwand heftet. Die Zuruffrage wird eingesetzt, wenn kein allzu langes Nachdenken erforderlich ist und bekannte Aspekte schnell zusammengetragen werden sollen. Sie eignet sich besonders in Situationen, in der nur wenige Antworten möglich sind und nicht alle Teilnehmer zur Diskussion beitragen können. Bei der Zuruffrage beeinflussen sich die Teilnehmer gegenseitig und eine Anonymität der Beiträge ist nicht gegeben.

Abbildung 1: Moderation einer Zuruffrage

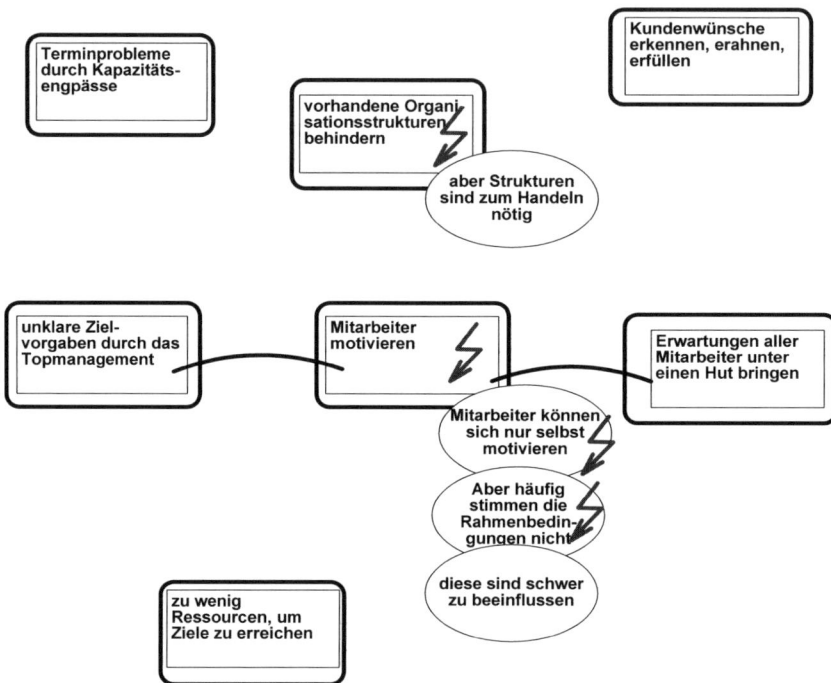

Bei der Moderation einer Zuruffrage leitet der Moderator die an die Tafel geschriebene Frage mit wenigen Worten ein und liest diese deutlich vor. Dann bittet er um Antworten der Diskussionsteilnehmer. Er wiederholt bei jedem Beitrag der Diskussionsteilnehmer den Kern der Aussage. Dadurch stellt er einerseits Klarheit in der Diskussionsgruppe her und diktiert andererseits einem Helfer (falls dieser verfügbar ist) den Text, den dieser auf rechteckige Karte schreibt. Diese rechteckigen Karten werden dann vom Moderator für alle sichtbar mit Stecknadeln an der Tafel befestigt. Bei Einwänden markiert der Moderator mit einem roten Filzer einen Blitz auf der rechteckigen Karte und lässt die Einwände vom Helfer auf ovale Karten notieren. Diese ovale Karte hängt er dann neben die rechteckige Karte. Bei einer intensiveren Diskussion einer Antwort kann so eine ganze Kette von ovalen Karten entstehen. Wenn acht bis zehn Argumente gesammelt sind, liest der Moderator nochmals alle Karten vor, ordnet sie dabei nach und rahmt die entstandenen Cluster ein (vgl. Metaplan Ewige Werte 2000, S. 311).

Das zweite Instrument, die Kartenfrage, stellte die wirkliche Neuerung gegenüber unstrukturierten Diskussionen dar. Dabei lässt sich der Moderator die Antworten von den Teilnehmern schriftlich auf Karten geben und breitet diese dann an der Tafel aus. Ziel ist es dabei, Gedanken, Meinungen und Standpunkte aller Gruppenmitglieder zu sammeln und so ein möglichst breites Antwortspektrum entstehen zu lassen. Bei der Kartenfrage soll jeder zum Nachdenken gebracht werden und erst einmal unbeeinflusst von anderen seine Gedanken entwickeln können.

Bei der Moderation einer Kartenfrage liest der Moderator die auf einen weißen Streifen geschriebene und an eine Pinwand geheftete Frage mit wenigen Worten vor. Dann lässt er sich von den Teilnehmern eine erste Antwort zurufen, an der er dann eine Musterantwort formuliert. Die Karte mit dieser Musterantwort heftet er an die Pinwand. Dann verteilt er Karten an die Teilnehmer und bietet diese ihre Antworten auf Karten zu schreiben. Dabei werden die Teilnehmer darum gebeten nur jeweils eine Antwort auf eine Karte zu schreiben. Wenn alle Teilnehmer ihre Antworten auf Karten formuliert haben, sammelt der Moderator die Karten ein und liest sie vor. Dabei ordnet er die Karten an den Tafeln sogleich nach Sinnzusammenhängen. Bei Einwänden bringt er einen Blitz auf der Karte an.

Wenn er alle Karten an der Tafel ausgebreitet hat, liest die Karten nochmals vor und ordnet diese nach. Dabei bildet er Cluster, die er mit einem dicken Filzstift einrahmt. Zu den Clustern lässt er sich von den Teilnehmern Oberbegriffe vorschlagen, die von einem Helfer auf weißen Kreisen aufgeschrieben werden. Zu den Blitzen erfragt der Moderator die Argumente. Diese Diskussionsbeiträge werden von einem Helfer auf ovalen Karten mitgeschrieben und vom Moderator an der Pinnwand befestigt.

Das dritte Instrument, die Gewichtungsfragen, dient der quantitativen Priorisierung von Antworten. Gewichtungsfragen wie beispielsweise „Welche Fragen sollen wir vertiefen" oder „Was ist aus Ihrer Sicht vordringlich" dienen dazu, die Teilnehmer die bisherige Diskussion noch einmal reflektieren zu lassen und herauszuarbeiten, wo die Gruppe Schwerpunkte setzt. Über die Gewichtungsfrage kann man den Teilnehmern die Möglichkeit zum Mitsteuern in der Diskussion einräumen und die Gruppe für die weitere Diskussion ausrichten.

Bei der Moderation der Gewichtungsfrage schreibt der Moderator diese auf einen weißen Streifen, hängt diesen auf die untere Hälfte eines Posters, auf der er vorher mit einer Kartenfrage bereits Antworten gesammelt hat und bittet jeden Diskussionsteilnehmer drei, vier bzw. fünf Cluster auszuwählen. Wenn bei der Kartenfrage weniger als 12 Cluster entstanden sind empfehlen sich drei Punkte, bei 12 bis 20 Clustern vier Punkte und bei über 20 Clustern fünf Punkte. Dann liest er die Obergriffe oder Einzelkarten vor und nummeriert diese dabei durch. Er bietet die Teilnehmer, ihre Auswahl auf einen Spickzettel zu schreiben. Wer sich von den Teilnehmern auf seine Auswahl festgelegt hat, bekommt die Klebepunkte und auf ein Zeichen hin kleben alle gemeinsam ihre Punkte. Der Moderator zählt mit Hilfe der Teilnehmer die Punkte durch und hebt die hoch gewichteten Cluster optisch hervor (Metaplan Ewige Werte 2000, S. 331).

Das vierte Instrument, die These, ist eine Behauptung mit einem Ausrufezeichen, dass um ein 4-Felder-Schema von + + bis – – ergänzt ist. Eine These wird in der Regel dazu eingesetzt, zu Beginn eines Diskussionsblocks eine erste Interaktion zu stimulieren. Sie kann nur sehr begrenzt zur Vertiefung von einer Diskussion eingesetzt werden. Eine gute formulierte These deckt gestreute Meinungen auf, lässt sich durch eine eher unscharfe Formulierung von den Diskussionsteilnehmern ausdeuten und soll auf die Meinung der anderen neugierig machen. Sie sollte positiv formuliert sein, weil doppelte Verneinungen in der Form „Der These ‚Diese Moderation war nicht gelungen' stimme ich nicht zu" verwirren (Metaplan Ewige Werte 1998, S. 401).

Bei der Moderation der These leitet der Moderator die auf einem Streifen geschriebene und an eine Pinwand geheftete These mit wenigen Worten ein und liest diese vor. Dann erklärt er die Abstufung auf der Skala von + + bis − − und fordert die Diskussionsteilnehmer auf, gleichzeitig ihre Punkte auf die Skala zu kleben. Nachdem alle Punke geklebt sind, erfragt er zuerst die Argumente der Minderheit und lässt diese von einem Helfer notieren. Nach der dritten oder vierten Karte wechselt er zur Gegenposition über. Gegebenenfalls erfragt er Argumente für die mittlere Position. Wenn insgesamt sechs bis acht Argumente gesammelt sind, liest er alle Karten nochmals vor und ordnet diese nach.

Neben diesen vier Hauptinstrumenten – Zuruffrage, Kartenfrage, Gewichtungsfrage, These – wurden noch andere Instrumente entwickelt. So lässt sich das Instrument der These beispielsweise durch gleitende Skalen oder numerische Skalen variieren. Die gleitende Skala funktioniert wie eine These, bloß das keine genauen Abstufungen zwischen den Polen vorgenommen werden. Bei der numerischen Skala wird anstatt des Vierfelder-Schematas von + + bis − − ähnlich wie bei quantitativ ausgerichteten Fragebögen ein Schema à la „+3 +2 +1 0 −1 −2 −3" verwandt.

Es lassen sich ähnliche Effekte wie bei der These auch mit einem Koordinatenfeld erreichen. Dabei werden die Bezeichnungen der Koordinaten in die Mitte der Linie geschrieben und die vier Ecken des Koordinatenfeldes mit Begriffen gezeichnet. Dann werden die Teilnehmer aufgefordert ihre Klebepunkte in eines der Felder zu setzen. Abschließend werden Gründe für die Erklärungen gesucht.

Der Themenspeicher ist eine stark strukturierte Kombination von Zuruffrage und Gewichtungsfrage. Es wird eine Tabelle auf eine Tafel gemalt, in denen Probleme oder Vorschläge gesammelt werden. Die Teilnehmer können dann mit Klebepunkten gewichten, welche Probleme oder Vorschläge sie gerne vertiefen möchten.

Dritter Pfeiler: Dramaturgie

Der dritte Pfeiler der visualisierten Diskussionsführung ist die Dramaturgie. Dabei handelt es sich um eine vorgedachte Folge von Sage- und Frageelementen, die dazu dienen die Gruppenkommunikation zu strukturieren. Die Entwicklung einer Kombination aus Zuruffragen, Kartenfragen, Gewichtungsfragen und Thesen mit Elementen von Präsentation und Kleingruppenarbeit stellen quasi das Drehbuch für die Gruppendiskussion dar und sind vergleichbar mit einem Interviewleitfaden oder einem Beobachtungsraster. Zur Vorbereitung der Dramaturgie werden Interviews oder kleine Gruppengespräche geführt, in denen herausgearbeitet wird, welche Knackpunkte in der Organisation existieren und welche Fallgruben man vermeiden sollte (Klebert et al. 1996, S. 78).

Es lassen sich dabei zwei Arten von Dramaturgien unterscheiden. In einer geschlossenen Dramaturgie werden alle Sage- und Frageelementen vor Beginn der Veranstaltung ausformuliert. Es wird genau festgelegt, an welche Stelle Zuruf-, Karten-, Gewichtungsfrage oder These eingesetzt werden. Es existiert also ein genaues Text- und Drehbuch der Diskussion. Die Zeit für die Diskussion lässt sich so genau vorausberechnen.

Bei einer offenen Dramaturgie werden lediglich die Eröffnungssequenz und die Sequenz der Problemaushebung vorher formuliert und die Instrumente dafür bestimmt. Für den weiteren Verlauf hält man Regeln bereit, um die Dramaturgie am Prozess zu entwickeln. Dabei sollte der Moderator darauf achten, immer einen Schritt weiter zu denken als er die Gruppe führen muss. Eine offene Dramaturgie eignet sich für die Exploration von Problemfeldern. Sie kann auch eingesetzt werden, wenn es keine ausreichende Zeit für Vorgespräche gegeben hat, um eine geschlossene Dramaturgie zu entwickeln.

Eine einfache Dramaturgie von 1½ bis 3½ Stunden besteht aus einem Trailer in der Form von einer These (vgl. Abbildung 2) oder einer Zuruffrage, durch die Teilnehmer an das Thema herangeführt werden sollen. Dann folgt zur Vertiefung in der Regel eine Kartenfrage. Dabei soll die Problemstellung möglichst umfassend ausgebreitet und diskutiert werden. Dann werden mit einer Gewichtungsfrage Kernpunkte herausgehoben. Diese Kernpunkte werden entweder durch eine zweite Kartenfragen oder durch Kleingruppenarbeit mit anschließender Präsentation der Kleingruppenergebnisse vertieft. Den Abschluss bildet eine Zuruffrage, ein Themenspeicher oder eine These (vgl. Metaplan Ewige Werte 1991, S. 701).

Abbildung 2: „These" als dramaturgischer Trailer

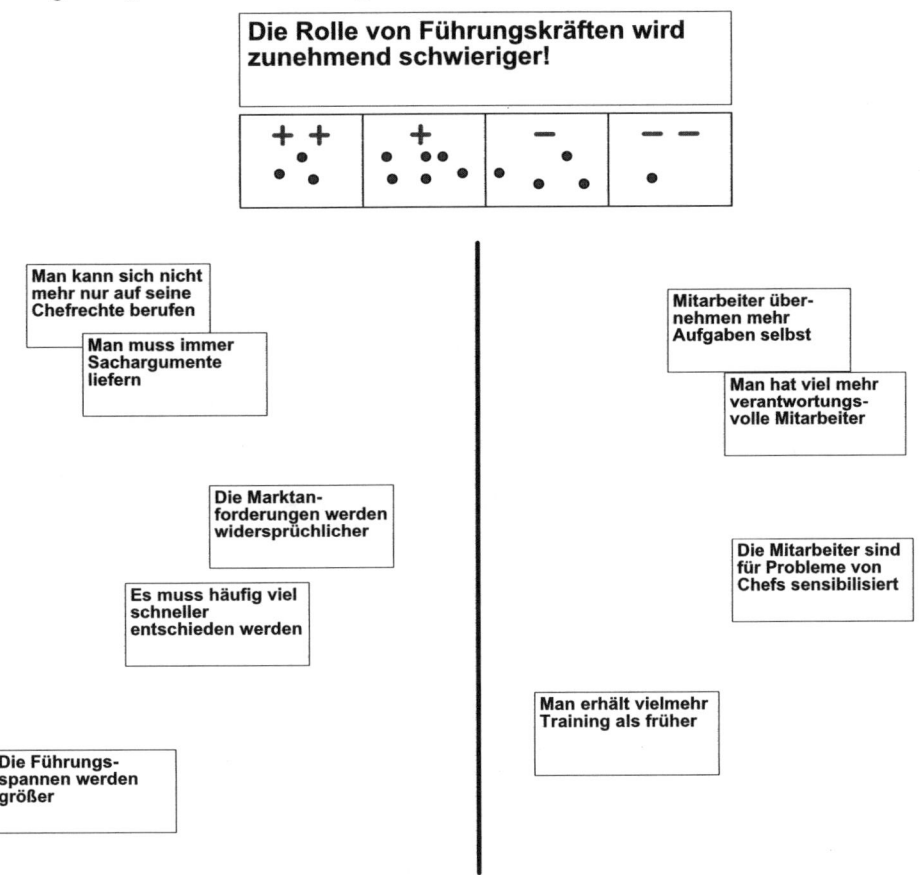

Zu Beginn der Erarbeitung einer Dramaturgie sollte klar gestellt werden, wie das Thema genau lautet und was durch die Moderation erreicht werden soll. Für die Entwicklung der Dramaturgie wird eine ähnliche Vorgehensweise wie bei der Abfassung eines

Artikels empfohlen. Man beginnt mit der Vertiefung. Dabei wird erarbeitet, worum es in der Vertiefung genau gehen soll, wie die Fragenformulierungen lauten und in welcher Reihenfolge sie bearbeitet werden sollen. Danach überlegt man, was ein geeigneter Abschluss der Dramaturgie ist. Erst ganz zum Schluss entwickelt man den Trailer für den Diskussionsblock.

Vierter Pfeiler: Rolle des Moderators

Einen vierten Pfeiler der visualisierten Diskussionsführung stellen die Verhaltensmuster des Moderators dar. Die Aufgaben des Moderators bestehen darin, den Diskussionsverlauf vorzuplanen und dabei die Thematik, die Interessen und Widerstände vorzudenken. Er ist dafür verantwortlich, dass die Gedankengänge für alle sichtbar gemacht werden und der sachliche Teil der Argumentation geschärft wird. Er trägt letztlich die Verantwortung dafür, dass die Diskussion ohne Gängelung und in der vorgesehenen Zeit vorankommt.

Die ursprüngliche Auffassung war es, das der Moderator als „Dienstleister der Gruppe" den Meinungs- und Willensbildungsprozess der Gruppe unterstützt (Neuland 1999, S. 59). Es wurde proklamiert, dass der Moderator inhaltlich nicht eingreifen und eigene Meinungen, Ziele und Wertungen zurückstellen sollte. Es wurde jedoch bei Entwicklung der Moderationsmethode deutlich, dass bestimmte in der Organisation tabuisierte Themen nicht alleine – quasi aus der Gruppe selbst heraus – durch Fragen und Thesen auf die Tagesordnung kommen. Deswegen wird in der Zwischenzeit zunehmend ein inhaltlich intervenierendes Rollenverständnis des Moderators propagiert. Dabei soll er durch paradoxe Interventionen, Aufzeigen von Widersprüchlichkeiten und Ansprechen von Tabus selbst inhaltlich in die Diskussion eingreifen.

Bei dem Einsatz der visualisierten Diskussionsführung in der empirischen Sozialforschung hängt die Frage, ob der Moderator inhaltlich intervenieren soll oder nicht, davon ob, was der Forscher erreichen will. Wenn es um die Erhebung einer möglichst unbeeinflussten Selbstbeschreibung der Organisation geht, empfiehlt sich eher eine zurückhaltende Rolle des Moderators. Wenn es eher als Instrument zur Informationsgenerierung für den forschenden Moderator genutzt werden soll, in dem er selbst Beobachtungen, Hypothesen und Eindrücke testen möchte, können auch stärke inhaltliche Interventionen des Moderators sinnvoll sein.

Visualisierte Diskussionsführung in Abgrenzung zu anderen Methoden der Visualisierung wie Brainwriting, Mind Mapping und Participatory Appraisal

Parallel zur visualisierten Diskussionsführung wurden auch verschiedene andere Methoden entwickelt, die auf der Visualisierung Ideen, Meinungen, Überlegungen und Argumenten basieren: Brainwriting, Mindmapping und Participatory Rural Appraisal.

Beim Brainwriting handelt es sich um eine Variation des Brainstormings, in denen Teilnehmer dazu angehalten werden, ihren Gedanken freien Lauf zu lassen. Dies wird durch ein Regelwerk erreicht, in dem die Teilnehmer dazu angehalten werden, die Beiträge andere nicht in Frage zu stellen. Beim Brainwriting werden die Beiträge und Ideen von den Teilnehmern entweder selbst auf ein Poster geschrieben oder von einem Diskussionsleiter an einem Flipchart mitprotokolliert. Der zentrale Unterschied der Methode der visualisierten Diskussionsführung zum Brainwirting liegt darin, dass zwar auch bei der visualisierten Diskussionsführung viel Wert auf eine Überwindung der in Gruppen vorzufindenden Zensurmechanismen („Das geht ja sowieso nicht", „Das haben wir doch schon einmal versucht") gelegt wird, die Äußerungen in einer zweiten Phase dann aber intensiv diskutiert und kritisiert werden können.

Beim Mind Mapping handelt es sich um eine von Tony Bzuan entwickelte Methode, die dazu dient bestimmte Gedanken aufzuschreiben, ohne sich dabei an eine bestimmte Reihenfolge halten zu müssen. (siehe Beitrag Mind Mapping) Dadurch soll die Kreativität bei der Ideenentwicklung unterstützt werden. Beim Mind Mapping wird die zentrale Themenstellung in den Mittelpunkt einer Fläche geschrieben. Von der Mitte zweigen sich dann Äste ab, an denen Gedanken zu dem zentralen Thema notiert werden. Von diesen Hauptästen zweigen sich dann wiederum Unteräste ab, an denen weitere Überlegungen notiert werden können. Im Einsatz in Gruppen funktioniert das Mind Mapping quasi wie eine Zuruffrage bei der visualisierten Diskussionsführung – bloß dass die Beiträge in einer Netzform geordnet werden und Konflikte und Widersprüche nicht auf die gleiche Form erfasst werden können.

Die Methode des Participatory Appraisal (auch Diagnostic Rapid; Marp oder Participatory Rural Appraisal) wurde Anfang der achtziger Jahre in der Entwicklungszusammenarbeit entwickelt, um sehr schnell Informationen über ein System zu erheben. Die Entwicklung der Methode war die Reaktion auf die Probleme bei dem Einsatz der konventionellen Methoden der empirischen Sozialforschung in der Entwicklungshilfe: Bestimmte Personengruppen (beispielsweise Arme) wurden systematisch übersehen. Die erhobenen Informationen konnten nur von den Forschern analysiert und benutzt werden.

Die Methode des Participatory Appraisal basiert auf dem Prinzip des „Visual Sharing". Alle Gesprächsteilnehmer arbeiten an visualisierten Karten, Modellen und Diagrammen mit. Auf Transsekten (Visualisierung der Raumstruktur eines Dorfes oder einer Organisation), Kalendern (Visualisierung der Veränderung der Arbeits- und Lebensschwerpunkte über einen Zeitraum) und Karten zur Sozialstruktur (Plan der Sozialbeziehungen) werden wichtige Informationen über das soziale System dargestellt. Anhand dieser Modelle können die Teilnehmer dann Problemfelder aufzeigen und Änderungsvorschläge einbringen.

Im Gegensatz zur Methode der visualisierten Diskussionsführung basiert die Methode des Participatory Appraisal stark auf der Verbildlichung von Informationen. Die Ergebnisse werden nicht vorrangig in Schriftform festgehalten, sondern durch Zeichnungen und Symbolen dargestellt. Dadurch wird zwar mit dem Participatory Appraisal die Möglichkeiten der visualisierten Gesprächsführung auf die Gruppe der Analphabeten ausgedehnt, es bestehen aber nicht die gleichen Möglichkeiten einer strukturierten, verbal vermittelten Dramaturgieentwicklung wie bei der weitgehend auf Verschriftlichung basierenden Methode der visualisierten Diskussionsführung.

Kombinationsmöglichkeiten der visualisierten Diskussionsführung

Es ist möglich, die Methode der visualisierten Diskussionsführung in „Reinform" einzusetzen. Dabei wird die erste Informationserhebung bereits in Kleingruppengesprächen durchgeführt, die Diskussionsprozesse mit Frage- und Sageelementen vorstrukturiert und die Ergebnisse entsprechend mitvisualisiert. Aufgrund der Diskussion in den Kleingruppen kann dann eine Dramaturgie für einen Workshop mit größeren Gruppen entwickelt werden. Aus dem Workshop heraus können dann wiederum Fragesequenzen für Gespräche mit Einzelpersonen und Kleingruppen entwickelt werden. Diese Gespräche werden dann wiederum entsprechend mitvisualisiert und dienen als Ausgangspunkt für einen nächsten Workshop mit größeren Gruppen. So können mehre Schleifen aneinandergereiht werden, bis der Moderator den Eindruck hat, das Innenleben der Organisation weitgehend verstanden zu haben.

Wahrscheinlicher ist jedoch der Einsatz der Methode der visualisierten Diskussionsführung als Ergänzung zu anderen Methoden der empirischen Sozialforschung. Dabei würde ein Erstzugang zu der Themenstellung über unstrukturierte und nicht visualisierte Einzelinterviews und Kleingruppengespräche hergestellt werden. Aufgrund der Information aus diesen Gesprächen wird dann eine Dramaturgie für einen Workshop entwickelt, mit denen bestimmte Einsichten aus den Einzelinterviews und Kleingruppengesprächen überprüft oder neue Konfliktfelder herausgearbeitet werden.

3 Dateninterpretation und Feedback

Bei der Diskussion über Möglichkeiten eines reflexiven Methodeneinsatzes in der Organisationsforschung stehen zwei Fragen im Mittelpunkt: Wie können Informationen so gewonnen werden, dass sie nicht nur von den Forschern benutzt werden können, sondern auch den Beforschten als Material zur Verfügung stehen? Wie lassen sich die Informationen und Interpretationen so zu den Beforschten zurückspielen, dass erstens die Forscher ihre Interpretationen durch die Beforschten kritisch begutachten lassen können und zweitens durch die Diskussion ihrer Ergebnisse einen zusätzlichen Erkenntnisgewinn haben?

Die Methode der visualisierten Diskussionsführung alleine kann die Herausforderung einer Institutionalisierung von Feedbackschleifen natürlich nicht abschließend lösen, erleichtert aber an einigen Stellen das Zurückspielen von Informationen zu den Beforschten.

Datensicherung und Interpretation

Zur Datensicherung dienen in der Regel die während des Diskussionsprozesses produzierten Poster. Die Protokolle der moderierten Gruppengespräche zielen dabei darauf ab, den visualisierten Eindruck der gemeinsam erarbeiteten Poster möglichst genau wiederzugeben. Zur Erstellung der Protokolle gibt es drei Methoden: Die erste Methode besteht darin die Plakate hand- oder maschinenschriftlich auf Din A4 Blätter zu übertragen. Bei der zweiten Methode werden die Fotos mit einer Kamera abfotografiert. Dabei kann man entweder eine Kleinbildkamera (die Negative werden auf Din A4 vergrößert), eine Polaroidkamera (in der Regel eine gute Wiedergabe) oder eine Digitalkamera (ermöglicht Weiterbearbeitung der Fotoprotokolle) verwenden. Die dritte Methode besteht in dem Einsatz einer speziellen Photographiermaschine, bei denen die Poster direkt auf Faxpapierrollen übertragen werden.

Da das Protokoll des Diskussionsprozesses nicht nachträglich von einem Protokollführer, einem Moderator oder einem Forscher erstellt wird, sondern gemeinsam an den Postern entwickelt wird, wird diese Form der Datensicherung auch als Simultanprotokollierung bezeichnet. Da in den Simultanprotokollen nur die Punkte auftauchen, die auf den Plakaten visualisiert wurden, ist es von besonderer Wichtigkeit, die Komplexität des Gesprächsverlaufs auf den Plakaten festzuhalten. Gerade die sich an Blitzen entspannenden Diskussionen sollten dabei genau mitprotokolliert werden, um an dieser Stelle die Konfliktlinien in den Gesprächsgruppen aufzeigen zu können.

Der Vorteil dieser Form der Datensicherung ist, dass sie erstens sehr zeitsparend ist, weil keine zusätzliche Transkribierarbeit notwendig ist, und zweitens man mit den auf den Postern basierenden Protokollen ein von der Gesamtgruppe akzeptiertes Verlaufsprotokoll der Diskussion hat. Der größte Nachteil dieser Form der Datensicherung ist, dass durch die Simultanprotokolle wichtige Informationen verloren gehen. Erstens wird durch die Reformulierung der Antworten durch den Moderator die Aussage in ihrer Komplexität reduziert. Zwar wird der Inhalt der Aussage bei der Reformulierung durch den Moderator nicht verfälscht, aber die Aussage hat nicht mehr die gleiche Authenzität wie das wortwörtliche Erfassen eines Beitrages. Zweitens kann selbst beim genauen Mitprotokollieren der Diskussion die Dynamik des Gesprächs nicht umfassend auf den Karten erfasst werden. Zustimmendes Nicken oder ablehnendes Murmeln geht verloren. Drittens können später die Antworten bei dem Einsatz von Zuruffragen nur sehr schwer und bei Kartenfragen überhaupt nicht auf einen Teilnehmer zugerechnet werden. Auch bei Gewichtungsfragen kann nachträglich nicht rekonstruiert werden, wer welche Position eingenommen hat. Dadurch gehen wichtige Informationen für eine Interpretation der Ergebnisse verloren. Die Zitierbarkeit der Aussagen ist eingeschränkt.

Aufgrund dieser Problematik bietet sich beim Einsatz der visualisierten Diskussionsführung in der empirischen Sozialforschung an, parallel zur Erstellung des Protokolls an den Postern das Gespräch auf ein Tonband aufzuzeichnen. Dieses kann dann wie bei einem Gruppeninterview ausgewertet werden. Durch den Einsatz des Tonbandes bleibt jedoch das Problem der Zurechnung von Beiträgen bei Kartenfragen und Gewichtungsfragen bestehen. Die Teilanonymisierung bei diesen beiden Instrumenten, die dazu dienen die Teilnehmer zu einer möglichst freien Meinungsäußerung zu bewegen, wirkt sich bei einer nachträglichen Interpretation eindeutig negativ aus. Der geäußerte Sachverhalt ist zwar erfasst, aber er kann nicht mehr auf einen Autor oder eine Autorin zugerechnet werden.

Feedback

Bei der Rückmeldung von Ergebnissen an die Beforschten wird bei den meisten Methoden nicht direkt auf das erhobene Datenmaterial zurückgegriffen: Das Vorspielen von aufgezeichneten Interviewsequenzen und das Abspielen von beobachteten und mit Videokameras gefilmten Handlungssequenzen verbietet sich meistens wegen der zugesagten Anonymität. Dadurch werden bei Feedbackrunden häufig nur die Interpretationen der Forscher vorgestellt und nur indirekt auf das erhobene Material Bezug genommen.

Bei der Methode der visualisierten Diskussionsführung wird dieses Problem wenigstens ansatzweise überwunden. Dadurch, dass die Poster ein von der Diskussionsgruppe erstelltes und akzeptiertes Gesamtergebnis darstellen, in dem die Beiträge einzelner Personen nicht mehr zurechenbar sind, hat der Moderator in der Regel keine Schwierigkeiten von der Gruppe ein OK zu erhalten, das Simultanprotokoll auch organisationsintern weiterzugeben. Er kann in Feedback-Runden ein Poster aus einem vorherigen Workshop entweder im ganzen einsetzen, um seine Interpretation an einer Diskussionssequenz illustrieren, oder er kann auch Teile aus einem Poster herausschneiden und diese Teile dann in seine eigene visualisierte Präsentation integrieren.

Auf diese Weise können dann mehrere Schleifen aus Dateninterpretation, Präsentation von Ergebnissen und Kommentierungen ineinander verflochten werden. So kann der Moderator bei einer Feedbackrunde beispielsweise seine Interpretationsergebnisse auf mehreren Postern ausbreiten und dabei zur Illustration Teile aus Simultanprotokollen der vorher geführten Gruppengesprächen integrieren. Die eigenen Poster lässt er dann von den Teilnehmern der Feedbackrunde kommentieren und kritisieren. Dabei lässt er die Kommentare entweder von den Teilnehmern selbst auf Karten notieren und an den Postern befestigen oder er schreibt die verbal geäußerten Kommentare der Teilnehmer selbst auf Karten, die er dann an den Postern festmacht. Die Ergebnisse dieser ersten Feedbackrunde kann er dann, in einer zweiten Feedbackrunde mit anderen Teilnehmern vorstellen. Diese zweite Gruppe hat dann die Möglichkeit, sowohl auf die Interpretationen des Moderators als auch auf die Kommentare der ersten Gruppe zu reagieren.

Es sind aber auch Feedback-Mechanismen vorstellbar, in denen sich der Forscher mit seinen Interpretationen stärker zurücknimmt. Dafür werden die Simultanprotokolle einer Gruppe direkt als Impuls in einem Diskussionsprozess mit einer zweiten, anders zusammengesetzten Gruppe eingesetzt. Bei diesem Vorgehen werden die Poster der ersten Gruppe von der zweiten Gruppe auf rechteckigen oder ovalen Kärtchen kommentiert und ergänzt. Diese Kommentare können dann wieder in die erste Gruppe zurückgespielt werden. Dadurch ist es beispielsweise möglich, dass Mitarbeiter aus der Montage oder Fertigung in Gruppengespräch eine eigene Einschätzung einer Situation erarbeiten, die dann in einem anschließenden Gruppengespräch von Führungskräften kommentiert wird. Diese durch die Verschriftlichung auf Karten anonymisierten Kommentare können dann wiederum an die Mitarbeiter in der Montage und Fertigung zurückgespielt werden und von diesen kritisiert und ergänzt werden.

Der Einsatz der Methode der visualisierten Diskussionsführung alleine stellt noch nicht sicher, dass es zu vielfältigen Feedback-Schleifen im Rahmen eines Forschungs- oder auch Beratungsprojektes kommt. Durch die Halbanonymisierung der Beiträge, die Visualisierung auf Postern und die problemlose und zeitsparende Datensicherung wird jedoch das Aneinanderreihen von Feedback-Prozessen in einer Organisation stark erleichtert.

Kombination von qualitativen und quantitativen Ansätzen bei der visualisierten Diskussionsführung

Die visualisierte Diskussionsführung ist vorrangig eine qualitative Methode der empirischen Sozialforschung. Die Stärken liegen in der Erhebung von nicht-quantifizierten Informationen über soziale Systeme. Dies bedeutet aber nicht, dass die Methode nicht auch durch einen quantifizierenden Methodeneinsatz ergänzt und erweitert werden kann. Sowohl das Instrument der These als auch das Instrument der Gewichtungsfrage erheben quantifizierbare Informationen, die von den Forschern verwendet werden können.

Durch den hohen Formalisierungsgrad der Interaktionssequenzen bei geschlossenen Dramaturgien ist er möglich die gleiche Moderation in verschiedenen Gruppen durchzuführen. So können beispielsweise bei dem Einsatz von Thesen quantifizierbare Unterschiede zwischen den einzelnen Gruppen (z. B. in Abhängigkeit von Hierarchieebenen, Abteilungszugehörigen) herausgearbeitet werden. Diese quantifizierbaren Informationen können dann von dem Forscher weiterverwendet werden.

Bisher gibt es kaum Erfahrungen bei dem systematischen Einsatz der Methode der visualisierten Diskussionsführung in der quantitativ ausgerichteten empirischen Sozialforschung (vgl. aber Kühl/Kullmann 1999, S. 108ff.). Es gibt berechtigte Zweifel, ob die Methode beispielsweise quantitative Fragebögen punktuell ersetzen könnte. Die Anonymität ist bei dem Kleben von Punkten bei Thesen oder Gewichtungsfragen beispielsweise nicht gegeben. Auch ist mit einer gewissen Ermüdung von Workshopteilnehmern zu rechnen, wenn quantitative Informationen über diese Methode erhoben werden.

Was jedoch möglich erscheint, ist gezielt in mehreren Gruppen über eine Anzahl von Thesen oder Skalen eine quantifizierbare Positionierung zu erheben, und die quantifizierten Ergebnisse dann als Impuls in ein Gruppengespräch zurückzuspielen. Ziel wäre es dann nicht, vorrangig für die eigene Forschungsanalyse quantifizierbare Ergebnisse zu haben, sondern vielmehr die Zahlen als Impuls für die Erhebung qualitativer Aussagen in Gruppengespräche zu nutzen. Die Quantifizierung von Ergebnissen wäre dann letztlich ein effektives Mittel für den Zweck der Erhebung quantitativer Informationen.

4 Anwendungsbeispiel

Im Folgenden soll der Einsatz der visualisierten Diskussionsführung in einem Projekt über Dezentralisierungsmaßnahmen in mittelständischen Unternehmen dargestellt werden. Ziel dieses Projektes war es neben den Mechanismen der Dezentralisierung in den wertschöpfenden Bereichen und in der strategischen Ausrichtung der Geschäftsfelder auch die Vernetzung dieser Mittelständler mit anderen Unternehmen zu untersuchen. Eine Untersuchung beschäftigte sich dabei mit einem norddeutschen Handelsunternehmen mit knapp zweihundert Mitarbeitern, das versuchte ihre Internationalisierung über ein Franchisesystem voranzutreiben. Dazu wurden selbständige Franchise-Partner in verschiedenen Ländern Europas angeworben.[3]

Bei den leitfadengestützten Einzelinterviews wurde deutlich, dass es bei den Mitarbeitern eine große Zurückhaltung bei den Aussagen zu dem Franchise-System gab: Das System war noch nicht lange etabliert und die Mitarbeiter zeigten Widerwillen, sich über die Funktionsweise des Systems zu äußern. Außerdem galt das Franchise-System als Lieblingskind des sehr dominanten Unternehmenschefs und man fürchtete sich mit allzu kritischen Äußerungen in die Schusslinie dieses Chefs zu begeben. Aufgrund dieser schwierigen Situation wurde versucht, diesen Komplex zusätzlich zu denen Einzelinterviews und Gruppeninterviews Informationen mit der Methode der visualisierten Diskussionsführung zu analysieren.

Dramaturgieentwicklung

In den zu Beginn der Untersuchung geführten Experteninterviews und Kleingruppengesprächen wurden zusätzlich zu Informationen über die Dezentralisierungs- und Vernetzungsstrategien des Unternehmens zwei weitere Punkte erhoben. Erstens wurde erfragt, welche Punkte in bezug auf das Franchise-System besonders diskussionswürdig erschienen. Zweitens wurden die Gesprächspartner befragt, ob sie bereit wären, an einem Workshop teilzunehmen, in dem interessante Punkte zum Franchise-Thema vertieft werden sollten. Anhand der Informationen aus den Experteninterviews und Kleingruppengesprächen und den Hinweisen der Gesprächspartner wurde für den Workshop „Stärken und Schwächen des Franchise-Systems" eine geschlossene Dramaturgie entwickelt. Zu dem Workshop wurden dann sieben Personen aus den Abteilungen Franchising, Informations- und Kommunikationstechnologien, Personal, Marketing, Lager und Finanzen eingeladen. Weil befürchtet wurde, dass die Anwesenheit des Chefs, die Gesprächsbereitschaft der anderen Teilnehmer beeinträchtigen würde, wurde auf seine Einbeziehung in den Workshop verzichtet. So waren lediglich Personen von zwei unterschiedlichen Hierarchieebenen am Workshop beteiligt.

Abbildung 3: Zuruffrage in der Diskussion über das Franchisesystem

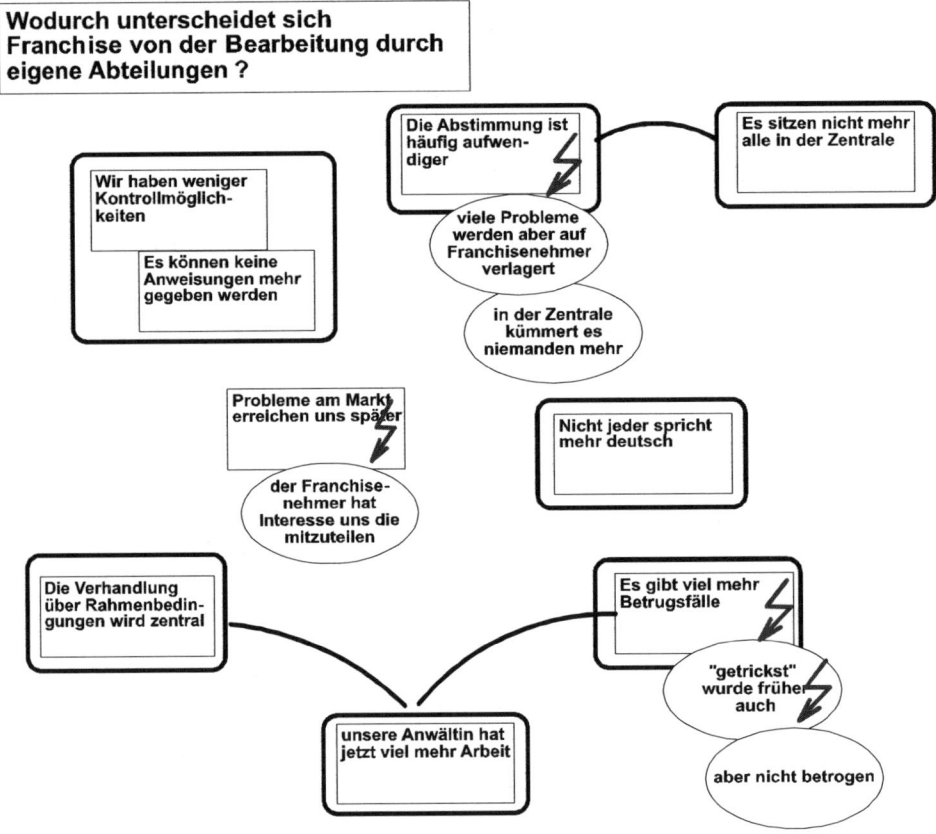

Der Einstieg in den Workshop erfolgte über die These „Durch das Franchisesystem ist die Arbeit bei uns leichter geworden!". Mit dieser These sollte gleich zu Beginn das Interesse der Teilnehmer an dem Workshop geweckt werden und die verschiedenen Facetten des Themas aufgezeigt werden. Die anschließend eingesetzte Zuruffrage „Wodurch unterscheidet sich das Franchise-System von dem Abarbeiten der Auslandsaufträge durch eigene interne Abteilungen?" (vgl. Abbildung 3) diente dazu, die Hauptunterschiede von dem Franchisesystem zu der vorher favorisierten Bearbeitung von Auslandsaufträgen durch ein eigenes internes Callcenter herauszuarbeiten.

Mit der Kartenfrage „Welche Problemen stellen sich für das Unternehmen durch das Franchise-System?" sollte eine möglichst komplette Bestandsaufnahme der Konfliktpunkte in bezug auf das Franchise-System vorgenommen werden. Es entspannte sich an dieser Stelle eine über 45-minütige Diskussion, an welchen Stellen neue Probleme beim Marketing, bei der Auftragsabwicklung, bei der Lagerhaltung und bei der EDV aufgetreten sind. Anschließend wurde mit der Gewichtungsfrage „Welche Probleme sind besonders schwerwiegend?" die Diskussionsteilnehmer angehalten, die an der Tafel mitvisualisierte Diskussion noch einmal zu durchdenken und eine Priorisierung der Problembereiche vorzunehmen. Wenn Zeit gewesen wäre, hätte man an dieser Stelle mit einer Kleingruppenarbeit zu der Frage „Was steckt hinter dieser Schwierigkeit?" die drei am höchsten gewichteten Problembereiche noch näher ausleuchten lassen können.

Feedback-Schleifen

Durch die im Rahmen des Workshops entstandenen Poster stand Material zur Verfügung, das als Impuls in weiteren Gesprächen eingesetzt werden konnte. So wurde in einem Gespräch mit dem Geschäftsführer, in dem dieser sich in seinen Darstellungen auf den Erfolg des Franchisesystems beschränken wollte, durch das Aufzeigen des Posters zu der Kartenfrage „Welche Probleme stellen sich für das Unternehmen durch das Franchise-System" ermöglicht, das Gespräch gezielt auf Problembereiche zu lenken. Der Geschäftsführer konnte dazu motiviert werden, die Poster seiner Mitarbeiter zu kommentieren. Als eine weitere Schleife wäre es hier möglich gewesen, die Kommentare des Geschäftsführers auf den Postern zu notieren und anschließend die Workshop-Runde mit diesen Kommentaren zu konfrontieren. So wäre es dann möglich gewesen, ein komplexes Bild der Funktionsweise des Franchise-Systems zu erzeugen.

Die Ergebnisse des Workshops konnten auch bei der Abschlusspräsentation vor den Mitarbeitern eingesetzt werden. Dabei wurden im Vorfelde die zehn maßgeblichen Interpretationspunkte des Forschers auf knapp 40 Karten visualisiert. Die auf zwei Postern geklebten Karten wurden dann auf der Abschlusspräsentation den Mitarbeitern vorgelesen. Bei den beiden Interpretationspunkten zum Franchise-System konnte dabei zur Illustration auf ein Poster aus dem Franchise-Workshop verwiesen werden. Die Abschlusspräsentation wurde von den anwesenden Mitarbeitern auf ovalen Karten kommentiert, die dann neben die zehn Interpretations-Cluster geheftet wurden. Den Abschluss bildete dann eine offene Diskussion über die Interpretationen der Forscher und die Kommentare der Mitarbeiter.

5 Möglichkeiten und Grenzen der Methode

Die Stärken der Methode der visuellen Diskussionsführung sind am besten vor dem Hintergrund der Schwächen und Probleme andere Methoden der empirischen Sozialforschung, besonders der Einzelinterviews und Gruppeninterviews, zu verstehen. Im Laufe der Methodendiskussion in der empirischen Sozialforschung sind strukturelle Probleme von leitfadengestützten Einzelinterviews herausgearbeitet worden (siehe auch den Beitrag zu Experteninterviews): Es gibt Widerstände der Interviewten. Der Interviewpartner geht nur begrenzt auf die Fragen ein, weicht aus und gibt Allgemeinheiten von sich. Nicht selten wird der Interviewer mit Antworten bedacht, die der Interviewte gerne in der Organisation verbreitet sehen möchte. Den strategischen Charakter der Beiträge der Interviewer häufig nicht sofort durchschauen, weil er in der Interviewsituation keine anderen Mitglieder der Organisation zur Verfügung hat, die den strategischen Charakter offensichtlich machen können. Konflikte werden in den Einzelinterviews in der Regel nur dann offengelegt, wenn es dem Interviewer gelingt ein Vertrauensverhältnis zu seinem Gesprächspartner aufzubauen und die Zusicherung der Anonymität glaubhaft vermittelt werden kann. Ferner gibt es das Problem, der Frager leicht in eine dominante Rolle hineingerät und der Interviewer nur schwer einen unabhängigen Erzählfluss bei den Teilnehmern auslösen kann (nach Workshop „Möglichkeiten visualisierter Gesprächsführung als Instrument zur Organisationsanalyse" 1998).

Zur Abfederung dieser strukturellen Probleme von Einzelinterviews wird in der empirischen Sozialforschung das Einzelinterview durch Gruppeninterviews ergänzt und teilweise sogar ganz ersetzt. Die Hoffnung ist, durch das Zusammenziehen mehrerer Gesprächspartner mit unterschiedlichen Auffassungen, die Konfliktlinien besser herausarbeiten und einen eigenständigen Diskussionsprozess zwischen den Gesprächsteilnehmern auslösen zu können. Bei offenen, nicht visualisierten Gruppengesprächen entstehen jedoch häufig Probleme: Erstens erfordern überwiegend mündlich geführte Diskussionen eine hohe Konzentration aller Beteiligter. Beiträge müssen über einen längeren Zeitraum im Gedächtnis bleiben, weil man sich nicht immer sofort äußern kann. Als negativer Effekt stellen sich Missverständnisse, Ermüdungen und die Notwendigkeit von häufigen Wiederholungen ein. Zweitens ist es schwierig in einer nur mündlich geführten Diskussion den roten Faden zu behalten. Es gibt eine Tendenz von Gruppen, sich an Kleinigkeiten festzubeißen und dabei die Gesamtstruktur des Diskussionsverlaufs außer acht zu lassen. Drittens sind mündliche Diskussionen nicht sehr ökonomisch, weil sich immer nur ein einziger äußern kann. Die Anzahl der Wortergreifung pro Stunde – die sogenannte Interaktionsdichte – liegt bei unstrukturierten, vorrangig mündlich geführten Diskussionen bei 50 bis 60. Bei schwierigen und angespannten Situationen reduziert sich die Interaktionsdichte häufig auf weniger als 20 bis 30 Wortergreifungen pro Stunde. Viertens ist es in der klassischen Form der Diskussion sehr schwierig Außenstehende in das Gespräch zu integrieren. Nur sporadisch anwesenden Teilnehmern fällt es schwer an die Diskussion anzuknüpfen. Menschen, die von der Diskussion betroffen sind, aber an der Diskussion selbst nicht teilgenommen haben, lassen sich nur schwer in den Stand der Diskussion einführen (vgl. Schnelle-Cölln 1983, S. 12; Dauscher 1996, S. 8).

Vorteile der Visualisierung

Die Methode der visualisierten Diskussionsführung setzt wie andere Methoden der Visualisierung auch, an diesen strukturellen Problemen von Gruppeninterviews an. Durch die Visualisierung werden mehrere Effekte angestrebt. Erstens soll durch die Visualisierung das zeitraubende Nacheinander verbaler Beiträge punktuell aufgelöst werden. Durch Zugang der Teilnehmer zu Schreibmaterialen und -flächen besteht kein Zwang zu Einhaltung einer bestimmten Rednerfolge, sondern mehrere Beiträge können gleichzeitig festgehalten werden. Durch das gleichzeitige Abfassen von Beiträgen kann die Interaktionsdichte bei einer zwanzigköpfigen Personengruppe auf 300 bis 600 Wortergreifungen pro Stunde erhöht werden. Zweitens wird die Spontanität der Äußerungen weniger gehemmt. Jedes Gruppenmitglied kann an einer vom Moderator festgelegten Stelle ohne Hast und unbeeinflusst von der Diskussion eigene Gedanken formulieren. Auch eher zurückhaltenden Personen wird dabei die Möglichkeit zur Äußerung gegeben. Drittens soll durch die Visualisierung die Beibehaltung des roten Fadens erleichtert werden. Da die beschriebenen Plakate für alle sichtbar bleiben sind die bereits erbrachten Diskussionsbeiträge präsent. Die Gruppe hat die Struktur der Diskussion immer im Blickfeld. Viertens soll durch die visualisierte Diskussionsführung die Dokumentation des Gesprächs erleichtert werden. Durch die Visualisierung besteht ein simultan erzeugtes Ablaufprotokoll der Sitzung, dass durch das Abfotografieren der Plakate jedem Teilnehmer am Ende der Sitzung zur Verfügung gestellt werden kann.

Versachlichung der Diskussion durch die Methode der visualisierten Diskussionsführung

Die Methode trägt erheblich zu einer Versachlichung von Diskussionen bei, in dem die freie Entfaltung von Emotionalität der Diskussionsteilnehmer und die Auseinandersetzungen über persönliche Sympathien und Antipathien in der Gruppe eher gehemmt werden. Durch den Kanon von Methoden und Spielregeln – von der Fragetechnik bis hin zur Visualisierung – wird ein standardisierter Kontext hergestellt, in dem sich nicht auf die Sache bezogene Aspekte nur schwer als Gesprächsthema durchsetzen können. Auch die Sitzordnung wird so gewählt, dass die Kommunikation nicht in einem Stuhlkreis „face to face" verläuft, sondern durch einen Halbkreis die Aufmerksamkeit auf den inhaltlichen roten Faden an den Pinwänden gerichtet wird (Freimuth 1996, S. 38).

Wegen der Tendenz zur Versachlichung der Diskussion eignet sich die Methode nicht, um gruppendynamische Prozesse in Gruppen zu untersuchen. Je systematischer die Methode angewandt wird, desto geringer ist die Wahrscheinlichkeit, dass persönliche Antipathien und Sympathien der Teilnehmer zur Sprache kommen. Deswegen ist bei vorrangig psychologisch orientierten Ansätzen der Organisationsforschung diese Methode wohl nur begrenzt geeignet. Durch die Unterstützung bei der Versachlichung von Diskussionen kann die Methode jedoch sehr hilfreich sein, wenn es um die Analyse von Organisationsstrukturen geht.

Halbanonymität und zeitweise Herauslösung der Diskussion aus einem hierarchischen Kontext: Die visualisierte Diskussionsführung im vorhierarchischen Raum

In der empirischen Organisationsforschung ist häufig thematisiert worden, dass die Anwesenheit von Personen aus mehreren hierarchischen Ebenen bei einem Diskussionsprozess zu starken Zensurmechanismen führen kann. Ein Vorteil des Experteninterviews ist deswegen sicherlich, dass dieser Zensurmechanismus sich in einem Einzelgespräch nur indirekt (in der Angst vor der Rückmeldung der Äußerungen an einen Vorgesetzten) ausdrückt. In Gruppeninterviews wird dieses Problem häufig dadurch umgangen, dass nur Personen von einer Hierarchieebene gleichzeitig interviewt werden. Es werden dabei jedoch die Einsichtsmöglichkeiten vergeben, die durch ein offene Auseinandersetzung zwischen Personen unterschiedlicher Hierarchiestufen gewonnen werden können.

Ein Ziel der Methode der visualisierten Diskussionsführung ist, dass ein „vorhierarchischer Raum" entsteht, in dem für eine begrenzte Zeit eine Reihe von hierarchischen Regelungen außer Kraft gesetzt wird (vgl. Schnelle 1982; Metaplan 1991a). So wird in dem Prozess der visualisierten Diskussionsführung dem Hierarchen weitgehend das Recht genommen, Beiträge zu zensieren, Wortmeldungen zu verteilen und über das Ende einer Diskussion zu entscheiden.

Diese Einschränkung der Rechte des Hierarchen im Diskussionsprozess entsteht als Effekt aus verschiedenen Regeln und Instrumenten der Diskussionsführung. Erstens wird durch die Gesprächsregeln jeder Teilnehmer – auch der Hierarch – dazu gezwungen, sich kurz zu fassen. Diskussionshemmende Monologe des Hierarchen werden dadurch verhindert, dass auch er sich an die 30 Sekundenregel halten muss und durch die Mitvisualisierung seiner Beiträge sein Redefluss automatisch unterbrochen wird. Zweitens werden durch die Anonymisierung der Beiträge bei der Kartenfrage die Argumente erst mal von ihrem Sprecher gelöst. Der Bedeutungs-Bias, mit dem normalerweise der Beitrag eines ranghohen Diskussionsteilnehmers ausgestattet ist, kann sich nicht entfalten. Drittens werden durch das halbanonyme Schreiben von Karten die Diskussionsteilnehmer ermutigt, ihre Gedanken in einem durch die Diskussionsregeln und den Moderator geschützten Raum zu äußern. Der direkte Zensurmechanismus durch einen Hierarchen wird verhindert.

Sicherlich darf die Bedeutung des „vorhierarchischen Raums" bei der visualisierten Diskussionsführung nicht überschätzt werden. Die Anonymität bei der Kartenabfrage ist lediglich eine zerbrechliche Halbanonymität. Häufig entsteht durch den Kontext der Antwort, durch die Handschrift auf der Karte oder durch spätere mündlich geäußerte Diskussionsbeiträge bei den Diskussionsteilnehmern eine Ahnung, von wem eine bestimmte Äußerung stammen könnte. Auch können die Sanktionsmechanismen für kritische Äußerungen sehr wohl erst nach einer Diskussionsrunde einsetzen; in einem Moment also, in dem der Diskutant nicht mehr durch Spielregeln und Moderator geschützt ist. Durch das Wissen aller Teilnehmer über die Möglichkeit der zeitverzögerten Sanktionsmechanismen kann dann auch im „vorhierarchischen Raum" ein Zensurmechanismus einsetzen.

Ansatzpunkt einer Organisationsanalyse: Herausarbeiten von Konfliktlinien und Interventionen des Moderators und Forschers

Die Stärke der Methode in der Herausarbeitung von Konfliktlinien wird im konkreten Einsatz der Methode häufig verschenkt. Die Methode wird nur zum Einsammeln von Meinungen durch die Teilnehmer genutzt, die sich anschließenden Kontroversen aber dann nicht mehr sauber visualisiert und dokumentiert. Dieses Versäumnis hängt meines Erachtens mit einem Grund zusammen: In dem Beratungsverständnis von Moderatoren war die visualisierte Diskussionsführung ein effektives Instrument, um Übereinstimmung und Konsens in einer Gruppe zu erzeugen. Durch diese Konsensfixierung wurde die saubere Dokumentation von Kontroversen eher vernachlässigt.

Bei einem Einsatz der Methode in der empirischen Sozialforschung (aber vermutlich auch in einer soziologisch orientierten Beratung) kommt es darauf an, die Konflikte in Organisationen sichtbar zu machen. Ziel von empirischen Forschungsprojekten (und von Beratungsprojekten) ist es dann nicht vorrangig Konsens oder Übereinstimmung in einer Gruppe herzustellen, sondern vielmehr die Interessensgegensätze, Perspektivunterschiede und Widersprüche sichtbar zu machen. Der Forscher und Moderator interessiert sich bei dieser Perspektive dann vorrangig für die „Blitze" in der Diskussion, weil an dieser Stelle unterschiedliche Auffassungen, Konfliktlinien und Widersprüchlichkeiten deutlich werden. Durch die Mitprotokollierung der sich an Blitzen entspannenden Diskussion kann er die Komplexität einer Auseinandersetzung sich entfalten lassen.

Mit dieser Orientierung auf Konfliktlinien, Widersprüchlichkeiten und Perspektivunterschiede verändert sich auch die Rolle des Moderators. Das ursprüngliche Verständnis des Rollenverständnisses eines Moderators war, dass diese sich aus der Diskussion inhaltlich heraushalten und die Gruppe schließlich zu einem Konsens führen soll (vgl. Dauscher 1996, S. 1; siehe auch Kapitel 1). Durch diese inhaltliche Zurückhaltung kann er jedoch in der Regel nicht an die Problembereiche herankommen, die durch die Gruppe bewusst tabuisiert werden, oder die sich als kollektive blinde Flecke im Alltagsgeschäft ausgebildet haben. Der Einsatz der Frage- und Visualisierungstechniken alleine reichen nicht aus, um in den „verdeckten Bereich" einer Organisation vorzudringen.

Aufgrund der Einsicht in dieses Problem wird bei der Moderation zunehmend ein intervenierendes Rollenverständnis propagiert. Durch bewusst eingesetzte inhaltliche Interventionen des Moderators soll die Gruppe an blinde Flecke herangeführt werden und inhaltliche Tabus angesprochen werden. Dabei kann man zwischen kontrollierten und spontanen Interventionen des Moderators unterscheiden. Bei kontrollierten inhaltlichen Interventionen überlegt sich der Moderator vor dem Gruppengespräch mit welchem inhaltlichen Impuls er in das Gruppengespräch eingreifen will. Er bereitet beispielsweise ein Poster mit seinen inhaltlichen Argumenten vor und erhebt dann beispielsweise mit einem Interaktionsimpuls wie „Die Botschaft hör' ich wohl, allein mir fehlt ..." die Meinung der Teilnehmer zu diesen Argumenten. Bei spontanen inhaltlichen Interventionen bringt der Moderator seinen Diskussionsbeitrag verbal in die Gruppe ein. Er macht durch einen Positionswechsel (beispielsweise von den Postern weg zur Seite des Raums) oder durch einen Rollenwechsel (beispielsweise Rollentausch zwischen Moderator und Helfer) deutlich, dass er jetzt ein inhaltliches Argument bringt und stellt dieses dann in den Raum.

Ob ein Forscher bei der Moderation eine eher intervenierende Rolle einnimmt oder sich inhaltlich eher zurücknimmt hängt von den methodischen Vorüberlegungen, der konkreten Situation im Gruppengespräch und dem organisatorischen Kontext ab. Es kann aber auf alle Fälle hilfreich sein, beide Verhaltensmuster einsetzen zu können und sich über die Möglichkeiten und Gefahren der jeweiligen Verhaltensmuster bewusst zu sein.

6 Anmerkungen

1 Der Begriff der visualisierten Diskussionsführung wird hier benutzt, weil er präziser als der Begriff der Moderationsmethode ist. Die anderen Bezeichnungen für die Methode wie Metaplanmoderationsmethode, Neuland-Moderation, ModerationsMethode oder Pinwand-Technik sind alle markenrechtlich geschützt und eignen sich so nur begrenzt als generische Bezeichnung für die Methode.
2 Erste Ansätze dazu gibt es unter dem Begriff der Sondierungsgespräche bei verschiedenen Beratungsfirmen. Dabei wird die visualisierte Diskussionsführung bereits im Vorfelde von Workshops und Seminaren als Instrument zur Analyse von Strukturen eingesetzt.
3 Aufgrund der zugesagten Anonymisierung gegenüber den Mitarbeitern und dem Unternehmen werden an dieser Stelle Informationen über das Unternehmen und das Projekt, die für die Darstellung an dieser Stelle nicht relevant sind, weggelassen oder verändert.

7 Literatur

Alsleben, Kurd (1996): Die ästethische Dimension der Moderation, in: Joachim Freimuth/Fritz Straub (Hrsg.), Demokratisierung von Organisationen. Philosophie, Ursprünge und Perspektiven der Metaplan-Idee, Wiesbaden, S. 81–92
Bataillard, Victor (1985): Die Pinwand-Technik, Zürich
Böning, Uwe (1991): Moderieren mit System, Wiesbaden
Dauscher, Ulrich (1996): Moderationsmethode und Zukunftswerkstatt, Neuwied-Berlin
Edmüller, Andreas/Wilhelm, Thomas (1999): Moderation, Planegg
Freimuth, Joachim (1996a): Wirtschaftliche Demokratie und moderatorische Beteiligungskultur – Ausgangspunkte in den sozialen und öknomischen Bedingungen der 60er Jahre, in: Joachim Freimuth/Fritz Straub (Hrsg.), Demokratisierung von Organisationen. Philosophie, Ursprünge und Perspektiven der Metaplan-Idee, Wiesbaden, S. 19–40
Freimuth, Joachim (1996b): Die Ästhetik des Stolpern, Stotterns Stotterns und Schielens – Institutionelle Be- und Entgrenzung durch Sprachspiele, in: Joachim Freimuth/Fritz Straub (Hrsg.), Demokratisierung von Organisationen. Philosophie, Ursprünge und Perspektiven der Metaplan-Idee, Wiesbaden, S. 67–80
Fromm, Martin (1990): Zur Verbindung quantitativer und qualitativer Methoden, in: Pädagogische Rundschau 44, S. 469–481
GTZ (1987): ZOS. Zielorientiertes Planen von Projekten und Programmen der technischen Zusammenarbeit, Eschborn
Herzog, Britta (1995): Das Training der Moderationsmethode unter dem Aspekt des „ganzheitlichen" Lernens als Teil des „ganzheitlichen" Managements, Fulda (Diplomarbeit)
Hülsmann, Bernhard (1997): Die Visualisierungsfalle oder: Die Realität der virtuellen Konstrukte, in: Georg Ahrweiler (Hrsg.), Soziologische Ausflüge, Opladen, S. 104–119
Klebert, Karin/Schrader, Einhard/Straub, Walter (1994a): Workbook. Ein Methoden-Angebot als Anleitung zum aktiven Gestalten von Lern- und Arbeitsprozessen in Gruppen, Hamburg
Klebert, Karin/Schrader, Einhard/Straub, Walter (1994b): KurzModeration. Anwendung der ModerationsMethode in Betrieb, Schule, Kirche, Politik, Sozialbereich und Familie, bei Besprechungen und Präsentationen. Mit 20 Beispielabläufen, Hamburg

Klebert, Karin/Schrader, Einhard Schrader/Straub, Walter (1996): Moderationsmethode. Gestaltung der Meinungs- und Willensbildung in Gruppen, die miteinander lernen und leben, arbeiten und spielen, 7. Auflage, Hamburg
Koch, Gerd (1989): Die erfolgreiche Moderation, Landsberg
Krapf, Bruno (1992): Moderation und Macht. Überlegungen zur Bedeutung der Macht in der Beratung, in: Gruppendynamik 23, S. 237–253
König, Anne (1995): Moderation von Gruppen, Stuttgart
Kühl, Stefan; Gerhard Kullmann (1999): Gruppenarbeit, München
Lamnek, Siegfried (1998): Gruppendiskussion. Theorie und Praxis, Weinheim
Luz, Hans-Peter (1996): Die Moderations-Methode, in: Gablers Magazin, 10/1996, S. 32–34
Mauch, Hansjörg (1981): Werkstattzirkel – Wie Arbeiter und Meister an der Lösung betrieblicher Probleme beteiligt werden, Quickborn
Metaplan (1988): Fibel zur Metaplantechnik, Quickborn
Metaplan (1991): Entwickeln von Dramaturgien. „Wie man Dramaturgien für Metaplan-Veranstaltungen entwirft und wie man sie inszeniert", Quickborn
Metaplan Ewige Werte (1990; 1998; 2000): Dabei handelt es sich um Poster, die immer wieder in Seminaren und Trainings eingesetzt werden. Die Nummer hinter der Jahreszahl kennzeichnet das entsprechende Poster
Namokel, Herbert (1994): Die moderierte Besprechung, Offenbach
Neuland, Michèle (1999): Neuland-Moderation, 3. Auflage, Künzell
Nissen, Iden/Nissen, Peter (1995): Kurskorrektur Schule. Ein Handbuch zu Einführung der ModerationsMethode im System Schule, Hamburg
Schnelle, Eberhard (1966): Entscheidung im Management, Quickborn
Schnelle, Eberhard (1968): Evolution im Management, Quickborn
Schnelle, Eberhard (1973): Metaplanung – Zielsuche . Lernprozess der Beteiligten und Betroffenen, Quickborn
Schnelle, Eberhard (1978): Neue Wege der Kommunikation – Spielregeln, Arbeitstechniken und Anwendungsfälle der Metaplan-Methode, Königstein
Schnelle, Eberhard (1981): Der Informationsmarkt – eine Metaplan-Methode, Metaplan-Reihe 8, Quickborn
Schnelle, Eberhard (1982): Metaplan-Gesprächstechnik. Kommunikations-Werkzeug für planende und lernende Gruppen, Quickborn
Schnelle, Wolfgang (1978): Interaktionelles Lernen – Wandel in der Fortbildung, Quickborn
Schnelle, Wolfang/Stolz, Inga (1978): Interaktionelles Lernen. Leitfaden für die Moderation lernender Gruppen, Quickborn
Schnelle-Cölln, Telse (1983): Visualisierung – die optische Sprache für problemlösende und lernende Gruppen, Quickborn
Schnelle-Cölln, Telse (1988): Optische Rheotrik für Vortrag und Präsentation. Ein Leitfaden, Quickborn
Schönhuth, Michael/Kievelitz, Uwe (1993): Partizipative Erhebungs- und Planungsmethoden in der Entwicklungszusammenarbeit. Rapid Rural Appraisal – Participatory Appraisal, Eschborn
Seifert, Joseph W. (1994): Visualisieren, Präsentieren, Moderieren, 6. erw. und aktual. Auflage, Bremen
Tosch, Michael (1994): Brevier der Neuland-Moderation, Eichenzell
Wierwille, Astrid (1996): Frischer Wind in der Schule, in: Joachim Freimuth/Fritz Straub (Hrsg.), Demokratisierung von Organisationen. Philosophie, Ursprünge und Perspektiven der Metaplan-Idee, Wiesbaden, S. 251–256
Workshop „Metaplan Moderatorentraining IV" (1991): Wie man Dramaturgie für Gruppenkommunikation entwirft, Quickborn, 18.2. – 20.2.1991
Workshop „Möglichkeiten visueller Gesprächsführung als Instrument zur Organisationsanalyse" (1998): Seminar der Otto-von-Guericke-Universität Magdeburg und Metaplan Consulting, Quickborn, 26.3. – 28.3.1998

Organisationskarten

Sonja Barth und Holger Pfaff

1 Einleitung

Beim *Anlegen von Organisationskarten* handelt es sich um ein Gruppendiskussionsverfahren, bei dem als zentrales Visualisierungsinstrument das *Mind-Mapping*[1] eingesetzt wird. Demzufolge lassen sich in einer Kurzformel Organisationskarten als spezifische, auf Organisationen bezogene Mind-Maps bezeichnen. Während jedoch Mind-Maps in ihrer ursprünglichen Form auf die Optimierung und Unterstützung von Lern- und Problemlösungsprozessen zielen, steht bei Organisationskarten die Erfassung der intersubjektiv geteilten und vorwiegend impliziten Grundannahmen der Organisationsmitglieder (vgl. Sackmann 1997) im Vordergrund.

Organisationskarten stellen folglich keine offiziellen Abbildungen wie Organigramme dar. Zudem sind sie von den von Argyris und Schön so bezeichneten *organizational maps* (Argyris/Schön 1978, S. 17f.) zu unterscheiden, da sie sowohl die tatsächlich handlungsrelevanten Theorien als auch die sie bestimmenden darunter liegenden impliziten Phänomene und latenten Sinngehalte (vgl. Sackmann 1991) zu erheben suchen.

Im Folgenden wird aufgezeigt, wie man sich diesem organisationalen „Bedeutungsgewebe" (vgl. Geertz 1994, S. 9) mittels Organisationskarten nähern kann. Hierzu ist es notwendig, ausführlich das Mind-Mapping vorzustellen, da es die Grundstruktur der Organisationskarten darstellt.

Von Mind-Maps zu Organisationskarten

Ziel von Mind-Maps ist es, komplexe Sachverhalte durch die Aufgliederung in ihre Einzelaspekte umfassend zu strukturieren und sie damit u. a. Problemlösungsprozessen zugänglich zu machen.

Als *Landkarte des Gedächtnisses, des Geistes und der Assoziationen* – so oder ähnlich schwerfällig lässt sich der Begriff „Mind-Map" übersetzen (Malorny et al. 1997, S. 70). Und wenn auch die deutsche Formulierung nicht so griffig wie das Original klingt, so kommt doch zum Ausdruck, worum es hier geht: Ideen, Gedanken und Assoziationen werden bezogen auf ein ausgewähltes Thema gesammelt, ihre Bezüge zueinander werden herausgearbeitet, und das hieraus entstehende thematische Geflecht wird graphisch abgebildet.

Als Hilfsmittel beim Memorieren, Planen und Analysieren für den individuellen Bedarf, als Instrument zur Wissensvermittlung und -aneignung z. B. in der Aus- und Weiterbildung (vgl. Mento et al. 1999; Michelini 2000; Steps 1997; Lewis 1997) und schließlich als so genanntes Kreativwerkzeug (Malorny et al. 1997, S. 44f.) in der Organisationsberatung und -entwicklung werden Mind-Maps eingesetzt, um auf unterschiedlichen Organisationsebenen vor allem Prozesse der Planung und Qualitätsverbesserung zu unterstützen.

Entwickelt wurde das Instrument *Mind-Map* bereits in den 1970er Jahren von Tony Buzan. Sein Anliegen war es, Prozesse des Lernens, Denkens und der Problemanalyse mit - Hilfe einer geeigneten Methode zu erleichtern und zu optimieren. Den Erkenntnissen der Gehirnforschung zufolge unterstützen herkömmliche Arten der Dokumentation von Daten und Gedanken nur suboptimal die Denkvorgänge im Gehirn. Vielmehr wirkt sich die in unserem Kulturkreis dominierende *lineare* Form der Verschriftlichung von Wissen kontraproduktiv auf die Kreativität und die Konzentrationsfähigkeit aus. Denn die sich vorwiegend an einer linearen, chronologischen oder hierarchischen Ordnung orientierende und aus aneinander gereihten, ausformulierten Sätzen bestehende Wissensdokumentation behindert den freien, kreativen Gedankenfluss und beeinträchtigt somit die Denkleistung von Menschen (Buzan 1989, S. 106–109; Buzan/Buzan 1999, S. 45–52).

Forschungserkenntnissen zufolge erreicht das menschliche Gehirn erst dann seine Höchstleistung, wenn seine beiden unterschiedlich geprägten Modi der Informationsverarbeitung miteinander interagieren. Der eher der linken Gehirnhälfte zugeordnete Modus logisch-analytischer Überlegungen verarbeitet Informationen in Teilschritten und nacheinander. Der stärker mit der rechten Gehirnhälfte verbundene Modus ist für Visuelles, Räumliches und simultanes Verarbeiten, Körpersprache, Emotionen und die Synthese von unterschiedlichen Eindrücken und Informationen zuständig (Malorny et al.1997, S. 9–11; Kirckhoff 1998, S. 104; vgl. Kommer/Reinke 2001, S. 175). Bei einem Großteil unserer Entscheidungen werden zwar beide Denkweisen aktiv (Kirckhoff 1998, S. 108), die Betonung und stärkere Inanspruchnahme liegt jedoch in unserem Kulturkreis bei dem analytischen, für Sprache, Mathematik und Planung verantwortlichen Verarbeitungsmodus. Demzufolge sind Fähigkeiten wie das spontane Entwickeln von Ideen, Intuition und die Zusammenführung von Erkenntnissen zumeist weniger stark gefragt und ausgeprägt.

Will man nun sein geistiges Potenzial möglichst optimal ausschöpfen, dann kommt es darauf an, weitgehend gleichgewichtig beide Denkweisen simultan in Anspruch zu nehmen, d. h. seine Begabungen nicht nur einseitig zu fördern, sondern Rationalität und Kreativität stärker miteinander zu verbinden. Mit Tony Buzans Methode der Mind-Maps wird gleichzeitig sowohl der analytische, lineare als auch der eher bildhaft verarbeitende Denkmodus in Anspruch genommen. Die Dominanz der für das analytische Denken zuständigen Hirnareale wird so aufgebrochen zugunsten des stärkeren Einsatzes der visuellen, simultanen Denkweise.

Außer für die unterschiedlichen Verarbeitungsmodi von Information im Gehirn interessierte sich Buzan dafür, in welcher Form Information gespeichert wird. Er setzte die Erkenntnis, dass das Gedächtnis nicht mit vollständigen Sätzen, sondern mit Stichwörtern und Assoziationen arbeitet, ebenfalls bei der Entwicklung seiner Mind-Maps ein.

Jede im Gehirn abgelegte Information ist jeweils mit anderen Gedanken und Informationen verknüpft, und die bestehende Vielzahl an potenziellen Verknüpfungen wird erst ermöglicht durch die Form, in der Information abgespeichert wird: Die Bausteine unseres Wissen bestehen nicht aus umfassenden Formulierungen, sondern aus Stichwörtern. Erst Stichwörter bzw. Schlüsselwörter eröffnen die Möglichkeit unzähliger Verbindungen zwischen den verschiedenen Informationen, da sie einerseits mit einer gewissen Anzahl an bestimmten Bildern und Bedeutungen unterlegt sind, andererseits offener sind als in vollständig formulierten Sätzen eingebettete Informationen (Buzan 1989, S. 97–101).

Als grundlegend für Mind-Maps lassen sich also folgende Punkte zusammenfassen: Die Form der Dokumentation von Gedanken, Erinnerungen und Wissen sollte möglichst der Funktionsweise des Gehirns entsprechen, um die geistigen Kapazitäten optimal zum Einsatz zu bringen. Das bedeutet zum einen, dass bei Problemlösungs-, Lern- und Erinnerungsprozessen sowohl das analytische als auch das intuitiv-kreative Denken simultan in Anspruch genommen werden sollte. Zum anderen empfiehlt sich die Dokumentation in Stichwörtern bzw. Schlüsselwörtern, da diese die Möglichkeit zu Assoziationen offen lassen und somit eher die Dynamik von Denkprozessen unterstützen.

Beide Kriterien werden von der Mind-Map-Methode und davon abgeleitet auch von den Organisationskarten erfüllt, wie sich im Folgenden bei der Betrachtung ihrer Struktur zeigen lässt.

Erstellen von Mind-Maps und Organisationskarten

Die Struktur eines Mind-Maps gleicht dem Bild eines Baums, der von oben betrachtet wird, wobei sich Zweige und Verästelungen strahlenförmig nach außen erstrecken.
   Im Zentrum steht die Fragestellung bzw. Thematik, die bearbeitet werden soll. Einzelaspekte des zentralen Themas werden nun mit Hilfe von Verbindungslinien um dieses Zentrum herum angeordnet. Diesen Einzelaspekten werden dann mit weiteren Linien wiederum Teilaspekte zugeordnet (Malorny et al. 1997, S. 73). So wird ein Denkprozess in Gang gesetzt und graphisch dokumentiert, der von einer allgemeinen Fragestellung hin zu immer detaillierteren Unterthemen und Kategorien verläuft (Krüger 1999, S. 24f.).

Abbildung 1: Beispiel für ein Mind-Map: Thema ‚Transportmittel'. In graphisch modifizierter Form übernommen von Kirckhoff 1998, S. 7

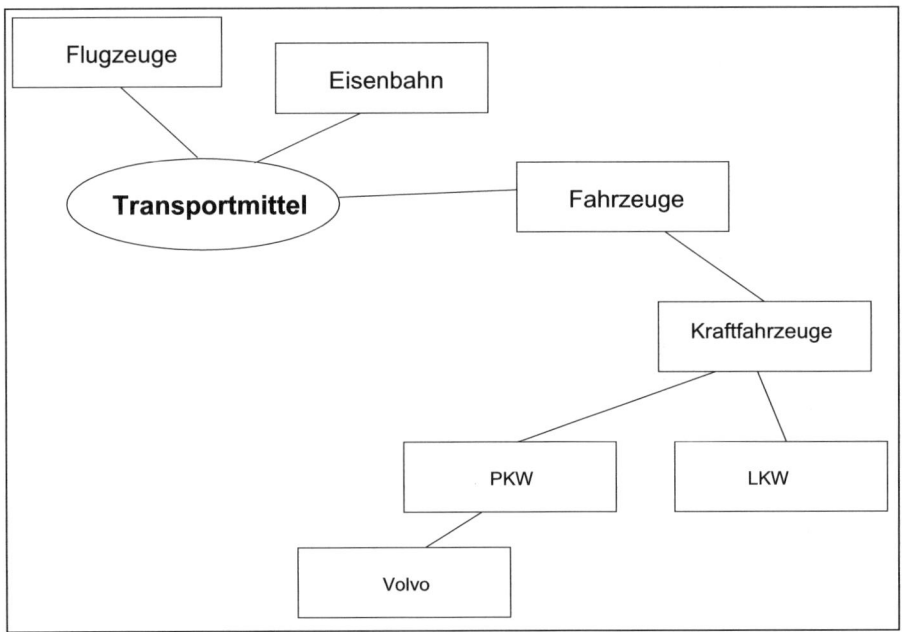

Ein anschaulicher Gegenstand, an dem die Logik von Mind-Maps zunächst verdeutlicht werden kann, ist etwa das Thema *„Transportmittel"*. Hier lassen sich z. B. die Kategorien *„Flugzeug"*, *„Eisenbahn"*, *„Fahrzeuge"* ableiten und kreisförmig anhand von Ästen um den zentralen Begriff herum anordnen. Verfolgt man nun z. B. den Zweig *„Fahrzeuge"*, dann kann man wiederum zu einer nächsten Untergliederung *„Kraftfahrzeuge"* kommen. Von hier aus kann man dann *„PKW"*, *„LKW"* u. Ä. ergänzen. Führt man nun die Verzweigung vom Punkt *„PKW"* aus fort, könnte man z. B. unterschiedliche PKW-Typen anführen usw. (Kirckhoff 1998, S. 7).

Ein anderes Beispiel, an dem gezeigt werden kann, wie man sich mit Hilfe von Mind-Maps einem Themenkomplex nähern kann, liefert das Stichwort *„Projekt"*. Hier lassen sich z. B. vier Kategorien vorschlagen: *„Definition"*, *„Planung"*, *„Realisierung"*, *„Abschluss"*. Widmet man sich zunächst der *„Definition"*, dann lassen sich die Teilaspekte *„Problemanalyse"*, *„Ziele abklären"*, *„Projektinhalte definieren"* usw. formulieren. Der Komplex *„Planung"* lässt sich in *„Verantwortlichkeiten festlegen"*, *„Projektteam bilden"* usw. aufschlüsseln (vgl. Kommer/Reinke 2001, S. 171).

An den hier ausgeführten Beispielen wird deutlich, dass es darum geht, die unterschiedlichen Bereiche, Aspekte und Teilaspekte einer Thematik in ihrer Struktur darzustellen. Man gelangt so von allgemeineren zu immer spezifischeren Teilaspekten. Mittels eines erstellten Mind-Maps kann dann selbst ein umfangreicher Sachverhalt in übersichtlicher Weise dargestellt werden, da man sich von der Kernthematik aus entlang den Verzweigungen orientiert. Ein Mind-Map zwingt durch seine Struktur dazu, unterschiedliche Unterthemen und Unter-Unterthemen zu trennen, und verschafft somit einen gut erschließbaren Zugang zur Analyse eines Komplexes. Die radiale Anordnung in Ästen und Zweigen regt zudem dazu an, Ergänzungen vorzunehmen, gedanklich zwischen den Zweigen zu springen und Querverbindungen herzustellen, d. h. eher vernetzend an der Entwicklung des Mind-Maps zu arbeiten, als es bei der Analyse der gewohnten linear geprägten Dokumentationsweise der Fall ist.

Mind-Maps sind also zum einen dadurch gekennzeichnet, dass ein Thema in seine Themenbereiche aufgegliedert wird (Äste), zum anderen dadurch, dass man sich zunächst von abstrakteren Ebenen zu immer spezielleren und spezifischeren Aspekten vorarbeitet (Zweige).

So unterstützt die Vorgehensweise bei der Erstellung von Mind-Maps die systematische, gedankliche Analyse von Problem- und Fragestellungen. Denn Beziehungen, Verknüpfungen und Hierarchieebenen werden optisch erkennbar dargestellt und können somit leicht erfasst werden.

Zur zusätzlichen Anregung kreativer Denkprozesse kann die Gestaltung von Mind-Maps bzw. Organisationskarten außerdem vielfältig um Symbole und Bilder graphisch bereichert werden. So können Ursache-Wirkungs-Zusammenhänge mit Pfeilen verdeutlicht werden, Ausrufe- und Fragezeichen, Sternchen, lachende/weinende Gesichter, Haken, Klammern, Minus- und Pluszeichen, geometrische Figuren usw. (Buzan 1989, S. 124 f.) können unterschiedliche Betonungen, Bewertungen oder Zusatzinformationen zu den Schlüsselwörtern je nach Bedarf und festgelegten Bedeutungen der Zeichen liefern. Weiterhin kann die farbliche Gestaltung Zusammenhänge, Unterschiede u. a. optisch unterstreichen. Diese Verstärkung durch visuelle Elemente erleichtert die Konzentration und fördert den kreativen Gedankenfluss.

Zusammenfassend lassen sich folgende Elemente von „Gedankenkarten" bzw. Organisationskarten benennen:

- die Verbindung von analytisch-semantischem und bildhaft- kreativem Denken;
- eine Vorgehensweise, die sich von abstrakteren hin zu konkreteren Ebenen einer Thematik wendet;
- das Prinzip der Offenheit des Denkprozesses: Verknüpfungen von Stichwörtern können jederzeit verändert, ergänzt oder gelöscht werden. Die kreisförmige Anordnung der Schlüsselwörter regt optisch dazu an, nicht nur eine (Denk-)Richtung zu verfolgen, sondern zwischen unterschiedlichen Zweigen zu springen, sie zu ergänzen und gegebenenfalls zu verschieben.

Charakteristisch für Mind-Maps und Organisationskarten sind demnach:

- die zentrale Thematik steht in der Mitte;
- Zweige und Äste strahlen vom Zentrum in die Peripherie;
- Schlüsselwörter bilden die Verzweigungspunkte von Zweigen und Ästen;
- Symbole, Bilder, Zeichen, Figuren und Farben heben inhaltliche Aspekte und Bezüge der Schlüsselwörter optisch hervor.

2   Datenerhebung

Wie bereits ausgeführt, stellen Mind-Maps ein Instrument zur Unterstützung von individuellen Denkprozessen dar. Ihr Ziel ist es, Informationen umfassend zu strukturieren und sie somit optimal in Bezug auf ein breites Spektrum an Lern- und Problemlösungsprozessen anwenden zu können.

Bei Organisationskarten sind die Akzente etwas anders gesetzt: Sie sind ausschließlich auf Aspekte von Organisationen bezogene Mind-Maps. Sie werden von den Organisationsmitgliedern in Gruppensitzungen erstellt. Primäres Ziel ist es, über die Klärung der Bedeutungshorizonte der einzelnen Bausteine der Organisationskarten zu ihren intersubjektiv geteilten und den Organisationsmitgliedern nur teilweise bewussten Sinngehalten zu gelangen (vgl. Sackmann 1997, S. 136–137).

Als Ergebnis von Organisationskarten-Meetings liegen neben den organisationsbezogenen Mind-Maps die Transkripte des Diskussionsverlaufs vor. Beide Datenquellen werden dann in der Auswertungsphase aufeinander bezogen. Zunächst soll jedoch das konkrete Vorgehen bei der Erhebung beschrieben werden.

Verfahrensregeln

Die materielle Grundausstattung für ein Organisationskarten-Meeting entspricht weitgehend derjenigen vergleichbarer Teamsitzungen (vgl. die Beiträge über visualisierte Diskussionsführung und Gruppendiskussion in diesem Band): Stell- bzw. Pinnwände werden mit Packpapier bespannt. Für die Darstellung von Verbindungslinien zwischen den Stichwörtern empfiehlt es sich, diese vorher aus bunter Pappe entsprechend anzufertigen, damit sie dann variabel mit Nadeln an den Wänden befestigt und wieder verschoben werden können. Ganz nach Bedarf werden hierfür verschiedenfarbige dickere und dünnere „Balken" oder auch Pfeile aus Pappe ausgeschnitten. Den Teilnehmern werden dicke Stifte und bunte Karten zur Verfügung gestellt, auf die im Verlauf der Sitzung die Schlüsselwörter notiert werden. Nach Abschluß des Meetings werden die an den Tafeln entstandenen Organisationskarten fotografisch dokumentiert.

Die Gruppendiskussion wird außerdem zum einen protokolliert, damit Aspekte wie die Sitzordnung oder Störungen während der Diskussion usw. festgehalten werden können. Zum anderen wird sie, nach Zusicherung des Datenschutzes und dem Einverständnis der Beteiligten, auf Tonband aufgezeichnet. Dieses wird im Anschluss nach vorher festzulegenden Regeln transkribiert. Die Erfahrung aus unserem Projekt zeigte, dass es hilfreich ist, wenn die Person, die während der Gruppensitzungen die Protokollführung und die Kontrolle der Tonbandgeräte übernimmt, später auch die Transkripte erstellt. Dies erleichtert den Nachvollzug des Diskussionsverlaufs und die Zuordnung der Redebeiträge zu den beteiligten Personen erheblich.

Bei der Auswahl der zu Befragenden ist zu empfehlen, die Teilnahme freiwillig erfolgen zu lassen und den Einzelnen im Vorfeld die Möglichkeit zu bieten, anonym ihre Bereitschaft bzw. eine Absage zu formulieren. Dies schützt die Mitglieder einer Organisation vor eventuellen negativen Reaktionen von Kollegen oder Vorgesetzten.

Weiterhin gibt das jeweilige Forschungsinteresse die Zusammensetzung der betreffenden Gruppe vor: Soll z. B. erhoben werden, inwiefern bestimmte Vorstellungen abteilungsspezifisch variieren, dann wird man bevorzugt abteilungshomogene bzw. -heterogene Konstellationen bilden. Bei Fragestellungen, die auf unterschiedliche Statusgruppen abzielen, wird es dementsprechend sinnvoll sein, auf die Besetzung entlang der Führungs- und Mitarbeiterebenen zu achten usw.

Da die Erkenntnisabsicht der Organisationskarten auf der Erhebung der „Innenansichten" einer Organisation liegt, sollten die Moderatoren inhaltlich neutral bleiben (vgl. Seifert 2000, S. 78–80). Das heißt: Die Aufgabe von Moderation ist es, durch gezielte Nachfragen Bedeutungshorizonte von Begriffen und Widersprüche in den Argumentationen zu klären. Formulierungen wie „Was ist damit gemeint?", „Besteht in Bezug auf dieses Argument Konsens?" usw. bieten sich hier an.

Es ist zu empfehlen, die Moderation einer solchen Diskussion möglichst zu zweit durchzuführen. So können die Aufgaben (a) der Diskussionsleitung und (b) des Einsammelns der beschrifteten Karten und das Anbringen an den Pinnwänden geteilt werden. Diese Arbeitsteilung vermittelt den Teilnehmern mehr Ruhe und fördert die Konzentrationsfähigkeit. Zudem können so Interaktionen und Wortbeiträge umfassender wahrgenommen werden, und das Moderationsteam kann sich beim Nachhaken und Nachfragen ergänzen (Seifert 2000, S. 79 f.).

Das konkrete Vorgehen beim Anlegen von Organisationskarten

In die Mitte einer Pinnwand wird gut lesbar in stichwortartiger Formulierung die zu diskutierende Thematik platziert. Die Teilnehmer werden nun aufgefordert, in einem Brainstorming wichtige Aspekte dieser Thematik auf eine der zuvor ausgeteilten Karten zu notieren (vgl. Seifert 2000, S. 106 f.). Hierfür wird im Idealfall so viel Zeit gelassen, bis jede Person im Raum mindestens ein ihr wichtig erscheinendes Stichwort auf eine Karte notiert hat (pro Aspekt eine Karte). Es ist dann darauf zu achten, dass die von den Teilnehmern beschrifteten Karten vor dem Anbringen an den Pinnwänden gemischt werden, um so ein gewisses Maß an Anonymität zu sichern. Nach dem Einsammeln und Mischen der Karten werden diese kreisförmig um das Zentrum angeordnet und mit Linien bzw. den vorbereiteten „Balken" oder Pfeilen verbunden.

Der Moderator fragt nun bei jeder Stichwortkarte, was darunter zu verstehen ist, um abzuklären, mit welchen Interpretationen die genannten Begriffe unterlegt sind. Aus der sich hierbei entwickelnden Diskussion können weitere anzubringende Schlüsselwörter oder Umbenennungen resultieren, und auch Stichwörter, die von den Befragten mit gleichen Bedeutungen belegt sind (doppelte Nennungen), werden identifiziert.

Jeder Anwesende sollte sich zudem zu jeder Karte äußern *können*, jedoch sollte niemand sich zu der von ihm beschrifteten Karte äußern *müssen*. Dieses Prinzip fördert eine möglichst ungehemmte Teilnahme der Gruppenmitglieder an der Diskussion und vermeidet eventuell entstehenden Druck zur „Rechtfertigung" der jeweils eigenen Karte.

Erst wenn allen Anwesenden alle Begriffe mit ihren unterlegten Bedeutungen klar sind und jede Karte *im Konsens* auf der Tafel ihren Platz gefunden hat, werden in einer zweiten Stufe die jeweiligen Zweige, die von den Ästen abgehen, mit Stichwörtern bestückt. Wahlweise kann wieder mit der Kartenfrage oder aber, da nun das Eis bei den Teilnehmern gebrochen ist, mit der Zuruffrage gearbeitet werden (Seifert 2000, S. 108 f.; vgl. auch den Beitrag über visualisierte Diskussionsführung in diesem Band). Einer der Moderatoren notiert dann die zugerufenen Stichwörter und ordnet sie an der Tafel nach Anweisung der Gruppe an. Die Zuruffrage hat den Vorteil, dass die Nennungen spontaner und mit größerer Dichte erfolgen. Sie sollte allerdings nicht sofort zu Beginn eingesetzt werden, da die gleichberechtigte Äußerung aller Teilnehmenden mit der Kartenfrage zunächst sichergestellt werden kann: Die Eröffnung mit der Kartenfrage erleichtert den Einstieg in die Diskussion eher, da sie zunächst jedem Gruppenmitglied Zeit lässt, sich in die Thematik einzuklinken, ohne beeinflusst oder „überstimmt" zu werden.

Bei der weiteren Konstruktion des organisationsbezogenen Mind-Maps wird analog zur Diskussion der Äste vorgegangen, das heißt, jeder genannte Begriff wird in seinem Bedeutungshorizont und auch in der Verknüpfung mit anderen Stichwörtern so lange diskutiert, bis die Gruppe zu einem Konsens gekommen ist. Die an der Pinnwand entstehende Organisationskarte enthält also ausschließlich Stichwörter und Vernetzungen, die in Übereinstimmung aller Teammitglieder verabschiedet wurden. Die Organisationskarte ist im Idealfall dann abgeschlossen, wenn die Teilnehmer keine neuen Aspekte mehr hinzufügen wollen.

3 Dateninterpretation und Feedback

Mit der hier vorgeschlagenen Methode der Organisationskarten werden auf zwei Ebenen Daten erhoben: *Zum einen* liegen die an den Pinnwänden entstandenen *Organisationskarten* vor. Hierbei handelt es sich um die von den Befragten erarbeiteten und aus den beschrifteten Karten bestehenden organisationsbezogenen Mind-Maps. Ihre fotografische Dokumentation wird in einem nächsten Schritt in ein entsprechendes PC-Graphikprogramm (z. B. MindManager oder auch PowerPoint) übertragen, um so eine weitere Stufe der Anonymisierung zu erreichen: Bei der späteren Rückspiegelung der Organisationskarten können dann keine Rückschlüsse mehr auf bestimmte Personen, z. B. anhand von unterschiedlichen Handschriften, gezogen werden. Die *zweite Datenquelle* sind die *auf Tonband mitgeschnittenen Diskussionen*, die der Entstehung der Organisationskarten zugrunde liegen.[2]

Entsprechend den beiden Datenquellen ist auch die Rückspiegelung der Forschungsergebnisse auf zweifache Weise möglich:

Zum einen stellen die Organisationskarten selbst diskursiv validierte Ergebnisse des Forschungsprozesses dar. Sie können den Organisationsmitgliedern Einblick geben in divergierende Sichtweisen unterschiedlicher Gruppen in der Organisation. Zusätzliche Informationen, Widersprüche oder die Entdeckung z. B. gruppenspezifischer Schwerpunktsetzungen oder möglicher „blinder Flecken" können den Anstoß bilden für eventuelle Veränderungen in der Organisation. Hierbei kann auf die Interpretation des Forscherteams verzichtet werden. Zurückgemeldet wird lediglich das jeweils von den Befragten im Konsens verabschiedete Ergebnis. Hieran könnte sich eine nächste Forschungsphase anschließen, die sich der Diskussion der unterschiedlichen Organisationskarten in der Organisation widmet.

Bei der zweiten Variante werden sowohl die Organisationskarten als auch die Interpretation der Forscher zurückgemeldet. Letztlich entscheidet die jeweilige Forschungsstrategie über das zu wählende Vorgehen.

Bei der Interpretation des empirischen Materials werden die beiden Datenquellen *Organisationskarte* und *Transkript* mittels der qualitativen Inhaltsanalyse (vgl. Mayring 1999, S. 91–98; Mayring 1997) aufeinander bezogen.

Zunächst erfolgt auf der Ebene der „Bausteine" der Organisationskarten eine erste Analyse: Vorläufige Kategorien, die entweder anhand der theoretischen Auseinandersetzung oder anhand einer vorangegangenen empirischen Forschungsphase (z. B. Interviewerhebung) bereits gebildet wurden, werden an die Organisationskarten herangetragen. Ziel hierbei ist es, die Kategorien in einem ersten Schritt zu spezifizieren bzw. zu verwerfen und neue, sich aus dem Material ergebende Kategorien zu konstruieren.

Zur weiteren Konkretisierung der Kategorien werden dann die „Bedeutungshorizonte" der Stichwortkarten einbezogen: Anhand der Passagen des Transkripts, die die Diskussion der Einzelkomponenten der Organisationskarten zum Gegenstand haben, wird das Kategoriensystem weiter überarbeitet.

Abschließend werden die Passagen des Transkripts ausgewertet, die nicht direkt in die Organisationskarten Eingang gefunden haben. Hier handelt es sich vorwiegend um Dissenspunkte, an denen sich jedoch die handlungsleitenden Grundüberzeugungen häufig auf besonders deutliche Weise herauskristallisieren.

4 Anwendungsbeispiel

In unserer Studie „Risikomanagement im Krankenhaus"[3] wurde die Methode der Organisationskarten erstmalig von uns eingesetzt. Untersucht wurde die Frage, wie die Akteure im Krankenhaus behandlungsbedingte Risiken für Patienten wahrnehmen. Im Zentrum standen hierbei die Sichtweisen von Ärzten und Pflegekräften in Bezug auf Risiken in der medikamentösen Therapie.

In zwei bundesdeutschen Krankenhäusern der Grundversorgung wurden im qualitativen Studienteil zunächst leitfadengestützte Interviews mit insgesamt 57 Ärzten, Pflegekräften sowie Verwaltungs- und Apothekenangestellten durchgeführt. Geleitet von unserer Vorannahme, dass die Krankenhauskultur insbesondere durch eine starke Berufsgruppen-Orientierung geprägt wird (vgl. Sackmann 1997, S. 141; Pfaff 1997; Badura et al. 1993), führten wir insgesamt sieben *nach Berufsgruppen getrennte* Organisationskarten-Meetings durch.

Eingeladen wurden die Organisationsmitglieder, die wir, ausgewählt durch ein Zufallsverfahren, bereits in einer ersten Befragungsphase interviewt hatten.[4] So ergaben sich Gruppengrößen von drei bis sieben Personen.

Die Moderation der Meetings teilten sich entweder die beiden Projektmitarbeiter, die auch gemeinsam die Interviews durchgeführt hatten, oder ein Mitarbeiter und ein Projektleiter.

Das Protokoll und die Kontrolle des Tonbandgeräts wurden von einer dritten Person übernommen. Diese Aufgabenverteilung erwies sich als sehr vorteilhaft, da die Vertrautheit mit dem Projektteam die Bereitschaft zur Teilnahme an den Gruppendiskussionen wie auch zur Dokumentation auf Tonband positiv beeinflusste. Zudem war es bei der Erstellung des Tonbandtranskripts hilfreich, dass den Projektmitarbeitern die demographischen Angaben ebenso wie die Stimmen der Befragten bekannt waren, sodass eine Zuordnung der Redebeiträge auch im Nachhinein gut erfolgen konnte.

Abbildung 2: Organisationskarte *Antibiotika (AB)*, erstellt von Pflegekräften (PK). Ellipsen trennen in der Darstellung jeweils Ursachen ersten, zweiten und dritten Grades.

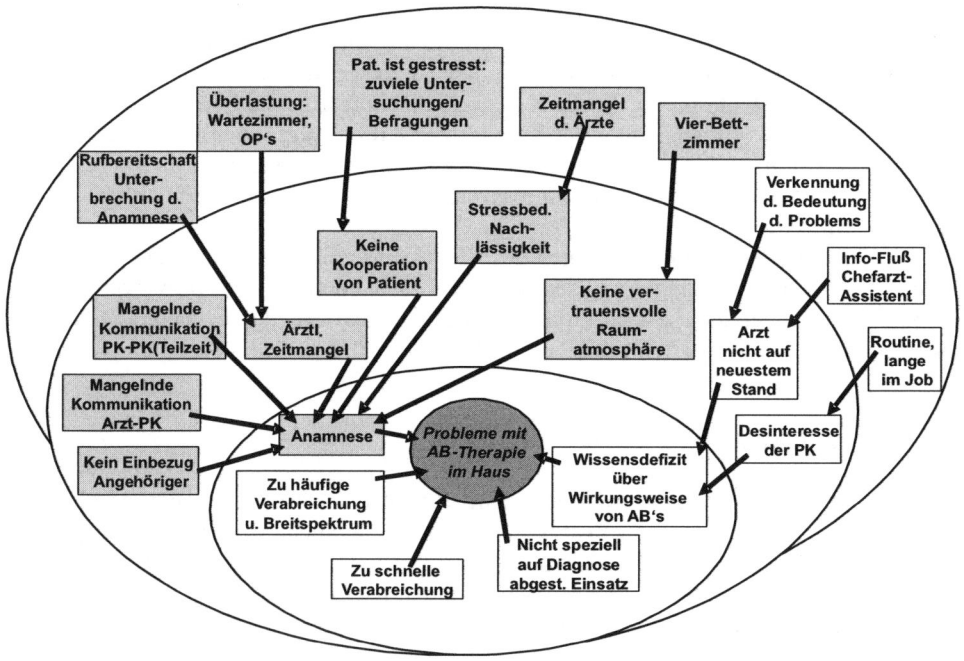

Die Arbeit im Team erleichterte die Moderation. Da durch das Einsammeln und Anbringen der beschrifteten Karten stets Bewegung im Raum ist, ist die Aufmerksamkeit der Befragten besser gewährleistet, wenn ein Moderator die Hauptmoderation an der Pinnwand übernimmt, während der andere vor allem Hilfstätigkeiten ausführt, gegebenenfalls „Nebenschauplätze" verfolgt bzw. ergänzend die Moderation begleitet.

Die separate Protokollerstellung erleichtert dem Co-Moderator die aufmerksame inhaltliche Unterstützung bei der Diskussionsleitung, gegebenenfalls kann das Protokoll jedoch auch von einem der Moderatoren gleich im Anschluss an die Diskussion erstellt werden.

Die für die Organisationskarten zu bearbeitende Thematik *„Probleme in der Antibiotika-Therapie"* wurde von uns vorgegeben und sollte die beiden Kriterien erfüllen: (a) relevanter medikamentöser Risikobereich in den beiden Organisationen, (b) alle beteiligten Berufsgruppen weisen konkrete Bezüge zum Thema auf.

Ziel der Organisationskarten-Meetings war es, Ursachenmodelle für die genannte Kernthematik zu erstellen. Dementsprechend lautete die Leitfrage „*Warum* gibt es Probleme in der Antibiotika-Therapie?". Die Stichwörter zur Beantwortung dieser Frage wurden von den Teilnehmern auf Karten notiert und entsprechend der oben beschriebenen Vorgehensweise zunächst um die zentrale Frage gruppiert. Ihre jeweiligen Bedeutungshorizonte wurden diskutiert, und die Karten wurden umgruppiert, d. h. Äste (Ursachen ersten Grades) wurden z. B. zu Zweigen (Ursachen zweiten Grades) verschoben. Die Verbindungen von Kernthematik und Stichwörtern wurden mit Pfeilen, die zur Mitte hinweisen, dargestellt. Daraufhin arbeiteten wir mit der Zuruffrage. Geklärt werden sollte für jede genannte Ursache wiederum deren zugrunde liegende Ursache (Ursachen zweiten Grades) usw. Die Ablösung der Kartenfrage durch die Zuruffrage bot sich hier an, da bereits bei den Ursachen ersten Grades Diskussionen in Gang kamen, die zur Nennung weiterer Ursachen für schon genannte Aspekte führten. Der Redefluss wurde also bereits über die Begriffsklärung initiiert und sollte dann nicht unterbrochen werden.

Durch die gestalterische Form der radialen Baum-Ast-Zweig-Struktur von Organisationskarten haben die Gruppenteilnehmer den Eindruck, weniger ein „Dokument" als vielmehr ein bildhaftes Erklärungsmodell zu erstellen, dessen Elemente jederzeit an einer anderen Stelle mit anderen Verknüpfungsmöglichkeiten angebracht werden können, wann immer sich neue Einsichten ergeben.

Die konsensuell verabschiedeten berufsgruppenspezifischen Organisationskarten wurden abschließend in berufsgruppenübergreifenden Sitzungen in die beiden Krankenhäuser zurückgespiegelt.

5 Möglichkeiten und Grenzen der Methode

Organisationskarten stellen ein sich noch in der Entwicklung befindendes neues Verfahren der Datenerhebung dar. Die Vor- und Nachteile der Methode ebenso wie ihr gegebenenfalls zu modifizierender Einsatz lassen sich deshalb zunächst nur in einer vorläufigen Version skizzieren.

Für eine erste prägnante Zusammenfassung der Stärken und Schwächen von Organisationskarten ist es hilfreich, diese Methode von der Gruppendiskussion einerseits, der visualisierten Diskussionsführung andererseits abzugrenzen. Vielmehr lässt sich hier von einer *„visualisierten Gruppendiskussion"* sprechen.

Die Erhebung von über kurz andauernde Situationen hinaus bestehenden, übergreifend existierenden Gruppenmeinungen (vgl. Mangold 1960) mittels der Methode der Organisationskarten erfolgt in einer inhaltlich stark vorstrukturierten und formal visualisierten Weise. Die radiale Offenheit in der Gestaltung sowie die parallele Visualisierung der Diskussion wirken sich dabei vorteilhaft auf die umfassende Beteiligung der Befragten an der Diskussion aus.

Durch die konkrete Auseinandersetzung mit einer Kernthematik, die im Verlauf der Diskussion in ihre Einzelkomponenten aufgegliedert wird, gelingt es in komprimierter, kleinschrittiger Weise, die teilweise implizierten Überzeugungen der Befragten zu erfassen. Die Vorgabe, dass organisationsbezogene Mind-Maps ausschließlich konsensuell verabschiedete Teilaspekte beinhalten sollen, führt die Diskussion ausgehend von den Stichwortkarten zu den Bedeutungshorizonten der Begriffe.

Gleichwohl sind auch einige Schwächen der Methode zu nennen: Im Vergleich zur Gruppendiskussion ist zu betonen, dass ein natürlicher Gesprächsverlauf nur eingeschränkt ermöglicht wird. Die „visualisierte Gruppendiskussion" ist gekennzeichnet durch eine dominierende Zielorientierung in Richtung auf die Erstellung der Organisationskarten. So geben die von den Befragten beschrifteten Stichwortkarten letztlich die Struktur vor, und eine umfassendere Artikulation von widersprüchlichen Auffassungen kann deshalb nur begrenzt stattfinden. Zudem erfordert diese Art der „visualisierten Gruppendiskussion" einen relativ hohen organisatorischen Aufwand, sodass abzuwägen ist, für welche Fragestellungen die Methode angemessen erscheint.

Unsere ersten Erfahrungen weisen darauf hin, dass sich der aufwendige Einsatz von Organisationskarten insbesondere für solche Themengebiete eignet, die in den betreffenden Organisationen erwartbar schwer zu thematisierende Bereiche darstellen (z. B. sog. Tabuthemen). Denn über die sequenzielle Erarbeitung von Organisationskarten kann man zunächst an konkreten Teilelementen ansetzen. Damit wird die Thematik heruntergebrochen und so leichter einer Diskussion zugänglich gemacht.

6 Anmerkungen

1 *Mind-Mapping* bezeichnet hier den Prozess des Erstellens eines Mind-Maps (vgl. Kirckhoff 1998). Bei *„Mind-Map"* handelt es sich um ein eingetragenes Warenzeichen der Buzan Organization Ltd. Hierauf wird an dieser Stelle ausdrücklich hingewiesen. Im Folgenden wird auf die wiederholte Kennzeichnung verzichtet.
2 Ergänzende Informationen für die Transkripterstellung und Interpretation liefert schließlich das Protokoll.
3 Es handelt sich hierbei um das im Nordrhein-Westfälischen Forschungsverbund Public Health angesiedelte Projekt „Wissenschaftliche Grundlagen für ein erweitertes Risikomanagement im Krankenhaus: Analyse berufsgruppenspezifischer Muster der Risikowahrnehmung und -bewältigung". Die Förderung erfolgte durch das BMBF; Projektleiter: Bernhard Badura, Holger Pfaff; Durchführung: Jürgen Klein, Sonja Barth.
4 Insgesamt wurden pro Krankenhaus zwölf Ärzte, zwölf Pflegekräfte und vier bzw. fünf Verwaltungs- und Apothekenangestellte in Einzelinterviews befragt.

7 Literatur

Anderson, Joseph V. (1993): Mind Mapping: A Tool for Creative Thinking, in: Business Horizons, 36, 1, S. 41–46
Argyris, Chris/Schön, Donald A. (1978): Organizational Learning. A Theory of Action Perspective, Reading/Mass.
Badura, Bernhard/Feuerstein, Günther/Schott, Thomas (Hrsg.) (1993): System Krankenhaus. Arbeit, Technik und Patientenorientierung, Weinheim/München
Beyer, Maria (1993): BrainLand. Mind Mapping in Aktion, Paderborn
Buzan, Tony (1989): Kopftraining. Anleitung zum kreativen Denken. Tests und Übungen, München
Buzan, Tony (1991): Nichts vergessen!, München
Buzan, Tony/Buzan, Barry (1999): Das Mind-map-Buch. Die beste Methode zur Steigerung Ihres geistigen Potenzials, Landsberg a. L
Dauscher, Ulrich (1996): Moderationsmethode und Zukunftswerkstatt, Neuwied/Kriftel/Berlin
Geertz, Clifford (1994): Dichte Beschreibung. Beiträge zum Verstehen kultureller Systeme, Frankfurt a. M.
Hartmann, Martin/Funk, Rüdiger/Arnold, Christian (2000): Gekonnt moderieren. Teamsitzung, Besprechung und Meeting: zielgerichtet und ergebnisorientiert, Weinheim/Basel
Imai, Masaaki (1994): KAIZEN. Der Schlüssel zum Erfolg der Japaner im Wettbewerb, Berlin/Frankfurt a. M.
Kirckhoff, Mogens (1998): Mind Mapping. Einführung in eine kreative Arbeitsmethode, Offenbach
Kommer, Isolde/Reinke, Helmut (2001): Mind Mapping am PC für Präsentationen, Vorträge, Selbstmanagement mit MindManager 4.0, München/Wien
Krüger, Frank (1999): Mind Mapping. Kreativ und erfolgreich im Beruf, München
Lewis, Clive (1997): Mind Mapping. Its Benefits for Trainers, in: Training Officer, 33, S. 278–279
Malorny, Christian/Langner, Marc Alexander (1997): Moderationstechniken: Werkzeuge für die Teamarbeit, München/Wien
Malorny, Christian/Schwarz, Wolfgang/Backerra, Hendrik (1997): Die sieben Kreativitätswerkzeuge K7. Kreative Prozesse anstoßen, Innovationen fördern, München/Wien
Mangold, Werner (1960): Gegenstand und Methode des Gruppendiskussionsverfahrens, Frankfurt a. M.
Mann, Steve (1997): Focusing circles and Mind Mapping, in: IATEFL newsletter (International Association of Teachers of English as a Foreign Language), Ausgabe April/Mai, S. 18–19
Mayring, Philipp (1997): Qualitative Inhaltsanalyse. Grundlagen und Techniken, Weinheim/Basel
Mayring, Philipp (1999): Einführung in die qualitative Sozialforschung. Eine Anleitung zu qualitativem Denken, München
Mento, Anthony J./Martinelli, Patrick/Jones, Raymond M. (1999): Mind Mapping in Executive Education. Applications and Outcomes, in: Journal of Management Development, 18, S. 390–407
Michelini, Claire A. (2000): Mind Map: A New Way to Teach Patients and Staff, in: Home Healthcare Nurse, 18, S. 318–322
Osterloh, Margit (1988): Methodische Probleme einer empirischen Erforschung von Organisationskulturen, in: Eberhard Dülfer (Hrsg.), Organisationskultur. Phänomen – Philosophie – Technologie, Stuttgart, S. 139–151
Neuberger, Oswald/Kompa, Ain (1987): Wir, die Firma: Der Kult um die Unternehmenskultur, Weinheim/Basel
Pfaff, Holger (1997): Das lernende Krankenhaus, in: Zeitschrift für Gesundheitswissenschaften, 5, S. 323–342
Pfaff, Holger (1999): Organisationsdiagnose im Rahmen des betrieblichen Gesundheitsmanagements, in: Bernhard Badura/Wolfgang Ritter/Michael Scherf (1999): Betriebliches Gesundheitsmanagement. Ein Leitfaden für die Praxis, Berlin, S. 135–139
Sackmann, Sonja A. (1991): Cultural Knowledge in Organizations. Exploring the Collective Mind, Newbury Park

Sackmann, Sonja A. (1997): Fragen der Organisationsentwicklung: Ist Krankenhauskultur gestaltbar?, in: Ricarda Klein/Gabriele M. Borsi (Hrsg.), Pflegemanagement als Gestaltungsauftrag, Frankfurt a. M. u. a., S. 135–156

Schaude, Götz (1995): Kreativitäts-, Problemlösungs- und Präsentationstechniken, Eschborn

Schnelle, Eberhard (Hrsg.) (1978): Neue Wege der Kommunikation. Spielregeln, Arbeitstechniken und Anwendungsfälle der Metaplan-Methode, Königstein/Ts.

Scholz, Christian/Hofbauer, Wolfgang (1990): Organisationskultur. Die vier Erfolgsprinzipien, Wiesbaden

Seifert, Josef W. (2000): Visualisieren – Präsentieren – Moderieren, Offenbach

Steps, Manfred (1997): Mind Mapping im Unterricht, in: Praxis Schule 5–10, 8, S. 25–29

Lebenslinien

Manfred Moldaschl

1 Einleitung

In diesem Beitrag will ich einen wenig gebräuchlichen Typus von Erhebungsmethodik für die Arbeits- und Organisationsforschung vorstellen. Diese Methodik wird so selten angewandt und hat so wenige unterscheidbare Methoden, dass sie meines Wissens gar keinen eigenen Namen hat.[1] Ich schlage daher vor, sie „*bildgebende assoziative Erhebungsmethoden*" zu nennen, und beschreibe hier ausführlicher eine dieser Methoden: die der Lebenslinien. Weitere bildgebende Methoden werden in Abschnitt 5 kurz skizziert. Ausgangspunkt der Darstellung sollen Anforderungen sein, denen Erhebungsmethoden im genannten Forschungsfeld heute dringend genügen sollten. Einige dieser Anforderungen fasse ich nachfolgend unter drei Begriffen zusammen: Visualisierung, Subjektivierung und Dynamisierung. Zumindest die im Beitrag vorgestellte Methode der Lebenslinien kommt diesen Anforderungen entgegen: durch ihr Prinzip der Bilderzeugung im Erhebungsprozess, sowie durch ihre Subjekt- und Prozessorientierung.

Visualisierung

Sie liegen an der Küste der Verschriftlichung vor Anker: die Sozialwissenschaften. Ihr Material ist der Text, und ihr wichtigstes Werkzeug auch. Man muss den interpretativen Logozentrismus nicht in Frage stellen, um seine Ergänzung zu fordern und nach Stützen der Wahrnehmung in den sinnlich-bildlichen Sahelzonen der Texte zu suchen. In vielen Lebensbereichen, selbst in den generell zur Negation von Sinnlichkeit tendierenden Wissenschaften, gewinnt die Verbildlichung als Orientierungsmittel erheblich an Bedeutung. Man denke nur an die Revolution des Vortragswesens, die mit der Overhead-Folie zumindest mit ermöglicht wurde;[2] oder an die bildgebenden Verfahren der Medizin, die grafischen Simulationstechniken der Chemie; oder an die „Ikonisierung" der Mensch-Maschine-Kommunikation, wie sie die Xerox-Labors, die Apple-Rechner und schließlich unser aller Windows auf den Weg gebracht haben.

Auch in aktuellen Konzepten zur Modernisierung von Wirtschafts- und Verwaltungsorganisationen, die auf Empowerment und (partielle) Selbstorganisation setzen, spielt die Visualisierung eine besondere Rolle. Etwa bei der Leistungssteuerung mittels Zielvereinbarungen. Visualisierung dient hier der Veranschaulichung relativ komplexer, teils konfligierender Zielstellungen, der Rückmeldung von Handlungsergebnissen, Zielerreichungsgraden und Lernfortschritten. Weil die Wirklichkeit komplexer wird und man sich schneller in ihr orientieren muss, wird Visualisierung in anderer als Textform zu einem immer wichtigeren Orientierungsmittel.

Während die Visualisierung als Mittel der *Darstellung* aus der Organisationspraxis mittlerweile ebenso wenig wegzudenken ist wie aus der Organisationsforschung, spielt sie in der *Erhebung* praktisch keine Rolle. Der Forscher bemüht sich, seine komplizierten Einsichten mittels vereinfachender Grafik zu veranschaulichen (oder natürlich auch deren Trivialität mit allerlei Gimmicks zu überspielen), aber seinen Interviewpartnern und sich selbst bietet er dergleichen im Forschungsprozess meist nicht. Stattdessen drohen Logorrhoe und das Risiko wörtlicher Betäubung. Die in der Visualisierung liegenden Möglichkeiten der Strukturierung und Assoziationsförderung in Interviewsituationen werden damit verschenkt.

Subjektivierung

Die Vorgehensweise, die hier beispielhaft vorgestellt werden soll, lässt sich ferner als *subjektzentrierte Erhebungsmethode* charakterisieren. Dass deren Bedeutung im Rahmen der Organisationsforschung noch erheblich zunehmen wird, ergibt sich aus einer Diagnose, oder sagen wir, einer Hypothese zum Organisationswandel, die wir an anderer Stelleausführen: *die These der Subjektivierung* (vgl. Moldaschl, Schultz-Wild 1994, Moldaschl, Voß 2001). Sie diagnostizieren eine „paradigmatische" Tendenz weg vom Rationalisierungspfad der Objektivierung hin zu einem der Subjektivierung zu.

Kennzeichnend für den Pfad der Objektivierung ist ein mit „Rationalismus" zutreffend bezeichnetes Deutungsmuster, d.h. der Glaube an die Berechenbarkeit und Steuerbarkeit sozialer (und anderer) Systeme durch wissenschaftliches Wissen. Dieses Leitbild der Entscheider in der Praxis hatte und hat seine Entsprechung in den Verhaltens-, Sozial- und Betriebswissenschaften. In der Organisationsforschung z. B. finden wir diese Entsprechung auf theoretischer Ebene idealtypisch im Kontingenzansatz, methodologisch in den typischen Subjekt-Objekt-Designs der Sozialforschung, in denen der Forscher als erkennendes Subjekt seinem „Gegenstand" (anderen Subjekten und ihren Beziehungen) gegenübertritt: quantifizierend, analysierend und auf sonstige Weise objektivierend. Wenn nun aber das Referenzfeld der Organisationsforschung, also die betriebliche Praxis, von diesem Paradigma ein Stück weit abrückt und den Subjekten tatsächlich mehr Gestaltungsraum zugesteht und zumutet, wird es auch für die Forscher selbst wichtiger, den Einfluss der Subjekte auf die Verhältnisse und die Deutung der Verhältnisse durch die Subjekte zu erfassen. Und sei es auch nur, indem sie den Gründen für Einverständnis und Konformität nachgehen. Man könnte auch sagen: die methodologische *Subjektorientierung* bzw. der „subjektorientierte Ansatz" in Organisationsforschung und Industriesoziologie, der in den 70er und 80er Jahren des letzten Jahrhunderts die Hegemonie der objektivistischen Ansätze vergeblich angriff, erhält durch neue organisationale Praktiken Auftrieb und neue Legitimation. Seine Standardmethoden sind qualitative Interviews und deren hermeneutische Interpretation.

Dynamisierung

Die Forderung nach einer *Prozessorientierung* von Methoden und Forschungsdesigns ist in der Arbeits- und Organisationsforschung nichts Neues. Arbeit, Rationalisierung und industrielle Beziehungen existieren nur als Prozesse, und auch „die Organisation" wird zunehmend (und besonders seit Karl Weick) als „Prozess des Organisierens" verstanden.

Gleichwohl sind Fallstudien in Organisationen, z. B. industriesoziologische, häufig vom Typ der „Einmalempirie": Die Forscher gehen für einen bis mehrere Tage, seltener für ein bis zwei Wochen in Betriebe hinein, und verarbeiten im Anschluss ihre Ergebnisse. Echte Längsschnittstudien sind selten. Am wahrscheinlichsten sind sie anzutreffen in der sog. Begleitforschung, in der wissenschaftliche Institute finanziert durch öffentliche Fördermittel einen betrieblichen Reorganisationsprozess während eines längeren Zeitraums begleiten. Neben forschungsökonomischen Gründen spielen dabei vermutlich auch tiefer liegende Verständnisse von Organisationen bzw. Betrieben als relativ stabilen Gebilden eine Rolle. Endres und Wehner (1995, S. 5) etwa weisen darauf hin, dass „in nahezu allen Kooperationskonzepten" der Sozial- und Wirtschaftswissenschaften „Organisations- und Entscheidungsstrukturen im Mittelpunkt stehen" und die prozessuale Seite weitgehend vernachlässigt wird.

Angesichts der Tatsache, dass z. B. Reorganisationsmaßnahmen wie die Einführung von Gruppenarbeit in einem Unternehmen in der Regel Jahre dauert (es gibt kaum einen Betrieb, der damit „fertig" wäre), erscheint das sehr problematisch. Es kommt hinzu, dass sich der Puls des Wirtschaftslebens, der Stoff- und Güterströme, und auch der Umschlag der Managementmoden und -methoden erheblich beschleunigt hat. Ein modernes Unternehmen ist heute ständig im Umbruch, so dass der Forscher nie wirklich wissen kann, in welchem zeitlichen und genealogischen Kontext er seine „Zeitstichprobe" zu interpretieren hat. Und schließlich „reagieren" Unternehmen nicht einfach auf beschleunigte Umweltveränderungen, sondern sie konstruieren sie mit, verstärken diese Tendenzen rekursiv, wenn sie sich selbst reorganisationsfähiger und -bereiter machen.

Wenn sich also im Zuge realer Dezentralisierung und Subjektivierung die Bedeutung einer *formalen* Vorstrukturierung des Handelns in Organisationen abschwächt, d.h. wenn die subjektiven Deutungs- und Strukturierungsleistungen der Organisationsmitglieder wichtiger werden, dann nimmt auch dadurch die Dynamik, Unvorhersehbarkeit und Diversität der Reorganisationsverläufe weiter zu. Die Konsequenz ist paradox: Man kann nicht einfach sagen, die Bedeutung des Handelns, der Subjektivität, nimmt gegenüber jener der Situation bzw. der *realen* Kontextbedingungen zu; vielmehr wird beides wichtiger, d.h. der Handlungszusammenhang wird *kontingenter*. In einer von mir durchgeführten Gruppenarbeitsstudie beispielsweise (Moldaschl 2001) waren die Gruppen in Struktur und Entwicklungsstand innerhalb *eines* Unternehmens sehr heterogen, obwohl das Gruppenkonzept selbst einheitlich war und auch für alle Geltung haben sollte. Dass aus einem Genotyp die verschiedensten Phänotypen entstanden, hing mit der „Subjektivität" dieser Prozesse zusammen, mehr aber noch mit den jeweiligen Kontextbedingungen (Vorgesetzte, technische Bedingungen, logistische Einbindung, Gruppenzusammensetzung, etc.). Die Dynamik, Diskontinuität und die Krisen solcher Entstehungsprozesse wahrzunehmen und sie „nachzuzeichnen" – möglichst nicht nur verbal – darum geht es.

Was heißt das nun für die Auswahl oder Konstruktion von Erhebungsmethoden? Unter anderem eben, dass sie erstens subjektzentrierter, zweitens aber auch kontextsensibler werden müssen – man kann dem nicht in der Form des üblichen Entweder-Oder gerecht werden. Drittens bedeutet es, dass diskontinuierliche und dynamische Entwicklungsverläufe von Reorganisation besser zu erfassen und anschaulich wiederzugeben sind. Viertens schließlich sollten die Methoden trotz eines dynamisierten Forschungsverständnisses auch *forschungsökonomischen* Anforderungen gerecht werden; etwa indem sie die Zahl der Erhebungszeitpunkte durch rekonstruktive Verfahrensanteile reduzieren.

Die Methode der Lebenslinien kommt den genannten Anforderungen entgegen. Sie besteht darin, Interviewpartner aufzufordern, ihre Erfahrungen im Verlauf ihrer Organisationsmitgliedschaft oder bestimmter Abschnitte darin (z. B. Erfahrungen im Rahmen organisationaler Veränderungsprojekte) summarisch in Form einer Verlaufskurve darzustellen, eben einer „Lebenslinie". Sinnvolle Einsatzmöglichkeiten der Methode ergeben sich besonders in den folgenden vier Funktionen:

- in der Forschung als Mittel der *Erhebung* und der *Darstellung*
- in der Praxis bzw. in der anwendungsbezogenen Forschung als Mittel der *Diagnose* und der *Intervention*.

Im Kontext des vorliegenden Buches möchte ich mich auf die Funktionen der Erhebungsmethode in der Organisationsforschung konzentrieren (Abschnitt 2), und auf die Ergebnisrückmeldung als einem Element von Intervention (Abschnitt 3). Die folgende Beschreibung von Vorgehensweisen bei der Erhebung und Interpretation kann schon aufgrund der geringen Verbreitung dieser (und ähnlicher bildgebender) Methoden keinen „Kanon" von Anwendungsregeln formulieren; sie soll vielmehr den Leser dazu anregen, sie zu erproben, eigenen Erfordernissen anzupassen, oder sie insgesamt kreativ abzuwandeln.

2 Datenerhebung

Von der objektivistischen Semantik, die den als einheitliche Kapitelüberschrift vorgegebenen Begriff „Datenerhebung" charakterisiert, sollte man sich zunächst einmal lösen und die „Daten" – das Gegebene – als etwas bilateral Gemachtes begreifen: als doppelte Re-Konstruktionen relativ ganzheitlicher subjektiver Situationseinschätzungen durch Befragte und Forscher. Hiervon ausgehend lassen sich die mit der Methode geschaffenen Möglichkeiten der Rekonstruktion subjektiver organisationaler Realitäten wie folgt zusammenfassen:

- Es handelt sich um eine *subjektzentrierte Erhebungsmethode*, die auf Wahrnehmungen und Bewertungen von Akteuren in einem organisatorischen Umfeld zielt.
- Sie zeichnet sich durch ihre *Verlaufsorientierung* aus, d.h. sie soll Bewegung und Dynamik im Untersuchungsfeld deutlich machen; sie entspricht dem dynamischen (selbstverändernden) Charakter der Gruppenarbeit.
- Die Subjekt-Subjekt-Interaktion (Forscher-Befragte) im Erhebungsprozess wird unterstützt, indem „*gemeinsame Vergegenständlichungen*" produziert werden.
- Die Methode ist in der Interaktion mit Individuen und Gruppen anwendbar.
- Erhoben wird ein aggregiertes Befindensmaß.
- Dennoch sind verschiedenste kriterienbezogene Differenzierungen möglich.
- Die Methode kann zur Erhebung und Darstellung von Erwartungen und Erfahrungen (ggf. auch zugleich) verwendet werden.
- Sie gestattet es auch, Fremdwahrnehmung zu erfassen.
- Sie ist *kontextsensitiv*, erlaubt z. B. die direkte Relationierung von kritischen Ereignissen, relativ ganzheitlicher Situationseinschätzung und Selbstwahrnehmung im Bild

Die Methode ist ‚*assoziativ*' in zweierlei Hinsicht. Erstens indem sie vorschlägt, individuelle oder kollektive Arbeitserfahrungen mit dem Bild der Lebenslinien zu assoziieren. Und zweitens indem sie dazu anregt, unterschiedliche betriebliche Erfahrungsbereiche (Kooperation, informelle Beziehungen, Führung, betriebliche Lage, etc.) ohne detaillierte Vorgaben darauf zu beziehen. Wie man bei der Anwendung der Methode vorgehen kann, soll nachfolgend erläutert werden.

Anwendung und methodische Einbindung

Wo die hier vorgestellte Methode bislang angewandt wurde (Schattenhofer 1992; Moldaschl, Schmierl 1994; Endres, Wehner 1995, 1996; Moldaschl 2001), ist sie konzipiert als Werkzeug im Rahmen breiter angelegter Forschungsdesigns, also in Kombination mit qualitativen Interviews, Gruppendiskussionen, leitfadengestützten Expertengesprächen oder auch standardisierten schriftlichen Befragungen. Sie erhält ihren Sinn in der Ergänzung dieser Methoden, insbesondere durch ihre summarischen Bewertungen und ihre Verlaufsrekonstruktion, und eignet sich speziell für Fallstudien, welche nicht der „Monomethodenkultur" der Organisationsforschung (Martin 1990) folgen.

Lebenslinien sollen uns hier nur als „bildgebende" Methoden interessieren, also nicht solche, in denen den Befragten vorgefertigte Bilder zur Kommentierung vorgelegt werden, oder gar bloße bildliche Darstellungen empirischer Befunde. In der Arbeit von Karl Schattenhofer (1992) werden v. a. Selbsthilfegruppen mit selbstgesetzten Zielen im informellen Sektor beschrieben (also keine „Organisationen" im üblichen Verständnis, welches auch Vereine als Rechtsform einschließt). Der Autor hat die in *Abbildung 1* wiedergegebenen Lebenslinien nach Zeichnungen der Befragten angefertigt, und auffällige Wendepunkte textlich kommentiert.

Weitere Angaben zur Methode und ihrer Anwendung finden sich in diesem Buch nicht, ebenso wie bei Egon Endres und Theo Wehner (1995, S. 27 f.; 1996, S. 100 f.). Sie greifen den Begriff der Lebenslinien von Schattenhofer auf, um die prozessuale Seite der Kooperation (hier der zwischenbetrieblichen) hervorzuheben. Bei den Interviewpartnern handelt es sich um jene Mitglieder verschiedener Organisationen, welche die zwischenbetriebliche Kooperation abwickeln, also beispielsweise Einkäufer, Vertriebsleute, und verstärkt auch Vertreter von Produktions- und Montageabteilungen (Akteure des externen Grenzstellenmanagements). Hier wird die Lebenslinienmethode eingebettet in den Kontext von „Störfallanalysen". Störfälle bzw. „Grenzstellenprobleme" oder Kooperationskrisen äußern sich hier im Auf und Ab der Lebenslinien, die in *Abbildung 2* das Ausmaß der Störungen und die Qualität der Lieferbeziehung darstellen. Allerdings erläutern Endres und Wehner in ihren Texten nicht, ob sie die Linien selbst erstellen und sie demnach nur als *Darstellungsform* benutzen, oder ob sie sie wiedergeben, d.h. als *Erhebungstechnik* benutzen, die den Befragten die Initiative überlässt. Dezidiert zur Erhebung wendet der Autor dieses Beitrags (Moldaschl 2000, 2001) die Methode an.

Abbildung 1: Lebenslinien von Selbsthilfegruppen (aus Schattenhofer 1992, S. 103)

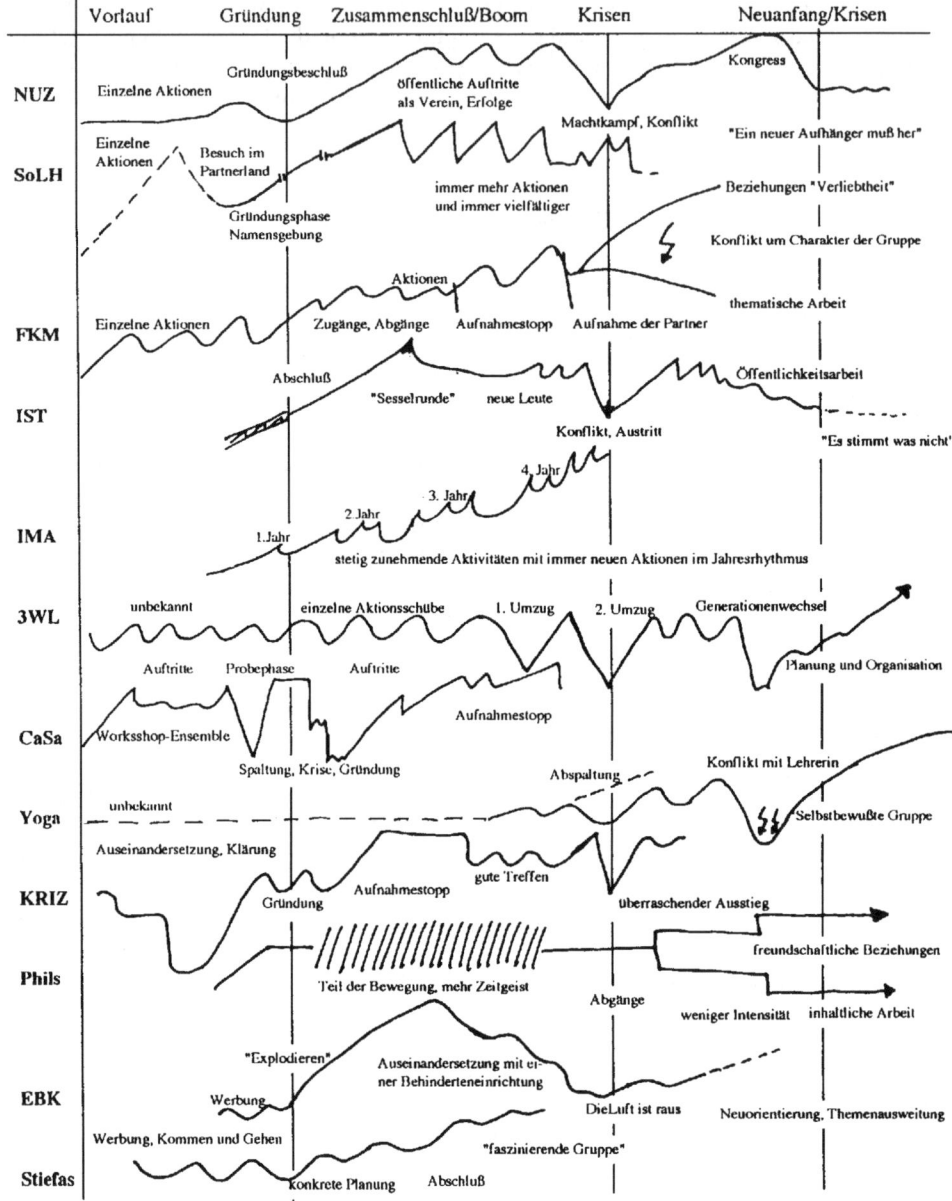

Abbildung 2: Lebenslinie einer Lieferbeziehung (aus Endres, Wehner 1995, S. 28)

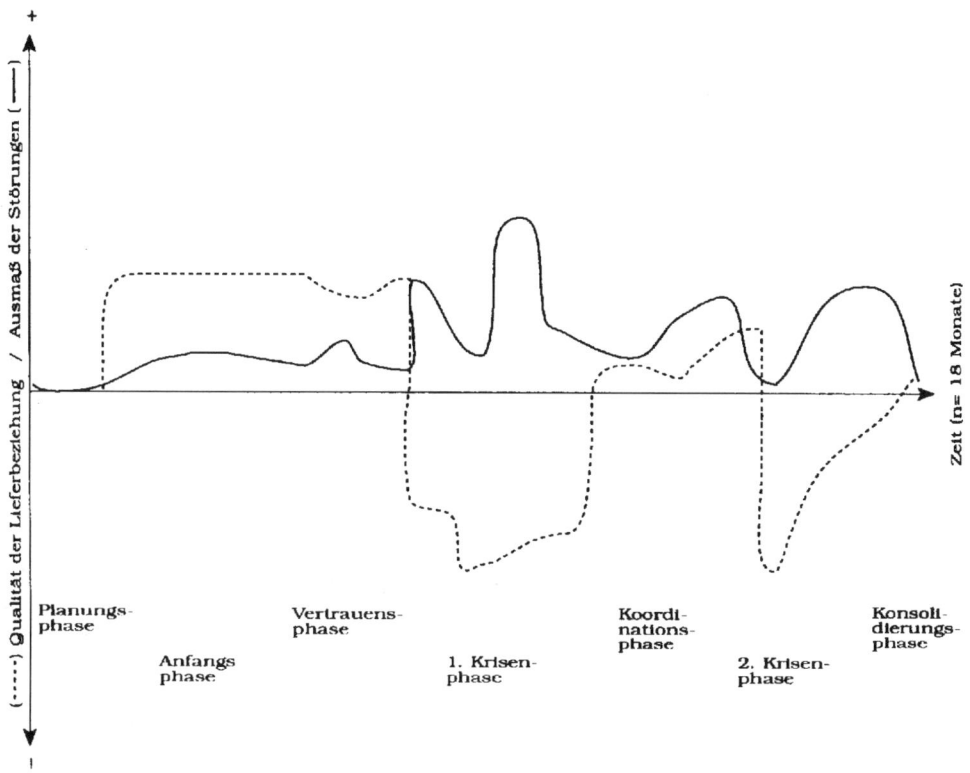

Wendet man die Methode zur Erhebung an, ist es eine selbstverständliche und zudem notwendige Voraussetzung, die Befragten um Ihr Einverständnis zu bitten, und ihnen zuvor den Sinn des Vorgehens zu erläutern. Sie werden dann gebeten, die Entwicklung ihrer summarischen Bewertung („Stimmung", „Qualität") bezogen auf den Gegenstand (z. B. Gruppe, Lieferbeziehung, Organisationsklima) grafisch nachzuzeichnen, und diesen Vorgang mündlich sowie ggf. durch schriftliche Kommentare in der Grafik zu erläutern. Die einzige Vorgabe bei einer summarischen Bewertung besteht darin, von einer gedachten Nulllinie der Bewertung auszugehen. Befragte, die von sich aus notwendige Differenzierungen ansprechen, sollten ermutigt werden, selbst die geeigneten Kriterien zu nennen.

Die *Vorlage* kann dabei aus einem leeren Blatt, oder besser, aus einem Blanko-Diagramm, bestehen, das lediglich die beiden skalierten Achsen der Darstellung enthält (entweder nur mit einer gleichabständigen Teilung auf der X-Achse, oder – wenn der zu rekonstruierende Zeitraum feststeht – mit entsprechender Jahres- und Monatseinteilung. Die Gesprächspartner tragen ihre bei der mündlichen Erläuterung gegebenen Kommentare entweder selbst in die Vorlagen ein, oder der Forscher tut dies selbst, was sich bei erstmaliger Anwendung als die bessere Lösung erwies. In diesem Fall tut er das sinnvollerweise in Anführungszeichen, sofern es sich um wörtliche Zitate handelt, und ohne, wenn aus Platzgründen eine vollständige Wiedergabe der Kommentare nicht möglich ist.

Die wichtigste Intervention bei dieser interaktiven Erhebungsmethode besteht darin, ähnlich wie bei der critical-incident-Methode (Flanagan 1954), nach *kritischen Ereignissen* zu fragen, welche auffällige Figurationen in der Lebenslinie erklären. Zu diesen sind auch auffällige Geraden zu zählen, denn Stadien der Entwicklungslosigkeit bzw. der Stagnation werden in einer auf „transitorische Kooperation" gerichteten Perspektive ja ebenfalls als kritische oder zumindest erklärungsbedürftige Situationen angesehen. Die Wurzeln hierfür können ebenso gut in den Umfeldbedingungen liegen wie in den Interaktionsverhältnissen. Die Kommentare der Befragten geben Anlässe, hierzu weiterzufragen.

Das Rekonstruktionsproblem

Wie ist nun zu verfahren, wenn man die Anforderung ernst nimmt, und dem transitorischen Charakter von Kooperationen im Sinne des Kriteriums ‚*Dynamisierung*' mittels Längsschnitterhebung nachgeht? Man muss bei Methoden, welche die Untersuchungspartner („Forschungsobjekte") zur Rekonstruktion ihrer Lagebeurteilung und Entwicklungserfahrung auffordern, davon ausgehen, dass sich diese Deutungen bzw. deren Relevanzkriterien im Zeitverlauf und in Abhängigkeit von Kontexten ändern. Dieser Hypothese folgend, hatten wir in eigenen Fallstudien, die mehrere Erhebungszeitpunkte umfassten, den Befragten *nicht* ihre beim letzten Erhebungszeitpunkt gezeichneten Lebenslinien zur Fortsetzung vorgelegt, sondern ein neues Blankoformular. Umso überraschender war, dass sich die Lebenslinien nur marginal unterschieden – wobei diese Unterschiede eher zeichnerischen Zufälligkeiten geschuldet schienen als veränderter Bewertung. Man konnte in diesem Fall annehmen, dass der Abstand zwischen den Erhebungszeitpunkten von gut einem Jahr zu gering war, oder dass zwischen den Erhebungen keine grundlegenden Änderungen im betrieblichen Kontext eingetreten waren. Daraus wäre zweierlei zu folgern:

a. In Längsschnittstudien, in denen diese beiden Bedingungen gegeben sind, kann man die früher gezeichneten Lebenslinien im Interesse der Zeitersparnis durchaus zur Fortsetzung vorlegen.
b. In Situationen, in denen größere Zeiträume und/oder größere Veränderungen zwischen den Erhebungen liegen, sollte man um eine neue Rekonstruktion bitten – zumindest, solange sich nicht herausgestellt hat, dass dies keinen systematischen Einfluss auf die Bewertungen hat.

3 Dateninterpretation und Feedback

Aus dem begrenzten und summarischen Informationsgehalt, der mit der Lebenslinien-Methode generiert werden kann, ergibt sich die oben skizzierte Praxis, sie eingebettet in komplexere methodische Vorgehensweisen zu nutzen. Es ergibt sich daraus auch ihr unterstützender Charakter bei der verlaufsorientierteren Interpretation organisationaler Realität, und bei der Validierung des mit anderen Methoden generierten empirischen Materials. Daraus ergeben sich erweiterte Möglichkeiten, Deutungen zueinander und zur Bedingungsebene in Beziehung zu setzen.

Ein nicht zu unterschätzender Vorteil der Methode ist, dass Interviewerin und Interviewter mit dem erstellten Bild gewissermaßen über eine *gemeinsame Vergegenständlichung* verfügen, während schriftliche oder elektromagnetische Aufzeichnungen meist nur der Interviewerin zur Verfügung stehen. Diese erzeugte Bildreferenz kann als Fixpunkt im Interviewverlauf dienen, soweit dieser nicht durch eine sklavische Abarbeitung eventuell benutzter strukturierter Leitfäden eingeengt ist. Erfahrungsgemäß ist es für einen Interviewer ohne eine solche Vergegenständlichung schwierig, bei der Rekonstruktion einer Erfahrungsgeschichte, sei sie individuell oder kollektiv, ein geistiges Verlaufsbild (cognitive map) zu entwickeln, welches ihm erlaubt, objektive und subjektive Ereignisse zeitlich adäquat zu verorten. Ebenso kann der Befragte darauf wiederholt Bezug nehmen und das Bild damit weiter kommentieren und verdichten, oder auch reflexiv aufbrechen (vgl. dazu Abschnitt 4). Was man in qualitativen Forschungsansätzen als *kommunikative Validierung* bezeichnet (z. B. Scheele 1995) – ein Prozess des aufeinander Beziehens der von Innen und Außenperspektive – kann hier also über einen zusätzlichen Sinneskanal verfügen. Wechselseitige Prüfung meint hier: Die Befragte kann ergründen, ob sie die Forscherin richtig verstanden hat und von ihr richtig verstanden wurde, und die Forscherin prüft kommunikativ, inwieweit ihre Deutung der zeichnerischen Darstellung mit ihrem gemeinten Sinn übereinstimmt. Dass Validierung hierbei nicht heißen kann, die „Richtigkeit" oder „Angemessenheit" der Situationsdeutungen einzelner Befragter oder Gruppen zu beurteilen, darf als selbstverständlich unterstellt werden, denn als Faktum sind sie wirksam, und eben diese Wirksamkeit soll untersucht werden.

Wenn bisher der erhebungsmethodische Aspekt im Vordergrund stand, so lassen sich die Ergebnisse der Erhebung doch unmittelbar zur summarischen Darstellung von „Reorganisationsgeschichten" und Kooperationserfahrungen aus der Sicht verschiedener betrieblicher Akteursgruppen verwenden. Denn bei „bildgebenden" Verfahren sind – zumindest auf der individuellen oder der Gruppenebene – Ergebnis und Darstellung identisch. Leider beschreiben weder Schattenhofer noch Endres und Wehner ihre Nutzung der erstellten Lebenslinien im Prozess der Ergebnisrückmeldung, bzw. ihre Rolle als Forscher im Feld generell.[3]

Unsere Erfahrung speziell bei der *Rückkopplung* von Untersuchungs- und Befragungsergebnissen an die betrieblichen Akteure in Workshops und Betriebsversammlungen war, dass gerade die der Lebenslinien starke Zustimmung erfuhr, unter anderem weil der in ihnen veranschaulichte Euphorie-Frustrations-Verlauf einen hohen Wiedererkennungswert hatte. Freilich: den Effekt der Legitimation wissenschaftlicher Aussagen durch Präsentation von Zahlen (etwa aus standardisierten Befragungen) wird die Forscherin, die sich davon konkreten Einfluss ihrer Befunde auf organisationale Problemwahrnehmungen und Entscheidungen erhofft, nur dann erzielen können, wenn sich in einer größeren Zahl von Lebenslinien wiederkehrende Muster nachweisen lassen. Auf alle Fälle aber ist es, wie sich zeigte, für die betrieblichen Akteure leichter, die bildhaften Interviewergebnisse und die darin verzeichneten „kritischen Ereignisse" als Diskussionsanlass zu nutzen, als die sprachlich verdichteten Befunde und Folgerungen von Forscherinnen. Was die Möglichkeit inhaltlicher Nutzung der Ergebnisse in Feedback-Situationen angeht, sind generalisierende Aussagen nicht angebracht. Bezogen auf die in Abschnitt 4 skizzierten Anwendungen mögen zwei Beispiele genügen. Erstens wurde versucht, die Aufmerksamkeit der betrieblichen Akteure auf die Eigendynamik der Gruppenprozesse zu lenken, auf die Rolle kritischer Ereignisse und deren gruppenspezifischer Verarbeitung, um die Divergenz zwischen den Gruppen nicht nur als Defizienz gegenüber der Planung erscheinen zu lassen. Zum anderen wurde die Bedeutung einer permanenten Evaluierung hervorgehoben, insbesondere mit Verweis auf die in fast allen Fällen beobachtbare Abschwungphase. In dieser Phase sind Maßnahmen, die auf erweiterte Verantwortung, Selbststeuerung, und Kooperation setzen, außerordentlich gefährdet, ganz zu scheitern und in frühere Muster zurückzufallen.

4 Anwendungsbeispiel: Lebenslinien von Arbeitsgruppen

Gruppenarbeit wird in rationalen Managementkonzepten als *Form* der Organisation von Arbeit verstanden, quasi als kleinste Einheit einer modernen Aufbauorganisation. Dahinter steht die statische Vorstellung einer gut geplanten *Struktur*, die mit geeigneten Personen zu besetzen ist. Lediglich die Einführung oder „Implementation" der Struktur wird als dynamische Phase verstanden, in der sich die Stelleninhaber an die neue Struktur gewöhnen und sie nach und nach „ausfüllen". Diese Vorstellung ist ebenso realitätsfremd wie das „funktionalistische" Verständnis von Organisation insgesamt. Empirische Erfahrungen begründen, ebenso wie die Vorstellung von Organisation als einem unentwegt „gemachten", wechselseitigen Entwicklungszusammenhang zwischen Gruppe und Organisation, eine andere Sichtweise. Man muss Gruppenarbeit als einen lebendigen, *transitorischen Prozess* der Kooperation betrachten, in dem sich sowohl die Individuen als auch der Charakter der jeweiligen Gruppe permanent verändern.

In der auf Lewin zurückgehenden Tradition der Gruppendynamik (z. B. König 1995) hat man das zwar erkannt und sich intensiv mit der Psychodynamik gruppeninterner Prozesse der wechselseitigen Wahrnehmung, der Interaktion und Entwicklung befasst, dabei aber oft und großzügig über die (institutionellen) Kontextbedingungen der internen Prozesse hinweggesehen. Was, umgekehrt, in den genannten Managementkonzepten und der Gestaltungsphilosophie vieler arbeitswissenschaftlicher Ansätze praktisch als Normalfall unterstellt wird, gerät in der transitorischen Perspektive zum *worst case*: die eingefrorene Kooperation, in der sich nichts mehr ändert. Aus der auf „Expansion" gerichteten Sichtweise ergeben sich nicht nur einige Konsequenzen für die Gestaltung von Gruppenarbeit (vgl. Moldaschl 1996), sondern auch für die Methodik der Untersuchung. Bestimmte Bewertungen der Gruppenarbeit durch die Mitglieder zu einem oder zwei beliebigen Zeitpunkten zu erheben (z. B. die Arbeitszufriedenheit), würde leicht zu falschen Schlussfolgerungen führen, wenn diese Bewertungen im Zeitverlauf stark schwanken.

Die empirische Erhebung muss daher versuchen, die Entwicklung der Gruppenarbeit – oder vielmehr, die der Arbeitsgruppen – mit geeigneten Methoden nachzuzeichnen. Hierfür gibt es zwei prinzipielle Möglichkeiten: eben die erwähnte *Begleitforschung* mit mehreren Erhebungszeitpunkten. Und die *Rekonstruktion*. In der Regel müssen beide Zugänge kombiniert werden, da eine permanente Begleitung, die alle kritischen Ereignisse zeitnah festhalten kann, forschungsökonomisch selten möglich ist. Ferner gilt es, im Hinblick auf die Defizite der zweiten, gruppendynamischen Perspektive, eben solche kritischen Ereignisse auch als Kontextbedingungen zu erfassen. Die Methode der *Lebenslinien* ist ein geeignetes Werkzeug zur Rekonstruktion von Gruppengeschichte(n).

Einen Ausgangspunkt für unsere eigene Arbeit mit der Methode, die hier selbst als Erfahrungsprozess rekonstruiert wird, bildeten die Ergebnisse einer Untersuchung zu Fertigungsinseln und Gruppenarbeit im Maschinenbau, die wir in den Jahren 1992 und 1993 durchführten (vgl. Moldaschl, Schultz-Wild 1994). Eine verblüffende Erfahrung in diesem Projekt war, dass trotz sehr unterschiedlicher Typen und „Qualitäten" der Gruppenarbeit wie auch der Einführungsprozesse sich die Erfahrungen der Arbeitskräfte doch in einem Punkt seltsam glichen: Einer Phase der Skepsis folgte eine mehr oder weniger ausgeprägte Phase der Euphorie, gefolgt von einem Einbruch, bis hin zu einem „Absturz" des Organisationsklimas, an dessen Tiefpunkt sich entschied, wie es mit der angestrebten Struktur- und Kulturveränderung weiterging bzw. ob sie überhaupt überlebte (*Abbildung* 3).[4]

Abbildung 3: Verlaufsmuster des Organisationsklimas bei Gruppenprojekten im Produktionsbereich (Moldaschl, Schultz-Wild 1994, S. 91)

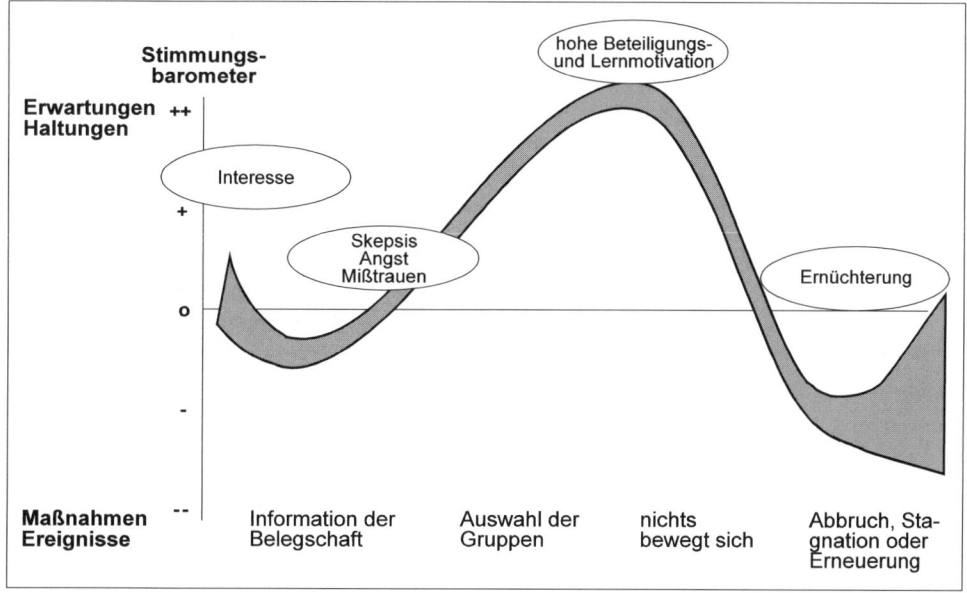

Für Fallstudien in der Chemischen Industrie war zunächst nur geplant, den Arbeitskräften diese Grafik als Beispiel vorzulegen, um sie zu fragen, ob ihre eigenen Erfahrungen ähnlich waren, und sie andernfalls zu bitten, den Verlauf aus ihrer Sicht zu modifizieren. Zwar zeigte sich wieder die verblüffende Übereinstimmung im generellen Verlauf, doch im individuellen Verlauf waren charakteristische *Gestalten* erkennbar, die viel zusätzliche Information enthielten. Das Zeichnen der Kurve erwies sich selbst als unerwartet produktiver Prozess: Zum einen, weil die Aufforderung, auf diese Weise Bilanz zu ziehen, offenbar Reflexionsprozesse anstößt, die mit Fragen weniger leicht anzuregen sind. Zum anderen gab die grafisch „objektivierte" Aussage der Interviewsituation einen zusätzlichen Anker, auf den Interviewer und Befragte jederzeit rekurrieren konnten. So konnten etwa *kritische Ereignisse* in der Gruppe oder im Unternehmen direkt als Kommentar in die Grafik eingetragen werden, wenn und soweit sie Einfluss auf die Gesamtbewertung des Klimas und das eigene Befinden hatten. Oder der Interviewer konnte nach Gründen für auffällige Richtungsänderungen fragen.

Eine weitere Differenzierung des Verfahrens ergab sich aus Antworten besonders der „reflexiveren" Befragten, die stärker zur Beobachtung der Organisation und der eigenen Person neigen, und die in einer einzigen Gesamtbewertung ihre Sicht der Veränderungen nicht angemessen darstellen zu können glaubten. Während ich die Befragten nur gebeten hatte, ihre Bilanz summarisch zu ziehen, betonten sie, der Verlauf sähe z. B. für das Organisationsklima insgesamt anders aus als für ihr eigenes Befinden. Die entsprechende Variation der Methode, verschiedene subjektive Bewertungskriterien und Sichtweisen *einer* Person auch auf dem Papier sichtbar zu machen, wurde also von einigen Befragten gewissermaßen selbst „eingeführt" bzw. nahegelegt. Später forderte ich dann die Gesprächspartner dazu auf, bei Bedarf so zu verfahren. Eine entsprechende Bilanzierung nach den Kriterien Gruppenklima, eigene Motivation und Entlohnung, zeigt die folgende Grafik.

Abbildung 4:   Beispiele für unterschiedliche Anwendungen bei der Gruppenanalyse

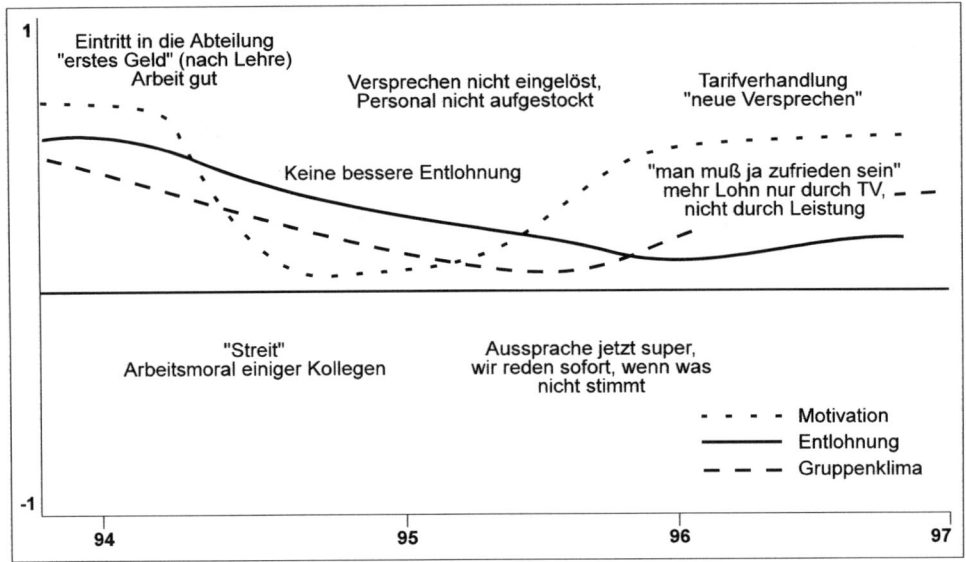

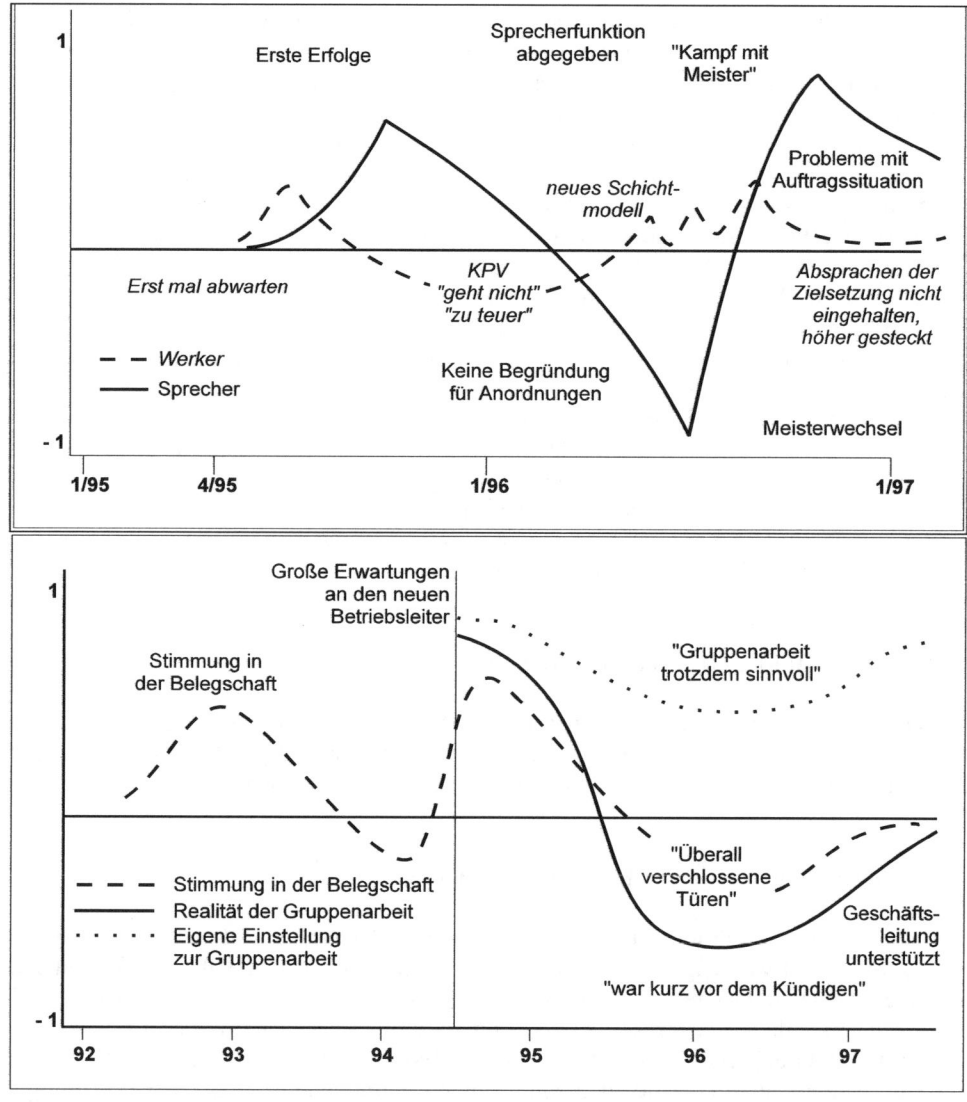

Wenn man Gruppenarbeit als Spezialfall der Kooperation betrachtet und Kooperation nicht a priori als konsensuelles Zusammenhandeln versteht, liegt es nahe, die Machtverhältnisse bzw. unterschiedliche Statuspositionen und Wahrnehmungen innerhalb der Gruppe ebenfalls über diese aggregierten subjektiven Befindensmaße darzustellen. Subjektive Differenzen lassen sich auf zwei Weisen erheben. Zum einen, indem man die Lebenslinien aus jeweils individueller Sicht zeichnen lässt. Dabei zeigen sich z. B. zwischen Gruppensprecher und Gruppenmitglied(ern) teils sehr unterschiedliche Bewertungen, die wertvolle Hinweise auf die jeweilige Gruppendynamik bergen (*Abbildung 4, 1. Chart*). Zum anderen kann man z. B. im Rahmen einer Gruppendiskussion eine „gruppenoffizielle" Linie kollektiv erstellen lassen. Das hat den Vorteil, dass beim Vorgang des Zeichnens ggf. unterschiedliche Wertungen zum Ausdruck und zur Diskussion gelangen, die wiederum vom Interviewer aufgegriffen werden können (*mittlerer Chart*).

Wie sich im Verlauf der Arbeiten zeigte, eignen sich die Lebenslinien zur Visualisierung weiterer inter- und intraindividueller Divergenzen. Einige Befragte hatten z. B. bestimmte Vorstellungen von der Stimmungslage anderer Akteure und deren Verlauf, woraus sie auf deren (Nicht-)Bereitschaft zur Kooperation schlossen. Wie wir etwa in früheren Untersuchungen immer wieder feststellten, schätzen Vorgesetzte die Stimmungslage ihrer Untergebenen meist deutlich positiver ein als diese selbst. Wir baten daher auch die Vorgesetzten, den von Ihnen vermuteten Stimmungsverlauf bei den Beschäftigten darzustellen. Ein Betriebsleiter stellte seine Enttäuschung über die *Erfahrungen* mit Gruppenarbeit im Betrieb sehr negativ dar, hob aber in einer anderen Kurve seine weiterhin hohe, nur teilweise beschädigte Meinung von Gruppenarbeit hervor. Er kommentierte außerdem Gründe für die Unterschiede zwischen seiner eigenen Bewertung und der bei den Beschäftigten vermuteten (*Abbildung 4, unterer Chart*).

Auf eine weitere Nutzungsmöglichkeit, die für jede Rekonstruktionsmethodik von großer Bedeutung ist, wurde bereits eingegangen (vgl. Abschnitt 2): Man kann die Lebenslinien bei jeder Erhebung neu zeichnen lassen, um zu überprüfen, inwieweit frühere Erfahrungen im Kontext neuer Erfahrungen neu gewichtet werden. Form und Lage der Kurven würden sich in diesem Fall unterscheiden.

5 Möglichkeiten und Grenzen der Methode

Die Literatur zu bildgebenden Verfahren in der Arbeits- und Organisationsforschung ist äußerst schlank. Daher sollen, bevor wir zur Einschätzung ihrer Möglichkeiten und Grenzen kommen, wenigstens kurz noch drei weitere skizziert werden.

Andere bildgebende assoziative Erhebungsmethoden

Schon eine gewisse Tradition hat die Verwendung bildnerischer Mittel bei der Bremer Arbeitsgruppe um Eva Senghaas-Knobloch und Birgit Volmerg, die ihre Befragten zur freien zeichnerischen Darstellung von Situationen und Beziehungen in der Arbeit auffordern: ein wesentlich offeneres, für vielfältigere subjektive Expressionen offenes Verfahren (z. B. Volmerg et al. 1986; Senghaas-Knobloch et al. 1996; Senghaas-Knobloch 1997). Hier ist eine gewisse Nähe zu entsprechenden Methoden der klinischen Psychologie bzw. und der gruppendynamischen Praxis erkennbar, die ganz gezielt am Einzelfall und an individuellen Deutungen ansetzen. Den Autorinnen geht es nicht um generalisierte Trendaussagen, sondern darum, Arbeitserfahrungen in ihrem Sinnzusammenhang und ihrer biografischen Bedeutung für die Beschäftigten zu rekonstruieren. Hierfür entwickelten sie u. a. eine bildgebende Methode, die sie „*Lebensbaum*" nennen (Senghaas-Knobloch et al. 1996, S. 44 ff.). Angewandt in einer Untersuchung ebenfalls zur Gruppenarbeit, werden die Gruppenmitglieder anhand einiger Leitfragen (z. B. „Wie kam ich zu meiner jetzigen beruflichen Tätigkeit?") aufgefordert, ihre Assoziationen dazu symbolisch in ein Baumschema einzutragen. Das Ergebnis wird wiederum zum Gegenstand einer moderierten Gruppendiskussion gemacht, womit die Methode erst ihren interaktiv-interpretativen Charakter erhält.

Dem zeichnerischen Vorgehen wird aber noch eine Funktion zugeschrieben. Die narrativen Interviews schneiden subjektiv sehr bedeutsame, identitätsrelevante Fragen an, deren emotionale Stimulation moderiert werden soll: „Um diese Gefühlslagen nicht übermächtig werden zu lassen, haben wir ein gewissermaßen spielerisches Format gewählt, in dem sich die einzelnen Erzählungen zu einem ‚Gruppenlebensbaum' fügten" (ebd., S. 36).

Erwähnt sei hier noch eine andere Assoziationsfolie, die die Autorinnen einführen: Das „*Menschenbild*". Indem die „Befragten" einen menschlichen Körper zeichnen bzw. ein vorliegendes Körperumrissschema zeichnerisch ausfüllen, können sie in und mit dieser Körpersymbolik ihre Befindlichkeit, ihre Selbstwahrnehmung und ihre Arbeitserfahrungen auch bildlich so „verkörpern", wie sie in der Realität verkörperlicht und nicht auf die kognitive Ebene beschränkt sind. Die Autorinnen betonen, das Instrument werde nicht nur als assoziative Erhebungsmethode eingesetzt, sondern mehr noch als Dokumentationsmethode, die etwa bei Partizipations-Workshops der Beschäftigten zu bildhaften und symbolreicheren Ergebnissen führt als rein textgestützte Verfahren visualisierter Diskussionsführung (vgl. zu letzteren den betreffenden Beitrag in diesem Band).

Eine weitere bildgebende qualitative Methode, die hier nicht mehr erläutert werden kann, ist die der *Soziogramme*. Zumindest kann man die meist nur zu quantitativen Beziehungs- und Netzwerkanalysen benutzten Soziogramme (vgl. zuletzt Jansen 1999) in der sozialpsychologischen Tradition von Moreno zu einem qualitativen Erhebungsinstrument umfunktionieren, das sich insbesondere zur Ermittlung und Darstellung konfliktueller Beziehungsstrukturen in Organisationen eignet, etwa bei Spannungsverhältnissen zwischen formellen und informellen Regeln bzw. Beziehungsstrukturen in Organisationen (vgl. Moldaschl 1996).

Einbetten, relationieren, nicht überfordern

Die Methode der Lebenslinien ist, in der hier vorgestellten Form, den *qualitativen* zuzurechnen und bietet sich daher für entsprechende qualitative Studien an. Natürlich könnte man sie mit entsprechender Parametrisierung auch für größerzahlige Untersuchungen quantifizierbar machen. Ferner könnte man sie zur Kompensation des „Momentaufnahme-Effekts" quantitativer Befragungen mit nur einem oder zwei Erhebungszeitpunkten nutzen könnte. Sie würde dann helfen, die großen *interpretativen Unsicherheiten* zu reduzieren, die mit einem *quantifizierenden Methodengerüst* in der Regel verbunden sind. Denn um interpretative Anteile kommen ja auch objektivierende Studien nicht herum, was jene ihrer Vertreter, die ihnen als einzige Wissenschaftlichkeit zubilligen wollen, gerne übersehen. Sie verlagern die interpretativen Prozesse nur auf einen Zeitpunkt der Studie, wo in der Regel keine Überprüfung der Interpretation mehr in Auseinandersetzung mit dem Untersuchungsfeld möglich ist, z. B. als kommunikative Validierung im Gespräch mit den „Probanden". In einem klassischen Subjekt-Objekt-Verständnis von Sozialforschung wird das natürlich auch gar nicht intendiert.

Mit ihrer Orientierung an summarischen Bewertungen und ganzheitlichen Figurationen könnte man die Methode der Lebenslinien auch als eine im Geiste der späteren Gestaltpsychologie verstehen, wie sie von Groeben et al. (1988) noch einmal als heuristisch anregender Theorieansatz zur Rezeption empfohlen wird (in einem Buch allerdings, das ungeachtet seiner anregenden Beiträge nicht nur durch Bildarmut auffällt, sondern auch durch einen Typ von Verbildlichung, der aus der Verfahrens- oder Programmiertechnik stammen könnte). So läge es nahe, etwa Kurt Lewins einprägsame Darstellungen von Handlungs- und Konfliktfeldern zur bildgebenden Erhebungsmethode umwandeln. Von einer Psychologie freilich, die sich im Kampf um die Anerkennung als Wissenschaft weitgehend einem (überholten) naturwissenschaftlichen Weltbild unterworfen hat, wird man solche Methodenentwürfe kaum erwarten können. Der Ashram der quantitativen Sozialforschung, die Séancen der Inferenzstatistik werden dem Zweifel entzogen, indem sie den kühlen Anstrich subjektivitätsfreier Labortechniken erhalten.

Dass die Ergebnisse eines bildgebenden Verfahrens noch stärker als gesprochener Text der doppelten Interpretation bedürfen, ist zwar möglich – wie bei den in Abschnitt 6 genannten Verfahren – aber nicht zwingend. Zumal sich gerade in der Kombination mit anderen Erhebungsmethoden neue Möglichkeiten wechselseitiger Präzisierung (Triangulation, z. B. Martin 1990) ergeben. Die Anwendung „bildgebender Verfahren" im Rahmen qualitativen Interviews fördert gegenüber rein sprachgestützten Verfahren zusätzliche, oft auch qualitativ *andersartige* Mitteilungen und Gesprächsverläufe. Die Kombination von Bild- und Textproduktion wiederum ist schon aufgrund des begrenzten Informationsgehalts erforderlich, der über ein Bild erhoben bzw. in ein Bild gepackt werden kann.

Schließlich gilt, wie für jede reflexive Methodenanwendung, auch für die der hier beschriebenen Methode, dass ihre Anwendungsvoraussetzungen jeweils geprüft werden müssen. Mit Lebenslinien beispielsweise in einem organisatorischen Umfeld zu arbeiten, in dem sich während der vergangenen Jahre wenig änderte, ergibt wenig Sinn. Außer, man verwendet sie speziell zur Analyse veränderter Deutungen; z. B. als Persönlichkeits- oder Gruppendiagnostik, um zu sehen, wie sich die Bewertung der Verhältnisse durch die Person oder Gruppe anhand deren eigener Veränderungen verändert; oder um zu prüfen, ob und ggf. welchen Einfluss organisationsexterne Veränderungen haben, etwa eine verschlechterte Arbeitsmarktlage. Diese Beispiele sollen lediglich zum Nachdenken über kreative Methodenverwendung, -abwandlung und -produktion anregen. Die Methode der Lebenslinien ist kein genormtes und mit Trademark versehenes Fertigprodukt.

6 Anmerkungen

1   Man findet Methoden dieser Art auch nicht in den einschlägigen Lehrbüchern qualitativer Forschungsmethoden (z. B. Jüttemann 1989; Heinze 1995; Bungard et al. 1996; Flick et al. 1995, 2000). Hingegen findet man aparte Paradoxien z. B. wie den vollständig bildlosen Beitrag über Bildanalyse von Englisch (1991).
2   Keineswegs natürlich immer zum Guten: Trivialisierung, Blendung, die tachystoskopische Darbietung oder die Nacherzählung von Textfolien etc. gehören zu den aktuellen Folterwerkzeugen der Vortragsreisenden. Mancher Vortrag und mancher Referent scheint die unterschiedlichsten Themenbereiche mit einer flexiblen – gezielten oder aleatorischen – Rekombination seines Foliensatzes abzudecken.
3   Damit folgen sie freilich nur, wie der vorliegende Band insgesamt, dem herrschenden Wissenschaftsverständnis, wonach der Forscher im Forschungsprozess nicht vorzukommen hat, sofern er Anspruch auf Wissenschaftlichkeit erhebt und sich nicht explizit im (ohnehin diskreditierten) Methodenraum der Aktionsforschung bewegt.
4   Diesen Verlauf kann man sogar in makroskopischer bzw. in historischer Perspektive wiederfinden: in den Konjunkturen der Gruppenarbeitsdebatte, die in den 50er, 70er und 90er

Jahren jeweils ihre Kulminationspunkte hatte und ihren Niedergang jeweils den enttäuschenden Erfahrungen in der Praxis verdankte – zumindest in den beiden früheren Phasen (Human Relations und HdA, vgl. Moldaschl/Weber 1998).

7 Literatur

Argyris, Chris/Putnam, Robert/Smith, Diana M. (1985): Action Science. Concepts, methods, and skills for research and intervention, San Francisco u. a.

Bungard, Walter/Holling, Heinz/Schulz-Gambard, Jürgen (1996): Methoden der Arbeits- und Organisationspsychologie, Weinheim

Endres, Egon/Wehner, Theo (1995): Störungen zwischenbetrieblicher Kooperation, in: Georg Schreyögg/Jörg Sydow (Hrsg.), Managementforschung 5, Berlin/New York, S. 1–45

Endres, Egon/Wehner, Theo (1996): Zwischenbetriebliche Kooperation aus prozessualer Perspektive, in: Dieter Sauer/Hartmut Hirsch-Kreinsen (Hrsg.), Zwischenbetriebliche Arbeitsteilung und Kooperation, Frankfurt/New York, S. 81–120

Englisch, Felicitas (1991): Bildanalyse in strukturalhermeneutischer Einstellung, in: Detlef Garz/ Klaus Kraimer (Hrsg.), Qualitativ-empirische Sozialforschung. Konzepte, Methoden, Analysen, Opladen, S. 133–176

Flanagan, James C. (1954): The critical incidents technique, in: Psychological Bulletin, 51, S. 327–358

Flick, U./Kardorff, Ernst v./Keupp, Heiner/Rosenstiel, Lutz v./Wolff, Stephan (Hrsg.) (1995): Handbuch qualitative Sozialforschung, 2. Auflage, München

Flick, Uwe, von Kardorff, Ernst/Steinke, Ines (Hrsg.) (2000): Qualitative Sozialforschung. Ein Handbuch, Reinbek

Groeben, Norbert/Keil, Walter/Piontkowski, Ursula (Hrsg.) (1988): Zukunfts-Gestalt-Wunsch-Psychologie. Zur Gestalt psychologischer Forschung nach Manfred Sader, Münster

Martin, Joanne (1990): Breaking up the mono-method monopolies in organizational analysis, in: John Hassard/Denis Pym (Hrsg.) The Theory and Philosophy of Organizations, London, S. 30–43

Heinze, Thomas (1995): Qualitative Sozialforschung – Erfahrungen, Probleme und Perspektiven, 3. Auflage, Opladen

Jansen, Dorothea (1999): Einführung in die Netzwerkanalyse, Opladen

Joas, Hans (1992): Kreativität des Handelns, Frankfurt a. M.

Jüttemann, Gerd (Hrsg.) (1989): Qualitative Forschung in der Psychologie, Heidelberg

Koenig, Oliver (Hrsg.) (1995): Gruppendynamik. Geschichte, Theorien, Methoden, Anwendungen, Ausbildung, München/Wien

Lewin, Kurt (1963): Feldtheorie in den Sozialwissenschaften, Bern

Moldaschl, Manfred (1996): Kooperative Netzwerke – Komplement und Alternative zur Gruppenarbeit, in: Paul Schönsleben/Eric Scherer/Eberhard Ulich (Hrsg.), Werkstattmanagement, Zürich, S. 131–156

Moldaschl, Manfred (2000): Bildgebende assoziative Erhebungsmethoden in der Organisationsforschung. Working Papers No. 6 des Lehrstuhls für Sozologie, TU-München

Moldaschl, Manfred (2001): Die Produktion der Organisation. Reorganisation und Ressourcenkonflikte am Beispiel Gruppenarbeit, München/Mering

Moldaschl, Manfred/Schmierl, Klaus (1994): Fertigungsinseln und Gruppenarbeit, in: Manfred Moldaschl/Rainer Schultz-Wild (Hrsg.), Arbeitsorientierte Rationalisierung, Frankfurt/New York, S. 51–103

Moldaschl, Manfred/Weber, Wolfgang G. (1998): The „Three Waves" of Industrial Group Work – Historical Reflections on Current Research on Group Work, in: Human Relations, Vol. 51, No. 3, S. 347–388

Moldaschl, Manfred/Voß, G. Günter (Hrsg.) (2001): Subjektivierung von Arbeit, München/Mering

Schattenhofer, Karl (1992): Selbstorganisation und Gruppe. Entwicklungs- und Steuerungsprozesse in Gruppen, Opladen
Scheele, Brigitte (1995): Dialogische Hermeneutik, in: Uwe Flick et al. (Hrsg.), Handbuch qualitative Sozialforschung, 2. Auflage, München, S. 274–278
Schön, Donald (1983): The Reflective Practitioner. How Professionals Think in Action, New York
Senghaas-Knobloch, Eva/Nagler, Brigitte/Dohms, Annette (1996): Die Zukunft der industriellen Arbeitskultur. Persönliche Sinnansprüche und Gruppenarbeit, Münster
Senghaas-Knobloch, Eva (1997): Die analytische und die kommunikative Aufgabe der arbeitsbezogenen Sozialwissenschaft, in: Hellmut Lange/Eva Senghaas-Knobloch (Hrsg.), Konstruktive Sozialwissenschaft, Münster, S. 81–111
Volmerg, Birgit/Leithäuser, Thomas/Senghaas-Knobloch, Eva (1986): Betriebliche Lebenswelt – Eine Sozialpsychologie industrieller Arbeitsverhältnisse, Opladen

Beobachtung

Teilnehmende Beobachtung

Götz Bachmann

1 Einleitung

Die Idee ist denkbar einfach: Will man etwas über andere Menschen herausfinden, geht man einfach zu ihnen hin, bleibt eine Weile, macht das mit, was diese Menschen dort normalerweise treiben, und lernt sie so durch eigene Erfahrung besser kennen. Bewusst in den Dienst der Wissenschaft gestellt wurde diese Idee zuerst von Ethnologen. Lewis Henry Morgan und etwas später auch Franz Boas begannen im späten 19. Jahrhundert mit systematischer und stationärer Feldforschung (Morgan 1870; Boas 1994 – seine Tagebücher aus den 1880er Jahren; zu Boas auch Knötsch 1992). Dazu kam, dass sie sich gegen „Survey Research" und für „Intense Research" entschieden (W.H.R. Rivers, zit. nach Kuper 1983). Durch die intensive Teilnahme am sozialen Leben der Irokesen (Morgan) und der Inuit (Boas) gingen sie bei ihren Forschungsobjekten in die Lehre und erforschten sie so zu deren eigenen Bedingungen. Ausführlich beschrieben wurde diese Praxis, als Bronislaw Malinowski im Jahr 1922 in der Einleitung der „Argonauts of the Western Pacific" ein neues Programm für eine empirische Wissenschaft entwickelte. Für ihn war das Ziel der Ethnographie, ein holistisches Gesamtbild einer fremden Kultur zu liefern. Die teilnehmende Beobachtung war ein Teil der damit verbundenen Methodik, denn um die hoch gesteckten Ziele der Ethnographie im Sinne von Malinowski zu erreichen, muss neben die - Erhebung statistischer Daten und die Sammlung schriftlicher und oraler Texte auch die Beobachtung der *„imponderabilia of actual life and of typical behaviour"* treten, die es erfordern kann, „to put aside the camera, notebook and pencil and to join (…) in what is going on" (Malinowski 1922, S. 20–21).

Anfang der 1930er Jahre – und damit in einer Zeit, als die teilnehmende Beobachtung bereits in einer ganzen Reihe von Untersuchungen über Körperschaften nicht-westlicher Gesellschaften eingesetzt worden war – stieß W. Lloyd Warner, ein Schüler des britischen Sozialanthropologen A.R. Radcliffe-Brown, zum Forschungsteam der „Hawthorne-Studies", die seit 1927 unter der Leitung von Elton Mayo an einem Standort der Western Electric Company in Boston durchgeführt wurden (vgl. zur ethnologischen Organisationsforschung auch Gamst/Helmers 1991; Götz/Moosmüller 1992; Schwartzman 1993; Wright 1994; Wischmann 1999; Diehl-Khalil/Götz 1999). In den „Hawthorne Studies" wurden Arbeiterinnen in unterschiedlichen, teilweise künstlich hergestellten Arbeitsbedingungen untersucht. Die Frage nach der Teilnahme der Wissenschaftler wurde nicht gestellt. Der von den Autoren beschriebene „Hawthorne-Effekt" (die Steigerung der Arbeitsleistung durch die Anwesenheit der Forscher) ist aus methodischer Perspektive gesehen allerdings nichts anderes als die nachträgliche Berücksichtigung der Teilnahmedimension der Beobachtung in der Interpretation der Daten – auch wenn die damit einhergehende inhaltliche Interpretation heute umstritten ist.[1] Kurz nach den „Hawthorne Studies" begann die Feldforschungsphase der „Yankee City Studies", in denen wiederum W. Lloyd Warner eine zentrale Rolle spielte. Die Palette der zwischen 1930 und 1935 eingesetzten Methoden reichte von umfangreichen quantitativen Befragungen bis hin zur teilnehmenden Beobachtung. Ein Teil der umfangreichen Forschungen der „Yankee City Studies" mündete 1947 in den Band „The Social System of the Modern Factory", in dem W. Lloyd Warner und J.O. Low einen Streik analysieren, der 1933 während ihrer Feldforschung in einer Schuhfabrik stattgefunden hatte. Methodisch setzte das Team der „Yankee City Studies" während des Streiks eine Form der Beobachtung ein, die sie als „inactive" und „on the outside" beschreiben (das Methodenkapitel dazu findet sich im ersten Band der „Yankee City Series": Warner/Lunt 1941, hier S. 53).

Im interdisziplinären Klima im Harvard der 1930er Jahre gab ein weiterer zeitweiliger Mitarbeiter der „Yankee City Studies", der Ethnologe Conrad Ahrensberg, zusammen mit dem Ethnologen Eliot Chapple seine methodischen Erfahrungen an William Foote Whyte weiter, der wiederum die Methode in seiner Feldforschung für das bahnbrechende Werk „Street Corner Society" einsetzte (Whyte 1981, zuerst 1943). Auch wenn „Street Corner Society" keine Organisationsforschung im engeren Sinn darstellt, findet sich darin doch eine Anzahl erstaunlich moderner Beschreibungen von Organisationen (einer Wahlkampforganisation und eines Settlement) – ganz zu schweigen von den berühmten Beschreibungen informeller Formen der Organisiertheit in der Clique von Whytes wichtigstem Informanten Doc –, die auf einer dichten und engen Teilnahme beruhen (vgl. dazu den in den 1960er Jahren hinzugefügten Anhang: Whyte 1981, S. 279–358). Nach seiner Feldforschung ging William Foote Whyte an die University of Chicago, wo sich in der Person von Everett Hughes aus der Chicago School bereits eine eigene Tradition der qualitativen Organisationsforschung entwickelt hatte (vgl. Hughes 1937). Whyte wurde Mentor für eine Reihe junger Wissenschaftler, die in den 1940er Jahren begonnen hatten, lang andauernde teilnehmende Beobachtungen in der Industrie durchzuführen: Donald Roy arbeitete als „operator on the drill line", Melville Dalton war „incentive applier or checker in one departement of a steel mill", Orvis Collins war Produktionsarbeiter – und alle schrieben sie Tagebücher (Collins et al. 1946; Dalton 1947; 1948; Roy 1952; zusammenfassend dazu: Whyte 1955).

Am anderen Ende der Welt, im „Copperbelt" im heutigen Sambia, begann zur gleichen Zeit eine Reihe von britischen Sozialanthropologen damit, über Arbeiter in der dortigen Industrieregion zu forschen (vgl. dazu Burawoy 2000). Der marxistisch inspirierte Ethnologe Max Gluckman entwickelte dabei seine „extended case method" (1958; später weiterentwickelt von Burawoy 1979; 1991), einen Gegenentwurf zum strukturfunktionalistischen und holistischen Paradigma, das bis zu diesem Zeitpunkt noch eng mit der Ethnographie und damit auch mit der teilnehmenden Beobachtung verbunden war (auch wenn es sich empirisch in den Arbeiten von Warner[2], Whyte, Collins, Dalton und Roy bereits teilweise aufgelöst hatte). Gluckman leitete in den 1950er Jahren das Manchester Departement for Social Anthropology und prägte eine verschworene Gemeinschaft von Wissenschaftlern, die versuchten, die britische Sozialanthropologie zu erneuern. In dieser Atmosphäre schlug George C. Homans, der 1953/54 als Visiting Professor in Manchester zu Gast war, vor, die Fragen der Hawthorne-Studien wieder aufzunehmen (Emmett/Morgan 1982, S. 140). Unter Gluckmans Einfluss wurde daraus aber etwas Neues: Sheila Cunningham, Tom Lupton und C. Shirley Wilson setzten in den „Manchester Shop-Floor Ethnographies" die Methode der teilnehmenden Beobachtung dezidiert konflikttheoretisch ein, fragten sich, welche sozialen Prozesse zum Erhalt des Bestehenden und welche zu Veränderungen führen, und interpretierten die gewonnenen Daten in einem größeren, gesellschaftlichen Rahmen (Lupton 1963; Lupton/Cunnison 1964; Cunnison 1966; 1982). Die teilnehmende Beobachtung hatte in der Organisationsforschung eine klare und auch heute noch zeitgemäße Kontur gewonnen – im Folgenden wird Thema sein, was sich innerhalb dieser Konturen abspielt.

2 Datenerhebung

Für eine teilnehmend beobachtende Feldforschung gilt wahrscheinlich noch weitaus mehr als für alle anderen qualitativen Methoden der Organisationsforschung, dass die Forschungspraxis in hohem Maß von der *Persönlichkeit des Forschers*, von der *Beschaffenheit des Feldes* und von dem mehr oder weniger zufälligen Ausgang der *Interaktion des Forschers mit dem Feld* abhängt. All diese Elemente kann der Forscher nur sehr begrenzt kontrollieren, und entsprechend wenig lässt sich die Forschungspraxis im Voraus planen. Oft wird betont, dass genau dieser ungewisse Ausgang – oftmals überhöht zum Heldenmythos der Ethnographie als des letzten großen Abenteuers der Sozialwissenschaft – den Reiz der Methode ausmache (Evans Pritchard 1973, zit. nach Graaf/Rottenburg 1989). In gewissem Sinn ist die teilnehmende Beobachtung daher „methodenfeindlich": Kaum ein Feldforscher glaubt, dass es einen optimalen Weg in der teilnehmenden Beobachtung gibt. Eine Feldforschung ist so komplex und so wenig kontrollierbar, dass man geradezu jeden Tag Fehler machen muss. Zur falschen Zeit am falschen Ort zu sein; einen wichtigen Informanten durch Kontakt zu einem anderen Informanten zu verprellen; die Hälfte eines wichtigen informellen Interviews zu vergessen, weil dabei viel Alkohol geflossen ist; oder bereits beim Kennenlernen derartig verkrampft zu versuchen, alles richtig zu machen, dass das Gegenüber im Forscher nur noch einen verwirrten Idioten zu erkennen vermag: All diesen Problemen, die das tägliche Brot des Feldforschers darstellen, ist mit methodischen Ratschlägen kaum beizukommen.

Zur methodischen Literatur

Trotz der „Methodenfeindlichkeit", die der Methode der teilnehmenden Beobachtung innewohnt, empfiehlt sich vor Beginn einer Feldforschung ein Blick in die verschriftlichten Erfahrungen anderer Wissenschaftler. Die allgemeine ethnologische Methodenliteratur bietet eine große Anzahl von *persönlichen Forschungsberichten*, die wahrscheinlich die beste Einführung bieten (sehr empfehlenswert Smith-Bowen 1984, zuerst 1964 – ein Bericht, den Laura Bohannan unter Pseudonym veröffentlicht hat; ähnlich gut Dumont 1978; darüber hinaus die Reader Fischer 1985; Shaffir/Stebbins 1991; DeVita 1992). Allerdings finden sich in der Organisationsforschung andere Bedingungen als in dem Mainstream der ethnologischen Forschung. Die Untersuchungsfelder sind zumeist partielle Lebenswelten (Gefängnisse und Krankenhäuser einmal ausgenommen). Auch das mit einem radikalen Ortswechsel verbundene radikale Gefühl der Fremdheit oder der zeitweise Abbruch aller privaten und fachlichen Beziehungen treten aus nahe liegenden Gründen in der Organisationsforschung eher selten auf (es spricht jedoch einiges dafür, einen Ortswechsel auch in einer Organisationsforschung in Betracht zu ziehen, denn die mit dem Ortswechsel verbundene teilweise Isolation des Wissenschaftlers kann ein wichtiger Grundstein für das

Eintauchen in einen anderen Lebenszusammenhang sein). Hilfreich können auch die Methodenaufsätze sein, die im weiteren Sinn der Volkskunde im deutschen Sprachraum zuzurechnen sind (Jeggle 1984; Lindner 1981). Einschlägig sind die Forschungsberichte in den Methodenkapiteln in diversen Monographien der Organisationsforschung (aktuellere deutschsprachige Monographien sind: Nowak 1994; Heinz et al. 1997; Wittel 1997; Götz 1997; Szabo 1998; Wieschiolek 1999; einen Überblick bietet Götz/Wittel 2000; Erlebnisberichte finden sich auch in Shaffir/Stebbins 1991; Hertz/Imber 1995). Vereinzelt finden sich auch Aufsätze zur teilnehmenden Beobachtung in der Organisationsforschung (Becker/Greer 1957; Becker 1958; 1970; 1983; Bogdan 1972a; 1972b; Graaf/Rottenburg 1989; Buroway 1991; Nowak 1993). Darüber hinaus gibt es in der Ethnologie und Soziologie eine Reihe recht guter *Methodenlehrbücher*, die mit einer großen Anzahl von „How to"-Tipps aufwarten können (Klassiker sind Junker 1960; Bruyn 1966; Spradley 1980; Whyte 1984; aktuellen Überblick bieten Bernard 1994; Berg 2001; gut geschrieben ist Agar 1996; grundlegende Einführungen bieten auch Burgess 1989; Denzin/Lincoln 1994; eine originelle Polemik liefert Fine 1993).

Der Anfang der Forschung

In den seltensten Fällen wird eine Organisation einem unbekannten Wissenschaftler, der mit einem Empfehlungsschreiben von der Universität kommt, eine Feldforschung „einfach so" durchführen lassen. Misstrauen sowie die Unklarheit, „was das bringen soll", sprechen dagegen. Feldforschungen in Organisationen benötigen fast immer einen so genannten *Türöffner*. Klassischerweise ist dies ein Bekannter oder Verwandter ersten oder zweiten Grades, der eine ausreichend wichtige Position in einer Organisation innehat. Auch universitäre Kontakte zu Wissenschaftlern, die in den Organisationen ein höheres Prestige als die Sozialwissenschaften haben, können hilfreich sein – ein guter Kontakt zum Fachbereich für Wirtschaftswissenschaften kann daher nicht schaden. Manchmal werden ethnographische Forschungen auch in Organisationen durchgeführt, in denen oder für die der Forscher schon vor Beginn der Feldforschung gearbeitet hat – sei es, um das Studium zu finanzieren, oder sei es als Organisationsberater. Mit der Person des Türöffners ist meist die Entscheidung getroffen, ob der *Einstieg von oben oder von unten* stattfinden wird. Da Türöffner die Eigenschaften besitzen sollten, die Türen auch wirklich öffnen zu können, erzeugen sie meistens einen Einstieg von oben. Dies wiederum kann weitreichende Konsequenzen haben, denn in Organisationen, die ja nicht nur von Macht, sondern oftmals auch durch von oberen Stellen initiierte Veränderungsprozesse geprägt sind, kann dies ein erhebliches Maß an Misstrauen erzeugen. Ist dies der Fall, hat man im Prinzip zwei Möglichkeiten: Man kann entweder versuchen, auf persönlicher Basis ein Vertrauensverhältnis herzustellen, das den anfänglichen Einstieg vergessen lässt (das kann dauern und gelingt durchaus nicht immer), oder man grenzt sich aktiv von seinem Türöffner ab. Bei Letzterem ist aber Vorsicht geboten, denn Abgrenzungsrhetorik erzeugt schnell einen ungunten Eindruck.

Damit sind wir beim nächsten Problem: der *Selbstpräsentation* des Wissenschaftlers in der Organisation. Dieser Problemkomplex beginnt mit dem ersten Tag, doch hört damit nicht auf: Immer wieder wird man neue Leute kennen lernen, und immer wieder werden einzelne Erforschte den Wissenschaftler „austesten". Der erste Tag ist aber insofern etwas

Besonderes, als man hier oft eine Unzahl von Begegnungen in schneller Abfolge zu absolvieren hat, verbunden mit den eigenen ersten Eindrücken und rein logistischen Problemen wie der Notwendigkeit, sich möglichst viele Namen merken zu müssen. Dabei steht man erst einmal vor der Frage, wie man seine eigene Persönlichkeit präsentiert. Kleidung (für gewöhnlich sollte diese eher sauber, ordentlich und einfach sein, aber das kann natürlich nach den Regeln des Feldes differieren), Haarschnitt oder Begrüßungsform (ein Handschlag für jeden ist oft kein Fehler) ... all dies entscheidet mit über den ersten Eindruck. Für gewöhnlich versucht man, sich möglichst neutral zu präsentieren, um möglichst wenig Risiken einzugehen. Bei der Erzeugung von „Neutralität" gilt es aber auch zu berücksichtigen, dass die eigene Selbstpräsentation dem spezifischen Kontext entsprechend interpretiert wird. Auch eine einfache Anpassung an die Regeln des Kontextes muss nicht unbedingt das Richtige sein: Kleidet man sich als Mann in einem Frauenbetrieb, in dem die Männer Vorgesetzte sind, so, wie sich dort all die anderen Männer kleiden, sendet man damit eventuell Signale, die die Forschung unter Umständen nicht unerheblich behindern können. Dazu kommt, dass es wichtig ist, sich nicht vollkommen zu verstellen. Nicht nur werden die Erforschten das mit hoher Wahrscheinlichkeit recht bald merken; sondern die Reaktion auf ein als unpassend empfundenes Verhalten kann durchaus auch interessant sein. Wenn sich die versammelte Abteilung dazu durchringt, den männlichen Wissenschaftler zum Friseur zu schicken, kann dies der Beginn eines netten Verhältnisses sein.

Zweitens wird man oft gleich zu Anfang im Feld vor die Frage der *Präsentation des Forschungsvorhabens* gestellt: Wie stellt man sich als Wissenschaftler vor (Was ist ein Soziologe oder ein Ethnologe? Zu was soll das gut sein? Warum hat man das überhaupt studiert?), und wie stellt man das Thema des eigenen Forschungsvorhabens dar? Auch hier ist es mit einer einfachen Entgegensetzung von *offenem* (also das Forschungsvorhaben thematisierendem) und *verdecktem* (also die Feldforschung verheimlichendem) Vorgehen nicht getan. Zwar werden vollkommen verdeckte Forschungen selten durchgeführt, weil sie schwer zu organisieren sind und viele Wissenschaftler darüber hinaus ein solches Vorgehen für ethisch fragwürdig halten (vgl. dazu Bulmer 1982; Punch 1986)[3], doch gänzlich offen sind die wenigsten Wissenschaftler. Dazu kommt, dass viele Feldforscher keine klare Vorstellung von dem haben, was sie eigentlich herausfinden wollen, bevor sie ihre Feldforschung beendet haben. Hier ist es unter Umständen empfehlenswert, dennoch eine klare Fragestellung zu formulieren, da schwammige und offene Formulierungen möglicherweise als Ausweichen verbucht werden. Die Darstellung der Fragestellung kann aber auch verfälschend wirken oder dazu führen, dass man sich durch die Formulierung der Fragestellung viel von dem, was man erforschen will, verbaut. Lügen ist auch schlecht ... Es gibt also auch hier keine Patentlösung, sondern nur ein situatives Sich-Durchwursteln mittels unterschiedlicher Grade der Offenheit, ohne sich dabei in allzu große Widersprüche zu verwickeln.

Das dritte Problem, das man oft relativ bald klären muss, ist die Frage der *Diskretion*. Für gewöhnlich geht man davon aus, dass Feldforschung in Organisationen die Vertrauensfrage in besonders starkem Maß stellt, da das Wissen des Feldforschers für die Erforschten gefährlich werden kann. Um die Entstehung von Vertrauen zu erleichtern, erwähnt man mit der Präsentation des Forschungsvorhabens, dass es üblich ist, den Betrieb und die Personen zu anonymisieren (dabei handelt es sich, wenn man es genau nimmt, wieder um eine Halbwahrheit; denn in den meisten Organisationsforschungen ist die Anonymisierung nur bis zu einem gewissen Grad möglich, und ein böswilliger Leser aus dem Feld könnte oftmals durchaus nachvollziehen, wer hinter den beschriebenen Figuren steckt). Man kann darüber hinaus wichtigen Gewährspersonen anbieten, vor der Publikation aus den ethnographischen Passagen das herauszustreichen, was ihnen problematisch erscheint. Zudem kann man aktiv alle darauf hinweisen, dass sie einen selbst ausschließen sollen, wenn die eigene Anwesenheit stört. Anfängliche Ankündigungen wie diese sollte man allerdings auch nicht überschätzen. In gewissen Fällen kann ein allzu eifriges Erörtern solcher Sicherheitsfragen das Misstrauen erst begründen bzw. verstärken. Eine aktive Auseinandersetzung wird erfahrungsgemäß eher selten stattfinden. Wahrscheinlicher sind Reaktionen wie: „Da kann ruhig jeder zuhören – ich habe nichts zu verbergen." Ob sich hinter solchen Sätzen tatsächlich ein offenes Einverständnis verbirgt, ist mehr als fraglich. Ebenso gut kann dahinter ein derartig großer Mangel an Vertrauen stecken, dass sogar der Mangel an Vertrauen nicht thematisiert werden kann, und zunächst steckt dahinter wahrscheinlich nur die Abwehr der impliziten Unterstellung, man habe etwas zu verbergen oder sei nicht bereit, zu dem zu stehen, was man sagt. Darüber hinaus könnte eine solche Bemerkung ein Hinweis sein, dass sich der Forscher selbst nicht allzu wichtig nehmen sollte: Wenn man fragt, ob man stört, lenkt man unter Umständen ja auch die Aufmerksamkeit in einem übertriebenen Maß auf sich. Schließlich kann sich der implizite Hinweis, dass es durchaus auch andere Gründe geben könnte, warum einen die Anwesenheit des Forschers stören könnte – vielleicht ist er einem einfach nicht besonders sympathisch –, hinter einer solchen Antwort verbergen.

Summiert man die gerade dargelegten Überlegungen, wird deutlich, dass für die meisten Erforschten mehr dagegen als dafür spricht, *den Forscher zu akzeptieren*: Der Forscher könnte ein Spion sein, könnte etwas an obere Stellen oder konkurrierende Abteilungen weiterleiten, könnte in der wissenschaftlichen Publikation falsche Bilder zeichnen (und in einem gewissen Grad wird er das zwangsläufig auch tun), steht dauernd im Weg herum, stellt blöde Fragen, bringt Unruhe in den Arbeitsalltag, und überhaupt, was macht das Ganze eigentlich für einen Sinn? Das wichtigste Motiv für die Erforschten, den Forscher zu akzeptieren, ist daher tatsächlich, dass sie ihn nett finden (und zugleich ist die sicherste Garantie dafür, dass der Forscher etwas Angenehmes über die Erforschten schreibt, dass dieser die Erforschten nett findet). Daneben können andere Motive treten: Der Forscher hilft ein wenig bei der Arbeit (meist stört er aber), man kann ihn vielleicht instrumentell benutzen (aber so richtig klappt das ja nicht), und irgendwie ist es ja schmeichelhaft, dass da einer kommt und etwas über einen herausfinden will, und dann schreibt der das vielleicht auch noch in ein Buch. Oft ist der Feldforscher aber einfach nicht wichtig genug, um sich die Mühe zu machen, ihn hinauszuschmeißen oder hinauszuekeln. Insofern gilt für den Feldforscher – so merkwürdig dies nach all diesen Negativszenarien auch klingen mag – am Anfang der Feldforschung vor allem eines: cool bleiben. Wenn es schief geht, kann man es ja in einem anderen Betrieb ein zweites Mal versuchen.

Rollenzuweisungen

Teils schon mit dem Beginn des Feldeinstiegs, teils im Verlauf des gegenseitigen Kennenlernens wird dem Wissenschaftler seine Rolle im Feld zugewiesen. Besser gesagt: seine „Rollen". Zu der Rolle des Wissenschaftlers kommt zunächst die formale *organisationsinterne Rolle*. Am üblichsten ist hier die eines Praktikanten, denn diese ermöglicht es, nichts zu können, viel zu fragen und viel herumzukommen. „Praktikant" kann allerdings je nach Kontext Unterschiedliches bedeuten: Wenn die im Feld üblichen Praktikanten im Rahmen einer ABM-Maßnahme in die Organisation gelangen, führt dies zu einer anderen Ausformung der Praktikantenrolle und damit unter Umständen auch zu einer anderen Sicht der Erforschten auf den Wissenschaftler, als wenn BWL studierende Praktikanten sich im Feld auf eine spätere Führungstätigkeit vorbereiten. Neben der Rolle des Praktikanten bieten sich andere lernende Rollen wie die des Auszubildenden, des Lehrlings oder des Trainees an: Sie sind aber allesamt aufwendiger und mit weit weniger Bewegungsfreiheit für den Feldforscher verbunden. Dies gilt auch für die Übernahme eines Jobs (zum Beispiel einer einfachen Hilfstätigkeit), da man dort sein Arbeitspensum abzuliefern hat, um den Kollegen nicht durch Untätigkeit zu schaden. Am anderen Ende der Skala steht der Unternehmensberater: Dies ist eine Rolle mit viel Bewegungsfreiheit, kann aber zu Recht einiges Misstrauen aufseiten der Erforschten erwecken.

Rollenzuweisungen geschehen auch *ungewollt* und manchmal unbemerkt: So können beispielsweise Arbeiter in der industriellen Produktion ihr Wissen zum Umgang mit Refa-Beauftragten auf den Umgang mit dem Wissenschaftler übertragen. Unterschiedliche oder gleiche Sozialmilieus, regionale, ethnische oder nationale Herkunft, Alter, Bildungsgrad, sexuelle Orientierung und vieles mehr können das Verhältnis der Erforschten zum Wissenschaftler und des Wissenschaftlers zu den Erforschten prägen. Eindeutig spürbar sind in der Feldforschung oft die Rollenzuweisungen anhand des Geschlechts. Sie können insbesondere dann, wenn Frauen Männer oder wenn Männer Frauen erforschen, zu Schwierigkeiten führen. Negative Folgen der männlichen und weiblichen Rollenzuweisung können Anmache, sexistisches Absprechen von Kompetenz oder der Ausschluss aus wichtigen Bereichen der Lebenswelt sein. Untertöne des Flirts und der Bemutterung bzw. Bevaterung können aber den Kontakt für beide Seiten auch zu etwas machen, das Spaß macht. In manchen Fällen ermöglicht eine Feldforschung über die Geschlechtergrenzen hinweg, geschlechtsspezifischen Konkurrenz- und Kontrollmechanismen zu entkommen (zum Thema Erotik in der Feldforschung vgl. Kulick/Wilson 1995; allgemein zum Geschlecht in der Feldforschung vgl. Golde 1970; Gregory 1984; Bell 1993).

Starke Effekte haben oft die unterschiedlichen Positionen im sozialen Raum. In einem *Research up* (die Erforschten haben einen höheren gesellschaftlichen Status als der Wissenschaftler) tendieren Wissenschaftler dazu, aus sozialem Ressentiment heraus einen besonders kritischen Blick auf die Erforschten zu werfen oder auch – je nach Anteil an sozialem, kulturellem oder ökonomischem Kapital – vor Bewunderung zu erstarren. Die Erforschten hingegen behandeln den Wissenschaftler oft mit ironischer Distanz. Die Probleme des „Research up" können sich durch die Effekte der organisationsinternen Hierarchie noch verstärken (vgl. Hertz/Imber 1995; Warneken/Wittel 1997). Andersherum kann auch das *Research down* (der gesellschaftliche Status der Erforschten ist niedriger als der des Wissenschaftlers) eine Reihe von Effekten haben. In diesem Zusammenhang entwickeln Feldforscher oft eine Art gespaltene Beziehung zu den Erforschten: Auf der einen Seite entstehen gerade im „Research down" oft besonders dichte und gefühlsintensive Beziehungen (der Wissenschaftler tendiert dann unter Umständen sogar dazu, die Erforschten als „seine" Erforschten zu sehen), auf der anderen Seite wird in dieser Beziehung einer wirklichen Auseinandersetzung mit den Erforschten aus dem Weg gegangen. Das Verhältnis der Erforschten zum Wissenschaftler wiederum kann bei einem „Research down" sowohl durch Neid und das Bedürfnis der Abwertung (wieso studiert der eigentlich was, mit dem er nachher sowieso kein richtiges Geld verdienen kann?) als auch durch Bewunderung geprägt sein (vgl. Warneken 1996; Bachmann 1997a). Die Mechanismen des „Research up" und des „Research down" lassen sich dabei auch auf andere mit gesellschaftlicher Machtverteilung aufgeladene Differenzen wie die des Geschlechts oder der Ethnizität übertragen (zur Ethnizität vgl. Stanfield/Dennis 1993). In jedem Fall bieten das „Research up" und das „Research down" nicht nur Probleme, sondern auch besondere Erkenntnispotenziale – insbesondere dann, wenn es reflexiv kontrolliert wird.[4]

Wie lange wo und bei wem forschen?

Meist empfindet der Feldforscher sein eigenes Feld so lange als feindselig und angsteinflößend, bis er eine *Nische* findet, in der er sich eine kleine Basis einrichtet. Sie erst ermöglicht es, dass sich das als fremd und daher auch einheitlich empfundene Feld in einzelne Menschen, Perspektiven und Geschichten gleichsam auseinander faltet. Natürlich ist es unter Umständen problematisch, wenn der Wissenschaftler ausschließlich in dieser Nische verharrt oder allzu stark den dortigen Standpunkt übernimmt. Dennoch sind die Vorteile einer Nische nicht zu unterschätzen, und dies nicht nur aus Gründen der Seelenhygiene. In solchen Nischen finden sich oft die *Gewährsleute*, die den Feldforscher über längere Zeit stetig mit Informationen versorgen, den Zugang zu tieferen oder komplexeren Themen ermöglichen, einen Ansprechpartner für erste Thesen darstellen, Unterstützung in schwierigen Situationen bieten, neue Kontakte ermöglichen und somit manchmal fast den Status eines Co-Forschers bekommen können. Ohne solche Gewährsleute und ihre Kontakte würden die meisten Feldforscher hilflos an der Oberfläche der Organisation schwimmen. Allerdings können die seltsamen Formen einer „schizophrenen" Freundschaft (mit der einen Hälfte ist man wirklich befreundet, mit der anderen Hälfte forscht man weiter), die dabei oft entstehen, in erhebliche Loyalitäts- und Gefühlskonfusionen münden. Hinzu kommt, dass eine allzu enge Identifikation eines Wissenschaftlers mit der Gewährsperson dazu führen kann, dass der Wissenschaftler immer nur Menschen kennen lernt, die Teil der Fraktion sind, der auch die zentrale Gewährsperson angehört. Es gilt daher, langsam und vorsichtig sich einen Platz zwischen den Fronten zu erobern. Das allerdings braucht Zeit.

Der Zeitmaßstab der klassischen Ethnologie von mindestens einem Jahr Anwesenheit im Feld, der in einer im Jahreszeitenzyklus lebenden bäuerlichen Gemeinde durchaus seine Berechtigung hat, ist in der modernen Organisationsforschung kein sinnvolles Zeitmaß. Auch die territorialen Begrenzungen einer bäuerlichen Gemeinde fehlen in den meisten Organisationen. Wie lange soll man sich also an welchem Teilbereich der Organisation verorten, um relevante Aussagen treffen zu können? Ist eine Abteilung ausreichend? Eine Filiale? Soll die regionale Verwaltung hinzugezogen werden? Die nationale Zentrale? Die internationale Konzernmutter? Wie lange soll die Forschung überhaupt gehen? Keine dieser Fragen kann allgemein beantwortet werden, sondern die Antwort hängt von der Entwicklung der Fragestellung im Feld ab. Für gewöhnlich werden solche Fragen daher erst im Lauf der Feldforschung geklärt. Am Ende ist der *Zeitraum* meist kürzer als in der klassischen Ethnologie, da die logistischen Probleme und die zu überbrückende Fremdheit normalerweise geringer sind und fast nie die Sprache erlernt werden muss. In Forschungsanträgen und Projektplanungen wird üblicherweise ein Zeitraum zwischen zwei und sechs Monaten für eine teilnehmende Beobachtung angesetzt, doch diese Zahl ist relativ willkürlich. Längere teilnehmende Beobachtungen können sicherlich in einigen Fällen sinnvoll sein (wenn es zum Beispiel um das Erlernen eines Berufs geht), doch auch kürzere Feldforschungen von ein oder zwei Wochen, ja unter Umständen sogar von einem Tag können in der Organisationsforschung legitime Mittel der Wissenserzeugung sein (dass in diesem Fall einige Ethnologen allergisch reagieren, wenn eine solche Feldforschung dann noch „teilnehmende Beobachtung" genannt wird, muss dabei allerdings in Kauf genommen werden).

Während der Feldforschung erleichtert ein relativ bald angelegter *Zeitplan* die Organisation und bietet einen Stachel, der einen selbst zwingt, unbequeme Abteilungen, problematische Hierarchieebenen oder solche informellen Gruppen aufzusuchen, die mit der Gruppe verfeindet sind, mit der man sich selbst verbunden fühlt. Es kann auch sinnvoll sein, die Zeit der Forschung zu *portionieren*: So lassen sich Zwischenbilanzen erstellen und die persönlichen Belastungen, die mit dem Ausgeliefertsein in der Feldforschung einhergehen können, in Grenzen halten. Auch der kurzfristige Wechsel zwischen der eigenen und der fremden Lebenswelt (beispielsweise durch Heimfahrten an Wochenenden) kann fruchtbar sein, da sich hier immer wieder neue Perspektiven auf beide Welten erschließen. Viel zu selten genutzt wird die Möglichkeit, sich in der erforschten Organisation für ein oder zwei Tage von einem anderen Wissenschaftler besuchen zu lassen. Solche *Besuche* können Sehblockaden aufheben, schwierige persönliche Verstrickungen auflösen helfen sowie neue Impulse und Bestätigung geben. Der Besucher wird auch nach der Feldforschung ein wichtiger Ansprechpartner bleiben, wenn man das Gefühl hat, niemandem mehr richtig vermitteln zu können, „wie es da wirklich war" (zum Arbeiten in einem Forschungsteam vgl. auch Douglas 1976).

Wo und wie beobachte ich was?

Man kann und sollte die *Anfangseindrücke* so weit wie möglich festhalten, auch wenn man am Anfang eigentlich genug zu tun hat: Hier sieht man manchmal (wahrscheinlich seltener, als es der Mythos vom fremden Blick will) Dinge, die man nachher nicht mehr sieht oder nicht mehr erklärt bekommen muss. Welchen Situationen dann die besondere Aufmerksamkeit gilt, ist natürlich von dem Forschungsprojekt abhängig. Viele Feldforscher werten die Daten, die in *informellen Situationen* und in Momenten der *Nicht-Arbeit* gewonnen werden, besonders hoch, denn hier, so ihre Überzeugung, werden die wichtigen Entscheidungen vorbereitet und die entscheidenden Informationen gerüchteweise transportiert. In den offiziellen und inoffiziellen Pausen oder auch frühmorgens oder spätabends ergeben sich häufig Situationen, in denen man an Formen der kollegialen Vergemeinschaftung teilhaben oder mit einzelnen Organisationsmitgliedern unverbindlich allein reden kann. Versammlungen und Feiern können ebenfalls gute Orte für neue und alte Kontakte sein. Wichtig sind auch alle Möglichkeiten, Organisationsmitglieder im privaten Rahmen zu treffen: Hier wird mehr erzählt, sich anders gezeigt und vor allem Alkohol, eines der wichtigsten Elemente fast jeder Feldforschung in Europa, zu sich genommen. Weit weniger häufig, als solche Bereiche der Nicht-Arbeit als Ort der Forschung genutzt werden, sind sie allerdings das eigentliche Thema der Forschung.

Das Ziel vieler Organisationsforscher ist vielmehr die Erforschung der *Arbeit*, die mehr oder weniger im Rahmen von *formalen Regelungen* vollzogen wird: Richard Rottenburg (Graaf/Rottenburg 1989) hat darauf hingewiesen, dass in der Organisationsforschung die teilnehmende Beobachtung häufig eher auf eine „dabeistehende Beobachtung" hinausläuft, weil die spezialisierten professionellen Fähigkeiten, die für eine wirkliche Teilhabe an den Arbeitsabläufen nötig wären, sehr häufig kaum erlernt werden können. Doch auch ein längeres Dabeistehen erzeugt zumindest andere Daten, als ein vollkommen Fremder im Rahmen einer Betriebsbegehung gewinnen kann. Häufig gewählt wird auch die Teilhabe an verschiedenen Formen von Hilfsarbeiten, die insbesondere dann, wenn sie mit „dabeistehendem Beobachten" und neugierigen Nachfragen kombiniert werden, ein Gefühl für die Arbeitsabläufe vermitteln. Eine weitere Möglichkeit ist die Konzentration auf Meetings, in denen sich formale und informelle Ebenen mischen und in ihrer Vermischung stets wieder neu ausgehandelt und entwirrt werden müssen. Daneben bietet die Beobachtung formaler und informeller Formen der Initiation neuer Mitglieder in die Organisation oft einen Zugang zum spezifischen Organisationswissen. Und schließlich finden sich durchaus auch Beispiele, in denen Feldforscher einen Beruf erlernen – genannt sei hier nur der US-amerikanische Ethnologe Frederick C. Gamst, der in den 1970er Jahren in den USA Lokomotivführer wurde und dessen weitgehende Verschmelzung mit diesem Beruf seinen Schriften deutlich anzumerken ist (Gamst 1980).

Um sich während der Feldforschung nicht allzu sehr zu „verzetteln", kann es empfehlenswert sein, sich relativ schnell auf eine weitere methodische Fokussierung festzulegen. Viele Feldforscher konzentrieren sich dabei auf *Konflikte*, da sie davon ausgehen, dass sich an diesen Bruchstellen des Alltags viel über die Organisation und die Organisationsmitglieder erfahren lässt. Diese Vorliebe für konflikthafte und informelle Sachverhalte kann in manchen Fällen zu einer quasi-detektivischen Haltung führen: die geheimnisvolle Betriebssportgruppe oder die persönliche Vorgeschichte zu einem politischen Konflikt ... Weit seltener als im „Tatort" lassen sich solche Gerüchte beweisen, und noch seltener sind die verheimlichten Informationen auch die wissenschaftlich interessantesten. Nichtsdestotrotz bietet das systematische Verfolgen eines konflikthaften Prozesses über einen längeren Zeitraum die Möglichkeit, einen roten Faden in die Komplexität der gewonnenen Daten zu bringen (aber auch Konfliktfreiheit kann eine interessante Herausforderung sein).

Eine andere Möglichkeit ist die Methode der „*Andacht zum Unbedeutenden*".[5] Hierbei nimmt der Wissenschaftler eine kleine und scheinbar beiläufige Bagatelle und richtet sein ganzes Augenmerk darauf. In der Feldforschung hat ein solches Vorgehen oft den Vorteil, dass sich anhand eines solchen scheinbar harmlosen Themas gefährliche Themen ansprechen lassen, die sonst nicht möglich sind. Die Hochschätzung des Abseitigen kann jedoch zu nicht unerheblichen Verzerrungen in der Wahrnehmung führen.[6] Verwandte und hilfreiche Konzepte sind die *Analyse von symbolischen Selbstinszenierungen* der Organisation, die insbesondere dann, wenn auch die Reaktionen der Adressaten (oftmals der Organisationsmitglieder selbst) beobachtet und erfragt werden, einen guten Zugang bieten, sowie die *Situationsanalyse*, in der eine einzelne und einmalige Situation herausgegriffen und aufgrund des Kontextwissens, das sich der Wissenschaftler im Laufe der Forschung erworben hat, en détail analysiert wird (Gluckman 1958; für die Organisationsforschung einschlägig Kapferer 1969; als aktuelle Version Alvesson 1996).

Aufschreiben

Wie das alles aufschreiben? Es geht nicht, und so ist an dieser Stelle zunächst ein Hinweis auf die *Tristesse* des Tagebuchschreibens nötig: Nicht aufschreiben zu können, was man alles gesehen hat, nicht zu wissen, ob man das Richtige aufschreibt, dann wieder gar nichts zu sehen ... jeder Feldforscher wird das kennen. Genauso oft kann es aber auch zu *euphorischen Zuständen* kommen: Alles wird bedeutend, alles wird aufschreibenswürdig, umgeben von einer Art Feldforschungsglanz – ein berauschender, aber auch ein gefährlicher Zustand. Ein wenig Handwerk hilft, auch in solchen Situationen auf dem Teppich zu bleiben. So ist es sinnvoll, in oder direkt nach den Situationen, die man gezielt beobachtet, zu *skribbeln*: Kleine Notizen, Zitatfetzen und eigene Bemerkungen werden dabei ungeordnet als Erinnerungsstütze möglichst schnell nach dem beobachteten Sachverhalt aufgeschrieben. Der zweite Schritt ist für gewöhnlich das *Ausformulieren im Forschungstagebuch*. Hier ist es wiederum eher eine Frage des persönlichen Stils, wieweit man Ereignisse, die man erlebt hat, bereits zu fertigen Geschichten zusammenmontiert und wieweit man nur notiert, was man tatsächlich gesehen hat. Ein realitätsnaher und wenig interpretierender Stil des Ausformulierens hat den Vorteil, dass man hier weniger Interpretation unkontrolliert und eventuell verfrüht in das Tagebuch einfließen lässt, kann aber den Nachteil haben, dass man sich später während der Auswertung mit einem allzu rohen und kaum noch verständlichen Datenmaterial konfrontiert sieht (vgl. van Maanen 1995; eine ausführliche Diskussion zum Thema Feldnotizen bietet Emerson 1995; in Sanjek 1990 finden sich persönliche Berichte von Ethnologen zu dem Thema).

Es ist sinnvoll, ein *Zitierungssystem* für das Kontinuum der Zitathaftigkeit, das ein Tagebuch prägt, zu entwickeln. So können Zitate, die auf geskribbelten Notizen beruhen und daher mit einem höheren Wahrscheinlichkeitsgrad dem ursprünglichen Wortlaut ähneln, anders gekennzeichnet werden als im Nachhinein rekonstruierte Gesprächssequenzen. Aussagen, die im direkten Gespräch mit dem Wissenschaftler entstanden sind, sollten anders gekennzeichnet werden als Aussagen, die im Rahmen eines Gesprächs entstanden sind, an dem mehrere Personen beteiligt waren oder an dem sich der Wissenschaftler überhaupt nicht beteiligt hat. Es ist auch oft sinnvoll, die Sätze, die als Antwort auf eine direkte Nachfrage fallen, in besonderer Weise auszuweisen. Das Zitierungssystem und die Form der Kennzeichnung der unterschiedlichen Formen von Zitaten (Kürzel, verschiedene Anführungszeichen, indirekte Rede usw.) sollten auf die eigenen Bedürfnisse und den eigenen Schreibstil zugeschnitten sein. Dabei gilt aber: Je früher ein solches System entwickelt wird und je einheitlicher es durchgehalten wird, desto einfacher ist es später, sich in der Vielfalt dessen zurechtzufinden, was im Forschungstagebuch zwischen Anführungszeichen steht.

Ein eigenes System gilt es auch zu entwickeln, um verschiedene zusätzliche Schreibgenres im Tagebuch zu kennzeichnen. Ein Bereich des Tagebuchs oder eventuell ein zweites Tagebuch sollte für die *persönlichen Gefühle und Erfahrungen* reserviert sein: Dies dient nicht nur der Seelenhygiene, sondern eventuell auch späteren Interpretationen. Wiederum einen anderen Bereich des Tagebuchs sollte man für *Ideen und theoretische Erwägungen* reservieren. Solche ersten Hypothesen haben später einen eigenen Wert: Weil sie direkt im Forschungssetting selbst entstanden sind, ist davon auszugehen, dass sie erfahrungsnäher sind als so manche Idee, die später am Schreibtisch entsteht. Je nach Forschungsstil lassen sich in diesem Buch nicht nur die Aufstellung, sondern auch die

Falsifikation, Modifikation oder Verifizierung von Hypothesen dokumentieren. Schließlich sollte man mit einem weiteren Schreibsystem die systematische Planung fördern. So hat es sich bewährt, am Ende jedes Feldforschungstags die nächsten Schritte in einem Forschungskalender festzuhalten: Fragen, denen am nächsten Tag oder in der nächsten Woche nachgegangen werden soll, haben darin ebenso ihren Platz wie Termine mit den Erforschten oder wichtige Anlässe im Feld.

Das Tagebuchschreiben ist abends nach Feierabend kaum zu bewältigen. Es ist daher wichtig, dass man sich innerhalb der Organisation *Zeit und Raum fürs Schreiben* schafft. Dies hat auch den nicht zu unterschätzenden hilfreichen Nebeneffekt, dass die Erforschten hier sehen können, was ethnographische Arbeit bedeutet – das kann an einem von Arbeitsethos geprägten Ort sehr hilfreich sein. Der Ort sollte aber auch nicht allzu öffentlich sein. Konzentriertes Schreiben sollte möglich sein. Je nach Gusto kann man auch an einem PC Tagebuch schreiben. Dafür spricht, dass dies das übliche Schreibsystem in vielen modernen Organisationen ist und dass man so die Daten am Ende der Forschung bereits in digitaler Form vorliegen hat. Dagegen können aber so banale Dinge wie das Klappern der Tastatur sprechen, denn dieses verbreitet sofort in der umliegenden Umgebung, ob man gerade etwas aufschreibt oder nicht. Bei einem elektronischen Tagebuch stellt sich auch das Problem des *Schutzes des Tagebuchs* in besonders starkem Maße: Die Erforschten kommen oft in Versuchung, „mal zu gucken, was der da immer so schreibt". Dies ist nicht nur für den Wissenschaftler ein heikles Problem. Im Tagebuch stehen viele Sätze, die in Abwesenheit anderer geäußert wurden. Das Tagebuch Person X lesen zu lassen, kann unter Umständen einen Vertrauensbruch gegenüber Person Y bedeuten. Mit einem Tagebuch, das man einfach mit sich herumtragen kann, lässt sich dieses Problem einfach umgehen. Einige Feldforscher versehen unter anderem deswegen ihre Erforschten bereits im Tagebuch mit Pseudonymen. Da auf diese Weise allerdings für jeden Erforschten im Feld immer zwei Namen parat sein müssen, ist dies oft nur bei kleineren Gruppen möglich.

3 Dateninterpretation und Feedback

Einen kleinen Stapel Kassetten und Fotokopien, einen großen Stapel Tagebücher (bzw. einige Disketten) und eine Menge persönlicher Erinnerungen in eine wissenschaftliche Arbeit zu verwandeln fällt vielen Feldforschern schwer. Angst vor der *Wiederbegegnung mit dem Material* vermischt sich mit Skrupeln, das Falsche daraus zu machen, und dem Unwillen, die Kohärenz des Materials zu zerreißen. Was ist den Tagebüchern überhaupt noch hinzuzufügen? Eine rein thematische Sortierung des Materials scheint lediglich die temporäre Struktur der Daten zu zerstören (das, was man am Anfang gesehen hat, ist oft nicht mit dem zu vergleichen, was man am Schluss der Feldforschung herausbekommen hat, und entsprechend sind die Daten der folgenden Feldforschungen immer auch durch den impliziten Vergleich mit den vorangegangenen Feldforschungen gefärbt). Zudem kann es ein merkwürdiges Gefühl sein, sich selbst zu lesen und später zu interpretieren. Meist bleibt das Material daher eine Weile liegen. Wie nach dieser Phase ein erneuter Zugang zum Material gewonnen wird, kann ganz unterschiedlich sein: Manche lesen die Tagebücher wieder und wieder und erproben dabei Schritt für Schritt ihre Thesen. Andere tippen es ab und verschlagworten es systematisch. Andere versuchen, mittels Karteikarten, Auswertungsprogrammen, visualisierenden Clusterbildungen oder quantitativen Analysen einen Zugang zu gewinnen (Miles/Hubermann 1984; Hobbs/May 1994). Wieder andere suchen sich einzelne Passagen heraus und interpretieren sie en détail. Jedes dieser Verfahren hat seine Vor- und Nachteile. (Für die Organisationsforschung systematisch dargestellt wurde ein Prozess der Dateninterpretation in der Monographie über ein Wiener Krankenhaus von Erna Szabo 1998.)

In der ethnologischen Organisationsforschung hat sich mittlerweile die Ansicht weitgehend durchgesetzt, dass in der Interpretation der Daten *reflexive Überlegungen* eine große Rolle spielen müssen, auch wenn diese nicht unbedingt in der Textualisierung vorkommen. Die Frage, wieso die Erforschten in dieser Weise auf den Forscher reagierten und welche Gegenreaktionen dies aufseiten des Forschers hervorrief, führt oft zu wichtigen empirischen Resultaten der Feldforschung. Der erste Teil dieser Frage hat bereits das Team der „Hawthorne Studies" zu fruchtbaren Ergebnissen geführt. Dass auch der zweite Teil der Fragestellung interessant sein kann, hat in der Organisationsforschung am konsequentesten Dorinne Kondo (1990) in ihrer Monograhie über eine japanische Großkonditorei vorgeführt. Man kann den Verlauf der Feldforschung auch zum Anlass nehmen, einen analytischen Blick auf die eigenen Vorlieben und Erwartungen zu richten, die man von vornherein in die Feldforschung mitgebracht hat. Der Blick auf die eigenen Gefühlslagen, theoretischen Höhenflüge, Fokussierungen und blinden Flecken kann Informationen für die Analyse des eigenen Denkschemas liefern, das wiederum eng mit dem fachspezifischen Denkstil und der Struktur des wissenschaftlichen Feldes verbunden ist (Bourdieu 1993).

Die Darstellung der Ergebnisse der Analyse von Daten, die mittels teilnehmender Beobachtung gewonnen wurden, steht immer vor einem *Glaubwürdigkeitsproblem*: War es wirklich so, wie es der Forscher behauptet? Um diesem Problem zu begegnen, nutzen Feldforscher nach Ansicht von John van Maanen, der seit den 1960er Jahren Polizisten mittels teilnehmender Beobachtung untersucht hat, immer eine von drei Textstrategien, die er „realist" („die Organisation ist so und so ..."), „confessional" („in der Organisation war ich so und so ...") oder „impressionist" („ich war mal auf einem Meeting, da ist Folgendes passiert ...") nennt (van Maanen 1988; dazu auch van Maanen 1995). Auch die Darstellung der Rohdaten stellt den Feldforscher vor Probleme: Manche Feldforscher ziehen es vor, sich im Text in zwei Stimmen zu spalten und die originalen Tagebuchpassagen gesondert auszuweisen und dann zu analysieren, andere wiederum schreiben einen geschlossenen Text, der Tagebuch und Analyse in eins verschmilzt. In der Ethnologie der 1980er und 1990er Jahre wurde vor allem die Frage diskutiert, wie und in welcher Form die Erforschten eine Stimme im Text finden (Atkinson 1990):[7] Die Ethnologin Judith Stacey (1990) hat vor der Publikation von weiblichen Biographien aus dem Silicon Valley (es handelt sich also nicht um eine Organisationsforschung) die Kommentare der Erforschten zu ihrem Text eingeholt und diese dann als letztes Kapitel abgedruckt – mit dem Resultat, dass die Erforschten ihren Ergebnissen teilweise heftig widersprochen haben.

Auszuhalten, dass einzelne Personen aus dem Feld die Meinung des Wissenschaftlers über dieses Feld nicht teilen, ist eine weitere wichtige Fähigkeit des Ethnographen. Wenn diese Menschen während der Feldforschung dem Forscher nahe standen, vielleicht sogar wichtige Gewährsleute waren, kann dies den Feldforscher vor nicht unerhebliche innere Konflikte stellen. Dieser innere Konflikt beginnt bereits während der Auswertungsphase, in der der Feldforscher oft in einer Art innerem Dialog mit den erinnerten Erforschten steht. In seiner dramatischen Variante werden in diesem imaginierten Kontakt Kämpfe um Loyalität und Verrat von Shakespeare'schen Ausmaßen ausgefochten. Natürlich ist es ein wichtiger

Teil der Ethik der Feldforschung, dass man mit dem, was man sagt, den Erforschten keinen Schaden zufügt. Dies gilt insbesondere dann, wenn sich in der Organisation größere Veränderungen anbahnen. Allzu große Ängste vor den *Auswirkungen der eigenen Aussagen* können allerdings auch das Resultat einer narzisstischen Größenphantasie des Forschers sein, mit der er die eigene Unwichtigkeit im Feld kompensiert: Abgesehen davon, dass im Feld sowieso kaum jemand liest, was der Forscher schreibt, sollte man nicht denken, dass die Erforschten dem, was man zu sagen hat, hilflos ausgeliefert sind. Die Erforschten haben dem Forscher bei der Feldforschungsarbeit zugesehen und wissen daher, wie subjektiv seine Ergebnisse sind. Wenn es dem Wissenschaftler wirklich wichtig ist, dass seine Ergebnisse zu praktischen Veränderungen führen, kann es daher sinnvoll sein, diese Ergebnisse durch eine kleine Umfrage oder einige Experteninterviews glaubhafter zu machen. Selbst dann aber gilt: Meist zählt im Feld im Zweifelsfall eher das Wort der Erforschten als das Wort des Forschers.

4 Anwendungsbeispiel

Abschließend werden zwei Feldforschungen dargestellt, die ich in zwei Filialen einer Kaufhauskette (im Folgenden „Wertpreis" genannt) durchgeführt habe. Beide Filialen liegen in den Fußgängerzonen zweier mittelgroßer deutscher Städte (im Folgenden Bergstadt und Landstadt genannt). In beiden Feldforschungen interessierte ich mich dafür, wie die jeweils ca. 45 Kassiererinnen, Lagerarbeiterinnen und Verkäuferinnen miteinander umgingen und welche alltäglichen Formen der Vergemeinschaftung sie dabei entwickelten. Schwerpunkt der Forschung war in beiden Fällen die *gemeinsam verbrachte Arbeitspause*. Ich saß daher in möglichst vielen Pausen mit am Tisch, habe den Gesprächen zugehört, manchmal mitgeredet und regelmäßig an der alltäglichen Organisation der Pause (vom Kaffeekochen bis zum Aschenbecherleeren) teilgehabt. Trotz dieser ähnlichen Ausgangslage nahmen die beiden Feldforschungen einen sehr unterschiedlichen Verlauf, den ich im Anschluss an die Darstellung meines Vorgehens kurz skizzieren werde, um im Vergleich der beiden Verläufe einige Probleme zu demonstrieren, mit denen man in einer auf teilnehmender Beobachtung basierenden ethnographischen Feldforschung konfrontiert wird.

Die Improvisation einer Methode

Mit der Feldforschung begonnen habe ich in der Filiale in *Bergstadt*. Hier verbrachte ich insgesamt fünf Monate, die sich auf einige kürzere, zwischen einer und vier Wochen umfassende Zeitabschnitte über einen Zeitraum von zwei Jahren verteilten. Ich war wochentags von 8:30 bis 18:30 Uhr im Betrieb und nahm dabei an möglichst vielen Pausen im zentralen Pausenraum teil. Nach einem Jahr begann ich mit der zweiten Feldforschung in der Filiale in *Landstadt*. Hier verbrachte ich insgesamt drei Monate im Betrieb, wiederum verteilt über einen Zeitraum von eineinhalb Jahren. Aus Gründen, auf die ich später noch näher eingehen werde, fand ich im Pausenraum im Hauptgebäude keinen ausreichenden Kontakt. Nach ca. zwei Wochen verlegte ich mich darauf, fast nur noch in einem sehr viel kleineren und abseits gelegenen Pausenraum in einem Nebengebäude zu forschen (ein solches Nebengebäude und damit einen zweiten Pausenraum gab es nur in Landstadt). Dort waren meine wichtigsten Ansprechpartner Lagerarbeiterinnen. Ihren Teilzeit-Arbeitszeiten entsprechend war ich in Landstadt wochentags nur von 8:00 bis 15:00 Uhr im Betrieb. In Bergstadt versuchte ich, so viele Pausengruppen zu besuchen, wie ich konnte. Es gab zwei halbstündige Pausenschichten zur Mittagszeit, zwei kürzere Pausenschichten nachmittags, die Pausen vor und nach der Arbeitszeit (auch dies sind Pausen, wenn man in Rechnung stellt, dass die Frauen vor und nach der Arbeitszeit im Kaufhaus als Hausfrauen arbeiteten) sowie einige eher lose gestreute Pausen der Teilzeitler und die ebenfalls unregelmäßig stattfindenden Raucherpäuschen kleinerer Gruppen. In Landstadt teilte ich dagegen den Arbeitsrhythmus der Lagerarbeiterinnen und besuchte nur die Pausen, die sie selbst machten.

Während der Pausen selbst habe ich nie *Notizen* gemacht, denn ein solchermaßen offensichtlich Feldforschungsarbeit verrichtender Forscher hätte die Pausenatmosphäre zu sehr gestört. Jeweils direkt im Anschluss an die Pause notierte ich alles, was mir aufgefallen war: die täglichen kleinen Variationen in der Sitzordnung, die Organisation des Kaffeekochens, kleine Gesten der Höflichkeit, Gesprächsthemen oder einzelne Sätze, die ich mir gemerkt hatte … Zunächst machte ich mir hierfür ungeordnete Notizen, auf deren Basis ich dann einen geschlossenen und so weit wie möglich erzählenden Text erstellte. Pro Pause, die zwischen 20 und 35 Minuten währte, brauchte ich hierfür zwischen einer halben und zwei Stunden. Mit der Zeit stieg meine Fähigkeit, im Nachhinein auch längere Sequenzen zu rekonstruieren. Mein Ziel war es darüber hinaus, den Anteil der implizit eingestreuten Ad-hoc-Interpretationen immer weiter zu verringern. Hypothesen, Ideen und theoretische Überlegungen notierte ich in gesondert ausgewiesenen Passagen ins Tagebuch. Ebenso hielt ich es mit Vorsätzen für den weiteren Forschungsverlauf. Das Tagebuch habe ich jeweils an einem anderen Ort als dem Pausenraum geschrieben. In Bergstadt war dies ein abgelegener Tisch im Kaufhausrestaurant, der weit genug entfernt von der Ecke des Restaurants lag, die den Raucherinnen unter den Verkäuferinnen und Kassiererinnen als Ort für ihre kurzen Raucherpausen diente. In Landstadt schrieb ich in einem kleinen abgetrennten Bereich des Lagers, der als Büro genutzt wurde, Tagebuch. An beiden Orten war ich für die Beschäftigten sichtbar. Damit wollte ich erreichen, dass keine Atmosphäre der Heimlichkeit entstand. Zugleich wurde dadurch, dass ich hier oft stundenlang schreibend über mein Heft gebeugt saß, meine eigene wissenschaftliche Arbeit für die Beschäftigten direkt und physisch erfahrbar. Dies hielt ich für wichtig, um nicht den Eindruck zu erwecken, ich sei einer dieser Praktikanten, die sich um die Arbeit drücken. Was ich tagsüber nicht schaffte, trug ich abends nach. Als Tagebuch dienten kleine DIN-A5-Hefte, die ich im Wertpreis kaufte und von denen ich ein bis zwei Hefte pro Tag füllte.

Bereits in den ersten Gesprächen mit den Verkäuferinnen, Kassiererinnen und Lagerarbeiterinnen thematisierte ich meine kritische Haltung gegenüber den aktuellen Maßnahmen des Managements und meine Distanz gegenüber dem Geschäftsleiter. Eine solch *eindeutige Positionierung* mag zwar in einigen Situationen verfälschend gewirkt haben, weil die Informantinnen mir bestimmte Sachen nicht und andere genau deshalb erzählt haben. In jedem Fall hätte ich mich aber einer Positionierung kaum entziehen können. Junge Männer sind im Wertpreis meist „Assistenten" – also Auszubildende, die sich auf ihre zukünftige Laufbahn als Geschäfts- oder Bereichsleiter vorbereiten. Studierende sind im Wertpreis nur in Form von BWL-Studenten präsent, die hier Praktika absolvieren. Um den Bildern, die mit dem „jungen Mann" als zukünftigem Geschäftsleiter und dem „schreibenden Studenten" als zukünftigem Manager verbunden sind, etwas entgegenzusetzen, schien es mir wichtig, starke und eindeutige Töne zu wählen. So wichtig mir die Offenheit der Feldforschung auch war, blieb ich unsicher, ob ich die Erforschten mein Tagebuch lesen lassen sollte. Wenn Nachfragen nach meinem Tagebuch kamen, reagierte ich zögerlich – dem Klang meiner Stimme war sicherlich anzumerken, dass mir dies ziemlich unrecht gewesen wäre. Mindestens einmal versuchten aber einige der Beschäftigten, das Tagebuch heimlich zu lesen. Manchmal habe ich ausgewählte Passagen aus dem Tagebuch vorgelesen. Dabei stieß ich auf Verwunderung, gepaart mit einem gewissen Unwohlsein: „Du schreibst ja wirklich alles auf, was wir sagen."

In der Zeit, in der ich nicht in der Pause saß oder Tagebuch schrieb, half ich bei der *Arbeit*. In Bergstadt erhielt ich zunächst für jeden Tag, den ich im Betrieb anwesend war, den Lohn für vier Arbeitsstunden einer Aushilfskraft. Nach drei Monaten bin ich dann aber dazu übergegangen, ohne Vergütung mitzuarbeiten, weil meine Tagebuchnotizen immer mehr Zeit beanspruchten und ich daher zunehmende Schwierigkeiten hatte, das Pensum von vier Stunden regelmäßig zu bewältigen. In Landstadt hatte ich von vornherein den Status eines Praktikanten ohne Lohn. In beiden Fällen waren die Phasen der Arbeit sporadisch, die damit einhergehenden Erfahrungen oberflächlich und mein Tätigkeitsspektrum einer Aushilfskraft entsprechend. Typische Tätigkeiten waren: Waren einsortieren, Regale auf- und abbauen, Kartons auspacken, die Papierpresse bedienen. Bereits das Kassieren stellte sich als eine so schwierige Tätigkeit heraus, dass ich sie nur selten und unter erleichterten Bedingungen als kurzfristiger Springer bewältigen konnte.

Trotz diesen Einschränkungen waren auch die Phasen der Mitarbeit für die Feldforschung wichtig. In der Anfangsphase, als die Art der Feldforschungsarbeit selbst für die Frauen noch wenig bekannt war, legitimierte sie meine Anwesenheit im Betrieb. Später war diese Arbeit eine kleine, freilich eher symbolische Gegengabe dafür, dass ich so bereitwillig in die Pausenrunde aufgenommen wurde. Zugleich konnte ich so zumindest ansatzweise nachvollziehen, wovon sich die Beschäftigten in der Pause erholen. Mein Status als Springer ermöglichte es mir, auch die „andere Seite" der Pause kennen zu lernen, da ich so zumindest teilweise auch in die Bewältigung der Besetzungslücken, die durch die Pause von Beschäftigten entstehen, eingebunden war.

Ein weiterer wichtiger Effekt dieser Mitarbeit war, dass ich dabei immer wieder neue Kontakte knüpfen konnte. In den labyrinthischen Gängen des Lagers, am Sortiertisch für neu eingetroffene Waren, in abgelegeneren Bereichen des Ladens beim Absortieren der Waren, an der Kundeninformation oder an Doppelkassen zu Zeiten geringen Kundenverkehrs ergaben sich oft intimere Gesprächsmöglichkeiten als in der Pause. Vor allem in Bergstadt, wo die Pause meist in großen gemeinsamen Gruppen verbracht wurde, waren diese Gespräche ein weiteres Standbein der Feldforschung. Während ich also die Arbeit selbst und den so genannten Buschfunk (so nannten die Verkäuferinnen und Kassiererinnen in Bergstadt die vielen kleinen Kommunikationskanäle, über die sich während der Arbeit vor allem der neueste betriebsinterne Klatsch rasend schnell verbreitet) nicht systematisch in Form der teilnehmenden Beobachtung erforschte, nutzte ich doch die teilweise intimeren Situationen während des Arbeitens für viele Gespräche zu allerlei Themen, die mich interessierten. Auch diese Gespräche notierte ich anschließend aus dem Gedächtnis so wörtlich wie möglich in mein Tagebuch. Diejenigen Passagen, in denen die Aussagen der Erforschten auf mein gezieltes Nachfragen zustande kamen, versah ich dabei mit dem Kürzel „NF" (= Nachfrage).

Neben diesen Notizen habe ich in Bergstadt 20 jeweils ca. halbstündige *Pausengespräche auf Tonband* aufgezeichnet. Dabei habe ich das Tonband offen auf den Tisch gelegt und jedem angeboten, es jederzeit abzuschalten. Dass mir dies gestattet wurde und dass ich zudem den Eindruck hatte, dass sich die Pausengespräche durch das Tonband kaum veränderten, schien mir ein großer Vertrauensbeweis. In Landstadt habe ich nicht gewagt zu fragen, ob Gleiches möglich wäre. Flankierend zur Forschung im Betrieb habe ich abends entweder in einer Gastwirtschaft oder in den Wohnzimmern und Küchen der Gewährsfrauen offene, unstrukturierte *Interviews* geführt. Themen waren aktuelle Tagesereignisse, Klatsch und Geschichten von früher. Weiterhin habe ich mir die Logik einiger informeller Regelungen erklären lassen: etwa die Frage, wer wann wie viel von wem geschenkt bekommt oder wer wann Kaffee macht. Schließlich führte ich Expertengespräche zu Themen der betrieblichen Organisation. All diese Interviews nahm ich auf Tonband auf. Darüber hinaus habe ich in Bergstadt an einigen *abendlichen Aktivitäten* – selbst organisierten Betriebsfesten, Stadtfesten, Karnevalsumzügen, Videoabenden, Disco-Besuchen, Gewerkschaftsbesuchen und Abteilungsessen – teilgenommen. In Landstadt bot sich diese Möglichkeit nicht, vor allem deshalb, weil es solche Aktivitäten in Landstadt generell kaum gab.

Der Verlauf der Feldforschungen

Die Belegschaft bestand in beiden Filialen jeweils ungefähr zur Hälfte aus Verkäuferinnen, zu einem Viertel aus Kassiererinnen, drei bis fünf Lagerarbeiterinnen, einigen Bürokräften, Abteilungsleitern, Assistenten und einem Geschäftsleiter. Die Feldforschungen in Bergstadt und in Landstadt nahmen einen sehr unterschiedlichen Verlauf. Während sich in Bergstadt mit einem großen Teil der Belegschaft ein offener und persönlicher Kontakt entwickelte, gelang mir dies in Landstadt nur bei einigen wenigen Lagerarbeiterinnen. Dies lag zunächst daran, dass in Bergstadt alle Kassiererinnen, Verkäuferinnen und Lagerarbeiterinnen (also ca. 75 Prozent der Belegschaft) in einem Raum Pause machten, während im Pausenraum des Ladens in Landstadt deutlich weniger los war (dies lag u. a. an einem unterschiedlich weit fortgeschrittenen Grad der Arbeitszeitflexibilisierung) und ich nur in einem zweiten kleinen Pausenraum des Warenlagers, der in einem anderen Gebäude untergebracht war, das fand, was ich suchte: eine regelmäßige und üppige Pausenkultur, intensives kollegiales Miteinander in der Pause, womöglich noch versetzt mit einer Prise Widerständigkeit gegenüber dem Betrieb. So unbefriedigend dies sein mag: Die Anwesenheit von etwas lässt sich nun einmal einfacher erforschen als die Abwesenheit von etwas. Diese Entscheidung habe ich aber nicht allein getroffen. Auch für die Erforschten ist es wahrscheinlich einfacher, wenn sie nicht als defizitäre Wesen, sondern als aktive Erzeugerinnen von etwas Erforschenswertem dastehen: nicht nur, weil sie mir wahrscheinlich anmerkten, dass mir gefiel, was sie taten, sondern auch, weil ihnen gefiel, dass ich das suchte, was ihnen wichtig war.

Ein weiterer wichtiger Grund für den unterschiedlichen Verlauf der Feldforschung war der Feldeinstieg. In Bergstadt war die *Türöffnerin* Rose, die Betriebsratsvorsitzende. Ich kannte sie aus einem gewerkschaftlichen Fortbildungsseminar für Betriebsräte, in dem ich als Trainer gearbeitet hatte. Rose war daher nicht nur für meine Fragen offen, sondern unterstützte mich auch, wo es nur ging. In einem Betrieb wie dem in Bergstadt, in dem der

Betriebsrat eine herausragende Rolle spielt und der einen für den Einzelhandel ungewöhnlich hohen gewerkschaftlichen Organisationsgrad von über 80 Prozent hat, ist ein solcher Feldeinstieg ein nicht zu unterschätzender Vorteil. Rose stellte den Kontakt zur Geschäftsleitung her, hielt während der ganzen Forschung ihre schützende Hand über mich und wurde zudem meine wichtigste Gewährsfrau. Wen Rose mag, der ist in Bergstadt sozusagen von vornherein in das soziale Netz des Betriebs integriert. Um sie herum gruppierte sich eine Clique von Frauen, die sich selbst als den „harten Kern" bezeichneten und die das soziale Leben im Betrieb ungewöhnlich stark dominierten, obwohl es auch hier natürlich andere Cliquen und, eher selten, Ablehnung gab. Zugleich war Rose Chefin der Kundeninformation und der Kassenaufsicht. Sie hatte somit eine zentrale Rolle bei der alltäglichen Organisation der Arbeitsabläufe – auch dies wiederum erleichterte meine Forschung in hohem Maß.

Ganz anders verlief der Einstieg in den Betrieb in Landstadt. Vermittelt über den Geschäftsleiter aus Bergstadt, nahm ich Kontakt mit dem Geschäftsleiter in Landstadt auf. Der Versuch, gleichzeitig auch einen Kontakt zum Betriebsrat herzustellen, verlief im Sande, weil der Betriebsrat in Landstadt im Betrieb kaum präsent war und sich zudem eng mit der Geschäftsleitung identifizierte. Ohne eine solche „natürliche" Andockmöglichkeit an einen Betriebsrat entwickelte ich in Landstadt eine starke Abgrenzungsrhetorik gegenüber dem Chef, die wahrscheinlich alles noch viel schwieriger machte, denn dadurch verstärkte ich das Misstrauen nur noch und verübte zudem wahrscheinlich eine Art Affront gegen den eigenen Chef. Dass ich die Feldforschung an den vorangegangenen, sehr angenehmen Erfahrungen in Bergstadt maß, machte diese Situation für mich noch unangenehmer. Dass die Forschung schließlich auch in Landstadt zumindest zu einem Teilerfolg wurde, lag vor allem an Conny, einer Frau, die mir gegenüber eine ähnliche Rolle einnahm wie Rose in Bergstadt: Sie hielt immer die schützende Hand über mich, da ihr offensichtlich gefiel, was ich sagte. Diese schützende Hand war im Bereich des Lagers stark genug, da sie hier die Vorarbeiterin war und auch informell einen hohen Status hatte – freilich war dies eine kleine Gruppe, die gegenüber dem Betrieb eher eine Außenseiterposition einnahm.

Dass eine direkte verbale Auseinandersetzung mit den Verkäuferinnen und Kassiererinnen im Hauptgebäude in Landstadt, die ich letztendlich nicht erforscht habe, nicht stattfand, wird nicht weiter verwundern: Schließlich handelt es sich hier nicht um eine Selbsterfahrungsgruppe von Sozialpädagogen, die es gewöhnt sein mögen, Konflikte direkt und persönlich anzusprechen. Dennoch gab es eindeutige Signale der Ablehnung. Wenn man einmal in einer weitgehend schweigenden Pausenrunde gesessen hat, löst sich das Problem des Ausschlusses von selbst – in der Regel wird man versuchen, diese Erfahrung nicht zu wiederholen. Im Nachhinein denke ich, in einigen Fällen zu früh aufgegeben zu haben: Vertrauen stellt sich schließlich erst dann her, wenn man durch einige Feuerproben hindurchgegangen ist. Solche Gedanken im Nachhinein sind aber freilich eben nur Gedanken im Nachhinein. Während der Feldforschung war ich damit beschäftigt, einen halbwegs sicheren Ort zu finden, von dem aus ich meine Forschungen durchführen konnte: Kraft für zusätzliche Mutproben hatte ich nur selten zur Verfügung.

Qualitative Feldforschungen tendieren immer dazu, dass man dort forscht, wohin das Feld einen trägt. Im Text wird dieser *Prozess des gegenseitigen Sich-Findens* dann oft getilgt, und diejenigen, mit denen sich kein gutes Verhältnis ergeben hat, werden nicht mehr erwähnt oder bilden höchstens noch eine mehr oder weniger implizite negative Kontrastfolie. Im hier beschriebenen Forschungsprojekt ließ sich der fehlende Kontakt zu Teilen der

Belegschaft aber nicht verbergen, da ich durch das vergleichende Szenario immer wieder auf die Lücken der Feldforschung gestoßen wurde. Die Feldforschung in Bergstadt nahm einen ungewöhnlich angenehmen und offenen Verlauf (ich selbst habe in den dieser Arbeit vorangegangenen Feldforschungen im Betrieb nie eine derartig offene und angenehme Feldforschungsatmosphäre kennen gelernt). Somit ist der Vergleich der beiden Feldforschungen auch ein wenig unfair: Für sich allein genommen entspricht der Verlauf in Landstadt durchaus der „Normalität", wie ich sie aus vorangegangenen Forschungen in anderen Betrieben und auch aus Erzählungen anderer Betriebsethnographen kenne.

5 Möglichkeiten und Grenzen der Methode

Möglichkeiten und Grenzen der Methode lassen sich nicht klar bestimmen, denn eine Feldforschung, die sich lediglich aus „Teilnahme" und „Beobachtung" zusammensetzt, gibt es fast nicht. Bereits in den anfänglich dargestellten frühen Studien wurde die teilnehmende Beobachtung als Teil eines weiter gestreuten *Methodenmixes* eingesetzt. Dies ist bis heute so geblieben. Fast alle Organisationsforscher, die mit der Methode der teilnehmenden Beobachtung arbeiten, setzen in irgendeiner Form andere Methoden wie themenzentrierte Interviews, Aktenanalyse, Analyse der Artefakte, Mind-Maps oder Gruppendiskussionen ein. Oft werden diese zusätzlichen Methoden allerdings nicht als solche ausgewiesen, sondern einfach in die Methode der teilnehmenden Beobachtung eingebaut. Teilnehmende Beobachtung ist entsprechend auch heute noch fast immer das Herzstück eines größer angelegten Forschungsprogramms, das wahlweise *Feldforschung* oder *Ethnographie* genannt wird[8] und in dem sich verschiedene qualitative (und auch zuweilen auch quantitative; vgl. z.B. Sieber 1973) Zugänge vereinen, um soziale Zusammenhänge – in diesem Fall Organisationen oder soziale Zusammenhänge innerhalb von Organisationen – besser verstehen zu lernen. Weitgehend durchgesetzt hat sich dabei die Auffassung, dass erstens jede Anwesenheit eines Wissenschaftlers im Feld zu einem gewissen Grad teilnehmend ist, dass zweitens jede Teilnahme wechselseitige Effekte hat – die Anwesenheit des Wissenschaftlers hat nicht nur Auswirkungen auf das untersuchte Feld (auch dies hatten ja bereits die „Hawthorne Studies" gezeigt), sondern das Feld bestimmt auch die Forschungspraxis des Wissenschaftlers – und dass drittens solche wechselseitigen Effekte nicht einfach nur Störfaktoren, sondern ein zentrales Mittel der Erkenntnis sind (vgl. Lindner 1981).

Wie weit im Rahmen dieses Forschungsprogramms eine solche Teilnahme dann geht, kann sich sehr unterschiedlich gestalten. Teilnahme kann sowohl heißen, dass der Forscher eine bestimmte Rolle, die im Feld vorhanden ist, möglichst weitgehend übernimmt, als auch, dass er sich eine neue Rolle zuweisen lässt, die allseits akzeptiert ist. Es kann heißen, dass der Forscher es schafft, möglichst unsichtbar bei den verschiedensten sozialen Ereignissen anwesend zu sein, es kann aber auch bedeuten, dass er interveniert, nachfragt und sich einmischt, um etwas herauszubekommen.[9] Der Forscher kann sich im Feld auf sehr persönliche und vertraute Beziehungen zu einzelnen Informanten einlassen; es kann aber auch nur bedeuten, dass der Forscher es vermag, sich in bestimmten öffentlichen Foren adäquat zu bewegen. Es gibt sehr viele Formen von Teilnahme, und meistens werden Feldforscher nicht nur auf eine der oben genannten Arten teilnehmen, sondern auf mehrere. Die Unterscheidung zwischen nicht-teilnehmender Beobachtung und teilnehmender Beobachtung ist daher nicht aufrechtzuerhalten: Eher handelt es sich um ein *mehr oder weniger Teilnehmen*, das mit der Anwesenheit einhergeht – und dies dann auch noch in unterschiedlichen Zusammenhängen und unterschiedlichen Situationen zu unterschiedlichen Zeitpunkten auf unterschiedliche Weise. Wichtig ist daher, dass der Forscher seine *spezifische Form von Teilnahme* im Text später möglichst genau ausweist – allein das Schlagwort „Teilnahme" reicht zur Beschreibung der Methode nicht aus (vgl. dazu auch Gold 1958).

In jedem Fall gilt: Je teilnehmender die teilnehmende Beobachtung ist, desto stärker treibt sie viele Probleme der qualitativen Methodik auf die Spitze: Der Nachweis, dass das, was man gesehen hat, wirklich auch so war, ist immer nur bis zu einem bestimmten Grad zu erbringen. Feedback in die Organisation ist nur zu einem gewissen Grad möglich, und die intersubjektive Überprüfbarkeit der Daten ist nur eingeschränkt gegeben. Teilnehmende Beobachtung hat noch stärker als andere qualitative Methoden mit dem Problem der Repräsentativität zu kämpfen: Fast immer sind es Ausschnitte von Einzelfällen, die in den Blick geraten. Generalisierungen auf der Basis von teilnehmender Beobachtung sind immer äußerst angreifbar. Dazu kommt, dass die teilnehmende Beobachtung eine ziemlich aufwendige Methode darstellt. In einer Zeit, in der einiges dafür spricht, dass die Halbwertszeit von Wissen in der Organisationsforschung verfällt, ist eine lange Anwesenheit im Feld sehr unpraktisch. Im Rahmen der verschiedenen Formen von Methodenmischungen, die sich in der Organisationsforschung eingebürgert haben, gilt es daher auch darüber nachzudenken, wie eine Beschleunigung der Methode zu erreichen ist, ohne dass allzu viel von dem, was sie zu leisten vermag, verloren geht.

All diese Schwierigkeiten können aber die besonderen Chancen nicht mindern, die die teilnehmende Methode der Organisationsforschung bietet. Sie ist wie keine andere Methode dazu geeignet, etwas zu entdecken, das man vorher nicht gewusst hat – genauer: eine Fragestellung zu entwickeln, von der man vorher noch nicht wusste, dass dies eine wichtige Frage ist. In der Organisationsforschung kann sie besonders dichte, kontextuell eingebettete, widersprüchliche und ambivalente Daten sowohl über außergewöhnliche Ereignisse als auch über alltägliche Routinen generieren. Dabei baut sie Komplexität eher auf als ab – insbesondere dann, wenn Sachverhalte erforscht werden, die die Erforschten selbst wenig oder gar nicht in versprachlichtem Wissen abgelagert präsent haben oder die den Erforschten selbst als nicht wichtig genug erscheinen. Letztlich bleibt die teilnehmende Methode vor allem dann unersetzlich, wenn es die „imponderabilia of actual life" zu erforschen gilt. Um Malinowski noch einmal das Wort zu geben: Die teilnehmende Beobachtung dient der Erforschung von „such things as the routine of a man's working day, the details (…) of the manner of taking food and preparing it; the tone of conversational and social life (…), the existence of strong friendships or hostilities" (1922, S. 18–19) – kurz: von dem, was Organisationen in der Praxis lebendig macht.

6 Anmerkungen

1   Roethlisberger/Dickson 1939. Heute ist umstritten, ob der Hawthorne-Effekt tatsächlich durch die Anerkennung, die mit dem Erforscht-Werden einherging, ausgelöst wurde oder ob dies nicht eher mit der Angst der Erforschten und vorangegangenen Entlassungen zu erklären ist.
2   In der theoretischen Analyse hielten Warner und Low 1947 an einem holistischen und strukturfunktionalistischen Anspruch fest.

3   Melville Dalton hat 1959 eine gänzlich verdeckte teilnehmende Beobachtung in einer Organisation durchgeführt; methodisch dazu Dalton 1964.
4   Überlegungen zur reflexiven Kontrolle von Interviews, die sich gut auf die teilnehmende Beobachtung übertragen lassen, finden sich bei Bourdieu 1997.
5   Die Formel der „Andacht zum Unbedeutenden" findet sich ursprünglich in einem Brief von Sulpiz Boisserée an Goethe: Boisserée berichtet dort zustimmend von Schlegels Kritik an der „Ehrerbietung" gegenüber „jedem Tödel" (Schlegel), die die Brüder Grimm in ihrem damals gerade unter dem Namen „Altdeutsche Wälder" erschienenen ersten Band ihres Sammlungswerks der Volkspoesie an den Tag legten. Recht schnell wurde aus diesem Spottwort dann ein „Ehrenname" (so Wilhelm Scherer): Es meint nun die sorgsame Konzentration auf scheinbar Abseitiges und Unwichtiges, in dem dann doch mehr Wahrheit aufscheint als zunächst vermutet. Vgl. dazu auch Kany 1987; Scharfe 1995.
6   Kritische Würdigungen der „Andacht zum Unbedeutenden" finden sich bei Köstlin 1995 sowie spezifisch zur Organisationsforschung in Alvesson 1993; Bachmann 1997b; Warneken 1997.
7   Vgl. dazu die Texte der Debatten um Reflexivität in der US-amerikanischen Cultural Anthropology in den 1980er Jahren in Berg/Fuchs 1993. Stacey/Newton 1993 verweisen darauf, dass feministische Wissenschaftlerinnen viele der dort diskutierten Thesen vorweggenommen haben.
8   Ersteres z.B. bei Shaffir/Stebbins 1991; Fischer 1985; Warren 1988; Letzteres z.B. bei Malinowski 1922; Bell 1994; Agar 1996; Grills 1998.
9   So entwickelt Whyte 1991 aus der aktiven Einmischung auf unteren hierarchischen Ebenen das Programm für die „Participant Action Research" als bewusst eingesetzte Untersuchungsmethode.

7   Literatur

Agar, Michael (1996): The Professional Stranger: An Informal Introduction to Ethnography, San Diego
Alvesson, Mats (1993): Cultural Perspectives on Organizations, Cambridge
Alvesson, Mats (1996): Communication, Power and Organization, Berlin/New York
Alvesson, Mats/Skoldberg, Kaj (2000): Reflexive Methodology, London u. a.
Atkinson, Paul (1990): The Ethnographic Imagination: Textual Constructions of Reality, London/York
Bachmann, Götz (1997a): Mikro-Analyse, Reflexivität und einige Tassen Kaffee, in: Armin Triebel (Hrsg.), Die Pragmatik des Gesellschaftsvergleichs, Leipzig, S. 193–206
Bachmann, Götz (1997b): Der Kaffeelöffel und die Sonne, in: Wolf Brednich/Hein Schmidt (Hrsg.), Symbole, Münster, S. 216–225
Becker, Howard/Geer, Blanche (1957): Participant Observation and Interviewing: A Comparison, in: Human Organization, 16, S. 28–32
Becker, Howard (1958): Problems of Inference and Proof in Participant Observation, in: American Sociological Review, 23, S. 652–660
Becker, Howard (1970): Fieldwork Evidence, in: ders., Sociological Work: Method and Substance, Chicago, S. 39–62
Becker, Howard (1983): Studying Urban Schools, in: Anthropology and Education Quarterly, 14, S. 99–108
Bell, Diane et al. (1993): Gendered Fields. Women, Men and Ethnography, London/New York
Berg, Bruce (2001): Qualitative Research Methods for the Social Sciences, Boston
Berg, Eberhard/Fuchs, Martin (Hrsg.) (1993): Kultur, soziale Praxis, Text. Die Krise der ethnographischen Repräsentation, Frankfurt a. M.
Bernard, Russell H. (1994): Research Method in Anthropology, Thousand Oaks
Boas, Franz (1994): Bei den Inuit in Baffinland 1883–1884. Tagebücher und Briefe. Bearbeitung, Einleitung und Kommentare von Ludger Müller Wille, Berlin

Bogdan, Robert (1972a): Participant Observation in Organizational Settings, Syracuse
Bogdan, Robert (1972b): Observing in Institutions, Syracuse
Bourdieu, Pierre (1993): Narzißtische Selbstreflexivität und wissenschaftliche Reflexivität, in: Eberhard Berg/Martin Fuchs (Hrsg.), Kultur, soziale Praxis, Text, Frankfurt a. M., S. 365–374
Bourdieu, Pierre (1997): Verstehen, in: ders. u. a., Das Elend der Welt, Konstanz, S. 779–882
Bruyn, Severyn (1966): The Human Perspective in Sociology: The Methodology of Participant Observation, Englewood Cliffs
Bulmer, Martin (1982): Social Research Ethnics: An Examination of the Merits of Covert Participant Observation, New York
Burawoy, Michael (1979): Manufactoring Consent, Chicago
Burawoy, Michael (1991): The Extended Case Method, in: ders. (Hrsg.), Ethnography Unbound, Berkeley, S. 271–287
Burawoy, Michael (2000): Introduction, in: ders. et al. (Hrsg.), Global Ethnography: Forces, Connections, and Imaginations in a Postmodern World, Berkeley, S. 1–40
Burgess, Robert G. (Hrsg.) (1989): Field Research: A Sourcebook and Field Manual, London/New York
Cole, Robert E. (1991): Participant Observer Research: An Activist Role, in: William Foote Whyte (Hrsg.), Participatory Action Research, Newbury Park, S. 159–166
Collins, Orvis/Dalton, Melville/Roy, Donald (1946): Restriction of Output and Social Cleavage in Industry, in: Applied Anthropology, 5, 3, S. 1–14
Cunnison, Sheila (1966): Wages and Work Allocation, London
Cunnison, Sheila (1982): The Manchester Factory Studies. The Social Context, Bureaucratic Organization, Sexual Division and the Influence on Patterns of Accommodation between Worker and Management, in: Ronald Frankenberg (Hrsg.), Custom and Conflict in British Society, Manchester, S. 94–139
Dalton, Melville (1947): Worker Response and Social Background, in: Journal of Political Economy, 55, S. 323–332
Dalton, Melville (1948): The Industrial Rate Buster: A Characterization, in: Applied Anthropology, 7, S. 5–18
Dalton, Melville (1959): Men Who Manage, New York
Dalton, Melville (1964): Preconceptions and Methods in Men Who Manage, in: Phillip Hammond (Hrsg.), Sociologists at Work, New York, S. 50–95
Denzin, Norman/Lincoln, Yvonna S. (1994): Handbook of Qualitative Research, Newbury Park
DeVita, Phillip (1992): The Naked Anthropologist, Belmont
Diel-Khalil, Helga/Götz, Klaus (1999): Ethnologie und Organisationsentwicklung, München/Mering
Douglas, Jack (1976). Investigative Social Research: Individual and Team Field Research, Beverly Hills
Dumont, Jean Paul (1978): The Headman and I. Ambiguity and Ambivalence in the Fieldworking Experience, Austin
Emerson, Ralph M. et al. (Hrsg.) (1995): Writing Ethnographic Fieldnotes, Chicago
Emmett, Isabel/Morgan, D. H. J. (1982): Max Gluckman and the Manchester Shop Floor Ethnographies, in: Ronald Frankenberg (Hrsg.), Custom and Conflict in British Society, Manchester, S. 140–165
Fine, G. A. (1993): Ten Lies of Ethnography: Moral Dilemmas of Field Research, in: Journal of Contemporary Ethnography, 22, S. 267–294
Fischer, Hans (1985): Feldforschungen. Berichte zur Einführung in Probleme und Methode, Berlin
Gamst, Frederick (1980): The Hoghead: An Industrial Ethnology of the Locomotise Engineer, New York
Gamst, Frederick/Helmers, Sabine (1991): Die kulturelle Perspektive und die Arbeit: Ein forschungsgeschichtliches Panorama der nordamerikanischen Industrieethnologie, in: Zeitschrift für Ethnologie, 116, S. 25–37
Gluckman, Max (1958): Analysis of a Social Situation in Modern Zululand, Rhodes-Livingston Paper 28, Manchester
Gold, Raymond (1958): Roles in Sociological Field Observations, in: Social Forces, 36, S. 217–223

Golde, Peggy (1970): Woman in the Field, Berkeley

Götz, Irene (1997): Unternehmenskultur. Die Arbeitswelt einer Großbäckerei aus kulturwissenschaftlicher Sicht, München

Götz, Irene/Moosmüller, Alois (1992): Zur ethnologischen Erforschung von Unternehmenskulturen. Industriebetriebe als Forschungsfeld der Völker- und Volkskunde, in: Schweizerisches Archiv für Volkskunde, 88, 1, S. 1–20

Götz, Irene/Wittel, Andreas (2000): Arbeitskulturen im Umbruch. Zur Ethnographie von Arbeit und Organisation, München

Graaf, Mulder van de/Rottenburg, Richard (1989): Feldbeobachtung in Unternehmen. Ethnographische Exploration in der eigenen Gesellschaft, in: Reiner Aster/Hans Merkens/Michael Repp (Hrsg.), Teilnehmende Beobachtung: Werkstattberichte und methodische Reflexionen, Frankfurt a. M., S. 19–34

Gregory, James R. (1984): The Myth of the male Ethnographer and the Woman's World, in: American Anthropologist, 86, S. 316–324

Grills, Scott (1998): Doing Ethnographic Research, Thousand Oaks

Hammersley, Martyn/Atkinson, Paul (1983): Ethnography. Principles in Practice, London/New York

Heintz, Bettina/Nadai, Eva/Fischer, Regula/Umme, Hannes (1997): Ungleich unter Gleichen. Studien zur geschlechtsspezifischen Segregation des Arbeitsmarktes, Frankfurt a. M.

Hertz, Rosanna/Imber, Jonathan B. (1995): Studying Elites Using Qualitative Methods, Thousand Oaks

Hobbs, Dick/May, Tim (1993): Interpreting the Field, Oxford

Hughes, Everett C. (1937): Institutional Office and the Person, in: American Journal of Sociology, 42, S. 404–413

Jeggle, Utz (1984): Feldforschung, Tübingen

Junker, Buford (1960): Field Work: An Introduction to the Social Sciences, Chicago

Kanter, Rosabeth Moss (1993): Men and Woman in the Corporation, New York

Kany, Roland (1987): Mnemosyne als Programm. Geschichte, Erinnerung und die Andacht zum Unbedeutenden im Werk von Usener, Warburg und Benjamin, Tübingen

Kapferer, Bruce (1969): Norms and the Manipulation of Relationships in a Work Context, in: James Clyde Mitchell (Hrsg.), Social Networks in Urban Situations, Manchester, S. 181–244

Knötsch, Carole Cathleen (1992): Franz Boas als teilnehmender Beobachter in der Arktis, in: Michael Dürr et al. (Hrsg.), Franz Boas. Ethnologe, Anthropologe, Sprachwissenschaftler. Ein Wegbereiter der modernen Wissenschaft vom Menschen, Wiesbaden, S. 57–78

Kondo, Dorinne K. (1990): Crafting Selves: Power, Gender, and Discourses of Identity in a Japanese Workplace, Chicago

Köstlin, Konrad (1995): Der Tod der Neugier, oder auch: Erbe – Last oder Chance, in: Zeitschrift für Volkskunde, 91, S. 47–64

Kracauer, Siegfried (1971): Die Angestellten, Frankfurt a. M.

Kulick, Don/Wilson, Margaret (Hrsg.) (1995): Taboo. Sex, Identity and Erotic Subjectivity in Anthropological Fieldwork, London/New York

Kuper, Adam (1983): Anthropology and Anthropologists. The Modern British School, London/New York

Kutschenbach, Gerhard von (1982): Feldforschung als subjektiver Prozess, Berlin

Lindner, Rolf (1981): Die Angst des Forschers vor dem Feld. Überlegungen zur Teilnehmenden Beobachtung als Interaktionsprozess, in: Zeitschrift für Volkskunde, 77, S. 51–66

Lupton, Tom (1963): On the Shop Floor, Oxford

Lupton, Tom/Sheila Cunnison (1964): Workshop Behaviour, in: Max Gluckman (Hrsg.), Closed Systems, Open Minds, Edinburgh, S. 103–128

Maanen, John van (1988): Tales of the Field: On Writing Ethnography, Chicago

Maanen, John van (Hrsg.) (1995): Representation in Ethnography, Thousand Oaks u. a.

Malinowski, Bronislaw (1922): Argonauts of the Western Pacific: An Account of Native Enterprise and Adventure in the Archipelagoes of Melanesian New Guinea, London

Miles, Matthew B./Huberman, A. Michael (1984): Qualitative Data Analysis: A Sourcebook of New Methods, Beverly Hills
Morgan, Lewis Henry (1870): Systems of Consanguinity and Affinity of the Human Family, Washington
Novak, Andreas (1993): Ein Ethnologe in einem mittelständischen Unternehmen – Anmerkungen zur Feldforschungsideologie, in: Sabine Helmers (Hrsg.), Ethnologie der Arbeitswelt. Beispiele aus europäischen und außereuropäischen Feldern, Bonn, S. 165–194
Novak, Andreas (1994): Die Zentrale. Ethnologische Aspekte einer Unternehmenskultur, Bonn
Punch, Maurice (1986): The Politics and Ethics of Fieldwork, Newbury Park
Roethlisberger, Fritz J./ickson, William J. (1939): Management and the Worker, Cambridge/Mass
Roy, Donald (1952): Quota, Restriction and Gold Bricking in a Machine Shop, in: American Journal of Sociology, 57, S. 427–442
Sanjek, Roger (1990): Fieldnotes: The Makings of Anthropology, Ithaca
Scharfe, Martin (1995): Bagatellen. Zu einer Pathognomik der Kultur, in: Zeitschrift für Volkskunde, 91, S. 1–26
Schwartzmann, Helen B. (1993): Ethnography in Organizations, Newbury Park u. a.
Shaffir, William B./Stebbins, Robert A. (1991): Experiencing Fieldwork. An Inside View of Qualitative Research, Newbury Park u. a.
Sieber, Sam D. (1973): The Integration of Fieldwork and Survey Methods, in: American Journal of Sociology, 78, S. 1335–1359
Smith-Bowen, Eleonore (1984): Die Rückkehr zum Lachen. Ein ethnologischer Roman, Berlin
Spradley, James (1980): Participant Observation, Fort Worth
Stacey, Judith (1990): Brave New Families. Stories of Domestic Upheaval in Late-Twentieth-Century America, New York
Stacey, Judith/Newton, Judith (1993): Learning Not to Curse, or Feminist Predicaments in Cultural Criticism by Men: Our Movie Date with James Clifford and Stephen Greenblatt, in: Cultural Critique, 23, S. 51–82
Stanfield, John H. et al. (Hrsg.) (1993): Race and Ethnicity in Research Methods, Newbury Park u. a.
Szabo, Erna (1998): Organisationskultur und Ethnographie, Wiesbaden
Warneken, Bernd Jürgen (1996): Motivationskrise der ethnographischen Arbeitsforschung, in: Kulturinitiative 89 (Hrsg.), Vorwärts und nicht vergessen nach dem Ende der Gewißheit. Mitteilungen aus der kulturwissenschaflichen Forschung 37, S. 121–130
Warneken, Bernd-Jürgen (1997): Ver-Dichtungen. Zur kulturwissenschaftlichen Konstruktion von Schlüsselsymbolen, in: Wolf Brednich/Heinz Schmidt (Hrsg.), Symbole, Münster, S. 549–562
Warneken, Bernd-Jürgen/Wittel, Andreas (1997): Ethnographisches Research up am Beispiel der Unternehmenskulturforschung, in: Zeitschrift für Volkskunde, 93, 1, S. 1–17
Warner, William Lloyd/Low, J. O. (1947): The Social System of the Modern Factory, New Haven
Warner, William Lloyd/Lunt, Paul S. (1941): The Social Life of a Modern Community, New Haven
Warren, Carole B. (1988): Gender Issues in Field Research, Newbury Park u. a.
Whyte, William F. (1948): Human Relations in the Restaurant Industry, New York
Whyte, William F. (1955): Money and Motivation, New York
Whyte, William F. (1981): Street Corner Society, Chicago/London
Whyte, William F. (1984): Learning From the Field, Beverly Hills
Whyte, William F. (Hrsg.) (1991): Participatory Action Research, Newbury Park
Wieschiolek, Heike (1999): „... ich dachte immer von den Wessis lernen heißt siegen lernen". Arbeit und Identität in einem mecklenburgischen Betrieb, Frankfurt a. M.
Wischmann, Maike (1999): Angewandte Ethnologie und Unternehmen. Die praxisorientierte ethnologische Forschung zu Unternehmenskulturen, Hamburg
Wittel, Andreas (1997): Belegschaftskultur im Schatten der Firmenideologie. Eine ethnographische Fallstudie, Berlin
Wright, Susan (1994): Culture in Anthropology and Organizational Studies, in: dies., Anthropology of Organizations, London/New York, S. 1–31

Videoanalyse

Bernt Schnettler und Hubert Knoblauch

1 Einleitung

Visualisierungen spielen in zahlreichen Feldern unserer Kultur eine wachsende Rolle. Sie verändern gegenwärtig die herkömmlichen Weisen der gesellschaftlichen Wissensproduktion und -verteilung. Diesen Wandel sowie die theoretischen Grundlagen einer dafür geeigneten Soziologie visuellen Wissens erörtern wir an anderer Stelle ausführlich (Knoblauch 2005, Schnettler 2007, Schnettler/Pötzsch 2007). Hier stehen Methodenfragen im Mittelpunkt. Sie beziehen sich auf einen interpretativen Forschungsansatz, der sich auf die Untersuchung kommunikativer Gattungen und sozialer Formen richtet. Die Videoanalyse ist ein besonders geeignetes Forschungsinstrument für das Studium interaktiver Abläufe und multilokaler ethnographischer Beobachtungen komplexer organisatorischer Zusammenhänge. Sie macht es möglich, Formen sozialer Interaktion und Kommunikation in ihrem Verwendungskontext zu untersuchen. Dabei spielt die Tatsache eine entscheidende Rolle, dass Visuelles nicht primär als Statisches interessiert, sondern als Verlaufsformen, die in performative Interaktionszusammenhänge eingewoben sind. Für die „holistische" Erforschung solcher performativer Zusammenhänge ist die Videoanalyse das Verfahren der Wahl. Dabei handelt es sich um einen im Vergleich zur Textanalyse recht jungen Ansatz qualitativer Forschung, dessen Methode sich erst allmählich herausbildet und der besondere Forschungskompetenzen erfordert.

Videoanalyse in einer visuellen Kultur

Die Etablierung der Videoanalyse erfolgt vor dem Hintergrund eines gesellschaftlichen und technologischen Wandlungsprozesses, der eine neue visuelle Kultur hervorgebracht hat. Dieser Wandel muss kurz skizziert werden: Die rasante Verbreitung von Videokameras und deren zunehmende relative Erschwinglichkeit hat in den vergangenen Jahren nicht nur unsere Kultur merklich verändert, sondern auch die visuelle interpretative Sozialforschung beflügelt. Videoaufnahmen werden heute in großem Umfang in höchst diversen Bereichen unserer Gesellschaft angefertigt und avancieren zu einem Medium, das weite Bereiche unserer Alltags- und Berufswelt durchzieht. Davon zeugen Hochzeits- und Urlaubsvideos (Raab 2002, 2001) ebenso wie Videotagebücher und Webcams, Überwachungsvideos in Bussen, Bahnen und auf öffentlichen Plätzen (Fyfe 1999, Fiske 1998) sowie die zahlreichen Formen der Video-Kunst. In der Arbeitswelt spielen videogestützte Kommunikationsformen wie etwa Videokonferenzen (Finn et al. 1997) eine immer größere Rolle. Die Bedeutung mobiler videovermittelter Kommunikation im Alltag wie im Arbeitsleben nimmt mit der Einführung der UMTS-Technik neue Dimensionen an (Okabe 2004, Kindberg et al. 2004). Selbst wenn die These eines „dauerhaften visuellen Kontakts" (Koskinen 2004) in der Distanzkommunikation wohl übertrieben ist, sind die damit einhergehenden Veränderungen im Kommunikationsverhalten kaum zu überschätzen. Dabei ist ein merklicher Einstellungswandel in der gesellschaftlichen Haltung gegenüber Videoaufzeichnungen zu beobachten, der wohl am deutlichsten bei der Observation hervortritt. So wird heute die stark zunehmende staatliche Überwachung durch Kameras im öffentlichen Raum kaum mehr als Eingriff in die freiheitlichen Bürgerrechte wahrgenommen. Sie ist mittlerweile durch eine ausgedehnte privatisierte visuelle Überwachung flankiert, bei der an die Stelle von Überwachungsangst und Verteidigung der Privatsphäre eine strategische Selbstdarstellungslust getreten zu sein scheint (Hitzler 2007). In diesem Zuge werden immer weitere Bereiche des privaten und öffentlichen Lebens zum Gegenstand videographischer Dokumentation und zum Teil auch der Veröffentlichung.[1]

Die Allgegenwart von Videos in unserer Kultur ist kaum zu übersehen. Doch obschon Videoaufzeichnungen im Alltag und den institutionellen Sphären unserer Gesellschaft weit verbreitet und überwiegend akzeptiert sind, entfaltet sich die entsprechende wissenschaftliche Forschung bislang noch sehr langsam. Videoaufzeichnungen gewinnen zwar besonders in der qualitativen Forschung eine zunehmende Bedeutung, die Methodenentwicklung befindet sich allerdings erst in einem Anfangsstadium (vgl. dazu aber die Beiträge in Knoblauch et al. 2006). Dabei floriert die theoretische Beschäftigung mit Visualität und visueller Kultur in den Geistes- und Sozialwissenschaften regelrecht.[2]

In der Forschungspraxis der Anthropologie, Ethnologie und Volkskunde wurden visuelle Medien schon seit Mitte des 19. Jahrhunderts gezielt genutzt und münden in den eigenständigen Ansatz einer *Visual Anthropology* als medial gestützter Feldarbeit (Collier 1967, Mead 1975). Obwohl sich frühe Beispiele des Einsatzes bild-technischer Aufzeichnungsmedien in der akademischen Soziologie bereits zwischen 1903 und 1915 finden (vgl. Soeffner 2006), entsteht eine „*Visual Sociology*" erst im Laufe der 1970er-Jahre (Schändlinger 1998, de Miguel/Pinto 2002). Trotz nachhaltiger Versuche, das Feld der *Visual Sociology* auszudehnen, wurde ihre Bedeutung durch das ab Ende der 1980er-Jahre äußerst populäre Projekt der *Cultural Studies* zurückgedrängt. Die von den angloamerikanischen Ländern ausgegangenen *Cultural Studies* streben mit ihren unter dem Titel *Visual Culture* (Bryson et al. 1991, Walker/Chaplin 1997, Evans/Hall 1999, Mirzoeff 1999) und *Visual Studies* (Schulz 2005: 85–91) versammelten »postdisziplinären Projekten« die Konstituierung einer »neuartigen Bildkulturwissenschaft« an (Holert 2000: 21), die wesentliche Impulse der kritischen Gesellschaftstheorie, der Medienkritik und der Diskursanalyse aufnimmt und von Texten auf bildliche Ausdrucksformen überträgt. Diese beziehen sich allerdings häufig auf rein epistemologische Probleme (etwa danach, inwieweit Bilder Betrachter betrügen) und nur wenige Forscher widmen sich der Frage, wie der Umgang mit diesem neuen Medium in der Sozialforschung adäquat gestaltet werden kann (vgl. Jordan/Henderson 1995, Heath 1986, 1997a, Lomax/Casey 1998).

Videoanalysen werden derzeit schon in einer Reihe von Forschungsfeldern eingesetzt, so z. B für Arzt-Patienten-Interaktionen (Heath 1986), in der visuellen Ethnographie von Arbeit und Technologie (Knoblauch 2000), für Studien in hochtechnologisierten Arbeitsumgebungen wie Flughäfen (Goodwin/Goodwin 1996), U-Bahnen (Heath/Luff 1996) oder Kontrollzentren, wie sie die angelsächsischen „workplace-studies" (Luff et al. 2000, Heath et al. 2004) praktizieren oder in der Untersuchung von Telekooperationen (Meier 1998). Daneben auch in so diversen Feldern wie der Religionsforschung (Bergmann et al. 1993, Schnettler 2001), der Medizinsoziologie (Schubert 2006), in der Schulforschung (Aufschnaiter/Welzel 2001), der Museumsforschung (vom Lehn 2006), der Technik- und

Innovationsforschung (Rammert/Schubert 2006) oder der qualitativen Marktforschung (Schmid 2006), um nur einige Beispiele für dieses rasant wachsende Anwendungsfeld qualitativer Forschung zu nennen.

Von besonderem Interesse dürften Ansätze sein, welche die Potenziale der Videoanalyse mit anderen Verfahren kombinieren. So verknüpft Baer (2005) sie mit der Forschung zur Biographie und zum sozialen Gedächtnis und demonstriert dies am Beispiel des Visual History Archive. Andere verbinden Video mit anderen Beobachtungsverfahren. So wird Videographie etwa in der qualitativen Marktforschung zur Datenerhebung für Konsumentenstudien verwendet. Besondere Bedeutung gewinnt sie in der Suche nach innovativen Anwendungen und neuen Produkten oder beim Testen von Prototypen, deren Verwendung in ihrem Handlungszusammenhang studiert werden können. Der Fokus videographischer Studien variiert enorm. In seiner ethnographisch orientierten Studie nimmt Rucht (2003) beispielsweise Ereignisse rund um die Berliner 1. Mai-Demonstrationen ins Visier. Die verschiedenen beteiligten Gruppierungen – Polizei, Passanten, Randalierer, Zuschauer, Medienvertreter etc. –, werden jeweils von einzelnen Forschern videographisch begleitet. In der späteren Zusammenschau kann dadurch das umfassende Bild einer größeren sozialen Veranstaltung sichtbar gemacht werden. Auf dem anderen Extrem findet man Studien, die mikroskopische Interaktiondetails studieren und für die Video ein bedeutsames Instrument darstellt, um die minutiösen Aspekte der Koordinierung von Handlungen herauszufinden. Videoaufzeichnungen helfen dabei, den linguistischen Bias gesprächsanalytischer Studien zu überwinden, indem sie die Rolle nichtsprachlicher Formen des Austausches für die Interaktionsorganisation aufzuzeigen vermögen. (Für ein beeindruckendes Beispiel zur Rolle der Koordinierung gestischer und zeichnerisch-rechnerischer Ausdrucksmittel in Verhandlungssituationen vgl. Streeck/Kallmeyer 2001).

Videographie

Wir stellen hier die methodologischen Voraussetzungen und die methodische Vorgehensweise interpretativer Videoanalyse in der Sozialforschung dar. Im Unterschied zu standardisierenden Codierverfahren geht es bei der Videographie (Knoblauch 2006, Knoblauch/Schnettler 2007) im Rahmen des interpretativen Paradigmas um die Untersuchung „natürlicher" Interaktionssituationen. Der Ansatz vereint die Ethnographie mit der Wissenssoziologie. Mit der Betonung des *ethnographischen* Aspekts der Videoanalyse – als Video*graphie* – wird dabei besonderer Wert auf die Beachtung der Erhebungssituation und des ethnographischen Hintergrundwissens gelegt. Im Zentrum der Videographie steht die Analyse visuell aufgezeichneter Situationen. Diese können auf unterschiedliche Weise in Videodaten repräsentiert sein. Deshalb ist eine Erläuterung der verschiedenen Datensorten notwendig (s.u.).

Wo Videoanalysen sich mundanen Beschäftigungen zuwenden – etwa von Menschen in Cafés, bei der Arbeit, in Schulen, Museen, auf Straßen und Plätzen oder beim Einkaufen – ergibt sich eine naheliegende starke Anbindung an die Ethnographie. Besonders nah liegt die von Goffman (1961, 1967, 1971) verfolgte Forschung, die sich auf soziale Situationen und sozialen Veranstaltungen, Begegnungen („encounters"), und Performanzen („performances") konzentriert. Um diesen Ansatz von den existierenden standardisierten Formen der Videoanalyse zu unterscheiden, wie sie etwa in der Verhaltenbeobachtung und in der Psychologie benutzt wird (Mittenecker 1987), bezeichnen wir ihn mit dem Begriff der „Videographie" (Knoblauch 2006, Knoblauch/Schnettler 2007). Damit soll ebenso betont werden, dass Videoaufzeichnungen nur einen Teil der Daten darstellen, die im Feld erhoben werden. Diese werden notwendigerweise durch direkte Beobachtungen, Materialsammlungen sowie Gespräche und Interviews mit den Akteuren des Feldes ergänzt. Dies ist erforderlich, um das nötige Hintergrundwissen zu erhalten, das für die spätere Datenanalyse und Interpretation erforderlich ist. Besonders wichtig ist dies in Feldern, die Spezialwissen voraussetzen, wie etwa in Operationssälen, U-Bahnleitständen oder Nachrichtenagenturen. Die angefertigten Videoaufzeichnungen können helfen, die für die Akteure, nicht jedoch die Forscher fraglosen Wissensbestände zu eruieren. Eine solche Videoelitzitationstechnik kann systematisch zur Hervorlockung von Wissensbeständen der Feldteilnehmer eingesetzt werden, die sich dem Forschenden nicht ohne weiteres erschließen (Schubert 2009).

Methodologische Aspekte

Was sind die zentralen Merkmale der Videoanalyse? Welche Vorteile beinhaltet die Erhebung und Analyse von Videodaten, auf welchen Schwierigkeiten und Hindernissen muss man gefasst sein?

Die Vorzüge von Videodaten für die Sozialforschung sind schon recht früh erkannt worden (vgl. Gottdiener 1979, Grimshaw 1982, Heath 1986). Im Vergleich zur Beobachtung mit bloßem Auge sind Videoaufzeichnungen detaillierter, kompletter und akkurater. Sie sind technisch verlässlicher, weil sie eine wiederholte Reproduktion und damit eine Analyse der Beobachtungsdaten unabhängig von der Person erlauben, welche die Beobachtung durchgeführt hat. Videoanalysen eignen sich besonders zur Erfassung der „Körperlichkeit" des Interaktionsgeschehens (Raab 2008). Die Videographie ist ferner von unschätzbarer Bedeutung für die Sozialforschung wegen der Möglichkeit, Gewohnheitsverhalten zu beobachten, das sich einer Verbalisierung weitgehend entzieht. Ebenso können Eindrücke bestimmter kultureller Welten und Lebensstilensembles *innerhalb ihres natürlichen Kontextes* eingefangen werden. Video erlaubt dabei einen weitaus unverstellteren Blick in den Alltag, als dies mit anderen Instrumenten, wie etwa Befragungen, Surveys oder Gruppendiskussionen möglich ist. Videos ermöglichen die Anfertigung überaus reichhaltiger und detaillierter Aufnahmen sozialer Prozesse. Sie stellen der Sozialforschung eine neue Datensorte zur Verfügung. Dieser Umstand hat manche Forscher dazu veranlasst, eine »Video-Revolution« für die qualitative empirische Sozialforschung zu prognostizieren. Die Auswirkungen der Videokamera als Erhebungsinstrument, das im Sinne eines »Interaktionsmikroskops« eingesetzt wird, könnten ebenso weitreichend werden wie seinerzeit die Popularisierung des Audiorekorders, der seit den 1960er- und 1970er-Jahren mit der ethnomethodologischen Konversationsanalyse eine ganz neue Forschungsrichtung wesentlich beflügelt hat.

Videodaten bieten einige offenkundige Vorzüge für die sozialwissenschaftliche Forschung: Videoaufzeichnungen sind Daten, die anders als etwa *rekonstruktive* Feldnotizen aufgrund von technisch *registrierender* Konservierung gewonnen werden (vgl. Bergmann 1985). Mit audiovisuellen Aufzeichnungen können Aspekte des Forschungsfeldes analysiert werden, die bei Einsatz herkömmlichen Datenerzeugungsweisen unzugänglich bleiben. Für die Ethnographie sind Videodaten von Bedeutung, weil sie eine größere Fülle und Komplexität von Wahrnehmungsaspekten (Bild, Ton, Bewegung etc.) beinhalten als dies bei rekonstruktiven Aufzeichnungsmethoden wie etwa Feldnotizen, Interviews oder Tagebüchern der Fall ist. Außerdem werden für die Interaktionsforschung bedeutsame „mikroskopische" Analysen einzelner Details von Handlungsabläufen möglich, die mit klassischen rekonstruktiven Erhebungsmethoden nicht zum Datum gemacht werden konnten.

Videoaufzeichnungen bieten außerdem den Vorzug größerer intersubjektiver Verlässlichkeit, weil zum einen in Videodaten in geringerem Maße als bei rekonstruktiven Daten die Interpretationen des Forschers in die Daten mit eingehen; zum anderen, weil sie in großer Detailliertheit eine spätere gemeinsame Analyse in der Forschergruppe ermöglichen. Videodaten bieten darüber einen weiteren methodischen Vorteil, der in ihrer besonderen zeitlichen Struktur begründet ist: In den Aufzeichnungen wird die *Chronizität*, der Ablaufcharakter, der aufgezeichneten sozialen Handlungen beibehalten. Diese können aufgrund der technischen Manipulationsfähigkeit (Zeitlupe, Rücklauf, Standbild, etc.) in sehr genauer Weise in ihrer *synchronen* Struktur analysiert werden. Ebenso werden *diachrone* Vergleiche zwischen verschiedenen Sequenzen möglich, was für einen komparativen und typenbildenden Ansatz von Bedeutung ist.

Videodaten stellen sicherlich das momentan komplexeste Verfahren der sozialwissenschaftlichen Datenproduktion dar. Kein anderes Aufzeichnungsmedium bietet Beobachtern und Interpreten eine vergleichbare Fülle von Wahrnehmungsaspekten. Neben Sprache, Prosodie, Gestik, Mimik, Körperhaltung und -formationen werden dadurch ebenso die Rolle von Settings, Accessoires, Bekleidungen und Geräuschen für die Interaktionsanalyse greifbar. Diese Elemente können sowohl isoliert (diachron) wie auch in ihrem jeweiligen Zusammenspiel (synchron), in ihrer zeitlichen Abfolge und zugleich hinsichtlich ihrer sozialen Wechselwirkung studiert werden.

Handelt es sich um editierte Daten, so kann eine weitere Ebene für die Analyse relevant werden, die im Medium verankert ist. In das audiovisuelle Material sind neben den Bildinhalten und den mehr oder minder intentionalen Selbstdarstellungen der Abgelichteten dann auch die Produktions- und Handlungsästhetiken der Aufzeichnenden eingeschrieben: Über die Analyse von Kamerahandlung sowie über die Modi verschiedener Nachbearbeitungstechniken wie Schnitt und Montage können so Rückschlüsse auf spezifische kommunikative Problemlagen und Handlungsmotive gezogen werden. Schließlich lassen sich Wechselwirkungen zwischen den Darstellungen vor und den Handlungen hinter der Kamera in Abhängigkeit von der jeweiligen technischen Entwicklung des Aufzeichnungsmediums einerseits und den je spezifischen kulturellen und soziohistorischen Handlungsanforderungen und Handlungsoptionen andererseits untersuchen. Letzteres wird vor allem dort für die Analyse relevant, wo es sich um Videodaten handelt, die mit besonderem ästhetischem Anspruch produziert oder nachbearbeitet wurden. Raab demonstriert das am Beispiel der Interpretation des Materials von Amateurvideoclubs (Raab 2001) oder semiprofessionellen Hochzeitsfilmern (Raab 2002).

Einige weitere methodologische Aspekte interpretativer Videoanalyse müssen erwähnt werden. Trotz ihres Realitätscharakters sind Videodaten keine schlichten Abbildungen der Wirklichkeit. Sie sind vielmehr *sowohl mimetisch als auch konstruktiv*. Mimetisch sind sie insofern, als dass wir den Aufzeichnungen zugestehen, dass sie etwas abbilden, das tatsächlich stattgefunden hat. Das Hochzeitsvideo zeigt eine Feier, an der wir teilgenommen haben, das Urlaubsvideo dokumentiert unseren Aufenthalt in der Ferne, das Videodiary gibt

Einblicke in den privaten Alltag eines Zeitgenossen. Konstruktiv sind Videodaten, weil sie – ebenso wie alle andere Daten – *Transformationen* lebensweltlicher Situationen darstellen. So reduziert das Video den dreidimensionalen Raum auf die zweidimensionale Fläche des Bildschirms, schränkt den natürlichen Sehwinkel ein und erlaubt es nicht, die nicht-akustischen und nicht-visuellen Erfahrungsqualitäten mit einzufangen. Der Duft des Hochzeitsmahls oder die Wärme am Strand sind nicht im Video, obschon möglicherweise sein Wiederbetrachten Erinnerungen daran in uns zurückruft. Auch in visueller Hinsicht entspricht die Aufzeichnung nicht unseren Seheindrücken in der Situation und vor allem nimmt es eine gewisse Perspektive ein, die sich nicht mit der der Teilnehmer oder der des Forschenden decken muss. Videoaufzeichnungen sind außerdem eine sehr allgemeine Bezeichnung für eine Reihe höchst verschiedener Datenarten. Um die Verhältnisse des Aufgezeichneten zum Abgebildeten zu erfassen ist es anstelle eines »Repräsentationsansatzes« deshalb angemessener, danach zu fragen, auf welche Weise die Aufzeichnungen zustande kommen und welche Datensorten existieren.

Neben der Videographie, auf die wir im Folgenden näher eingehen, existieren eine Reihe weiterer Ansätze. Die hier vorgestellte Variante der Videographie hat sich aus verschiedenen Vorläufern entwickelt. Hervorzuheben sind vor allem der aus der ethnomethodologischen Konversationsanalyse hervorgehenden Ansatz der angelsächsischen „workplace studies" (Heath/Hindmarsh 2002) und ihr französisches Pendant (Mondada 2005) und die aus der sozialwissenschaftlichen Hermeneutik (Soeffner 2004) entwickelte „Videohermeneutik" (Raab/Tänzler 2006). Sie teilen mit der Videographie aber drei zentrale methodische Aspekte: Natürlichkeit, Sequentialität und Interpretativität. Bevor wir auf diese eingehen, widmen wir uns zunächst der Frage, welche Datensorten zu unterscheiden sind. Dabei ist hervorzuheben, dass es bei der Videographie nicht um jedwede Art von Videodaten geht. Im Fokus stehen vielmehr *Interaktion und Aktivitäten in sozialen Situationen, die in der Regel nicht erst für die Forschung kreiert werden*.

Datensorten

Grundsätzlich kann zwischen „natürlichen" und edierten Videodaten unterschieden werden (vgl. dazu auch die Abbildung in Knoblauch/Schnettler 2007: 590). Es handelt sich jedoch um keine kategorische, sondern um eine graduelle Unterscheidung: Die „Natürlichkeit" der Daten meint, dass diese möglichst unbeeinflusst durch den Forscher zustande kommen (Silverman 2005). „Natürlich" sind solche Aufzeichnungen, in denen die Beobachteten in der Weise handeln und ihre Tätigkeiten ausüben, wie sie es auch ohne Kamera tun würden. Freilich mag schon die Anwesenheit von Aufzeichnungsgeräten zu einer Veränderung der Situation führen. In diesem Fall wird von „Reaktivität" oder „Reaktanz" gesprochen. Reaktanz entsteht, wenn die Personen, denen die Aufzeichnung gilt, auf die Kamera bzw. auf den Umstand der Aufzeichnung hin reagieren und ihr Handeln ausrichten (vgl. Laurier/Philo 2006). Reaktanz ist zweifellos ein ernsthaftes methodisches Problem, dem sich eine Reihe von methodischen Reflexionen widmen. Allerdings zeigt die Erfahrung zahlreicher Forschungsprojekte, dass sich die Beobachteten in der Regel nach kurzer Zeit an die Aufzeichnung gewöhnen und dieser Einfluss vernachlässigbar wird bzw. durch geeignete Maßnahmen ausgeschaltet werden kann (vgl. dazu ausführlich Schnettler/Knoblauch 2008).

Die Unterscheidung von natürlichen und konstruierten Daten bezieht sich demnach auf das Verhältnis der Forschenden als Aufzeichnenden zur Situation, die sie aufzeichnen: Wurde die Situation eigens dafür geschaffen, wie etwa beim Experiment, oder versuchen die Forschenden die Situationen möglichst wenig oder gar nicht zu beeinflussen. Ausserdem lassen sich Aufzeichnungen auch nach den Akteuren unterscheiden, welche die Aufnahme anfertigen und bearbeiten. Nach diesen Kriterien kann eine Reihe von in der Videoforschung verwendeten Datensorten klassifiziert werden, ohne damit den Korpus verschiedener Typen von Videodaten bereits abschließend bestimmt zu haben: Dies sind etwa (a) wissenschaftlich aufgezeichnete natürliche soziale Situationen, (b) wissenschaftlich aufgezeichnete experimentelle Situationen, (c) Interviews (Softwaretests, Feldinterviews), (d) von Akteuren aufgezeichnete natürliche soziale Situationen (Überwachung, Selbstaufzeichnung), (e), von Akteuren aufgezeichnete gestellte Situationen (Videotagebuch (Holliday 2000)), (f) von Akteuren aufgezeichnete und bearbeitete Situationen (z. B. Hochzeitsvideos (Raab 2002), (g) von Akteuren aufgezeichnete und professionell bearbeitete Videos wie Dokumentationen, Selbstdarstellungen (Schnettler 2001).

Stellt man in Rechnung, dass die Tendenz zur Herstellung eigener Videos von den Handelnden im Feld durch die immer breitere Verfügbarkeit von Aufzeichnungsgeräten und einer sich ausbildenden „Videographierpraxis" zu einem immer größeren Bestand an Videomaterialien führt, so wird der Auswertung „auto-ethnographischer" Videos größere Bedeutung zukommen. Dass dabei Dokumente über Felder verfügbar werden, die der unmittelbar teilnehmenden Beobachtung durch den Forscher verschlossen bleiben, spricht zudem für eine intensivere Nutzung dieser Daten in der Ethnographie. Videodaten verändern folglich nicht nur die Art der Feldforschung, sondern eröffnen auch einen besonderen Zugang zu den Selbstrepräsentationen der Handelnden. Denn in den von den Beobachteten selbst produzierten Aufnahmen schlägt sich eine ganz ausgezeichnete Form der Kondensierung ihrer eigenen Lebenswelt nieder. Die Aufnahmen stellen durch die Handelnden selbst selegierte Einblicke in ihre Praxis dar, in die in ganz besonderer Weise deren Selbstdeutungen eingehen.

2 Datenerhebung

Die Erhebung von Videodaten wird heute immer einfacher. Geeignete Aufnahmegeräte sind zu erschwinglichen Preisen verfügbar, deren Bedienung wird simpler und die Anfertigung von Aufnahmen ist mittlerweile zu einer allgemeinverfügbaren Fähigkeit geworden, an die wir in der Forschung anschließen können. Gleichwohl sind einige besondere Anforderungen zu beachten. Sie beziehen sich bei der Videoanalyse auf technische, praktische rechtliche und forschungsethische Dimensionen und weisen die einige Eigenheiten auf.

Der Einsatz technischer Aufzeichnungsmittel verändert die Praxis ethnographischer Forschung nachhaltig. Dies berührt allerdings nicht die grundsätzliche Prämisse, die Daten dort zu erheben, wo sie »natürlicherweise« vorkommen. Technische Aufzeichnungen und insbesondere Videoaufnahmen erlauben es, Daten im Feld zu erheben, die aufgrund ihrer Fokussierung, ihrer Komplexität und ihrer Intersubjektivität eine vollkommen neue methodische Qualität besitzen. Sie ermöglichen ferner eine „Fokussierung" der Ethnographie (Knoblauch 2001), die ihre Untersuchungen feld*intensiv* und daten*extensiv* durchführt. Deren Qualität liegt nicht in der Absicht, „authentische" Beobachtung zu machen, sondern vielmehr in der besonderen Sorgfalt ihrer Analyse und Interpretation (vgl. Abschnitt 3).

Forschungspraktische und -ethische Aspekte

Ein Wort zur Forschungsethik: Wie bei jeder Forschung ist es auch in der Videographie erforderlich, Einwilligungen („informed consent") der Beobachteten zur Videoaufzeichnung einzuholen. Für bestimmte, nicht öffentlich zugängliche Felder wird dazu vorab eine Vereinbarung notwendig sein. In öffentlichen Räumen haben sich entsprechende, für die Teilnehmer gut sichtbare Hinweise als praktisch erwiesen. Datenschutzrechtlich wird zwischen Aufzeichnung, Speicherung, Weiterverarbeitung (Analyse) und Veröffentlichung unterschieden (Garstka 2004). Solange eine weitere rechtliche Klärung aussteht, ist es deshalb ratsam, zusätzlich vor einer jeglichen Veröffentlichung von Auszügen aus den Videodaten die Einwilligung der Betroffenen einzuholen, sofern diese zu identifizieren sind. Es ist unstritig, dass in jedem Fall eine sorgfältige Abwägung zwischen Forschungsfreiheit und Persönlichkeitsschutz erfolgen muss.

Schließlich sollte beachtet werden, dass in der Videographie nicht nur die für die ethnographische Forschung üblichen Hürden zu bewältigen sind, wie der Feldzugang, die Klärung der Rolle der Forschenden im Feld oder das Problem des „going native". *Zusätzlich* dazu sind die technischen Anforderungen der Videoanalyse in Rechnung zu stellen. Das betrifft nicht nur die Frage, ob überhaupt aufgezeichnet werden kann und wo man sich positioniert, um die erforderlichen Lichtverhältnisse zu haben oder die Aufnahme störenden Geräusche zu vermeiden, welche eine Datenaufzeichnung leicht zunichte machen können. Technische Apparate sind zudem störungsanfällig und erhöhen damit ggf. das Erfordernis, den Feldaufenthalt entsprechend im Voraus gut zu planen, sich mit den Geräten (und ihren möglichen Ausfällen) vertraut zu machen und das Aufzeichnen vorher einzuüben. Es gibt kaum Forscher, die mit Videodaten arbeiteten, die nicht wenigsten schon einmal die leidvolle Erfahrung gemacht haben, nach einer besonders gelungenen Datenerhebung zuhause festzustellen, dass das Gerät gar nichts mitgeschnitten hat.

Videoanalyse im Ensemble quatativer Methoden

Bezüge und Abgrenzungen zu anderen qualitativen und auch quantitativen Methoden bestehen in mehrfacher Hinsicht. Auf die forschungspraktische Verbindung von Videoanalyse und Ethnographie ist oben schon eingegangen worden. Sie teilt allerdings nicht deren weitgehende Theorieabstinenz oder die Hypostasierung von Fremdheitserfahrungen. Methodologisch zeichnet die Videoanalyse ihre Nähe zur ethnomethodologische Konversationsanalyse aus, ohne allerdings ihrem radikalen Situationismus zu verfallen. Die Videoanalyse ist schließlich eng verbunden mit der sozialwissenschaftlichen Hermeneutik, geht jedoch nicht von einem Symbolgeneralismus aus und verfährt in der Analyse nicht nur nach dem Prinzip der Einzelfallbeschränkung. Eine Berührung mit standardisierten Verfahren erfolg immer dort, wo es um die Beantwortung quantifizierbarer Fragen geht – wie oft, wie häufig, wie verbreitet ist ein bestimmtes Phänomen –, wobei unter bestimmten

Bedingung zur Beantwortung solcher Fragen durchaus etwa zu kleinen Umfragen gegriffen werden kann, die sich allerdings auf meist sehr basalem Niveau bewegen (in Form von Häufigkeitsauszählungen und groben Verhältnissen) und die für die Ergebnisse lediglich subsidiären Charakter besitzen.

3 Datenanalyse, Interpretation und Feedback

In diesem Abschnitt wird auf die Analyse von Videodaten eingegangen und es werden die Schritte der Datenauswertung skizziert. Die Analyse verfährt wesentlich sequentiell. Dabei arbeitet die Videographie feldintensiv und auswertungsextensiv. Das bedeutet, dass relativ zu eher kurzen und fokussierten Feldaufenthalten der Auswertung, Analyse und Interpretation der erhobenen Videodaten ein größeres Gewicht im Forschungsprozess zukommt. So einfach sich umfangreiche Datenkorpora bilden lassen, so erfordern diese eine besonders intensive Aufarbeitung, Analyse und Interpretation. Die ersten Aufgaben nach der Anfertigung der Aufnahmen sind die Datenaufbereitung, Katalogisierung und ggf. Digitalisierung der Videoaufzeichnungen. Danach müssen geeignete Ausschnitte aus dem Korpus für weitere Feinanalysen ausgewählt werden.

Korpusbildung und Selektion für Feinanalysen

Aus der Kombination synchroner und diachroner Beobachtungsaspekte resultiert die Komplexität und Fülle von Videodaten. Die recht einfache Anwendung der Technik im Forschungsprozess lässt leicht unüberschaubar werdende Mengen an Rohdaten entstehen, denen ohne eine entsprechende Weiterverarbeitung leicht das Schicksal der schon alltagsweltlich beobachtbaren Aufschichtung von „Datenhalden" endloser Stunden von undurchschaubarem und unsortiertem Filmmaterials widerfahren kann. Dies galt schon für Audiodaten und potenziert sich für Videos als kombinierte Bild-, Ton- und Schnittdaten noch einmal deutlich. Deshalb ist es erforderlich, die Aufzeichnungen für die Analyse vorzubereiten und eine Rubrizierung und Indexierung von Sequenzen vorzunehmen, die ihr späteres Wiederauffinden erleichtern.

Unerlässlich ist es dabei, die Kriterien der Selektion der zu analysierenden Sequenzen und deren Verhältnis zum gesamten Datenkorpus bzw. zur ursprünglichen sozialen Situation methodisch mitzureflektieren. Anhand welcher Relevanzen werden die Sequenzen ausgewählt, die den folgenden Feinanalysen unterzogen werden? So kann etwa eine in der ersten Durchsicht aufscheinende Typik in den Daten oder die Rekursivität bestimmter Elemente dazu veranlassen, kleinere Ausschnitte genauer zu untersuchen. An eine erste, breite Durchsicht des Materials schließen sich Feinanalysen an. Videodaten erfordern notwendigerweise eine Fokussierung im Analyseprozess. Methodologisch zu bestimmen ist allerdings, auf welche Relevanzen sich diese Fokussierung stützt: Erfolgt diese entlang präetablierter Forschungsinteressen und Fragestellungen (die möglicherweise bereits mitbestimmt haben, *wo, was* und ggf. *wie* aufgezeichnet wurde) oder in Anlehnung an die eigenen Perspektivierungen der Beobachteten? Im günstigsten Fall ist die Fokussierung das Ergebnis eines iterativen Forschungsvorgehens, bei dem das zunächst »unschuldig« gewonnene, recht lose in den analytischen Blick genommene Videodatum im Verlaufe seiner fortschreitenden Auswertung selbst die schrittweise Kalibrierung der Forschungsperspektive liefert. Dieses entspricht einem Vorgehen, dass in der Grounded Theory (Strübing 2004) als „theoretical sampling" bezeichnet wird und das dem sequenzanalytischen Verfahren des „hermeneutischen Zirkels" (Soeffner 2004) ähnelt.

Transkription

Der folgende Zwischenschritt ist die Transkription. Sie ist notwendig, um die Daten für die Analyse aufzubereiten und methodisch von nicht zu unterschätzender Bedeutung. Die Beherrschung verschiedener Transkriptionsverfahren ist eine Grundvoraussetzung für die analytische Arbeit. Sie stellt eine Forschungskompetenz dar, die man nur bedingt durch vermittelte Anleitung erwerben kann, denn die Aneignung erfolgt wesentlich durch und beim Transkribieren selbst. Deshalb ist es so überaus bedeutsam, dass die Forschenden ihre Daten selbst transkribieren und in diesem Zuge mit ihrem Material vertraut werden – je häufiger, desto besser. Wir argumentieren also gegen die in machen Forschungsprojekten übliche Praxis, Transkriptionsarbeiten auszulagern oder ausschließlich von wissenschaftlichen Hilfskräften anfertigen zu lassen. Solche Spezialisierungen in der Arbeitsteilung sollten vermieden werden. Mit der Zeit können dadurch die erforderliche Kompetenz erworben und ihre Präzision gesteigert werden. Anleitungen sind auch nur dann von Wert, wenn sie durch eigenes, aktives Transkribieren begleitet werden. Hier ist zu empfehlen, sich zunächst an der Praxis zu orientieren, die sich in der Konversationsanalyse etabliert hat.[3]

Die Transkription erfordert weitere Hilfsmittel und Zwischenschritte, denn die Handhabung der Komplexität der Daten macht weitere Transformationen nötig. Obwohl Videos den für die Forschung unschätzbaren Vorteil beinhalten, die aufgezeichneten Situationen insgesamt und in ihrem zusammenhängenden Ablauf wieder und wieder betrachten zu können, sind für die Analyse schriftliche Transkripte nach wie vor unverzichtbar. Diese sind vor allem nützlich, um das *Zusammenwirken* der verschiedenen situativen und situierten Aspekte wie Sprache, körperliche und nonverbale Ausdrucksformen (Blick, Körperhaltung u. a.), sowie den ggf. relevanten Gegebenheiten der Situation (räumliches Umfeld, Gerätschaften, etc.) in den Griff zu bekommen. Zur Bewältigung dieser Aufgabe existiert eine Reihe von Transkriptionsverfahren, welche die visuellen, auditiven und editorischen „Modalitäten" in textförmige Protokolle übertragen. Dazu zählen z. B. die von Bergmann et al. (1993) erstmalig eingesetzten und später verfeinerten Verhaltenspartituren (Raab 2001, 2002, Raab/Tänzler 1999) sowie alternative Ansätze (Schnettler 2001, Heath 1997a).

Für die deutschsprachige Konversationsanalyse/Gesprächsforschung hat sich das Gesprächsanalytische Transkriptionssystem GAT (Selting et al. 1998) herausgebildet, dessen Transkriptionskonventionen zurückgehen auf eine von Schegloff entwickelte Systematik.[4] Versuche, sowohl die synchrone als auch die diachrone Dimension des Videodatums analytisch aufschliessbar zu machen, arbeiten mit einer Transformation des ablaufenden visuell-auditiven „Datenstromes" in »gefrorene« Bilder, Zeichen und Texte. Darüber hinaus befinden sich Transkriptions- und Annotationssysteme in Entwicklung, die den *Ablaufcharakter* der Daten bei der Analyse und für die Ergebnisdarstellung zu erhalten versuchen (Irion 2002, Koch/Zumbach 2002). Im Zuge der Fortschritte in der Digitaltechnik ist zukünftig eine Erleichterung der Annotierung und Präsentation von Echtzeitdaten unter Einbindung von visuell, auditiv und textlich *insertierten* Analysen zu erwarten. In der Tat steht dazu schon jetzt verschiedene Software zur Verfügung. So existiert spezielle Transkriptionssoftware für Videos, wie etwa Transana (Schwab 2006). In unserer Forschungspraxis hat sich deren Verwendung indes bislang als wenig nutzbringend erwiesen und vor einer Anwendung ist es sinnvoll, Aufwand und möglichen Ertrag gegeneinander abzuwägen.

Analyse und Interpretation

Zur Analyse visueller Daten liegen zwar bereits einige Ansätze vor (Englisch 1991, Hahn 1991, Rose 2000). Eine sozialwissenschaftliche Analyse audiovisueller Daten kann durch »sehendes Einfühlen« (Denzin 2000) sicher nicht geleistet werden. Demgegenüber hat sich in der Tradition der Konversationsanalyse eine florierende Methodik zu Analyse von Videodaten entwickelt, die sich sehr stark an der Analyse von Redezug-Sequenzen orientiert (Heath 1997a, Goodwin 1994, 2000, Heath 1997b, Heath/Hindmarsh 2002), die sehr genaue Detailanalysen produziert. Unsere Analyse und Interpretation von Videodaten baut auf dieser Vorgehensweise auf, bettet diese aber in das soziologisch umfassendere Konzept der Analyse kommunikativer Gattungen ein. Die zweite Quelle dieser Analysemethode bildet die am sozialen Konstruktivismus (Berger/Luckmann 1969) anschließende sprachsoziologische Forschung (Luckmann 1979, 1984), die in den letzten dreißig Jahren zur Theorie und Methode eines kommunikativen Konstruktivismus fortentwickelt wurde (Knoblauch 1995, Luckmann 2002a, 2006). Die Analyse kommunikativer Gattungen (Luckmann 1988) zielt nicht nur auf einzelne Sequenzen, wie die Konversationsanalyse, sondern sucht nach verfestigten Mustern und Formen sprachlicher und nichtsprachlicher Kommunikation und bemüht sich dann, die Probleme kommunikativer Handlungen zu identifizieren, als deren Lösung sie diese Muster ansieht. Je bedeutender die damit gelösten Probleme, umso verpflichtender und fester sind die Lösungen für diese Probleme. Gattungen bilden sozusagen den „institutionellen Kern" in der gesellschaftlichen Kommunikation.

Die Gattungsanalyse wurde ursprünglich zur Analyse *mündlicher* Kommunikation wie Familientischgesprächen (Keppler 1994), Klatsch (Bergmann 1987), Belehrungen (Luckmann/Keppler 1989) und Lamentos (Kotthoff 1999) entwickelt. Sie hat sich aber auch bei technologisch vermittelten Kommunikationsformen als sehr nützlich erwiesen, wie etwa der Analyse der Gattungsstrukturen politischer Fernsehnachrichtenmagazine (Keppler 1985), Fernsehpredigten (Ayaß 1997), Radio-Phone-Ins (Knoblauch 1999) oder Fernsehwerbespots (Knoblauch/Raab 2001), Botschaften auf Anrufbeantwortern (Alvarez-Caccamo/Knoblauch 1992) oder SMS-Nachrichten (Androutsopoulos/Schmidt: 2002).

Die methodische Besonderheit der Gattungsanalyse stellt die Differenzierung der Analyse in drei aufeinander aufbauende Strukturebenen dar (Günthner/Knoblauch 1994), die sowohl die *internen*, sozusagen kommunikations- und medienimmanenten Aspekte, die *situative Realisierungsebene* als intermediäres Level der Analyse sowie die *externe* Einbettung der kommunikativen Handlungen in den weiteren sozialen Kontext abdeckt. Das öffnet nicht nur den Blick für das Detail, sondern fordert die Forschenden dazu auf, auf die institutionelle Einbettung ihrer Daten zu achten und mit den Ergebnissen der Analyse den Anschluss an die Gesellschafstheorie zu suchen.

Die Datenanalyse erfolgt *sequenzanalytisch* und macht sich damit die Eigenheiten des Datums zu nutze. Sie alterniert zwischen Grob- und Feinanalysen und sucht in Anwendung des hermeneutischen Zirkels durch das Material aufgeworfene Fragen anhand weiterer Daten zu überprüfen. Diese Analysen werden in einer *Interpretationsgruppe* durchgeführt, die es erlaubt, unterschiedliche Perspektiven auf das Material zu werfen. Aufgrund der verschiedenen Kenntnisse der Teilnehmer erhöht dies in der Regel den analytischen Ertrag. So können nicht nur die Tragweite verschiedener Lesarten miteinander verglichen werden. Unterschiedliche Wissensbestände, die aus (ethnographischen) Kenntnissen des erforschten Kontextes sowie besonderen Fachkenntnissen (linguistischer, prosodischer, semantischer oder visueller Art) der beteiligten Forscher resultieren, ergänzen und kontrollieren sich damit gegenseitig.

Die Ergebnisse dieser Datensitzungen werden in *Forschungsprotokollen* festgehalten, die zusammen mit den transkribierten Sequenzen die Grundlage für die spätere Analyse und Veröffentlichung der Ergebnisse bilden. Sie sind neben den Transkripten erforderlich, um einerseits die Rückbindung an den zugrunde liegenden Datenkorpus sicherzustellen. Zum anderen bilden sie den notwendigen Zwischenschritt zur Fundierung der entstehenden theoretischen Generalisierungen.

Für die *Darstellung* der Forschungsergebnisse haben sich noch keine einheitlichen Konventionen herausgebildet, wie sie etwa für die Gesprächsanalyse schon existieren. Neben der Fixierung und Publikation in Form des klassischen schriftlichen Forschungsberichts oder Aufsatzes ermöglichen Videodaten allerdings *innovative Formen der Ergebnispräsentation*: die Integration visueller Daten in Texte, Videoberichte oder die Einbettung von analysierten Videosequenzen in elektronische Publikationen.[5] Dies erlaubt nicht nur eine verbesserte Überprüfbarkeit der Analyseergebnisse durch andere Forscher. Es befördert zudem einen gewissen „Naturalismus" von Videodaten, weil Sequenzauszüge aus dem Datenkorpus präsentiert werden können und damit ein multimodaler Rückbezug zu den Situationen ihrer Erhebung möglich ist. Ebenso kann die Analyse an Auszügen aus dem Material demonstriert werden und damit den Nachvollzug der Ergebnisse erleichtern bzw. deren Herausarbeitung im Sinne des Postulats der Transparenz dem kritischen Auge anderer Forscher aussetzen. Typische Sequenzen können exemplarisch Befunde verdichtet darstellen und die Plausibilität der Mikroanalysen wird einer Begutachtung durch andere ausgesetzt. Sofern es sich um Videographie handelt, die komplexere oder voneinander räumlich entfernte aber zusammengehörige Prozesse verdichtet, können die Videoaufnahmen in der Datenpräsentation ganzheitliche Bilder komplexer Lebenswelten darbieten. Die Erstellung „konzentrierter" Demonstrationsvideos beruht auf einer vorangehenden detaillierten ethnographischen Erforschung, etwa verschiedener Konsummilieus und deren Typologisierung. Auf dieser Grundlage können Videosequenzen kondensiert visuelle Studienergebnisse repräsentieren, in analoger Weise zu den von Geertz (2000) „dichte Beschreibung" genannten textförmigen Ergebnissen ethnographischer Forschung. In beiden Fällen eignen sich Videodaten aufgrund ihrer Anschaulichkeit besonders gut, die nunmehr verdichteten Forschungsergebnisse in die beforschte Organisation zurückzuspiegeln.

4 Anwendungsbeispiel

Das folgende Beispiel entstammt unseren Forschungen zu Powerpoint-Präsentationen als typischer Kommunikationsgattung der „Wissensgesellschaft". Als technische Innovation haben sie das Kommunikationsverhalten in zahlreichen Organisationen nachhaltig verändert. Computergestützte visuelle Präsentationen, häufig kurz als »Powerpoint-Präsentationen« bezeichnet, haben sich in nur wenigen Jahren als neue Gattung etabliert, die in seinen verschiedenen Varianten weite Bereiche des Kommunikationswesens dominiert. Die Entwicklung der damit verbundenen technischen Medien hat sich rasant vollzogen: Bis in die achtziger Jahre des neunzehnten Jahrhunderts hinein waren transparente Folien das führende technische Medium zur visuellen Unterstützung von Vorträgen. Ursprünglich entwickelt für die US-amerikanische Polizei (Parker 2001: 78), war der Tageslichtprojektor im Zuge der Verbreitung des Photokopierers Mitte der 1970er-Jahre (Yates/Orlikowski 2007) bald überall zu einem wichtigen Instrument geworden, um mündliche Vorträge visuell zu unterstützen. Ein zunächst zur Foliengestaltung geschriebenes Programm, das 1987 als PowerPoint® für Apple-Computer auf den Markt kam, wurde nach seiner Übernahme durch Microsoft und die Einbindung in das MS-Office-Paket zu einem weltweit genutzten Instrument zur visuellen Unterstützung von Vorträgen. In diesem Zuge taucht die neue Gattungsbezeichnung der „Präsentation" auf (Degenhardt/Mackert 2007). Doch obwohl Präsentationen weltweit millionenfach gehalten werden[6], war das Phänomen empirisch bislang weitgehend unerforscht (vgl. aber Rendle-Short 2006), was uns zu einer eigenen videographischen Studie veranlasst hat (Schnettler/Knoblauch 2007b).

In unserer Untersuchung haben wir zunächst eine Reihe von computergestützten visuellen Präsentationen in ihrem natürlichen Umfeld videographisch in Form fokussierter Ethnographie (Knoblauch 2001) aufgezeichnet. Diese Feldphase erforderte zahlreiche Kontakte in die verschiedenen institutionellen Bereiche, in denen Powerpoint-Präsentationen verwendet werden, was dem komparativen Ansatz der Gattungsanalyse entspricht. Deshalb wurden Aufzeichnungen in Schulen und Universitäten, öffentlichen Verwaltungen und Firmen angefertigt, wobei ein Spektrum verschiedener Veranstaltungsformen von Arbeitssitzungen über Seminare bis zu Kongressvorträgen abgedeckt werden konnte. Der Feldzugang erfolgte durch gezielte Ansprache und im Schneeballverfahren und erwies sich als relativ einfach, abgesehen von eingeschränkten Zugangsmöglichkeiten im Bereich von Wirtschaftsunternehmen. Die Videodaten wurden vor Ort von Projektmitarbeitenden aufgezeichnet, die an den Veranstaltungen teilnahmen, bei denen die Präsentationen gehalten wurden. Zusätzlich wurden Feldprotokolle von teilnehmenden Beobachtungen angefertigt und mit einem Fragebogen Rahmendaten von den Vortragenden festgehalten, beispielsweise über die Erstellung der Präsentationsdatei oder zur Häufigkeit des persönlichen Einsatzes von Powerpoint. Ebenso wurde bei den Veranstaltungen Begleitmaterialien wie die Präsentationsdatei, Prospekte oder Handouts gesammelt. Diese bilden zusammen mit den Videoaufzeichnungen den sukzessiv aufgebauten Datenkorpus, dessen Primärdaten Aufzeichnungen von 196 Powerpoint-Präsentationen mit einer Dauer von insgesamt rund 100 Stunden umfassen (vgl. Petschke 2007).

Nach Aufbereitung der Daten wurden regelmäßige Datensitzungen durchgeführt, in denen das Material schrittweise und schon während der noch laufenden Datenerhebung ausgewertet wurde. Dabei gehen die technischen Arbeiten Hand in Hand mit den präanalytischen Aufgaben, welch die Digitalisierung und die Sammlung relevanter Sequenzen umfassen sowie das Anfertigen erster Transkripte, die in den Datensitzungen verwendet werden und die Analyse schrittweise genauer werden lassen. Der Ertrag jeder Datensitzung wird in ausführlichen Protokollen festgehalten, die auch die Datenauszüge enthalten und wichtige Zwischenprodukte für die späteren Ergebnisausarbeitungen in Form von Aufsätzen sind. Dabei wurden im Zuge der ersten Einsichten mehrere Analysegruppen gebildet, die sich nachfolgend einzelnen Phänomenen eingehender widmeten. So erwies es sich beispielesweise schnell, dass *Zeigen* eine zentrale Rolle bei der besonderen Performanz der Präsentation spielt und für die „Orchestrierung" von mündlicher Rede, Visualisierungen und Präsentationstechnik eine große Bedeutung hat. Nicht nur die Rede, das Sprechen, der Körper und die Interaktion sind aufeinander bezogen, sondern auch das Wandbild, die Behandlung des technischen Geräts und die räumliche Anlage.

Charakteristisch für den gattungsanalytischen Ansatz ist, dass die Untersuchung auf drei Ebenen erfolgt, die auch in der Videoanalyse Anwendung finden: Zum einen werden die (a) *internen* Strukturmerkmale von Präsentationen untersucht wie etwa der Rolle von Visualisierungen und der „visuellen Grammatik" der Folien (Pötzsch 2007) oder die Listen (Schnettler 2006). Auf der Ebene der (b) *interaktiven Realisierung* wurde das Zeigen (Knoblauch 2007b), die sozialräumliche Ökologie (Knoblauch 2007a) oder die Rolle der Technik und deren Störungspotenzial (Schnettler/Tuma 2007) genauer analysiert. Auf der dritten Ebene der (c) *Außenstrukturen* schließlich wurde die Frage nach der „Kulturbedeutsamkeit" dieser Funde bearbeitet, also der Frage danach, was diese Ergebnisse für die Gesellschaftsdiagnose bedeuten (Schnettler/Knoblauch 2007a). Die Eigenheit dieser Spannweite der Analyse – von sorgfältigen Detailuntersuchungen auf der Mikroebene bis hin zu Anschlüssen an die Gesellschaftstheorie – ist ein Erbe der im sozialen Konstruktivismus (Berger/Luckmann 1969) gründenden soziologischen Gattungsanalyse (Luckmann 1986, 2006, 2002b, Knoblauch/Luckmann 2000).

Für die Detailanalyse hier das Beispiel einer ausführlichen Untersuchung auf der mittleren Ebene der Interaktionsstrukturen: Eine Präsentationspanne und deren Bewältigungsversuche (vgl. Schnettler 2008). In computergestützten Präsentationen kommt zu den potentiellen Störursachen im mündlichen Vortrag (Goffman 1981) die Präsentationstechnik hinzu. Der Einsatz von Laptop, Beamer und Leinwand erhöht nicht nur die Anzahl möglicher Fehlerquellen, er verändert die Konfiguration der Vortragssituation insgesamt. Sehr augenfällig wird das im Fall eines „vollständigen Rahmenbruchs", bei dem ein Projektionsausfall zu einer anhaltenden und schweren Bedrohung führt, die den Fortgang der Präsentation elementar in Frage stellt.

Betrachten wir genauer folgenden Sequenzausschnitt: In einer renommierten wissenschaftlichen Akademie wird eine ranghohe Fachtagung abgehalten, deren Ausrichter eine wissenschaftliche Förderinstitution ist. Die Vortragenden sind Projektleiter avancierter naturwissenschaftlicher Forschung im Bereich der Lebenswissenschaften, die eine mehrjährige hohe Sonderförderung erhalten und die hier einer interdisziplinär zusammengesetzten Jury und anwesendem Fachpublikum über ihre Ergebnisse Bericht erstatten.

Abbildung 1: Präsentation zentraler Aspekte vor der Krise

Als eine der Rednerinnen etwa zur Hälfte (14/27) ihrer dreißigminütigen Präsentation eine für ihre Forschungen zentrale komplexe biochemische Struktur erläutert (Abbildung 1), ereignet sich eine folgenreiche technische Panne (Abbildungen 2–4), bei der plötzlich das Bild verschwindet. Die Folien waren auf einer übermannsgroßen, am Kopfende des Saales angebrachten Leinwand erschienen und die Rednerin hatte bislang halbrechts neben der Projektionsfläche eine Zentralposition zwischen Leinwand, Publikum und Pult inne, von der aus sie um die eigene Achse rotierend bislang drei typische Körperformationen eingenommen hat, bei denen sie (a) mit Zeigegesten häufig auf die Projektion verweist, (b) frontal dem Publikum zugewandt ist oder sich (c) dem zu ihrer Linken auf einem Tisch befindlichen Laptop zuwendet, um die Folien weiterzuschalten. Mit der zwischen Frontalstellung und einer dem Publikum halbzugewandten Position wechselnden Körperformation hatte sie eine enge Aufmerksamkeitsverknüpfung zwischen den gezeigten Folien und ihrer mündlichen Darbietung produziert. Die häufige Deixis (vgl. Transkriptauszug 1) macht zusammen mit der großformatigen Projektion die Zentralität der Visualisierung in dieser Präsentation deutlich, die sich in der vollständigen Abhängigkeit ihres argumentativen Fadens von den gezeigten Folien widerspiegelt.

Transkript 1

```
1    …ob das für den↑Transportmechanismus
2    selber im Zellkern eine Rolle spielt
3    oder nicht, können wir sagen,
4    momentan vermuten wir ehe
5    das das ↑nich der Fall ist
6    (2.0) ↓was=is=jez? (2.0)
7    höh?=das=is=nich mehr
8    mein Com↓pu↑ter?
9    (5.0) ((lachend)) tt
10   okay (4.0)
11   ne (3.0) okay
12   (°mach'mer später°)
```

Videoanalyse   287

13 **((Murmeln erhebt sich im Publikum))**
14 okay, also (versuchen) wir's noch bisschen
15 weiter, also unsere Arbeitshypothese,
16 dass Kerntransport und Simulierung
17 miteinander temporär
    […]

Abbildung 2:   Das plötzliche Verschwinden …

Abbildung 3:   … des Bildes und …

Abbildung 4: ... die Anzeige des „Desktops" eines anderen Laptops.

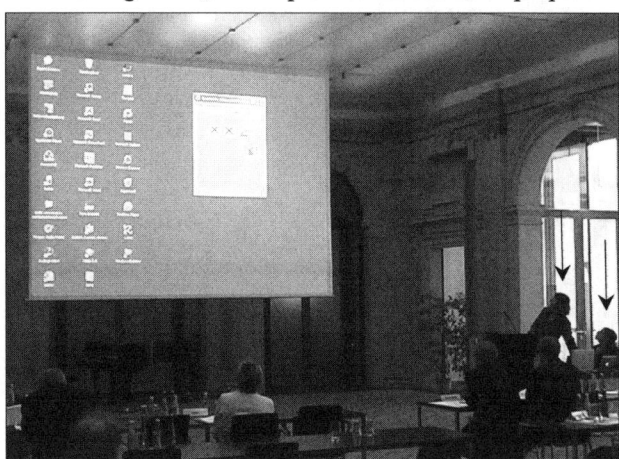

Inmitten der Präsentation ereignet sich nun eine dramatische Panne: Die Rednerin wird unvermittelt aus ihrer Vortragsaktivität herausgerissen (vgl. Abbildungen 2–4), weil die projizierte Folie verschwindet und die Anzeige zum Desktop eines anderen Laptops wechselt. Aufgrund der zeitlich engen Taktung der Veranstaltung befinden sich die Laptops der nachfolgenden Redner schon in Warteposition mit dem Beamer verbunden. Transkript 1 verdeutlich den sprachlichen Aktivitätswechsel der Präsentierenden in diesem Moment: Auf eine längere Pause (2.0) folgt ein Ausruf der Überraschung (»↓was=is=jez? (2.0) höh?=das=is=nich mehr mein Com↓pu↑ter?« (Z. 6), dem sich die erste einer längeren Serie von Unterbrechung der Präsentationsaktivität anschließt (Z. 6–13). Deutlich wird die Vielzahl der Pausen in den nun folgenden Passagen, welche den Fluss der Darbietung immer wieder anhalten lassen. Diese langen Pausen und häufigen Unterbrechungen des Redeflusses stechen im Transkript deutlich hervor: In den fett hervorgehobenen Passagen bezieht sich das Gesprochene auf die Panne bzw. deren Behebung, so dass der eigentliche Vortragstext an zahlreichen Stellen mit parenthetischem Metatext regelrecht „durchschossen" wird. Ebenso dokumentiert sich hier die Reaktion des Publikums (Transkript 1, Z. 13; Transkript 2, Z. 74), das auf die Störung mit Unmutsäußerungen und Lachen reagiert.

Noch während die Rednerin sich am rechten Bildrand dem Tisch zuwendet auf dem ihr Laptop steht, um Reparaturversuche zu unternehmen und sich mit ihrer Assistentin auszutauschen, erheben sich hörbare Unmutsäußerungen aus dem Publikum (Z. 13). Anschließend wechselt sie aus der Randposition in die Mitte zurück und setzt dazu an, die Präsentation nun mündlich ohne Bilder fortzusetzen (»okay, also (versuchen) wir's noch bisschen weiter« Z. 14f.). Die Zentralität der Abbildung erlaubt es ihr allerdings nicht, angemessen weiterzumachen. Stattdessen vollführt sie einen thematischen Wechsel, der eine Modulation der Präsentationsaktivität beinhaltet: Dazu wechselt sie von der ursprünglichen illustrierenden Powerpoint-Performanz zu einer eher narrativen Umschreibung der bisherigen Forschungsaktivitäten. Diese Reparaturstrategie wird von weiteren Aktivitäten begleitet, in denen sie sich bemüht, dass korrekte Bild projiziert zu bekommen. Dazu unterbricht sich die Rednerin mehrmals und wendet sich erneut ihrem Laptop zu. Dies führt zu einer regelrechten Zerstückelung des Vortragstextes, die sich in den Transkriptauszügen 2–3 deutlich zeigt.

Transkript 2

```
66   'hh (0,5)
67   okay, wir versuchen
68   das jetz=erstma so weiter (3.0)
69   was wir darüber hinaus gemacht
70   haben, ist dann, das wir–
71   hm zumindestens dreh' ich
72   das so dass das die erste Reihe
73   das erkenn kann ha ha
74   ((Lachen aus dem Publikum))
75   zumindest die Jurymitglieder,
76   manche von Ihnen
77   also was wir dann weiter
78   versucht haben, weiter gemacht
79   haben ist das wir den
        […]
```

Ihre zuvor klar orchestrierte Darbietung zerfällt in hektische Pendelbewegung, die sie zwischen Technik- und Publikumszuwendung rotieren lässt. Die Rednerin macht nun immer wieder einige Ausfallschritte zum Notebook, um Reparaturen zu versuchen. Allgemeine Verwirrung setzt ein und mehrere Kontrollblicke schweifen in Richtung auf die Leinwand. Nur sehr langsam rückt sie nach einer geraumen Weile wieder in die ursprüngliche zentrale Rednerposition vor, wobei sie jetzt nur noch frontal dem Publikum zugewandt spricht. Auch ihre Gestik ist deutlich verändert. Sie nutzt nun, obwohl immer noch den Laserpointer in der Rechten haltend, mit dem sie zuvor auf die Folien gezeigt hatte, beide Hände für komplexere Gesten, die nicht mehr allein deiktisch, sondern illustrativ eingesetzt werden. Alle Aktivitäten zielen in Hoffnung auf baldige Reparatur darauf, die Panne mit allgemeinen Erläuterungen zu den Projektzielen zu überbrücken. Auf die genauen Abläufe kann sie ohne Bild nicht eingehen und muss sich stattdessen auf eine verbale und gestische »Simulation« der Präsentationsaktivität verlagern. Ein weiterer Reparaturversuch setzt an, als aus dem Publikum, das die sichtlose Fruchtlosigkeit der Versuche bemerkt, den Vortrag rein verbal zu halten, Zwischenrufe erfolgen. Daraufhin reagiert die Präsentierende prompt und dreht das Laptop um, damit zumindest die Personen in der ersten Reihe, in der die Jury sitzt, etwas erkennen können (Z. 71 ff.) – was von Publikum sofort mit Lachen quittiert wird (Z. 74).

Die Behebung der Panne wird schließlich erneut *interaktiv* erreicht (Transkript 2). Schon zu Anfang der Sequenz hatte sich die Assistentin nach kurzem Dialog mit der Präsentierenden von ihren Platz am Kopfende erhoben und – wie sich aus der Sicht der Publikumskamera zeigt (Abbildung 5) – mit zügigen Schritten hinter den Säulen links den Saal verlassen. Am Ende wendet sie sich dann rechts und stoppt kurz mit suchendem Blick am Medienkontrollraum (s. Pfeil), von dem aus der Beamer gesteuert wird. Weil sie den dort erhofften Techniker nicht findet, setzt sie ihren Weg in Richtung Cafeteria fort (s. Pfeil in Abbildung 5).

Abbildung 5: Perspektive der Publikumskamera

Nach mehreren vergeblichen Versuchen, die Präsentation im Modus des rein verbalen Vortrags zu überbrücken – die Assistentin ist inzwischen zurückgekehrt – blendet sich schließlich das korrekte Bild wieder ein. Das wird von der Präsentierenden mit einem anerkennenden Ausruf der Erleichterung quittiert (»jetzt! Jah!«, Z. 94). Unverzüglich tippt sie mehrfach hörbar auf der Tastatur ihres Laptops (Z. 95), die Folien springen vom Anfang zu der Stelle, bei der sie die Technik verlassen hatte und nach einer erneuten langen Pause (Z. 97) – insgesamt sind nun fast vier Minuten seit dem Ausfall des Bildschirm verstrichen – kann sie endlich in der beabsichtigten Präsentationsaktivität fortfahren.

Transkriptauszug 3

```
88   an den (Kernporen) sitzt,
89   dann, auch Zell- ääh,
90   zellbiologisch untersucht
91   haben=wir ham festgestellt
92   dass der Komplex (phosphoriliert)
93   wird (spezifisch in Mentose)
94   jetzt! Jah!
95   ((Tippen: tak tak tak tak tak))
96   °(lang (1.0)) schwierig°
97   (10.0)
98   okay! (2.0)
99   also dieser Komplex sitzt
100  in der Phase an
        […]
```

5 Möglichkeiten und Grenzen

Die Videoanalyse bietet für die Organisationsforschung zahlreiche Möglichkeiten. Die Hauptvorteile von Videodaten für die Sozialforschung liegen vor allem in ihrem Zugriff auf die „natürlichen" Alltagskontexte. Video erlaubt die Analyse minutiöser Interaktionsdetails und gibt Einblicke in organisationsinterne „kleine Lebenswelten" (Honer 1993). Dabei gibt auch Material an die Hand, mit dem sich visualisieren lässt, wie bestimmte Interaktionsformen, Lebensstile und soziale Welten *aussehen*. Allerdings sind auch die Grenzen der Methode zu bedenken, etwa ihre Komplexität. Die Videographie stellt ein für die qualitative Sozialforschung sicherlich eher kostspieliges Analyseverfahren dar. Es handelt es sich dabei um eine sehr voraussetzungsvolle Forschungsmethode. Deren Herausforderung besteht nicht nur in technischen, zeitlichen und finanziellen Ressourcen. Die Anfertigung von brauchbaren Videodaten, deren Selektion, Aufbereitung und Präsentation erfordert neben sozialwissenschaftlichen Methodenkenntnissen Geduld und Ausdauer. Der Erfolg der Videoanalyse ist zwar von den Fachkenntnissen professioneller Visualisierungsexperten nicht abhängig, kann jedoch durchaus von deren Expertise gewinnen.

6 Anmerkungen

1 Dies ist eng gekoppelt an mediale Innovationen (etwa der Erfolg von YouTube und Webcam-Livestreams), die Hitzler als Ausdrucks eines wachsenden medial vermittelten Drangs zur Selbstdarstellung und ›Exhibition" mit dem Ziel persönlicher Aufmerksamkeitsverschaffung deutet. Obwohl die Grenzziehung durch die Verwendung der Aufnahmen überwunden werden kann und Abgrenzungen schwierig sind, stehen hier im Folgenden primär nicht-mediale Videodaten im Mittelpunkt.
2 Zur Analyse visueller Daten im Allgemeinen liegen bereits eine Reihe methodischer Ansätze vor (vgl. etwa Banks/Morphy 1997, Davies 1999, Emmison/Smith 2000, Pink 2001, Heßler 2005). In der visuellen Ethnographie spielt Video dabei aber eine eher untergeordnete (Pink 2007) oder gar keine wesentlich Rolle (Rose 2007).
3 Hilfreiche Hinweise zur Transkription finden sich bei Paul ten Have (1999: 75-98), der außerdem eine sehr empfehlenswerte Website mit zahlreichen weiteren Hinweisen und Übungen zur ethnomethodologischen Konversationsanalyse unterhält (vgl. www.paultenhave.nl/resource.htm).
4 Schegloff unterhält auf seiner Website ein Online-Transkriptionsmodul, das sich für die Einübung in die Transkription entlang konversationsanalytischer Konventionen eignet, vgl. www.sscnet.ucla.edu/soc/faculty/schegloff/TranscriptionProject/index.html. Zur methodenpraktische Seite von Datenerhebung, Datenmanagement, Transkription und Vorbereitung zur Analyse vgl. des Weiteren: Hartung (2006: 476), Koch/Zumbach (2002), Dittmar (2002), Körschen et al. (2002). Die Transkriptionssoftware ExpressScribe ist kostenlos verfügbar unter www.nch.com.au. Auf der empfehlenswerten deutschen Seite www.audiotranskription.de/ kann die Transkriptionssoftware f4 kostenlos heruntergeladen werden. Dort findet sich ein detailliertes Tutorial zur Transkription, außerdem kann ein entsprechender USB-Fußschalter erworben werden. Alternativ ist zu empfehlen: Phillips 61212 USB, ein Fußschalter, der gut zusammen mit ExpressScribe funktioniert. Beide kosten rund 95 Euro.
5 Schütte (2007) gibt eine Reihe praktischer Hinweise zum Einbetten von Audio- und Videodaten in die wissenschaftliche Präsentation gesprächsanalytischer Daten.
6 Ältere Schätzungen gehen von rund 30 Millionen Präsentationen täglich aus (LaPorte et al. 2002). PowerPoint® war damals auf etwa 250 Millionen Computern installiert (Parker 2001).

Nach neueren Angaben werden derzeit jährlich ca. 35 Mio. Powerpointpräsentationen mit mehr als 10^{10} Slides erstellt – mit weiter steigender Tendenz (Tufte 2006).

7 Literatur

Alvarez-Caccamo, Celso/Knoblauch, Hubert (1992): „I was calling you." Communicative patterns in leaving a message to answering machines, in: Text, 12, 4, S. 473–505

Androutsopoulos, Jannis/Schmidt:, Gurly (2002): SMS-Kommunikation: Ethnografische Gattungsanalyse am Beispiel einer Kleingruppe, in: Zeitschrift für Angewandte Linguistik, 36, S. 49–78

Aufschnaiter, Stefan von/Welzel, Manuela (Hrsg.) (2001): Nutzung von Videodaten zur Untersuchung von Lehr- und Lernprozessen, Münster

Ayaß, Ruth (1997): Die kleinen Propheten des „Worts zum Sonntag", in: Zeitschrift für Soziologie, 26, 3, S. 222–235

Baer, Alejandro (2005): El testimonio audivisual. Imagen y memoria de Holocausto. Madrid

Banks, Marcus, Morphy, Howard (1997): Rethinking Visual Anthropology. New Haven

Berger, Peter L./Luckmann, Thomas (1969): Die gesellschaftliche Konstruktion der Wirklichkeit, Frankfurt a. M.

Bergmann, Jörg (1985): Flüchtigkeit und methodische Fixierung sozialer Wirklichkeit, in: Wolfgang Bonß/Heinz Hartmann (Hrsg.), Entzauberte Wissenschaft (Soziale Welt, Sonderband 3), Göttingen, S. 299–320

Bergmann, Jörg/Luckmann, Thomas/Soeffner, Hans-Georg (1993): Erscheinungsformen von Charisma – Zwei Päpste,in: Winfried Gebhardt/Arnold Zingerle/Michael N. Ebertz (Hrsg.), Charisma – Theorie, Religion, Politik, Berlin/New York, S. 121–155

Bergmann, Jörg R. (1987): Klatsch. Zur Sozialform der diskreten Indiskretion, Berlin

Bryson, Norman/Moxey, Keith/Holly, Ann (Hrsg.) (1991): Visual Culture. Images and Interpretation. Middletown

Collier, John (1967): Visual Anthropology. Photography as a Research Method, New York

Davies, Charlotte Aull (1999): Using visual media, in: dies. (Hrsg.), Reflexive Anthropology, London/New York, S. 117–135

de Miguel, Jesús M./Pinto, Carmelo (2002): Sociología Visual. Madrid

Degenhardt, Felix/Mackert, Marion (2007): „Ein Bild sagt mehr als tausend Worte". Die „Präsentation" als kommunikative Gattung, in: Bernt Schnettler/Hubert Knoblauch (Hrsg.), Powerpoint-Präsentationen. Neue Formen der gesellschaftlichen Kommunikation von Wissen, Konstanz, S. 249–263

Denzin, Norman K. (2000): Reading Film – Filme und Videos als sozialwissenschaftliches Erfahrungsmaterial, in: Uwe Flick/Ernst von Kardorff/Ines Steinke (Hrsg.), Qualitative Forschung. Ein Handbuch, Reinbek bei Hamburg, S. 416–428

Dittmar, Norbert (2002): Transkription. Ein Leitfaden mit Aufgaben für Studenten, Forscher und Laien, Opladen

Emmison, Michael J./Smith, Philip D. (2000): Researching the Visual, London

Englisch, Felicitas (1991): Bildanalyse in strukturalhermeneutischer Einstellung. Methodische Überlegungen und Analysebeispiele, in: Detlef Garz, Klaus Kraimer (Hrsg.), Qualitativ-empirische Sozialforschung, Opladen, S. 133–176

Evans, Jessica/Hall, Stuart (Hrsg. 1999): Visual Culture. The Reader, London

Finn, Kathleen E./Sellen, Abigail J./Wilbur, Sylvia B. (Hrsg.) (1997): Video-Mediated Communication, Mahwah

Fiske, John: (1998): Surveilling the City. Whiteness, the Black Man and Democratic Totalitarianism, Theory, Culture and Society, 15: 2, S. 67–88

Fyfe, Nicholas R. (Hrsg.) (1999): Images of the Street. Planning, Identity and Control in Public Space, London/New York

Garstka, Hansjürgen (2004): Informed consent and privacy protection – indispensable ethical and legal prerequisites, Paper presented at the Conference „Video-Analysis: Methodology and Methods. State of the Art and Prospects of Interpretive Audiovisual Data Analysis in Sociology", 09.–11. Dezember 2004, Wissenschafts-Forum Berlin
Geertz, Clifford (2000): The interpretation of cultures, New York
Goffman, Erving (1961): Encounters (dt.: 1973), Indianapolis
Goffman, Erving (1967): Interaction Ritual. Essays on Face-to-Face Behavior, Garden City
Goffman, Erving (1971): Relations in Public, New York
Goffman, Erving (1981): The Lecture, in: ders., Forms of Talk, Philadelphia, S. 160–196
Goodwin, Charles (1994): Recording human interaction in natural settings, Pragmatics, 3, S. 181–209
Goodwin, Charles (2000): Practices of Seeing: Visual Analysis: An Ethnomethodological Approach, in: Theo Van Leeuwen/Carey Jewitt (Hrsg.), Handbook of Visual Analysis, London, S. 157–182
Goodwin, Charles/Goodwin, Marjarie Harness (1996): Seeing as situated activity: formulating planes, in: Yrio Engeström/David Middleton (Hrsg.), Cognition and Communication at work, Cambridge, S. 61–95
Gottdiener, Mark (1979): Field research and video tape, in: Sociological Inquiry, 49, 4, S. 59–66
Grimshaw, Allen D. (1982): Sound-image data records for research on social interaction: some questions answered, in: Sociological Methods and Research, 11, 2, S. 121–144
Günthner, Susanne/Knoblauch, Hubert (1994): „Forms are the food of faith". Gattungen als Muster kommunikativen Handelns, in: Kölner Zeitschrift für Soziologie und Sozialpsychologie, 4, S. 693–723
Hahn, Johann G. (1991): Die Bedeutung des kleinsten Details. Bausteine zur analytischen Interpretation sich bewegender Bilder, in: Michael Kuhn (Hrsg.), Hinter den Augen ein eigenes Bild. Film und Spiritualität, Zürich, S. 91–132
Hartung, Martin (2006): Datenaufbereitung, Transkription, Präsentation, in: Ruth Ayaß/Jörg Bergmann (Hrsg.), Qualitative Methoden der Medienforschung, Reinbek, S. 475–488
Have, Paul ten (1999): Doing Conversation Analysis. A Practical Guide, London
Heath, Christian (1986): Body Movement and Speech in Medical Interaction, Cambridge
Heath, Christian (1997a): The Analysis of Activities in Face to Face Interaction Using Video, in: David Silverman (Hrsg.), Qualitative Research. Theory, Method, and Practice, London, S. 183–200
Heath, Christian (1997b): Video and sociology: the material and interactional organization of social action in naturally occuring settings, in: Champs visuels, 6, S. 37–46
Heath, Christian/Hindmarsh, Jon (2002): Analysing Interaction: Video, Ethnography and Situated Conduct, in: Tim May (Hrsg.), Qualitative Research in Action, London, S. 99–121
Heath, Christian/Luff, Paul (1996): Convergent activities: Line control and passenger information on the London Undergroung, in: Yrio Engeström/David Middleton (Hrsg.), Cognition and communication at work, Cambridge, S. 96–129
Heath, Christian/Luff, Paul/Knoblauch, Hubert (2004): Tools, Technologies and Organizational Interaction: The Emergence of the 'Workplace Studies', in: David Grant et al. (Hrsg.), The Sage Handbook of Organizational Discourse, London, S. 337–358
Heßler, Martina (2005): Bilder zwischen Kunst und Wissenschaft, in: Geschichte und Gesellschaft, 31, S. 266–292
Hitzler, Ronald (2007): Observation und Exhibition. Vom Leben im elektronischen Panoptikum, in: sozialer sinn, 8, 2, S. 385–391
Holert, Tom (2000): Bildfähigkeiten, in: ders. (Hrsg.), Imagineering. Visuelle Kultur und Politik der Sichtbarkeit, Köln, S. 14–33
Holliday, Ruth (2000): We've been framed: visualizing methodology, in: Sociological Review, 48, 4, S. 503–521
Honer, Anne (1993): Lebensweltliche Ethnographie, Wiesbaden

Irion, Thomas (2002): Einsatz von Digitaltechnologien bei der Erhebung, Aufbereitung und Analyse multicodaler Daten, in: Forum Qualitative Sozialforschung, 3, 2, Artikel 16, www.qualitative-research.net/index.php/fqs/article/view/855/1858

Jordan, Brigitte/Henderson, Austin (1995): Interaction analysis: Foundations and Practice, in: Journal of the Learning Sciences, 4, 1, S. 39–103

Keppler, Angela (1985): Präsentation und Information. Zur politischen Berichterstattung im Fernsehen, Tübingen

Keppler, Angela (1994): Tischgespräche. Über Formen kommunikativer Vergemeinschaftung am Beispiel der Konversation in Familien, Frankfurt a. M.

Kindberg, Tim/Spasojevic, Mirjana/Fleck, Rowannne/Sellen, Abigail (2004): How and Why People Use Camera Phones, HP Laboratories Technical Report HPL-2004-216, www.hpl.hp.com/techreports/2004/HPL-2004-216.pdf

Knoblauch, Hubert (1995): Kommunikationskultur: Die kommunikative Konstruktion kultureller Kontexte, Berlin

Knoblauch, Hubert (1999): Die Rhetorik amerikanischer Radiohörer-Telefonate während des Golfkriegs, in: Jörg Bergmann/Thomas Luckmann (Hrsg.), Kommunikative Konstruktion von Moral. Band 1: Struktur und Dynamik der Formen moralischer Kommunikation, Opladen, S. 61–86

Knoblauch, Hubert (2000): Workplace Studies und Video. Zur Entwicklung der Ethnographie von Technologie und Arbeit, in: Irene Götz/Andreas Wittel (Hrsg.), Arbeitskulturen im Umbruch. Zur Ethnographie von Arbeit und Organisation, Münster u. a., S. 159–173

Knoblauch, Hubert (2001): Fokussierte Ethnographie, in: sozialer sinn, 1, S. 123–141

Knoblauch, Hubert (2005): Wissenssoziologie, Konstanz

Knoblauch, Hubert (2006): Videography. Focused Ethnography and Video Analysis, in: Hubert Knoblauch, et al. (Hrsg.), Video Analysis – Methodology and Methods. Qualitative Audiovisual Data Analysis in Sociology, Frankfurt a. M. u. a., S. 69–83

Knoblauch, Hubert (2007a): Der Raum der Rede. Soziale Ökologie und die Performanz von Powerpoint-Vorträgen, in: Bernt Schnettler, Hubert Knoblauch (Hrsg.), Powerpoint-Präsentationen. Neue Formen der gesellschaftlichen Kommunikation von Wissen, Konstanz, S. 189–205

Knoblauch, Hubert (2007b): Wissens-Präsentation. Zeigen und Wissen bei PowerPointpräsentationen, in: Renate Lachmann/Riccardo Nicolos/Susanne Strätling (Hrsg.), Rhetorik als kulturelle Praxis, München

Knoblauch, Hubert/Luckmann, Thomas (2000): Gattungsanalyse, in: Uwe Flick/Ernst v. Kardorff/Ines Steinke (Hrsg.), Qualitative Forschung. Ein Handbuch, Hamburg, S. 538–545

Knoblauch, Hubert/Raab, Jürgen (2001): Genres and the Aesthetics of Advertisement Spots, in: Helga Kotthoff/Hubert Knoblauch (Hrsg.), Verbal Art across Cultures. The Aesthetics and Proto-Aesthetics of Communication, Tübingen, S. 195–222

Knoblauch, Hubert/Schnettler, Bernt (2007): Videographie. Erhebung und Analyse Qualitativer Videodaten, in: Renate Buber/Hartmut Holzmüller (Hrsg.), Qualitative Marktforschung. Theorie, Methode, Analysen, Wiesbaden, S. 584–599

Knoblauch, Hubert/Schnettler, Bernt/Raab, Jürgen/Soeffner, Hans-Georg (Hrsg. 2006): Video Analysis – Methodology and Methods. Qualitative Audiovisual Data Analysis in Sociology, Frankfurt a. M. u. a.

Koch, Sabine C./Zumbach, Jörg (2002): The Use of Video Analysis Software in Behavior Observation Research – Interaction Patterns of Task-oriented Small Groups, in: Forum Qualitative Sozialforschung, 3, 2, Artikel 18, www.qualitative-research.net/index.php/fqs/article/view/857/1862

Körschen, Marc/Pohl, Jessica/Schmitz, Walter/Schulte, Olaf A. (2002): Neue Techniken der qualitativen Gesprächsforschung: Computergestützte Transkription von Videokonferenzen, in: Forum Qualitative Sozialforschung, 3, 2, www.qualitative-research.net/index.php/fqs/article/view/858/1864

Koskinen, Ilpo (2004): Seeing with Mobile Images: Towards Perpetual Visual Contact, www.fil.hu/mobil/2004/Koskinen_webversion.pdf

Kotthoff, Helga (1999): Die Kommunikation von Moral in georgischen Lamentationen, in: Jörg Bergmann/Thomas Luckmann (Hrsg.), Kommunikative Konstruktion von Moral. Band 2: Von der Moral zu den Moralen, Opladen, S. 50–80

LaPorte, Ronald.E./Linkov, Farina/Villasenor, Tony/Sauer, Francois/Gamboa, Carlos/Lovalekar, Mita/Shubnikov, Eugene/Sekikawa, Akira/Sa, Eun Ryoung (2002): Papyrus to PowerPoint: Metamorphosis of scientific communication, in: British Medical Journal, 325, S. 1478–1481

Laurier, Eric/Philo, Chris (2006): Natural Problems of Naturalistic Video Data, in: Hubert Knoblauch et al. (Hrsg.), Video-Analysis. Methodology and Methods, Frankfurt a. M. u. a., S. 183–192

Lomax, Helen/Casey, Neil (1998): Recording social life: reflexivity and video methodology, in: Sociological Research Online, 3, 2, www.socresonline.org.uk/3/2/1.html

Luckmann, Thomas (1979): Soziologie der Sprache, in: René König (Hrsg.), Handbuch der empirischen Sozialforschung, Bd. 13, Stuttgart, S. 1–116

Luckmann, Thomas (1984): Das Gespräch, in: Karlheinz Stierle/
Reiner Warning (Hrsg.), Das Gespräch (Poetik und Hermeneutik, Bd. XI), München, S. 49–63

Luckmann, Thomas (1986): Grundformen der gesellschaftlichen Vermittlung des Wissens: Kommunikative Gattungen, in: Kölner Zeitschrift für Soziologie und Sozialpsychologie, Sonderheft 27, S. 191–211

Luckmann, Thomas (1988): Kommunikative Gattungen im kommunikativen Haushalt einer Gesellschaft, in: Gisela Smolka-Kordt/ Peter M. Spangenberg/ Dagmar Tillmann-Bartylla (Hrsg.), Der Ursprung der Literatur, München, S. 279–288

Luckmann, Thomas (2002a): Der kommunikative Aufbau der sozialen Welt und die Sozialwissenschaften, in: ders., Wissen und Gesellschaft, Konstanz, S. 157–181

Luckmann, Thomas (2002b): Zur Methodologie (mündlicher) kommunikativer Gattungen, in: Hubert Knoblauch/Jürgen Raab/Bernt Schnettler (Hrsg.), Thomas Luckmann, Wissen und Gesellschaft. Ausgewählte Aufsätze 1981–2002, Konstanz, S. 183–200

Luckmann, Thomas (2006): Die kommunikative Konstruktion der Wirklichkeit, in: Dirk Tänzler/ Hubert Knoblauch/Hans-Georg Soeffner (Hrsg.), Neue Perspektiven der Wissenssoziologie, Konstanz, S. 15–26

Luckmann, Thomas/Keppler, Angela (1989): „Weisheits"-vermittlung im Alltag, in: Willi Oelmüller (Hrsg.), Philosophie und Weisheit, Paderborn u. a., S. 148–160

Luff, Paul/Hindmarsh, Jon/Heath, Christian (Hrsg. 2000): Workplace Studies. Recovering Work Practice and Informing System Design, Cambridge

Mead, Margarete (1975): Visual Anthropology in a Discipline of Words, in: Paul Hockings (Hrsg.), Principles of Visual Anthropology, Paris, S. 3–10

Meier, Christoph (1998): Zur Untersuchung von Arbeits- und Interaktionsprozessen anhand von Videoaufzeichnungen, in: Arbeit, 7, 3, S. 257–275

Mirzoeff, Nicolas (1999): An Introduction to Visual Culture, London

Mittenecker, Erich (1987): Video in der Psychologie. Methoden und Anwendungsbeispiele in Forschung und Praxis, Bern

Mondada, Lorenza (2005): Video Recording as the Reflexive Preservation and Configuration of Phenomenal Features for Analysis, in: Hubert Knoblauch, et al. (Hrsg.), Video-Analysis. Methodology and Methods, Frankfurt a. M., S. 51–67

Okabe, Daisuke (2004): Emergent Social Practices, Situations and Relations through Everyday Camera Phone Use. Paper presented at Mobile Communication and Social Change. The 2004 International Conference on Mobile Communication in Seoul, Korea, October 18–19, 2004

Parker, Ian (2001): Absolute PowerPoint – The software that tells you what to think, The New Yorker, 28.05., S. 76–87

Petschke, Sabine (2007): Der Datenkorpus des DFG-Projektes »Die Performanz visuell unterstützter mündlicher Präsentationen«, in: Bernt Schnettler/Hubert Knoblauch (Hrsg.), Powerpoint-Präsentationen, Konstanz, S. 287–292

Pink, Sarah (2001): More visualising, more methodologies: on video, reflexivity and qualitative research, in: Sociological Review, 49, 1, S. 586–599

Pink, Sarah (2007): Doing Visual Ethnography. Images, Media and Representation in Research, 2. Auflage, London u. a.

Pötzsch, Frederik S. (2007): Visuelle Grammatik. Zur Bildsprache von Präsentationsfolien, in: Bernt Schnettler/Hubert Knoblauch (Hrsg.), Präsentationen. Formen der visuellen Kommunikation von Wissen, Konstanz, S. 85–102

Raab, Jürgen (2001): Medialisierung, Bildästhetik, Vergemeinschaftung. Ansätze einer visuellen Soziologie am Beispiel von Amateurclubvideos, in: Thomas Knieper/Marion G Müller (Hrsg.), Kommunikation visuell. Das Bild als Forschungsgegenstand – Grundlagen und Perspektiven, Köln, S. 37–63

Raab, Jürgen (2002): „Der schönste Tag des Lebens" und seine Überhöhung in einem eigenwilligen Medium. Videoanalyse und sozialwissenschaftliche Hermeneutik am Beispiel eines professionellen Hochzeitsvideofilms, in: sozialer sinn, 3, S. 469–495

Raab, Jürgen (2008): Erving Goffman, Konstanz

Raab, Jürgen/Tänzler, Dirk (1999): Charisma der Macht und charismatische Herrschaft. Zur medialen Präsentation Mussolinis und Hitlers, in: Anne Honer/Ronald Kurt/Jo Reichertz (Hrsg.), Diesseitsreligion. Zur Deutung der Bedeutung moderner Kultur, Konstanz, S. 59–77

Raab, Jürgen/Tänzler, Dirk (2006): Video-Hermeneutics, in: Hubert Knoblauch, et al. (Hrsg.), Video Analysis – Methodology and Methods. Qualitative Audiovisual Data Analysis in Sociology, Frankfurt a. M. u. a., S. 85–97

Rammert, Werner/Schubert, Cornelius (Hrsg. 2006): Technographie – Zur Mikrosoziologie der Technik, Frankfurt a. M.

Rendle-Short, Johanna (2006): The Academic Presentation. Situated Talk in Action, Aldershot

Rose, Diana (2000): Analysis of Moving Pictures, in: Martin W. Bauer/George Gaskell (Hrsg.), Qualitative Researching with Text, Image, and Sound. A Practical Handbook, London, S. 246–262

Rose, Gilian (2007): Visual Methodologies. An Introduction to the Interpretation of Visual Materials, 2. Auflage, London u. a.

Rucht, Dieter (Hrsg. 2003): Berlin, 1. Mai 2002. Politische Demonstrationsrituale, Opladen

Schändlinger, Robert (1998): Erfahrungsbilder. Visuelle Soziologie und dokumentarischer Film, Konstanz

Schmid, Sigrid (2006): Video Analysis in Qualitative Market Research – from Viscous Reality to Catchy Footage, in: Hubert Knoblauch, et al. (Hrsg.), Video Analysis – Methodology and Methods, Frankfurt a. M. u. a., S. 191–201

Schnettler, Bernt (2001): Vision und Performanz. Zur soziolinguistischen Gattungsanalyse fokussierter ethnographischer Daten, in: sozialer sinn, 1, S. 143–163

Schnettler, Bernt (2006): Orchestrating Bullet Lists and Commentaries. A Video Performance Analysis of Computer Supported Presentations, in: Hubert Knoblauch, et al. (Hrsg.), Video Analysis – Methodology and Methods. Qualitative Audiovisual Data Analysis in Sociology, Frankfurt a. M. u. a., S. 155–168

Schnettler, Bernt (2007): Auf dem Weg zu einer Soziologie visuellen Wissens, sozialer sinn, 8, 2, S. 189–210

Schnettler, Bernt (2008): Präsentationspannen. Risiken ritualisierter Wissenspräsentation, in: Renate Schlesier/Ulrike Zellmann (Hrsg.), Ritual als provoziertes Risiko, Würzburg

Schnettler, Bernt/Knoblauch, Hubert (2007a): Die Präsentation der „Wissensgesellschaft". Gegenwartsdiagnostische Nachüberlegungen, in: Bernt Schnettler/Hubert Knoblauch (Hrsg.), Powerpoint-Präsentationen. Neue Formen der gesellschaftlichen Kommunikation von Wissen, Konstanz, S. 267–283

Schnettler, Bernt/Knoblauch, Hubert (Hrsg. 2007b): Powerpoint-Präsentationen. Neue Formen der gesellschaftlichen Kommunikation von Wissen, Konstanz

Schnettler, Bernt/Pötzsch, Frederik S. (2007): Visuelles Wissen, in: Rainer Schützeichel (Hrsg.), Handbuch Wissenssoziologie und Wissensforschung, Konstanz, S. 472–484

Schnettler, Bernt/Tuma, René (2007): Pannen – Powerpoint – Performanz. Technik als handelndes Drittes in visuell unterstützten mündlichen Präsentationen?, in: Bernt Schnettler/Hubert Knoblauch (Hrsg.), Präsentationen. Formen der visuellen Kommunikation von Wissen, Konstanz, S. 163–188

Schubert, Cornelius (2006): Die Praxis der Apparatemedizin. Ärzte und Technik im Operationssaal, Frankfurt a. M.

Schubert, Cornelius (Hrsg.) (2009): Videographic elicitation interviews. Studying technologies, practices and narratives in organisations, in: Ulrike Tikvah Kissmann (Hrsg.), Video Interaction Analysis – Methods and Methodology, Frankfurt a. M. u. a. (im Druck)

Schulz, Martin (2005): Ordnungen der Bilder. Eine Einführung in die Bildwissenschaft, München

Schütte, Wilfried (2007): Audio und Video in Powerpoint: Multimediale Präsentationen in der Gesprächsanalyse, in: Gesprächsforschung, 8, S. 188–228, www.gespraechsforschung-ozs.de/heft2007/px-schuette-2.pdf

Schwab, Götz (2006): Transana – ein Transkriptions- und Analyseprogramm zu Verarbeitung von Videodaten am Computer, Gesprächsforschung, 7, S. 70–78, www.gespraechsforschung-ozs.de/heft2006/px-schwab.pdf

Selting, Margret/Auer, Peter/Barden, Birgit/Bergmann, Jörg/Couper-Kuhlen, Elizabeth/Günthner, Susanne/Meier, Christoph/Quasthoff, Uta/Schlobinski, Peter/Uhmann, Susanne (1998): Gesprächsanalytisches Transkriptionssystem (GAT), in: Linguistische Berichte, 173, S. 91–122

Silverman, David (2005): Instances or Sequences? Improving the State of the Art of Qualitative Research, in: Forum Qualitative Sozialforschung 6, 3, Artikel 30, www.qualitative-research.net/index.php/fqs/article/view/6/13

Soeffner, Hans-Georg (2004): Auslegung des Alltags – Der Alltag der Auslegung. Zur wissenssoziologischen Konzeption einer sozialwissenschaftlichen Hermeneutik, 2. durchgeseh. u. erg. Auflage, Konstanz

Soeffner, Hans-Georg (2006): Visual Sociology on the Base of „Visual Photographic Concentration", in: Hubert Knoblauch, et al. (Hrsg.), Video-Analysis. Methodology and Methods, Frankfurt a. M. u. a., S. 205–217

Streeck, Jürgen/Kallmeyer, Werner (2001): Interaction by inscription, in: Journal of Pragmatics, 33, S. 465–490

Strübing, Jörg (2004): Grounded Theory. Zur sozialtheoretischen und epistemologischen Fundierung des Verfahrens der empirisch begründeten Theoriebildung, Wiesbaden

Tufte, Edward R. (2006): The Cognitive Style of Powerpoint. Pitching Out Corrupts Within, Cheshire, Connecticut

vom Lehn, Dirk (2006): Die Kunst der Kunstbetrachtung: Aspekte einer Pragmatischen Ästhetik in Kunstausstellungen, in: Soziale Welt, 57, 1, S. 83–100

Walker, John A./Chaplin, Sarah (1997): The concept of the visual, in: John A. Walker/Sarah Chaplin (Hrsg.), Visual Culture – An Introduction, Manchester, S. 18–30

Yates, JoAnne/Orlikowski, Wanda (2007): Die Powerpoint-Präsentation und ihre Familie. Wie Gattungen das kommunikative Handeln in Organisationen prägen, in: Bernt Schnettler/Hubert Knoblauch (Hrsg.), Powerpointpräsentationen. Neue Formen der gesellschaftlichen Kommunikation von Wissen, Konstanz

Analysemethoden

Objektive Hermeneutik

Michael Scherf

1 Einleitung

In der Objektiven Hermeneutik, die vor allem von Ulrich Oevermann entwickelt wurde, steht die Analyse von Protokollen sozialer Praxis, auf die in ihnen enthaltenen Sinnstrukturen im Mittelpunkt. Den Grundannahmen des Symbolischen Interaktionismus oder auch der Sprechakttheorie folgend geht es in der Objektiven Hermeneutik darum, das Inbeziehungsetzen des Individuums mit seiner Umwelt zu analysieren und daraus Erkenntnisse genereller Relevanz abzuleiten. Die Analyseergebnisse können sich auf die Ebene personaler Identität, auf Interaktionsschemata, auf die Handlungsmuster von Gruppen oder Organisationen oder auf gesellschaftliche Rahmenbedingungen beziehen. Die Bewältigung sozialer Krisen, die die Grundlage jeglicher sozialer Entwicklung bilden, steht damit im Zentrum des Interesses dieser Methode (vgl. Oevermann 1998). Die Grundfrage an das Material lautet stets: Wie entwickelt sich die Besonderheit der untersuchten Praxis in Auseinandersetzung mit generellen sprachlichen, interaktiven und allgemein sozialen Regeln?

Die Entstehungsgeschichte der Methode

Die Objektive Hermeneutik ist als forschungspraktisches Verfahren entwickelt worden, um Protokolle innerfamiliärer Interaktionen unter sozialisationstheoretischen Gesichtspunkten zu interpretieren. Das Verfahren ist damit bei Forschungsarbeiten entwickelt worden, bei denen es darum ging, anhand von direkten Interaktionsbeobachtungen, Daten zu erhalten, die geeignet waren, Rückschlüsse über grundlegende gesellschaftliche Zusammenhänge zu gewinnen. Das dargebotene besondere Material sollte auf verallgemeinerungsfähige Zusammenhänge hin untersucht werden. Beim Probieren mit geeignet erscheinenden Vorgehensweisen und in Auseinandersetzung mit bisher gültigen methodischen und theoretischen Grundannahmen der Soziologie ist dann jenes Verfahren entstanden, das heute unter der Bezeichnung „Objektive Hermeneutik" bekannt ist.

Die Auseinandersetzung mit jenen Grundannahmen der Soziologie ist für das Verständnis Objektiver Hemeneutik von besonderer Relevanz. Aus diesen Grundannahmen ergibt sich eine Forschungshaltung, die ganz entscheidend für die gewinnbringende Anwendung der Methode ist. Die Objektive Hermeneutik kann nicht als mechanisches Verfahren unter der Beachtung eines festgelegten Regelwissens angewendet werden, sondern beruht auf jener Forschungshaltung, deren Umsetzung im Geiste sie zu einer Kunstlehre werden lässt – wie es wohl für jede Form der qualitativen Forschung in gewissem Umfang gilt.

Latente Strukturen als Analysefokus der Objektiven Hemeneutik

Die theoretischen Grundlage der Methode bezieht sich auf die einfache Frage: Wie kann die Verbindung einer konkreten sozialen Erscheinungsform mit den allgemeinen sprachlichen, gesellschaftlichen oder kontextuellen Regeln verstanden werden? Der Symbolische Interaktionismus gibt hier erste Hinweise. So versteht Mead, als einer der Bezugspersonen des Symbolischen Interaktionismus, Interaktionen von Individuen nicht nur als Ausdruck individueller Motivationen und Einstellungen, sondern vielmehr als Ausdruck der Auseinandersetzung des Individuums mit seiner gesellschaftlichen Umwelt. „Für jede Sozialwissenschaft sind die objektiven Daten die Erfahrungen von Individuen, in denen sie die Einstellung der Gemeinschaft einnehmen, d.h. die Perspektive der anderen Mitglieder der Gemeinschaft übernehmen" (Mead 1983, S. 215). Das Individuum setzt sich also in Beziehung zu den Perspektiven der anderen und hat darin eine Ich-Identität. „Die Anderen und die Ich-Identität entsteht zusammen im sozialen Handeln" (Mead 1983, S. 219). Sie sind damit nicht unabhängig voneinander verstehbar. Identität und Selbstreflexivität bilden sich also im Wechselspiel zwischen individuellen Bedürfnissen und gesellschaftlichen Verhältnissen, die in symbolvermittelter Interaktion zueinander ins Verhältnis gesetzt werden. Durch die Übernahme der Perspektive des generalisierten Anderen können die Spielregeln verstanden und auf sie reagiert werden. In den Äußerungen des Individuums sind damit immer Spuren des generalisierten Anderen als Ablagerungen enthalten. „Da das Selbst sich erst konstituiert durch die Hereinnahme von objektiv gesellschaftlich Symbolisiertem, gehört das in der naturwüchsigen Handlung Entäußerte einer intersubjektivistischen Ebene an" (Wagner 1984, S. 23). Mit Mead wird Bedeutung somit verstanden als interaktive, emergente, objektive soziale Struktur. „Die hinter der Struktur stehende Intention ist dann die eines idealisierten, transzendental konstruierten verallgemeinerten Subjektes, dem absoluten Anderen im meadschen Sinne" (Oevermann et al. 1979, S. 380).

In der Objektiven Hermeneutik geht es folglich darum, das Inbeziehungsetzen des Individuums mit seiner Umwelt zu analysieren und daraus Erkenntnisse genereller Relevanz abzuleiten. Für diese generellen Themen oder gesellschaftlichen Spuren in der Interaktion ist in der Objektiven Hermeneutik der Begriff der *latenten Strukturen* gefunden worden. „Latente Sinnstrukturen und objektive Bedeutungsstrukturen sind also jene abstrakten, d.h. selbst sinnlich nicht wahrnehmbaren Konfigurationen und Zusammenhänge, die wir alle mehr oder weniger gut und genau „verstehen" und „lesen", wenn wir uns verständigen, Texte lesen, Bilder und Handlungsabläufe sehen, Ton- und Klangsequenzen hören und alle denkbaren Begleitumstände menschlicher Praxis wahrnehmen, die in ihrem objektiven Sinn durch bedeutungsgenerierende Regeln erzeugt werden und unabhängig von unserer je subjektiven Interpretation objektiv gelten" (Oevermann 2002, S. 2). Latente Sinnstrukturen entstehen nicht aus den Konstitutionsleistungen der Subjekte, „... sondern es sind die interaktionsstrukturinhärenten Regeln verschiedenen Typs (syntaktische Regeln, pragmatische Regeln, Regeln der Sequenzierung von Interaktionen, Regeln der Verteilung von Redebeiträgen usf.) die interaktionstextgenerativ die latenten Sinnstrukturen konstituieren" (Oevermann et al. 1979, S. 370).

Neben den sozialwissenschaftlichen Wurzeln sind auch Bezüge z. B. zur Sprechakttheorie von Searle für das Verständnis der Objektiven Hermeneutik von Bedeutung (vgl. z. B. Searle 1971 oder 1982). Diese Wurzeln verweisen zum einen auf sprachliche Regeln, deren Verwendung für die Analyse sozialer Situationen relevant ist, aber auch auf die

Deutungskompetenz, die jeder soziale Akteur mit dem Forscher gemeinsam hat. Auf diesen Punkt werde ich noch zurück kommen.

„Im Unterschied zur Tradition des Neu-Kantianismus, der Handlungstheorien und der geisteswissenschaftlichen Hermeneutik faßt nun die Objektive Hermeneutik, daher ihr Name, diese Sinnstrukturiertheit nicht in Begriffe eines verstehend nachvollziehbaren subjektiven Sinns, sondern grundsätzlicher als regelerzeugten objektiven Sinn, der praktische Handlungen und deren Objektivationen kennzeichnet" (Oevermann 2003, S. 29). „Die Objektive Hermeneutik ist also auch objektiv, weil sie grundsätzlich auf die Operationen der Introspektion und des Verstehens von fremdpsychischen Realitäten verzichten kann" (Oevermann 2003, S. 30, ebenso 2002, S. 6 oder Wagner 1984, S. 16).

Die Lebenspraxis als Untersuchungsobjekt der Objektiven Hemeneutik

In der konkreten Forschung hat es der Soziologe immer mit einem besonderen Fall zu tun, den es zu analysieren gilt, um überhaupt auf die generell relevanten oder verallgemeinerungsfähigen Gesetzlichkeiten zu kommen. Der konkrete Fall ist also der Ort, in dem sich das Allgemeine und das Besondere treffen und zu einer Gestalt verbinden, die in der Objektiven Hermeneutik *Lebenspraxis* genannt wird. Der Handlungsspielraum lebenspraktisch handelnder Subjekte bewegt sich im Rahmen allgemeingültiger Regeln, die vom sozialen Kontext bestimmt werden. Aus diesem Spielraum wird aber individuell eine bestimmte Auswahl getroffen, die die Besonderheit des Falls darstellt. „In diesem Rahmen ist die Anzahl der insgesamt vorgegebenen Möglichkeiten determiniert, nicht aber die Wahl der Optionen" (Fischer, Schöll 1994, S. 29; ebenso Oevermann et al. 1979, S. 424). Im konkreten Fall treffen somit latente Strukturen auf die Eigengesetzlichkeit der handelnden Akteure. „Autonome Lebenspraxis konstituiert sich als solche nämlich genau in dem notwendigen Vollzug von Wahlen aus den Möglichkeiten, die durch Regeln der Sozialität eröffnet wurden. Die Systematik der Auswahl, ihr innerer Zusammenhang, konstituiert das, was wir eine *Fallstrukturgesetzlichkeit* nennen ...". „In ihr, der Fallstrukturgesetzlichkeit haben wir ein Gebilde vor uns, das wahrhaftig dialektisch ein Allgemeines und ein Besonderes zugleich ist" (Oevermann 2003, S. 32, Hervorhebung MS). Eine Fallrekonstruktion berücksichtigt also die Selektivität, „in der ein konkretes, praktisch handelndes soziales Gebilde im Rahmen seiner durch Regeln konstituierten „objektiven Möglichkeiten" die strukturell vorgegebenen Autonomiechancen erfüllt" (Oevermann 1991, S. 273).

Der Unterschied von Praxis und Forschung

Für das Verständnis der Objektiven Hermeneutik ist es entscheidend, dass in dieser Methode nicht von einem prinzipiellen Unterschied zwischen der Lebenspraxis und der Handlung des Forschers ausgegangen wird. So wie sich jedes Individuum in der gerade gegebenen Situation orientiert, vollzieht auch der Forscher die in einer Situation gegebenen Optionen auf ihren Informationsgehalt hin nach. Der Forscher versucht also, die Situation des Individuums systematisch und methodisch geleitet nachzuvollziehen und unterscheidet sich lediglich in seinen Vorgehensweisen und in den Bedingungen seiner Arbeit vom praktisch handelnden Subjekt, dass aus drei Gründen keine vollständige Einsicht in die latenten Strukturen seines Handelns haben kann:

1. Die Sicht auf die Situation ist entwicklungsstandsspezifisch vereinfacht. Dies trifft vor allem auf Kinder und Jugendliche zu.
2. Pathologisch restringierende Faktoren verzerren die Sicht auf die Situation. Dies trifft besonders bei neurotischen oder psychotischen Personen zu.
3. In der konkreten Situation liegt immer praktischer Handlungsdruck vor. Handlungsleitende Ziele und an diesen orientierte Schlüsse verlangen bestimmte Sichtweisen auf die Situation, die sich aus handlungsentlasteter Perspektive anders darstellt (vgl. Oevermann et al. 1979, S. 386).

Gerade im letzten Punkt ist ein grundsätzlicher Unterschied Objektiv-hermeneutischer Analyse zur Alltagspraxis zu sehen. Objektive Hermeneutik arbeitet mit Protokollen sozialer Situationen, die es erlauben, dieselbe Stelle wieder und wieder unter unterschiedlichen Gesichtspunkten zu analysieren. Im Alltag ist diese Zeit nicht gegeben. Schlüsse müssen schnell gezogen werden, um den Zug-um-Zug-Charakter der Interaktion nicht abreißen zu lassen. Doch auch im Alltag wird mit möglichst passenden Urteilen über die Situation operiert, um soziales Gelingen zu ermöglichen. Objektive Hermeneutik bezeichnet damit lediglich ein Verfahren extensiver Auslegung der objektiven Bedeutung von Interaktionstexten. „Wir tun in unseren Interpretationen von Interaktionstexten nichts anderes, als genau diese praktisch folgenreichen Urteile der Angemessenheit möglichst ungetrübt zur Geltung zu bringen, die realen Kompetenzen des Gattungssubjekts und des sozio-historisch sozialisierten Mitglieds einer Lebenswelt möglichst ungetrübt intuitiv in Anspruch zu nehmen." Aus diesem Grunde ist es gerade nicht nötig einen Satz von Regeln zu formulieren, nach denen interpretiert wird, sondern es dem intuitiven Verständnis der Beteiligten zu überlassen, passende Interpretationen zu finden (Oevermann et al. 1979, S. 388/389).

2 Datenerhebung

Protokolle als Materialgrundlage der Objektiven Hermeneutik

Für die Arbeit mit der Objektiven Hermeneutik ist es wichtig, zwischen der unmittelbar gegebenen Lebenspraxis und den *Protokollen*, die diese Praxis hinterlässt oder erzeugt, zu unterscheiden. „Alles, was wir über ein empirisches Ereignis methodisch wissen und verwenden können, ist an diese Objektivierung in Gestalt eines Protokolls gebunden" (Oevermann 2004a, S. 427). In der sinnstrukturierten Welt sind die Gegenstände nicht an sich existent, sondern in Form ihrer sinnstrukturierten Beschreibung, um deren Analyse es dieser Methode geht.

In der Objektiven Hermeneutik wird streng darauf geachtet, die Datenerhebung von der Datenauswertung zu trennen. Die Aufzeichnung der sozialen Situation ist notwendig, um bei der Analyse die im Raum stehenden Deutungen sehr genau kontrollieren zu können. Die Arbeit mit *Transkripten* z. B. des gesprochenen Wortes ermöglicht es, Interpretationen auch intersubjektiv zu prüfen und nachvollziehbar zu machen. Dies ist deshalb wichtig, weil „Objektivität, wie sie hier verstanden wird, ... eine Qualität des interpretativen Prozesses selbst [ist], das heißt nicht eine Qualität (...) der „Fakten" dort draußen"

(Berger/Kellner 1984, S. 64). Vor diesem Hintergrund ist die Rechenschaft über den eigenen Datenbearbeitungsprozess ein bedeutendes Merkmal der Qualität der gewonnenen Interpretationen. Die Rechenschaft ist natürlich immer nur in dem Maße möglich, wie dem Forscher die eigenen Annahmen bewusst sind und textlich noch darstellbar erscheinen (vgl. Deppermann 2002, S. 60). Diese grundlegende Bedeutung der intersubjektiven Überprüfung der Dateninterpretation verbietet es für die Objektive Hermeneutik eben auch, das Material mit Kodierungen zu versehen und dann mit diesen Kodierungen weiter zu bearbeiten. Die Forschergemeinschaft soll quasi in den Stand versetzt werden, auf der Höhe des Forschers den Gang der Datenbearbeitung mitzuverfolgen, wie dieser die Interpretation der handelnden Subjekte nachvollzieht.

Die aufgenommenen Daten sollen in möglichst ungetrübter Form Zugang zu einem Fall gewähren. *Aufnahmen durch technische Apparate*, wie zum Beispiel Tonbandaufnahmen, werden daher allen Formen von ethnographischen Beschreibungen oder Falldarstellungen bevorzugt. In solchen Beschreibungen sind immer schon Deutungen des Forschers enthalten und ein unmittelbarer Zugriff auf den Fall nur noch eingeschränkt möglich.[1] „Aufzeichnungen sind gewissermaßen „natürliche" Protokolle und den von intelligenten Subjekten angefertigten Beschreibungen in jedem Fall vorzuziehen, weil diese immer schon von einer – in der Regel vereinseitigenden – Interpretation geprägt sind" (Oevermann 2002, S. 19).

Als Protokolle eignen sich vor allem gerätevermittelte Aufzeichnungen von Gesprächen, Interviews, Diskussionen usw. Aber auch Zeitungsartikel, Aktenvermerke, Landkarten oder Bilder können als Protokolle sozialer Realität genutzt werden. Bei diesen Datentypen ist deren Entstehungshintergrund (Editionsgehalt) besonders sorgfältig in die Analyse einzubeziehen. Bei jeglichen sozialen Protokollen muss die Handlung der Protokollerstellung von der protokollierten Realität unterschieden werden. Bei einem aufgezeichneten Gespräch stellt auch die Diskussion um die Aufnahme einen Teil der sozialen Praxis dar. In einem Interview schränken die Fragen des Interviewers die freie Entfaltung des Interviewten ein und sind doch nötig, um die Relevanz der Situation überhaupt zu begründen. Ein Bild gehorcht ästhetischen Anforderungen und verweist doch auf den künstlerischen Gestaltungswillen.

In den Protokollen soll die Fallstruktur der Praxis unmittelbar deutlich werden. Das scheinbar Unstrukturierte der Erzählung stellt sich bei der Analyse als höchst differenziert strukturierter Fall dar, dessen Struktur ein wichtiger Teil der eigentlichen Daten darstellt. Aber selbst bei Interviewfehlern – z. B. Provozieren sozial erwünschter Antworten oder die Vorabkategorisierung der sozialen Realität in der Fragestellung – lassen sich noch interessante Erkenntnisse erzielen. Der Datenerhebung kommt somit bei dieser Methode, wie bei anderen nicht-reaktiven Methoden, eine geringere Bedeutung zu als der Datenauswertung, anders als z. B. bei Gruppendiskussionen, Open Space oder teilnehmender Beobachtung.

Die Auswahl relevanter Protokolle

In der Forschungspraxis wird das Material eng an der Fragestellung orientiert ausgewählt. Mögliche Datenquellen werden dabei nach grundlegenden, sich meist schon aus dem Alltagsverständnis anbietenden, Unterscheidungskategorien geordnet. Diese Kategorien werden entweder vor der ersten Analyse gebildet oder aus der Anfangsanalyse und den folgenden Analysen entwickelt. Entscheidend ist, dass die untersuchten Fälle bezüglich relevant erscheinender Unterscheidungen des Untersuchungsfeldes eine möglichst deutliche *Kontrastivität* ermöglichen. Würde z. B. die Handhabung bestimmter Organisationsregeln in Frage stehen, so könnte die Kontrastivität nach Hierarchieebenen oder aber nach Organisationstypen eine Rolle spielen. Würde andererseits nach dem Einfluss einer bestimmten Technik auf die Arbeitsgestaltung gefragt, so könnte der Umfang des Umgangs mit dieser Technik eine Kontrastdimension bilden.

Den Grundannahmen der Methode folgend, werden die Protokolle der sozialen Praxis nach latenten Strukturen auf allen für die Fragestellung relevanten Dimensionen untersucht. Durch diese Methode des Nachweises genereller Strukturen im Detail der Praxisgestaltung, reicht selbst für komplexe Fragestellungen die Auswertung von maximal zwölf Fällen völlig aus. Bei den meisten Fragestellungen kommt man allerdings mit weniger Fällen aus, da sich die relevanten Zusammenhänge auch mit weniger Material aufschlussreich zeigen lassen. Die zu bearbeitenden Fälle sollten daher auch nicht zeitgleich erhoben und dann gemeinsam ausgewertet werden, sondern besser nach und nach. So kann Schritt für Schritt entschieden werden, welche Kontrastfälle noch aufschlussreich sein könnten. Die weiteren Fälle werden dann mit abnehmender Ausführlichkeit analysiert, da sie nicht im Allgemeinen, sondern in Bezug auf die Kontrastivität von Interesse sind.

Abgrenzung zu anderen Methoden

Zunächst ist natürlich das Verhältnis der Objektiven Hermeneutik zu quantitativen Ansätzen der Sozialforschung von Interesse. Üblicherweise wird davon ausgegangen, dass qualitative Forschungen eine Art explorativen Charakter haben und nur quantitative Ansätze in der Lage sind, tatsächlich gültige Aussagen über die Wirklichkeit zu treffen, da ihre Vorgehensweisen nicht von der Subjektivität des Analysepersonals abhängig sind.

Die Verfechter der Objektiven Hermeneutik gehen im Gegensatz dazu davon aus, dass mit ihrem Verfahren des Nachweises latenter Strukturen an konkret vorliegendem Analysematerial theorierelevante Daten nachvollziehbar erzeugt werden. Diese Analyseergebnisse ermöglichen ihrer Meinung nach erst Objektivität und Präzision einer Untersuchung. *Quantitative Verfahren* bauen ihrer Auffassung nach erst auf solchen Grundlagenerkenntnissen auf und untersuchen unter forschungsökonomischen Bedingungen die Verbreitung ganz bestimmter Phänomene (vgl. Oevermann et al. 1979, S. 352). Aus Gründen der Nachvollziehbarkeit und damit Widerlegbarkeit der Ergebnisse Objektiv Hermeneutischer Analysen kommt Oevermann denn auch zu dem Schluss: „Die Sequenzanalyse, wie sie hier Verwendung findet, ist in meinen Augen in den Sozialwissenschaften dasjenige Vorgehen, das dem Ideal des Popperschen Fallibilismus am nächsten kommt" (Oevermann 2003, S. 22). Mit Popper teilt die Objektive Hermeneutik also das Interesse an einer objektiven Analyse der Sache, die nicht bei der Subjektivität der Akteure stehen bleibt (vgl. Wagner 1984, S. 26). Nachvollziehbarkeit und Widerlegbarkeit beziehen sich demnach zunächst auf die Gültigkeit einer Interpretation selbst und weniger auf die Einhaltung ganz bestimmter Analysetechniken.

Schaut man sich nun das Verhältnis der Objektiven Hermeneutik zu einigen qualitativen Verfahren näher an, so ist aus den bisherigen Ausführungen schon abzuleiten, dass Auswertungsverfahren, die die Bedeutung zuerst aus dem Gesagten selbst entnehmen (*subjektive Hermeneutik*), indem sie zum Beispiel Interviewaussagen wörtlich nehmen und in Items umsetzen, von der Objektiven Hermeneutik abgelehnt werden (vgl. auch Flick 2004, S. 78). Dies trifft z. B. für alle Verfahren zu, die sich an die grounded theory anlehnen. Aus den oben dargestellten Gründen ist eben die volle Einsicht der handelnden Subjekte in die gegebene Situation und ihre Umstände ein seltener Grenzfall, der in diesen Verfahren zum Regelfall gemacht wird (vgl. Oevermann et al. 1979, S. 380).

Da bei der Objektiven Hermeneutik immer die Auseinandersetzung des im Fall Besonderen mit dem Allgemeinen der Sozialität im Zentrum steht, werden ebenfalls alle Formen *standardisierter Befragungen*, zu denen auch *Leitfadenbefragungen* gehören, zur Analyse basaler soziologischer Fragen abgelehnt. Solche Fragen seien für die Erforschung von Subjektivität nicht geeignet, da sie immer unterstellten, dass der Fragende durch die Vorgabe theoriegeleiteter Leitfragen die Antwort schon kennt und gerade nicht auf den besonderen Fall eingeht. Bei standardisierten Fragen geht es darum, das Subjekt in bekannte Begriffe einzuordnen. Um die Subjektivität zu erforschen biete es sich demgegenüber an, nach einer Eingangsfrage, die direkt zum Thema führt (z. B. „Warum bist Du hier?" wenn es um den biographischen Hintergrund jugendlicher Straftäter geht), nur noch vertiefende Nachfragen zu stellen und möglichst als Interviewer nicht selbst Themen einzubringen, da diese von der subjektiven Sichtweise des Gegenübers eher wegführten. Durch selbst gewählte Fragen des Interviewers wird z. B. die thematische Abfolge der Äußerungen unterbrochen, die zu Deutungszwecken aufschlussreich sein kann.[2]

Aus den bisherigen Ausführungen ist zu entnehmen, dass die Objektive Hermeneutik all jene Verfahren zur Erforschung grundlegender sozialer Fragestellungen für ungeeignet hält, die die soziale Wirklichkeit von vornherein unter logische Begriffe und übernommene Theorien ordnet. Eine Erkenntnis eigener Qualität wird diesen Vorgehensweisen nicht zugetraut (vgl. Wagner 1984, S. 33). Damit stellt sich für die Objektive Hermeneutik die Frage der Erkennbarkeit der Wirklichkeit, wenn tatsächlich keine Begriffe vorhanden wären. Diesem Problem begegnet die Objektive Hermeneutik auf zwei Wegen. Zum einen werden theoretische Ansätze sehr wohl als Heuristiken in die Deutungsarbeit eingeführt. Diese werden aber nur dann im jeweiligen Fall für relevant erklärt, wenn sie sich ganz konkret am Material belegen lassen. Zum zweiten wird das Analysepersonal durch seine kulturelle Alltagstauglichkeit relevant für die Nutzung der Methode. Es wird davon ausgegangen, dass sich das wissenschaftliche Vorgehen nur graduell, aber nicht prinzipiell von der Alltagspraxis unterscheidet. Die Begriffe und das Verständnis, das eine Person aus ihrem Alltag entnommen hat, ist insofern die Basis zur Durchführung jeglicher Analysen.

Ein besonderes Verhältnis liegt zwischen Objektiver Hermeneutik und der *Gesprächsanalyse* vor (vgl. z. B. Deppermann 2001, Habscheid 2001). Die wichtigsten Übereinstimmungen sind:

- Beide Methoden setzen Protokolle von Interaktionen voraus. Die Protokolle müssen technisch vermittelt sein, damit nicht die Vorannahmen der Forscher den Zugriff auf das Material verstellen (Deppermann 2001, S. 21/22). Während die Gesprächsanalyse programmatisch nur authentisches, nicht für die Forschung arrangiertes Material berücksichtigen will (vgl. Deppermann 2001, S. 11), sind bei der Objektiven Hermeneutik Forschungsinterviews ebenfalls von Interesse.
- Interaktionen bilden eine natürliche zeitliche Reihenfolge ab. Die Analyse von Interaktionen muss sich auf diese Reihenfolge einlassen (vgl. z. B. Meier 1997, S. 19–23). Äußerungen dürfen damit immer nur vor dem Hintergrund der bis dahin abgelaufenen

Interaktionsgeschichte interpretiert werden. Für beide Verfahren ist damit die genaue Analyse der Sequenzialität der Äußerungen grundlegend. In diesem Sinne bildet eine Äußerung immer den Rahmen für die Verstehensmöglichkeiten der nächsten. Die Äußerung wählt aus vielfältigen vorher gegebenen Optionen aus und eröffnet ihrerseits auch für die nachfolgenden Äußerungen wieder einen Überschuss möglicher Anschlussmöglichkeiten (vgl. z. B. Deppermann 2001, S. 49 und 54).[3]
- Jedes Element des zu analysierenden Textes wird grundsätzlich als motiviert und nicht zufällig angenommen. Die Elemente erfüllen einen Sinn, auch wenn sich dieser z.T. gravierend von den Motiven des Sprechers unterscheidet (vgl. Deppermann 2001, S. 40). In der Objektiven Hermeneutik wird dieser Grundsatz das *Totalitätsprinzip* genannt. Eine soziale Praxis kann danach nicht als Zusammenstellung bestimmter Variablen verstanden werden, sondern muss in ihrer Gesamtgestalt erschlossen werden.
- Beide Verfahren haben ein spannungsreiches Verhältnis zu Vorannahmen des Analysepersonals. Gesprächsanalytiker sollen nicht auf vorhandenes Wissen zurückgreifen und brauchen doch, wie sie Objektive Hermeneuten Alltagswissen, ethnographisches Wissen und theoretisches Wissen, das in der Analyse zu explizieren und zu prüfen ist (vgl. Deppermann 2001, S. 85–88).
- Bei beiden Verfahren wird davon ausgegangen, dass bei der jeweiligen Analyse eine Frage an das Material im Zentrum steht. Eine Gesprächsanalyse ist damit nicht die Analyse eines Gesprächs, sondern die Bearbeitung bestimmter Aspekte (vgl. Deppermann 2001, S. 20). Parallel gilt für die Objektive Hermeneutik, dass vor der Analyse des Materials die zu untersuchende *Fallstruktur* (s.u.) bestimmt werden muss – soll es z. B. um die Interaktion der Beteiligten gehen oder um das interaktiv bearbeitete Problem?

Neben diesen Gemeinsamkeiten, die sich vor allem auf das Vorgehen in der Analyse selbst richten, gibt es einige Unterschiede, die sich besonders vom Forschungsinteresse der beiden Ansätze ableiten lassen. Die Fragen der Gespächsanalyse reichen von Mikrophänomenen der Grammatik bis z. B. zu der Frage, wie verschiedene Gesprächsereignisse in einem Unternehmen miteinander verbunden werden. Fragen können an allgemeine Sprachmuster gerichtet werden oder auf Funktionen, Handlungsweisen und Phänomene in einem bestimmten Kontext bzw. bei einer bestimmten Handlungsaufgabe. Fragen können das Wie der Ordnung von Gesprächen betreffen (formbestimmter Ansatz) oder das Warum, also die Funktion einer bestimmten Handlung fokussieren (funktionsbestimmter Ansatz). Fragen können rein auf das Gespräch gerichtet sein oder auch ethnographische und sozialstrukturelle Variablen mit einbeziehen (vgl. Deppermann 2001, S. 14 f.). Die Reichweite der Fragen bleibt allerdings stets auf die Sprache oder das Gespräch selbst bezogen. Die Objektive Hermeneutik zielt hingegen auf Erkenntnisse, die sich besonders auf die Umwelt der Interaktion beziehen. In diesem Sinne wird immer nach den Voraussetzungen für das Verstehen einer bestimmten Äußerung gefragt und theoretische Heuristiken werden relevant, die in ihrer sozialen Reichweite weit über Sprachtheorien hinaus gehen.

In der Linguistik weisen die Konzepte der *Konversationsanalyse* ihrerseits ebenfalls über das Wort und den Satz als einzigen Kontext der Bedeutungsgebung hinaus und versuchen mit dieser Methode anhand von authentischem Material besonders die Struktur der Gespräche nachzuvollziehen (zum Unterschied von Diskursanalyse und Konversationsanalyse vgl. u. a. Galinski 2004). Dabei wird der Kontext des Gespräches, z. B. seine Einbindung in Institutionen, besonders berücksichtigt. Versucht man soziale Identitäten nachzuzeichnen, so sind neben den Interaktionsregeln eben auch weitere Kodizes zur Identitätsbildung zu verwenden, wie sie z. B. durch ethnomethodologisches Material zu Tage befördert werden (vgl. z. B. Müller 2002). Aber auch bei diesen Ansätzen bleibt die linguistische Praxis im Zentrum des Interesses, das Deuten und Erklären der vorfindbaren Phänomene nimmt dem gegenüber einen nur zweitrangigen Platz ein.

Dem unterschiedlichen Erkenntnisinteresse folgend sind die Qualitätsanforderungen an Transkripte in der Objektiven Hermeneutik geringer als in der Gesprächs- und Konversationsanalyse. Meist reichen wörtliche Transkripte, die um wenige phonetische Hinweise ergänzt werden, um z. B. den Fragecharakter eines Satzes kenntlich zu machen und Pausen oder Verzögerungen im Redefluss zu verdeutlichen. Das unterschiedliche Erkenntnisinteresse verursacht auch, dass in der Gesprächsanalyse die Gesamtgestalt des Gespräches von höherer Relevanz ist als in der Objektiven Hermeneutik. Aufnahmen sollten bei Nutzung der linguistischen Verfahren möglichst früh beim Betreten des Raumes beginnen und erst beim Verlassen beendet werden. Protokolle für wichtige Informationen vor oder nach dem Gespräch sollen angefertigt werden (vgl. Deppermann 2001, S. 27). In der Objektiven Hermeneutik geht man demgegenüber davon aus, dass sich grundlegende Phänomene an den unterschiedlichsten Stellen einer Interaktion nachweisen lassen, obwohl auch hier betont wird, von welch hohem Erkenntniswert gerade Eröffnungssituationen sind.

Abschließend noch einige Bemerkungen zu *Triangulationsverfahren*, wie sie in den Sozialwissenschaften immer wieder propagiert werden (vgl. Flick 2004). Die Grundsätze dieser Herangehensweise sind im Prinzip in der Objektiven Hermeneutik schon mitgedacht, da unterschiedliches Material zur Analyse kommt und in der Analyse alle möglichen hilfreich erscheinenden Theorien verwendet werden. Aber während die Triangualtionsverfahren davon ausgehen, dass sozusagen kaleidoskopartig ein möglichst umfassendes Bild der Wirklichkeit zu erstellen ist (vgl. Flick 2004, S. 19), geht man in der Objektiven Hermeneutik davon aus, dass in geeignetem Material die relevanten Daten enthalten sind und eher in der extensiven Ausdeutung der dort immer schon vorhandenen Vielfalt der Schlüssel zur Erkenntnis liegt.

3   Dateninterpretation und Feedback

Festlegung der Fallstruktur

Ist nun nach Kriterien der Kontrastivität Analysematerial ausgewählt, so ist zunächst zu klären, welche Frage mit dem Material bearbeitet werden soll.[4] Je nach Fragestellung wird dann die Fallstruktur ausgewählt, auf die bei der Analyse besonders geachtet werden soll. In jedem Protokoll sind somit stets mehrere Fallstrukturen enthalten. Für seine Untersuchung einer Supervisionssitzung zeigt Oevermann auf, dass für das dort zur Analyse kommende Material zumindest sechs Fallstrukturen relevant sein könnten: 1. die supervisorische Interaktionspraxis, 2. die verschiedenen Personen, 3. das Team als außerhalb des Falls existierende Gruppe, 4. die Organisation, 5. die Einzelbehandlungen durch den Falldarsteller, 6. die Patientin dieser Behandlung (vgl. Oevermann 2003, S. 14). Als Material z. B. zur Untersuchung einer Supervisionssitzung kommen nicht nur gelungene Sequenzen und Gespräche in Betracht. Im Falle von Sequenzen, die man als weniger gelungen erkennt, müsste das Scheitern nachvollzogen werden können, wodurch zugleich die Bedingungen des Gelingens weiter expliziert werden können.

Erste Schritte bei der Arbeit mit Protokollen

Ist die im Fokus der Analyse stehende Fallstruktur bestimmt, so besteht der nächste Arbeitsschritt daraus, sich einen Überblick über das Material zu verschaffen. Dazu wird entweder mit den vorliegenden Protokollen (z. B. Tonbändern oder Bildaufzeichnungen) oder mit bereits angefertigten Transkripten gearbeitet. Bei umfangreichen Protokollen bietet es sich an, nicht sofort das ganze Protokoll zu verschriften, sondern zunächst einen Überblick über das Material zu erhalten, der die Grundlage für die Auswahl der zu analysierender Abschnitte bietet. Sind diese Abschnitte ausgewählt, so werden dann nur diese Abschnitte transkribiert, um den Arbeitsaufwand nicht unnötig zu erhöhen.

Zur Schaffung einer Übersicht wird ein sogenanntes *Inventar* angelegt. Auf einem Deckblatt werden wichtige Daten zum Material verzeichnet, wie z. B. Beteiligte, das Aufnahmedatum, die Dauer der Interaktion und wichtige Hinweise zum pragmatischen Rahmen, wie z. B. der Ort, an dem ein Gespräch geführt wurde und ob es z. B. in den Kontext einer Gesprächsreihe gehört. Die Materialübersicht selbst orientiert sich an einer Aufteilung des Materials in Abschnitte, die als Segmente bezeichnet werden. Die *Segmentierung* gibt einen Überblick über den gesamten Fall. Ein Segment bestimmt sich durch die thematische Einheit seines Inhaltes. Je nach Interesse und Orientierungsbedarf können die Segmente sehr kurz oder auch länger gewählt werden. Die Darstellung im Inventar kann z. B. in einer dreispaltigen Tabelle erfolgen. In der ersten Spalte werden die Tonbandstelle (Minuten und Sekundenangabe) oder die Transkriptzeilen notiert, um die es in dem zu beschreibenden Segment gehen soll. In einer zweiten Spalte wird der Inhalt des Segmentes stichwortartig bzw. in Form einer Überschrift beschrieben. In der dritten Spalte können nun nähere inhaltliche Beschreibungen oder auch besondere Auffälligkeiten oder erste Analyseideen festgehalten werden. Bei umfangreichen Inventaren bietet es sich an, mehrere Zeilen unter einer gemeinsamen Überschrift zusammenzufassen. Inventare können nach diesem Muster erstellt werden, sich aber auch an eigenen Forschungsbedürfnissen orientieren.

Aus der Segmentierung werden sodann die Textteile ausgewählt, die einer detaillierten *Sequenzanalyse* unterzogen werden sollen (vgl. Titscher 1998, S. 254). Es bietet sich an, stets den Beginn des Protokolls zu wählen, vor allem, wenn dieser mit der Eröffnung der sozialen Praxis wie z. B. dem Start des Aufnahmegerätes oder dem Eintreten einer Person in den Raum zusammenfällt. Weiterhin können thematisch zentrale Stellen ausgewählt werden oder solche, die dem Forscher unverständlich sind. Es ist aber auch möglich, per Zufall eine weitere Stelle auszuwählen, wenn z. B. die Auswahl nicht an Kriterien orientiert werden soll. Stellen können aber auch nach Kontrastivität bezogen auf eigene Kriterien oder Fragen ausgewählt werden, die natürlich bei der Analyse stets zu explizieren sind. In der Forschungspraxis hat sich gezeigt, dass es bei einem ausführlichen Protokoll ausreicht, drei bis vier Textstellen von ein bis zwei Seiten für die Sequenzanalyse zu wählen.

Zur textlichen Darstellung werden die Analyseergebnisse mit Zitaten aus dem nicht sequenzanalytisch bearbeiteten Material angereichert.[5] Bei solchen Angaben ist allerdings zu beachten, dass die Praxis immer über das analysierte Material hinaus geht. Angaben über den Materialumfang sind daher weniger erheblich als die tatsächliche Deutungsarbeit.

Hat es der Forscher mit einem sehr komplexen sozialen Prozess bzw. Zusammenhang zu tun, so kann er zur Aufnahme von Hintergrunddaten und Zusammenhängen Logbücher verwenden, in denen Notizen zu wichtigen Beobachtungen bzw. Ereignisse festgehalten werden. Diese können ggf. bei Detailanalysen später von Relevanz sein. Zum Nachweis von Schlüsselhypothesen werden aber immer ausführliche *Sequenzanalysen* (s. Abschnitt Dateninterpretation) gemacht. Nur sie bieten den Beweischarakter, den man sich von dieser Methode verspricht.

Die Sequenzanalyse als Kernstück der Arbeit mit Protokollen

Sind die zu analysierenden Textstellen ausgewählt, so steht die sogenannte Sequenzanalye im Zentrum der Arbeit (weitere Ausführungen dazu können im Kapitel zum Narrativen Interview gefunden werden). Die Sequenzanalyse kann natürlich besonders gut bei Gesprächseröffnungen angewendet werden, weil hier die Weichenstellungen der weiteren Interaktion gelegt werden. „Je ausführlicher die latente Sinnstruktur des ersten Interaktes bestimmt worden ist, desto deutlicher und konturierter lässt sich in der sequentiellen Analyse das den Fall abdeckende, spezifische Interaktionsmuster herauskristallisieren" (Oevermann et al. 1979, S. 420, ebenfalls Oevermann 2003, S. 14). Im Prinzip kann die Analyse aber auch bei jeder anderen Stelle erfolgen, da jede weitere Handlung den Abschluss des Bisherigen und die Eröffnung des Neuen zugleich enthält. Gesprächsorganisatorisch schließt jede Äußerung bestimmt Optionen der vorher gegebenen Bandbreite aus und gibt mit dieser Auswahl aber wiederum eine Vielzahl möglicher Anschlüsse frei. Interessant in der Analyse ist dann, welche der gegebenen Optionen gewählt werden und wie diese Auswahl erklärt werden kann. Als Beispiel schließt das Wort „also" explizit an vorher Gesagtes an und eröffnet doch ein neues Handlungsfeld. Fragen, die sich der Forscher bei der Analyse ständig stellt, sind z. B.: Was will der Sprecher sagen? Was beutet die Aussage für die in Frage stehende Fallstruktur? Welche Wahl aus den zur Verfügung stehenden Optionen hat der Sprecher getroffen? Welche Rückschlüsse lassen sich bezüglich des Rahmens z. B. des Gespräches ziehen? Wie könnten nächste Schritte im Gespräch aussehen?

In der Sequenzanalyse soll damit der Gang sozialer Praxis Schritt für Schritt expliziert werden. Der Forscher begibt sich auf Augenhöhe mit dem Geschehen und nutzt bei seiner extensiven Deutungsarbeit den Vorteil weitgehender Selbststeuerung des Ablaufs (vgl. Oevermann 1996, S. 76 und Oevermann 2002, S. 6–12). Nicht die interaktive oder kommunikative Praxis bestimmt die Geschwindigkeit, mit der seine Deutungen erstellt werden, sondern der Deutungs- und Ideenreichtum, der an der Deutung beteiligten Personen.

Die Deutungsmöglichkeiten, genannt *Lesarten*, werden sodann an jeder nachfolgenden Textstelle auf ihre Stimmigkeit überprüft und bei gegebenem Anlass erweitert, verändert oder ganz verworfen. Für die Analyse ist es aber wichtig, stets einen Überschuss an Lesarten zu produzieren. Das Set möglicher Lesarten zeigt nämlich an, gegen welche Alternativen die Praxis sich jeweils abgrenzt. Bedeutungsentfaltung und Abgrenzungen bilden dann Stück für Stück den Fortgang des Falls, auch *innerer Kontext* genannt (vgl. Oevermann et al. 1979, S. 415). Die einmal erstellten Deutungen einer Textstelle oder die einmal erstellten Erklärungen werden durch jede weitere Bedeutungseinheit einem Test unterzogen. Können diese Deutungen bestätigt oder müssen sie falsifiziert werden?

In den Deutungen soll zunächst immer davon ausgegangen werden, dass die vorgefundene Praxis der Normalität entspricht (*Sparsamkeitsregel*) und nicht einen absonderlichen Fall darstellt.[6] Der Fallverlauf wird dann immer mit der Normalerwartung verglichen, um individuelle Verläufe erkennen zu können (vgl. Wagner 1984, S. 72). Die Sparsamkeitsregel bewahrt den Forscher davor, nicht vorschnell besondere psychische Konstellationen für das Zustandekommen der vorgefundenen Praxis verantwortlich zu machen und damit anspruchsvollerer Deutungen zu umgehen.

Bei der Analyse eines Textstückes können acht Analyseebenen von besonderem Interesse sein. Je nach Protokoll und Fragestellung werden alle acht Ebenen berücksichtigt oder auch nur wenige ausgewählt. Die Ebenen sind also Erfahrungswerte, die auf mögliche Hinweisgeber für Deutungsmöglichkeiten aufmerksam machen sollen, sie stellen kein Analyserezept dar, das man einfach befolgen kann.

1. Zunächst soll der unmittelbar der Äußerung vorausgegangene Kontext expliziert werden. Hierbei sollen die nun möglichen Handlungsalternativen herausgearbeitet werden, um später die im Fall getroffene Auswahl vor dem Hintergrund möglicher Alternativen erkennen zu können.
2. Der gerade in Frage stehende Interakt wird so paraphrasiert, wie er spontan verstanden werden würde.
3. Die möglichen Intentionen des interagierenden Subjektes werden expliziert, um später deuten zu können, inwieweit eine Äußerung individuell zugerechnet werden oder von anderen Bedingungen abhängig gemacht werden muss.
4. Die Motive des Interaktes werden expliziert, die aus der Interaktionsabfolge und den normalen Bedingungen sozialen Handelns abgeleitet werden können. Weiterhin werden die sich aus diesen Motiven abzuleitenden Konsequenzen und Folgen expliziert. Diese Folgen können z. B. in der Einschränkung möglicher Anschlussoptionen an die Äußerung bestehen, die im Fortgang der Interaktion falsifiziert werden können.
5. Der Interakt wird daraufhin analysiert, welche Funktion er für die Verteilung der Interaktionsrollen hat. Aus diesen Ergebnissen kann erkannt werden, in welchen Rollen, also mit welchen Rechten und Pflichten, die Personen interagieren.
6. Die sprachlichen Merkmale des Interakts werden charakterisiert. Die sprachliche Ausdrucksform zeigt häuft an, als was ein Sprecher angesehen werden will, in welchem Milieu eine Äußerung getätigt wird oder gibt häufig auch zwingende Anzeichen für das semantische Verständnis der Äußerung vor.
7. Der Interakt wird daraufhin untersucht, ob in ihm Kommunikationsfiguren enthalten sind, die immer wieder im Protokoll auftauchen. Hier können Hinweise auf besonders relevante Themen gefunden werden oder auch auf Floskeln, die ein spezifischeres Ausdrücken des Gemeinten verhindern.
8. Schließlich werden auch theoretische Zusammenhänge expliziert, die die Äußerung besonders passend erklären können. Die Äußerung wird damit abstrahiert und in größere Sinnzusammenhänge eingeordnet (vgl. Oevermann et al. 1979, S. 394–402).

Sind dann aus den Einzelergebnissen der durchgeführten Sequenzanalysen Reproduktionsprozesse für die Handlungsweisen rekonstruiert, so spricht man von *Fallstrukturgesetzlich-*

keiten. Diese Gesetzlichkeiten sollen dann geeignet sein, die Reproduktion der erforschten Praxisphänomene erklären zu können.

Bei der Analysepraxis ist natürlich zu beachten, dass durch die Transkripte Mündlichkeit zu Schriftlichkeit wird (vgl. Deppermann 2001, S. 39), d.h. zum Beispiel auch, dass bei einer nur wörtlichen Protokollierung Intonationsverläufe verloren gehen oder auch die Mimik kaum festgehalten wird. An einigen Protokollstellen kann es daher sinnvoll sein, auf das Tonbandmaterial (bei Tonaufzeichnungen) direkt zurückzugreifen oder ergänzende Videoanalysen zum Einsatz zu bringen. Die Kontrolle von Intonationsverläufen war nur in sehr wenigen Fällen zur Klärung bestimmter Lesarten notwendig. Die Protokollqualität ist aber auch insofern relevant, als dass bei dieser Methode technisch naiv das analysiert wird, was im Protokoll verschriftet ist.[7] Bei Protokoll oder Aufnahmefehlern stellt sich meist jedoch recht schnell heraus, dass ein Fehler vorhanden sein muss, da die Beteiligten sehr enge Verweisstrukturen und Bedeutungsmuster aufbauen, die an den fehlerhaften Stellen verzerrt dargestellt sind. Die falschen Lesarten, die durch die Protokollfehler entstanden sind, werden auf diesem Wege häufig rasch entlarvt.

Vergleich man die erstellten Deutungen mit dem ersten Eindruck des Materials oder dem Alltagseindruck einer ähnlichen Situation, wie der zu analysierenden, so wirken sie z.T. extrem oder überspitzt. Stellt sich ein solcher Eindruck ein, so muss bedacht werden, dass die den Handlungen unterlegten Deutungen im Alltag zumeist geglättet werden, um Gegensätze zu verwischen und einen grundsätzlichen Gesprächskonsens zu ermöglichen. Das Herausstellen der impliziten Deutungen wirkt daher wie eine Demaskierung und diese Demaskierung ist es, die als extrem wahrgenommen wird. Die Deutungen stellen jedoch bei sorgfältiger Sequenzanalyse die konsequente Ausformulierung der im Material enthaltenen Spuren dar. Für die Praxis, den konkreten Fall, gelten diese Deutungen zumeist in gewissem Grade der Intensität, beschreiben aber dennoch klar den Extrakt der latenten Sinnstrukturen.

Einige Qualitätskriterien für die Durchführung einer Sequenzanalyse

Die bisherigen Ausführungen verwiesen bereits mehrfach auf die Homologie, die in den Sozialwissenschaften zwischen Gegenstand und Gegenstandserschließung vorliegt. Diese führt dazu, dass sich wissenschaftliche Praxis ganz allgemein von der Alltagspraxis nur in Gestalt einer Kunstlehre abhebt. Analog zu den drei Faktoren, die eine Übereinstimmung zwischen subjektiver Repräsentation der Situation und den latenten Strukturen verhindern (s.o.), können drei grundsätzliche Regeln der Kunstlehre bestimmt werden:

1. Keine Interpretation durch Subjekte, die den Sozialisationsprozess noch nicht abgeschlossen haben.
2. Möglichst keine Interpretation durch stark neurotische bzw. psychotische Personen.
3. Sehr viel Zeit, um Handlungsentlastung zu realisieren.

In der Analyse soll gewährleistet werden, dass alle möglichen Bedeutungsoptionen extensiv ausgelegt werden. Auch unwahrscheinliche Optionen sollen in der Sequenzanalyse expliziert werden. Die Darlegungen dienen nicht nur dazu, den Fortgang des Falls zu bestimmen, sondern auch einen Eindruck davon zu bekommen, worin Alternativen des Fortgangs bestanden haben. Die Sequenzanalyse sollte möglichst von einer Gruppe von Personen erstellt werden, die grundsätzlich mit dem zu analysierenden Milieu vertraut sind und auch einen guten sprachlichen Zugang zum Material haben, um die exakten Implikationen eines Ausdrucks verstehen zu können. Die Diskussion in der Gruppe der Interpreten soll sich dadurch auszeichnen, dass alternative Deutungen möglichst lange aufrechterhalten werden, damit sie so informationsreich wie möglich scheitern können. Die Angemessenheit einer Deutung zeigt sich nämlich nur im Vergleich zu Alternativen und nicht im Abgleich zum objektiv Richtigen. Bei der Erstellung von Deutungsansätzen sollen schließlich möglichst viele theoretische Ansätze als Heuristiken, also als Steinbrüche möglicher Ideen, genutzt werden. Theorien dienen damit als Verständniszugänge, die sich aber am Material beweisen müssen (vgl. Oevermann et al. 1979, S. 391 ff.).

In der Deutungspraxis zeigt sich immer wieder, dass es besonders für theoretisch vorgebildete Personen sehr schwierig ist, das Material nicht nur in den Begriffen ihrer Heimattheorien zu erfassen. Es bewährt sich ein durchaus naiver, alltagspraktischer Zugang zum Material. Das spontane, intuitive Erkennen der vorliegenden Praxis ist meist viel hilfreicher als ausgefeilte theoretische Ideen.[8] Die Diskussion zwischen den analysierenden Personen muss daher von Interesse am jeweils vorliegenden Fall, vom Ehrgeiz treffende Interpretationen zu finden und von der Möglichkeit Verständnisoptionen lange zu verteidigen und schließlich doch im Angesicht besserer Argumente wieder von ihnen los lassen zu können geprägt sein.

Schließlich muss auch bemerkt werden, dass die Ergebnisse sequenzanalytischer Deutungen trotz jeglicher Sorgfalt nie ihren vorläufigen Charakter verlieren. Wichtige Details können übersehen oder passendere Deutungen missachtet worden sein. Auch die Objektive Hermeneutik kommt damit nicht ohne das Ringen um Vorläufigkeit der eigenen Deutung aus, wie es für jede qualitative Methode der Sozialforschung, ja für jede wissenschaftliche Erkenntnis generell charakteristisch ist.

4 Anwendungsbeispiel

Im Folgenden soll anhand eines kurzen Ausschnitts aus einer Sequenzanalyse ein Eindruck von der Anwendung der Methode vermittelt werden. Die Fragestellung und das Material stammen aus einer eigenen Forschungsarbeit zur Organisationsberatung. Auf dem gebotenen Raum wird es nicht gelingen, ein für sich selbst stehendes Analyseergebnis zu erzielen. Die Anwendung soll daher nur beispielhaft die Arbeit mit einem Protokoll aufzeigen.

Organisationsberatung als mögliches Anwendungsfeld

Zur Auswahl der Fallstruktur: Ein mögliches Anwendungsfeld der Methode im Rahmen der Organisationsforschung stellt die Beratung von Organisationen dar. In Interaktionsprotokollen kommen dabei vielfältige Fallstrukturen zum Vorschein, die je nach Forschungsinteresse mehr oder weniger explizit berücksichtigt werden können. In der vorliegenden Forschung ging es mir zum einen um die Interaktionsgestalt, die Gespräche zeigen, die eher beratenden Charakter haben, gegenüber solchen, die man eher einem unterweisenden oder datengenerierenden Gesprächsmodus zurechnen kann. Weiterhin bezieht sich die Forschungsfrage darauf, welche Folgen der Gegenstand der Organisation für die Gestaltung der Beratung in Interaktionen hat. Welche besonderen Dynamiken der Gespräche also damit zu erklären sind, dass hier nicht Personen, sondern eben Organisationen im thematischen Fokus stehen. Daneben spielt in solchen Gesprächen natürlich immer das Organisationsproblem als solches eine Rolle – die Fallstruktur also, die dem Anliegen der Organisationsforschung am nächsten liegt.

Zur Materialauswahl: Das Material stammt aus einem tatsächlich abgelaufenen Beratungsgespräch und repräsentiert damit einen Auszug aus der Beratungspraxis selbst.[9] [10] Für solche Analysen kommen Gespräche in Betracht, die vom Berater und Klienten als Organisationsberatungsgespräche bezeichnet werden. Es ist also nicht entscheidend, ob der Berater „tatsächlich" Organisationsberatung vollzieht, also z. B. einen bestimmten Konzept gemäß verfährt, sondern ob Berater und Klient sich gegenseitig in diesen Rollen ansprechen und damit die soziale Situation als Organisationsberatung ausgestalten.[11] Das in der Forschungsarbeit bearbeitete Material ist kontrastiv danach ausgewählt worden, wie eng das Gespräch zum Kern dieser Beratungspraxis gezählt werden kann.[12] Die Forschung hat gezeigt, dass sowohl die Interaktionsgestalt, als auch der Zugriff auf die Organisation als Gesprächsgegenstand systematisch damit variiert, wie eng das jeweilige Gespräch zum inneren Kern des Beratungsprozesses gezählt werden kann.

Die Analyse der Gespräche hat mit dem Fall der engsten Verbindung von Gespräch und Beratung begonnen (vgl. Deppermann 2001, S. 29). An diese Analyse anschließend sind andere Gespräche ausgewählt worden, die innerhalb eines Beratungsprozesses einen abgeleiteten Status haben, weil in ihnen Aufgaben, die andernorts beschlossen wurden, bearbeitet werden oder weil hier Daten gesammelt werden, die andernorts ausgewertet werden sollen. Schließlich ist auch noch ein Interview über einen Beratungsprozess analysiert worden, da hier die Verbindung von Beratungsinteraktion und Organisation besonders im Zentrum steht.

Die hier analysierten Gespräche beziehen sich alle auf Wirtschaftsorganisationen. Im Non-Profit- oder Verwaltungsbereich werden sich die Umgangsweisen und Themen der Interaktion stark von den hier anzutreffenden unterscheiden. Es besteht allerdings die Vermutung, dass neben diesen Unterschieden besonders in der Art der Interaktion und der Art des Inbeziehungsetzens von Interaktion und Organisation starke Gemeinsamkeiten auftreten, da diese Ausprägungen wenig von der jeweiligen Organisationsform abhängig sein dürften.

Einordnung des Sequenzstückes

Zur pragmatischen Rahmung der Sequenz: Das Sequenzstück stammt aus einem Gespräch zwischen einem internen Berater und einem Abteilungsleiter, der für ca. 350 Mitarbeiter verantwortlich ist. Die Gespräche wurden vom Abteilungsleiter nachgefragt, nachdem dieser die Abteilung neu übernommen hatte und nach Möglichkeiten suchte, durch mehr Selbststeuerung (Eigenmotivation) in Zeiten starker organisatorischer Einschnitte (Fremdbestimmung) die Abteilung zu führen.

Das vorliegende kurze Sequenzstück zeigt weniger das Beratungsproblem als vielmehr einige Eigentümlichkeiten der Verbindung von Beratungsinteraktion zum Organisations-

alltag bzw. der Selbstorganisation des Beratungsprozesses. Aus Platzgründen kann hier nicht die gesamte Argumentation zur Sequenzanalyse dargestellt werden, sondern nur ein beispielhafter Auszug. Gerade Argumente zur Selbstorganisation der Gespräche wie auch zum Organisationsproblem entwickeln sich in umfangreichen Argumentationsketten.
Die Darstellung der Analyse erfolgt in zwei Schritten:

- In einem ersten Durchgang stelle ich den reinen Arbeitsprozess dar. Hier werden einige der Fragen aufgelistet, die die Teilnehmer der Analysegruppe angesichts der Sequenzstelle bearbeitet haben? Dieser Durchgang gibt damit einen Eindruck des methodischen Handwerks.
- In einem zweiten Durchgang stelle ich die Analyseergebnisse dieses Sequenzausschnittes dar. Hier wird quasi die Quintessenz der Analyse abgebildet ohne an jeder Diskussionsstelle alle möglichen alternativen Deutungen zu explizieren. Dieser Durchgang gibt somit einen Eindruck der erzielbaren Ergebnisse. Die Analyseergebnisse lassen noch recht deutlich die Einbettung dieser Sequenz in einen größeren Analyserahmen erkennen und verweisen damit auf den Forschungszusammenhang, aus dem das Material stammt.

Die textliche Darstellung einer Analysepraxis stellt einen Kompromiss zwischen Vollständigkeit und Lesbarkeit dar. In jeder Arbeit wird diese hier brauchbare Kompromisslinie definiert. Ihre Festlegung ist damit eine ständig wiederkehrende Herausforderung der Methode an den Forscher.

Die Sequenz

> B: ... Nach dem letzten Gespräch habe ich Ihnen ja dann noch mal eine Mail geschickt.
> K: (angeregt) Das freut mich ja, dass es Sie bewegt hat, (lachend).
> K: ... Das Sie (betont) es bewegt hat. (lachend).

B steht für den Berater. K steht für den Abteilungsleiter. In Klammern sind Auffälligkeiten der Intonation oder von begleitenden Geräuschen notiert.

Auszug aus der Sequenzanalyse – erster Durchgang

> B: ... Nach dem letzten Gespräch habe ich Ihnen ja dann noch mal eine Mail geschickt.

- Welche Funktion hat die Äußerung im Kontext des bereits abgelaufenen Gespräches?
- Was sagt die Äußerung „nach dem letzten Gespräch" über die Beziehungsart von K zu B aus?
- In welchen Arten sozialer Praxis kommen berufliche Beziehungen vor, die auch über die aktuelle Interaktion hinaus gehen?
- Was sagt die explizite Bezeichnung der Interaktion als „Gespräch" über den Interaktionszusammenhang aus?
- In welchen Fällen ist es angeraten nach einer Interaktion per Mail Kontakt aufzunehmen?

- Welchen Inhalt kann die Mail gehabt haben bezieht man die bisherigen Überlegungen zum Interaktionszusammenhang und zur Beziehung zwischen B und K mit ein?
- Welche Dynamiken in der Beziehung ist zu vermuten, wenn B dem K nach dem letzten Gespräch eine Mail schickt?
- Wer will was von wem?
- Welche Funktion hat eine mail für ein Gespräch und einen Gesprächszusammenhang?

K: (angeregt) Das freut mich ja, dass es Sie bewegt hat, (lachend).

- Wie könnte man die Äußerung mit anderen Worten wiederholen?
- Was sagt die Intonation der Äußerung („angeregt") über die Bedeutung der Äußerung?
- Paßt die Intonation der Äußerung zum Inhalt der Äußerung?
- In welcher Weise nimmt diese Äußerung Bezug zur vorausgegangenen Äußerung?
- Warum muss K die eigene Emotion so deutlich darstellen?
- Welche Rückschlüsse können aus der besonderen Betonung der Emotion über die ansonsten vorhandene Beziehung zwischen B und K gezogen werden?
- Welche Rückschlüsse kann man nun bezüglich des Inhalts der Mail ziehen?
- Welche Interaktonszüge müssen zwischen diesem Gespräch und dem letzten erfolgt sein?
- Welche Rückschlüsse lassen sich aus diesen Interaktionszügen über die soziale Praxis ziehen?
- Welche Funktion hat die mail für die Beziehung zwischen K und B gehabt?

K: ... Dass Sie (betont) es bewegt hat. (lachend).

- Welcher Unterschied besteht zwischen dieser Äußerung und der vorhergehenden?
- Was sagt das Lachen über die Bedeutung der Äußerung?
- Welche Färbung der Beziehung kann aus der Äußerungssequenz geschlossen werden?
- Wie passen diese Analyseergebnisse zu den Hypothesen im Anschluss an das erste Segment?

Die Fragen zeigen, dass sich die Analysepraxis intensiv an den einzelnen Hinweisen, Worten und Inhalten eine Äußerung abarbeitet. Die hierbei relevanten Diskussionsfragen können zuvor nicht fest bestimmt werden, sondern entwickeln sich aus den Überlegungen zu denen das Material die Gruppe animiert. Die Äußerung wird dabei auf jede mögliche Informationsquelle hin untersucht. Die Fragen und Antworten in Form von Lesarten, die die Gruppe erarbeiten, ergeben ein Muster von Hinweisen, die mit den Hinweisen z. B. zum nächsten Wort abgeglichen werden. So entsteht ein dichter Teppich aus Argumenten und Hinweisen, der ein tieferes Verständnis der sozialen Praxis erzeugt. Wenn mögliche werden schon aus einer einzigen Sequenzstelle gewagte Hypothesen abgeleitet und an den nächsten Sequenzstellen überprüft. Welche Aufschlüsse haben diese Fragen über die vorliegende soziale Praxis erbracht?

Auszug aus der Sequenzanalyse – zweiter Durchgang

B: ... Nach dem letzten Gespräch habe ich Ihnen ja dann noch mal eine Mail geschickt.

Die Eröffnung des eigentlichen Gesprächs findet erst an dieser Stelle statt. B stellt das laufende Gespräch in den Kontext von weiteren in der Vergangenheit zwischen K und B stattgefundenen Gesprächen. B markiert hier, dass die Gespräche insgesamt eine Einheit bilden und thematische Bezüge und Verweise erwartet und erwünscht sind. Der Zweck der Gespräche ist offensichtlich mit einem einzigen Gespräch nicht zu erreichen, sonst wäre eine solche Abfolge von Gesprächen nicht erwünscht und würde hier oder kurz später als Fehlleistung thematisiert.

Die bisherige Rollenverteilung und die Abfolge von mehreren Gesprächen als Normalfall lässt nur noch sehr bestimmte Gesprächstypen in Frage kommen. Es muss sich um Supervision, Therapie, ärztliche Behandlung oder Coaching handeln. Normale informelle Gespräche in Organisationen würden die Beteiligten nicht als Gespräche einzeln benennen. Sitzungen in Organisationen, bei denen auch mehrere Termine nötig sein können, um zu einem Ergebnis zu kommen, würden die Beteiligten auch nicht unbedingt explizit als Gespräche bezeichnen.

In Therapie und ärztlicher Behandlung würde nach der Sitzung keine E-mail geschickt werden, die ja auf ein Restproblem aus dem letzten Gespräch verweist. Eine solche Nachricht nach einem ärztlichen Gespräch zu schicken entspricht nicht dem dort herrschenden Arbeitsbündnis.

Für diese Abfolge von Gesprächen kommt also nur noch Therapie, Coaching und Supervision in Frage. Auch für diese Formen wäre eine E-mail durch den Professionellen nach der Sitzung eher ungewöhnlich. Die freie Initiative des Klienten wird ja durch diesen Kontakt des Professionellen eingeschränkt. Diese E-mail könnte hier am ehesten eine Terminänderung enthalten, die im laufenden Gespräch aber nicht extra thematisiert werden müsste, da die Nachricht ganz offensichtlich angekommen ist und verstanden wurde. Die E-mail könnte eine Fachinformation enthalten, die erst recherchiert werden musste. In diesem Fall enthielte sie eine Art Zusatzleistung, die mit dem Gespräch im engeren Sinne nichts zu tun hätte.

In einer Supervisionssitzung wird definitionsgemäß eine routinemäßige Überprüfung der professionellen Praxis der Supervisanden durchgeführt. In diesem Verhältnis wäre eine E-mail des Supervisors nach der Sitzung ebenfalls nur sinnvoll, wenn es sich um formale Zusatzinformationen handeln würde.

Im beratenden Arbeitsbündnis geht es – ebenso wie in manchen Coachingsaufträgen – hingegen um die Bewältigung eines akuten Problems. Der daraus entstehende zeitliche Druck kann in bestimmten Situationen einen Mailkontakt nach einem Beratungsgespräch notwendig machen. In diesem Fall müsste es sich um einen Inhalt handeln, dessen Kommunikation keinen Aufschub bis zum nächsten Treffen erlaubt.

Durch die E-mail hat B K eine Botschaft zukommen lassen, die nicht in die Face-to-Face-Kommunikation eingebunden war und bisher von K wohl auch nicht beantwortet wurde. Die Dringlichkeit des Themas, der Sache wird also von B höher eingeschätzt als von K, denn sonst hätte er bereits vor diesem Gespräch auf die Nachricht geantwortet. Der konkrete Inhalt der E-mail kann hier noch nicht erschlossen werden.

Der Sinn der E-mail für die Interaktion selbst kann in ihrer Funktion für die Gesprächsorganisation gesehen werden. Die E-mail hat zwar den Nachteil, hier extra verhandelt werden zu müssen, aber auch den Vorteil, dass B ein Anschlussthema setzen kann, das er dem zeitlichen Druck der unmittelbaren Kommunikation entzogen K präsentieren kann. Der Hinweis auf den Inhalt der Nachricht bildet damit ein legitimes, von K im

Voraus definiertes Einstiegsthema in das Gespräch. Das Thema verknüpft das vorherige Gespräch mit dem aktuellen, da ja in der E-mail ein Thema nochmals aufgegriffen wurde, das im letzten Gespräch bereits angeklungen ist. In jedem Fall muss die zeitlich und räumlich anders geartete Kommunikation durch die E-mail nun in das Gespräch integriert werden, um hier sozial relevant zu sein, bzw. der durch die Nachricht geöffnete Interaktionszug muss geschlossen werden, bevor hier neue Züge eröffnet werden können.

> K: [angeregt] Das freut mich ja, dass es Sie bewegt hat (lachend).

K drückt seine Freude darüber aus, dass B in der E-mail und/oder durch die E-mail Anteil an seiner Situation ausgedrückt hat. Die Nachricht ist etwas jenseits der normalen Routine und damit etwas Persönliches, wie K es hier auch ausdrückt. K signalisiert B durch diese Betonung auch, dass er so eine persönliche Geste von ihm als Person nicht erwartet hätte. K drückt im weiteren Sinn aus, dass er sich bei B aufgehoben fühlt.[13] Die Dringlichkeit der Nachricht hat damit im Ausdruck der Emotionalität bestanden. Der Inhalt der E-mail kann keine Terminverschiebung oder eine reine Sachinformation sein.

Interessant ist, dass K dennoch nicht auf die Botschaft geantwortet hat. Hier wird nochmals bestätigt, dass die E-mail für K nicht so dringend war wie für B. K reicht das Interesse von B für ihn oder sein Problem aus. Wahrscheinlich drückt B in der Nachricht sein Verstehen über etwas aus, das er in der letzten Sitzung noch nicht verstanden hat. K muss also auf dieses Verstehen gar nicht antworten, sondern erhält von B nur das Signal, dass das Verstehen nun erfolgt ist. Die E-mail ist sozusagen das Signal für den Gleichstand in der Beteiligung, so dass das Gespräch nun fortgesetzt werden kann.

> K: ... Dass Sie (betont) es bewegt hat (lachend).

K drückt hier nochmals die Überraschung über die Partizipation von B an ihm oder seinem Problem aus. Durch die Äußerung dieses Urteils wird schon eine recht persönliche Beziehung eingerichtet.

In dieser Analyse fällt auf, dass die alternativen Lesarten nicht immer explizit wurden. In der Gruppendiskussion nehmen diese Alternativen aber immer einen breiten Raum ein. Die hier gezeigte Darstellung macht damit Konzessionen an die Lesbarkeit des entstehenden Textes. Die Darstellung macht damit aber auch sichtbar, dass in den Texten zur Objektiven Hermeneutik Richtlinien formuliert werden, die in jeder Forschung adaptiert werden, um dem Forschungsziel, den Rahmenbedingungen der Forschung und dem gegebenen Material gerecht zu werden.

Interessant ist, dass schon die kurze Interaktionsfolge über nur drei Stellen und einen Rednerwechsel einen Eindruck von der Interaktionsdynamik gibt. Auch die Art des Gespräches kann an der Diskussion um die mail recht gut gezeigt werden. Methodisch betrachtet sieht man, dass es von größter Bedeutung ist, alle möglichen Assoziationen und Gedanken zu einer Äußerung aufzunehmen. Mögliche Themen, die sich an der Äußerung argumentativ entfalten lassen, zeigen sich erst in dieser extensiven Auslegung. In der Analysearbeit zeigt sich häufig, dass gerade Protokollstellen, über die man in der Inventarisierung noch hinweggelesen hat, nun von großer Bedeutung werden, das sich in Wortverwendungen, Versprechern oder Satzbau eine Sinnstruktur zeigt, die nur an diesen Eigentümlichkeiten und an diesen Stellen offen zu Tage tritt.

5 Möglichkeiten und Grenzen der Methode

Chancen der Objektiven Hermeneutik für die Organisationsforschung

Organisationen wirken sich im Leben der meisten Menschen moderner Gesellschaften ganz praktisch aus. In kaum einem Tagesablauf sind Menschen nicht durch Mitgliedschaftsrollen oder Publikumsrollen in irgendwelche Organisationen eingebunden. Doch was genau ist „die Organisation"? Neben den Aufschlüssen die soziologische Theorien bieten, besteht mit der Objektiven Hermeneutik die Chance die lebenspraktischen Auswirkungen von Organisationen zu studieren und auf diesem Wege alternative Zugänge zum Phänomen „Organisation" zu erhalten. Aus meiner Sicht sind drei Aspekte dieser Alternativen von besonderem Interesse:

1. Theorien bieten distinkte Zugänge zur Wirklichkeit und zeichnen sich durch ihre Trennschärfe von anderen Theorien und ihre interne logische Konsistenz aus. Die Objektive Hermeneutik stellt demgegenüber die Chance dar, Organisationen von ihren Lebenspraxen her aufzuschließen. Bei der Arbeit am konkreten Material können die vorhandenen Theorien durchaus genutzt werden, stellen dann aber Hilfsmittel dar, deren Bedeutung nicht in der Abgrenzung zu anderen Erklärungen besteht, sondern in ihrer ergänzenden instruktiven Erklärungskraft ganz konkreter Phänomene. Die Breite und Tiefe der Wirkungen von Organisationen ist in diesem Zugang sicherlich eindrücklicher zu zeigen, als in theoretischen Herangehensweisen, die fokusbedingt immer Teile des Phänomens beiseite lassen müssen.
2. Die Objektive Hermeneutik legt besonderen Wert auf die Rekonstruktion der ein Phänomen ständig wieder generierenden Mechanismen. Auch im Bereich der Organisationsforschung ist für viele Phänomene nicht eine Zustandsbeschreibung von Interesse, sondern viel eher ein Erkennen der Mechanismen, die diese Zustände regelhaft erzeugen. Die Erkenntnis dieser Mechanismen sind vor allem von Bedeutung, wenn es darum geht, Veränderungen in Organisationen zu erreichen, wie es im Fall der Führung oder Beratung, aber auch der Gesetzgebung der Fall ist. Ein Erkennen dieser Mechanismen ist aber auch deshalb von Interesse, weil es die Grundlage für die Entzauberung der oft gegenständlich anmutenden Allmacht der Organisation für das Leben der Menschen in modernen Gesellschaften bedeutet.
3. Mit dem zweiten Zugang ist verknüpft, dass die Objektive Hermeneutik für all jene Personen von Interesse sein kann, die täglich in und mit Organisationen handeln müssen. Sie schult den geduldigen Blick auf die sich bietenden Situationen und ermöglicht damit eine Einsicht in Handlungskonstellationen, der zum einen vor Personifizierungen komplexer Problemlagen schützt und zum anderen komplexe Probleme in ihren konkreten Auswirkungen begreiflich werden lässt. Wie schon angedeutet, kann sie den Blick von Praktikern schulen aber vor allem in zweiter Reihe zur vertieften und dann eben wissenschaftlichen Analyse von Praxen dienen, die in die Krise geraten sind, in denen die Routine sich nicht mehr anstandslos auf die sich jetzt bietende Situation übertragen lässt. In diesen Krisensituationen gewährt die Objektive Hermeneutik der Praxis eine Einsicht, die im Zeittakt des Alltags kaum möglich ist und der Wissenschaft wichtige Erkenntnisse über die Normalfunktion der Organisation, die ja gerade in der Krise sichtbar wird.

Abschließend muss darauf hingewiesen werden, dass es sich bei der Objektiven Hermeneutik um ein fallaufschließendes Verfahren handelt. Es ist eine Kunstlehre, die einen Zugang zu den tiefliegenden Fallstrukturen ermöglichen soll. Wir haben es bei diesem Verfahren keinesfalls mit einer praktischen Interventionstechnik zu tun.[14] Werden ihre Ergebnisse in Organisationen zurückgespielt, so sollte dies in Interventionsprozesse eingebunden sein, die ihre ganz eigene Logik und Handlungsnotwendigkeiten haben. An diesem Punkt unterscheiden sich Wissenschaft und Praxis wieder sehr scharf voneinander.

Herausforderungen an die Objektive Hermeneutik

In einigen Formulierungen ist bereits sichtbar geworden, dass es sich bei den Chancen zum Teil noch um zu realisierende Optionen handelt. Der Großteil bisheriger Arbeiten, die sich der Objektiven Hermeneutik bedienen, bezieht sich auf Fragestellungen auf Personenebene. Die Methode ist entwickelt worden, um Fragen der Sozialisation zu beantworten und wird häufig auf Phänomene angewendet, die genau diesen Personenfokus einnehmen. Darin besteht aber wohl mehr eine Anwendungstradition als eine grundsätzliche Begrenzung der Methode. Bei vermehrter Anwendung in Organisationskontexten wird die Selbstverständlichkeit dieser Nutzung zunehmen und vor allem die Fähigkeit, die hinter den konkreten Phänomenen waltenden Organisationsprozesse zu erkennen. Auf diesem Weg steht die Methode noch am Anfang.

Eine weitere Herausforderung bildet die Materialauswahl im Organisationskontext. Organisationen zeigen sich nicht nur in Einzelinteraktionen und Gesprächen, sondern auch in Aktennotizen, zufälligen Flurgesprächen, Sitzungsabläufen oder auch Handlungsabfolgen. Hier ist ein breiter Entwicklungsraum der Methode vorhanden, um diesen sozialen Praxen Rechnung zu tragen. Es gilt Protokollformen zu finden oder zu nutzen, die diese großflächigeren Phänomene bearbeitbar machen. Hier fehlt es eher an Praxis als an der Möglichkeit. Die Deutungskraft der Methode ist keineswegs auf den sozialen Nahraum beschränkt.

Zur Anwendbarkeit der Methode

Viele Vorgaben der Objektiven Hermeneutik, wie z. B. die technische Erzeugung von Transkripten oder auch die Forderung, Deutungen möglichst von einer Gruppe von Personen erstellen zu lassen, um die entstehenden Deutungen sofort auf Stimmigkeit untersuchen zu können, zielen darauf, die intersubjektive Gültigkeit der Ergebnisse zu ermöglichen bzw. zu verbessern. Die Vorgaben an sich zeigen aber auch, dass die Interpretation, die mittels der Objektiven Hermeneutik erstellt wird, natürlich immer eine Interpretation bleibt und keine endgültige Objektivität beanspruchen kann, auch wenn sie eine sehr genaue, aufwändige Überprüfung der Plausibilität der getroffenen Interpretation anstrebt (vgl. z. B. Schröder 1994, S. 158). In der Methode werden Interpretationen angefertigt, die sich jeweils an den Belegstellen darlegen lassen müssen. Im Ablauf des Falles durchläuft das Geschehen bei jeder Äußerung einen Test der Fallstruktur, stets kann es auch anders weiter gehen, in diesem Sinne ist das Ergebnis der Analyse von hoher Validität und

Reliabilität, auch wenn die Begriffe in einer rekonstruktionslogischen Studie nicht sinnvoll verwendet werden können (vgl. Oevermann 2003, S. 12). Interpretationen können also mit Hilfe der Detailanalysen mittels stimmiger Argumentation bestätigt oder eben widerlegt werden (vgl. Wagner 1984, S. 63). In der Praxis ist hierbei allerdings zu beachten, dass einige Deutungen und meist auch die interessanteren nicht an einer Belegstelle allein nachzuvollziehen sind, sondern das Ergebnis ganzer Ketten von Schlussfolgerungen über viele Belegstellen darstellen. Die Überprüfung muss damit diese Verweise und Argumentationsstrukturen nachvollziehen und kann häufig eben nicht eine Belegstelle allein heranziehen.[15]

Die Interpretation in der Gruppe führt natürlich nicht automatisch zu wahren Erkenntnissen. Die Erkenntniskraft der handelnden Personen und die Maxime der Wahrheitsfindung in der Gruppe sind hier entscheidende Variablen (vgl. Wagner 1984, S. 79). Die Zahl und Güte der explizierten Lesarten hängt stark mit der Fähigkeit (Raum-/Zeitverhaftetsein) der Interpreten zusammen, diese zu explizieren (vgl. Oevermann, Allert, Krambeck 1979, S. 391 oder Wagner 1984, S. 74). Des Weiteren ist die Qualität der Ergebnisse natürlich auch von der Diskussionskultur in einer Analysegruppe abhängig. Die Anforderungen an eine solche Gruppendiskussion sind damit recht hoch. All diese Argumente zeigen nochmals auf, dass die Deutung eines Falls immer nur vorläufig und unvollständig sein wird.

Ein weiteres Argument betrifft die Qualität der durch die Objektive Hermeneutik erzielbaren theoretischen Erkenntnisse. In der Objektiven Hermeneutik wird die Intuition des Analysepersonals als eine wichtige Quelle der Erkenntnis betont. Damit ist die Gefahr gegeben, dass die aus ihr entstehenden Theorien die notwendige Begriffsarbeit unterschätzen und nur geronnene Intuition als common-sense-Äußerungen enthalten (vgl. Wagner 1984, S. 76/77). Dieses Argument zeigt noch einmal, dass die Nutzung von Theorien bei der Erstellung von Lesarten durchaus ihren Platz hat und dass die zu erstellenden Deutungen ruhig riskant sein können. Die intensive Arbeit mit dem Material wird aufzeigen, ob sich die riskante und damit begrifflich anspruchsvolle Lesart bestätigen lässt oder eben nicht.

Abschließend möchte ich noch darauf hinweisen, dass die Materialauswahl in Fällen, in denen sehr wenig oder sehr viel über den Gegenstand bekannt ist, ein Erkenntnisproblem aufweist. Ist das Feld wenig beforscht bzw. in seinen Konturen wenig randscharf – wie das z. B. auch für das Phänomen der Organisationsberatungsinteraktion zutrifft –, so müssen Begriffe oder Theoriebausteine zur Materialauswahl hinzugezogen werden, um zu bestimmen, welche Phänomene Berücksichtigung finden und welche eher nicht. Im gegenteiligen Fall eines viel beforschten Feldes werden immer basale Erkenntnisse dieser Phänomenbestimmung in die Materialauswahl eingehen. Die Materialauswahl prägt den Vorabzuschnitt des Phänomenbereichs und geht doch selbst niemals vollständig in die Analysearbeit ein. Ihre Explikation hat damit besonders sorgfältig zu geschehen, was aufgrund der hierbei z.T. selbstverständlich vorgenommenen Erstannahmen nicht immer leicht zu bewerkstelligen ist. Der letzte Punkt leitet zu einem Grundsatzproblem der Anwendung der Methode zurück. Die handlungsentlastete Deutungsarbeit erfordert viel Zeit und Geduld. Die Objektive Hermeneutik soll deshalb nur eingesetzt werden, um „... auf wenig erforschten Gebieten und bei neuen, noch wenig bekannten Entwicklungen und Phänomenen, die typischen, charakteristischen Strukturen dieser Erscheinungen zu entschlüsseln und die hinter den Erscheinungen operierenden Gesetzmäßigkeiten ans Licht zu bringen" (Oevermann 2002, S. 1).

6 Anmerkungen

1. Auf solche Arten der Datenaufnahme war man allerdings angewiesen, als die technischen Möglichkeiten für sehr genaue Aufnahmen noch nicht gegeben waren.
2. Natürlich tritt auch bei solchen Interviews das Problem auf, dass der Interviewte im Prinzip nichts vom Interview hat. Schon deshalb ist es ratsam eher unmittelbar zum Thema zu kommen und die Anzahl der Interviews mit Bedacht zu wählen. Durch Nachfrage wird allerdings die Erzählmotivation des Interviewten eher gestärkt als wenn dieser ständig nur auf die nächste Frage antwortet und so zur reinen Datenquelle des Interviewers mutiert.
3. Rein inhaltsanalytische Vorgehensweisen widersprechen dem Prozesscharakter von Gesprächen und werden von den Gesprächsanalytikern deshalb ebenso abgelehnt wie von den Vertretern der Objektiven Hermeneutik (vgl. Deppermann 2001: 18).
4. Natürlich findet man in einem Forschungsprozess niemals ideale Bedingungen vor, sondern muss sich nach den Gegebenheiten richten, die man als Forscher vorfindet. Beim zu untersuchenden Material muss also immer geklärt werden, ob das Material bei allen pragmatischen Einschränkungen noch relevant genug ist, um bezüglich der Forschungsfrage relevante Erkenntnisse erhalten zu können.
5. Oevermann bemerkt dazu in einer Arbeit zur Analyse der Struktur einer Supervisionssitzung: „Im Normalfall, z. B. ganz typisch bei der Verschriftlichung von nicht-standardisierten Interviews die einen vergleichbaren Umfang haben wie das hier analysierte Supervisions-Protokoll, reicht es, den Anfang des Protokolls und drei weitere Segmente in der Größenordnung von ca. eineinhalb Transkriptions-Seiten voneinander unabhängig einer detaillierten Sequenzanalyse zu unterziehen, um zu einer hinreichend differenzierten und prägnanten Fallstrukturhypothese zu gelangen. Das restliche Material wird dann nur noch zur gezielten Suche nach Falsifikation und Modifikation benutzt" (Oevermann 2003: 13).
6. Interessant ist allerdings, dass normale Fälle in ihrer Individualität schwer bestimmbar sind, da sie eine hohe Varianz des Umgangs mit Situationen aufweisen. Pathologische Fälle hingegen bearbeiten unterschiedliche Situationen mit immer den gleichen Mustern und sind damit schnell erkennbar (Oevermann et al. 1979: 427).
7. Würden hingegen ständig irgendwelche Eventualitäten eingeführt werden, die im Protokoll nicht verschriftet sind, so nähme sich der Forscher jegliche Möglichkeit der Erkenntnis.
8. Ähnlich formuliert Searle, wenn er ausführt, dass Sprachregeln nicht aus statistischen Auswertungen gewonnen werden können, sondern an Beispielen expliziert und auf allgemeine Gültigkeit hin geprüft werden müssen. Auch er merkt an, dass das Auffinden solcher Regeln zu einem großen Teil auf der intuitiven Erkenntnis des Sprechers einer Sprache beruht und damit sich nicht kategorial von der Sprachpraxis unterscheidet (Searle 1971: 28/29).
9. In meine Analysen gehen damit nur solche Gespräche ein, die geplant sind und eine gewisse Dauer überschreiten, da sie sonst nicht aufgezeichnet werden. Flurgespräche, Telefonate, Workshops gehen zunächst nicht in die Betrachtung ein. Meine Annahme ist, dass solche Interaktionssituationen zwar ihren eigenen Charakter haben, dass aber die Art der Entfaltung der professionellen Interaktion und das Verhältnis der Interaktion zur Organisation, die ich in den formalen Gesprächen als Ergebnis erhalte, keinesfalls im Kontrast zu möglichen anderen Ergebnissen aus den nicht berücksichtigten Kontexten steht. Soziale Identitäten und die Wirkung struktureller Gesetzmäßigkeiten wechselt nicht einfach mit der Interaktionssituation.
10. In der Literatur liegen bisher keine Analysen der Beratungsinteraktion selbst vor. Der Forscher stößt in diesem Feld auf erhebliche Probleme, geeignetes Material zu bekommen. Diese Probleme sind nicht nur mit dem Vertrauensraum der Beratung zu erklären, sondern verweisen auf die aktuell gegebenen Grundstrukturen des Feldes der Organisationsberatung, die vor allem durch den Zuschnitt des Gegenstandes auf handhabbare Praktikertheorien geprägt ist. Jede Interaktionsstudie hat damit Pioniercharakter und sieht sich somit einem Forschungsfeld

gegenüber, in dem es zunächst darum geht, durch erste experimentelle Analyseschritte den weiteren Forschungsweg sichtbar zu machen.
11 Die Studie bezieht sich immer wieder auf die Professionstheorie, wie sie von Oevermann, Schütze und anderen entwickelt wurde (vgl. Oevermann 1996, Oevermann 1997, Oevermann 1998a, Oevermann 2003b, Schütze 1994).
12 Die inhaltliche oder konzeptuelle Ausrichtung des Beraters wird nicht als Kriterium der Kontrastivität genutzt, da in diesem Fall davon ausgegangen würde, dass die Tätigkeit des Beraters mit seiner Selbstbeschreibung übereinstimmt.
13 Für die Therapie würde dies ein Sprengen des Settings bedeuten, da der Therapeut hier agiert hätte und K damit schon ein stückweit über ihn verfügen könnte. Die persönliche Beziehung gerät damit in Konflikt mit der reinen Selbstdarstellung des Klienten.
14 „Es sollte aber auch klar sein, daß die Methoden der objektiven Hermeneutik niemals an die Stelle der Interventionspraxis treten können" (Oevermann 2003: 281). „Bewertungen im Sinne praktischer Handlungen zu folgen, ist eine ganz andere, außerhalb der objektiven Hermeneutik selbst liegende Operation" (Oevermann 2003: 281). Diese Verwechslung käme der zwischen professionellem Handeln und wissenschaftlicher Erkenntnis gleich. Praktische Handlungen sind durch Handlungsdruck und Übernahme einer bestimmten Handlungsposition gekennzeichnet. Wissenschaftliche Erkenntnis hingegen ist handlungsentlastet und zwar in zeitlicher und perspektivischer Hinsicht. Erfahrungswissenschaften können eben die Lebenspraxis nicht vorwegnehmen, sondern immer nur rekonstruieren, welche Auswahl- und Krisenbewältigungsleistungen die Praxis schon vollbracht hat (vgl. Oevermann 1996: 79). Die Anwendungen der objektiven Hermeneutik, die bei Behrend/Wienke 2001 dargestellt sind, sind vor diesem Hintergrund durchaus fraglich.
15 An dieser Stelle muss allerdings bemerkt werden, dass die Überprüfung von Ergebnissen, die z. B. mittels Kodierungen entstanden sind, kaum mehr möglich ist. Kodierungen stellen zusammenfassende Deutungen dar und dekontextuieren eine Aussage. Die Zusammenstellung der Kodierungen stellt dann wiederum eine Deutung dar, die die Kodierungen unterschiedlicher Stellen neu kombiniert. Wollte man die Kodierungen tatsächlich nachvollziehen, wäre das ein aufwändiges Verfahren. Für einen Leser ist dieser Nachvollzug dann kaum mehr möglich, da er nur noch das Ergebnis der Kodierungsarbeit zu lesen bekommt (vgl. Oevermann 2003: 11).

7 Literatur

Behrend, Olfa/Wienke, Ingo (2001): Zum Konzept der klinischen Soziologie als Basis einer fallorientierten Beratung Exemplarische Explikation anhand eines Projekts bei einer Personalberatung, in: Degele, Nina et al. (Hrsg.), Soziologische Beratungsforschung. Perspektiven für Theorie und Praxis der Organisationsberatung, Opladen, S. 177–198

Berger, Peter, L.; Kellner Hansfried (1984): Für eine neue Soziologie. Ein Essay über Methode und Profession, Frankfurt a. M.

Binneberg, Karl (Hrsg.) (1997): Pädagogische Fallstudien, Frankfurt a. M.

Brinker, Klaus/Antos, Gerd/Heinemann Wolfgang./Sager, Sven F. (Hrsg.) (2001): Text- und Gesprächslinguistik, Berlin/New York

Combe, Arno/Helsper, Werner (1994): Was geschieht im Klassenzimmer? Perspektiven einer hermeneutischen Schul- und Unterrichtsforschung. Zur Konzeptualisierung der Pädagogik als Handlungstheorie, Weinheim

Combe, Arno/Helsper, Werner (Hrsg.) (1996): Pädagogische Professionalität, Frankfurt a. M.

Degele, Nina et al. (Hrsg.) (2001): Soziologische Beratungsforschung. Perspektiven für Theorie und Praxis der Organisationsberatung, Opladen

Deppermann, Arnulf (2001): Gespräche analysieren, Opladen

Deppermann, Arnulf (2002): Gesprächsanalyse als explikative Konstruktion – Ein Plädoyer für eine reflexive ethnomethodologische Konversationsanalyse, in: Iványi, Zsuzanna/Kertész Andreás (Hrsg.), Gesprächsforschung. Tendenzen und Perspektiven, Bern, S. 43–75
Fischer, Dietlind/Schöll, Albrecht (1994): Lebenspraxis und Religion: Fallanalysen zur subjektiven Religiosität von Jugendlichen. Ein Modell von Lebenspraxis – Das Einzelne und das Allgemeine, Gütersloh
Flick, Uwe (2004): Triangulation. Eine Einführung, Wiesbaden
Franzmann, Andreas/Liebermann, Sascha/Tykwer, Jörg (Hrsg.) (2003): Die Macht des Geistes. Soziologische Fallanalysen zum Strukturtyp des Intellektuellen, Frankfurt a. M.
Fried, Johannes/Kailer, Thomas (Hrsg.) (2003): Wissenskulturen. Beiträge zu einem forschungsstrategischen Konzept, Berlin
Galinski, Agathe (2004): Zweierlei Perspektiven auf Gespräche. Ehnomethodolgische Konversationsanalyse und Diskursanalyse im kontrastiven Vergleich, Essen
Gruschka, Andreas (2005): Auf dem Weg zu einer Theorie des Unterrichtens. Die widersprüchliche Einheit von Erziehung, Didaktik und Bildung in der allgemeinbildenden Schule. Vorstudie, Frankfurt a. M.
Habscheid, Stephan (2001): Gesprächsanalyse in Organisationsprozessen, in: Brinker, Klaus./Antos, Gerd./Heinemann Wolfgang./Sager, Sven F. (Hrsg.), Text- und Gesprächslinguistik, Berlin/New York, S. 1690–1697
Iványi, Zsuzanna/Kertész Andreás (Hrsg.) (2002): Gesprächsforschung. Tendenzen und Perspektiven, Bern
Keim, Inken/Schütte, Wilfried (Hrsg.) (2002): Soziale Welten und kommunikative Stile, Tübingen
Mead, George Herbert (1983): Die objektive Realität der Perspektiven, in: Hans, Joas (Hrsg.), Gesammelte Aufsätze, Frankfurt a. M., S. 211–225
Meier, Christoph (1997): Arbeitsbesprechungen. Interaktionsstruktur, Interaktionsdynamik und Konsequenzen einer sozialen Form, Opladen
Müller, Andreas Paul (2002): Interaktionsregeln in innerbetrieblichen sozialen Welten, in: Keim, Inken/Schütte, Wilfried (Hrsg.), Soziale Welten und kommunikative Stile, Tübingen, S. 85–113
Stefan Müller-Doohm (Hrsg.), Jenseits der Utopie. Theoriekritik der Gegenwart, Frankfurt a. M.
Notdurft, Werner/Reitmeier, Ulrich/Schröder, Peter (Hrsg.) (1994): Beratungsgespräche. Analyse asymmetrischer Dialoge, Tübingen
Oevermann, Ulrich (1990): Professionalisierungstheorie I (1.–3. Vorlesung). Unveröffentlichtes Manuskript, Frankfurt a. M., Sommersemester 1990, 42 S.
Oevermann, Ulrich (1991): Genetischer Strukturalismus und das sozialwissenschaftliche Problem der Erklärung der Entstehung des Neuen, in: Stefan Müller-Doohm (Hrsg.), Jenseits der Utopie. Theoriekritik der Gegenwart, Frankfurt a. M., S. 267–336
Oevermann, Ulrich (1996): Theoretische Skizze einer revidierten Theorie professionalisierten Handelns, in: Combe, Arno/Helsper, Werner (Hrsg.), Pädagogische Professionalität, Frankfurt a. M., S. 70–182
Oevermann, Ulrich (1997): Die Architektonik einer revidierten Professionalisierungstheorie und die Professionalisierung rechtspflegerischen Handelns, in: Wernet, Andreas (Hrsg.), Professioneller Habitus im Recht: Untersuchung zur Professionalisierungsbedürftigkeit der Strafrechtspflege und zum Professionshabitus von Strafverteidigern, Berlin, S. 9–20
Oevermann, Ulrich (1998): Lebenspraxis, Krisenbewältigung und Konstitution von Erfahrung (Abduktion) als Grundprobleme in der Perice´schen Philosophie und der modernen Soziologie. Unveröffentlichtes Manuskript, Frankfurt a. M.
Oevermann, Ulrich (1998a): „Struktur und Genese professionalisierter Praxis als gesellschaftlichen Ortes der stellvertretenden Krisenbewältigung", Langfassung des Antrages des Projektes im SFB/FK 435 'Wissenskultur und gesellschaftlicher Wandel' der Universität Frankfurt a. M. Unveröffentlichtes Manuskript, Frankfurt a. M., 65 S.
Oevermann, Ulrich (2002): Klinische Soziologie auf der Basis der Methodologie der objektiven Hermeneutik – Manifest der objektiv hermeneutischen Sozialforschung, www.ihsk.de

Oevermann, Ulrich (2003): Strukturprobleme supervisorischer Praxis. Eine objektiv hermeneutische Sequenzanalyse zur Überprüfung der Professionalisierungstheorie, Frankfurt a. M.

Oevermann, Ulrich (2003a): Der Intellektuelle – Soziologische Strukturbestimmung des Komplementär von Öffentlichkeit, in: Franzmann, Andreas/Liebermann, Sascha/Tykwer, Jörg (Hrsg.), Die Macht des Geistes. Soziologische Fallanalysen zum Strukturtyp des Intellektuellen, Frankfurt a. M., S. 13–75

Oevermann, Ulrich (2003b): Kodifiziertes Wissen und persönliche Erfahrung in der professionalisierten Praxis stellvertretender Krisenbewältigung, in: Fried, Johannes/Kailer, Thomas (Hrsg.), Wissenskulturen. Beiträge zu einem forschungsstrategischen Konzept, Berlin, S. 195–210

Oevermann, Ulrich (2004): Die elementare Problematik der Datenlage in der quantifizierenden Bildungs- und Sozialforschung, in: sozialersinn, 3 , S. 413–476

Oevermann, Ulrich/Allert, Tilmann/Krambeck, Jürgen (1979): Die Methodologie einer „objektiven Hermeneutik" und ihre allgemeine forschungslogische Bedeutung in den Sozialwissenschaften, in: Soeffner, Hans-Georg (Hrsg.), Interpretative Verfahren in den Sozial- und Textwissenschaften, Stuttgart, S. 352–434

Ohlhaver, Frank/Wernet, Andreas (Hrsg.) (1999): Schulforschung – Fallanalyse – Lehrerbildung, Opladen

Sahle, Rita (1985): Professionalität oder Technokratie? Zur Mikrologie einer Beratungsbeziehung, in: Neue Praxis, 2, 3, S. 151–170

Schröder, Peter (1994): Perspektivendivergenz in Beratungsgesprächen, in: Notdurft, Werner/Reitmeier, Ulrich/Schröder, Peter (Hrsg.), Beratungsgespräche. Analyse asymmetrischer Dialoge, Tübingen, S. 90–183

Schütze, Fritz (1994): Strukturen des professionellen Handelns. Biographische Betroffenheit und Supervision, in: Supervision. 26, S. 10–39

Searle, John R. (1971): Sprechakte. Ein sprachphilosophischer Essay, Frankfurt a. M.

Searle, John R (1982): Ausdruck und Bedeutung, Frankfurt a. M.

Soeffner, Hans-Georg (Hrsg.) (1979): Interpretative Verfahren in den Sozial- und Textwissenschaften, Stuttgart

Titscher, Stefan (1998): Methoden der Textanalyse. Leitfaden und Überblick, Opladen

Wagner, Hans-Josef (1984): Wissenschaft und Lebenspraxis: das Projekt der „objektiven Hermeneutik", Frankfurt a. M.

Wernet, Andreas (Hrsg.) (1997): Professioneller Habitus im Recht: Untersuchung zur Professionalisierungsbedürftigkeit der Strafrechtspflege und zum Professionshabitus von Strafverteidigern, Berlin

Artefaktanalyse

Ulrike Froschauer

1 Einleitung

Produkte menschlicher Aktivitäten sind in modernen Gesellschaften nahezu allgegenwärtig: Wie selbstverständlich bekleidet man den Körper, verwendet ein Telefon, lebt man in Wohn- oder Arbeitsstätten. Selbst die scheinbar natürliche Landschaft ist in weiten Teilen infolge der Nutzung durch Land- oder Forstwirtschaft umgestaltet. Sitzt man in einem Büro, so hat man vielfach Schwierigkeiten, etwas zu entdecken, was nicht von Menschen überformt ist und mitunter schon durch seine Existenz und die spezifischen Verwendungsmöglichkeiten Handlungen seinen Stempel aufdrückt. Begreift man Artefakte als Materialisierungen von Kommunikation, so sind sie einerseits Ausdruck der sozialen Organisierung ihrer Herstellung und sagen andererseits etwas über den Kontext kommunikativer Handlungen aus, in denen sie auftauchen und verwendet werden. Weil somit die Bedeutung und der Stellenwert von Artefakten nicht von ihrem sozialen bzw. kommunikativen Kontext isolierbar sind, lassen sie sich zu dessen Rekonstruktion verwenden.

Da Organisationen kommunikative Zusammenhänge sind, stellen Artefakte ein wichtiges Material zu ihrem Verständnis dar. Für sozialwissenschaftliche Analysen hat die Artefaktanalyse einige entscheidende Vorzüge: Artefakte bilden einen zentralen Bestandteil der organisationalen Lebenswelt, sie bestehen unabhängig von Forschungsaktivitäten und sind beobachtbar. Es ist daher überraschend, wie wenig Berücksichtigung dieser Materialtyp bislang in empirischen Studien gefunden hat. Der vorliegende Beitrag greift diese Lücke auf und stellt die Frage, welche Bedeutung Artefaktanalysen für eine sozialwissenschaftliche Organisationsforschung haben und wie man dabei methodisch vorgehen kann. Einleitend wird der methodologische Zugang geklärt, um darauf aufbauend im nächsten Abschnitt die empirische Vorgehensweise zu erläutern. Daran schließt die exemplarische Analyse eines Artefakts an. Den Abschluss bildet ein kurzes Resümee zur Leistungsfähigkeit der Artefaktanalyse im Rahmen empirischer Organisationsanalysen.

Um einen ersten Zugang zur Artefaktanalyse zu gewinnen, ist es notwendig, ein erkenntnistheoretisches Basisproblem anzusprechen: Unsere Sinne nehmen nicht passiv Gegenstände in ihrer „objektiven" Gegebenheit wahr, sondern bearbeiten sie aktiv im Rahmen der Voraussetzungen des erkennenden Systems (vgl. Piaget 1983, S. 8 ff.). Gegenstände sind an sich stumm; sie geben nicht aus sich heraus ihre Natur preis, sondern es sind Bedingungen des Erkenntnissystems, die Gegenstände identifizierbar machen und mit Bedeutungen versehen. Es ist die soziale Ordnung menschlichen Erlebens, die das entscheidende Orientierungssystem bereitstellt, das die Akteure in ihrem sozialen Umfeld handlungsfähig macht. Die Wahrnehmung von Objekten ist somit abhängig von Beobachtungs- und Differenzierungskriterien, die durch Kommunikation produziert und im (auch beruflichen) Sozialisationsprozess angeeignet werden. Erst solche Maßstäbe, die dann an die Welt angelegt werden, erlauben in der Folge einen sinnhaften Aufbau der Welt (vgl. Weick 1995). Erkenntnistheoretisch gesehen ist daher die Welt, „wie sie ist", unserer

Erkenntnis prinzipiell unzugänglich, obwohl wir uns im Alltag selbstverständlich auf „die Realität" beziehen.

All dies gilt auch für Organisationen. Die Wirklichkeitskonstruktion in Organisationen ist weder ein passiver Prozess noch ein rein individueller Akt der Aufnahme und Interpretation von Wahrnehmungen, sondern weitgehend ein Produkt kommunikativer Aushandlung, in die soziale Beziehungen, zeitliche Verankerungen, sachliche Zusammenhänge oder auch das physische Umfeld einfließen. Organisationale Wirklichkeit ist damit eine fortwährende gemeinsame Hervorbringung (vgl. Froschauer 2006). Sie ist Voraussetzung und Resultat eines Orientierungssystems, das Beobachtungen, Interpretationen und Handlungen in der Organisation und ihrer Umwelt in Kollektiven aufeinander abstimmt oder voneinander differenziert. Akteure in Organisationen produzieren und reproduzieren damit nicht nur die soziale Realität, sondern schaffen durch ihr Handeln auch diejenige Realität (wie Artefakte), die ihnen als äußere Welt wieder entgegentritt (vgl. Lueger 2001). Wirklichkeit in Organisationen ist also prinzipiell sozial konstruiert und verfestigt sich in kommunikativ produzierten Erfahrungen zu typischen Strategien der Interpretation von Ereignissen und der Bewältigung von Anforderungen. Insofern Erfahrungen und Typisierungen im Organisationskontext entstehen, gehandhabt und verändert werden, enthalten sie sowohl organisationsspezifische Orientierungen als auch individuelle Besonderheiten der Bearbeitung von Anforderungen der Organisation.

Ausgehend von der Annahme, dass Organisationen aus kommunizierten Entscheidungen bestehen (Luhmann 2000), liegt das Ziel einer interpretativ orientierten Organisationsanalyse in der (Re-)Konstruktion derjenigen Strukturen, welche die Entscheidungen der Organisation steuern und dadurch einen Beitrag zur Produktion, Reproduktion und Veränderung der Organisation leisten (vgl. Froschauer, Lueger 2006). Diese Strukturen sind Kommunikationsregeln, die ihrerseits durch Kommunikation entstehen. Sie bestehen unabhängig von den einzelnen Organisationsmitgliedern, sind nicht unmittelbar beobachtbar, wirken aber dennoch kommunikationssteuernd. Im Zuge einer Organisationsanalyse geht es daher auch um die Deskription und Analyse der Entwicklung dieser latenten Strukturen. Interpretativ orientierte Artefaktanalysen bilden aber keineswegs „die Realität" eines untersuchten Artefakts ab, sondern rekonstruieren jenen Organisationskontext, der die spezifische Erscheinung des Artefakts in einen nachvollziehbaren und plausiblen Sinnzusammenhang stellt und ein Verständnis der Logik und Dynamik der Organisation gibt. Das mit Hilfe von Artefaktanalysen produzierte Wissen bezieht sich in der Regel auf einen von der jeweiligen Fragestellung abhängigen Teilaspekt der Organisation und ist aus einer bestimmten Perspektive heraus entstanden. Es ist für die Qualität und den Stellenwert von empirischen Ergebnissen von Bedeutung, dass sich sowohl die Produzenten als auch die Adressaten bzw. Anwender von Forschungsergebnissen immer dessen bewusst sind, dass es sich um Konstruktionen mit vorübergehendem Charakter handelt, der die Prozessualität des Untersuchungsgegenstandes reflektiert.

Eine Organisationsanalyse kann im Rahmen qualitativer Sozialforschung mit unterschiedlichen Methoden durchgeführt werden (vgl. auch van Maanen 1998, Brewerton, Millward 2004, Harrison 2005). Während viele dieser Methoden in der Literatur seit langem ausführlich diskutiert werden, fristet die Analyse von Gegenständen immer noch ein kümmerliches Dasein, obwohl diese eine wichtige (und mitunter leicht zugängliche) Datenquelle für eine Organisationsanalyse bilden können. In der Literatur zur Organisationsforschung finden sich kaum Hinweise auf die Bedeutsamkeit dieses Datentypus.

Ausnahmen sind u. a. die Arbeiten von Gagliardi 1990 (im Zentrum seiner Arbeit steht die Relevanz von Symbolen) und Strati 1999 (der Fokus seiner Arbeit liegt in der Untersuchung von Organisation und Ästhetik). Beide haben sich explizit mit der Analyse von Artefakten im Zusammenhang mit der Erforschung von Organisationen beschäftigt, aber ihre konkrete Vorgehensweise im Sinne einer Darstellung des Verfahrens nicht expliziert.

In den Lehrbüchern der empirischen Sozialforschung findet sich in der Regel die Inhaltsanalyse als ähnliche Methode, die sich mit der Beschreibung und statistischen Analyse von inhaltlichen und formalen Merkmalen von Mitteilungen befasst (Früh 1991; vgl. auch Friedrichs 1985; Diekmann 1995; Schnell et al. 1999). Häufig findet sich diesbezüglich ein Verweis auf Dokumentanalysen. Die gravierenden Unterschiede zur Artefaktanalyse liegen in der quantitativen Orientierung (so gehören zum inhaltsanalytischen Standardrepertoire Frequenz-, Valenz-, Intensitäts- und Kontingenzanalysen), der Konzentration auf manifeste Gehalte und der weitgehenden Vernachlässigung von Gegenständen zugunsten eher textförmiger Materialien.

Bei der hier angesprochenen Artefaktanalyse geht es dagegen um die (Re-)Konstruktion latenter Sinndimensionen, um die Kommunikations- und Entscheidungsprozesse des untersuchten sozialen Systems zu verstehen. Aber selbst in den verbreiteten Lehr- und Handbüchern der qualitativen Sozialforschung finden sich kaum Hinweise auf Artefaktanalysen. Lamnek beschreibt in seinem Lehrbuch zur qualitativen Sozialforschung (2005) die Inhaltsanalyse und führt Filme, Bilder und Texte als deren Untersuchungsgegenstände an. In der Einführung in die sozialwissenschaftliche Hermeneutik von Hitzler und Honer (1997) werden wohl kulturtheoretisch orientierte Verfahren wie die Bildinterpretation als struktural-hermeneutische Symbolanalyse von Müller-Doohm (1997) vorgestellt, aber keine Artefaktanalyse. Im überarbeiteten Handbuch von Flick, von Kardorff und Steinke (2000) finden sich nur drei Beiträge, die sich in diesem Umfeld bewegen: Harper konzentriert sich auf Fotografien, Denzin auf Filme und Videos. Letzteres findet sich in der Literatur noch am häufigsten, wobei insbesondere das Werk von Collier und Collier (1986) und der Sammelband von Hockings (1995) zur visuellen Anthropologie hervorzuheben sind. Und Wolff (2000) konzentriert sich in seinem Beitrag auf die Analyse von Dokumenten und Akten, wobei er sich von der klassisch quantifizierenden Inhaltsanalyse abgrenzt und eine konversationsanalytisch ausgerichtete Dokumentenanalyse entwickelt. Wolff definiert dabei Dokumente als „standardisierte Artefakte, insoweit sie typischerweise in bestimmten Formaten auftreten" (2000, S. 503). In dem von Denzin und Lincoln herausgegebenen Band „Collecting and Interpreting Qualitative Materials" (1998) beschäftigt sich der Beitrag von Hodder explizit mit der Interpretation von Dokumenten und Artefakten. Eine Ausnahme von dieser allgemeinen Vernachlässigung der Artefaktanalyse bildet Lueger (2000), der in seinem Buch über die Grundlagen qualitativer Feldforschung die Artefaktanalyse im Methodenkanon der qualitativen Sozialforschung als allgemeines und gleichberechtigtes Verfahren vorstellt.

Seit den 1970er Jahren haben sich im Rahmen der qualitativen Sozialforschung überaus elaborierte Analyseverfahren für Texte (Oevermann et al. 1979; Soeffner 2004; Froschauer, Lueger 2003; Lueger 2000), Bilder (Müller-Doohm 1997; Froschauer, Lueger 2007) und Fotos (Reichertz 1992) entwickelt, die sinnvollerweise auch bei der Analyse von Artefakten eingesetzt werden können, wenn das Artefakt z. B. Bild-, Foto- oder Textelemente enthält. Unabhängig davon ist die Artefaktanalyse als ein eigenständiges Verfahren zu sehen, das sich in bestimmten Fällen anderer Verfahren (z. B. Textinterpretation) bedient. Allgemein liegt eine Schwierigkeit der Artefaktanalyse darin, dass alle materialisierten Produkte einer Organisation wie Bilder, Texte, Symbole, Gebäude, technische Ausstattung oder produzierte Gegenstände unter den Artefaktbegriff subsumiert werden können. Die Bandbreite der Analysegegenstände der Artefaktanalyse erfordert eine sehr allgemein gehaltene Formulierung der Vorgehensweise, die jeweils an konkrete Materialien angepasst werden muss.

Der vorliegende Beitrag konzentriert sich auf die Artefaktanalyse als eigenständiges interpretatives Verfahren zur Rekonstruktion von Bedeutungen und Sinngenerierungsprozessen in sozialen Systemen. Das hier vorgestellte Verfahren zur Analyse von Artefakten im Rahmen der Organisationsforschung ist eine Weiterentwicklung der von Lueger (2000) entwickelten Vorgehensweise.

Bevor aber auf die methodischen Einzelheiten eingegangen werden kann, bedarf es der Klärung, was im Folgenden unter Artefakten verstanden werden soll. Als Artefakte werden „künstlich" geschaffene Zeichen verstanden, die in ihrem Bestehen eine soziale Produktion voraussetzen. Lueger beschreibt Artefakte „als materialisierte Produkte menschlichen Handelns", die „Objektivationen sozialer Beziehungen und gesellschaftlicher Verhältnisse" darstellen, durch Aktivitäten geschaffen werden und für diese stehen (2000, S. 141). Legt man diese allgemeine Definition auf Organisationen als konkrete soziale Systeme um, dann kann man sagen, dass Artefakte materialisierte Produkte kommunizierter Entscheidungen sind und als solche Objektivationen sozialer Beziehungen der Organisation darstellen. Als Produkte kommunikativer Entscheidungen der Organisation repräsentieren Artefakte diese Kommunikations- und Entscheidungsprozesse in ihrer Differenziertheit und Vielschichtigkeit. Gleichzeitig ermöglichen Artefakte durch ihre Existenz weitere Anschlusskommunikation. In diesem Sinn sind Artefakte nicht nur das Produkt von in der Vergangenheit kommunizierten Entscheidungen, sondern können auch als ein in die Zukunft gerichtetes Kommunikationsmittel bezeichnet werden, durch das selektive Informationen an potenzielle Adressaten mitgeteilt werden. Daher ist bei der Artefaktanalyse auch der Umgang mit Artefakten in der Organisation mit einzubeziehen. Die im Artefakt repräsentierten Entscheidungsprozesse umfassen folgende Aspekte:

- Logik des Anlasses: Warum wurde das Artefakt produziert, bzw. wie kam die Organisation auf die Idee, dieses Artefakt zu gebrauchen?
- Logik der Produktion: Auf welche Weise wird das untersuchte Artefakt hergestellt, bzw. wie hat die Organisation das Artefakt inkorporiert?
- Logik des Gebrauchs: Wofür wird das Artefakt in der Organisation verwendet, bzw. wie wird es verändert oder zerstört?
- Logik der Sinnhaftigkeit: Welche Bedeutungen werden dem Artefakt in der Organisation zugeschrieben?
- Logik der Organisation: Welche Funktionen und Wirkungen hat das Artefakt für die Organisation?

Insofern Artefakte Produkte kommunikativer Prozesse sind, kann man an ihnen die kommunikativen Strukturen einer Organisation ablesen. Um das an einem Beispiel kurz zu erläutern: In Österreich zeichnet sich das Büro der Rundfunk- und Telekom-Regulierungs-GmbH durch offene Arbeitsplätze und gläserne Besprechungsräume aus. Indem man sich für eine solche innenarchitektonische Gestaltung entschieden hat, teilt man den eigenen

Mitarbeitern und dem relevanten Umfeld mit, dass man sich als modernes und transparentes Unternehmen versteht und nicht als verschwiegene und versteinerte Behörde. Die räumliche Gestaltung tritt somit in die Dienste der Darstellung einer Corporate Identity und ist in ihrer Erscheinungsform eine Mitteilung.

2   Datenerhebung (Artefaktauswahl)

In Organisationen findet man eine schier unüberschaubare Anzahl verschiedenster Artefakte. Diese Omnipräsenz macht Artefakte einerseits zu einem leicht zugänglichen Material, dessen Verwendung für Forschungs- und Analysezwecke nahe liegt. Andererseits wird dadurch die Frage nach der Auswahl geeigneter Artefakte virulent. Dabei wird sich die Auswahl vor allem an der konkreten Fragestellung orientieren, in deren Rahmen eine Organisationsanalyse durchgeführt wird. Wenn beispielsweise das Führungsverhalten in einer Organisation untersucht werden soll, bietet sich die Analyse von dokumentierten Führungsleitlinien an. Dabei ist nicht gemeint, die Inhalte dieser verschrifteten Leitlinien mit der Praxis der Unternehmensführung gleichzusetzen, sondern es geht um den Anlass (etwa Probleme in der Organisierung hierarchischer Kooperation), die Form ihrer Dokumentation (etwa als Broschüre, die allen neu eintretenden Mitgliedern überreicht wird), die spezifischen Verwendungsweisen (etwa zur Rechtfertigung von Durchsetzungsansprüchen für Führungskräfte oder zur Mobilisierung von Widerstand der Mitarbeiter), mögliche Funktionen (etwa im Rahmen von Herrschaft und deren Legitimation) und um die Beweggründe dafür, besondere Richtlinien zu etablieren (etwa Steuerungsprobleme des Vorstandes). Organisationale Entwicklungsprozesse können dann mittels der Analyse der Veränderung dieser Führungsrichtlinien oder deren Präsentation im Zeitverlauf erkundet werden.

Darüber hinaus ist klar, dass nur solche Artefakte verwendet werden können, für deren Relevanz das Forschungsteam sensibilisiert ist und die seinen Beobachtungskriterien entsprechen. Aber es gibt auch ein methodologisches Kriterium: Vorzugsweise bieten sich Artefakte an, die eine bedeutsame Rolle in organisatorischen Entscheidungs- und Kommunikationsprozessen spielen. Führungsrichtlinien repräsentieren auf diese Weise Entscheidungen (wer immer diese getroffen haben mag), die als Standards für eine spezifische Form der Kooperation kommuniziert werden und somit einen gewissen Verbindlichkeitsgrad hinsichtlich ihrer Wirkung beanspruchen.

Eine andere Auswahlstrategie lässt sich in die Gesamtkonzeption eines interpretativ orientierten Forschungsdesigns einbinden: Eine Forschungsstrategie besteht in der Aktivierung von Strukturierungs- und Auswahlleistungen durch Akteure des untersuchten sozialen Feldes selbst. Darin zeigt sich der spezifische Umgang der Organisation mit externen Anforderungen (bzw. Störungen) (vgl. Lueger 2001); gleichzeitig markiert die Organisation eigene Relevanzen, die sie zumindest für die Außendarstellung für wichtig hält. In diesem Sinn lässt sich die Auswahl von Artefakten an die Organisation delegieren, indem man die Frage stellt, woran man als außenstehende Person die Charakteristik der Organisation am besten erkennen kann. Dabei erhält man zwei wichtige Informationen: zum einen über Bedeutungsstrukturen, Sinnhorizonte und Verwendungszusammenhänge, welche die Entscheidung über zentrale Artefakte beeinflussen; zum anderen trägt diese Strategie dazu bei, diejenigen Artefakte zu identifizieren, die für die Organisationsmitglieder eine besonders sichtbare Rolle spielen. Es ist aber zu unterscheiden zwischen solchen Artefakten, die offenbar für die Organisationsmitglieder selbst einen hervorgehobenen Stellenwert einnehmen, und solchen, die gleichsam unterschwellig ihre Bedeutung entfalten. Letztere werden von Organisationsmitgliedern kaum als relevante Artefakte angegeben. Die Kunst der Artefaktanalyse besteht darin, diejenigen Artefakte zu identifizieren, die in das alltägliche organisationale Selbstverständnis eingegangen sind und daher eine wichtige Ausdrucks- und Mitteilungsfunktion haben. Ein solches Artefakt kann beispielsweise ein seit längerem in Gebrauch stehendes Briefpapier sein.

Obwohl es sich bei Artefakten um künstlich geschaffene Zeichen handelt, erhalten sie im Rahmen eines Forschungsprojektes den Stellenwert von „natürlichen" Daten, weil sie ohne Zutun des Forschungsteams produziert wurden und daher auch keiner Beeinflussung bei der Produktion durch die Forscher unterliegen. Ein zweiter Vorzug ist ihre physische Präsenz, die in der Regel ihre leichte Verfügbarkeit gewährleistet und im Interpretationsprozess eine wiederholte Zuwendung ermöglicht. Der Nachteil ist, dass sie ihre Bedeutung nicht preisgeben, sondern diese erst im Zuge der Interpretation erarbeitet werden muss. Der nächste Abschnitt beschäftigt sich daher mit der methodischen Vorgehensweise in diesem Interpretationsprozess.

3 Dateninterpretation

Die interpretative Analyse geht davon aus, dass Artefakte in ihrer spezifischen Gestalt bzw. Ausdrucksweise sowohl manifeste als auch latente Informationen beinhalten. Artefakte als Formen von Sinnkristallisationen enthalten gerade „aufgrund ihrer Integration in einen Handlungskontext kollektive Sinnstrukturen, die sich im nachvollziehenden Verstehen als Bedeutungen, Handlungsaufforderungen oder Funktionen deuten lassen" (Lueger 2000, S. 147). Jedes Artefakt stellt eine bestimmte Form dar, in der die verwendeten Datentypen wie Bild, Text und Symbole in einer bestimmten Relation zueinander positioniert sind. Müller-Doohm zieht für die von ihm entwickelte Bildanalyse den Schluss, „daß die relationalen Beziehungen, in deren Formen sich soziale Phänomene ausdrücken, zunächst rekonstruiert werden müssen, um von daher ihre Bedeutungskonstitution als eine Funktion einer bestimmten syntaktischen Ordnung zu begreifen. Bedeutungen (…) ergeben sich aus dem Wie, d. h. ihrer Formensprache" (Müller-Doohm 1997, S. 99). Folgt man dieser Argumentation, so ist es nicht möglich, den Bedeutungsgehalt von Artefakten aus ihrer manifesten äußeren Erscheinung abzuleiten, sondern man muss den Bedeutungshof der Elemente eines Artefakts zuerst zerlegen und dann in ihrer Kombination in einem sozialen Kontext aufbauen. In diesem Sinn umfasst die Interpretationsarbeit drei Schlüsselelemente:

- Die Dekonstruktion des Artefakts, um es von seiner alltäglichen Sinnhaftigkeit zu distanzieren und einer kritischen Analyse zuzuführen. Diese Dekonstruktion erfordert nicht nur die Zerstückelung des Artefakts in seine verschiedenen Bestandteile oder Dimensionen, sondern auch die Abtrennung von seinem ursprünglichen Kontext.
- Die Integration in einen Sinnhorizont als soziale Rekontextualisierung, indem das Artefakt in den Gesamtzusammenhang der Organisation gestellt wird. In diesem Schritt wird die Organisation als Gefüge der Bedingungen für die Existenz des Artefakts rekonstruiert. Damit tritt das Artefakt gegenüber der Struktur der Organisation

zurück und bildet nur mehr die sichtbare Oberfläche, unter der sich latente Sinnstrukturen verbergen. Diese stellen nicht nur das Artefakt in einen verstehbaren Zusammenhang, sondern bringen auch die Dynamik der Organisation ans Tageslicht.
- Letztlich handelt es sich um einen Übersetzungsprozess, der die Ausdrucksgestalt des Artefakts in einen argumentativen Kontext stellt, der wissenschaftlich anschlussfähig ist. Das Ergebnis der Artefaktanalyse ist daher keineswegs die Beschreibung eines Gegenstandes, sondern seine Einbettung in den Gesamtzusammenhang einer Organisationsanalyse.

Diese analysierende Übersetzungsleistung vollzieht sich methodisch in zwei Schritten. Der erste erfordert eine möglichst präzise dekonstruierende Deskription, in der das Artefakt in seiner Ganzheit betrachtet und aus der Perspektive der Forschung zu einem Feldprotokoll verschriftet wird (Strauss 1991). Dieses schriftliche Protokoll zerstört die Ganzheit des Artefakts und stellt künstlich eine sequenzielle Ordnung her. Die häufig sehr zeitintensive Arbeit der Deskription ist notwendig, um im zweiten Schritt das auf diese Weise dekonstruierte Artefakt in einen Kontext latenter Sinnstrukturen zu stellen. Dies geschieht durch die kontrastierende Analyse von Interpretationsvarianten, die durch extensive Sinnauslegung, d. h. durch einen Prozess der Erzeugung von möglichst vielen möglichen Bedeutungen, gewonnen werden. Dieser Interpretationsschritt beschäftigt sich mit der Einbettung des Artefakts in den organisationalen Kontext, der die Gründe für die Produktion, den Prozess der Herstellung, die Funktionen und den Umgang mit dem Artefakt umfasst.

Bevor näher auf die konkrete Vorgehensweise in den beiden Analyseschritten eingegangen wird, werden noch einige allgemeine Anforderungen für die Interpretation von Artefakten vorgestellt.

Formale Anforderungen an die Interpretation von Artefakten

Zur Sicherung der Analysequalität bieten sich eine Reihe von Vorkehrungen an, die unabhängig vom Auslegungsprozess die Verlässlichkeit der Ergebnisse erhöhen können:

- Grundsätzlich sollte die Interpretation von Artefakten in einem Team stattfinden, um voreilige Schlussfolgerungen, vereinfachende Interpretationen oder eine unkritische Übertragung von Vorwissen zu vermeiden. Ein solches Interpretationsteam sollte nicht mehr als vier Personen umfassen, da sich in größeren Teams erfahrungsgemäß die sozialen Reibungsverluste und damit auch der Abstimmungsaufwand ohne eine entsprechende Qualitätssteigerung enorm erhöhen.
- Da für eine hermeneutische Interpretation möglichst vielfältiges Wissen einbezogen werden sollte, bietet sich eine heterogene Zusammensetzung des Teams an. So könnte das Team Forscher aus verschiedenen Fachdisziplinen, aus verschiedenen Altersgruppen oder Männer und Frauen umfassen. Welche Merkmale bei der Teamrekrutierung sinnvolle Kriterien bilden, hängt von der Fragestellung und vom Organisationstypus ab. Handelt es sich bei der untersuchten Organisation beispielsweise um einen technisch orientierten Produktionsbetrieb, sollte zumindest ein Teammitglied mit diesem Bereich vertraut sein. Gleichzeitig sollte sichergestellt sein, dass

auch Teammitglieder dabei sind, für die das zu untersuchende Feld neu und unbekannt ist. Im Zuge der Interpretation fördert dies eine extensive Sinnauslegung.
- Damit ein Team arbeitsfähig wird und bleibt, ist sowohl eine gegenseitige Akzeptanz der Teammitglieder als auch eine konstruktive Konfliktfähigkeit eine notwendige Voraussetzung. Zur Unterstützung der Arbeitsfähigkeit von neuen Interpretationsteams bieten sich am Beginn eines Forschungsprojekts teamfördernde Maßnahmen an (Ardelt-Gattinger et al. 1998; Aranda/Aranda 1998). Entscheidend ist hierbei, dass Interpretationsdifferenzen auf inhaltlicher Ebene argumentativ ausdiskutiert werden, dass aber nicht soziale Probleme im Team die Interpretationsarbeit überlagern.
- Um eine systematische Vorgehensweise und Prüfung der Interpretation zu gewährleisten, bietet sich eine Rollenaufteilung innerhalb des Teams an. Mindestens ein Teammitglied übernimmt – zeitlich befristet – die Rolle, vorläufige Zwischenergebnisse gezielt kritisch zu hinterfragen. Diese Rollenaufteilung verhindert eine vorschnelle Interpretation und fördert eine methodische Kontrolle des kreativen Interpretationsprozesses. Generell ist beim Interpretationsprozess zu berücksichtigen, dass es primär nicht darum geht, aufgestellte Thesen zu bestätigen, sondern das Team sich die Frage stellen muss, was gegen die aufgestellten Thesen spricht und welche Argumente gegen mögliche plausible Alternativen sprechen.
- Für eine extensive Sinnauslegung ist es hinderlich, eine möglichst „richtige", „zielführende" oder schnelle Interpretation anzustreben. Die Interpretationsqualität stützt sich entscheidend auf die kritische Würdigung der Bandbreite von Auslegungsalternativen. Zeitdruck oder eine inhaltliche Forcierung führen zu einer verkürzten Analyseperspektive. Auch regelmäßige Reflexionsschleifen zur inhaltlichen und methodischen Standortbestimmung der jeweiligen Erkenntnisse und zu deren Unzulänglichkeiten sind wichtige Mittel zur diskursiven Absicherung und zur Identifikation von Lücken im Verständnis der organisationalen Dynamik.

Im Folgenden werden ausgehend von Lueger (2000, S. 140 ff.) verschiedene Phasen der Interpretation vorgestellt. Jedoch werden in der hier vorgestellten Variante der Artefaktanalyse die bei Lueger beschriebenen fünf Analyseperspektiven – der Forschungskontext, die Deskription, die alltagskontextuelle Sinneinbettung, die distanzierend strukturelle Analyse und die vergleichende Analyse – auf zwei Interpretationsschritte komprimiert. Unterstellt wird hierbei, dass der Forschungskontext bereits in der Auswahl des Artefakts eine adäquate Berücksichtigung findet, indem sichergestellt wird, inwiefern das spezifische Artefakt mit der Erkenntnisabsicht korrespondiert und welchen Stellenwert das Artefakt im Gesamtprozess der Forschung einnimmt. Die deskriptive Ebene und die alltagskontextuelle Sinneinbettung werden zu dem Schritt der „dekonstruktiven Bedeutungsrekonstruktion" zusammengeführt. Der zweite Schritt verknüpft die distanzierend strukturelle und die vergleichende Analyse zur „Rekonstruktion der latenten Strukturen der Organisation". Diese Rekonstruktion soll letztlich zum Verständnis der organisationalen Dynamik beitragen und somit die Ergebnisse argumentativ integrieren. Diese beiden Schritte werden im Folgenden beschrieben. Dabei ist darauf hinzuweisen, dass die genannten Fragestellungen immer der Anpassung an die Erfordernisse eines konkreten Artefakts bedürfen.

Dekonstruktive Bedeutungsrekonstruktion

Das Ziel der dekonstruktiven Bedeutungsrekonstruktion ist zunächst die Zerstörung der vorgängigen Sinngehalte durch Zerlegung des Artefakts in seine Bestandteile und die anschließende Analyse ihrer Bedeutungsmöglichkeiten. Da der erste Zugang zu einem Artefakt in einer ganzheitlichen Betrachtung besteht, ist es notwendig, diese Einheit in bearbeitbare kleinere Subeinheiten zu zerlegen. Darin besteht der erste Arbeitsschritt. Die nächsten Schritte bestehen in der konkreten Beschreibung der einzelnen Artefaktbestandteile und in ihrer Behandlung als Bedeutungsträger, indem man die verschiedenen Bedeutungsmöglichkeiten erschließt, die sich nicht auf das Artefakt als Ganzes, sondern in diesem Schritt vorrangig auf seine Teile beziehen. Schlussendlich werden die verschiedenen Bedeutungsmöglichkeiten mit der alltagskontextuellen Sinneinbettung des Artefakts kontrastiert, um die Brüche zwischen alltäglichen, manifesten und potenziellen latenten Bedeutungen zu verdeutlichen.

Auch wenn in dieser Phase vor allem die Deskription wichtig ist, beginnt bereits hier eine in die Tiefe gehende Analyse. Die nachstehend angeführten Hinweise geben auf verschiedenen Ebenen Hilfestellungen, wie sich dieser Prozess konkret umsetzen lässt. Dabei werden jeweils Fragen formuliert, die beispielhaft angeben, worauf sich die Interpretation konzentriert.

Innere Differenzierung

Im ersten Schritt lassen sich verschiedene Gestaltungselemente unterscheiden, die jeweils spezifische Behandlungsweisen erfordern. Dazu gehören etwa:

- Materialität: Welche Eigenschaften hat das Material des Artefakts? Hier können folgende Fragen hilfreich sein: Wie kann die Oberfläche des Artefakts beschrieben werden? Welche Konsistenz hat das Artefakt? Welcher Geruch umgibt das Artefakt?
- Struktur der Artefaktgestaltung: Die Gestaltung umfasst sowohl räumliche Anordnungen als auch verschiedene Komponenten der Aufmachung wie Symbol-, Bild- und (kurze) Textelemente (etwa Bezeichnungen, Namen, Titel, kurze Hinweise). Dazu zählen folgende Fragen: Aus welchen Komponenten ist das Artefakt aufgebaut? Wie ist das Artefakt räumlich strukturiert? Können Haupt- und Nebenelemente identifiziert werden? Gibt es einen Vordergrund bzw. einen Hintergrund? Wie ist das Bild gestaltet? Welche Farbgebungen sind beobachtbar?
- Text: Wie ist der Text gestaltet? Welche Differenzierungen (z. B. Überschrift, Fließtext) zeichnen den Text aus? Dieser Analyseteil stellt eine Verbindung zur Textinterpretation her, sofern die angesprochenen Textteile eine zusammenhängende Textstruktur aufweisen (d. h. mehr als eine Überschrift oder eine Bezeichnung sind).

Bei jeder dieser Fragen führt ein Überwechseln zur Bedeutungsebene weiter, indem untersucht wird, welche möglichen Bedeutungen sich aus der Beschaffenheit der beschriebenen Elemente ergeben.

Alltagskontextuelle Sinneinbettung

Auf der zweiten Stufe werden diese Elemente in einen alltagskontextuellen Sinnzusammenhang gestellt, indem man nun erstmals die Gesamtheit des Artefakts auf einer primär manifesten Ebene thematisiert. In diesem Zusammenhang können folgende Fragestellungen hilfreich sein:

- Grenzziehungen: Worum handelt es sich bei dem betrachteten Artefakt? Was umfasst das Artefakt? Was gehört dazu, was nicht? Wodurch werden Grenzen gezogen? Wovon grenzt es sich besonders ab?
- Allgemeine Bedeutungen: Welche allgemeinen Bedeutungen könnten dem Artefakt aus der Perspektive eines alltagskompetenten Interpreten zugeschrieben werden? Welche Assoziationen löst das Artefakt generell aus?
- Organisationseinbettung: Inwiefern gehört das Artefakt zur Normalität und inwiefern zum Ungewöhnlichen der Organisation?

In dieser Phase übernimmt das Interpretationsteam die Rolle von alltagskompetenten Beobachtern, die sich in die untersuchte Organisation hineindenken. Auch dieser Schritt geht über eine reine Deskription hinaus, da die Artefakte ihre alltagsweltliche Bedeutung nicht direkt preisgeben, sondern dafür ein entsprechender Sinnhorizont – der der Organisation – bereits unterstellt werden muss.

Distanzierend-integrative Rekonstruktion latenter Organisationsstrukturen

Strukturanalyse

In dieser Phase setzt sich die Interpretation zunehmend vom unmittelbar betrachteten Artefakt ab und widmet sich dem organisationalen Kontext, der die Erscheinung des Artefakts und seine spezifische Ausgestaltung in einen umfassenden Sinnhorizont stellt. Untersucht werden soll, welche sozialen Strukturen wahrscheinlich in die Herstellung und den Gebrauch des Artefakts eingegangen sind bzw. noch immer in den organisationalen Alltag eingehen. In diesem Sinn wird die im ersten Schritt noch eher dünne Beschreibung zunehmend zu einer dichten Beschreibung (Geertz 1991). Folgende Fragen können dabei gestellt werden:

- Produktion und Artefaktgeschichte: Wie wird das Artefakt hergestellt? Wer produziert das Artefakt? In welchem zeitlich-historischen Kontext wurde das Artefakt produziert? Welche Folgen entstehen aus der Herstellung des Artefakts für die Organisation? Warum wurde das Artefakt im organisationalen Kontext produziert? Seit wann gibt es dieses Artefakt mit welchen Veränderungen?
- Artefaktgebrauch: Für wen wurde das Artefakt produziert? Wofür wird das Artefakt verwendet? Welche Möglichkeiten der Reproduktion bzw. der Zerstörung gibt es? Wie wird das Artefakt von wem verwendet und verändert? In welchen Zeithorizonten wird das Artefakt verwendet? Welche Folgen ergeben sich aus der Verwendung des Artefakts für die Organisation?

- Funktionen: Wie ist das Artefakt in organisatorische Abläufe eingebunden? Welche Funktionen könnte das Artefakt für die Organisation erfüllen? Welche Wirkungen erzeugen die Herstellung und der Gebrauch des Artefakts?
- Soziale Bedeutungen: In welche organisationalen Beziehungen sind die Herstellung und der Gebrauch des Artefakts eingebunden? Wie ist das Artefakt mit organisationsinternen Differenzierungen verknüpft?

Hinter diesen Fragen steht das Interesse an denjenigen Sinnstrukturen, die letztlich als Entscheidungsprämissen innerhalb der Organisation fungieren.

Komparative Analyse

Zum Abschluss der Analyse ist es sinnvoll, einzelne Artefakte mit anderen Materialien zu kontrastieren, um auf der Basis von Unterschieden und Ähnlichkeiten die Besonderheiten eines Artefaktes herauszuarbeiten. Dafür bieten sich drei Formen von Kontrastierungen an:

- Organisationsinterne Vergleiche: Welche vergleichbaren Artefakte lassen sich in der Organisation auffinden?
- Organisationsexterne Vergleiche: Inwiefern ergeben sich Ähnlichkeiten oder Unterschiede zu vergleichbaren Artefakten außerhalb der untersuchten Organisation?
- Kontrastierung mit anderen Materialien: Inwiefern lassen sich die Ergebnisse aus der Artefaktanalyse mit anderem Datenmaterial wie Beobachtungen oder Interviews verknüpfen, und wie lassen sich Unterschiede zu den Interpretationen dieser Materialien aufklären?

4 Anwendungsbeispiel

Im Folgenden wird exemplarisch eine Artefaktanalyse vorgestellt, die im Rahmen einer qualitativen Begleitstudie durchgeführt wurde. Das Ziel der Untersuchung bestand darin, den Verlauf eines Projekts zum Thema „Kultureller Wandel" in einem Unternehmen, das von einem unternehmensinternen und -externen Team begleitet wurde, einer systematischen Analyse zu unterziehen. Die Konzeption der qualitativen Begleitstudie wurde mit einem organisationsinternen Projektteam und externen Beratern erarbeitet, um eine größtmögliche Transparenz und Akzeptanz zu gewährleisten. Folgende Vorgehensweise wurde gewählt: Am Beginn des Projekts sollte eine Organisationsanalyse erstellt werden. Zu diesem Zweck wurden mit dem internen Projektteam Einzel- und Gruppengespräche zusammengestellt und dem Forschungsteam Materialien (wie Unternehmensgrundsätze, Leitlinien und Geschäftsberichte) zur Analyse zur Verfügung gestellt. Nach der Interpretation der durchgeführten Gespräche und der Artefakte wurden auf der Basis der erarbeiteten Zwischenergebnisse weitere Einzel- und Gruppengespräche geführt. Die vorläufigen Ergebnisse der Organisationsanalyse wurden der Organisation und den externen Beratern im Rahmen einer Präsentation zurückgespielt und der vollständige schriftliche Bericht allen Mitarbeitern im Intranet zugänglich gemacht. Nach einem Jahr wurden weitere Artefakte wie neu erarbeitete Unternehmensleitlinien und Ausgaben einer internen

Unternehmenszeitung analysiert und zusätzliche Einzel- und Gruppengespräche geführt, um den Verlauf des Projekts einer Reflexion zu unterziehen. Die Artefaktanalyse der Leitlinien und der Unternehmensgrundsätze war in eine explorative Phase eingebettet, während die Analyse der neu entwickelten Unternehmensleitlinien dem zweiten Teil des Projekts, dem Aufzeigen der Veränderungsdynamik, dienten. Die Ergebnisse wurden wiederum der Organisation mündlich im Rahmen eines Workshops mitgeteilt und schriftlich in Form eines Berichts zur Verfügung gestellt.

Die folgenden Ausführungen beziehen sich auf die Analyse der neu entwickelten Unternehmensleitlinien, die alle Unternehmensmitarbeiter erhielten. Als exemplarische Analyse beziehen sich die Ausführungen nur auf die äußere Erscheinung und das Titelblatt der Broschüre und gehen nicht inhaltlich auf die einzelnen Leitlinien ein, weil dies die Analyse auf eine Textinterpretation ausweiten würde, die aber nicht der hauptsächliche Gegenstand der hier dargestellten Artefaktanalyse ist. Darüber hinaus soll die generelle Leistungsfähigkeit der Artefaktanalyse von der Leistungsfähigkeit der Textanalyse abgetrennt werden. Um die Darstellung abzukürzen, bleiben auch die im Inneren vorfindbaren Strukturelemente (wie der Kalender, die genaue Seitenaufteilung) und Illustrationen zu den einzelnen Leitlinien weitestgehend unberücksichtigt.

Dekonstruktive Bedeutungsrekonstruktion

Die folgenden Ausführungen demonstrieren in Kurzform das Prinzip der oben dargestellten Interpretationsarbeit.

Innere Differenzierung eines Artefakts

- Materialität: Das Artefakt ist eine Broschüre, die 21 Blätter bzw. 42 Seiten umfasst, wobei der Umschlag aus Karton und die Blätter aus besonders starkem Papier bestehen. Karton ist schwerer, widerstandsfähiger und teurer als Papier, vermittelt Haltbarkeit, aber auch Sperrigkeit. Zusammen mit dem Format (etwas größer als DIN A5) reduziert dies die Wahrscheinlichkeit einer intensiven Nutzung, wobei die Spiralbindung aus Metall zwar ein bequemes Umblättern ermöglicht, aber zusätzlich die Sperrigkeit erhöht (könnte nur mit großer Anstrengung gefaltet werden).
- Struktur der Artefaktgestaltung: Das Artefakt umfasst sowohl Bild- und Symbolelemente als auch Textelemente. Der Hintergrund der Titelseite ist blau schattiert, und man kann unscharf eine Stahlkonstruktion erkennen. Dieser Hintergrund wird strukturiert durch den (eher klein gehaltenen) Titel in weißem Schriftzug (serifenlos, fett): „Unternehmensleitlinien". Unter diesem Titel findet sich schräg versetzt eine Versionsangabe (ebenfalls in weißer Schrift, allerdings nicht im Fettdruck, aber dafür in Großbuchstaben): „VERSION 5.98". Der Titel befindet sich im oberen Drittel und ist in der rechten Hälfte der Broschüre positioniert. Unterhalb des Titels, ebenfalls in der rechten Hälfte, befindet sich ein rechteckiges Bild (Format 4,5 cm × 6,5 cm). Das Bild enthält ein rotes abstraktes Symbol (vier kleine Quadrate und eine geschwungene Linie) und in schwarzen Großbuchstaben den Namen des Unternehmens. Auffällig dabei ist, dass der Name des Unternehmens leicht verschwommen erscheint und vor dem Hintergrund an dieser Stelle schwer lesbar ist. Dieser Hintergrund zeigt ebenfalls

eine technische Konstruktion und ist hauptsächlich in Grau gehalten. Im unteren Drittel der Titelseite steht „Kalender 1998" in weißer Fettschrift.
- Text: Da an dieser Stelle nur das Titelblatt analysiert wird, bleiben alle ausführlicheren Textstellen (auf der Rückseite und im Inneren der Broschüre) in den nachfolgenden Ausführungen unberücksichtigt.

Diese formale Deskription wird im nächsten Schritt mit möglichen Bedeutungen verbunden. Dabei ergeben sich aus der Materialität und der Struktur des Artefaktes folgende Hinweise auf die Organisation:

Das auffälligste Merkmal ist die Dominanz des Symbols (rote Farbe vor grauem Hintergrundbild und die Größe) und des Namens des Unternehmens, wobei der Name durch eine erhebliche Unschärfe gekennzeichnet ist. Namen haben in der Regel etwas mit der Identität eines Unternehmens zu tun. Unschärfe symbolisiert Unklarheit, Bedeutungslosigkeit (etwa als unauffälliger Hintergrund) oder Sich-in-Bewegung-Befinden. Dies könnte auf eine Identitätskrise des Unternehmens deuten und Zweifel gegenüber dem Namen signalisieren. Verstärkt wird dieser Eindruck dadurch, dass der Unternehmensname zusätzlich vor dem an dieser Stelle unruhig wirkenden, eher dunkelgrauen und unscharfen Hintergrundbild optisch fast verschwindet.

Die Textelemente bezeichnen die Inhalte der Broschüre („Unternehmensleitlinien", „VERSION 5.98" und „Kalender 1998") und sind von der Positionierung und von den Größenverhältnissen her dem Bild nachgereiht. Man kann sagen, das Symbol und der Name des Unternehmens (eingebettet im kleinen Bild) ist von den Textelementen gerahmt, wobei die Rahmung relativ schwach ausgeprägt ist und nur schwer gegen die Dominanz des kleinen hermetisch abgeriegelten Bildes ankommt. Setzt man jedoch den gesamten Hintergrund und das kleine Bild in Relation zueinander, dann fällt auf, dass der unscharfe Hintergrund dominiert und das Bild zusammendrängt. Nur die scharfe Grenzziehung und die gegenüber dem dunkelblau schattierten Hintergrund helle Farbe verhindern die völlige Vereinnahmung durch den Hintergrund. Dies entspricht einer durchgängigen Eigentümlichkeit des Materials, ambivalente Tendenzen anzuzeigen und Aspekte wie Klarheit versus Unklarheit, Transparenz versus Intransparenz, Bewahren versus Verändern zu umfassen. Diese Eigenart korrespondiert mit einer Verunsicherung der Mitarbeiter im Unternehmen, wobei Kräfte der Veränderung in Konflikt mit stabilisierenden Strömungen treten. Betrachtet man genauer, wo scharfe und wo unscharfe Elemente auftreten, so zeigt sich Schärfe im Unternehmenslogo und den drei Textelementen. Das Unternehmenslogo ist ein überaus abstraktes Symbol, das als stabil (und auch als auffälligstes Gestaltungselement) gelten kann. Bei den Textelementen fungiert das Wort „Unternehmensleitlinien" als bewahrende Kraft, während die beiden anderen Textelemente bereits ein veränderliches Moment in sich tragen: Die Versionsangabe und die Bezeichnung des Artefakts als Kalender eines bestimmten Jahres sind Angaben mit inhärentem Ablaufdatum. Unscharf sind dagegen die Unternehmensbezeichnung und die beiden Hintergrundbilder. Unterstellt man nun, dass Unschärfe etwas mit Wandel zu tun hat, und geht man davon aus, dass die Motive nicht zufällig gewählt wurden, so deutet das auf einen sehr technisch orientierten Unternehmenskontext, der besonders wichtig ist (das Motiv wird in beiden Bildern nur variiert), aber auch Diffusität ausdrückt. In diesem Sinn findet sich auch hier ein Hinweis auf eine mögliche Identitätsproblematik.

Alltagskontextuelle Sinneinbettung

- Grenzziehungen: Die Abgrenzung des vorliegenden Artefakts ist relativ klar: Es handelt sich um eine Broschüre, die sich durch eine relativ hohe Stabilität (Karton bzw. dickes Papier) auszeichnet. Die beiden Textelemente versprechen die Darstellung der Unternehmensleitlinien und einen Kalender. Die Unternehmensleitlinien grenzen sich jedoch von früheren Leitlinien und möglicherweise nachfolgenden Leitlinien ab, indem in unmittelbarer Nähe des Textelements „Unternehmensleitlinien" die Versionsbezeichnung auftaucht. Dies signalisiert begrenzte Gültigkeit, was bei Unternehmensleitlinien eher ungewöhnlich ist. Insofern zeigt sich eine unterschwellige Vorsicht bezüglich der im Inneren der Broschüre formulierten Leitlinien. Das Format verhindert darüber hinaus, dass trotz der durchaus gegebenen Alltagsverwendbarkeit als Kalender diese Broschüre weder einfach in eine Tasche zum täglichen Gebrauch gesteckt (Taschenkalender) noch als Tischkalender aufgestellt werden kann (dann wäre ein Querformat sinnvoller), sondern die Broschüre grenzt sich von diesen Kalenderformen tendenziell ab. Damit ist der Kalender zwar optisch ansprechend gestaltet, aber wenig praxistauglich. Die Kombination zwischen einer angedeuteten begrenzten Gültigkeit der Leitlinien und einer eingeschränkten Funktionalität im Gebrauch als Kalender macht es wahrscheinlich, dass das Artefakt im Unternehmen von den Adressaten eher zur Seite gelegt wird. Der signalisierte Widerspruch liegt dann darin, dass man zwar viel Aufwand in die Gestaltung dieser Leitlinien steckt und sie sogar in den Alltagsgebrauch zu integrieren gedenkt (nur dann ist die Kombination mit einem Kalender sinnvoll), aber gleichzeitig das Artefakt so gestaltet, dass dieses Bestreben unterwandert wird. Wenn man nun unterstellt, dass im Artefakt unterschwellig Entscheidungen kommuniziert werden, so drückt eine solche Vorgehensweise aus, dass man zwar die Bedeutung von Unternehmensleitlinien hervorhebt, aber verhindert, dass sie wirklich ernst genommen werden.
- Allgemeine Bedeutungen: In diesem Schritt ist es sinnvoll, sich noch einmal den beiden übergeordneten Artefaktbedeutungen zu widmen, nämlich den Bedeutungen als Unternehmensleitlinien und als Kalender. Generell kann man sagen, dass Unternehmensleitlinien eine Orientierung für Kommunikation nach innen und außen bieten. Der Begriff „Leitlinien" setzt sich zusammen aus „leiten" und „Linien". Die Unternehmensleitlinien geben daher bestimmte Linien vor, welche die Entscheidungen im Unternehmen anleiten sollen. Auch hier wiederholt sich ein bereits genanntes Grundthema: Es handelt sich nicht um eine einzige Linie, sondern um mehrere. Dies könnte zweierlei signalisieren: eine Unsicherheit über die tatsächliche Richtung, in die die angegebenen Leitlinien führen, oder die Komplexität, die der Formulierung allgemein verbindlicher Leitlinien zugeschrieben wird. In beiden Fällen wird den Organisationsmitgliedern ein Umgang mit Unsicherheit abverlangt. Allerdings bedürfte eine nähere Auseinandersetzung mit dieser Thematik einer ausführlichen Textanalyse der in der Broschüre enthaltenen Leitlinien, die an dieser Stelle nicht geleistet werden kann.

Die Angabe, dass es sich bei den Unternehmensleitlinien um die „VERSION 5.98" handelt, weist auf die Prozesshaftigkeit hin. Und hier kommt wieder der Kalender ins Spiel: Ein Kalender steht für zeitliche Strukturierung und für die Begrenzung auf einen bestimmten

Zeitraum. Im vorliegenden Fall handelt es sich um das Jahr 1998. Wirft man einen kurzen Blick in das Innere der Broschüre, so stellt man fest, dass es sich um einen sehr eigenwilligen „Kalender 1998" handelt, nämlich um einen, der den Zeitraum vom 1. Mai bis zum 31. Dezember 1998 abdeckt. Dies ist insofern ungewöhnlich, als sich die meisten im Handel erhältlichen Kalender am Kalenderjahr oder am Schuljahr orientieren. Dies führt zu der Frage, weshalb die Unternehmensleitlinien mit einem Kalender verbunden wurden, der nur acht Monate eines Jahres abdeckt, und warum der Kalender ausgerechnet im Mai beginnt, wobei sich die Versionsbezeichnung offenbar auf diesen Kalenderbeginn bezieht. Hier gäbe es eine Fülle von Interpretationsvarianten (z. B. die Symbolik des Tages der Arbeit; die Zahl der Leitlinien, die gleichsam als Platzvorgabe fungierten; eine unternehmensspezifische Zeitstrukturierung). Möglicherweise sind aber bloß die Unternehmensleitlinien und damit das Artefakt zu diesem Zeitpunkt fertig gestellt worden. Sieht man von den anderen Alternativen einmal ab (und es gibt auch bei näherer Betrachtung des Unternehmens keine Hinweise, die andere Interpretationsvarianten nachhaltig stützen würden), so würde dies bedeuten, dass dieses Unternehmen seine Aktivitäten durchaus flexibel gestaltet und sich zu flexiblen Vorgehensweisen bekennt, dass die Unternehmensleitlinien nur als Zwischenlösung gesehen werden (daher nur eine begrenzte Gültigkeit haben) oder dass die Planungshorizonte sich von den funktionalen Erfordernissen (etwa der Kalenderdimension) abgelöst haben und in der Folge das Kalenderjahr schlicht verkürzt wurde. Die Kombination von Kalender und Versionszahl lässt auf eine angenommene Flexibilität in den Richtlinien schließen.

- Warum wurde aber nicht bloß eine Broschüre produziert, die ausschließlich die Unternehmensleitlinien enthält? Hier liegt der Gedanke nahe, dass eine solche Broschüre nur den Papierverbrauch erhöhen, aber keineswegs von den Mitarbeitern gelesen würde. Daher ist der Kalender ein durchaus sinnvoller Versuch, die Leitlinien in den Alltag zu integrieren. Der Kalender fungiert dann gleichsam als Transportmedium, das die Verwendung und Beachtung sichert. Allerdings bedeutet dies auch, dass der Kalender (und mit ihm die Leitlinien) mit Ablauf des Jahres entsorgt oder abgelegt, aber kaum in das darauf folgende Jahr mitgenommen wird. Aber all dies würde die Alltagstauglichkeit des Kalenders erfordern, die nur begrenzt gegeben ist (auch aufgrund der internen Tagesaufteilungen). Anscheinend wurde die Bedeutung der Leitlinien so hoch gewertet, dass unter der Hand die Kalenderfunktion verloren ging. Indem das Trägermaterial abhanden kommt, verliert das Artefakt aber auch seine Funktion als Vermittler der Unternehmensleitlinien.
- Organisationseinbettung: Unternehmensleitlinien sind eine durchaus übliche Form, den Mitarbeitern, aber auch relevanten externen Gruppen Informationen über die Grundsätze, Einstellungen, Zielsetzungen, Verhaltensmaximen oder Vorgehensweisen eines Unternehmens zu vermitteln. In diesem Sinn wirken sie nach innen identitätsvermittelnd, nach außen zeigen sie das spezifische Unternehmensprofil und positionieren ein Unternehmen. Das vorliegende Artefakt wendet sich offenbar primär nach innen, weil die eingeschränkte Kalenderfunktion diesen für Außenstehende wahrscheinlich vorweg unbrauchbar macht. Allerdings gilt dies auch nach innen, weil man zumindest bis Mai einen anderen Kalender benötigt, den man aber wahrscheinlich nicht gern durch diesen Leitlinienkalender ersetzt (Termine übertragen; im neuen Kalender ist überdies nur wenig Platz für Termine). Mit der Verteilung an alle Mit-

arbeiter wird zwar versucht, das Artefakt in den Organisationsalltag einzubinden, was aber notwendig misslingen muss. Dennoch wird in die Aufbereitung dieses Artefakts viel Energie investiert. Daher ist anzunehmen, dass dieses Artefakt und seine Herstellung für das Unternehmen von großer Bedeutung ist. Da sich diese Bedeutung wohl kaum auf den Kalender bezieht, ist zu überlegen, weshalb für die Gestaltung der Unternehmensleitlinien ein so hoher Aufwand bei einer geringen wahrscheinlichen Wirksamkeit in Kauf genommen wird. Die Unternehmensleitlinien gewinnen auf diese Weise eine hohe symbolische Bedeutung, aber die Art der Verbreitung deutet darauf hin, dass im Hintergrund Unsicherheit über diese Leitlinien besteht (möglicher Dissens).

Distanzierend-integrative Rekonstruktion latenter Organisationsstrukturen

In dieser Phase distanziert sich das Interpretationsteam zunehmend von dem unmittelbar wahrnehmbaren Artefakt und wendet sich der Frage zu, wie der Kontext strukturiert sein könnte, in dem das Artefakt entstanden ist.

Strukturanalyse

- Produktion und Artefaktgeschichte: Die vorliegenden Unternehmensleitlinien wurden im Rahmen des Projekts „Kultureller Wandel", und zwar in einem Subprojekt zum Thema Unternehmensentwicklung, von einem organisationsinternen Team aus verschiedenen Unternehmensbereichen mit externer Unterstützung erarbeitet. Dies lässt darauf schließen, dass bereits bei der Entwicklung der Leitlinien auf eine spätere hohe Akzeptanz geachtet wurde (Einbindung möglichst vieler verschiedener Sichtweisen). Damit steht die Teamarbeit stellvertretend für den organisationsinternen Aushandlungsprozess. Dies deutet weiterhin auf eine differenzierte Unternehmenskultur, die es notwendig macht, verschiedene Unternehmensbereiche in den Entwicklungsprozess einzubinden, und signalisiert potenzielle Konflikte. Auch wäre das ein weiterer Beleg dafür, dass die Organisation keineswegs einen hohen Arbeitsaufwand zur Erstellung dieses Produkts scheut. Dies lässt sich nicht nur aus der Teamproduktion erschließen, sondern auch aus der aufwendigen Gesamtgestaltung (z. B. der graphischen Gestaltung der äußeren Erscheinung und der liebevollen Illustrationen zu jeder einzelnen Leitlinie). Die damit verbundene Definition der Artefaktherstellung als wichtige Aktivität kann als Signal gewertet werden, dass der Organisation die Homogenisierung der innerbetrieblichen Sichtweisen sehr wichtig ist. In diesem Sinn ist es wahrscheinlich, dass sich im Artefakt ein Prozess der Identitätsfindung niederschlägt, der aus dieser Perspektive die zeitliche Befristung und auch die seltsame im Artefakt vorfindliche Ambivalenz verständlich macht. Man ist sich noch nicht sicher, ob der Einigungsprozess (der möglicherweise schon im Team schwierig war) auch auf Akzeptanz bei den Kollegen im Unternehmen stößt. Dann hätte sich das Produktionsteam vorsorglich selbst geschützt, indem es zwar zur physischen Verbreitung der Leitlinien beitrug (sie wurden an alle Mitarbeiter verteilt), aber gleichzeitig latent die Rezeption sabotierte (mangelnde Anschlussfähigkeit zur Praxis). Die aufwendige

Produktion hat dann die Funktion, diese unterschwellige Sabotage zu verhüllen, indem sie das Bemühen um Rezeption auffällig zum Ausdruck bringt. Das Artefakt wird somit zum Versuchsballon im kontroversen unternehmerischen Entwicklungsprozess, bei dem noch niemand so genau vorhersagen kann, wohin er führt.

- Artefaktgebrauch: Den Produzenten war es vordergründig offensichtlich wichtig, ein Produkt zu erstellen, das man in die Hand nehmen und in dem man blättern kann. Allerdings zeigte die obige Analyse, dass diese intendierte Gebrauchsform in der Praxis nicht erreicht wird (vgl. die vorhergehenden und nachstehenden Ausführungen).
- Funktionen: Die vorhergehende Argumentation legt nahe, dass an der Oberfläche eine Funktion vorgeschoben wird, dass nämlich die Benutzung des Kalenders dazu führt, die Unternehmensleitlinien immer vor Augen zu haben. In diesem Sinn würden die Leitlinien tatsächlich unternehmerische Werthaltungen vermitteln und eine soziale Normierung vorantreiben. Dem würde auch entsprechen, ein handfestes Produkt zu gestalten, das auch im Alltag seine sinnvolle Verwendung findet. Wie die Analyse jedoch zeigte, wird diese Funktion im praktischen Gebrauch gerade nicht erfüllt. Damit werden andere Funktionen bedeutsamer: Erstens belegt das Artefakt die Leistung des Herstellungsteams und rechtfertigt dessen Existenz. Zweitens demonstriert der Aufwand um die Herstellung der Unternehmensleitlinien das Bemühen (auch der Unternehmensleitung) um die Aushandlung einer gemeinsamen Sichtweise. Drittens legitimiert die Teamformulierung den Anspruch auf Verbindlichkeit dieser Richtlinien. Viertens verbindet sich damit eine demokratische Vorgehensweise, indem diese Unternehmensrichtlinien nicht von der Unternehmensführung verordnet, sondern von Mitarbeitern im Unternehmen als gemeinsames Produkt erstellt werden. Dadurch wird ihre Anerkennung nicht zu einer Frage der Hierarchie, sondern zu einem Prüfstein der Selbstorganisation auf der Ebene der Mitarbeiter. Dies setzt das Team unter massiven Druck, ein für die Mitarbeiter akzeptables Produkt zu erstellen. Allerdings ergab die Analyse Hinweise auf eine eher prekäre Situation des Unternehmens im Wandel, weshalb diese Anerkennung fraglich bleibt. Um diesen Druck zu mindern, entsteht eine Vorgehensweise, die der vordergründigen Ebene gerecht wird (tatsächlich werden die Leitlinien im Unternehmen mit großem Aufwand und Perfektion verbreitet), aber im Hintergrund etwas ganz anderes bewirkt: Das Artefakt verschwindet mit höchster Wahrscheinlichkeit sofort wieder auf unerklärliche Weise von der Bildfläche. Dennoch ist diese Vorgehensweise funktional, indem die Leitlinien als vorsichtiger Testlauf fungieren – und dies wird noch unterstützt durch die Versionsangabe. Das Artefakt vermittelt daher gleichzeitig zwei widersprüchliche Botschaften: erstens die Unausweichlichkeit von Veränderungen und die damit einhergehende Verunsicherung; zweitens das Stützen auf Tradition und Handfestes (man könnte sonst die Unternehmensleitlinien auch in das Intranet des Unternehmens stellen).
- Soziale Bedeutungen: Dass die Organisation die Verschriftlichung von Unternehmensleitlinien als dringlich einstuft, deutet auf die Notwendigkeit, kollektiv verbindliche Werthaltungen zu verdeutlichen. Da sich diese Leitlinien offenbar nach innen richten, steht im Vordergrund die Gestaltung sozialer Beziehungen, d.h. die Selbstversicherung im Sinne eines „mission statement". Auslöser dafür kann ein Problem mit der Verbindlichkeit von Organisationsnormen sein oder ein sozialer Umbruch, der es erforderlich macht, die neu entstandenen Vorstellungen des Unternehmens zu ver-

breiten. In beiden Fällen handelt es sich um ein Signal für eine als problematisch wahrgenommene Heterogenität im Unternehmen. Die Herstellung des Artefakts differenziert die Mitarbeiter im Unternehmen in drei Gruppen: eine, der eine Definitionskompetenz über die Unternehmensleitlinien zukommt; eine Adressatengruppe, die diese Leitlinien möglichst akzeptieren und umsetzen sollte; und die Unternehmensführung, die zwar formal Entscheidungskompetenz hat, aber diese an eine Arbeitsgruppe delegiert. Dieses System ermöglicht es, dass alle ihr Bestes tun und sich dennoch von einem möglichen „Misserfolg" distanzieren können: die Arbeitsgruppe, weil sie alles in ihrer Kraft Stehende getan hat; die Mitarbeiter, weil sie nicht beteiligt waren; und die Unternehmensführung, weil sie alles getan hat, um Akzeptanz zu erringen. Umgekehrt können alle involvierten Gruppen einen möglichen Erfolg für sich beanspruchen.

Komparative Analyse

Wegen der Kürze der Darstellung wird an dieser Stelle nur sehr kursorisch auf den organisationsinternen Vergleich mit früheren ähnlichen Artefakten hingewiesen. Die Kontrastierung mit organisationsexternen Artefakten oder anderen Materialien (wie auch der Großteil der Interpretation des hier auszugsweise analysierten Artefakts) bleibt gänzlich unberücksichtigt.

Im Unternehmen existieren zwei Artefakte, die als Vorläufer des gerade dargestellten Artefakts gelten können: „Unternehmensgrundsätze", die 1986 erstellt wurden, und die „Leitlinie für Zusammenarbeit und Führung" aus dem Jahre 1987. Bereits eine nur oberflächliche Betrachtung offenbart markante Unterschiede. Im Gegensatz zum vorliegenden Artefakt, das auf Fristigkeit aufbaut, setzen die beiden früheren Artefakte auf Dauerhaftigkeit. So wird schon in den „Unternehmensgrundsätzen" darauf verwiesen, dass Ziele „von alters her" das Handeln bestimmen. Sie müssen zwar immer wieder verändert werden; dennoch sollten die damals formulierten Grundsätze über das Jahr 2000 hinaus richtungsweisend sein. In der später folgenden „Leitlinie" wird die Umsetzung durch Schulungsmaßnahmen in den Vordergrund gestellt. Während die Leitlinien von 1998 eine zentrale Ambivalenz offenbaren, ist das bei den Vorgängerversionen noch anders. Besonders deutlich wird dies in der Betitelung „Leitlinie", die eine eindeutige Orientierung verspricht und keine Mehrdeutigkeit anzeigt. Damals standen diese Broschüren für sich, waren nicht mit einem zweiten Transportmedium mit Ablaufdatum verbunden, und auch das Design ließ keine Verschwommenheiten erkennen.

Man muss hier berücksichtigen, dass zwischen diesen früheren Broschüren und der neuen Version gewaltige Veränderungsprozesse liegen, die zu einer (derzeit noch immer nicht abgeschlossenen) Neuorientierung des Unternehmens führten und die mit massiven Auseinandersetzungen verbunden waren. Zum Verständnis dieses Falls ist zu erwähnen, dass im Zuge dieses organisationalen Wandels nicht nur die Geschäftsfelder ausgeweitet wurden und Auslagerungen stattfanden, sondern auch ein neuer Name für das Unternehmen gewählt wurde.

5 Möglichkeiten und Grenzen der Methode

Artefaktanalysen befassen sich mit der Interpretation der im Organisationskontext vorfindbaren gegenständlichen Welt. Als Produkte kommunizierter Entscheidungen sind Artefakte Ausdruck jener Strukturierungsprozesse, die das soziale Leben in Organisationen nicht nur mit Sinn versehen, sondern auch in geregelte Bahnen lenken. Somit sind sie Produkte von sinngebenden Tätigkeiten und fungieren gleichzeitig als sinngenerierende Mitteilungen, die als soziales Gedächtnis in vergegenständlichter Form Entscheidungen der Organisation transportieren. In diesem Sinn weist die Analyse von Artefakten als der sichtbaren Oberfläche der Organisationskultur eine Reihe von Vorzügen auf:

- Als Gegenstände sind Artefakte fast allgegenwärtig und somit häufig leicht zugängliche Materialien. In Organisationen sind dies beispielsweise Grundstücke, Gebäude, Einrichtungsgegenstände, Briefpapier oder Prospektmaterial.
- Artefakte wurden meist ohne Einflussnahme der Forschung produziert und sind damit authentische Zeugen organisationaler Entscheidungen. Dies gilt auch dann, wenn die Gestaltung eines Artefakts externen Gruppen überlassen wird (Entscheidung über die Auslagerung der Herstellung und die interne Akzeptanz des Artefakts).
- In Gegenständen finden sich perspektivische (und mitunter auch konfliktäre) Zugänge, die sich etwa in Befragungen kaum zeigen oder den befragten Personen gar nicht bewusst sind. Dies trifft beispielsweise auf Formen individualisierter Arbeitsplatzgestaltung zu.
- Artefakte fungieren als Formen sozialen Gedächtnisses, die etwas vermitteln, ohne es explizit zu sagen. So können Einrichtungsgegenstände als soziale Barrieren fungieren, Bewegungsräume abstecken und somit soziale Differenzierungen bzw. Ausschlussmechanismen signalisieren.
- Als relativ stabile Objekte überdauern Artefakte vielfach die Zeit, selbst wenn Personen keine Auskunft mehr zu geben vermögen. Insofern sind sie für historische Analysen und für vergleichende Rückblicke in Organisationen unverzichtbar. Im Gegensatz zu Erzählungen über vergangene Ereignisse, die immer unter dem Blickwinkel der Gegenwart interpretiert und geschildert werden, bleiben Gegenstände in ihrer Erscheinung unbeeindruckt vom Wandel der Zeit, auch wenn sie für die Zeitgenossen ihre Bedeutung verändern mögen.
- Selbst Gebrauchsspuren und Zerstörungen können auf diese Weise Analysegegenstand sein.

Die Bedeutung von Artefakten geht jedoch keineswegs einher mit einer starken sozialwissenschaftlichen Beachtung dieser Materialform. Dies hat mehrere Gründe:

- Artefakte machen eine Übersetzungsleistung notwendig, die etwa Textanalyseverfahren nicht im selben Ausmaß leisten müssen. Gegenstände müssen hierbei in Interpretationstexte umgeformt werden. Dieses Schicksal teilen Artefakte mit Materialien wie Geräuschen, taktilen Eigenschaften, Gerüchen oder dem Geschmack, die schon Schwierigkeiten in der Beschreibung bereiten: Wie soll man jemandem erklären, wie das Kantinenessen schmeckt? Die Speisekarte reicht dafür offenbar nicht aus.

- An Artefakten interessiert nicht ihre Gegenständlichkeit, sondern ihre Bedeutung für organisationale Strukturierungsprozesse. Was an ihnen forschungsmäßig von Bedeutung ist, ist nicht sichtbar, sondern ist „irgendwie" im Artefakt enthalten. Die Sprache der Artefakte ist daher eine symbolische, die der Auslegung bedarf. Dies ist auch bei der Sprache der Fall, die nicht nur lexikalische Bedeutungen vermittelt, sondern eine Bandbreite an Lesarten eröffnet, die etwa Beziehungen oder Selbstdarstellungen mit sachlichen Aussagen mittransportieren. Bei Artefakten ist diese Situation jedoch drastisch verschärft, weil es hier nicht einmal eine lexikalische Basis gibt.
- Auslegungsverfahren für Artefakte müssen sich daher, wenn sie für Organisationsanalysen Relevanz haben sollen und sich nicht nur an der inhaltsanalytisch erfassbaren Oberfläche bewegen wollen, interpretativer und hermeneutischer Kunstlehren bedienen, die sich systematisch auf die Erschließung und die nachfolgende Selektion möglicher Bedeutungen konzentrieren. Im Hintergrund solcher Artefaktanalysen stehen dann genuin interpretative Methodologien, die den Zugang sehr voraussetzungsvoll machen. Solche Verfahren sind nicht kurzfristig über Bücher zu erlernen, sondern erfordern Interpretationserfahrung und benötigen in der Regel elaborierte Absicherungsstrategien (wie eine Teaminterpretation), die teilweise doch beträchtlichen Aufwand erfordern.

Artefakte führen offenbar deshalb ein Schattendasein, weil ihre Analyse mit relativ hohem Aufwand verbunden ist. Daher finden sich Zugänge zu Artefaktanalysen eher in Bereichen, die auf diese Materialien nicht verzichten können (in der Archäologie als Spuren früherer Epochen, in der Ethnologie als Zeugen materieller Kultur, in der Kriminologie als Tat- und Täterhinweise). In den Sozialwissenschaften und insbesondere in der Organisationsforschung stehen meist alternative Analysematerialien wie Gesprächstexte oder Beobachtungsprotokolle zur Auswahl. Dennoch weisen Artefakte Vorzüge auf, die sie in mehreren Bereichen als eine unentbehrliche Materialform herausstreichen: Die leichte Zugänglichkeit macht sie für den Forschungseinstieg zu einer wichtigen Orientierungshilfe für die Planung der weiteren Forschungsarbeit und die Vorbereitung anderer Erhebungsverfahren (wie etwa Gespräche). Sie bieten sich außerdem als Material für schwer zugängliche Organisationen an. Artefakte sind ein wichtiges Hilfsmittel zur Rekonstruktion zur Unternehmensgeschichte. Sie bieten ein wichtiges Prüf- und Ergänzungsmaterial zur Absicherung von Erkenntnissen, die mit anderen Verfahren gewonnen wurden. Dies entspricht auch der von Lueger (2001) betonten methodischen Variation als qualitätssichernder Strategie in der interpretativen Sozialforschung. Das wichtigste Anwendungsfeld bleibt jedoch immer die interpretative Analyse latenter Sinnstrukturen.

6 Literatur

Aranda, Eileen K./Aranda, Luis/Conolon, Kristi (1998): Teams. Structure, Process, Culture, and Politics, New Jersey
Ardelt-Gattinger, Elisabeth/Lechner, Hans/Schlögl, Walter (Hrsg.) (1998): Gruppendynamik. Anspruch und Wirklichkeit der Arbeit in Gruppen, Göttingen
Brewerton, Paul/Millward, Lynne (2004): Organizational Research Methods. A Guide for Students and Researchers, London/Thousand Oaks/New Delhi

Clegg, Stewart R./Hardy, Cynthia (Hrsg.) (1999): Studying Organization. Theory & Method, London/Thousand Oaks/New Delhi
Collier, John Jr./Collier, Malcolm (1986): Visual Anthropology. Photography as a Research Method, Albuquerque
Denzin, Norman K./Lincoln, Yvonna S. (Hrsg.) (1998): Collecting and Interpreting Qualitative Materials, Thousand Oaks/London/New Delhi
Denzin, Norman K. (2000): Reading Film – Filme und Videos als sozialwissenschaftliches Erfahrungsmaterial, in: Uwe Flick/Ernst von Kardorff/Ines Steinke (Hrsg.), Qualitative Forschung. Ein Handbuch, Reinbek bei Hamburg, S. 416–428
Diekmann, Andreas (1995): Empirische Sozialforschung. Grundlagen, Methoden, Anwendungen, Reinbek bei Hamburg
Englisch, Felicitas (1991): Bildanalyse in strukturalhermeneutischer Einstellung. Methodische Überlegungen und Analysebeispiele, in: Detlev Garz/Klaus Kraimer (Hrsg.), Qualitativ-empirische Sozialforschung. Konzepte, Methoden, Analysen, Opladen, S. 133–176
Flick, Uwe/Kardorff, Ernst von/Steinke, Ines (Hrsg.) (2000): Qualitative Forschung. Ein Handbuch, Reinbek bei Hamburg
Friedrichs, Jürgen (1985): Methoden der empirischen Sozialforschung, Opladen
Forster, Nick (1995): The Analysis of Company Documentation, in: Catherine Cassell/Gillian Symon (Hrsg.), Qualitative Methods in Organizational Research. A Practical Guide, London/Thousand Oaks/New Delhi, S. 147–166
Froschauer, Ulrike/Lueger, Manfred (2003): Das qualitative Interview. Zur Praxis interpretativer Analyse sozialer Systeme, Wien
Froschauer, Ulrike (2006): Veränderungsdynamik in Organisationen, in: Dirk Tänzler/Hubert Knoblauch/Hans-Georg Soeffner (Hrsg.), Zur Kritik der Wissensgesellschaft, Konstanz
Froschauer, Ulrike/Lueger, Manfred (2006): Qualitative Organisationsdiagnose als Grundlage für Interventionen und als Intervention, in: Hermann Frank (Hrsg.), Corporate Entrepreneurschip, Wien
Froschauer, Ulrike/Lueger, Manfred (2007): Film-, Bild- und Artefaktanalyse, in: Jürgen Straub/Arne Weidemann/Doris Weidemann (Hrsg.), Handbuch interkulturelle Kommunikation und Kompetenz. Grundbegriffe – Theorien – Anwendungsfelder, Stuttgart/Weimar
Früh, Werner (1991): Inhaltsanalyse. Theorie und Praxis, München
Gagliardi, Pasquale (Hrsg.) (1990): Symbols and Artifacts: Views of the Corporate Landscape, Berlin/New York
Geertz, Clifford (1991): Dichte Beschreibung. Beiträge zum Verstehen kultureller Systeme, Frankfurt a. M.
Harper, Douglas (2000): Fotografien als sozialwissenschaftliche Daten, in: Uwe Flick/Ernst von Kardorff/Ines Steinke (Hrsg.), Qualitative Forschung. Ein Handbuch, Reinbek bei Hamburg, S. 402–416
Harrison, Michael I. (2005): Diagnosing Organizations. Methods, Models, and Processes, Thousand Oaks/London/New Delhi
Hitzler, Ronald/Honer, Anne (Hrsg.) (1997): Sozialwissenschaftliche Hermeneutik. Eine Einführung, Opladen
Hockings, Paul (Hrsg.) (1995): Principles of Visual Anthropology, Berlin/New York
Hodder, Ian (1998): The Interpretation of Documents and Material Cultures, in: Norman K. Denzin/Yvonna S. Lincoln (Hrsg.), Collecting and Interpreting Qualitative Materials, Thousand Oaks/London/New Delhi, S. 110–129
Lamnek, Siegfried (2004): Qualitative Sozialforschung. Lehrbuch, Weinheim/Basel
Lueger, Manfred (2000): Grundlagen qualitativer Sozialforschung, Methodologie – Organisierung – Materialanalyse, Wien
Lueger, Manfred (2001): Auf den Spuren der sozialen Welt. Methodologie und Organisierung interpretativer Sozialforschung, Frankfurt a. M.
Luhmann, Niklas (2000): Organisation und Entscheidung, Wiesbaden

Maanen, John van (Hrsg.) (1998): Qualitative Studies of Organizations. The Administrative Science Quarterly Series in Organization Theory and Behavior, Thousand Oaks/London/New Delhi

Müller-Doohm, Stefan (1993): Visuelles Verstehen. Konzepte kultursoziologischer Bildhermeneutik, in: Thomas Jung/Stefan Müller-Doohm (Hrsg.), „Wirklichkeit" im Deutungsprozess. Verstehen und Methoden in den Kultur- und Sozialwissenschaften, Frankfurt a. M., S. 438–457

Müller-Doohm, Stefan (1997): Bildinterpretation als struktural-hermeneutische Symbolanalyse, in: Ronald Hitzler/Anne Honer (Hrsg.), Sozialwissenschaftliche Hermeneutik. Eine Einführung, Opladen, S. 81–108

Oevermann, Ulrich/Allert, Tilmann/Konau, Elisabeth/Krambeck, Jürgen (1979): Die Methodologie einer „objektiven Hermeneutik" und ihre allgemeine forschungslogische Bedeutung in den Sozialwissenschaften, in: Hans-Georg Soeffner (Hrsg.), Interpretative Verfahren in den Sozial- und Textwissenschaften, Stuttgart, S. 352–434

Piaget, Jean (1983): Biologie und Erkenntnis. Über die Beziehungen zwischen organischen Regulationen und kognitiven Prozessen, Frankfurt a. M.

Reichertz, Jo (1992): Der Morgen danach. Hermeneutische Auslegung einer Werbefotographie in zwölf Einstellungen, in: Hans A. Hartmann/Rolf Haubl (Hrsg.), Bilderflut und Sprachmagie. Fallstudien zur Kultur der Werbung, Opladen, S. 141–163

Schnell, Rainer/Hill, Paul/Esser, Elke (1999): Methoden der empirischen Sozialforschung, 6. Auflage, München/Wien

Searle, John R. (1987): Die Konstruktion der gesellschaftlichen Wirklichkeit. Zur Ontologie sozialer Tatsachen, Reinbek bei Hamburg

Soeffner, Hans-Georg (Hrsg.) (1979): Interpretative Verfahren in den Sozial- und Textwissenschaften, Stuttgart

Soeffner, Hans-Georg (2004): Auslegung des Alltags – Der Alltag der Auslegung. Zur wissenssoziologischen Konzeption einer sozialwissenschaftlichen Hermeneutik, Konstanz

Strati, Antonio (1999): Organization and Aesthetics, London/Thousand Oaks/New Delhi

Strauss, Anselm (1991): Grundlagen qualitativer Sozialforschung. Datenanalyse und Theoriebildung in der empirischen soziologischen Forschung, München

Weick, Karl E. (1995): Sensemaking in Organizations, Newbury Park/London/New Delhi

Willke, Helmut (1998): Systemisches Wissensmanagement, Stuttgart

Wolff, Stephan (2000): Dokumenten- und Aktenanalyse, in: Uwe Flick/Ernst von Kardorff/Ines Steinke (Hrsg.), Qualitative Forschung. Ein Handbuch, Reinbek bei Hamburg, S. 502–513

Konversationsanalyse

Irene Forsthoffer und Norbert Dittmar

1 Einleitung

Miteinander sprechen – Konversation[1] betreiben – ist die zentrale Aktivität in unserem sozialen Leben. Die weithin verbreitete Vorstellung ist die, dass unsere Alltagsgespräche chaotisch und weitgehend ungeordnet ablaufen. Erst die eingehende wissenschaftliche Beschäftigung mit auf Tonbändern aufgezeichneten Alltagsgesprächen brachte das Phänomen der „Geordnetheit" von Gesprächen zutage. Wie aber sind unsere Alltagsgespräche organisiert? Wie gelingt es uns, unsere Gespräche relativ unproblematisch interaktiv ablaufen zu lassen? Mit diesen Fragen nach der systematischen Geordnetheit von Gesprächen in alltäglichen Interaktionssituationen beschäftigt sich die Konversationsanalyse. Diese hat sich seit ihrer Entwicklung zu Beginn der 1960er Jahre zu einem etablierten Forschungszweig entfaltet, der insbesondere in der Linguistik und der Soziologie, aber auch in der Psychologie und Anthropologie neue Forschungsfelder eröffnete.

Der deutsche Terminus „Konversationsanalyse" kann möglicherweise zu Missverständnissen führen. Das englische Wort „conversation" kann erstens bedeuten, dass sich zwei oder mehrere Personen miteinander unterhalten allein zum Zweck des sozialen Austauschs und der Geselligkeit. Zum Zweiten kann „conversation" aber auch gebraucht werden, um jegliche (sprachliche) Aktivität in Interaktionen zu bezeichnen. Die Bezeichnung „Konversationsanalyse" soll auch nicht suggerieren, dass es hier ausschließlich um die Analyse des Gesprächstyps „Konversation" in der engeren deutschen Bedeutung geht. Zwar nimmt die empirische Erforschung informell-alltäglicher, „natürlicher" Gespräche eine zentrale Stellung ein, jedoch erstreckt sich das Untersuchungsinteresse auch auf andere in natürlichen Kommunikationssituationen hervorgebrachte Aktivitäten. Die Konversationsanalyse grenzt sich dahin gehend von anderen linguistischen Analysemethoden ab, dass sie die Hervorbringung von Äußerungen nicht als Ausdruck rein sprachlicher Strukturen, sondern hauptsächlich als von den Interaktionsteilnehmern gemeinsam erbrachte soziale Leistung sieht.

Die Konversationsanalyse gehört zu den Ansätzen des so genannten interpretativen Paradigmas (Wilson 1978) der Geistes- und Sozialwissenschaften und entwickelte sich innerhalb des von Harold Garfinkel (1967) initiierten Forschungsprogramms der Ethnomethodologie. Dieser soziologische Ansatz interessiert sich für die Erforschung der sozialen Wirklichkeit. Soziale Wirklichkeit wird hier nicht als unabhängig von sozialen Handlungen existierend betrachtet, sondern als „Vollzugswirklichkeit", als fortwährende Hervorbringung durch die Handelnden selbst (Garfinkel 1967, S. vii). Die Generierung der sozialen Wirklichkeit in Interaktionen wird als interpretativer Prozess gesehen, in dessen Verlauf die Interagierenden sich wechselseitig ihre Absichten und Interpretationen anzeigen und ihre Aktivitäten in diesem gemeinsamen Prozess herstellen, aushandeln und koordinieren. Garfinkels Erkenntnisinteresse lag in der Frage nach der Aufdeckung der Prozesse der Produktion von Vollzugswirklichkeit und Sinnerzeugung im alltäglichen

Handeln. Dabei wird der Prozess der Sinngebung nicht als ein individueller, sondern als ein sozialer, interaktiver Vorgang betrachtet. Dieser Prozess der Herstellung sozialer Wirklichkeit weist bestimmte *formale Ordnungsprinzipien* auf, das heißt, er läuft bis zu einem gewissen Grad „methodisch" ab.

Mit dieser Konzeption der „interaction order" (Goffman 1964; 1967) setzte sich Harvey Sacks in seinen wegweisenden Forschungen zur strukturellen Organisation von Alltagsgesprächen auseinander. Die u. a. von Sacks entwickelte Konversationsanalyse setzte sich das Ziel, diejenigen formalen Methoden und Verfahren, d. h. die strukturellen Organisationsmechanismen zu rekonstruieren, die Interagierende routiniert einsetzen und an denen sie sich orientieren, um ihre soziale Wirklichkeit im Vollzug ihrer Interaktion zu erzeugen. Die Konversationsanalyse versteht sich als eine rein induktive Methode. Folglich werden für die Analyse nicht vorab Hypothesen formuliert, die am empirischen Material gestützt werden, sondern Analysekategorien und theoretische Folgerungen müssen aus dem Datenmaterial selbst entwickelt werden. Die Dynamik der interaktional hervorgebrachten Organisationsstrukturen sozialer Aktivitäten soll mittels Kategorien erfasst werden, an denen sich die Interaktionsteilnehmer nachweisbar orientieren. Untersuchungskategorien sind also stets Teilnehmerkategorien. Mit diesem methodischen Prinzip soll verhindert werden, dass vorformulierte Regeln und Kategorien den Blick des Forschers auf das Datenmaterial einschränken.

Für die Analyse eignen sich demzufolge auch nur authentische Tonband- bzw. Videoaufzeichnungen „natürlichen" Sprachverhaltens in unterschiedlichen Kommunikationssituationen. Dabei gilt es das so genannte Beobachterparadoxon (Labov 1980, S. 17) zu überwinden, das heißt, für die Analyse können nur real ablaufende und valide dokumentierte Interaktionen herangezogen werden, in denen sich die Interaktionsteilnehmer völlig unbeobachtet fühlen und ihre Interaktion deshalb weder von der Aufnahme selbst noch von gesprächsleitenden Vorgaben und (Analyse-)Richtlinien des Forschers beeinflusst wird. Auch die Anwesenheit des Forschers bzw. seine Beteiligung an der Interaktion kann möglicherweise zu verändertem (sprachlichen) Verhalten der Teilnehmer führen. Experimentell gewonnene Daten sowie idealisierte Interaktionsprozesse gelten für die Analyse alltäglicher Interaktionen als nicht geeignet.

Ziel des Beitrags ist es, einen Überblick über allgemeine Prinzipien der Konversationsanalyse[2] zu vermitteln und methodische Vorgehensweisen, die auf jeden Untersuchungsgegenstand anwendbar sind, systematisch darzustellen.[3] Die vorgestellten Verfahren sollen jedoch nicht als starres, formales Untersuchungsschema verstanden werden, sondern als Angebot von methodischen Möglichkeiten, deren Auswahl sich nach dem jeweiligen Untersuchungsgegenstand richtet und für ihn relevant gemacht werden kann.

2 Datenerhebung

Datenerhebung und Forschungsfelder

Die Konversationsanalyse strebt allgemein gültige qualitative Aussagen an, die jedoch kulturbedingt gewisse Beschränkungen aufweisen können. Ziel aller Untersuchungen ist die Aufdeckung und valide Beschreibung grundlegender kommunikativer Praktiken als Teil kommunikativer Kompetenz. Belege sollen natürlichen, informellen Gesprächen entnommen sein und sind umso valider, je authentischer und natürlicher die Dokumentation des Gesprächs ist. Prototypische Gesprächsdokumente für die konversationsanalytische Forschung sind Alltags-, Klatsch- und „Allerweltsgespräche" beim Einkaufen, im Wartezimmer beim Arzt, vor Beginn einer Kino- oder Theaterveranstaltung usw. Je gewöhnlicher und informeller das Gespräch ist, desto geeigneter (und valider) ist dieses Datum für die Konversationsanalyse.

Um Interaktionen wissenschaftlichen Analysen zugänglich zu machen, ist es notwendig, sie durch Audio- bzw. Videoaufzeichnung zu konservieren. Bei den Aufnahmen selbst ist auf ausgezeichnete Tonqualität zu achten, das heißt, Aufnahmegeräte, Mikrophone und Datenträger sollen von bester Qualität sein. Aufnahmen sollen auch möglichst vor gesprächsfremden Geräuschen geschützt werden. Allerdings stehen die beiden Kriterien „Aufnahmequalität" und „Natürlichkeit der Gespräche" oft in einem nicht unerheblichen Spannungsverhältnis. Bei der Aufnahme sollte ferner darauf geachtet werden, dass möglichst nur vollständige Interaktionen aufgezeichnet werden, also mit Beginn- und Beendigungsphase der jeweiligen Interaktion. Unvollständige, aus dem Kontext herausgeschnittene Interaktionen können in der Regel nicht mehr angemessen analysiert werden. Nach der Datenerhebung müssen die Datenträger kopiert und die Originale an einem sicheren Ort aufbewahrt werden, der aus datenschutzrechtlichen Gründen nur autorisierten Personen zugänglich ist. Für die Erstellung von Transkripten und für die Analysearbeit sollte nur mit Kopien der Datenträger gearbeitet werden. (Eine ausführliche Erläuterung zur Datenaufnahme bieten z. B. Deppermann 1999 und Goodwin 1993.)

Die Prinzipien der Datenerhebung können jedoch nicht völlig unabhängig vom Untersuchungsinteresse und den Beschreibungszielen der Konversationsanalyse gesehen werden. Strukturelle Sequenzanalysen beziehen sich z. B. auf typische Initiierungs- und Beendigungssequenzen von spezifischen Gesprächstypen, auf Reparatursequenzen, auf Verfahren des Sprecherwechsels usw.

In den letzten Jahren wurden im Rahmen der Konversationsanalyse u. a. folgende Kommunikationsformen eingehend beschrieben: Klatsch (z. B. Bergmann 1987), Scherzkommunikation (z. B. Kotthoff 1996), Bearbeitung von Beziehungskonflikten (z. B. Streeck 1989; Günthner 2000), Kommunikation am Kiosk (Schmitt 1992), Interaktionsverläufe in Institutionen (z. B. zur betrieblichen Kommunikation Brünner 1978; 1987; zu genetischen Beratungsgesprächen Hartog 1996; zu Gerichtsverhandlungen Hoffmann 1983), interkulturelle Kommunikation (z. B. Rost-Roth 2001). Eine ausführliche Literaturübersicht findet sich z. B. in Becker-Mrotzek (1992) und Deppermann (1999).

Transkription

Nach der Fixierung der Interaktion auf entsprechende Datenträger muss eine detailgetreue Transkription des Geschehens erstellt werden. Im bisher erläuterten Rahmen der Konversationsanalyse stehen zwei Verfahren für die Transkription zur Verfügung: (1) das von Gail Jefferson entwickelte typische Konversationsanalyse-Verfahren (KA-Verfahren), das leserfreundlich (wenig Sonderzeichen), symbolbezogen minimalistisch, für die interaktionsrelevanten Bereiche aber hinreichend breit gefächert ist; (2) die so genannte GesprächsAnalytische Transkription (GAT), die eine vereinheitlichende Systematisierung der vorliegenden, mit den Forschungsvorhaben variierenden konversationsanalytischen

Symbolrepertoires vornimmt und prosodische[4] Eigenschaften in die konventionelle Notation integriert. Diese beiden Verfahren werden kurz vorgestellt (eine ausführliche und „technische" Darstellung der beiden Verfahren findet sich in Dittmar 2002, Kap. 5.3, 5.7).

1. Die KA-Notation

Da kommunikatives Verhalten möglichst wenig aus der Introspektion des Forschers heraus interpretiert, sondern eher im jeweiligen Zuschnitt auf die Teilnehmer rekonstruiert werden soll, ist die neutrale Gestaltung des Transkripts als Beobachtungsdatum von großem Gewicht. Alles Beobachtbare wie Pausenlänge, Ein- und Ausatmen, Redebeitragsüberlappungen (simultanes Sprechen) usw. soll genau dokumentiert werden.

Das KA-System wurde zum ersten Mal in einem Beitrag von Sacks, Schegloff und Jefferson (1974) vorgestellt. Das ursprüngliche Design wurde maßgeblich von Gail Jefferson geprägt. Atkinson und Heritage beschrieben die Konventionen der Konversationsanalyse erstmalig in dem 1984 erschienenen Buch *Structures of Social Action* in Form eines einleitenden Kapitels. Soweit uns bekannt, ist das hier vorgeschlagene System im Wesentlichen beibehalten worden.[5] Veränderungen oder Verbesserungen liegen, wenn überhaupt, nur für die Notation prosodischer Eigenschaften vor.[6] Die Transkriptionskonventionen der Konversationsanalyse werden noch heute von vielen Kommunikationsforschern, Linguisten und Sprachsoziologen angewandt.

Leitgedanke des KA-Verfahrens ist die angemessene Abbildung der *sequenziellen Struktur der Redebeiträge* durch die Transkription. Daher wird den Übergängen von einem Redebeitrag zum nächsten (simultanes Sprechen, direkter, schneller Anschluss einer Äußerung an die Äußerung des Vorgängers, Sprecherwechsel mit längerer Pause bzw. Schweigen usw.) besondere Bedeutung beigemessen. Es findet sich ein reiches Inventar pragmatischer Kategorien zur Beschreibung der Redeorganisation. Weiterhin sind die expressiven Funktionen des Sprechens von grundlegender Bedeutung: „laut" und „leise" sprechen, starke Akzentuierung eines Wortes/einer Silbe in der Äußerung, Dehnung von Vokalen, Aspiration (Ein- u. Ausatmen), Pausen,[7] kurz: Das beobachtbare und objektiv messbare Verhalten soll feinkörnig durch eine „literarische Transkription" (vgl. Dittmar 2002, Kap. 4.1) wiedergegeben werden.

Im Übrigen bestand das Bahnbrechende der KA-Verschriftlichungskonventionen darin, Transkriptionen für viele Leser (Laien, Soziologen, Psychologen usw.) lesbar zu machen, um Daten zur Beobachtung von Gesprächsverhalten für unterschiedliche Zwecke zur Verfügung zu stellen.[8] Alles Beobachtbare sollte in einfacher, ikonischer Form repräsentiert sein (Rückgriff auf kulturelle Ressourcen der Verhaltenswahrnehmung, z. B. in Comics oder populärer Literatur). Diese Prinzipien gelten heute auch als Vorbild für andere Systeme und werden bei der Anreicherung durch neue Kategorien z. B. für prosodische und nonverbale Eigenschaften dankbar berücksichtigt.

2. Gesprächsanalytische Transkription (GAT)

GAT wurde 1997 von einer Gruppe namhafter Linguisten (Selting et al. 1998) als Vorschlag zu einer Vereinheitlichung bestehender gesprächsanalytischer Transkriptionssysteme für den deutschsprachigen Raum entwickelt. Die vorliegenden Systemvarianten, so argumentieren die Initiatoren von GAT, unterschieden sich in ihren Verfahren oft nur im Detail voneinander, erschwerten dadurch aber das rasche Erfassen der Daten, ihre benutzerfreundliche Lesbarkeit und die Auswertung von Korpora der gesprochenen Sprache nach strukturellen, typologischen und pragmatischen Gesichtspunkten.

Bei einer Vereinheitlichung der Transkription ist natürlich der Datenaustausch leichter, die vergleichende Erforschung diskursiver Eigenschaften und Strukturen gesprochener Sprache günstiger. Schließlich können auf das einheitliche Transkriptionssystem auch Standards bestimmter Computerprogramme angewandt werden – so können z. B. jene Hypothesen, die Levelt in seinem Buch *Speaking* (1989) zur gesprochenen Sprache formuliert hat, besser empirisch überprüft oder Merkmale kommunikativer Gattungen anhand von gleich transkribierten Gesprächen effizienter formuliert werden.

Mit Hilfe von GAT sollen vor allem *Alltagsgespräche* und Exemplare *kommunikativer Gattungen* im Rahmen der pragmatischen Gesprächsforschung untersucht werden. Da auch hier die Transkriptionen für Nicht-Linguisten lesbar sein sollen, verzichtet auch GAT auf eine spezifische Darstellungsweise wie z. B. auf eine phonetische Umschrift.

GAT unterscheidet zwischen *Basis-* und *Feintranskription*. Das Basistranskript soll den Mindeststandard für die Verschriftlichung von Daten gesprochener Sprache erfüllen. Die Mindestbedürfnisse bestehen darin, (a) die sequenzielle Verlaufsstruktur, (b) die Pausen, (c) spezifische segmentale Konventionen (z. B. Silbendehnungen, Verzögerungssignale), (d) Arten und Formen des Lachens, (e) Rezeptionssignale (z. B. hm, ja, nee), (f) Akzentuierungen und (g) Tonhöhenbewegungen am (prosodischen) Einheitenende zu spezifizieren. Die genannten sieben Funktionsbereiche der gesprochenen Sprache können als für jede Transkription notwendige Grundlage verstanden werden. Das nach den Aspekten (a) bis (g) erstellte *Basistranskript* kann dann entsprechend den Bedürfnissen der Forschung durch zusätzliche Transkriptionskonventionen verfeinert werden.[9]

Jedes Transkript besteht aus einem *Transkriptionskopf* (mit Angaben zu Herkunft der Daten, Ort und Datum der Aufnahme, Charakterisierung der Teilnehmer usw.) und einem *Gesprächstranskript* (vgl. Dittmar 2002, Kap. 5.7). Das Gesprächstranskript wird nach Prinzipien der *literarischen Transkription* in Kleinschreibung erstellt.

Die Transkriptzeilen werden nummeriert (angefangen mit 01 : 01 XY : Transkripttext). Jeder in einer Publikation zitierte Ausschnitt aus einem größeren Transkript fängt mit der Zeilennummer 01 an. Nach der Zeilennummer folgt (nach drei Leerstellen) die Sprecherkennzeichnung (Sigle). Die Siglen werden in der Folgezeile nicht wiederholt, wenn der Sprecher gleich bleibt. Nach weiteren drei Leerstellen folgt der Transkripttext.

Für die Transkripte wird ein äquidistanter Schrifttyp (z. B. *Courier 10pt*) gewählt, um Konvertierungsprobleme zu vermeiden.[10] Zusätzlich zum Basistranskript ist die Einfügung weiterer Zeilen möglich (z. B. zur genauen Kennzeichnung von Prosodie oder von nonverbalen Phänomenen), die allerdings nicht per Zeile nummeriert werden und unterhalb der dazugehörigen Textzeile gesetzt werden.

In Publikationen zitierte Transkriptausschnitte werden mit einem Einzug formatiert, um mit „→" vor einer Zeile auf ein für die Analyse relevantes Phänomen hinweisen zu können (vgl. den nach rechts gerichteten Pfeil → in der Konversationsanalyse für die gleiche Funktion).

3 Dateninterpretation und Feedback

Die eigentliche Forschungsarbeit kann beginnen, sobald Transkripte zu den aufgezeichneten Interaktionen vorliegen. Bei der Analyse sollte stets sowohl mit den Audio- bzw. Videodaten als auch mit dem entsprechenden Transkript gearbeitet werden, um einerseits einen akustischen bzw. visuellen Eindruck des Geschehens zu bekommen, andererseits gegebenenfalls auch Korrekturen am Transkript vornehmen zu können.

Ziel der Konversationsanalyse ist die Aufdeckung kommunikativer Alltagspraktiken in ihrem Vollzug.[11] Gegenstand der Beschreibung sind also Handlungsroutinen im Alltag unterhalb der Schwelle des Bewusstseins, mit denen Verständigung auf der Folie sozialer Ordnung praktisch hergestellt wird. Die konzeptuellen Grundlagen der Konversationsanalyse hierzu sind durch die folgenden Begriffe erfasst: (1) kommunikative Praktiken, (2) soziale Ordnung und Konstitution sozialer Wirklichkeit, (3) Rekonstruktion der angewandten Verfahren in der alltäglichen Interaktion (soziale Organisation) und (4) Methodik (strukturelle Analyse, Kontextsensitivität, erschöpfende Materialanalyse). Diese Begriffe sollen im Einzelnen erläutert werden.

Kommunikative Praktiken

Mehr oder weniger automatisierte Routinen, die einen wichtigen Bestandteil unserer kommunikativen Kompetenz ausmachen, stellen unsere kommunikativen Praktiken im Alltag sicher. Kompetente Gesellschaftsmitglieder teilen durch verbale und nonverbale Zeichen mit, was sie gerade tun (in welcher Spanne von Zielen und Zwecken) und wie sie diese Aktivitäten wechselseitig verstehen *(Postulat der Reflexivität von Interaktion)*. Das schrittweise methodisch-organisatorische Durchführen kommunikativer Praktiken ist formal strukturiert: Es handelt sich um einen kommunikativen Austausch zwischen Beteiligten mit bestimmten Wissensbeständen, der – statt durch die vom Forscher von außen angelegten apriorischen Begriffe – nur durch die *Teilnehmerkategorien* selbst richtig erfasst wird. Daher soll der Interaktionsforscher diese kommunikativen Praktiken *rekonstruieren*:

In den kommunikativen Praktiken der Gesellschaftsmitglieder werden einerseits die Intentionen des Gesprächspartners antizipiert; zum anderen sind Redebeiträge im kommunikativen Austausch durch das *recipient design* gekennzeichnet, das heißt, sie werden auf den jeweiligen Kommunikationspartner zugeschnitten. Das primäre Forschungsinteresse der Konversationsanalyse gilt der Rekonstruktion derjenigen formalen Methoden und Verfahren, die Interagierende routiniert einsetzen, um bei der Bearbeitung ihrer alltäglichen Belange im Verlauf der Interaktion kommunikativen Sinn zu erzeugen.

Im erläuterten Sinn sind sinnherstellende kommunikative Praktiken *reflexiv*: Der Sinn einer kommunikativen Handlung/Routine erklärt das Geschehen; dieser symbolische Sinn wird im Handlungsvollzug selbst bestätigt; nach Bergmann (1994, S. 6) findet dieser im Vollzug einen adäquaten Ausdruck.

Soziale Ordnung und Konstitution sozialer Wirklichkeit

Die Herstellung sozialer Wirklichkeit wird als ein Interpretationsprozess unter spezifischen situativen und kontextuellen Bedingungen verstanden. Während dieses Prozesses zeigen sich die Teilnehmer lokal und wechselseitig ihre Absichten, Einstellungen und Interpretationen an; sie beziehen ihre Aktivitäten aufeinander und koordinieren diese miteinander, indem sie Bedeutungen aushandeln und Verstehen herstellen. Jede Handlung wird als Bestandteil einer von den Beteiligten produzierten Ordnung betrachtet und wird somit zu einem möglichen relevanten Untersuchungsphänomen. Harvey Sacks, der eigentliche Genius der Konversationsanalyse,[12] formuliert diesen Zusammenhang in dem folgenden Postulat: „one may, alternatively, take it that there is order at all points" (zit. nach Bergmann 1988/II, S. 28). Bei der Konstitution ihrer sozialen Wirklichkeit orientieren sich die Interaktionsteilnehmer an:

- den formalen Mechanismen der Gesprächsorganisation, z. B. Sprecherwechsel (turn-taking), Gesprächseröffnung und -beendigung, Reparaturen usw.;
- der Organisation von Gesprächsthemen und -inhalten, z. B. Themenentwicklung, -weiterführung, -neuinitiierung, -abbruch, thematische und inhaltliche Strukturierung von Erzählungen, Argumentationen usw.;
- den Zielen und Zwecken der Interaktion, z. B. Therapiegespräche, Beratungen, Verhandlungen, familiäre Geselligkeit usw.;
- den sozialen Beziehungen zwischen den Interagierenden (z. B. Macht, Distanz, Vertrautheit usw.) und ihren sozialen Rollen/Identitäten (z. B. als Frau, als Angehöriger einer bestimmten Berufsgruppe usw.);
- der Gesprächsmodalität (Spaß, Ernst usw.) und deren emotionaler und stilistischer Gestaltung im Gespräch;
- der Herstellung von Reziprozität (Aushandlung und Herstellung von Verständigung und Kooperation) zwischen den Interaktionsbeteiligten. (Nach Kallmeyer 1985 und Deppermann 1999.)

Diese soziale Ordnung wird in der Interaktion selber von den Beteiligten methodisch „organisiert", und die Spuren dieser quasi methodisch hervorgebrachten Interaktionsorganisation können an der Gestalt und Gestaltung der Redebeiträge im Einzelnen konkret nachgewiesen und beschrieben werden.

Rekonstruktion der kommunikativen Praktiken, mit denen Handlungen vollzogen werden

Den sprachlich gesteuerten Alltagshandlungen liegt eine kommunikative *Kompetenz* zugrunde. Die Praktiken selber erfolgen mittels flüchtiger Rede, die nur durch angemessene graphische Repräsentation der Analyse zugänglich ist (vgl. Dittmar 2002, Kap. 2, 4, 5, 6 zur Transkription). Die rekonstruktiven Verfahren der Konversationsanalyse sind durch folgende Prinzipien gekennzeichnet:

1. Die Verschriftlichung der Interaktionsverläufe muss *valide* sein, das heißt, alle für die Untersuchung relevanten Aspekte müssen durch sinnvolle und methodisch reflektierte Symbole wiedergegeben werden (vgl. Dittmar 2002, Kap. 5.3).
2. Der interaktive Verlauf der Sinn- und Handlungskonstitution soll teilnehmergebunden rekonstruiert werden. Da die Interaktion von den Beteiligten mit ihren jeweiligen

situativen und kontextuellen Wissensbeständen *in situ* konstituiert wird, soll das jeweils in den Redebeiträgen angewandte Wissen als sprachlicher und kommunikativer Ausdruck der Teilnehmer dokumentiert und interpretiert werden, wobei Interpretationen strikt auf Beobachtungen – und nicht auf Spekulationen – gegründet sein sollen; die Analysekategorien sollen somit nicht aus forschereigenen (aus Teilnehmersicht fremdperspektivischen), sondern aus teilnehmerbezogenen Analysekategorien bestehen. Dabei sollen, wie in Abschnitt 4 noch am Beispiel zu zeigen sein wird, die materialisierten, formalen Indikatoren als Funktionsträger des Handlungsvollzugs und der Sinnkonstitution durch die Teilnehmer rekonstruiert werden. Diese Erschließung der konversationellen Verfahren soll zur Feststellung allgemeiner Wissensbestände über kommunikative Praktiken führen.[13]

3. Indexikalische Verfahren (Kontextverweise) sollen in der Rekonstruktion expliziert werden; dabei wird der Begriff „indexikalisch" breiter gefasst als in der Logik und Linguistik üblich.

Methodik

Die Konversationsanalyse geht von folgenden erkenntnisleitenden Prinzipien aus: (1) Interaktion ist strukturell organisiert, (2) Redebeiträge sind zugleich kontextfrei und kontextsensitiv, und (3) keine Anordnung von Einzelheiten in der Interaktion kann von vornherein als unwichtig übergangen werden (vgl. Heritage 1984, S. 241). Diese Prinzipien sollen im Folgenden erläutert werden.

1. Mit der Annahme, Interaktion sei strukturell organisiert, geht die Konversationsanalyse davon aus, dass Interaktionen stabile und wiederkehrende Handlungsmuster aufweisen, die ebenso wie gesellschaftliche Institutionen und Konventionen unabhängig von individuellen oder psychologischen Sprechermerkmalen sind. Typisch dafür sind die so genannten *Paarsequenzen* wie *bitte – danke*, *Gruß – Gegengruß* usw. Der eine Teil der Äußerung kann nicht ohne den anderen sinnvoll geäußert werden.
Harvey Sacks ging sogar so weit, ein strukturalistisch inspiriertes System „sozialer Kategorisierung" zu postulieren: Die beiden Äußerungen *„The baby cried. The mommy picked it up."* sind in dem Sinn strukturell miteinander verstrickt, als Baby und Mama sich gegenseitig sozial kategorisieren (also Einheiten eines minimalen sozialen Systems sind). *Strukturell* wird auch in dem Sinn argumentiert, dass es legitim ist, Typen von Sequenzen aus ganz unterschiedlichen Konversationen als Belege für einen bestimmten Strukturtyp anzuführen (z. B. Gesprächsanfänge und Gesprächsbeendigungen); Belegsammlungen werden im Sinne des rekonstruktiven Forschungsparadigmas *Kollektionen*.
Ein *grundlegendes* Handlungsmuster in Interaktionen ist der zugleich kontextfreie *und* kontextsensitive Regelapparat des *Sprecherwechsels* (turn-taking). Das System des Sprecherwechsels setzt sich aus zwei Komponenten mit jeweiligen Funktionsregeln zusammen: die Turnkonstruktion und die Turnzuweisung. Ein Redebeitrag (turn) kann aus verschiedenen Konstruktionstypen, z. B. aus vollständigen Sätzen, Phrasen oder lexikalischen Einheiten, bestehen. Die jeweiligen Rezipienten können den Konstruktionstyp einschätzen und den weiteren Turnverlauf sowie das Ende des Turns anti-

zipieren. Das Ende der Einheit bildet einen möglichen Abschlusspunkt („possible completion point"), an dem das Rederecht des gegenwärtigen Sprechers endet und ein Sprecherwechsel relevant wird. Dieser Punkt im Verlauf eines Turns wird als *übergaberelevante Stelle* („transition relevance place" oder TRP) bezeichnet. Die Komponente der Turnzuweisung reguliert, wer als nächster Sprecher zum Zuge kommt. Wählt ein aktueller Sprecher mittels der Komponente Turnzuweisung (z. B. einer adressierten Frage) einen nächsten Sprecher aus, so ist dieser allein gehalten, an der übergaberelevanten Stelle bei Abschluss einer ersten Konstruktionseinheit das Rederecht für den nächsten Turn zu übernehmen. Enthält der gegenwärtige Redebeitrag keine Turnzuweisungskomponente, so können sich alle Rezipienten als nächste Sprecher selbst wählen. Das Rederecht erhält, wer zuerst zu sprechen beginnt. Findet kein Sprecherwechsel statt – weder durch Turnzuweisung noch durch Selbstwahl –, dann kann der gegenwärtige Sprecher mit einem neuen Turn fortfahren. Diese Regeln treten bei der nächsten und allen weiter folgenden übergaberelevanten Stellen wieder in Kraft (vgl. Streeck 1983, S. 77).

Methodisch ist hierzu anzumerken: Die übergaberelevanten Stellen werden in Bezug auf die *Beibehaltung* oder Übernahme des Rederechts von einem Sprecher zum nächsten systematisch erfasst. Die strukturellen Verhaltensbeobachtungen (hier: Redebeitragsübergabe) führen dann zu Regeln, die das Praxiswissen der Beteiligten als genuinen Bestandteil der kommunikativen Kompetenz formulieren.

2. Das zweite grundlegende Prinzip vollzieht sich aus dem Umgang mit dem Kontext. Redebeiträge in Interaktionen sind grundsätzlich kontextreflektiert in einem doppelten Sinn: Sie sind *kontextfrei* und *kontextsensitiv* zugleich. „Kontextfrei" bedeutet, dass eine kommunikative Praxis/Routine (ein Redebeitrag, eine Äußerung) im Rahmen von anderen Beiträgen einen eigenständigen Sinn hat. Zum Beispiel hat das sekundenlange Schweigen eines Sprechers nach der Formulierung eines Redebeitrags die Bedeutung „Nicht-Sprechen". Jede Äußerung vollzieht sich jedoch gleichzeitig in einem situativen Kontext und ist somit *kontextsensitiv*. Das kurze Schweigen nach einem Redebeitrag bedeutet retrospektiv, dass der Sprecher einhält oder (möglicherweise) seinen Beitrag damit abgeschlossen sieht; prospektiv gibt er damit einem anderen Sprecher die Möglichkeit, selber einen Redebeitrag zu produzieren. Möglicherweise möchte der bisherige Sprecher jedoch das Rederecht behalten: Er ergreift das Wort und führt den Redebeitrag fort.

Ein Redebeitrag ist in dem Sinn kontextgeprägt, dass er nur in Bezug auf den Kontext seiner Entstehung als fortlaufende Handlungssequenz, insbesondere auf die unmittelbar vorausgegangene Handlung, verstehbar ist. Der kontexterneuernde Charakter von Redebeiträgen bezieht sich auf die Tatsache, dass jeder Beitrag sowohl die Orientierung an vorangegangenen Beiträgen aufzeigt als auch den Rahmen vorgibt, in dem der nächste Beitrag verstehbar wird. Konkret heißt das, dass Inhalt, Umfang und Konstruktion von Beiträgen nicht im Voraus für das gesamte Gespräch festgelegt, sondern lokal, an jedem möglichen Beitragsende mit Hilfe einer Menge von Regeln ausgehandelt werden. Diese Regeln, nach denen in der fortlaufenden Interaktion Redebeiträge gemeinsam von den Interaktionsteilnehmern hervorgebracht werden, konstituieren das so genannte *local management system* (vgl. Schegloff et al. 1977, S. 362, Fn. 5).

3. Die Rekonstruktion interaktiver Daten durch „Teilnehmerkategorien" folgt dem ethnomethodologischen Prinzip: Jedes Wort/jeder Redezug in einem interaktiven Austausch

hat seinen eigenen, besonderen Sinn. Wir können also Interaktionsverläufe nicht durch die „Brille" des Forschers und sein durch ihn aufgestelltes Kategoriensystem sehen, sondern müssen uns an die beobachtbaren Fakten der Interaktion und der dadurch bedingten Interpretation der Teilnehmer halten *(Prinzip der konditionellen Relevanz)*. Damit ist ein streng induktives Vorgehen verlangt. In der Tat enthält sich die Konversationsanalyse der Theorie und der Theoretisierung und weisen ihre Vertreter wiederholt darauf hin, dass die Bedeutungskonstitution teilnehmerbezogen- empirisch zu untersuchen ist. Die Theorieenthaltsamkeit, die Flader/von Trotta (1988) einen „geheimen Positivismus" genannt haben, gründet sich auf die tiefe Überzeugung, dass die Sinnkonstitution in Interaktionen jeweils einmalig beobachtet und aus der Perspektive der Teilnehmer so authentisch wie möglich rekonstruiert werden muss.[14]

Es gehört zum Prinzip der Konversationsanalyse, dass Beobachtungen umfassend zur Grundlage von Generalisierungen gemacht werden sollen. Das Material hat seinen Wert in sich selbst, und bestimmte Wörter oder Äußerungsfragmente, die dem analysierenden Soziologen oder Linguisten aufgrund von Normvorstellungen als abweichend, nicht angemessen usw. erscheinen, werden nicht von der Analyse ausgeschlossen; auch diese nicht passenden oder unangemessenen Fragmente sind integraler Bestandteil der Sinnkonstitution. So haben alle materiellen und nicht-materiellen Zeichen im Interaktionsprozess ihre Bedeutung und ihre Funktion. Dadurch, dass jedwede Gestalt bei der Rekonstruktion von Gestaltung im Interaktionsverlauf berücksichtigt wird, wird das in der Soziologie und auch in der Soziolinguistik übliche Kriterium der Norm und der Wohlgeformtheit von Äußerungen/Diskursen als *durch den Forscher* gesetzt abgelehnt: *Wohlgeformtheit oder Normentsprechung sind Forscherkategorien und keine Teilnehmerkategorien.*

Schließlich werden in der Konversationsanalyse „Äußerungen", „Seme" oder Konstituenten nicht wie in der Linguistik als Einheiten für die Analyse verwendet. Die kleinsten Einheiten der Konversationsanalyse sind Redebeiträge. Ihre Position und ihre sequenzielle Anordnung haben soziale und konversationsfunktionale Bedeutung. Redebeiträge und Äußerungssequenzen konstituieren kommunikative Praktiken als Handlungen.

Feedback

Über das anwendungsorientierte Feedback (Wissenstransfer) von gesprächsanalytischen Untersuchungen in institutionellen Kontexten ist schwer ein Überblick zu gewinnen. Obwohl das Feedback der Ergebnisse in den untersuchten Bereich nicht zu den Hauptzielen der Konversationsanalyse gehört, ist es prinzipiell möglich, einige der Erkenntnisse, die mit Hilfe der Konversationsanalyse gewonnen wurden, mit Gewinn in den jeweiligen Anwendungskontext zurückzuspielen. Hierzu sollen nur zwei Beispiele angesprochen werden.

Die Ulmer Universität hat sich in einer umfassenden wissenschaftlichen Analyse der Erforschung der Kommunikationsvorgänge im System der ärztlichen Versorgung gewidmet, wobei unter anderem auch gesprächsanalytische Untersuchungen durchgeführt wurde. Insbesondere wurde die *ärztliche Visite* bis in alle Details in vielen Großstädten der Bundesrepublik untersucht (vgl. Siegrist 1978). Die kommunikativen Beschreibungen von Visiten haben z. B. ergeben, dass zwischen Patient und Arzt ein gestörtes Kommunikationsverhältnis herrscht. Da der Arzt bei seiner Visite drei Aufgaben zugleich erfüllen muss –

erstens: den Patienten nach seiner Befindlichkeit zu befragen und somit aufmerksamer Hörer zu sein, zweitens: technische Untersuchungen mit Apparaten durchzuführen, und drittens: Anweisungen an das Krankenhauspersonal zu geben, um bestimmte Maßnahmen einzuleiten (was manchmal auch mit Diskussionen verbunden ist) –, werden die Persönlichkeit des Patienten, seine Erfahrungen und sein Erlebnishintergrund vernachlässigt. Aufgrund dieses „negativen" Ergebnisses der Visitenanalysen hat sich die Praxis weitgehend geändert. Der Arzt macht nun die Visite in zwei Phasen: Die erste Phase umfasst technische Untersuchungen, auf die der Patient explizit hingewiesen wird, z. B. mit dem Kommentar „Ich als Ihr behandelnder Arzt muss erst einige technische Untersuchungen durchführen, setze mich danach aber zu Ihnen, um mit Ihnen darüber zu sprechen, wie es Ihnen geht". In der zweiten Phase wird also ein Gespräch von Angesicht zu Angesicht geführt, was den therapeutischen Transfer der Maßnahmen wesentlich erleichtert.

Ein zweiter exemplarischer Bereich, in dem Wissenstransfer stattfindet, ist das *Bewerbungsgespräch*. Die gesprächsanalytischen Beschreibungen gehen in das Training von Bewerbenden ein. Die Rückspiegelung von wissenschaftlich gewonnenem Wissen in die Praxis ist in diesem Bereich also gesichert (umfassende Beschreibungen mit hoher Praxisrelevanz liegen vor mit Birkner 2001a; 2001b; Kern 2000; siehe dort auch die umfassenden Bibliographien). Mehr zu Bewerbungsgesprächen gleich im nächsten Abschnitt.

4 Anwendungsbeispiel

Im Folgenden soll die Methodik der Gesprächsanalyse an einigen Beispielen näher illustriert werden. Die Beispiele geben Einblick in Techniken der Konversationsanalyse, wobei die Form Primat hat und die Frage nach der Funktion nachgeordnet ist. Folgende Phänomene sollen hier in ihrer interaktiven und sozialen Regelhaftigkeit in der Analyse aufgezeigt werden:

- Sprecherwechsel,
- Präferenzorganisation,
- sequenzielle Ordnung, Paarsequenzen und das Bindungspotenzial von Äußerungen.

Die formale Konversationsanalyse beobachtet zunächst die organisatorische Struktur der Redebeiträge. In den Beispielen 1 und 2 handelt es sich um einen Gesprächsbeginn.

Beispiel 1: Bewerbungsgespräch[15] – Gesprächsbeginn

```
01  I1: <<f>guten tag frau ZUversicht.>
02  B:  <<p>guten TAG.
03      herr professor HOOge.>
04  I1: des=s frau (.) KLUge, (-)   [(frau)] zuversicht;
05  K:                              [tach  ]
06      (1)
07  I1: frau kluge ist vom: (- -) eh: (-) germanIstischen
        seminar der
08      universität HAMburg, (.) eine linguIstin,
09  B:  <<p>mhm,>
```

```
10  I1: un:d (- -) die hat uns geBEten, ob sie: (- -) für eine     (- -)
11      linguistische unterSUCHung; (.) SPRACHuntersuchung; –
        also (.)
12      eh (.) gespräche aufnehmen KANN, (- - -) und (.) wenn      sie
was
13      daGEgen haben, (-) dAnn würde ich SAgen; – dann muss
        sie ihr
14      gerät wieder ABbauen. (- - -)[aber wenn sie NIX dage-      gen haben –
15  B:                                [mhm,
16      ((nonverbale Zustimmung der Bewerberin))
17  I1: ja?
18  B:  ich glaub NICH dass das so [(h)TRAgisch (h)is. hehe
19  I1:                            [das ganze
        wird anonymiSIERT,
```

In Zeile 1 begrüßt „I1" die Person „B". B leitet seinen Redebeitrag mit „Herr Professor" (Relevanz der Höflichkeit und des Status) ein. Die Äußerungen in den Zeilen 1 und 2 bilden eine Paarsequenz, das heißt, die Äußerungsteile können nicht unabhängig voneinander stehen. In Zeile 4 wird eine weitere Person vorgestellt, nämlich Frau Kluge, deren Status im Rahmen dieses Bewerbungsgesprächs erklärungsbedürftig ist. Es handelt sich um die Linguistin, die dem Bewerbungsgespräch als passive Beobachterin beiwohnt. In den Beiträgen der Zeilen 7 bis 12 formuliert I1 das Anliegen von Frau Kluge und etabliert mit seinem Beitrag eine so genannte *bedingte Relevanz* („conditional relevance"); formal gesehen verlangt also der Beitrag in seiner Form als Aufforderung vom Hörer (der Bewerbenden), sich dazu zu äußern, ob die Anwesenheit der Linguistin und die Aufnahme des Gesprächs akzeptabel sind oder nicht. In Dittmar (1988) wurde die *konditionelle Relevanz* der Konversationsanalyse allgemeiner mit dem Begriff des *Bindungspotenzials* belegt. Jede Äußerung hat im Kontext ein skalares Bindungspotenzial von „überhaupt keine Bindung" bis „sehr starke Bindung". Bestimmte, in einer Gesellschaft legitime Fragen haben ein sehr hohes Bindungspotenzial – auf sie nicht zu antworten gilt als unhöflich und merkwürdig. Im vorliegenden Fall projiziert der erste Teil der Paarsequenz (Zeilen 7 bis 12) eine aus Sprechersicht (I1) präferierte Antwort, nämlich die Anwesenheit der Linguistin zu akzeptieren. Die präferierte Antwort wird im zweiten Teil des Sequenzpaars durch die Befragte (B) auch explizit bestätigt: Eine kurze, unmarkierte Äußerung drückt dies aus. Da die Antwort die Erwartungen des Fragers trifft, fällt sie kurz und unmarkiert aus. Wäre sie „dispreferred" (nicht bevorzugt), so wäre die Antwort markiert: Sie würde länger und erklärend ausfallen und I1 klar machen müssen, warum die Anwesenheit der Linguistin und die Aufnahme des Gesprächs problematisch sind.

Wie man auf solche Präferenzorganisationen zu Beginn eines Gesprächs reagiert, beeinflusst häufig das weitere Gespräch, weil zu Gesprächsbeginn Grundsteine für bestimmte Erwartungen und erwartbare Reaktionen gelegt werden.

Beispiel 2: Therapiegespräch (aus S. Streeck 1989, S. 122; zur Transkription siehe S. 96–99) – Gesprächsbeginn

```
(1) P: wo fang wer an?
(2) T: wo immer Sie wollen
       (7)
```

```
(3) P:  mhm das ist schwierich (.) so aus'm Stegreif
(4) T:  mhm
(5) P:  (hhh.)
        (9)
(6) P:  das ist schwierich
(7) T:  das ist leichter wenn man gefragt wird des stimmt
(8) P:  denn - äh ich find's (.) (.hh) andersrum mitter
        Fragerei
(9)     wirklich besser (.) Sie sind auf dem Gebiet der
        Fachmann..
```

Das Beispiel 2 stammte aus dem Beginn einer Kurzzeittherapie nach Selbstmordversuchen (Streeck 1989).[16] Der Therapeut (T) hatte der Patientin (P) zuvor die psychoanalytische Regel erläutert, sie möge bitte Themen ihrer Befindlichkeit vorgeben, auf die T dann reagieren werde. Daraufhin formuliert P im ersten Redebeitrag in Form einer Frage eine Aufforderung an T, „selber" ein Thema zu nennen (bevorzugte Antwort: konkreter Themenvorschlag durch T). Dieser gibt ihr jedoch die Aufforderung zurück, indem er ihr zu verstehen gibt: „bitte wählen Sie selbst". Im Folgenden konstatiert P, dass sie dieser indirekten Aufforderung schwer nachkommen kann – beide ratifizieren anschließend diese Interpretation. Im letzten Redebeitrag versucht T eine überbrückende, konfliktvermeidende Abschlussreaktion.

In der Beschreibung einer signifikanten Stichprobe solcher Kurzzeittherapien konnte mit konversationsanalytischen Instrumenten festgestellt werden, dass die Struktur der ersten Sekunden und Minuten des Kommunikationsaustauschs zwischen Therapeut und Patient weitgehend die Grundstimmung einer ganzen Therapiesitzung widerspiegelt. Glatte und organisatorisch gut eingefädelte Kommunikationsbeginne führen in der Regel zu fruchtbarer, konstruktiver Therapie. Nicht bevorzugte Reaktionen und die damit verbundenen markierten Expansionen dagegen breiten sich wellenartig auch auf andere Teile des Gesprächs aus.

Beispiel 3: Bewerbungsgespräch (aus Birkner 2001a, S. 91) – Gesprächsbeendigung/
rituelle sequenzielle Ordnung

```
01 I1: dann beDANke ich mich für=s gespräch hehe
02 B:  (h)ich (h)AUCH (-)(h)danke;
03 L:  tschüss
04 I1: tschüss; bis morgen hehe
05 B:  ja,
06 I1: (-) FINden sie: (-) raus? (.) ja?
07 B:  GRADaus denk ich ne?
08 I1: (was?) (-) ja. gut: (-) tschüss
09 B:  (dann) wünsch ich ihnen noch nen schönen TACH
10 I1: (-) danke EBENfalls:
((I1 schließt die Tür))
```

In der ersten Paarsequenz dieser Gesprächsbeendigung bedankt sich der Personalchef I1 für die Unterhaltung, die Bewerbende drückt daraufhin „ihren" Dank aus. Der Abschiedsgruß „tschüss" ist eine weitere Paarsequenz. Der konditionellen Relevanz der Frage „Finden Sie raus?" lässt B eine Gegenfrage folgen, die sofort von I1 nach dem Prinzip des *„local*

Konversationsanalyse

management" geschlossen wird. Es folgt dann noch einmal eine *„good-bye"*-Paarsequenz. Dieses Beispiel zeigt in sehr schöner Weise die rituelle sequenzielle Ordnung, wie sie typisch ist für Gesprächsbeendigungsphasen.

Als abschließendes Beispiel soll ein zusammenhängender Gesprächsausschnitt aus einem Bewerbungsgespräch vorgestellt werden. Der Ausschnitt stammt aus Birkner (2001a); wir geben die Fassung der Transkription nach GAT wieder. Dem Ausschnitt geht eine Gesprächspassage voraus, ihr folgen weitere Gesprächspassagen.

Beispiel 4: Bewerbungsgespräch (aus Birkner 2001a) – *Perspektivierung*

```
01   I2:  und wie haben=sie=sich mit ihren kollEgen
02        und kollEginnen denn verstanden?
03   I3:  ((räuspert sich))
04   B1:  sehr GUT.
05   I2:  ja,
06   B1:  ja.
07   I2:  (-) was: (.) konnten dIe so; (-) oder was
08        würden DIE SAgen, wenn wir sie FRAgen würden,
09        was sie besonders an ihnen SCHÄtzen?
10   B1:  .hh joa. (0.5) das is=ne gute FRAge. (1.0)
11        ((schnalzt)) man muss EIgntlich, wie jesagt,
12        wie alle Andern AUch, PUENKTlich sein, man
13        muss (.)
14        na[türlich, .h (-) wie jesAcht, weil ja auch
15   I2:    [<<p>hm:hm,>
16   B1:  jeder seine arbeit HAT, seine KUNden, dass
17        man dran intressIert is, dIese Alle
18        ANzurufen, und .h (-) es hat ja jEder sein
19        festes AUFgabengebiet. ne, also wo jeder
20        KOMmt, und MAcht, und - (-) wie jesAgt, (.)
21        sieht denn dOch, MENsch, kann ich noch was
22        HELfen, ode:r (.) [kann ich was MACHen,
23   I2:                    [hmhm,
24   B1:  also .h (-) das is da eigntlich (-) ganz
25        TOLL jerEgelt; muss ich sagen. ja, und die
26        mitarbeiter sind auch alle sehr sehr LANge
27        da, .h (-) es is auch würklich: (-) ne=TOLle
28        TEAMarbeit; mUss ich sagen. also JEDer
29        [probiert da wirklich JEDen zu
30   I2:  [<<p>hmhm,>
31   B1:  helfen.
32   I2:  <<p>hmhm,>
33   B1:  [das LÄUft eigntlich sehr GUT da.
34   I1:  [<<p>hmhm,>
```

Die Sequenz beginnt mit der Frage des Interviewers (I2) nach dem Verhältnis zwischen der Bewerberin (B1) und ihren derzeitigen Kollegen, die in Zeile 04 bis 06 kurz und knapp beantwortet wird. Im Folgenden schließt I2 die Frage „was würden DIE SAgen, wenn wir sie FRAgen würden, was sie besonders an ihnen SCHÄtzen?" an. Mit dieser Frage fordert I2 die Bewerberin auf, aus der Perspektive der Kollegen und Kolleginnen ein Selbstbild zu entwerfen. Die Bewerberin erfüllt diese Rahmensetzung und die von I2 entworfene

Perspektive nicht erwartungsgemäß, sondern beantwortet die Frage aus einer eher depersonalisierten Sprecherperspektive mit ganz allgemeinen Aussagen über Arbeitsanforderungen und erforderliche Eigenschaften für gute Teamarbeit (Zeile 12 f.). Mit dieser Antwort erfüllt sie zwar die konditionelle Relevanz, orientiert sich aber in ihrer Aussage über die Einschätzung ihrer Person an eher normativen Werten und Kategorien der Arbeitswelt.

5 Möglichkeiten und Grenzen der Methode

Die Konversationsanalyse untersucht die organisatorischen und formalen Ressourcen routinierten und erfolgreichen kommunikativen Austauschs. Dabei sollen Interpretationen minimal gehalten werden. Die interpretative Enthaltsamkeit wird dem Forscher sogar moralisch auferlegt: Das in der Interaktion manifestierte Teilnehmerwissen soll die Grundlage von Aussagen über das interaktive Geschehen und Verstehen sein.

Flader und von Trotta (1988) haben eindrucksvoll gezeigt, dass transkribierte Daten kommunikativen Austauschs in der verbalen Interaktion nicht ohne Interpretation beschrieben und erklärt werden können. Sie fordern eine Offenlegung interpretativer Schritte in expliziter Form. Konversationsanalytiker würden häufig Interpretationen unexpliziert in formale Beschreibungen einfließen lassen; diesen methodisch unkontrollierten Intuitionismus bezeichnen sie abwertend als „geheimen Positivismus".

In Dittmar (1988, S. 879–893) wurde darauf hingewiesen, dass die Konversationsanalyse sich als „qualitative Forschungsrichtung" bezeichnet, selber aber auch quantitativ argumentiert, insofern sie nämlich mit Kollektionen arbeitet. Eine Kollektion ist eine Anzahl von Fällen, die je nach empirischer Erhebung, Validität und Reliabilität erweitert werden können. Tritt ein Beleg in Erscheinung, der eine Abweichung von der bisher formulierten Regel darstellt, muss die Regel geändert werden. Für den Umschlag von Qualität in Quantität gibt es jedoch keine klaren Kriterien. Der Vorwurf des „geheimen Positivismus" bezieht sich auch auf die Ablehnung einer pragmatischen Theorie der Gesprächsanalyse.[17] Wenn Beobachtungsdaten direkt in Beschreibungen umgesetzt und dabei Teilnehmerkategorien berücksichtigt werden sollen, ist es nicht statthaft, Vorgängerwissen oder zugrunde liegendes Wissen für die zu beschreibenden Ereignisse in die Analyse einfließen zu lassen. So fruchtbar für die Genauigkeit einer formalen Beschreibung dieses Herangehen auch ist, es darf nicht dogmatisch und unreflektiert angewendet werden. Beispielsweise hat Heritage strikt empirisch Gerichtsverhandlungen aufgenommen und diese ohne jede Berücksichtigung speziellen Hintergrundwissens beschrieben. Auf diese Weise kommt er zu dem Ergebnis, dass Sequenzen in der Phase der Zeugenvernehmung in der Regel durch den Richter oder den Verteidiger initiiert werden. Dieses kann man nun minuziös am Beispiel einer Kollektion genau beschreiben – der Aufwand ist jedoch enorm, eine Menge Material wird bearbeitet und im Grunde nur das festgestellt, was aufgrund herrschender Regeln bei Gericht jeder kompetente Teilnehmer in diesem Kontext im Vorhinein hätte sagen können: *Nur institutionell berechtigte Personen können eine Frage stellen.*

Der Genfer Sprachwissenschaftler Eddy Roulet (1999) hat zusammen mit anderen ein theoretisches Modell der Gesprächsanalyse formuliert, das modular aufgebaut ist und sowohl organisatorische als auch informationsbezogene und pragmatische Prinzipien in aufeinander abgestimmter Weise enthält. Drei große Module sind unterspezifiziert, aber miteinander vernetzt. Ein solches theoretisches Modell, das auch die Diskursorganisation, wie sie von der Konversationsanalyse berücksichtigt wird, voll beachtet, erlaubt uns eine kritische Einschätzung, welche Teile wir in der Gesprächsanalyse bearbeiten, mit welchen empirischen Aussagemöglichkeiten und theoretischen Prämissen bzw. Ergebnissen. Empirisch genau zu beschreiben und sich interpretativ zu enthalten muss nicht notwendigerweise das Ausblenden theoretischer Konzepte nach sich ziehen. Dieses zeigen die Arbeiten von Roulet und Mitarbeitern.

Ein großes Problem der Konversationsanalyse besteht darin, dass strukturelle Teile/Phasen/Schritte aus der Interaktion „ausgeschnitten" werden, um dann in einem großen Korpus sequenziell beschrieben und generalisiert zu werden. Die Beschreibung langer Diskursabschnitte wird daher zugunsten struktureller Beschreibungen kurzer Schritte oder Abschnitte im Vergleich vernachlässigt. So kommen immer nur zwei bis drei Sequenzen ins Visier der Beschreibung meistens lassen sich solche Sequenzen als *lineare Ordnung* beschreiben. Häufig gibt es jedoch in Diskursen komplexe semantische Bezüge zwischen Sequenzen und einzelnen Äußerungen, die mit einer linearen Beschreibung nicht angemessen erfasst werden können. Labov und Fanshel (1978) haben in ihrem Buch über den therapeutischen Diskurs sehr genau gezeigt, dass der Aufbau des Diskurses einer Kurzzeittherapie hierarchisch ist. Gewisse Redezüge haben in einem engen Kontext eine primäre Bedeutung, die jedoch durch den breiteren Diskurskontext als eine sekundäre und tiefere Bedeutung verstanden werden. So wird eine Bitte als Aufforderung und im breiteren Kontext als Herausforderung gehört. Diese hierarchischen Bezüge sind in der Konversationsanalyse nicht oder nur unzureichend untersucht worden – zu Unrecht! Der Handlungscharakter von Äußerungen muss über semantische und pragmatische Prinzipien der Äußerungssegmentierung beschrieben und erklärt werden.

Die minimale Beschreibungseinheit der Konversationsanalyse ist der Redebeitrag. Den Redebeitrag nicht weiter zu segmentieren ist ein Prinzip der Konversationsanalyse, die den Beitrag als sequenzbestimmend und in seiner Organisation zu anderen Beiträgen als eine holistische Bedeutung tragend versteht. Da die Teilnehmer mit einem Redebeitrag und seinen kleineren Bestandteilen feste Bedeutungen und Verständigungsroutinen verbinden, ist – so die Konversationsanalytiker – eine Segmentierung in Bedeutungskomponenten unnütz, da wir lediglich die teilnehmerbezogenen Bedeutungskategorien benötigen und nicht deren minimale Zusammensetzung.

Jeder dieser Punkte für sich genommen zeigt die Grenzen der Konversationsanalyse auf, wobei solche Grenzen durchaus konstruktiv überwunden werden können. Dass Gespräche mit Hilfe von organisatorischen Verfahren formal erfasst werden und dass dabei Zugang zur Kompetenz kommunikativer Praktiken geleistet wird, der zu einer regelhaften Beschreibung gesprächskonstitutiver Verfahren führt, ist eine bleibende Leistung der Konversationsanalyse, die die interpretationsarme formale Beschreibung als Vorleistung einer Funktionsbestimmung, die nachgeordnet ist, verlangt. Kognitive, semantisch-pragmatische, theoriegeleitete Erweiterungen konversationsanalytischen Know-hows werden uns zu einem Modell führen, das beobachtungsgeleitete empirische Strenge mit theoriegeleiteter Erklärungskraft verbindet.

6 Anmerkungen

1 Konversation wird hier nicht in der engeren Bedeutung von „gepflegte Unterhaltung" verstanden, sondern in einem weiteren Sinn als allgemeines Gespräch, Alltagsgespräch. In der deutschen Literatur wird zum Teil auch der Terminus „Gesprächsanalyse" verwendet.
2 Innerhalb des Forschungsgebietes der Konversationsanalyse lassen sich bisher folgende Forschungsansätze unterscheiden: (1) die „formale" bzw. „klassische" Konversationsanalyse: Untersuchung von formalen Organisationsprinzipien in Interaktionen; (2) die ethnolinguistisch-anthropologische Forschungsrichtung der Ethnographie des Sprechens: Untersuchungen zu Funktionen des Sprachgebrauchs (vor allem in interkultureller Interaktion); (3) die „kognitiv-interpretative" Soziologie: Untersuchung von Bedeutungsproduktions- und Interpretationsregeln (vgl. Basisregeln der Kommunikation, Interpretationspostulate usw.).
3 In diesem Beitrag beziehen wir uns vor allem auf die „klassische" Konversationsanalyse.
4 Unter prosodischen Merkmalen (auch: suprasegmentale Merkmale) gesprochener Sprache versteht man Phänomene wie Akzent, Rhythmus, Intonation, Sprechgeschwindigkeit, Pausen usw.
5 Psathas/Anderson (1990) schlagen einige Verbesserungen vor, die jedoch an dem grundlegenden Kategorieninventar und dem Design insgesamt wenig ändern.
6 Schegloff (2000) erweitert das vorliegende Inventar um die Notation prosodischer Parameter.
Sie werden in Zehntel- und Millisekunden notiert. Pausen geben in gewisser Weise Aufschluss über das kognitive Verhalten der Sprecher: Lange Pausen indizieren kognitive Prozesse der Verarbeitung, flüssiges Sprechen weist auf Direktheit, Einfachheit usw. hin.
8 Man vergleiche im Gegensatz dazu die hochabstrakte Codierung des Freiburger Korpus der gesprochenen Sprache in den 1970er Jahren. Eine Darstellung findet sich in Ehlich/Switalla 1976.
9 Zur Durchführung der Feintranskription kann jedes zur Verfügung stehende Textverarbeitungsprogramm angewendet werden.
10 Auf den Einsatz von Tabulatoren sollte verzichtet werden.
11 Großen Einfluss auf die Entwicklung des Konzepts der „Vollzugswirklichkeit" hatte der phänomenologisch orientierte Sozialphilosoph Alfred Schütz (vgl. Bergmann 1988/I, S. 18 f.). Obwohl Alfred Schütz in seinen Untersuchungen die *kognitiven* Leistungen der Handelnden bei der Konstitution von Wirklichkeit in den Mittelpunkt stellte (vgl. Streeck 1987, S. 672), versteht Garfinkel die englische Übersetzung der Schütz'schen Werke dahin gehend, dass die kommunikativen Alltagspraktiken in ihrem Vollzug beschrieben werden sollen, wobei er von einer „Identität von Handlungsrealisierung und praktischer Handlungsbeschreibung und -erklärung" (Bergmann 1981, S. 13) ausgeht. (In der Übersetzung werden die philosophischen Absichten von Schütz nicht richtig wiedergegeben. Dies ist ein weites Feld, auf das wir uns nicht in interkultureller Feinkörnigkeit beziehen können; vgl. aber die Gesamtausgabe von Schütz mit Kommentaren von Thomas Luckmann [Schütz/Luckmann 1979].)
12 So wie Wittgenstein uns die Perspektive des sprachlichen Handelns eröffnete, so gibt es methodisch oder „theoretisch" eigentlich fast nichts, was nicht schon von Harvey Sacks in seinen konversationsanalytischen Vorlesungen und Essays grundlegend dargelegt und projektiert worden wäre. Harvey Sacks starb mit 36 Jahren bei einem Verkehrsunfall. Der Fundus seines Wissens ist uns durch Vorträge überliefert, die per Tonband dokumentiert wurden. Abgesehen von verschiedenen Aufsätzen, die in der Bibliographie aufgeführt sind, kann als sein Hauptwerk *Lectures on Conversation* angesehen werden (Sacks 1992), seine von Gail Jefferson herausgegebenen Vorlesungen aus den 1960er Jahren. Eine lesenswerte Kurzdarstellung des Sacks'schen Werkes findet sich in Auer 1999, S. 136–147.
13 Diesen Punkt erhellt Deppermann (1999, S. 83) treffend mit folgender Bemerkung: „Als Gesprächsanalytiker sollten wir uns aber nicht auf die Suche nach inneren Zuständen der Betreffenden machen, da wir Sprechern nicht „in den Kopf schauen" können und da vor allem nicht die Intentionen der Beteiligten, sondern die Konsequenzen der Gesprächspraktiken für den Interaktionsprozess ausschlaggebend sind (…) unter dieser Perspektive interessiert nicht, ob

jemand etwas (bewusst oder unbewusst) intendiert hat oder ob er nur routinehalber oder gar versehentlich reagiert hat, sondern die Handlungsbeschreibung setzt am Funktionspotenzial der untersuchten Praktik an."

14   Vielfach ist dazu festgestellt worden, dass in die so genannten formalen Beobachtungen der Oberfläche mit dem Anspruch, keine spekulativen Interpretationen zu machen, immer schon Interpretationen eingehen, ohne dass diese jedoch methodisch kontrolliert und offen gelegt werden (vgl. Dittmar 1988 – ein Beitrag, der sich auf quantitative und qualitative sprachsoziologische Forschung bezieht). Man kann das dahinter liegende Problem auch so formulieren: Alle Aussagen, Beschreibungen und Erklärungen sollen so eng wie möglich an kommunikativen Daten festgemacht werden und somit auf Belege und Beobachtungen zurückgehen; es sollen möglichst wenig spekulative Interpretationen zur Erklärung der Daten herangezogen werden. Natürlich ist es wünschenswert, dass die in bestimmte Aussagen eingehenden interpretativen Prämissen offen gelegt werden, was bei der Konversationsanalyse nicht immer geschieht. Man kann das Ganze mit dem Ansatz der Historiographie von Droysen und Ranke vergleichen: Ranke macht Geschichtsschreibung auf der Basis von Fakten, wobei ein Faktum das nächste konstituiert. Da ist kein Platz für Reflexionen oder Interpretationen, die allerdings alle schon in die Fakten eingegangen sind. Dies wiederum legt Droysen sehr klar offen, indem er die vielen Ungereimtheiten und Unstimmigkeiten in seine historische Standortbestimmung einbezieht. Letztlich bringt uns Droysen jedoch viele Informationen über die Validität von Erkenntnissen

15   Wir danken Karin Birkner für die Überlassung dieses bisher unveröffentlichten Datenmaterials. Es stammt aus dem Korpus des DFG-Projekts „Alltagsrhetorik in Ost- und Westdeutschland" (für nähere Angaben zum Korpus vgl. Birkner 2001).

16   Zusammen mit einer psychiatrischen Klinik im süddeutschen Raum wurde eine Untersuchung der Erfolgsbedingungen von Kurzzeittherapien nach Selbstmordversuchen durch die DFG gefördert (vgl. Dittmar 1988). Psychologen und Linguisten haben in diesem Projekt zusammengearbeitet. Die Linguisten haben im Unterschied zu Fragebogencodierungen der Psychologen Konversationsanalysen durchgeführt.

17   Die üblichen Forschungsphasen Planung des Vorhabens, Festlegung der Ziele, Operationalisierung der Datenerhebung, Auswertung, Beschreibung und Erklärung werden von der Konversationsanalyse nicht respektiert. Da Aussagen nicht über vorgefasste Kategorien der Forscher gemacht werden sollen, sondern als Teilnehmerkategorien rekonstruiert werden, gilt es unvoreingenommen an kommunikative Ereignisse heranzugehen. Ein zentrales Stadium der konversationsanalytischen Untersuchung ist die Beobachtung authentischer Gespräche und deren Aufzeichnung und Transkription. Auf diese und nur diese Gespräche bezieht sich dann die Beschreibung anhand von Teilnehmerwissen und Teilnehmerkategorien ohne theoretisch explizierte methodische Vorgaben und ohne eine Trennung von Beschreibung und Erklärung.

7   Literatur

Atkinson, J. Maxwell/Heritage, John (Hrsg.) (1984): Structures of Social Action. Studies in Conversational Analysis, Cambridge

Auer, Peter (1998): Learning How to Play the Game. An Investigation of Role-Played Job Interviews in East Germany, in: Text, 18, 1, S. 7–38

Auer, Peter (Hrsg.) (1999): Sprachliche Interaktion. Eine Einführung anhand von 22 Klassikern, Tübingen

Becker-Mrotzek, Michael (1992): Diskursforschung und Kommunikation in Institutionen (Studienbibliographien Sprachwissenschaft, 4), Heidelberg

Bergmann, Jörg R. (1981): Ethnomethodologische Konversationsanalyse, in: Peter Schröder/Hugo Steger (Hrsg.), Dialogforschung. Jahrbuch 1980 des Instituts für Deutsche Sprache, Düsseldorf, S. 9–51

Bergmann, Jörg R. (1987): Klatsch: zur Sozialform der diskreten Indiskretion, Berlin
Bergmann, Jörg R. (1988): Ethnomethodologie und Konversationsanalyse. Kurseinheit I–III, Hagen
Bergmann, Jörg, R. (1994): Ethnomethodologische Konversationsanalyse, in: Gerd Fritz/Franz Hundsnurscher (Hrsg.), Handbuch der Dialoganalyse, Tübingen, S. 3–16
Bergmann, Jörg R./Luckmann, Thomas (1995): Reconstructive Genres of Everyday Communication, in: Uta M. Quasthoff (Hrsg.), Aspects of Oral Communication, Berlin, S. 289–304
Birkner, Karin (2001a): Bewerbungsgespräche mit Ost- und Westdeutschen. Eine kommunikative Gattung in Zeiten gesellschaftlichen Wandels, Tübingen
Birkner, Karin (2001b): Ost- und Westdeutsche im Bewerbungsgespräch. Ein Fall von Interkultureller Kommunikation?, in: Helga Kotthoff (Hrsg.), Kultur(en) im Gespräch, Tübingen (im Erscheinen)
Brinker, Klaus/Sager, Sven F. (1996): Linguistische Gesprächsanalyse. Eine Einführung, 2. Auflage, Berlin
Brünner, Gisela (1978): Kommunikation in betrieblichen Kooperationsprozessen. Theoretische Untersuchung zur Form und Funktion kommunikativer Tätigkeit in der Produktion, Dissertation, Osnabrück
Brünner, Gisela (1987): Kommunikation in institutionellen Lehr-Lern-Prozessen. Diskursanalytische Untersuchungen zu Instruktionen in der betrieblichen Ausbildung (Reihe Kommunikation und Institution, 16), Tübingen
Cicourel, Aaron V. (1978): Basic and Normative Rules in the Negotiation of Status and Role, in: David Sudnow (Hrsg.), Studies in Social Interaction, New York, S. 229–258
Couper-Kuhlen, Elizabeth (1997): Coherent Voicing. On the Prosody in Conversational Reported Speech, in: Inlist (Introduction and Linguistic Studies), Universität Konstanz, Arbeitspapier Nr. 1
Couper-Kuhlen, Elizabeth/Selting, Margret (Hrsg.) (1996): Prosody in Conversation. Interactional Studies, Cambridge
Deppermann, Arnulf (1999): Gespräche analysieren. Eine Einführung in konversationsanalytische Methoden, Opladen
Dittmar, Norbert (1988): Zur Interaktion von Themakonstitution und Gesprächsorganisation am Beispiel des therapeutischen Diskurses, in: Linguistische Berichte, 133, S. 64–85
Dittmar, Norbert (2002): Transkription. Ein Leitfaden mit Aufgaben für Studenten, Forscher und Laien, Opladen
Dittmar, Norbert/Bredel, Ursula (1999): Die Sprachmauer, Berlin
Drew, Paul/Heritage, John (Hrsg.) (1992): Talk at Work, Cambridge
Ehlich, Konrad (1993): HIAT: A Transcription System for Discourse Data, in: Jane A. Edwards/Martin D. Lampert (Hrsg.), Talking Data. Transcription and Coding in Discourse Research, Hillsdale, S. 123–148
Ehlich, Konrad/Switalla, Bernd (1976): Transkriptionssysteme – Eine exemplarische Übersicht, in: Studium Linguistik, 2, S. 78–105
Flader, Dieter/von Trotta, Thilo (1988): Über den geheimen Positivismus und andere Eigentümlichkeiten der ethnomethodologischen Konversationsanalyse, in: Zeitschrift für Sprachwissenschaft, 7, 1, S. 92–115
Garfinkel, Harold (1967): Studies in Ethnomethodology, Englewood Cliffs
Goffman, Erving (1964): On Face-Work. An Analysis of Ritual Elements in Social Interaction, in: Warren G. Bennis (Hrsg.), Interpersonal Dynamics, Homewood/Ill., S. 226–249
Goffman, Erving (1967): Interaction Ritual, Garden City
Goodwin, Charles (1993): Recording Human Interaction in Natural Settings, in: Pragmatics, 3, S. 181–209
Günthner, Susanne (1994): „Also moment SO seh ich das NICHT". Informelle Diskussion im interkulturellen Kontext, in: Zeitschrift für Literaturwissenschaft und Linguistik, 93, S. 97–122
Günthner, Susanne (2000): Vorwurfsaktivitäten in der Alltagsinteraktion. Grammatische, prosodische, rhetorisch-stilistische und interaktive Verfahren bei der Konstitution kommunikativer Muster und Gattungen, Tübingen

Hartog, Jennifer (1996): Das genetische Beratungsgespräch, Tübingen
Heritage, John (1984): Garfinkel and Ethnomethodology, Cambridge
Heritage, John (1997): Conversational Analysis and Institutional Talk. Analysing Data, in: David Silverman (Hrsg.), Qualitative Research. Theory, Method and Practice, London, S. 161–182
Hoffmann, Ludger (1983): Kommunikation vor Gericht (Reihe Kommunikation und Institution, 9), Tübingen
Kallmeyer, Werner (1985): Handlungskonstituion im Gespräch, in: Elisabeth Gülich/Thomas Kotschi (Hrsg.), Grammatik, Konversation, Interaktion, Tübingen, S. 81–123
Kallmeyer, Werner (1994): Kommunikation in der Stadt, Bd. 1, Berlin
Kern, Friederike (2000): Kultur(en) der Selbstdarstellung. Ost- und Westdeutsche in Bewerbungsgesprächen, Wiesbaden
Kotthoff, Helga (1996): Scherzkommunikation. Beiträge aus der empirischen Gesprächsforschung, Opladen
Labov, William (1980): Einige Prinzipien linguistischer Methodologie, in: ders., Sprache im sozialen Kontext, Königstein/Ts., S. 1–24
Labov, William/Fanshel, David (1978): Therapeutic Discourse, New York
Levelt, William J. M. (1989): Speaking. From Intention to Articulation, Cambridge/London
Levinson, Stephen (1990): Pragmatik, Tübingen
Local, John K. (1996): Conversational Phonetics. Some Aspects of News Receipts in Everyday Talk, in: Elizabeth Couper-Kuhlen/Margret Selting (Hrsg.), Prosody in Conversation. Interactional Studies, Cambridge, S. 177–230
Patzelt, Werner J. (1987): Grundlagen der Ethnomethodologie. Theorie, Empirie und politikwissenschaftlicher Nutzen einer Soziologie des Alltags, München
Pomerantz, Anita/Fehr, Beverly (1997): Conversation Analysis: An Approach to the Study of Social Action as Sense Making Practices, in: Teun A. van Dijk (Hrsg.), Discourse Studies: A Multidisciplinary Introduction, London, S. 64–91
Psathas, George (1995): Conversation Analyses. The Study of Talk-in-Interaction, Thousand Oaks
Psathas, George/Anderson, Timothy (1990): The „Practices" of Transcription in Conversation Analysis, in: Semiotica, 78, 1/2, S. 75–99
Rost-Roth, Martina (2001): Intercultural Communication in Institutional Settings: Counseling Sessions, in: Kristin Bühring/Jan D. Ten Thije (Hrsg.), Beyond Misunderstanding, Amsterdam (im Druck)
Roulet, Eddy (1999): La description de l'organisation du discours, Paris
Sacks, Harvey (1984): Notes on Methodology, in: J. Maxwell Atkinson/John Heritage (Hrsg.), Structures of Social Action, Cambridge, S. 21–27
Sacks, Harvey (1989): 1964–65 Lectures. Hrsg. von G. Jefferson, Dordrecht/Boston/London
Sacks, Harvey (1992): Lectures on Conversation. Hrsg. von G. Jefferson, Bd. I und II, Oxford
Sacks, Harvey/Schegloff, Emanuel A./Jefferson, Gail (1974): A Simplest Systematics for the Organisation of Turn-Taking for Conversation, in: Language, 50, S. 696–735
Schegloff, Emanuel A. (2000): Overlapping Talk and the Organization of Turn-Taking for Conversation, in: Language in Society, 29, S. 1–63
Schegloff, Emanuel A./Jefferson, Gail/Sacks, Harvey (1977): The Preference for Self-Correction in the Organisation of Repair in Conversation, in: Language, 53, S. 361–382
Schmitt, Reinhold (1992): Die Schwellensteher. Sprachliche Präsenz und sozialer Austausch in einem Kiosk, Tübingen
Schütz, Alfred/Luckmann, Thomas (1979): Strukturen der Lebenswelt, Bd. 1, Frankfurt a. M.
Selting, Margret (1995): Prosodie im Gespräch. Aspekte einer interaktionalen Phonologie der Konversation, Tübingen
Selting, Margret et al. (1997): Gesprächsanalytisches Transkriptionssystem (GAT), in: Linguistische Berichte, 173, S. 91–122
Siegrist, Johannes (1978): Arbeit und Interaktion im Krankenhaus. Eine medizin-soziologische Untersuchung, Stuttgart

Streeck, Jürgen (1983): Konversationsanalyse. Ein Reparaturversuch, in: Zeitschrift für Sprachwissenschaft, 2, 1, S. 72–104
Streeck, Jürgen (1987): Ethnomethodologie, in: Ulrich Ammon/Norbert Dittmar/Klaus Mattheier (Hrsg.), Sociolinguistics. An International Handbook of the Science of Language and Society, Berlin u. a., S. 672–679
Streeck, Sabine (1989): Die Fokussierung in Kurzzeittherapien. Eine konversationsanalytische Studie, Opladen
Wilson, Thomas P. (1978): Theorien der Interaktion und Modelle soziologischer Erklärung, in: Arbeitsgruppe Bielefelder Soziologen (Hrsg.), Alltagswissen, Interaktion und gesellschaftliche Wirklichkeit, Bd. 1: Symbolischer Interaktionismus und Ethnomethodologie, Reinbek bei Hamburg, S. 54–79

Photobasierte Befragung

Anna Brake

1 Einleitung

Es ist wiederholt darauf hingewiesen worden, dass die zunehmende Bedeutung von Bildern und Fotografien in der modernen Lebenswelt keine korrespondierende Entwicklung in der Erforschung eben dieser Lebenswelt durch die Sozialwissenschaften nach sich gezogen habe (FUHS 1997, S.265). Fotografien als Datengrundlage spielen in der empirischen Sozialforschung nach wie vor eine allenfalls untergeordnete Rolle, obwohl die Alltagswelt in immer stärkerem Maße als Bilderwelt erfahren wird. Bewegte und unbewegte Bilder sind nahezu allgegenwärtig: kaum ein außeralltäglicher Anlass, der nicht vielfach auf Film gebannt wird, keine Ferien, die nicht mit zahlreichen Urlaubsfotos die Reise an fremde Orte dokumentiert, keine Broschüren oder andere Werbeträger, die auf bildliche/fotografische Darstellungsmöglichkeiten verzichtet. Auch Kino und Fernsehen und vor allem das Internet tragen das Ihrige dazu bei, dass Bilder in den verschiedenen Varianten einen festen Platz in der Alltagswelt für sich beanspruchen können. Glaubt man den Angaben des Photoindustrie-Verbandes zum weltweiten Kamera-Umsatz, dann wurden im Jahr 2007 insgesamt annähernd 138 Millionen Kameras verkauft. Der auf Digital-Kameras entfallende Anteil liegt bei mehr als 90% und zeigt auf, in wie hohem Maße der Wechsel zur digitalen Fotografie sich bereits vollzogen hat (Photoindustrie-Verband 2007). Hinzu kommt der Umsatz von Mobiltelefonen, die mittlerweile zu einem hohen Anteil mit integrierten Kameras ausgestattet sind. Fotografien können – das zeigen die beschriebenen Entwicklungen – als ein zunehmend wichtiger werdendes Medium der Aneignung von Lebenswelt gesehen werden. Dies gilt nicht zuletzt auch für organisationale Kontexte, die in immer stärkeren Maße auch als „Bilderwelten" repräsentiert sind (Warren 2003), die sich – neben Fotografien – auch über „other forms of organizational image such as graphs, charts, drawings, corporate logos, or images in television or advertising media" (Warren 2005, S. 864) transportieren.

Die empirische Sozialforschung hat bislang wenig auf diese grundlegenden Veränderungen reagiert. Nach wie vor dominieren weitgehend textbasierte Zugangsweisen, die ausschließlich auf einer Versprachlichung der interessierenden Forschungsgegenstände beruhen. Die weit reichende Etablierung und Elaborierung der qualitativen Methoden im letzten Vierteljahrhundert – so Bohnsack (2003, S. 155) – habe sogar zu einer Marginalisierung des Bildes geführt. Dass Fotografien in der Vergangenheit bereits einmal einen zentraleren Stellenwert in der soziologischen Forschung besaßen, zeigt die Untersuchung von Stasz (1979), die die Verwendung von Fotografien in dem „American Journal of Sociology" in den ersten knapp 90 Jahren ihres Erscheinens untersuchte und fand, dass dieses Medium seit 1916 vollständig verschwand, während in den ersten 15 Jahrgängen seit 1896 31 Artikel mit insgesamt 244 fotografischen Illustrationen erschienen waren, auch wenn für diese gilt, dass „two third of the articles employed photographs in a way that contemporary visual sociology would question (Stasz 1979, S. 128). Auch die Tatsache, dass sich im „Wörterbuch der Soziologie" in der ersten Auflage von 1989 noch das Stichwort „visuelle Soziologie" findet, dieses aber in der überarbeiteten zweiten Auflage von 2002 nicht mehr erscheint (Endruweit/Trommsdorff 1989, 2002) weist in Richtung einer zwischenzeitlichen Marginalisierung des Bildes in der qualitativen Forschung.

Dennoch üben fotografische Datenquellen in Forschungszusammenhängen eine große Faszination aus. Dies hat verschiedene Gründe: In Teilen mag sich die Attraktivität fotobasierter Quellen durch das scheinbar hohe Maß an „Wirklichkeitsgefühl" ergeben, das mit Fotografien verbunden wird. Dadurch, dass im Augenblick des Auslösens der Kamera alles genauso auf einer chemischen Oberfläche abgebildet wird, wie es das von den Oberflächen der aufgenommenen Gegenstände zurückgeworfene Licht vorgibt, durch ihren hohen Ikonizitätsgrad also, stellt sich in hohem Maße der Eindruck von fotografischer Objektivität ein: (Fotografische und filmische) Bilder – so scheint es zumindest auf den ersten Blick – garantieren einen unbestechlichen Blick auf die soziale Wirklichkeit (in Organisationen und außerhalb). Die Kamera in ihrer reproduzierenden Indifferenz liefert fixierte Wirklichkeitsabbildungen, sie zeigt (vermeintlich), wie es wirklich ist/war, indem sie z. B. auch das ablichtet, was der Forscher im Augenblick des Auslösens nicht bewusst wahrgenommen hat, weil z. B. sein Interesse auf den Bildmittelpunkt gerichtet war.

Neben dieser Genauigkeit der Abbildung wird mit Fotografien als Grundlage der empirischen Sozialforschung die Hoffnung verbunden, einen direkteren, unmittelbaren Bezug zu der (organisationalen) Lebenswelt zu erhalten als dies über den Umweg der Semantisierungen der Beforschten gelingen könne. Die Wendungen „im Bilde sein" oder „sich ein Bild machen" werden nicht von ungefähr als eine Metapher für das Verstehen komplexer (sozialer) Situationen verwendet. Und auch das französische „*savoir*" für „wissen" verweist auf die elementare Bedeutung des Visuellen für menschliche Aneignungs- und Verstehensprozesse. Dabei spielt mit Mollenhauer (1997, S.247) eine besondere Rolle, dass „in Bildern ein anderer Sinn verschlüsselt sein [kann], als in den oralen oder schriftlichen Beständen; in unserer Gegenwart scheinen die visuell-artifiziellen Ereignisse derart zuzunehmen, dass diese zu einem immer wichtigeren Bestandteil unserer kulturellen Erfahrung und Selbstauslegung werden."

Ein weiterer Grund für die Faszination, die mit fotobasierten Forschungszugängen verbunden ist, mag darin liegen, dass in einem Foto eine unglaubliche Fülle an Informationen enthalten ist. Wer jemals den Versuch unternommen hat, ein Foto möglichst umfassend mit Worten so zu beschreiben, dass jemand, der dieses Foto nicht kennt, sich von diesem „ein Bild machen" kann, weiß, dass ein Foto tatsächlich mehr sagen kann als tausend Worte, wie es in einem Sprichwort heißt. Da es in Forschungsprozessen immer auch darum geht, die lebensweltliche Fülle der untersuchten sozialen Wirklichkeiten zu erhalten, können Fotos hier eine große – nicht nur dokumentarische – Hilfe sein. Auch die Annahme, dass Fotografien in der Lage seien, etwas abzubilden, was den sprachlich-textlich basierten Methoden vorenthalten bleibt, weil diese tatsächlich eben nur das erfassen können, was sich in Sprache fassen lässt, macht einen weiteren Aspekt der Anziehungskraft aus, die mit der Analyse von Fotografien verbunden wird. Aus einer solchen Perspektive besteht der Reiz fotobasierter Datenquellen wesentlich auch darin, die in den Bildern verborgene Botschaft zu entschlüsseln und so auch Zugang zu den vorbewussten Wissensbeständen der untersuchten Akteure zu bekommen. Denn mit Castel (1981, S. 239) kann davon ausgegangen werden, dass keineswegs Beliebiges auf Film fixiert wird: „Das Wahrgenommene muss bereits überbewertet sein, ehe es die photographische Weihe erfährt. [...]

Hinter jedem Photo steht ein Relevanzurteil." Mit Bourdieu gesprochen, der mit seiner Untersuchung zu den „sozialen Gebrauchsweisen der Fotografie" bereits in den 1960er Jahren Pionierarbeit in der Erschließung der Fotografie als soziologische Datenquelle geleistet hat: „Das adäquate Verständnis eines Photos (...) stellt sich nicht allein dadurch her, dass man die Bedeutungen übernimmt, die es verkündet, d.h. in gewissem Maße die expliziten Absichten ihres Urhebers; man muss auch jenen Bedeutungsüberschuss entschlüsseln, den es ungewollt verrät" (Bourdieu 1981, S. 18).

Diese guten Gründe für die Berücksichtigung von Bildern in der Sozialforschung haben insgesamt zu der weithin geteilten Einschätzung beigetragen, dass es sich hier um einen äußerst interessanten Forschungszugang handeln könnte. Sie haben bisher nicht dazu führen können, Untersuchungen, die sich fotogestützter Methoden bedienen, zu einem selbstverständlichen Bestandteil der qualitativen oder quantitativen Sozialforschung werden zu lassen. Was allgemein für die sich empirisch verstehenden Sozialwissenschaften gilt, trifft auch für die gegenwärtige Organisationsforschung zu. Auch hier spielen Bilder bzw. Fotografien (noch) eine untergeordnete Rolle: „In organization studies, however, applications [of documentary photography, A.B.] are rare" (Buchanan 2001, S. 151). Auch Peterson/Østergaard (2003 S.3) weisen darauf hin, dass fotobasierte Methoden bislang noch keine weite Verbreitung in der Erforschung organisationsbezogener Fragestellungen gefunden haben: „The use of photos has not yet become a widespread method in relation to organizational research" so ihre Einschätzung.

Eine der wenigen Ausnahmen stellen die Untersuchungen von Buchanan (2001), Jorgensen (1991) und Schratz/Steiner-Löffler (1998) dar. Letztere verwendete in ihrer Untersuchung, die Teil eines größeren unterdisziplinären Projekts war, von ihr selbst erstelltes Fotomaterial, um Dienstleistungen in öffentlichen Organisationen zu untersuchen und das Verhältnis der Organisationen zu ihrer Klientel genauer in den Blick zu bekommen. Ihr Datenmaterial bestand aus etwa 500 Fotografien für jede der fünf untersuchten Organisationen. Auf ihnen waren im Wesentlichen Mitarbeiterbesprechungen, die physisch-räumlichen Gegebenheiten der Organisation und die konkreten sozialen Interaktionen während der Erbringung der Dienstleistung fotografisch eingefangen. Das gewonnene Fotomaterial erwies sich als eine gute Möglichkeit, die in den anderen Teilprojekten mithilfe von herkömmlicheren qualitativen und quantitativen Methoden gewonnenen Ergebnisse zu stützen und zu ergänzen (Petersen/Østergaard 2003, S.4).

Buchanan (2001) untersuchte in einem großen Krankenhaus die einzelnen Arbeitsabläufe bei der Aufnahme und Behandlung von Patienten, die sich einem chirurgischen Eingriff zu unterziehen hatten. Wiederkehrende Pannen in der Informationsübermittlung und Verzögerungen hatten zu Unzufriedenheit bei allen Beteiligten (Verwaltung, Patienten, Ärzte, Pflegepersonal) geführt. Um die Patientenversorgung zu verbessern, wurde ein multimethodischer Untersuchungsansatz entwickelt, bei dem auch Fotografien zum Einsatz kamen. Hier erfasste das Forscherteam zunächst jeden einzelnen Ablaufschritt der ärztlichen Versorgung und generierte so eine aus 150 Dias bestehende fotografische Dokumentation, die anschließend fünf Gruppen von Mitarbeitern verschiedener Ebenen gezeigt wurden und dazu führten, „wider informal discussion of reengineering possibilities" zu stimulieren (Buchanan 2001, S. 155). Darüber hinaus gab die Dokumentation den Mitarbeitern die Gelegenheit, über die eigene Abteilung hinaus Einblick in die (häufig von ihnen unterschätzte) Komplexität der Abläufe zu erhalten. Schratz/Steiner-Löffler (1998) beschreiben den Einsatz von Fotografien in evaluativen Schulentwicklungskontexten. Sie ließen Schüler unter einer vorgegebenen Fragestellung diejenigen Orte ihrer Schule fotografieren, die sie gerne mögen bzw. Plätze, an den sie sich ungern aufhalten. Fotografien erwiesen sich hier als besonders geeignet, Kinder und Jugendliche in ein internes Evaluationsprojekt einzubeziehen.

Die erwähnten Untersuchungen bilden Ausnahmen und ändern wenig an der (nicht nur) in der Organisationsforschung anzutreffenden andauernden Zurückhaltung gegenüber fotobasierten Erhebungsmethoden. Gleichwohl stoßen Forschungsprojekte, die mit fotografischem Bildmaterial arbeiten, in der Regel auf großes Interesse. So berichten z. B. Peterson/Østergaard (2003, S.2), die mithilfe von fotobasierten Methoden Prozesse des „knowledge sharing" in Organisationen untersuchten, dass ihnen im Zusammenhang von Vorträgen wiederholt das explizite Bedürfnis der scientific community begegnet sei, mehr darüber zu erfahren „how the photographic part of the research was conducted, the problems and benefits etc." begegnet sei. Dieses artikulierte Interesse an fotobasierten Methoden verweist auf den angenommenen vielfältigen Nutzen der Verwendung fotografischer Daten in der Untersuchung organisationaler Kontexte. Buchanan (2001, S. 151) zufolge können fotobasierte Methoden dem Forscher helfen, „to

- develop a richer understanding of organizational processes
- capture data not disclosed in interview
- reveal to staff aspects of work in other sections of the organization with which they have little or no regular contact
- offer a novel channel for respondent validation of data, and
- involve staff in debate concerning the implications of research findings for organization process redesign and improvement".

Auch Petersen/Ostergaard (2005, S. 229) fassen ihre Erfahrungen mit fotobasierten Methoden in der Organisationsforschung dahingehend zusammen, dass

„organizational photography introduces a visual element that allows researchers to pose questions in a way that prompts organizational members to talk about themselves and their everyday working life in a different way. The process often results in useful data that is difficult to get otherwise and, in the best cases, enriches the research with new ways of perceiving the topic under investigation."

Neben diesen Aspekten, die im Wesentlichen den Ertrag von Fotografien in der Anreicherung der Kommunikation innerhalb der und über die Organisation betonen, ergibt sich die Reichhaltigkeit fotobasierten Materials für die Organisationsforschung auch daraus, dass eine ganze Reihe unterschiedlicher Quellen von Fotografien in Abhängigkeit von der jeweiligen Fragestellung in empirische Untersuchungen einbezogen werden können. Denkt man hier zunächst einmal an vorab vorliegende Datenbestände, die nicht eigens für den Forschungsprozess generiert wurden, so sind z. B. folgende Quellen und Anwendungsbereiche in der Untersuchung organisationaler Kontexte denkbar:

- Öffentliche Printmedien wie Zeitungen oder Zeitschriften, um die Darstellung einer ausgewählten Organisation, ihr „corporate image" in der öffentlichen Presse anhand der in Zeitungsartikeln verwendeten Fotografien zu analysieren,

- Historische Fotografien aus den Archiven einer Organisation, um ihre geschichtliche Entwicklung (im wahrsten Sinne des Wortes) anschaulich nachzuzeichnen,
- Im Rahmen der Internetpräsenz einer Organisation eingesetzte Fotografien, um Zugang zu ihrer Selbstdarstellung zu erhalten und die im Rahmen der Organisationskommunikation nach außen vermittelte „corporate identy" bzw. ihre visuelle Identität (ihr „corporate design") zu erschließen,
- Fotografien aus Ausstellungs- oder Produktkatalogen,
- Fotografien mit Organisationsbezug aus privaten Beständen von Organisationsangehörigen: z. B. die Analyse von Fotografien anlässlich von Weihnachtsfeiern oder Betriebsausflügen zur Untersuchung der Organisationskultur

Hier deutet sich bereits an, auf wie vielfältige Weise Fotografien produktiv für die Untersuchung organisationsbezogener Fragestellungen nutzbar gemacht werden können, auch wenn ihr systematischer Einsatz in der Organisationsforschung bislang noch in seinen Anfängen steht. Wenn in diesem Beitrag also von den fotobasierten Methoden stets im Plural die Rede ist, dann drückt sich darin nicht zuletzt aus, dass Fotografien auf vielfältige Art und Weise in empirischen Forschungszugängen eingesetzt werden können. Im Folgenden soll daher zunächst der Versuch unternommen werden, die Einsatzmöglichkeiten fotobasierter Methoden entlang einiger zentraler Dimensionen einer ersten Systematisierung zu unterziehen. Zunächst ergibt sich hier die Art der Datenerhebung, also der Entstehungszusammenhang des zu analysierenden Fotomaterials als eine erste wichtige Dimension.

2 Datenerhebung und Datenaufbereitung

Grundsätzlich können in der empirischen Sozialforschung als fotobasierte Quellen zwei Arten von Fotografien unterschieden werden: zum einen Untersuchungsansätze, die sich auf bereits vorliegende Datenbestände beziehen, die nicht eigens für den Untersuchungszweck generiert wurden, sondern aus anderen Entstehungskontexten stammen. Hier können im Wesentlichen die oben genannten Quellen fotografischen Materials als Beispiel dienen, die sich in den Medien der organisationalen Selbstdarstellung finden (Broschüren, Jahresbücher, Internetpräsenzen). So analysieren etwa Reichertz/Marth (2004) das auf der Homepage einer Unternehmensberatung verwendete Fotomaterial aus der Perspektive der hermeneutischen Wissenssoziologie und destillieren als dessen zentrale Sinnfigur die Inszenierung von Gruppencharisma heraus. Auch historische Entwicklungen können über den Zugang zu fotografischen Beständen aus Archiven erschlossen werden. Der Vorteil dieser Art Datenmaterial besteht darin, dass Verzerrungen durch Reaktivitätsartefakte (z. B. Erwartungseffekte, soziale Erwünschtheit usw.) weitgehend ausgeschlossen werden können, da der Untersuchungsanlass das (vorab existierende) Datenmaterial nicht verfälscht und es sich so um einen non-reaktiven methodischen Zugang handelt. Hinzu kommt, dass der organisationale Ablauf durch die Datenerhebung nicht weiter gestört wird und sie insgesamt vergleichsweise unaufwändig ist, wenn sich die benötigten Materialien in den (Archiv-)Beständen der Organisation gesammelt auffinden lassen.

Neben bereits (vor der eigentlichen Untersuchung) existierenden Datenquellen können zum anderen Fotografien zur Analyse herangezogen werden, die eigens für den Forschungszusammenhang generiert werden. Hier sind wiederum zwei Fälle zu unterscheiden: einerseits kann das Datenmaterial so gewonnen werden, dass der Forscher selbst zu dokumentarischen oder anderen Zwecken Fotografien des ihn interessierenden (organisationsbezogenen) Realitätsausschnitts erstellt und diese auswertet. Andererseits können die interessierenden Akteure aber auch selbst als Bildproduzenten in Erscheinung treten, indem sie selbst im Forschungsprozess das Fotomaterial anfertigen. Dazu können die zu untersuchenden Akteure etwa mit einer (technisch leicht zu handhabenden) Einweg-Kamera ausgestattet und darum gebeten werden, im Verlauf einer vorgegebenen Zeit Fotos zu einer (mehr oder weniger breit angelegten) vorgegebenen Fragestellung zu machen. Wagner (1979) spricht in diesen Fällen von „native image-making".

Eine weitere wichtige Unterscheidungsmöglichkeit der bislang erprobten Anwendungsmöglichkeiten von Fotografien in Forschungszusammenhängen ergibt sich darüber hinaus danach, welcher Status den Fotografien im Datenerhebungsprozess zukommt. Hier ist zum einen der Fall zu unterscheiden, dass sie als alleinige Datengrundlage die Informations-, Dokumentations- bzw. Interpretationsquelle bilden und der Forschungszugang ausschließlich auf den zusammengestellten Fotografien basiert. Vor allem in der frühen Verwendung von Fotografien in der Anthropologie und Ethnografie im auslaufenden 19. Jhdt. übernehmen hier Fotografien wesentlich eine dokumentarische Funktion, die wesentlich durch einen noch ungebrochenen Glauben an den Wahrheitsgehalt und die Genauigkeit von Fotografien als eigenständiges Medium getragen war. Auch die Anfänge einer visuellen Soziologie, die sich vor allem der fotografischen Dokumentation sozialer Missstände zuwandte, nahmen hier ihren Ausgangspunkt (Schändlinger 1998, S. 20ff.). Darüber hinaus ist aber auch möglich, fotobasierte Methoden in Kombination mit anderen methodischen Zugängen einzusetzen. In solchen multimethodischen Forschungsdesigns werden dann vor allem (zusätzlich) Interviews oder auch Gruppendiskussionen (Brake 2006) durchgeführt oder auch andere Forschungsmethoden und Datenquellen herangezogen. Es handelt sich hier also um den Versuch, sich über „mixed method"-Ansätze, also den Einsatz von mehr als einer methodischen Zugangsweise, dem Untersuchungsgegenstand aus unterschiedlichen Perspektiven und Winkeln anzunähern.

Neben einer solchen multimethodischen, weitgehend parallelen Berücksichtigung von fotobasierten und anderen Datenerhebungstechniken besteht die Möglichkeit, Fotografien in stärkerem Maße mit anderen Datenquellen in triangulierenden Settings zu verzahnen, indem sie die Funktion übernehmen als Mittel zur Generierung weiterer empirischer Daten zu dienen. Die Fotografien selbst und die mit ihrer Hilfe hervorgebrachten Datenquellen bilden hier gemeinsam das Analysematerial, das unterschiedlicher Art sein kann. So ließ Cordle-Sampson (2001) in ihrer Untersuchung Lehrer, Gemeindemitglieder und Studierende ihre jeweiligen Lebenswelten fotografieren, um die Einbettung ländlicher Schulen in ihre jeweiligen lokalen Gemeinden zu erforschen. Sie arbeitete dabei mit verschiedenen Formen des „photofeedback", das aus einer Auseinandersetzung der Bildproduzenten auf dem Wege der schriftlichen Kommentare, der fotobasierten Interviews und der „photoessays" bestand, „where subjects integrate several elements of analytical thinking, images and reflection (Harper 2002, S. 17).

Im Fall fotobasierter Befragungen kann die Gewinnung weiteren Datenmaterials in der Form angelegt sein, dass die Interviewten, die bei diesem Vorgehen in der Regel (aber nicht notwendigerweise) auch die Bildproduzenten sind, weitergehende Informationen zum jeweiligen Foto liefern (Wer hat das Foto gemacht? Wo und in welcher Situation wurde es aufgenommen? Bei eigens für den Forschungsprozess generiertem Fotomaterial: Welche

Absicht war mit dem Foto verbunden? usw.). Hier kommt also den – unter Verwendung von Fotografien als „visual questions" – durchgeführten Interviews in erster Linie die Aufgabe zu, eine weitergehende Kontextualisierung der Fotografien zu gewährleisten, um der prinzipiellen Mehrdeutigkeit von Fotografien im Auswertungsprozess gerecht zu werden.

Darüber hinaus können in diesem Zusammenhang aber auch Forschungszugänge unterschieden werden, bei denen den Fotografien selbst nur eine untergeordnete Bedeutung zukommt und sie vor allem als Mittel dienen, um über ein fotobasiertes Interview die im Zentrum stehende eigentliche verbale Datenbasis zu generieren (Emmison/Smith 2001, S. 30). Hier werden die vom Forscher ausgewählten oder von den Befragten zur Verfügung gestellten Fotografien genutzt, um Narrationen der Befragten zu stimulieren, die als fotobasierte Rekonstruktionen der Befragten im Mittelpunkt der Untersuchung stehen. Wuggenig (1988) gehört im deutschsprachigen Raum zu denjenigen, die diese Untersuchungsmethode bereits in den 1980er Jahren eingesetzt haben, um Wohnwelten als ökologisches Zeichensystem von Milieus zu untersuchen. Da die mündlich gestellten Fragen durch Fotos substituiert werden, spricht er von der „substitutiven Fotobefragung". Das zentrale Merkmal des fotobasierten Interviews besteht also darin, dass die Erzählaufforderung an den Interviewten nicht – wie z. B. in Leitfadeninterviews üblich – verbal erfolgt, sondern die vom Interviewer gestellten Fragen durch die Fotos ersetzt werden. Als Sammelbegriff für eine solche methodische Herangehensweise hat sich der Begriff „photo elicitation" etabliert (Harper 2002)

Photo-elicitation-Techniken

Formen der Foto-Befragung können auf eine lange Tradition in der anthropologischen Forschung zurückblicken. Franz Boas, der als Wegbereiter einer sich aus der Anthropologie heraus entwickelnden Ethnosoziologie gelten kann, verwendete eine Form des fotobasierten Interviews in der Untersuchung spezifischer Riten auf den nahe Papua Guinea gelegenen Trobriand Islands und versuchte, durch Fotografien zu einer „Innenansicht" der fremden Kultur zu gelangen, indem er nicht – wie in der anthropologischen Forschung bis dahin weitgehend üblich – lediglich Fotografien zu illustrativen und dokumentarischen Zwecken zusammentrug, sondern sie als Erzählimpuls in Interviews nutzte (Hurworth 2003). In der Folge war es dann vor allem der Anthropologe John Collier, der in seinen Feldforschungen mit Fotointerviews arbeitete und den Begriff der „photo elicitation" einführte. Mitte der 1950er Jahre untersuchte Collier (1957) mit seinem Forschungsteam die psychosozialen Folgen, die sich aus starken sozialräumlichen Umstrukturierungsprozessen in einer ländlichen Gemeinde im Osten Kanadas ergaben. Dieser Studie kommt für die Entwicklung fotobasierter Interviews deshalb eine große Bedeutung bei, weil hier in einem „more or less controlled experiment on the aid of photography in interviewing" (Collier 1957, S. 843) ein Vergleich von fotobasierten mit nicht-fotobasierten Interviews vorgenommen wurde. Als Ergebnis dieses Methodenexperiments kommt Collier zu folgendem Ergebnis: „The characteristics of the two methods of interviewing can be simply stated. The material obtained with photographs was precise and at times even encyclopedic; the control interviews were less structured, rambling, and freer in association. Statements in the photointerviews were in direct response to the graphic probes and different in character as the content of the pictures differed, whereas the character of the control interviews seemed to be governed by the mood of the informants" (Collier 1957, S. 856).

Trotz dieser ermutigenden Befunde hinsichtlich der besonderen Qualität des mithilfe von Fotografien generierten Interviewmaterials hat die Methode der Foto-Elizitation erst im Zuge der verstärkten Entwicklung einer „visual sociology" seit den 1980er Jahre an Bedeutung gewonnen. Eine Übersicht in diesem Zusammenhang wichtiger Studien gibt Harper (2002). Gegenwärtig werden eine Reihe verschiedener Vorgehensweisen unter „photo elicitation" subsumiert[1], über die Warren (2005) einen Überblick liefert. Gemeinsam ist dabei allen Varianten, dass sie im Kern darauf basieren, über Fotografien Erzählungen, Kommentare, Reflexionen oder Assoziation auf Seiten der Befragten zu stimulieren. Die Unterscheidungen liegen dabei in der Art des verwendeten Fotomaterials und seiner Genese sowie dem jeweiligen Anwendungskontext.

Autodriving: Dieses Verfahren stammt aus dem Bereich des Marketing und der Konsumforschung und basiert auf dem Anspruch, „that the informant's response is driven by stimuli drawn directly from his or her own life (Heisley/Levy 1991, S. 257). Auf dem Wege der visuellen Konfrontation der „Informanten" mit ihrem eigenen Verhalten (per Fotografie oder Film) soll diese fotobasierte Interviewtechnik dazu ermuntern, das gezeigte eigene Verhalten zu kommentieren und einzuordnen. So fotografierten Heisley/Levy (1991) im Rahmen einer qualitativen Marketing-Studie Familien beim Abendessen, um ihnen im Anschluss die Fotografien mit der Bitte vorzulegen, zu artikulieren was ihnen beim Betrachten der Fotografien durch den Kopf ging. Ihre Analyseperspektive richtet sich dabei vor allem auf die jeweiligen Produktverwendungen und auf die machtbezogenen Austauschprozesse innerhalb der drei untersuchten Familien.

Photo-voice: Methodisch und methodologisch unterscheidet sich diese Form des fotobasierten Interviews – in älteren Veröffentlichungen auch als „photo novella" bezeichnet- wenig von den anderen Varianten. Der mit dem Ansatz des „photo voice" (Wang/Burris 1997) verbundene Anspruch bezieht sich allerdings vor allem darauf, marginalisierten Gruppen eine Stimme zu geben als „tool of empowerment enabling those with little money, power or status to communicate to policymakers where change should occur" (Hurworth 2003, S. 3). Dirksmeier (2007, S. 16) weist in diesem Zusammenhang darauf hin, dass es sich bei diesem Zugang der Visualisierung von sozialer Marginalisierung eher um ein Instrument der sozialpolitischen Intervention als um eine wissenschaftlich-objektive Dokumentation und Erhebung von fotografischem Datenmaterial handele.

Reflexive Fotografie: So wie beim „photo-voice" stehen hier die aus der Lebenswelt der interessierenden Akteure stammenden und von ihnen selbst aufgenommenen Fotografien im Zentrum. Allerdings wird hier noch stärker davon ausgegangen, dass sich der Sinn einer Fotografie, ihre Bedeutung „erst in der nachgelagerten betrachtenden Verwendung der Fotografien" ergibt (Guschker 2002, S. 32) und hier bewusst und unbewusst Bedeutungsdefinitionen oder -transformationen von Fotos vorgenommen werden.[2] Um diese reflexiven Aspekte einzufangen bedarf es dabei insbesondere am Kriterium der Offenheit orientierte Vorgehensweisen, die interpretativ angereicherte Narrationen auf Seiten der Befragten (unabhängig von den Setzungen der wissenschaftlichen Beobachter) hervorbringen.

Hier deutet sich bereits an, dass sich die verschiedenen Verfahren der „photo elicitation" unter Datenerhebungsaspekten danach unterscheiden lassen

1. wie das im Interview verwendete Fotomaterial gewonnen wurde: vom Forscher generiertes Material oder „native image making", eigens für den Forschungsprozess bereitgestelltes oder bereits vorhandenes Fotomaterial
2. wie forschungspraktisch das Fotomaterial in der Interviewsituation eingesetzt wird: zum einen stärker strukturierte Vorgehensweisen, bei denen die Abfolge der Fotografien, die vom Forscher vorgegebene Fragestellung, mit der die Fotografien kommentiert werden sollen, die Zeit, die für die einzelnen Fotografien zur Verfügung steht vorgegeben ist und zum anderen stärker offen angelegte Vorgehensweisen, bei denen die Auswahl und die Abfolge der Fotografien und die Gesichtspunkte, unter welchen die Fotografien adressiert werden, vollständig beim Interviewten liegen)
3. in welcher Zusammensetzung Interviewer und Befragte das fotobasierte Interview durchführen: Hier sind Zweier-Konstellationen (ein Interviewer, eine befragte Person) ebenso denkbar wie Erhebungen in Gruppenkontexten, wie das nachfolgende praktische Durchführungsbeispiel zeigt)
4. über welches Medium das Fotomaterial den Befragten dargeboten wird (Fotografien als Printmedien verschiedener Größe, digitale Fotografien auf dem Bildschirm eines Computers oder Großprojektionen der Fotografien mithilfe eines Beamers oder eines Dia-Projektors)
5. Unabhängig von der jeweiligen konkreten Ausgestaltung der Erhebungssituation werden die (inhaltsbezogenen) Kommentierungen, die freien Assoziationen, die (autobiografischen) Narrationen der Befragten auf Band aufgezeichnet und dann nach Regeln transkribiert, wie sie für die qualitative Sozialforschung entwickelt wurden (dazu Kowal/O'Conell 2000). Die Fotografien bilden dann gemeinsam mit den Transkripten die Grundlage der Auswertung, wobei diesen beiden Datenquellen – je nach Anlage der Untersuchung – ein unterschiedlich gewichteter oder ein gleichberechtigter Stellenwert im Auswertungsprozess zukommen kann.

3 Datenanalyse und Dateninterpretation

Mehr oder weniger implizit liegen allen Formen fotobasierter Interviewführung mindestens zwei Annahmen zugrunde, die sich auf der einen Seite auf die besondere Qualität der Bilder/Fotografien als „ein nach immanenten Gesetzen konstruiertes und in seiner Eigengesetzlichkeit evidentes System" (Imdahl 1979, S. 190) beziehen und zum anderen auf die Spezifität des gewonnen fotoinduzierten verbalen Datenmaterials abzielen. Bezogen auf den letztgenannten Aspekt wird davon ausgegangen, dass das im Interview von den Befragten Hervorgebrachte durch die Verwendung von Fotografien als Input-Stimulus eine besondere Qualität erhalte. So formuliert etwa Harper (2002, S. 13):

> „The difference between interviews using images and text and interviews using words alone lies in the way we respond to these two forms of symbolic representation. This has a physical basis: The parts of the brain that process visual information are evolutionarily older than the parts that process verbal information. Thus images evoke deeper elements of human consciousness than do words. […] These may be some of the reasons the photo elicitation interview seems like not simply an interview process that elicits more information but rather one that evokes a different kind of information."

So wie hier auf die besondere Beschaffenheit des fotobasierten Interviewmaterials verwiesen wird, so wird andererseits die ganz eigene Qualität der Fotos selbst ins Feld geführt, wonach diese in der Lage seien, etwas abzubilden, was den sprachlich-textlich basierten Methoden vorenthalten bleibt, weil diese eben nur das erfassen können, was sich in Sprache fassen lässt. Auswertungsmethoden, die sich auf die Analyse fotobasierter Interviews beziehen, sind strukturell in dieses Spannungsverhältnis eingebettet.

Je nach zugemessenem Stellenwert der Fotografien kann und muss die Analyse (oder zumindest ein zentraler Analyseschritt) streng auf die Fotografie selbst beschränkt bleiben und zusätzliche Informationen über ihren Entstehungs- oder Verwendungskontext, die jeweiligen BildproduzentInnen, zusätzliche sprachliche Kontextualisierung (z. B. durch Betitelung der Fotografie) so weit wie möglich ausgeklammert werden, um der Eigengesetzlichkeit von Fotografien Rechnung zu tragen. Hier kann sich die Analyse stärker auf die Ebene des Bildinhaltes (Was genau ist auf der Fotografie zu sehen?), auf die formale Bildgestaltung (Wie ist das Dargestellte abgebildet?) und die Rezeptionsebene (Welche Wirkung wird mit einer Fotografie erzielt?) beziehen. Ein Auswertungsansatz, der dieser Logik folgt, ist die von Bohnsack (2003) vorgenommene Ausweitung der Dokumentarischen Methode auf (fotografisches) Bildmaterial, die als eine der gegenwärtig elaboriertesten Analyseverfahren für Fotografien gelten kann. Im Zentrum des hier vorgeschlagenen Vorgehens steht die Auswertungsmaxime der Ausklammerung bildexterner Zusatzinformationen, die ermöglichen soll, der Besonderheit und Eigengesetzlichkeit des Bildes gerecht zu werden. Selbst in Fällen bestehenden validen Vorwissens in sprachlich-textlicher Form etwa auf der Basis von Interviews oder Gesprächsanalysen soll dieses suspendiert werden Bohnsack (2003, S. 165), um die in Fotografien eingelagerten stillschweigenden vorbewussten Wissensbestände über den dokumentarischen Sinngehalt, also dasjenige, was sich in dem Fotografierten jenseits der Absichten des Fotografen dokumentiert, entschlüsseln zu können. Es versteht sich dabei von selbst, dass eine solche Auswertungsstrategie im Kontext von fotobasierten Interviewverfahren nur als *ein* (erster) eigenständiger Auswertungsbaustein neben anderen zum Einsatz gebracht werden kann, da die Stärke der fotobasierten Befragung ja gerade darin besteht, die Möglichkeiten von Fotografie und qualitativen Interviews miteinander zu verbinden, sei es in der kontextuellen Anreicherung des Sinngehalts eines Fotos, sei es in der Hervorbringung besonders reichhaltiger, im Vergleich zu mündlichen Interviews andere Sinnschichten adressierender Erzählungen. Zwar wird von Bohnsack prinzipiell in Aussicht gestellt, dass die Auswertungsprinzipien der Dokumentarischen Methode es erlaubten, „die Verfahren der Bildinterpretation mit denjenigen der Textinterpretation innerhalb eines übergreifenden methodologischen Rahmens zu koordinieren" (Bohnsack 2003, S. 171), hier liegen jedoch derzeit noch keine systematisierten Überlegungen vor.

So wie die an der Dokumentarischen Methode orientierte Bildanalyse sehr stark auf die Eigengesetzlichkeit von Fotografien rekurrieren, so können andererseits Verfahren zum Einsatz gebracht werden, die ihren Auswertungsfokus auf das gewonnene Interviewmaterial ausrichten und hier im Extremfall vernachlässigen, dass bei der Datenerhebung nicht Fragen mündlich gestellt, sondern Fotografien vorgelegt wurden. In diesem Fall kommen Auswertungsstrategien zur Anwendung, wie sie allgemein für die Auswertung qualitativen Interviewmaterials in Anschlag gebracht werden, wie etwa die qualitative Inhaltsanalyse (Mayring 2000), das Verfahren der empirisch begründeten Theoriebildung nach der Grounded Theory (Strübing 2004), die von Nohl (2006) vorgeschlagene Anwendung der Dokumentarischen Methode auf Interviewmaterial oder narrationsanalytische Auswertungsverfahren aus der Biografieforschung (Fischer-Rosenthal/Rosenthal 1997).

Sucht man hingegen nach Auswertungsansätzen, die speziell für fotobasierte Interviewverfahren entwickelt wurden und die berücksichtigen, dass sozialwissenschaftliche Daten auch durch ihren spezifischen methodischen Zugang (hier über Fotografien als erzählgenerierender Input) hervorgebracht werden, so ist man erstaunt auf eine weitgehende Leerstelle zu treffen. Untersuchungen, die mit Techniken der „photo elicitation" arbeiten entweder Auswertungsverfahren, die aus dem Standardrepertoire der qualitativen Sozialforschung stammen oder verzichten gänzlich auf nähe Ausführungen zu dem genaueren Auswertungsprocedere. Dies mag damit zusammenhängen, dass fotobasierte Methoden insgesamt noch relativ am Anfang einer systematischen Auswertung von Bild- bzw. Fotomaterial stehen (sieht man von der auf hohem methodologischen Niveau betriebenen Ausweitung der Dokumentarischen Methode auf Bildmaterialen ab). So kommt Müller-Doohm (1993, S. 442) zu dem Ergebnis: „Die kultursoziologische Forschung [...] verfügt über kein erprobtes und bewährtes Instrumentarium der Bildanalyse, das ihren eigenen methodologischen Ansprüchen gerecht würde, die optisch wirksamen Bildmaterialien hinsichtlich ihrer manifesten Bedeutungs- und latenten Sinngehalte zu analysieren." Auch Flick konstatiert noch Ende der 1990er Jahre, dass die Entwicklung eigener, unmittelbar auf Bilder bezogener Analyseverfahren noch ausstehe (Flick 1998, S. 172). Gleichzeitig gibt das ausgeprägte Interesse an Fotografien als Datenquelle Grund zu der Hoffnung, dass hier in naher Zukunft verstärkt Forschungsanstrengungen unternommen werden und z. B. (nachdem die klassische Untersuchung von Collier (1957) schon mehr als 50 Jahre zurückliegt) erneut die Frage einer systematischen Klärung zugeführt wird, worin sich genau das erhaltene Interviewmaterial im Vergleich unterscheidet, wenn einerseits mündlich artikulierte Fragen und andererseits Fotografien als Erzählimpuls in Interviews eingesetzt werden.

4 Anwendungsbeispiel

In ihrer Untersuchung über Prozesse des „knowledge sharing in the Danish management consultant industry" nutzen Petersen/Østergaard (2003, 2005)[3] neben anderen Datenquellen (Einzelinterviews mit Organisationsangehörigen, Feldnotizen, Materialien der organisationalen Selbstdarstellung usw.) einen Zugang, den sie als „Group Photo View" bezeichnen. Im Kern basiert dieses Vorgehen darauf, dass eine Gruppe von (in diesem Fall) Organisationsangehörigen über Fotografien diskutiert, die zuvor vom Forscher im Feld zu einer gegebenen Fragestellung generiert wurden. Der ebenso innovative wie explorative Charakter ihres Vorgehens ist den Autorinnen dabei durchaus bewusst, wenn sie schreiben, dass es ihnen nicht darum gehe, „to present a full-fletched method, that has been tested in all kinds of ways, but to explore one way of using photos in organizational research and share our experiences in a way that make other researchers feel inclined to do experiments of their own" (Petersen/Ostergaard 2003, S. 9). Die Auswahl dieser Untersuchung als Anwendungsbeispiel bot sich vor allem auch deshalb an, weil die Autorinnen ihr Vorgehen und ihre Erfahrungen im Feld ausführlich und genau dokumentieren, sodass es sehr gut möglich wird, sich die von ihnen gewählte Methode des „Group Photo View" in ihrer praktischen Umsetzung zu erschließen.

Insgesamt konnten vier Organisationen in die Untersuchung einbezogen werden. Wie die Forscherinnen ausführen, kann es durchaus problematisch sein, Organisationen für eine Teilnahme an Untersuchungen zu gewinnen, in denen externe Forscher Fotografien aus dem Innenleben der Organisation für den Forschungsprozess generieren. Die Frage der Wahrung der Anonymität stellt bei der Verwendung von Fotografien eine besondere Herausforderung dar. Ebenso ist hier der Zugang zu privatwirtschaftlichen Organisationen möglicherweise dadurch erschwert, dass diese sich aus Wettbewerbsgründen nicht gerne in die Karten schauen lassen. Im Fall des von Petersen/Østergaard (2003) gewählten Forschungsfeldes der Beratungsorganisationen stellten sich die Zugangsprobleme allerdings in geringerem Maße. Die von ihnen untersuchte Beratungsszene erlebten sie als besonders aufgeschlossen gegenüber methodischen Innovationen. Die Berater ließen sich für eine Teilnahme auch dadurch motivieren, dass sie sich über das Forschungsprojekt eine Bereicherung ihres eigenen methodischen Portfolios erhofften. Bevor die fotobasierten Gruppeninterviews durchgeführt werden konnten, waren von den Forscherinnen eine ganze Reihe vorbereitender Maßnahmen zu treffen. Zunächst erwies es sich als ausgesprochen wichtig, die Organisationsmitglieder im Vorfeld genauer zu informieren, worum es in dem Forschungsprojekt geht, wer die Forschenden sind, warum sie Fotografien innerhalb der Organisation machen und wozu diese Fotografien verwendet werden. Geschieht dies nicht – so die Autorinnen – begegnen die Mitarbeiter der Organisation den fotografierenden Forschern häufig mit Skepsis und viel Zeit muss dafür aufgewendet werden, ihnen jeweils zu erklären, warum sie diese Fotografien machen. Gleichzeitig bieten die fotografischen Erkundunggänge durch die Räume der Organisation eine wichtige Gelegenheit, die untersuchte Organisation im Vorfeld der Gruppeninterviews aus einer Binnenperspektive kennen zu lernen: „One of the major advantages of taking photographs in organizations is that you get 'underneath the skin' of the organization as you walk around – you get a chance to talk informally with employees and you get your own impressions of the organization and its culture instead of just being told by an employee what it is like" (ebd. S. 10).

Nicht alle teilnehmenden Organisationen eröffneten dem Forschungsteam die Möglichkeit, sich ohne Begleitung in ihren Räumen zu bewegen. Einerseits erwies es sich dabei als störend, wenn die begleitenden Organisationsvertreter Erklärungen verlangten, warum bestimmte Motive ausgewählt wurden oder sie selbst Vorschläge machten, was zu fotografieren sei. Anderseits ermöglichten sie dem Forschungsteam Zugang zu Räumen und Situationen, die ihnen ohne Begleitung verschlossen geblieben wären (wie z. B. gerade stattfindende Besprechungen). Insgesamt umfassten die fotografischen Erkundungen mehrere Gänge durch die Organisation und dauerten in der Regel vier bis fünf Stunden. Dabei erwies sich der erfahrene Umgang und Sicherheit in der technischen Handhabung der Kamera als eine wichtige Voraussetzung. Petersen/Østergaard (2003, S. 13) weisen zudem darauf hin, dass keine zu aufwändige Kameraausstattung zum Einsatz kommen sollte, so dass „it's physical appearance doesn't make you look like a paparazzi". Bei ihren Erkundungen ließen sich die Forscherinnen von einem im Vorfeld zusammen gestellten „observation guide" leiten, indem sie diesen als „merely a tool for inspiration" nutzten, um den Blick für die Dinge zu schärfen, die interessant sein *könnten*. Der eingesetzte Beobachtungsleitfaden erfasste folgende Bereiche:

- Office Facilities: Corridors, coffee kitchens, Xerox rooms, meeting facilities (formal and informal), lunch area, library, archives etc.

- The work space: Open workspace, single office, team office, an empty office, management office etc.
- Signs of knowledge sharing: Computer screen showing intranet, computer screen showing email, videoconference, mobile phone, telephone, colleagues talking to each other, meetings, posters etc.
- Production – employees working: Knowledge products (physical manifestations), knowledge production and processes (meetings, events)
- How can you see that X lives here? Cultural traits and variations: The common vs. the uncommon, standardized aesthetics vs. variation and inventiveness, diversity vs. homogeneity (between departments), personal vs. impersonal, signs of past & future

Auf der Basis dieses Beobachtungsleitfadens wurden pro Organisation etwa 100 Fotografien gemacht, darunter sowohl Detail- wie auch Panorama-Aufnahmen von ganzen Räumen. Im nächsten Schritt waren aus diesem Ausgangssample diejenigen Fotografien auszuwählen, die in den nachfolgenden Gruppendiskussionen eingesetzt werden sollten. Trotz der heute einfach und kostengünstig zu nutzenden Möglichkeiten der Digitalfotografie entschieden sich die Forscherinnen mit Papierabzügen zu arbeiten, weil diese eher ermöglichten, durch Ausbreitung aller Fotografien einen Überblick über das Ausgangsmaterial zu gewinnen und zudem die Gruppendiskussion ohne größeren technischen Aufwand (durch Einsatz von Computer und Beamer) durchführen zu können. Das Fotomaterial wurde zunächst nach thematischen Bezügen in sechs bis acht Gruppen sortiert, um dann aus diesen jeweils vier oder fünf auszuwählen, die in Form einer Fotoserie als Grundlage der Gruppendiskussion dienen sollten. Pro Gruppendiskussion wurden so sechs bis acht Fotoserien mit jeweils vier bis fünf Fotografien aufeinander folgend eingesetzt. Die Auswahl orientierte sich daran, dass die ausgewählten Fotografien „visually strong (in the sense clear and interpretable)" (S. 14) sein sollten, u. a. auch deshalb, weil die Gruppendiskussion ohne Intervention der Forscherinnen verlaufen sollten und daher auch keine Möglichkeit der Begründung der Motivauswahl gegeben war. Welche und wie viele Themen ausgewählt wurden und welche Fotografien jeweils ein Thema repräsentierten, wurde nicht im Vorfeld festgelegt, „but grew out of the photo material" (S.14). Es wurde dabei darauf geachtet, dass einerseits die Fotoserien „a focus point for discussion" erkennen ließen und andererseits ein inhärenter Widerspruch in ihnen angelegt war, sodass dadurch ein Austausch während der Gruppendiskussion angeregt werden konnte. Damit sind jedoch nur zwei *mögliche* Kriterien angesprochen: „What actually constitutes a ,good research photo', however, is still open to debate" (Petersen/Østergaard 2005, S. 237). Insgesamt machten die Forscherinnen die Erfahrung, dass nicht zu viele Fotoserien mit zu vielen Fotografien pro Gruppendiskussion eingesetzt werden sollten. Bei Verwendung von acht Fotoserien, so ihre Erfahrung, besteht die Gefahr, dass die Gruppendiskussion zum Ende hin inhaltlich redundant wird und die Teilnehmenden zunehmende Müdigkeit oder Ungeduld zeigen.

Die Auswahl der an der Gruppendiskussion teilnehmenden vier bis fünf Organisationsmitglieder wurde überwiegend der Organisation überlassen. Maßgabe war hier eine anzustrebende Heterogenität der Zusammensetzung nach Alter, Geschlecht oder auch Abteilungszugehörigkeit. Zu Beginn der Gruppendiskussion wurden die Teilnehmenden zunächst ausführlich über das Forschungsprojekt, die zugrunde liegende Fragestellung und die weitere Verwendung der aufgezeichneten Gruppendiskussion unterrichtet.

Außerdem erhielten sie genauere Informationen hinsichtlich des geplanten Ablaufs (s. Abbildung 1).

Abbildung 1: Hinweise zum Ablauf der Gruppendiskussionen (Petersen/Østergaard (20003, S.16)

> We have been around in your organization and have taken some photos. On the basis of these photos we will ask you to discuss "Knowledge Sharing in X"
>
> The session will be conducted like this: I will present a photo series which you discuss. Every 10 minutes I will give you a new photo series. During this period I will be silent, so it will be the photos that pose the questions, not me. There are [number] photo series all in all, so the session will take app. [x minutes]
>
> Since I'm not controlling the discussion, you all have the responsibility of doing so. This means:
> - One speaker at the time
> - Make sure everyone has a say
>
> Try to interview each other:
> - If there is a statement from one of the other participants you don't understand, ask
> - If there is a statement from one of the other participants you would like to have elaborated, ask
> - If you disagree with an opinion uttered by one of the other participants, explain why
> - If you agree with an opinion uttered by one of the other participants, express this
>
> Since you have no more than 10 minutes per photo series, avoid spending time discussing where the photo is taken and who is in it and what they look like. Instead discuss what the photos tell you about knowledge sharing in your organization, and try to discuss all photos.
>
> When I say STOP the session is over. Any questions before we begin?

Die Gruppendiskussionen dauerten zwischen 1,5 und 2 Stunden. Die geplante Zeitvorgabe von 10 Minuten pro Serie wurde flexibel gehandhabt, um nicht Austauschsequenzen mit hoher Interaktionsdichte auszubremsen bzw. schleppende Gesprächsphasen über Gebühr auszudehnen. Gerade zu Beginn der Gruppendiskussion war es dabei nicht ungewöhnlich, dass längere Pausen entstanden und sich Hilfe suchende Blicke der Teilnehmenden an die Moderatorin richteten. Die Forscherinnen verzichteten jedoch auf jede verbale Intervention, um so zu gewährleisten, dass der Gesprächsverlauf so weit wie möglich durch die ausgewählten Fotografien und die durch sie stimulierten Redebeiträge strukturiert wurde, um so dem Relevanzsystem der Organisationsmitglieder mehr Raum zu geben.

Nach der Beendigung der Gruppendiskussion wurden die Teilnehmenden gebeten, ihre Eindrücke über die gewählte methodische Umsetzung zu artikulieren: Wie hatten sie es wahrgenommen, in dieser Weise über knowledge sharing in ihrer Organisation zu reden? Waren die ausgewählten Fotografien aus ihrer Sicht geeignet, Aspekte des knowledge sharing zu repräsentieren? Würden sie andere Fotografien gewählt haben? Wenn ja, welche? Gibt es relevante Aspekte die in der Gruppendiskussion nicht zur Sprache kamen?

In beiden genannten Projektveröffentlichungen liegt der Schwerpunkt auf methodischen und methodologischen Fragen des Einsatzes von Fotografien in organisationalen Kontexten. Vor diesem Hintergrund verstehen Petersen/Ostergaard (2005) ihre Untersuchung explizit als explorativ. Die gezogenen Schlussfolgerungen beziehen sich daher auch weniger auf inhaltliche Aspekte des „knowledge sharing" in Organisationen, sondern zielen auf eine Bewertung der gewählten methodischen Umsetzung und eine Analyse des Potenzials und auch der Probleme, die ihnen in ihrer Forschungspraxis begegnet sind. Tabelle 1 gibt eine Übersicht der von ihnen identifizierten Problemlagen und der als positiv erfahrenen Aspekte des „group photo views".

Tabelle 1: Überblick über die Probleme und die Stärken des „group photo views" (Petersen/Østergaard 2005, S. 244)

	Potenzials	**Problems**
The Photographing Process	<ul><li>Facilitates getting „underneath the skin" of the organization</li><li>Gives the chance to talk informally with employees</li><li>Makes it possible to form your own impression of the organization and its culture</li><li>Legitimises and demystifies your presence as a researcher</li></ul>	<ul><li>Company security</li><li>Raises the issue of confidentiality</li><li>The Observation guide might lead to „blindness"</li><li>The camera's and researcher's presence might alter the behaviour of the respondents</li></ul>
The Photo Material	<ul><li>Contains a multiplicity of meanings</li><li>Poses no direct questions thus increasing the rang of possible answers</li><li>Makes the familiar unfamiliar</li><li>Makes the respondents tell rather than answer</li><li>Can capture and present complex situations</li><li>Not only shows what is present and therefore evident but also makes explicit „what is not"</li></ul>	<ul><li>The subjective selection of motifs, thus representing the researchers view of reality</li><li>Visually interesting and photogenic images are privileged in favor of less glamorous or less dramatic shots of otherwise significant aspects</li><li>Photos can be „seducing" or too concrete, leaving limited space for open interpretation</li><li>Photos can be too unfamiliar</li></ul>
The Focus Group	<ul><li>Respondents change from being objects of research to become active subjects</li><li>The traditional power relation between the researcher and the respondent becomes less asymmetric</li><li>The inter-subjectivity facilitates a negotiation between researcher and respondent about the research topic</li><li>Provides an „inside talk" between employees that share the same language</li><li>The open discussion leaves room für multiples perspectives</li></ul>	<ul><li>Photos of artifacts lead to discussion of artifacts</li><li>Respondents become impatient and answer redundant when the session is too long</li><li>Some respondents are better at associating from visual stimuli than others</li><li>People respond to questions they think or want the photos to pose – some are more willing to let their preconceived beliefs be disturbed than others</li><li>The potenzial risk of the discussion moving away from the research topic</li><li>Risk of not getting answers to the „why's"</li></ul>

Wie in Tabelle 1 in der Übersicht dargestellt, ist der Einsatz von Fotografien auch mit einigen Problemen behaftet. Dazu zählen die sich bei Fotografien in besonderer Weise stellenden Herausforderungen der Anonymisierung und des Datenschutzes. Vor allem bei Organisationen als Untersuchungsgegenstand dürfte hier die Bereitschaft, Innenansichten in die eigenen Abläufe zu gewähren, schnell an ihre Grenzen stoßen. So wie bereits bei der Erhebung des fotografischen Datenmaterials Zugangsschwierigkeiten zum Feld auftreten können, so bleiben auch Fragen bei der Auswahl der letztendlich in die Interviewsituation einbezogenen Fotografien offen. Sowohl Forscher als auch die Interviewten selbst laufen Gefahr, sich am Kriterium des Außergewöhnlichen – sei es bezogen auf die fotografische Technik, sei es bezogen auf die Bildinhalte – zu orientieren, auch wenn die massenhafte Verbreitung von digitalen Kameras hier möglicherweise eine Verschiebung bewirken wird dahingehend, dass es zunehmend nicht mehr nur dem Besonderen vorbehalten bleibt, fotografisch fixiert zu werden. Auch die Frage, welche Merkmale des Interviewten ihn besonders gut auf die Methode des fotobasierten Interviews ansprechen lassen, muss als noch weitgehend ungeklärt betrachtet werden.

Insgesamt aber konstatieren Petersen/Østergaard (2005, S. 244) trotz der beobachteten Probleme einen „success using group photo views as a way to better comprehend knowledge sharing in specific organisations, using this insight as a stepping-stone to pose more qualified and meaningful questions when interviewing other employees". Gleichzeitig wird deutlich, dass „group photo view" seine Stärke dann entwickelt, wenn es in Kombination mit anderen Erhebungsverfahren eingesetzt wird. „Group Photo Views should never be used exclusively. Rather it should be considered a very fruitful supplement to other kinds of data gathering" (Petersen/Østergaard 2003, S. 20). Sie weisen dabei ausdrücklich darauf hin, dass Fotografien, die vom Forscher selbst aufgenommen werden, nicht betrachtet werden sollten als Repräsentationen der Untersuchungsteilnehmer selbst, sondern viel mehr als Repräsentationen der organisationalen Welt, wie sie vom Forscher wahrgenommen wird. Gleichwohl kann die Verwendung von Fotografien zu einer „rich negotiation with respondents about their reality as they see it (Petersen/Østergaard 2005, S. 247) beitragen.

5 Möglichkeiten und Grenzen der Methode

Die bisher noch in ihrer Anzahl sehr überschaubaren Studien die im Bereich der Organisationsforschung mit Fotografien arbeiten (Buchanan 2001; Petersen/Østergaard 2003, 2005; Schratz/Steiner-Löffler 1998) legen nahe, dass das fotobasierte Interview in seinen verschiedenen Formen ein leistungsstarkes Forschungsinstrument darstellt, mit dessen Hilfe die Befragten zu längeren und (detail)reicheren Erzählpassagen angeregt werden können. Fotografien unterstützen die Befragten darin, auch Objekte oder Szenen ihrer (organisationalen) Alltagswelt zu schildern, die ihnen während eines Interviews in ihrer Selbstverständlichkeit gar nicht ins Bewusstsein treten oder aber für so banal gehalten werden, dass sie ihnen als nicht erzählenswert erscheinen. Zudem erleichtern Fotografien die Kommunikation während des Interviews auch dadurch, dass die Befragten aus den aus ihrer Lebenswelt stammenden Fotografien Sicherheit gewinnen können und so Nervosität während des Interviews abgebaut werden kann. Wie Banks (2001, S. 88 f.) ausführt, erleichtern Fotografien u. a. dadurch das Sprechen, dass der Augenkontakt im Interview nicht gehalten werden muss, da zwischenzeitlich der Blick auf die Fotografien gerichtet werden kann. Schweigephasen, die häufig als unangenehm empfunden werden, können durch das Betrachten der Fotos an Legitimität gewinnen und dadurch die Beteiligten weniger unter Druck setzen. Insgesamt wird mit dem Einsatz von Fotografien die Hoffnung verbunden, dass Status- und Machthierarchien im Interview als weniger stark empfunden werden. Darüber hinaus sind Fotografien geeignet, dass Interesse und die Neugier der Befragten zu wecken. Bereits Collier (1957) hatte in seiner Untersuchung beobachtet, dass diejenigen Teilnehmenden, denen Fotografien vorgelegt wurden, sich deutlich motivierter und aktiver in das Interview einbrachten als dies Befragte der „Kontrollgruppe" taten, die mit herkömmlichen verbalen Fragen interviewt wurden.

Die Einbeziehung von Fotografien in Interviews ist auf die aktive Mitarbeit der interviewten Personen angewiesen, wenn diese die Fotografien für den Forschungszusammenhang herstellen oder aus vorhandenen Beständen auswählen sollen. Insofern kann diese methodische Komponente als Ansatz aktivierender Sozialforschung verstanden werden, bei der die Beforschten in stärkerem Maße in den gesamten Forschungsprozess, d.h. Datenerhebung und Datenanalyse, einbezogen werden. Zudem – auch dies eine Forderung, wie sie von der Handlungsforschung formuliert wurde – kann diese Art des Vorgehens mit Harper (2000, S. 415) als ein Medium verstanden werden, „durch das die Forschenden an die Grenzen ihres Wissens von der Welt der von ihnen erforschten Personen geführt werden. Bei geschicktem Einsatz dieser Methode werden die Rollen im Forschungsprozess vertauscht: Die untersuchte Person wird zum Lehrer, und die forschende Person lernt." Fotografien können also dazu beitragen, dass zum einen im stärkeren Maße symmetrische Kommunikation zwischen Interviewer und Befragten erreicht werden kann und zum anderen im Interviewverlauf auch überraschende, vom Forscher nicht absehbare Aspekte artikuliert werden können.

Durch Fotografien können die befragten Organisationsmitglieder in eine ungewohnte Situation gebracht werden: Fotografiert wird normalerweise eher das Besondere, Außeralltägliche wie etwa im Zusammenhang von Organisationsjubiläen oder Vertragsabschlüsse o.ä. Durch die Aufgabenstellung des „native image-making" (Wagner 1979) werden die Befragten dazu angehalten, den Blick auf das vertraute, alltägliche Miteinander und die Routinen des Organisationsalltags zu richten. Auf diese Weise ermöglichen Fotografien ein „getting inside" in die organisationalen Abläufe. Nicht zuletzt macht diese Untersuchungsmethode interessant, dass sie durch die Kombination von visuellen und sprachlich-fixierten methodischen Zugängen in idealer Weise in multimethodischen bzw. Triangulierungssettings eingesetzt werden kann.

Wenn Buchanan/Bryman (2007, S. 484ff.) mit ihrer Diagnose Recht hätten, dass das Feld der Organisationsforschung derzeit von den drei Trends „widening boundaries", „a multiparadigmatic profile" und „methodological inventiveness" bestimmt sein, dann wäre der Zeitpunkt günstig, dass Techniken der „photo elicitation" oder fotobasierte Methoden allgemein stärkere Berücksichtigung in der Erforschung organisationsbezogener Fragestellungen finden als dies bisher der Fall ist. Mit der Aufnahme fotobasierter Methoden in das vorliegende Methoden-Handbuch verbindet sich daher die Hoffnung, dass der Beitrag Forscher und Forscherinnen im Feld der Organisationsforschung dazu anregen möge, in ihren Forschungszusammenhänge selbst stärker fotografisches Datenmaterial als empirische Basis zu nutzen oder es für die Generierung weiterer Daten einzusetzen, so wie dies im Falle fotobasierter Interviews der Fall ist. Dies ist auch deshalb mehr als wünschenswert, weil letztlich nur die tatsächliche praktische Nutzung fotobasierter

Methoden – auch wenn diese derzeit noch mit vielen methodologischen wie methodischen Unsicherheiten behaftet sind – ihre produktive Weiterentwicklung möglich macht.

6 Anmerkungen

1   Anders als Dirksmeier (2007, S. 6), der die „photo elicitation" als eine von vier distinkten Formen des fotobasierten Interviews unterscheidet, bei der den Interviewpartnern vom Forscher generiertes Material vorgelegt werde, wählt Harper (2002, S. 17) in seiner einflussreichen grundlegenden Übersicht zur „photo elicitation" eine andere terminologische Festlegung: Er beschreibt „photointerviewing" als „a more conventional form of photo elicitation" und bezieht in seinem Beitrag empirische Arbeiten mit ein, bei denen das Fotomaterial „participant-produced" gewonnen wird.
2   Guschker (2002) realisierte in seiner soziologischen Studie „Bilderwelt und Lebenswirklichkeit" eine Kombination von Fotobetrachtung und Interview, um genauer zu untersuchen, wie private Fotos von den Bilder-Betrachtenden zur Erzeugung von biografischer Sinnhaftigkeit genutzt werden. Dazu ließ er die untersuchten Akteure private Fotografien aus ihren Beständen auswählen, um sie dazu Stegreiferzählungen generieren zu lassen.
3   Nachdem zunächst ein Werkstattbericht dieses Forschungsprojekts als online-Ressource veröffentlicht wurde (Petersen/Ostergaard 2003) erschien eine gekürzte Version des Berichts zu einem späteren Zeitpunkt in einem Sammelband (Petersen/Ostergaard 2005).

7 Literatur

Banks, Marcus (2001): Visual Methods in Social Research, London
Bohnsack, Ralf (2003): Rekonstruktive Sozialforschung, Opladen
Bourdieu, Pierre (1981): Einleitung, in: Bourdieu, Pierre/Boltanski, Luc/Castel, Robert/Chamboredon, Jean-Claude/Lagneau, Gérard/Schnapper, Dominique (1981): Eine illegitime Kunst. Die sozialen Gebrauchsweisen der Photographie, Frankfurt/M, S. 11–21
Brake, Anna (2006): Der Bildungsort Familie. Methodische Grundlagen der Untersuchung, in: Büchner, Peter/Brake Anna (Hrsg.), Bildungsort Familie. Transmission von Bildung und Kultur im Alltag von Mehrgenerationenfamilien, Wiesbaden S. 49-80
Buchanan, David A. (2001): The role of photography in organizational research: A re-engineering case illustration, in: Journal of Management Inquiry, 10(2), S. 151-164
Buchanan, David A./Bryman, Alan (2007): Contextualizing Methods Choice, in: Organizational Research. Organizational Research Methods, 10, S. 483-501
Castel, Robert (1981): Bilder und Phantasiebilder, in: Bourdieu, Pierre/Boltanski, Luc/Castel, Robert/Chamboredon, Jean-Claude/Lagneau, Gérard/Schnapper, Dominique (1981): Eine illegitime Kunst. Die sozialen Gebrauchsweisen der Photographie, Frankfurt/M, S. 235-266
Collier, John Jr (1957): Photography in anthropology: a report on two experiments, in: American Anthropologist, 59, S. 843–859
Collier, John Jr./Collier, Malcolm (1991): Visual anthropology: photography as a research method. Albuquerque
Dirksmeier, Peter (2007): Der husserlsche Bildbegriff als theoretische Grundlage der reflexiven Fotografie: Ein Beitrag zur visuellen Methodologie in der Humangeografie, in: Social Geography, 2 (1), S. 1-10. Online-Ressource: www.soc-geogr.net/2/1/2007/sg-2-1-2007.pdf
Emmison, Michael/Smith, Philip (2000): Researching the Visual, London
Endruweit, Günter/Trommsdorff, Gisela (Hrsg.) (1989): Wörterbuch der Soziologie, Stuttgart
Endruweit, Günter/Trommsdorff, Gisela (Hrsg.) (2002^2): Wörterbuch der Soziologie, Stuttgart

Fischer-Rosenthal, Wolfram/Rosenthal, Gabriele (1997): Narrationsanalyse biographischer Selbstpräsentation, in: Hitzler, Ronald; Honer, Anne (Hrsg.), Sozialwissenschaftliche Hermeneutik. Eine Einführung, Opladen 1997, S. 133-165

Flick, Uwe (1998): Qualitative Sozialforschung, Reinbek bei Hamburg

Fuhs, Burkhard (1997): Fotografie und qualitative Forschung, in: Barbara Friebertshäuser/Annedore Prengel (Hrsg.), Handbuch qualitative Forschungsmethoden in der Erziehungswissenschaft, Weinheim/München, S. 265–285

Guschker, Stefan (2002): Bilderwelt und Lebenswirklichkeit. Eine soziologische Studie über die Rolle privater Fotos für die Sinnhaftigkeit des eigenen Lebens, Frankfurt a. M., Berlin

Harper, Douglas (2000): Fotografien als sozialwissenschaftliche Daten, in: Flick, Uwe/von Kardoff, /Steinke (Hrsg.), Qualitative Forschung. Ein Handbuch. Hamburg, S. 402-416

Harper, Douglas (2002): Talking about pictures: a case for photo elicitation, in: Visual Studies, 17, 1, S. 13-26

Heisley, Deborah/Levy, Sidney (1991): Autodriving: A Photoelicitation Technique, in: Journal of Consumer Research, 18, S. 257-272

Hurworth, Rosalind (2003): Photo-Interviewing for Research, in: Social Research Update, 40, online-Ressource unter www.soc.surrey.ac.uk/sru/SRU40.html

Imdahl, Max (1979): Überlegungen zur Identität des Bildes, in: Marquard, Odo/Stierle, Karlheinz (Hrsg.), Identität. Reihe: Poetik und Hermeneutik, Bd. VIII, München, S. 187-211

Kowal, Sabine/O'Conell, Daniel (2000): Zur Transkription von Gesprächen, in: Uwe Flick/Ernst von Kardorff/Ines Steinke (Hrsg.),Qualitative Forschung. Ein Handbuch, Reinbek, S. 437–447

Mayring, Philipp (2000). Qualitative Inhaltsanalyse. Grundlagen und Techniken, Weinheim

Michel, Burkard (2006): Bild und Habitus. Sinnbildungsprozesse bei der Rezeption von Fotografien, Wiesbaden

Mollenhauer, Klaus (1979): Methoden erziehungswissenschaftlicher Bildinterpretation, in: Barbara Friebertshäuser/Annedore Prengel (Hrsg.), Handbuch qualitativer Methoden in der Erziehungswissenschaft, Weinheim/München, S. 247-264

Müller-Doohm, Stefan (1993): Visuelles Verstehen – Konzepte kultursoziologischer Bildhermeneutik, in: Jung, Thomas/Müller-Doohm, Stefan (Hrsg.), „Wirklichkeit" im Deutungsprozess: Verstehen und Methoden in den Kultur- und Sozialwissenschaften, Frankfurt a. M.., S. 438-457

Nohl, Arnd-Michael (2006): Interview und dokumentarische Methode. Anleitungen für die Forschungspraxis, Wiesbaden

Petersen, Nicoline J./Østergaard, Sille (2003) Organisational Photography as a Research Method: What, How and Why. Academy of Management Conference Proceedings, submission identification number12702, Research Methods Division, http://web.cbs.dk/staff/nicoline.petersen/ 12702_organisationalphotography.pdf

Petersen, Nicoline J./Østergaard, Sille (2005): Organisational photography: a ‚snapshot' approach to understanding knowledge sharing, in: Buono, A.F./Poulfelt, F. (Hrsg.), Challenges and Issues in Knowledge Management, Information Age Publishing, Greenwich, S 229-248

Prosser, Jon (Hrsg) (1998): Image-based Research. A Sourcebook for Qualitative Researchers, London

Reichertz, Jo/Marth, Nadine (2004): Der Unternehmensberater als Charismatiker. Hermeneutische Wissenssoziologie und die Interpretation von Homepages, in: Zeitschrift für qualitative Bildungs-, Beratungs- und Sozialforschung, 1, S. 7-29

Schändlinger, Robert (1998): Erfahrungsbilder. Visuelle Soziologie und dokumentarischer Film. Konstanz

Schratz, Michael/Steiner-Löffler, Ulrike (1998): Pupils using photographs in school self-evaluation. In Prosser, Jon (Hrsg.), Image-based research. A sourcebook for qualitative researchers, London, S. 235-251

Stasz, Clarice (1979): The Early History of Visual Sociology, in: Wagner, Jon (Hrsg.), Images of Information, Beverly Hills, S. 119-136
Strübing, Jörg (2004): Grounded Theory. Zur sozialtheoretischen und epistemologischen Fundierung des Verfahrens der empirisch begründeten Theoriebildung, Wiesbaden
Wagner, Jon (1979): Images of Information. Still Photography in the Social Sciences, Beverly Hills
Wang, Caroline/Burris, Marie Ann (1997): Photovoice: Concept, Methodology, and Use for Participatory Needs Assessment, in: Health Education and Behavior, 3, S. 369- 387
Warren, Samantha (2002): Show me how it feels to work here: using photography to research organizational aesthetics, In: Ephemera: Theory & Politics in Organization, 3, S. 224-245
Warren, Samantha (2005): Photography and voice in critical qualitative management research, in: Accounting, Auditing & Accountability Journal, 6, S. 861-882
Wuggenig, Ulf (1990): Die Photobefragung als projektives Verfahren, in: Angewandte Sozialforschung, 16, S. 109-129

Teil II:

Quantitative Methoden der Organisationsforschung

Befragung

Schriftliche Befragung

Anna Brake

1 Einleitung

„Berichten Sie über die Anzahl der Arbeitsräume, die den verschiedenen Zweigen des Gewerbes dienen, und beschreiben Sie jenen Teil des Arbeitsprozesses, an dem Sie mitwirken, nicht nur in technischer Hinsicht, sondern auch in bezug auf die Muskel- und Nervenanspannung, die die Arbeit erfordert, und die allgemeinen Auswirkungen auf die Gesundheit der Arbeiter." So lautet Frage 15 des ersten Teils einer schriftlichen Befragung, die zu den ersten in der Geschichte der empirischen Organisationsforschung zählt, bei der die schriftliche Beantwortung der Fragen durch die Befragten selbst erfolgen sollte. Dieser „Fragebogen für Arbeiter" wurde in der ersten Aprilhälfte 1880 auf Bitte des Herausgebers der Zeitschrift „La Revue socialiste" verfasst. Spätestens die Lektüre der vorangestellten Instruktion des in der „Revue socialiste" veröffentlichten Fragebogens macht deutlich, mit wem wir es als Verfasser zu tun haben:

> „In der Hoffnung, daß wir die republikanische Regierung veranlassen könnten, dem Beispiel der monarchistischen Regierung Englands zu folgen und eine umfassende Untersuchung über die Taten und Untaten der kapitalistischen Ausbeutung zu eröffnen, wollen wir mit den geringen Mitteln, über die wir verfügen, eine solche Untersuchung beginnen. Wir hoffen dabei auf die Unterstützung aller Arbeiter in Stadt und Land, die begreifen, daß nur sie allein in voller Sachkenntnis die Leiden schildern können, die sie erdulden; daß nur sie allein und keine von der Vorsehung bestimmten Erlöser energisch Abhilfe schaffen können gegen das soziale Elend, unter dem sie leiden; wir rechnen auch auf die Sozialisten aller Schulen, die, da sie eine soziale Reform anstreben, auch die genaue zuverlässige Kenntnis der Bedingungen wünschen müssen, unter welchen die Arbeiterklasse, die Klasse, der die Zukunft gehört, arbeitet und sich bewegt" (Marx 1962, S. 569).

Es ist Karl Marx, der sich hier an die Arbeiterschaft Frankreichs wendet, um sie um ihre Unterstützung für eine Fragebogen-Untersuchung zu bitten, deren Ziel darin besteht, erstmals durch eine direkte Befragung der ArbeiterInnen selbst umfassende Informationen über die Arbeits- und Lebensbedingungen der französischen ArbeiterInnen-Klasse zu gewinnen. Mit den Ergebnissen soll Druck auf die französische Regierung ausgeübt werden, damit diese politische Maßnahmen zur Verbesserung der Arbeitsschutzbedingungen in Frankreich ergreife. Mit dieser „enquête ouvrière" finden wir einen ersten Ansatz gesellschaftskritischer empirischer Sozialforschung, der mit Hilfe einer schriftlichen Befragung drei Ziele für sich in Anspruch nimmt:

- einen möglichst umfassenden Einblick in die Lebens- und Arbeitsbedingungen der französischen Arbeiterschaft zu gewinnen und dabei die Bereiche Arbeitsschutz, betriebliche Verhältnisse, Arbeitszeit, Entlohnung und andere auszuleuchten

- den Arbeiter/die Arbeiterin selbst zu Wort kommen zu lassen und sie als ExpertInnen ihrer Lebenswelt zu adressieren, die „in voller Sachkenntnis" Auskunft geben können
- mit der Untersuchung eine bewusstseinsbildende Intention zu verbinden, die den Arbeiter/die Arbeiterin via umfassender sorgfältiger Selbstdokumentation verhilft, sich systematisch Klarheit über die eigene Lebens- und Arbeitssituation zu verschaffen (vgl. Kern 1982, S. 83).

Trotz (oder vielleicht wegen) dieses hohen Anspruchs war das Unternehmen zum Scheitern verurteilt. Es erlitt – und man kann nicht umhin zu sagen: verdientermaßen – das Schicksal aller Untersuchungen, die im Dienst der guten Sache jedes Maß für die praktische Durchführbarkeit verloren haben. Kaum jemand beteiligte sich und schickte, wie erbeten, unter Nennung seines Namens und seiner Adresse die Antworten an den Geschäftsführer der Zeitschrift „La Revue socialiste". Dabei überrascht es wohl kaum jemanden, dass der Rücklauf derart bescheiden ausfiel. Ohne große prophetische Gaben und auch ohne spezifische Methodenkenntnisse war vorauszusehen, dass dieser Untersuchung kein Erfolg im Sinne verwertbarer Ergebnisse beschieden sein würde: Länge des Fragebogens, Anforderungen an die sprachlichen Fähigkeiten der Zielgruppe und Anonymität sind nur einige der methodischen Probleme, die zum Scheitern der Befragung beitrugen. Insofern ist aus der Untersuchung und dem verwendeten „Fragebogen für Arbeiter" einiges zu lernen – darüber, wie man es nicht machen sollte. Aber dazu später.

Anwendungsbereich

Methodisch-systematische schriftliche Befragungen, wie wir sie heute kennen, haben sich vor allem seit den 1970er Jahren entwickelt. Scheuch (1999, S. 10) beschreibt als wesentliche methodische Fortschritte die Anwendung elaborierter Stichprobendesigns, eine „Komplizierung der Stimuli" sowie die Standardisierung von Fragebatterien. Dillman (1978, 2000) hat mit seiner „Total Design Method" und deren Weiterentwicklung ein umfassendes, in Teilen empirisch überprüftes Strategiekonzept vorgelegt, das detaillierte Handlungsanweisungen für jeden einzelnen praktischen Arbeitsschritt einer schriftlichen Befragung – von der Gestaltung des Fragebogens bis hin zur Rückgabe des Fragebogens – enthält, die allesamt darauf zielen, die mit der Beantwortung des Fragenbogens verbundenen Kosten für den Befragten so niedrig wie möglich zu halten (siehe Abschnitt *2 Datenerhebung*). Auch die Auswertungsmöglichkeiten haben sich in den letzten Jahrzehnten von der einfachen deskriptiven Auszählung von Randhäufigkeiten weiterentwickelt hin zu aufwändigen Verfahren. An dieser Entwicklung ist selbstverständlich die Verfügbarkeit leistungsfähiger PCs maßgeblich beteiligt, die mit Hilfe von Statistiksoftware die Auswertung auch umfangreicher Datensätze problemlos erlauben.

In der Regel wird bei einer schriftlichen Befragung das Erhebungsinstrument, der Fragebogen, zugesandt, persönlich überreicht oder – wie häufig bei Befragungen innerhalb von Organisationen – über die Postfächer verteilt. Die zu Befragenden füllen den Fragebogen ohne Beteiligung eines Interviewers selbst aus und geben den Fragebogen persönlich ab oder schicken ihn postalisch zurück. Dabei ist der sinnvolle Einsatz einer schriftlichen Befragung an Voraussetzungen geknüpft. Sie kann als Methode der Datenerhebung (in Organisationen und auch anderswo) vor allem dann sinnvoll eingesetzt werden:

- wenn der Gegenstand der Befragung auf Inhalte zielt, die sich quantifizieren lassen: Wie viel Zeit in Minuten wird z. B. täglich von den ArbeiterInnen für den Weg zur Arbeitsstätte und zurück aufgewendet (vgl. Frage 16, Teil II des „Fragebogens für Arbeiter")?
- wenn generalisierbare Aussagen über quantitative Verteilungen spezifischer Merkmale in definierten Grundgesamtheiten getroffen werden sollen (vor allem, wenn diese Merkmale nur über Selbstauskunft der Beteiligten zu erheben sind; vgl. die Frage 16 nach den Muskel- und Nervenanspannungen bei Ausübung der Arbeitsvorgänge)
- wenn in hinreichendem Maße bereits Vorkenntnisse über den Untersuchungsgegenstand und das Feld bzw. die zu untersuchende Organisation und ihre Akteure vorhanden sind (Ohne grundlegenden Einblick in die Lebens- und Arbeitsbedingungen der französischen Arbeiterschaft kann nicht gezielt nach relevanten Aspekten gefragt werden.)
- wenn die Zielgruppe der zu befragenden Personen nicht zu heterogen ist (So kann nicht bei allen zu Befragenden ein identisches Erhebungsinventar verwendet werden, wenn sich z. B. im Falle der französischen ArbeiterInnen die Arbeitsumgebungen zu stark unterscheiden.)
- wenn die sprachlichen Fähigkeiten der zu Befragenden ausreichend sind: Für den Rücklauf ist nicht nur die Bearbeitungs*bereitschaft* ein entscheidender Faktor, sondern auch die Bearbeitungs*fähigkeit* der Befragten. (Wenn ein Großteil der französischen ArbeiterInnen nicht schon beim Verstehen des „Fragebogens für Arbeiter" überfordert war, so dürfte er sicherlich bei der „so umfassend und ausführlich wie nur möglich" abzufassenden Beantwortung vor großen Schwierigkeiten gestanden haben.)

Bei Vorliegen der oben genannten Voraussetzungen stellt insgesamt – so kann an dieser Stelle zusammengefasst werden – die schriftliche Befragung als Methode der Datenerhebung immer noch eine methodische „via regia" dar, wenn es darum geht, relativ ökonomisch über eine große Zahl von Befragten, z. B. den Mitgliedern einer Organisation, Informationen zu erheben.

Innerhalb der Organisationssoziologie zählt die Organisation als Rahmenbedingung für das Handeln sozialer Akteure zu den zentralen Fragestellungen. Dabei geht es nach Büschges (2002, S. 392) unter anderem – als klassische Fragestellung – „(a) um das Verhalten von Individuen in Organisationen; (b) um die Beziehung zwischen Organisationsmitgliedern und ihrer Organisation". Inhaltlich sind damit eine ganze Reihe verschiedener organisationsbezogener Untersuchungsbereiche auf der Mikro- und auf der Mesoebene der Organisation angesprochen, die vor allem dann über die Methode der schriftlichen Befragung umzusetzen sind, wenn die Organisationsmitglieder und ihre Wahrnehmungen und Sichtweisen im Zentrum stehen. Dies können unter anderem sein:

- Beschreibung von Merkmalen der Organisation (z. B. ihre Kultur, ihre Zielverwirklichung usw.) aus Sicht der Organisationsmitglieder
- Kommunikation/Information innerhalb der Organisation
- Aspekte des Führungsverhaltens
- Zusammenarbeit verschiedener Teile der Organisation
- Entwicklungs-/Verbesserungspotenziale der Organisation aus Sicht der Mitglieder
- Image der Organisation

Generell gilt hier, dass der Anwendungsbereich schriftlicher Befragungen in erster Linie in der Quantifizierung solcher bereits bekannter Aspekte liegt. Explorative Fragestellungen, die auf die Entdeckung neuer Problemfelder zielen, sind in der Regel angemessener mit geringstandardisierten Verfahren zu untersuchen. So wie sich die Fragen in der Organisationsforschung inhaltlich bündeln lassen, können die zu erhebenden Inhalte auch nach der Art der erfragten Information unterschieden werden. Sie können sich beziehen auf:

- *Einstellungen/Meinungen* der Befragten: Zustimmung/Ablehnung zu der Aussage „Bei der heutigen wirtschaftlichen Lage müssen die Gewerkschaften ihre alten Positionen überdenken." (stimme voll zu – stimme überhaupt nicht zu)
- *Überzeugungen* der Befragten (*subjektives Wissen über die Wirklichkeit*): „Wie viele Jahre kann in Ihrem Gewerbe ein Arbeiter von durchschnittlicher Gesundheit seine Arbeit ausführen?" (Frage 36, Teil III des marxschen „Fragebogens für Arbeiter")
- *Verhalten* (retrospektiv/prospektiv) der Befragten: „Haben Sie jemals an einem gewerkschaftlich organisierten Streik teilgenommen?"
- *Eigenschaften* der Befragten/*soziodemographische Angaben*: „Sind Sie Mitglied einer gewerkschaftlichen Organisation?"

In aller Regel wird ein Fragebogen Fragen bzw. Items aus allen vier Bereichen beinhalten. Aber wie ist genau vorzugehen? Wie sind solche Fragen in einem Instrument so zu gestalten, dass sie aussagekräftige und zuverlässige Angaben liefern? Was ist zu beachten, um einen möglichst hohen Anteil der zu Befragenden zur Teilnahme zu bewegen? Diese und andere Fragen der praktischen Durchführung bilden den nächsten Abschnitt der Ausführungen.

2 Datenerhebung und Datenaufbereitung

Wohl für keine andere Erhebungsmethode gilt in gleichem Maße, dass Entscheidungen, die im Vorfeld der eigentlichen Datenerhebung getroffen werden, so weitreichende Folge für den weiteren Forschungsprozess haben. So kann ein Leitfaden in mündlichen Befragungen noch modifiziert oder ein Beobachtungsprotokoll noch erweitert werden, wenn sich dieses im Verlaufe der Datenerhebung als notwendig erweisen sollte. Bei einer schriftlichen Befragung hingegen ist die Datengenerierung kaum mehr zu beeinflussen, sobald der Fragebogen das Büro seiner Entwickler verlassen hat. Hier wird bereits deutlich, dass bei der Konstruktion des Fragebogens sehr viel Sorgfalt aufgewendet werden muss. Gleiches gilt auch für die Durchführungsmodalitäten der Befragung. Auch hier muss äußerst sorgfältig geplant werden, um mögliche Fehler und Ausfälle zu vermeiden.

Dillman hat mit seiner „Total Design Method" (Dillman 1978), später zur „Tailored Design Method" (Dillman 2000) weiterentwickelt[1], einen kurz als TDM bezeichneten Ansatz entwickelt, in dessen Zentrum die Frage steht, wie eine (postalische) schriftliche Befragung so durchgeführt werden kann, dass sie möglichst erfolgreich ist (auch im Sinn einer hohen Rücklaufquote) und aussagekräftige Ergebnisse liefert. Das zentrale Ziel dieses Ansatzes besteht darin, zum einen ein valides Erhebungsinstrument zu entwickeln und zum anderen durch das konkrete forschungspraktische Vorgehen günstige Voraussetzungen für eine möglichst hohe Rücklaufquote zu schaffen. Vor dem Hintergrund der austauschtheoretischen Maxime: „Maximiere durch sorgfältige und aufwändige Durchführung den Nutzen für den Befragten und senke gleichzeitig seine Kosten für eine Beteiligung, um hohen Rücklauf zu erreichen", bietet die TDM eine systematische Anleitung zur Durchführung schriftlicher Befragungen, die durch ihre starke Orientierung an der Forschungspraxis zum Teil fast den Charakter eines „Kochrezepts" annimmt, mit dem alle Phasen des Erhebungsprozesses optimiert werden können, um so einen maximalen Erfolg der Befragung zu gewährleisten.

Die im Rahmen von TDM gemachten Vorschläge, die Kosten einer Teilnahme an einer schriftlichen Befragung für den Befragten zu reduzieren, beziehen sich auf die Gestaltung eines ansprechenden, gut zu bearbeitenden Inventars, auf eine komplikationslose Möglichkeit zur Rückgabe des Fragebogens (z. B. durch gut zugängliche verschließbare Sammelkästen an verschiedenen Orten der Organisation, durch Beifügen eines bereits adressierten, falls nötig auch frankierten, Rückumschlags) und nicht zuletzt auch auf eine hohe Glaubwürdigkeit der Anonymitätszusage. Gerade in Zeiten unsicherer Arbeitsplätze und grassierenden Stellenabbaus ist es für jeden Befragten unabdingbar, dass die von ihm gegebenen Antworten nicht auf seine Person rückführbar sind. Insgesamt soll, so die Forderung der TDM, alles unternommen werden, was geeignet ist, den zeitlichen Aufwand und die zu investierende Energie für den Befragten möglichst gering zu halten (Dillman 1978, S. 14 f.). Gleichzeitig gilt es, durch geeignete Maßnahmen, den Nutzen für den Befragten zu maximieren.

Dies kann z. B. dadurch geschehen, dass die Befragten umfassend über den Sinn und das Ziel der Untersuchung informiert werden und ihnen, wenn möglich, aufgezeigt wird, inwieweit die Ergebnisse der Befragung dazu beitragen, ihre Situation in irgend einer Weise zu verbessern. Nicht unterschätzt werden sollte auch die Wirkung des „being consulted in an important matter" (Dillman 1978, S. 13). In aller Regel ziehen die Befragten Befriedigung daraus, in einer die Organisation betreffenden Frage Gehör zu finden und ihre Einschätzung beisteuern zu können. Daher sollte in jedem Fall im Begleitschreiben die Bedeutung der Teilnahme jedes einzelnen Befragten deutlich herausgestellt werden, ebenso wie die ausdrückliche Versicherung des Dankes an den Befragten wichtiger Bestandteil des Anschreibens ist. Auch das Beilegen kleiner Geschenke (so genannte „Incentives", wie z. B. ein Kugelschreiber), die zunächst ohne Gegenleistung des Befragten dem Fragebogen beigefügt werden, sind als „symbol of trust" (Dillman 1978, S. 16) geeignet, die Teilnahmebereitschaft zu erhöhen.

Die zentrale Idee der TDM, dass die (materiellen und immateriellen) Kosten der Teilnahme für die zu Befragenden auf ein Mindestmaß zu reduzieren sind, beziehen sich wesentlich auch auf den Fragebogen, seine Länge, seinen Aufbau, die aufzunehmenden Items, ihre Formulierung, die zugehörigen Antwortkategorien usw. Für jeden dieser Aspekte stellt Dillman mit der von ihm vorgeschlagenen Methode zum Teil empirisch geprüfte (Dillman 1978, S. 21 ff.), konkrete praktische Handreichungen zur Minimierung der Kosten der Befragungsteilnehmer dar. Bereits die Gestaltung des Anschreibens ist in dem Zusammenhang relevant.

Gestaltung des Anschreibens

Da es bei schriftlichen Befragungen in der Regel keinen direkten persönlichen Kontakt zwischen den Befragten und dem Forscher gibt, kommt dem Anschreiben eine große Bedeutung zu. Art und Inhalt müssen darauf ausgerichtet sein, das Interesse des zu Befragenden zu wecken bzw., in der Terminologie der TDM, den Nutzen einer Teilnahme für den Befragten zu erhöhen. Insgesamt sollte der Zugang zum Befragten nach der TDM möglichst „persönlich" gestaltet werden. Das heißt, die zu Befragenden sollten im Begleitschreiben persönlich mit ihrem Namen angesprochen werden, das Begleitschreiben sollte möglichst handschriftlich unterzeichnet sein usw. (Dillman 2000, S. 164 f.). Hier wird deutlich, dass die TDM das Verhältnis zwischen Befragten und Fragenden als soziale Austauschbeziehung konzipiert. Bezogen auf die Organisationsforschung bedeutet dies, dass der Befragte als wichtiges Mitglied der Organisation adressiert werden sollte, der über eine Teilnahme an der Befragung Möglichkeit zur Mitgestaltung der Organisation erhält.

Auch eine klare Informationspolitik und die Transparenz des Untersuchungsziels spielen eine wichtige Rolle. Daher sollte das Anschreiben unter Verwendung von „offiziellem" Briefpapier folgende Informationen enthalten:

- Institution und Name des Forschungsinstituts (falls extern) bzw. durchführende Organisationsabteilung (falls intern)
- Thema der Befragung
- Sinn und Zweck der Befragung: Betonung der Seriosität
- Verfahren der Auswahl, falls nicht alle Organisationsmitglieder befragt werden
- glaubhafte Zusicherung der Anonymität
- Angabe über die voraussichtlich benötigte Zeit für die Bearbeitung des Fragebogens
- klare Angaben über Zeitpunkt und Möglichkeiten der Rückgabe des Fragebogens

Darüber hinaus schlägt Dillman (1978, S. 171) vor auch eine Telefonnummer zu benennen, unter der gegebenenfalls weitere Informationen über die Untersuchung zu erfragen sind. Neben dem Gebot einer möglichst umfassenden Transparenz der Befragung spielt die gezielte Motivierung der zu Befragenden eine wichtige Rolle im Anschreiben. Das (durch die Befragung zu erhebende) Wissen der Organisationsmitglieder sollte als wichtige Ressource hervorgehoben werden. Hilfreich ist hier auch der Hinweis auf die Möglichkeit zu Partizipation und Einflussnahme durch eine Beteiligung. Dass es sich hierbei nicht um leere Versprechungen handeln darf, versteht sich von selbst. Insofern sollte der Hinweis nicht fehlen, wie und wann die Ergebnisse der schriftlichen Befragung den Organisationsmitgliedern zugänglich gemacht und diskutiert werden sollen.

Gestaltung des Fragebogens

Die TDM macht genaue Vorschläge zur materiellen Beschaffenheit des Fragebogens (Dillman 1978, S. 121). Es soll hochqualitatives weißes Papier verwendet und durch Verkleinerung auf DIN A5-Format und mittige Heftung Bookletform angestrebt werden. Ob diese Vorgaben bis in die Details befolgt werden müssen oder ob es nicht z. B. ausreicht, durch sichere Klammerung und einseitiges Bedrucken von weißem DIN-A4-Papier praktische Handhabbarkeit zu sichern, sei dahingestellt. Entscheidender dürfte sein durch den inhaltlichen wie formalen Aufbau des Fragebogens seine Bearbeitung zu erleichtern. Als wichtige Leitregeln können hier gelten:

Das Layout des Fragebogens so übersichtlich wie möglich gestalten: Hier können Kleinigkeiten sehr hilfreich sein: einen klaren (nicht verschnörkelten) Zeichensatz verwenden, die verschiedenen Fragebogenbestandteile (Fragen, Antwortkategorien und Bearbeitungshinweise) unterschiedlich und klar erkennbar gestalten, also z. B. Filter- und andere Anweisungen kursiv setzen, gefilterte Fragen links einrücken, Fragefortsetzungen auf nachfolgender Seite vermeiden, die Seite nicht mit zu vielen Fragen überladen, visuelle Hilfen einbauen (z. B. Pfeile o.ä.).

Den inhaltlichen Aufbau des Fragebogens so strukturiert wie möglich gestalten: Thematisch zusammengehörige Fragen sollten auch zusammenhängend präsentiert werden, wobei die im Fragebogen enthaltenen Fragenkomplexe aufeinander aufbauen und durch Überleitungen miteinander verbunden werden sollten. Der so genannte Überstrahlungseffekt („Halo-Effekt") ist hier zu beachten. Fragen oder auch Fragenkomplexe stehen jeweils nicht nur für sich, sondern werden im Lichte der vorangegangenen Fragen beantwortet (Schwarz 1991). Fragen nach der Qualität der Zusammenarbeit in der Organisation sollten also z. B. nicht direkt im Anschluss an einen Fragenbereich gestellt werden, bei dem es um eine organisationsintern stark kontrovers diskutierte Frage geht. Es empfiehlt sich mit leicht zu beantwortenden, interessanten Fragen zu beginnen („Warming-up"-Fragen), während sensible Themen erst im letzten Drittel des Fragebogens angesprochen werden sollten. Demographische Angaben der Befragten sollten eher am Schluss erfragt werden, möglicherweise mit dem Hinweis, dass diese für die Auswertung sehr wichtig sind und sie keinen Rückschluss auf konkrete Personen ermöglichen. Auch ein zwischendurch motivierendes „So, jetzt haben Sie es fast geschafft!" kann hilfreich sein.

Formulierung der Fragen/Items

Der Umstand, dass die Befragten bei der Beantwortung der Fragen auf sich gestellt sind und niemand um Erläuterung bei Unklarheiten gebeten werden kann, erfordert, dass jede Frage des Erhebungsinventars aus sich heraus verständlich ist. Daher muss bei der Formulierung der Items sehr viel Sorgfalt aufgewendet werden.[2] Die Hinweise, die es hier zu beachten gilt, sind vielfach zusammengetragen worden (Schnell/Hill/Esser 1999, S. 305 f.; Lamnek 2000, S. 288 ff.; Atteslander 2003, S. 173 f.) und müssen daher an dieser Stelle nicht eingehender ausgeführt werden. Zu den wichtigsten Regeln gehören in diesem Zusammenhang:

- sprachlich einfache Formulierungen; Verzicht auf Fremdwörter, die über den üblichen Sprachgebrauch hinausgehen
- kurze Aussagen/Fragen, kein verschachtelter Satzbau
- neutral formulierte Aussagen/Fragen: keine suggestiven Begriffe oder Formulierungen (z. B. Kapitalist)
- möglichst konkrete Aussagen/Fragen, die auf einen spezifischen Sachverhalt zielen (statt allgemein nach Zufriedenheit, besser nach Arbeitszufriedenheit oder Zufriedenheit im Privatleben fragen.)

- nur eindimensionale Aussagen/Fragen, die sich auf nur einen Sachverhalt beziehen
- keine Aussagen/Fragen, die Wörter wie „alle", „immer", „niemand" und „niemals" enthalten
- keine Aussagen/Fragen, die doppelte Verneinungen beinhalten
- keine Fragen, die den Befragten überfordern, indem sie z. B. Berechnungen erfordern: „Wie Prozent Ihrer täglichen Arbeitszeit wenden Sie für Besprechungen und Meetings auf?"
- möglichst keine hypothetischen Fragen

Insgesamt geht es nach der dillmanschen TDM darum, durch eine entsprechende Formulierung der Fragen zu gewährleisten, dass diese schnell und leicht vom Befragten verstanden und beantwortet werden können. Gleichzeitig muss durch die Klarheit der Itemformulierung sichergestellt sein, dass tatsächlich die gewünschte Information erhoben wird (und nicht irgendetwas Anderes).

Gestaltung der Antwortvorgaben

Nicht nur die Frageformulierung, sondern auch die Gestaltung der Antwortvorgaben, nimmt Einfluss auf das Antwortverhalten der Befragten (Rohrmann 1978; Tränkle 1987). Es ist also sorgfältig abzuwägen, welche formale Struktur die Antwortvorgaben und Fragen jeweils aufweisen sollen, damit nicht schon bestimmte Antworten „manipulativ" angelegt sind oder im dillmanschen Sinn die Kosten einer Beantwortung für den Befragten zu hoch sind. Generell können verschiedene Antwortformate unterschieden werden.

Offene Fragen: Hier sind die zu Befragenden völlig frei in der Beantwortung der Frage, es gibt also kein vorgegebenes Antwortraster. In der Regel werden lediglich leere Zeilen vorgegeben, auf denen sie sich äußern können. Dem zentralen Vorteil offener Fragen, dass nämlich die Beantwortung ausschließlich aus dem Relevanzsystem des Befragten heraus erfolgt und dadurch neue Aspekte des Untersuchungsfeldes „entdeckt" werden können, steht als schwerwiegender Nachteil gegenüber, dass erfahrungsgemäß ein hoher Anteil der Befragten auf die beantwortungsaufwändigen, offenen Fragen nicht antwortet. Hinzu kommt, dass unterschiedliche Artikulationsfähigkeiten der Befragten dazu beitragen können, eine „künstliche" Unterschiedlichkeit im Antwortmaterial zu generieren. In erster Linie ist es jedoch wohl der spätere hohe Auswertungsaufwand, der als Nachteil offener Fragen gewertet wird. Schnell/Hill/Esser (1999, S. 310) raten daher zu der Verwendung von gut konzeptualisierten, theoretisch begründeten und durch einen Pretest geprüften geschlossenen Fragen, da in aller Regel auch bei offenen Fragen wieder Zusammenfassungen von Antwortmustern vorgenommen werden müssten, um eine quantifizierende Analyse zu ermöglichen. Der eingangs erwähnte marxsche „Fragebogen für Arbeiter" bestand z. B. ausschließlich aus solchen offenen Fragen, was einer der Gründe für das Scheitern der Untersuchung gewesen sein dürfte. Im Sinne der von Dillman geforderten Kostenminimierung für den Befragten ist also ein ebenso sparsamer wie wohlbegründeter Umgang mit offenen Fragen anzuraten.

Geschlossene Fragen: Bei geschlossenen Fragen werden Antwortkategorien vorgegeben, aus denen die Befragte die für sie zutreffende Kategorie bzw. im Fall von Mehrfachantworten mehrere Kategorien auswählen können. Bei der Gestaltung der Antwortkategorien sind einige Regeln zu beachten. Die vorgegebenen Antwortkategorien müssen *vollständig* sein, das heißt, sie müssen das gesamte Antwortspektrum umfassen.[3] Wie gut dies gelungen ist, ist in der Regel später bei der Auswertung daran erkennbar, ein wie hoher Anteil der Befragten die Kategorie „sonstiges" gewählt hat, sich also in den vorgegebenen Antwortkategorien nicht „wiederfinden" konnte. Auch die Kategorie „weiß nicht" sollte in der Regel ein Bestandteil der Antwortvorgaben sein.

Neben dem Gebot der Vollständigkeit sollten die verschiedenen auszuwählenden Antwortvorgaben zusätzlich *disjunkt* sein (wenn Mehrfachnennungen vorgesehen sind), das heißt, sie sollten sich wechselseitig ausschließen. Eine Verletzung dieser Regel tritt häufig dann auf, wenn in den Antwortkategorien unterschiedliche Verallgemeinerungsebenen parallel verwendet werden, z. B. wenn auf die Frage nach Ansprechpartnern bei beruflichen Problemen sowohl „meine Vorgesetzten" als auch „mein Abteilungsleiter" als zutreffend gekennzeichnet werden können. Als weitere Regel für die Gestaltung der Antwortkategorien gilt, dass sie *eindeutig* sein sollen in dem Sinn, dass später bei der Auswertung ein möglichst geringer Interpretationsspielraum gegeben ist. So ist etwa die Antwortkategorie „3 bis 5 mal die Woche" eindeutiger als „häufig". Bezogen auf die Anzahl der vorgegebenen Antwortmöglichkeiten gilt, dass sie für die Befragten überschaubar sein müssen. So sollte nach Mayntz (1972, S. 109) nach dem Lesen/Hören der letzten Antwortmöglichkeit alle vorangegangenen Antwortkategorien noch im Gedächtnis des Befragten präsent sein können. Mehr als sechs Antwortvorgaben können je nach Zielgruppe der Befragung also schon problematisch sein.

Bei Einstellungsfragen kommt in der Regel ein Antwortformat zum Einsatz, das als „Ratingskala" bezeichnet wird. Die Befragten können dabei auf einem Kontinuum von z. B. „trifft vollständig zu" bis „trifft überhaupt nicht zu" ihre jeweilige Haltung zu dem Item kennzeichnen. Hier besteht die Forderung nach balancierten Antwortvorgaben, das heißt, das Spektrum an Ablehnung ist in den Antwortkategorien genauso breit und differenziert zu erfassen wie das Spektrum an Zustimmung. Eine lange Diskussion gibt es in diesem Zusammenhang zu den Fragen, aus wie vielen Kategorien die Antwortskala zusammengesetzt sein soll und ob sie aus einer geraden oder ungeraden Anzahl von Antwortkategorien bestehen soll. Eine ungerade Anzahl belässt für den Befragten die Möglichkeit, sich indifferent zu verhalten, also z. B. bei einer Zustimmungsskala die Kategorie „teils/teils" zu wählen und nicht per „forced choice" in die eine oder andere Richtung gedrängt zu werden. Gleichzeitig sind aber aus auswertungsstrategischen Gesichtspunkten solche Teils-teilsoder Weder-noch-Antworten weniger erwünscht, da mit ihrer Hilfe nichts „erklärt" werden kann. Insgesamt scheinen sich fünf- bzw. siebenfach gestufte Ratingsskalen weitestgehend durchgesetzt zu haben. Hier geht man davon aus, dass sie zum einen hinreichend differenzierte Antworten liefern und gleichzeitig jedoch das Differenzierungsvermögen (von gesunden erwachsenen Befragten) nicht überfordern.

Hybridfragen: Hybridfragen stellen eine Kombination aus offenen und geschlossenen Antwortvorgaben dar und bieten den Befragten die Möglichkeit, zusätzlich zu den formulierten Antwortvorgaben bei Bedarf eine andere/zusätzliche Antwort aufzuführen. Häufig wird dazu ein Antwortfeld „sonstiges" eingefügt, in das die Befragten die für sie zutreffende Antwort eintragen können. Vor allem, wenn der Antwortrahmen nicht vollständig bekannt und systematisierbar ist, ist eine solche Antwortmöglichkeit unverzichtbar.

Ranking vs. Rating: Sollen verschiedene Aspekte eines Sachverhalts in ihrer Bedeutung eingeschätzt werden, so können diese einerseits jeweils mit Hilfe einer entsprechenden Ratingskala erhoben werden (sehr wichtig – völlig unwichtig). Ein solches Vorgehen hat jedoch – vor allem bei umfangreichen Listen zu bewertender Aspekte – den Nachteil, dass die Befragten „durch die Liste jagen" und keine differenzierte Einschätzung abgeben. Auch besteht die Gefahr, dass mehr oder weniger alle Aspekte als „wichtig" gekennzeichnet werden. Abhilfe kann dadurch geschaffen werden, indem die verschiedenen Aspekte nicht gerated werden, sondern die Befragten gebeten werden, sie nach ihrer Bedeutung in eine Rangfolge zu bringen. Die Frage, ob Rankingprozeduren wirklich besser für die Messung von Wertorientierungen geeignet sind als Ratingskalen, wird in der empirischen Sozialforschung kontrovers diskutiert (Klein/Arzheimer 1999; Sacchi 2000; Klein/Arzheimer 2000). Zwar wird für das als Ranking bezeichnete Vorgehen eine höhere Datenqualität beansprucht, weil für die Erstellung einer Rangreihe ein größerer kognitiver Aufwand nötig sei als beim Rating, gleichzeitig handelt es sich jedoch um ipsative Messungen, da keine Aussage über die absolute Positionierung der Einschätzung getroffen werden können und somit eine interindividuelle Vergleichbarkeit schwierig ist. Außerdem – ein weiterer Nachteil – sagt ein Ranking nichts über die jeweiligen Abstände zwischen den vergebenen Rangplätzen aus.

Neben solchen testtheoretischen Erwägungen spielt natürlich die Verständlichkeit des entwickelten Instrumentariums eine entscheidende Rolle. Diese zu gewährleisten, ist eine der wichtigen Funktionen eines Pretests. Darüber hinaus liefert er wichtige Informationen hinsichtlich der Befragungsdauer, möglicher Probleme bei der Beantwortung der Fragen, möglicherweise auftretender Kontexteffekte und des Interesses und der Aufmerksamkeit der Befragten. Ein Pretest sollte dabei so weit als möglich unter den Bedingungen durchgeführt werden, die auch für die eigentliche Erhebung geplant sind.

Gestaltung des Rücklaufs

Generell ist nach Dillman auch bei der Organisation des Rücklaufs darauf zu achten, dass auch hier den Prinzipien von Kostenminimierung und Nutzenmaximierung für die befragten Personen Rechnung getragen wird, indem die Abgabe des ausgefüllten Fragebogens mit möglichst wenig Aufwand verbunden ist. Hier können innerhalb der Organisation verschließbare Rückgabekästen aufgestellt werden, die möglichst an zentralen „Knotenpunkten" der Organisation platziert sein sollten, um den Befragten unnötige Wege zu ersparen. Möglicherweise ist auch daran zu denken, nach etwa zwei Wochen allen Befragten eine Erinnerungspostkarte zu schicken, mit der denjenigen, die den Fragebogen bereits zurückgegeben haben, gedankt wird und diejenigen, die dies noch nicht getan haben, erneut gebeten werden, sich an der Befragung zu beteiligen. Die dillmansche TDM geht davon aus, dass mit steigender Anzahl der Kontakte auch der Rücklauf zunimmt und schlägt daher bis zu vier solcher Nachfassaktionen vor. Wenn dann schließlich die Phase der Datenerhebung abgeschlossen werden kann, stellt sich die Frage nach der angemessenen Form der Auswertung. Hier stehen zum einen eine ganze Reihe verschiedener Auswertungsmethoden zur Verfügung, die auf die Überprüfung und Optimierung der Qualität von Itembatterien zielen (so die Berechnung der üblichen Itemkennwerte, Trennschärfe und Schwierigkeit, sowie die gebräuchlichen Skalenwerte, Homogenität und innere Konsistenz, (Lienert 1994). Gleichzeitig kann das gesamte Repertoire der statistischen Auswertungsmethoden von einfachen Häufigkeitsverteilungen bis hin zu multivariaten Verfahren wie

Diskriminanz- und Clusteranalyse oder Multidimensionale Skalierung (Backhaus et al. 2000) bei der Auswertung von Fragebogendaten eingesetzt werden. Wenn im Folgenden dennoch eine relativ grundlegende Möglichkeit der Datenverdichtung in Form der Quartilberechnung zum Gegenstand gemacht wird, dann hängt dies damit zusammen, dass es sich hierbei um eine sehr nützliche, gleichwohl aber bislang wenig verbreitete Form der Darstellung handelt.

3   Datenanalyse und Dateninterpretation

Da es, vor allem bei organisationsinternen Befragungen, wünschenswert ist, dass die Ergebnisse allen Mitarbeitern der Organisation, zumindest aber den in die Befragung einbezogenen, zugänglich gemacht werden, bleibt die Auswertung häufig im Wesentlichen auf einfache deskriptive Angaben beschränkt. So findet man oft eine auf absoluten und relativen Häufigkeiten basierende Ergebnisdarstellung. Dass eine solche Prozentwertaufschlüsselung vor allem bei der Verwendung von Itembatterien sehr schnell zu einem Zahlenfriedhof führt, sieht man daran, dass allein schon bei nur fünf Einstellungsitems, die mit Hilfe einer fünffach gestuften Ratingskala erhoben wurden, 25 Prozentangaben zu bewältigen sind, um das Antwortverhalten angemessen einschätzen zu können: 8% bewerten z. B. einen Aspekt als „wichtig", 15% als „eher wichtig", 28% als „weder/noch" usw. Wollte man nun noch zwei Organisationsabteilungen in ihrem Antwortverhalten miteinander vergleichen, müssten dazu schon 50 Prozentzahlen der oben beschriebenen Art herangezogen werden.

Der Ausweg aus einer solchen Zahlenfülle besteht darin, diese Daten unter zwei Fragestellungen zu verdichten. Hier interessiert zum einen eine Angabe über die durchschnittliche[4] Antworttendenz der Befragten: Wie haben sie im Schnitt geantwortet, wo liegt der Punkt auf der von „wichtig" bis „nicht wichtig" reichenden Antwortskala, der das Antwortverhalten der Befragten bzw. der das Schwergewicht der Verteilung am besten repräsentiert? Zum anderen ist interessant, wie unterschiedlich die Befragten auf ein Item reagiert haben bzw. wie einig sie sich bei dessen Beantwortung waren. Hat zum Beispiel die ganz überwiegende Mehrheit der Befragten eine Kategorie gewählt (z. B. „wichtig") oder haben sie bei der Beantwortung des Items die gesamte Antwortskala von „wichtig" bis „nicht wichtig" ausgenutzt. Gewünscht ist hier ein Bereich der Skala, in welchem sich die Antworten konzentrieren. Ist dieses Intervall klein, dann liegt eine geringe „Streuung" der Daten bzw. ein homogenes Antwortverhalten vor. Ist es groß, dann ist das Antwortverhalten durch eine große Streuung gekennzeichnet, das heißt, die Befragten zeigen eine heterogene Reaktion auf das entsprechende Item.

Bei Antwortskalen der beschriebenen Art lassen sich die Antwortkreuze nur im Sinne von „mehr" oder „weniger", von „größerer" oder „geringerer" Bedeutung interpretieren. Man spricht in solchen Fällen von ordinalem Messniveau. Die in diesen Fällen häufig praktizierte Berechnung des arithmetischen Mittelwertes und der Standardabweichung ist also nicht korrekt, da ihre Verwendung strenggenommen Intervallskalenniveau, das heißt die Interpretierbarkeit der Skalen*abstände* voraussetzt, die aber bei Ratingskalen nicht gegeben ist. Hinzu kommt, dass bei bimodalen Verteilungen die Verwendung des arithmetischen Mittelwerts problematisch ist. Im Fall ordinal gemessener Antworthäufigkeiten ist die so genannte Quartildarstellung daher eine angemessenere Form der Auswertung. Mit Hilfe zweier Angaben kann die gewünschte Datenverdichtung erreicht werden. Den Punkt auf der Antwortskala, der das durchschnittliche Antwortverhalten beschreibt, erfasst der Median (Mdn) und das Intervall, in dem sich die Antworten konzentrieren, beschreibt der Quartilabstand (QA).

Abbildung 1: Prozentuale Häufigkeitsverteilung der Antwortverteilung für das Item „mich nicht zu sehr anstrengen müssen" und Medianpositionierung

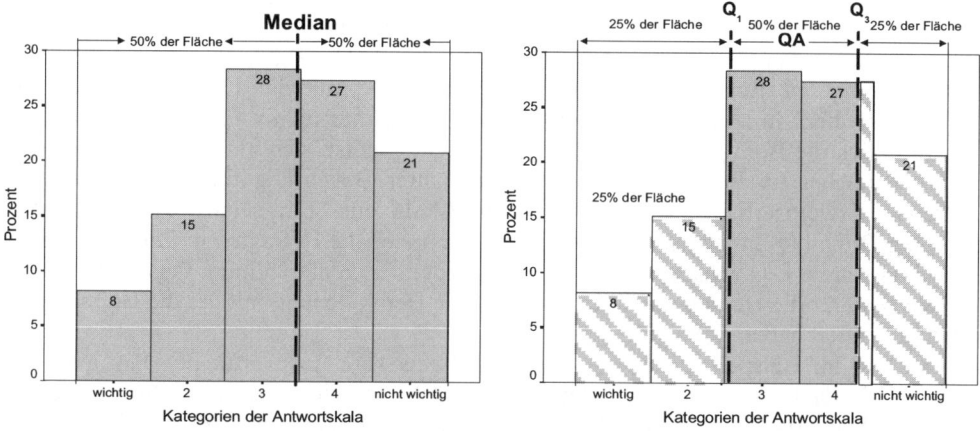

Wie in Abbildung 1 deutlich wird, ist der Median der Punkt auf der von 1 (wichtig) bis 5 (unwichtig) reichenden Antwortskala, der die Verteilungsfläche halbiert.[5] So wird die Befragtengruppe in zwei genau gleich große Gruppen geteilt. Diejenigen 50%, für die den erfragten Aspekt eine Bedeutung kleiner als der Median hat (Verteilungsfläche rechts des Medians) und diejenigen 50%, für die dieser Aspekt eine größere Bedeutung als der Median hat (Verteilungsfläche links des Medians). Hier wird deutlich, dass der Median das „durchschnittliche" Antwortverhalten der Befragtengruppe wiederspiegelt.

Um das Antwortverhalten zu beschreiben, bedarf es neben dem Schwerpunkt der Antwortverteilung auch einer Information über die Streuung, das heißt die Unterschiedlichkeit, mit der die Befragten auf das Item reagiert haben. Dieses geschieht mit Hilfe des Quartilabstandes, der sich über das 1. Quartil (Q_1) und das 3. Quartil (Q_3) bestimmen lässt. Die Quartile werden analog zum Median festgelegt: So wie dieser den Punkt auf der Antwortskala markiert, der die Fläche unter der Antwortverteilung halbiert, so kennzeichnet das 1. Quartil den Punkt auf der Skala, der die unteren 25% der Befragten, die diesem Aspekt die größte Wichtigkeit zuordnen, abtrennt. Das 3. Quartil (Q_3) schneidet entsprechend die Verteilung an dem Punkt der Skala, der die 25% im oberen Abschnitt der Verteilung liegenden Befragten von den unteren 75% trennt.[6]

Die Länge des Skalenintervalls zwischen Q_1 und dem Median muss nicht identisch sein mit der Länge des Intervalls zwischen dem Median und Q_3. Dies wird klar, wenn man sich den Fall vorstellt, dass nur sehr wenige Befragte die ersten drei Antwortkategorien gewählt und die ganz überwiegende Mehrheit sich für die Kategorien 4 („eher nicht wichtig") und 5 („nicht wichtig") entschieden hätten. Q_1 wäre in diesem Fall deutlich nach rechts verschoben und entsprechend wäre das Intervall zwischen Q_1 und dem Median deutlich größer, weil ein größeres Skalenintervall nötig wäre, um 25% der Befragten einzuschließen. Demgegenüber reichte in diesem Fall für den Abstand zwischen dem Median und Q_3 ein sehr kleiner Skalenabschnitt aus, um die Fläche von 25% zu markieren. Weicht die Länge des Skalenintervalls zwischen Q1 und dem Median deutlich von der Länge des Intervalls zwischen dem Median und dem 3. Quartil ab, ist daran zu erkennen, dass das Antwortverhalten sich nicht symmetrisch über die Antwortskala verteilt (wir es also mit einer schiefen Verteilung zu tun haben).

Mithilfe des 1. und des 3. Quartils kann nun der Quartilabstand (QA) bestimmt werden. Er bezeichnet das zwischen Q_1 und Q_3 liegende Skalenintervall. In diesem Bereich finden sich die mittleren 50% der Befragten (siehe Abbildung 1). In unserem Beispiel liegt das erste Quartil bei Q_1 =2.56 und das dritte Quartil bei Q_3 =4.35, also verteilen sich die mittleren 50% der Befragten auf einen Skalenabschnitt mit der Länge von knapp 1,8 Skalenintervallen. Im Antwortverhalten wird anhand dieser relativ großen Streuung deutlich, dass sich die Befragten in der Frage, wie wichtig es ist, sich nicht zu sehr anstrengen zu müssen, eher uneinig sind. Sie nutzen bei ihrer Bewertung dieses Aspektes ihrer (späteren) Erwerbsarbeit die gesamte Antwortskala aus. Ein relativ kleiner Abstand zwischen Q_1 und Q_3 hingegen würde bedeuten, dass sich die Befragten in ihrer Beurteilung eher einig waren. Das zwischen Q_1 und Q_3 liegende Skalenintervall, der Quartilabstand, ist also ein Maß für die Homogenität beziehungsweise Heterogenität, mit der die Befragten auf ein Item reagiert haben.

So wie im Beispiel dieses ausgewählten Items kann jede ordinale Häufigkeitsverteilung auf drei Kennwerte verdichtet werden. Dabei spielt es keine Rolle, ob die vorgegebene Antwortskala vier, fünf (wie in dem Beispiel) oder sieben Kategorien umfasst. Ergebnisse der beschriebenen Art lassen sich deutlich besser nachvollziehen, wenn sie in eine optisch leicht lesbare Grafik umgesetzt werden. Hier sind Mediandarstellungen eine große Hilfe, die „auf einen Blick" über Schwerpunkt und Streuung der zu einer Itembatterie gehörenden Antwortverteilungen informieren.

Abbildung 2: Mediandarstellung des Antwortverhaltens für Einzelitems

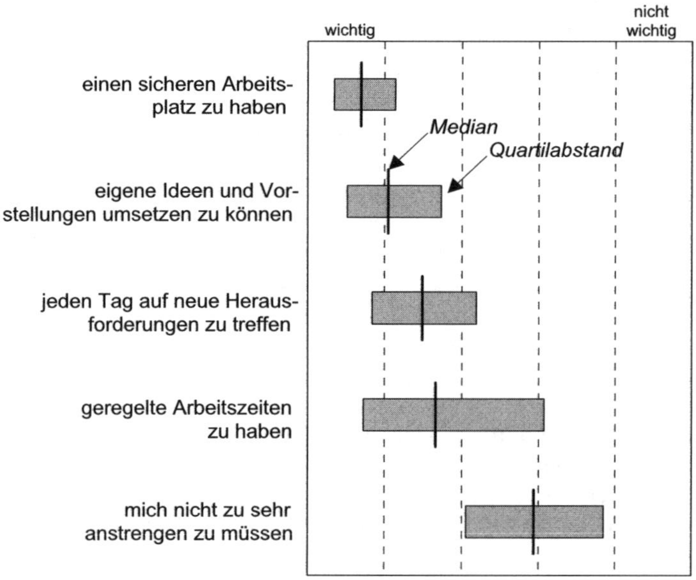

Sehr schnell sind aus Abbildung 2 die zentralen Ergebnisse zu ersehen. Unter den beispielhaft ausgewählten Items rangiert der Aspekt eines sicheren Arbeitsplatzes ganz oben, der Schwerpunkt der Antwortverteilung liegt in der Mitte des Skalenintervalls „wichtig", während z. B. die Möglichkeit, jeden Tag auf neue Herausforderungen zu treffen von den Mitarbeitern im Mittel als „eher wichtiger" Aspekt ihrer Erwerbsarbeit bewertet wird.[7] Gleichzeitig zeigt die Mediandarstellung auch, dass die Befragten in unterschiedlichem Maß einheitlich auf die Items reagiert haben. So konzentrieren sich die Antworten bei dem Item „einen sicheren Arbeitsplatz zu haben" deutlich auf die Kategorie „wichtig", wie an der Kürze des Quartilabstandes deutlich wird. Inwieweit regelmäßige Arbeitszeiten zu haben in der Wahrnehmung der Befragten eine wichtige Rolle spielt, ist demgegenüber deutlich umstrittener. Bei diesem Item erstreckt sich der Quartilabstand über nahezu zweieinhalb Skalenintervalle, die Streuung im Antwortverhalten ist also beträchtlich. Wie deutlich wurde, bietet die Quartilberechnung und die auf ihr basierende Quartildarstellung eine anschauliche Möglichkeit zur Datenverdichtung für einzelne Items. Aus diesem Grund kam sie auch in der nachfolgend zu beschreibenden Lehrevaluation zum Einsatz, die als Anwendungsbeispiel für eine schriftliche Befragung innerhalb der Organisation Hochschule dienen soll.

4 Anwendungsbeispiel

Die Evaluation universitärer Lehrveranstaltungen hat als Instrument der Qualitätsmessung und -sicherung vor dem Hintergrund einer insgesamt hohen Zahl von Studienabbrechern, langen Studienzeiten und universitärem Massenbetrieb in den 90er Jahren erheblich an Bedeutung gewonnen. An einer Vielzahl von Universitäten hat sich mittlerweile eine regelmäßige Evaluation der Lehre auf der Basis von Studierendenbefragungen etabliert. So haben z. B. Schnell/Kopp (2000, S. 23) in ihrer Befragung von insgesamt 81 Fachbereichen, Instituten oder Fakultäten mit sozialwissenschaftlichen Studiengängen[8] in Deutschland gezeigt, wie stark solche Lehrevaluationen mittlerweile verbreitet sind. In mehr als zwei Dritteln dieser Institutionen war bereits mindestens einmal eine solche Lehrevaluation durchgeführt worden. Das Hochschulrahmengesetz (HRG) schreibt in §6 regelmäßige Lehrevaluationen vor: „Die Arbeit der Hochschulen in Forschung und Lehre (...) soll regelmäßig bewertet werden. Die Studierenden sind bei der Bewertung der Qualität der Lehre zu beteiligen. Die Ergebnisse der Bewertungen sollen veröffentlicht werden." Worauf zielen diese Bewertungen durch die Studierenden? In aller Regel werden mit Hilfe der Evaluationsinventare folgende Aspekte der universitären Lehre erfasst:

- das Lernverhalten der Studierenden
- das Lehrverhalten der Dozierenden
- das Unterrichtsmaterial
- der Betreuungsaufwand durch die Dozierenden
- der Lernerfolg der Studierenden
- der Bezug zu anderen Veranstaltungen
- die äußeren Bedingungen der jeweiligen Veranstaltung (Bülow-Schramm 1994, S. 9)

In der Regel werden die Einschätzungen der Studierenden über eine standardisierte schriftliche Befragung erhoben. Zum Einsatz kommt dabei eine ganze Reihe von verschiedenen Evaluationsinstrumenten, die mittlerweile entwickelt und überprüft wurden. Eine vergleichende Analyse der vorhandenen Instrumente zeigt dabei, dass die Inhalte gängiger Evaluationsbögen eine hohe Übereinstimmung aufweisen (Diehl 2000). Generell steht dabei im Zentrum des Bemühens „den Lehrprozess – die Vermittlung von Kenntnissen durch Professoren und die Aneignung von Wissen und Ausbildung durch die Studierenden – intern in Fachbereichen und Lehrveranstaltungen zu verbessern" (Rindermann 1996, S. 12). Um das praktische Vorgehen bei einer solchen Evaluation zu verdeutlichen, wird eine am Fachbereich Erziehungswissenschaften der Philipps-Universität Marburg durchgeführte Lehrevaluation auf Basis einer schriftlichen Befragung von Studierenden in ihren einzelnen Schritten erläutert.

Praktischer Ablauf einer Lehrevaluation

Hintergrund der im Wintersemester 1998/99 durchgeführten schriftlichen Evaluation der Lehrveranstaltungen war ein von der Zentralverwaltung der Universität beschlossener Maßnahmenkatalog zur Qualitätssicherung und -förderung in der Lehre, das aus Mitteln des Hochschulsonderprogramms zur Verbesserung der Strukturen im Hochschulbereich finanziert wurde. Das zentrale Ziel bestand darin, den jeweiligen Dozenten durch das Feedback der Studierenden Rückmeldung über verbesserungsfähige Einzelaspekte ihres Lehrverhaltens und der Veranstaltungsorganisation zu geben. Zum Einsatz kam dabei ein doppelseitiger Evaluationsbogen, der in drei Varianten für die verschiedenen Veranstaltungstypen Vorlesung, Seminar und Praktikum vorlag (Staufenbiel 2001, S. 56 ff.).

Diese Evaluierungsinstrumente wurden im Vorfeld allen Lehrenden dieses Semesters zugänglich gemacht und in den Gremien des Fachbereichs breit diskutiert.

Der Fachbereich Erziehungswissenschaften beschloss nach eingehender Beratung an der als zentrale Dienstleistung angebotenen Evaluation nicht teilzunehmen. Die Gründe für diesen Entschluss hingen in erster Linie mit der Beschaffenheit der zentralen Evaluationsinstrumente zusammen. Aus Sicht der Mitglieder des Fachbereiches Erziehungswissenschaften berücksichtigten sie zu wenig die (unter anderem räumlichen und ausstattungsbezogenen) Rahmenbedingungen, unter denen Lehrveranstaltungen stattfinden. Dadurch, so die Befürchtung, käme es im Vergleich mit besser ausgestatteten Fachbereichen zu einer systematischen Benachteiligung des Fachbereichs, da dort chronisch in überfüllten Seminaren mit hoher Lärmbelästigung gearbeitet werden müsse. Zum anderen wurde am zentralen Evaluationsinstrument bemängelt, dass es ausschließlich aus geschlossenen Fragen bzw. Items besteht, die keinen Raum für freie Äußerungen der Studierenden ließen und dass einzelne Items zu sehr in das pädagogische Verhältnis eingriffen.

Statt der Verwendung der zentralen Evaluierungsinstrumente sollten daher eigene Fragebögen entwickelt werden, die die oben beschriebenen als problematisch empfundenen Aspekte korrigierten, gleichwohl aber auch zu großen Teilen das zentrale Evaluationsinstrument übernahmen. Da es insgesamt unter den Lehrenden durchaus Vorbehalte und Befürchtungen gegen das geplante Evaluierungsprojekt gab, wurde großer Wert auf eine angemessene Einbeziehung aller Beteiligten gelegt. Man verständigte sich in den Gremiensitzungen darauf, dass die offen zu beantwortenden Anteile des Fragebogens verstärkt werden sollten. Über die allgemeine Frage nach konkreten Verbesserungsvorschlägen in Bezug auf die betreffende Veranstaltung hinaus wurden die Studierenden gebeten, sich zu sechs verschiedenen Aspekten der Lehrveranstaltung mit eigenen Worten zu äußern. Außerdem wurden einzelne Items entfernt, andere hinzugefügt. Diese Änderungen müssen hier nicht im Einzelnen ausgeführt werden. Entscheidend ist, dass sie diskutiert und von der Mehrheit der Lehrenden befürwortet wurden, und damit im Vorfeld eine gute Akzeptanz für die geplante fachbereichseigene Evaluation geschaffen war. Fragebogenkonstruktion sollte so weit wie möglich Teamarbeit sein.

Etwa zur Mitte des Semesters wurden alle Lehrenden angeschrieben und gebeten, innerhalb der folgenden zwei Wochen mitzuteilen, wie viele Bögen sie für ihre jeweiligen Lehrveranstaltungen benötigen. Auf der Basis dieser Rückmeldungen fanden sie etwa vier Wochen später eine entsprechende Anzahl von Evaluationsbögen in ihren Postfächern vor. Der/die Lehrende konnte sodann in einer Sitzung nach Wahl, spätestens jedoch in der vorletzten Semesterwoche die Bögen an die Seminarteilnehmenden weitergeben und diese bitten, den Fragebogen anonym zu bearbeiten. Dabei wurde den Lehrenden nahegelegt, trotz (zum Ende des Semesters) knapper Seminarzeit den Fragebogen während der Veranstaltung in den letzten 20 min bearbeiten zu lassen. Erfahrungsgemäß vermindert sich die Rücklaufquote drastisch, wenn die Studierenden den Fragebogen zum Ausfüllen mit nach Hause nehmen sollen. Des weiteren wurden die Lehrenden aufgefordert, die Studierenden darauf hinzuweisen, dass neben dem Einsammeln der Fragebögen durch den Dozenten auch die Möglichkeit besteht, den Fragebogen in einem verschlossenen Kuvert selbst in der Geschäftsstelle abzugeben. In Seminaren mit nur sehr wenigen Teilnehmenden sollte dies als Maßnahme zum Schutze der Anonymität dienen.

Die Entscheidung, die Evaluation mit modifizierten Instrumenten durchzuführen, hatte zum Preis, dass der Fachbereich nun selbst Sorge für die Auswertung tragen musste und nicht den Service der zentralen Auswertung nutzen konnte. Während dort die Fragebögen über einen leistungsstarken Zweiseitenscanner und einem Datensicherungssystem eingelesen werden konnten, mussten sie im Rahmen der fachbereichseigenen Evaluation manuell eingegeben werden. Da geplant war, den Studierenden spätestens in der letzten Seminarsitzung die Ergebnisse zugänglich zu machen, damit sie als ein Baustein der Seminarevaluation dienen konnten, musste sowohl die Dateneingabe als auch die Datenauswertung und -dokumentation unter großem Zeitdruck bewerkstelligt werden.

Die manuelle Dateneingabe wurde erleichtert durch die Erstellung einer Eingabemaske mit Hilfe des Programms „WEingabe"[9]. Dieses Programm eignet sich vor allem bei Itemreihen mit dichotomer oder mehrstufiger Antwortskala und erleichtert durch entsprechende Optionen den Datentransfer zum Statistikprogramm SPSS. Außerdem reduziert es die Fehlerrate, indem jeweils für eine Variable nur definierte Werte (und keine anderen) eingegeben werden können.

Bei der Erstellung des Seminarberichts war es wegen der Zeitknappheit unverzichtbar, automatisierte Verfahren zu entwickeln, um sicher zu stellen, dass die Lehrenden innerhalb kurzer Zeit eine aufbereitete Auswertung der in ihren Lehrveranstaltungen durchgeführten Befragung zugestellt bekamen. Diese Auswertung in Form des Veranstaltungsberichts enthält unter anderem eine Präsentationsvorlage mit graphischen Darstellungen der Ergebnisse der unter Abschnitt *3 Datenanalyse und Dateninterpretation* beschriebenen Art, die bei der Besprechung der Evaluationsergebnisse mit den Studierenden genutzt werden konnte. Die Möglichkeit, im SPSS mit automatisierten Routinen zu arbeiten, die in so genannte Scripts geschrieben werden, war hier sehr hilfreich. Die Veranstaltungsberichte berücksichtigten nur die standardisierten Anteile des Fragebogens, die Auswertung der Reaktionen der Studierenden auf die offenen Fragen wurden dem Veranstaltungsleiter selbst überlassen. Ebenso blieb es den jeweiligen Lehrenden überlassen, ob und wie sie das studentische Feedback nutzen. Sie alleine erhielten Zugang zu den Ergebnissen ihrer Veranstaltung, ein Vergleich auf Fachbereichs- oder sogar Universitätsebene wurde von den Lehrenden des Fachbereichs Erziehungswissenschaften bereits im Vorfeld als wenig wünschenswert gesehen. Zwar gab es eine allgemeine Verständigung darauf, dass den Studierenden die Ergebnisse zugänglich gemacht werden sollten. Inwieweit dies jedoch geschehen ist, ist genauso unklar, wie die Antwort auf die Frage, ob die Lehrenden die Ergebnisse in den Aufbau und die Durchführung nachfolgender Lehrveranstaltungen haben produktiv einfließen lassen. Ob also die durchgeführte Befragung der Studierenden tatsächlich einen Beitrag zur Verbesserung der Qualität der Lehre am Fachbereich Erziehungswissenschaften leisten konnte, muss als Frage offen bleiben. Wahrscheinlich trifft auch hier die alte Bauernregel, dass allein vom Wiegen die Sau nicht fetter werde, zumindest einen Teil der Wahrheit.

Prinzipiell sind die in der Lehrevaluation erhobenen Arten von Informationen auch über mündliche Interviews zu erheben, so dass sich die Frage nach den spezifischen Einsatzmöglichkeiten einer standardisierten Befragung stellt. Worin liegen die Vorteile einer schriftlichen Befragung gegenüber anderen Formen der Befragung? Welches sind die Nachteile dieser Methode?

5   Möglichkeiten und Grenzen der Methode

„Mit schriftlichen Befragungen wird man arbeiten, wenn keine andere Methode als die der Befragung die notwendige Informationen erbringt, aus Zeit- und Kostengründen aber Interviews nicht möglich sind" so Friedrichs (1980, S. 237) in einem Standardwerk zur empirischen Sozialforschung. Demnach empfiehlt sich also aus seiner Sicht diese Form der Datenerhebung erst, wenn auf anderem Wege die Informationen nicht gewonnen werden können bzw. dies zu kosten- oder zeitintensiv wäre. Eine solche Einschätzung der Methode der schriftlichen Befragung steht in einem deutlichen Missverhältnis zu ihrer Anwendungspraxis. Vielmehr kann davon ausgegangen werden, dass sie auch heute noch den „Königsweg" der empirischen Sozialforschung darstellt, insofern sie die am häufigsten eingesetzte Methode der Datenerhebung ist. So ergibt eine Auswertung der bundesweit an das Zentralarchiv und das Informationssystem gemeldeten Untersuchungen für das Jahr 1990 einen Anteil von 50% für die Methode der schriftlichen Befragung bezogen auf die Gesamtzahl an quantitativen Erhebungen, wobei sich dieser Anteil von 1970 mit 43% kontinuierlich gesteigert hat (Scheuch 1999, S. 14). Die hier deutlich werdende Diskrepanz zu Einschätzung Friedrichs verweist zum einen auf die zentralen Vorteile dieser Methode, macht aber auf der anderen Seite auch ihre Grenzen klar. Worin bestehen diese im Einzelnen?

Zu den zentralen Vorteilen der Fragebogenmethode wird gezählt, dass sie mit vergleichsweise geringem Kostenaufwand verbunden ist. Im Wesentlichen fallen hier die Kosten für das Drucken der Fragebögen und die Kosten im Rahmen ihren postalischen Versendung und Rücksendung in Form von Portokosten an. Auch ein geringer Zeitaufwand wird häufig als Vorteil einer schriftlichen Befragung benannt, wenngleich dies nur relativ (z. B. im Vergleich zu Face-to-face-Interviews) gilt. Denn für die Konstruktion eines Fragebogens und auch für die (manuelle) Übertragung der Daten ist im Falle großer Stichproben ein erheblicher Zeitbedarf einzuplanen. In Hinblick auf das Verhältnis von Zeitaufwand und Anzahl der Befragten gilt jedoch ohne Frage, dass in relativ kurzer Zeit eine große Anzahl von Personen erreicht werden kann. Mit der Möglichkeit des postalischen Versands des Fragebogens können dabei auch Personen aus geographisch weit auseinander liegenden Regionen befragt werden, eine Notwendigkeit, die sich z. B. für räumlich verteilte überregionale bzw. internationale Unternehmen stellt (so diese nicht über die fortgeschrittenen Netztechnologien (LAN, WAN, MAN) verfügen).

In Bezug auf die Befragungssituation gilt einerseits, dass die Befragten im Falle einer postalischen Zusendung des Fragebogens den Zeitpunkt der Bearbeitung selbst wählen können und auch das Tempo bei der Beantwortung der Fragen selbst vorgeben. Dadurch besteht prinzipiell die Möglichkeit, dass sich die Befragten mehr Zeit für die einzelnen Fragen nehmen und so zu einer reflektierteren Antwort kommen. Zudem sind – und darin wird ein weiterer Vorteil schriftlicher Befragungen gesehen – keine reaktiven Effekte durch die Person des Interviewers beim Zustandekommen der Antwort des Befragten zu befürchten.

Allerdings steht dem der Nachteil einer fehlenden Kontrolle der Befragungssituation gegenüber. Letztlich kann weder die Situation näher bestimmt werden noch kann überhaupt als gesichert gelten, dass tatsächlich die angezielte Person den Fragebogen beantwortet hat. Dieses Problem, so Schnell/Hill/Esser (1999, S. 337) trete besonders stark bei schriftlichen Befragungen auf, die nicht an konkrete Personen adressiert sind, sondern sich ohne weitere Spezifizierungen an Organisationen, Betriebe oder öffentliche Verwaltungen richten. Hier ist daher – wenn schon nicht die konkrete Person benannt werden kann – möglichst genau zu beschreiben, welcher Mitarbeiter in welcher Funktion geeignet ist. Insgesamt wird bei einer schriftlichen Befragung eine Adressen- bzw. Teilnehmerliste benötigt, die als Ausgangspunkt für die Zustellung der Fragebögen dienen kann. Untersucht man Belegschaften von Organisationen oder auch Teile derselben, so kann eine solche in der Regel über Mitgliederlisten oder die Personalabteilung generiert werden.

Das an einer schriftlichen Befragung teilnehmende Organisationsmitglied ist bei der Beantwortung der Fragen „auf sich gestellt", das heißt, es sind keine zusätzlichen Erläuterungen zu den Fragen möglich. Dies stellt besondere hohe Anforderungen an die Verständlichkeit des Fragebogens, die neben anderen Kriterien einen wichtigen Aspekt eines guten Fragebogens darstellt. Darüber hinaus kommt der Berücksichtigung verschiedener Fragebogenkonstruktionsprinzipien für die Professionalität des eingesetzten Erhebungsinventars ein zentraler Stellenwert zu. Letztlich können die Ergebnisse einer Fragebogenuntersuchung nur so gut sein wie das Ausmaß an Sorgfalt und Know-how, das zuvor in die Entwicklung des Fragebogens investiert wurde. Dies bezieht sich nicht nur auf seine methodisch-wissenschaftliche Fundierung, sondern auch auf die Handhabbarkeit für die Befragten – ein Aspekt den Marx mit seinem „Fragebogen für Arbeiter" sträflich vernachlässigte. Nicht nur in dieser historischen Befragung, sondern generell sind geringe Rücklaufquoten vor allem bei heterogenen Stichproben, wie sie z. B. in allgemeinen Bevölkerungsumfragen eingesetzt werden, ein Problem standardisierter schriftlicher Befragungen. Dies gilt auch für ihren Einsatz im Bereich der Organisationsforschung. Dass mit hohen Non-response-Raten die Gefahr verzerrter Stichproben und damit einer eingeschränkten Aussagefähigkeit besteht, liegt auf der Hand. Umso wichtiger einmal mehr, die Mitglieder der Organisation frühzeitig in die Planung und Realisierung der Befragung einzubeziehen und sicher zu stellen, dass die Ergebnisse nicht folgenlos bleiben. Unter diesen Voraussetzungen kann die schriftliche Befragung trotz der mit ihr verbundenen Probleme in der Organisationsforschung ein brauchbares Werkzeug sein, um Mitarbeiterinnen und Mitarbeiter in die Planung und Gestaltung von Veränderungsprozessen einzubeziehen.

6   Anmerkungen

1 Die Modifikationen der „Total Design Method" im Rahmen der „Tailored Design Method" beziehen sich auf eine stärkere Einbettung der schriftlichen Befragung in ein Methoden-Mix-Konzept sowie auf einige praktische Durchführungsdetails, wie die Verwendung eines frankierten Rückumschlags oder den Verzicht auf Einschreiben zur Erhöhung der Rücklaufquote (siehe Dillmann 2000, S. 153 ff.).
2 Hier wird von dem Fall ausgegangen, dass die Konstruktion eines neuen Fragebogens notwendig ist. Generell ist jedoch im Vorfeld einer schriftlichen Befragung zu prüfen, inwieweit bereits bestehende Verfahren, oder auch Teile in Form von Itembatterien, verwendet werden können. Diese sind in aller Regel vorzuziehen, da sie sich bereits im Feld bewährt haben und insofern möglicherweise ein Pretest nicht mehr nötig ist.
3 Spätestens hier wird deutlich, warum der Einsatz einer schriftlichen Befragung ausreichende Vorkenntnisse bezogen auf das Untersuchungsfeld voraussetzt.
4 „Durchschnittlich" ist in diesem Zusammenhang nicht im Sinne des arithmetischen Mittelwerts zu verstehen.

5   Wichtig ist hier der Hinweis, dass die *Fläche* unter der Verteilung betrachtet wird und den einzelnen Skalenpunkten Intervalle zugeordnet werden. Die Antwortskala beginnt mit „wichtig"=1, das zugehörige Intervall umfasst den Skalenbereich 0,5 bis 1,5. Entsprechend gehört z. B. zum Skalenpunkt „unwichtig"=5 das Intervall von 4,5 bis 5,5 (siehe Abb.1)
6   Wie die Bezeichnung „Quartil" schon verrät, zerteilen die Quartile eine Verteilung in vier gleich große Flächen, so wie auch die Quartale eines Jahres vier gleich lange Zeiteinheiten eines Jahres bilden. Um eine solche Viertelung einer Verteilung vorzunehmen reichen drei Angaben: das 1. Quartil, das 3. Quartil und der Median, der mit dem 2. Quartil identisch ist.
7   Wie anhand des Histogramms in Abb.2 deutlich wurde, werden die verschiedenen Kategorien einer Antwortskala als Intervalle behandelt. Dies kommt in der Mediandarstellung dadurch zum Ausdruck, dass die gestrichelten Linien die jeweiligen Intervallgrenzen kennzeichnen. Liegt also der Median genau in der Mitte eines solchen Intervalls, so bedeutet dies, dass die Befragten bei ihrer Antwort im Mittel genau diese Kategorie gewählt haben.
8   Im Vorfeld wurden die Adressen aller universitären Einrichtungen ermittelt, die die Fächer Sozialwissenschaften, Soziologie, Politikwissenschaften sowie Verwaltungswissenschaft als Studienfach anbieten. Ingesamt ergab sich dabei ein N = 94, so dass mit 81 antwortenden Institutionen ein erfreulich hoher Rücklauf von 86,2% erzielt werden konnte.
9   WEingabe – Das Dateneingabeprogramm für Windows 95/98/NT/XP: online: www.ipn.uni-kiel.de/aktuell/weingabe/weingabe.htm

7 Literatur

Atteslander, Peter (2003): Methoden der empirischen Sozialforschung, 10. Auflage, Berlin/New York
Backhaus, Klaus/Erichson, Bernd/Plinke, Wulff/Weiber, Rolf (2000): Multivariate Analysemethoden, Berlin
Bülow-Schramm, Margret (1994): Planen – beurteilen – analysieren – anwenden. Einführung in die Evaluation der Lehre. Handbuch der Hochschullehre: Informationen und Handreichungen aus der Praxis für die Hochschullehre, D1.1: S. 1–30
Büschges, Günter (2002): Organisationssoziologie, in: Endruweit, Günter/Trommsdorff, Gisela (Hrsg.), Wörterbuch der Soziologie, Stuttgart
Diehl, Joerg M. (2001): Studentische Lehrevaluationen in den Sozialwissenschaften. Fragebögen, Normen, Problem, in: Keiner, Edwin (Hrsg.), Evaluation in den Erziehungswissenschaften, Weinheim, S. 63–90
Dillman, Don A. (1978): Mail and Telephone Surveys. The Total Design Method, New York
Dillman, Don A. (2000): Mail and Internet surveys. The Tailored Design Method, New York
Friedrichs, Jürgen (1985): Methoden empirischer Sozialforschung, 13. Auflage, Opladen
Klein, Markus/Arzheimer, Kai (1999): Ranking- und Rating-Verfahren zur Messung von Wertorientierungen, untersucht am Beispiel des Inglehart-Index. Empirische Befunde eines Methodenexperiments, in: Kölner Zeitschrift für Soziologie und Sozialpsychologie, 51, S. 742–749
Klein, Markus/Arzheimer, Kai (2000): Einmal mehr: Ranking oder Rating? Über eine adäquate Messung von gesellschaftlichen Wertorientierungen. Eine Erwiderung auf Stefan Sacchi, in: Kölner Zeitschrift für Soziologie und Sozialpsychologie, 52, S. 553–563
Kern, Horst (1982): Empirische Sozialforschung. Ursprünge, Ansätze, Entwicklungslinien, München
Lamnek, Siegfried (2001): Befragung, in: Hug, T. (Hrsg.), Wie kommt die Wissenschaft zu Wissen? Bd. 2: Einführung in die Forschungsmethodik und Forschungspraxis, Hohengehren, S. 282–302
Lienert, Gustav A. (1994): Testaufbau und Testanalyse, Weinheim
Mayntz, Renate et al. (1972): Einführung in die Methoden der empirischen Soziologie, 3. Auflage, Opladen
Marx, Karl (1962): Fragebogen für Arbeiter, in: Karl Marx und Friedrich Engels: Werke, Bd. 19, Berlin, S. 230–237

Rindermann, Heiner (1996): Untersuchungen zur Brauchbarkeit studentischer Lehrevaluationen, Landau

Rohrmann, Bernd (1978): Empirische Studien zur Entwicklung von Antwortskalen für die sozialwissenschaftliche Forschung, in: Zeitschrift für Sozialpsychologie, 9, S. 222–245

Sacchi, Stefan (2000): Messung von Wertorientierungen: Ranking oder Rating? Kritische Anmerkungen zum Beitrag von Klein und Arzheimer, in: Kölner Zeitschrift für Soziologie und Sozialpsychologie, 51(3), S. 541–552

Scheuch, Erwin K. (1999): Die Entwicklung der Umfrageforschung in der Bundesrepublik Deutschland in den siebziger und achtziger Jahren, ZUMA-Nachrichten, 45, S. 7–22

Schnell, Rainer/Hill, Paul B./Esser, Elke (1999): Methoden der empirischen Sozialforschung, 6. Auflage, München/Wien

Schnell, Rainer/Kopp, Johannes (2000): Theoretische und methodische Diskussionen der Lehrevaluationsforschung und deren praktische Bedeutung. Forschungsbericht, Konstanz, online: www.uni-konstanz.de/strutur/fuf/polfak/lehrevalpol/evaluations-projekt%20schlussbericht.doc

Schumann, Siegfried (1999): Repräsentative Umfrage, München/Wien

Schwarz, Norbert (1991): In welcher Reihenfolge fragen? Kontexteffekte in standardisierten Befragungen, ZUMA-Arbeitsbericht 91/16, Mannheim

Staufenbiel, T. (2001): Universitätsweite Evaluation von Lehrveranstaltungen in Marburg: Vorgehen, Instrumente, Ergebnisse, in: Keiner, Edwin (Hrsg.), Evaluation in den Erziehungswissenschaften, Weinheim, S. 43–61

Tränkle, Ulrich (1987): Auswirkungen der Gestaltung der Antwortskala auf quantitative Urteile, in: Zeitschrift für Sozialpsychologie, 18, S. 88–99

Internetbasierte Befragung

Anna Brake und Susanne Maria Weber

1 Einleitung

Dass die Bedeutung internetbasierter Forschungsmethoden eng verknüpft ist mit der noch vergleichsweise jungen Geschichte des Internet selbst, liegt in der Natur der Sache. Mit der Entwicklung von bedienungsfreundlichen, mit graphischer Oberfläche arbeitenden Browsern begann in der ersten Hälfte der 90er Jahre der eigentliche Siegeszug des Internets, dessen Wachstum bis in die Gegenwart hinein keine Grenzen zu kennen scheint. Welche Parameter immer man heranzieht, die Anzahl von Domain-Adressen in Deutschland[1], die Anzahl der Privathaushalte mit Internetzugang in Europa[2] oder die Anzahl der weltweit abrufbaren Websites, alle Zeichen stehen auf exponentielles Wachstum. Vor diesem Hintergrund verwundert es nicht, dass auch die Methoden zur Erforschung des Internet einen Boom erleben und von der Gründung einer Reihe von einschlägigen Informations- und Forschungseinrichtungen begleitet wurden, wie z. B. die Deutsche Gesellschaft für Online Forschung (DGOF e.V.), die Mailingliste „German Internet Research List" (gir-l) oder eine eigene Forschungsabteilung für Online-Forschung beim Zentrum für Umfragen, Methoden und Analysen (ZUMA), heute als GESIS-ZUMA Abteilung der Gesellschaft Sozialwissenschaftlicher Infrastruktureinrichtungen (GESIS e.V.) bekannt.

Online-Forschung umfasst ein weites Spektrum verschiedener Fragestellungen und methodischer Zugangsweisen. Um diesen stark expandierenden Forschungsbereich zu systematisieren, ist es hilfreich, zwischen Forschung *über* das Internet und Forschung *via* Internet zu unterscheiden. Im erstgenannten Fall werden das Internet selbst und seine Nutzung zum Gegenstand gemacht. Insbesondere die mit dem Begriff des ‚Web 2.0' betitelten neueren Entwicklungen des WWW eröffnen dabei vielfältige sozialwissenschaftliche Forschungsfelder, angefangen bei den stark verbreiteten Blogs über Netzwerke wie „MySpace" oder „StudiVZ" bis hin zu MMORPGs[3] wie „World of Warcraft" oder der virtuellen Welt „Second Life". Bei Untersuchungen via Internet wird das Internet als Instrument zur Datenerhebung eingesetzt. Hier finden sich konventionelle Methoden der empirischen Sozialforschung wieder, die nun das Potenzial des Trägermediums Internet als neue Möglichkeit der Datenübertragung nutzen. Inzwischen findet sich eine Vielfalt methodischer Zugangsweisen: Online-Befragungen zählen ebenso dazu wie Online-Gruppendiskussionen oder die teilnehmende Beobachtung in virtuellen Welten.

Dass solche und andere internetbasierte Methoden seit den 90er Jahren auch innerhalb der empirischen Organisationsforschung erheblich an Bedeutung gewonnen haben, dürfte wesentlich mit zwei Entwicklungen in Zusammenhang stehen: Zum einen ist die zunehmende Nutzung von Informationstechnologien in Organisationen und Unternehmen zu nennen, die mit einer gestiegenen Bedeutung computervermittelter Kommunikation unter den Mitgliedern einhergeht. Wie das Statistische Bundesamt (2006, S. 30ff.) auf der Basis einer Befragung von Unternehmen und Einrichtungen aus verschiedenen Wirtschaftsbereichen feststellte, verfügen von diesen im Jahr 2005 etwa 78% über eine Zugangsmöglichkeit zum Internet. Hier zeigen sich allerdings Unterschiede zwischen den Wirtschaftszweigen, wenngleich nicht mehr so gravierend wie noch vor einigen Jahren. Branchen mit einer 100%igen Netzanbindung, wie etwa die Bereiche Fernmeldedienste und die Datenverarbeitungsbranche sowie der Bereich Forschung und Entwicklung, stehen anderen Unternehmensbereichen gegenüber, in denen sich moderne Informationstechnologien bislang noch in deutlich geringerem Maße durchgesetzt haben, wie z. B. das Grundstücks- und Wohnungswesen oder die speisen- und getränkegeprägte Gastronomie. Diese Unterschiede – darauf wird hingewiesen – ergeben sich zum Teil auch durch die unterschiedliche Größenstruktur der genannten Wirtschaftsbereiche.

Dies gilt auch für die Verbreitung von Intranets. Insgesamt verfügen zwar lediglich 25% der Unternehmen in den befragten Wirtschaftszweigen über diese Form von Netztechnologie, betrachtet man jedoch nur die Unternehmen mit mehr als 250 Mitarbeitern, so steigt dieser Anteil sehr deutlich an. Intranets als unternehmensinterne Informations- und Kommunikationsplattform bilden eine wichtige Voraussetzung für die technische Durchführbarkeit von Online-Befragungen und sind somit eine zentrale Rahmenbedingung für die zunehmende Bedeutung von Online-Forschungsmethoden mit organisationsbezogenen Fragestellungen.

Darüber hinaus bildet die zunehmende Internationalisierung der Markt- und Wettbewerbsbeziehungen den Hintergrund für eine Entwicklung, die als „Virtualisierung von Organisationen" (Littmann/Jansen 2000) beschrieben worden ist. Gemeint ist damit die zunehmende Tendenz von Organisationen, sich zu Netzwerken rechtlich und wirtschaftlich unabhängiger Unternehmen zusammenzuschließen und dabei auf die Institutionalisierung zentraler Steuerungsfunktionen zu verzichten (Windeler 2001; Weber 2002). Der notwendige Koordinations- und Abstimmungsbedarf wird hier wesentlich über elektronische Informations- und Kommunikationssysteme gedeckt. Ihre Verfügbarkeit stellt so eine wichtige Voraussetzung der zunehmenden Auflösung fester Organisationsgrenzen dar. Hier entfaltet sich ein spannendes Forschungsfeld, das wegen der dezentralen virtuellen Organisation der beteiligten Unternehmen mit den klassischen Methoden der empirischen Organisationsforschung nur noch schwer zugänglich ist. Da die Kooperation in virtuellen Organisationen wesentlich über moderne Informations- und Kommunikationstechnik verläuft, wird in diesem Feld sowohl Forschung über das Internet relevant als auch vor allem Forschung via Internet: Insbesondere weltweit agierende Mitglieder von virtuellen Unternehmen sind häufig gar nicht anders als „online" in den gemeinsamen Forschungsprozess einbeziehbar.

Ziel dieses Beitrags kann es nicht sein, die Möglichkeiten und Grenzen von quantitativen Online-Methoden in ihrer gesamten Breite für das Anwendungsfeld der Organisationsforschung auszuleuchten. Stattdessen fokussiert der Beitrag die Online-Befragung und ihre Einsatzmöglichkeiten bei organisationsbezogenen Fragestellungen. Innerhalb der reaktiven internetbasierten Forschung nimmt sie einen zentralen Stellenwert ein. Nachdem dieses Verfahren in Deutschland zunächst überwiegend im Bereich der Marktforschung eingesetzt wurde (Batinic/Bošnjak 2000, S. 221 f.), ist es nun auf dem Weg, auch in der sozialwissenschaftlichen (Organisations-)Forschung einen festen Platz zu erobern.

Entgegen dem häufig ins Feld geführten Argument der Kostenersparnis darf auch bei einer Online-Erhebung der zeitliche, logistische und teilweise auch finanzielle Aufwand nicht unterschätzt werden. Ausschlaggebend ist hierbei die Frage, inwieweit Entwicklung und Durchführung der Untersuchung intern geleistet werden können, oder ob externe

Dienstleister beauftragt werden müssen. Nur wenn organisationsintern sowohl methodisches und technisches Know-how als auch eine geeignete IT-Infrastruktur verfügbar sind, kommt der allgemeine Vorteil der Kostenersparnis einer Online-Befragung voll zum Tragen. Jenseits der Diskussion um die Kostenvorteile ist es lohnenswert, jene Rahmenbedingungen in den Blick zu nehmen, die den Einsatz der internetbasierter Befragung interessant bzw. sogar notwendig machen. Unter welchen Umständen kann sinnvoller Weise von einer Überlegenheit internetbasierter Befragungen gegenüber herkömmlichen schriftlichen Befragungen ausgegangen werden?

1. Wenn die Respondenten geographisch dezentral angesiedelt sind, kann eine traditionelle standardisierte Befragung nur mit großem logistischen und zeitlichen Aufwand realisiert werden. Dies ist beispielsweise bei Erhebungen in multinationalen Organisationen, organisationalen Netzwerken oder organisationalen Feldern wie bestimmten Branchen der Fall. Hier liefern internetbasierte Befragungen sehr viel schneller und einfacher die erforderlichen Daten.
2. Wenn Entscheidungssituationen im Zusammenhang mit operativen Fragestellungen anstehen, können internetbasierte Befragungen durch die unmittelbare Zugänglichkeit der Daten und durch die Möglichkeit, Auswertungsprozesse zu automatisieren innerhalb kurzer Zeit Ergebnisse hervorbringen, die eine hinreichende und zeitnah verfügbare Entscheidungsgrundlage bilden.
3. Wenn im Zusammenhang organisationaler Veränderungsprozessen wiederholte bzw. kontinuierliche Befragungen der Mitarbeiter oder Netzwerkpartner erforderlich oder gewünscht sind, können bei Online-Befragungen die Erhebungsinstrumente leichter variiert und die Datenbestände umstandsloser weiterverarbeitet werden als bei analogen Befragungen. Dies reduziert die Fehleranfälligkeit beim Vergleich der Ergebnisse über die Zeit des gesamten Veränderungsprozesses.

Wie diese Beispiele zeigen, ist jeweils im Vorfeld sorgfältig zu prüfen, inwieweit die Voraussetzungen für den Einsatz von Online-Methoden gegeben sind (zu Möglichkeiten und Problemen von Online-Befragungen vgl. z. B. Fischer 2005; Gaupp et al. 2006; Welker et al. 2005; Weichbold 2005; Best/Krueger 2004; Knapp 2004). Dies gilt insbesondere auch für die Voraussetzungen, die seitens der Respondenten gegeben sein müssen, um eine erfolgreiche Online-Erhebung durchführen zu können. So müssen zu befragende Organisations- oder Netzwerkmitglieder zunächst über eine gute Anbindung an das Intra- oder Internet verfügen. Wenn Organisationsmitglieder nicht selbst an einem PC-Arbeitsplatz beschäftigt sind, muss durch die Einrichtung von organisationsöffentlich erreichbaren PC-Inseln (etwa ein EDV-Schulungsraum) ein unkomplizierter Zugang geschaffen werden, von dem aus sie sich ungestört an der Befragung beteiligen können.

Darüber hinaus müssen die Respondenten auch über grundlegende Kenntnisse im Umgang mit Computern verfügen und mit dem Internet vertraut sein. Findet sich unter den Mitarbeiter ein deutliches Gefälle bezogen auf deren „web literacy„ (Bošnjak 2001, S. 84), so kann es durch eine überproportionale Beteiligung von technikaffinen Mitarbeitern oder Netzwerkpartnern zu Stichprobenverzerrungen kommen. Erst wenn die organisationalen Rahmenbedingungen in den erwähnten Punkten gegeben sind, kann die internetbasierte Variante der Befragung eine interessante und ertragreiche Methode der Datenerhebung darstellen.

2 Konzeption und Datenerhebung

Nach der jeweiligen Art der elektronischen Übermittlung des Fragebogens und der Antwortdaten werden verschiedene Formen von Online-Befragungen unterschieden. Im Anschluss an den Arbeitskreis Deutscher Markt- und Sozialforschungsinstitute (ADM et al. 2001) gelten diejenigen Befragungen als Online-Befragung, bei denen die Teilnehmenden den:

1. auf einem Server abgelegten Fragebogen im Internet online ausfüllen,
2. Fragebogen von einem Server herunterladen und per E-Mail zurücksenden,
3. Fragebogen per E-Mail zugeschickt bekommen und zurücksenden.

Entsprechend unterscheiden Tuten/Urban/Bošnjak (2002) grundsätzlich zwischen „electronic mail survey„ und „web survey„. Bei einem „electronic mail survey", also einer e-Mail-basierten Befragung werden die Fragebögen via E-Mail an die zu Befragenden verschickt. Dabei bestehen zwei Möglichkeiten: Entweder stellt der Mailtext selbst den Fragebogen dar oder der Fragebogen wird als gesondertes Dokument im Anhang der E-Mail versandt. Die Bearbeitung des Fragebogens erfolgt dann durch das Einfügen von Text oder Zeichen an den betreffenden Stellen der E-Mail bzw. des versendeten Dokuments. Anschließend wird der ausgefüllte Fragebogen per E-Mail zurückgeschickt. Die Nachteile eines solchen Vorgehens sind vielfältig: Wird der Fragebogen als Mailtext versendet, so bestehen starke Beschränkungen hinsichtlich der Formatierung[4]. Wird der Fragebogen als Dokument im Anhang verschickt, liegt die zentrale Gefahr in den vielfältigen Möglichkeiten des Datenverlusts. Zum Einen muss das Dokument nach dem Ausfüllen des Fragebogens durch den Respondenten gespeichert und dieses wiederum als Anhang zurückgesandt werden, zum anderen müssen bei diesem Vorgehen die Angaben manuell in die Datenmatrix übertragen werden. Hinzu kommt das Problem, dass zur Bearbeitung des Dokuments ein entsprechendes Programm seitens des Respondenten benötigt wird, dessen Vorhandensein niemals gewährleistet sein kann.[5] Zudem können selbst zwischen unterschiedlichen Programmversionen abweichende Darstellungsformen auftreten, die das Ausfüllen bzw. das Auswerten des Fragebogens unmöglich machen. Insgesamt ist die E-Mail-Befragung damit vergleichsweise störanfällig und stellt wesentlich höhere Anforderungen an den Respondenten.

Auf dem Hintergrund der aktuellen technischen Möglichkeiten stellt die web-basierte Online-Befragung die wesentlich anwenderfreundlichere und sicherere Variante dar. Bei dieser wird der Fragebogen als HTML-Dokument von einem WWW-Server zur Verfügung gestellt. Diese Webseite ist an eine Datenbank gekoppelt, die die Angaben, die die Respondenten auf der Webseite machen, serverseitig speichert. Zumeist kommt dabei mittlerweile eine Technologie zum Einsatz, die die einzelnen Seiten des Fragebogens dynamisch generiert, d.h. die einzelnen Seiten des Fragebogens interaktiv variiert. So können z. B. in Abhängigkeit des Antwortverhaltens bestimmte Seiten übersprungen werden (Filterfragen) oder Fragen und Antwortmöglichkeiten in der von den jeweiligen Respondenten bevorzugten Sprache präsentiert werden. Zur Beantwortung des Fragebogens wird – abgesehen von einem Webbrowser – keine spezifische Software vorausgesetzt. Nicht zuletzt besteht ein weiterer großer Vorteil dieses Vorgehens darin, dass durch das Speichern der Angaben in der serverseitigen Datenbank keine weitere Aufbereitung der

Daten nötig ist und die Ergebnisse unmittelbar als Datenmatrix gespeichert bspw. in SPSS exportiert werden können.

Einladung der zu Befragenden

Variieren kann auch die Art und Weise, wie die zu Befragenden auf die Online-Befragung hingewiesen werden: Im Falle allgemeiner, das heißt nicht restringierter web-basierter Umfragen geschieht dies über entsprechende Hinweise auf allgemeinen, besucherstarken Websites wie etwa Suchmaschinen oder mit Hilfe von Bannerwerbung auf für das Thema der Befragung relevanten einschlägigen Internetseiten (Tuten/Bošnjak/Bandilla 2000). Auch Pop-up-Fenster bei jedem x-ten Besucher und Einträge in Suchmaschinen sowie Mitteilungen in Mailinglisten stellen Möglichkeiten dar, auf eine Befragung aufmerksam zu machen. Dieses Vorgehen bietet sich insbesondere dann an, wenn sich die Befragung inhaltlich z. B. auf bestimmte Websites oder das Verhalten bestimmter Nutzergruppen bezieht.

Neben dieser Form der Akquise besteht eine weitere Möglichkeit darin, die zu Befragenden persönlich anzuschreiben und sie um ihre Teilnahme zu bitten. Datengrundlage hierfür können E-Mail-Adressverzeichnisse bzw. Datenbanken bilden. Bei Online-Befragungen von Organisations- oder Netzwerkmitgliedern sind hier die Ausgangsbedingungen oft günstig, weil bestehende E-Mail-Adresslisten der Mitglieder, Mitarbeiter oder Kunden der Organisation und des Netzwerks als Adresspool für eine gezielte persönliche Ansprache genutzt werden können.

Die persönliche Ansprache der zu Befragenden ist von entscheidender Bedeutung für die grundsätzliche Teilnahmebereitschaft, für die tatsächliche Teilnahme und die Beantwortung des gesamten Fragebogens stellt hingegen die Gestaltung des Erhebungsinstruments einen kritischen Erfolgsfaktor dar. Was aber macht ein „gutes Design„ eines Online-Instruments aus? Was muss bei der Erstellung des Fragebogens beachtet werden, um eine möglichst hohe Datenqualität zu sichern?

Gestaltung des Online-Fragebogens

Dass es sich bei der Online-Befragung viel weniger um eine neue Methode der empirischen Sozialforschung handelt als es die zum Teil euphorischen Beschreibungen[6] nahe legen, darauf haben Pötschke/Simonson (2001, S. 7) hingewiesen. Sie betonten zu Recht, dass in der Vergangenheit mehrheitlich lediglich neuartige technische Möglichkeiten für die Übermittlung des Fragenbogens bzw. für die Rück-Übertragung der Daten genutzt wurden. Generell gilt, dass bei der Gestaltung web-basierter Fragebögen vergleichbare Standards gelten, wie sie auch für Papier-Fragebögen Anwendung finden (vgl. ADM et al. 2001, S. 3). Gleichwohl ist dem Medium Internet in besonderer Weise Rechnung zu tragen, da sich das Leseverhalten am Bildschirm signifikant vom Umgang mit gedruckten Materialien unterscheidet. Wie Bucher/Barth (1998) unter anderem auf der Basis von Eyetracking-Studien zusammenfassend feststellen, ist das Lesen am Bildschirm langsamer und fehleranfälliger als das Lesen entsprechender Texte in der gedruckten Version. Websites werden in aller Regel nicht aufmerksam gelesen, sondern eher überflogen und auf bestimmte Schlüsselwörter hin ‚gescannt'. Von dieser Flüchtigkeit des Rezeptionsverhaltens bleibt auch die Bearbeitung eines Online-Fragebogens nicht verschont. Daher ist bei der Gestaltung des Instruments verstärkt darauf zu achten, dass Fragen und Antwortvorgaben möglichst kurz und prägnant formuliert sind, keine doppelten Verneinungen enthalten, eindeutig sind usw. Auf diese Punkte weist auch Knapp (2004) hin. Gräf (1999 S. 169 ff.) benennt insgesamt zehn Leitlinien, die es bei der Fragebogenentwicklung zu beachten gelte:

1. *Technische Erfordernisse bedenken*: Der Fragebogen sollte durch die Einbindung von Multimedia-Elementen oder durch Umsetzung von spielerischen Elemente mittels JavaScript, Java Applets u.Ä. nicht unnötig technisch aufgerüstet werden, damit auch Respondenten mit weniger leistungsfähigen PCs an der Untersuchung teilnehmen können. Generell ist zu empfehlen, den Online-Fragebogen vor Beginn der Feldzeit mit unterschiedlichen Betriebssystemen, Browsern und Browserversionen auf seine Funktionsfähigkeit zu prüfen.
2. *Items nach den Regeln der empirischen Sozialforschung formulieren*: Wegen der Flüchtigkeit des Mediums Internet ist – im stärkeren Maße noch als bei Papier-Fragebögen – darauf zu achten, die Regeln für die Itemformulierung einzuhalten (vgl. den Beitrag zur schriftlichen Befragung in diesem Band).
3. *Glaubwürdige Kommunikation mit den Respondenten*: Transparenz über das Ziel der Untersuchung sollte ebenso gegeben sein wie ehrliche Angaben über den zeitlichen Aufwand, der mit der Teilnahme verbunden ist.
4. *Aufmerksamkeit erzeugen und wach halten*: Der Fragebogen sollte formal und inhaltlich ansprechend gestaltet sein, sodass die Respondent ihm ihre ungeteilte Aufmerksamkeit schenken und die Beantwortung als kurzweilig empfindet.
5. *Anspruchsvolle Designs verwenden und Usability-Kriterien umsetzen*: Eine professionelle Gestaltung des Fragebogens unterstreicht die Seriosität der Untersuchung und das ernsthafte Interesse an der Beantwortung. Dazu gehört auch, das Design auf größtmögliche Anwenderfreundlichkeit hin auszurichten und konsequent auf alle Elemente zu verzichten, die dieser entgegenstehen (wie z. B. die Verwendung von Frame-Technologie, die Notwendigkeit eines Wechsels zwischen Tastatureingabe und Mausbedienung oder das Betätigen der Scroll-Leiste).
6. *Visuelle Überfrachtung vermeiden*: Die Fragen und auch die vorgegebenen Antwortkategorien müssen so übersichtlich wie möglich dargeboten werden. Nach Möglichkeit sollte sogar nur eine Frage pro Bildschirm platziert werden. Wie Gräf (1999b) mit Hilfe eines methodischen Vergleichs zwischen einem konventionellen Formular und einer One-screen-one-item-Version feststellte, liefert letztere nachweislich eine höhere Datenqualität.
7. *Matrixfragen sparsam einsetzen*: Diese Form der Fragendarbietung, bei der gleichartige Antwortkategorien für eine Liste von verschiedenen Aussagen, Fragen oder Bereichen vorgegeben werden, ermüden die zu Befragenden und verleiten dazu, sich „durchzuklicken". Eine Drop-Out-Analyse von Knapp/Heidingsfelder (2002) ergab, dass Abbrüche in der Bearbeitung von Online-Fragebögen verstärkt bei offenen Fragen und bei Matrixfragen auftreten. Diese beiden Fragetypen sollten daher nur sparsam Verwendung finden.

8. *Fragebogen kurz halten:* Der Fragebogen sollte sich auf die wirklich wichtigen Fragen beschränken. Nur wenige Respondenten sind bereit, für die Teilnahme an einer Befragung mehr als 10 Minuten aufzuwenden, wenngleich hier die wahrgenommene Relevanz des Themas die zeitliche Tolerierungsgrenze deutlich nach hinten verschieben kann.
9. *Filterfragen einsetzen:* Wenn Fragebogenteile nur für bestimmte Subgruppen relevant sind, sollten Filterfragen eingesetzt werden. Durch die Verwendung von Filterfragen und nachfolgender Steuerung des Fragenablaufes kann sich der Nutzer allein auf die für ihn zutreffenden Bereiche konzentrieren und wird nicht durch für ihn irrelevante Fragen ermüdet.
10. *Pretest durchführen:* „If you don't have the resources to pilot test your questionnaire, dont't do the study" (Sudman/Bradburn 1989, zitiert nach Prüfer/Rexroth 1996, S. 96). Dieser Ratschlag betrifft Online-Erhebungen in doppelter Hinsicht: So muss nicht nur die inhaltliche Fragebogenkonzenption, sondern auch die technische Umsetzung einem Pretest unterzogen werden. Mittlerweile haben sich Pretest-Studios etabliert, die gegen Entgelt eine fachkundige Überprüfung des Fragebogens vornehmen (Gräf 2002, S. 63 ff.).

Jenseits dieser allgemeinen Leitlinien gilt es bei der Entwicklung web-basierter Fragebogen, aus einer Vielfalt von Gestaltungsmöglichkeiten zu wählen. Ein kleiner Streifzug durch die in großer Zahl angebotenen Online-Befragungen[7] macht deutlich, dass eine Vielzahl von visuellen Aufbereitungen der Fragebögen eingesetzt wird, ohne dass – darauf hat Gräf (2002) hingewiesen – gesicherte methodische Kenntnisse darüber vorliegen, welche Darbietungsweisen welche Effekte auf die Antwortqualität haben. Grundsätzlich können drei verschiedene HTML-basierte Antwortformate in Online-Fragebögen unterschieden werden (Theobald 2000, S. 81 f.):

- *option buttons* (auch radio buttons genannt), bei denen sich die Befragten alternativ für eine Antwortkategorie entscheiden müssen und eine Umorientierung zur Deaktivierung der vorher gewählten Antwortkategorie führt,
- *check boxes*, bei denen mehrere Antwortkategorien ausgewählt werden können,
- *text boxes,* bei denen die Befragten freie Zeichenfolgen in das Eingabefenster eintragen können (wobei die maximale Länge vorgegeben werden kann).

Darüber hinaus sind auch innovative Formen der Antwortvorgabe möglich. So können die Antwortkategorien z. B. als Bilder vorgegeben werden, was in der Marktforschung durchaus verbreitet ist oder Ranking-Fragen können graphisch dargestellt und per ‚drag and drop' bearbeitet werden. Auch wenn technisch mittlerweile problemlos verschiedenste visuelle Gestaltungsoptionen realisierbar sind, so ist grundsätzlich zu bedenken, dass die Art der graphischen Aufbereitung der Antwortvorgaben Einfluss auf das Antwortverhalten haben kann. So haben z. B. Heidingsfelder/Bamert (2001) mit Hilfe vier inhaltlich identischer Fragebogen, die sich in der Anordnung der Fragen (vertikal und horizontal) sowie in der Reihenfolge der Items unterschieden, untersucht, welche Effekte sich hier in der Beantwortung zeigen. Als Fazit stellen sie unterschiedliches Antwortverhalten in Abhängigkeit von der verwendeten Fragebogenform fest und kommen zu dem Fazit: „Glaube keiner Online-Studie, deren Fragebogen Du nicht gesehen oder selbst erstellt hast." Auch Dillman (2007) warnt davor, alle Energie nur darauf zu verwenden, den technisch elaboriertesten online-Fragebogen zu entwickeln. Gleichzeitig existieren inzwischen – und hierin liegt wiederum ein deutlicher Vorteil web-basierter Befragungen – die technischen Möglichkeiten, solche Effekte in gewissem Maße zu kontrollieren: So kann z. B. die Reihenfolge der Antwortmöglichkeiten randomisiert oder sogar die Anordnung zufällig zwischen horizontaler und vertikaler Darstellungsform variiert werden.

Insgesamt wird deutlich, dass es zur Entwicklung von Online-Fragebogen nicht nur des technischen Know-hows bedarf, um einen Online-Fragebogen zu erstellen, sondern auch methodische Kenntnisse in der Entwicklung, Durchführung und Auswertung von web-basierten Befragungen notwendig sind. Da kleinere Organisationen in der Regel nicht über entsprechendes Fachpersonal verfügen, müssen sie auf externe Dienstleister zurückgreifen, die hier maßgeschneiderte Komplettangebote für Mitarbeiter- und Kundenbefragungen anbieten. Die Zahl solcher Unternehmen ist in den letzten Jahren stark angestiegen, so dass man auch im Bereich der Online-Befragung mittlerweile von einer „employee attitude survey industry" (Summers 1993, zitiert nach Borg 1995, S. 12) sprechen kann. Das Leistungsspektrum der Anbieter reicht dabei vom Verkauf oder Verleih entsprechender Softwareprodukte über das Hosting von Befragungen auf einem externen Server bis hin zur kompletten Entwicklung, Durchführung und Auswertung von Befragungen.

Praktische Schritte der Durchführung

Es hat sich bewährt, alle Mitglieder der Organisation oder der zu beteiligenden Organisationen im Vorfeld per E-Mail über die geplante Online-Befragung zu unterrichten. Organisationsinterne Adresslisten ermöglichen dabei häufig eine unkomplizierte und schnelle Benachrichtigung der Zielgruppe. Selbstverständlich ist hier sicherzustellen, dass alle zu Befragenden auf diesem Weg auch tatsächlich zu erreichen sind. Gilt dies für einen Teil der avisierten Teilnehmer nicht, so müssen diese per Hauspost von der bevorstehenden Untersuchung unterrichtet werden. Das mit dieser E-Mail verbundene Hauptanliegen besteht in der Motivierung der Mitglieder zur Beteiligung an der Befragung. Eine ebenso offene wie umfassende Darlegung der Rahmenbedingungen und der Zielsetzungen der Befragung sind hier unerlässlich.[8] Hinweise auf die zentrale Bedeutung der mit Hilfe der Befragung gewonnenen Daten sind dabei ebenso hilfreich wie die Offenlegung des Anonymisierungsverfahrens. Der zeitliche Abstand dieser Mail bis zum Beginn der Erhebung sollte nicht mehr als eine Woche betragen.

Vorzugsweise zu Wochenbeginn bis Wochenmitte geht dann bei allen Mitarbeitern oder Organisationsbeteiligten per E-Mail die Benachrichtigung über den Start der Online-Befragung ein. Als Absender dieser personalisierten Mail empfiehlt es sich, die jeweilige Bereichsleiter einzusetzen, da so die Motivation zur Teilnahme erhöht werden kann (Bauer/Hauptmann 1999, S. 5). Diese E-Mail beinhaltet – neben dem Hinweis, dass die Teilnahme auf freiwilliger Basis geschieht – auch die Zugangsinformationen zur Befragung: zum Einen die URL der Startseite, von der aus der Fragebogen aufgerufen werden kann[9] und zum Anderen ein zufallsgeneriertes Zugangspasswort, ohne das die Bearbeitung des Fragebogens nicht erfolgen kann. Zusätzlich ist es wichtig, über den ungefähren Zeitaufwand für die Befragung zu informieren und auf die Gesamtlaufzeit der Feldphase hinzuweisen.

In der Regel werden Laufzeiten von zwei bis drei Wochen gewählt, innerhalb derer die Mitglieder oder Akteure ihren Fragebogen bearbeiten und abschicken können. Die Bearbeitung muss dabei nicht an einem Stück erfolgen, sondern kann von den Teilnehmenden unterbrochen und zu einem späteren Zeitpunkt fortgesetzt werden. Allerdings sollten bereits bearbeitete Teile des Fragebogens vor einer Korrektur geschützt werden. Mit der vollständigen Beantwortung des Fragebogens verfällt das Zugangspasswort, so dass eine spätere Manipulation der Daten oder eine Mehrfachbeteiligung von Organisationsmitgliedern ausgeschlossen werden kann.

Durch eine differenzierte Teilnehmerverwaltung im Rahmen einer personalisierten Befragung ist es möglich, während der Erhebungsphase jederzeit festzustellen, welche Respondenten die Befragung bereits abgeschlossen haben. Auf dieser Grundlage kann gezielt denjenigen Mitgliedern, die den Fragebogen noch nicht bearbeitet haben, eine Erinnerungsmail zugestellt werden, in der sie erneut um ihre Beteiligung gebeten werden. Weitere Nachfassaktionen sind denkbar. Jedoch sollte darauf geachtet werden, dass die Anonymität der Respondenten gewahrt bleibt: Die Teilnehmerverwaltung sollte keine Verbindung von personenbezogenen Daten und konkreten Antworten erlauben.

3 Datenanalyse und Dateninterpretation

Ist die Datenerhebung abgeschlossen, greift ein zentraler Vorteil der web-basierten Online-Befragung: die direkte Verfügbarkeit der Daten ohne fehleranfällige manuelle Datenübertragung. Das direkte Abspeichern auf dem Server ermöglicht den problemlosen Export der Daten in einschlägige Programmpakete wie SPSS. In aller Regel werden die Daten sowohl in proprietären Dateiformaten (wie z. B. „.sav" für SPSS) als auch in hersteller- und plattformunabhängigen Formaten wie z. B. CSV zur Verfügung gestellt und können so in den meisten Programmen weiter verarbeitet werden. Die sich im Anschluss ergebenden Auswertungsmöglichkeiten sind mit denen identisch, die auch bei auf traditionellem Weg durchgeführten standardisierten Befragungen bestehen.

Darüber hinaus liefern einige Softwareprodukte für Online-Befragungen grundlegende deskriptive Auswertungsfunktionen bereits mit. So kann den Mitarbeitern oder Netzwerkpartnern praktisch ohne Zeitverzögerung Zugriff auf die Ergebnisse in Form von itembezogenen prozentualen Häufigkeiten und einfachen Balkendiagrammen gewährt werden. Dieser unmittelbare Zugriff auf die Ergebnisse wird bisweilen als Teilnahme-Anreiz eingesetzt. Sobald die Respondenten die Bearbeitung des Fragebogens abgeschlossen haben, erhalten sie für jedes Item den Ergebnis-Zwischenstand und vergleichend dazu ihre jeweilige eigene Antwort. Dieses Vorgehen ist jedoch nicht unproblematisch, da ein Austausch über den Zwischenstand des Befragungsergebnisses innerhalb der Mitglieder der Organisation zu Verzerrungseffekten führen kann, insofern sich die Mitglieder, die noch nicht teilgenommen haben, davon beeinflussen lassen könnten. Insofern empfiehlt sich, die Ergebnisse erst nach Beendigung der Feldphase zugänglich zu machen. Für die gesamte Ergebnispräsentation ist dabei sicherzustellen, dass ein Rückschluss auf einzelne Respondenten nicht möglich ist. Die Aggregierung der Daten auf Abteilungs- oder Organisationsebene setzt also voraus, dass die Abteilungen oder Organisationen hinreichend groß sind, um die Einhaltung des Datenschutzes zu gewährleisten.

Für die Einschätzung der Reichweite der Ergebnisse ist bei web-basierten Befragungen eine differenzierte Analyse des Rücklaufs möglich. In Anlehnung an Theobald (2000, S. 71) können Aussagen über die verschiedenen Selektionsraten gemacht werden:

- n1: Anzahl der Organisations- oder Netzwerkmitglieder, die per E-Mail über die Befragung informiert wurden
- n2: Anzahl der Mitglieder, die die Startseite der Befragung aufrufen
- n3: Anzahl der Mitglieder, die den Fragebogen aufrufen
- n4: Anzahl der Personen, die den Fragebogen in Teilen bearbeiten
- n5: Anzahl der Personen, die den Fragebogen komplett bearbeiten

Zugänglich werden diese Informationen, indem der Server alle Zugriffe auf die Start- und Folgeseiten des Fragebogens protokolliert. So können zeitliche Aspekte der Fragebogenbearbeitung detailliert rekonstruiert werden: zu welcher Tageszeit bearbeiten die Mitglieder den Fragebogen? Wie lange benötigen sie dafür insgesamt, wie lange für einzelne Fragebogenteile? Wird der Fragebogen am Stück bearbeitet? Hier können sich schon in der Pretest-Phase interessante Hinweise für eine notwendige Optimierung des Erhebungsinventars ergeben, z. B. wenn deutlich wird, dass ein Teil der Befragten die Bearbeitung des Online-Fragebogens an einer bestimmten Stelle abbricht. Aktuelle Software für Online-Befragungen enthält zumeist entsprechende Analysefunktionen, daneben existiert eine ganze Reihe von Programmen, die Daten direkt aus Server-Logfiles einlesen, organisieren, auswerten und präsentieren und zum Teil die Integration weiterer interner oder externer Daten erlauben (Heindl 2003; Reips/Stieger 2002).

4 Anwendungsbeispiel

Die im Folgenden näher zu beschreibende internetbasierte Befragung stammt aus dem Feld der sozialwissenschaftlich fundierten Beratungsforschung. Hintergrund der Studie ist das Projekt „Habitusreflexive Beratung im Gründungsprozess", das im Programm „Power für Gründerinnen" vom BMBF gefördert wird.[10] Ziel der hier neben weiteren methodischen Zugängen eingesetzten Online-Erhebung war es, Daten über die institutionelle Landschaft der Gründungsberatung und die hier anzutreffende Beratungspraxis zu gewinnen. Mit Hilfe der online-Befragung sollte erfasst werden, welche Ansätze, Methoden und Techniken aktuell in der Gründerinnenberatung zum Einsatz kommen. Auf der Grundlage der Ergebnisse werden zu einem späteren Zeitpunkt Experten-Interviews mit Gründungsberatern geführt, die bereits ressourcenorientierte Ansätze in ihrer Beratungspraxis einsetzen. Die Ergebnisse werden in Kooperation mit der Bundesgründerinnenagentur (bga) in Form einer fachöffentlichen Workshopkonferenz vermittelt und zur Diskussion gestellt.

Fragestellung und Konzeption der Online-Erhebung

Die genannte Online-Erhebung zielte anhand der Untersuchung der institutionellen Landschaft der Gründungsberatung auf die Erforschung des Zusammenhangs zwischen institutionellen/organisationalen Settings und hier auffindbarer ggf. fachkulturell gebundener Beratungspraxis Professioneller. Die Studie war also im Forschungsbereich der Untersuchung von Zusammenhängen zwischen Wissensgenerierung und -verwendung in organisationalen Feldern angesiedelt. Ausgangspunkt war die Annahme, dass spezifische Wissensbestände in spezifischen institutionellen Kontexten Anwendung finden bzw. in spezifischer Weise genutzt werden (Weber i.V.; Schäffter 2007).

Die institutionelle Landschaft der Gründungsberatung gliedert sich in organisationale Akteure unterschiedlicher Provenienz und Hintergründe auf. So lassen sich öffentliche Anbieter von Non-Profit-Organisationen des dritten Sektors und privatwirtschaftlichen Angebotsstrukturen unterscheiden. Zu den öffentlichen Institutionen zählen Organisationen wie z. B. lokale Beratungsstellen der Agentur für Arbeit (AA) oder an Hochschulen angesiedelte Transfer- und Existenzgründungsberatungsstellen sowie auch die durch öffentliche und private Zuschüsse ins Leben gerufenen regionalen Netzwerke. Im Non-Profit-Bereich finden sich die wirtschaftsnahen Interessenvertretungszusammenschlüsse wie z. B. Industrie- und Handelskammern. Im privatwirtschaftlichen Bereich lassen sich Unternehmen identifizieren, die neben anderen Beratungsleistungen auch spezifische Angebote für Existenzgründer realisieren.

Mit Hilfe der quantitativen Online-Untersuchung wurde diese organisational heterogene Landschaft der Gründungsberatung in Bezug auf ihre institutionellen und fachlichen Strukturen und die in den jeweiligen Organisationen auftretenden Professionsverständnisse und Beratungspraxen untersucht. Neben der deskriptiven Darstellung der institutionellen Landschaft wurden auf diese Weise Hypothesen gebildet, die mittels der nachfolgenden qualitativen Interviews weiter verfolgt werden sollten. Als Basishypothese wurde angenommen, dass sich im institutionellen Feld Zusammenhänge zwischen Organisation, ggf. auch disziplinär rückgebundenen Professionsverständnissen und prioritär genutzten Wissensbeständen, Zugängen und Methoden auffinden lassen.

Insgesamt wird für die institutionelle Landschaft der Gründungsberatung angenommen, dass es sich hier eher um ein durch betriebswirtschaftliches Wissen geprägtes Feld handelt, in dessen Beratungspraxis eher begrenzt biographiebezogenes und sozialwissenschaftliches Wissen einsickert. Welchen Stellenwert an biographischen und sozialen Dimensionen orientierte Wissensbestände und Beratungspraxen hier haben, stellt eine offene Frage dar, die mit der Online-Erhebung einer ersten Klärung zugeführt werden sollte. Der in diesem Zusammenhang entwickelte Online-Fragebogen bezog sich also inhaltlich auf die Wissenspraxen eines organisationalen bzw. institutionellen Feldes.

Teilnahmerekrutierung

Die anzusprechende Grundgesamtheit umfasste alle Organisationen, die explizit allgemeine Gründungsberatung anbieten. Damit wurden bewusst einerseits jene Anbieter ausgeschlossen, die nur spezifische Fachberatung offerieren, also etwa Rechtsanwälte oder Steuerberater, andererseits wurden jene Organisationen ausgeschlossen, die nur allgemeine Organisations- bzw. Unternehmensberatung anbieten. Da die Grenzen dieses institutionellen Felds nicht so klar definiert sein können, wie die Grenzen einer Einzelorganisation oder eines definierten Organisationsnetzwerkes, lag eine besondere Herausforderung darin, die diesen Kriterien entsprechenden Organisationen zu identifizieren.

Es existierte zwar kein „Zentralregister" aller im Feld der Gründungsberatung tätigen Akteure, allerdings ermöglichten die einschlägigen Datenbanken[11] einen guten Zugriff. Auf diesem Wege konnte sichergestellt werden, dass in der Grundgesamtheit Organisationen aus allen relevanten Kontexten erfasst wurden. Die prinzipiellen Hürden der Teilnehmeridentifizierung in einem heterogenen institutionellen Feld wurden dabei zum Einen durch die starke Präsenz öffentlicher Förderstrukturen, zum Anderen durch das Interesse der Anbieter, in Datenbanken für potentielle Kunden oder Nutzer auffindbar zu sein, minimiert. Die Gefahr einer Selektion von teilnehmenden Beratern durch die Umsetzung der Erhebung als Online-Befragung konnte v.a. aus zwei Gründen als gering angesehen werden:

1. Das Problem der Selektivität über das Medium Internet stellte bei der vorliegenden Untersuchung kein gravierendes Problem dar, weil institutionalisierte Gründungsberater zu den „early adopters" der neuen Medien gezählt werden können, das heißt, sie bilden eine innovationsorientierte Zielgruppe, die regelmäßig über Internet kommuniziert und auch aufgrund ihrer institutionellen Anbindung als weitestgehend elektronisch vernetzt gelten kann. Damit werden Risiken der Datenverzerrung durch teilnahmebezogene Nutzerunterschiede und Nutzerverhalten deutlich relativiert.
2. Auch der mögliche Problem-Faktor „technische Voraussetzungen" konnte als weitgehend irrelevant eingeschätzt werden, da professionelle Gründungsberater ganz überwiegend über technisch anspruchsvolle PC-Ausstattungen und zum Teil aufwändige Internet-Präsenzen verfügen.

Die – unterschiedlich stark gepflegten – Adressdatenbanken wurden vor Beginn der Feldphase sorgfältig geprüft und systematisch ausgewertet, um mittels einer anschließenden Internetrecherche konkrete persönliche Ansprechpartner in den Organisationen zu identifizieren. Dadurch konnte im Mailkontakt mit den Teilnehmenden immer ein Höchstmaß an persönlicher Adressierung verwirklicht werden. Zudem wurde in der Kontaktierung der Berater sichergestellt, dass sich der offizielle, seriöse und wissenschaftliche Charakter der Studie vermittelte. So konnte auch das Risiko, dass die E-Mail als Spam angesehen wird, reduziert werden.

Neben diesen strukturellen Faktoren stellten die „Neugier" auf neue Ergebnisse und das Interesse an ihrer Verwertung im eigenen Beratungskontext günstige Ausgangsbedingungen in Bezug auf die Teilnahmemotivation dar. Daher wurde allen Befragungsteilnehmern in Aussicht gestellt, nach Beendigung der Befragung einen ausführlichen Ergebnisbericht zu erhalten. Durch die Verwertbarkeit der Resultate für die individuelle Berufspraxis konnte damit ein starker Anreiz zur Teilnahme geboten werden.

Design des Online-Instruments

Die Erhebung wurde als web-basierte Online-Befragung durchgeführt. Je Institution sollte lediglich ein Fragebogen beantwortet werden, so dass Verzerrungseffekte durch intensive Beteiligung von Mitgliedern einzelner Organisationen ausgeschlossen werden konnten. Um dies sicherzustellen wurde die Befragung als individualisierte Befragung durchgeführt und individuelle Zugangscodes mit der Einladung verschickt. Als Risiko im organisationalen Feld der Gründungsberatung war davon auszugehen, dass aufgrund aktueller öffentlicher

Förderstrukturen eher häufiger Erhebungen zu unterschiedlichen Aspekten im Feld der Gründungsberatung stattfinden. Potentielle Befragungsteilnehmer konnten als strukturell belastet eingestuft werden und es gab Anlass zur Vermutung, mit durch zu häufige Befragungen „teilnahmemüde" gewordenen Respondenten konfrontiert zu sein. Umso mehr galt es, den Fragebogen so knapp zu halten, dass die Beantwortung nicht mehr als 15 Minuten benötigte. Dabei wurde insgesamt auf ein besonders übersichtliches Fragebogendesign geachtet, das sich an den oben beschriebenen Leitlinien orientiert. In der Fragebogengestaltung wurde darüber hinaus besonders auf Akzeptanz, Übersichtlichkeit, Verständlichkeit und Individualisierung der Ansprache geachtet.

Dem Kriterium der Akzeptanz wurde Rechnung getragen, indem die Logos der Hochschule und des BMBF auf der Startseite des Fragebogens platziert wurden. Zudem fanden sich hier alle Kontaktdaten der Projektleitung und der Projektmitarbeiter, um persönliche Rückfragen zu ermöglichen. Auch der Aspekt des Zeitbedarfs wurde zentral berücksichtigt, indem die erforderliche Beantwortungsdauer auf ca. eine Viertelstunde begrenzt wurde. Ein optisch gut erkennbarer Fortschrittsbalken am Bildrand ermöglichte den Respondenten, den Bearbeitungsstand sowie den noch erforderlichen Zeitbedarf permanent im Blick zu haben, wodurch sie motiviert wurden, den Fragebogen zügig abzuschließen.

Die Gestaltung war weitgehend am „One-Item-One-Page"-Prinzip orientiert, sodass sichergestellt war, dass die Respondenten auf den einzelnen Seiten des Fragebogens nicht scrollen mussten. Als Formatierungselemente wurden vorwiegend option buttons, checkboxes (bei Mehrfachnennungen) sowie vereinzelt auch text-boxes (für offene Antworten) eingesetzt. Der Fragebogen wurde Seite für Seite abgespeichert, so dass, wie in den Erinnerungsmails kommuniziert, immer wieder an der Stelle eingesetzt werden konnte, an der ein Teilnehmer die Befragung ggf. verlassen hatte.

Sowohl in der Ansprache der Respondenten per E-Mail wie auch im Fragebogendesign selbst wurde auf Individualität in der Ansprache als Erfolgsfaktor gesetzt. Über die Teilnehmerverwaltung konnte in den E-Mails die Anrede automatisiert geschlechtsspezifisch angepasst und mit Name und Titel der Ansprechpartner versehen werden. Auch der Fragebogen selbst präsentierte je nach Geschlecht der Befragten jeweils korrekte Bezeichnungen. Dies erhöhte einerseits die Lesbarkeit und unterstützte andererseits auch die Spezifität der Ansprache.

Inhaltliche Strukturierung des Fragebogens

Der Fragebogen strukturierte sich in vier Abschnitte. In einem ersten Abschnitt wurde das Beratungsangebot der Einrichtung erschlossen, indem nach Leistungen und Angeboten, Zielgruppendifferenzierung und Wirtschaftszweigen der Gründungen gefragt wurde. Im zweiten Abschnitt des Fragebogens wurde die konkrete individuelle Praxis der Gründungsberater erfragt, indem die Faktoren einer erfolgreichen Gründung, die eigenen Beratungsvorstellungen und beraterischen Vorgehensweisen in der Gründungsberatung, das jeweilige Beratungsselbstverständnis der Professionellen und die hier zugrunde liegenden Wissensbestände erfragt wurden. Im dritten Abschnitt des Fragebogens wurden Rahmendaten zum institutionellen und regionalen Kontext sowie zur Finanzierungsform erfragt. Der vierte Abschnitt widmete sich den demographischen Daten der Berater und fokussierte hierbei insbesondere Informationen zur Bildungsbiographie. Der Online-Fragebogen wurde in einem mehrmonatigen Prozess durch das Forschungsteam entwickelt und diskutiert und anschließend einem Pretest unterzogen.

Pretest des Online-Fragebogens

Um die zugrunde liegende Grundgesamtheit (N = 1329) nicht über Gebühr einzugrenzen, wurde bewusst auf ein quantitatives Pretesten des Fragebogens verzichtet. Stattdessen wurde das qualitative Vorgehen des „cognitive survey" (Mittag et al. 2003) gewählt, in dem die „thinking aloud"-Methode zum Einsatz kam. Bei solchen qualitativen Pretests wird eine interaktive Situation mit Vertreter der Zielgruppe hergestellt.

Das vorliegende Instrument des Online-Fragebogens wurde überprüft, indem sechs ausgewählte Berater den Fragebogen am PC bearbeiteten und dabei alles benannten, was ihnen bei der Beantwortung des Fragebogens durch den Kopf ging. Der zeitliche Bedarf der so durchgeführten Pretests lag zwischen 45 und 90 Minuten. Die in dieser Bearbeitungssituation abgegebenen Kommentierungen wurden vollständig aufgezeichnet und unter inhaltsanalytischen Gesichtspunkten teiltranskribiert und danach ausgewertet, welche Probleme, Fragen, etc. sich den Beratern ergaben. Hierbei wurde das Feld der Gründungsberatung systematisch repräsentiert, indem Pretest-Partner aus unterschiedlichen institutionellen Zusammenhängen gebeten wurden, den Bogen unter Anwendung der „thinking aloud"Methode zu bearbeiten. Weiterhin wurde darauf geachtet, die Kriterien Alter und Geschlecht möglichst systematisch mit zu berücksichtigen, um so Einflussfaktoren sowohl im Hinblick auf Erfahrungen mit der Nutzung des Internet als Erhebungsmedium wie auch mögliche andere Wahrnehmungs- und Antwortspezifika mitzuführen.

Die Qualität des Online-Fragebogens konnte im Pretest weitestgehend bestätigt werden. Einige qualitative Hinweise konnten aufgenommen werden, um die Verständlichkeit des Bogens zu optimieren. Resümierend ließ sich festhalten, dass sich das Vorgehen des „cognitive survey" in der Fragebogenentwicklung vollständig bewährte, da einerseits keine zu großen Daten- bzw. Respondentenverluste in Kauf zu nehmen waren und gleichzeitig wertvolle Rückmeldungen aus der Zielgruppe gewonnen werden konnten. Abschließend wurde der Fragebogen nochmals ausgewählten Experten und Kooperationspartnern im Feld der Gründungsberatung zur letzten Begutachtung und Kommentierung zur Verfügung gestellt.

Datenrücklauf und Antwortverhalten

Die Einladung zur Teilnahme an der Online-Erhebung erfolgte in der Wochenmitte (Donnerstag vormittag). In dieser ersten Mail wurden zunächst keine Aussagen zur Dauer der Feldphase gemacht, um so flexibler auf die Entwicklung des Rücklaufs reagieren zu können. Im einwöchigen bis 10-tägigen Abstand wurde insgesamt drei Mal mit einer individuellen E-Mail an die Erhebung erinnert. In der letzten Erinnerungsmail wurde auf das Ende der Erhebungsphase hingewiesen. Die Feldphase dauerte insgesamt knapp sechs Wochen.

Genauere Rücklaufanalysen ermöglichen, die Selektionsraten von der Gesamtgruppe der in den Datenbanken ermittelbaren Berater bis hin zu der Gruppe, die die Befragung vollständig abgeschlossen hatte, zu erschließen. Insgesamt wurden 1329 Organisationen eingeladen, sich an der Erhebung zu beteiligen, von denen 66 nicht erreicht werden konnten, sodass das bereinigte Gesamtsample 1263 Organisationen umfasste. Folgt man der oben dargestellten Systematisierung von Theobald (2000) ergab sich folgendes Antwortverhalten auf Seiten der adressierten Berater:

- n1: 1263 Organisationen wurden kontaktiert
- n2: 799 Respondenten riefen die Startseite auf
- n3: 754 Respondenten riefen den Fragebogen auf
- n4: 197 Respondenten bearbeiteten den Fragebogen teilweise
- n5: 602 Respondenten beendeten den Fragebogen

Insgesamt konnten also etwa 63% aller eingeladenen Teilnehmer gewonnen werden, den online Fragebogen aufzusuchen und nahezu die Hälfte von ihnen bearbeitete den Fragebogen abschließend. Damit konnte eine ungewöhnlich hohe Ausschöpfungsquote erreicht werden. Über diese Analyse des Rücklaufs hinaus ermöglicht es die Online-Befragung, auch die zeitlichen Aspekte der Fragebogenbearbeitung detaillierter zu ermitteln. In der ersten Woche der Befragung beteiligten sich bereits 21,76% der eingeladenen Organisationen. In der Woche nach der nun ausgesendeten ersten Erinnerungsmail stieg der Rücklauf auf 42,51%. Ohne weitere Erinnerungsmail blieb der Rücklauf in der dritten Woche relativ konstant und stieg lediglich auf 44,18%. In der Folge der zweiten Erinnerungsmail stieg der Rücklauf abermals deutlich auf 53,85%, und auch in der letzten Phase der Erhebung (nach einem dritten reminder) wurden nochmals knapp zehn Prozentpunkte gewonnen.

Bei einer genaueren Betrachtung zeigt sich, dass die größten Zuwächse jeweils am Tag einer Erinnerungsmail zu verzeichnen sind. Aufschlussreich ist daneben auch die Betrachtung der Zugriffe nach Tageszeit. Als Spitzenzeiten zeigten sich dabei die Zeit zwischen 10.00 Uhr und 12.00 Uhr vormittags[12] sowie die Zeit um 15.00 Uhr am Nachmittag.

5 Möglichkeiten und Grenzen der Methode

Das vorangegangene Beispiel macht deutlich, wo die zentralen Vorteile von Online-Befragungen im Vergleich zum traditionellen Papierfragebogen liegen. Online-Befragungen sind vergleichsweise zeitökonomisch und kostengünstig: mit ihrer Hilfe können in relativ kurzer Zeit hohe Fallzahlen realisiert werden, da die Respondenten schnell und einfach zu erreichen sind. Weder für das Drucken noch für die Verteilung (bzw. für den Versand bei postalischen Befragungen) der Fragebögen fallen Kosten an. Und auch die – vor allem bei großen Stichproben – sehr aufwändige Dateneingabe[13] entfällt bei web-basierten Online-Befragungen, da bei der Bearbeitung des Fragebogens die gegebenen Antworten der Teilnehmenden direkt in einer Datenbank gespeichert werden. Dies gilt nicht nur für Fragebogenteile, die anschließend einer quantitativen Auswertung mittels einschlägiger Statistik-Software unterzogen werden, sondern auch für offene Fragen, die bei Verwendung von traditionellen Fragebögen mit erheblichem Transkriptionsaufwand verbunden sind. Auch hier besteht die Möglichkeit, sie der computergestützten qualitativen Datenanalyse direkt zugänglich zu machen.

Darüber hinaus können – und hier liegt eine wesentliche Stärke gegenüber Offline-Befragungen – zusätzliche Merkmale des Antwortverhaltens mit erhoben werden, wie etwa die für die Beantwortung einer Frage benötigte Zeit und die insgesamt für die Bearbeitung des Fragebogens investierte Zeit. Bei der Überprüfung von Fragebögen im Rahmen von Pretests können dies wertvolle Informationen sein. Neben der schnellen Verfügbarkeit der Daten, die die Möglichkeit einer Zwischenauswertung zu jedem Zeitpunkt der Erhebung als Echtzeitstatistik einschließt, besteht ein weiterer Vorteil von Online-Befragungen darin, dass die gegebenen Antworten insofern eindeutig sind, als die Teilnehmenden auf die selektierbaren Antwortvorgaben festgelegt sind und nicht – wie zuweilen bei Papier-Fragebögen – auch Antwortkreuze „dazwischen" gesetzt werden. Auch das zum Teil mühselige Entziffern der handschriftlich gegebenen Antworten auf offene Fragen entfällt.

Durch die bestehenden technischen Möglichkeiten können professionell gestaltete Fragebögen entwickelt werden, die durch die gezielte Einbindung von Multimedia-Anteilen die Bearbeitung abwechslungsreich und interessant machen. Bei Filterfragen ist das Bearbeiten einfacher als bei gedruckten Fragebögen, da die zu Befragenden die zum Teil komplizierten Filterführungen nicht selbst nachvollziehen müssen, sondern nur die Fragen vorgelegt bekommen, die sie auch tatsächlich betreffen. Darüber hinaus kann bei Online-Befragungen der verwendete Fragebogen speziell auf zu Beginn der Befragung erhobene Merkmale des Respondenten zugeschnitten werden. So kann z. B. die vorgeschaltete Frage nach der gewünschten Sprache, in der der Fragebogen dargeboten werden soll, auch nicht-deutschen Respondenten die Teilnahme erleichtern.

Der Aufbau des Online-Fragebogens kann mit relativ wenig Aufwand variiert werden, um z. B. Reihenfolgeeffekte zu kontrollieren. Auch eine randomisierte Reihenfolge bei der Darbietung der Fragen ist möglich. Für die Entwicklung von Online-Fragebögen bedarf es dabei mittlerweile kaum noch der spezieller Programmierkenntnisse, da einerseits einfache Befragungen mit Hilfe von Standardsoftware realisiert werden können (Nesbary 2000) und andererseits inzwischen ein breites Angebot an spezialisierter Software und Dienstleistungen externer Anbieter verfügbar ist, das die technische Umsetzung erleichtert.[14]

Online-Befragungen eröffnen den Respondenten ein hohes Maß an zeitlicher und räumlicher Flexibilität. Insbesondere durch die gegenwärtig steigenden Möglichkeiten des mobilen Internets (also Internet über Handy) wird eine maximale Freiheit der Bearbeitung ermöglicht (vgl. hierzu Fuchs 2007; Weichbold 2005).

An diesem Punkt wird deutlich, dass einige mögliche Stärken von Online-Befragungen gleichzeitig auch als ihre Schwächen gelten müssen. Die freie Wahl der Bearbeitungssituation bedeutet gleichzeitig auch, dass keinerlei Kontrolle und in der Regel auch kein Wissen darüber vorliegt, in welcher Situation der Fragebogen beantwortet wurde. Waren die Teilnehmenden allein am Rechner, haben sie parallel ihre elektronische Post durchgeschaut?[15] Auch die erweiterten Möglichkeiten zur Gestaltung von online-Fragebögen (Theobald 2007) (vom manuell programmierten einfachen HTML-Formular über grafisch ansprechendere JavaScript-Lösungen bis hin zu aufwändig gestalteten Flash-Applikationen mit neuartigen Abfrageformen wie z. B. Schieberegler oder Drehknöpfe) mag einerseits die Attraktivität erhöhen und die Abbrecherquote reduzieren, andererseits erhöht sich bei technisch „aufgerüsteten" Online-Fragebögen die Wahrscheinlichkeit von Bearbeitungsproblemen auf Seiten der Respondenten, wenn diese über unterschiedliche technische

Voraussetzungen verfügen. Lange Ladezeiten können hier die Nutzer ebenso verärgern wie browser- oder plattformabhängige Unterschiede in der Darstellung des Fragebogens am PC-Bildschirm infolge unterschiedlicher Soft- und Hardwareausstattung der zu Befragenden. Diese Probleme können in Teilen vermieden werden, wenn der Maxime „keep it as simple as possible" bei der Fragebogenentwicklung und -gestaltung Rechnung getragen wird und technisch niedrigschwellige Lösungen gesucht werden.

Neben diesen technischen Schwierigkeiten gilt es auch einige methodologische Fragen zu klären. So wird immer wieder die unzureichende Repräsentativität gewonnener Stichproben ins Feld geführt. Häufig bleibt für die gewonnenen Daten unklar, inwieweit sie generalisierbar sind, da die Grundgesamtheit der Internetnutzer nicht hinreichend definiert ist und keine genaue Information darüber vorliegt, welcher Ausschnitt aus der Gesamtbevölkerung erreicht wird. Dass die regelmäßigen Internetnutzer sich vom Durchschnitt der Gesamtbevölkerung darin unterscheiden, dass sie einen höheren Bildungsgrad aufweisen, jünger sind und überdurchschnittlich häufig dem männlichen Geschlecht angehören, ist vielfach belegt und hat entsprechende Ergebnisverzerrungen zur Folge, auch wenn hier internetferne Gruppen zunehmend aufholen (von Eimeren/Frees 2005; Bandilla 2003).

Diese im Zusammenhang mit internetbasierten Befragungen immer wieder ins Feld geführten Probleme bezüglich der Aussagekraft der gewonnenen Daten infolge von stichprobenbedingten Verzerrungen erübrigen sich teilweise, wenn die Untersuchung auf eine Grundgesamtheit zielt, die klar abgegrenzt ist und deren Mitglieder nicht nur vollständig bekannt, sondern auch komplett über Internet bzw. Intranet erreichbar sind. Dies ist bei Unternehmen und Organisationen mit einem hohen Anteil an PC-Arbeitsplätzen der Fall. Durch die rasch zunehmende Verbreitung des Intranet als Kommunikations- und Informationsplattform innerhalb von Unternehmen und Organisationen werden daher elektronische Formen der Befragung als leistungsfähige Methode zunehmend interessanter.

Ein weiteres Problem besteht in der Unsicherheit der Respondenten hinsichtlich der Wahrung ihrer Anonymität. Bei internetbasierten Befragungen ist mehr noch als bei herkömmlichen Erhebungen wichtig, den Teilnehmenden zu vermitteln, dass ihre Daten nicht mit ihrer Person in Verbindung gebracht werden. Die subjektiv wahrgenommene Identifizierbarkeit ist ein entscheidender Faktor, sowohl für die Bereitschaft an Online-Befragungen überhaupt teilzunehmen als auch für das Ausmaß, mit dem soziale Erwünschtheit die Ergebnisse verzerrt (Sassenberg/Kreutz 2002). Eine geeignete Maßnahme, um die Anonymitätsbedenken der Teilnehmenden zu reduzieren, besteht darin, sie zu bitten, ihre persönlichen Daten (z. B. für die Zusendung der in Aussicht gestellten Belohnung für die Teilnahme oder für die Zusendung der Ergebnisse der Studie) getrennt vom ausgefüllten Fragebogen zurückzuschicken.

Sassenberg/Kreutz (2002, S. 73) raten, in der Instruktion Verweise auf bestimmte Zielgruppen auf jeden Fall zu vermeiden und auch Informationen über die durchführende Institution eher knapp zu halten, um insgesamt das Problem der Identifizierbarkeit gar nicht erst zu sehr ins Bewusstsein zu rücken. Insgesamt wird man jedoch mit der Strategie der Offenlegung der durchführenden Institution, des Untersuchungsinteresses und der Verwendung der erhobenen Daten bei der Rekrutierung der Stichprobe erfolgreicher sein. Um die Akzeptanz und die Zahl der Teilnehmer zu erhöhen, sollte zudem sichergestellt und kommuniziert werden, dass ein Zugriff unbefugter Dritter auf die Daten anhand von geeigneten Maßnahmen (z. B. Passwortschutz) verhindert wird.

Ein weiteres Problem von Online-Erhebungen sind die in der Regel sehr bescheidenen Response-Raten (Benfield/Szlemko 2006). Dabei bewegt sich der Rücklauf in E-Mail-Befragungen häufig in einer Größenordnung, die hinter den Werten von allgemeinen postalischen Befragungen noch deutlich zurückbleiben (Bandilla/Bošnjak/Altdorfer 2003). Tuten/Urban/Bošnjak (2002, S. 10) fassen in ihrer Übersicht der vorliegenden Vergleichsstudien als zentrales Ergebnis zusammen: „All studies comparing e-mail to mail report higher response rates to the traditional mail version of the survey." Allerdings zeigt das obige Fallbeispiel, dass durch eine gezielte Adressierung der Befragten der Rücklauf positiv beeinflusst werden kann.

Die zentralen Vorteile von Online-Befragungen in Form von Kostenreduktion und Zeitersparnis bei der Datenerhebung und -auswertung lassen erwarten, dass Online-Befragungen zunehmend die klassischen Erhebungsformen ergänzen und ersetzen werden. Wie Bauer/Hauptmann (1999) im Rahmen der Pilotierung der Siemens-Online-Befragung bei rund 600 Mitarbeitern herausstellen, reduzieren sich vor allem bei Wiederholungsbefragungen die Verwaltungskosten (Druckkosten, Postgebühren usw.) und Personalkosten auf ein Minimum. Durch die Zentralisierung der Datenbankverwaltung können die Befragungsergebnisse effizient gespeichert und archiviert werden, so dass sich vergleichende Analysen im Zusammenhang von Veränderungsprozessen exakt und schnell durchführen lassen. Auch die direkte und schnelle Verfügbarkeit der Ergebnisse machen Online-Mitarbeiterbefragungen zu einem interessanten Führungs- und Steuerungsinstrument, da konkrete Maßnahmen auf der Basis der direkt vorliegenden Ergebnisse effizient geplant und umgesetzt werden können.

Dabei muss die methodische Weiterentwicklung der Online-Befragung vor allem zwei Problemlagen in den Blick nehmen: die Gewährleistung von Datensicherheit und die weitergehende Überprüfung von Effekten des Fragebogenlayouts auf das Antwortverhalten der Befragten. Durch die erweiterten technischen Optionen in der Gestaltung der Frage- und Antwortformate ergeben sich vielfältige innovative Möglichkeiten bis hin zu multimedialen Fragebögen. Sorgfältig angelegte Methodenexperimente sind hier nötig, um genauer zu klären, welche Effekte hier auf das Antwortverhalten zu beobachten sind. Darüber hinaus kann hier auch wertvolles Wissen bezüglich der mediendidaktischen Aufbereitung des Fragebogens gewonnen werden.

Hinzu kommen die Probleme des Datenschutzes: Wie kann gewährleistet werden, dass die Anonymität der Mitarbeiter gewahrt bleibt und die Protokolldateien des Servers nicht personenbezogen ausgewertet werden? Die Einhaltung des Datenschutzes und die glaubhafte Sicherstellung der Anonymität jedes einzelnen Befragten ist, so Hahn/Zerr (2001), oberste Prämisse jeder Online-Befragung. Hier den Schutz der Mitarbeiter und Netzwerkpartner über die Entwicklung von zuverlässigen Sicherheitskonzepten zu gewährleisten, stellt eine zentrale Herausforderung dar. Nur wenn es – in Kooperation z. B. mit der Personalvertretung oder zentralen Entscheidern – gelingt, die Mitarbeiter einer Organisation von einem sorgsamen Umgang mit den erhobenen Daten zu überzeugen und ihr Vertrauen zu gewinnen, können die Stärken des Befragungsmediums Intranet im Kontext von organisationalen Veränderungsprozessen in vollem Umfang genutzt werden.

6 Anmerkungen

1 Diese hat sich im Zeitraum von Januar 2000 bis Januar 2008 von 1.554.374 auf 11.771.605 registrierte .de-Domains entwickelt (vgl, www.denic.de/de/domains/statistiken/domainentwicklung/index.html).
2 Hier gibt z. B. der eEurope benchmarking Report „eEurope 2002" Auskunft (vgl, www.ec.europa.eu/information_society/eeurope/2002/news_library/index_en.htm).
3 Massive Multiplayer Online Role Playing Games.
4 Dies gilt insbesondere dann, wenn die E-Mail im Reintext-Format gesendet wird. Das HTML-Format bietet zwar deutlich mehr Gestaltungsmöglichkeiten, wird jedoch bei E-Mails von vielen Internetnutzern kategorisch abgelehnt und eignet sich deshalb ebenso wenig.
5 Wird der Fragebogen etwa als Word-Dokument zur Verfügung gestellt, werden systematisch alle zu Befragenden von der Befragung ausgeschlossen, die nicht über das entsprechende Programmpaket der Firma Microsoft verfügen.
6 Dillman (1999) spricht in diesem Zusammenhang von „the beginning of a new era" und geht davon aus, dass Online-Befragungen „will become the dominant method of surveying early in the 21st century".
7 Eine Auswahl von online-Befragungen zu verschiedensten Themen kann unter folgender URL abgerufen werden: www.online-forschung.de/index.htm/linx/.
8 Handelt es sich bei der Untersuchung um eine online durchgeführte Mitarbeiterbefragung bei der Daten erhoben werden, die eine Leistungs- und/oder Verhaltenskontrolle der Mitarbeiter ermöglichen, so muss der Betriebsrat seine Genehmigung zur Durchführung der Online-MAB erteilen. Es empfiehlt sich jedoch generell, auch bei nicht mitbestimmungspflichtigen Befragungen die Belegschaftsvertretungen einzubeziehen.
9 Ein aktiver Link auf die entsprechende Webadresse ermöglicht den direkten Aufruf der Befragungsseite und erhöht die Wahrscheinlichkeit einer unverzüglichen Bearbeitung durch die Mitarbeiter.
10 Weiterführende Informationen zum Projekt und den beteiligten wissenschaftlichen MitarbeiterInnen Julia Elven, Natalie Pape und Jörg Schwarz sind unter www.entrepreneuresse.de zu finden.
11 Hier sind insbesondere zu nennen die Datenbanken des BMWI, der bundesweiten Gründerinnenagentur, des BDU, der Agentur für Arbeit u. a.
12 Hierbei ist jedoch zu beachten, dass wir in diesem Zeitraum jeweils Einladung und Reminder verschickt haben, sodass diese Daten nicht unbedingt Ausdruck einer fixen Zeitpräferenz sind, sondern auch dafür sprechen könnten, dass ein Großteil der Befragten unmittelbar auf die eintreffende E-Mail reagiert hat.
13 Auch bei Verwendung eines Scanners verbleiben offene Antwortfelder und Erkennungsschwierigkeiten, ebenso das Problem von Markierungen zwischen den Antwortkategorien bei Zuordnungsunwilligkeit.
14 Siehe dazu die von der Gesellschaft Sozialwissenschaftlicher Infrastruktureinrichtungen (GESIS) bereitgestellte Übersicht der Softwareprodukte für internetbasierte Untersuchungen unter der URL www.gesis.org/software/index.htm.
15 Hier ist der Hinweis berechtigt, dass über diese Einflussvariablen auch beim Einsatz herkömmlicher postalischer Fragebögen keine Informationen vorliegen und dass bei online-Erhebungen zumindest Aussagen über zeitliche Aspekte des Antwortverhaltens getroffen werden können.

7   Literatur

Arbeitskreis Deutscher Markt- und Sozialforschungsinstitute (ADM)/Arbeitsgemeinschaft Sozialwissenschaftlicher Institute (ASI)/Berufsverband Deutscher Markt- und Sozialforscher (BVM)/Deutsche Gesellschaft für Online Forschung (DGOF) (Hrsg.) (2001): Standards zur Qualitätssicherung für Online-Befragungen, Frankfurt

Bandilla, Wolfgang (2003): Die Internetgemeinde als Grundgesamtheit, in: ADM Arbeitkreis Deutscher Markt- und Sozialforschungsinstitute / Arbeitsgemeinschaft Sozialwissenschaftlicher Institute (ASI) / Statistisches Bundesamt (Hrsg.), Online-Erhebungen. Sozialwissenschaftlicher Tagungsbericht, Band 7, Bonn: Informationszentrum Sozialwissenschaften, S. 71-83

Bandilla, Wolfgang/Bošnjak, Michael/Altdorfer, Peter (2003): Survey Administration Effects? A Comparison of Web-Based and Traditional Written Self-Administered Surveys Using the ISSP Environment Module, in: Social Science Computer Review, Vol. 21, 2, S. 235-244

Batinic, Bernad/Bošnjak, Michael (2000): Fragebogenuntersuchungen im Internet, in: Batinic, Bernad (Hrsg.), Internet für Psychologen, Göttingen, S. 287–317

Batinic, Bernad/Werner, Andreas/Gräf, Lorenz/Bandilla, Wolfgang (1999): Online Research. Methoden, Anwendungen und Ergebnisse, Göttingen

Batinic, Bernad/Reips, Ulf-Dietrich/Bošnjak, Michael (2002): Online Social Sciences, Göttingen

Bauer, Wilfried/Hauptmann, Cornelia (1999): Konzeption und Durchführung der Siemens Mitarbeiterbefragung via Intranet mit kontinuierlicher Sofortauswertung durch deskriptive Maßzahlen, in: Reips, Ulf-Dietrich et al. (Hrsg.), Aktuelle Online Forschung – Trends, Techniken, Ergebnisse, (online) dgof.de/tband99/

Benfield, Jacob A./Szlemko, William J. (2006): Internet-Based Data Collection: Promises and Realities, Journal of Research Practice, Vol. 2

Best, Samuel J./Krueger, Brian S. (2004): Internet Data Collection. Thousand: Sage Publications

Borg, Ingwer (1995): Mitarbeiterbefragungen. Strategisches Auftau- und Einbindungsmanagement, Göttingen

Bošnjak, Michael (2001): (Non)Response bei Web-Befragungen, Aachen

Bošnjak, Michael/Bandilla, Wolfgang/Schneid, Michael/Lorch, Guido/Batinic, Bernad/Werner, Andreas/Stiegler, Angelika (1998): Online-Forschung im deutschsprachigen Raum. Erste Ergebnisse einer Umfrage unter Mitgliedern der „German Internet Research" Mailingliste, ZUMA

Bucher, Hans-Jürgen/Barth, Christof (1998): Rezeptionsmuster der Online-Kommunikation, in: Media Perspektiven 10, S. 517–523

Dillman, Don A. (2007): Mail and Internet Surveys: The Tailored Design Method 2007 Update (with New Internet, Visual, and Mixed-Mode Guide, 2nd Edition, New York: Wiley

Dillman, Don A. (1999): Mail and Other Self-Administered Surveys in the 21st Century: The Beginning of a New Era, Gallup Research Journal 6, S. 18-29

Fischer, Melanie (2005): Möglichkeiten sozialwissenschaftlicher Surveys im Internet. Stand und Folgerungen für Online-Befragungen, Hefte zur Bildungs- und Hochschulforschung, 46, Konstanz

Fuchs, Marek (2007): Mobile Web Survey: Möglichkeiten der Verknüpfung von Online-Befragung und Handy-Befragung, in: Gabler, Siegfried/Häder, Sabine (Hrsg.), Mobilfunktelefonie – eine Herausforderung für die Umfrageforschung, Mannheim, S. 105-126

Gaupp, Nora/Kuhnke, Ralf/Schweigard, Eva (2006): Vergleich unterschiedlicher Erhebungsmethoden. Arbeitsbericht im Rahmen der Dokumentationsreihe „Methodische Erträge aus dem ‚DJI-Übergangspanel'", hrsg. Vom Deutschen Jugendinstitut e.V. Außenstelle Halle, München

Gräf, Lorenz (1999a): Optimierung von WWW Umfragen. Das Online-Pretest-Studio, in: Batinic, Bernad et al. (Hrsg.), Online Research. Methoden, Anwendungen und Ergebnisse, Göttingen, S. 159–177

Gräf, Lorenz (2001): Optimierung von WWW-Umfragen: Three years after. Vortrag auf der 4. German Online Research Konferenz in Göttingen, online: www.psych.uni-goettingen.de/congress/gor-2001/contrib/graef-lorenz/index_html

Gräf, Lorenz (2002): Assessing Internet Questionnaires: The Online Pretest Lab, in: Reips, Ulf-Dietrich/Bošnjak, Michael (Hrsg.), Dimensions of Internet Science. Lengerich, S. 49–68

Hahn, Uta/Zerr, Konrad (2001): Intranet-Befragungen als Führungsinstrument bei organisatorischen Veränderungsprozessen, in: Theobald, Axel/Dreyer, Marcus/Starsetzki, Thomas (Hrsg.), Online-Marktforschung – Theoretische Grundlagen und praktische Erfahrungen, Wiesbaden

Heidingsfelder, Martin/Bamert, Thomas (2001): Reihenfolgeeffekte bei Web-Umfragen: Ergebnisse eines Methodenexperiments, online: www.psych.uni-goettingen.de/con-gress/gor-2001/contrib/heidingsfelder-martin

Heindl, Eduard (2003): Logfiles richtig nutzen. Webstatistiken erstellen und auswerten, Bonn

Knapp, Frank (2004): Aktuelle Probleme der Online-Forschung, Sozialwissenschaften und Berufspraxis, 27, 1 Methoden in der Praxis, S. 5-10

Knapp, Frank/Heidingsfelder, Martin (2002): Drop-Out Analysis: Effects of Research Design, in: In Reips, U.-D./Bošnjak, M. (Hrsg.), Dimensions of Internet Science. Lengerich: Pabst Science Publishers

Littmann, Peter/Jansen, Stephan A. (2000): Oszillodox. Virtualisierung – die permanente Neuerfindung der Organisation, Stuttgart

Mair, Tina (2001): Does it pay to pay for answers? Einfluss von Incentives auf die Antwortqualität in Online-Befragungen. Ein Online-Experiment, in: Transfer. Zeitschrift der Deutschen Gesellschaft für Publizistik und Kommunikationswissenschaft e.V. 1/2001, 5. Jg

Mittag, Oskar; Böhme, Sonja; Deck, Ruth; Ekkernkamp, Monika; Hüppe, Angelika; Telbis-Kankainen, Hildegard; Raspe, Angelica; Raspe, Heiner (2003): Fragen über Fragen: *cognitive survey* in der Fragebogenentwicklung, in: Sozial- und Präventivmedizin. 48 (2003), S. 55-64

Nesbary, Dave K. (2000): Survey Research and the World Wide Web, Boston

Pötschke Manuela/Simonson Julia (2001): Online-Erhebungen in der empirischen Sozialforschung. Erfahrungen mit einer Umfrage unter Sozial-, Markt- und Meinungsforschern, in: ZA-Information 49, S. 6–28

Prüfer, Peter/Rexroth, Margrit (1996): Verfahren zur Evaluation von Survey-Fragen: Ein Überblick, in: ZUMA-Nachrichten, 39, S. 95–115

Reips, Ulf-Dietrich/Stieger, Stefan (2002): LogAnalyzer: ein web-basiertes Tool zur Analyse von Serverlogfiles. Vortrag auf der 5. German Online Research Konferenz in Hohenheim, online: www.dgof.de/gor02/index_3.html

Sassenberg, Kai/Kreutz, Stefan (2002): Online Research and Anonymity, in: Batinic, Bernad/Reips, Ulf-Dietrich/Bošnjak, Michael (Hrsg.), Online Social Sciences, Hogrefe und Huber, S. 213-227

Schäffter, Ortfried (2007): Institutionalformen der Erwachsenenbildung in der Transformationsgesellschaft. Unveröffentlichtes Manuskript. https://ebwb.hu-berlin.de/team/schaeffter/downloads. Zugriff am 3.2.2008

Statistisches Bundesamt (2006): Informations-Technologie in Unternehmen und Haushalten 2005, Wiesbaden

Theobald, Axel (2007): Zur Gestaltung von Online-Fragebögen, in: Welker, Martin/Wenzel, Olaf (Hrsg.), Online-Forschung 2007: Grundlagen und Fallstudien, Herbert von Halem Verlag, S. 103-118

Theobald, Axel (2000): Das World Wide Web als Befragungsinstrument, Wiesbaden

Tuten, Tracey L./Bošnjak, Michael/Bandilla, Wolfgang (2000): Banner-advertised web surveys, in: Marketing Research, 11, S. 17–21

Tuten, Tracy L./Urban, David J./Bošnjak, Michael (2002): Internet Surveys and Data Quality: A Review, in: Batinic, Bernad/Reips, Ulf-Dietrich/Bošnjak, Michael (Hrsg.), Online Social Sciences, Göttingen, S. 7–26

von Eimeren, Birgit/Frees, Beate (2005): Nach dem Boom: Größter Zuwachs in internetfernen Gruppen. Ergebnisse ARD/ZDF-online-Studie 2005, in: Media Perspektiven, 8, S. 362-379

Weber, Susanne Maria (i.V.): Systemreflexive Evaluation und organisationales Lernen. Strukturelle Spannungsverhältnisse zwischen Diskurs, Organisation und Intervention: Das Beispiel

„Reflexionskonferenz", in: Zeitschrift für Pädagogik. Sonderheft Pädagogische Organisationsforschung. 5/2008
Weber, Susanne Maria (2002): Vernetzungsprozesse gestalten. Erfahrungen aus der Beraterpraxis mit Großgruppen und Organisationen, Wiesbaden
Weichbold, Martin (2005): Zukunft – Forschung, in: Reinhold Popp (Hrsg.), Zur Zukunft der empirischen Sozialforschung, Festschrift zum 65. Geburtstag von Univ. Prof. Dr. Horst W. Opaschowski, Wien, S. 127-139
Welker, Martin/Werner, Andreas/Scholz, Joachim (2005): Online-Research: Markt- und Sozialforschung mit dem Internet, Heidelberg
Windeler, Arnold (2001): Unternehmungsnetzwerke. Konstitution und Strukturation, Wiesbaden

Einschlägige Web-Ressourcen:

ADM Arbeitskreis Deutscher Markt- und Sozialforschungsinstitute e.V.: www.adm-ev.org
Deutsche Gesellschaft für Online-Forschung (DGOF): www.dgof.de
German Online-Research (GOR): www.gor.de
Online Forschung DE: www.online-forschung.de
Online Literatur Archiv (Archiv der GIRL-Mails): www.infosoc.uni-koeln.de/gola
Zentrum für Umfragen, Methoden und Analysen der Gesellschaft Sozialwissenschaftlicher Infrastruktureinrichtungen (GESIS-ZUMA), Mannheim: www.gesis.org/zuma/

Organizational Survey

Rainhart Lang

1 Einleitung

Die Nutzung der Unternehmens- bzw. Organisationsbefragung als Methode in der Organisationsforschung[1] reicht in die 20er und 30er Jahre des 20. Jahrhunderts zurück. Als Reaktion auf die Entwicklung und Verbreitung tayloristischer Studien und Arbeitspraktiken rückte vor allem in den 20er Jahren die Erfassung der gesellschaftlichen Folgen in den Mittelpunkt des Interesses. Dabei richteten sich die Studien bis in die 50er Jahre vor allem auf Fragen der Arbeitsgestaltung und Mitarbeiterzufriedenheit. In den 60er und 70er Jahren entwickelten sich erste Ansätze zur Nutzung von Organisationsbefragungen für die Erfassung der Verbreitung spezieller Normen und Standards innerhalb von Branchen. In den 80ern und zu Beginn der 90er Jahre veränderte sich der Fokus zunehmend auf Fragen des Qualitätsmanagements, der Kundenorientierung und der Leistung des Unternehmens. In den 90er Jahren schließlich entwickelten sich weitere Formen von „Organizational Surveys", die auf eine stärkere Nutzung als strategisches Instrument in Verbindung mit der Nutzung von „Benchmarking" (Betriebsvergleichen) und von „Balanced Scorecards" gerichtet waren.

> Unter „Organizational Survey" bzw. Organisationsbefragung soll im folgenden eine Methode der Organisationsforschung verstanden werden, bei der eine größere Anzahl von Organisationen in der Regel unter Nutzung eines Fragebogens zu Fakten über Strukturen und Praktiken der Organisation sowie zu Werten, Einschätzungen und Beurteilungen befragt werden.

Der Vorteil einer solchen Erhebung liegt auf der Hand. Die Befragung mehrerer Organisationen ermöglicht es, repräsentative oder zumindest annähernd repräsentative Aussagen über die Verbreitung bestimmter Phänomene in Organisationen zu gewinnen. Entsprechende Erhebungen können branchenweit, aber auch branchenübergreifend konzipiert werden und geben bei entsprechender Anzahl und Verteilung der Antworten ein gutes Bild über die soziale Praxis in Organisationen.

Die Form der Organisations- bzw. Unternehmensbefragung hat sich dabei in den letzten Jahren weit über eine konkrete wissenschaftliche Fragestellung hinaus bis hin zu einem professionell durchgeführten und standardisierten Instrumentarium der dauerhaften und wiederholten Untersuchung von Organisationen entwickelt.

Förderer dieser Entwicklung waren vor allem auch die Unternehmen selbst, die sich durch die Standardisierung und den Austausch entsprechender Daten sowie einer regelmäßigen Durchführung von Erhebungen zusätzliche Informationen für das Management zur Steuerung der Organisation auf der einen Seite, aber auch zur Entwicklung und Verbreitung bestimmter industrie- und branchenspezifischer Normen versprachen (vgl. z. B. die Entwicklung des PIMS-Programms und des „Strategic Planning Institutes"/SPI; Überblick in Staehle 1999, S. 644 ff.). In diesen Zusammenhang sind auch die Verbände und Kammern oder Brancheninstitute sowie im Weiteren Unternehmensberatungen zu nennen, die sich auf die Durchführung von Surveys spezialisiert haben. Mittlerweile existieren eine Vielzahl standardisierter „Organizational-Survey"-Systeme sowie regelmäßige Umfragen von Kammern, Verbänden etc., die jedoch im Wesentlichen keine originären Forschungszwecke verfolgen. Trotzdem sind diese „anderen" Formen von Organisationsbefragungen auch für die Organisationsforschung von Interesse, da die Ergebnisse als Ausgangspunkt einer entsprechenden wissenschaftlichen Erforschung zur Verbreitung von Organisationspraktiken dienen können.

Abbildung 1:   Arten der Organisationsbefragung nach Zwecken

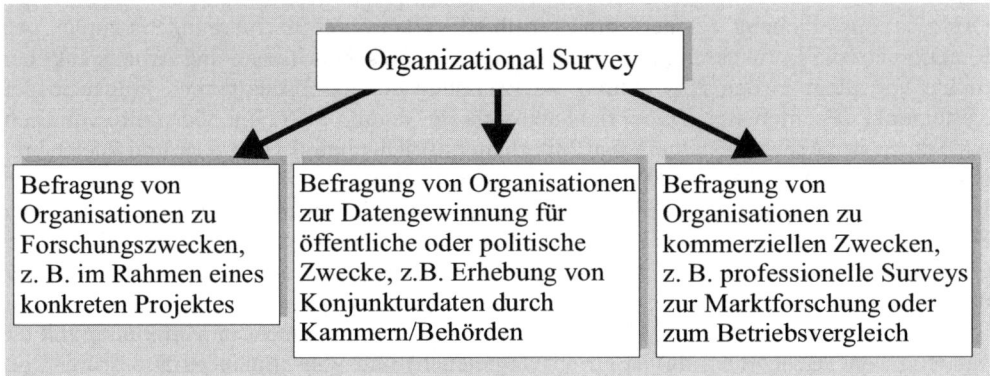

Nach dem **Zweck der Durchführung** von Organisationsbefragungen ergeben sich danach folgende Arten in der Organisationsforschung und -praxis (Abbildung 1):

1. Als Methode der Organisationsforschung: Hier werden ausgehend von einem speziellen, aus einer konkreten Forschungsfrage abgeleiteten Design Organisationen nach bestimmten soziodemografischen sowie Branchenmerkmalen ausgewählt und in die Erhebung einbezogen. So wurden zum Beispiel in der GLOBE-Studie (House et al. 1999, House et al. 2004, Chhokar et al. 2007) bei der Erhebung von Führungserwartungen mittlere Manager aus einer fixierten Anzahl von Finanzdienstleistungsunternehmen, Unternehmen der Leichtindustrie sowie Unternehmen der Telekommunikation und Computerbranche in über 60 Ländern einbezogen. In einer weiteren Studie wurden Unternehmen einbezogen, die mindestens 30 Mitarbeiter hatten und je zur Hälfte durch den Gründer und Eigentümer bzw. durch eingesetzte Manager geführt wurden. In einer Erhebung zur Verbreitung neuer Arbeits- und Organisationsformen wurden im Raum Chemnitz Industriebetriebe nach dem Vorhandensein und der Verbreitung entsprechender Formen gefragt. Grundsätzlich können sich Organisationsbefragungen zu Forschungszwecken auf die gesamt Breite organisationaler Strukturen, Prozesse, Einstellungen, Verhaltensweisen und Ergebnisse auf der individuellen, Gruppen- und Organisationsebene beziehen.
2. Als Mittel für Informationsgewinnung von Behörden, Verbänden, Kammern oder öffentlichen Instituten: Durch die Verbände und Kammern, aber auch Behörden werden in regelmäßigen Abständen Betriebsbefragungen durchgeführt. Sie beziehen sich auf die Entwicklung der wirtschaftlichen Eckdaten der Mitgliedsfirmen, Kon-

junkturerwartungen, Beschäftigungsaussichten, aber auch zum Teil auf Strukturen, Prozesse und Reorganisationsmaßnahmen oder die Einführung bestimmter Managementinstrumentarien. Die dabei gewonnen Daten können zweifelsohne auch für Forschungszwecke genutzt werden, jedoch allenfalls als begleitende Unterlagen, da sie in der Regel zu wenig spezifisch und oft nicht problemorientiert sind. Ein Vorteil liegt dagegen in den relativ hohen Rücklaufquoten im Vergleich zu Forschungsbefragungen. Die von öffentlichen Instituten durchgeführten Panel-Erhebungen oder Unternehmensbefragungen, bei denen ebenfalls systematisch Daten aus Unternehmen erhoben werden, sind dagegen stärker forschungsorientiert. Der Vorteil dieser Befragungen liegt im Bemühen einer stärkeren Repräsentativität durch die entsprechende Forschungseinrichtung sowie im stärkeren Fokus auf spezifischere organisationale Fragestellungen und Probleme. Sie lassen sich zum Teil recht gut für weitere Forschungszwecke nutzen, wobei jedoch gegebenenfalls Paneleffekte, also Verzerrungen durch die ständige Wiederholung der Befragung mit den gleichen Organisationen, zu beachten sind. Weiterhin kann auch hier kaum eine völlige Passfähigkeit mit der konkreten Forschungsfrage eines externen Forschers erwartet werden. Beispiele für derartige Erhebungen sind unter anderem Konjunkturerhebungen der Wirtschaftsforschungsinstitute, die durch das Institut für Arbeitsmarkt- und Berufsforschung durchgeführten Panel-Untersuchungen, Erhebungen des „Zentrums für Umfragen, Methoden und Analysen" (ZUMA) oder von statistischen Ämtern.

3. Als Mittel der Steuerung und Beratung von Unternehmen auf kommerzieller Basis: Diese letzte Form von „Organizational Surveys" sind Erhebungen, die von privaten Organisationen oder Instituten durchgeführt werden und darauf abzielen, die Ergebnisse den beteiligten Firmen zum Teil unentgeltlich sowie weiteren Nutzern, in der Regel entgeltlich, zur Verfügung zu stellen. Darüber hinaus werden den Organisationen auch vielfältige Service-Leistungen für die Realisierung eigener organisationsinterner oder Kunden-Befragungen sowie entsprechende Vergleichsdaten („Benchmarks") angeboten. Auch diese Formen decken die ganze Breite von Fragen und Informationen zur Organisation ab. Sie bieten eine sehr gute Informationsquelle für die Organisationsforschung. Allerdings sind beim Rückgriff auf betrieblich veranlasste Erhebungen und Vergleiche immer die strategischen Kalküle der Auftraggeber zu beachten. Oft können in kommerzielle Surveys aber auch gezielt eigene Forschungsfragen eingebracht werden, so dass eine Kombination der im Rahmen standardisierten Paneluntersuchungen erfragten Sachverhalte mit aktuellen, schwerpunktbezogenen Fragen aus im Bereich der Forschung möglich wird.

Die genannten Formen von „Surveys", die sich auf die Befragung mehrerer Organisationen stützen, sind dabei von **organisationsinternen Befragungen** zu unterscheiden, die im Rahmen der **Organisationsentwicklung** häufig zum Einsatz kommen, z. B. Survey Feedback.

Der Beitrag konzentriert sich auf die Befragung einer größeren Anzahl von Organisationen im Rahmen einer wissenschaftlichen Erforschung von Organisationspraktiken, das heißt auf Erhebungen, die exklusiv und in der Regel einmalig für ein konkretes Projekt durchgeführt werden. Dabei liegt der Fokus auf der Datenerhebung.

Für diese Gruppe von Organisationsbefragungen gelten zunächst die klassischen **Ziele und Funktionen** wissenschaftlicher Erkenntnisgewinnung: Beschreibung, Erklärung, Prognose und Gestaltung. Im Bezug auf „Organizational Surveys" bedeutet dies (vgl. Bronner et al. 1999, S. 8 ff.):

- Beschreibung vergleichbarer organisationaler Phänomene in verschiedenen Organisationen und Ermittlung von Ähnlichkeiten und Unterschieden in Gestalt und Ausprägung sowie hinsichtlich ihrer Verbreitung und Entwicklung
- Ermittlung von Rahmenbedingungen und Ursachen für Ähnlichkeiten und Unterschiede im Auftreten der Organisationsphänomene
- Prognose von künftigen Entwicklungen für einzelne Organisationen oder für die Gesamtheit, der in die Erhebung einbezogenen Organisationen
- Übermittlung von Gestaltungsempfehlungen an die betreffenden Organisationen

Zweifellos sind alle Ziele für eine erfolgreiche Erhebung zu beachten. Vor allem die einbezogenen Organisationen erwarten ein entsprechendes Feedback vom Forscher vor allem auch bezüglich Prognose und Gestaltung. Letztendlich liegt es jedoch bei jedem Forscher selbst, welchen Stellenwert er den einzelnen Zielen zuweist.

Die Befragung mehrerer Organisationen zu Forschungszwecken intendiert dabei jedoch in der Regel die Gewinnung von repräsentativen oder annähernd repräsentativen Aussagen zu Verbreitung und Entwicklung sowie zu Ursachen und Gesetzmäßigkeiten organisationaler Phänomene (vgl. auch Kromrey 2006, S. 107). Sie interessiert sich dabei mehr für organisationale Fakten („facts") und weniger für deren Bedeutung („meaning") für die verschiedenen Gruppen von Organisationsmitgliedern. Wenn Werte oder Einstellungen von Organisationsmitgliedern erhoben werden, geht es in aller Regel ebenfalls um die Feststellung von Gesetzmäßigkeiten und die Daten werden im Sinne von „facts" erhoben und weiter verarbeitet. **Wissenschaftstheoretische und paradigmatische Grundlage** von Surveys sind damit vor allem positivistische, objektivistische und funktionalistische Forschungsprogramme (zur Einordnung aus organisationstheoretischer Sicht siehe unter anderem Burrell/Morgan 1979, Alvesson/Deetz 1996; aus Sicht der empirischen Sozialforschung z. B. Kromrey 2006, S.).

Objekte der Organisationsforschung, also die Phänomene, auf die sich die Befragungen von Organisationen beziehen können, sind außerordentlich vielfältig (siehe unter anderem Bronner et al. 1999, S. 20 ff., Brewerton/Millward 2001, S. 99 ff.). Dazu gehören:

- Organisationale Strukturen im weitesten Sinne (geschaffene und gewachsene Regelsysteme), z. B. Organisationsformen wie Matrixorganisation, Projektorganisation, Gruppenarbeit, Managementinstrumente oder Werte- und Normenstrukturen
- Organisationale Prozesse, z. B. Entscheidungsprozesse, spezielle Arbeitsprozesse
- Einstellungen und Verhalten in und von Organisationen, z. B. Motivation, Führungsverhalten, Strategien
- Organisationale Ergebnisse, z. B. Leistung, Effizienz, Zufriedenheit
- Beziehungen zur Umwelt, z. B. Umwelteinflüsse, Bezug zu Umweltbereichen, z. B. Kunden, Staat, anderen Organisationen
- Kontextmerkmale, z. B. Größe, Alter, Branche, Technologie.

Das Interesse kann sich dabei auf unterschiedliche Ebenen der Organisation richten:

- Ebene der Individuen, der Einstellungen, Verhaltensweisen, Motivationen, Qualifikationen etc. der verschiedenen Organisationsmitglieder, wobei der Fokus in diesem Fall stärker auf Zusammenfassung individueller Einstellung, Verhaltensweisen oder Arbeitsprozesse für die Organisation insgesamt liegt
- Ebene der Gruppen in der Organisation, das heißt Gruppenstrukturen, Gruppenprozesse etc., wobei für den Vergleich mehrerer Organisationen auch hier eine Zusammenfassung der Aussagen für die gesamte Organisation erfolgt
- Ebene der Organisation, der Kulturen und Strukturen sowie der Handlungsmuster, z. B. Unternehmensstrategien als kollektive Handlungsmuster.

In einem Projekt zur Organisationsarbeit in ostdeutschen Unternehmen und Behörden wurden z. B. folgende Sachverhalte im Rahmen einer Befragung von 80 Organisationen analysiert (vgl. Lang/Wagner 1995):

- Organisatorische Einordnung und Struktur von Organisationsbereichen
- Vorhandensein von Organisationsaufgaben und Verantwortung für ihre Realisierung
- Rollenverständnis der Organisationsexperten
- Nutzung von Beratern bei Organisationsaufgaben
- Nutzung von Arbeitsformen und Instrumenten der Organisationsarbeit
- Kontextvariablen (Größe, Branche etc.)

2 Datenerhebung und Datenaufbereitung

Die Datenerhebung bei der Befragung mehrerer Organisationen zu Forschungszwecken kann in verschiedenen Formen realisiert werden (Abbildung 2).

Abbildung 2: Formen der Datenerhebung in Forschungssurveys nach genutzten Medien

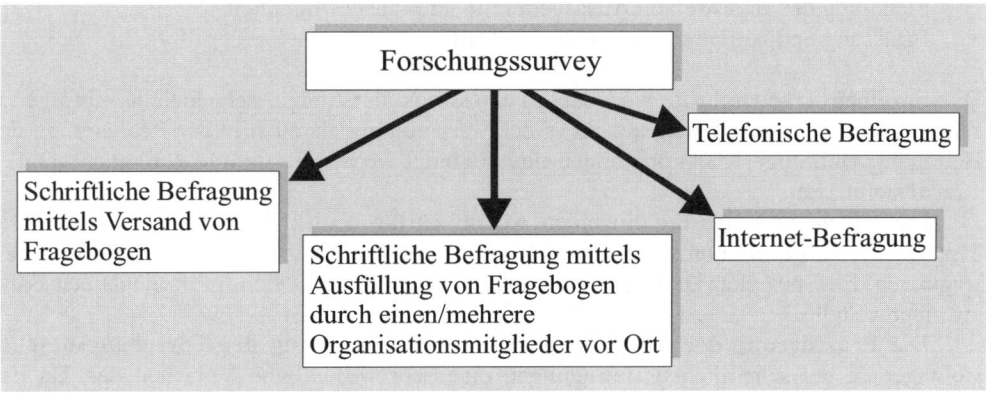

Unabhängig von der konkreten Form ergeben sich folgende allgemeine Arbeitsschritte der Datenerhebung mit Hilfe von Organisationsbefragungen:

- Präzisierung der Forschungsfragen und Festlegung der Forschungsobjekte, das heißt der zu erforschenden Sachverhalte in den Organisationen, z. B. Arbeitsorganisation, Entscheidung, Strategien, sowie der zu beachtenden Kontextvariablen wie Größe der Organisation, Branche, Eigentumsverhältnisse
- Bildung von Hypothesen, das heißt von Annahmen bzw. Vermutungen über zu erwartenden Ausprägungen oder Zusammenhängen zwischen den zu untersuchenden organisationalen Sachverhalten
- Entwicklung von Indikatoren zur Messung oder Abbildung der zu erforschenden Sachverhalte und ihre Umsetzung in Fragen, Aussagen und Antwortmöglichkeiten, z. B. nach der Durchführung von Arbeitsplatzwechsel (job rotation) oder Formen der Gruppenarbeit, nach dem Grad der Einbeziehung verschiedener Stellen in Entscheidungen oder nach der tatsächlichen Bedeutung von unterschiedlichen Produkt-Marktstrategien
- Festlegung der Anordnung/Reihenfolge der Fragen bzw. Aussagen im Fragebogen sowie Festlegung der Form der Befragung und Layout-Gestaltung des Fragebogens (bei schriftlichen Surveys)
- Bestimmung des Untersuchungsbereiches, das heißt der zu befragenden Organisationen und gegebenenfalls Akteure in den Organisationen in Abhängigkeit vom Forschungsziel, z. B. Festlegung von Branchen oder Größen sowie der aussagefähigen Akteure, z. B. Geschäftsführer
- Bestimmung des Umfangs der Erhebung, z. B. Totalerhebung oder Stichprobe, sowie Bestimmung der Auswahlkriterien, z. B. Zufallsauswahl, Schneeballprinzip
- Schriftliche und/oder telefonische Kontaktaufnahme mit den ausgewählten Organisationen
- Durchführung einer Testbefragung, gegebenenfalls Überarbeitung des Instruments
- Organisation des Fragebogen-Versands, der Vor-Ort-Befragung bzw. der telefonischen oder Internet-Befragung, z. B. Druck der erforderlichen Bögen, Terminplanung und -abstimmung, Beschaffung bzw. Sicherung der notwendigen technischen Ausrüstung
- Durchführung der Befragung
- Kontrolle des Rücklaufes, gegebenenfalls Auswahl weiterer Organisationen zur Sicherung der angestrebten Aussagenbreite und -ausgewogenheit
- Erfassung und Aufbereitung erhobenen Daten

Die einzelnen Arbeitsschritte sind dabei keineswegs als strenge, sequenzielle Abfolge zu sehen. Vielmehr ergeben sich sowohl in der Vorbereitung als auch in der Realisierung der Befragung vielfältige Rückkopplungen und zugleich werden bestimmte Aufgaben parallel zu realisieren sein.

Im Folgenden sollen die einzelnen Arbeitsschritte noch näher erläutert werden. Die Tipps zum Vorgehen konzentrieren sich dabei auf die Nutzung von schriftlichen Befragungen. Ein spezieller Beitrag zur Internet-Befragung findet sich im vorliegenden Band an anderer Stelle.

Die **Präzisierung der Forschungsfragen und Festlegung der Forschungsobjekte** stellt gerade bei schriftlichen Befragungen eine sehr wesentliche Vorarbeit dar. Da das Erhebungsinstrument Fragebogen nicht beliebig lang sein kann, ist die Auswahl und präzise Formulierung der unbedingt erforderlichen Fragen von großer Bedeutung. Wenn zum Beispiel wesentliche Einflussfaktoren übersehen und nicht mit erfasst werden, kann dieser

Mangel später nicht mehr behoben werden. Das gelingt wiederum nur, wenn sich der Forscher genau über seine Forschungsfrage im Klaren ist, und auch weiß, welche Sachverhalte er dafür erfassen und abbilden muss. Das schließt auch die Kontextvariablen ein, das heißt die organisationalen Rahmenbedingungen, die auf die Ausprägung und Entwicklung der zu untersuchenden organisationalen Phänomene einwirken. Die Präzisierung der Forschungsfrage und die Festlegung der Forschungsobjekte erfordert eine entsprechende, systematische theoretische Vorarbeit, in deren Ergebnis die zu untersuchenden organisationalen Phänomene und ihre Einflussfaktoren in ihren Beziehungen dargestellt werden. Zugleich sind bisherige Forschungsergebnisse zum Charakter und zur Ausprägung der Beziehungen im Untersuchungsbereich aufzubereiten. Das Ergebnis kann in einer schematischen Darstellung veranschaulicht werden, in der die Einflüsse der verschiedenen Variablen sichtbar werden (zur allgemeinen Darstellung und Systematik des Vorgehens bei der Ableitung von Forschungsfragen vgl. unter anderem Kromrey 2006, S. 115 ff.; zur Systematik von Variablen unter anderem Diekmann 2007, S. 116–123 oder Bronner et al. 1999, S. 124). Abbildung 3 zeigt ein Beispiel für ein solches Schema (Steyrer et al. 2007, S. 414).

Abbildung 3: Einfluss des wahrgenommenen Führungsverhaltens auf Commitment und Unternehmenserfolg in unternehmer- und managergeführten Firmen

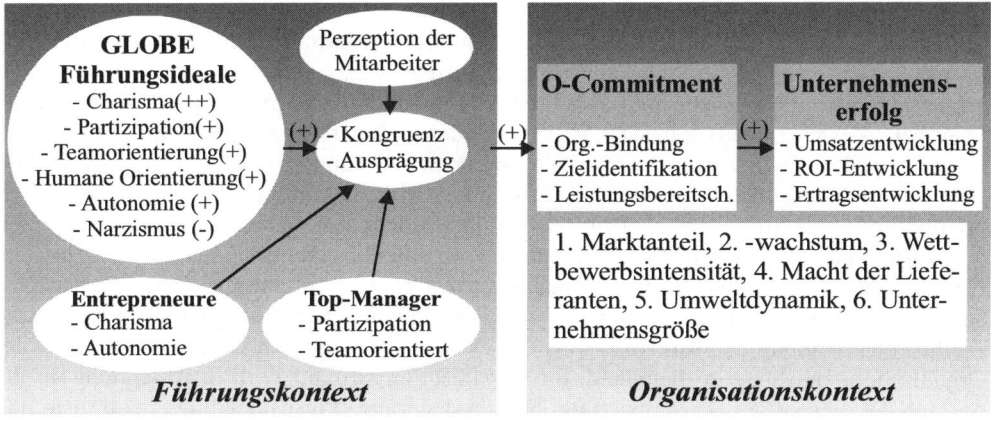

Unter Nutzung der theoretischen Vorüberlegungen zu möglichen Einflussfaktoren wie auch durch die Aufbereitung bisherige Befunde im geplanten Untersuchungsfeld (Branche, Größe etc.) lassen sich dann **Hypothesen**, das heißt Vermutungen über den Zustand organisationaler Phänomene, über Vorhandensein, Ausprägungen, Zusammenhänge oder Entwicklungen, anstellen. Da eine Hypothese auch empirisch überprüfbar sein sollte, werden bei einer Befragung mehrerer Organisationen in der Regel auch eine größere Anzahl aufeinander abgestimmter Hypothesen zu Grunde gelegt. In ihrer Gesamtheit sollten sie den abgebildeten Forschungszusammenhang abdecken. Zugleich ist es wichtig die Hypothesen so zu formulieren, dass eine empirische Überprüfung möglich ist. Ein systematischer Überblick zu verschiedenen Arten von Hypothesen findet sich bei Diekmann (2007, S. 124–140).

Für die Befragung von mehreren Organisationen ist festzuhalten, dass hier neben Individualmerkmalen (z. B. Alter der Führungskraft) vor allem auch Aggregatmerkmale und Kollektivmerkmale (Durchschnittsalter der Belegschaft, Organisationales Commitment, Unternehmenserfolg und andere) in die Betrachtung einbezogen werden. Entsprechend finden sich auch bei den Hypothesen, natürlich je nach konkreter Forschungsfrage, oft so genannte Kontext-, Aggregat oder Kollektivhypothesen (vgl. Diekmann 2007, S. 134 ff.).

Im oben dargestellten Beispiel zur Wirkung des Führungsverhaltens wurden unter anderem folgende Hypothesen formuliert (in Anlehnung an Steyrer et al. 2007, S. 410ff.):

- In den von Gründern/Unternehmern geführten Organisationen ist das wahrgenommene Verhalten der Geschäftsführer in den Führungsdimensionen „Charisma" und „Autonomie" höher als in von Managern geführten Unternehmen, in welchen dafür in den Dimensionen „Teamorientierung" und „Partizipation" höhere Werte erreicht werden.
- Mitarbeiter in den von Gründern/Unternehmern geführten Organisationen weisen ein höheres Organisationales Commitment auf als Mitarbeiter in von Managern geführten Unternehmen.
- Es besteht ein positiver Zusammenhang zwischen dem Organisationalem Commitment von Mitarbeitern und Indikatoren des Unternehmenserfolgs.

Im nächsten Schritt geht es um die Entwicklung von **Indikatoren zur Messung oder Abbildung der zu erforschenden Sachverhalte.** Dazu werden die abzubildenden organisationalen Phänomene und Kontextfaktoren unter Rückgriff auf die theoretischen Vorarbeiten (siehe oben) zunächst in verschiedene Dimensionen unterteilt, die in ihrer Gesamtheit die gewünschten Sachverhalte abbilden. So kann etwa das Führungsverhalten über die Dimensionen Mitarbeiterorientierung, Aufgabenorientierung und Leistungsorientierung (vgl. Bronner et al. 1999, S. 69) unterteilt werden oder, wie im o. g. Beispiel, mit Hilfe der im GLOBE-Projekt empirisch ermittelten Dimensionen nach Charisma, Partizipation, Teamorientierung, Humane Orientierung, Autonomie und Narzissmus. Organisationales Commitment kann in die Dimensionen Bindung an die Organisation, Zielübereinstimmung und Motivation zerlegt werden. Oder, um ein klassisches Beispiel der Organisationsforschung zu bemühen, die Organisationsstruktur wird in Anlehnung an die ASTON-Studien oft in Spezialisierung, Standardisierung, Formalisierung, Zentralisierung und Konfiguration unterteilt (vgl. Pugh/Hickson 1968). Für die einzelnen Dimensionen sind schließlich Einzelindikatoren bzw. Items zu generieren, mit deren Hilfe die jeweilige Dimension inhaltlich abgebildet werden kann (vgl. Abbildung 4 mit einem Beispiel). Dabei kann dies wiederum ausgehend von vorhandenen theoretischen Modellen und Klassifikationsschemata erfolgen, indem eine theoretisch-inhaltliche Zerlegung der Dimensionen erfolgt oder indem auf empirisch bewährte Items aus anderen Erhebungen zurückgegriffen wird. Denkbar ist darüber hinaus die Einbeziehung von Ergebnissen aus Voruntersuchungen, etwa aus Interviews im Forschungsfeld. Antworten auf offene Fragen können hier zur Gewinnung von Items verwendet werden. Wenn ein potenzieller Satz von Items zur Abbildung aller Dimensionen der zu erforschenden Sachverhalte identifiziert wurde, kann durch eine nochmalige Überprüfung von Redundanzen oder Überschneidungen von Items eine Reduktion der potenziellen Fragen vorgenommen werden.

Abbildung 4: Vorgehen bei der Ableitung von Indikatoren am Beispiel von Organisationsstruktur und Führungsverhalten

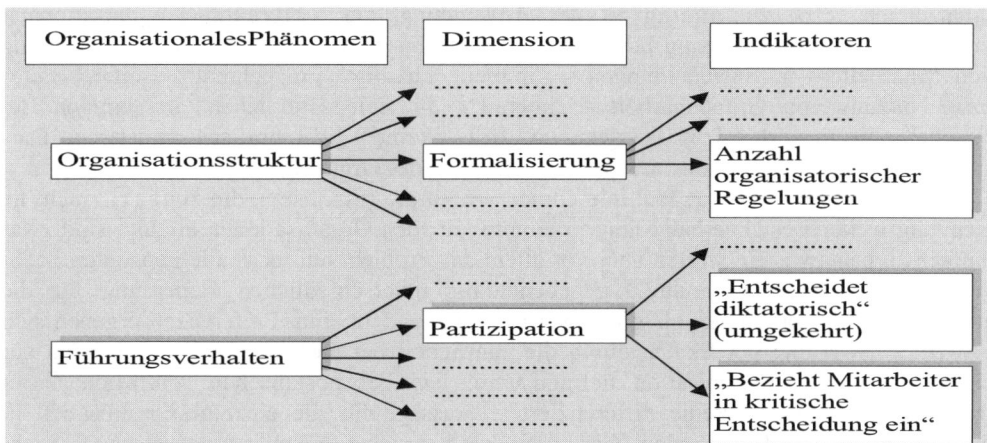

Zur Messung bzw. Bewertung der Items lassen sich auch für die Befragung von Organisationen aus der Vielzahl von möglichen Itemtypen und Skalen geeignete Formen auswählen. Bei der Auswahl ist zunächst vor allem die Art der Variablen wichtig. Insbesondere Kontextfaktoren, etwa Alter oder Größe der Organisation lassen sich direkt erheben. Ebenso können Ergebnisse organisationalen Handelns, wie Umsatz, Marktanteil, ROI, durch direkte Angabe erfragt werden[2]. Vor allem komplexere, dimensionale Sachverhalte und alle Indikatoren, mit denen Werte, Einstellungen und Verhaltensweisen ermittelt werden sollen, greifen in der Regel auf verschiedene Arten von Skalen zurück. Bei der Befragung mehrerer Organisationen (Surveys) besonders häufig genutzte Skalen sind:

- Likert-Skalen, bei denen durch die Befragten verschiedene Aussagesätze nach dem Grad der Übereinstimmung zu bewerten sind
- Rating-Skalen, bei denen numerische, verbale oder grafische Schätzskalen vorgegeben werden, von denen ein zutreffender Wert zu markieren ist
- Mehrfachantworten, bei denen aus einer Liste von Sachverhalten die für die eigene Organisation zutreffenden zu markieren sind
- Rangordnungen, bei denen verschiedene Objekte, z. B. Einflussfaktoren, Objekte oder Handlungen etc., durch Zuordnung von Werten in eine Rangfolge zu bringen sind

In Projekt GLOBE wurden zur Führungsverhaltensbeschreibung 7-stufige **Likert-Skalen** verwendet, von „starker Ablehnung" (1) über „weder ablehnend, noch zustimmend" (4) bis „starke Zustimmung" (7). In anderen Erhebungen werden häufig auch 5-stufige Skalen eingesetzt, wobei entweder nach dem Grad der Zustimmung Zahlenwerte von 1 bis 5 den Aussagen („Statements") zuzuordnen sind oder der zutreffende Grad der Zustimmung auf der beigefügten Skala zu markieren ist. Bei Likert-Skalen sollte zusätzlich immer eine Option „Ich weiß nicht" bzw. „Kann ich nicht beurteilen" angeboten werden, um willkürliche Zuordnungen zu vermeiden.

Bei **Rating-Skalen**, die im o. g. Projekt zur Beurteilung von Wertpräferenzen bei Entscheidungen genutzt wurden, finden sich in Organisationsbefragungen auch verbale Einschätzungen, z. B. zur Häufigkeit der Anwendung, zur Verbreitung organisationaler Praktiken oder zur Bedeutung bestimmter Objekte oder Sachverhalte (z. B. Einbeziehung von Mitarbeitern in Entscheidungen – „immer", „häufig", „manchmal", „selten", „nie" bzw. Nutzung von Gruppenarbeit – „überall", „in vielen Bereichen" in „einigen Bereichen", „kaum vorhanden", „nirgendwo" bzw. „keine") oder grafisch-numerische Darstellungen („face rating scales"), z. B. zur Erfassung des Organisationsklimas.

Mehrfachantworten („Multiple choice – multiple response"), die zum Teil auch die Nennung weiterer Sachverhalte durch die antwortenden Organisationen erlaubt, sind zwar einfach zu beantworten, werfen aber vor allem das Problem auf, dass alle genannten Sachverhalte unabhängig von ihrer, gegebenenfalls unterschiedlichen Bedeutung für die antwortenden Unternehmen als gleichwertig zu behandeln sind. Präferenzen ergeben sich erst bei Auswertung der Skalen durch die Häufigkeit der Nennungen. Wenn jeweils nur eine Person einer Organisation befragt wird, wie bei postalischen schriftlichen Befragungen, kann somit keine differenziertere Aussage für die einzelne Organisation in dieser Hinsicht getroffen werden. Zusätzlich durch einzelne Organisationen genannte Sachverhalte können darüber hinaus nicht bezüglich ihrer weitergehenden Bedeutung überprüft werden. Mehrfachantworten sind besonders geeignet, wenn das Vorhandensein bestimmter Strukturen und Praktiken in Organisationen, z. B. Formen flexibler Arbeit, Einsatz von Managementinstrumenten etc., ermittelt werden soll.

Rangordnungen lassen im Gegensatz dazu eine direkte Präferenz-Äußerung durch die Probanden zu. Allerdings ist zu beachten, dass eine Rangbildung nur für eine bestimmte Anzahl von Objekten sinnvoll ist. Bronner et al. (1999, S. 75) sprechen von maximal 12 Objekten. Vor allem die Zuordnungen und Einschätzungen im mittleren Bereich werden bei einer wachsenden Anzahl von Objekten indifferent. Bei jeweils eindeutiger Zuordnung von Rängen ergibt sich außerdem das Problem einer gegebenenfalls zu starken, durch das Instrument erzwungenen Differenzierung.

Einen Überblick über weitere Möglichkeiten der Ausgestaltung von Items und Skalen mit vielen Beispielen geben Alreck/Settle (2003).Zur theoretischen Darstellung der verschiedenen Skalen in der Personal- und Organisationsforschung finden sich Aussagen u. a. bei Bronner et al. (1999, S. 70–118).

Die **Festlegung der Anordnung/Reihenfolge der Fragen bzw. Aussagen im Fragebogen** sowie die **Layout-Gestaltung des Fragebogens** stellen wichtige Gestaltungselemente bei schriftlichen Organisationsbefragungen dar. In diesem Zusammenhang sind vor allem folgende Aspekte zu beachten:

- Ein schriftlicher Betriebsfragebogen sollte selbst für einen eher langsamen Bearbeiter in ca. 45 bis maximal 60 Minuten ausgefüllt werden können. Längere Fragebögen führen in der Regel dazu, dass der Fragebogen gleich in den Papierkorb wandert, die Bearbeitung nach einer bestimmten Zeit abgebrochen wird oder nur noch oberflächliche Antworten gegeben werden. Bei Ausfüllung in Anwesenheit des Forschers können solche Motivationsblockaden zwar geringfügig abgefedert werden, jedoch sollten auch diese Fragebögen auf keinen Fall länger sein.
- Die Skalen sollten adressatengerecht sein. Da in Betriebsbefragungen der Bearbeiter oft nicht bekannt ist, verlangt das nach einer möglichst einfachen und verständlichen

Gestaltung. Die Skalen sollten jeweils durch eine klare Instruktion zu Bearbeitung und Ausfüllung eingeleitet werden. Hier hat es sich bewährt, die Handhabung an ein oder zwei Beispielen zu demonstrieren. Auf zu stark verdichtete Informationsgewinnung, z. B. durch matrixartige Skalen mit mehreren Antwortschemata sollte verzichtet werden.

- Ein Fragebogen sollte möglichst nicht zu viele verschiedenartige Skalen und Skalenwechsel enthalten, da dies einerseits die Bearbeitungszeit verlängert und andererseits auch zu Routine-Fehlern beim Ausfüllen führt.
- Der Fragebogen sollte übersichtlich gestaltet sein, das heißt in verschiedene, sachlich zusammenhängende Abschnitte oder Sektionen gegliedert werden.
- Kritische Fragen zur Person oder zu bestimmten Einstellungen sollten, wenn zwingend erforderlich, eher im hinteren Teil des Bogens platziert werden, um nicht die Antworten auf die anderen Fragen negativ zu beeinflussen.
- Bei einer schriftlichen Vor-Ort-Befragung verschiedener Personengruppen im Unternehmen ist der Fragebogen auf den unterschiedlichen Informationsstand der Akteure zuzuschneiden. So scheint es wenig sinnvoll, Arbeiter in der Produktion nach finanzwirtschaftlichen Daten des Betriebes zu fragen, es sei denn, die Erhebung zielt darauf, den Wissensstand der Produktionsarbeiter zu diesen Fragen zu erkunden. Für die Gestaltung des Fragebogens bedeutet das in der Regel, dass modifizierte Versionen des Fragebogens zu entwickeln sind oder Filterfragen eingebaut werden, die die jeweiligen Gruppen auf die für sie zutreffenden Teile hinlenken.

Daneben kann es auch hilfreich sein, sich eine Checkliste mit den typischen Fehlern bei der Gestaltung von Organisationsfragebögen anzulegen. Die nachfolgende Zusammenstellung verweist auf wesentliche Problemfelder (vgl. Tabelle 1).

Die **Bestimmung des Untersuchungsbereiches** und damit des Einsatzfeldes für die Organisationsbefragung wird primär durch die Forschungsfrage und den daraus abgeleiteten Hypothesen bestimmt. Da mit der Befragung mehrerer Organisationen in der Regel grundlegende organisationsübergreifende Sachverhalte und Tendenzen im Zentrum des Interesses stehen, ist vor allem festzulegen, auf welche Grundgesamtheit sich die Erhebung bezieht. Dabei kann eine regionale Abgrenzung erfolgen, z. B. alle Organisationen in Sachsen oder alle Firmen in Hamburg. Oder es wird eine Eingrenzung nach Wirtschaftsbereichen, nach Industrien, nach Organisationsgrößen, nach Eigentumsverhältnissen, Alter der Organisation etc. vorgenommen. Und schließlich kann auch eine Kombination der verschiedenen Merkmale erfolgen, z. B. alle nach 2000 neu gegründeten Industriebetriebe in Sachsen-Anhalt. Um später die Relevanz der Ergebnisse beurteilen zu können, sollte die Größe der ausgewählten Grundgesamtheit bekannt sein.

Tabelle 2: Hauptfelder bei der Entwicklung und Gestaltung von Organisationsfragebögen

Formulierung der Fragen/Aussagen:
- Ungewöhnliche Wörter, z. B. technische Spezialbegriffe
- Mehrdeutige und unpräzise Wörter oder Konzepte, z. B. häufig, innovativ
- Komplizierte Formulierung, z. B. mit mehreren Einschränkungen
- Verschiedene Aussagen in einem Satz
- Arithmetische Aussagen, z. B. Prozente oder Proportionen statt verbale Formulierungen
- Doppelte Verneinung
- Suggestivfragen, die dem Antwortenden eine bestimmte Antwort als richtig oder positiv nahe legen
- Fragen, die zusätzliche, nicht thematisierte Voraussetzungen unterstellen
- Sensible Fragen mit demotivierendem Effekt auf die Probanden
- Fragen, die sozial erwünschte Antworten hervorrufen
- Mangelnde Abstimmung der Sprache auf die Adressaten
- Einflüsse aus dem Kontext der Erhebungen

Layout:
- Unzureichende Erläuterung des Anliegens und mangelhafte Instruktion der Probanden
- Zu lange Fragebögen
- Mangelhafte Frageanordnung, z. B. sensible Fragen zu weit vorn
- Fehler in Rechtschreibung und Grammatik
- Ungewöhnliche Schriftarten und Formate, z. B. zu klein
- Zu starke Textverdichtung
- Zu wenig Platz für freie Antworten

Quelle: bearbeitet nach Brewerton/Millward (2001, S. 104ff.)

Die **Bestimmung des Umfangs der Erhebung** hängt von verschiedenen Aspekten ab, wobei neben der Zielstellung des Projektes vor allem die Größe der Grundgesamtheit sowie forschungsökonomische Aspekte in die Entscheidung einfließen. Bei einer kleinen Grundgesamtheit ist eine Totalerhebung sinnvoll, das heißt, alle Organisationen des ausgewählten Bereiches werden einbezogen. In der Regel muss jedoch eine Stichprobe ausreichen, da die Projektmittel meist beschränkt sind. Die Stichprobe sollte jedoch die Grundgesamtheit einigermaßen adäquat abbilden, um Schlussfolgerungen für die Gesamtheit ableiten zu können. Diekmann (2007, S. 378 ff.) unterscheidet Verfahren der Wahrscheinlichkeitsauswahl bzw. Zufallsauswahl, bewusste Auswahlverfahren sowie die willkürliche Auswahl („Auswahl aufs Geratewohl"), vgl. auch Komrey 2006, S. 279 ff.). Da Zufallsauswahlen in der Regel eine genauere Kenntnis der Grundgesamtheit voraussetzen und darüber hinaus mit erheblichem Aufwand verbunden sind, kommen bei der Befragung von mehreren Organisationen oft andere, bewusste Auswahlverfahren, wie Quotenstichproben, zur Anwendung. Dabei werden unter Beachtung der abzubildenden Sachverhalte Gruppen aus mehreren Organisationsmerkmalen gebildet. Die Gruppen müssen dann in einem entsprechenden Umfang in der Stichprobe vertreten sein. So können z. B. bei einer Betriebsbefragung Quoten für Branchen und Betriebsgrößen vorgegeben werden.

Einen guten Überblick zu den einzelnen Auswahlverfahren bei Stichproben in der Organisationsforschung geben Brewerton/Millward (2001, S. 114–121); für Surveys allgemein auch Alreck/Settle (2003).

Auch auf Grund der oft geringen Rücklaufquoten bei Organisationsbefragungen (und nicht nur dort) scheint der Aufwand für Zufallsstichproben kaum gerechtfertigt, da vor allem mit einer ausgeprägten Selbstselektion zu rechnen ist, so dass die geplante und die erhaltene Stichprobe oft weit auseinander liegen und letztere nur selten noch repräsentativ ist. Damit stellen die anderen Verfahren einer bewussten Auswahl kombiniert mit einer Steuerung der Sample-Struktur eine forschungsökonomisch attraktive Alternativen dar.

Mit Blick auf den Umfang der Stichprobe ist ebenfalls auf die beabsichtigte Repräsentativität, das heißt die Gültigkeit der Aussagen für die Grundgesamtheit, zu verweisen. Diese hängt wesentlich von der Streuung des jeweiligen Merkmals in der Grundgesamtheit ab (Bronner et al. 1999, S. 203). Eine große Merkmalsstreuung erfordert eine größere Stichprobe. Die Größe der Stichprobe bestimmt auch die Art der Verteilung, z. B. Normalverteilung, und hat in der Folge Einfluss auf die einsetzbaren Auswertungsverfahren wie Testverfahren, Varianzanalyse oder Regression, die erst ab einer bestimmten Anzahl von Einheiten verwertbare und belastbare Resultate liefern (vgl. Brewerton/Millward 2001, S. 119). Weiterhin sollten die Bildung von Teilstichproben und ein entsprechender Vergleich der Sub-Samples möglich sein. Das alles spricht, natürlich in Abhängigkeit von der jeweiligen Grundgesamtheit, auch bei Organisationsbefragungen für eine realisierte Stichprobengröße von mindestens 30 bis 50 Organisationen. Wenn statistische Auswertungsverfahren genutzt werden sollen, die eine Normalverteilung unterstellen, müssen mindestens 80 Organisationen in die Erhebung einbezogen werden.

Wenn die Organisationen nicht bereits zu Beginn der Forschung für das Projekt gewonnen wurden, etwa bei größeren, geförderten Forschungsprojekten, stellt die **Kontaktaufnahme** einen wichtigen Schritt zur Sicherung der Motivation zur Mitwirkung und damit auch zur Sicherung einer entsprechend hohen Qualität der zu gewinnenden Informationen dar. Dabei können folgende Wege beschritten werden:

- Vorausgehende Kontaktaufnahme durch ein Schreiben in dem die Bereitschaft zur Mitwirkung an dem Projekt erfragt und der mögliche Nutzen für das Unternehmen dargestellt wird, gegebenenfalls gefolgt von einem Telefonanruf
- Vorausgehende telefonische Kontaktaufnahme, bei der die grundsätzlich Bereitschaft erfragt wird, gegebenenfalls Zusendung eines Schreibens mit weiteren Erläuterungen
- Kontaktaufnahme durch ein Anschreiben, das dem Fragebogen beigefügt ist

Die Formen vorausgehender Kontaktaufnahme haben den klaren Vorteil, dass die Erhebung kostengünstiger realisiert werden kann, da die Rücklaufquote der im Nachgang zugesandten Fragebögen deutlich erhöht wird, und zur Erzielung einer bestimmten Anzahl von Antworten ein wesentlich geringerer Materialeinsatz erforderlich ist. Insbesondere die Form der Vor-Ort-Bearbeitung von Fragebögen setzt eine weitgehende Bereitschaft der Partner voraus. Der Vorteil die Konzentration auf „interessierte" Probanden führt jedoch zugleich zu einer deutlichen Verzerrung der Aussagen, da die organisationale Praxis in den weniger interessierten Organisationen möglicherweise deutlich abweicht. So kann vermutet werden, dass die an einem bestimmten Thema interessierten Unternehmen zu den eher fortgeschrittenen Anwendern bestimmter Strukturen oder Managementinstrumente gehören, eine entsprechende Erhebung also eher „best practices" und zugleich die Probleme dieser Gruppe von Organisationen reflektiert.

Die Kontaktaufnahme im Zusammenhang mit der Zusendung des Erhebungsbogens ermöglicht es dem Forscher, die Stichprobe über ein Verfahren der Zufallsauswahl zu generieren und damit eine bessere Repräsentativität zu sichern. Allerdings muss in diesem Fall auch bei nachfolgender telefonischer Erinnerung mit hohen Ausfallzahlen und einer niedrigeren Rücklaufquote gerechnet werden. Quoten zwischen 10 und 20% sind die Regel; lediglich bei Kurzbefragungen und/oder einem speziellen Interesse der Organisationen an dem Thema der Befragung kann mit höheren Quoten gerechnet werden. Damit führt jedoch die Selbstselektion durch die angefragten Organisationen ebenfalls zu einer Verzerrung der Stichprobe. Es antworten meist die am Thema interessierten, größeren Firmen, so dass deren organisationale Realität überproportional in die Ergebnisse eingeht. Viele empirische Erhebungen, die im Rahmen betriebswirtschaftlicher Forschung durchgeführt wurden, weisen diesen Mangel auf.

Im Zusammenhang mit der Kontaktaufnahme erscheinen unabhängig vom Vorgehen zwei Aspekte von besonderer Bedeutung, weil sie für die Motivation zur Mitwirkung und für die Qualität der Bearbeitung der Fragebögen wesentlichen Einfluss haben: die Anreize für eine Mitwirkung und die Verwendung der gewonnenen Informationen. Sie müssen daher im Anschreiben unbedingt thematisiert werden.

Die Mitwirkung an einer Forschungserhebung hängt weniger von der wissenschaftlichen Bedeutung eines Themas als vielmehr vom praktischen Nutzen der Ergebnisse ab. Das Anschreiben sollte also in jedem Fall den praktischen Nutzen für die Organisation besonders herausstellen. Themen, die beim Management zu einem speziellen Problemdruck geführt haben, sind dafür besonderes geeignet. Aber auch in diesem Fall erhöhen zusätzlich Anreize die Bereitschaft zur Mitwirkung. Tabelle 2 liefert eine Zusammenstellung möglicher Anreize.

Tabelle 3: Mögliche Anreize für eine Teilnahme an der Befragung

- Bericht zum Projekt insgesamt oder spezieller Kurzbericht
- Spezielle organisationsbezogene Auswertungen, z. B. Organisationsstrukturanalyse, Führungsstilanalysen, jeweils im Vergleich zu anderen Firmen der Branche oder der Erhebung insgesamt
- Bevorzugter Zugang zu weiteren interessanten Forschungsergebnissen
- Mögliche Medienwirkung für die Organisation, z. B. durch Erwähnung in Publikationen, Teilnahme an Präsentationen
- Materielle Anreize, z. B. durch Mitwirkung als Praxispartner mit entsprechendem Budget oder in Form von Preisausschreiben, Verlosungen etc.
- Begleitende Angebote
  - Angebot zur Forschungskooperation in anderen Gebieten
  - Angebot, betriebliche Themen durch Praktikums-, Haus- oder Diplomarbeiten zu bearbeiten
  - Vermittlung weiterer Kontakte im Wissenschaftsbereich

Im Anschreiben müssen klare Aussagen zum Umgang mit den gewonnenen Informationen enthalten sein. Wie Brewerton/Millward betonen, „the issues of confidentiality and anonymity cannot be overemphasized" (2001, S. 107). Dazu gehört die Aussage, dass Daten nur für Forschungszwecke genutzt werden, streng vertraulich behandelt werden und der einzelne oder die Organisation nicht identifiziert werden kann.

Insgesamt sollte ein Kontaktschreiben oder Anschreiben für eine Organisationsbefragung Aussagen zur Frage des Gegenstandes der Erhebung, dem Zweck, der Bedeutung, der eigenen Wahl und Rolle, dem Aufwand (Zeit/Kosten), dem Vertraulichkeitsgrad, Verwendung der Ergebnisse, dem Nutzen für die Person/Organisation sowie der Terminstellung enthalten zu einem Beispielschreiben vgl. u. a. Bronner et al. 1999, S. 154 f.). Das Schreiben sollte grundsätzlich und namentlich an den Geschäftsführer (oder einen der Geschäftsführer) gerichtet werden.

Bei der Herstellung des Kontakts zu den Organisationen im Untersuchungsbereich kann zugleich die Bereitschaft zur Mitwirkung an einer **Testbefragung** ermittelt werden. In größeren Forschungsprojekten, in denen in mehreren Phasen unterschiedliche Methoden der Organisationsforschung eingesetzt werden, bietet es sich an, die an explorativen Interviews beteiligten Organisationen um Mitarbeit bei einem solchen Pretest zu bitten. Hauptsächliche Ziele sind dabei vor allem die Überprüfung der Verständlichkeit des Fragebogens und einer ausreichenden Antwortvariation. Aber auch weitere Fragen, wie Bearbeitungsdauer, Qualität der Instruktionen etc., können überprüft und gegebenenfalls überarbeitet werden. Durch verschiedene ergänzende Techniken, wie Fragen nach dem Bezugsrahmen bei der Antwort, Umschreiben der Fragen durch die Probanden, Kommentieren der Fragen, kann dieser Prozess unterstützt werden.

Nach Abschluss dieser Vorarbeiten kann die unmittelbare organisatorische Vorbereitung der Befragung beginnen. Im Fall der schriftlichen Befragung geht es um die **Organisation des Fragebogen-Versands.** Zunächst müssen die fertigen Fragebögen in entsprechender Anzahl gedruckt oder kopiert werden. Bei einer vermuteten Rücklaufquote von 15% und einer angestrebten Zahl von Informationen aus 150 Organisationen wären dies zum Beispiel 1000 Fragebögen. Anhand der Adresslisten der ausgewählten Organisationen in der geplanten Stichprobe ist dann der Versand zu realisieren. Bei größeren Stichproben wird dies kaum an einem Tag zu realisieren sein. Als organisatorisches Hilfsmittel hat es sich daher bewährt, in der Adressdatei jeweils Kontakt- und Versanddaten zu notieren, so dass bei späterer telefonischer Erinnerung ein Bezug möglich ist. Bei der Ausfüllung der Fragebögen vor Ort erfolgt in der Regel eine telefonische **Terminabstimmung**. Vor allem bei mehreren Befragten in einer Organisation ist darüber hinaus der Ablauf abzustimmen. Grundsätzlich kann dies in der Gruppe durchgeführt werden, was jedoch gegebenenfalls einen zusätzlichen Organisationsaufwand für die zu befragende Organisation mit sich bringt. In den meisten Fällen muss sich der Forscher seine Termine mit den einzelnen Personen bzw. Gruppen selbst organisieren. Wenn zusätzlich Reisekosten anfallen, ist es außerdem zweckmäßig, die Termine so zu koordinieren, dass Organisationen am gleichen Ort oder in der gleichen Region auch an einem Tag bzw. an den Folgetagen besucht werden.

Die eigentliche **Durchführung der Befragung,** das heißt bei der schriftlichen Befragung das Ausfüllen des Fragebogens, ist im Fall einer postalischen Versendung nicht in der Kontrolle des Forschers. Hier liegt auch eine zentrale Schwachstelle von schriftlichen Organisationsbefragungen oder Surveys. Es ist in der Regel unbekannt, wer, wann, in welchem Zeitraum, in welchem Umfeld, mit welchen Kenntnissen, welcher Motivation und welcher Unterstützung den Fragebogen ausfüllt. Durch ein Feld, in dem die Position des

Bearbeiters markiert wird, kann zumindest diese Frage und der mögliche Einfluss auf die Ergebnisse bei der Auswertung berücksichtigt werden. In größeren Organisationen werden Organisationsfragebögen häufig durch Assistenten der Geschäftsleitung ausgefüllt bzw. deren Ausfüllung koordiniert. Aber auch Bereiche, wie Unternehmenskommunikation, Öffentlichkeitsarbeit oder Marketing, werden vom Management oft mit der Bearbeitung beauftragt. In kleineren Organisationen übernimmt entweder eine Führungskraft selbst oder ein Mitarbeiter die Bearbeitung, was ebenfalls zu recht unterschiedlichen Ergebnissen führen kann.

Bei der Ausfüllung schriftlicher Fragebögen vor Ort kann der Forscher sowohl Person als auch Zeitpunkt, Zeitraum und Kontext der Bearbeitung kontrollieren. Weiterhin ist es möglich, bei Unklarheiten kurze Nachfragen zu beantworten oder auftretende Motivationskrisen zu überbrücken oder zumindest zu erkennen. Vor allem dadurch kann eine höhere Qualität der gewonnenen Daten gesichert werden. Durch Kenntnis der Rahmenbedingungen, z. B. viele oder wenige Störungen, kann außerdem eine fundierte Einschätzung über mögliche Kontext-Einflüsse auf die erhobenen Daten erfolgen. Zugleich ist jedoch strikt darauf zu achten, dass der Forscher sich neutral verhält, und keine inhaltliche Unterstützung bei der Bearbeitung des Fragebogens gibt. In einem Kurz-Protokoll sollten die wichtigsten Eindrücke der Befragung notiert werden.

Bei der Befragung von mehreren Akteuren in jeder Organisation ist es wichtig, dass der Forscher die Auswahl der Befragten steuert. Die ausschließliche Befragung von Vertrauenspersonen des Geschäftsführers konterkariert den Zweck der Befragung von mehreren Personen, verschiedene Perspektiven auf die Organisation zu gewinnen.

Bei der **Kontrolle des Rücklaufes** kommt es zunächst darauf an, die eingehenden Fragebögen sofort zu registrieren. Wenn die Organisation bekannt ist, kann dies in der Adressliste erfolgen. Ansonsten erhalten alle eingehenden Fragebögen eine Betriebsnummer. Bei verzögertem Rücklauf sollte nach ca. 2–3 Wochen eine telefonische Erinnerung erfolgen. Diese kann 1–2 Wochen später nochmals wiederholt werden. Wenn danach immer noch keine Beantwortung erfolgt, muss in der Regel davon ausgegangen werden, dass der Betrieb kein Interesse an einer Mitwirkung hat.

In kurzen, regelmäßigen Statusberichten sollte der Rücklauf mit Blick auf die angestrebten Quoten, z. B. nach Region, Branchen, Größe oder Eigentumsverhältnissen, überprüft werden. Durch parallele Erfassung und Aufbereitung der Daten kann eine gute Überprüfung des Standes erfolgen. Zur Sicherung der angestrebten Aussagenbreite und -ausgewogenheit können dann weitere Fragebögen versandt werden, so dass die erzielte Stichprobe letztlich die Grundgesamtheit hinreichend genau abbildet.

Die **Erfassung und Aufbereitung der Fragebogendaten** kann auf unterschiedliche Art und Weise realisiert werden: zum einen durch manuelle Eingabe der Daten in ein vorbereitetes Datenblatt, z. B. im Excel- oder SPSS-Format (.xls oder .sav), zum anderen durch Nutzung eines Hochleistungsscanners. Im letzteren Fall muss anschließend eine Konvertierung der erzeugten Datei in ein Format erfolgen, das statistische Auswertungen ermöglicht. Der Vorteil dieses Vorgehens liegt dagegen in der Arbeitskraft- und Zeitersparnis. Zudem liegen die Fragebögen mit den Rohdaten dann in elektronischer Form vor.

Bei manueller Eingabe sind die Daten anschließend einer nochmaligen Überprüfung zu unterziehen, da Eingabefehler bei großen Datenmengen nicht völlig zu vermeiden sind. Die meisten Statistik-Programme verfügen inzwischen über komfortable Bereiche für die Dateneingabe. Die Voraussetzung dafür bildet jedoch die Kodierung der Daten, das heißt die Zuordnung von numerischen Werten zu den verschiedenen Merkmalsausprägungen. Bei numerischen Skalen können die dort verwendeten Werte direkt genutzt werden. Dies gilt auch für Likert-Skalen, wenn eine Angabe von Skalenwerten erfolgt. In allen anderen Fällen sind die verbalen Antwortmöglichkeiten, direkten Alters- oder Branchendaten jeweils umzuwandeln. Dazu kann aus dem Fragebogen ein Kodierplan erstellt werden, der die jeweiligen Zuweisungen enthält. Ein instruktives Beispiel findet sich in Bronner et al. (1999, S. 208–212). Ein Überblick zu allen Aktivitäten der Erfassung und Aufbereitung von eingehenden Fragebögen geben u. a. Alreck und Settle (2003, Kapitel 9).

Einen besonderen Stellenwert hat die Behandlung fehlender Angaben („Missings"). Sie sind zunächst mit einem gesonderten Code-Wert zu erfassen. Dazu werden oft die Zahlenwerte „9" oder „99" verwendet. In der weiteren Bearbeitung stehen in den Statistik-Programmen verschiedene Routinen zur Behandlung von „Missings" zur Verfügung. In jedem Fall sollten nicht nur die Urbelege, also die Erhebungsbögen, sondern auch die ursprünglichen Daten in entsprechenden Rohdaten-Dateien aufbewahrt werden.

3   Datenanalyse und Dateninterpretation

Organizational Surveys werden in der Regel einer statistischen Datenanalyse unterzogen. Diese kann von der einfachen Häufigkeitsanalyse von Nennungen oder Mehrfachnennungen über die Ermittlung von Mittelwerten und Abweichungen bis hin zur Bildung komplexer Skalen oder Faktoren (Faktoranalysen), der Zuordnung von Organisationen zu Gruppen mit ähnlichen Merkmalsausprägungen (Clusteranalysen) sowie der Ermittlung von Zusammenhängen (Korrelationsanalysen, Regressionsanalysen) reichen (für einen Überblick zu den wichtigsten Auswertungsmethoden vgl. Bronner et al. 1999, S. 213–275).

In den letzten Jahren zeigen sich deutliche Tendenzen zur Nutzung anspruchsvoller Auswertungsverfahren, aber nach wie vor beschränken sich viele Organisationsbefragungen mit der Angabe von Prozentzahlen oder Mittelwerten. Auswahl und Einsatz der Methoden hängt dabei von den Forschungsfragen, den Hypothesen und den Parametern der erzielten Stichprobe (Größe, Verteilung, Art der Daten) ab.

In der folgenden Tabelle finden sich die wesentlichen Auswertungsaspekte einer organisationalen Analyse, die dafür zu nutzenden Verfahren und wesentliche Aussagemöglichkeiten.

Tabelle 4: Nutzung statistischer Verfahren und ihre Aussagemöglichkeiten für Organisationsbefragungen

Aspekte organisationaler Sachverhalte	Häufig genutzte statistische Verfahren	Aussagemöglichkeiten
Niveau der einfacher und komplexer organisationaler Phänomene	Mittelwerte, Häufigkeiten, Faktoranalysen, Clusteranalysen zur Skalenbildung	Allgemeine Beschreibung des Niveaus und seiner Verteilung bei einzelnen Indikatoren; Bestimmung oder Bestätigung sowie Beschreibung von komplexen Strukturen mehrerer Indikatoren
Ähnlichkeiten und Unterschiede zwischen Organisationen nach bestimmten Gruppenmerkmalen	Testverfahren, insbesondere Mittelwerttests, Varianzanalyse, Clusteranalysen zur Gruppenbildung	Ermittlung von signifikanten Unterschieden im Niveau von Phänomenen bei zwei und mehr abhängigen oder unabhängigen Gruppen von und innerhalb von Organisationen, Bildung von Gruppen aus mehreren Merkmalen
Zusammenhänge zwischen Sachverhalten, komplexe Muster, mögliche Einflussfaktoren und Ursachen	Korrelationskoeffizienten, Rangkorrelation, Phi-Koeffizient, Kreuztabellen/Chi-Quadrat-Test, Faktoranalysen, Clusteranalysen, Diskrimminanzanalysen	Zusammenhänge einzelner Indikatoren mit unterschiedlichem Skalen-Niveau, Bestimmung und Zusammenhänge komplexer Faktoren aus mehreren Indikatoren und Gruppen von Organisationen
Entwicklungstendenzen organisationaler Phänomene, Prognosen	Trendanalyse, Regressionsanalyse, Diskriminanzanalysen	Künftige Entwicklung von Sachverhalten unter Beachtung der bisherigen Entwicklung sowie von mehreren wichtigen Einflussfaktoren

Einen knappen, aber instruktiven Überblick zu den Aussagemöglichkeiten und Voraussetzungen zur Anwendung dieser und weiterer Verfahren der Datenanalyse geben Brewerton/Millward (2001, S. 141–150). Erläuterungen zur Interpretation der Ergebnisse, Beispiele aus der Organisationsforschung und Übungsaufgaben bieten Bronner et al. (1999, S. 213 ff., 295 ff.). Eine umfassende, aber gut verständliche Darstellung mit vielen Hinweisen zur Analyse und Interpretation von Survey-Daten geben u. a. Alreck/Settle (2003).

Die genannten Verfahren sind in fast allen Statistikprogrammen für sozialwissenschaftliche Zwecke verfügbar. Das am häufigsten genutzte Programm ist dabei SPSS für Windows. Auch bei Nutzung von Datenblättern in Standardsoftware-Programmen wie Excel lassen sich verschiedene Testverfahren und weitere Berechnungen direkt nutzen oder leicht programmieren.

Die Ergebnisse von Organisationsbefragungen werden im Allgemeinen in einem Forschungsbericht zusammengefasst. Neben den Zielen der Erhebung, den Forschungsfragen und Hypothesen werden dabei die eingesetzten Methoden zur Auswahl, Erhebung und Auswertung, der Ablauf der Erhebung sowie die Ergebnisse dargestellt. Die Ergebnisdarstellung folgt dabei entweder den Hypothesen oder wird nach inhaltlichen Themenfeldern sowie nach dem Schema „Niveau → Unterschiede → Zusammenhänge, Ursachen → Trends, Prognosen" abgehandelt (vgl. auch Brewerton/Millward 2001, S. 171–174). In einem Diskussionsteil werden schließlich die Resultate auch im Vergleich zu anderen

Forschungsergebnissen interpretiert, und Grenzen und Schlussfolgerungen aus der Studie abgeleitet. Außerdem hat es sich bewährt, eine kurze Zusammenfassung an den Anfang der Studie zu stellen, in dem die wesentlichen Aspekte knapp dargestellt werden.

Da der Forschungsbericht den akademischen Gepflogenheiten verpflichtet ist und die Erwartungen und Standards der „scientific community" genügen muss, ist es notwendig, einen speziellen Bericht für die beteiligten Organisationen („client report„) zu erstellen. Er kann als Feedback und zugleich als Basis für eine Diskussion der Ergebnisse in den untersuchten Organisationen genutzt werden. Brewerton/Millward gehen davon aus, dass der etwa 10-seitige Report neben einer speziellen Zusammenfassung für Führungskräfte („Executive summary„) knapp den Hintergrund der Forschung, die Methoden und Hauptergebnisse darstellt, diese kurz mit Blick auf die praktische Bedeutung interpretiert und Empfehlungen für das Management gibt (2001, S. 177–181). Dabei ist auf eine adressatengerechte Sprache zu achten. Spezielle Fachbegriffe, vor allem mit Blick auf die eingesetzten statistischen Verfahren, sollten umschrieben werden. Die anschließende Ergebnisdiskussion zumindest mit einem Teil der einbezogenen Unternehmen stellt ein sehr wichtiges Element der Nutzung von Organisationsbefragungen dar, weil nur so die Plausibilität der erzielten Ergebnisse und ihrer Interpretationen gesichert werden kann.

4 Anwendungsbeispiel

Im Rahmen des internationalen GLOBE-Projektes zur Führungsforschung (House et al. 1999, 2004; Chhokar et al. 2007) wurde eine Untersuchung zur Wahrnehmung des Führungsverhaltens von Geschäftsführern durch die Nachgeordneten und die Wirkungen auf das Organisationale Commitment der Mitarbeiter sowie die betriebliche Effektivität und Effizienz in Ostdeutschland durchgeführt. Im Zentrum des Interesses standen also vor allem Einstellungen und Verhalten auf der individuellen Ebene sowie organisationale Praktiken und Ergebnisse. Es sollten ca. 20 durch Eigentümer/Gründer geführte Firmen („entrepreneurial") und 20 von angestellten Managern geführte Unternehmen („established") mit mehr als 30 Mitarbeitern einbezogen werden.

Dazu wurden unter Nutzung von verschiedenen Betriebsverzeichnissen Firmen unterschiedlicher Größe mit mindestens 30 Beschäftigten ausgewählt. Bei der Auswahl wurden bewusst Firmen berücksichtigt, bei denen der Firmenname auf eine durch den Gründer/Eigentümer geführte Firma schließen ließ. Weiterhin wurden Firmen kontaktiert, die durch Berichte in der Presse bekannt waren. Und schließlich wurde bei der Auswahl auf eine möglichst ausgewogene regionale Verteilung in Ostdeutschland geachtet.

Die ausgewählten Firmen wurden mit einem Standardanschreiben kontaktiert. Darin wurde das Projekt erläutert und um Mitwirkung gebeten. Neben einer Darstellung der erwarteten Kooperationsleistung seitens des Unternehmens wurden als Anreiz zur Mitwirkung ein Bericht zum Gesamtprojekt (seitens des internationalen Projektkoordinators) sowie die Zusendung einer Auswirkung der deutschen Stichprobe und eine individuelle Auswertung der Ergebnisse mit dem befragten Geschäftsführer angeboten.

Eine Woche nach Zugang des Schreibens erfolgte ein Telefonanruf verbunden mit der Nachfrage, ob das Schreiben eingegangen und eine Mitwirkung zu erwarten sei. Von den so angeschriebenen ca. 80 Firmen wirkten letztlich 50 Firmen im Projekt mit, wobei die Intensität und Qualität der Kooperation nochmals variierte. Um den angestrebten Vergleich zwischen unternehmergeführten und managergeführten Unternehmen zu gewährleisten sowie eine möglichst breite Verteilung über verschiedene Branchen zu sichern, wurden unter Beachtung des Rücklaufes gezielt weitere Firmen kontaktiert, wobei die Auswahl der einzelnen Firmen innerhalb der Defizit-Gruppen ebenfalls nach dem Zufallsprinzip erfolgte. Schließlich wurden auch forschungsökonomische Gesichtspunkte bei der Auswahl berücksichtigt, das heißt, bei ähnlich gelagerter Firmenstruktur wurden die Firmen präferiert, die kostengünstig zu erreichen waren.

Innerhalb des Unternehmens kamen folgende Forschungsinstrumente zum Einsatz: ein leitfadengestütztes Interview mit dem Geschäftsführer zur Entwicklung des Unternehmens sowie zu seiner persönlichen Biografie, seinen Führungserfahrungen, seinen Erwartungen, Zielen und gestaltenden Aktivitäten im Unternehmen. Zur Unterstützung der Befragung wurde ein Geschäftsführerfragebogen vorgelegt, indem vor allem nach Entscheidungspräferenzen und -werten sowie Veränderungsprozessen gefragt wurde. Der Geschäftsführer wurde im Anschluss an das ca. 1,5 Stunden lange Gespräch gebeten, 6–9 Nachgeordnete, Führungskräfte oder Mitarbeiter zu benennen, mit denen er/sie unmittelbar zusammenarbeitet. An diese Führungskräfte bzw. direkt unterstellten Mitarbeiter wurde nach dem Zufallsprinzip einer von drei Fragebögen ausgeteilt. Darin waren das Führungsverhalten des Geschäftsführers, die Wirkung des Führungsverhaltens auf die befragten Mitarbeiter bzw. Führungskräfte, insbesondere auf Betriebbindung und Engagement, organisatorische Prozesse und Praktiken sowie die ökonomischen Ergebnisse der Unternehmensentwicklung in den letzten Jahren einzuschätzen.

Die erhobenen Daten wurden einerseits einer statistischen Analyse mittels SPSS unterzogen (Fragebogen); darüber hinaus erfolgte ausgehend vom transkribierten Interview eine Kodierung der Handlungsmotive der Führungskraft. Die quantifizierten Ergebnisse wurden ebenfalls in die statistische Analyse einbezogen. Dadurch war es möglich, Handlungsmotive der Führungskräfte, die Wahrnehmung des Führungsstils durch die Nachgeordneten und die durch das Führungsverhalten erzielten organisatorischen Effekte und unternehmerischen Ergebnisse zusammenzustellen und zu verknüpfen. Weiterhin konnten die erhobenen Daten auf Grund der analogen Konstruktion der Skalen mit den Ergebnissen der vorhergehenden Phase des GLOBE-Projektes, in dem die Führungserwartungen ermittelt wurden, verglichen werden (vgl. auch Abbildung 3 sowie die dort genannten Beispiele für Hypothesen). Auf Grund der Fragestellungen und Hypothesen wurden insbesondere Faktoranalysen, Mittelwertvergleiche, Korrelations- und Regressionsanalysen genutzt (vgl. Steyrer et al. 2007).

Für das Gesamtprojekt hat sich auch die Erfassung von zusätzlichem, organisationsbezogenem Fallmaterial, insbesondere Presseveröffentlichungen und Internetseiten bewährt; zum einen als ergänzende Information, zum anderen aber auch zur Kontrolle von Aussagen über Firmenereignisse und Daten.

Die interessierten Firmen erhielten einen Kurzbericht von knapp 10 Seiten, in dem die wesentlichen Ergebnisse der deutschen Stichprobe im Vergleich mit den eigenen Betriebsdaten dargestellt wurden. Einige Geschäftsführer nutzten die Möglichkeit einer individuellen Auswertung des Führungsverhaltens. Dabei wurden in einem individuellen Gespräch die aggregierten Fremdeinschätzungen der Führungskraft im Vergleich zur übrigen Stichprobe dargestellt und erläutert.

Typische Probleme von Survey-Erhebungen wurden auch im Beispiel-Projekt deutlich, andere konnten durch das gewählte Vorgehen minimiert oder vermieden werden. So war ein zentrales Problem der Zugang zu den Unternehmen und die Motivation der Unternehmen zur Mitwirkung am Forschungsprojekt. Die angebotenen Anreize konnten natürlich nur dann ihre Wirkung entfalten, wenn der Geschäftsführer aber auch die weiteren Befragten ein Interesse an einer Rückkopplung zu ihrem Führungsverhalten hatten. Das schloss ein generelles Interesse an wissenschaftlichen und Forschungsergebnissen ein. Negativ wirkte sich in einigen Fällen eine „Überforschung des Feldes" aus, das heißt in jüngster Vergangenheit im selben Unternehmen durchgeführte Forschungsvorhaben mit ähnlichen Instrumenten sowie die gegebenenfalls damit verbundenen negativen Erfahrungen. Natürlich können umgekehrt positive Erfahrungen mit wissenschaftlichen Untersuchungen im Unternehmen die Bereitschaft zur Mitwirkung fördern. Unter diesen Umständen ist aber zu beachten, dass durch vorangegangene Forschungsprojekte auch eine inhaltlich-fachliche Beeinflussung des Forschungsfeldes erfolgt. So muss etwa damit gerechnet werden, dass in die Antworten Erfahrungen aus der Lektüre der Ergebnisberichte vorangegangener Forschungsprojekte einfließen.

Motivationsprobleme zeigten sich dabei weniger in der generellen Bereitschaft mitzuwirken, sondern viel mehr in Problemen bei der Rücksendung der entsprechenden Fragebögen sowie in der Zeit, die der jeweilige Geschäftsführer für das Interview eingeplant hatte und der Bereitschaft zur Beantwortung der gestellten Fragen. Dabei ist jedoch als Besonderheit der vorliegenden Erhebung zu beachten, dass der zentrale Erhebungsgegenstand das Führungsverhalten des Vorgesetzten und seiner Wahrnehmung durch die Organisationsmitglieder war, so dass die Mitarbeiter in der Tendenz ein geringeres Interesse an der Mitwirkung bei der Erhebung haben mussten. Überdies ist im vorliegenden Fall zu beachten, dass es sich beim Führungsverhalten des Vorgesetzten um ein durchaus heikles organisationspolitisches Thema handelt, so dass trotz Zusicherung der vertraulichen Behandlung ein negativer Effekt auf die Bereitschaft zur Beantwortung der Fragen durch die Nachgeordneten zu erwarten war, der letztlich dazu führte, dass für einige Fälle keine ausreichende Zahl von Fragebögen eingingen.

Dagegen konnte ein anderes Phänomen von Survey-Erhebungen vermieden werden. Durch die Vor-Ort-Befragung zumindest des Geschäftsführers und die anschließende Verteilung der Fragebögen war zumindest klar, welche Personen in die weitere Befragung einbezogen waren. Ein damit verbundener Vorteil des vorliegenden Untersuchungsansatzes liegt in der durch die Befragung mehrerer Akteure erreichbaren differenzierten Perspektiven auf die Organisation und auf Führungsfragen. Allerdings gilt dies auch für die beschriebene Untersuchung nur eingeschränkt, da nur Personen einbezogen wurden, die unmittelbar mit dem Geschäftsführer kooperieren. Dem lag die Annahme zugrunde, dass sich über diese Personengruppen die weitere Führungswirkung in der Organisation entfaltet. Die Erhebung spiegelt damit vor allem die Perspektive einer erweiterten Führungsgruppe auf die Organisation wider.

Einige Probleme wurden auch bei den über die Befragung erhobenen Daten zur Effektivität und Effizienz des Unternehmens in Form von Umsatzzahlen oder Wachstumsraten sichtbar, die zum Teil lückenhaft, zum Teil nicht aktuell oder ungenau waren. Dies hat zum einen mit Fragen der Geheimhaltung zu tun, so dass vor allem Daten fehlten, die als besonders sensibel angesehen wurden. Zum anderen wirkte sich jedoch auch der unterschiedliche Informationsstand der befragten Personen über diese Daten aus, da die jeweiligen Fragebögen trotz entsprechendem Verweis nicht immer vom sachkundigsten Mitarbeiter, etwa aus dem Controlling, ausgefüllt wurden.

5 Möglichkeiten und Grenzen der Methode

Die Befragung mehrerer Organisationen zu Forschungszwecken stellt ein unverzichtbares Instrument der Organisationsforschung dar. Trotz starker Bindung an das funktionalistische Paradigma der Organisationstheorie sind umfassendere Erhebungen in einer größeren Anzahl von Organisationen unverzichtbar, um die Verbreitung von Organisationspraktiken zu erfassen und Aussagen zur gesellschaftlichen Relevanz von organisationalen Phänomenen zu treffen. Genau dies können Survey-Untersuchungen, unbeschadet ihrer Grenzen und Mängel leisten.

Mit Blick auf die spezifische Bedeutung und den besonderen Sinn von Organisationskonzepten und -begriffen für das jeweilige Organisationssystem und den einzelnen Befragten zeigen sich paradigmatische Grenzen dieses Ansatzes. Darüber hinaus wurden bereits eine Anzahl von Problemen oder Mängeln benannt und zum Teil auch mögliche Lösungen angedeutet. Die folgende Tabelle stellt noch einmal die wesentlichen Probleme der Methode sowie Ausführungsmängel zusammen und verweist auf Möglichkeiten zur Ausgestaltung der Methode.

Tabelle 5: Wesentliche Probleme und Möglichkeiten der Ausgestaltung bei Organisationsbefragungen

Probleme/Mängel	Möglichkeiten der Ausgestaltung
Probleme der Auswahl und Selbstselektion	Quoten-Auswahl, Steuerung des Samples („Makro-Matching"), Einflussnahme auf die Auswahl der Befragten vor Ort
Geringe Rücklaufquoten	Glaubwürdigkeit des Forschers (Auftreten), Vertraulichkeit zusichern, geeignete Anreize zur Mitwirkung geben
Fehlende Kontrolle der Kontextbedingungen (Bearbeiter, Zeit etc.)	Position angeben lassen, gegebenenfalls auch Zeitbedarf, Kommentare zum Fragebogen ermöglichen
Managementlastigkeit der Organisationsbeschreibung	Mehrere Fragebögen je Organisation bei Festlegung der Befragten(-gruppen)
Selbstdarstellungseffekte, Konflikte glättend	Mehrere Fragebögen je Organisation, nicht nur Management befragen
Unzureichende Abbildungsqualität der Items	Indikatoren aus Interviewmaterial im Untersuchungsbereich entwickeln, Pretest mit anschließendem Interview
Mängel im Aufbau des Instruments/Layout	Pretest durchführen, Checklisten mit Hinweisen nutzen
Geringer Aussagegehalt von Auswertungen	Anspruchsvollere Methoden nutzen
Generalisierbarkeit der Ergebnisse	Zuschnitte des Untersuchungsbereiches, Totalerhebung, Strichprobengröße unter Beachtung der Methodenerfordernisse
Forschungsökonomische Grenzen	Genaue Planung der Befragungen
Mangelnde Nachvollziehbarkeit der Erhebung	Nachvollziehbare Dokumentation aller Arbeitsschritte erstellen

Die Tabelle macht auch deutlich, dass der Einsatz von Organisationsbefragungen als alleinige Methode nicht sinnvoll ist, da bestimmte methodenimmanente Schwachstellen nicht zu überwinden sind. Mit Blick auf die möglichen Beiträge von Organisationsbefragungen ist ihr Einsatz daher vor allem für die Gewinnung eines Überblicks im Untersuchungsfeld vor der Hauptuntersuchung oder für die Gewinnung von Informationen zur Verbreitung untersuchter Phänomene nach der Nutzung vertiefender qualitativer Untersuchungsmethoden (Interviews, Dokumentenanalyse → Fallstudien) sinnvoll.

6 Anmerkungen

1 Einen sehr anschaulichen Überblick zur Geschichte von Erhebungen im Allgemeinen gibt Diekmann (2007, S. 90–115).
2 Eine sehr instruktive Übersicht zu weiteren Möglichkeiten und Methoden der Leistungsmessung von Organisationen geben Brewerton/Millward (2001, S. 122–142).

7 Literatur

Alvesson, Mats/Deetz, Stanley (1996): Critical Theory and Postmodernism Approaches to Organizational Studies, in: Clegg, Stewart R. et al. (Hrsg.), Handbook of Organization Studies, S. 191-217, London
Alreck, Pamela L./Settle, Robert B. (2003): The Survey Research Handbook. Guidelines and Strategies for Conducting a Survey, Burr Ridge/New York
Bronner, Rolf/Appel, Wolfgang/Wiemann, Volker (1999): Empirische Personal- und Organisationsforschung, München/Wien
Brewerton, Paul/Millward, Lynne (2001): Organizational Research Methods, London
Brodbeck, Felix C./Frese, Michael (2007): Societal Culture and Leadership in Germany, in: Chhokar, Jagdeep S. et al. (Hrsg.) (2007): Culture and Leadership Across the World: The Globe Book of In-Depth Studies of 25 Societies, S. 147-214, New Jersey
Burrell, Gibson/Morgan, Gareth (1979): Sociological Paradigms in Organizational Analysis, London
Chhokar, Jagdeep S. et al. (Hrsg.) (2007): Culture and Leadership Across the World: The Globe Book of In-Depth Studies of 25 Societies, New Jersey
Diekmann, Andreas (Hrsg.) (2007): Empirische Sozialforschung. Grundlagen, Methoden, Anwendungen, Hamburg
Heidenreich, Martin/Schmidt, Gert (1991): Internationale vergleichende Organisationsforschung. Fragestellungen, Methoden und Ergebnisse, Opladen
House, Robert J./Hanges, Paul J./Ruiz-Quintanilla, S. Antonio/Dorfman, Peter W./Javidan, Mansour/Dickson, Marcus/Gupta, Vipin et al. (1999): Cultural Influence on Leadership and Organizations: Project GLOBE, in: Mobley, William H./Gessner, M. Jocelyne/Arnold, Val (Hrsg.), Advances in Global Leadership, Stanford, S. 171–233
House, Robert J. et al. (Hrsg.) (2004): Culture, Leadership, and Organization – The GLOBE Study of 62 Societies, London
Kromrey, Helmut (2006): Empirische Sozialforschung. Modelle und Methoden der Datenerhebung und Datenauswertung, Stuttgart
Lang, Rainhart/Wagner, Dieter (1995): Organisationspotenzial in Ostdeutschland, in: Zeitschrift Führung und Organisation (zfo), Heft 6, S. 353–359
Pugh, Derek S./Hickson, David J. (1968): Dimensions of Organization Structure, in: Administratively Science Quarterly, 13, S. 68–105
Staehle, Wolfgang H. (1999): Management. Eine verhaltenswissenschaftliche Perspektive, München
Steyrer, Johannes/Schiffinger, Michael/Lang, Rainhart (2007): Ideal- und Realbild von Führung, in: Zeitschrift für Management (ZfM), 2, Heft 4, S. 402-435

Delphi-Befragung

Ursula Ammon

1 Einleitung

Entstehungsgeschichte und Rezeption

Die Delphi-Methode ist US-amerikanischen Ursprungs. Sie wurde von der RAND Corporation in den 50er Jahren zunächst im Rahmen von geheimen Studien für die Planung strategischer Waffensysteme entwickelt. Hierfür wurde der Begriff „Project Delphi" geprägt (vgl. Linestone/Turoff 1975) und eine spezielle Methode der schriftlichen strukturierten Expertenbefragung entwickelt. Der Öffentlichkeit ist die Methode durch den „Report on a Long Range Forecasting Study" (veröffentlicht von Helmer 1966; in Deutsch von Helmer/Gordon 1967) bekannt. Ziel dieser Studie war die langfristige Vorhersage von wissenschaftlichen und technischen Entwicklungen, wobei ein Zeitraum von 10 bis 50 Jahren ins Auge gefasst worden ist[1]. Sie ist eine der bekanntesten Studien, die den ungebrochenen Technik- bzw. Fortschrittsoptimismus der 1960er Jahre widerspiegeln. Mit diesen Anwendungsinteressen ihrer Entwickler und Promotoren (neben Helmer der weitere RAND-Mitarbeiter Dalkey) war die Delphi-Methode auf die (Langfrist-) Prognostik festgelegt. Diese Umstände und Faktoren haben dazu beigetragen, dass die Methodik eine kontroverse Diskussion ausgelöst hat. Der Sammelband von Linestone/Turoff (1975) gibt hierzu und zu verschiedenen Anwendungen in den USA im ersten Jahrzehnt ihrer veröffentlichten Anwendung einen ausführlichen Überblick.

In Deutschland hat es in den 1970er Jahren eine beachtliche Rezeption der Delphi-Methode in der Betriebswirtschaftslehre, vorwiegend für Zwecke der strategischen Unternehmensplanung gegeben (vgl. Albach 1970, 1976; Kaufmann 1972; Geschka 1972; Schöllhammer 1970; Saliger/Kunz 1981; Wechsler 1978; Witte/Senn 1983). In den Sozialwissenschaften hat die Methode dagegen kaum Resonanz gefunden. So stellten Häder/Häder (1994) in einer Stichprobendurchsicht fest, dass die Delphi-Methode in den meisten Methoden-(Lehr-)Büchern bis in die 1990er Jahre hinein gar nicht erwähnt wurde[2]. Die Autoren beklagten, dass die Rezeption der Methode in den Sozialwissenschaften inadäquat zu ihrer potenziellen Leistungsfähigkeit stehe. Sie schrieben dies der Abgrenzung gegenüber den Betriebswirtschaftlern zu. Darüber hinaus zeigt diese Rezeptionsgeschichte aber auch die disziplinäre Skepsis gegenüber Technikforschung und generell Zukunftsforschung als Gegenstand der Sozialwissenschaften überhaupt.

In gewisser Weise überraschender als die Nichtbeachtung in den Sozialwissenschaften ist, dass die Delphi-Methode auch in der deutschen Szene der Technikvorausschau und -folgenabschätzung (TA) nicht Fuß fassen konnte, selbst nicht in den 1970er Jahren, der ersten Hochzeit ihrer Anwendung. Paschen et al. (1978) kommen in ihrem State-of-the-Art-Bericht zur Technikfolgenabschätzung für die Bundesrepublik zum Schluss, dass die Delphi-Technik nur als Notbehelf in Frage komme, wenn keine besseren Methoden verfügbar seien. Dann sei gegen ihre Anwendung nichts einzuwenden, „wie man sich des weitgehend spekulativen Charakters ihrer Ergebnisse bewusst ist und diese nicht zur Grundlage langfristiger und weitreichender politischer Entscheidung macht". Solange kein einigermaßen sicheres Wissen über die Zukunft gegeben sei, empfehlen die Autoren ein flexibles Trial-and-Error-Verfahren als das am rationalsten, ohne allerdings näher auszuführen, wie dies im Einzelnen methodisch umgesetzt werden soll.

Inzwischen hat sich die Akzeptanz der Methode in Deutschland, zumindest im Bereich von TA-Vorhaben und Technikvorausschau, grundlegend gewandelt. Erneut importiert, dieses Mal aus Japan[3], ist die Methode durch die Delphi-Befragungen des ISI-Fraunhofer Instituts im Auftrag der Bundesregierung zu einer etablierten Methode der Vorausschau von Entwicklungen in Wissenschaft und Technologie geworden (vgl. BMFT/BMBF 1993, 1996, 1998; Cuhls 2000). Entsprechend dem japanischen Vorbild sind dies außerordentlich umfangreiche Befragungen von mehreren tausend Experten zu mehr als einem Dutzend Fachgebieten[4], vorwiegend im Bereich technologischer Innovationen bzw. Forschungsfelder. Auch in weiteren europäischen Ländern wie Österreich, Großbritannien und Ungarn sind ähnliche Delphi-Befragungen zu ausgewählten Technologiebereichen durchgeführt worden (BWV 1998; Aichholzer 2000, 2002; Loveridge et al. 1995; Havas 2000). Im letzten Jahrzehnt ist die Anwendung der Methodik nun auch auf nicht primär technologiebezogene Fragestellungen und Themenbereiche erweitert worden (siehe unten: Anwendungsbereiche). Der Delphi-Methode wird inzwischen, insbesondere Dank der Arbeiten von Häder/Häder (vgl. insb. 2000, 2002), auch in der sozialwissenschaftlichen Methodenforschung mehr Aufmerksamkeit geschenkt.

Definition der Methode

Die Väter der Methode beabsichtigten mit der Delphi-Technik, auf strukturiertem Wege eine Meinungsübereinstimmung unter Experten zu erreichen. Dabei wollten sie auf eine offene Diskussion und gemeinsame Beratung verzichten, um den Einfluss psychologischer bzw. situativer Faktoren wie Überredung, Abneigung, den mitreißenden Einfluss einer Mehrheitsmeinung zu vermeiden. Die unmittelbare Debatte wurde „durch ein sorgfältig ausgewähltes Programm aufeinander folgender individueller Befragungen (am besten durch Fragebogen) ersetzt, die mit Informationen durchsetzt sind, verbunden mit dem Rücklauf von Meinungen, die sich aus der rechnerisch ausgewerteten Übereinstimmung aus früheren Teilen des Programms ergeben" (Helmer/Gordon 1967). In den Wiederholungsrunden der Befragung sollten die Befragten ihre früheren Einschätzungen – in Kenntnis der Gruppenmeinung – noch einmal überdenken und möglicherweise revidieren. In der ersten veröffentlichten Delphi-Studie wurden insgesamt vier Befragungsrunden durchgeführt (ebd.).

Die Delphi-Methode wird in verschiedener Weise definiert, je nach dem welcher Aspekt betont werden soll. Wenn auf Zielsetzung und Funktionsweise abgestellt wird, wird sie den „Gruppenkonsensverfahren" zugeordnet (Paschen et al. 1978) oder als Methode der „Informationsgewinnung durch strukturierte Gruppenbefragung" bezeichnet (Albach 1970). Häufig wird die Delphi-Methode kontextbezogen definiert, vor allem im Zusammenhang mit der Prognostik zu technologischen Gegenstandsbereichen (z. B. Saliger/Kunz 1980; Albach 1970, 1976; Geschka 1977). Das ISI-Fraunhofer Institut bezeichnet das Delphi-Verfahren als spezielle Methodik der Technikbewertung im Sinne der VDI-Richtlinie 3780 (VDI 1991) und sieht darin „das heute verfügbare bestmögliche methodische

Instrumentarium zur langfristigen Technikvorausschau" (BMFT 1993; vgl. auch Ono/ Wedemeyer 1994).

Linestone/Turoff (1975) wählten in ihrem Sammelband, in dem die Methode erstmals umfassend beschrieben worden ist, dagegen eine allgemeine Definition, die die breite Anwendbarkeit betonen soll und bezeichnen sie als eine Methode, einen Prozess der Gruppenkommunikation zu strukturieren. Auch die neuere Definition von Häder/Häder (1995) stellt auf die Funktion der Methode ab und öffnet ihr damit ein breites Anwendungsfeld. Sie verstehen die Delphi-Methode als „einen vergleichsweise stark strukturierte(n) Gruppenkommunikationsprozess, in dessen Verlauf Sachverhalte, über die unsicheres und unvollständiges Wissen existiert, von Experten beurteilt werden" (ebd.).

Grundlegendes Charakteristikum der Methode ist ihr Subjektbezug. Aufklärung und Orientierung über nicht gesicherte Wissensbereiche wird von in den relevanten gesellschaftlichen Sektoren (vor allem Wissenschaft und Technikentwicklung, aber auch Wirtschaft und gesellschaftliche Gruppen) handelnden Personen erwartet. Wissen, Erwartungen und auch intuitive Fähigkeiten dieser ExpertInnen werden mobilisiert, um die wichtigen Entwicklungstrends in unübersichtlichen Handlungsfeldern zu ermitteln. Die Wertvorstellungen, Interessen und Motivationen der Befragten werden in der Befragung implizit zugrunde gelegt (meist aber im Einzelnen nicht offen gelegt). Die Auswahl richtet sich meist nach professionellem Wissen und Status (vgl. dazu unten: Auswahl der Teilnehmer/innen). Damit unterscheidet sich die Delphi-Methode in der Anwendung auf Zukunftsfragen grundlegend von systemanalytischen Projektionen und mathematischen Simulationen, die subjektive Elemente scheinbar ausschalten. Als solcher Art qualitative Prognosemethode hat sie heftige Kritik aus sehr verschiedenen Gründen auf sich gezogen. Beliebt ist hier die Rede vom „orakelnden Delphi" (vgl. ISI 1998a).

Die Delphi-Methode ist in verschiedenen Formen mit unterschiedlicher Reichweite, Intensität und Dauer angewandt worden. Die Adaptierbarkeit wird einerseits als Vorteil der Methode angesehen, die daraus resultierende Variationsbreite hat aber auch zu einer Unschärfe des Profils dieser Methodik geführt, die mit dazu beigetragen hat, dass sie sich bisher nicht breit etablieren konnte (vgl. dazu z. B. die Beiträge in Häder/Häder 2000). Hieraus resultieren Unsicherheit über die Qualität der Ergebnisse von Delphi-Befragungen und damit die Leistungsfähigkeit der Methodik insgesamt (siehe Häder 2002).

Bei aller empirischen Variationsbreite sind einige Merkmale charakteristisch für die Delphi-Methode (siehe Geschka 1977; Häder/Häder 1994, 2002):

- Verwendung eines formalisierten Fragebogens
- Befragung von ExpertInnen[5]
- Anonymität der Einzelantworten und Teilnehmer/innen untereinander
- Ermittlung einer statistischen Gruppenantwort und gegebenen Begründungen
- Information der Teilnehmer/innen über diese (statistische und verbale) Gruppenantwort zu jeder Runde
- (mehrfache) Wiederholung der Befragung

Die Ermittlung und Rückkopplung der statistischen und verbalen Gruppenantwort in jeder Runde sowie die Wiederholung der Befragung unterscheidet eine Delphi-Befragung von anderen sozialwissenschaftlichen Erhebungsinstrumenten (wie einmalige Befragung, Gruppendiskussion, Panelbefragung)[6]. Die Befragung wird im Prinzip so lange wiederholt bzw. weitergeführt bis ein bestimmtes Abbruchkriterium erreicht ist, z. B. die angestrebte Konvergenz der Ergebnisse.

Im klassischen Delphi-Design ist das Fragenprogramm standardisiert und führt (durch mehrfache Wiederholung) zu einem eindeutigen, quantifizierten Expertenurteil. Schon die frühen Weiterentwicklungen der Methode zielten darauf ab, das Wissenspotenzial der befragten Experten weitergehend zu nutzen. Fragen nach der Realisierbarkeit und Wünschbarkeit zukünftiger Ereignisse, nach notwendigen Voraussetzungen und Maßnahmen, nach alternativen Möglichkeiten sowie die Generierung von Ideen und deren Weiterentwicklung bis hin zu Szenarien kamen hinzu (vgl. z. B. die Übersicht bei Geschka 1977). Damit mussten die Fragen offener angelegt werden, um auch ungewöhnliche und überraschende Ideen aufnehmen zu können. Ging es in den ersten Delphi-Anwendungen noch allein darum, die einzige, von den befragten Experten als richtig und wahr erkannte Zukunft, möglichst exakt vorherzusagen, beispielsweise auch ihren Eintrittszeitpunkt, so wechselte die Perspektive, insbesondere bei den Anwendungen der 1990er Jahre hin zur Ermittlung einer möglichst umfassenden Informationsgrundlage für Entscheidungs- und Handlungsalternativen (vgl. Cuhls/Blind/Grupp 1998, Aichholzer 2002).

Anwendungsbereiche

In den vier Jahrzehnten empirischer Praxis der Delphi-Methode sind Delphi-Befragungen zu einem großen Spektrum von Themen über Gesellschaft und Technik durchgeführt worden, bei denen gerade Entscheider über Forschungspolitik und -förderung ein großes Maß an Unsicherheit und Wissenslücken feststellen. Die häufigsten Anwendungen sind Prognosen bzw. ‚foresight'-Studien. Die Ermittlung des State-of-the-Art und von Forschungsbedarfen sowie Evaluationsansätze und retrospektive Aufklärungen sind weitere Anwendungsbereiche.

Am bekanntesten ist die Delphi-Methode in Deutschland in den 1990er Jahren durch die mehrmaligen „Studien zur globalen Entwicklung von Wissenschaft und Technik" im Auftrag der Bundesregierung geworden (vgl. BMFT/BMBF 1993, 1995, 1998). Wurde in der ersten noch der Fragebogen aus Japan übernommen, ist in den beiden weiteren ein „nationales" Vorgehen bei der Entwicklung der Fragebögen gewählt worden. Die zu befragenden Themenfelder wurden von einem Lenkungsausschuss festgelegt. Zu jedem dieser Themenfelder[7] haben Fachausschüsse von insgesamt über 100 Personen aus Industrie, Hochschulen und anderen Einrichtungen die Fragen bzw. Thesen vorbereitet. In der eigentlichen Delphi-Befragung wurden sie, je Themenbereich durch mehrere hundert Befragte, nach folgenden Dimensionen beurteilt:

- Eigene Fachkenntnis
- Wichtigkeit für Erkenntnisfortschritt, wirtschaftliche und gesellschaftliche Entwicklung, Lösung ökologischer Probleme sowie für Arbeit und Beschäftigung
- Zeitraum der Verwirklichung
- Stand der Forschung und Entwicklung in Deutschland und anderen Ländern
- Einschätzung der Rahmenbedingungen und Maßnahmen zur Verbesserung der Situation in Deutschland

- Folgeprobleme im Bereich Umwelt, Sicherheit, Kultur und Gesellschaft (vgl. Cuhls/Blind/Grupp 1998)

Weiterhin sind in den letzten Jahren in Deutschland zu weiteren, mit öffentlicher Aufmerksamkeit verfolgten Bereichen neuer Technologien Delphi-Befragungen durchgeführt worden: z. B. Internet (vgl. Beck/Glotz/Vogelsang 2000; Kaletka 2003), Mobilfunk (vgl. Häder 2000), Mikroelektronik und Arbeitsmarkt (vgl. Mettler/Baumgartner 1997), Biotechnologie in der Landwirtschaft (vgl. Neubert 1991).

Das Bildungswesen ist ebenfalls ein wichtiges Anwendungsfeld von Delphi-Untersuchungen (vgl. Ono/Wedemeyer 1994). Am bedeutsamsten sind hier in Deutschland die Delphi-Befragung zu Potenzialen und Dimensionen der Wissensgesellschaft („Wissens-Delphi„) – Auswirkungen auf Bildungsprozesse und Bildungsstrukturen („Bildungs-Delphi„), ebenfalls im Auftrag des Bundesforschungsministeriums durchgeführt (vgl. Prognos/Infratest Burke Sozialforschung 1998; Kuwan et al. 1998), sowie die Ermittlung von Forschungsbedarfen im Bereich der Berufsbildung und Weiterbildung durch das Bundesinstitut für Berufsbildung (vgl. Brosi et al. 2002, 2003; Krekel/Ulrich 2004).

An den großen Delphi-Untersuchungen in den 1990er Jahren zu den globalen Entwicklungsperspektiven von Wissenschaft und Technologien, von Wissensgesellschaft und Bildungssystem sind Vertreter der Wirtschaft bzw. Unternehmen sowohl auf der Ebene der Planung, der Generierung der Fragen bzw. Thesen und Bewertung der Ergebnisse als auch als befragte ExpertInnen selbst beteiligt gewesen. Schon früh bestand aber auch ein wesentliches Interesse an der Delphi-Methodik darin, Veränderungen von Märkten bzw. die Entwicklungspotenziale neuer Märkte, ausgelöst vor allem durch technologische (Schlüssel)Innovationen, besser vorhersagen zu können, um so strategische Unternehmensplanungen auf verlässlichere Grundlagen stellen zu können. Gegenstand von Delphi-Studien in Deutschland waren sowohl ausgewählte Technikbereiche (wie z. B. Roboter, Büroautomatisierung, Telekommunikation, Internet, elektronische Marktplätze) als auch die zukünftige Entwicklung bestimmter Marktsegmente (z. B. Tourismus), Berufe (z. B. Medienberufe) und Branchen (z. B. Handwerk) (vgl. Übersicht bei Häder 2002). Charakteristisch ist hier, dass Anwendungen und Auswirkungen in verschiedenen Branchen bzw. Märkten erwartet und/oder die zukünftigen Entwicklungen als besonders offen angesehen werden.

Delphi-Befragungen werden in der Regel von unabhängigen Forschungs- und Beratungsinstituten durchgeführt, wenn sie für eine größere Teilnehmerzahl konzipiert werden. Wie die Fallbeispiele aus den letzten Jahren zeigen, nehmen auch in beträchtlichem Umfang Vertreter nichtstaatlicher Organisationen teil. Wenig Informationen liegen hingegen vor, in welchem Umfang beispielsweise (größere) Unternehmen die Delphi-Methode in der Marktanalyse, Entwicklung neuer Geschäftsfelder, (strategischen) Organisationsentwicklung etc. selbst nutzen. In einer E-Mail-Befragung bei den 200 umsatzstärksten Unternehmen in Deutschland, bei der es um die eingeschränkte Fragestellung der Akzeptanz verschiedener Prognosetechniken ging, konnte die Delphi-Methode als drittwichtigste Methode zur Erforschung der Zukunft ermittelt werden (vgl. Falke/Krüger 2000, zit. nach Häder 2002)[8]. Als hauptsächlicher Kritikpunkt, der gegen die Verwendung der Delphi-Methode ins Feld geführt wurde, wurde hier deren als noch ungenügend angesehene methodische Fundierung genannt.

2 Datenerhebung und Datenaufbereitung

Zielsetzung und Operationalisierung

Die Delphi-Befragung ist weder eine Universalmethode für alle Fragen der Zukunftsforschung noch ein Notbehelf, wenn keine andere Methode zur Verfügung steht. Die Wahl des Delphi-Verfahrens ist auf der Basis einer klaren Zielsetzung zu treffen, was erreicht werden soll. Häder unterscheidet in seinem Arbeitsbuch zu Delphi-Befragungen (2002)[9] vier Typen, die sich in Bezug auf das methodische Design und den damit zu erreichenden Zielen voneinander abheben:

- Delphi-Befragungen zur Ideenaggregation (Typ 1)
- Delphi-Befragungen zur Vorhersage bestimmter diffuser Sachverhalte (Typ 2)
- Delphi-Befragungen zur Ermittlung und Qualifikation von Expertenmeinungen über einen speziellen Gegenstand (Typ 3)
- Delphi-Befragungen zur Konsensfindung (Typ 4)

Bei Typ 1 geht es darum, möglichst viele Ideen zu einem Thema zu generieren und diese zu Lösungsvorschlägen (thematischen Clustern) zu aggregieren. Um dieses Ziel zu erreichen, sollte möglichst offen gefragt werden. Bei der Auswahl der Befragten kommt es weniger auf die Menge als darauf an, dass sie aus unterschiedlichen Disziplinen bzw. Handlungsfeldern kommen und über eine breite Expertise für das Thema verfügen.

Um das Ziel bei Typ 2, eine möglichst exakte Vorhersage zu bekommen, ist es notwendig, es möglichst genau zu definieren und damit in der Regel den Gegenstand von vornherein zu begrenzen. Hier besteht die Gefahr, dass zu viele „störende" Faktoren ausgeklammert oder vernachlässigt werden, um das Ziel zu erreichen. Dieses Dilemma ist typisch für die Delphi-Prognosen der frühen Jahre.

Mit einem Typ-3-Delphi wird angestrebt ein Thema, zu dem es viele unterschiedliche Meinungen gibt und/oder viele Fragen offen sind, soweit zu strukturieren, dass möglichst alle relevanten Aspekte erkennbar und gewichtet (z. B. nach Dringlichkeitsgrad des Handlungsbedarfs) werden. Um zu einer einigermaßen verlässlichen Aussage zu kommen, ist es erforderlich, eine große Zahl von ExpertInnen in die Befragung einzubeziehen, um das ganze Spektrum möglicher relevanter Aspekte abdecken zu können und zu einem möglichst sicheren (Mehrheits-)Urteil zu kommen.

Ziel bei einem Typ-4-Delphi ist es, ein möglichst hohes Maß an Übereinstimmung unter den Befragungsteilnehmer/innen zu erzielen. Im Vergleich zu den Typen 3 und 1 bedeutet dies, dass relevante, zum Thema gehörende Aspekte im Laufe des Konsensbildungsprozesses ausgeklammert werden (müssen), weil sonst keine positive Übereinstimmung erzielt werden kann.

Festzuhalten ist hier, dass die Zielsetzung einer Delphi-Befragung vorher gut überlegt sein sollte. Dies erweist sich möglicherweise als nicht so einfach, weil verschiedene Aufgabenstellungen und Erwartungen an die durchzuführende Befragung herangetragen werden. Sie hat aber weitreichende Konsequenzen für die Anzahl und Auswahl der Teilnehmer/innen, die Gestaltung des Fragebogens sowie Funktion und Gewicht des durchführenden bzw. moderierenden Teams.

Die ganz überwiegende Anzahl der Delphi-Befragungen sind in Form schriftlicher Fragebogen-Befragungen durchgeführt worden (Paper-and-pencil-Version). Sie werden in der Literatur auch ganz eindeutig präferiert, da die in Gruppendiskussionen typischen sozialpsychologischen Effekte vermieden werden sollen, die ein sachrationales Ergebnis verfälschen könnten (Helmer 1967, S. 14; Albach 1970, S. 18). Ein gewichtiger Vorteil ist auch, dass jeder Teilnehmer sein Urteil korrigieren kann, ohne sein Gesicht zu verlieren (vgl. Geschka 1977). Als nachteilig wird im Gegenzug wiederum angesehen, dass durch die Anonymität der Beteiligung der Anreiz, an der Befragung (weiter) teilzunehmen, geringer ist (als bei einem namentlich dokumentierten Teilnehmerkreis). Die schriftliche Form ist aber auch ein Ausweg und der einzige Weg, wenn eine direkte Kommunikation wegen räumlicher Entfernung, zu großer Anzahl der Teilnehmer sowie erwarteten oder vermuteten Spannungen zwischen den Teilnehmern nicht organisiert werden kann (Geschka 1972; Turoff 1975).

Zukünftig ist zu erwarten, dass von den elektronischen Kommunikationstechniken ein neuer Impuls für die Anwendung der Delphi-Methode ausgehen wird. In der Literatur werden zwar auch schon Echtzeit-Delphi (so genannte Delphi-Konferenzen) genannt, die in den USA bereits in den 1970er Jahren verschiedentlich ausprobiert worden sind (vgl. Turoff 1972; Linstone/Turoff 1975; Brockhoff 1979). Die Technik und die dafür notwendige Handlungskompetenz bei den Befragten ermöglichte es damals aber nur einem eng begrenzten Kreis von Experten, sich zu beteiligen, so dass die Ergebnisse von geringem Wert waren. Die Internettechnik bietet nunmehr qualitativ neue Möglichkeiten, auch Delphi-Befragungen online durchzuführen, in dem die Fragebögen webbasiert bereitgestellt werden können (vgl. Florian 2000; Kirsch 2000). Adressierung der Teilnehmer/innen und Datenerfassung können damit effizienter als bisher in der üblichen Form der Versendung gedruckter Fragebögen gestaltet werden[10]. Eine mögliche selektive Wirkung der Technik auf das Antwortverhalten[11] muss sicher auch noch in Zukunft in jedem Einzelfall genau geprüft werden, da Verfügbarkeit des Internets nicht vorschnell mit der alltäglichen Nutzung gleichgesetzt werden darf[12]. Die Wahl der Online-Methode wird auch noch für längere Zeit ganz entscheidend von der gewählten Zielgruppe der Delphi-Befragten bestimmt werden.

Weiterhin sind seit Beginn der Nutzung der Delphi-Methode Variationen in der Weise gebräuchlich, dass eine schriftliche Delphi-Form mit personalen Diskursformen verbunden wird, z. B. mit Workshops zur Erarbeitung des Initialfragebogens oder zur Auswertung und Diskussion von Folgerungen sowie zur gezielten Präsentation der Ergebnisse (so beispielsweise bei den großen Delphi-Studien für die Bundesregierung und des BiBB)[13].

Auswahl der Teilnehmer/innen

Umfang und Zusammensetzung der Befragtengruppe hängen, wie oben schon erwähnt, eng mit der Zielsetzung einer Delphi-Befragung zusammen. Es handelt sich dabei immer um eine bewusste Auswahl der Befragungssubjekte, die mit Namen und Adresse ermittelt werden müssen, um sie persönlich adressieren zu können. Ziel ist es, die für die Aufklärung der Thematik relevanten gesellschaftlichen Sektoren bzw. Gruppen in der Auswahl der zu Befragenden vertreten zu haben, möglichst zu gleichen Anteilen. Das Problemfeld wird hierzu in der Regel nach vergleichsweise groben, pragmatischen Unterscheidungsmerkmalen aufgeteilt (z. B. Politik – Wirtschaft, Staat – Unternehmen, Verbände – gesellschaftliche Initiativen etc.) und die maßgeblichen Organisationen im jeweiligen Sektor ermittelt. Bestimmend für die Auswahl der Teilnehmer/innen ist deren Zugehörigkeit zu einer für die Zielsetzung relevanten Organisation. Im Weiteren kommen dann Kriterien wie Fachkompetenz (wissenschaftliche Disziplin, Beruf), Funktion, Region/Land, Branche und andere zur Anwendung. Bei Delphi-Befragungen ist zwar die subjektive Sicht der Befragten im Blick, sie ist aber rückgebunden an den gesellschaftlichen Handlungskontext und die organisationelle Eingebundenheit, nach denen sich die Auswahl richtet.

Die Größe der Befragtengruppe richtet sich, abgesehen von den zur Verfügung stehenden Ressourcen, danach, wie die so genannte Panelmortalität eingeschätzt wird. Da von Runde zu Runde die Anzahl der Antwortenden erwartungsgemäß sinkt, ist zu Beginn mit einer so großen Zahl zu starten, dass in der letzten Runde noch ausreichend viele Teilnehmer/innen, zumindest in den wichtigen Zielgruppen, vertreten sind, damit die Daten hinreichend gut interpretiert werden können. Je komplexer Gegenstand und Design der Delphi-Befragung konzipiert sind, desto überproportional größer muss in der Konsequenz die Befragungsgruppe gewählt werden.

Die Aufschließung des institutionellen Umfeldes, um Teilnehmerinnen einer Delphi-Befragung zu identifizieren, bereitet im Sektor Wissenschaft vergleichsweise wenige Probleme. Hier gelingt es gut, ein Delphi-Panel sowohl nach institutionellen und organisationellen als auch nach disziplinären Kriterien zusammen zu stellen. Dieser Sektor ist über Institutionen-, Literatur- und Projektdatenbanken gut dokumentiert und öffentlich zugänglich. Auch bei Thematiken, die sich nicht in die üblichen disziplinären Schemata einfügen, die für Delphi-Befragungen typisch sind, können Wissenschaftler/innen mit besonderer Expertise über Veröffentlichungen, Konferenzbeiträge, Homepages etc. namentlich ermittelt werden. Auch der Bereich der Politik, sowie die Leitungsebene von Organisationen der öffentlichen Verwaltung, von Verbänden und (größeren) Unternehmen können, abgesehen von der Medienberichterstattung, gut über Parlaments-, Institutionen- und Branchenhandbücher bzw. -Datenbanken erschlossen werden. Um hier zu weitergehenden Differenzierungen bei der Adressatenauswahl zu kommen, empfiehlt es sich, mit Organisationen und Verbänden aus den jeweiligen Praxisbereichen zu kooperieren[14]. Eine weitere Möglichkeit ist in der ersten Delphi-Runde, die Befragtengruppe durch öffentliche Werbung sowie Empfehlung und Weiterleitung im Schneeballverfahren zu ergänzen.

Ähnlich wie bei „normalen" Befragungen ist es auch bei Delphi-Befragungen schwierig, einige relevante Aspekte bzw. Problemseiten der aufzuklärenden Thematik in der Auswahl der Befragten zufriedenstellend abzubilden. So ist beispielsweise bei Zukunftsperspektiven der Technik bzw. von Technologiefeldern die Seite der Forschung und Entwicklung, die Angebotsseite, in der Regel übergewichtig gegenüber der der Nutzung vertreten. Dabei ist Letzteres oft der am wenigsten bekannte oder abschätzbare Teil des Problems, der Kern der Delphi-Fragestellung ist bzw. sein müsste. Auch stellt es für die realistische und sichere Abschätzung von zukünftigen Entwicklungen bzw. Problemlagen ein methodisches Problem dar, dass „große Strukturen" über kleine Einheiten, z. B. große gegenüber mittelständischen Unternehmen dominieren, Hauptströmungen neue Ansätze und Innovationen, z. B. gesellschaftlicher Initiativen und Netzwerke jenseits der traditionellen Verbände und gewachsenen Organisationen, überdecken, weil es schwierig bzw. aufwändig ist, ihre subjektiven Träger zu identifizieren. Sowohl im theoretischen Ansatz als auch in der empirischen Praxis wird in der Delphi-Methode der Fokus neben der

Kompetenz vor allem auf eine hochrangige Funktion als Akteur bzw. Entscheider gerichtet. Damit ist im Hinblick auf die Geschlechter- und Generationenperspektive eine ganz einseitige Auswahl zugunsten von Männern und der nach Lebensalter älteren Jahrgänge quasi automatisch die Folge, die bisher in den Delphi-Studien zudem noch kaum problematisiert wird (vgl. auch Häder 2002).

Zusammenfassend ist hier festzuhalten, dass die Auswahl der Befragungsteilnehmer/innen der maßgebliche und damit der kritische Faktor einer Delphi-Befragung und der Qualität ihrer Ergebnisse ist. Strukturierung und Quotierung der Befragtengruppe im Zusammenhang mit der Zielsetzung der Delphi-Befragung benötigen deshalb eine besondere Aufmerksamkeit. Daraus sollte allerdings nicht generell die Schlussfolgerung gezogen werden, die Auswahl der Befragten an eine Vielzahl von Kriterien und Vorgaben zu binden, um so von vorn herein ein gutes Befragungsergebnis sicherstellen zu wollen. Wie dargestellt stößt dies nicht nur an praktische Grenzen. Ein solches Vorgehen konterkariert vielmehr die spezifische Leistungsfähigkeit der Delphi-Methode, eine noch wenig bekannte und abschätzbare Problemlage aufzuklären oder bei einem kontrovers diskutierten Thema mögliche Konsenspotenziale zu ermitteln. Adäquat ist hierbei eine Abwägung zwischen eher wenigen inhaltlichen Vorannahmen und Vorgaben bei der Befragtenauswahl einerseits und einer hinreichenden Offenheit für neue und überraschende Ergebnisse andererseits[15].

3 Datenanalyse und Dateninterpretation

Wie bei jeder Befragung sind auch bei einer Delphi-Befragung Analyse und Bewertung der Daten an der gewählten Zielsetzung und Spezifik der Fragestellung auszurichten (vgl. auch Häder 2002). Damit sind bis dahin bereits alle wesentlichen Entscheidungen und Weichenstellungen getroffen worden, die den Rahmen für die Datenauswertung bestimmen. Hinzu kommt noch, dass die Spielräume, das quantitative und qualitative Methodenarsenal der Datenanalyse anwenden zu können, auch noch ganz maßgeblich durch den Umfang der Befragungsdaten eingegrenzt werden. Im Unterschied zu einer „normalen" Befragung sind bei einer Delphi-Befragung zwei Ebenen der Datenanalyse zu unterscheiden, die der für die unmittelbare Rückkopplung an die antwortenden Teilnehmer/innen und die der wissenschaftlichen Analyse im Rahmen der Berichterstattung an Auftraggeber und Öffentlichkeit.

Die Rückkopplung der Befragungsergebnisse von einer Runde zur nächsten an die Teilnehmer/innen ist im Rahmen eines Delphi-Prozesses ein Arbeitsschritt von besonderer Bedeutung. Er bedeutet für das planende und Fragen stellende Projektteam, sich auf einen (schriftlichen) Kommunikationsprozess mit den Teilnehmer/innen einzulassen. Es handelt sich dabei weniger darum, einen Report oder Tabellen zu präsentieren, sondern eher darum, eine Art von langem Brief zu schreiben, in dem die Ergebnisse eingebettet werden in die Erklärung und Begründung ihrer Darstellung und Interpretation. Auf diesem Wege wird ein hohes Maß an Offenheit des Fragenden gegenüber den Befragten verlangt und bei gutem Gelingen erzeugt, so dass die Befragten motiviert werden, sich erneut mit dem Vorhaben, das sie zwischenzeitlich schon wieder weitgehend vergessen haben, zu beschäftigen und sich auf den Fortgang der „Befragungsstory" einzulassen. Diese Kommunikation aufzunehmen, stellt den Kern der Delphi-Methodik dar. Deshalb ist es naheliegend, entgegen den strengen Anforderung der Delphi-Erfinder, diese Kommunikation nach der ersten Runde durchaus auch direkt mit den Antwortenden, zumindest einer Auswahl davon, zu suchen und die weitere Runde in direkter Interaktion durchzuführen.

Bei einem gemischten Befragtenkreis sollte erklärt werden, wie die Daten ausgewertet werden und begründet werden, wie Bewertungen vorgenommen werden. Insbesondere ist es wichtig zu begründen, warum bestimmte Daten hervorgehoben und andere vernachlässigt oder gar nicht weiter beachtet werden. Aus der offengelegten Analyse und Begründung können dann auch nachvollziehbar für die Teilnehmer/innen die sich daraus ergebenden weiteren Fragen abgeleitet werden.

In der Regel wird für die Auswertung der Daten von einer Runde zur nächsten nur begrenzt Zeit zur Verfügung stehen, so dass die Datenanalyse für diesen Zweck auf die wesentlichen und für den weiteren Fortgang der Befragung notwendigen (Zwischen-)Ergebnisse beschränkt werden muss. Auch darf der Umfang der Darstellung bzw. des neuen Fragebogens die Toleranzgrenze der Teilnehmer/innen nicht überschreiten. Für den Zweck der Rückkopplung reicht es in der Regel aus, für die Darstellung Häufigkeitsmaße und Häufigkeitsverteilungen sowie einfache graphische Darstellungen von Antwortprofilen zu verwenden. Ein Standard für die Darstellung der Ergebnisse beim Typus der konsensorientierten Befragung mit geschlossenen Fragen ist die Berechnung von Median und Quantilen. Tiefergehende bi- und multivariate Analysen der Daten, wie beispielsweise das Antwortverhalten in Abhängigkeit von der organisationellen, disziplinären, sektorialen, regionalen Herkunft etc., sind für die wissenschaftliche Berichterstattung angebracht.

Zusammenfassend kann festgehalten werden, dass das Gelingen einer Delphi-Befragung wesentlich abhängt von folgenden Faktoren:

- Eindeutige Zielsetzung
- Auswahl der Befragungsteilnehmer/innen, die in ausreichendem Maße das angenommene Perspektivenspektrum des Gegenstandsbereichs widerspiegeln sollte
- Gestaltung des Fragebogens, insbesondere des Initialfragebogens
- Transparenz von Zielsetzung des Vorhabens und Auswertungsmethode sowie Darstellung der Ergebnisse der einzelnen Befragungsrunden

Durch die Wiederholung bzw. Weiterführung der Befragung über mehrere Phasen bzw. Runden können die Ergebnisse gefestigt werden, so dass am Ende konsensfähige (Teil-)Ergebnisse erreicht werden und dissent bleibende Ergebnisse festgehalten werden können.

4 Anwendungsbeispiel

An der Sozialforschungsstelle Dortmund haben wir uns bereits in der zweiten Hälfte der 1980er Jahre mit der Delphi-Methode befasst und sie in zwei Projekten der Technikfolgenabschätzung zu den Entwicklungs- und Anwendungsperspektiven der neuen Bio- und Gentechnologie angewandt (vgl. nachfolgende Übersichtstabelle). Wir hatten zu diesem Bereich neuer Technologien, der in der politischen Öffentlichkeit kontrovers diskutiert wurde, einige Betriebs- und Branchenfallstudien[16] erstellt und standen vor der Frage, wie die Perspektiven dieses jungen Technologiefeldes und die damit verbundenen Auswirkungen auf Beschäftigung und Arbeitsplatzentwicklung in einem breiteren Rahmen untersucht werden könnten. Wir suchten eine adäquate und interessante Methodik und wählten aufgrund persönlicher Kenntnis die Delphi-Methode. Da es in der Zeit noch wenig empirisches Anschauungsmaterial gab, entwickelten wir entsprechend der Aufgabenstellung des Projektes ein weitgehend experimentelles Design für die Delphi-Befragung.

Bei der Ersten[17] war das Ziel noch vergleichsweise global gestellt, Chancen und Probleme der industriellen Nutzung der neuen Biotechnologie (einschließlich der Gentechnik) zu ermitteln. Die Thematik der Zweiten[18] war auf Anwendungen in der Landwirtschaft eingegrenzt, so dass wir hier auch intensiver und detaillierter gefragt haben. In beiden Fällen stand die Delphi-Befragung zwar im Mittelpunkt der Untersuchung, war aber in ein umfassenderes Projektdesign mit Experteninterviews, Fallstudien und wissenschaftlicher Beratung zu biologisch-technischen Fragestellungen eingebettet. Was die Gestaltung der Fragen anbetrifft, haben wir eine große Bandbreite von Fragentypen verwandt, von offenen Fragen, verschieden ordinalskalierten Fragen bis hin zu Hypothesen und Szenarien für langfristige Entwicklungen.

Wir legten bei beiden Befragungen Wert darauf, einen breiten Kreis von Experten[19] einzubeziehen, insbesondere nicht nur Wissenschaftler aus den Forschungsbereichen, sondern auch unterschiedliche Experten aus den Anwendungsbereichen bis hin zu Vertretern der Beschäftigteninteressen.

Beide Delphi-Befragungen waren aus Ressourcengründen jeweils auf zwei Runden angelegt. Wir verwendeten in den beiden Runden verschiedene Fragebögen. Unser Ziel war dabei, interessante, sich aus den Ergebnissen der ersten Runde ergebende, weiterführende Fragen zu stellen und zusätzliche Aspekte eines Themas noch näher zu beleuchten. Insbesondere bei der zweiten Befragung zur Landwirtschaft zeichnete sich nach der ersten Runde bereits eine deutliche Konvergenz der Ergebnisse ab. Uns kam es deshalb mehr darauf an, eine interessante Abfolge von Fragen zu stellen nicht zuletzt auch, um die Teilnehmer/innen weiter zu motivieren, als die Festigkeit eines sich abzeichnenden Ergebnisses durch Fragewiederholung bestätigt zu bekommen.

Die nachfolgende Tabelle zeigt die Grunddaten der beiden an der Sozialforschungsstelle durchgeführten Delphi-Befragungen im Überblick.

Tabelle 1: Grunddaten der durchgeführten Delphi-Befragungen

	1. Delphi-Befragung	**2. Delphi-Befragung**
Thema	Zur industriellen Anwendung der neuen Bio- und Gentechnologie	Neue Biotechnologie und Landwirtschaft
Rücklauf 1. Runde 2. Runde	223 (von 522) (43 %) 153 (von 223) (69 %)	144 (von 300) (48 %) 85 (von 144) (59 %)
Zeitraum der Befragung	Mai 1987 – April 1988	Mai 1989 – April 1990
Fragenbereiche	Bedeutung der neuen Biotechnologie Zu lösende Probleme, Betroffenheit Bewertung des Forschungs- und Anwendungsstandes von ausgewählten Produkten Bewertung der ökonomischen, sozialen und ökologischen Nutzen/Risiken von ausgewählten Produkten Personenbezogene Daten	Abschätzung von Veränderungen in der Landwirtschaft und Gesellschaft / Anwendung neuer bio- und gentechnischer Verfahren / Gewichtungen 3 Anwendungsbeispiele: Verbreiteter Anbau von herbizidresistenten Kulturpflanzen Anbau von krankheits- und/oder schädlingsresistenten Nutzpflanzen Reproduktionstechniken beim Rind Fragen zur technischen Praxisreife einzelner Forschungsbereiche (in 0/5/10/? Jahren) Ihre Anwendungswahrscheinlichkeit Eignung agrarpolitischer Instrumente zur Steuerung verschiedener Entwicklungen (Szenarien) Personenbezogene Daten
Teilnehmerkreis	Biowissenschaftler aus Universitäten und Forschungsinstituten, Bioverfahrenstechniker, FuE-Vertreter aus Unternehmen, vor allem Chemie- und Pharmaindustrie, Betriebsräte aus der Chemie- und Pharmaindustrie, Vertreter von Gewerkschaften und Wirtschaftsverbänden, Politiker, Medienvertreter	Biotechnik-/Gentechnik-Wissenschaftler aus öffentlichen Forschungsinstituten Experten aus der Industrie (Chemie, Nahrungsmittel, Futtermittel, Veterinärpharma, Biotechnik-Firmen, Verbände) Landwirtschaftsvertreter aus Behörden, Ämtern, Kammern, Verbänden Züchter (Tiere, Pflanzen), Agrarwissenschaftler, Ökologen, Umwelt-, Verbraucherverbände
Ergebnisse	Ammon/Kuhn 1989	Neubert 1991

Für die Auswertung wählten wir neben den Häufigkeitsmaßen verschiedene graphische Darstellungen von Antwortprofilen sowie für einen Teil der Fragen Berechnung und Darstellung von Median und Quantilen. Ein Teil der Fragen der ersten Befragung werteten wir zusätzlich mit Hilfe der Clusteranalyse aus, um statistisch signifikante Faktoren für die Erklärung der Daten zu ermitteln (Leverkus 1988).

5 Möglichkeiten und Grenzen der Methode

Unsere Bewertung der Delphi-Methode erfolgt auf der Grundlage ihrer Anwendung im Rahmen von Vorhaben der Technikfolgenabschätzung, einem Bereich hybrider disziplinenübergreifender empirischer Forschung, die dem weiten Feld der Politikberatung zuzuordnen ist. Hier werden gleich mehrfach komplexe Fragestellungen aufgeworfen, die neben (partial-)analytischen Methoden zum Teil auch mit einer subjektbasierten Methode, wie der Delphi-Befragung, untersucht werden können. Wegen ihres dialogischen Charakters ist sie ein geeignetes Instrument zur Abschätzung von Entwicklungsperspektiven und Auswirkungen, von Chancen und Risiken in einem Technologiefeld, das, wie beispielsweise die Bio- und Gentechnologie, erst am Anfang seiner Anwendungen steht und als Querschnittstechnologie ein Anwendungspotenzial für unterschiedlich strukturierte Branchen und Bereiche der Wirtschaft und Gesellschaft aufweist. Auch stark institutionell geprägte Sektoren wie beispielsweise das Gesundheitswesen und die Landwirtschaft kommen für Anwendungen in Frage[20]. Hier kann die Anonymität der Teilnehmer/innen untereinander und die Neutralisierung hierarchisch hochgestellter Meinungsführer hilfreich sein, um latente Problemlagen und Spielräume für Veränderungen auszuloten.

Eine subjektorientierte Methode ist unmittelbar konfrontiert mit der weit fortgeschrittenen sektorialen Differenzierung und fachlichen Spezialisierung. Auch weithin anerkannte ExpertInnen können nur noch Ausschnitte einer komplexen Thematik überblicken und bewerten. In einer Delphi-Befragung kann ein unter Umständen großer Kreis von Teilnehmer/innen einbezogen werden und, worauf es ankommt, ihre unterschiedlichen Sichtweisen und Bewertungen können untereinander ansatzweise sichtbar und gegeneinander abgleichbar gemacht werden. Eine schriftliche Delphi-Befragung ist hier im Vergleich zu Expertengesprächen systematischer und transparenter, wenngleich auch restriktiver als direkte, kommunikative Instrumente (z. B. Gruppengespräche, Gesprächskreise, Workshops). Die Anzahl der Befragungsteilnehmer/innen ist im Prinzip unbegrenzt und wird in der Praxis hauptsächlich durch die zur Verfügung stehenden Ressourcen bestimmt.

Eine Delphi-Befragung ist allerdings keine repräsentative Befragung im statistischen Sinne. Dies ist auch nicht nötig, denn es geht um die Erfassung relevanter Trends, Meinungen, Bewertungen, Bedingungen und Faktoren für zukünftige Entwicklungen. Die Auswahl der Befragungsteilnehmer/innen ist deshalb bewusst und sorgfältig vorzunehmen, weil der Teilnehmerkreis die für die erfragte Thematik relevanten Kontexte, Organisationen und Experten(bereiche) i.w.S. einschließen soll. Damit kann der Blick für eine realistische Einschätzung der Entwicklungsperspektiven im untersuchten Anwendungsfeld und des Problembewusstseins handelnder Personen[21] zur befragten Thematik geöffnet werden. Die Ergebnisse einer Delphi-Befragung sind aber auch keine Realprognosen, obwohl sie vielfach so rezipiert werden, sondern zeigen Bewertungen und Erwartungen von in diesem Feld handelnden Personen mit den ihnen zum Befragungszeitraum verfügbaren Wissen und ihrem gesellschaftlichen und organisationellen Hintergrund auf. Auch gefestigte Gruppenmeinungen bleiben mit Unsicherheiten und Begrenzungen behaftet, die wiederum mit dialogischen Prozessen weiter aufgeklärt werden könnten.

Bei der Delphi-Methode wird in Bezug auf die Konvergenz- bzw. Konsensbildung der Fokus auf die Teilnehmer/innen gerichtet. Der/die Fragende und Auswertende hat zwar zunächst einen maßgeblichen Zugriff und Einfluss darauf, aber er/sie muss im Zuge der

Rückkopplung der (Zwischen-)Ergebnisse die Befragungsdaten und seine/ihre Interpretation transparent machen, um Glaubwürdigkeit zu gewinnen. Nicht zuletzt werden die Teilnehmer/innen durch die Rückkopplung angestoßen, die Ergebnisse zur Kenntnis zu nehmen, sich noch einmal dazu zu äußern oder sogar auch zu widersprechen. Die Balance zwischen dem Fragenden und Interpreten auf der einen Seite und den Befragungsteilnehmer/innen auf der anderen Seite kann bei einer Delphi-Befragung ausgeglichener als bei Standardbefragungen zugunsten der Befragten gestaltet werden[22]. Ob mit der Delphi-Methode aufgrund der spezifischen Form der Einbeziehung der Teilnehmer/innen bessere Befragungsergebnisse als mit anderen Methoden erzielt werden können, kann nicht generell beantwortet werden, da in der Regel keine methodischen Vergleichsstudien mit derselben Zielsetzung durchgeführt werden.

Die großen Delphi-Befragungen, die in den 1990er Jahren in Deutschland zu Hauptfeldern der längerfristigen technologischen Entwicklungsperspektiven durchgeführt wurden, sind breit in der Öffentlichkeit, der Wissenschaft, Wirtschaft bis hin zu Unternehmen rezipiert worden. Sie bieten, über den unmittelbaren Teilnehmerkreis hinaus Orientierungswissen über künftige Entwicklungstrends, wie sie von einem breiten Kreis von Befragten erwartet bzw. für wahrscheinlich gehalten werden. Von unseren Delphi-Befragungen können wir auch sagen, dass sie im Adressatenkreis durchaus Irritationen bei festgefügten Erwartungen und Meinungen ausgelöst haben, die durch den breiter und heterogener zusammengesetzten Befragtenkreis nicht bestätigt worden sind.

Bisher werden Delphi-Studien hauptsächlich von (forschungs-)politischen Auftraggebern veranlasst und finanziert. Mit diesen teilweise sehr großen Studien wurden auch Standards gesetzt, die möglicherweise wegen des damit verbundenen Aufwands andere potenzielle Interessenten bzw. Anwender eher abschrecken. Mit der hauptsächlichen und in der Öffentlichkeit am bekanntesten gewordenen Anwendung auf Fragen der Zukunftsforschung, der Technologie- und Forschungspolitik ist auch eine inhaltliche Festlegung und Positionierung über den unmittelbaren Anwendungsbereich hinaus erfolgt. Weitere Anwendungsmöglichkeiten sind deshalb möglicherweise bisher zu wenig, zumindest in Deutschland, in den Blick genommen worden. Aus der Perspektive von Organisationen (außerhalb der genannten Politikbereiche) sind ebenfalls Problemstellungen gegeben wie beispielsweise die Abschätzung von Veränderungen im marktlichen und gesellschaftlichen Umfeld, die Umorientierung auf neue Anforderungen bzw. Märkte, die Positionierung im Wettbewerb, die Identifizierung von Veränderungsbedarf in der Organisation, die mit Hilfe der Delphi-Methode bearbeitet werden können. Insbesondere bei größeren, traditionell gewachsenen und hierarchisch geprägten Organisationen ist es auch mit dieser Methode möglich, einen dialogischen Organisationsentwicklungsprozess anzustoßen, in den die Mitglieder einbezogen werden. Die Anonymität der Befragung ermöglicht es gerade auch innerhalb von Organisationen, eine realitätsnahe Beschreibung der Probleme und Ansatzpunkte für Lösungsmöglichkeiten zu bekommen.

Zusammenfassend soll hier noch einmal betont werden, dass man eine Delphi-Befragung stets nicht nur als „simple" schriftliche Befragung verstehen sollte. Diese Methode sollte in Betracht gezogen werden, wenn das in ihr angelegte diskursive bzw. dialogische Potenzial für die Aufgabenstellung adäquat ist und gehaltvollere Ergebnisse als mit anderen Methoden verspricht. Die Delphi-Befragung ist dann selbst in ein adäquates Projektdesign einzubetten. Notwendig sind vorbereitende, begleitende und nachbereitende Aktivitäten, um eine komplexe Fragestellung angemessen darstellen und an die Befragten und weiteren

Adressaten vermitteln zu können. Diese Aktivitäten dienen auch dazu, das durchführende Projektteam abzusichern, begibt man sich mit einer delphi-relevanten Aufgabenstellung doch in der Regel in den Bereich noch ‚unübersichtlicher' Problemlagen und kontrovers diskutierter Thematiken.

6 Anmerkungen

1 Es ging darum, den wahrscheinlichsten Zeitpunkt zu ermitteln, wann bestimmte vorgegebene Ereignisse (wie technische Erfindungen, Bevölkerungsentwicklung, Weltraumforschung) eintreten werden.
2 Neben dem vorliegenden Handbuch ist neuerdings ein Beitrag von Aichholzer im Sammelband von Bogner et al. 2002 enthalten.
3 Dort werden seit 1971 regelmäßig große Delphi-Untersuchungen vom National Institute of Science and Technology Policy zur Beurteilung der Perspektiven von technologischen Innovationen durchgeführt (vgl. Cuhls 1998).
4 Das 1993-Delphi umfasste 16 Fachgebiete, d.h. 16 Einzelfragebögen, mit insgesamt 1147 Einzelfragen (BMFT 1993, XVI). Insgesamt wurden 6.627 Fragebögen an 3.534 Personen versandt (ebd. XIX). Das 1995-Delphi war kleiner dimensioniert, das 1998 veröffentlichte wiederum sogar noch umfänglicher als das erste (BMBF 1996, ISI 1998).
5 Als Experten werden in der klassischen Form ausschließlich, in der neueren Anwendungspraxis vorwiegend hochrangige Wissenschaftler angesehen. Ein weiteres Spektrum von Experten einzubeziehen, ist in jüngeren Delphi-Studien zu beobachten und hängt von der jeweiligen Fragestellung der Befragung ab.
6 Vgl. Gegenüberstellung bei Häder 2002, Tabelle 2.
7 Information & Kommunikation, Dienstleistung & Konsum, Management & Produktion, Chemie & Werkstoffe, Gesundheit & Lebensprozesse, Landwirtschaft & Ernährung, Umwelt & Natur, Energie & Rohstoffe, Bauen & Wohnen, Mobilität & Transport, Raumfahrt, Großexperimente
8 Beispielsweise ist die schon erwähnte Delphi-Studie zum Mobilfunk zusammen mit der Firma Mannesmann D 2 durchgeführt worden (vgl. Häder 2000).
9 Es handelt sich dabei um das erste und bisher einzige deutschsprachige Methodenbuch zu Delphi-Befragungen.
10 Druck- und Portokosten sowie Arbeitsaufwand für die Verschickung, die bei einer großen Zahl von Teilnehmer/innen beträchtlich sein können, entfallen. Dagegen gerechnet werden muss die Programmierung der Online-Fragebögen sowie der technische Support einer Online-Befragung (vgl. Geißler 2004).
11 Online-Befragungen sind generell noch ein junges Feld, so dass die Vorzüge und Nachteile in Bezug auf das Antwortverhalten hier generell noch weiter untersucht werden müssen (vgl. Batinic et al. 1999, Bosnjak 2003).
12 So stellten wir in einer Online-Befragung von selbständig tätigen Frauen in 2004 fest, dass lediglich in bestimmten Branchen wie unternehmensnahen und Bildungsdienstleistungen das Internet als alltägliches Informationsmedium und Arbeitswerkzeug genutzt wird und Adressat/innen somit schnell erreicht werden können (vgl. Welter/Ammon/Trettin 2004).
13 Eine Kombination des o. g. Typ-1-Delphi ist sowohl mit den anderen genannten Typen (2–4) als auch mit einer einfachen Befragung möglich. Auch können sowohl die Offline- als auch die Online-Form mit Internet-Diskursmedien wie Chats, Foren kombiniert werden (vgl. ECC Research 2004).
14 Eine solche Zusammenarbeit mit Praxispartnern ist ebenfalls hilfreich für die Eingrenzung und Konkretisierung des Gegenstandes, für die Generierung und Überprüfung von Fragen und Hypothesen, die Bewertung und den Transfer von Ergebnissen.

15 Bei den in den 1990er Jahren durchgeführten großen Delphi-Befragungen zu Perspektiven von Wissenschaft und Technik sowie Berufsbildung zeigte sich, dass die Einschätzungen der Befragten in hohem Maße mit ihrer institutionellen Herkunft korrelierten (vgl. Grupp et al. 2000, Brosi et al. 2002).
16 Studie für die Enquête-Kommission „Chancen und Risiken der Gentechnologie" des Deutschen Bundestages, vgl. Ammon/Witzgall/Peter 1987
17 Das Projekt wurde vom Bundesministerium für Forschung und Technologie gefördert, vgl. Ammon/Kuhn 1989.
18 Das Projekt wurde im Auftrag des Bundeslandwirtschaftsministeriums (BMELF) durchgeführt, vgl. Neubert 1991.
19 Geschlecht war kein Auswahlkriterium.
20 In den 1990er Jahren sind auffallend viele Beiträge zur Delphi-Methode im Journal of Advanced Nursing erschienen (vgl. Häder 2002).
21 Die Praxis der Delphi-Befragungen ist bisher in großem Maße blind, was das Geschlechterverhältnis des Befragtenkreises anbelangt.
22 Betrachtet man die o. g. verschiedenen Delphi-Typen, so kann dem Moderator im „Konsens-Delphi" (Typ 4) die relativ größte Gestaltungsmacht zugeschrieben werden.

7 Literatur

Aichholzer, Georg (2000): Innovative Elemente des österreichischen Technologie-Delphi, in: Michael Häder, Sabine Häder (Hrsg.), Die Delphi-Technik in den Sozialwissenschaften. Methodische Forschungen und innovative Anwendungen, Opladen, S. 67–94

Aichholzer, Georg (2002): Das ExpertInnen-Delphi: Methodische Grundlagen und Anwendungsfeld „Technology Foresight", ITA-manuskript-02-01, Wien, online: www.oeaw.ac.at/ita/pdf/ita_02_01.pdf (23.11.2007)

Albach, Horst (1976): Technologische Prognosen, in: Erwin Grochla/Waldemar Wittmann (Hrsg.), Handbuch der Betriebswirtschaft, 4. Auflage, Bd. I/3, Stuttgart, Sp. 3861–3877

Albach, Horst (1970): Informationsgewinnung durch strukturierte Gruppenbefragung. Die Delphi-Methode, in: Zeitschrift für Betriebswirtschaft, Vol. 40 (Ergänzungsheft), S. 11–26

Ammon, Ursula/Witzgall, Elmar/Peter, Gerd (1987): Auswirkungen gentechnischer Verfahren und Produkte auf Produktionsstruktur, Arbeitsplätze und Qualifikationserfordernisse, in: Deutscher Bundestag, Enquete-Kommission „Chancen und Risiken der Gentechnologie", Materialband VI, Bonn, Drucksache 10/6775, S. 2475–2615

Ammon, Ursula/Kuhn, Thomas (1989): Chancen und Probleme der industriellen Nutzung der neuen Biotechnologie (einschließlich der Gentechnik). Eine Vorstudie zur Arbeitsfolgenabschätzung i.A. des BMFT, Manuskript, Dortmund

Batinic, Bernad/Werner, Andreas/Gräf, Lorenz/Bandilla, Wolfgang (1999): Online Research – Methoden, Anwendungen und Ergebnisse, Göttingen

Beck, Klaus/Glotz, Peter/Vogelsang, Gregor (Hrsg.) (2000): Die Zukunft des Internet: Internationale Delphi-Befragung zur Entwicklung der Online-Kommunikation, Konstanz

Becker, Dirk (1974): Analyse der Delphi-Methode und Ansätze zu ihrer optimalen Gestaltung, Dissertation, Universität Mannheim

Blind, Knut/Cuhls, Kerstin (2001): Der Einfluss der Expertise auf das Antwortverhalten in Delphi-Studien: Ein Hypothesentest, in: ZUMA-Nachrichten, Nr. 49, S. 57–80

Bogner, Alexander/Littig, Beate/Menz, Wolfgang (Hrsg.) (2002): Das Experteninterview. Theorie, Methode, Anwendung, Wiesbaden

Bosnjak, Michael (2003): Web-basierte Fragebogenuntersuchungen – Methodische Möglichkeiten, aktuelle Themen und Erweiterungen, in: Informationszentrum Sozialwissenschaften (Hrsg.), Online-Erhebungen, 5. Wissenschaftliche Tagung, Bonn, S. 109–133

Brockhoff, Klaus (1979): Delphi-Prognosen im Computer-Dialog. Experimentelle Erprobung und Auswertung kurzfristiger Prognosen, Tübingen

Brosi, Walter/Krekel, Elisabeth/Ulrich, Joachim Gerd (Hrsg.) (2003): Sicherung der beruflichen Zukunft durch Forschung und Entwicklung. Ergebnisse einer Delphi-Befragung, Bielefeld

Brosi, Walter/Krekel, Elisabeth/Ulrich, Joachim Gerd (2002): Sicherung der beruflichen Zukunft: Anforderungen an Forschung und Entwicklung. Ergebnisse einer Delphi-Studie, in: Berufsbildung in Wissenschaft und Praxis, 31. 1, S. 5–11, online: www.bibb.de/dokumente/pdf/ a21_leitartikel-2002_bwp_01-2002-05ff.pdf, (30.07.2004)

Bundesministerium für Bildung, Wissenschaft, Forschung und Technologie (Hrsg.) (1996): Delphi-Bericht 1995 zur Entwicklung von Wissenschaft und Technik, Bonn

Bundesministerium für Forschung und Technologie (Hrsg.) (1993): Deutscher Delphi-Bericht zur Entwicklung von Wissenschaft und Technik, Bonn

Bundesministerium für Wissenschaft und Verkehr/Österreich (Hrsg.) (1998): Delphi Report Austria I – III, Bd. I: Konzept und Überblick, Bd. II: Ergebnisse und Maßnahmenvorschläge, Bd. III: Materialien, Wien

Busch, Claudia (2000): Die Zukunft der Informations- und Kommunikationstechnologie in privaten Haushalten. Eine Delphi-Studie, Frankfurt

Butscher, Ralf (1998): Delphi-Report. Was die Zukunft bringen soll, in: Bild der Wissenschaft, 3, S. 24–30

Coates, Joseph F. (1975): In Defense of Delphi, in: Technological Forecasting and Social Change, Vol. 7, S. 193–94

Cuhls, Kerstin (2000): Wie kann ein Foresight-Prozess in Deutschland organisiert werden? Gutachten für die Friedrich-Ebert-Stiftung, im Internet: library.fes.de/pdf-files/stabsabteilung/00988.pdf (29.07.04)

Cuhls, Kerstin (1998): Technikvorausschau in Japan. Ein Rückblick auf 30 Jahre Delphi-Expertenbefragungen, Heidelberg

Cuhls, Kerstin/Blind, Knut/Grupp, Hariolf (1998): Delphi '98 – Studie zur globalen Entwicklung von Wissenschaft und Technik, Methodik und Statistik der Delphi-Befragung, online: www.isi.fhg.de/publ/downloads/isi98b07/delphi98-methodik.pdf, (05.08.2004)

Dalkey, Norman C. (1969): The Delphi Method: An Experimental Study of Group Opinion, RAND RM 5888-PR, June

ECC Research (2004): Expertendiskussion im Netz, online: www.agenturcafe.de/index_ 12959.htm, (22.07.2004)

Falke, Ch./Krüger, M. (2000): Nutzen der Delphi-Methode – Analyse der Methodik und Nutzung im Unternehmen, Diplomarbeit im Studiengang Wirtschaftswissenschaft an der Fachhochschule Düsseldorf, zitiert nach Häder, Michael (2002)

Florian, Michael (2000): Das Ladenburger „TeleDelphi": Nutzung des Internets für eine Expertenbefragung, in: Michael Häder, Sabine Häder (Hrsg.) (2000), Die Delphi-Technik in den Sozialwissenschaften, Wiesbaden, S. 195–215

Geißler, Holger (2004): Interview über Online-Delphi: Neue Wege ausprobieren, online: www.agenturcafe.de/index_12962.htm, (22.07.2004)

Geschka, Horst (1972): Methoden und Organisation der Ideenfindung, Frankfurt

Geschka, Horst (1977): Delphi, in: Bruckmann, Gerhart (Hrsg.), Langfristige Prognosen. Möglichkeiten und Methoden der Langfristprognostik komplexer Systeme, Würzburg/Wien, S. 27–44

Grupp, Hariolf (1995): Der DELPHI-REPORT, Stuttgart

Grupp, Hariolf/Blind, Knut/Cuhls, Kerstin (2000): Analyse von Meinungsdisparitäten in der Technikbewertung mit der Delphi-Methode, in: Michael Häder, Sabine Häder (Hrsg.), Die Delphi-Technik in den Sozialwissenschaften. Methodische Forschungen und innovative Anwendungen, Opladen, S. 43–66

Häder, Michael (2002): Delphi-Befragungen. Ein Arbeitsbuch, Wiesbaden

Häder, Michael (2000): Subjektiv sicher und trotzdem falsch? Methodische Ergebnisse einer Delphi-Studie zur Zukunft des Mobilfunks, in: ZUMA-Nachrichten, Nr. 46, S. 89–116

Häder, Michael/Häder, Sabine (1994): Die Grundlagen der Delphi-Methode. Ein Literaturbericht, ZUMA-Arbeitsbericht Nr. 94/02, Mannheim

Häder, Michael/Häder, Sabine (1995): Delphi und Kognitionspsychologie: Ein Zugang zur theoretischen Fundierung der Delphi-Methode, in: ZUMA-Nachrichten 37, 19, S. 8–34

Häder, Michael/Häder, Sabine (Hrsg.) (2000): Die Delphi-Technik in den Sozialwissenschaften. Methodische Forschungen und innovative Anwendungen, Wiesbaden

Havas, Attila (2000): Foresight in a small country in transition: Preliminary lessons of the Hungarian Technology Foresight Programme, in: Michael Häder, Sabine Häder (Hrsg.), Die Delphi-Technik in den Sozialwissenschaften. Methodische Forschungen und innovative Anwendungen, Opladen, S. 95–108

Helmer, Olaf (1966): Social Technology. Report on a Long-Range Forecasting Study, New York

Helmer, Olaf/Gordon, Theodore (1967): 50 Jahre Zukunft. Bericht über eine Langfrist-Vorhersage für die Welt der nächsten fünf Jahrzehnte, Hamburg

ISI (1998a): Pressedokumentation: „Delphi '98", Karlsruhe

ISI i. A. des Bundesministeriums für Bildung, Wissenschaft, Forschung und Technologie (Hrsg.) (1998b): Delphi '98 – Umfrage. Studie zur globalen Entwicklung von Wissenschaft und Technik, 2 Bde., Karlsruhe

Kaletka, Christoph (2003): Die Zukunft politischer Internetforen. Eine Delphi-Studie, Münster

Kaufmann, H.-J. (1972): Methoden der technologischen Vorschau im Dienste der Forschungsplanung industrieller Unternehmen unter besonderer Berücksichtigung der Delphi-Methode, Dissertation, Universität Mannheim

Kirsch, Anke (2000): Delphi via Internet: eine Expertenbefragung zu Trauma und Trauma(re)konstruktion, in: Michael Häder, Sabine Häder (Hrsg.) (2000), Die Delphi-Technik in den Sozialwissenschaften, Wiesbaden, S. 217–234

Köhler, Helmut (1978): Zur Prognosegenauigkeit der Delphi-Methode, in: Zeitschrift für Betriebswirtschaft, 48/1978, S. 53–60

Krekel, Elisabeth M./Ulrich, Joachim Gerd (2004): Bedarfsperspektiven der Berufsbildungsforschung aus Sicht der Delphi-Studie des Bundesinstituts für Berufsbildung, in: Reinhard Czycholl, Reinhard Zedler (Hrsg.), Stand und Perspektiven der Berufsbildungsforschung, Beiträge zur Arbeitsmarkt- und Berufsforschung, BeitrAB 280, Nürnberg, S. 3–54

Kuwan, Helmut/Ulrich, Joachim Gerd/Westkamp, Heinz (1998): Die Entwicklung des Berufsbildungssystems bis zum Jahr 2020: Ergebnisse des Bildungs-Delphi 1997/98, in: Berufsbildung in Wissenschaft und Praxis, 27, 6, S. 3–8, online: www.bibb.de/dokumente/pdf/a21_leitartikel-2002_bwp_06-1998.pdf, (30.07.2004)

Leverkus, Friedhelm (1988): Klassifikation biotechnischer Verfahren und Produkte mit clusteranalytischen Methoden, unveröff. Ms., Dortmund

Linstone, Harold A. (1978): The Delphi-technique, in: Jib Fowles (Hrsg.), Handbook of Futures Research, Westport/Conn., S. 273–300

Linstone, Harold A./Turoff, Murray (Hrsg.) (1975): The Delphi Method. Techniques and Applications, Reading

Loveridge, Denis/Georghiou, Luke/Nedeva, Maria (1995): United Kingdom Technology Foresight Programme Delphi Survey, University of Manchester

Mettler, Peter H./Baumgartner, Thomas (1997): Partizipation als Entscheidungshilfe. PARDIZIPP – ein Verfahren der (Langfrist-)Planung und Zukunftsforschung, Opladen

Neubert, Susanne (1991): Neue Bio- und Gentechnologie in der Landwirtschaft. Technische Trends, Anwendungsprognosen und mögliche Auswirkungen bio- und gentechnischer Neuerungen in der Agrarwirtschaft – Ergebnisse einer Delphi-Expertenbefragung, Schriftenreihe des BMELF Angewandte Wissenschaft, Bd. 394, Münster-Hiltrup

Ono, Ryota/Wedemeyer, Dan J. (1994): Assessing the Validity of the Delphi Technique, in: Futures, Vol. 26, 3, S. 289–304

Paschen, Herbert/Gresser, K./Conrad, F. (1978): Technology Assessment: Technologiefolgenabschätzung. Ziele, methodische und organisatorische Probleme, Anwendungen, Frankfurt/New York

Prognos/Infratest Burke Sozialforschung (1998): Delphi-Befragung 1996/1998 „Potenziale und Dimensionen der Wissensgesellschaft – Auswirkungen auf Bildungsprozesse und Bildungsstrukturen", integrierter Abschlußbericht, Bonn

Rowe, Gene/Wright, George/Bolger, Fergus (1991): Delphi. A Reevaluation of Research and Theory, in: Technological Forecasting and Social Change, Vol. 39, S. 235–251

Sackman, Harold (1975): Delphi Critique. Expert Opinion, Forecasting and Group Process, Lexington/Toronto/London

Saliger, Edgar/Kunz, Christian (1981): Zum Nachweis der Effizienz der Delphi-Methode, in: Zeitschrift für Betriebswirtschaft, Vol. 51, S. 470–480

Schöllhammer, Hans (1970): Die Delphi-Methode als betriebliches Prognose- und Planungsverfahren, in: Zeitschrift für betriebswirtschaftliche Forschung, Vol. 22, H.2, S. 128–137

Seeger, Thomas (1979): Die Delphi-Methode. Expertenbefragungen zwischen Prognose und Gruppenmeinungsbildungsprozessen; überprüft am Beispiel von Delphi-Befragungen im Gegenstandsbereich Information und Dokumentation, Diss., Freiburg

Turoff, Murray (1975): The Policy Delphi, in: Linstone, Harold A./Turoff, Murray (Hrsg.) (1975)

Turoff, Murray (1972): Delphi Conferencing: Computer-Based Conferencing with Anonymity, in: Technological Forecasting and Social Change, 3, S. 159–204

VDI-Verein Deutscher Ingenieure (1991): Technikbewertung – Begriff und Grundlagen (Richtlinie 3780), Düsseldorf

Wechsler, Wolfgang (1978): Delphi-Methode – Gestaltung und Potenzial für betriebliche Prognoseprozesse, München

Welter, Friederike/Ammon, Ursula/Trettin, Lutz: (2004): Netzwerke und Gründungen von Unternehmen durch Frauen. RWI-Schriften, Heft 76, Berlin

Witte, Eberhard/Senn, J. (1983): Der Werbemarkt der Zukunft. Eine Delphi-Prognose, in: Zeitschrift für Betriebswirtschaft, 53, S. 1042–1051

Woudenberg, Fred (1991): An Evaluation of Delphi, in: Technological Forecasting and Social Change, Vol. 40, S. 131–150

Repertory Grid

Matthias Rosenberger und Matthias Freitag

1 Einleitung

In diesem Beitrag wird die Repertory Grid Methode, auch Role Construct Repertory Grid Test, Rep-Test, Rep-Grid oder auch Kelly-Grid vorgestellt (vgl. Kelly 1991; Scheer/Catina 1993, S. 8). Die Repertory Grid Methode lässt sich in der Methodendiskussion um qualitative versus quantitative sowie nomothetische versus idiographische Zugänge schwer verorten. Das Ausgangsmaterial des Repertory Grid ist „qualitativ", wie im Grunde jegliche Rohdaten (Miles/Huberman 1994, S. 9), das Verfahren selbst ist standardisiert und liefert interpersonell vergleichbare Daten. Damit ermöglicht die Repertory Grid Methode sowohl idiographische Untersuchungen als auch die Untersuchung von Gesetzmäßigkeiten im Sinne eines nomothetischen Vorgehens (Bannister/Fransella 1981, S. 49).

Entwickelt wurde die Repertory Grid Methode in den 50er Jahren von George A. Kelly, der mit seiner Theorie der „Psychology of Personal Constructs" (PCP nach Kelly 1991, vgl. Abschnitt 1.1) den theoretischen Bezugsrahmen gleich mitliefert. Die Repertory Grid Methode dient dazu, subjektive Wirklichkeitskonstruktionen im Erfahrungshorizont einer oder mehrerer Personen zu erfassen. Die Nähe zu den Konstruktivisten ist unverkennbar (vgl. von Glasersfeld 1998; siehe auch Maturana/Varela 1990). Die Repertory Grid Methode, ursprünglich für die klinisch/therapeutische Diagnose entwickelt, erfährt vor dem Hintergrund gegenwärtiger konstruktivistischer Diskussionen in vielen Bereichen der wissenschaftlichen und praktischen Anwendung eine erstaunliche Renaissance (Menzel/Buve/Rosenberger2007; Scheer 2006, S. 191; Fransella/Bell/Bannister 2004, S. 15; Westmeyer 2002, S. 330 ff; vgl. auch von Glasersfeld 1998, S. 42). Daher ist es verwunderlich, dass in der gegenwärtig sehr populären systemischen Beratung (z. B. Familientherapie, systemische Organisationsberatung, systemisches Coaching) gerade die Repertory Grid Methode kaum Beachtung findet (nicht berücksichtigt z. B. bei Zirkler 2003; Simon/Clement/Stierlin 1999). Ungeachtet der Tatsache, dass sich die Repertory Grid Methode im gebräuchlichen Methodenkanon lange nicht etabliert hatte (vgl. Scheer/Catina 1993, S. 8), sind Beiträge in der internationalen (wissenschaftlichen) Organisations- bzw. Managementliteratur über Kellys Theorie und vor allem Methode in faszinierender Kontinuität anzutreffen (unter anderem Fornier/Paine 1994; Easterby-Smith/Thorpe/Holman 1996; Senior 1996; Langan-Fox/Tan 1997; Pavlica/Thorpe 1998; Cassell/Close/Duberley/Johnson 2000; Meyer/Aderhold/Teich 2003; Kruse 2004; Rosenberger 2006). Allen voran haben sich Steward und Steward (1981) mit ihrem sehr anwendungsbezogenen Buch „Business Applications of Repertory Grid" und ihrer darin beschriebenen Software Enquire Within™ auf dem englischsprachigen Markt für Organisationsberatungswerkzeuge behaupten können. Im bedeutenden Handbuch zur Psychologie der persönlichen Konstrukte, dem „International Handbook of Personal Construct Psychology" wird dem Einsatz der Methode in der Organisationsforschung ein ganzes Kapitel gewidmet (Fransella 2003, S. 329 ff.).

Theoriehintergrund

Kelly sieht in seiner „**Theorie der Persönlichen Konstrukte**" den Menschen als „Forscher", der bemüht ist, seine Konstruktionen über die Welt permanent zu überprüfen und zu verbessern, um möglichst genaue Vorhersagen über kommende Ereignisse zu treffen. Er stützt sich dabei auf die philosophischen Grundannahmen des „Konstruktiven Alternativismus" (vgl. Westmeyer 2002, S. 3 f.; siehe auch Bonarius/Angleitner 1984). Demnach können Menschen nicht unmittelbar mit der sie umgebenden „objektiven" Wirklichkeit in Kontakt treten, sondern sie (re-) konstruieren ihre Wirklichkeit. Nach Westmeyer (2002, S. 326) ist Kellys Theorie daher auch eine der ersten subjektwissenschaftlichen Ansätze in der Psychologie. Kellys Grundpostulat lautet: „A person's processes are psychologically channalized by the ways in which he anticipates events" (Kelly 1991, S. 32; vgl. auch Westmeyer 2002, S. 327; Bannister/Fransella 1981, S. 7 ff.). Mit anderen Worten: Der Mensch antizipiert Ereignisse in Form individueller Verknüpfungen seiner Erfahrungen, denn nur diese stehen ihm zur Verfügung. Das Ergebnis seiner Handlung kann er auch nur mit den ihm zur Verfügung stehenden Konstruktionen aufnehmen und zur Adaptation an die Erfordernisse der Umwelt heranziehen.

Die zentralen Begriffe in Kellys Theorie sind das „Persönliche Konstrukt" und das „Element". Elemente stellen konkrete, für den Befragten bedeutsame Dinge, Situationen/Ereignisse oder Personen dar. Konstrukte sind Bewertungen und beziehen sich auf nicht direkt beobachtbare Entitäten oder Eigenschaften zu den Elementen. Gemeinsam bilden sie die Grundlage für das Individuum, die Welt zu strukturieren. Elemente fungieren als Bedeutungsträger, Konstrukte führen zu Verhaltenskonsequenzen und können als Handlung umgesetzt oder auch formuliert werden. Kelly fasst Konstrukte als dichotome Dimensionen (z. B. gut versus böse) auf, die dazu dienen, die vorhandenen Elemente in Gruppen hinsichtlich ihrer Ähnlichkeit zu sortieren und zu bewerten. Dieser Vorgang wird von Kelly als „Konstruktionsprozess" beschrieben. Ergebnis dieses Konstruktionsprozesses ist eine Abstraktion, die unabhängig von den Elementen existiert und von Kelly als „Konstruktsystem" bezeichnet wird (Kelly 1991, S. 74 ff.; vgl. auch Westmeyer 2002, S. 328).

Diese Abstraktion bestimmt die Wahrnehmung und Bewertung anderer ähnlicher Erscheinungen bei zukünftigen Ereignissen. Kelly betont, dass es vom psychologischen Standpunkt aus keine anderen als dichotome Denksysteme gibt. Eine Ähnlichkeit festzustellen bedeutet, bewusst oder unbewusst, immer auch die Heranziehung eines differenzierenden Kriteriums (Gegensatz). Sollten nur Ähnlichkeiten wahrgenommen werden, so würde die Realität zu einer ununterbrochenen Kette von monotonen Erscheinungen; sollten nur Unterschiede wahrgenommen werden, so würde die Realität zu einem Chaos von unwiederholbaren Erscheinungen. Die Konstrukte stellen gleichzeitig Ähnlichkeiten und Unterschiede fest, ordnen die Ereignisse bestimmten Kategorien zu und werden so zu einer realitätsstiftenden Einheit für das Individuum (Kelly 1991, S. 75; siehe auch Catina/Schmitt 1993, S. 15 ff.).

Methodologische Aspekte

Gridverfahren arbeiten mit einem Repertoire („Repertory") bedeutsamer Elemente aus dem Erleben einer Person, wie Rollen (z. B. Kollegen), Gruppen (z. B. Abteilungen) aber auch Situationen (z. B. Rituale), Gegenstände (z. B. Produkte) und Abstrakta (z. B. Marken). Mit Hilfe von dichotomen Beschreibungsdimensionen, den sogenannten Konstrukten (z. B. gut versus böse, innovativ versus traditionell), werden diesen Elementen vom Interviewten individuell Eigenschaften zugeordnet. Zudem erfolgt eine Bewertung, so dass am Ende ein Grid (deutsch: Gitter, Matrix) mit Zahlenwerten entsteht (vgl. Tabelle 1).

Die Repertory Grid Methode dient zur Eruierung und Auswertung subjektiver Bedeutungsassoziationen. Im Sinne Kellys soll damit ein Einblick in das Konstruktsystem des Individuums ermöglicht werden, das heißt Personen, Gegenstände oder Situation (Elemente) können mit dem „Werkzeug" Repertory Grid als Ordnungsstruktur abgebildet werden. Der Mensch beschreibt seine Wirklichkeit mit begrifflichen Abstraktionen (Konstrukten), die durch Erfahrungen geformt wurden und skaliert sie in einer vorgegebenen Matrix hinsichtlich geeigneter Elemente, die den Untersuchungsrahmen repräsentieren. Der Befragte bildet somit seinen individuellen, semantischen und psychologischen Raum, hinsichtlich der Fragestellung, in Form eines mit Zahlen gefüllten Gitters ab. „Die Repertory Grid-Technik bietet dem Anwender die Möglichkeit, Konstrukte-Elemente-Verknüpfungen aufzudecken" (Scheer 1993, S. 25).

Ursprünglich wurde die Repertory Grid Methode von Kelly als „Test" bezeichnet. Diese Bezeichnung trifft jedoch nicht zu, da keine externen Kriterien angelegt und getestet werden. Die Repertory Grid Methode ist auf der einen Seite ein qualitatives Interview, mit den entsprechenden Vorteilen zur Untersuchung von subjektiven Wahrnehmungen und kognitiven Prozessen und ermöglicht so ein besseres Verständnis subjektiver Bedeutungen des Befragten: „It is an attempt to stand in other's shoes, to see their world as they see it, to understand their situation, their concerns" (Fransella/Bannister 1977, S. 5; siehe auch Raeithel 1993, S. 42). Sie bietet auf der anderen Seite auch die Möglichkeit des überindividuellen Vergleichs der Ergebnisse: „In dieser Spanne – und Spannung – von idiographischer Untersuchung des Besonderen und der nomothetischen Benennung des Regelmäßigen steht die Nutzung der Repertory Grid Technik heute" (Fransella/Bell/Bannister 2004, S. 167; s. a. Scheer 1993, S. 25).

Seit 1955 ist die Repertory Grid Methode in sehr vielen Variationen eingesetzt worden, wie z. B. zur Veränderungsmessung oder als Momentaufnahme zur Erfassung subjektiver Bedeutungsassoziationen von Menschen hinsichtlich ihrer eigenen Rolle oder zu bestimmten Situationen (Scheer 1993, S. 25). Fransella, Bell und Bannister (2004, S. 168ff.) liefern einen umfassenden Überblick über die aktuelle Anwendungsbreite von Repertory Grid Verfahren. Zu den wohl geläufigsten gehören:

- **Persönlichkeitsdiagnose**: Ursprünglich wurde die Repertory Grid Methode für den therapeutischen Einsatz entwickelt, zum einen für Diagnosezwecke, zum anderen für die Evaluation therapeutischer Maßnahmen (Kelly 1991, S. 151 ff.). Im Allgemeinen werden als Elemente Personen verwendet, die in der Entwicklung eines Menschen bedeutsam waren bzw. sind (z. B. Vater, Mutter, Bester Freund, Lieblingslehrer; Feind etc.).

- **Psychosomatik**: Im klinischen Bereich wird die Repertory Grid Technik heute unter anderem auch zur Diagnose von Körper und Krankheitserleben angewendet. Im sogenannten Körper-Grid von Borkenhagen/Ludwig (2002), sind es vor allem Organe oder spezifische Körperteile, die als Elemente verwendet werden. Zur Analyse von Bewältigungsstrategien HIV-infizierter bzw. Aids-erkrankter Patienten benutzte Margarethe Meyer zu Altenschildesche (1994, S. 45 ff.) neben realen Personen auch das Virus selbst für die Assoziationsbildung ihrer Untersuchungspersonen.
- **Marketing/Marktforschung**: Zur Erforschung der Individualität der Kunden, sowie deren intersubjektiven Meinungssysteme wurde von Marsden/Littler (2000) das Repertory Grids als qualitative Methode der Konsumentenbefragung genutzt. Bauer/Huber/Keller (1998, S. 13) nahmen als Elemente Teile der Sonderausstattung von PKW, um herauszufinden, wie Automobilkunden beispielsweise den Golf „Bon Jovi" mit unterschiedlichen Sonderausstattungslinien bewerten. Der Bedarf nach Produkten, die den ko-kreativen Austausch zwischen Konsumenten und Unternehmen unterstützen, ist groß (Lemke/Coffin 2005, S. 38; vgl. Löbler 2007). Dieses relativ junge Anwendungsfeld erfährt eine zunehmende Bedeutung für die Entwicklung von Repertory Grid Verfahren.
- **Informationstechnologie**: Mit dem sogenannten „Character Grid" untersuchten Hassenzahl/Wessler (2000, S. 443 ff.) individuelle Einschätzungen über „good ideas" und „bad ideas" in der Gestaltung von Computer Software. Elemente stellten in diesem Fall prototypische Softwareentwicklungen dar.
- **Organisation/Management**: Senior untersuchte mit der Repertory Grid Methode Charakteristiken für „high perfoming teams" (Senior 1996, S. 26) und deren Anwendung für Trainings- bzw. Teamentwicklungskonzepte. Im Managementbereich zeigen Esterby-Smith/Thorpe/Holman (1996, S. 3, siehe auch Easterby-Smith/Thorpe/Lowe 2004) dass sich die Repertory Grid Methode eignet, um Managementinterventionen zu konzipieren, zu gestalten und zu evaluieren. Von Mitarbeitern der Brunel Universität wurde die Repertory Grid Methode in den Bereichen Qualitätskontrolle, Konfliktlösung, Teamentwicklung und Innovationsforschung eingesetzt (vgl. Stewart/Mayes 2003). Auch zum Thema Wissensmanagement findet die Methode Anwendung (www.repgrid.com/reports 2003).
- **Mergers & Akquisition**: Mit Hilfe ihrer interaktiven Multigridsoftware „sci:vesco" vergleichen Menzel, Rosenberger und Buve (2007) kollektive Wertemuster in Abteilungen und Unternehmen, um die Ergebnisse einer Human Resource Due Dilligence zuzuführen.

2 Datenerhebung und Datenaufarbeitung

Ausgangspunkt einer „standardmäßigen" Repertory Grid Untersuchung bildet eine Matrix, in der Elemente und Konstrukte zueinander in Beziehung gebracht werden können (vgl. Tabelle 1). Üblicherweise werden die Elemente in die Kopfspalten eingetragen. Die vom Befragten genannten Beschreibungs- bzw. Bewertungsdimensionen (Konstrukte) werden in die Zeilen eingefügt. In den Zellen der Matrix schließlich werden vom Befragten die Elemente hinsichtlich der Konstrukte bewertet (zum Gesamtablauf vgl. Abbildung 1).

Abbildung 1: Ablaufdiagramm einer Repertory Grid Untersuchung (vgl. Fromm 2002, S. 201)

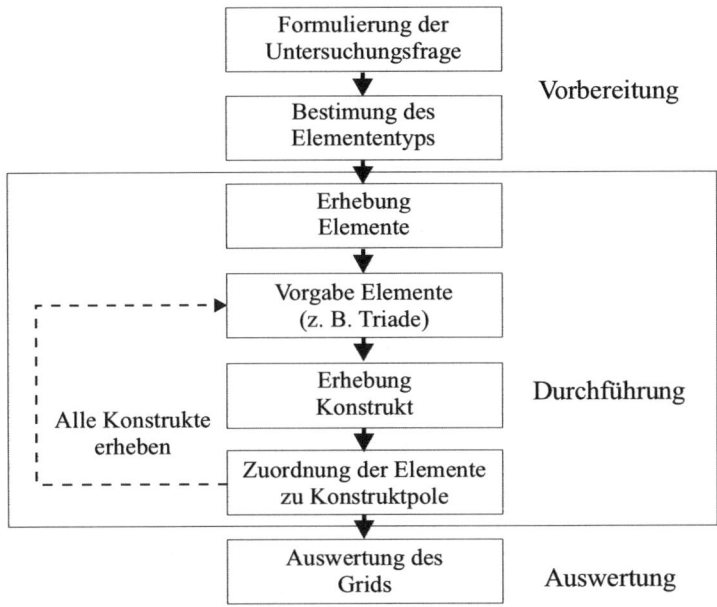

Formulierung der Untersuchungsfragestellung und Elementeauswahl

Voraussetzung für die Anwendung eines Repertory Grids zu einer bestimmten Fragestellung ist, dass diese in der Sprache der Theorie der persönlichen Konstrukte operationalisiert wird, das heißt „...zunächst in eine Form gebracht wird, die eine Bearbeitung mit der Grid-Methodik auch zulässt" (Fromm 1995, S. 62). Fromm führt zwei Gesichtspunkte an:

- Die Befragten sollten soweit mit dem Untersuchungsgegenstand vertraut sein, dass sie ihn konstruieren können?
- Bei der Eingrenzung des Themas sollten Hypothesen über die Differenziertheit des Konstruktsystems hinsichtlich des Erfahrungsbereiches der Befragten mit einfließen.

Die Fragestellung für eine Repertory Grid Erhebung muss auf den zu untersuchenden Personenkreis (Organisation) zugeschnitten sein. Sie sollte nicht zu weit gefasst und auch nicht zu differenziert formuliert sein. Wenn das Thema der Untersuchung und die entsprechende Fragestellung formuliert sind, müssen angemessene Elemente (siehe unten: Konstruktevokation) ausgewählt werden. Im Kontext der Organisationsbefragung können je nach Fragestellung bedeutsame Situationen, Personen oder Abteilungen bzw. Gruppen als Elemente eingesetzt werden (z. B. Ein Bewahrer – Jemand, der gegen Veränderungen Widerstand zeigt, ein Veränderer – also eine Person, die jedwede Veränderung begrüßt, etc.; vgl. Menzel 1997). Als Elemente eignen sich somit alle Begriffe, die sich von dem

Befragten beurteilen lassen. Hierbei ist es von besonderem Interesse, welche Eigenschaften (Konstrukte) die Befragten abstrakten Elementen, wie beispielsweise „unsere Firma in 5 Jahren" oder „die ideale Führungskraft", zuschreiben.

Ein wichtiger Aspekt in diesem Zusammenhang ist die Frage, ob Elemente vorgegeben oder vom Befragten formuliert werden sollten. In qualitativ orientierten Untersuchungen ist es ratsam, Elemente vom Befragten selbst formulieren zu lassen, was zu erheblichem Mehraufwand führt und vor allem für Einzelfallstudien sinnvoll ist (Fromm 1995, S. 74), etwa im Rahmen eines Coaching-Prozesses. Dem Nachteil des Aufwandes dieser Vorgehensweise steht die Qualität und Angemessenheit der Elemente zur Gruppe der Befragten gegenüber (vgl. Scheer 1993, S. 25; Fromm 1995, S. 74 ff.). In eher quantitativ angelegten Untersuchungsdesigns werden Elemente zumeist vom Untersuchenden auf der Grundlage bestimmter Thesen zum Untersuchungsgegenstand vorgegeben. Diese Vorgehensweise ist dann sinnvoll, wenn mehrere Personen zum selben Sachverhalt befragt werden. Letztendlich resultiert die Art und Weise der Elementauswahl aus den wissenschaftsperspektivischen Prämissen des jeweiligen Forschers. In einer eigenen Studie wurden Elemente beispielsweise aus vorab durchgeführten, leitfadengestützten Interviews mit einer Auswahl von Beteiligten eruiert (Rosenberger 2006, S. 201 ff.). Auch können die Beteiligten die für sie geltenden Elemente im Rahmen von Gruppendiskussionen selbstständig erarbeiten (Meyer/Lundt-Verschaeren 1998, S. 104 ff.). Im „Normalfall" jedoch werden vor einer Untersuchung die Elemente herausgearbeitet, die zu der jeweiligen Fragestellung eine aussagekräftige Abbildung der Konstruktsysteme der Befragten ermöglichen (vgl. Fromm 1995, S. 74 ff.). Grid Untersuchungen, in denen ein interindividueller Vergleich der Ergebnisse nicht nur inhaltlich interpretativ, sondern ebenso statistisch vergleichend angestrebt wird, sind nur sinnvoll auszuwerten, wenn Elemente und/oder Konstrukte für alle Beteiligten übereinstimmen (Willutzki/Raithel 1993, S. 70 ff.). Standardisiert wird das Verfahren, wenn sowohl Elemente als auch Konstrukte vorgegeben werden. In diesem Fall ähnelt das Grid einem multiplen Semantischen Differenzial oder Polaritätsprofil (Osgood/Suci/Tannenbaum 1976; Hofstätter 1971), allerdings geht so das Spezifische des Personal-Construct-Ansatzes verloren (Scheer 1993, S. 37). Die Anzahl der zugrundeliegenden Elemente ergibt sich grundsätzlich aus der Problemstellung. Nach Scheer (1993, S. 29) sollte die Anzahl der Elemente zwischen 6 und 25 liegen: Zu wenige Elemente führen zu einer künstlichen Vereinfachung des Beurteilungsraumes und zu viele zu redundanten Informationen.

Konstruktevokation

Innerhalb einer speziellen, standardisierten Diskriminationsaufgabe werden dem Befragten Begriffe (Elemente) seines Erfahrungsbereiches angeboten. Der Befragte wird gebeten, eine zwischen den vorgelegten Elementen unterscheidende subjektive Einschätzung zu formulieren. Hinsichtlich der Anzahl der zum Vergleich ausgewählten Elemente werden von Kelly zwei Vorgehensweisen vorgeschlagen:

1. Triadenmethode, bei der drei Elemente verglichen werden
2. Dyadenmethode, die auf einem Paarvergleich beruht

Obwohl das triadische Verfahren dem theoretischen Ansatz besser entspricht, gibt es Fälle, in denen das weniger komplexe dyadische Verfahren angemessen ist, z. B. bei der Befragung von Kindern und Unterbegabten.

Eine weitere Entscheidung zur Befragungstechnik muss getroffen werden. Kelly nennt zwei grundsätzlich verschiedene Formen: die „difference method" (Differenzierungsmethode) und die „opposite method" (Gegensatzmethode). Die Differenzierungsmethode fragt nach der Übereinstimmung von zwei vorgelegten Elementen und nach dem Unterschied zum dritten Element: „In what important way are two of them alike but different from the third?" (Kelly 1991, S. 154; vgl. auch Fransella/Bell/Bannister 2004, S. 54). Fromm (1995, S. 85) problematisiert diese Form der Fragestellung mit dem Argument, dass man möglicherweise ein Konstrukt erhält, dessen Pole zwar Unterschiede evozieren, jedoch die gewonnenen Konstrukte sich nicht gegenseitig ausschließen. Die Gegensatzmethode fragt erst nach der Ähnlichkeit zweier Elemente und der zugrundeliegenden Eigenschaft. Dann wird nach dem gegensätzlichen Konstrukt zu der genannten Eigenschaft gefragt. Dieses Vorgehen gewährleistet am ehesten bipolare Konstruktdimensionen.

Eine konkrete Fragestellung zur Konstruktevokation könnte beispielsweise lauten: „Überlegen Sie bitte, welche zwei von diesen drei Personen einander ähnlich sind und auf Grund welcher wichtigen Eigenschaft. Anschließend nennen Sie bitte den Gegenbegriff dieser Eigenschaft!" Wird als Beschreibung beispielsweise „diese beiden Personen sind eigensinnig" angegeben, könnte als Kontrastpol „rücksichtsvoll" genannt werden. Bezogen auf die vorgelegten Elemente gilt dann die Dimension Eigensinnigkeit versus Rücksichtnahme. Diese Prozedur wird wiederholt bis genügend Konstrukt-Kontrast-Dimensionen für die Auswertung gefunden sind oder bis vom Befragten keine neuen Dimensionen mehr genannt werden können. Die Erfahrung mit dem Repertory Grid hat gezeigt, dass 10 bis 15 Konstruktdimensionen einen Konstrukte-Elemente-Raum auf genügende Weise abbilden (vgl. Fromm 1995, S. 99). Die Formulierung der Konstruktfrage ist grundsätzlich abhängig von der Untersuchungsfragestellung, vom Untersuchungsdesign und vom Klientensystem. Eine Übersicht findet man bei Fransella und Bannister (1977; siehe auch Scheer 1993, S. 30 ff., Fransella/Bell/Bannister 2004, S. 27 ff.).

Skalierung der Konstrukt-Elemente-Matrix

Im nächsten Schritt der Befragung werden die Elemente hinsichtlich der gebildeten Dimensionen individuell vom Befragten bewertet. Untersuchungstechnisch gesehen ist die Erstellung eines Grids eine Beurteilungsaufgabe. Beurteilungsobjekte (Elemente) werden hinsichtlich mehrerer Beurteilungsdimensionen (Konstrukte) eingeschätzt. Verschiedene Verfahren sind gebräuchlich, z. B. Nominalskalierung, Rangordnungsverfahren oder mehrstufige Ratingskalierung. Die einfachste Form des Vergleiches erfolgt auf der Basis der Nominalskalierung, die mit den Werten 0 und 1 operiert, und üblicherweise mit der Einschätzung Konstrukt „trifft zu" oder „trifft nicht zu" formuliert wird. Bei dieser einfachen Form der Skalierung können jedoch „schiefe Verteilungen" entstehen, die weitere Auswertungen beeinträchtigen. Scheer (1993, S. 33) schlägt vor, Rangordnungsverfahren der Elemente auf jedes Konstrukt anzuwenden (Bei 15 Elementen = Abstufung 1–15). Als gleichsam forcierte Beurteilung führt er die Bildung von Kategorien der Elemente an. Hier werden, ähnlich dem Q-Sortierungsverfahren, die Elemente in Abstufungen derart gruppiert, dass annähernd eine Normalverteilung entsteht. Am häufigsten werden jedoch alle Elemente zu jedem Konstrukt unabhängig voneinander auf einer mehrstufigen Skala eingestuft (Rating Grid). Die Gegensatzdimension „offen" versus „verschlossen" könnte demnach – ähnlich einem Semantischen Differenzial (Osgood/Suci/Tannenbaum 1976, S. 256 ff.) – als abgestufte Bewertungsskala (z. B. 1–6 als Bewertung) für jedes Element präsentiert werden. Sie eignet sich überdies auch besser für rechnerische Auswertungen des Grids. Die Zahl der Abstufungen einer Skala hängt auch hier vom Untersuchungsziel ab und muss sich unter Umständen an die Vorgaben von Auswertungsprogrammen halten. In Abgrenzung zu den herkömmlichen Skalierungsverfahren haben Menzel, Buve und Rosenberger (2007, S. 95) das sog. „Tetralemma-Feld" (Vier Ecken im Sinner von 4 Positionen) entwickelt. Dieses viereckige Zuordnungsfeld folgt den Erkenntnissen aus der indischen Logik zur Kategorisierung von Haltungen und Standpunkten, die das Entscheidungsmuster „Entweder" („Eigensinnigkeit") „Oder" („Rücksichtnahme") ergänzt, indem sie die zunächst unvereinbar erscheinenden gegensätzlichen Pole hinterfragt und so um mögliche Entscheidungsoptionen („Beides", „Keins von Beiden", „Dazwischen") erweitert (vgl. a. Varga von Kibéd/Sparrer 2003). Anzumerken ist, dass Skalen ohne Mittelposition (2, 4, 6 u.s.w.) eine „neutrale" Bewertung verhindern, der Befragte sich also entscheiden muss (vgl. Scheer 1993, S. 34). Am Ende der Untersuchung steht eine ausgefüllte Matrix, die den individuellen Elemente-Beurteilungsraum repräsentiert (siehe Tabelle 1).

Tabelle 1: Ausgefülltes Grid auf Basis einer abgestuften Bewertungsskala 1–6

Ich	Ich Andere	Ich Ideal	NW Koordinator	NW Kultur	Direkter Partner	NW Kultur Morgen	NW Partner IST	NW Partner SOLL	NW Teilnehmer IST	NW Teilnehmer SOLL	Vertrauensperson	Feind	Stammkunde	Wunschkunde	Mitbewerber	1	2	3	4	5	6
4	4	3	4	3	5	3	2	3	3	3	5	5	4	4	4	Eigensinnigkeit					Rücksichtnahme
4	4	5	5	4	2	5	3	2	2	2	4	1	4	4	2	Qualifikation in Teilbereichen					Multimediaqualifikation
5	4	5	5	5	2	5	4	5	4	5	5	2	3	5	5	begrenzt/engstirnig					open minded
4	3	5	5	4	3	4	4	5	4	5	5	5	5	5	5	Gleichgültigkeit					seelische Verwandtschaft
5	5	4	3	4	2	5	4	4	4	4	5	1	3	5	2	unkontrolliertes Wissen					Erfahrung
3	3	3	4	5	2	4	4	4	3	4	5	1	3	4	2	herumtingeln					aufs Wesentliche konzentrieren
3	4	5	5	4	3	5	3	5	4	5	4	2	4	4	4	nicht greifbar					Persönlichkeit haben
4	4	5	5	4	3	5	3	4	4	4	5	3	4	5	5	reines Geschäft/Business					Kreativität

3 Datenanalyse und Dateninterpretation

Das ausgefüllte Grid kann auf verschiedene Weise mit deskriptiv statistischen Verfahren ausgewertet werden. Im Laufe der Entwicklung des Repertory Grids hat sich jedoch nicht nur die Variationsbreite der Interviewform vergrößert (Fromm 2002, S. 205 ff.), auch die Möglichkeiten der Auswertung haben deutlich an Vielfalt und Komplexität zugenommen. Von alleiniger Interpretation der gebildeten Konstrukte und deren Beziehung zu den Elementen und der Elemente untereinander bis hin zu komplexen, meist rechnergestützten, mathematischen Verfahren gibt es eine breite Palette von Auswertungsansätzen (Fransella/Bell/Bannister 2004; s. a. Raeithel 1993, S. 42 ff.). Bei der Vielzahl der Auswertungsformen sollte berücksichtigt werden, dass die quantitativen Daten der Grid-Matrix phänotypisch mathematische Zahlen sind und die Zusammenhänge von Elementen und Konstrukten zueinander als auch untereinander berechnet werden können. Jedoch geben erst die qualitativen Informationen den quantitativen Werten einen Sinn. „Die Repgrids sind im Übergangsbereich von qualitativer zu quantitativer Methodik angesiedelt, denn persönliche Konstrukte müssen wie andere Äußerungen und Mitteilungen der Apn („Auskunftsperson", die Verfasser) von den Untersuchern (Us) verstanden und gedeutet werden" (Raeithel 1993, S. 42). Ausgangspunkt für die Auswertung von Grids bilden die evozierten Konstrukte. Sie werden nach der inhaltlichen Bedeutung sortiert, so dass ähnliche Konstrukt- oder Kontrastpole beieinander liegen. „Diese gruppierte Liste bildet die Grundlage für ein vertieftes Verständnis der Konstruktwelt" (Raeithel 1993, S. 43). Riemann (1991, S. 26) formuliert die Herangehensweise so: „Es soll zunächst der Grad der Ähnlichkeit zwischen allen Paaren von Elementen oder Konstrukten bestimmt werden". Prinzipiell geht es bei der Auswertung eines Grids um die Erfassung von Zusammenhängen und wechselseitigen Beziehungen zwischen Elementen und Konstrukten zueinander als auch untereinander. Für die Berechnung stehen eine Reihe von Koeffizienten, z. B. Jaccard Koeffizient, Phi-Koeffizient oder Spearmans Rangkorrelationskoeffizient zur Verfügung. Einen „optimalen" Koeffizienten gibt es aber nach Riemann nicht. „Die Auswahl eines Koeffizienten richtet sich jeweils danach, wie die Ähnlichkeit zweier Konstrukte psychologisch definiert wird und welche Annahmen der Untersucher über das Zustandekommen von Ratings hat" (Riemann 1991, S. 28).

Im Folgenden werden zwei Auswertungsmethoden erläutert, die sehr häufig für die quantitative Analyse von Grid-Daten angewendet werden. Eine Methode ist die sogenannte Clusteranalyse. Hier werden die eingeschätzten Elemente und Konstrukte auf Grund ihrer Ähnlichkeit in einer Matrix zueinander in Beziehung gesetzt. Eine Clusteranalyse in ihrer einfachsten Form ist die mathematische Sortierung der Zeilen und Spalten nach ihrer Ähnlichkeit hinsichtlich der Bewertungen in den Zellen. Die Interpretation der Clustermatrix erfolgt über den Vergleich der Ähnlichkeit verwendeter Konstrukte und/oder Elemente. Beispielsweise werden von dem Befragten in Tabelle 1 die Elemente „Ich Ideal", der „Netzwerkkoordinator" und die „Netzwerkkultur von Morgen" als ähnliche Elemente eingeschätzt, zu sehen an nahezu identischen Bewertungen (vgl. Abschnitt *4 Anwendungsbeispiel*). Abbildung 2 zeigt beispielhaft eine sortierte Clustermatrix, angelehnt an die Methode des Kartographen Jaques Bertin (1982).

Abbildung 2: Clustermatrix mit sortierten Ähnlichkeitsmaßen bezogen auf die Elemente

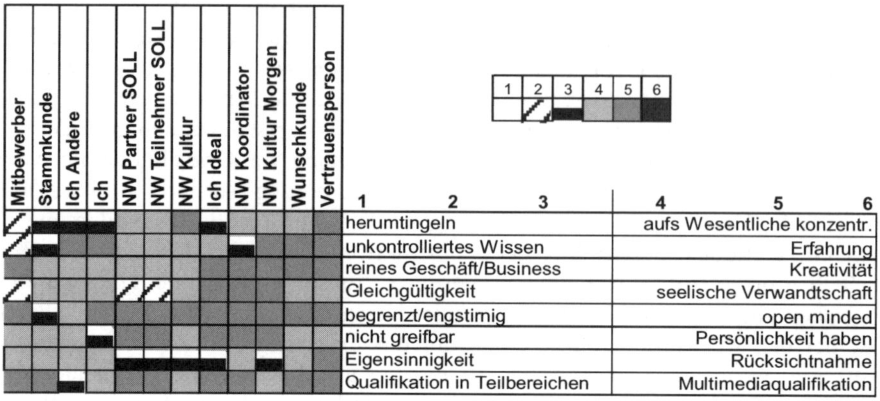

1	2	3	4	5	6

1	2	3		4	5	6
		herumtingeln		aufs Wesentliche konzentr.		
		unkontrolliertes Wissen		Erfahrung		
		reines Geschäft/Business		Kreativität		
		Gleichgültigkeit		seelische Verwandtschaft		
		begrenzt/engstirnig		open minded		
		nicht greifbar		Persönlichkeit haben		
		Eigensinnigkeit		Rücksichtnahme		
		Qualifikation in Teilbereichen		Multimediaqualifikation		

Spalten: Mitbewerber, Stammkunde, Ich Andere, Ich, NW Partner SOLL, NW Teilnehmer SOLL, NW Kultur, Ich Ideal, NW Koordinator, NW Kultur Morgen, Wunschkunde, Vertrauensperson

Eine weitere gebräuchliche Analysemethode ist die Hauptkomponentenanalyse. Mit diesem Verfahren werden die Zahlen in der Matrix so umgerechnet, dass wir für Elemente und Konstruktpole Koordinaten auf sogenannten Hauptachsen erhalten. Werden Elemente und Konstrukte in einem Bild gleichzeitig dargestellt, kann deren wechselseitige Bezogenheit sowohl geografisch (Distanzen) als auch idiografisch (semantische Richtungen durch die Konstrukte) betrachtet werden. Diese Form der Abbildung nennt man Biplot-Verfahren (Raeithel 1993, S. 54). Da die Auswertung dieser Biplots gewisse Erfahrungen voraussetzt, werden an dieser Stelle ein paar einführende Bemerkungen gemacht.

Grundlage der Biplots bildet eine vorhandene Datenmatrix aus Elementen und Konstrukten (vgl. Tabelle 1). Mittels einer Faktorenanalyse werden die Ladungen der Variablen als Punkte im Faktorenraum repräsentiert. Das Ergebnis der Faktorenanalyse sind wechselseitig unabhängige Faktoren (vgl. Tabelle 2 und 3), welche die Zusammenhänge zwischen den in ihnen gebündelten Konstrukten erklären. Die Faktorenanalyse ist ein datenreduzierendes und hypothesengenerierendes Verfahren, geeignet die Dimensionalität komplexer Strukturen zu überprüfen. Ziel einer Hauptkomponentenanalyse ist es, die Zahl der im Repertory Grid angegebenen Konstrukte auf möglichst wenige unabhängige Komponenten zu reduzieren und gleichzeitig maximale Varianzaufklärung zu erreichen. Eine grafische Darstellung des Hauptkomponentenraumes unterstützt die Interpretation für 2 Achsen (Biplot in Abbildung 3) oder 3 Achsen (bewegte „pseudoräumliche" Darstellung mittels Computer z. B. HF2, nextexpertizer oder sci:vesco; s. u.). „Diese neuen Achsen kann man – wie in der Faktorenanalyse üblich – als grundlegende Dimensionen des ‚kognitiven Ähnlichkeitsraumes' verstehen oder aber als mathematisches Hilfsmittel, die zunächst keine eigenständige Bedeutung haben, zur Erzeugung eines Bildes des wechselseitigen Zusammenhanges der Urteile" (Raeithel 1993, S. 53).

Tabelle 2: Ladungsmatrix der 1. Hauptkomponente im zwei-dimensionalen Faktorenraum

Ladung Konstruktpol	Varianz	Konstruktpol	Kontrastpol
-3,9	17,9 %	Rücksichtnahme	Eigensinnigkeit
-3,8	19,8 %	Multimediaqualifikation	Qualifikation in Teilbereichen
-3,7	13,6 %	Open minded	Begrenzt/Engstirnig
-3,5	13,8 %	Seelische Verwandtschaft	Gleichgültigkeit
-2,6	9,3 %	Erfahrung	Unkontrolliertes Wissen
-2,6	10,1 %	Aufs Wesentliche konzentrieren	Herumtingeln
-2,1	6,6 %	Persönlichkeit haben	Nicht greifbar
+1,6	8,9 %	Kreativität	Reines Geschäft/Business

Tabelle 3: Ladungsmatrix der 2. Hauptkomponente im zwei-dimensionalen Faktorenraum

Ladung Konstruktpol	Varianz	Konstruktpol	Kontrastpol
-1,6	10,1 %	Aufs Wesentliche konzentrieren	Herumtingeln
1,5	8,9 %	Kreativität	Reines Geschäft/Business
-1,2	9,3 %	Erfahrung	Unkontrolliertes Wissen
-1,1	13,6 %	Open minded	Begrenzt/Engstirnig
+1,1	17,9 %	Rücksichtnahme	Eigensinnigkeit

Die Ladungen der Konstrukte (Tabellen 2 und 3) werden als Punkte im Faktorenraum eingetragen (Abbildung 3), Ladungen auf weiteren Achsen werden hier nicht berücksichtigt. Zur inhaltlichen Interpretation der Hauptkomponenten im Sinne eines „kognitiven Ähnlichkeitsraumes" werden nur die Konstrukte mit den höchsten Ladungen herangezogen. Konstrukte mit geringen Ladungen (Absolutwerte unter 1) differenzieren hinsichtlich der entsprechenden Hauptkomponente sehr gering bzw. nicht. Sie sind deshalb in den Ladungsmatrizen nicht berücksichtigt. In der Darstellung sind das jene Ladungen, die nahe dem Nullpunkt einer Achse liegen (Abbildung 3).

Im so entstandenen Hauptkomponentenraum lassen sich Elemente und Konstrukte in ihrer Wechselseitigkeit betrachten. Zur grafischen Veranschaulichung kann der sogenannte „Indifferenzbereich" markiert werden (vgl. grauer Kreis in Abbildung 3). Ein Beispiel: Das Element „Ich" in Abbildung 3 befindet sich auf der x-Achse (1. Komponente) und auf der y-Achse (2. Hauptkomponente) im Indifferenzbereich. Liegt ein Element oder Konstrukt sowohl auf der x-Achse als auch auf der y-Achse im Indifferenzbereich, kann dieses nur eingeschränkt zur Interpretation beitragen.

Abbildung 3: Hauptkomponentenanalyse

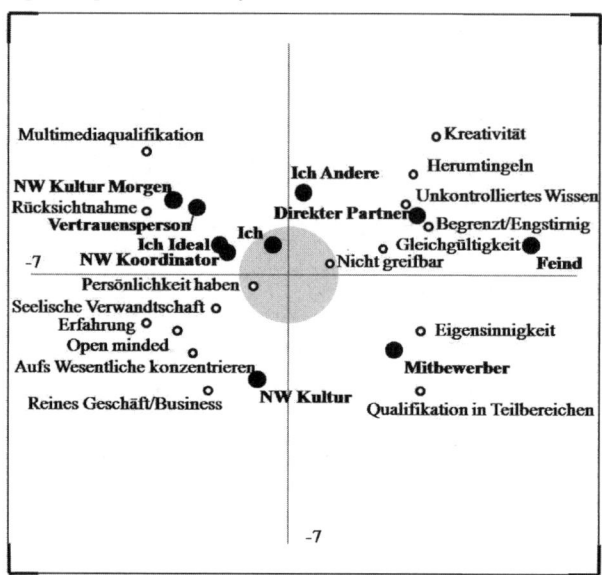

Grundsätzlich ist für die Interpretation des Biplots die Stellung der Elemente untereinander bedeutsam. Je näher sie zueinander stehen, desto ähnlicher werden sie vom Befragten eingeschätzt. Die Elementbündel können weiterhin anhand der Konstruktdimensionen beschrieben werden, wobei die relative Nähe zu einem Konstruktpunkt den wahrgenommen Charakter dieses Elementes für den Befragten ausmacht. Beispielsweise befindet sich das Element „Feind" in Abbildung 3 in relativer Nähe zu den Konstrukten „Gleichgültigkeit" und „Nicht greifbar" und wird durch diese am deutlichsten charakterisiert.

4 Anwendungsbeispiel

Das folgende Beispiel stammt aus dem Kontext des Sonderforschungsbereiches 457 „Hierarchielose regionale Produktionsnetze„ an der Technischen Universität Chemnitz. Mit Hilfe der Repertory Grid Methode wurden subjektive Kulturverständnisse der Akteure in Netzwerkunternehmen erhoben. Die hier vorgestellte Beispieluntersuchung bezieht sich auf die Befragung der Mitglieder im Team einer Multimediaagentur, bestehend aus zwei geschäftsführenden Partnern und zwei Mitarbeitern. Die Agentur arbeitet als fokaler Akteur (sogenannter „Broker") in einem virtuellen Unternehmen (VU), zu dem ungefähr 40 freie Kooperationspartner (Freelancer) mit unterschiedlichen Kernkompetenzen gehören, z. B. Texter, Grafiker, Entwickler. Aufgabe der Multimediaagentur ist vornehmlich die Auftragsakquisition und die Koordination der Projekte.

Die Repertory Grid Methode wurde einerseits als Forschungsmethode eingesetzt, um zu prüfen, inwieweit sich die individuellen Kultur- bzw. Denkmuster der beiden Geschäftsführer der Agentur und ihrer Mitarbeitern ähneln. Andererseits wurde die Repertory Grid Methode als Diagnose- und Interventionsinstrument genutzt, im Sinne eines Survey Feedbacks (vgl. Heller 1969), um Gestaltungsoptionen für die zukünftige Entwicklung der

"Corporate Identity" abzuleiten. Zusätzlich wurden standardisierte Interviews und Moderationsworkshops mit ausgewählten Kooperationspartnern innerhalb der VU zur Triangulation herangezogen (Denzin 1989, S. 12 ff.). Die konkrete Fragestellung am Beispiel des Brokers im VU lautete: „Wie stellt sich das Muster der gemeinsamen Grundannahmen in der Agentur dar?" (vgl. Rosenberger 2006, S. 208ff.). Die Basis für die Standardisierung der Elemente dieser Grid Untersuchung bildeten Kontaktgespräche und zuvor durchgeführte Interviews. Die Elemente, die für alle Befragten gleich waren, wurden mittels inhaltsanalytischer Verfahren aus den Transkripten herausgearbeitet. Folgende Elemente wurden standardisiert für alle Befragten verwendet:

- Ich (so wie ich mich heute sehe)
- Ich Andere (wie Andere mich derzeit sehen)
- Ich Ideal (wie ich gerne wäre)
- Netzwerkkultur (Muster der gemeinsamen Grundannahmen)
- Netzwerkkultur Morgen (Kultur, wie sie Morgen sein soll)
- Netzwerkteilnehmer Ist (Mitarbeiter im Netz)
- Netzwerkteilnehmer Soll (Netzwerkteilnehmer, wie er Morgen sein soll)
- Netzwerkpartner Ist (Mitarbeiter im Netz mit Exklusivrechten/Pflichten)
- Netzwerkpartner Soll (Netzwerkpartner, wie er Morgen sein soll)
- Netzwerkkoordinator (eine Person, die ideale Führungseigenschaften für ein Netzwerk verkörpert)
- Direkter Partner (Person auf der gleichen Verantwortungs- bzw. Entscheidungsebene)
- Vertrauensperson (eine Person, die mich sehr gut kennt und der ich mich anvertrauen kann)
- Feind (ein Gegenspieler)
- Stammkunde (ein typischer Kunde, der regelmäßig betreut wird)
- Wunschkunde (ein Kunde in einem strategisch angestrebten Marktsegment)
- Mitbewerber (ein Unternehmen, welches am stärksten konkurriert)

Ablauf der Befragung

Alle 16 Elemente wurden auf Karteikarten gedruckt. Mit Hilfe der oben bereits beschriebenen „opposite method" wurden die Befragten dann dazu angeleitet, Konstruktdimensionen zu bilden. Dazu wurden Ihnen für jede Dimension drei Karten vorgelegt, die zufällig aus einem Stapel gezogen wurden. Die Befragten konnten dann die jeweils ähnlichen Elemente zusammenlegen und das differierende abseits. Auf diese Weise kann der Prozess der Konstruktfindung für den Befragten wesentlich erleichtert werden.

Von einem der Befragten wurden beispielsweise die Elemente „Ich", „Vertrauensperson" und „Ich Ideal" gezogen. Sofort legte er die Elemente „Ich Ideal" und „Vertrauensperson" zusammen und das Element „Ich" abseits. Auf die Frage, was die beiden zusammengelegten Elemente ähnlich macht, antwortete der Befragte spontan: „Gelassen in die Zukunft blicken". Auf die Frage, was für ihn das Gegenteil von „Gelassen in die Zukunft blicken" sei, antwortete er: „Angst vor jedem neuen Tag". Die dichotome Konstruktdimension für die erste Zeile der Matrix stand fest (Tabelle 4).

Im nächsten Schritt des Interviews wurden vom Befragten alle Elemente innerhalb dieser Konstruktdimension bewertet. Je nach Stärke des Zutreffens konnten für den linken Pol (Gelassen in die Zukunft blicken) die Ziffern 1–3 und für den rechten Pol (Angst vor jedem neuen Tag) 4–6 gewählt werden. Im vorliegenden Beispiel wählte der Befragte für das Element „Ich" eine 4, für das Element „Ich Andere" eine 3, für das Element „Ich Ideal" eine 1 usw. (vgl. Tabelle 5).

Tabelle 4: Ausgefülltes Grid auf Basis einer abgestuften Bewertungsskala 1–6

Ich	Ich Andere	Ich Ideal	NW Koordinator	NW Kultur	Direkte Partner	NW Kultur Morgen	NW Partner IST	NW Partner SOLL	NW Teilnehmer IST	NW Teilnehmer SOLL	Vertrauensperson	Feind	Stammkunde	Wunschkunde	Mitbewerber	1–3	4–6
4	3	1	2	5	5	1	4	2	4	2	1	5	2	2	2	Gelassen in die Zukunft blicken	Angst vor jedem neuen Tag

Nachdem die erste Zeile fertiggestellt war, wurden die drei Elementekarten wieder in den Stapel einsortiert und gemischt. Für die nächsten Zeilen wurde diese Prozedur in gleicher Weise wiederholt, bis entweder der Befragte keine neuen Konstruktdimensionen mehr generierte oder die vorgegebene Zeit von einer Stunde verstrichen war. Am Ende dieser Untersuchungen stand eine ausgefüllte Matrix mit 10–15 Konstruktdimensionen (vgl. Tabelle 1).

Exemplarische Interpretationen

Die nachfolgenden Ausführungen beziehen sich auf die Biplots der oben beschriebenen Multimediaagentur (vgl. Abbildung 3). Grundsätzlich konnte mit Hilfe des Repertory Grids aufgezeigt werden, dass alle Befragten eine andere als die derzeit existierende Netzwerkkultur wünschen. Aber auch widersprüchlich erscheinende Merkmale wurden aufgedeckt: Während z. B. für einen der Mitarbeiter die zukünftige Kultur unter anderem geprägt war vom Konstruktpol „Für sich das Beste rausholen", waren sich die drei Anderen einig, dass sie „langfristig zuverlässig" sein wollen. In den zuvor durchgeführten Leitfadeninterviews konnte schon herausgearbeitet werden, dass sich immer wieder Schwierigkeiten zwischen den beteiligten Kooperationspartnern ergeben hatten hinsichtlich des gemeinschaftlichen Auftretens, beispielsweise im Kontakt mit Kunden oder Partnern im Netz. Die Repertory Grid Methode spezifizierte diese Uneinigkeit für die Akteure auf plastische Weise, indem es die unterschiedlichen Zukunftsvorstellungen klar ersichtlich im Hauptkomponentenraum kontrastierte. Die Einsicht über die unterschiedliche Zukunftsdeutung veranlasste das Team zu einer internen Supervisionsrunde, in der neue, gemeinsame Ziele entwickelt wurden.

5 Möglichkeiten und Grenzen der Methode

Die Repertory Grid Methode ist ein methodisches Verfahren auf Basis eines konstruktivistischen Wissenschaftsverständnisses. Es ermöglicht, was nur wenige andere Verfahren zu leisten im Stande sind, die systematische Erfassung eines Repertoires von Konstruktionen bei Individuen und in Gruppen. Wesentliche Vorteile des Verfahren sind, dass es dem Befragten freie Äußerungsmöglichkeiten bieten kann und dabei gleichzeitig strukturiert vorgeht, so dass eine quantitative Auswertung ermöglicht wird und die „Datenflut" qualitativer Verfahren vermieden werden kann. Ein weiterer Vorteil ist, dass das Grundverfahren anwendungsspezifisch adaptiert werden kann, z. B. was die Art der Standardisierung betrifft. Es sind darüber hinaus noch andere Variationen der Methode möglich, z. B. sprachfreies Konstruieren, ABC-Methode, spielerische Grids (s. a. Fransella/Bell/Bannister 2004, S. 54 ff.). Da der Forscher praktisch kein Vorwissen über den Untersuchungsgegenstand haben muss, bietet sich die Repertory Grid Methode auch für explorativ-heuristische Fragestellungen an. In einem umfangreichen Untersuchungszusammenhang ist die Methode geeignet, von offenen Befragungen (freie Elemente und Konstrukte) bis hin zu standardisierten Befragungen bei erfolgter Typenbildung eingesetzt zu werden (Fromm 2002, S. 210). Methodenbrüche können so vermieden werden.

Der zeitliche Aufwand bei der Durchführung ist nach Erfahrung der Autoren mit ca. 1 bis 1,5 Stunden pro Person und Grid nicht unerheblich, was aber im Wesentlichen von der gewünschten Ergebnisqualität sowie der Kompetenz und Erfahrenheit des Interviewers abhängt. Da die Repertory Grid Methode den Befragen die Möglichkeit bietet ihre eigenen Konstrukte zu beschreiben, ist die Akzeptanz in der Regel sehr hoch. Die quantitative Auswertung der Grids ist sehr aufwändig und erfordert ein Softwareprogramm. Verbreitete Statistikpakete wie SPSS oder SAS sind dazu nur eingeschränkt geeignet. Moderne Repertory Grid Programme, wie der nextexpertizer oder sci:vesco (s. u.), beinhalten neben einem speziellen Interviewmodul verschiedene Auswertungswerkzeuge zur Analyse und Visualisierung mehrerer Befragter auf der Basis der weiter oben beschriebenen Hauptkomponentenanalyse.

Gütekriterien

Die Repertory Grid Methode lässt sich nur bedingt mit den tradierten Gütekriterien quantitativer Messmethoden, Objektivität, Reliabilität und Validität (Lienert/Raatz 1998), beschreiben, da sie per se die subjektiven Assoziationen hinsichtlich eines spezifischen Sachverhaltes eruiert (vgl. Lohaus 1993, S. 80 ff.). Zum Gütekriterium Objektivität erklärt Fromm (1995, S. 204 f.), dass sowohl bei der Durchführung als auch der Auswertung Objektivität gewährleistet sei. Er schränkt diese Aussage allerdings auf die quantitative Auswertung ein, bei der mit Hilfe von Computerprogrammen ein Höchstmaß von Objektivität garantiert wird.

Auf die Frage nach der Reliabilität, das heißt der Messgenauigkeit, stellt Fromm die Gegenfrage, welche Ergebnisse gemeint sind: die Anzahl der Konstrukte, die Formulierungen, Ratings oder die Relationen zwischen Konstrukten, Elementen etc. (1995, S. 204). Die Theorie hinter der Methode postuliert, dass persönliche Konstrukte weder stabil sind noch dass sie an unterschiedlichen Zeitpunkten identisch formuliert werden könnten. „Man, in Kelly terms, is ‚a form of motion' not a statistic object that is occasionally kicked into movement" (Fransella/Bannister 1977, S. 82). Für die Retest-Reliabilität gilt: „...hohe Werte sind nur in bestimmten Fällen zu erwarten, z. B. wenn es um zentrale Konstrukte oder Strukturen des Konstruktsystems geht" (Fromm 1995, S. 204; vgl. Lohaus 1983, S. 88 ff.).

Nach Fromm (1995) machen Prüfungen der Validität von Grid-Interviews nur bedingt Sinn. „Ob z. B. ein Grid-Interview tatsächlich die relevanten Unterscheidungen erfasst, die eine Person auf einen bestimmten Erfahrungsbereich anwendet, lässt sich im Sinne der Inhaltsvalidierung bestenfalls von der befragten Person selbst beurteilen. Da das Verfahren keine bestimmten Merkmale (wie z. B. „Angst" oder „Intelligenz") erfassen soll, ist eine Validierung an einem Außenkriterium nicht sinnvoll; gänzlich offen ist, welches Kriterium das sein könnte" (Fromm 1995, S. 203). Hinsichtlich der Forderung nach Konstruktvalidierung ist die Frage zu klären, ob das, was erhoben wurde, entsprechend der theoretischen Vorgabe als persönliches Konstrukt akzeptiert werden kann. Diese Frage lässt sich nicht auf die Ergebnisse beziehen, sondern bestenfalls auf das grundsätzliche Vorgehen der Erhebung. Auf der Grundlage der oben genannten Theorie werden Konstrukte als präverbale Unterscheidungen verstanden, die oft nur mit Schwierigkeiten begrifflich erfasst werden können. Auf der einen Seite kann der oft schnellen Abarbeitung von Unterscheidungsaufgaben misstraut werden, weil so möglicherweise nur erfasst wird, was leicht formulierbar ist. Auf der anderen Seite erhöht ein Vorgehen, welches dem Untersuchten genug Zeit zum Formulieren einräumt, die Wahrscheinlichkeit, dass das Verfahren nicht nur bereits vorhandene Konstrukte erhebt, sondern auch solche, die der Untersuchte erst während der Befragung entwickelt. Nach Fromm (1995, S. 203 f.) wäre auf der Basis der Personal Construct Theory das zweite genannte Vorgehen, dem Befragten genügend Reflektionszeit zu lassen, dem erstgenannten, möglichst zügig Konstrukte zu eruieren, als valider vorzuziehen. In einer exemplarischen Studie, in der die Repertory Grid Methode mit zwei weiteren Ähnlichkeitsratingverfahren verglichen wurde, kommt Riemann jedoch zu dem Schluss: „...dass mit Hilfe der Gridtechnik individuelle kognitive Strukturen durchaus valide erfasst werden können" (Riemann 1983, S. 396).

6 Literatur

Bannister, Don/Fransella, Fay (1981): Der Mensch als Forscher. Die Psychologie der persönlichen Konstrukte, Münster

Bauer, Hans H./Huber, Frank/Keller, Thomas (1998): Wertorientierte Gestaltung von Lines als produktpolitische Option im Automobilmarketing, in: Jahrbuch der Absatz und Verbrauchsforschung 1, S. 4–24

Bertin, Jaques (1982): Grafische Darstellungen, Berlin

Bonarius Han/Angleitner Alois/John O. (1984): Die Psychologie der persönlichen Konstrukte: Eine kritische Bestandsaufnahme einer Persönlichkeitstheorie, in: Manfred Amelang/Hans-Joachim Ahrens (Hrsg.), Brennpunkte der Persönlichkeitsforschung, Bd. 1, Göttingen, S. 109–138

Borkenhagen, Ada/Ludwig, Simone (2002): Body image of female fertility patients – Survey of bodyparts- and organ-representation and central subjective semantic dimensions of body experience by women sterility disorder and women with a subfertil partner, in: Psychologische Beiträge, 3(44), S. 401–412

Cassell, Catherine/Close, Paul/Duberley, Joanne/Johnson, Phil (2000): Surfacing Embedded Assumptions: Using Repertory Grid Methodology to Facilitate Organizational Change, in: European Journal of Work and Organizational Psychology, 9(4), S. 561–573

Catina, Ana/Schmitt, Gustel M. (1993): Die Theorie der Persönlichen Konstrukte, in: Jörn W. Scheer/Ana Catina (Hrsg.), Einführung in die Repertory Grid-Technik. Grundlagen und Methoden (Bd. 1), München, S. 11–23

Denzin, Norman (1989): The Research Act – A Theoretical Introduction to Sociological Methods, New Jersey

Easterby-Smith, Mark/Thorpe, Richard/Holman, David (1996): Using repertory grids in management, in: Journal of European Industrial Training, 20 (3), S. 2–30

Easterby-Smith, Mark/Thorpe, Richard/Lowe, Andy (2004): Management Rresearch – An Introduction, London

Fornier, Valerie/Paine, Roy (1994): Change in self construction during the transition from university to employment: A personal construct psychology approach, in: Journal of Occupational and Organizational Psychology, 67, S. 297–314

Fransella, Fay (2003): International Handbook of Personal Construct Psychology, Chichester

Fransella, Fay/Bannister, Don (1977): A Manual for Repertory Grid Technique, London

Fransella, Fay/Bell, Richard/Bannister, Don (2004): A Manual for Repertory Grid Technique, 2. Auflage, Chichester

Fromm, Martin (1995): Repertory Grid Methodik: Ein Lehrbuch, Weinheim

Fromm, Martin (2002): Was sind Repertory Grid Methoden?, in: Eckard König/Peter Zedler (Hrsg.), Qualitative Forschung, Weinheim, S. 195–212

Glasersfeld, Ernst von (1998): Radikaler Konstruktivismus, Frankfurt a. M.

Hassenzahl, Marc/Wessler, Rainer (2000): Capturing design space from a user perspective: the Repertory Grid Technique revisited, in: International Journal of Human-Computer Interaction, 12 (3&4), S. 441–459

Heller, Frank (1969): Group feedback analysis: a method of action research, in: Psychological Bulletin, 72, S. 108–117

Hofstätter, Peter R. (1971): Differentielle Psychologie, Stuttgart

Kelly, George A. (1991): Die Psychologie der persönlichen Konstrukte, Bd. I und II, Paderborn

Kruse, Peter (2004): nextpractice – Erfolgreiches Management von Instabilität, Offenbach

Kruse, Peter/Dittler, Andreas/Schomburg, Frank (2003): nextpertizer und nextcoach: Kompetenzmessung aus der Sicht der Theorie kognitiver Selbstorganisation, in: Erpenbeck, John/Rosenstiel, Lutz von (Hrsg.), Handbuch Kompetenzmessung, Stuttgart, S. 405–427

Langan-Fox, Janice/Tan, P. (1997): Images of a Culture in Transition: Personal Constructs of Organizational Stability and Change, in: Journal of Occupational & Organizational Psychology, 70, S. 273–294

Lemke, Fred/Goffin, Keith (2005): Den verdeckten Kundenwünschen auf der Spur, in: salesBusiness 4 (05), S. 38-41

Lienert, Gustav A./Raatz, Ulrich (1998): Testaufbau und Testanalyse, Weinheim

Löbler, Helge (2007): Das neue Paradigma der Ko-Kreation, in: Sonderpublikation zum 25 jährigen Effie-Jubiläum, S. 40-47

Lohaus, Arnold (1983): Möglichkeiten individuumzentrierter Datenerhebung, Münster

Lohaus, Arnold (1993): Testtheoretische Aspekte der Repertory Grid-Technik, in: Scheer, Jörn W./Catina, Ana (Hrsg.), Einführung in die Repertory Grid-Technik. Grundlagen und Methoden (Bd. 1), München, S. 80–91

Marsden, David/Littler, Dale (2000): Exploring consumer product construct systems with the repertory grid technique, in: Qualitative Market Resarch: An International Journal 3 (3), S. 127–144

Maturana, Humberto R./Varela, Francisco J. (1990): Der Baum der Erkenntnis. Die biologischen Wurzeln des menschlichen Erkennens, München

Menzel, Frank (1997): Selbstorganisationskonzepte in der Theorie betrieblicher Veränderungen. Bildungscontrolling und Prozessevaluation mit „soft-factors". Diplomarbeit im Studiengang Psychologie, Universität Bremen, Bremen

Menzel, Frank/Rosenberger, Matthias/Buve, Janko (2007): Emotionale, intuitive und rationale Konstrukte verstehen, in: Personalführung 4 (07), S. 91-99

Meyer, Matthias/Aderhold, Jens/Teich, Tobias (2003): Grid-Technik und polyedrale Analyse als innovative Methoden des Personalmanagements in Unternehmensnetzwerken, in: Zeitschrift für Betriebswirtschaft 73 (8), S. 1–25

Meyer, Matthias/Lundt-Verschaeren, Kerstin (1998): Entwicklung eines Grids zur Erfassung des Berufsbildes hauptamtlich tätiger Betreuer, Diplomarbeit im Studiengang Psychologie, Universität Bremen, Bremen

Meyer zu Altenschildesche, Margarethe (1994): Wirklichkeitskonstruktionen und Selbstkonzepte HIV-Infizierter unterschiedlicher Betroffenengruppen, Münster

Miles, Matthew B./Huberman, A. Michael (1994): Qualitative Data Analysis: an expanded sourcebook, Thousand Oaks

Osgood, Charles Egerton/Suci, George J./Tannenbaum, Percy H. (1976): Die Logik der semantischen Differenzierung, in: Halbe, Helli (Hrsg.), Psycholinguistik, Darmstadt, S. 232–267

Pavlica, Karel/Thorpe, Richard (1998): Managers` Perceptions of their Identity: A Comparative Study between tzhe Czech Republic and Britain, in: British Journal of Management 9, S. 133–149

Raeithel, Arne (1993): Auswertungsmethoden für Repertory Grids, in: Jörn W. Scheer/Ana Catina (Hrsg.), Einführung in die Repertory Grid-Technik. Grundlagen und Methoden (Bd. 1), München, S. 41–67

Riemann, Rainer (1991): Repertory Grid Technik – Handanweisung, Göttingen

Riemann, Rainer (1983): Eine Untersuchung zur Validität der Gridtechnik, in: Psychologische Beiträge (25), S. 385–396)

Riemann, Rainer (1987) Struktur und Organisation persönlicher Konstrukte, Regensburg

Rosenberger, Matthias (2006): Soziale Steuerung Virtueller Unternehmen – Optimierung sozialer Beziehungen mittels Repertory Grid Technique, Taunusstein

Scheer, Jörn W. (2006): A short introduction to Personal Construct Psychology, in Scheer, Jörn W. (Hrsg), Crossing Borders – Going Places, Giessen, S. 176-187

Scheer, Jörn W. (1993): Planung und Durchführung von Repertory Grid-Untersuchungen, in: Jörn W. Scheer/Ana Catina (Hrsg.), Einführung in die Repertory Grid-Technik. Grundlagen und Methoden (Bd. 1), München, S. 24–40

Scheer, Jörn W./Catina, Ana (1993): Psychologie der Persönlichen Konstrukte und Repertory Grid-Technik, in: Jörn W. Scheer/Ana Catina (Hrsg.), Einführung in die Repertory Grid-Technik. Grundlagen und Methoden (Bd. 1), München, S. 8–10

Senior, Barbara (1996): Team performance: using reporty grid technique to gain a view from the inside, in: Journal of Managerial Psychology 11(3), S. 26–32

Simon, Fritz B./Clement, Ulrich/Stierlin, Helm (1999): Die Sprache der Familientherapie. Ein Vokabular, Stuttgart

Stewart Valerie/Steward, Alan (1981): Business Applications of Repertory Grid, London

Stewart Valerie/Mayes John (2003): Background and Theory. An overview of the history and content of Personal Construct Theory and the Repertory Grid interview, online: www.enquirewithin.co.nz/backgrou.htm, (18.6.2003)

Varga von Kibéd, Matthias/Sparrer, Insa (2005): Ganz im Gegenteil, Heidelberg

Westmeyer, Hans (2002): Der individuumsbezogene Konstruktivismus von George A. Kelly, in: Psychologische Beiträge 44, S. 325–333

Willutzki, Ulrike/Raeithel, Arne (1993): Software für Repertory Grids, in: Jörn W. Scheer/Ana Catina (Hrsg.), Einführung in die Repertory Grid-Technik. Grundlagen und Methoden (Bd. 1), München, S. 68–79

www.repgrid.com/reports (18.06.2003)

Zirkler, Michael (2003): Being John Malkovich. Oder: wie kann Forschung unter einer systemisch-konstruktivistischen Perspektive gedacht und gemacht werden? online: www.unibas.ch/wwz/ofp/pdf/Publikationen/MZ/Being_John_Malkovich.pdf, (18.6.2003)

Softwareprogramme zur Repertory Grid Analyse

Auf der regelmäßig aktualisierten Homepage des „Personal Construct Psychology Information Centre" werden die wichtigen aktuellen Softwareprogramme beschrieben (vgl. www.pcp-net.de/info/comp-prog.htm). Hier wird eine eigene Auswahl dargestellt:

ENQUIRE WITHIN ist ein umfangreiches Softwarepaket zur Analyse von Grids von Valerie Stewart und John Mayes (Wellington, Neuseeland). Eine Testversion und weitere Informationen finden sich auf der Hompage www.enquirewithin.co.nz/.

GRIDCOR von José Manuel Cornejo and Guillem Feixas, vertrieben über die Vereinigung spanischer kognitiver Psychotherapeuten (Asociación Española de Psicoterapias Cognitivas, ASEPCO), errechnet eine Korrespondenzanalyse (ein exploratives Verfahren zur graphischen Darstellung mehrdimensionaler Kontingenztabellen mit geringen Anforderungen an die Ausgangsdaten), eine Clusteranalyse und Distanz- sowie Korrelationsmatrizen für Elemente und Konstrukte. Daneben werden zahlreiche andere Maße generiert. Eine Demoversion kann unter www.terapiacognitiva.net/record/gridcor.htm herunter geladen werden.

GRIDLAB: Dieses von Otto Walter an der Charité in Berlin entwickelte Windowsprogramm, kommt den heutigen Ansprüchen an eine nutzerfreundliche Umgebung schon sehr nahe. Es entspricht einer Windowsversion des oben genannten Programms INGRID von Slater. Es beinhaltet die gleichen Berechnungsmöglichkeiten und ermöglicht zusätzlich eine grafische Darstellung der Ergebnisse und deren Export in gängigen Grafikformaten.

GRIDSTAT und GRIDSCAL sind zwei Programme von Richard Bell, Universität Melbourne, für das Betriebssystem MS-DOS (der Vorgänger war G-PACK). Der Hauptvorteil ist, dass sie mehrere Optionen für die Auswertung bieten (z. B. Faktoranalyse, Clusteranalyse), was dem erfahrenen Nutzer Möglichkeiten eröffnet, für den weniger erfahrenen Nutzer jedoch verwirrend sein kann. GRIDSCAL ermöglicht die simultane Auswertung mehrerer Grids. Die Programme sind herunterladbar unter www.psyctc.org/grids/RB/.

GRIDSUITE: Diese Software wurde von Martin Fromm und Andreas Bacher entwickelt. Es basiert auf der FOCUS Clusteranalyse von L. Thomas, M. Shaw und B. Gaines. Es beinhaltet die Funktion Shared Grid (www.uni-stuttgart.de/pae/SharedGrids/Web_Installers/install.htm). Demoversion unter: www.gridsuite.de.

HUMAN FACTOR PROGRAMM (HF2): Dieses Singlegridprogramm für 3-D-Hauptkomponentenanalysen wurde von Carlo Amalfitano, Terry Keen und Helen Turnbull entwickelt. Website: www.pcp-hf2.com/index.html

IDIOGRID von James Grice, State University Oklahoma, USA, ist ein Softwarepaket zur Verwaltung und Analyse von Grids und anderen Selbstbeschreibungsdaten. Weitere Informationen und Testsoftware unter www.idiogrid.com/.

INGRID: Patrick Slaters (England, London) INGRID wurde in den 70er Jahren entwickelt und gilt als „Mutter" aller nachfolgenden Auswertungsprogramme für Repertory Grids. INGRID bietet folgende Berechnungsmodi: Hauptkomponentenanalyse (PCA), Korrelationsberechnungen zwischen Konstrukten und Distanzmaßberechnungen zwischen Elementen. Auch können mehrere Grids verglichen werden. Leider gibt es keine grafischen Exportmöglichkeiten.

NEXTEXPERTIZER: Von der Firma nextpractice GmbH in Bremen entwickelte Multigridsoftware. Website: www.nextpractice.de

OMNIGRID: Ein von Ken Sewell (San Antonio, Texas) und Chris Evans (England, London) entwickeltes Programm für Mac und PC. Omnigrid ist ein Shareware Programm, dass ursprünglich für den Apple Macintosh entwickelt wurde und die Grundalgorithmen zur Analyse von Repertory Grid Daten beherrscht. Beide Versionen können unter www.psyctc.org/grids/omnigrid.htm kostenlos heruntergeladen werden.

REPERTORY GRID TECHNIK (RGT): Dieses MS-DOS Programm von Rainer Riemann, Universität Bielefeld, wird von der Testzentral des Hogrefe Verlags zum Preis von € 89 vertrieben, siehe www.testzentrale.de/tests/t0109601.htm

REPGRID: Dieses Programm wurde von den kanadischen Wissenschaftlern Mildred Shaw und Brian Gaines entwickelt. Es berechnet sowohl Clusteranalysen als auch Hauptkomponentenanalysen. Es kostet ca. US$ 500. Informationen zu diesem Programm liefert folgende URL: repgrid.com/repgrid/.

SCI:VESCO: Von Matthias Rosenberger, Frank Menzel und Janko Buve entwickeltes Interview- und Analysesoftware zur Multigridbearbeitung; mit 3-D-Hauptkomponentenanalyse und speziellen Auswertungswerkzeugen. Website: www.scivesco.de

SCIVESCO.WEB: Von Janko Buve, Matthias Rosenberger und Frank Menzel entwickelte Online Interview- und Analysesoftware zur Singlegridbearbeitung. Website: www.eac-leipzig.de/scivescoweb

WEBGRID II: Diese ausschließlich über das Internet verfügbare und benutzbare Programm wird ebenfalls von Mildred Shaw und Brian Gaines angeboten. Es handelt sich hier um eine reduzierte Variante ihres oben genannten REPGRIDs und ist kostenlos verfügbar. Es unterstützt Hauptkomponentenanalysen und Clusteranalysen, stellt Beispielauswertungen zur Verfügung und liefert als Ergebnis sowohl numerische Korrelationsmatrizen als auch grafische Auswertungen. Selbst berechnete Grids können auf dem Server archiviert werden oder auch auf den heimischen PC heruntergeladen werden. Die Webadresse ist: repgrid.com/WebGrid/.

WINGRID: Jim Maxwell Leggs (New Zealand). Windowsversion von Slaters INGRID. Informationen zu diesem Programm unter J. M. Leggs Website: http://homepages.ihug.co.nz/%7Eincome/tutor.htm

Simulation und Modellierung

Computersimulation

Nicole J. Saam

1 Einleitung

Ein Computersimulationsmodell sei hier definiert als ein formales Modell, das ein Objekt abbildet und das das Verhalten oder ein anderes gewünschtes Merkmal dieses Objekts auf dem Computer reproduzieren kann. Bei diesem Objekt handle es sich entweder um einen Realitätsausschnitt (vgl. Dörner 1987, S. 337), beispielsweise eine Organisation, oder um eine Theorie, die sich auf einen Realitätsausschnitt bezieht, beispielsweise eine Theorie organisationalen Wandels.

In den Sozialwissenschaften setzte die Entwicklung von Computersimulationen in den 60er Jahren ein (siehe hierzu Coleman 1964), so auch in der Organisationssoziologie (Cyert/Feigenbaum/March 1959; Bonini 1963; eine Übersicht geben Dutton/Starbuck 1971). Die bedeutendste organisationssoziologische Simulationsstudie stammt vermutlich von Cohen, March und Olson (1972). Sie entwickelten in diesem Aufsatz das berühmte Mülleimer-Modell *(garbage can)* der Entscheidung in Organisationen. Hieraus entstand jedoch keine kontinuierliche Forschungspraxis. Whicker/Mauet (1983) haben einen programmatischen Aufsatz vorgelegt. Mit der zunehmenden Anwendung von Computersimulationsmodellen in den 90er Jahren steigen auch die organisationssoziologischen Simulationsstudien an (siehe die Sammelbände von Prietula/Carley/Gasser 1998 und Ilgen/Hulin 2000). Ein Forschungsprogramm, das Computersimulation systematisch für die organisationssoziologische Theoriebildung nutzt, wird seit mehr als zehn Jahren von Carley (1995) verfolgt. Seit 1995 erscheint bei Kluwer Academic Publishers eine Fachzeitschrift mit dem Titel „Computational and Mathematical Organization Theory", die sich ausschließlich diesem Thema widmet.

In der sozialwissenschaftlichen Forschung dienen Computersimulationsmodelle der Theoriebildung (hypothesengenerierend oder hypothesentestend; vgl. Schnell 1990; Jacobsen/Bronson 1995; Conte/Gilbert 1995; kritisch: Kreutz/ Bacher 1991), der Vorhersage sozialer Prozesse oder der Schätzung unbekannter Daten. In der politischen Entscheidungsberatung haben sie die Vorhersage sozialer Prozesse und die Ableitung von Szenarien für die Politikplanung zum Ziel. Im Bereich der Didaktik kommen Computersimulationsmodelle als Methode der politischen Bildung zum Einsatz. So kann man etwa den Umgang mit sozialer Komplexität einüben, indem man für eine gewisse Zeit eine simulierte Stadt oder einen simulierten Staat regiert. Computersimulationsmodelle können Experimente an realen sozialen Systemen ersetzen, beispielsweise wenn sie aus ethischen Gründen nicht möglich sind (Simulation von Steuersystemen in der Finanzpolitik), wenn sie zu teuer (Simulation von Solidarnetzwerken) oder zu gefährlich wären (Simulation atomarer Unfälle).

Computersimulationen kommen dann zur Anwendung, wenn weder die natürliche (wissenschaftliche) Sprache noch mathematische Modelle den Anforderungen an die Abbildung eines Realitätsausschnitts oder einer Theorie genügen (Ostrom 1988). Während ein verbales Modell sehr komplexe Realitätsausschnitte beschreiben kann, ist es nur selten möglich auf seiner Basis eine exakte, grundsätzliche Aussage über generelle Verhaltensmerkmale („Lösungen") eines solcherart beschriebenen Realitätsausschnitts zu machen. Computersimulationsmodelle sind wie mathematische Modelle deduktive Systeme, die eine solche Ableitung ermöglichen. Während die mathematische Analyse Endzustände (Gleichgewichtszustände) sozialer Dynamiken ermittelt, sind Computersimulationen insbesondere dazu geeignet, den Weg zu diesen Endzuständen zu analysieren bzw. die Dynamik sozialer Systeme zu explorieren, wenn überhaupt keine Gleichgewichtszustände erreicht werden. Gibt es beispielsweise bestimmte charakteristische Entwicklungspfade für ein dynamisches soziales System mit einer bestimmten Struktur? Welche Variablen sind bei gegebenen exogenen Parametern und bei einer gegebenen endogenen Systemdynamik von zentraler Bedeutung für den Verlauf dieser Entwicklungspfade und welche können vernachlässigt werden? Gibt es Phasenübergänge zwischen verschiedenen möglichen Dynamiken? Wie groß ist die Unsicherheit der Entwicklung bei einer einmal eingetretenen Dynamik? Bilden sich im Laufe der Entwicklung von sozialen Systemen bestimmte makroskopisch erkennbare Strukturen heraus? Die mathematische Analyse ist nur dann möglich, wenn ein Realitätsausschnitt oder eine Theorie in relativ einfacher Weise abgebildet werden kann. Computersimulationsmodelle erlauben eine weit komplexere Repräsentation eines Realitätsausschnitts oder einer Theorie, so dass sie sich nicht mehr analytisch lösen lassen. Es ist jedoch möglich Einzellösungen für ausgewählte Kombinationen von Parameter- und Variablenwerten zu berechnen und damit die oben genannten Forschungsfragen zu beantworten. Beispielsweise können sie Lösungen für beliebig komplizierte nichtlineare Modelle (zum Konzept einer „Nichtlinearen Sozialwissenschaft" siehe Bühl 1986) und unter den Annahmen von verschiedensten Verteilungen bestimmter Merkmalsausprägungen ermitteln. Ebenso sind Computersimulationsmodelle auf bestimmte, explizierbare Kriterien hin optimierbar, beispielsweise auf die größtmögliche Passung mit empirischen Daten oder auf die Maximierung oder Minimierung ausgewählter Variablen.

Die vielfältigen oben genannten Einsatzmöglichkeiten von Computersimulationsmodellen bedingen ein mehr oder weniger unterschiedliches methodisches Vorgehen. Die folgende Darstellung konzentriert sich auf den Einsatz von Computersimulationsmodellen im Rahmen der organisationssoziologischen Theoriebildung. Es wird angenommen, dass ein theoriebasiertes Computersimulationsmodell zu einer empirischen Forschungsfrage aus der Organisationssoziologie entwickelt werden soll (hypothesentestend). Damit werden die Arbeitsschritte für den aufwändigsten Einsatz der Methode der Computersimulation beschrieben. Bei anderen Einsatzmöglichkeiten, z. B. zur Hypothesengenerierung, kann gegebenenfalls auf einige der hier beschriebenen Schritte, etwa die Erhebung empirischer Daten, verzichtet werden.

2   Datenerhebung und Datenaufbereitung

Einen Überblick über die Arbeitsschritte bei der Durchführung einer theoriebasierten Computersimulation zu einer empirischen Forschungsfrage bietet Abbildung 1 (vgl. hierzu das Vier-Phasen-Modell von Kreutzer 1986, S. 3 f.).

Die erste Phase besteht in der Problemformulierung. Hierin unterscheidet sich die Methode der Computersimulation nicht von anderen Forschungsmethoden. Dennoch gibt es ein Problem, das hier offen angesprochen werden soll und aus dem sich der besondere Zuschnitt der hier gegebenen methodischen Empfehlungen ableitet: In seinem Kommentar zum organisationssoziologischen Simulationsmodell zweier Kollegen gibt Hollenbeck (2000, S. 129) eine nachdenklich stimmende Beurteilung der Akzeptanz von Computersimulationsmodellen unter den traditionell empirisch arbeitenden Kollegen und Kolleginnen in den Sozialwissenschaften: „In fact, I would go as far as to say that this lack of peer acceptance stands as the single biggest impediment to the development of simulation methodology in the applied behavioral and social sciences." Hollenbeck leitet aus diesem Urteil pragmatische Empfehlungen für die Konzipierung von Simulationsstudien ab. Diese Empfehlungen wenden sich an WissenschaftlerInnen, die nicht nur wünschen, dass ihre Simulationen in den inzwischen vorhandenen Simulationsfachzeitschriften – an prominentester Stelle das *Journal of Artificial Societies and Social Simulation* – erscheinen, sondern in den inhaltlich, also hier in organisationssoziologisch orientierten Fachzeitschriften. Hollenbecks (2000, S. 130–133) Empfehlungen lauten:

1. „Start with a critical and crystallized problem and dependent variable."
2. „Start with a narrow focus and a minimum of assumptions."

Abbildung 1: Arbeitsschritte bei der Durchführung einer theoriebasierten Computersimulation zu einer empirischen Forschungsfrage

Problemformulierung
- Problembeschreibung
- Definition des Modellziels
- Definition der Grenzen des Modells

Modellkonstruktion
- Theorieauswahl
- Bestimmung der Variablen und Parameter
- Operationalisierung der Variablen und Parameter
- Erhebung/Ermittlung der empirischen Daten für die Variablen und Parameter
- Diagramm der Wechselwirkungs-Beziehungen
- Verbales Modell

Formalisierung
- Auswahl des Simulationsansatzes
- Auswahl der Simulationssoftware und Programmiersprache
- Formalisierung des verbalen Modells
- Programmierung

Simulation
- Modellkalibrierung
- Modelloptimierung
- Test und Validierung
- Sensitivitätsanalyse
- Modelexperimente

Ergebnisinterpretation

In die nun folgende Begründung für diese Empfehlungen gehen Hollenbecks, aber auch meine eigenen langjährigen Erfahrungen ein. Die Möglichkeit, ein soziales System oder eine Theorie, hier eine Organisation oder eine Organisationstheorie, auf dem Computer abzubilden ohne dabei durch das absolute Sparsamkeit einfordernde Ziel der mathematischen Analysierbarkeit eingeschränkt zu werden, verleitet schnell dazu ein vergleichsweise komplexes Simulationsmodell zu konstruieren, das es wiederum eigentlich erforderte viele abhängige Variablen zu untersuchen. Man setzt sich dann schnell dem Zwang aus, Theoriefragmente aus unterschiedlichen Theorieansätzen heranzuziehen, um das Gesamtmodell theoretisch fundieren zu können. Man wäre deshalb wiederum gezwungen viele Hypothesen zu formulieren und zu begründen, ein Verständnis für die Bedeutung aller behandelten Teilfragestellungen herzustellen, viele Theorieansätze darzustellen und ihre Kompatibilität zu belegen, viele Simulationsexperimente zu beschreiben und ihre Ergebnisse zu erklären und im Kontext der bereits existierenden Forschungsergebnisse zu interpretieren. Bei der gegenwärtigen Standardlänge wissenschaftlicher Aufsätze kann diese Aufgabe nicht zufriedenstellend bewältigt werden. Fachwissenschaftlich orientierte Leser, denen die Methodik der Computersimulation fremd ist, finden dann nicht ohne Grund unzählige Mängel. Gleichzeitig kann es so nicht gelingen, ihnen eine klare Zielsetzung der Simulationsstudie (und ihrer Grenzen) zu vermitteln. Aber nicht nur dies: Auch die eigene Hartnäckigkeit der Analyse, insbesondere der Erklärung jedes einzelnen Befunds, leidet bei einer großen Anzahl von Variablen. Um diese Probleme zu vermeiden, ist es zweckmäßig ein sparsames Modell (*Ockham's Razor*) zu entwickeln, sich auf ein klar zu umreißendes Problem mit einer Hauptthese zu beschränken und die Fragestellung so zuzuspitzen, dass eine Variable als die zentrale abhängige Variable erscheint. Und hierbei sollte es sich um eine den substanzwissenschaftlich forschenden KollegInnen bekannte und als wichtig geltende Variable handeln und nicht um eine vielleicht technisch viel raffiniertere, aber nur schwer zu den bekannten Standardvariablen der Organisationssoziologie in Bezug zu setzende Variable (Hollenbeck 2000, S. 130). Das mit Simulationsstudien oft angestrebte Ziel, eine komplexere Repräsentation eines Realitätsausschnitts analysieren zu können, muss man dabei nicht aufgeben. Man muss die Einlösung dieses Anspruchs nur auf mehrere Publikationen verteilen, die jede in sich Einzelaspekte überzeugend präsentiert. Als Vorwärtsverteidigung ist es hilfreich, diese nächsten Schritte bereits frühzeitig zu benennen. Weil weitere Variablen in Simulationsstudien „so leicht" einzubeziehen sind, wird Autoren von Simulationsstudien schnell die Kritik entgegengehalten, wichtige Variablen vernachlässigt zu haben. Vermutlich wird dies empirisch arbeitenden Kollegen deshalb leichter nachgesehen, weil angenommen werden muss, dass deren Feldstudien sich nicht „so einfach" wiederholen lassen (Hollenbeck 2000, S. 132). Zusammenfassend lässt sich festhalten, dass die Problemformulierung ein sehr kritischer Schritt im Rahmen einer Computersimulationsstudie ist; man muss wohl sagen: kritischer, als bei allgemein bekannten Methoden.

Die Modellkonstruktion umfasst Arbeitsschritte, die aus jeder theoriegeleiteten empirischen Studie bekannt sind. Es ist eine geeignete organisationssoziologische Theorie auszuwählen, die Kausalzusammenhänge über den abzubildenden Realitätsausschnitt formuliert. Auf der Basis dieser Theorie ist dann die Hypothese zu (re-)formulieren, die die gesamte Simulationsstudie überprüfen soll. Es sind aus dieser Theorie diejenigen Variablen (veränderliche Größen) und Parameter (als konstant eingestufte Größen) zu bestimmen, die für den abzubildenden Realitätsausschnitt als relevant erachtet werden. Diese Variablen und

Parameter sind im Idealfall gemäß den bekannten Verfahren, die die Methoden der empirischen Sozialforschung zur Verfügung stellen, zu operationalisieren. Vielfach wird man nicht umhin kommen, Parameter einzuführen, deren theoretische Bedeutung unklar und deren empirische Bestimmung daher auch unmöglich ist. Beispielsweise könnte aus der Theorie bekannt sein, dass ein starker Zusammenhang zwischen zwei Variablen besteht; es ist aber nicht bekannt, welcher soziale Sachverhalt sich hinter diesem starken Zusammenhang verbirgt. Dies schwächt später die Validierbarkeit des Modells. Für den geplanten Zeitraum, den die Simulationsstudie abdecken soll, sind dann die Daten für diese Variablen und Parameter zu erheben, aus Datensammlungen zu ermitteln oder gegebenenfalls zu schätzen. Angenommen man entwickelt ein Computersimulationsmodell für den Zeitraum 1980 bis 2003 und erhält empirische Daten auf Quartalsbasis. Man benötigt dann die empirischen Werte für alle Variablen des Modells für das erste Quartal des Jahres 1980 als Startwerte des Simulationsmodells, das die Variablenwerte für jedes darauffolgende Quartal aus den Variablenwerten des vorhergehenden Quartals errechnet. Ebenso gehen alle Parameterwerte in das Simulationsmodell ein. Die restlichen empirischen Daten bis zum Jahr 2003 werden später für die Modelloptimierung und -validierung benötigt.

Man kann Computersimulationsmodelle unter anderem danach klassifizieren, in welchem Umfang und auf welche Weise die Variablen operationalisiert werden und wie man die Daten für die Parameter bestimmt (vgl. Tabelle 1). So sind in einem quantitativen Computersimulationsmodell die Variablen operationalisiert und die Parameterwerte empirisch ermittelt. Hinsichtlich der Datenbasis erfüllt dieses Modell daher gehobene Ansprüche. Man kann deshalb die Simulationsergebnisse nicht nur hinsichtlich ihrer qualitativen, sondern auch hinsichtlich ihrer quantitativen Bedeutung interpretieren. Bei eingeschränkter Operationalisierung oder bei eingeschränkter Qualität der Datenbasis, z. B. wenn man die Parameterwerte nur durch Modellkalibrierung schätzt, sind die Simulationsergebnisse nur noch qualitativ aussagefähig. Hinsichtlich der Interpretation quantitativer Werte sollte man sich zurückhalten. Ob man ein quantitatives, semi-quantitatives, ein qualitativ quantifiziertes oder ein qualitatives Computersimulationsmodell entwickelt, hängt nicht nur von der Datenlage ab, sondern auch davon, welches Erkenntnisinteresse man hat und welchen Erkenntnisanspruch man damit verbindet. Für didaktische Zwecke, z. B. das Lernen des Umgangs mit sozialer Komplexität am Beispiel des Regierens einer simulierten Stadt, mag es vollständig genügen, die Variablen nicht zu operationalisieren, sondern ihnen nur Zahlen mit Ordinalskalenniveau zuzuweisen und die Parameterwerte durch Modellkalibrierung zu schätzen. Es ist sehr hilfreich, wenn man sich die Wechselwirkungen zwischen allen ausgewählten Variablen und Parametern in Form eines Diagramms veranschaulicht, bevor man am Ende dieser Arbeitsphase das verbale Modell beschreibt, das den abzubildenden Realitätsausschnitt repräsentieren soll.

Tabelle 1: Klassifikation von Computersimulationsmodellen nach Operationalisierung der Variablen und Parameter

	quantitativ	semi-quantitativ	**Qualitativ quantifiziert**	qualitativ
Variablen	operationalisiert	operationalisiert	*nicht* operationalisiert, statt dessen Zahlen mit Ordinalskalenniveau zugewiesen	operationalisiert, aber *nur* Werte -, 0, + zugewiesen
Parameterwerte	empirisch ermittelt	aus Modell-Kalibrierung geschätzt	aus Modellkalibrierung geschätzt	aus Modellkalibrierung geschätzt
Erkenntnisanspruch	quantitativ gültige Aussagen	qualitativ gültige Aussagen	didaktisch gültige Aussagen (Anwendungsgültigkeit)	qualitativ gültige Aussagen

Zu Beginn der nächsten Arbeitsphase, der Formalisierung, ist ein geeigneter Simulationsansatz auszuwählen. Sozialwissenschaftliche Computersimulationsmodelle lassen sich nach dem Simulationsansatz, nach der Operationalisierung der Variablen und Parameter und nach weiteren Kriterien klassifizieren (datenbasiert versus datenfrei, statisch versus dynamisch, stochastische versus deterministisch, diskret versus kontinuierlich, linear versus nichtlinear, interaktiv versus nicht interaktiv; vgl. Troitzsch 1990). Ausschlaggebend dafür, welchen Simulationsansatz man wählt, ist die Anzahl der zu simulierenden analytisch unterscheidbaren Ebenen (nur eine Ebene, z. B. Makroebene eines sozialen Systems; zwei Ebenen, z. B. Mikro- und Makroebene, mehr als zwei Ebenen, z. B. Einbezug von Mesoebenen) und die Merkmale der Akteure auf jeder Ebene: Wie viele Akteure sollen pro Ebene modelliert werden? Mit wie vielen Merkmalen soll jeder einzelne Akteur repräsentiert werden? Soll es Kommunikation zwischen diesen Akteuren geben? Tabelle 2 gibt einen Überblick über diese Entscheidungskriterien für die sechs wichtigsten Simulationsansätze, die derzeit für die Sozialwissenschaften relevant sind. Es kann an dieser Stelle keine Einführung in diese Simulationsansätze gegeben werden. Hierzu sei das Standardwerk von Gilbert/Troitzsch (1999) empfohlen. Im Folgenden wird jedoch eine erste Orientierung gegeben, die die Auswahl eines Simulationsansatzes für eine organisationssoziologische Simulation erleichtern soll:

Tabelle 2: Entscheidungskriterien für die Auswahl eines Simulationsansatzes (in Anlehnung an Gilbert/Troitzsch 1999, S. 13)

Simulationsansatz	**Anzahl der Ebenen**	**Anzahl der Akteure**	**Komplexität der Akteure**	**Kommunikation zwischen den Akteuren**
Makrosimulation	1	1	gering	nein
Mikrosimulation	2	viele	hoch	nein
Mehrebenensimulation	2+	viele	gering	möglich
zelluläre Automaten	2	viele	gering	ja
neuronale Netze	2	viele	hoch	ja
Multiagentensysteme	2+	wenige	hoch	ja

In *Makrosimulationsmodellen* sind die Variablen und Parameter Aggregatgrößen sozialer Systeme (Jacobsen/Bronson/Vekstein 1990; Jacobsen/Bronson 1995). Je nach Fragestellung könnte es sich beispielsweise um Aggregatgrößen von Organisationen oder um Aggregatgrößen von Populationen von Organisationen handeln, die auf Märkten interagieren. Typisch wäre dann, dass die dazugehörigen Mikroeinheiten nicht explizit modelliert würden. Das heißt, im ersten Fallbeispiel würde man weder Bereiche noch Abteilungen oder Mitarbeiten einer Organisation berücksichtigen. Im zweiten Fallbeispiel würden die einzelnen Organisationen auf dem Markt nicht berücksichtigt. Modelliert wird nur eine populationsökologische Gleichung, die die Entwicklung der Aggregatgrößen beschreibt. Für die theoretische Fundierung des Modells sind daher auch nur organisationssoziologische Theorieansätze heranzuziehen, die die Beziehungen zwischen den Aggregatgrößen beschreiben und erklären. Die mathematische Grundlage von Makrosimulationsmodellen bilden Differenzialgleichungen.

In *Mikromodellen* werden dagegen die Mikroeinheiten sozialer Systeme berücksichtigt (Merz 1991), z. B. kann man Mitarbeiter modellieren, die ein Team bilden, oder Organisationen, die auf einem Markt zueinander in Wettbewerb stehen. Variablen und Parameter sind Merkmale der Mikroeinheiten. Für die theoretische Fundierung des Modells sind organisationssoziologische Theorieansätze heranzuziehen, die die Beziehungen zwischen den Mikroeinheiten beschreiben und erklären. In Mikromodellen werden auch Aggregatdaten für die Makroebene (das Team, den Markt) errechnet. Dies geschieht durch einfache Aggregation (Mikro-Makro-Link). Es gibt keine Rückwirkung der Makroebene auf die Mikroebene. Markov-Prozesse bilden die mathematische Grundlage von Mikromodellen.

In *Mehrebenenmodellen* werden Mikroeinheiten und die sozialen Systeme simuliert, in die die Mikroeinheiten eingebettet sind (Saam 1999), z. B. Mitarbeiter, die interagieren und eine Organisation hervorbringen und wiederum in ihrem Handeln von dieser Organisation beeinflusst werden. Variablen und Parameter sind dementsprechend Merkmale der Mitarbeiter sowie der Organisation. Für die theoretische Fundierung des Modells sind organisationssoziologische Theorieansätze heranzuziehen, die die Mikro- und die Makroebene von Organisationen miteinander verbinden und die sowohl zum Mikro-Makro-Link als auch zum Makro-Mikro-Link theoretische Aussagen machen. Es lassen sich auch mehr als zwei in hierarchischer Beziehung zueinander stehende Ebenen simulieren, z. B. Mitarbeiter, Abteilungen, Bereiche etc. Die Mastergleichung stellt einen Algorithmus dar, mit dem man Mehrebenenmodelle formalisieren kann.

Mit Hilfe von *zellulären Automaten* werden direkte Interaktionen zwischen Mikroeinheiten simuliert, die in einer räumlichen und/oder sozialen Beziehung zueinander stehen (Hegselmann 1996), z. B. Mitarbeiter, die informelle Netzwerke bilden. Die Mikroeinheiten können durch ihre Interaktionen makroskopisch erkennbare Ordnungszustände, z. B. ein solches Unterstützungsnetzwerk, erzeugen und verändern (Mikro-Makro-Link). Die Mikroeinheiten selbst werden in ihren Interaktionen nur durch ihre Nachbarn beeinflusst, also nur durch einen lokalen Ausschnitt der makroskopisch erkennbaren Ordnung (direkter Mikro-Mikro-Link, indirekter Makro-Mikro-Link). Für die theoretische Fundierung des Modells sind organisationssoziologische Theorieansätze heranzuziehen, die die Interaktion zwischen den Mikroeinheiten beschreiben und erklären. Zelluläre Automaten sind D-dimensionale Gitter (im einfachsten Fall ein Schachbrett), in denen jede Zelle eine Mikroeinheit repräsentiert.

Neuronaler Netze dienen der Simulation von Mikroeinheiten sozialer Systeme, z. B. Mitarbeiter oder Organisationen, die sich durch Interaktionen und Lernfähigkeit auszeichnen. Biologische Neuronen, die aus Zellkörper, Dendriten, Axon und Synapsen bestehen, und ihre Vernetzung in neuronalen Netzen liefern das biologische Modell für formale Neuronen. So wie Synapsen wachsen bzw. schrumpfen, wenn sie häufig bzw. selten zur Weiterleitung von elektrischen Impulsen herangezogen werden, so wachsen bzw. schrumpfen Parameter (Gewichte), die das Trial-and-error-Verhalten von Menschen in Lernprozessen abbilden. Da die entscheidende verborgene Schicht neuronaler Netze nicht zugänglich ist, können Lerneffekte zwar reproduziert, aber nicht wirklich erklärt werden (Garson 1998). Erklärung ist durch neuronale Netze grundsätzlich nicht möglich. Trotzdem sollte man deshalb nicht auf eine theoretische Fundierung seiner Hypothesen verzichten. Man kann überprüfen, ob aus der Theorie abgeleitete Vorhersagen über das Handeln von Menschen unter Bedingungen des Lernens zutreffen. Wenn es nicht zutrifft, kann man jedoch leider nicht sagen warum. Für die theoretische Fundierung des Modells sind organisationssoziologische Theorieansätze heranzuziehen, die die Interaktion zwischen den Mikroeinheiten beschreiben und erklären. Variablen dieses Simulationsansatzes sind die Merkmale der Mikroeinheiten. Makrovariablen ergeben sich durch Aggregation (Mikro-Makro-Link). Einen indirekten Makro-Mikro-Link gibt es nur dann, wenn die Mikroeinheiten miteinander interagieren. Sie werden dann durch einen lokalen Ausschnitt der makroskopisch erkennbaren Ordnung, nämlich durch die unmittelbaren Interaktionspartner beeinflusst.

Multiagentensysteme stellen einen Simulationsansatz dar, in dem mehrere bis viele Agenten miteinander interagieren (Macy/Willer 2002; The Simulation of Social Agents 2001). Ein Agent zeichnet sich mindestens durch folgende Merkmale aus: Autonomie (Agenten operieren ohne, dass andere eine direkte Kontrolle über ihre Handlungen und ihre internen Zustände haben), Sozialität (Agenten interagieren miteinander durch eine Art Sprache), Reaktionsfähigkeit (Agenten können ihre Umwelt wahrnehmen und auf sie reagieren) und Aktionsfähigkeit (Agenten können von sich aus initiativ werden und zielorientiert handeln). Multiagentensysteme werden auf der Basis objektorientierter Programmiersprachen entwickelt. Aus soziologischer Perspektive ist das Bedeutsame an diesem Simulationsansatz die Möglichkeit der sehr detaillierten Modellierung einzelner Akteure. Dies betrifft beispielsweise den Zusammenhang von Kognitionen und sozialem Handeln.

In Abhängigkeit vom gewählten Simulationsansatz ist als nächstes eine geeignete Simulationssoftware und Programmiersprache auszuwählen. Es gibt bis heute auf Grund der Heterogenität der verschiedenen Simulationsansätze und der vergleichsweise geringen Zahl an Nutzern keine Standardsoftware der Computersimulation. Man kann entweder auf allgemeine Programmiersprachen zurückgreifen oder man kann Simulationssoftware nutzen, die für die Umsetzung spezifischer Simulationsansätze entwickelt wurde. Grundsätzlich gilt, dass man mit der Nutzung allgemeiner Programmiersprachen die Freiheit hat (fast) alle Ideen zu realisieren, die man jemals haben mag, aber um den Preis, dass man nahezu alles selbst programmieren muss, beispielsweise auch die Grafikausgabe und die Masken für nutzerfreundliche Bedienung der Computersimulation. Eine Simulationssoftware wird dagegen viele mehr oder weniger komfortablen Module, Masken und Bibliotheken bereitstellen, so dass die Umsetzung einer Simulationsstudie in der Regel – und insbesondere für Anfänger – einfacher ist. In Kauf nehmen muss man, dass man durch die Vorgaben der Software gegebenenfalls in der Umsetzung spezieller Ideen gehandicapt oder gar verhindert ist. Hinweise zu geeigneten Programmiersprachen und zu Simulationssoftware gibt das nach dem jeweiligen Simulationsansatz gegliederte Standardwerk von Gilbert/Troitzsch (1999). Dort finden sich auch Hinweise auf Seiten im Internet, die Neuerungen enthalten.

Nachdem der Simulationsansatz und die -software bzw. Programmiersprache ausgewählt wurden, kann man sich der Formalisierung des entwickelten theoretischen Modells zuwenden. Man sollte jedoch nicht sofort mit der Programmierung beginnen. Organisationssoziologische Theorieansätze liegen mit wenigen Ausnahmen (z. B. der normativen Agenturtheorie) nicht in bereits formalisierter Form vor. Für die Simulation ist eine Formalisierung zwingend notwendig. Dazu wird man zunächst ein mathematisches Modell aus dem verbalen Modell ableiten. Es sind geeignete Algorithmen auszuwählen, die die behaupteten Zusammenhänge effizient formalisieren. Die Formulierung eines mathematischen Modells ist aus mindestens zwei Gründen kein unnötiger Zwischenschritt auf dem Weg zu einem Computersimulationsmodell: Zum einen kann hierdurch dasjenige mathematisch-analytische Modell leichter erkannt werden, das dem letztendlichen Computersimulations-(Programm-)Modell am nahesten steht und für das analytische Lösungen angegeben werden können. Zum zweiten ist es in Publikationen – mit wenigen Ausnahmen – nicht üblich, den Programmcode zu veröffentlichen, vielmehr wird ausschließlich das mathematische Modell veröffentlicht. Um die Übereinstimmung von Programm-Modell und mathematischem Modell (vgl. auch den Abschnitt zur Validität im folgenden Abschnitt *3 Datenanalyse*) zu gewährleisten, ist es sehr hilfreich zunächst das mathematische Modell zu spezifizieren und erst darauf aufbauend den Programmcode zu schreiben.

3 Datenanalyse und Dateninterpretation

Die vierte Arbeitsphase, die in Abbildung 1 mit Simulation bezeichnet wurde, umfasst die Datenanalyse und Dateninterpretation. Sie besteht aus den Arbeitsschritten Modellkalibrierung, Modelloptimierung, Test und Validierung, Sensitivitätsanalyse und Durchführung von Modellexperimenten.

Eine Voraussetzung für aussagekräftige Simulationsergebnisse ist das Kalibrieren des Modells. Die Modellkalibrierung ist nur dann notwendig, wenn das Computersimulationsmodell Parameter enthält, die weder empirisch erhoben noch geschätzt wurden, z. B. weil man sie inhaltlich nicht bestimmen kann. Durch systematische Variation der Parameter wird ein Wert (oder Wertebereich) bestimmt, innerhalb dessen die Variablen des Modells in etwa derselben Art und Intensität voneinander abhängen, wie dies im Realitätsausschnitt beobachtet werden kann oder theoretisch angenommen wird. Die Modellkalibrierung erfordert Erfahrung und einen nicht unerheblichen Arbeitsaufwand, um den Gültigkeitsbereich des Modells nicht zu verletzen und die Interpretierbarkeit von Parametern und Variablen beizubehalten. Gängige Simulationssoftware unterstützt diesen Arbeitsschritt nicht!

Dasselbe muss leider für den nächsten Arbeitsschritt, die Modelloptimierung gesagt werden. Die Modelloptimierung bezeichnet den Prozess der Suche desjenigen Computersimulationsmodells, das die empirischen Daten, die zum abgebildeten Realitätsausschnitt vorliegen, qualitativ oder gar quantitativ am besten reproduziert. Dazu sind Parameterwerte systematisch zu variieren. Manchmal wird man aber auch nicht darum herum kommen, einzelne Zusammenhänge zwischen Variablen (Funktionen) zu überdenken. Gewarnt sei jedoch davor, ad hoc solche Zusammenhänge zu ändern. Vielfach wird man Funktionen weiter spezifizieren müssen, als die Zusammenhänge in der gängigen organisationssoziologischen Literatur formuliert sind. Man sollte dann auf Fallstudien oder andere Untersuchungen verweisen können, mit denen man die Modifikation der ursprünglichen Annahmen begründen kann. Auf Grund der Heterogenität der Simulationsansätze, der Heterogenität möglicher Simulationsmodelle und der geringen Anzahl der Nutzer unterstützt gängige Simulationssoftware auch die Modelloptimierung nicht. Man kann daher nur Optimierungsalgorithmen aus der Literatur entnehmen und, soweit es die Simulationssoftware zulässt, ins Modell integrieren oder die Optimierung durch Tuning-by-hand vornehmen. So wie bereits Optimierungsalgorithmen Schwierigkeiten haben, globale Maxima zu ermitteln, muss man sich darüber im Klaren sein, dass man auf diese Weise viel leichter lokale Maxima, als das globale Maximum finden wird. Auch wenn die Simulationstechnik Fortschritte macht, so stellt doch die unbefriedigende Einbettung von Optimierungsalgorithmen in Simulationssoftware einen Hauptgrund für die Zurückhaltung dar, die man hinsichtlich der Umsetzung einer theoriebasierten Computersimulation zu einer empirischen Forschungsfrage haben kann. Computersimulationen, deren Ziel die Ableitung von Hypothesen aus theoretischen Modellen ist, sind mit diesem Problem in der Regel nicht konfrontiert, da hier die Arbeitsschritte der Modellkalibrierung und -optimierung entfallen.

Hat man durch die Modelloptimierung ein Modell gefunden, das die empirischen Daten hinreichend gut reproduzieren kann, so gilt es dieses Modell auf seine Validität hin zu überprüfen. Stanislaw (1986) hat ein Validitätskonzept für Computersimulationen erarbeitet. In Anlehnung an die Arbeitsschritte bei der Durchführung einer Simulationsstudie unterscheidet er „theory validity", „model validity" und „program validity". Sind alle drei Typen von Validität gegeben, so spricht er von „overall validity". Bossel (1992, S. 36) unterscheidet vier Typen von Validität von wissenschaftlichen Modellen: Verhaltensgültigkeit, Strukturgültigkeit, empirische Gültigkeit und Anwendungsgültigkeit. Verhaltensgültigkeit liegt vor, wenn das Simulationsmodell für die im Rahmen des Modellzwecks liegenden Anfangsbedingungen das qualitativ gleiche dynamische Verhalten erzeugt, wie es für den Realitätsausschnitt empirisch zu beobachten war. Strukturgültigkeit ist gegeben, wenn die Wirkungsstruktur des Simulationsmodells der für den Modellzweck essentiellen Wirkungsstruktur des Realitätsausschnitts entspricht. Es gibt bis heute keinen Nachweis für das Vorliegen eines Strukturmodells (und dies ist nicht ein spezielles Problem von Computersimulationsmodellen, sondern ein Problem, das alle wissenschaftlichen Methoden betrifft). Realistischerweise wird Computersimulation also den Anspruch auf Strukturgültigkeit nicht stellen. Im Falle von empirischer Gültigkeit muss nachgewiesen werden, dass im Bereich des Modellzwecks die numerischen oder logischen Ergebnisse des Simulationsmodells den empirischen Ergebnissen des Realitätsausschnitts bei gleichen Bedingungen entsprechen, bzw. dass sie bei fehlenden Beobachtungen konsistent und plausibel sind. Für den Fall der Anwendungsgültigkeit muss gezeigt werden, dass Modell und Simulationsmöglichkeiten dem Modellzweck und den Anforderungen des Anwenders entsprechen. Wolstenholme (1990) und Sterman (1984) haben Leitfragen vorgestellt, anhand derer die Validität von Computersimulationsmodellen überprüft werden kann (vgl. Tabelle 3). Es handelt sich um heuristische Regeln, die keinen systematischen Verhaltens- bzw. Strukturtest darstellen.

Die Bandbreite möglicher Validitätstests reicht vom Turing-Test (Turing 1950) über die Anwendung der oben genannten heuristischen Regeln bis zur Berechnung von Passungskoeffizienten. Beim Turing-Test werden wissenschaftliche Standardbeobachter vor die Aufgabe gestellt empirische und simulierte Daten, beispielsweise eine empirische und eine simulierte Zeitreihe, die die Dynamik einer Organisation beschreiben, voneinander zu unterscheiden. Je weniger sie beide Zeitreihen unterscheiden können, desto höher ist die Verhaltensgültigkeit des Modells. Als Beispiele für Passungskoeffizienten seien hier der mittlere quadratische Fehler und von ihm abgeleitete Koeffizienten genannt (Sterman 1984). Sie informieren über den Grad der Übereinstimmung zwischen empirischer und simulierter Zeitreihe, das heißt, auch sie überprüfen ein Modell auf seine Verhaltensgültigkeit. Unter zu Hilfenahme der Fehlerzerlegung (Theil 1966) kann man bestimmen, in welchem Umfang Abweichungen beider Zeitreihen auf ungleiche Mittelwerte, Varianzen oder Kovarianzen zurückzuführen sind. Auf der Basis dieser Ungleichheitsstatistik kann entschieden werden, ob man Abweichungen akzeptieren kann oder ob das Modell weiter optimiert werden sollte. Auf Grund der Heterogenität von Simulationsansätzen gibt es derzeit im Bereich der Computersimulation keine standardisierten Passungskoeffizienten und auch keine Standards dafür, dass solche Koeffizienten zu veröffentlichen sind (Dijkum/DeTombe/Kuijk 1999). Vielmehr ist jeder Forscher selbst gefordert, geeignete Koeffizienten auszuwählen und zu implementieren.

Tabelle 3: Tests zur Überprüfung der Verhaltens- bzw. Strukturgültigkeit von Simulationsmodellen nach Wolstenholme 1990 und Sterman 1984

Test of model behavior	Question addressed by the test
Behavior Reproduction	Does the model generate the symptoms of the problem, behavior modes, phasing, frequencies and other characteristics of the behavior of the real system?
Behavior Anomaly	Does anomalous behavior arise if an assumption of the model is deleted?
Family Member	Can the model reproduce the behavior of other examples of systems in the same class as the model (e.g. can an urban model generate the behavior of New York, Dallas, Carson City and Calcutta when parameterized for each?
Surprise Behavior	Does the model point to the existence of a previously unrecognized mode of behavior in the real system?
Extreme policy	Does the model behave properly when subjected to extreme policies or test inputs?
Boundary Adequacy (Behavior)	Is the behavior of the model sensitive to the addition or alternation of structure to represent plausible alternative theories?
Behavior Sensitivity	Is the behavior of the model sensitive to plausible variations in parameters?
Statistical Character	Does the output of the model have the same statistical character as the 'output' of the real system?

Fortsetzung Tabelle 3

Test of model structure	Question addressed by the test
Structure Verification	Is the model structure consistent with relevant descriptive knowledge of the system?
Parameter Verification	Are the parameters consistent with relevant descriptive (and numerical, when available) knowledge of the system?
Extreme Conditions	Does each equation make sense even when its imputs take on extreme values?
Boundary Adequacy (Structure)	Are the important concepts for addressing the problem endogenous to the model?
Dimensional Consistency	Is each equation dimensionally consistent without the use of parameters having no real-world counterparts?

In Anschluss an den Validitätstest ist die Sensitivität der Simulationsergebnisse zu überprüfen. Sensitivitätsanalysen sind Methoden, die systematisch überprüfen, wie sensitiv die Simulationsergebnisse (Modell-Output) auf Veränderungen der Input-Werte (Startwerte für die Variablen sowie die Werte für die Parameter) reagieren. Traditionellerweise gelten die Ergebnisse einer Simulation dann als gut, wenn sie robust sind, das heißt wenn die Output-Werte nur wenig auf geringe Veränderungen der Input-Werte reagieren (diese Forderung ist bei nichtlinearen Systemen problematisch, vgl. Chattoe/Möhring/Saam 2000). Ziel von Sensitivitätsanalysen sind die Untermauerung zentraler Ergebnisse der Simulation, die Aufdeckung möglicher Variationen der Ergebnisse und die Anregung zukünftiger Forschung. Die Untermauerung zentraler Ergebnisse der Simulation ist notwendig, weil Simulationen, wie oben beschrieben, nur für ausgewählte Kombinationen von Variablen- und Parameterwerten Lösungen berechnen. Üblicherweise wurden dabei theoretisch als relevant erachtete Werte systematisch variiert, während andere Werte nicht variiert wurden. Sensitivitätsanalysen variieren nun jene Werte systematisch, denen bisher kaum Aufmerksamkeit geschenkt wurde. Es gilt zu überprüfen, ob die ermittelten Lösungen robust sind, wenn man diese Werte variiert. Bedeutende Möglichkeiten der Variation des Input stellen dar: die Variation der Startwerte für den Zufallszahlengenerator (stochastische Modelle), die Variation der Werte für die Parameter des Modells, die Variation der Startwerte für die Variablen des Modells, die Variation statistischer Verteilungen und ihrer Parameter (z. B. Veränderung von Mittelwert oder Varianz einer Normalverteilung) oder die Variation der Modellierung der Zeit (kontinuierlich statt diskret, deterministisches statt zufälliges Update bei zellulären Automaten). Als Kennzahlen, die über die Sensitivität eines Modells informieren, sind Elastizitätskoeffizienten an weitesten verbreitet. Sie geben im einfachsten Fall die y-prozentige Änderung einer Outputvariablen auf Grund einer x-prozentigen Änderung einer Inputvariablen bzw. eines Parameters an. Darüber hinaus kann man Verlaufstypen wichtiger Outputvariablen und geometrische Strukturen (Attraktoren), die das Langzeitverhalten wichtiger Outputvariablen charakterisieren, in Abhängigkeit von den Inputvariablen bestimmen. Man kann weiterhin Metamodelle rechnen, etwa auf der Basis von Regressionsanalysen oder Entscheidungsbaum-Algorithmen. Eine Regressionsanalyse als Sensitivitätsanalyse ist beispielsweise dann sinnvoll, wenn gleichzeitig mehrere Inputvariablen variiert werden und nur eine Outputvariable interessiert. Ein eher qualitatives Verfahren stellt die semi-quantitative Sensitivitätsanalyse dar (semi-quantitativ signalisiert wie oben, dass die Ergebnisse nur qualitativ aussagefähig sind, wenngleich sie auf quantitativen Berechnungen beruhen; die Entwicklung eines semi-quantitativen

Computersimulationsmodells impliziert nicht die Anwendung der semi-quantitativen Sensitivitätsanalyse). Sie klassifiziert jede Variable auf Grund ihrer Verknüpftheit mit allen anderen Variablen als aktiv, reaktiv, puffernd, kritisch oder neutral. Damit verbunden ist eine Einstufung der Variablen als mehr oder weniger sensitiv sowie als mehr oder weniger geeignet für die Steuerung eines sozialen Systems. Einen Überblick über Methoden der Sensitivitätsanalyse und ihre Probleme geben Chattoe/Saam/Möhring (2000).

Erst nach diesen Arbeitsschritten sollte mit Modellexperimenten begonnen werden. Ausgehend vom validierten und auf Robustheit überprüften Modell können Computersimulationsmodelle Experimente an realen sozialen Systemen ersetzen. Man kann kontrafaktische Experimente durchführen („Was wäre gewesen, wenn damals ..."). Man kann unterschiedliche Zukunftsszenarien simulieren („Welche Entwicklung ist für welche Zielgruppe unter welcher möglichen Maßnahme wann zu erwarten?"). Man kann Möglichkeitsanalysen durchführen („Wie sehen die Bedingungen für die Möglichkeit eines erwünschten Ereignisses aus?").

Die Pfeile in Abbildung 1 weisen darauf hin, dass die in der Arbeitsphase Simulation erzielten (Zwischen-)Ergebnisse WissenschaftlerInnen gegebenenfalls dazu veranlassen, zu vorgelagerten Arbeitsphasen zurückzukehren und dort gefällte Entscheidungen partiell zu revidieren. Dies wird insbesondere dann der Fall sein, wenn die Modelloptimierung keine befriedigenden Ergebnisse liefert.

Die letzte Arbeitsphase stellt die Ergebnisinterpretation dar. In der Regel liefern Simulationsstudien sehr viele Einzelergebnisse. Auch wenn es gerade simulierenden Wissenschaftlern, die überzeugt sind von der Methode der Computersimulation, weil sie die Ansprüche eines Leitmotivs vernetztes Denkens (Vester 1995) einlösen kann, schwer fällt, so sollte doch eine Auswahl der Ergebnisse mit Bezug auf die eingangs formulierten Hypothesen einer Simulationsstudie getroffen werden. Die Erfahrung zeigt, dass die „einfache" Reproduktion – und damit im besten Fall, wenn das Modell theoriebasiert ist, Erklärung! – eines dynamischen sozialen Phänomens auf wenig Resonanz unter Fachkollegen stößt.

4 Anwendungsbeispiel

Wenn man Organisationen als Mehrebenensysteme auffasst, in denen begrenzt rationale Mitglieder interagieren, wie wirken dann unterschiedliche Formen des Lernens von Mitgliedern und Organisation in unterschiedlich stabilen Umwelten der Organisation zusammen? Wie unterschieden sich Organisationen, die unter diesen Bedingungen hohe Leistungen erbringen, von jenen, die schlechte Leistungen erbringen? Dies ist die Leitfrage von Kathleen M. Carleys Studie (2000), die ein Beispiel für die theoriebasierte hypothesengenerierende Anwendung der Methode der Computersimulation auf der Basis eines Multiagentensystems ist. Das entwickelte Simulationsmodell repräsentiert nicht einen Realitätsausschnitt, sondern eine Theorie organisationalen Wandels (Carley 1998). Das Modell soll neue Vorhersagen über organisationalen Wandel generieren, die in anschließenden Studien empirisch überprüft werden können.

Dazu werden 1000 Organisationen simuliert, die sich über einen Gesamtzeitraum von 2500 Perioden verändern. Zu Beginn besteht jede Organisation aus 2 bis 45 Mitgliedern, die sich auf 1 bis 3 hierarchischen Ebenen verteilen, aus einer Organisationsstruktur, in der festgelegt ist, welches Mitglied an welches andere Informationen weiterleitet (ein soziales

Netzwerk in Form eines gerichteten Graphen) und aus einer Informationszugangsstruktur, in der festgelegt ist, welches Mitglied welche Information über Tätigkeiten bzw. Ressourcen der Organisation erhält (ein zweiter gerichteter Graph, der Menschen und Informationen miteinander verbindet). Die exakte Anzahl der Mitglieder, der Ebenen und die genaue Ausgestaltung der Strukturen bestimmt der Zufallszahlengenerator zu Beginn der Simulation.

In jeder Organisation müssen Tätigkeiten ausgeführt werden. Das Ausführen jeder einzelnen Tätigkeit setzt jedoch eine richtige Entscheidung der Unternehmensführung voraus. Die Leistungsfähigkeit jeder Organisation wird daran gemessen, wie oft die Unternehmensführung tatsächlich die richtige Entscheidung fällt. Um die Entscheidung fällen zu können, muss sie auf die Informationen zurückgreifen, die durch die Interaktion der Mitglieder in der Organisation an sie weitergeleitet werden. Die jeweils auszuführende Tätigkeit wird als neunstellige Ziffernfolge von Einsen und Nullen kodiert und nicht näher inhaltlich bestimmt. Im Fall einer stabilen Organisationsumwelt wird diese Ziffernfolge als Zufallsauswahl auf der Basis *einer* statistischen Verteilung ermittelt. Eine instabile Umwelt wird dadurch repräsentiert, dass hier die jeweils auszuführende Tätigkeit auf der Basis *verschiedener* statistischer Verteilungen ermittelt wird. Während im ersten Fall organisationales Lernen darüber, welche Tätigkeit die Organisationsumwelt von der Organisation erwartet, leicht möglich ist, ist es im zweiten Fall sehr erschwert. In den ersten 500 Simulationsschritten hat jede Organisation auf diese Weise 500 Tätigkeiten auszuführen.

In den darauffolgenden 2000 Simulationsschritten wiederholt sich immer wieder ein Zyklus aus vier Teilschritten, der die Möglichkeiten organisationalen Lernens berücksichtigt: Es wird eine Entscheidung über eine Sequenz von Tätigkeiten gefällt. Es wird die Leistungsfähigkeit der Organisation überprüft. Es wird ein Vorschlag für die Änderung der Struktur der Organisation erarbeitet. Die Struktur der Organisation wird verändert.

Dazu verfügt jede Organisation über zwei Möglichkeiten des Lernens: (1) Erfahrungslernen bezeichnet die Fähigkeit der Mitglieder, bei der Ausübung von Tätigkeiten durch Erfahrung – Trial-and-error-Prozesse und Feedback – zu lernen. Erfahrungslernen wird als s-förmige Kurve repräsentiert, wie sie aus der Lerntheorie bekannt ist (vgl. die Übersicht in Dutton/Thomas 1984). Schnelle Lernfortschritte zu Beginn eines Lernprozesses gehen in immer geringere Lernfortschritte über, je vertrauter der Lernende mit der zu lernenden Tätigkeit geworden ist. (2) Strategisches Lernen bezeichnet die Fähigkeit der Unternehmensführung, hinsichtlich der ihr zur Verfügung stehenden Möglichkeit der Änderung der Organisations- und Informationszugangsstruktur zu lernen. Ändern kann die Unternehmensführung die Organisationsgröße (*Downsizing*: entlasse n Mitglieder, oder *Upsizing*: stelle n neue Mitglieder ein), die Organisationsstruktur (*Redesigning*: lösche die Beziehung zwischen Mitglied i und j und schaffe eine neue Informationspflicht zwischen i und k) und die Informationszugangsstruktur (*Reengineering*: lösche die Beziehung zwischen Mitglied i und Information s und schaffe eine neue Beziehung zwischen Mitglied j und Information s). Man beachte, dass Veränderungen der Organisationsgröße automatisch die Organisations- und die Informationszugangsstruktur verändern. Wenn man beispielsweise Mitarbeiter entlässt, können Informationen verloren gehen. Es werden vier Ausprägungen des strategischen Lernens unterschieden: (2a) Kein strategisches Lernen – die dazugehörigen Ergebnisse dienen als Referenzwerte für die folgenden Varianten; (2b) Zufälliges strategisches Lernen – sobald die Leistung der Organisation sich um 5% oder mehr verändert hat, wird zufällig die Strategie *Downsizing*, *Upsizing*, *Redesigning* oder

Reengineering gewählt; (2c) Prozedurales strategisches Lernen – bei einer 5%igen oder größeren Leistungssteigerung (-reduktion) wird die Strategie *Upsizing* (*Downsizing*) gewählt; und (2d) Strategisches Lernen – hier greift die Unternehmensführung auf vergangene Erfahrungen mit Veränderungsprozessen und auf Erwartungen hinsichtlich der Zukunft zurück, um gezielt die erfolgversprechendste Wahl zu treffen.

In Simulationsexperimenten hat Carley die Stabilität der Organisationsumwelt variiert, wie oben beschrieben, und es wurde überprüft, welche Unterschiede sich zwischen den 50 leistungsfähigsten und den 50 am wenigsten leistungsfähigen Organisationen ergeben. Dabei wurde jeweils die Leistungsfähigkeit in den letzten 500 Simulationsschritten zugrunde gelegt. Hier seien einige ausgewählte Simulationsergebnisse beschrieben. Ihre Erklärung ist aus Platzgründen nicht möglich. In einer instabilen Umwelt gilt: Die leistungsfähigsten Firmen reduzieren seltener ihre Mitarbeiterzahl (*Downsizing*) und sie erhöhen häufiger ihre Mitarbeiterzahl (*Upsizing*). Die am wenigsten leistungsfähigen Organisationen neigen eher dazu zu häufig Änderungen vorzunehmen. Alle Organisationen verändern sehr viel häufiger die Organisationsstruktur (*Redesigning*) als die Informationszugangsstruktur (*Reengineering*). Die leistungsfähigsten Organisationen sind in einer instabilen Umwelt genau so leistungsfähig wie in einer stabilen, teilweise sogar besser. Eine mögliche Erklärung hierfür ist, dass Organisationen in einer stabilen Umwelt in eine strukturelle Falle (*Lock-in*) geraten können. Sie greifen dann nur noch auf Erfahrungslernen zurück und vergessen strategisches Lernen. Die leistungsfähigsten Organisationen zeichnen sich *nicht* durch eine ähnliche Struktur aus. Die vier Strategien *Downsizing*, *Upsizing*, *Redesigning* und *Reengineering* wirken sich bei den leistungsfähigen und bei den am wenigsten leistungsfähigen Organisationen *unterschiedlich* aus. Hier ist eine mögliche Erklärung, dass in den Organisationen Metalernen stattgefunden hat, so dass nur noch aus einem reduzierten Strategienbündel ausgewählt wird. Hier droht dann ebenfalls die Gefahr von *Lock-ins*. Die Chance von Computersimulationsexperimenten besteht nun darin, dass man die erzielten Ergebnisse nicht nur beschreiben, sondern durch das Vorhandensein der entwicklungsgeschichtlichen Daten jeder einzelnen simulierten Organisation und der Kenntnis der theoretischen Annahmen des Modells für jeden Einzelfall erklären kann. Das heißt, man kann nun etwa diejenigen Fälle gezielt aussuchen, in denen *Lock-ins* aufgetreten sind, und mit denen vergleichen, in denen keine *Lock-ins* auftraten, und dann die Bedingungen ermitteln, die *Lock-ins* verhindern. Hieraus lassen sich in einem weiteren Arbeitsschritt Gestaltungsempfehlungen ableiten.

Hervorgehoben sei, dass es sich bei allen beschriebenen Simulationsergebnissen sowie ihren möglichen Erklärungen um Befunde – computergestützt generierte Thesen – handelt, die die logischen Implikationen der simulierten Theorie organisationalen Wandels wiedergeben. Ob sie auch empirisch zutreffen, ist noch zu überprüfen. Durch das wiederholte Wechselspiel von theoriebasierter Simulation und empirischer Überprüfung von Hypothesen lassen sich Theorien organisationalen Wandels computergestützt weiter entwickeln.

5 Möglichkeiten und Grenzen der Methode

Die Stärke der Methode der Computersimulation besteht darin, relativ komplexe organisationale Sachverhalte bzw. Theorien abbilden zu können, und Lösungen, z. B. Aussagen über das Langzeitverhalten aller möglicher miteinander in Wechselwirkung stehender

Teilaspekte eines solchen Sachverhalts bzw. einer Theorie, deduktiv exakt ableiten zu können. Eine Simulation ist in diesem Sinne eine Verlängerung des menschlichen Gehirns, das bei Berücksichtigung zu vieler Wechselwirkungen zwischen einzelnen Faktoren fehleranfällig ist.

Hier seien zunächst die Möglichkeiten herausgestellt, die Computersimulation als hypothesengenerierende Methode der organisationssoziologischen Theoriebildung bietet:

Computersimulationsmodelle zwingen dazu alle Annahmen explizit zu machen. Vielfach gibt es in verbal formulierten Theorien unklare oder unvollständige Aussagen zu Annahmen, die einer Theorie zugrunde liegen. Es bleibt dann auch unklar, welche Aussagen sich daraus tatsächlich ableiten lassen und welche nicht. Solche Unklarheiten werden durch Computersimulationsmodelle offen gelegt. Da die Deduktion mit der Exaktheit einer Maschine abläuft, gibt es nur zwei mögliche Erklärungen dafür, dass eine formalisierte Theorie nicht ein theoretisch vorhergesagtes Phänomen erzeugt. Entweder es fehlen weitere Annahmen oder es sind einige Annahmen falsch. Durch die Simulation kann präzise abgeleitet werden, welche Konsequenz welche Annahme hat und welche nicht. Diese Erkenntnisse können in den Prozess der Theoriebildung zurückfließen und dort zu einer Verfeinerung der Theorien beitragen, wo sie bisher unvollständig waren. Erzeugt eine solcherart verfeinerte Theorie dann die vorhergesagten Phänomene, dann hat man durch die Simulation den Nachweis der Vollständigkeit der Theorie erbracht. Durch systematische Überprüfung des Beitrags jeder Variablen und jedes Parameters zum Entstehen des vorhergesagten Phänomens kann man darüber hinaus herausarbeiten, welches die minimalen Annahmen sind, die zur Formulierung einer bestimmten Theorie notwendig sind.

Weil die Deduktion mit der Exaktheit einer Maschine abläuft, kann man unerwartete Konsequenzen theoretischer Annahmen mit der Präzision einer Maschine entdecken. Man kann also systematisch Annahmen variieren und explorieren, welche veränderten Ergebnisse man dadurch erhält. Computersimulationen werden hier eingesetzt, um computergestützt Gedankenexperimente (Davis/Kerr 1986) durchzuführen. Neue Voraussagen können in späteren Arbeitsschritten empirisch überprüft werden.

Empirisch arbeitende Organisationssoziologen sind vielfach mit dem Problem geringer Fallzahlen konfrontiert. Simulierte Daten können empirische „ersetzen", wo es auf lange Sicht hin unrealistisch ist, empirische Daten zu erheben. Beispielsweise beschreibt McPherson (2000, S. 225), dass ihm zur empirischen Analyse der Effekte von Homophilie und Wettbewerb auf den Bestand und Wandel von Freiwilligenorganisationen nur zwei Datensätze zur Verfügung standen, die jeweils einen Zeitraum von fünfzehn Jahren abdeckten. Um die Effekte verschiedener Parameter zu überprüfen, insbesondere auch über einen längeren Zeitraum, reichten diese Daten nicht aus. Es sei auf lange Zeit unrealistisch zu hoffen, dass das Geld für die Erhebungen dieser Daten bereitgestellt würde. So generierte er als Ersatz für die nicht vorhandenen empirischen Daten ein Modell, das wesentliche theoretische Annahmen umsetzt, die aus seiner jahrzehntelangen Forschung zu diesem Themengebiet erwuchsen. Die so simulierten Daten unterzog er multiplen Regressionsanalysen, um diejenigen Hypothesen zu „testen", die er gerne an empirischen Daten getestet hätte, und um neue Hypothesen zu generieren.

Damit ist der Einsatz von Computersimulation als hypothesentestende Methode der organisationssoziologischen Theoriebildung bereits angesprochen. Ohne Details zu wiederholen, die oben ausgeführt wurden, sei hier noch einmal die Möglichkeit unterstrichen Hypothesen zu entwickeln und zu testen, die sich auf langfristige Entwicklungen in und von Organisationen beziehen. Ein organisationstheoretisches Forschungsgebiet, auf dem diese Methode relativ weit verbreitet ist, ist das der Entstehung und Veränderung von *Industrial Districts* (z. B. Fioretti 2001). Da weder die Modellkalibrierung noch die -optimierung und die -validierung über etablierte Standards verfügen, ist eine vorsichtige Bewertung angebracht, wenn man ausdrücken möchte, dass man „eine Hypothese mit Hilfe von Computersimulationen getestet hat".

Die Möglichkeiten der Methode der Computersimulation treffen dann auf eine bisher unüberwindbare Grenze, wenn man eine organisationssoziologische Theorie zugrunde legt, die sich der interpretativen Soziologie zurechnen lässt. Die Tiefgründigkeit der interpretativen Soziologie bleibt der Computersimulation so lange verschlossen, wie die Simulation von Bedeutung, das heißt die computerisierte Bedeutungsanalyse menschlicher Handlungen – die ein Verstehen der natürlichen menschlichen Sprache durch die Computertechnologie erfordern würde – Zukunftsmelodie ist. Dies würde erfordern, dass Computersimulationsmodelle die Bedeutung erkennen, die Menschen „Dingen" (Gegenständen, anderen Menschen, Handlungen, Institutionen, Situationen etc.) beimessen. Es würde erfordern, dass Computersimulationsmodelle die Entstehung von Bedeutungen aus der sozialen Interaktion mit anderen Menschen rekonstruieren können. Es würde erfordern, dass Computersimulationsmodelle die Veränderung von Bedeutungen während der Auseinandersetzung mit der Umwelt und ihre situationsadäquate Interpretation rekonstruieren können. Hiervon sind Computersimulationsmodelle weit entfernt.

6   Literatur

Bonini, Charles P. (1963): Simulation of Information and Decision Systems in the Firm, Englewood Cliffs

Bossel, Hartmut (1992): Modellbildung und Simulation. Konzepte, Verfahren und Modelle zum Verhalten dynamischer Systeme, Wiesbaden

Bühl, Walter L. (1986): Soziologie und Systemökologie, in: Soziale Welt 37, S. 363–389

Carley, Kathleen M. (1995): Computational and Mathematical Organization Theory. Perspectives and Directions, in: Computational and Mathematical Organization Theory 1, S. 39–56

Carley, Kathleen M. (1998): Organizational Adaptation, in: Annals of Operations Research 75, S. 25–47

Carley, Kathleen M. (2000): Organizational Adaptation in Volatile Environments, in: Ilgen, Daniel R./Hulin, Charles L. (Hrsg.), Computational Modeling of Behavior in Organizations, Washington, DC, S. 241–268

Chattoe, Edmund/Saam, Nicole J./Möhring, Michael (2000): Sensitivity analysis in the social sciences: problems and prospects, in: Gilbert, G. Nigel/Mueller, Ulrich/Suleiman, Ramzi/Troitzsch, Klaus G. (Hrsg.), Social science microsimulation: Tools for modeling, parameter optimization, and sensitivity analysis, Heidelberg, S. 243–273

Cohen, Michael D./March, James G./Olson, Johan P. (1972): A Garbage Can Model of Organizational Choice, in: Administrative Science Quarterly 17, S. 1–25

Coleman, James S. (1964): Mathematical Models and Computer Simulation, in: Faris, Robert E. (Hrsg.), Handbook of Modern Sociology, Chicago, S. 1027–1062

Conte, Rosaria/Gilbert, Nigel (1995): Introduction. Computer Simulation for Social Theory, in: Gilbert, Nigel/Conte, Rosaria (Hrsg.), Artificial Societies. The Computer Simulation of Social Life, London, S. 1–15

Cyert, Richard Michael/Feigenbaum, Edward A./March, James G. (1959): Models in a Behavioral Theory of the Firm, in: Behavioral Science 4, S. 81–95

Davis, James H./Kerr, Norbert (1986): Thought Experiments and the Problem of Sparse Data in Small-Group Performance Research, in: Goodman, Paul (Hrsg.), Designing Effective Work Groups, New York, S. 305–349

Dijkum, Cor van/DeTombe, Dorien/Kuijk, Etzel van (Hrsg.) (1999): Validation of Simulation Models, Amsterdam

Dörner, Dietrich (1987): Modellbildung und Simulation, in: Roth, Erwin (Hrsg.), Sozialwissenschaftliche Methoden, 2. unw. veränd. Auflage, München, S. 337–350

Dutton, John M. und William H. Starbuck (1971): Computer Simulation of Human Behavior, New York

Dutton, John M./Thomas, Annie (1984): Treating Progress Functions as a Managerial Opportunity, in: Academy of Management Review 9, S. 235–247

Fioretti, Guido (2001): Information Structure and Behaviour of a Textile Industrial District, in: Journal of Artificial Societies and Social Simulation 4, Heft 4, <jasss.soc.surrey.ac.uk/4/4/1.html>

Garson, G. David (1998): Neural Networks. An Introductory Guide for Social Scientists, London

Gilbert, Nigel/Troitzsch, Klaus G. (1999): Simulation for the social scientist, Buckingham

Hegselmann, Rainer (1996): Cellular Automata in the Social Sciences. Perspectives, Restrictions, and Artefacts, in: Hegselmann, R. et al. (Hrsg.), Modelling and Simulation in the Social Sciences from a Philosophy of Science Point of View, Dordrecht, S. 209–233

Hollenbeck, John R. (2000): Comment: Consequences of Organizational Reward Systems, in: Ilgen, Daniel R./Charles L. Hulin. (Hrsg.), Computational Modeling of Behavior in Organizations, Washington, DC, S. 129–134

Ilgen, Daniel R./Hulin, Charles L. (Hrsg.) (2000): Computational Modeling of Behavior in Organizations, Washington, DC

Jacobsen, Chanoch/Bronson, Richard (1995): Computer Simulations and Empirical Testing of Sociological Theory, in: Sociological Methods & Research 23, S. 479–506

Jacobsen, Chanoch/Bronson, Richard/Vekstein, Daniel (1990): A Strategy for Testing the Empirical Adequacy of Macro-Sociological Theories, in: Journal of Mathematical Sociology 15, S. 137–148

Kreutz, Henrik/Bacher, Johann (1991): Modelldenken, Gedankenexperiment und Mikrosimulation: der Königsweg der pragmatischen Soziologie, in: dies. (Hrsg.) Disziplin und Kreativität. Sozialwissenschaftliche Computersimulation, Opladen, S. IX–XXIX

Kreutzer, Wolfgang (1986): System Simulation. Programming Styles and Languages, Sydney

Macy, Michael W./Willer, Robert (2002): From Factors to Actors: Computational Sociology and Agent-Based Modeling, in: Annual Review of Sociology 28, S. 143–166

McPherson, J. Miller (2000): Modeling Change in Fields of Organizations. Some Simulation Results, in: Ilgen, Daniel R./Hulin, Charles L. (Hrsg.), Computational Modeling of Behavior in Organizations, Washington, DC, S. 221–234

Merz, Joachim (1991): Microsimulation. A Survey of Principles, Developments and Applications, in: International Journal of Forecasting 7, S. 77–104

Ostrom, Thomas (1988): Computer Simulation. The Third Symbol System, in: Journal of Experimental Social Psychology 24, S. 381–392

Prietula, Michael J./Carley, Kathleen M./Gasser, Les (Hrsg.) (1998): Simulating Organizations. Computational Models of Institutions and Groups, Menlo Park

Saam, Nicole J. (1999): Simulating the micro-macro link: New approaches to an old problem and an application to military coups, in: Sociological Methodology 29, S. 43–79

Schnell, Reiner (1990): Computersimulation und Theoriebildung in den Sozialwissenschaften, in: Kölner Zeitschrift für Soziologie und Sozialpsychologie 42, S. 109–128

Stanislaw, Harold (1986): Tests of Computer Simulation Validity. What Do They Measure?, in: Simulation and Games 17, S. 173–191

Sterman, John D. (1984): Appropriative Summary Statistics for Evaluating the Historic Fit of System Dynamics Models, in: Dynamica 10, S. 51–66

The Simulation of Social Agents 2001, Special Issue of: Social Science Computer Review 19, S. 245–390

Theil, Henri (1966): Applied Economic Forecasting, Amsterdam
Troitzsch, Klaus G. (1990): Modellbildung und Simulation in den Sozialwissenschaften, Opladen
Troitzsch, Klaus G. (1997): Social Simulation. Origins, Prospects, Purposes, in: Conte, Rosaria/Hegselmann, Rainer/Terna, Pietro (Hrsg.), Simulating Social Phenomena, Berlin, S. 41–54
Turing, Alan (1950): Computing Machinery and Intelligence, in: Mind 59: 433–460, Wiederabgedruckt in: Feigenbaum, Edward A./Feldman, Julian (Hrsg.), Computers and Thought, New York 1963, S. 11–35
Vester, Frederic (1997): Leitmotiv vernetztes Denken: für einen besseren Umgang mit der Welt, 6. Auflage, München
Whicker, Marcia L./Mauet, A. R. (1983): Computer Simulation Modeling: A Tool for Studying Organizations, in: Administration and Society 14, S. 481–506
Wolstenholme, Eric F. (1990): System Enquiry. A System Dynamics Approach, Chichester

Modellbildung

Nicole J. Saam

1 Einleitung

Die allgemeine Modelltheorie (Stachowiak 1973) definiert ein Modell als die Replikation eines Realitätsausschnitts (eines Urbilds) – sein Abbild. Drei Merkmale kennzeichnen das Verhältnis von Urbild und Modell: (1) Das Abbildungsmerkmal. Modelle sind stets Modelle von etwas; sie sind nicht identisch mit dem Urbild. (2) Das Verkürzungsmerkmal. Modelle können niemals alle, sondern nur die dem Konstrukteur relevanten Merkmale des Urbilds enthalten. (3) Das pragmatische Merkmal. „Modelle (sind) ... ihren Originalen nicht per se eindeutig zugeordnet. Sie erfüllen ihre Ersetzungsfunktion (a) für bestimmte – erkennende und/oder handelnde, modellbenutzende – Subjekte, (b) innerhalb bestimmter Zeitintervalle und (c) unter Einschränkung auf bestimmte gedankliche oder tatsächliche Operationen" (Stachowiak 1973, S. 131 ff.). In dieser Definition bleibt offen, ob die Abbildung mit Hilfe natürlichsprachlicher oder formaler Zeichensysteme geschieht.

Der Begriff Modell wird in diesem Beitrag in einem engeren Sinne verwandt. Er beschränkt sich auf *mathematische Modelle*, die ein Objekt abbilden und die sich durch Anwendung mathematisch-analytischer Verfahren untersuchen lassen. Bei diesem Objekt kann es sich entweder um einen Realitätsausschnitt handeln, beispielsweise eine Organisation, oder um eine Theorie der Organisation, beispielsweise die Neue Institutionenökonomik. Ostrom (1988) stellt mathematischen Modellen verbale Modelle und Computersimulationsmodelle gegenüber (vgl. Tabelle 1). Während ein verbales Modell sehr komplexe Realitätsausschnitte beschreiben kann, ist es nur selten möglich auf seiner Basis eine exakte, grundsätzliche Aussage über generelle Verhaltensmerkmale („Lösungen") eines solcherart beschriebenen Realitätsausschnitts zu machen. Mathematische Modelle sind wie Computersimulationsmodelle deduktive Systeme, die eine solche Ableitung ermöglichen. Sie unterscheiden sich jedoch hinsichtlich der Allgemeinheit der abgeleiteten Lösungen. Aus mathematischen Modellen lassen sich generelle, analytische, aus Simulationsmodellen nur partielle, numerische Lösungen deduzieren. Während die mathematische Analyse Endzustände (Gleichgewichtszustände) ermittelt, sind Computersimulationen insbesondere dazu geeignet, den Weg zu diesen Endzuständen zu analysieren bzw. die Dynamik sozialer Systeme zu explorieren, wenn überhaupt keine Gleichgewichtszustände erreicht werden. Die mathematische Analyse ist nur dann möglich, wenn ein Realitätsausschnitt oder eine Theorie in relativ einfacher Weise abgebildet werden kann.

Tabelle 1: Drei Symbolsysteme (Ostrom 1988)

	Bewältigung von Komplexität	Ableitung von Lösungen
mathematisch-analytisches Modell	kann nur relativ einfache Situationen bewältigen	liefert generelle, abstrakte (analytische) Lösung
Computer-simulationsmodell	kann komplexe Situationen bewältigen	liefert numerische Lösungen für bestimmte Kombinationen von Parameter- und Variablenwerten
verbales Modell	kann komplexe Situationen beschreiben	liefert nahezu keinerlei Lösung

In der sozial- und wirtschaftswissenschaftlichen Organisationsforschung ist die Anwendung mathematischer Modelle eng an die Entwicklung der Spieltheorie (Neumann/Morgenstern 1944) und der Agency-Theorie (Ross 1973; Jensen/Meckling 1976) geknüpft. Beide Theorien sind nicht nur formalisiert, sondern auch axiomatisiert[1] und erfüllen daher höchste Ansprüche mathematischer Modellbildung.[2] Während die Spieltheorie keinerlei organisationsspezifische Annahmen macht und als allgemeine Handlungstheorie für strategisches Handeln rationaler Akteure angewandt wird (z. B. Verhandlungen zwischen Unternehmerseite und Betriebsrat), liegt mit der Agency-Theorie eine Theorie über Auftraggeber(Prinzipal)-Auftragnehmer(Agent)-Beziehungen vor, die als Organisationstheorie der Theorie rationalen Handelns aufgefasst werden kann. Sie wird beispielsweise zur Analyse von Beziehungen zwischen Arbeitnehmer und Arbeitgeber, Manager und Aktionär, sowie Aufsichtsrat und Vorstand angewandt. Derzeit ist mathematische Modellbildung und Analyse die vorherrschende Methode wirtschaftswissenschaftlicher Organisationsforschung, wie auch sozialwissenschaftlicher Organisationsforschung auf der Basis der Theorie rationalen Handelns. Dem liegt die Überzeugung zugrunde, dass die Formalisierung von Theorien wesentlich ist für wissenschaftlichen Erkenntnisfortschritt. So wie die Fortschritte der Physik beispielsweise auf dem Gebiet der Mechanik durch die strenge Formalisierung ihrer Theorien (Newton und seine Nachfolger) erreicht wurden, so könnten auch in der Ökonomie Fortschritte nur durch weitere Formalisierung erreicht werden (Neumann/Morgenstern 1944). Aus wissenschaftsphilosophischer Perspektive führt Suppes (1983) folgende Argumente zugunsten der Formalisierung und Axiomatisierung von Theorien an:

Explizitheit: Im Rahmen der Formalisierung wird die Bedeutung der verwendeten Begriffe in expliziter Weise herausgearbeitet. Dabei werden auch die Beziehungen zwischen den Begriffen geklärt.

Standardisierung: Die Formalisierung hat die Standardisierung von Terminologie und Methoden der begrifflichen Analyse in verschiedenen wissenschaftlichen Disziplinen zur Folge. Dies erleichtert die Kommunikation zwischen verschiedenen Disziplinen und stärkt die Einheit der Wissenschaft.

Allgemeinheit: Formalisierung beschränkt sich auf das wesentliche und verzichtet auf unwesentliche Annahmen. Sie gestattet es „den Wald trotz lauter Bäumen zu sehen" (Suppes 1983, S. 28).

Objektivität: Formalisierung liefert einen Grad an Objektivität, der für nichtformalisierte Theorien unmöglich ist. Dies ist insbesondere für Wissensgebiete bedeutsam, bei denen Kontroversen schon über die elementarsten Grundbegriffe bestehen.

Abgeschlossenheit der Annahmen: Die Formalisierung ist eine „Versicherung gegen *ad hoc* und *post hoc* Verbalisierungen" (Suppes 1983, S. 29). Es wird zu Beginn festgelegt, welche Annahmen gemacht werden, und es ist nicht gestattet, diese beliebig zu verändern oder zu ergänzen, um Lösungen auszuschließen, die man nicht akzeptabel findet.

Minimale Annahmen: Formalisierung ermöglicht eine objektive Analyse der minimalen Annahmen, die zur Formulierung einer Theorie nötig sind. Dies ist ein direkter Test, ob man eine Theorie wirklich verstanden hat. Es ist auch ein Maß dafür, wie weit eine Theorie entwickelt ist.

Soziologen setzen in ihrer Argumentation andere Schwerpunkte. Sie betonen die Möglichkeit, intuitive und schwer durchschaubare Schlussfolgerungen durch präzise Deduktion zu ersetzen. Ziegler (1972, S. 14 f.) betont, dass die in unserer wissenschaftlichen Alltagssprache vorhandenen „‚Ableitungsregeln' bei vielen, vermutlich sogar den meisten Aussagen, die in den Sozialwissenschaften verwendet werden, nicht ausreichen, um überhaupt präzise deduzieren zu können." Opp (1995, S. 181) argumentiert, dass die Formalisierung Ableitungen leichter macht, Ableitungen leichter kontrollierbar macht, falsche Ableitungen verhindert und zur Präzisierung der Aussagen der zu formalisierenden Theorie zwingt. Hummel hebt hervor, dass Formalisierung zur Systematisierung und Klärung der formalen Struktur einer Theorie beiträgt. Annahmen und Folgerungen aus diesen sind klar voneinander getrennt. „Die Axiomenmenge ist dabei so beschaffen, dass sämtliche Theoreme logische Konsequenzen der Axiome sind" (Hummel 1972, S. 32). In neuerer Zeit wird die Deduktion neuer, gegebenenfalls überraschender Hypothesen als eine der wichtigsten Stärken der Modellbildung bezeichnet (Diekmann 1996, S. 97). Dieses letzte Argument erscheint besonders interessant und überzeugend. Allerdings zeigt die Forschungspraxis, dass die Deduktion überraschender Hypothesen die große Ausnahme darstellt.

Das bedeutendste mathematische Modell, das auch in der Organisationsforschung Anwendung findet, ist sicherlich das Gefangenendilemma (eine leicht lesbare Darstellung bietet Rieck 1993, S. 36 ff.). Dennoch tritt es heute innerhalb der Organisationsforschung hinter die unzähligen Varianten agency-theoretischer Modelle zurück. Einen umfassenden Überblick über die Erklärung der Entstehung von Organisationen sowie interne Organisationsprobleme und mögliche Lösungsansätze aus ökonomischer Sicht bieten Kräkel (2004) und Milgrom/Roberts (1992). Mathematische Modelle werden dabei zur Veranschaulichung und Präzisierung von Problemen und zur Ableitung von Lösungsansätzen eingesetzt. Die *normative* Agency-Theorie („principal-agent theory") wie auch die *normative* Spieltheorie suchen durch mathematische Analyse nach effizienten Lösungen für Probleme, die sie schließlich als Gestaltungsvorschläge präsentieren. *Positive* Agency-Theorie („positivist agency theory") und *positive* Spieltheorie („new behavioral game theory") sind empirisch ausgerichtet. Sie setzen mathematische Modelle zur Hypothesengenerierung ein.

Die vielfältigen Einsatzmöglichkeiten von mathematischen Modellen bedingen ein mehr oder weniger unterschiedliches methodisches Vorgehen. Im einfachsten Fall bedient sich die mathematische Modellbildung des Argumentationsmusters des Beweises: Auf der Basis von logischen Schlussregeln wird eine Aussage aus anderen Aussagen abgeleitet. Da in der Mathematik nicht jede Aussage beweisbar sein kann, ohne dass man einem Zirkel verfällt, versucht man, kompliziertere Aussagen auf einfachere Aussagen zurückzuführen. So stößt man auf Sätze, die sich aus keinem früheren Satz mehr herleiten lassen. Typischerweise baut man daher seine Theorien auf Axiome, d.h. auf als wahr postulierte Aussagen auf, auf die bei den folgenden Beweisen zurückgegriffen werden darf. Alle Beweise sind letztlich auf Axiome zurückführbar. Bei der Aufstellung von Axiomensystemen fordert man die Widerspruchsfreiheit und im Allgemeinen auch die Unabhängigkeit der Axiome (keines der Axiome soll aus den vorhergehenden ableitbar sein). Die folgende Darstellung stellt verschiedene Vorgehensweisen im Rahmen normativer und positiver Organisationsforschung vor. Zentrale Arbeitsschritte sind: Problemformulierung, Modellbildung, mathematische Analyse und Ergebnisinterpretation.

2 Datenerhebung und Datenaufbereitung

Am Beginn der mathematischen Modellbildung steht die **Problemformulierung**. Hierin unterscheidet sich die Methode der Modellbildung nicht von anderen Forschungsmethoden. Allerdings zeigt gerade die Auswahl dieser Methode bereits für die Problemformulierung Konsequenzen. Die Stärken mathematischer Modellbildung lassen sich nur dann nutzen, wenn man Probleme aus einer bestimmten Perspektive betrachtet. Deshalb werden Forschungsfragen typischerweise als Optimierungsprobleme reformuliert. Die Forschungsfrage wird also beispielsweise nicht lauten „welche Typen von Entlohnungssysteme lassen sich unterscheiden?", sondern „unter welchen Bedingungen ist welches Entlohnungssystem optimal?" Man wird nicht fragen „wie entwickeln sich die Tariflöhne?", sondern „welche Gleichgewichtslösungen lassen sich bei gegebenen Präferenzen von Arbeitgeber- und Arbeitnehmervertretern finden?" Die Problemformulierung eines Modellierers ist gleichsam überlagert durch das Wissen darüber, welche Fragestellungen sich durch mathematische Analyse beantworten lassen (und welche nicht).

Der zentrale Arbeitsschritt der Datenerhebung und Datenaufbereitung im Rahmen der mathematischen Modellbildung ist zugleich namensgebend für die ganze Methode: es ist die **Modellbildung** (im engeren Sinne). Sie umfasst das Aufstellen der Annahmen bzw. des Axiomensystems, die das vom Forscher ausgewählte Objekt abbilden sollen. Für die Auswahl der Axiome sind zwei Kriterien zentral: die Sparsamkeit der theoretischen Annahmen und die Einfachheit der formalen Struktur.

Die Forderung der **Sparsamkeit theoretischer Annahmen** (*Ockham's Razor*) spiegelt der Satz wieder, eine Theorie solle so einfach wie möglich, aber so komplex wie nötig sein. Für die Umsetzung dieser Forderung gibt es bis zum heutigen Tag keine allgemeinen methodologischen Regeln (für die Theorie rationalen Handelns hat Lindenberg 1991 die Methode der abnehmenden Abstraktion formuliert). Das Bemühen um einfache Annahmen kulminiert in der Frage, ob theoretische Annahmen realistisch sein müssen. Während Friedman (1953) argumentiert, dass der deskriptive Gehalt von theoretischen Annahmen unwesentlich ist und dass die Güte einer Theorie sich nur an ihrer Prognosefähigkeit messen lässt, heben Rasmusen (1994: „no-fat modelling") und Fisher (1989: „exemplifying theory") hervor, dass die Güte einer Theorie sich doch eher an ihrer Fähigkeit zu erklären messen lassen sollte. In letzterem Fall müssen theoretische Annahmen deutlich realistischer sein. In der Praxis ringt jeder Modellierer mit dem Realitätsgehalt seiner theoretischen Annahmen. Denn was leistet die präziseste Prognose, wenn sie sich nicht empirisch überprüfen lässt? Auch Friedman bemisst der Prognosefähigkeit nur deshalb einen so hohen Wert bei, weil er sie mit empirischer Prüfbarkeit und der Gültigkeit der auf Basis der theoretischen Annahmen erzielbaren Vorhersagen verbindet.

Die mathematische Analyse ist nur dann möglich, wenn ein Realitätsausschnitt oder eine Theorie in relativ einfacher Weise abgebildet werden kann. **Einfachheit der formalen Struktur** bedeutet, dass man sich auf wenige Variablen und wenige Parameter beschränkt und dass man Funktionen so definiert, dass sie differenzierbar sind (z. B. Annahme der Stetigkeit) und dass sich Optima auch eindeutig bestimmen lassen (ein typisches Beispiel ist die Annahme der Konvexität von Nutzenfunktionen: nur wenn die Nutzenindifferenzkurven der Akteure konvex zum Ursprung verlaufen, lassen sich Optima eindeutig bestimmen). Der Einfluss weiterer relevanter Variablen wird – wenn überhaupt – in der Regel durch die Aufnahme eines Zufallsprozesses zusammengefasst und modelliert. Die Annahme mehrerer Zufallsprozesse hat den Verlust der mathematischen Analysierbarkeit zur Folge. Wenn das Verhalten mehrerer Akteure mathematisch modelliert werden soll, dann muss die Homogenität der Akteure angenommen werden. Dies bedeutet im Beispiel der Modellierung von Tarifverhandlungen, dass das Handeln aller modellierten Arbeitnehmervertreter denselben Verhaltensannahmen folgen muss (dasselbe gilt analog für die Arbeitgeberseite).

Bisher wurde argumentiert, dass die Modellbildung mit dem Verzicht auf vielerlei Annahmen verbunden ist. Dennoch ist der Arbeitsschritt der Modellbildung auch mit der Auswahl aus einer Anzahl von Optionen verbunden. Es ist ein geeignetes **mathematisches Kalkül auszuwählen**. Mathematische Kalküle lassen sich nach verschiedenen Gesichtspunkten typisieren, beispielsweise nach der Art der zu suchenden Lösung in Optimierungs- bzw. strategische Kalküle, oder nach der Art des Gleichungsansatzes in Differenzialgleichungs- oder stochastische Ansätze.

Das Konzept **strategischer Kalküle** wurde durch die Spieltheorie (Neumann/Morgenstern 1944) dem Konzept der **Optimierungskalküle** gegenübergestellt. John von Neumann und Oscar Morgenstern kritisierten, dass das bis dahin in der Ökonomie vorherrschende Optimierungskalkül nicht berücksichtigen kann, dass die meisten ökonomischen Probleme strategische Probleme sind, bei denen die Akteure auch die Handlungen anderer Akteure in ihre Entscheidungen einbeziehen müssen, da ihre Zielgrößen auch von deren Handeln abhängen. Das gilt zum Beispiel auch für Tarifverhandlungen. Strategische Kalküle bestimmen andere Arten von Lösungen als Optimierungskalküle.[3] Solche Lösungen werden im Allgemeinen als Gleichgewichte bezeichnet. Der Begriff des Gleichgewichts stammt ursprünglich aus der klassischen Mechanik. Die verschiedenen Gleichgewichtsbegriffe, die sich daraus entwickelt haben, haben eines gemeinsam: Sie bezeichnen ein System, das aus sich heraus keine Kräfte mehr entwickelt, um seinen Systemzustand zu ändern. Während nun Optimierungskalküle zum Einsatz kommen, um Gleichgewichte auf Märkten (hier definiert als Gleichheit von Angebot und Nachfrage) oder makroökonomische Gleichgewichte (zum Beispiel im Sinne des IS-LM-Schemas) zu bestimmen, kommen im Rahmen der Analyse strategischer Kalküle so genannte strategische Gleichgewichtskonzepte zum Einsatz. Das strategische Gleichgewicht hat die Eigenschaft, dass sich kein Akteur verbessern kann, wenn er als einziger von der Gleichgewichtslösung abweicht. Das bekannteste strategische Gleichgewichtskonzept ist das Nash-Gleichgewicht. Da es nicht für alle Entscheidungssituationen eine plausible Lösung anbietet, wurden im Laufe der Entwicklung der Spieltheorie weitere, verfeinerte Gleichgewichtskonzepte entwickelt (als Einführung sei Rieck 1993, als Vertiefung Berninghaus/Ehrhart/Güth 2002 empfohlen), z. B. das perfekte und teilspielperfekte Gleichgewicht. Diese Gleichgewichtskonzepte werden als Lösungskonzepte bezeichnet. Ein Lösungskonzept ist eine Anweisung, wie in einer Klasse von Akteuren eine Lösung ermittelt werden soll. Unter einer Lösung wird dabei ein Vorschlag verstanden, wie in einer Entscheidungssituation gehandelt werden soll. In der spieltheoretischen Literatur wird oft nur von Gleichgewicht gesprochen, wenn eigentlich das Nash-Gleichgewicht gemeint ist. Dies ist nicht nur eine sprachliche Lässigkeit. Es wird hierdurch auch die Sicht auf die interessante Forschungsfrage verstellt, ob in einer angenommenen Entscheidungssituation die anderen Gleichgewichte gleichzeitig ein strategisches Gleichgewicht sein können, aber nicht müssen. Manchmal kann das strategische Gleichgewicht auch ein Ungleichgewicht im Sinne des Optimierungskalküls sein. In Abhängigkeit davon, welches Gleichgewichtskonzept seine Problemformulierung als Lösungskonzept erfordert, wird jeder Modellierer daher entscheiden, ob er ein Optimierungs- oder ein strategisches Kalkül für die Modellierung auswählt.

Die Mathematik stellt verschiedene **Arten von Gleichungsansätzen** zur Verfügung (über die an dieser Stelle kein Überblick gegeben werden kann). Jeder Modellierer kann sich aus der gesamten Angebotspalette bedienen. Wichtige Alternativen betreffen

(a) *statische versus dynamische Modellierung*: im ersten Fall verändern sich die Merkmale des abgebildeten Objekts und die Relationen zwischen ihnen im Laufe der Zeit nicht; im zweiten Fall verändern sie sich. Dann wird man zumeist Differenzialgleichungen, manchmal auch Differenzengleichungen wählen.

(b) *deterministische versus stochastische Modellierung*: wenn jedes zukünftige Ereignis mit beliebiger Präzision vorhergesagt werden soll, dann wird ein deterministischer Ansatz gewählt; geht man davon aus, dass für das Eintreten von Ereignissen lediglich eine bestimmte Wahrscheinlichkeit angegeben werden kann, dann wird man ein stochastisches Modell aufstellen, d.h. ein Modell, das Zufallsprozesse und/oder Übergangswahrscheinlichkeiten enthält;

(c) *diskrete versus kontinuierliche Modellierung*: in diskreten Modellen geschehen Veränderungen sprungweise, während sie in kontinuierlichen Modellen fließend stattfinden; die häufigste Anwendung sind zeitdiskrete (Differenzengleichungen; sie haben die allgemeine Form $x(t+\tau) = f(x(t))$ mit $\tau = const.$) oder zeitkontinuierliche Modelle (Differenzialgleichungen; sie haben die allgemeine Form $dx/dt = f(x(t))$);

(d) *lineare versus nichtlineare Modellierung*: im ersten Fall sind alle Funktionen linear (linear steigend: $y = bx + c$ *mit* $b > 0$; oder linear fallend: $y = bx + c$ *mit* $b < 0$), im letzten ist mindestens eine Funktion nichtlinear (z. B. exponentiell steigend, d.h. konvex: $y = ae^{bx}$, $b > 0$; exponentiell fallend, d.h. konvex: $y = ae^{bx}$, $b < 0$; oder logarithmisch, d.h. konkav: $y = a\ log\ (bx)$).

Es gibt eine Vielzahl von Gleichungsansätzen, die eine je spezifische Kombination dieser Merkmale beinhalten. Beispielsweise bezeichnet das Modell des Markov-Prozesses ein stochastisches Gleichungssystem mit kontinuierlicher oder diskreter Zeit und kontinuierlichem oder diskretem Zustandsraum, das annimmt, dass die Zukunft dieses stochastischen Prozesses nur vom gegenwärtigen Zustand, jedoch nicht von vergangenen Zuständen abhängt. Seit dem Beginn der 80er Jahre ist es insbesondere durch Physiker (Weidlich/Haag 1983) zu einer Verknüpfung von Spieltheorie, stochastischen Ansätzen und

Differenzialgleichungsansätzen gekommen. Mit jedem dieser Gleichungsansätze ist nicht nur die Möglichkeit verbunden, bestimmte formale Merkmale eines Objektes, z. B. einer Organisation, abzubilden (oder nicht). Insbesondere sind die Möglichkeit und die Art der Lösungen durch den Gleichungsansatz weitgehend festgelegt. Beispielsweise wird die Lösung eines stochastischen und dynamischen Differenzialgleichungssystems immer eine Wahrscheinlichkeitsverteilung über zukünftige Zustände sein.

Zusammenfassend stellt sich also der Arbeitsschritt der Modellbildung als eine Auswahl von Gleichungsansätzen und Auswahl von sparsamen theoretischen Annahmen dar, der zu einem Gleichungssystem führen muss (!), dessen Struktur so einfach ist, dass es analytisch lösbar bleibt. Diese Aufgabe ist eine große Herausforderung, wenn man auf Theorien zurückgreift, die in natürlicher Sprache vorliegen, so wie es für die meisten organisationstheoretischen Ansätze gilt. Anders verhält es sich, wenn ein theoretischer Ansatz bereits in formalisierter Form vorliegt. Dann kann auf einen durch die bisherige Forschung anerkannten Satz von formalisierten Annahmen und Axiomen zurückgegriffen werden, der im günstigsten Fall nur durch *eine* neue formalisierte Annahme zu erweitern ist. Modellierer, die spieltheoretische oder auf der Agency-Theorie basierte Modelle von Organisationen entwickeln wollen, befinden sich in dieser deutlich angenehmeren Situation. Es ist daher auch nicht verwunderlich, dass es nur auf der Basis dieser Theorien eine kontinuierliche organisationstheoretische Forschung unter Anwendung der Methode der mathematischen Modellbildung gibt.

Zuletzt sei ein Arbeitsschritt erwähnt, den man als empirisch arbeitende Organisationsforscherin erwarten würde, der aber bei der mathematischen Modellbildung in aller Regel entfällt: Typischerweise werden die **empirischen** Werte für Variablen und **Parameter** in mathematischen Modellen **weder erhoben noch geschätzt noch kalibriert!** Die mathematische Analyse erlaubt ja die Ableitung einer vollständigen Lösung für alle möglichen Werte jeder Variablen bzw. jedes Parameters. Anstelle von Schätzung oder Kalibrierung tritt in einem späteren Arbeitsschritt – im Rahmen der mathematischen Analyse – gegebenenfalls die Fallunterscheidung in Bezug auf einen Schwellenwert (z. B. $x > 0$; $x = 0$; $x < 0$) und zwar dann, wenn sich für verschiedene Wertebereiche eines Parameters unterschiedliche Lösungen ableiten lassen. Wenn überhaupt, dann wird im Rahmen mathematischer Modellbildung nur in einem Nebensatz darauf verwiesen, in welchem Wertebereich man die empirischen Werte erwarten würde.

3 Datenanalyse und Dateninterpretation

Der zentrale Arbeitsschritt der Datenanalyse im Rahmen der mathematischen Modellbildung ist die **mathematische Analyse**. Das Vorgehen bei der mathematischen Analyse hängt vom ausgewählten Kalkül und von der Art des Gleichungsansatzes ab.

Wenn ein Optimierungskalkül ausgewählt wurde, dann folgt nun der Arbeitsschritt der **Optimalitätsanalyse**. Sie stellt ein allgemeines Lösungsverfahren für Gleichungssysteme dar, das mit Sicherheit und in jedem Einzelfall Optima bestimmen kann – vorausgesetzt, das Gleichungssystem ist analytisch lösbar. Im Rahmen der Optimalitätsanalyse werden aber nicht nur Optima bestimmt (z. B. ein optimales Entlohnungssystem); oft ist es – aus theoretischer Perspektive – wichtiger, die Bedingungen ableiten zu können, unter denen man Optima findet (z. B. die Bedingungen unter denen sich Trittbrettfahrerprobleme bei Teamarbeit minimieren lassen; vgl. unten).

Im Rahmen der Optimalitätsanalyse kommt der **Differenzialrechnung** eine zentrale Bedeutung zu: Wenn sich Variablen als Funktionen beschreiben lassen (z. B. $y = f(x)$), deren Maxima (bzw. Minima) gefunden werden sollen, so stellt die Differenzialrechnung die Bedingung erster Ordnung ($f'(x_0) = 0$) und die Bedingung zweiter Ordnung ($f''(x_0) < 0$ bzw. $f''(x_0) > 0$) für das Vorliegen eines Maximums (bzw. Minimums) zur Verfügung. Oft stellt sich auch das Problem der Maximierung (bzw. Minimierung) einer Fläche unter einer Kurve. Dann kommt zusätzlich die Integralrechnung zum Einsatz. Falls Lösungen von Parameterwerten abhängen, werden für die relevanten Parameter Fallunterscheidungen vorgenommen.

An die eigentliche Optimalitätsanalyse schließen sich oft *What-if*-**Analysen** an: nachdem das generelle Lösungsverhalten des Modells bekannt ist, wird überprüft, welche Folgen die Variation einzelner Parameter oder Variablen für die vorhergesagten Optima hat. Dabei werden insbesondere Veränderungen solcher Variablen oder Parameter in Betracht gezogen, die von realen Akteuren auch tatsächlich verändert werden können. Ziel ist die Ableitung von Wenn-dann- und Je-desto-Aussagen. *What-if*-Analysen stellen einerseits Möglichkeitsanalysen dar („Wie sehen die Bedingungen für die Möglichkeit eines erwünschten Ereignisses aus?"), andererseits geben sie einen Überblick über Zukunftsszenarien („Welche Entwicklung ist für welche Zielgruppe unter welcher möglichen Maßnahme wann zu erwarten?"). Gemäß der *ceteris-paribus*-**Annahme** („unter sonst gleichen Bedingungen") wird bei jeder *What-if*-Analyse die Aufmerksamkeit auf eine einzelne Variable oder einen einzelnen Parameter gerichtet, während alle anderen Variablen und Parameter als konstant angenommen werden.

Wenn dagegen ein strategisches Kalkül ausgewählt wurde, dann folgt der Arbeitsschritt der **Bestimmung strategischer Gleichgewichte**. In der Spieltheorie unterscheidet man kooperative von nichtkooperativen Spielen. Kooperative Spiele sind Spiele, in denen die Akteure bindende Vereinbarungen treffen können. In nichtkooperativen Spielen sind keine *bindenden* Vereinbarungen möglich. Ausgehend von dieser Unterscheidung haben sich zwei Teilgebiete der Spieltheorie mit unterschiedlichen Gleichgewichtskonzepten entwickelt. Das wichtigste strategische Gleichgewichtskonzept der *nichtkooperativen* Spieltheorie ist das Nash-Gleichgewicht[4]. Man wird immer zuerst nach einem Nash-Gleichgewicht suchen. Im Nash-Gleichgewicht hat keiner der Akteure einen Anreiz, als einziger von der Gleichgewichtskombination abzuweichen. Wenn das Nash-Gleichgewicht keine plausible Lösung anbietet, werden weitere, verfeinerte Gleichgewichtskonzepte überprüft, z. B. das perfekte und teilspielperfekte Gleichgewicht, sowie das sequenzielle Gleichgewicht. Das wichtigste strategische Gleichgewichtskonzept der *kooperativen* Spieltheorie ist die Nash-Verhandlungslösung. Eine eher unplausible Annahme der Nash-Verhandlungslösung wird durch die Kalai-Smorodinsky-(Verhandlungs-)Lösung korrigiert (auch für die Beschreibung dieser Lösungskonzepte sei auf Berninghaus/Ehrhart/Güth 2002 verwiesen).

Das Vorgehen zur Bestimmung strategischer Gleichgewichte wurde von John Nash (1953, S. 129) beschrieben. Er nennt das Analyseverfahren die „**axiomatic method**„: „One states as axioms several properties that it would seem natural for the solution to have and then discovers that the axioms actually determine the solution uniquely." Der Argumentationsgang folgt dem Muster eines mathematischen Beweises: Definition, Satz, Beweis. Man beginnt mit einer Reihe von Definitionen, die die Axiome (z. B. Axiome A1,

A2, und A3) enthalten, die ein strategisches Gleichgewicht charakterisieren sollen. Ihnen folgt ein Satz, im besten Fall ein Theorem (eine Aussage innerhalb eines wissenschaftlichen Systems, die aus den Axiomen dieses Systems durch Beweis oder logische Ableitung gewonnen wurde), der Form: „Ist s* Gleichgewicht eines Spiels G, dann sind die in A1, A2 und A3 genannten Eigenschaften erfüllt." Die Gültigkeit dieses Satzes wird anschließend im Beweis nachgewiesen. Diese Argumentationskette kann sich gegebenenfalls mehrmals wiederholen. Nach Bedarf können Lemma eingefügt werden. Dies sind Hilfssätze, die zur Ableitung anderer Sätze verwendet werden. Auch sie bedürfen eines Beweises. Nashs axiomatische Methode wird übrigens von Napel (2002, S. 11) kritisch kommentiert: „It can be argued that often the method works exactly the other way round."

Im Anschluss an die mathematische Analyse folgt die **Ergebnisinterpretation**. Dieser Arbeitsschritt ist verbunden mit der Reflexion über die Validität des Modells und der aus diesem abgeleiteten Aussagen. Im Zentrum steht die Frage, welche Bedeutung die abgeleiteten Optima bzw. die aufgestellten Axiome haben. Wesentlich für ihre Bewertung ist, ob sie im Rahmen einer normativen oder einer deskriptiven Forschung abgeleitet wurden.

Im Rahmen einer *normativen* Forschung (z. B. auf der Basis der normativen Spieltheorie oder der normativen Agency-Theorie) abgeleitete Optima oder aufgestellte Axiome sind normativ gemeint. Das heißt, dass Akteure diese Optima anstreben sollten oder sich gemäß diesen Axiomen verhalten sollten, wenn sie sich in den durch das Modell abgebildeten Entscheidungssituationen optimal verhalten wollen. Für die Gültigkeit der Optima oder Axiome ist es folglich unerheblich, ob sich die Akteure in realen Situationen tatsächlich bemühen, die Optima anzustreben oder in Übereinstimmung mit den Axiomen verhalten. Wenn sie sich anders verhalten, dann zeigt dies nur die menschliche Unvollkommenheit, insbesondere die Grenzen menschlicher Informationsverarbeitungskapazität. Über die Gültigkeit normativ gemeinter Gleichgewichte entscheidet nur die formal-logisch korrekte Ableitung aus den Annahmen.

Im Rahmen *deskriptiver* Forschung müssen Optima oder Axiome tatsächlich als Verhaltensvorhersagen bewertet werden. Dann muss man überprüfen, ob die Aussagen, die man aus den Axiomen abgeleitet hat, mit real zu beobachtendem Verhalten der Akteure übereinstimmen. Die empirische Überprüfung geschieht in der Regel nicht im Rahmen derselben Studie, die die mathematische Modellbildung und Analyse vornimmt. Sie bleibt zukünftigen Studien vorbehalten. Typischerweise werden zur Überprüfung von Vorhersagen aus mathematischen Modellen andere Methoden, in der Regel multivariate Analyseverfahren, in der deskriptiven Spieltheorie aber auch Experimente, eingesetzt. Stattdessen werden in Modellierungs-Studien oft nur Überlegungen zum Anspruch des Modells und der abgeleiteten Vorhersagen angestellt. Modellierer reflektieren, dass sie ihre Vorhersagen aus sparsamen theoretischen Annahmen und einer einfachen formalen Struktur abgeleitet haben, und bewerten kritisch, welche möglicherweise bedeutenden Faktoren nicht in das Modell mit aufgenommen wurden bzw. an welchen Stellen grobe Vereinfachungen vorgenommen werden mussten. Man stellt dann klar, dass man mit den Vorhersagen nicht den Anspruch erhebt, vorherzusagen, was geschehen wird, sondern nur etwas darüber auszusagen, was passieren kann. Und man diskutiert, welche abweichenden Annahmen oder nicht in Betracht gezogenen Faktoren die Vorhersagen in welche Richtung verändern könnten (ohne dies zu beweisen). Der Arbeitsschritt der Ergebnisinterpretation ist eng verbunden mit dem Grundverständnis zur Modellbildung, weshalb es zweckmäßig ist, es an dieser Stelle klarzustellen. Folgt man der instrumentalistischen „Als-ob-Methodologie„

Friedmans (1953), so geht man davon aus, dass es ausreicht, so zu tun, *als ob* die Annahmen des Modells zutreffen. Für die Prognosefähigkeit des Modells ist die Frage nach der empirischen Relevanz der Annahmen unerheblich („Instrumentalismus"). Oder folgt man einer empirisch-erklärenden Methodologie im Sinne von Rasmusen (1994: „no-fat modelling") und Fisher (1989: „exemplifying theory"), dann fordert man, dass nicht nur die Vorhersagen, sondern auch die Annahmen des Modells empirisch zutreffen müssen.

4 Anwendungsbeispiel

Als Anwendungsbeispiel wird im Folgenden ein Optimierungskalkül dargestellt, in das spieltheoretische Lösungsansätze einfließen (vgl. Fußnote 1). Wie kann man Trittbrettfahrerprobleme bei Teamarbeit lösen? Solche Probleme entstehen etwa in teilautonomen Gruppen in der Produktion, bei Prüfungsteams von Wirtschaftsprüfungsgesellschaften oder bei Teams von Forschern in F+E-Abteilungen. Hier arbeiten Kollegen in einem Team zusammen, aber die individuellen Leistungsbeiträge zum Teamergebnis sind (für den Arbeitgeber) nicht beobachtbar bzw. nichtkontrahierbar (d.h. sie lassen sich nicht vertraglich regeln). Die Entlohnung jedes Teammitglieds erfolgt auf Grundlage des Teamergebnisses, wenn überhaupt leistungsbezogen entlohnt wird. Unter dieser Bedingung bestehen für (als eigennützig gedachte) Arbeitnehmer Anreize, individuelle Leistungsanstrengungen zurückzuhalten. Sie sichern sich dadurch einen Nutzenzuwachs in Form eingesparten Arbeitsleids.

Das Grundproblem des Trittbrettfahrens bei Teamarbeit lässt sich zunächst formal präzisieren: Ausgegangen wird von einem Team, das aus n Mitgliedern bestehe und das ein Teamergebnis gemäß folgender Produktionsfunktion erziele:

(1) $\quad \pi(e) \equiv \pi(e_1, ..., e_i, ..., e_n)$

e_i sei der nichtkontrahierbare Arbeitseinsatz des Teammitglieds i ($i = 1, ..., n$). Das Teamergebnis steige mit dem Arbeitseinsatz der Teammitglieder ($\delta\pi/\delta e_i > 0$), jedoch steige es umso weniger an, je mehr Teammitglieder vorhanden sind ($\delta^2\pi/\delta e_i^2 < 0$; d.h. die Produktionsfunktion ist konkav). Der Arbeitseinsatz jedes Teammitglieds erzeuge bei ihm ein Arbeitsleid $c_i(e_i)$, wobei angenommen wird, dass das Arbeitsleid mit steigendem Arbeitseinsatz steigt ($c'_i(.) > 0$), und dass es mit steigendem Arbeitseinsatz überproportional ansteigt ($c''_i(.) > 0$; d.h. die Arbeitsleidfunktion ist konvex). Sodann wird angenommen, dass das Teamergebnis vollständig auf die Teammitglieder aufgeteilt wird. $w_i(\pi)$ bezeichne den Anteil, den Teammitglied i am Teamergebnis erhält. Dann gilt die Budgetbedingung

(2) $\quad \sum_{i=1}^{n} w_i(\pi) = \pi$

Für jedes Teammitglied ergebe sich die Nutzenfunktion

(3a) $\quad u_i(w_i, e_i) = w_i(\pi) - c_i(e_i)$

Im Rahmen dieser Modellannahmen lässt sich mit Holmström (1982, S. 326) durch mathematische Analyse herleiten, dass keine Aufteilung $w_1(\pi), ..., w_n(\pi)$ für das Teamergebnis existiert, die zu einem Nash-Gleichgewicht e^* führt, das Pareto-effizient ist und zugleich die Budgetbedingung (2) erfüllt.

Ausgehend von dieser Studie wurden verschiedene Lösungsansätze zur Verhinderung des Trittbrettfahrerverhaltens bei Teamarbeit entwickelt und formal präzisiert. Die klassische Lösung bildet die Rolle des Unternehmers (Alchain/Demsetz 1972), der den Residualgewinn einbehält und dessen Aufgabe die Kontrolle und gegebenenfalls Sanktionierung der Teammitglieder ist. Holmström (1982) selbst zeigte, dass man mit Hilfe von Aufteilungsregeln, die eine Verletzung der Budgetbedingung und die damit verbundene Bestrafung des Teams in Form geringerer Lohnzahlungen zulassen, Trittbrettfahrerprobleme verhindern kann. McAfee/McMillan (1991) zeigen, unter welchen Bedingungen Gruppenanreize optimal sind, bei denen die Entlohnung eines Teammitglieds linear vom Teamoutput abhängt. Aoki (1994) kritisiert alle diese Lösungsansätze als unrealistisch, heikel, weil unbeabsichtigte Nebeneffekte bewirkend oder nicht praktikabel. Er stellt ein Vertragsnetzwerk als Lösungsansatz vor, das zwischen den Teammitgliedern, dem Teamchef, den Investoren und einem unabhängigen Überwacher errichtet wird. Je nach Höhe des Teamergebnisses erhalten die Beteiligten verschiedene Zahlungen. Ein weiterer Lösungsansatz beschäftigt sich mit der Frage, inwiefern das Trittbrettfahrerproblem über Gruppendruck und eine gegenseitige Kontrolle der Teammitglieder zu lösen ist. Hierzu sei beispielhaft das Modell von Kandel/Lazear (1992) vorgestellt.

$k_i(e_i)$ bezeichne den Gruppendruck, den Teammitglied i bei einem Arbeitseinsatz von e_i empfinde. Je geringer (größer) der von i gewählte Arbeitseinsatz ist, desto größer (kleiner) fällt der Gruppendruck aus, den i verspürt (d.h., den die anderen Gruppenmitglieder auf i ausüben; $k'_i(e_i) < 0$). Die Nutzenfunktion jedes Teammitglieds verändert sich daher von (3a) zu:

$$(3b) \quad \begin{aligned} u_i(w_i, e_i) &= w_i(\pi(e)) - c_i(e_i) - k_i(e_i) \\ &= \frac{\pi(e)}{n} - c_i(e_i) - k_i(e_i) \end{aligned}$$

Nun lässt sich für die Wahl eines optimalen Arbeitseinsatzes durch i die Bedingung erster Ordnung ableiten (d. h. $u'_i(.) = 0$):

$$(4) \quad \frac{\delta\pi/\delta e_i}{n} - k'_i(e_i) = c'_i(e_i)$$

Um zu erkennen, ob das Trittbrettfahrerproblem durch Gruppendruck gelöst werden kann, wird diese Bedingung mit der Bedingung für Pareto-Effizienz und der notwendigen Bedingung erster Ordnung für ein Nash-Gleichgewicht im Falle von Teamarbeit ohne Gruppendruck verglichen.

Pareto-Effizienz ist dann gegeben, wenn der Arbeitseinsatz e der Teammitglieder das Netto-Teamergebnis

(5) $$\pi(e) - \sum_{i=1}^{n} c_i(e_i)$$

maximiert. Die Bedingung erster Ordnung für Pareto-Effizienz lautet daher:

(6) $$\frac{\delta \pi}{\delta e_i} = c'_i(e_i)$$

Wenn man die Bedingung für den optimalen Arbeitseinsatz (Gleichung 4) mit der Bedingung für Pareto-Effizienz (Gleichung 6) und der notwendigen Bedingung erster Ordnung für ein Nash-Gleichgewicht im Falle von Teamarbeit ohne Gruppendruck (Gleichung 7; sie wird hier aus Platzgründen nicht hergeleitet) vergleicht, so erkennt man, dass das Trittbrettfahrerproblem durch Gruppendruck tendenziell entschärft wird.

(7) $$\frac{\delta \pi / \delta e_i *}{n} = c'_i(e_i *)$$

Es wird nicht notwendigerweise ein Pareto-effizienter Arbeitseinsatz erreicht. Da $k'_i(e_i)$ < *0*, wird jedoch ein höherer Arbeitseinsatz erreicht als ohne Gruppendruck.

In ihren Schlussfolgerungen diskutieren Kandel und Lazear die Bedeutung dieses Ergebnisses. Sie räumen dabei ein, dass sie nicht wirklich einen Nachweis für die Vorteilhaftigkeit von Gruppendruck erbracht haben. Gegenseitige Kontrolle, die mit Gruppendruck verbunden ist, führe auch zu zusätzlichen Kosten, die wiederum den Nutzen jedes Teammitglieds mindern. In der Nutzenfunktion der Teammitglieder (Gleichung 3b) wurden diese Kosten jedoch nicht berücksichtigt. Unter Umständen könnte sogar eine kostenlose Ausübung von Druck von Nachteil sein: wenn etwa aufgrund des Gruppendrucks ein ineffizient hoher Arbeitseinsatz von den Teammitgliedern gewählt wird. Ein anderer Einwand bezieht sich darauf, dass man durch Gruppendruck das Trittbrettfahrerproblem nur auf eine andere Ebene verlagert: denn auch hinsichtlich des Gruppendruck-Ausübens existiert nun ein Trittbrettfahrerproblem. Jedes Teammitglied könnte es seinen Kollegen überlassen, den Gruppendruck auszuüben und selbst nicht dazu beizutragen, sondern nur davon zu profitieren. In der weiteren Diskussion konzentrieren sich Kandel und Lazear darauf, Bedingungen herauszuarbeiten, unter denen die Kontrollkosten gering sind: Dies ist der Fall, wenn Teams relativ klein sind und aus Kollegen ähnlicher fachlicher Qualifikation bestehen und wenn Gruppendruck durch Schamgefühle und insbesondere Schuldgefühle ausgeübt wird.

Hervorgehoben sei, dass es sich bei allen Lösungsansätzen, die auf diese Weise für das Problem des Trittbrettfahrens in Teams formal-analytisch ausgearbeitet wurden, um Befunde handelt, die die logischen Implikationen der agenturtheoretischen Annahmen wiedergeben. Aus Sicht der normativen Agenturtheorie ist es *nicht* wichtig, ob sie auch empirisch zutreffen. Zentrales Ergebnis für die normative Agenturtheorie ist, dass man Gruppendruck als ein effizientes Mittel zur Verhinderung von Trittbrettfahrerverhalten insbesondere in kleinen Teams *empfehlen* kann. Die positive Agenturtheorie würde dagegen überprüfen, ob Gruppendruck auch empirisch dann anzutreffen ist, wenn es die Theorie vorhersagt. Die Gestaltungsempfehlungen der normativen Agenturtheorie werden also durch die positive Agenturtheorie zu testbaren Hypothesen umformuliert.

5 Möglichkeiten und Grenzen der Methode

Mathematische Modellbildung und Analyse ist eine hypothesengenerierende, keine hypothesentestende Methode. Hier seien zunächst die Möglichkeiten herausgestellt, die die Modellbildung der organisationswissenschaftlichen Theoriebildung bietet:

OrganisationswissenschaftlerInnen werden mathematische Modellbildung vor allem dann einsetzen, wenn sie an der **Bestimmung von optimalen Systemzuständen** bzw. den Bedingungen für das Erreichen optimaler Systemzustände in oder zwischen Organisationen interessiert sind. In der Allgemeinheit des Lösungsverfahrens, das mit Sicherheit und in jedem Einzelfall zum Optimum führt, ist die mathematische Modellbildung jeder anderen Methode überlegen.

Die Optimierungsmöglichkeit eröffnet einen besonderen Bezug zur Organisationspraxis, die oft an der Verbesserung bzw. Optimierung organisationaler Strukturen und Prozesse interessiert ist. Dennoch sei hervorgehoben, dass Modellbildung in der Organisationsforschung im Wesentlichen als Methode der Theoriebildung zur Anwendung kommt. Von Optima theoriebasierter Modelle kann nicht direkt auf die Optimierung von Strukturen und Prozessen empirischer Organisationen rückgeschlossen werden. Dort sind Strukturen und Prozesse eingebettet in vielerlei Bedingungen, von denen im mathematischen Modell abstrahiert wurde. Dies können aber entscheidende Bedingungen sein, die die formal-analytisch abgeleitete Lösung ungültig werden lassen. Formal-analytisch ermittelte Optima nennen nur Bedingungen für die Möglichkeit der Optimierung von Strukturen und Prozessen empirischer Organisationen. Für Organisationspraxis und Organisationsberatung ist es eine Hilfe, formal ermittelte Optima und ihre Bedingungen zu kennen. Dieses Wissen ist jedoch in einem weit komplexeren Kontext anzuwenden, als ihn die Modellbildung angenommen hat.

Vielfach gibt es in verbal formulierten Theorien unklare oder unvollständige Aussagen zu Annahmen, die einer Theorie zugrunde liegen. Es bleibt dann auch unklar, welche Aussagen sich daraus tatsächlich ableiten lassen und welche nicht. Solche Unklarheiten werden durch mathematische Modelle offen gelegt. Mathematische Modelle zwingen dazu alle **Annahmen explizit** zu machen. Wenn die Deduktion logisch korrekt durchgeführt wurde, gibt es nur zwei mögliche Erklärungen dafür, dass eine formalisierte Theorie nicht ein theoretisch vorhergesagtes Phänomen erzeugt. Entweder es fehlen weitere Annahmen oder es sind einige Annahmen falsch. Durch Modellbildung kann präzise abgeleitet werden, welche Konsequenz welche Annahme hat und welche nicht. Diese Erkenntnisse können in den Prozess der Theoriebildung zurückfließen und dort zu einer Verfeinerung der Theorien beitragen, wo sie bisher unvollständig waren.

Mathematische Modellbildung bietet die Möglichkeit der **Axiomatisierung** organisationstheoretischer Ansätze. Dies kann man aus wissenschaftstheoretischer Perspektive als wünschenswert erachten. Stellvertretend sei hier Stegmüller (1973, S. 14; Hervorhebungen Stegmüller) zitiert, der davon überzeugt ist „dass am Ende *jede* Begriffsexplikation in eine mehr oder weniger starke *Formalisierung* einmünden wird" und „dass erst die formalen Kunstsprachen uns die Mittel dafür bereitstellen, *genau zu sagen, was wir eigentlich meinen* ... Die Apparatur formaler Kunstsprachen gibt uns erst die Mittel in die Hand, die Probleme *klar zu formulieren* und dadurch überhaupt erst *klar zu sehen* und sie Lösungen zuzuführen, mit denen *ein für den Menschen erreichbares Optimum an Genauigkeit verbunden ist*."

Mathematischer Modellbildung und Analyse sind durch die Bedingungen mathematischer Analysierbarkeit viele **Grenzen** gesetzt – so viele, dass die meisten Sozialwissenschaftler davon überzeugt sind, dass dies keine geeignete Methode der Organisationsforschung ist. WirtschaftswissenschaftlerInnen sind dagegen bereit, diese Grenzen als das geringere Übel in Kauf zu nehmen und betonen die oben genannten Möglichkeiten.

Die mathematische Analyse ist nur dann möglich, wenn ein Realitätsausschnitt oder eine Theorie in relativ einfacher Weise abgebildet werden kann. Dies bedingt vielfach **zu stark vereinfachende**, im Extremfall als „heroisch" bezeichnete **Annahmen**. Heroisch ist beispielsweise die Annahme perfekter und vollständiger Information der Akteure bei vielen Optimierungskalkülen. Zu stark vereinfachend ist beispielsweise die obige Annahme, das Teamergebnis steige mit dem Arbeitseinsatz der Teammitglieder. Hier wird erstens davon abgesehen, dass sich Arbeitseinsatz in verschiedenen Dimensionen, wie Arbeitszeit, -geschwindigkeit und -sorgfalt, messen lässt, für die sich kein einfacher positiver Zusammenhang zum Teamergebnis behaupten lässt. Zweitens wird völlig von der Tätigkeit der Teams abstrahiert. Handelt es sich bei der Tätigkeit um eine unsicherheitsbehaftete, strategische Investitionsentscheidung, so ist ein höherer Arbeitseinsatz nicht notwendigerweise mit einem höheren finanziellen Erfolg des Investitionsprojekts verbunden. Wenn man keine heroischen Annahmen machen möchte, aber dennoch Lösungen deduktiv ermitteln möchte, dann wird man auf die Methode der Computersimulation übergehen, mit Hilfe derer man Lösungen zwar nicht mehr formal-analytisch und vollständig, aber numerisch und partiell bestimmen kann.

Mathematische Modelle sind zwar hervorragend geeignet, optimale organisationale Systemzustände (Gleichgewichtszustände) abzuleiten. Vorhergesagt werden damit jedoch nur die **Endzustände**, nicht der Weg dorthin. Wenn man den Weg zu diesen Endzuständen analysieren will bzw. die Dynamik des Handelns in und von Organisationen explorieren möchte, wenn überhaupt keine Gleichgewichtszustände erreicht werden, dann wird man unter Beibehaltung der Vorzüge formalisierter Theoriebildung auf die Methode der Computersimulation übergehen.

Eine unüberwindbare Grenze der mathematischen Modellbildung stellt die **Modellierung von** in Interaktionen generierten **Bedeutungen** dar, die bei der Anwendung organisationswissenschaftlicher Ansätze der interpretativen Soziologie notwendig würde.

Abschließend sei ein Zitat von Olson angeführt, der die Methode der Modellbildung gegen ihre Kritiker verteidigt: „A theory that took account of everything at once would also be logically so complicated that it would be mathematically intractable. To try to understand everything at once is as foolish as trying to jump into one's trousers two legs at a time. The only way to understand the incredible complexity of economic and social reality is to analyze relationships one at a time, or (when there is simultaneity) a few at a time. A theory is, above all, a simplification, and if it is a good theory it is a fruitful simplification" (Olson 1985, S. 68).

6 Anmerkungen

1 Die (mengentheoretische) Axiomatisierung von Theorien ist ein ganz bestimmter Formalisierungsansatz, der dem späteren strukturalistischen Vorgehen (Stegmüller 1973) entspricht.
2 Agency-Probleme lassen sich als Spiele im Sinne der Spieltheorie darstellen und vice versa (Rasmusen 1994). Principal-Agent-Beziehungen werden als „hybrid between a cooperative and non-cooperative game" (Myerson 1982, S. 68) betrachtet. Agency-theoretische Modelle greifen daher auch auf spieltheoretische Lösungsansätze zurück.
3 Um ein Missverständnis zu vermeiden: Die Spieltheorie ist keine Teildisziplin der Mathematik. Die ursprüngliche Hoffnung John von Neumanns und Oscar Morgensterns, die Spieltheorie möchte die Mathematik befruchten, so wie seinerzeit die Infinitesimalrechnung als Teildisziplin der Mathematik durch Fragestellungen der klassischen Mechanik weiterentwickelt wurde, hat sich nicht erfüllt. Die Spieltheorie ist eine Theorie rationalen Handelns, die sich auf die Analyse strategischen Handelns spezialisiert hat. Sie ist durchgängig formalisiert und axiomatisiert und hat eigenständige Lösungskonzepte entwickelt, die im Rahmen mathematischer Modellierung sozialen und ökonomischen Handelns heute von derselben Bedeutung sind wie die klassisch-mathematischen Lösungskonzepte. Dabei hat sich die Spieltheorie der suggestiven Kraft des Begriffs „Lösung" bedient, die vor allem im Anspruch der Allgemeinheit und Eindeutigkeit besteht. Spieltheoretische Lösungsansätze sind jedoch nicht immer in der Lage, zu einer eindeutigen Lösung zu gelangen.
4 Nicht zu verwechseln mit der Nash-Verhandlungslösung, die auf Nash (1950) zurückgeht.

7 Literatur

Alchian, Armen A./Demsetz, Harold (1972): Production, information costs and economic organization, in: American Economic Review 62, S. 777–795
Aoki, Masahiko (1994): The Contingent Governance of Teams. Analysis of Institutional Complementarity, in: International Economic Review 35, S. 657–676
Berninghaus, Siegfried K./Ehrhart, Karl-Martin/Güth, Werner (2002): Strategische Spiele: Eine Einführung in die Spieltheorie, Berlin
Diekmann, Andreas (1996): Homo ÖKOnomicus. Anwendungen und Probleme der Theorie rationalen Handelns im Umweltbereich, in: Diekmann, Andreas/Jaeger, Carlo C. (Hrsg.), Umweltsoziologie, Kölner Zeitschrift für Soziologie und Sozialpsychologie, Sonderheft 36, S. 89–118
Fisher, Franklin M. (1989): Games Economists Play: A Noncooperative View, in: RAND Journal of Economics 20, S. 113–124
Friedman, Milton (1953): The Methodology of Positive Economics, in: ders. (Hrsg.), Essays in Positive Economics, Chicago, S. 3–43
Holmström, Bengt (1982): Moral Hazard in Teams, in: Bell Journal of Economics 13, S. 324–340
Hummel, Hans J. (1972): Zur Problematik der Ableitung in sozialwissenschaftlichen Aussagensystemen. Ein Plädoyer für Formalisierung (Teil 1), in: Zeitschrift für Soziologie 2, S. 31–46
Jensen, Michael/Meckling, William (1976): Theory of the firm: Managerial behavior, agency costs, and ownership structure, in: Journal of Financial Economics 3, S. 305–360
Kandel, Eugene/Lazear, Edward P. (1992): Peer Pressure and Partnerships, in: Journal of Political Economy 100, S. 801–817
Kräkel, Matthias (2004): Organisation und Management, 2. überarb. Auflage, Tübingen
Lindenberg, Siegwart (1991): Die Methode der abnehmenden Abstraktion, in: Esser, Hartmut/Troitzsch, Klaus G. (Hrsg.), Modellierung sozialer Prozesse, Bonn, S. 29–78

McAfee, R. Preston/McMillan, John (1991): Optimal Contracts für Teams, in: International Economic Review 32, S. 561–577

Milgrom, Paul/Roberts, John (1992): Economics, Organization and Management, Englewood Cliffs

Myerson, Roger B. (1982): Optimal coordination mechanisms in generalized principal-agent problems, in: Journal of Mathematical Economics 10, S. 67–81

Napel, Stefan (2002): Bilateral Bargaining. Theory and Applications, Berlin

Nash, John F. (1950): The bargaining problem, in: Econometrica 18, S. 155–162

Nash, John F. (1953): Two-Person Cooperative Bargaining Games, in: Econometrica 21, S. 128–140

Neumann, John von/Morgenstern, Oskar (1944): The Theory of Games and Economic Behavior, Princeton

Olson, Mancur (1985): Aufstieg und Niedergang von Nationen, Tübingen

Opp, Karl-Dieter (1995): Methodologie der Sozialwissenschaften, 3. völlig neu bearbeitete Auflage, Opladen

Ostrom, Thomas M. (1988): Computer Simulation. The Third Symbol System, in: Journal of Experimental Social Psychology 24, S. 381–392

Rasmusen, Eric (1994): Games and Information: An Introduction to Game Theory, 2. Auflage, Cambridge

Rieck, Christian (1993): Spieltheorie. Einführung für Wirtschafts- und Sozialwissenschaftler, Wiesbaden

Ross, Stephen A. (1973): The Economic Theory of Agency. The principal's problem, in: American Economic Review 63, S. 134–139

Stachowiak, Herbert (1973): Allgemeine Modelltheorie, Wien

Stegmüller, Wolfgang (1973): Probleme und Resultate der Wissenschaftstheorie und Analytischen Philosophie. Band II: Theorie und Erfahrung. Zweiter Teilband: Theorienstruktur und Theoriendynamik, Berlin

Suppes, Patrick (1983): Warum Formalisierung in den Sozialwissenschaften erwünscht ist, in: Balzer, Wolfgang/Heidelberger, Michael (Hrsg.), Zur Logik empirischer Theorien, Berlin, S. 24–39

Weidlich, Wolfgang/Haag, Günter (1983): Concepts and Models of a Quantitative Sociology. The Dynamics of Interacting Populations, Berlin

Ziegler, Rolf (1972): Theorie und Modell. Der Beitrag der Formalisierung zur soziologischen Theoriebildung, München

Experiment und Planspiel

Experiment

Stefan Kühl

1 Einleitung

Das Experiment wird häufig nicht als Methode der Datenerhebung, sondern als eine spezifische Form des Untersuchungsdesigns verstanden (vgl. z. B. Diekmann 1999, S. 8 ff.). In einem Experiment variiert der Forscher einzelne Bedingungsfaktoren (unabhängige Variablen), um zu sehen, welche Effekte (abhängige Variablen) sich daraus ergeben. Die Veränderung der abhängigen Variablen können dann mit Instrumenten der Datenerhebung, wie mündliche oder schriftliche Befragung, Beobachtung oder Inhaltsanalyse usw., gemessen werden. Wenn mögliche weitere Einflussgrößen (Störvariablen) kontrolliert werden können, müssten bei einer Wiederholung des Experiments die gleichen Effekte auftreten (vgl. z. B. Bortz 1984, S. 35 ff.; Osnabrügge/Frey 1989, S. 180; Czienskowski 1996, S. 23).

Tabelle 1: Unabhängige, abhängige und Störvariablen im Experiment

Unabhängige Variable (UV): Die unabhängige Variable wird vom Experimentleiter absichtsvoll und geplant variiert, um eine Reaktion der abhängigen Variable zu bewirken.
Abhängige Variable (AV): Die Reaktion der abhängigen Variable auf das geplante Variieren der unabhängigen Variablen wird beobachtet. Der Effekt wird in der Hypothese vorausgesagt.
Störvariable (SV): Als Störvariable wird eine Variable bezeichnet, die den Einfluss der unabhängigen auf die abhängige Variable verfälscht. Das Ziel der Experimentalanordnung ist es, mögliche Einflusseffekte der Störvariablen vollständig zu kontrollieren bzw. zu neutralisieren.

Es gibt keine Möglichkeit alle möglichen Störvariablen zu bestimmen und im Wirkzusammenhang zu berücksichtigen. Die einzige Möglichkeit, potenzielle Einflüsse bei einer entsprechenden Stichprobengröße im Durchschnitt zu eliminieren bzw. zu neutralisieren, bietet das Experiment mit einer Zufallsaufteilung der Untersuchungseinheiten (Randomisierung) auf eine Kontroll- und eine Experimentalgruppe. Aus diesem Grund gilt im kausal-wissenschaftlichen Paradigma das Experiment als Königsweg bei der Suche nach Kausalitäten. Bei einer nicht mit einem Experiment kombinierten Befragung, Beobachtung oder Inhaltsanalyse kann man zwar Zusammenhänge zwischen Variablen herausarbeiten, die ursächliche Wirkrichtung der Variablen kann dagegen nicht angegeben werden. Eine Befragung von Führungskräften in Unternehmen kann beispielsweise einen Zusammenhang zwischen Vermögen der Führungskraft und Unternehmensgröße liefern. Die Wirkrichtung zwischen beiden Variablen ist zunächst unklar. Möglicherweise ist der höhere Verdienst in großen Firmen Ursache für große Vermögen. Ebenso ist aber denkbar, dass Vermögen die Voraussetzung für die Finanzierung hochqualifizierender Ausbildung darstellt, um dann letztlich die begehrteren Stellen in Großunternehmen zu erhalten. Erst durch die Experimentalanordung, die zum Teil auch ex post rechnerisch erzeugt werden kann, lassen sich unabhängige und abhängige Variablen unterscheiden, Störvariablen bestimmen und Kausalität beschreiben.

Labor- und Quasi-Experiment, Planspiel, Feld- und Krisenexperiment

Diese Bestimmung eines Experiments geht vom Idealfall des Laborexperiments aus, das sich durch Kontrolle der Störvariablen mit Hilfe der Randomisierung und durch kontrolliertes Variieren der unabhängigen Variable auszeichnet. Das Laborexperiment biete, so die herkömmliche Auffassung, ein Maximum an gesichertem Erkenntnisgewinn (vgl. Mertens 1975, S. 19 f.). Die von Karl Popper formulierten Gütekriterien der Wissenschaftlichkeit, Reproduzierbarkeit, Standardisierbarkeit und Messbarkeit Aufgrund der erfüllbaren Ansprüche an finden sich in fast in optimaler Ausprägung wieder.

Dabei darf aber nicht übersehen werden, dass unter dem Begriff des Experiments neben dem Laborexperiment auch noch andere Formen fallen können, die den Ansprüchen an Reproduzierbarkeit, Standardisierbarkeit und Messbarkeit nicht in gleicher Form gerecht werden: das Planspiel, das Quasi-Experiment, das Feldexperiment und das Krisenexperiment.

Planspiel: Planspiele ähneln auf dem ersten Blick Laborexperimenten. Bedingungen (unabhängige Variable) werden planmäßig manipuliert und die Effekte (abhängigen Variablen) beobachtet. Ähnlich wie beim Laborexperiment wird auch beim Planspiel den Teilnehmern eine soziale Situation aufoktroyiert. Aber beim Planspiel geht es nicht wie beim Experiment, vorrangig um die Überprüfung von Hypothesen über Kausalzusammenhänge, sondern um eine möglichst plausible Simulation sozialer Realitäten. So ist auch die Komplexität der im Planspiel simulierten Realität in der Regel wesentlich höher als beim Laborexperiment und wird weniger durch Ansprüche an Standardisierung und Messbarkeit beeinflusst (vgl. Berg 1988, S. 150; siehe auch den Beitrag zum Planspiel in diesem Band).

Quasi-Experiment: Das Quasi-Experiment ähnelt dem Laborexperiment insofern, als auch hier die unabhängige Variable vom Experimentleiter aktiv manipuliert wird. Anders als beim Laborexperiment können beim Quasi-Experiment die Testpersonen nicht nach Zufallsauswahl der jeweiligen Experimentalgruppen zugeordnet werden (vgl. Campbell/Stanley 1963). Bei den Hawthorne-Experimenten beispielsweise, eine Experimentreihe, die ab Ende der zwanziger Jahre bei der Western Electric Company in Hawthorne durchgeführt wurde, konnten die Versuchsleiter die Bedingungen in den verschiedenen Arbeitsgruppen verändern. Sie hatten aber nur sehr begrenzte Möglichkeiten alle Störvariablen zu kontrollieren. Sie konnten zum Beispiel nicht sicherstellen, dass die Räumlichkeiten, in denen die Gruppen arbeiteten absolut identisch waren. Auch konnten sie die Arbeiterinnen nicht per Los einer beliebigen Arbeitsgruppe zuordnen, sondern mussten sich an die im Betrieb vorgenommenen Gruppeneinteilungen orientieren (vgl. Roethlisberger/Dickson 1939).

Feldexperiment: Bei Feldexperimenten wird die Testperson nicht wie beim Laborexperiment in eine künstliche Umgebung eines Labors gebracht, sondern die Untersuchung wird in einer für die Testpersonen natürlichen Umgebung durchgeführt (vgl. Koch 1976; Bungard/Bay 1982). Muzafer Sherif, der die Methode des Feldexperiments maßgeblich entwickelt hat, führte seine Untersuchungen zu Inter- und Intragruppenkonflikten in einem Jugendlager durch, das für die Testpersonen eine weitgehend natürliche Umgebung darstellte. Wie beim Laborexperiment werden auch beim Feldexperiment die Bedingungen (unabhängigen Variablen) durch die Forscher manipuliert. Es wird dann beispielsweise untersucht, in wiefern eine gemeinsame, übergreifende Aufgabe die Konflikte zwischen zwei gebildeten Jugendgruppen reduziert (vgl. Sherif 1954, 1958).

Krisenexperiment: Bei Krisenexperimenten, in der Regel einer Spielart des Feldexperiments, initiiert der Versuchsleiter für die Testpersonen eine Krisensituation. Das einfachste Beispiel eines Krisenexperiments ist die von Harold Garfinkel (1973, S. 207) entwickelte Reaktion auf die Frage „Wie geht's?". Antwortet man nicht mit einem „Mir geht's gut", sondern fragt nach „Wie geht es mit was? Meiner Gesundheit, meinen Geldangelegenheiten, meinen Aufgaben für die Hochschule, meinem Seelenfrieden" löscht man sich von Konventionen der Alltagsinteraktionen und löst beim Gesprächspartner eine Krise aus. Die Reaktionen auf die Krise können dann untersucht werden. Aufgrund der Schwierigkeiten bei der Kontrolle von Störvariablen werden Krisenexperimente nicht zum klassischen Repertoire sozialwissenschaftlicher Experimentalforschung gezählt und vorrangig in der qualitativen Sozialforschung eingesetzt (vgl. Gstettner 1984, S. 440 ff.; Cordes 1994, S. 155 ff.; für die Nähe zum politischen Straßentheater siehe Boal 1979).

Die hier vorgestellte Unterscheidung in Laborexperiment, Planspiel, Quasi-Experiment, Feldexperiment und Krisenexperiment ist idealtypisch. Die verschiedenen Formen des Experiments sind teilweise miteinander kombinierbar. So gibt es Laborexperimente, die mit einer simulierten Krise arbeiten. Es existieren Planspiele, die in der „natürlichen" Arbeitsumgebung von Organisationsmitgliedern durchgeführt werden und so Feldexperimenten ähneln.

Die Herausforderungen einer experimentellen Organisationsforschung

Führt man mit standardisierten Fragebögen eine Umfrage in einem Unternehmen durch, kann man davon ausgehen, dass man eine Organisation untersucht (siehe den Beitrag zur schriftlichen Befragung in diesem Band). Ebenso kann man bei einer standardisierten Beobachtung von Konferenzen in einer Verwaltung sicher sein, Interaktionen in Organisationen zu beforschen (siehe den Beitrag zu SYMLOG und zur standardisierten Befragung).

Die Gewissheit über den gerade untersuchten Typus eines sozialen Systems hat man bei einem Laborexperiment – aber auch bei einem Planspiel – nicht. Bei einem Experiment handelt es sich zunächst „nur" um eine Face-to-face-Interaktion zwischen dem Experimentleiter und einer oder mehrerer Testpersonen. Ob dabei spontane Face-to-face-Interaktionen, Interaktionen in Gruppen oder Interaktionen in Organisationen abgebildet werden, lässt sich erst durch eine nähere Betrachtung des Experimentaufbaus und der Reaktionen der Testpersonen erschließen (vgl. auch Zelditch/Hopkins 1961).

Während bei Feldexperimenten und bei Krisenexperimenten der Forscher an den schon vorstrukturierten Organisationsmerkmalen „parasitieren" kann, müssen im Laborexperiment über Organisationen die Merkmale von Organisationen künstlich erzeugt werden.

Was sind nun die Merkmale von Organisationen, die in Experimenten über Organisationen auf alle Fälle simuliert werden müssen? Karl Weick hat in einem nach wie vor grundlegenden Artikel über Laborexperimente in Organisationen eine Liste von Organisationsmerkmalen aufgeführt, die durch das Experiment simuliert werden müssen: Hierarchische Strukturierung der sozialen Situation, Bildung von Untergruppen, Vernetzung zwischen den Aufgaben, die von den Untergruppen erledigt werden, nicht nur Face-to-face-Interaktionen, sondern auch „vermittelte" Interaktionen, Orientierung der Testpersonen an Mitgliedschaften und Karriere, Motivation der Testpersonen durch Anweisungen, Bezahlung, Rückmeldung ihrer Leistungen und durch Wettbewerb (vgl. Weick 1965).

Die Liste von Karl Weick lässt sich auf drei zentrale Merkmale von Organisationen zusammenfassen: Zwecke, Mitgliedschaften und Hierarchien. Besonders durch die entscheidungstheoretische und die systemtheoretische Organisationsforschung wurde aufgezeigt, dass beim Übergang von der ständischen zur modernen Gesellschaft die Bedeutung von Zwecken, Mitgliedschaften und Hierarchien zwar zur Strukturierung der Gesamtgesellschaft abnimmt, diese Elemente aber als zentrale Strukturierungsmerkmale von Organisationen einen zunehmend prominenten Platz einnehmen (vgl. in Anlehnung an Luhmann hierzu besonders Kieserling 1994; siehe ausführlich die Argumentation in Strodtholz/Kühl 2002, S. 11; Kühl 2003a, S. 251).

Demnach verzichten Gesellschaften seit dem Übergang von der stratifizierten zu einer funktional differenzierten Gesellschaft darauf, sich übergeordneten *Zwecken*, etwa der Befolgung göttlicher Gebote, zu verschreiben. Ganz anders Organisationen: Egal, ob es sich um eine Verwaltung, ein Unternehmen oder eine Kirche handelt, konkrete Zwecke, wie eine mehr oder minder freundliche Befriedigung von Anfragen nach Aufenthaltsgenehmigungen oder die Eroberung des Markts, spielen eine zentrale Rolle in der Ausrichtung von Organisationen (vgl. Luhmann 1973, S. 87 ff., 1997, S. 826 ff.).

Auch das Management des Ein- und Austritts von Personal – die Bestimmung von *Mitgliedschaften* – handhaben Organisationen anders als moderne Gesellschaften. Ein totaler Ausschluss aus der Gesellschaft findet seit der weitgehenden Abschaffung von Verbannung, Ausbürgerung und Todesstrafe nur noch in Ausnahmefällen statt. Das Management der Mitgliedschaft ist dagegen ein zentrales Merkmal von Organisationen geworden. Über die Mitgliedschaft wird trennscharf festgelegt, wer zu einer Organisation gehört und wer nicht. Dadurch werden Grenzen geschaffen, in denen sich die Mitglieder (und eben nur die Mitglieder) den Regeln der Organisation zu unterwerfen haben (Luhmann 1964, S. 16).

Schließlich verlieren auch *Hierarchien* in der Gesellschaft an Bedeutung, während sie für die Strukturierung von Organisationen zentral bleiben. Es gibt in modernen Gesellschaften keine Personen mehr, die über Befehls- und Anweisungsketten in die verschiedenen Lebensbereiche der Bevölkerung hineinregieren könnten. Eine solche Gesellschaft gilt heutzutage als diktatorisch und unmodern. Im Gegensatz zu modernen Gesellschaften sind Organisationen zentral über Hierarchien strukturiert. Erst die Hierarchie stellt sicher, dass die Anweisungen und Zusagen der Spitze auch umgesetzt werden. Sie gewährleistet somit, dass Verbände, Verwaltungen und Unternehmen überhaupt als berechenbare kollektive Akteure auftreten können (Luhmann 1997, S. 834).

Da die Laborsituation von ihrer Struktur her die zeitlich stark befristete Face-to-face-Interaktion zwischen Unbekannten abbildet, ist die Simulation von Organisationsprozessen durch Laborexperimente nicht ganz einfach. Es muss durch den Experimentaufbau deutlich werden, dass die anwesenden Personen auf Zwecke ausgerichtet sind und in einem legitimierten hierarchischen Verhältnis zu einander stehen. An die Zweckerfüllung und die Akzeptanz der Hierarchie müssen sie durch eine simulierte Einwilligung zur Mitgliedschaft in der „Kurzzeit-Organisation" des Experiments gebunden werden.

2 Datenerhebung und Datenaufbereitung

Im Gegensatz zur so genannten nichtexperimentellen Forschung (Befragung oder Beobachtungen) wird bei Experimenten die soziale Situation durch das Experiment gezielt beeinflusst (Feldexperiment) oder durch den Experimentleiter überhaupt erst geschaffen (Laborexperiment). Deswegen ist der Datenerhebung bei Experimenten immer ein Versuchsdesign vorangestellt.

Im Einzelnen lassen sich bei der Experimentplanung und der Datenerhebung drei Phasen unterscheiden: erstens die Operationalisierung, also die Übersetzung einer sprachlich formulierten Sachhypothese in eine mit mathematischen Mitteln auswertbare, statistische Hypothese; zweitens die Versuchsplanung, die unter anderem darin besteht, verschiedene Versuchs- und Kontrollgruppen zu bilden; drittens die Kontrolle der Störvariablen, also all der Effekte, die den Kausalzusammenhang zwischen den vom Experimentleiter manipulierten Bedingungen und den zu beobachtenden Effekten verzerren könnten (eine sehr gute Darstellung zu den Schritten des Experiments findet sich bei Mittenecker 1964; Huber 2000).

Operationalisierung: Von der Sachhypothese zur statistischen Hypothese

Die Schwierigkeit bei einem Experiment ist – ähnlich wie bei anderen quantitativen Methoden auch – die in Sprache formulierte Sachhypothese in eine mit mathematischen Mitteln zu prüfende, statistische Hypothese zu übersetzen (vgl. Henning/Muthig 1979, S. 18 ff.). Eine Sachhypothese ist eine sprachlich formulierte Aussage. Ein Beispiel für eine solche Sachhypothese wäre „Je genau einer Mitarbeiter überwacht wird, desto bessere Leistungen erbringt er". Zur Übersetzung in eine statistische Hypothese muss ein messbares Kriterium festlegt werden, um die gemessenen Effekte mit statistischen Berechnungen analysieren zu können. So kann man zum Beispiel festlegen, dass sich der Grad der Überwachung durch die räumliche Nähe des Vorgesetzten zum Arbeiter messen lässt. Die Anzahl der Karten, die ein Arbeiter innerhalb einer halben Stunde sortiert, dient als messbares Kriterium der Leistungsfähigkeit. Da sowohl die räumliche Nähe als auch die Anzahl der Karten gemessen werden, kann dann die Sachhypothese in eine statistisch prüfbare Hypothese übersetzt werden: „Je näher der Vorgesetzte beim Arbeiter sitzt, desto mehr Karten sortiert dieser innerhalb einer halben Stunde."

Die Übersetzung von Sachhypothesen in statistische Hypothesen ist alles andere als einfach, kann man doch den generellen Verdacht hegen, dass das Verhalten in Experimenten wenig über das Verhalten außerhalb des Laboratoriums besagt (vgl. Greenwood 1989, S. 177 ff.). Es muss sehr genau geprüft werden, ob durch die Operationalisierung auch die Kategorien der Sachhypothese getroffen werden. Bildet die räumliche Nähe zwischen Vorgesetzten und Arbeiter den Grad der Überwachung ab? Gibt es nicht andere

Kriterien, die besser den Grad der Überwachung abbilden können? Ist das Sortieren von Karten ein adäquater Gradmesser für Leistungsfähigkeit eines Arbeiters? Reicht eine halbe Stunde aus, um die Leistungsfähigkeit eines Arbeiters zu messen?

Zur Messung steht dem experimentell arbeitenden Forscher das breite Spektrum der quantitativen Sozialforschung zur Verfügung. Er kann das Verhalten der Testperson beobachten und dabei beispielsweise die Methoden der strukturierten Beobachtung oder Beobachtung mit SYMLOG anwenden (siehe die Beiträge zur strukturierten Beobachtung und zu SYMLOG in diesem Band). Er kann den Testpersonen anbieten nach dem Experiment einen standardisierten Fragebogen auszufüllen und dabei die verbreiteten Befragungstechniken anwenden (siehe den Beitrag zur schriftlichen Befragung in diesem Band). Oder er kann die Testperson bitten einen Aufsatz zu verfassen und dann den so produzierten Text nach dem Vorkommen bestimmter Worte untersuchen.

Versuchsplan: Die Bildung von Versuchs- und Kontrollgruppen

Um herauszubekommen, ob die vom Experimentleiter manipulierte Bedingung (unabhängige Variable) für bestimmte Effekte (abhängige Variable) verantwortlich ist, muss er prüfen, was passiert, wenn die Bedingung nicht manipuliert werden. Dies kann er im Prinzip durch zwei – auch kombinierbare – Strategien erreichen (vgl. Hagmüller 1979, S. 165 ff.; Bortz 1984, S. 400 ff.).

Die erste Strategie ist, dass er die Gruppe der Versuchspersonen zu einem Zeitpunkt mit einer unmanipulierten Bedingung konfrontiert, die Effekte misst und dann zu einem anderen Zeitpunkt die gleiche Gruppe der Versuchspersonen der manipulierten Bedingung aussetzt und dann wiederum die Effekte bestimmt. Diese Vorgehensweise ist jedoch problematisch, weil die erste Phase des Experiments (bei unmanipulierter Bedingung) die Ergebnisse in der zweiten Phase (bei manipulierter Bedingung) beeinflussen kann. Diese kann an dem Experiment von Richard Tracy Lapiere (1934) über Diskrepanz zwischen Einstellung und Verhalten gegenüber ethnischen Minderheiten verdeutlicht werden. Lapiere reiste in den frühen dreißiger Jahren mit einem jungen chinesischen Paar durch die Vereinigten Staaten, übernachtete mit ihnen in vielen Hotels und aß mit ihnen in einer Vielzahl von Restaurants. Während der ganzen Zeit wurde ihnen in weniger als 1 % aus fremdenfeindlichen Gründen die Bedienung verweigert. Nach seiner Reise wandte er sich mit einem Fragebogen an die 250 Inhaber der Restaurants und Unterkünfte an, die er mit dem chinesischen Pärchen besucht hatte. Über 90 % der Hotel- und Restaurantbesitzer gaben bei der Beantwortung des Fragebogens an, dass sie Chinesen keine Unterkunft oder Verpflegung gewährten. Das Problem war, dass Lapiere nicht ausschließen konnte, dass das ablehnende Verhalten erst durch den Kontakt mit dem jungen chinesischen Paar – also durch seine Experimentbedingungen – ausgelöst wurde.

In der zweiten Strategie soll diesem Zweifel durch die Bildung einer zweiten Gruppe begegnet werden, die der manipulierten Bedingung nicht ausgesetzt ist. Bei der Gruppe, die den Manipulationen des Experimentleiters unterzogen ist, spricht man von der Versuchs- oder Experimentalgruppe, bei der Gruppe, die die gleiche Beobachtung ohne die Manipulationen des Experimentleiters erfährt, spricht man von der Kontrollgruppe. Lapiere schickte beispielsweise auch an eine Kontrollgruppe von hundert Hotels und Restaurants, die er nicht besucht hatte, den gleichen Fragenbogen, die er auch an die besuchten Hotels versandt hatte. Da auch hier der weitgehende Teil der Besitzer, die Aufnahme von Chinesen ablehnte, konnte er davon ausgehen, dass die Einstellung seiner Versuchsgruppe nicht durch die vorangegangene praktische Erfahrung mit ihm und seinen chinesischen Gästen verzerrt worden war.

Wenn die Versuchspersonen nicht wissen, ob sie der Versuchsgruppe oder der Kontrollgruppe zugeordnet sind, spricht man von einem Blindversuch. Wenn auch der Forscher nicht weiß, ob eine Person zur Versuchs- oder zur Kontrollgruppe gehört, dann spricht man von einem Doppelblindversuch. Besonders bei medizinischen Forschungen wird sichergestellt, dass nicht nur die Versuchsperson in Unkenntnis darüber ist, ob sie ein Placebo oder ein Medikament nimmt. Auch der die Wirkung testende Arzte weiß nicht, ob die Versuchsperson zur das Medikament nehmenden Versuchsgruppe oder zur das Placebo einnehmenden Kontrollgruppe gehört. Durch einen Blindversuch soll verhindert werden, dass die Versuchsperson durch Selbstsuggestion oder der Versuchsleiter durch unbewusste Beeinflussungsmechanismen die Ergebnisse des Experiments verzerren.

Häufig haben wir es in Experimenten nicht mit Kontroll- und Vergleichsgruppen im engeren Sinne zu tun. Wenn man beispielsweise in einem Unternehmen, die Auswirkungen von Rationalisierungsmaßnahmen auf die Arbeitsproduktivität untersucht, könnte man mit einer Versuchsgruppe und einer Kontrollgruppe arbeiten. In einer Versuchsgruppe wird beispielsweise ein kontinuierlicher Verbesserungsprozess eingeführt und danach die Produktivität gemessen. Diese Produktivität wird dann mit einer Kontrollgruppe verglichen, in der der kontinuierliche Verbesserungsprozess nicht eingeführt wurde. Wenn wir jedoch in einer Gruppe den kontinuierlichen Verbesserungsprozess durchführen und in einer anderen Gruppe die Vorarbeiterposition auflösen, dann vergleichen wir im engeren Sinne nicht eine Versuchsgruppe mit einer Kontrollgruppe. Durch den Vergleich der Produktivität der beiden Gruppen ist jede Gruppe gleichermaßen Kontroll- und Versuchsgruppe (vgl. Diekmann 1999, S. 297).

Kontrolle der Störvariablen: Parallelisieren und Randomisierung

In jedem Experiment kann es vorkommen, dass neben den vom Experimentleiter gezielt beeinflussten Variablen auch noch andere Variablen Einfluss auf die gemessenen Ergebnisse hatte. Diese Störvariablen stellen das ganze Experiment in Frage, weil der Forscher jetzt nicht mehr bestimmen kann, ob die Effekte durch die von ihm geplant manipulierten unabhängigen Variablen oder durch die Störvariablen ausgelöst wurden.

Eine klassische Störvariable ist der *Wissenschafts-Effekt (auch Hawthorne-Effekt)*. Damit werden verzerrende Einflüsse bezeichnet, die durch den wissenschaftlichen Kontext des Experiments entstehen. In den Hawthorne-Werken der Western Electric Company führte in den zwanziger Jahren eine Forschungsgruppe um den Sozialpsychologen Elton Mayo Untersuchungen zur Leistungssteigerung durch. Ausgangspunkt war eine Untersuchung der Firma, ob eine bessere Beleuchtung die Arbeitsproduktivität in der Montage erhöht. Wie erwartet stieg die Produktivität mit gesteigerter Beleuchtung an. Paradoxerweise stieg die Produktivität aber auch an, als das Management die Beleuchtung gleich ließ oder sie reduzierte. In einer Vielzahl von Experimenten wurde von der Forschergruppe die Erklärung herausgearbeitet, dass sich die Produktivität deshalb verbesserte, weil die Testpersonen in den Mittelpunkt wissenschaftlicher Aufmerksamkeit geraten waren und sie sich dadurch eine größere Mühe gaben (vgl. Roethlisberger/Dickson 1939; kritisch Bramel/Friend 1981; Moldaschl/Weber 1998).

Ein andere typische Störvariable ist der *Verlierer-Effekt*. Damit werden Verzerrungen benannt, die durch die experimentelle Zuweisung einer Personengruppe auf eine schlechter angesehene Position erzeugt werden. Eine Versicherung in Mannheim führte in den neunziger Jahren ein Assessment-Center durch, um eine Gruppe von neuen Versicherungsvertretern auszuwählen. Die im Assessment-Center am besten bestehenden Personen wurden von der Versicherung eingestellt. Ein plötzlicher Nachfrageboom führte dazu, dass auch die ursprünglich nicht qualifizierten Versuchspersonen von der Versicherung eingestellt wurden. Der Vergleich der beiden Gruppen in Bezug auf die Verkaufszahlen ergab, dass die ursprünglich nicht ausgewählte Gruppe tendenziell bessere Verkaufsergebnisse brachte als die durch das Assessment-Center bestimmten. Diese (leider nicht als Artikel publizierten) Ergebnisse können mit dem Versagen von Assessment-Center erklärt werden (vgl. Kühl 2003b); es ist aber auch vorstellbar, dass die Zurechnung der Vertreter zur „Verlierer"-Gruppe deren Leistungsbereitschaft besonders angespornt hat.

Eine weitere häufig vorkommende Störvariable ist der *Selbstselektions-Effekt*. Damit werden die Verzerrungen in einem Experiment benannt, die durch die Selbstselektion der Testpersonen für ein Experiment oder gar für eine bestimmte Gruppe entstehen können. Eine Forschungsgruppe um den Sozialpsychologen David Seidman untersuchte in den fünfziger Jahren, ob Menschen in Gruppen oder alleine besser Elektroschocks ertragen können. Für dieses Experiment wurden als Versuchspersonen knapp über hundert Wehrpflichtige gewonnen, die gerade ihren Grundwehrdienst abgeschlossen hatten. Die Versuchsanordnung sah vor, dass die Versuchspersonen die Höhe der Elektroschocks selbst mit Hilfe eines Einstellknopfes festlegen konnten. Das Ergebnis war, dass die Versuchspersonen bereit waren, sich höhere Elektroschocks zu setzen, wenn ein anderer Soldat gleichzeitig sich Elektroschocks verabreichte als wenn die Testpersonen allein im Raum waren. Die Frage ist jedoch, ob nicht die freiwillige Meldung für ein schmerzhaftes Experiment im Rahmen einer militärischen Ausbildungsinstitution, nicht die Ergebnisse so weit verzerren, dass keine allgemeine Rückschlüsse gezogen werden können (vgl. Seidman et al. 1957; siehe auch Mann 1999, S. 117).

In einem Experiment müssen sowohl die durch die wissenschaftliche Untersuchungssituation erzeugten (vgl. früh Kintz et al. 1965) als auch der die Testperson bedingten Störvariablen (vgl. früh Schultz 1969) kontrolliert werden. Besonders der Kontrolle der durch die Testpersonen bedingten Störvariablen, muss hohe Aufmerksamkeit gewidmet werden. Es muss sichergestellt werden, dass durch die Zuteilung der Testpersonen auf die Versuchsgruppe und die Kontrollgruppe keine Verzerrungen entstehen. Dafür lassen sich die beiden Standardmethoden Parallelisieren und Randomisierung unterscheiden (vgl. auch Heller/Rosemann 1974, S. 71 ff.; Czienskowski 1996, S. 62; Huber 2000, S. 93 ff.).

Beim Parallelisieren werden durch dem Experiment vorgeschaltete Tests sichergestellt, dass die Versuchs- und die Kontrollgruppen sich nicht in für das Experiment zentralen Experimenten unterscheiden. Will man die Auswirkung der räumlichen Nähe eines Vorgesetzten auf die Schnelligkeit bei der Sortierung von Karten messen, sollte man sicherstellen, dass die Fingerfertigkeiten sich in der verschiedenen Gruppe nicht allzu stark unterscheiden. Dafür kann man die Versuchspersonen vor dem eigentlichen Experiment eine ähnliche Fertigkeiten erfordernde Übung machen lassen und dann darauf achten, dass im Durchschnitt die Testpersonen in die Kontroll- und die Versuchsgruppe sich in ihren Grundfähigkeiten nicht unterscheiden.

Bei der Randomisierung werden die Versuchspersonen zufällig auf Versuchs- und Kontrollgruppe (oder den unterschiedlichen Versuchsgruppen) verteilt. Die Zufallsgenerierung sollte nicht durch Ad-hoc-Zuteilungen des Experimentleiters erfolgen, weil sich unbewusst Selektionskriterien des Experimentleiters einschleichen könnten. Die zufällige Zuteilung sollte vielmehr durch Auszählen, durch Münzwurf oder durch Auslosen vorgenommen werden. Der Vorteil der Randomisierung ist, dass anders als beim Parallelisieren die Störvariable nicht im Einzelnen bekannt sein muss. Man geht davon aus, dass durch die zufällige Zuteilung sich die Testpersonen der Versuchs- und die Kontrollgruppe in allen relevanten Aspekten ähneln und die zu messenden Effekte allein durch die Manipulationen des Versuchsleiters entstehen.

3   Datenanalyse und Dateninterpretation

Nach der Durchführung des Experiments hat der Forscher die Rohdaten seines Experiments zur Verfügung. Die Analyse seiner Daten verläuft in drei Schritten: erstens der statistischen Auswertung der Daten; zweiten der Bestimmung des Zusammenhangs von statistischer Hypothese und Sachhypothese; drittens der Bestimmung der Reichweite des Experiments.

Statistische Auswertung des Experiments

Der erste Schritt besteht in der statistischen Prüfung der Hypothesen. Die statistischen Auswertungsverfahren unterscheiden sich nicht von den Prüfverfahren, die bei einer Befragung oder bei einer quantifizierenden Beobachtung eingesetzt werden können. Wie bei Befragungen und Beobachtungen muss geprüft werden, ob die Anzahl der Stichproben ausreichend gewesen ist, um eine statistische Validität zu erreichen. Wie bei anderen quantitativen Methoden muss auch bei Experimenten Signifikanztests durchgeführt werden. Wie bei anderen quantitativen Untersuchungen bietet es sich auch bei Experimenten an, über multivariate Analysen die Zusammenhänge zwischen drei oder mehr Variablen zu prüfen (einen guten Überblick vermittelt Czienskowski 1996, S. 91 ff.).

Wichtig ist zu unterscheiden, ob durch das Experiment eine Vielzahl von Fällen generiert wird, die dann mit statistischen Methoden überprüft werden, oder ob das Experiment aus einem einzigen Fall besteht, in dem lediglich das Verhalten der Teilnehmer quantitativ gemessen und dann statistisch ausgewertet wird. Das Stanford-Prison-Experiment, das häufig ganz selbstverständlich im Kontext von quantitativen Experimenten aufgeführt wird (vgl. z. B. Bierbrauer 1997), gehört zum zweiten Fall. In diesem Experiment teilte der Experimentleiter eine Gruppe von „normalen" Männern nach dem Zufallsprinzip in eine Gruppe von Gefängniswärtern und eine Gruppe von Gefangenen auf. In einem fiktiven Gefängnis in der Universität von Stanford sollten die beiden Gruppen für einige Tage die Rollen von Gefängniswärtern und Gefangenen spielen. Das für zwei Wochen geplante Experiment wurde von den Experimentleitern nach sechs Tagen abgebrochen, weil sich bei der Hälfte der Gefangenen starke Anzeichen von Passivität und Depression ausbildeten, während einige Wärtern sadistische Verhaltensweisen entwickelten (vgl.

Haney/Banks/Zimbardo 1973, S. 69 ff.; siehe auch Zimbardo et al. 1973, 1975). In dem Experiment wurden die Einstellungen der Testpersonen quantitativ erhoben und auch die Aggressionen der Personen quantitativ gemessen. Dies darf aber nicht darüber hinwegtäuschen, dass das Experiment nur ein einziges Mal durchgeführt wurde und damit nicht die Minimalanforderungen an eine ausreichende Stichprobenzahl erfüllt.

Zusammenhang von statistischer Hypothese und Sachhypothese (interne Validität)

Der zweite Schritt ist die Überprüfung des Zusammenhangs zwischen der statistischen Hypothese und der Sachhypothese. Häufig wird, so Oswald Huber, in Fachzeitschriften suggeriert, dass die Bestätigung der statistischen Hypothese mit der Bestätigung der Sachhypothese identisch ist. Dabei besagt die Bestätigung der statistischen Hypothese zunächst nichts anderes, als dass auf der Basis richtig gerechneter statistischen Verfahren die Hypothese plausibel erscheint (Huber 2000, S. 132 f.). Aber dem Forscher geht es ja nicht vorrangig um die statistische Hypothese, sondern er ist an der Sachhypothese interessiert.

Wenn in der Phase der Datenanalyse der Zusammenhang zwischen statistischer Hypothese und Sachhypothese geprüft wird, geht es letztlich darum die eigene Operationalisierung noch einmal kritisch zu überprüfen. Wurde durch das Experiment wie geplant der Einfluss von kontinuierlichen Verbesserungsprogrammen auf Produktivität gemessen? Bildet das Experiment wirklich die Anpassung an Gruppendruck ab oder war es den Testpersonen vielleicht völlig egal, wie sie sich selbst in der Experimentalsituation verhalten?

Bestimmung der Reichweite des Experiments (externe Validität)

Der dritte Schritt besteht darin die Reichweite des Experiments zu klären. Der Forscher kreiert im Labor eine eigene soziale Situation. Er legt fest, wie lange ein Experiment dauert, wie viele Personen daran teilnehmen und unter welchen Regeln die Kontakte zwischen den Personen ablaufen. Es ist damit eine offene Frage, ob die Laborsituation einer spontanen Interaktion zwischen Personen, einer Interaktion in stabilen Gruppen von Freunden, einer Interaktion in Familien oder einer Interaktion in Organisationen ähnelt. Erfahrungsgemäß gibt es bei Laborexperimenten zwei potenzielle Fehler bei der Bestimmung der Reichweite eines Experiments.

Der erste Fehler ist die Übergeneralisierung eines Experiments: Bei einer Befragung oder einer Beobachtung wird die Reichweite der Argumentation schon dadurch beschränkt, dass der Forscher sich bewusst ist, in welchem sozialen Kontext er seine Untersuchung durchführt. Wenn ein Sozialforscher die Dynamik in Familien beobachtet, steht er in einer Begründungspflicht, wenn er seine Ergebnisse nicht nur für Familien, sondern auch für Freundschaftsbeziehungen für relevant erklären will. Wenn eine Forscherin in einer Verwaltung eine Befragung zu Über- und Unterordnungsverhältnissen durchführt, müsste sie begründen, wenn sie ihre bestätigten Hypothesen auch für Über- und Unterordnungsverhältnisse in Familien als gültig betrachtet. Da besonders in Laborexperimenten von Sozialpsychologen häufig nicht spezifiziert wird, welche Art von sozialem System untersucht wird, besteht die Gefahr der vorschnellen Generalisierung. Eine Tendenz zur Übergeneralisierung lässt sich beispielsweise beim ursprünglich als Planspiel konzipierten Deportationsexperiment feststellen. Beim Deportationsexperiment handelt es sich um die Simulation einer Deportation von mehreren hunderttausend Gastarbeitern aus dem Osten Deutschlands in ein radioaktiv verseuchtes Gebiet in Süddeutschland. Für diese Massendeportation muss eine Gruppe von Testpersonen nächtliche Transporte durch Deutschland planen, die Bahnwaggons für den Transport einer großen Anzahl von Personen entwickeln und ausstatten, eine möglichst kostengünstige Verpflegung organisieren und die Arbeitsfähigkeit der Personen nach ihrer Ankunft im strahlenverseuchten Gebiet untersuchen. Als Ziel der simulierten Operationen wird den Teilnehmern die offizielle Zweckformulierung eines Bahnunternehmens, also die möglichst effektive Abwicklung von Güter- und Personentransporten, genannt. Dass es sich bei den Transporten um Zwangsdeportationen von Ausländern in ein strahlenverseuchtes Gebiet handelt, kann jeder Stelleninhaber aber aus den mitgelieferten Informationen erschließen (Kraus 2003, S. 3). Der Generalisierungsfehler besteht jetzt darin, dass die hohe Folgebereitschaft in dem Experiment – nur in einem einzigen von über dreihundert Fällen war der Widerstand so stark, dass das Experiment abgebrochen wurde – als Indiz dafür angesehen wird, dass in der modernen Gesellschaft Menschen als ein „Rädchen im Getriebe" zur Teilnahme an einem Massenmord fähig sind (vgl. Kraus 1987, S. 50 ff.; Berg 1988, S. 121 ff.). Es lässt sich jedoch mit Gründen annehmen, dass durch das Deportationsexperiment „lediglich" eine Organisation simuliert wird. Die Aussage kann nur dahingehend generalisiert werden, dass Menschen dann zur Beteiligung an einem Massenmord bereit sind, wenn sie in ein System aus Hierarchien, Zweckvorgaben und Regeln eingebunden sind, durch die sie sich als Mitglieder der Organisation gebunden sehen (vgl. Kühl 2005).

Der zweite Fehler kann die Falschzurechnung eines Experiments sein: Während der erste Fehler in der Übergeneralisierung der Ergebnisse besteht, stellt der zweite Fehler die vorschnelle Zurechnung der experimentellen Ergebnisse auf eine bestimmte soziale Situation dar. In jeder sozialwissenschaftlichen Disziplin, die sich Experimenten bedient, gibt es thematische Moden. Einmal ist die Beforschung von Gruppen angesagt, ein andermal von Familien. Einmal ist die Organisationsforschung aktuell, ein andermal die Beforschung spontaner Face-to-face-Interaktionen. Die Gefahr besteht jetzt darin, dass ein Experiment vorschnell dem gerade aktuellen Modethema der Disziplin zugerechnet wird, ohne zu überprüfen, ob nicht durch die Operationalisierung des Experiments eine ganz anderes soziales System abgebildet wird. Ein Beispiel für eine solche Falschzurechnung könnte das Experiment von Solomon Asch angesehen werden. Die in der ersten Hälfte des zwanzigsten Jahrhunderts durchgeführten sozialwissenschaftlichen Experimente verstanden sich als Forschungen zur Funktionsweise von Gruppen. Solomon E. Asch, einer der prominentesten „Gruppenforscher", zeigte, wie stark Personen sich dem Druck anderer Personen unterordnen. In seinem Experiment wurden sieben Personen aufgefordert, die Länge dreier Linien einzuschätzen. Sechs der sieben Personen waren Mitglieder des Forschungsteams, die – ohne dass es die siebte Person wusste – Strohmänner des Versuchsleiters waren und systematisch falsche Einschätzungen abgaben. Das Ergebnis war, dass unter dem Druck der sechs Personen die eigentliche Testperson den falschen Einschätzungen der anderen Personen folgte (Asch 1951, S. 177 ff., 1955, S. 31 ff.). Aus einer differenzierungstheoretischen Perspektive würde man die Experimente von Asch heutzutage nicht mehr als Experimente zu Gruppenprozessen, sondern zu unmittelbaren Face-to-face-Interaktionen betrachten. Face-to-face-Interaktionen ergeben sich schon alleine aufgrund von gegenseitigen Wahrnehmungen, während Gruppen darüber hinaus ein Gefühl von „Zusammengehörigkeit" entwickeln (vgl. Tyrell 1983, S. 83). Da bei Solomon Asch die Testperson mit den sechs Lockvögeln nur eine sehr spontane Beziehung aufgebaut hat, spricht vieles dafür die Aussagen von Aschs Experiment für Interaktionen außerhalb von Gruppen und nicht für Interaktionen in Gruppen gelten zu lassen (vgl. Kieserling 1999, S. 17).

4 Anwendungsbeispiel

Vermutlich die bekannteste sozialwissenschaftliche Experimentreihe ist die von Stanley Milgram in den frühen sechziger Jahren durchgeführte Untersuchung zur Gehorsamsbereitschaft gegenüber Autoritäten. Sein Buch über das Experiment wurde in elf Sprachen übersetzt, in Magazinen wie Harper's und Esquire wurde über die Experimente berichtet. Es entstanden Fernsehsendungen über Milgrams Versuchsreihe und das Experiment bildete sogar die Grundlage für einen Spielfilm (vgl. Miller 1986, S. 7 ff.; Blass 1992b, S. 293 ff.).

Datenerhebung

Im Grundexperiment erklärt ein mit zentralen Insignien der wissenschaftlichen Autorität ausgestatteter Experimentleiter der Testperson, dass diese im Rahmen eines Experiments zur Lernfähigkeit von Schülern die Rolle eines Lehrers zu übernehmen hätte. Wenn ein im Nebenraum sitzende Schüler eine falsche Antwort gegeben hat, sollte die Testperson dem Schüler Elektroschocks in kontinuierlich zunehmender Stärke verabreichen. Die Testperson wusste nicht, dass der Schüler von einem Mitarbeiter des Forschungsteams gespielt wurde und seine Reaktionen auf die Stromstöße, wie Schmerzenschreie, Proteste und plötzliches Verstummen, lediglich simuliert wurden (vgl. Milgram 1963, S. 372 ff.).

Operationalisierung: Von der Sach- zur statistischen Hypothese

Die Herausforderung für Milgram war es, Gehorsamkeit so zu operationalisieren, dass die Ergebnisse der verschiedenen Experimente miteinander verglichen werden konnten. Dies leistete er darüber, dass die Testpersonen die vermeintlichen Stromstöße über einen Apparat mit insgesamt dreißig Schockstufen versetzen sollten. Die Aufschrift beinhaltete einmal die um jeweils 15 Volt steigende Voltstufen bis hin zu 450 Volt und kurze Erklärungen der Schockstufen. Die Aufschriften lauteten: leichter Schock (15–60 Volt), mäßiger Schock (75–120 Volt), mittlerer Schock (135–180 Volt), kräftiger Schock (195–240 Volt), schwerer Schock (255–300 Volt), sehr schwerer Schock (315–360 Volt), Gefahr! Bedrohlicher Schock (375–420 Volt) und abschließend XXX (435–450 Volt) (vgl. Milgram 1974, S. 44 f.).

Die Ergebnisse der verschiedenen Varianten des Experiments konnten jetzt in zweifacher Form gemessen werden. Die erste Messung bestand darin, die durchschnittlich maximale Schockstufe zu bestimmen, also den Durchschnitt der Spannungsstufen, an dem die Versuchspersonen sich weigerten weitere Stromstöße zu setzen. Ein Wert von 10 bedeutete dann beispielsweise, dass sich die Versuchspersonen durchschnittlich bei der zehnten Schockstufe (150 Volt) weigerten weitere Stromstöße zu setzen. Mit der zweiten Messung wurde bestimmt, wie viel Prozent der Testpersonen bereit waren den höchsten Stromschlag von 450 Volt zu setzen. Ein Wert von 25 Prozent bedeutete beispielsweise, dass ein Viertel aller Testpersonen bereit waren 450 Volt Stromstöße zu versetzen, während drei Viertel an irgend einer vorigen Stufe sich geweigert hatten weiter zu machen.

Versuchsplanung: Bildung von Versuchs- und Kontrollgruppen

Insgesamt entwickelte Milgram achtzehn Varianten seines Experiments. In einer Reihe von Experimenten holte er das Opfer immer näher an die Testperson heran, um zu messen, ob die räumliche Nähe zum Opfer die Gehorsamsbereitschaft reduziere (Experimente 1–4). In einer weiteren Versuchsreihe testete er, welchen Einfluss die Persönlichkeit und räumliche Nähe des Experimentleiters als Autoritätsperson auf die Gehorsamsbereitschaft hatte (Experimente 6 und 7). In einer am Ende des Projektes durchgeführten Testreihe, untersuchte Milgram dann auch noch, welchen Einfluss rebellierende und zustimmende Peers auf das Verhalten der Testperson hatten (Experimente 16 und 17).

Am ehesten erfüllten zwei Erhebungen die Funktion einer Kontrollgruppe (Milgram 1963, S. 373 ff., 1974, S. 45). Erstens ließ er Gruppen von Psychologen, Studenten und Erwachsenen der Mittelschicht die Beschreibung des Experimentaufbaus lesen und dann schätzen, bei welchem Stromstoß Testpersonen wohl den Versuch abbrechen würden. Seine später bestätigte Vermutung war, dass Personen, die lediglich die Situation geschildert bekommen, die reale Gehorsamsbereitschaft in den Experimenten stark unterschätzen würden.

Zweitens testete er, wie viele Testpersonen bereit sind Stromstöße von 450 Volt zu setzen, wenn es keine akustischen Rückmeldungen des vermeintlich leidenden Schülers gibt. Schon bei seinen Pretest stellte Milgram fest, dass unter diesen Bedingungen fast alle Testpersonen Stromstöße von bis zu 450 Volt setzten, vermutlich weil sie sich das Leiden der Testperson nur schwer vorstellen konnten. Beim Experiment 1 variierte Milgram das Experiment mit der Kontrollgruppe, indem er zwar keine akustischen und visuellen Rückkopplungen initiierte, aber der vermeintliche Schüler bei 300 Volt gegen die Wand hämmerte.

Kontrolle der Störvariablen

Methodisch ist Milgrams Experiment deswegen beachtlich, weil er über die drei Jahre dauernde Erhebungsphase die durch die Versuchspersonen und den Versuchsaufbau bedingten Störvariablen weitgehend kontrollieren konnte. Eine sinnvoll erscheinende Veränderung im Experimentaufbau oder ein notwendig gewordener Wechsel des Versuchsleiters wurde jeweils daraufhin getestet, ob sich die Ergebnisse dadurch veränderten.

Als eine Störvariable konnte angesehen werden, dass die Testpersonen möglicherweise die simulierte Situation mit den gespielten Reaktionen der Schüler durchschauten. Besonders Martin T. Orne und Charles H. Holland (1968) stellten in einer längeren Auseinandersetzung mit Milgram heraus, dass die Testperson die Experimentsituation nicht als eine Realsituation, sondern als eine „Als-ob-Situation" wahrnahmen. Ihre Annahme sei es gewesen, dass in einer Experimentsituation schon niemand zu Schaden kommen würde.

Diese Störvariable wurde in den Experimenten von Milgram und in den an Milgram angelehnten Experimenten auf dreifache Weise kontrolliert. Erstens erhob Milgram – wenn auch nicht systematisch – die körperlichen Reaktionen der Testpersonen während des Experiments. Nervosität, Schweißausbrüche und Augenzwinkern sah er als ein Indiz an, dass die Testpersonen die Situation als real annahmen (vgl. Milgram 1963, 1965a). Zweitens ließ er in zeitlicher Distanz seine Testpersonen befragen, ob sie die Situation als real oder als nicht real eingeschätzt hatten. In dieser Umfrage gaben nahezu alle Befragten an, dass sie das Experiment als real eingeschätzt hatten (vgl. Milgram 1972). Drittens führten Charles F. Sheridan und Richard G. King ein Experiment durch, in dem einem Hundewelpen reale Stromstöße versetzt wurden. Auch hier wurde eine ähnliche Gehorsamsbereitschaft nachgewiesen wie bei dem ursprünglichen Milgram-Experiment (vgl. Sheridan/King 1972).

Datenanalyse

In dem durch Milgram durchgeführten Grundexperiment waren über zwei Drittel der Testpersonen bereit, Stromschläge von 450 Volt zu verabreichen (vgl. Milgram 1963). Legen wir jetzt die drei Kriterien an, mit der die Ergebnisse in der Datenanalyse überprüft werden müssen.

Statistische Auswertung des Experiments

Die relativ einfachen, vorrangig nur mit einer Variablen arbeitenden statistischen Auswertungen Milgrams wurden in der Diskussion seines Experiments kaum angezweifelt. Die auch für Laien nachvollziehbaren Angaben machten es leicht, seine Ergebnisse mit denen von ähnlichen Experimenten in anderen Ländern zu vergleichen.

In Replikationen des Milgram'schen Grundexperiment wurden seine Ergebnisse weitgehend bestätigt (s. *Abbildung 1*). In (manchmal leicht variierten) Experimenten in Italien (Ancona/Pareyson 1968), den USA (Rosenhand 1969), Südafrika (Edwards et al. 1969), Deutschland (Mantell 1971a, 1971b), Australien (Kilham/Mann 1971), Großbritannien (Burely/McGuiness 1977), Jordanien (Shanab/Yahya 1977), Spanien (Miranda et al. 1981), Österreich (Schurz 1985) und den Niederlanden (Meeus/Raaijmakers 1986) ergaben sich ähnlich hohe Prozentsätze wie bei Milgram. Die Variation der Ergebnisse von 40 bis 92 Prozent sind wohl eher Variationen im Versuchsaufbau, denn auf nationale Besonderheiten in der Gehorsamsbereitschaft zurückzuführen.

Abbildung 1: Ergebnisse des Baseline-Experiment von Milgram und dessen Replikationen: Anteil der Versuchspersonen, die bis zur Obergrenze von 450 Volt Stromstöße versetzten (siehe die Übersichten bei Smith/Bond 1993, S. 20; Blass 2000, S. 59; Neubacher 2002, S. 54)

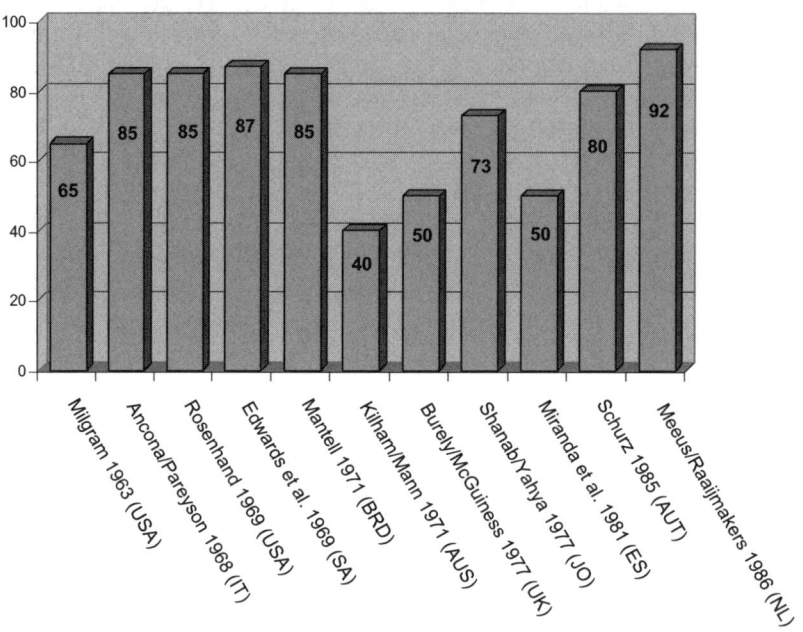

Zusammenhang von Sachhypothese und statistischer Hypothese

Bei der Prüfung des Zusammenhangs von Sachhypothese und statistische Hypothese ist die Hauptfrage, ob durch das Experiment wirklich Gehorsamsbereitschaft gemessen wurde. Nach den ersten Veröffentlichungen von Milgram in den sechziger Jahren (Milgram 1963, 1964a, 1964b, 1965a, 1965b) hätte man noch mit guten Gründen behaupten können, dass Milgrams Untersuchungen sowohl methodisch als auch statistisch korrekt seien, er aber nicht Gehorsamsbereitschaft, sondern Aggressionspotenziale gemessen habe (vgl. Blass 1992b, S. 299 f.).

Milgram war sich schon während der Durchführung der Experimentreihe bewusst, dass er durch eine Reihe von Experimenten nachweisen musste, dass von ihm Gehorsamsbereitschaft und nicht Aggression getestet wurde. Im Einzelnen plausibilisierte Milgram in drei Kontrollexperimenten, dass die Stromstöße aus Gehorsamsbereitschaft und nicht aus Aggression gesetzt wurden.

Milgram ließ im Experiment 11 die Versuchsperson die Schockhöhe selbst wählen. Die Testpersonen mussten also nicht bei jedem neuen Fehler des vermeintlichen Schüler die Höhe der Stromstöße kontinuierlich steigern, sondern konnten bei jedem Fehler selbst die Höhe des Stromstosses frei wählen. Seine später bestätigte Vermutung war, dass bei diesem Experimentaufbau sowohl die Höhe der durchschnittlichen gesetzten Stromschläge als auch die Anzahl der Personen, die Stromschläge von 450 Volt setzen würden, geringer sein würden als im Fall der Steigerung der Stromschlaghöhen.

Weiterhin baute Milgram im Experiment 12 die Versuchsbedingung so um, dass nach dem 150-Volt-Schlag, der Experimentleiter die Einstellung des Experiments verlangte, während aber der vermeintliche Schüler lauthals die Fortsetzung der Bestrafung forderte. Weil ausnahmslos die Testpersonen der Anweisung des Experimentleiters und nicht des Schülers folgten, hatte Milgram ein weiteres Indiz, dass das Verhalten der Testpersonen sich nicht durch Freude an der Bestrafung, sondern durch Gehorsamsbereitschaft erklären lässt.

Ferner veränderte Milgram im Experiment 13 die Bedingungen so, dass der Experimentleiter die Testperson nicht überwachte. In dieser Variation führte der Experimentleiter die Testperson in das Experiment ein, verließ dann den Raum und gab seine Anweisungen per Telefon. Es war zu beobachten, dass eine Anzahl von Testpersonen dem Experimentleiter meldete, die angesetzte Höhe des Stromschlages gesetzt zu haben, in Wirklichkeit aber einen deutlich geringeren oder gar keinen Stromstoß verabreichten. Auch dies konnte als Beleg dafür gewertet werden, dass die ursprüngliche, auf Gehorsamsbereitschaft ausgerichtete Sachhypothese durch den Experimentaufbau korrekt wiedergegeben wurde.

Bestimmung der Reichweite des Experiments

Stanley Milgram tendierte dazu, die Ergebnisse seiner Experimente als Aussagen über Gehorsamsbereitschaft und Autoritätshörigkeit in der modernen Gesellschaft insgesamt zu begreifen. Milgram erklärt das Verhalten der Versuchspersonen damit, dass sie in seinem Experiment in gesellschaftliche Strukturen wie Wertsysteme und Autoritätsbeziehungen eingebunden sind, aus denen sie nur mit großen Schwierigkeiten aussteigen können. Charakteristisch für den breiten Erklärungsanspruch ist Milgrams Frage, wozu eine Regierung mit all ihrer Autorität und ihrem Prestige fähig ist, wenn bereits ein unbekannter Experimentleiter Erwachsene dazu bringen kann, einen fünfzigjährigen Mann zu unterdrücken und ihm schmerzhafte Elektroschocks zu versetzen (Milgram 1965, S. 75; siehe Kroner 1988, S. 19 für eine Verallgemeinerung auf die Konfliktsituationen zwischen Staaten). Die Methodenkritik stellte aus zwei Positionen die Generalisierung Milgrams in Frage.

Auf der einen Seite wurde behauptet, dass die Experimente lediglich das Verhalten gegenüber wissenschaftlichen Autoritäten widerspiegelten. Die Experimente würden nur zeigen, welch enorm wichtige Rolle die Wissenschaft in modernen Gesellschaften spiele, so dass sich kaum eine Person vorstellen könne, im Namen der Wissenschaft würde „falsch" gehandelt. Genauso wie Abraham sich nicht vorstellen konnte, dass Gott sich irre, als er von ihm verlangte, seinen Sohn zu töten, hätten sich die Testpersonen im Milgram-Experiment nicht vorstellen können, dass im Namen der Wissenschaft Unrecht geschehe (vgl. Fromm 1973, S. 74; Patten 1977a, S. 438 f., 1977b, S. 350 ff.). Milgram konnte diese Kritik jedoch teilweise entkräften, weil er im so genannten Bridgeport-Experiment (Experiment 10) zeigte, dass die Verlagerung in Gebäude außerhalb der Universität und der Verzicht auf einige Insignien der wissenschaftlichen Autorität die Gehorsamsbereitschaft nicht signifikant reduzierte (Milgram 1974, S. 72 ff.).

Aus der anderen Position wurde die These aufgestellt, dass das Milgram-Experiment nicht wie häufig impliziert allgemeines Verhalten in Gesellschaften, sondern nur das Verhalten in Organisationen simuliert. In den Experimenten lässt sich, so die Argumentation, die Selbstbindung von Personen an eine, wenn auch kurzfristige Organisationsmitgliedschaft beobachten. Gerade weil der „Eintritt" in das Experiment freiwillig ist, fällt der „Austritt" so schwer (vgl. Indizien bei Milgram 1974, S. 140 ff.; Miller 1986, S. 225 f.). Weil der Eintritt nicht erzwungen wird, binden sich die Mitglieder an eigene Entscheidungen. Sie „verlieren ihr Gesicht", wenn sie kurz nach dem Einstieg in eine Organisation schon wieder aussteigen (siehe auch Silver/Sabini/Parrott 1987, S. 47 ff.). Die Schlussfolgerung, die daraus gezogen werden kann ist, dass Organisationen, die auf einer Freiwilligkeit des Ein- und Austritts aufbauen, in ihren Verhaltenserwartungen an Mitglieder weiter gehen können als Organisationen, die sich des Mechanismus der Zwangsmitgliedschaft bedienen (vgl. Kühl 2005).

Bewertung

Kaum ein Experiment ist so intensiv analysiert und heftig kritisiert worden wie das von Milgram. Es ist beachtlich, dass Milgrams Untersuchungen diese Auseinandersetzung fast unbeschadet überstanden. Es herrscht weitgehende Einigkeit darüber, dass Milgrams Experimente nicht nur originell konzipiert waren, sondern auch methodisch sauber durchgeführt wurden. Aufgrund der gelungenen Täuschung der Testpersonen über das Leiden des Schülers bestehen kaum Zweifel daran, dass die Testpersonen die Experimente tatsächlich als eine reale Situation begriffen hatten.

Das Milgram-Experiment zeigt in fast idealtypischer Weise, die Vorteile der Kombination einer Beobachtung oder einer Befragung mit einem Experiment gegenüber einer Beobachtung oder Befragung ohne vorgeschaltete experimentelle Situation. Es herrscht weitgehende Übereinstimmung, dass eine nicht mit einem Experiment kombinierte schriftliche oder mündliche Befragung zur Gehorsambereitschaft ungeeignet ist, weil die Antworten durch soziale Erwünschtheit verzerrt würde. Befragungen hätten nur allgemeine Einstellungen zur Gehorsamkeit reproduziert und nicht die in sozialen Situationen wirkenden Kräfte (vgl. Neubacher 2002, S. 46).

5 Möglichkeiten und Grenzen der Methode

Letztlich ist ein Experiment eine Befragung oder Beobachtung mit einem vorgeschalteten Impuls. Weil dieser Impuls genauso sorgfältig geplant, durchgeführt und kontrolliert werden muss, wie die anschließende Datenerhebung bedeutet ein Experiment immer mehr Aufwand als eine einfache Befragung oder Beobachtung. Warum sollte man überhaupt diesen Aufwand betreiben?

Der erste Vorteil ist, dass man genau bestimmen kann, was die Ursache und was der Effekt ist. Durch Befragungen oder Beobachtungen ohne vorheriges Experiment kann man lediglich feststellen, dass zwei Variablen miteinander korrelieren. Beispielsweise kann man beobachten, dass in Burschenschaften, die brutale Initiationsriten haben, die gegenseitigen Sympathien zwischen den Burschenschaftlern besonders ausgeprägt sind. Aber man kann sich nicht sicher sein, ob die große Sympathie durch die Quälereien in der Initiationsphase ausgelöst wird. Es wäre ja auch vorstellbar, dass sich die Gruppe der Burschenschaftler zuerst besonders sympathisch ist, in dieses Bündnis enger Freunde nicht jeden aufnehmen will und deswegen besonders hohe Hürden der Aufnahme legt (vgl. Aronson/Carlsmith 1968, S. 7). Erst im Laborexperiment ist es dem Forscher möglich zu bestimmen, ob die Quälerei oder die Sympathie die Ursache war, weil er ja selbst den Faktor Quälerei initiiert.

Der zweite Vorteil ist, dass die Einflüsse, die einen Effekt produzieren, durch den Forscher kontrolliert werden können. Bei einer Befragung oder Beobachtung ohne vorheriges Experiment kann man zwar Effekte wie Arbeitszufriedenheit, Produktivität oder politische Einstellung messen, es ist aber schwierig genau zu bestimmen, was diese Effekte beeinflusst hat. Im Laborexperiment hat man – idealer Weise – alle anderen Faktoren (die Störvariablen) so im Griff, dass man die Arbeitszufriedenheit, Produktivität oder politische Einstellung auf eine einzige, vom Versuchsleiter manipulierte Variable zurückführen kann.

Die Hauptkritik an Laborexperimenten richtete sich gegen die mangelhafte Repräsentanz der Experimentalsituation. Schon Muzafer Sherif, einer der Urväter der sozialwissenschaftlichen Experimentalforschung, verwies auf die Gefahr der Künstlichkeit einer Laboratmosphäre. Die Laborsituation könnte so verkünstelt sein, dass die beobachten Prozesse wenig mit denen zu tun haben, die wir im „wirklichen Leben" beobachten (vgl. Sherif 1936, S. 68).

Im Einzelnen lassen sich drei Aspekte unterscheiden, durch die die Situation im Experiment verkünstelt wird (vgl. Tunnell 1977, S. 426 ff.). Erstens erzeugt bereits die Manipulation durch den Experimentleiter eine künstliche Situation. Es ist ja nicht gesagt, dass die Manipulationen des Experimentleiters auch in der Alltagsrealität so auftreten. Zweitens erzeugt die Verortung im Labor eine künstliche Situation. Es kann gut sein, dass sich Personen in einem Labor anders verhalten als an ihrem Arbeitsplatz am Fließband, in einem Konferenzraum oder im Büro eines Kunden. Sie wissen, dass sie sich in einer artifiziellen Situation befinden und ihr Verhalten keine schwerwiegenden Folgen hat. Drittens kann instruiertes Verhalten zu einer künstlichen, verzerrenden Situation führen. Wenn man Testpersonen bietet ihre Handlungen immer auch mündlich oder schriftlich zu kommunizieren, dann kann dieses „Multi-Tasking" dazu führen, dass die Handlungen ganz anders durchgeführt werden.

Die sozialwissenschaftliche Experimentalforschung hat auf zwei Arten versucht, die Künstlichkeit der Situation zu reduzieren (vgl. dazu Aranson/Carlsmith 1968, S. 22). Die eine Strategie dient der Steigerung des „weltlichen Realismus„. Die Experimente sollten so gestaltet werden, dass sie möglichst stark einer Alltagssituation ähneln. Die zweite Strategie hat das Ziel den „experimentellen Realismus„ zu steigern. Dafür muss für die Testperson ein echtes Interesse mit dem Experiment verbunden sein und sie darf ihr Verhalten nicht durch die Künstlichkeit der Situation erklären können. Beide Strategien müssen sich nicht ausschließen, in der Praxis befindet sich der Sozialwissenschaftler jedoch häufig in zwei methodischen Dilemmas.

Das Dilemma zwischen interner und externer Validität

Schon frühzeitig führte die Unzufriedenheit mit dem Relevanzproblem Forscher dazu, nach Möglichkeiten zu suchen, wie Experimente in einem „natürlichen Kontext" durchgeführt werden können. Statt soziale Ereignisse in „das Schnürband eines aseptischen, gekünstelten Designs zu zwängen" und damit notgedrungen einen „Verlust des Informations- und Bedeutungsgehaltes" zu riskieren sollten die Experimente, so die Vorstellung, in die Alltäglichkeit des sozialen „Feldes verlagert" werden (vgl. Kordes 1994, S. 150 ff.; zur Künstlichkeit von Feldexperimenten siehe jedoch Bungard/Bay 1982, S. 192 ff.). Feldexperimente bringen jedoch das Problem mit sich, dass sich die Randbedingungen nicht gut kontrollieren lassen. Auch bei größten Bemühungen gelingt es nicht die alltägliche Welt von Testpersonen so zu konstruieren oder zu kontrollieren wie in einem Laborexperiment.

Hinter der Frage zwischen Feld- und einem Laborexperiment steckt ein generelles Dilemma der experimentellen Forschung (vgl. Campbell 1957; Cook/Campell 1976). Eine Erhöhung der externen Validität, also der Realitätsnähe eines Experiments, macht es schwieriger das Experiment zu standardisieren und reduziert dadurch die interne Validität. Eine Erhöhung der internen Validität, also das Ausschließen aller möglichen Störvariablen, verringert notgedrungen die Realitätsnähe des Experiments und reduziert die externe Validität (vgl. Schnell/Hill/Esser 1992, S. 238 f.). Mit den Bemühen um zunehmende Kontrolle der Störvariablen, geht eine wachsende Irrelevanz einher (vgl. auch Holzkamp 1970, S. 11 ff.).

Tabelle 2: Labor- und Feldexperiment zwischen interner und externer Validität

	Vorteil	**Nachteil**
Laborexperiment	*hohe interne Validität:* man kann mit hoher Sicherheit sagen, dass die beobachteten Effekte auf die Variationen des Experimentleiters zurückgehen	*niedrige externe Validität*: da der Kontext des Experiments stark standardisiert wird, kann das Experiment nur schwer Alltagssituationen widerspiegeln
Feldexperiment	*hohe externe Validität*: da Feldexperimente in der natürlichen Umgebung der Testperson durchgeführt wird, bilden sie die Realität recht genau ab	*niedrige interne Validität*: da Feldexperimente in der natürlichen Umgebung der Testpersonen durchgeführt werden, lassen sich die beobachteten Effekte kausal nur schwerlich auf die Variationen des Experimentleiters zurechnen

Das Dilemma zwischen externer Validität und Aufklärung der Testperson

Das Problem der externen Validität (Repräsentanzproblem) von Experimenten führte dazu, dass die Experimentalforscher Methoden ersannen, mit denen auch Laborexperimente möglichst realitätsnah gestaltet werden konnten. Eine der vielversprechendsten Strategien war es, die Testpersonen über den Aufbau des Experiments und die realen Auswirkungen ihrer Handlungen zu täuschen. Der Clou von Stanley Milgrams Experiment bestand beispielsweise darin, dass die Testpersonen über die wirklichen Auswirkungen ihrer Handlungen im Unklaren gelassen wurden. Die Testpersonen mussten aufgrund der Informationen des Experimentleiters davon ausgehen, dass der Testperson reale Stromstöße versetzt wurden. Damit wurde ihnen die Möglichkeit genommen, ihre Handlungen damit zu rechtfertigen, dass es sich ja nur um ein Spiel handele.

Genau an dieser Täuschung setzen jedoch forschungsethische Bedenken an. Es wird es als problematisch angesehen, wenn Testpersonen über die Ziele des Versuches getäuscht und sie dadurch in extreme Stresssituationen gebracht werden. Diane Baumrind kritisierte beispielsweise am Milgram-Experiment, dass durch die Täuschungen der Testpersonen deren Würde, Selbstbewusstsein und Vertrauen in Autoritäten gestört wurde und dadurch langfristig Schäden bei der Testperson hervorgerufen werden könnten (vgl. Baumrind 1964; Erwiderung von Milgram 1964b).

Als forschungsethisch korrekte Alternative wurde vorgeschlagen, Testpersonen vollständig über die Ziele des Experimentes aufzuklären, sie dann zu bitten die Experimente zu spielen und sich dabei so zu verhalten, als wären sie über die Konsequenzen ihres Verhalten nicht aufgeklärt worden. Don Mixon (1971) setzte beispielsweise bei seinen Untersuchungen zum Milgram-Experiment auf nichtaktive Rollenspielprozeduren. Den Testpersonen wurde der erste Teil des Milgram-Experiments vorgestellt und die Testpersonen dann gebeten, einzuschätzen, wie sich die Testpersonen wohl weiter verhalten würden. Das Problem dieser forschungsethisch unbedenklichen Vorgehensweise ist jedoch, dass die externe Validität des Experiments leidet. Gespielter Experimente („ich erzähle Ihnen jetzt den Aufbau des Milgram-Experiments und bitte Sie dann, sich so zu verhalten, als ob Sie das alles nicht wüssten") drohen von den Testpersonen nicht in der gleichen Weise ernst genommen zu werden wie Experimente, in denen sie über die Auswirkungen ihres Handelns getäuscht werden.

Ausblick

Die Verbindung des Experiments zu anderen Methoden der Organisationsforschung stellt – wie am Anfang gezeigt – eine Besonderheit dar. Ein Experiment spricht nie für sich selbst. Die durch das Experiment erzeugten Reaktionen der Testpersonen müssen durch Methoden der Beobachtung, der Befragung oder der Dokumentenanalyse erst erhoben werden. Weit entwickelt ist dabei auch die Kombination verschiedener Methoden (Triangulation) bei der Auswertung von Experimenten (zu dieser „between-method triangulation" siehe Denzin 1978, S. 301 ff.).

Was auffällt ist, wie selten experimentell arbeitende Untersuchungen mit anderen, nichtexperimentellen Untersuchungen kombiniert werden. Während es ausgearbeitete Ansätze gibt, wie qualitative Feldstudien und quantitative Erhebungen miteinander kombiniert werden können (siehe z. B. Vidich/Shapiro 1955; Sieber 1973; Freter/Hollstein/Werle 1992), gibt es solche Überlegungen zur Kombination von experimenteller mit nichtexperimenteller Forschung nur sehr vereinzelt. Es fällt zum Beispiel beim Milgram Experiment auf, dass die experimentellen Ergebnisse ad hoc mit anderem Datenmaterial (z. B. historische Akten über den Holocaust) in Verbindung gebracht werden, es aber keine Versuche gegeben hat, die experimentelle Forschung mit einem nichtexperimentellen Forschungsansatz zu kombinieren.

Die Gründe für diese Berührungsängste sind vielfältig. Ein erster Grund liegt sicherlich darin, dass die experimentelle Forschung so aufwändig ist. Forscher „erschöpfen" sich in der Durchführung und Auswertung der Experimente und für die Entwicklung eines zweiten Untersuchungsdesigns fehlt ihnen dann die Kraft. Ein zweiter Grund mag sein, dass sich die sozialwissenschaftliche Experimentalforschung in den letzten hundert Jahren ein hohes Maß an Spezialisierung erreicht hat. Es gibt viele Forscher, deren Kompetenzen in der Durchführung und Auswertung von Experimenten liegen und die keine Gründe sehen – so lange diese Spezialisierung als „Experimentalforscher" nicht kritisiert wird – mit nichtexperimentellen Forschungsansätzen zu arbeiten.

Verschenkt wird dadurch die Möglichkeit das Problem der externen Validität durch den Einbezug weiterer Methoden in den Griff zu bekommen. Die systematische Kombination von experimenteller und nichtexperimenteller Forschung böte die Chance, dass die Experimentalforschung sich von dem Hauptkritikpunkt der Künstlichkeit (externe Validität) ihrer Experimentalsituationen wenigstens teilweise befreit und für ihre Ergebnisse ein noch höheres Maß an Validität erzeugt.

6 Literatur

Ancona, L./Pareyson, R. (1968): Contribute alle studie della aggressione: La dinamica della obedienza distruttiva, in: Archivio di Psicologia, Neurologia e Psichiatria, 29, S. 340–372

Aronson, Elliot/Carlsmith, J. Merrill (1968): Experimentation in Social Psychology, in: Lindzey, Gardner/Aronson, Elliot (Hrsg.), The Handbook of Social Psychology, Bd. 2, 2. Auflage, Reading, S. 9–79

Asch, Solomon E. (1951): Effects of Group Pressure upon the Modification and Distortion of Judgements, in: Guetzkow, Harold (Hrsg.), Groups, Leadership, and Men, Pittsburg, S. 177–190

Asch, Solomon E. (1955): Opinions and Social Pressure, in: Scientific American, 5/1995, S. 31–35

Baumrind, Diana (1964): Some Thoughts on Ethics of Research. After Reading Milgram´s Behavioral Study of Obedience, in: American Psychologist, 19, S. 421–423

Berg, Perdita (1988): Das Verhalten von Schülern in dem Planspiel „Das Dritte Reich – bewältigte Vergangenheit?". Empirische Untersuchung und Interpretation unter Berücksichtigung psychologischer Faschismustheorie, Hamburg: Diplomarbeit Fachbereich Psychologie der Uni Hamburg

Blass, Thomas (1992): The Social Psychology of Stanley Milgram, in: Zanna, Mark P. (Hrsg.), Advances in Experimental Social Psychology, 25, San Diego, S. 277–329

Blass, Thomas (2000): The Milgram Paradigm after 35 Years: Some Things we now Know about Obedience to Authority, in: Blass, Thomas (Hrsg.), Obedience to Authority. Current Perspectives on the Milgram Paradigm, Mahwah, S. 39–59

Boal, Augusto (1979): Theater der Unterdrückten, Frankfurt a. M.

Bortz, Jürgen (1984): Lehrbuch der empirischen Forschung für Sozialwissenschaftler, Berlin

Bramel, Dana/Friend, Ronald (1981): Hawthorne, the Myth of the Docile Worker, and Class Bias in Psychology, in: American Psychologist, 36, S. 867–878

Bungard, Walter, Rolf Bay (1982): Feldexperimente in der Sozialpsychologie, in: Patry, Jean-Lux (Hrsg.), Feldforschung, Bern, S. 183–205

Burley, Peter M./McGuiness, John (1977): Effects of Social Intelligence on the Milgram Paradigm, in: Psychological Reports, 40, S. 767–700

Campbell, Donald T. (1957): Factors Relevant to Validity of Experiments in Social Settings, in: Psychological Bulletin, 54, S. 297–312

Campbell, Donald Thomas/Stanley, Julian C. (1963): Experimental and Quasi-Experimental Designs for Research on Teaching, in: Gage, Nathaniel L. (Hrsg.), Handbook of Research on Teaching, Chicago, S. 171–246

Cook, Thomas/Campbell, Donald Thomas (1976): Quasi-experimentation, Chicago

Czienskowski, Uwe (1996): Wissenschaftliche Experimente: Planung, Auswertung, Interpretation, Weinheim
Diekmann, Andreas (1998): Empirische Sozialforschung. Grundlagen, Methoden, Anwendungen, 4. Auflage, Reinbek
Edwards, D. M. et al. (1969): An Experiment on Obedience, Johannesburg: Unpublished Student Report, University of the Witwatersrand
Fromm, Erich (1973): The Anatomy of Human Destructiveness, Greenwich
Garfinkel, Harold (1973): Das Alltagswissen über soziale und innerhalb sozialer Strukturen, in: Arbeitsgruppe Bielefelder Soziologen (Hrsg.), Alltagswissen, Interaktion und gesellschaftliche Wirklichkeit, Bd. 1, Reinbek, S. 189–261
Greenwood, John D. (1982): On the Relation Between Laboratory Experiments and Social Behavior: Causal Explanation and Generalization, in: Journal for the Theory of Social Behavior, 12, S. 225–250
Greenwood, John D. (1989): Explanation and Experiment in Social Psychological Science. Realism and the Social Constitution of Action, New York
Hagmüller, Peter (1979): Empirische Forschungsmethoden. Eine Einführung für pädagogische und soziale Berufe, München
Haney, Craig/Banks, Curtis/Zimbardo, Philip G. (1973): Interpersonal Dynamics in a Simulated Prison, in: International Journal of Criminology and Penology, 1, S. 69–97
Heller, Kurt/Rosemann, Bernhard (1974): Planung und Auswertung empirischer Untersuchungen. Eine Einführung für Pädagogen, Psychologen und Soziologen, Stuttgart
Henning, Hans Jörg/Muthig, Klaus (1979): Grundlagen konstrutiver Versuchsplanung, München
Holzkamp, Klaus (1964): Theorie und Experiment in der Psychologie. Eine grundlagenkritische Untersuchung, Berlin
Holzkamp, Klaus (1970): Zum Problem der Relevanz psychologischer Forschung für die Praxis, in: Psychologische Rundschau, 21, S. 1–22
Huber, Oswald (2000): Das psychologische Experiment: Eine Einführung, 3. Auflage, Bern
Kieserling, André (1994): Organisationssoziologie und Unternehmensberatung, Bielefeld: unveröff. Ms.
Kieserling, André (1999): Kommunikation unter Anwesenden. Studien über Interaktionssysteme, Frankfurt a. M.
Kilham, Wesley/Mann, Leon (1974): Level of Destructive Obedience as a Function of Transmitter and Executant Roles in the Milgram Obedience Paradigm, in: Journal of Personality and Social Psychology, 29, S. 696–702
Kordes, Hagen (1994): Das Aussonderungs-Experiment. Rechenschaftsbericht zum „Krisenexperiment" der Aussonderung von „Deutschen" und „Ausländern" durchgeführt vor einer Mensa der Universität Münster am 28. Januar 1994, Münster
Kraus, Andreas (1987): Das Dritte Reich – bewältigte Vergangenheit. Ein erfahrungsbezogenes Unterrichtsprojekt zur schulischen politischen Bildung in einer 11. Klasse, Hannover
Kraus, Andreas (2003): Das Dritte Reich – bewältigte Vergangenheit. Ein Planspiel, Hannover
Kroner, Bernhard (1988): Gegen den Pessimismus des Milgram-Experiments, in: Bielefelder Arbeiten zur Sozialpsychologie Nr. 139, Bielefeld
Kühl, Stefan (2003a): Organisationssoziologie. Ein Ordnungs- und Verortungsversuch, in: Soziologie, 1/2003, S. 37–47
Kühl, Stefan (2003b): Assessment-Center. Teures Alibi, in: Management & Training 8,/2003, S. 11
Kühl, Stefan (2005): Ganz normale Organisationen. Organisationssoziologische Interpretationen simulierter Brutalitäten, in: Zeitschrift für Soziologie, 34, erscheint in Heft 1
Lapiere, Richard Tracy (1934): Attitudes vs. Actions, in: Social Forces, 14, S. 230–237
Luhmann, Niklas (1964): Funktionen und Folgen formaler Organisation, Berlin
Luhmann, Niklas (1973): Zweckbegriff und Systemrationalität. Über die Funktion von Zwecken in sozialen Systemen, Frankfurt a. M.
Luhmann, Niklas (1997): Die Gesellschaft der Gesellschaft, Frankfurt a. M.
Mann, Leon (1999): Sozialpsychologie, Weinheim

Mantell, David (1971a): The Potenzial for Violence in Germany, in: Journal of Social Issues, 27, S. 101–112
Mantell, David (1971b): Das Potenzial zur Gewalt in Deutschland. Eine Replikation und Erweiterung des Milgramschen Experiments, in: Der Nervenarzt, 5, S. 252–257
Meeus, Wim H. J./Raaijmakers, Quinten A. W. (1986): Administrative Obedience. Carrying Out Orders to Use Psychological-Administrative Violence, in: European Journal of Social Psychology, 16, S. 311–324
Mertens, Wolfgang (1975): Sozialpsychologie des Experiments. Das Experiment als soziale Interaktion, Hamburg
Milgram, Stanley (1963): Behavioral Study of Obedience, in: Journal of Abnormal and Social Psychology, 67, S. 371–378
Milgram, Stanley (1964a): Group Pressure and Action Against a Person, in: Journal of Abnormal and Social Psychology, 69, S. 137–143
Milgram, Stanley (1964b): Issues in the Study of Obedience. A Reply to Baumrind, in: American Psychologist, 19, S. 848–852
Milgram, Stanley (1965a): Some Conditions of Obedience and Disobedience to Authority, in: Human Relations, 18, S. 57–76
Milgram, Stanley (1965b): Liberating Effects of Group Pressure, in: Journal of Personality and Social Psychology, 1, S. 127–134
Milgram, Stanley (1972): Interpreting Obedience. Error and Evidence (A reply to Orne and Holland), in: Miller, Arthur G. (Hrsg.), The Social Psychology of Psychological Research, New York, S. 138–154
Milgram, Stanley (1974): Obedience to Authority. An Experimental View, New York
Miller, Arthur G. (1986): The Obedience Experiments, New York
Miranda, Francisca S. et al. (1981): Obediencia a la autoridad, in: Psiquis, 2, S. 212–221
Mittenecker, Erich (1964): Planung und statistische Auswertung von Experimenten, Wien
Mixon, Don (1971): Further Conditions of Obedience and Disobedience to Authority, in: Disseration Abstracts International, 32, No 4646B
Moldaschl, Manfred/Weber, Wolfgang G. (1998): The „Three Waves" of Industrial Group Work. Historical Reflections on Current Research on Group Work, in: Human Relations, 51, S. 347–388
Neubacher, Frank (2002): Verbrechen aus Gehorsam – Folgerungen aus dem Milgram-Experiment für Strafrecht und Kriminologie, in: Neubacher, Frank/Walter, Michael (Hrsg.), Sozialpsychologische Experimente in der Kriminologie. Milgram, Zimbardo und Rosenhan kriminologisch gedeutet, mit einem Seitenblick auf Dürrenmatt, Münster, S. 43–68
Orne, Martin T./Holland, Charles H. (1968): On the Ecological Validity of Laboratory Deceptions, in: International Journal of Psychiatry, 6, S. 282–293
Osnabrügge, Gabriele/Frei, Dieter (1989): Experiment, in: Endruweit, Günter/Trommsdorff, Gisela (Hrsg.), Wörterbuch der Soziologie, Stuttgart, S. 180–187
Patten, Steven (1977a): The Case That Milgram Makes, in: Philosophical Review, 86, S. 350–364
Patten, Steven (1977b): Milgram´s Shocking Experiments, in: Philosophy, 52, S. 425–440
Roethlisberger, Fritz Jules/Dickson, William J. (1939): Management and the Worker. An Account of a Research Program Conducted by the Western Electric Company, Hawthorne Works, Chicago, Cambridge
Rosenhan, David L. (1969): Some Origins of Concern to Others, in: Mussen, P. H./Langer, J./Covington, M. (Hrsg.), Trends and Issues in Developmental Psychology, New York, S. 134–153
Schnell, Rainer/Hill, Paul B./Esser, Elke (1992): Methoden der empirischen Sozialforschung, 3. überarb. und erw. Auflage, München
Schultz, Diane P. (1969): The Human Subject in Psychological Research, in: Psychological Bulletin, 72, S. 214–228
Schurz, Grete (1985): Experimentelle Überprüfung des Zusammenhangs zwischen Persönlichkeitsmerkmalen und der Bereitschaft zum destruktiven Gehorsam gegenüber Autoritäten, in: Zeitschrift für Experimentelle und Angewandte Psychologie, 32, S. 160–177

Seidman, David et al. (1957): Influence of a Partner on Tolerance for Self-administered Electric Shock, in: Journal of Abnormal and Social Psychology, 54, S. 210–212

Shanab, Mitri E./Yahya, Khawla A. (1977): A Behavioral Study of Obedience in Children, in: Journal of Personality and Social Psychology, 35, S. 530–536

Shanab, Mitri E./Yahya Khawla A. (1978): A Cross-Cultural Study of Obedience, in: Bulletin of the Psychonomic Society, 11, S. 267–269

Sheridan, Charles L./King Richard G. (1972): Obedience to Authority with an Authentic Victim, in: Proceedings of the American Psychological Association, S. 165–166

Sherif, Muzafer (1936): The Psychology of Social Norms, New York

Sherif, Muzafer (1954): Integrating Field Work and Laboratory in Small Group Research, in: American Sociological Review, 19, S. 759–771

Sherif, Muzafer (1958): Superordinate Goals in the Reduction of Intergroup Conflict, in: American Journal of Sociology, 63, S. 349–356

Silver, Maury/Sabini, John/Parrott, W. Gerrod (1987): Embarrassment: A Dramaturgic Account, in: Journal for the Theory of Social Behavior, 17, S. 47–61

Smith, Peter B./Bond Michael H. (1993): Social Psychology. Across Cultures. Analysis and Perspectives, New York

Strodtholz, Petra/Kühl, Stefan (2002): Qualitative Methoden der Organisationsforschung – ein Überblick, in: Kühl, Stefan/Strodtholz, Petra (Hrsg.), Methoden der Organisationsforschung. Ein Handbuch, Reinbek, S. 11–32

Tunnell, G. B. (1977): Three Dimensions of Naturalness. An Expanded Definition of Field Research, in: Psychological Bulletin, 84, S. 426–437

Tyrell, Hartmann (1983): Zwischen Interaktion und Organisation. Gruppe als Systemtyp, in: Neidhardt, Friedhelm (Hrsg.), Gruppensoziologie – Perspektiven und Materialien, Opladen, S. 75–87

Weick, Karl E. (1965): Laboratory Experimentation with Organizations, in: March, James G. (Hrsg.), Handbook of Organizations, Chicago, S. 194–260

Zelditch, Morris/Hopkins, Terrence K. (1961): Laboratory Experiments with Organizations, in: Etzioni, Amitai (Hrsg.), Complex Organizations. A Sociological Reader, New York, S. 464–478

Zimbardo, Philip G. et al. (1973): The Mind is a Formidable Jailer. A Pirandellian Prison, in: New York Times Magazine, 8.4.1973, S. 38–60

Zimbardo, Philip G. et al. (1975): The Psychology of Imprisonment: Privation, Power, and Pathology, in: Rosenhan, David/London, Perry (Hrsg.), Theory and Research in Abnormal Psychology, 2. Auflage, New York, S. 270–287

Planspiel

Willy Kriz

1   Einleitung

Planspielmethoden haben ihren Ursprung im „Kriegsspiel", das erstmals vom preußischen Militär entwickelt und eingesetzt wurde. Die beiden Formen des „strengen" und des „freien" Kriegsspiels (Geuting 1992) nehmen dabei bereits grob heutige Ansätze der „geschlossenen" und der „offenen" Planspielansätze vorweg (siehe unten). Bereits das militärische Einsatzspektrum zeigt die Vielfalt von Planspielmethoden. Planspielmethoden wurden ab dem 18. Jahrhundert nicht nur für die Planung von Strategien und Taktiken (von Panzerschlachten im „Sandkasten" bis hin zu Kriegssimulationen mit realen Soldaten und Material in realer Landschaft), sondern früh bereits in der Ausbildung und Personalauswahl von militärischen Führungskräften verwendet. Planspielmethoden haben sich erst nach Ende des Zweiten Weltkrieges weitere Einsatzfelder erschlossen. An erster Stelle ist hier der Einsatz von Planspielen im Bildungskontext (hier führend in kaufmännischen Berufsbildungsprogrammen), in der Organisationsentwicklung und in der Strategieberatung von Entscheidungsträgern in Wirtschaft und Politik zu nennen. Planspiele eignen sich sowohl für die Förderung allgemeiner Kompetenz im Umgang mit komplexen Systemen, als auch für die Unterstützung des Wissens- und Kompetenzerwerbs im bereichsspezifischen Kontext (Kriz 2000a, 2001a; Capaul 2000). Planspiele haben sich als Bestandteil bei der Überprüfung von Kompetenzen und als Prädiktor von Leistungen im Rahmen der Personalauswahl mit Assessment-Centern und Potenzialanalysen und in beruflichen Trainings- und Bildungsprogrammen bewährt (Strauß/Kleinmann 1995; Högsdal 1996; Henning/Strina 2003). Die Wirksamkeit von Planspielen ist zusätzlich bei Organisationsentwicklungen nachgewiesen (Geilhardt/Mühlbradt 1995; Geurts/Joldersma/Roelofs 1998; Ruohomäki/Jaakola 2000; Kern 2003). Das deutsche Bundesinstitut für Berufsbildung (BIBB 2008) führt in seinem Planspielkatalog rund 500 eingesetzte Planspiele allein im Berufsbildungskontext auf, insgesamt dürften aber, wenn man alle Anwendungsbereiche kalkuliert, derzeit mehr als 2000 Planspiele in Deutschland im Einsatz sein.

Trotz dieser belegten Einsatzfelder und trotz imponierender Aussagen von Spitzenmanagern, wie z. B. des früheren obersten Chefplaners und Managers von BP/Shell, Arie de Geus (1997), demzufolge bei BP/Shell niemand eine Führungsposition einnehmen könnte, der sich nicht vorher in Planspielen bewährt hat, existieren dennoch erstaunlich wenige brauchbare empirische Ergebnisse, die die Effizienz der Planspielmethode, die in der Praxis selbst kaum in Frage gestellt wird, belegen (jedenfalls meist nicht nach methodischen Standards der empirischen Sozialforschung). Dem Zitat von Herz/Blättle (1999, S. 8): „Planspiel und Simulation lassen sich sinnvoll in Lehre, Fortbildung, Beratung und Forschung einsetzen", ist zwar beizupflichten, dennoch wird die Mehrheit der verfügbaren Planspiele in Organisationen in Fortbildung, Beratung und Intervention eingesetzt und dient eben nicht primär Forschungszwecken. Die „face-validity" und der unmittelbar erlebte Nutzen sind dabei so überzeugend, dass auf die Prüfung von

Gütekriterien oder die Evaluation im wissenschaftlichen Sinne in der Praxis meist verzichtet wird. Trotz diesem kritischen Aspekt eines eher theorielosen, nicht evaluierten und nicht forschungsdienlichen Einsatzes von Planspielen durch viele Trainer und Berater existiert natürlich einerseits die Verwendung des Planspiels als Forschungsmethode und andererseits ist wenigstens die Entwicklung eines Planspiels grundsätzlich nicht ohne Theorie- und Forschungsbezug möglich (siehe unten). So werden Planspiele im Methodenlexikon dann auch definiert als „eine Abart des Experiments bzw. der Simulation, bei der den Teilnehmern definierte Positionen und Handlungsspielräume zugeordnet werden, um so komplexe Strukturen und Prozesse studieren zu können" (J. Kriz/Lisch 1988, S. 200).

Als Pionier der wissenschaftlichen Auseinandersetzung mit Planspielen und der Integration von Planspielen in die Organisationsforschung kann Richard Duke genannt werden, der als „Gründervater" der International Simulation and Gaming Association (ISAGA), schon 1974 in seinem programmatischen Buch „Gaming: The future's language" Planspielmethoden metaphorisch als eine „Sprache" zum besseren Verständnis komplexer Systeme und zur gemeinsamen Reflexion von Forschern, Planspielteilnehmern und Entwicklern über ihr Wissen bzw. ihre mentalen Modelle von im Planspiel abgebildeten Systemen darstellte. Eine solche gemeinsame „Sprache" ist von zentraler Bedeutung für die Schaffung sozialer Repräsentationen in Gruppen und Organisationen, für eine im gemeinsamen reflexiven Dialog entwickelte Systemanalyse und für eine angemessene Strategie für den Umgang mit komplexen Systemen. Auch Klabbers, als Generalsekretär der ISAGA für über 25 Jahre ein weiterer wesentlicher „Forscher der ersten Stunde", vertritt diesen Standpunkt, wenn er zur Bedeutung der Planspielmethode feststellt:

> „Wir leben in einer Welt, die immer schneller an Komplexität zunimmt. Daher sind wir in der Situation, mit Problemen fertig werden zu müssen, die unsere Fähigkeiten übersteigen ... Wie können wir unsere individuelle und kollektive Kompetenz für die Entwicklung ... unserer Gesellschaften, Organisationen und Institutionen verbessern? Spiele und Simulationen haben sich als machtvolle Kombination von Methoden und Ideen für den Umgang mit Komplexität und für den Umgang mit Konflikten zwischen verschiedenen Parteien ... bewährt" (Klabbers 1989, S. 3 f.; Übersetzung W.K.).

Die ISAGA selbst feiert 2009 ihr 40-jähriges Bestehen, die jährlichen Conference-Proceedings (die erste ISAGA-Konferenz fand übrigens 1970 in Deutschland statt), aber auch die ebenfalls seit 1970 quartalsweise erscheinende wissenschaftliche Zeitschrift „Simulation & Gaming: An International Journal of Theory, Practise and Research" sowie das von der kooperierenden Britischen SAGSET (Society for the Advancement of Games and Simulations in Education and Training) jährlich herausgegebene „Simulation and Gaming Research Yearbook" sind empfehlenswerte Quellen für die vertiefte Beschäftigung mit Planspielmethoden insbesondere auch im Kontext der Organisationsforschung. Im deutschsprachigen Bereich ist die 2001 gegründete SAGSAGA (Swiss Austrian German Simulation and Gaming Association) als Vereinigung von Wissenschaftlern, Praktikern und Anwendern im Bereich von Planspielmethoden zu nennen (siehe www.sagsaga.org).

Es ist hier nicht möglich die Diskussion über die Definition des Begriffs „Planspiel" tief greifend zu führen. Die im deutschsprachigen Raum weit verbreitete Auffassung vom Planspiel „als Abkürzung für Unternehmensplanspiel" (Schmidt 1988, S. 43) und „Planspiele (Management Games) sind modellhafte Abbildungen von Unternehmungen"

(Högsdal 1996, S. 12), um nur zwei Zitate zu nennen, stellt eine unzureichende Einschränkung der Methode auf den Spezialfall „Unternehmen" dar. Einerseits werden Planspiele in allen Formen von Organisationen (nicht nur in Unternehmen) eingesetzt und andererseits sind Planspielmethoden nicht nur auf den Organisationskontext beschränkt. Bei Planspielen handelt es sich nicht um eine einzelne klar definierbare und abgrenzbare Methode. Der Überbegriff „Planspiele" wird in der Praxis vielmehr für ein breites Spektrum von im Detail recht unterschiedlichen Verfahren verwendet, die jedoch charakteristische Gemeinsamkeiten aufweisen. International ist der Begriff „Gaming Simulation" gebräuchlich (Percival/Saunders 1999; Kriz/Gust 2003; Crookall/Arai 1994).

Das Planspiel stellt eine Hybridform von hochgradiger Komplexität dar, das sich einerseits von reinen Formen wie Simulation, Regelspiel, Rollenspiel, Schauspiel und Fallstudie unterscheidet, andererseits genau jene Formen in verschiedenen Kombinationsanteilen integriert. „Planspiel" soll hier verstanden werden als „Simulation der Auswirkungen von Entscheidungen von Personen, die Rollen übernehmen und Interessen vertreten, wobei die Handlungsspielräume zum Ausagieren dieser Rollen wiederum spezifischen Regeln unterliegen". Planspiele beinhalten Akteure, Regeln und Ressourcen (Klabbers 1999). Planspiele sind der Realität angenäherte Modelle, in denen aber immer Menschen als „Mitspieler" Rollen übernehmen und konkrete Entscheidungen treffen müssen, deren wirklichkeitsrelevante Aus- und Folgewirkungen dann wiederum geprüft werden. Planspiele können somit in einem dreidimensionalen Schema verortet werden (Abbildung 1), wobei das prototypische Planspiel eine ausgewogene Verknüpfung der drei Dimensionen, Spiel/Regeln, Rolle/Akteure, Simulation/Ressourcen, darstellt. Diese drei Dimensionen sollen hier zunächst etwas weiter ausgeführt werden, da sie für ein grundlegendes Verständnis der Planspielmethode notwendig sind.

Abbildung 1: Dimensionen von Gaming Simulation (Planspielmethode)

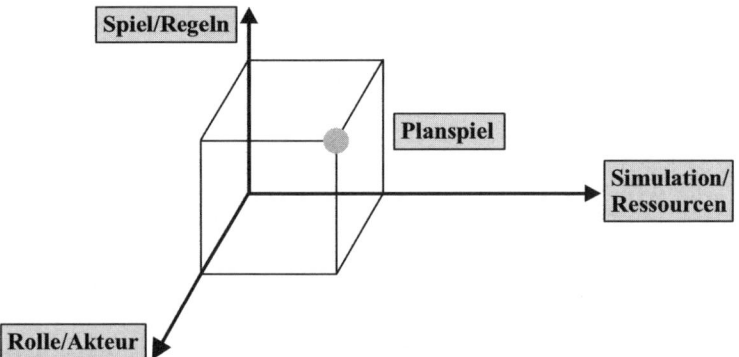

Simulation/Ressourcen: Bei Planspielen geht es um die Abbildung der Realität in ein Modell (Manteufel/Schiepek 1998). Dies geht schon aus dem lateinischen Begriff „simolo" (simulieren) hervor, was so viel bedeutet wie „abbilden", „nachahmen", „sich stellen als ob". Hierbei ist der dynamische Charakter von entscheidender Bedeutung, da ein besonderer Vorzug der Modellbildung durch Simulationen darin liegt, dass sie als Nachbildung und Untersuchung von System*abläufen* eingesetzt werden können, die man in der Wirklichkeit aus Zeit-, Kosten- oder Gefahrengründen nicht real durchführen kann oder will. Typische Beispiele sind das Studium von möglichen Umweltkatastrophen oder das Pilotentraining im Flugsimulator. Die Entwicklung einer Simulation, wie auch eines Planspiels, beginnt mit der Konstruktion eines Simulationsmodells, das die wesentlichen Faktoren und Eigenschaften der zu simulierenden Prozesse und ihre Wechselwirkungen widerspiegelt (siehe unten). Planspiele beziehen sich dabei immer auch auf real vorhandene Ressourcen, das heißt auf materielle und/oder symbolische Manifestationen der Lebenswelt (z. B. Zeit, Geld, Materie, Energie).

Die Simulation sollte als Modell der Realität einen maximalen Bezug zur „realen" Welt aufweisen. Dabei wäre dieser Auffassung, der implizit das dem kritischen Rationalismus zuordenbare epistemologische Paradigma zugrunde liegt, aus konstruktivistischer Perspektive hinzuzufügen, dass Simulationen als dynamische Modelle von Realität lediglich individuell und kollektiv konstruierte Realität über verschiedene Prozesse unserer Lebenswelten darstellen, die abhängig vom Forschungs- und Erkenntnisinteresse der Beteiligten entstehen. Planspiele bilden damit auch in ihrem Simulationsanteil keine objektive Realität ab und als Forschungsinstrument liefern sie demnach natürlich auch keine Wahrheit. Im Gegenteil liegt einer der Vorzüge der Planspielmethode darin, dass sie über die Simulation (vgl. dazu auch den Beitrag zur Computersimulation in diesem Band) weit hinaus geht, in dem in Planspielen immer reale Menschen teilnehmen, die ebenfalls ihre subjektiven Denk- und Handlungsmuster in den Planspielprozess einbringen.

Spiel/Regeln: Von Suits wird der Begriff Spiel so definiert:

> „Ein Spiel zu Spielen bedeutet an einer Aktivität teilzunehmen, die darauf abzielt, einen genau bezeichneten Endzustand zu erreichen; dabei werden ausschließlich Mittel verwendet, die innerhalb festgelegter Regeln erlaubt sind, wobei die Regeln den Spielraum der Mittel einschränken und wobei der einzige Grund für die Akzeptanz einer solchen Einschränkung darin liegt, diese Aktivität überhaupt erst zu ermöglichen" (Suits 1967, S. 148; Übersetzung W.K.).

Das „reine" Spiel (z. B. Fußball) dient normalerweise keiner modellhaften Abbildung einer Wirklichkeit, wie die Simulation. Spiele erzeugen eine eigene Realität und zeichnen sich meist durch Wettbewerbscharakter aus (Sieger und Verlierer des Spiels). Schon der lateinische Begriff „ludus" (Spiel), der neben „Unterhaltung" und „Spaß" auch „Schule" bedeutet, zeigt, dass man durch Spielen auch Wissen erwerben kann. Huizinga (1997) charakterisiert den Menschen als „homo ludens„ und betrachtet das Spiel als fundamentale menschliche Errungenschaft und die Entwicklungspsychologie sieht im Spiel ein wesentliches Element, das dem Kind hilft, Wissen über die Welt zu konstruieren, sich in der Welt zu orientieren und sich Regeln und Rollen innerhalb einer sozialen Gemeinschaft anzueignen (Oerter 2002). Von manchen Psychologen werden daher insbesondere auch soziale Interaktionen und Prozesse folgerichtig als „Spiele" (z. B. „Machtspiele" in Organisationen) begriffen und analysiert (Neuberger, 1988). Das Planspiel dient explizit der sozialen Wissenskonstruktion und beinhaltet neben dem Bezug zu „realen Systemen" Aspekte eines Regelspiels, das heißt ein System von Regeln zur Strukturierung von Abläufen. Dabei ist das Spiel nicht gleichbedeutend mit dem „Spiel eines Spiels", da sich beim Spielen (play) innerhalb des vom Spiel (game) definierten und strukturierten Rahmens kreativ Neues entfalten kann. Das „Schachspiel" definiert sich z. B. über die Existenz spezifischer Regeln (unter anderem wie sich verschiedene Figuren auf dem Spielbrett bewegen dürfen usw.). Die konkreten Spiele des Spiels sind aber fast immer unterschiedlich (selten gleichen sich zwei gespielte Schachpartien vollständig). Dieser Aspekt, dass mitunter völlig verschiedene konkrete Realisationen ein und desselben Spiels durch das Spielen des Spiels möglich sind, bedingt eines der Hauptprobleme bei der Evaluation von Planspielen.

Ein grundsätzliches Problem besteht auch in der fehlenden einheitlich gebräuchlichen Terminologie. Hinzu kommt, dass nicht nur Planspielexperten – Praktiker sowie Wissenschaftler – eine Fülle verschiedener Begriffsbedeutungen verwenden, sondern dass vor allem Planspiellaien eine Flut von unterschiedlichen und häufig nicht gerade hilfreichen Vorstellungen über den Planspielbegriff haben. Greenblat führt dazu aus:

> „Für manche Personen klingt der Begriff Simulation zu komplex, zu mechanisch, zu mathematisch. Daher bevorzugen sie die Bezeichnung Spiel, die weniger abschreckend für mögliche Anwender zu sein scheint ... Für andere Personen ist ein Spiel zu stark mit der Vorstellung von Spaß und Leichtfertigkeit verbunden und somit untauglich für eine wirksame Trainingsmaßnahme" (Greenblat 1988, S. 15; Übersetzung W.K.).

Speziell in unserer (deutschen) Kultur, in der sowohl „Lernen" als auch „Forschung" mit Konzepten wie Anstrengung, Überwindung, Arbeit, Seriosität usw. verbunden ist, übt der Begriff „Spiel" häufig ein Gefühl der Ablehnung hervor. Vielfach entsteht das Vorurteil, bei einem Planspiel handle es sich nur um eine „Spielerei", die für Lern- und Forschungszwecke ungeeignet erscheint und auch dass Missverständnis, dass Gaming Simulation etwas mit „gambling„ (Glücksspiel) zu tun hätte, ist selbst in akademischen Kreisen weit verbreitet. Obwohl gerade der Ursprung des Planspiels im Kriegspiel die in diesem Falle sogar dramatische Ernsthaftigkeit deutlich macht, wurde, um Missverständnissen vorzubeugen, der Begriff „serious games" (Abt 1974) eingeführt und seit dem häufig verwendet, ohne dass dabei aber Vorurteile in der Praxis wirklich wesentlich vermindert wurden.

Bei der Klassifikation verschiedener Arten von Planspielmethoden sind sich viele Autoren jedenfalls über die beiden Dimensionen *Simulation* und *Spiel* und deren Bedeutung weitgehend einig. Charakteristisch für das „reine" Planspiel ist jedenfalls, dass Spielteilnehmer Entscheidungen treffen müssen, dabei miteinander interagieren und sich mit einem Simulationsmodell auseinandersetzen. Je nach Formalisierungsgrad des Planspiels werden simulierte Systemfaktoren und Auswirkungen von Entscheidungen in einem Computersimulationsmodell verarbeitet (*computerunterstützte Planspiele*). Häufig werden weitere (meistens zumindest eine dritte) Klassifikationsdimensionen verwendet, um verschiedene Planspielmethoden zu beschreiben und zu ordnen, wie die *Rolle*, da Planspiele oft als Verbindung von Rollenspiel und Simulation definiert werden.

Akteure/Rolle: Die Rolle wird als Funktion definiert, die Personen im Planspiel übernehmen. Diese Rollen implizieren gewisse Freiräume in der tatsächlichen Ausgestaltung und in der individuellen Interpretation der Regeln. Bei den im Planspiel teilnehmenden Personen ist die Unterscheidung in Akteur und Spieler relevant. Ein Spieler ist jede physikalische Person, die tatsächlich mitspielt. Ein Akteur ist eine Abstraktion und kann ein Individuum, eine Gruppe oder sogar eine Organisation repräsentieren. Spieler spielen die Rollen von Akteuren. Im Gegensatz zu reinen *Rollenspielen*, in denen vorwiegend die Simulation von Gesprächssituationen und kommunikativem Verhalten im Vordergrund steht, simulieren Planspiele nicht nur soziale Phänomene, sondern sie beinhalten neben Akteuren und Regeln auch Ressourcen (siehe oben) und bilden wesentlich komplexere Lebenswelten ab. In einem klassischen Unternehmensplanspiel kommunizieren beispielsweise Teilnehmer in typischen Rollen (z. B. Führungskraft, Mitarbeiter, Kunde) und bewältigen mit simulierten Ressourcen (z. B. Zeit, Budget, Maschinen) komplexe authentische Aufgabenstellungen. Im reinen Rollenspiel fehlt im Prinzip die simulierte Umwelt, die im Planspiel von zentraler Bedeutung ist. Zudem ist im klassischen Planspiel das planende und zielgerichtete Handeln von Menschen in Entscheidungsprozessen von zentraler Bedeutung (Teach/Schwartz 2001). „Policy exercise" ist beispielsweise eine Form von Planspiel, die insbesondere zur Unterstützung der Planung im strategischen Management genau auf diesen Planungsaspekt besonderen Wert legt, in dem in Szenarien hypothetische Aufeinanderfolgen von Ereignissen zur Betrachtung kausaler Zusammenhänge konstruiert und „durchgespielt" werden. Dadurch werden Folgewirkungen verschiedener Entscheidungsalternativen deutlich und reale Systemeingriffe können in ihren Konsequenzen prognostiziert werden (Duke 1998). Durch Planspielmethoden werden Lern- und Forschungsumgebungen geschaffen, die Probehandeln und Planung ermöglichen, wobei auch die Folgen dieser Handlungen und der getätigten Planungen erfahrbar werden. Das heißt, der Handlungserfolg wird rückgekoppelt, was eine wesentliche Voraussetzung für den Erwerb von Handlungskompetenzen und für die Entstehung von Erkenntnisgewinnen darstellt (Goodman 1995). Das Formulieren von Zielen und Strategien zur Zielerreichung, das Umsetzen von Maßnahmen zur Zielerreichung, die Früherkennung, Analyse und Beurteilung von eventuell auftretenden kritischen Situationen und das Transparent-Machen von Folgen von Entscheidungen werden immer wieder als zentrale Prozesse in Planspielen genannt (Harramach 1992; Högsdal 1996).

Eine Sonderform von Planspielen stellen in diesem Zusammenhang so genannte *performance simulations* dar, in denen die Teilnehmer im Planspiel bestimmte neue Handlungskompetenzen erlernen sollen, wobei sie hier in genau der Rolle in der Simulation teilnehmen, die sie auch am Arbeitsplatz einnehmen. Wenzler (2003) spricht dabei im Rahmen von Organisationsentwicklung und Strategieberatung auch von „day-in-a-life-simulations", in denen an einem Tag Teilnehmer bestimmte im Planspielmodell abgebildete Arbeitsabläufe durchführen. Dabei handelt es sich in der Regel für diese Organisation um neuartige Arbeitsabläufe, deren Auswirkungen getestet und bewertet werden sollen. Eine Sekretärin bleibt hier Sekretärin, nur dass sie z. B. eine neue Computersoftware einsetzt, die das Management im Zuge von Umstrukturierungsprozessen als eine Alternative einzuführen überlegt und deren Praktikabilität untersucht werden soll. Damit können auch bereits beschlossene Veränderungsprozesse unterstützt werden, in dem sich die Mitarbeiter notwendige neue Fertigkeiten in einer „geschützten" Umgebung aneignen können, in der Fehler erlaubt und erwünscht sind. Auch militärische Manöver oder Katastrophenübungen von Rettungsdiensten können dann als solche Planspiele angesehen werden, bei denen aber die Rollenspielkomponente im eigentlichen, engeren Sinne fehlt. Planspiele dieser Art können natürlich auch über längere Zeiträume hinweg durchgeführt werden und führen dann zu Konzepten wie „Übungsfirmen". Dies zeigt zugleich, dass Planspiele nicht einfach durch unterstützte Computersimulation „realistischer" gemacht werden. Eine Computersimulation als Teil eines Planspiels garantiert keine Realitätsnähe, sondern diese wird generell durch die Einbeziehung von einer Vielzahl an realen Akteuren und Ressourcen und deren Vernetzungen hergestellt. Planspiele, denen kein Computersimulationsmodell zugrunde liegt (z. B. sog. Brettplanspiele), sind daher nicht a priori weniger realitätsnah.

Eine weitere Klassifikationsdimension schlagen Leigh/Kindler (1999) in Anlehnung an Ellington/Addinall/Percival (1982) vor. Sie differenzieren neben Simulation und Spiel noch die *Fallstudie*. Bei einem Fall (case) geht es um eine möglichst realitätsgetreue Aufzeichnung (klassischerweise in schriftlicher Form) eines Problems, mit dem ein oder mehrere Entscheidungsträger tatsächlich konfrontiert wurden, zusammen mit dazugehörigen Fakten, Meinungen und Erwartungen, die die Entscheidungssituation beeinflusst haben (vgl. Kaiser 1983). Während z. B. „Monopoly" durchaus als Simulationsspiel (als teilweise Abbildung des kapitalistischen Wirtschaftssystems) bezeichnet werden kann, geht es bei Planspielen eher um simulierte Fallstudien oder genauer gesagt um Simulationsspiele, die als dynamische Fallbeispiele eingesetzt werden können (Monopoly wäre hierbei als Fallstudie eher ungeeignet). Planspiele sind aus dieser Perspektive eine komplexere und dynamischere Umsetzung der Fallmethode.

2   Datenerhebung und Datenaufbereitung

Bisher wurde die Methode Planspiel in Bezug auf ihre kennzeichnenden Merkmale beschrieben, der Planspielprozess selbst ist aber noch nicht ausreichend beleuchtet worden. Gerade in diesem dynamischen Aspekt wird aber die Stärke des Planspielansatzes deutlich. Den Planspielprozess in seiner Ganzheit zu diskutieren ist auch deshalb wichtig, um die hier besonders zu beleuchtenden Aspekte der Datenerhebung und Dateninterpretation mit Planspielen in einen Zusammenhang einordnen zu können. Dazu muss eine weitere wichtige Unterscheidung thematisiert werden, nämlich die Differenzierung in so genannte „geschlossene" („rigid rule games") und „offene" („free form games") Planspiele (Klabbers, 2006).

Bei „geschlossenen" Planspielen erhalten die Teilnehmer genaue Instruktionen im Rahmen eines fest vorgegebenen, nicht von den Spielern beeinflussbaren und von „Experten" entworfenen Simulationsmodells. Bei „klassischen" Personalentwicklungsmaßnahmen mit vordefinierten und eingegrenzten Lernzielen und dem Fokus auf formellem und explizitem Lernen (z. B. Erwerb spezifischer Handlungsroutinen zur Bewältigung wiederkehrender Aufgaben) sind geschlossene Planspiele durchaus sinnvoll, die in der Regel weniger Zeit (meist 1–3 Tage im Vergleich zu Wochen und Monaten bei offenen Planspielen), Kosten und Trainerpersonal benötigen. Neben der Forschung im Rahmen der Evaluation (Wirkungsanalyse) des Planspieleinsatzes in verschiedenen organisationalen Anwendungsbereichen (z. B. Personalauswahl und berufliche Fortbildung mit Planspielmethoden) können diese geschlossenen Planspiele in der Organisationsforschung insbesondere der Überprüfung und Weiterentwicklung von Theorien dienen, da ihnen hypothesengenerierende und hypothesentestende Funktion zukommt. Planspiele eignen sich ebenfalls zur Vorhersage von Prozessen, sowie zur Schätzung bisher unbekannter Daten. Das geschlossene Planspiel fungiert dabei im Prinzip als Quasi-Experiment (vgl. ausführlich dazu Kühl in diesem Band), in der beispielsweise menschliches Erleben und Verhalten in komplexen Problemlöseprozessen (Dörner 1989; Frensch/Funke 1995) zum Gegenstand der Untersuchung werden können. Geschlossene Planspiele können immer wieder eingesetzt werden (ein Planspiel das z. B. betriebswirtschaftliches Wissen vermittelt, kann durchaus jahrzehntelang zu diesem Zweck eingesetzt werden) und auch im Forschungskontext können diese Planspiele mit vertretbarem Aufwand sinnvoll mehrfach wiederholt werden, um damit für traditionelle quantitative Forschung erforderliche Stichprobengrößen zu erzielen. Vergleichbar anderen experimentellen Anordnungen wird im Planspiel ein Wirkungsgefüge eines Systems nachgebildet mit unabhängigen und abhängigen Variablen. Planspiele wie auch allgemein Simulationen, die ja Teil von Planspielen sind, erlauben auf der Modellebene allerdings zusätzlich zum klassischen Experimentalansatz mit der Untersuchung von Ursache-Wirkungsbeziehungen, eine stärkere Betrachtung von systemischen Vernetzungen und Wechselwirkungen. Da jedoch die Forschung mit geschlossenen Planspielen als „Planspielexperiment" sich im Wesentlichen nicht von der experimentellen/ quasi-experimentellen Vorgehensweise unterscheidet, soll für diesen Beitrag das offene Planspiel als Forschungsmethode weiter verfolgt werden. Das geschlossene Planspiel selbst kann dabei nämlich auch gewissermaßen als Teil in den offenen Planspielansatz integriert sein (siehe unten), so dass alle (Forschungs-)Möglichkeiten des geschlossenen Planspiels im offenen Ansatz ebenfalls realisiert werden können.

„Planspielen" kann auch den Bereich des Designs von Planspielen mit einschließen (Kriz 2000a, 2001b). Bei „offenen Spielen„ sind Simulationsmodell, Regeln und Ablauf des Planspiels nicht a priori vorgegeben, sondern sie werden durch die Teilnehmer selbst mitkonstruiert (mit Beratung durch erfahrene Planspieldesigner). Die Beteiligten werden so selbst zu „Experten", die Systemmodelle im Sinne geteilter sozialer Repräsentationen von Realität konstruieren. Dieses sich selbst organisierende Lernumfeld zeigt nicht nur, dass Wissen kontextabhängig ist, sondern darüber hinaus den Zusammenhang zwischen wechselnden Kontexten und den wechselnden Bedeutungszusammenhängen von Wissen (Klabbers/Gust 1995). Als Wissensmanagement-Methode und in der Organisationsentwicklung sind somit offene Planspiele wesentlich ertragreicher, da sie ein eher informelles und implizites Lernen anregen und sich stärker für den Erwerb von Handlungskompetenz zur flexiblen Bewältigung neuartiger komplexer Anforderungssituationen eignen (Kriz, 2006). Im Bereich der Organisationsforschung handelt es sich dabei meist um einmalige, nur für einen bestimmten Zweck „maßgeschneiderte" Planspiele (z. B. bei der Fusion von zwei Unternehmen oder bei der Restrukturierung einer Organisation). Zwischen beiden Extrempolen (offen und geschlossen) sind in einem Kontinuum diverse Anwendungen denkbar. Im Anwendungsbeispiel (siehe unten) wird dann auch eine Art „halboffenes" Planspiel illustriert, in dem gewisse Grundelemente des Spiels zwar bei jeder Anwendung des Spiels unverändert bleiben, die im Planspiel realisierten Szenarien und Abläufe jedoch letztlich auf einmaligen und nur für die betreffende Organisation abgestimmten realen Fallgeschichten basieren. Das Modell ist somit vorgegeben, die Szenarien und Handlungsstrategien aber frei wählbar.

Betrachtet man den Gesamtprozess des Planspielens (Abbildung 2) im groben Überblick, so lassen sich einige Phasen kurz zusammengefasst beschreiben (Kriz 2003). Ein Teilbereich der Realität wird für die Simulation durch das Planspiel ausgewählt. Im Design wird ein konkretes Planspiel (game) als Modell der Realität entwickelt. Dabei kommt es zu einer „Verzerrung" der Realität unter anderem durch bewusste und unbewusste Komplexitätsreduktion der Designer. Durch Anwendung des Planspiels wird eine Spielrealität (play) erzeugt. Zentrale Voraussetzung für eine sinnvolle Verwendung von Planspielen ist das „Debriefing„ (Kriz/Nöbauer 2002). Gemeint ist damit die gemeinsame Reflexion des Erlebten im Hinblick auf eine Bewertung der im Spiel aufgetretenen Prozesse mit dem Ziel, daraus Konsequenzen für reale Situationen abzuleiten. Mit „Metadebriefing„ ist eine Reflexion gemeint, in der nicht nur die Durchführung des Planspiels und der sich direkt daraus ergebenden Schlussfolgerungen diskutiert werden, sondern auch der Abbildungsprozess der Realität in der Designphase. Damit wird die Konstruktion von Wissen gemeinsam in Frage gestellt und deutlich, in welchen Kontexten bestimmte Möglichkeiten der Realitätskonstruktion angemessen sind. Auch die Evaluation zur Überprüfung des Nutzens und zur

Qualitätssicherung des Planspiels gehört zum Planspielprozess (Kriz/Hense 2006). Im geschlossenen Planspielansatz werden Teilnehmer bzw. Organisationsmitglieder nur mit den Vorgängen 2 bis 4 konfrontiert, im offenen Ansatz auch zusätzlich in die Vorgänge 1 und 5 der folgenden Abbildung involviert. Aufbauend auf dieser ersten groben Skizzierung soll der Planspielprozess nun differenzierter betrachtet werden. Auf das Strukturschema der Beiträge in diesem Band bezogen lassen sich die in der Abbildung genannten Teilschritte 1 und 2, das heißt Planspieldesign (Abbildung der Realität in ein Modell) und Planspielanwendung der Datenerhebung und Datenaufbereitung zuordnen und die Teilschritte 3 bis 5, Reflexion und Transfer aufgrund von Debriefing und Metadebriefing, können als Teil der Datenanalyse und Dateninterpretation dargestellt werden.

Abbildung 2: Der Prozess des (offenen) Planspielens

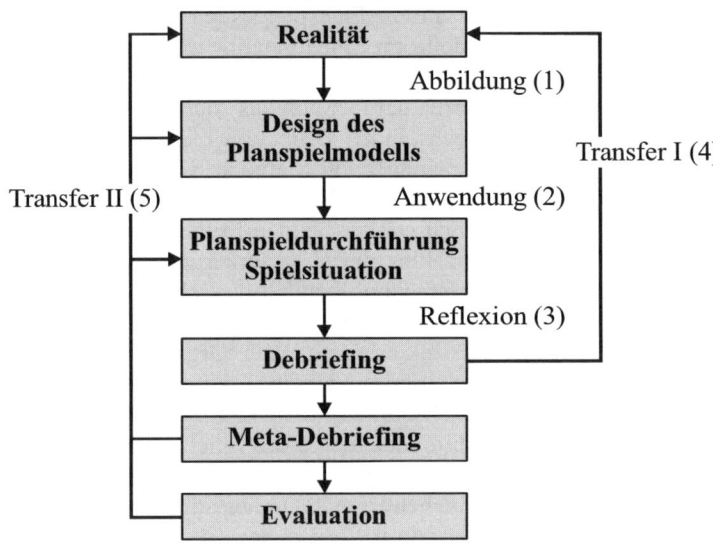

Es existieren zahlreiche Vorschläge zur Darstellung der Planspielentwicklung. So begründen beispielsweise Duke/Geurts (2004) insgesamt 21 Schritte, die hier jedoch nur vereinfacht thematisiert werden sollen. Der eigentlichen Designphase geht eine erste grobe Abklärung der Ziele mit dem Auftraggeber voraus, bei der auch geprüft wird, ob die Planspielmethode grundsätzlich überhaupt aus inhaltlichen und pragmatischen Gründen für die vorliegende Problemstellung geeignet ist. Im Rahmen von eher grundlagenorientierter Forschung kann der Auftraggeber der Forscher selbst sein, mit seinen jeweiligen Forschungsinteressen. Es wird hier jedoch von anwendungsorientierter Forschung ausgegangen, bei der Forscher als Experten im Planspielprozess eine aus der Organisationspraxis kommende Problemstellung bearbeiten und bei der Forschung, Entwicklung und Intervention miteinander verzahnt sind. Neben dem Forschungsinteresse besteht hier ein zusätzliches Interesse von Organisationen reale Problemstellungen ihrer Praxis zu lösen. Die Auftraggeber werden dabei im gesamten Entwicklungsprozess durch schriftliche und mündliche Darstellungen über den weiteren Verlauf informiert.

Zunächst erfolgt eine Phase der *Problemklärung und Problemformulierung.* Idealer Weise wird dabei ein Projektteam mit möglichst vielen Betroffenen und Beteiligten (z. B. Mitarbeiter der Organisation aus verschiedenen Ebenen) gebildet, die verschiedene Problemsichten und Problemaspekte einbringen können. Da das Handeln und Entscheiden von Akteuren und die Interaktion von Akteuren in Planspielen von zentraler Bedeutung ist, wird es als Vorteil gesehen, dass bei offenen Planspielen bereits in der Problembeschreibung relevante Akteure (z. B. Entscheidungsträger und andere Personen mit Schlüsselpositionen) in das Projektteam mit eingebunden sind. Dieses Team einigt sich auf die zentrale Fragestellung und definiert Modellziele (Defining the Macro-Problem).

Danach folgt die Phase der *Systemanalyse und Modellkonstruktion,* in der geeignete Theorien ausgewählt und zu simulierende Systeme und Systemelemente analysiert und definiert werden. Im Team werden Faktoren und Elemente erörtert, die Einfluss auf die Problemstellung ausüben bzw. im zu simulierenden System zusammenwirken. Damit wird die Problemumgebung exploriert und relevante Faktoren und Beziehungen werden in das Modell aufgenommen, Variablen und Parameter werden bestimmt und operationalisiert. Es ist hierbei notwendig, vorhandene empirische Daten und theoretisch fundierte Erkenntnisse über Wirkungszusammenhänge zu ermitteln und in das Planspielmodell einzubringen. Dabei spannt sich der Bogen von der Analyse der Forschungsliteratur bis hin zur Erhebung neuer Daten in der betroffenen Organisation, wobei in dieser Phase selbst wiederum verschiedenste Methoden der qualitativen und quantitativen Sozialforschung zum Einsatz kommen. Beispielsweise werden schriftliche Befragung, Interview, Dokumentenanalyse, Beobachtung von Arbeitsabläufen usw. durchgeführt, um fehlende empirische Daten und Erkenntnisse zu erlangen. Ein weiteres Ziel kann es dabei sein, kritische Fälle zu explorieren, in denen das Makroproblem besonders deutlich wird und die später in die Planspielszenarien einfließen. Zentral ist bei der Modellkonstruktion auch die Veranschaulichung der Systemelemente und ihrer Wechselwirkungen in Diagrammen, Schematics und Wirkungsnetzwerken. Dabei haben sich z. B. Netzwerksmodellierungs-Programme bewährt (Ballin, 2003). Diese Visualisierung des Problemumfeldes ist auch deshalb wichtig, weil dadurch auch die Grenzen des Simulationsmodells deutlich werden. Darauf aufbauend werden die Elemente und Beziehungen weiter formalisiert. Es wird definiert, welche Zustände Elemente annehmen können und die (meist nichtlinearen) Beziehungen zwischen den Elementen werden genau festgelegt.

Bis zu diesem Punkt wurde im Wesentlichen an dem Simulationsmodell gearbeitet. Da die Simulation aber nur ein Teil des Planspiels darstellt, muss in einer weiteren Phase des *Entwurfs* eine konkrete Planspielmethode ausgewählt werden. Es werden unter anderem Akteure, aber auch konkrete Spielerrollen definiert. Es muss festgelegt werden, welche Akteure von Planspielern konkret gespielt werden und welche Akteure anders simuliert werden (hierbei kann z. B. die Spielleitung mehrere Akteure selbst spielen oder diese werden in einer Computersimulation abgebildet). Der Handlungs- und Entscheidungsspielraum der Spieler muss durch entsprechende Spielregeln festgelegt werden. Es muss entschieden werden, welche Ressourcen die Spieler im Planspiel konkret oder symbolisiert verwenden können und wie dies geschehen soll. Auch die Sequenzierung des Planspiels ist zu überlegen. Hier sind z. B. Planspiele möglich, die durch weitestgehend gleichartig ablaufende Spielrunden gekennzeichnet sind, in denen jeweils bestimmte Entscheidungen getroffen werden müssen und in denen die Auswirkung dieser Entscheidung auf andere Systemelemente geprüft wird. Die Spieler erhalten dabei am Beginn jeder Runde meist eine

Rückmeldung über die aktuellen Zustände der verschiedenen Systemelemente und das Rundenende ist erreicht, wenn die notwendigen Entscheidungen festgelegt wurden. Hierbei ist weiters zu bedenken, welches Aufzeichnungssystem (accounting system) von Systemveränderungen und Spielverläufen gewählt werden soll und welche Systemelemente lenkbar oder unlenkbar sind (lenkbare Elemente sind jene Systemfaktoren, auf die die Spielteilnehmer direkten Einfluss durch ihre Entscheidungen ausüben, unlenkbare Elemente können hingegen nur indirekt beeinflusst werden). Es sind auch Planspiele möglich, die nicht in gleichartigen Runden ablaufen, sondern als Abfolge immer neuartiger Szenarien oder eine Kombination beider Ansätze. Auch die Szenarien selbst müssen definiert werden. Kennzeichen von Szenarien sind bestimmte Ausgangssituationen (Zustände von Systemelementen), die definierten Eigendynamiken von Systemelementen, definierte Ereignisse, die unabhängig von Spielerentscheidungen auftreten sollen und definierte Aktionen, die von Spielern ausgelöst werden können (z. B. durch Entscheidungen bedingte Maßnahmen). Letztlich fließen alle diese notwendigen Festlegungen in die Erstellung einer Systemkomponenten-Spielkomponenten-Matrix ein, eine systematische Übersicht des Spielaufbaus, in der veranschaulicht wird, wie die Systemelemente und ihre Beziehungen in Planspielelemente und deren Beziehungen abgebildet werden (Spielelemente sind Regeln, Rollen, Ereignisse usw.). Wenn Computersimulationen Teil von Planspielen sind, so müssen zusätzlich alle programmierungstechnischen Details festgelegt werden.

Im Schritt der konkreten *Entwicklung bzw. des Planspielbaus* wird ein Planspielprototyp hergestellt, getestet und modifiziert. Hier spielen wieder viele verschiedene Aspekte eine Rolle, von der Überprüfung der inhaltlichen Angemessenheit des Modells, über das graphische Design bis hin zur technischen Evaluation. Letztlich wird hier das Planspiel immer weiter optimiert. Dazu können weitere Experten zugezogen werden und das Planspiel wird intensiv vom Projektteam selbst getestet bis es dann mehrmals mit der Zielgruppe von Personen (z. B. Mitarbeiter einer Organisation) getestet wird. Insgesamt sollte das Planspiel in dieser Phase durchschnittlich rund 10 („rule of ten") Testanwendungen mit anschließender Überarbeitung durchlaufen.

Als nächste Phase nach der Entwicklung erfolgt die *Planspieldurchführung* mit der Zielgruppe. Dabei ist eine Vielzahl von Planspieldurchläufen mit immer neuen Personengruppen als Stichprobe, die wiederholte Durchführung mit derselben Personengruppe oder die einmalige Anwendung mit einer einzigen Stichprobe möglich. In jedem Fall werden aber in der Regel verschiedene Ausgangszustände, Ereignisse, Entscheidungsalternativen usw. durchgespielt, um die Veränderungen von interessierenden Elementen des simulierten Systems und insbesondere alternative Systementwicklungen analysierbar und erfahrbar zu machen und um so Hypothesen zu testen. Die Datenerhebung erfolgt dabei durch die Komponenten des im Planspiel gewählten Aufzeichnungssystems. Einerseits werden damit die Zustandsveränderungen von Systemgrößen (z. B. Veränderung simulierter Ressourcen wie Kapital, Produktionsmittel usw.) erhoben und schriftlich festgehalten (oder als Teil einer Computersimulation gespeichert), andererseits werden oft auch soziale und eventuell sogar psychische Prozesse der Spielteilnehmer mit anderen Methoden wie z. B. Videobeobachtung, Fragebögen, usw. festgehalten.

Die Komplexität der Realität wird dabei im Selektionsprozess der Auswahl von ins Planspiel aufgenommenen Einflussgrößen bewusst reduziert. Bereits „einfache" Planspiele sind in der Lage gleichzeitig ablaufende Prozesse und somit auch die Wirkungen verschiedener ineinander greifender Faktoren erfahrbar zu machen. Eine Gefahr besteht darin, immer mehr Faktoren, Wechselwirkungen, Zielsetzungen und Daten mit einbeziehen zu wollen, um das Spiel realistischer und umfassender zu machen und in diesem Bestreben auf immer umfangreichere Modelle zurückzugreifen. Damit wird das Spiel aber immer schwerer spielbar, da es zuviel Zeit, Personen und andere Ressourcen in Anspruch nehmen würde. Spielt man dann nur einen kleinen Teil eines solchen Planspiels, so geht der Großteil des Potenzials verloren. Vielmehr müssen Schlüsselakteure und zentrale Faktoren identifiziert werden, auf Grundlage der (Forschungs-) Interessen, der in der Theorie vorherrschenden Modellvorstellungen und/oder aufgrund von didaktischen Überlegungen, unter anderem welche Komplexität späteren Anwendern (Spielern) sinnvoll zuzumuten ist.

Bereits das Design eines Planspiels ist geeignet, Interpretationen und Perspektiven verschiedener am Designprozess beteiligter Individuen sichtbar und bewusst zu machen. Da aus konstruktivistischer Perspektive von einem im Planspiel abzubildenden Realitätsausschnitt mehrere verschiedene sinnvolle Modelle denkbar sind und keines dieser Modelle die Wirklichkeit vollkommen darstellen kann, müssen Prioritäten gesetzt werden. Durch die Konstruktion einer Simulation wird (zum Teil für alle Beteiligten neues) Wissen über die soziale (aber sonst großteils unbewusst ablaufende) Konstruktion von Realität gewonnen, widersprüchliche Annahmen über die Realität werden in der Modellbildung explizit gemacht und mit dem Planspielmodell wird letztlich ein gemeinsam geteiltes mentales Modell erzeugt, das z. B. im Rahmen von organisationalen Veränderungsprozessen bereits von immenser Nützlichkeit sein kann (Wein/Willems/Quanjel 1999). Da Menschen durch Planspieldesign (und offenes Planspielen) wesentlich mehr lernen, als durch die reine Planspielanwendung, wird zunehmend auch das Design selbst als Forschungs- und Interventionsmaßnahme begriffen und erfolgreich eingesetzt (Kriz 2003).

Da Planspiele als Vorgehensweise dazu dienen komplexe Sachverhalte abzubilden, sind angesichts dieser Komplexität unterstützende Computersimulationen hilfreich und insbesondere dann notwendig, wenn gleichzeitig quantitative Organisationsforschung betrieben werden soll. Als Teil des Planspiels ist dann auch ein mathematisches Modell zu formulieren. Im Forschungskontext ist auch noch stärker, als dies bei der Planspielkonstruktion ohnedies der Fall ist, darauf zu achten, dass geeignete sozialwissenschaftliche Theorien ausgewählt werden, die Aussagen über Kausalzusammenhänge der simulierten Realität erlauben. Auswahl und Operationalisierung der im Planspiel integrierten Variablen und Parameter sind dann theoretisch fundiert. Obwohl Planspielmethoden generell kein reines Instrument der quantitativen Organisationsforschung darstellen, sondern in der Regel mindestens ebenso stark qualitative Aspekte einfließen, wird sogar bei einmalig durchgeführten offenen Planspielen durchaus quantitative Forschung betrieben. An dieser Stelle sind einige Anmerkungen zur Verbindung quantitativer und qualitativer Ansätze im Planspiel notwendig. Rohn (1995) gibt das Beispiel eines vom Pentagon 1950 durchgeführten Planspiels zu der Frage, ob General Mac Arthur im Koreakrieg einen Fluss überschreiten sollte oder nicht. Dabei wurden im Planspielmodell nur eindeutig quantitative Größen wie Kriegsmaterial, Soldatenanzahl, Verladekapazität von Kriegshäfen usw. einbezogen. Qualitative Einflussgrößen wie Kampfmoral, Strategie, Ausbildung der Führungskräfte usw. wurden außer Betracht gelassen. Diese Vernachlässigung qualitativer Faktoren führte zu einem unangemessenen Planspielmodell, dessen Realitätsbezug nicht ausreichte, was auch heute noch eine fundamentale Problematik rein mathematischer Simulationsmodelle ist. Zwar lassen sich die im Planspiel simulierten sozialen Lebenswelten, die die Sozialwissenschaften interessieren, generell nur begrenzt quantifizieren, die Stärke der Planspielmethode ist aber im Grunde die Integration qualitativer und quantitativer Faktoren und Verfahren, wodurch eine unzulässige Komplexitätsreduktion vermieden wird. Somit kann beispielsweise die Kampfmoral, zwar nicht als rein quantitative Einflussgröße in das Planspielmodell eingebracht werden, aber dennoch qualitativ gemessen und im Modell integriert werden. Auch der handelnde Mensch, der ja in Gestalt der Spieler Bestandteil von Planspielen ist, ist selbst eine Art qualitative Einflussgröße innerhalb des simulierten Systems. Dabei ist die Unterscheidung in quantitativ und qualitativ meist gar nicht von substanzieller Bedeutung, denn es kommt in erster Linie auf den Erkenntnisanspruch und die Frage an, was überhaupt die Merkmale des untersuchten Gegenstandes sind.

> „Mathematik ist ja nicht die Wissenschaft vom Quantitativen, sondern vom Operieren mit bestimmten Symbolen nach explizit und eindeutig festgelegten Regeln. Die Abbildung empirischer Objekte und Relationen zwischen ihnen durch Zahlen und Rechensymbole hat allein die Funktion einer hinreichend nachvollziehbaren Beschreibung komplexer Strukturen" (J. Kriz/Lisch 1988, S. 210).

Es geht daher um verschiedene Grade an Operationalisierung und Abbildungsalternativen eines empirischen in ein numerisches Relativ (und damit um verschiedene Skalenniveaus). Für Planspiele, die häufig didaktische Zwecke erfüllen sollen, müssen Variable unter Umständen gar nicht operationalisiert werden, ein topologisches Skalenniveau ist dabei ausreichend und Parameter können geschätzt werden. Auch im Rahmen angewandter Organisationsforschung kann dies sinnvoll und ausreichend sein. Allerdings werden bei komplexeren Systemen und Planspielen, was für die Forschung von Vorteil ist, Variablen operationalisiert und teilweise wird auch metrisches Skalenniveau erreicht. In der Praxis werden meist aber verschiedene Operationalisierungen und Messniveaus in einem Planspielmodell zusammengeführt, was bei der Ergebnisinterpretation zu berücksichtigen ist.

3 Datenanalyse und Dateninterpretation

Den Teilschritt des Planspielbaus könnte man alternativ auch schon der Datenanalyse und Interpretation zuordnen, da ja bereits bei den Testläufen der Planspieldurchführung Daten erhoben und erzeugt werden, die für die weitere Entwicklung analysiert und interpretiert und in der neue Erkenntnisse gewonnen werden. Allerdings werden in der Entwicklungs- und Testphase der Planspielprototyp und verbunden damit auch das Planspielmodell sehr häufig noch grundlegend überarbeitet und verändert. Primäres Ziel ist hier noch nicht die Lösung von Problemen, die Strategieberatung oder die Gewinnung von neuen Forschungserkenntnissen, sondern der Fokus liegt noch auf der Finalisierung eines einsatzfähigen Planspiels als Interventions- und/oder Datenerhebungsinstrument.

Als eigentliches Äquivalent zur Datenanalyse und Dateninterpretation kann im Planspiel die Phase des *Debriefing und des Metadebriefing* angesehen werden. Da Planspiele und zugrunde liegende Simulationsmodelle Ausschnitte der Realität abbilden, stellt sich bei der Interpretation der Ergebnisse die Frage, wie die Ergebnisse auf die Realität (zurück) übertragen werden können. Mit dem englischen Fachbegriff „Debriefing‚", der wörtlich mit „Nachbesprechung" übersetzt werden könnte, ist die gemeinsame Reflexion des Erlebten mit den Spielteilnehmern in Hinblick auf eine Bewertung der im Spiel aufgetretenen psychischen (Kognition, Emotion usw.), sozialen (Handlung, Kommunikation usw.) und weiteren simulierten Systemprozesse (Veränderung von Ressourcen, Strukturen usw.) gemeint, mit dem Ziel, daraus Konsequenzen für „reale" Situationen abzuleiten. Es existieren verschiedene Ablaufmodelle des Debriefing (z. B. Thiagarajan 1993), denen spezifische Reflexionsthemen und Basisfragen zugeordnet werden können. Es wird dabei mittels unterschiedlicher Methoden unter anderem aufgearbeitet, wie sich die Teilnehmer im Planspiel gefühlt haben, und es werden Wahrnehmungen und Beobachtungen oder aktuelle Gedanken zum Spielgeschehen erörtert. Ziel ist es, Informationen und verschiedene Sichtweisen zum Ablauf des Spielgeschehens zu sammeln und gemeinsam zu analysieren. Dabei kann das Spielgeschehen zunächst überblicksartig rekonstruiert werden, um dann bei einzelnen kritischen Situationen ins Detail zu gehen. Einerseits sollten in dieser Phase Sachaspekte diskutiert werden, z. B. eine Bewertung verschiedener Entscheidungen und Lösungsstrategien, andererseits ist es wichtig, die mit den Sachaspekten verbundenen gruppendynamischen Prozesse und Beziehungsaspekte zu thematisieren. Die Teilnehmer werden angeregt ihre wichtigsten Erkenntnisse zu identifizieren und über ihre Schlussfolgerungen zu berichten, die sie persönlich aus der Spielerfahrung ziehen. Die gezogenen Schlussfolgerungen werden aus verschiedenen Perspektiven untersucht und es wird versucht, Hypothesen für Ursache-Folge-Beziehungen und Gesetzmäßigkeiten bzw. Regeln aufzustellen. Ziel ist es, die zunächst einmalige Spielerfahrung zu generalisieren, das heißt in Beziehung zu typischen Verhaltensmustern zu setzen. Die Reflexionsphase ist bedeutend, weil hier auch ein Vergleich zwischen Spiel und realer Lebenswelt vollzogen wird. Wesentliches Anliegen des Debriefing ist es, nicht nur Gemeinsamkeiten, sondern auch zentrale Unterschiede zwischen Simulation und Realität zu reflektieren. Damit soll die Gefahr einer unangemessenen Übergeneralisierung von gezogenen Schlussfolgerungen vermindert werden. Abschließend werden eindeutige, realistische und messbare Ziele und Konsequenzen für alle Beteiligten festgelegt. Dabei geht es dann um die Gestaltung und Moderation von realen Veränderungsprozessen in der Organisation, wobei allerdings immer wieder auf die reflektierten Spielerfahrungen und Erkenntnisse Bezug genommen werden kann. Der Einsatz von wirksamen Reflexions- und Transfermodulen schafft die Voraussetzung dafür, dass die gewonnenen Erkenntnisse und die wahrgenommenen Entwicklungspotenziale für neue innovative Konzepte für die Zukunft des eigenen Arbeitsteams, der Organisation und der eigenen Person im Beruf genutzt werden können. Dabei werden insbesondere auch die Chancen, Gefahren und Hindernisse der im Planspiel entwickelten Konzepte für eine tatsächliche Umsetzung in die Praxis gemeinsam bewertet (Lederman/Kato 1995).

Diese Basisstruktur des Debriefing (genauer in Kriz/Nöbauer 2002) sollte auch dann durchgeführt werden, wenn Teile davon das unmittelbare Erkenntnisinteresse nicht betreffen (z. B. Besprechung von Gefühlen oder kritischen gruppendynamischen Situationen im Planspiel), da dies schon allein aus ethischen Gründen notwendig ist (Crookall 1992). Das Debriefing steht gewissermaßen an der Schnittstelle zwischen Datenerhebung und Datenanalyse. Einerseits lassen sich mit der gemeinsamen reflexiven Nachbesprechung mit den Planspielteilnehmern erste direkte Erkenntnisse gewinnen und andererseits erfolgt in diesem Debriefing auch eine erste Auswertung des Planspiels und der Folgen von im Spiel getroffenen Entscheidungen in Hinblick auf die Veränderung interessierender Systemgrößen, sowie die Definition von Konsequenzen für zukünftiges reales Entscheiden und Handeln. Damit ist für die Auftraggeber, insbesondere wenn es in erster Linie um Personalentwicklung mit Planspielen geht, der Zweck manchmal bereits erfüllt. Im Rahmen komplexerer Organisationsentwicklungsmaßnahmen und Organisationsforschung ist das aber nicht ausreichend.

Im *Metadebriefing und der Evaluation* findet eine tiefer gehende Analyse und Interpretation durch die beteiligten Planspielexperten, Forscher und im Idealfall durch das gesamte Projektteam, das das Planspiel entwickelt hat, statt. Das Debriefing mit der Teilnehmergruppe kann dabei sogar als weitere Quelle der Datenerhebung genützt werden, sodass z. B. im Debriefing eingesetzte Methoden, wie Reflexions-Fragebögen, Interviews, gemeinsame quantifizierte Bewertungen von Planspielergebnissen usw. im Metadebriefing neben den im Planspiel angewandten Erhebungsinstrumenten und erzeugten Daten ausgewertet werden können. Ziel des Metadebriefing ist ein weiterer praktischer Nutzen durch die Ableitung empirisch und theoretisch fundierter Handlungsempfehlungen (z. B. für strategische Planungsentscheidungen) und ein wissenschaftlicher Nutzen durch die Überprüfung oder Generierung von Hypothesen und die dadurch ermöglichte Weiterentwicklung von theoretischen Konzepten. Dabei können auch die Wirkung des Planspiels hinsichtlich der durch das Planspiel in Gang gesetzten realen Veränderungen im System überprüft und Folgen für das reale Verhalten der Teilnehmer am Arbeitsplatz evaluiert werden. Da es sich bei offenen Planspielen um einen rekursiven Prozess handelt, wird auch das Planspielmodell nochmals kritisch geprüft und weitere Optimierungen werden vorgenommen. Hier diskutieren die Projektteammitglieder über weitere hypothetische Szenarien, sie reflektieren, welche möglichen Veränderungen und Folgewirkungen andere Regeln und Rahmenbedingungen, andere Entscheidungen und Ereignisse usw. ausgelöst hätten. Als Ergebnis dieser Reflexion können weitere experimentelle Variationen der Planspieldurchführung festgelegt werden, mit denen dann neu generierte Hypothesen mit neuen Planspielteilnehmern überprüft werden. In Metadebriefing und Evaluation erfolgt im Projektteam eine gemeinsame Interpretation der Daten, die in akademischen Publikationen und Berichten an die Auftraggeber (meist Entscheidungsträger in Organisationen) mit jeweils unterschiedlicher Sprache und zugeschnitten auf das Erkenntnisinteresse der Zielgruppen die zentralen Ergebnisse und Konsequenzen dokumentieren (Kriz, Auchter & Wittenzellner, 2008).

4 Anwendungsbeispiel

Nach einem Ansatz von Simon (1969), der in der aktuellen Diskussion von Planspielen zunehmend wieder aufgegriffen wird (Klabbers 2003), bedeutet „Design,, ganz allgemein die Entwicklung und Anwendung von Strategien in Organisationen zur Veränderung bestehender dysfunktionaler Situationen mit dem Ziel der Herstellung erwünschter Situationen. Dieser Ansatz des „design-in-the-large" ist auch die Basis von Wissensmanagement, denn dieses Design zielt auf die Veränderung von inadäquaten Strukturen und Prozessen auf individueller (z. B. unangemessene Überzeugungen, fehlendes oder träges Wissen), sozialer (z. B. hinderliche Kommunikationsmuster, unzureichende Handlungskompetenz) und organisationaler Ebene (z. B. fehlende „Teamkultur", zu starre Hierarchisierung). Offene Planspiele, die Organisationsmitglieder in das Design von Planspielen mit einbeziehen, werden in diesem Zusammenhang als „design-in-the-small" bezeichnet, das aber mit dem „design-in-the-large" verknüpft werden kann, wie es das folgende Beispiel veranschaulicht.

In einem Projektteam bestehend aus Planspielexperten und Mitgliedern aus allen Bereichen einer Organisation werden zu verändernde Strukturen und Prozesse sowie damit verknüpfte kritische Ereignisse bzw. Fälle aus der Organisationsgeschichte analysiert. Ein Teil des Ist-Zustandes der Organisationsrealität wird erhoben (Diagnose) und Veränderungsziele (Soll-Zustand) werden festgelegt. Auf Basis von Diagnose und Zieldefinition wird ein maßgeschneidertes Simulationsmodell gebildet, das z. B. kritische Arbeitsabläufe abbildet. Dabei werden unterschiedliche Perspektiven aller Beteiligten eingebracht und Wissen über relevante Faktoren und deren Wechselwirkungen wird gemeinsam rekonstruiert. Ergebnis ist ein Planspiel, das die momentane dysfunktionale Situation (ineffiziente Abläufe) einer Organisation in einem Teilbereich widerspiegelt und veranschaulicht („present state simulation game"), wie z. B. in dem gut erforschten „Work Flow Game„ (Ruohomäki 2003; Kriz 2007a).

Konkreter Anwendungsfall war hier zunächst eine finnische Stadtverwaltung, inzwischen ist das Planspiel aber auch im privatwirtschaftlichen Organisationskontext erfolgreich eingesetzt worden (unter anderem in einem zweijährigen Entwicklungs- und Anwendungsprojekt des Departments Work-Psychology der Technischen Universität Helsinki in 10 verschiedenen Organisationen). Durch das Spielen dieses Planspiels jeweils mit weiteren Organisationsmitgliedern, die nicht beim Design beteiligt waren, und durch Einbeziehung von Akteuren wichtiger vernetzter Systeme (z. B. Kunden, Lieferanten usw.) können dabei komplexe Abläufe bewusst gemacht und im Zeitraffer der Simulation veranschaulicht werden. Durch das (Meta-)Debriefing werden schließlich neue Erkenntnisse erarbeitet, individuelle und organisationale Stärken und Schwächen reflektiert, Ideen und Lösungsstrategien diskutiert, sowie Veränderungswünsche artikuliert. Hierbei können Schlussfolgerungen auf ganz unterschiedlichen Ebenen gezogen werden, z. B. vom Erkennen eines persönlichen Fortbildungsbedarfs bis hin zur Entscheidung für die Einführung neuer technischer Systeme. Ziel dieser Phase ist die Ableitung konkreter Konsequenzen, die Entwicklung einer gemeinsamen Vision für Veränderungen und von konkreten Veränderungsstrategien. Auf die formulierten Strategien aufbauend werden konkrete Entscheidungen und Planungen von Handlungsschritten definiert, die dann wieder vom Designteam aufgegriffen und in ein zukunftsorientiertes neues Planspielmodell abgebildet werden („vision/future state simulation game"). Vorteil ist, dass veränderte Arbeitsabläufe nicht sofort real umgesetzt werden, sondern zunächst wieder in der virtuellen Lebenswelt des Planspiels realisiert und deren Folgen analysiert werden. Dabei ist es wichtig, dass auch führende Entscheidungsträger, sowie Personen aus allen Bereichen der Organisation eingebunden sind, um nicht nur eine schöne Utopie, sondern eine tatsächlich umsetzbare Veränderungsvision festzulegen, die dann nicht an fehlenden Ressourcen oder mangelnder Unterstützung scheitert. Dieser rückgekoppelte Prozess wird nun so lange fortgeführt, bis alle Beteiligten mit den im „vision-state"-Planspiel erfahrbar gemachten neuen Organisationsstrukturen und -prozessen und den Auswirkungen auf die im Planspiel simulierten Systemelemente zufrieden sind und dieses Alternativmodell (design-in-the-small) einer möglichen Zukunft dem erwünschten Soll-Zustand entspricht. Zum Abschluss wird die Organisation dann entsprechend dem Planspielmodell real verändert und erreichte Transferfolgen werden evaluiert. Das in dieser Weise durchgeführte „Work Flow Game„ konnte wichtige Effekte erzielen, da mit dem Planspielprozess und den resultierenden realen Veränderungen in den Arbeitsabläufen bei den Beteiligten neues Wissen und Kompetenzen und neue Organisationsstrukturen und -kulturen entstanden, die sich neben der Steigerung relevanter Kennzahlen sogar auf die Reduzierung von Krankenständen und somit positiv auf das Wohlbefinden der Mitarbeiter auswirkte (Ruohomäki 2002). Verschiedene das Planspiel unterstützende Erhebungsmethoden, von strukturierten Interviews mit Führungskräften über die Analyse betriebswirtschaftlicher Kennzahlen bis hin zu betriebsärztlichen Gesundheitsdaten zeigen, dass die im Planspielprozess rekursiv entwickelten, getesteten und als funktionierend bewerteten neuen Arbeitsabläufe und Strukturen des „future/vision state simulation game" und die darauf hin real durchgeführten Veränderungen den Praxistest bestanden haben. In dieser Weise kann die Planspielmethode zu einem humanen Wissensmanagement beitragen, das durch „design-in-the-small" zu einem Motor für den „design-in-the-large"-Prozess einer Organisation wird. Gleichzeitig wurden organisationspsychologische Theoriekonzepte in die Planspielkonstruktion eingebracht, überprüft und weiterentwickelt.

5 Möglichkeiten und Grenzen der Methode

Die Anwendung von Gaming Simulation in einer Organisation ist eine Methode, um ein besseres Verständnis der vorhandenen Organisationsstrukturen und Organisationsprozesse zu gewinnen. Die Entwicklung von Planspielen für die Abbildung eines realen Systems kann genutzt werden, um ein ganzheitliches Systemverständnis zu erzeugen (Vester 1995). Um eine Anwendung zu entwickeln, müssen die zentralen Systeme und Elemente definiert sein. Ein angemessenes Eingreifen in komplexe Systeme und die Systemkompetenz der Beteiligten wird dadurch unterstützt (Kriz/Brandstätter 2002). Planspiele bieten den Vorteil, dass eine Reihe verschiedener Szenarien durchgespielt werden kann. Die Teilnehmer in Planspielen können sich selbst in verschiedenen Rollen einbringen und mit verschiedenen Problemlösealternativen experimentieren. Dadurch wird Perspektivenvielfalt ermöglicht. Planspiele stellen „fehlerfreundliche Umwelten" dar und ermöglichen ein risikoloses Sammeln von praktischen Erfahrungen. In allen Phasen (Design, Anwendung und Debriefing) werden Personen angeregt, ihr Wissen, ihre Einstellungen und Werte und ihre Handlungskompetenzen zu reflektieren und gemeinsam zu verändern (Watson/Sharrock 1990). Nur mit Planspielen lassen sich darüber hinaus bestimmte Erfahrungen gewinnen oder anwenden, weil z. B. Teile der simulierten Lebenswelt in der Realität zeitlich und/oder räumlich zu weit entfernt liegen, zu schnell oder zu langsam ablaufen, zu teuer, unethisch oder lebensgefährlich wären, als dass diese Erfahrungen und Erkenntnisse direkt durch Manipulation der Realität erzielt werden könnten. Planspiele als Simulationsexperimente werden aber auch durchgeführt, weil der Sachverhalt, der erst noch geschaffen werden soll (z. B. neue Arbeitsabläufe im Unternehmen), real noch gar nicht vorhanden ist (Geuting 1999). Insbesondere das systemische Zusammenwirken von Faktoren kann so angemessen abgebildet und zugleich weiter erforscht werden. Insbesondere offene Planspiele können als Simulation von Organisationsprozessen und durch die experimentelle Veränderung dieser Prozesse im Spiel dazu beitragen, konkrete Problemstellungen aus der Praxis einer Organisation zu bearbeiten und Problemlösungen bereitzustellen, die dann als Transfer wieder für die reale Veränderung dieser Organisation genützt werden (Kriz, 2007b). Da Planspiele immer in Bezug zu geltenden Theorien entwickelt werden, können damit auch forschungsrelevante Hypothesen getestet und generiert werden.

Natürlich existiert daneben auch eine Reihe von „problematischen Aspekten", die hier nicht eingehend dargestellt werden können. Nur wenige Punkte seien exemplarisch genannt. Der Einsatz der Planspielmethode bedeutet eine überaus zeitaufwändige Methode in Design, Datenerhebung und Dateninterpretation. Eine adäquate Nutzung der Planspielmethode erfordert nicht nur methodische Kompetenzen in der Modellbildung, sondern auch nicht triviale didaktische Kompetenzen für die sinnvolle Durchführung der Planspiele, da ja immer reale Menschen als Akteure im Planspiel teilnehmen. Menschen, die unter anderem ihre Emotionen und teils unvorhersehbaren Verhaltensmuster im Planspiel einbringen und vielfältige spontan auftretende soziale Prozesse durch die Interaktion von/in Gruppen tragen nicht gerade zu exakt standardisierbaren Untersuchungsbedingungen bei, sondern im Gegenteil zu einer Fülle de facto unkontrollierbarer Wechselwirkungen und Effekte (dies ist bei Planspielen noch wesentlich stärker der Fall als ohnehin bei Quasi-Experimenten). Beispielsweise sind, um nur einen beliebigen Punkt herauszugreifen, die Motive und Situationsdefinitionen der Planspielteilnehmer für die Spielresultate von Bedeutung. Geht es ihnen darum in irgendeiner Form zu gewinnen, Probleme rational zu lösen, eine Rolle schauspielerisch besonders gekonnt auszuagieren oder wollen sie sich „professionell" verhalten? Verschiedene Teilnehmer haben noch dazu meist auch verschiedene Motive und Situationsinterpretationen. Zwar kann dieser Faktor durch eine klare Spieleinführung, die die Teilnehmer genau über den Zweck des Planspieles aufklärt, weitgehend in den Griff bekommen werden, jedoch niemals vollständig kontrolliert werden (Jones 1997). Das trifft für viele mögliche „Störvariablen„ zu. Das ist zwar für den praktischen Nutzen von Planspielen kein Nachteil, da die Komplexität der realen Lebenswelt hier wenigstens nicht inadäquat trivialisiert wird. Planspielteilnehmer sind eben wesentlich mehr als „einfache" Versuchspersonen, aber nicht zuletzt ist es ja die Intention von (offenen) Planspielen, dass Personen und Gruppen in Organisationen selbstorganisiert gemeinsam geteilte Bewertungen und Bedeutungszuschreibungen über Phänomene ihrer Realität konstruieren. Aus einer systemisch-konstruktivistischen und anwendungsorientierten Perspektive sind Planspiele ebenfalls eine bevorzugte Methode. Da aber in der Regel allein schon die Komplexität und Fülle von einbezogenen Variablen und Beziehungen sowie von erzielten Ergebnissen den Rahmen traditioneller akademischer Forschung und Darstellbarkeit sprengt, ist die Kommunizierbarkeit der Forschungsresultate und die Akzeptanz von offenen Planspielen als Forschungsmethode innerhalb der Scientific Community derzeit noch eingeschränkt. Geschlossene und eher einfach strukturierte Planspiele mit wenigen Variablen und wenigen Teilnehmern sind hingegen zwar als experimentelles Setting anerkannt, sie schöpfen aber weder in praktischer noch in theoretischer Hinsicht das Potenzial von Planspielen aus.

6   Literatur

Abt, Clark (1974): Serious Games, New York
Ballin, Dieter (2003): Der Netzmodellierer und -Simulator Heraklit, in: Bundesinstitut für Berufsbildung (Hrsg.), Planspiele in der beruflichen Bildung, Bielefeld, S. 141–151
Berne, Eric (1988): Spiele der Erwachsenen, Reinbek
Bundesinstitut für Berufsbildung (2008): Planspiele in der beruflichen Bildung (5. erweiterte und aktualisierte Auflage), Bielefeld
Capaul, Roman (2000): Die Planspielmethode in der Schulleiterausbildung, Bad Heilbrunn

Crookall, David (1992): Editorial Debriefing, in: Simulation & Gaming, 23, S. 141–142
Crookall, David/Arai, Kiyoshi (1994): Global Interdependence. Proceedings of the 22nd ISAGA Conference in Kyoto, Tokyo
De Geus, Arie (1997): The Living Company, Harward
Dörner, Dietrich (1989): Die Logik des Mißlingens. Strategisches Denken in komplexen Situationen, Reinbek
Duke, Richard (1974): Gaming: The future's language, New York
Duke, Richard (1998): The Gaming Discipline as Perceived by the Policy and Organization Sciences, in: Geurts, Jac/Joldersma, Cisca/Roelofs, Ellie (Hrsg.), Gaming/Simulation for Policy Development and Organizational Change, Tilburg, S. 21–28
Duke, Richard/Geurts, Jac (2004): Policy games for Strategic Management, Tilburg
Ellington, Henry/Addinall, Eric/Percival, Fred (1982): A Handbook of Game Design, London
Frensch, Peter/Funke, Joachim (1995): Complex problem solving, Hillsdale
Geilhardt, Thomas/Mühlbradt, Thomas (1995): Planspiele im Personal- und Organisationsmanagement, Göttingen
Geurts, Jac/Joldersma, Cisca/Roelofs, Ellie (1998): Gaming/Simulation for Policy Development and Organizational Change, Tilburg
Geuting, Manfred (1992): Planspiel und soziale Simulation im Bildungsbereich, Frankfurt
Geuting, Manfred (2000): Soziale Simulation und Planspiel in Pädagogischer Perspektive, in: Herz, Dietmar/Blätte, Andreas (Hrsg.), Simulation und Planspiel in den Sozialwissenschaften, Münster, S. 15–62
Goodman, Fred (1995): Theory in Practise. Simulation & Gaming, 26, S. 178–189
Greenblat, Cathy (1988): Designing games and simulations, Beverly Hills
Harramach, Niki (1992): Das Management-Plan-Spiel-Buch, Wien
Henning, Klaus/Strina, Giuseppe (2003): Planspiele in der betrieblichen Anwendung, Aachen
Herz, Dietmar/Blätte, Andreas. (2000): Einleitung, in: Herz, Dietmar/Blätte, Andreas (Hrsg.), Simulation und Planspiel in den Sozialwissenschaften, Münster, S. 1–14
Högsdal, Bernt (1996): Planspiele. Der Einsatz von Planspielen in Aus- und Weiterbildung, Bonn
Huizinga, Johan (1997): Homo ludens. Vom Ursprung der Kultur im Spiel, Reinbek
Jones, Ken (1997): Games & Simulations made easy, London
Kaiser, Franz-Josef (1983): Die Fallstudie, Bad Heilbrunn
Kern, Martin (2003): Planspiele im Internet, Wiesbaden
Klabbers, Jan (1989): On the improvement of competence, in: Klabbers, Jan (Hrsg.), Proceedings of the ISAGA 19th Conference 1988, New York, S. 3–8
Klabbers, Jan (1999): Three easy pieces: A taxonomy on gaming, in: Sounders, Danny (Hrsg.), Simulation and Games for Strategy and Policy Planning, London, S. 16–33
Klabbers, Jan (2003): Gaming and Simulation: principles of a science of design, in: Simulation & Gaming, 34, S. 569–591
Klabbers, Jan (2006): The magic circle: Principles of gaming & simulation, Rotterdam
Klabbers, Jan/Gust, Mario (1995): Interkulturelle Management Simulation, in: Geilhardt, Thomas/Mühlbradt, Thomas (Hrsg.), Planspiele im Personal- und Organisationsmanagement, Göttingen, S. 141–153
Kriz, Jürgen/Lisch, Ralf. (1988): Methodenlexikon, München
Kriz, Willy (2000a): „Gestalten" von/in Lernprozessen im Training von Systemkompetenz, Gestalt Theory, 23, S. 185–207
Kriz, Willy (2000b): Lernziel Systemkompetenz. Planspiele als Trainingsmethode, Göttingen
Kriz, Willy (2001a): Die Planspielmethode als Lernumgebung, in: Mandl, Heinz/Keller, Christel/Reiserer, Markus/Geier, Boris (Hrsg.), Planspiele im Internet. Konzepte und Praxisbeispiele für die Aus- und Weiterbildung, Bielefeld, S. 41–64
Kriz, Willy (2001b): Human-Resource Development with Gaming and Simulation, in: Villems, Anne (Hrsg.), Bridging the Information and Knowledge Societies, Tartu, S. 143–153

Kriz, Willy (2003): Creating effective learning environments and learning organizations through gaming simulation design, in: Simulation & Gaming, 34, S. 495–511

Kriz, Willy (2004): Planspielmethoden, in: Reinmann-Rothmeier, Gabi/Mandl, Heinz (Hrsg.), Psychologie des Wissensmanagements, Göttingen, S. 359–368

Kriz, Willy (2006): Kompetenzentwicklung in Organisationen mit Planspielen, in: SEM Radar – Zeitschrift für Systemdenken und Entscheidungsfindung im Management, 5, 2, 73-112

Kriz, Willy (2007a): Organisationsentwicklungs-Prozesse mit Planspielen steuern und begleiten, in: Ameln, Falko v./Kramer, Josef (Hrsg.), Organisationen in Aktion. Handlungs- und erfahrungsorientierte Methoden für die Personal-, Team- und Organisationsentwicklung, Heidelberg, S. 332-334

Kriz, Willy (2007b) (Hrsg): Planspiele für die Organisationsentwicklung. Schriftenreihe: Wandel und Kontinuität in Organisationen (Bd. 8), Berlin

Kriz, Willy/Auchter, Eberhard/Wittenzellner, Helmut (2008): Theory-Based Evaluation of Entrepreneurship Education with Simulation Games, in: Indian Journal of Economics and Business, S. 19–33

Kriz, Willy/Brandstätter, Eduard (2003): Evaluation of a Training Program for Systems-Thinking and Teamwork-Skills with Gaming and Simulation, in: Percival, Fred/Godfrey, Helen/Laybourn, Phyllis, Murray, Sarah (Hrsg.), Interactive Learning through Gaming and Simulation, Edinburgh, S. 243–247

Kriz, Willy/Gust, Mario (2003): Mit Planspielmethoden Systemkompetenz entwickeln, Zeitschrift für Wirtschaftspsychologie, 10, S. 12–17

Kriz, Willy/Hense, Jan (2006): Theory-oriented evaluation for the design of and research in gaming and simulation, in: Simulation & Gaming, 37 , 2, 268-283

Kriz, Willy/Nöbauer, Brigitta (2002): Teamkompetenz. Konzepte, Trainingsmethoden, Praxis, Göttingen

Ledermann, Linda/Kato, Fumitoshi (1995): Debriefing the debriefing process, in: Crookall, David/Arai, Kiyoshi (Hrsg.), Simulation and gaming across disciplines and cultures, London, S. 235–242

Leigh, Elyssebeth/Kindler, Jeff (1999): Learning through Fun & Games, Sydney

Manteufel, Andreas/Schiepek, Günter (1998): Systeme spielen. Selbstorganisation und Kompetenzentwicklung in sozialen Systemen, Göttingen

Neuberger, Oswald (1988): Spiele in Organisationen. Organisationen als Spiele, in: Küpper, Willi/Ortmann, Günther (Hrsg.), Mikropolitik. Rationalität, Macht und Spiele in Organisationen, Opladen, S. 53–86

Oerter, Rolf (2002): Spiel und kindliche Entwicklung, in: Oerter, Rolf/Montada, Leo (Hrsg.), Entwicklungspsychologie, Weinheim, S. 221–233

Percival, Fred/Saunders, Danny (1999): The International Simulation and Gaming Research Yearbook, Vol 7, London

Rohn, Walter (1995): Ursprung und Entwicklung des Planspiels, in: Geilhardt, Thomas/Mühlbradt, Thomas (Hrsg.), Planspiele im Personal- und Organisationsmanagement, Göttingen, S. 57–68

Ruohomäki, Virpi (2002): Simulation Game for Organisation Development. Development, use and evaluation of the Work Flow Game, Helsinki University of Technology

Ruohomäki, Virpi (2003): Simulation gaming for organizational development, in: Simulation & Gaming, 34, S. 531–549

Ruohomäki, Virpi/Jaakola, Moira (2000): Teamwork Game for Team Building. A Case Study in a Pharmaceutical Company, in: Vartiainen, Matti/Avallone, Francesco/Anderson, Neil (Hrsg.), Innovative Theories, Tools and Practices in Work and Organizational Psychology, Göttingen, S. 217–132

Schmidt, Sabine (1988): Rollenspiel, Fallstudie, Planspiel, München

Simon, Herbert (1969): The sciences of the artificial, Boston

Strauß, Bernd/Kleinmann, Martin (1995): Computersimulierte Szenarien in der Personalarbeit, Göttingen

Suits, Bernard (1967): What is a Game?, in: American Philosophy of Science, 34, S. 48–156
Teach, Richard/Schwartz, Robert (2001): Strategic Business Games: A New Approach, in: Villems, Anne (Hrsg.), Bridging the Information and Knowledge Societies, Tartu, S. 154–169
Thiagarajan, Sivasailam (1993): How to maximize transfer from simulation games through systematic debriefing, in: F. Percival, Fred/Lodge, Sheila/Saunders, Danny (Hrsg.), The Simulation and Gaming Yearbook 1993, London, S. 45–52
Thiagarajan, Sivasailam (1996): Framegames by Thiagi, Bloomington
Vester, Frederic (1995): Spielen hilft verstehen, in: Geilhardt, Thomas/Mühlbradt, Thomas (Hrsg.), Planspiele im Personal- und Organisationsmanagement, Göttingen, S. 19–26
Watson, Rod/Sharrock, Wesley (1990): Realities in simulation/gaming, in: Crookall, David/Oxford, Rebecca (Hrsg.), Simulation, Gaming and Language Learning, New York, S. 231–238
Wein, Bertruke/Willems, Rob/Quanjel, Marcel (2000): Planspielsimulationen: Ein Konzept für eine integrierte (Re-)Strukturierung von Organisationen, in: Herz, Dietmar/Blätte, Andreas (Hrsg.), Simulation und Planspiel in den Sozialwissenschaften, Münster, S. 275–299
Wenzler, Ivo (2003): Simuations and social responsibility: Why should we bother?, in: Arai, Kiyoshi (Hrsg.), Social contributions and responsibilities of Simulation & Gaming, Tokyo, S. 1–10

Beobachtung

Strukturierte Beobachtung

Simone Kauffeld

1 Einleitung

Die Beobachtung von Arbeitstätigkeiten hat eine lange Tradition. Neben der Selbst- und der Fremdbeobachtung kann zwischen der Beobachtung in der realen oder der künstlichen Arbeitsumgebung unterschieden werden. Mit dem Kasseler-Kompetenz-Raster (KKR) wird ein Beobachtungsverfahren vorgestellt, dass eine natürliche Arbeitssituation, die Bewältigung einer aktuellen, relevanten Optimierungsaufgabe im Rahmen einer Gruppendiskussion in den Fokus nimmt, um Teamkompetenzen objektiv abzubilden. Dabei wird davon ausgegangen, dass Kompetenzen an die Bewältigung konkreter Arbeitsaufgaben gekoppelt sind und sich nicht in den Bereich funktionsübergreifender Anforderungen verflüchtigen (vgl. auch Weiß 1999). Kompetenzen können nicht abstrakt definiert und überprüft werden, sondern stets nur im Kontext der jeweiligen Handlungssituation (vgl. Kauffeld 2000, 2006). Nach Albrecht (1997) lässt sich Kompetenz ferner nur in der Interaktion nachweisen, die ohne eine kommunikative Seite schwer vorstellbar ist. Die Bewältigung konkreter, relevanter Arbeitsaufgaben in Teams stellt eine kommunikative Handlungssituation dar, die in vielen Managementkonzepten beschworen wird. Die Situation ist berufs-, organisations- und branchenunabhängig anzutreffen, so dass übergreifende Vergleiche angestellt und aussagekräftige Schlüsse gezogen werden können. Die Diskussion wird von ausgebildeten Ratern kodiert, so dass eine Fremdbeobachtung vorliegt.

2 Datenerhebung und Datenaufbereitung

Die Abstimmung des Themas

Zur Kompetenzdiagnose wird eine standardisierte Besprechungssituation geschaffen, die folgende Charakteristika aufweist: Die Gruppen bearbeiten jeweils eine aktuelle, unternehmens- und mitarbeiterrelevante Problemstellung. Der Bezug zum Tagesgeschäft muss deutlich sein, sodass auf Seiten der Teilnehmer ein Interesse besteht, an der Problemlösung zu arbeiten. Bei vielen betrieblichen Problemen handelt es sich im Sinne Dörners (1979) um dialektische Probleme, bei denen zwar die Ausgangslage bekannt ist, aber nicht der Zielzustand und damit auch nicht die möglichen Mittel, diesen Zielzustand zu erreichen. Den genauen Zielzustand definieren nur wenige Betriebe; vielmehr wird er als graduelle „Verbesserung des Status quo", wie es im Managementkonzept des Kontinuierlichen Verbesserungsprozesses (KVP, Imai 1992) zum Ausdruck kommt, beschrieben. Diesen Gedanken aufgreifend wird immer eine Optimierungsaufgabe, die eine argumentative Auseinandersetzung erfordert, vorgegeben, wie z. B. die „Optimierung der Werkzeugbeschaffung", die „Reduzierung der Stillstandzeiten" oder die „Verbesserung der Zusammenarbeit".

Die Vorgabe eines einheitlichen Themas, wie z. B. die „Optimierung der internen Kundenzufriedenheit", hat sich in Voruntersuchungen nicht bewährt, da die unterschiedliche Akzeptanz und Relevanz des Themas in den Unternehmen das Diskussionsverhalten der Mitarbeiter erheblich beeinflusste. Das Thema der Gruppendiskussion ist daher teilnehmerspezifisch zu wählen und abzustimmen, das heißt es fordert die Mitarbeiter, überfordert sie aber nicht. In ein bis eineinhalb Stunden können nach Einschätzung der Ansprechpartner und Mitarbeiter im Unternehmen Lösungsansätze gefunden und erste Maßnahmen geplant werden. Ein Thema, das den Anforderungen genügt, gilt es, im Vorfeld mit den Ansprechpartnern im Unternehmen zu identifizieren. Es wird kein Thema diskutiert, das diesen Kriterien nicht entspricht, das heißt sowohl die Vorgesetzten im Vorfeld als auch jeder Mitarbeiter stimmt vor der Gruppendiskussion zu, dass die genannten Kriterien zutreffen und es wichtig ist, das Thema in dieser Gruppenkonstellation zu bearbeiten.

Damit wird den beiden von Nießen (1977) benannten Erfordernissen für die Auswahl der Teilnehmer an einer Gruppendiskussion, nämlich (1) der Existenz der Diskussionsgruppe unabhängig von der Untersuchungssituation als Realgruppe und (2) der Betroffenheit der Mitglieder vom Thema der Diskussion, entsprochen. Die Kriterien sichern die Verstärkung der Affinität zwischen Diskussionssituation und Realsituation und ermöglichen damit einen weit reichenden Transfer der Befunde in die Realsituation.

Die Gruppendiskussion wird auf Video aufgezeichnet. Die Teilnehmer werden gebeten, mindestens 60 Minuten an der Aufgabe zu arbeiten. Insgesamt haben sie maximal 90 Minuten Gelegenheit, sich auszutauschen und Ergebnisse zu erarbeiten. Moderationsmaterialien (Flip-Chart, Pinnwände, Karten, Stifte etc.) stehen zur Verfügung. Die Teilnehmer werden auf die Möglichkeit hingewiesen, die Hilfsmittel zu nutzen. Die Wissenschaftler bzw. Trainer übernehmen die Rolle der teilnehmenden Beobachter, deren Anwesenheit die Mitarbeiter zu ignorieren gebeten werden. Sie werden aufgefordert das Thema, so „wie sie es sonst auch tun würden" zu bearbeiten. Die Beobachtungen von Lamnek (1995), dass die Teilnehmer sich sehr schnell an die technischen Aufzeichnungsgeräte gewöhnen und diese spätestens nach fünf Minuten vergessen haben, können bestätigt werden (Kauffeld 2000, 2006). Die Teilnehmer bezeichnen die Diskussion durchgängig als typisch für eine Besprechung in der jeweiligen Konstellation. Vorgesetzte werden ohne Scheu abgewertet, klingelnden Handys wird Aufmerksamkeit geschenkt, der Raum wird ohne Begründung für einige Minuten verlassen, auch lautstarke Seitengespräche sind nichts Ungewöhnliches u.ä.

Die Zusammensetzung der Gruppe

Da in der Literatur eine Mitgliederzahl von fünf bis sieben Teilnehmern an einer Problemlösungsrunde als günstig beschrieben wird (Argyle 1972; Francis/Young 1989), sollten fünf bis sieben Mitarbeiter ein Optimierungsthema diskutieren. Die Mitarbeiter sind ohne hierarchische Unterstellungsverhältnisse über Arbeitszusammenhänge miteinander verbunden. Vorstudien haben gezeigt, dass bei Teilnahme des Vorgesetzten dieser das Diskussionsgeschehen mit bis zu 80% der Diskussionsbeiträge dominiert oder die Mitarbeiter sich ihre Beiträge von dem Vorgesetzten „abnicken" ließen. Die Beobachtung war unabhängig davon, wie kooperativ und partizipativ der Führungsstil im Unternehmen dargestellt wurde.

Wenn neben mitarbeiter- und gruppenspezifischen Aussagen zur Kompetenz Aussagen auf Organisationsebene getroffen werden sollen, empfiehlt es sich, mindestens zwei – besser vier – Gruppen eines Betriebes, davon mindestens eine Gruppe aus dem Produktions- sowie eine aus dem Planungs- oder kaufmännischen Bereich, in die Datenerhebung einzubeziehen. Wichtig dabei ist, weder „Problemgruppen" noch „Vorzeigegruppen", sondern für das Unternehmen typische und repräsentative Gruppen auszuwählen (vgl. Kauffeld 2000, 2006).

Der Auswertungsgegenstand des Kasseler-Kompetenz-Rasters

Was wird ausgewertet? Mit dem Kasseler-Kompetenz-Raster werden die auf Video aufgezeichneten Beiträge der Teilnehmer betrachtet. Im Mittelpunkt des Interesses stehen dabei die verbalen Äußerungen der Gruppenteilnehmer im Verlauf der Optimierungs- oder KVP-Sitzung.

Jeder Versuch der Analyse und Klassifikation von Interaktionen stößt auf die Schwierigkeit, Interaktionseinheiten festzulegen. Zunächst sind in den komplexen Abläufen zwischenmenschlicher Kommunikation Redebeiträge der Beteiligten als distinkte Einheiten identifizierbar. Jeder dieser Beiträge muss gleichzeitig als Reaktion auf Vorangegangenes und als Reiz für Nachfolgendes betrachtet werden. Der Umfang derart gewonnener Einheiten variiert natürlich erheblich: Redebeiträge reichen von kurzen Fragewörtern, wie z. B. „Warum?", „Wo?", bis zu langen Meinungsäußerungen und sind deshalb im Hinblick auf ihren Inhalt und ihre Wirkung zunächst schwer vergleichbar. Deshalb versucht beispielsweise Bales (1950), die Interaktionseinheiten näher einzugrenzen und damit möglichst eng zu halten: „the observer maintains a bias in favor of more rather than fewer units" (ebd., S. 69) und gewinnt so eine Einheit als „a communication or an indication (...) which in its context may be understood by another member as equivalent to single simple sentence" (ebd. S. 68). „Sentence" selbst ist grammatikalisch definiert als Aussagengebilde, das Subjekt und Prädikat enthält oder zumindest impliziert. Daran angelehnt liegt dem KKR eine Akt-für-Akt-Kodierung zu Grunde: Eine zu kodierende Einheit umfasst einen Satz, einen Gedanken, eine in sich geschlossene Aussage, einen thematischen Bezug, eine Sinneinheit. Die Einheit muss sich einer der exklusiven Kategorien – hier der Kriterien des KKR – zuordnen lassen. Wann immer ein Sprecher wechselt, wird neu kodiert. Dauert die Schilderung des gleichen Sachverhalts längere Zeit, wird spätestens alle 20 Sekunden (auch dieselbe Kategorie) neu kodiert, sodass sich der Verlauf auch zeitlich ungefähr rekonstruieren lässt. Dieselbe Kategorie wird ebenfalls erneut kodiert, wenn sie durch einen anders zu kodierenden Beitrag unterbrochen wurde.

Beobachtungsfacetten, -aspekte und -kriterien

Bei der Entwicklung des KKR standen neben der organisationalen Bedeutung des zu wählenden Gesprächssettings auch die in der Forschung bereits vorhandenen prozessanalytischen Verfahren und theoretische Überlegungen zum Kompetenzverständnis im Mittelpunkt. Zur Analyse des Interaktionsgeschehens in Gruppendiskussionen konnte auf prozessanalytische Diagnoseverfahren wie die Interaktions-Prozess-Analyse (IPA, Bales 1950), das System zur mehrstufigen Beobachtung von Gruppen (SYMLOG, Bales/Cohen 1982) oder die Konferenzkodierung (Fisch 1994) zurückgegriffen werden. Die benannten Verfahren leisteten Hilfestellungen für die Formulierung der Kriterien des KKR. Für die Analyse von Gruppenprozessen können die drei Ebenen Inhalt, Beziehung und Steuerung betrachtet werden. Die Ebenen weisen Assoziationen zu den drei Kompetenzbereichen der Fach-, Sozial- und Methodenkompetenz auf, die in nahezu allen Überlegungen zur Kompetenz und Kompetenzentwicklung (z. B. Sonntag/Schäfer-Rauser 1993) voneinander abgegrenzt werden.

Das KKR unterscheidet und erfasst insgesamt vier Kompetenzfacetten: Fachkompetenz, Methodenkompetenz, Sozialkompetenz und Selbstkompetenz. Im KKR sind unter der Fachkompetenz, die inhaltliche Beiträge gekennzeichnet, organisations-, prozess-, aufgaben- und arbeitsplatzspezifische berufliche Fertigkeiten und Kenntnisse gefasst, sowie die Fähigkeit, organisationales Wissen sinnorientiert einzuordnen und zu bewerten, Probleme zu identifizieren und Lösungen zu generieren. Die Methodenkompetenz beschreibt die Fähigkeit, situationsübergreifend und flexibel kognitive Fähigkeiten zum Beispiel zur Problemstrukturierung oder Entscheidungsfindung einzusetzen und zeigt sich in Steuerungsbeiträgen. Fähigkeiten, kommunikativ und kooperativ selbst organisiert „zum erfolgreichen Realisieren oder Entwickeln von Zielen und Plänen in sozialen Interaktionssituationen" (Sonntag/Schaper 1992, S. 188) zu handeln, werden der Facette Sozialkompetenz zugeordnet. In der Gruppendiskussion markieren sozio-emotionale Äußerungen diese Kompetenzfacette. Im KKR wird zudem die Selbstkompetenz, die in neueren Überlegungen zur Kompetenz zunehmend Beachtung findet, operationalisiert. An Bunk (1994) orientiert wird die Selbstkompetenz für das Setting der Gruppendiskussion als personale Mitwirkung beschrieben: Es verfügt derjenige über Selbstkompetenz, der bereit ist, seinen Arbeitsplatz und seine Arbeitsumgebung konstruktiv mitzugestalten, dispositiv zu organisieren und Verantwortung zu übernehmen.

Die Kompetenzfacetten lassen sich in Beobachtungsaspekte und konkrete Beobachtungskriterien unterteilen (vgl. Tabelle 1). Die Kriterien sind unabhängig von konkreten Aufgabenstellungen definiert, um so die Vergleichbarkeit zwischen Gruppen zu ermöglichen.

Tabelle 1: Aspekte und Kriterien der Kompetenzfacetten im KKR

Fachkompetenz (Inhalt)	Methodenkompetenz (Struktur)	Sozialkompetenz (Interaktion)	Selbstkompetenz (Mitwirkung)
Differenziertheit Probleme *Problem* (Teil-)Problem benennen *Problemerläuterung* Problem veranschaulichen **Vernetztheit Probleme** *Verknüpfung bei der Problemanalyse* z. B. Ursachen und Folgen aufzeigen **Differenziertheit Lösungen** *Soll-Entwurf* Visionen, Anforderungen beschreiben *Lösungsvorschlag* (Teil-)Lösung benennen *Lösungserläuterung* Lösung veranschaulichen **Vernetztheit Lösungen** *Problem mit Lösung* Einwände gegen Lösung *Verknüpfung mit Lösung* z. B. Vorteile einer Lösung benennen	**Positiv** *Zielorientierung* auf Thema verweisen bzw. zurückführen *Klärung/ Konkretisierung* Beitrag auf den Punkt bringen, klären *Verfahrensvorschlag* Vorschlagen des weiteren Vorgehens *Verfahrensfrage* Frage zum weiteren Vorgehen *Priorisieren* Schwerpunkte setzen *Zeitmanagement* auf Zeit verweisen *Aufgabenverteilung* Aufgaben in der Diskussion delegieren/ übernehmen *Visualisierung* Benutzen von Flipchart und Metaplan etc. *Kosten-Nutzen-Abwägung* wirtschaftliches Denken *Zusammenfassung* Ergebnisse zusammenfassen	**Positiv** *Ermunternde Ansprache* z. B. Stillere ansprechen *Unterstützung* Vorschlägen, Ideen etc. zustimmen *Aktives Zuhören* Interesse signalisieren („mmh", „ja") *Ablehnung* sachlich widersprechen *Rückmeldung* z. B. signalisieren, ob etwas angekommen, neu, bekannt ist *Atmosphärische Auflockerung* z. B. Späße *Ich-Botschaft* eigene Meinung als solche kennzeichnen und von Tatsachen trennen *Gefühle* Gefühle, wie Ärger, Freude, ansprechen *Lob* z. B. positive Äußerungen über andere Personen	**Positiv** *Interesse an Veränderungen* Interesse signalisieren *Eigenverantwortung* Verantwortung übernehmen *Maßnahmenplanung* Aufgaben zur Umsetzung vereinbaren **Negativ** *Kein Interesse an Veränderungen* z. B. Leugnen von Optimierungsmöglichkeiten *Jammern* Betonung des negativen Ist-Zustandes, Schwarzmalerei *Allgemeinplatz* inhaltsloses Gerede, Worthülse *Schuldigensuche* Probleme personalisieren
Fachkompetenz (Inhalt)	**Methodenkompetenz (Struktur)**	**Sozialkompetenz (Interaktion)**	**Selbstkompetenz (Mitwirkung)**
	Negativ	**Negativ**	**Negativ**
Organisation *Organisationales Wissen* Wissen über Organisation und Abläufe **Wissensmanagement** *Wissen wer* Verweis auf Spezialisten *Frage* Frage nach Meinung, Inhalt, Erfahrung	*Verlieren in Details und Beispielen* nicht zielführende Beispiele, Monologe	*Tadel/Abwertung* Abwertung von anderen, „kleine Spitzen" *Unterbrechung* Wort abschneiden *Seitengespräch* Seitengespräche beginnen oder sich darin verwickeln lassen *Reputation* Verweis auf eigene Diensterfahrung, Betriebszugehörigkeit etc.	*Betonung autoritärer Elemente* auf Hierarchien und Zuständigkeiten verweisen *Abbruch* Diskussion vorzeitig beenden (wollen)

Inhaltliche Beiträge: Die Kriterien der Fachkompetenz

Den größten Teil der Fachkompetenz stellt die Fähigkeit dar, Wissen für neue Aufgaben passfähig zu machen, ebenso wie die Sensibilität für die Problem- oder Teilproblemfindung. Die explizite Nennung oder Identifikation eines Problems oder eines seiner Bestandteile wird mit dem Kriterium *Problem* gekennzeichnet. Die Veranschaulichung des bestehenden Missstands durch Beispiele oder problemrelevante Informationen sowie generelle Ausführungen zu einem Problem, die oft auf die Nennung eines Problems folgen, werden als *Problemerläuterung* festgehalten. Probleme und Problemerläuterungen werden unter dem Aspekt „Differenziertheit Probleme" zusammengefasst.

Äußerungen im Lösungsbereich lassen sich in den *Soll-Entwurf*, den *Lösungsvorschlag* und die *Lösungserläuterung* unterteilen. Der Soll-Entwurf beschreibt eine Vorwegnahme der noch nicht existierenden Realität, im weitesten Sinne einer Vision, ohne konkrete Schritte zu benennen, wie der Ist- in den Soll-Zustand überführt werden kann. Diese Lücke schließen die Lösungsvorschläge, die sich auch nur auf Teile des Problems beziehen können. Die Lösungserläuterung führt den Lösungsvorschlag näher aus. Hier werden Details formuliert oder die Anwendung der Lösung plastisch erläutert.

Mit den bisher genannten Kriterien wird der Differenziertheit der Betrachtung Rechnung getragen. Sowohl im Lösungs- als auch im Problembereich können jedoch Informationen aufeinander bezogen, Folgen, Ursachen, Lösungen und Probleme verknüpft oder Zuordnungen vorgenommen werden. Durch diese Vernetzung einer Vielzahl von Facetten kann in die Tiefe gegangen werden. Diesen Sachverhalt spiegeln die Kriterien *Verknüpfung bei der Problemanalyse*, *Verknüpfung mit Lösungen* und *Problem mit Lösungen* wider, wobei letzteres speziell fachlich begründete Einwände oder Bedenken, die gegen eine Lösung hervorgebracht werden, beschreibt.

Da das Wissen über die Organisation durch die Handlungsmöglichkeiten bestimmt wird, die jemand in einem definierten Realitätsbereich hat, werden zudem allgemeine *Äußerungen zur Organisation, zu Prozessen, Abläufen, Arbeitsmitteln* etc. mit informierendem Charakter als Aspekt im Bereich der Fachkompetenz aufgenommen.

Das Ausschöpfen aller Informationsquellen, Fragen nach Inhalten, Erfahrungen und Meinungen (Kriterium: *Frage*) sowie danach, wer was weiß (Kriterium: *Wissen Wer*) stellen weitere Kriterien der Fachkompetenz dar und beschreiben den Aspekt „Äußerungen zum Wissensmanagement". Die Zuordnung des Kriteriums *Frage* zur Fach- und nicht zur Methodenkompetenz erfolgt vor dem Hintergrund, dass gezielte Fragen im Allgemeinen ein hohes Wissen über die Organisation voraussetzen bzw. in den Fragen fachliches Wissen integriert ist.

Steuerungsbeiträge: Die Kriterien der Methodenkompetenz

Ausgeprägte Methodenkompetenz bei der Bewältigung von Optimierungsaufgaben zeigt sich in der Strukturierung des Diskussionsprozesses, wie bei der Benennung der wichtigsten *Ziele*, der *Klärung und Konkretisierung* von Beiträgen, dem Einbringen von *Verfahrensvorschlägen* und *-fragen* zum weiteren Vorgehen und der *Zusammenfassung* von Informationen sowie der Entscheidungsfindung oder *Prioritätensetzung*. Als fördernd für die Strukturierung wird weiterhin die *Aufgabenverteilung* in der Gruppendiskussion, das Festhalten wesentlicher Ergebnisse (*Visualisierung*), die *Kosten-Nutzen-Abwägung*, z. B. bei der Betrachtung von Lösungen für das Unternehmen und die Mitarbeiter, sowie das *Zeitmanagement* definiert. Negativ vermerkt wird das unsystematische *Springen zwischen Themen* oder das *Verlieren in Details und Beispielen*.

Sozio-emotionale Beiträge: Die Kriterien der Sozialkompetenz

Äußerungen, die sich auf die Interaktion beziehen bzw. wertende Äußerungen gegenüber Personen und ihren Handlungen werden der Sozialkompetenz zugeordnet. Gemeint sind damit z. B. „überwiegend nicht sachbezogene, vielleicht sogar unsachliche, intendierte und nicht intendierte Handlungen mit ausgeprägt emotionalen Anteilen" (Fisch 1994, S. 151). Positiv vermerkt werden *ermunternde Direktansprachen* stillerer Teilnehmer, *unterstützende Beiträge*, *Lob* oder Verständnis für andere, *atmosphärische Auflockerungen*, die *Trennung von Meinungen und Tatsachen* sowie die Ansprache von *Gefühlen*. *Inhaltlicher Widerspruch* ohne personale Abwertung oder Schuldzuweisung sowie eine *Rückmeldung* in die Gruppe, z. B. über den eigenen Wissensstand, werden ebenfalls als sozial kompetent eingestuft.

Negativ wertende Äußerungen stellen Sinneinheiten dar, mit denen andere Personen getadelt oder abgewertet werden (*Tadel/ Abwertung*). Der Verweis auf die eigenen Verdienste, um Aussagen zu unterstreichen (*Reputation*), *Seitengespräche* und das *Unterbrechen* anderer Gesprächsteilnehmer gehören ebenfalls zu dem Aspekt negativ wertende Äußerungen gegenüber Personen oder ihren Handlungen.

Beiträge zur Mitwirkung: Die Kriterien der Selbstkompetenz

Der Selbstkompetenz werden Äußerungen zur Mitwirkung zugeordnet. Positive Äußerungen zur Mitwirkung betonen ein *Interesse an Veränderungen*. Sie sind geprägt von einer appellativen Forderung nach der Selbststeuerung der Gruppe oder der *Eigenverantwortlichkeit* jedes einzelnen Gruppenmitglieds. Das *Planen von Maßnahmen*, die zur Umsetzung der Lösung wichtig sind, wie zum Beispiel die Festlegung, wer in Entscheidungs- und Deutungsprozessen bei einem gegebenen Problem einbezogen werden muss und was als nächstes zu tun ist, ist ein zentraler Bestandteil der Selbstkompetenz.

Negative Äußerungen zur Mitwirkung, wie „Killerphrasen", Rechtfertigungen und Erklärungen, warum alles so bleiben muss, wie es ist, das Ignorieren von Problemen, die Negierung von Veränderungsbedarf oder die Schwarzmalerei in Bezug auf Situationen, die nach Realisierung der Lösung eintreten könnten, werden unter das Kriterium *kein Interesse an Veränderungen* gefasst. Bei Jammer-Sinneinheiten wird die eigene passive Opferrolle betont und der negative Ist-Zustand beklagt. Die Gründe für die stigmatisierte Passivität bleiben beim Kriterium *Jammern* meist nebulös, während bei dem Kriterium *autoritäre Elemente* hierarchische Abhängigkeiten und oktroyierte Entscheidungswege der hierarchisch übergeordneten „Autoritäten" als Ursachen genannt werden. Wird eine Personifizierung von Problemen vorgenommen und statt nach Ursachen nach Schuldigen gesucht, greift das Kriterium *Schuldigensuche*. *Allgemeinplätze*, durch die die Diskussion nicht voran gebracht wird, werden ebenso wie die Verbalisierung des Wunsches, die Diskussion vorzeitig zu beenden (*Abbruch*), als mangelnde Mitwirkungsorientierung interpretiert.

Anwendung des Beobachtungssystems

Für die Videoaufzeichnung wird eine Kamera mit Stativ und ein externes Mikrofon benötigt. Moderationsmaterial, wie Flip-C(h)art, Stifte, Metaplan-Karten etc. sollten der Gruppe zur Visualisierung zur Verfügung stehen. Für die Auswertung werden entweder ein Videorecorder und ein PC mit der Standardsoftware Excel benötigt oder es kann in Zukunft die auf Interact basierende Auswertungsstation zum KKR genutzt werden.

Für die Auswertung mit dem KKR werden die Äußerungen in Sinneinheiten unterteilt und jeder Sinneinheit eine Kodierung zugewiesen. In den Anmerkungen können Erläuterungen zur Kodierung angegeben werden. Zur Veranschaulichung ist in Tabelle 2 ein Beispiel für ein Codeblatt dargestellt. Bei mangelnder Eindeutigkeit in der Zuordnung von Sinneinheiten zu Kriterien wird empfohlen, nach der Funktion der Sinneinheit zu fragen: Steht eine inhaltlich-fachliche oder eine methodische Funktion zur Steuerung der Gruppendiskussion im Vordergrund? Wird auf die Interaktion, soziale Unterstützung bzw. Abwertung oder auf Aspekte der Mitwirkung, Verantwortung und Veränderung abgezielt? Obwohl die Kriterien wenig Interpretationsspielraum lassen, muss die Funktion einer Äußerung bzw. Sinneinheit oft aus dem Kontext abgeleitet werden. Während dies für viele Kriterien der Methoden-, Sozial- und Selbstkompetenz relativ schnell und zuverlässig gelingt, sind die Unterscheidungen im Bereich der Fachkompetenz für einen Außenstehenden nicht immer leicht zu treffen. Einordnungen gelingen besser unter der Berücksichtigung der konkreten Gesprächssituation, der Betonungsmuster und vor allem der Hintergrundinformationen zum Unternehmen und der Arbeitsprozesse der Gruppe. Für eine klare und eindeutige Zuordnung sprechen jedoch die für Beobachtungsverfahren hohen Interrater-Übereinstimmungen mit Cohens Kappa = .60 für wenig geübte Beurteiler bis Cohens Kappa = .90 für Experten in der Anwendung des KKR (vgl. Kauffeld 2000, 2006).

Die Anwendung des KKR wird durch die Protokollierung aufwändig. Eine in den Kriterien geübte studentische Hilfskraft benötigt für die Protokollierung und Kodierung einer Gruppendiskussion ca. 30 Stunden. Je nach Länge des Videos, die zwischen 60 und 90 Minuten variiert, Verständlichkeit von Dialekten durch die Auswerter, Tonqualität, inhaltlicher Komplexität bzw. Anspruchsniveau des Sachverhalts und Sprechgeschwindigkeit kann sich die benötigte Zeit verlängern. Der Zeitaufwand für die Protokollierung und Kodierung beläuft sich so für eine „Videominute" auf 20 Minuten. Auch wenn der Zeitaufwand im ersten Moment hoch scheint, liegt er deutlich unter dem für andere prozessanalytische Verfahren, die den Verlauf eines Gruppenprozesses beleuchten: Brauner (1998) resümiert, dass ein geübter Kodierer in Abhängigkeit von den Charakteristika des verwendeten Kodierverfahrens für eine Minute verbaler Äußerungen ca. 30–40 Minuten Kodierzeit benötigt. Falls die Transkription der verbalen Daten erforderlich ist, wie sie im vorliegenden Fall geleistet wurde, kommen Brauners (ebd.) Berechnung nach weitere 20–30 Minuten hinzu. Die vergleichsweise zeitsparende Anwendung des KKR hängt vermutlich mit dem geringen Interpretationsspielraum der Kriterien zusammen: Im Gegensatz zu anderen prozessanalytischen Verfahren muss in der Regel nicht lange überlegt werden, welcher Kategorie bzw. welchem Kriterium die Sinneinheit zuzuordnen ist. Dennoch: Ist der Aufwand im Forschungskontext bei entsprechend aussagekräftigen Ergebnissen durchaus zu rechtfertigen, werden Praktiker ihn kaum akzeptieren. Um eine Verbreitung des KKR zu ermöglichen, wurde die Software Interact auf die Anforderungen des Kasseler-Kompetenz-Rasters angepasst, bei dessen

Einsatz auf die zeitaufwändige Protokollierung durch die Kopplung von Videomaterial und Auswertung verzichtet werden kann. Darüber hinaus wurde eine Tastatur mit den Kriterien des KKR entwickelt, mit deren Hilfe die Auswertungszeit weiter optimiert werden konnte. Eine Reduktion des Zeitaufwandes für den Praxiseinsatz auf ca. acht Stunden für geübte Anwender des KKR ist möglich.

Tabelle 2: Beispiel für ein Codeblatt (IB: Ich-Botschaft, P: Problem; BA: Ermunternde Ansprache; PE: Problemerläuterung; BZUST: Zustimmung / Unterstützung; L: Lösung; V: Vernetzung im Problembereich; K: Konkretisierung / Klärung; BAZ: Aktives Zuhören; R: Reputation; IN: Interesse an Veränderung; F: Frage; J: Jammern)

Nr.	Tn.	Kommunikation	Zu wem	Code	Anm.
1	E	Ich denke ...		IB	
2	E	Personalprobleme		P	
3	E	z. B. bei Euch	D	BA	Integrierend
4	E	z. B. letzte Woche mit drei Mann, war der Helmut allein ... , konnte nicht mal von der Maschine weggehen		PE	
5	F	keine Zigarettenpause		PE	BZUST (Verstärkung einer Aussage)
6	E	keine Zigarettenpause, nicht mal Toilette	E	BZUST	
7	E	Ich finde, das ist Unsinn, das muss nicht sein ...		IB	Ich betont
8	E	... muss alles alleine machen, paar Leute krank, mithelfen können		PE	
9		Muss Leute haben, die was machen können		L	
10	E	bei uns an der Maschine XY		V	Unterteilung nach Maschinen
11	E	Zu viele Leute, müssen dauernd wechseln		P	
12	E	dann hat man keine Lust		V	Folge
13	D	Motivationsprobleme	E	K	
14	E	Motivationsprobleme		BZUST	
15	C	ja, das hat man überall, irgendwann kommt dann Frust auf		BZUST	Richtung J, vgl. 20
16	E	*Kopfnicken*	C	BAZ	
17	C	mit dem R. habe ich schon darüber diskutiert		R	
18	C	da muss sich auf jeden Fall etwas ändern		IN	
19	E	Und, hat's was gebracht?	C	F	
20	C	eher noch schlimmer als vorher		J	Vgl. 15

3 Datenanalyse und Dateninterpretation

Für die Datenanalyse wird die Anzahl der Sinneinheiten für jedes Kompetenzkriterium bzw. jeden -aspekt ausgezählt. Da die Dauer der Diskussionen zwischen 60 und 90 Minuten variiert, werden die Daten einheitlich auf 60 Minuten bezogen. Die Ergebnisse der

Gruppendiskussionen können in Form von Balkendiagrammen grafisch aufbereitet werden (vgl. Abbildung 1 für die negative Selbstkompetenz). Zur Orientierung können Vergleichswerte oder Benchmarks zur Verfügung gestellt werden. Ferner können die Ergebnisse zur Bedeutung der Kompetenzaspekte genutzt werden (vgl. Kauffeld/Frieling/Grote 2002, Kauffeld 2006).

Abbildung 1: Kriterien der negativen Selbstkompetenz

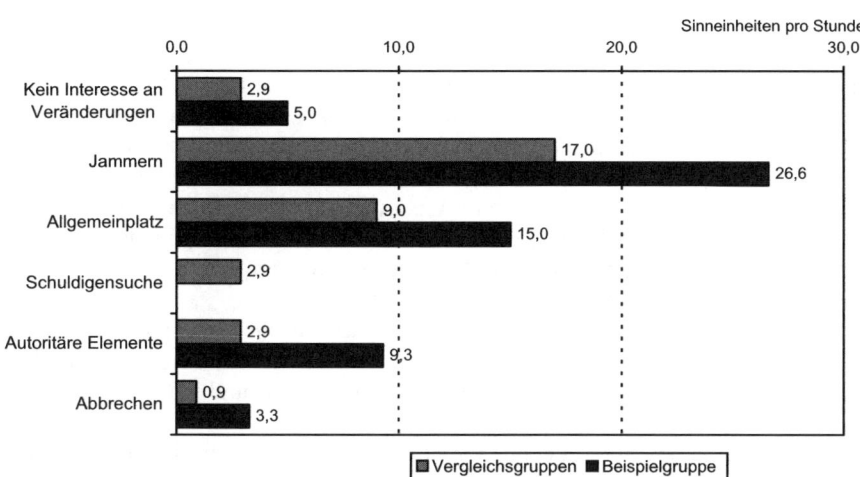

Die Bedeutung der Aspekte und Kriterien

Im Kasseler-Kompetenz-Raster sind für die drei Facetten der Methoden-, Sozial- und Selbstkompetenz auch negative Aspekte und Kriterien beschrieben. Damit geht eine Bewertung einher: Welche Äußerungen in Gruppendiskussionen sind hilfreich, welche nicht? In einer Studie mit 372 Mitarbeitern (60 Gruppen) aus 19 Unternehmen wurde dieser Fragestellung nachgegangen (Kauffeld/Grote 2000 a; Kauffeld 2006). Zwei Zufriedenheitsmaße, die sich zum einen auf den Verlauf und zum anderen auf das Ergebnis der Diskussion beziehen, wurden mit einem Fragebogen, der im Anschluss an die Diskussion vorgegeben wurde, erfasst. Aussagen, wie z. B. „Mit den Diskussionsverlauf bin ich insgesamt zufrieden." galt es mit Hilfe einer sechsstufigen Antwortskala, von „trifft völlig zu" bis „trifft überhaupt nicht zu", zu beantworten. Die internen Konsistenzen der Skalen erweisen sich mit $\alpha = .80$ für die Vier-Item-Skala zum Verlauf und mit $\alpha = .93$ für die Acht-Item-Skala zum Ergebnis der Diskussion als befriedigend bzw. gut. Für die Beurteilung der Güte der Vorschläge wurde ein Maß gewählt, das sich an der Gruppe selbst orientiert, da einerseits aufgrund der Unternehmensspezifika die Qualität der generierten Lösungen in der Gruppendiskussion bzw. der Grad der Bewältigung der Optimierungsaufgabe nicht von einem Externen vergleichend bewertet werden kann und andererseits aufgrund unterschiedlicher Anspruchniveaus und mangelnder Vergleichbarkeit auch interne Vorgesetzte aus den Unternehmen nicht für die Beurteilung der Vorschläge in Frage kommen. Es wird angenommen, dass Lösungen, die aus Sicht der Gruppe gut und realistisch sind, von der Gruppe weiterverfolgt werden. Das Ausmaß der Übereinstimmung wird für jede einzelne genannte Lösung anhand einer Skala von 0 bis 1 bewertet: Wird eine Lösung aus der Gruppendiskussion nicht aufgegriffen, so wird ihr eine 0 zugewiesen. Wird eine Lösung aus der Gruppendiskussion weiterverfolgt, kann danach unterschieden werden, ob die Lösung in der Gruppendiskussion nur angerissen wurde (Multiplikator: 0,2), oder ob die Lösung ausgearbeitet und vernetzt wurde, das heißt Vor- und Nachteile angesprochen und Beziehungen aufgezeigt wurden (Multiplikator: 0,6) oder ob die Lösung in der Gruppendiskussion sogar bis zur Maßnahmenplanung gediehen ist (Multiplikator: 1).

Dass die Trennung zwischen positiven und negativen Aspekten der Kompetenzfacetten durchaus sinnvoll ist, zeigt sich, wenn man die Kompetenzaspekte und -kriterien mit objektiven Indikatoren zur Güte des Diskussionsergebnisses oder der subjektiv erhobenen Zufriedenheit der Mitarbeiter mit dem Verlauf und dem Ergebnis der Diskussion in Beziehung setzt. Die durchgängig deutlicheren Zusammenhänge der negativen im Gegensatz zu den positiven Aspekten der Methoden-, Sozial- und Selbstkompetenz mit der Güte der Lösungen und der Zufriedenheit der Teilnehmer, deuten darauf hin, dass negative Aussagen besonders kritisch zu bewerten und nur schwer durch positive Äußerungen kompensierbar sind.

So sind z. B. Äußerungen des Jammerns oder Äußerungen, die kein Interesse an Veränderungen signalisieren (negative Selbstkompetenz) kontraproduktiv, um tragbare Lösungen zu entwickeln ($r = -.50$) und mit dem Verlauf ($r = -.35$) und Ergebnis ($r = -.35$) zufriedene Teilnehmer zu hinterlassen.

Für die Entwicklung innovativer, geeigneter Lösungen muss – über die unabdingbaren lösungsorientierten Aspekte ($r = .46$) der Fachkompetenz hinaus und des Vermeidens von Abschweifungen ($r = -.51$) – ein gewisses Maß an Veränderungsinteresse und der Glaube an Gestaltungsmöglichkeiten (positive Selbstkompetenz; $r = .30$) vorausgesetzt werden.

Die Ergebnisse der Gruppendiskussionen, in denen Methoden eingesetzt werden und Wesentliches für alle sichtbar festgehalten ($r = .35$) wird, sind ebenfalls besser. Primär scheint dies vermittelt durch die Unterdrückung der negativen Äußerungen zur Strukturierung: Gruppen, die sich strukturieren, werden davon abgehalten, in das Erzählen von Details und Beispielen zu verfallen und zwischen Themen zu springen. Zu Beginn ein Ziel zu explizieren und zu visualisieren kann – so die Erfahrungen – den Verlauf einer Gruppendiskussion positiv beeinflussen.

Obwohl die Anzahl der Äußerungen zur Sozialkompetenz bei der Bewältigung von Optimierungsaufgaben auf Rang 1 für die weniger guten (ermittelt über Mediansplit für den Güteindikator) bzw. Rang 2 für die guten Gruppen rangiert, sind die meisten Kriterien der Sozialkompetenz bemerkenswert unkorreliert mit den Güteindikatoren und den für die Güte der Lösungen wichtigen lösungs- und vernetzungsorientierten Aspekten der Fachkompetenz. Lediglich extreme Äußerungen, wie das Lästern über andere, korrelieren negativ ($r = -.45$) mit der Produktion guter Lösungen. Auch Reputationsargumente ($r = -.23$) helfen nicht, um zu einer guten Lösung zu kommen. Der Vergleich guter und weniger guter Gruppen zeigt, dass in einer Gruppendiskussion nicht zu viele positiv und negativ wertende Äußerungen gegenüber Personen oder ihren Handlungen eingebracht werden sollten. Unterstützende Aussagen bergen z. B. die Gefahr, ungeeignete Lösungen zu verstärken oder „Jammerorgien" aufrecht zu erhalten.

Ähnliche Zusammenhänge zu Außenkriterien zeigen sich für die Produktivität von Arbeitsgruppen oder die erfolgreiche Unternehmensentwicklung (vgl. Kauffeld 2006).

Rückmeldung der Ergebnisse

Die Ergebnisse können an jede einzelne Gruppe zurückgemeldet werden. Die Gruppen können selbst beurteilen, mit welchen Werten sie zufrieden sind, mit welchen nicht und wo sie etwas ändern möchten. Viele Jammer-Äußerungen und wenige Äußerungen zur Maßnahmenplanung werden schwarz auf weiß viel eher Betroffenheit und ein Veränderungsinteresse erzeugen als ein Beobachter von außen, der seine Eindrücke widerspiegelt und dabei selten die Ergebnisse so treffsicher und für die Gruppe akzeptabel und handlungswirksam formulieren kann. Vorschläge, wie etwas zu verbessern ist, können entwickelt werden. Jede Gruppe bzw. jeder Mitarbeiter sollte selbst entscheiden können, wer Zugang zu den Auswertungen haben kann. Der Unternehmens- oder Personalleitung werden im Normalfall über mehrere Gruppen aggregierte Daten zugesagt. Nachdem die Gruppe sich selbst mit ihren Auswertungen vertraut gemacht hat, war die Einbeziehung der Vorgesetzten oder der Personalentwicklung bislang stets unproblematisch.

Analog zur Auswertung auf Teamebene kann – sofern mehrere Gruppen einer Organisation in die Kompetenzdiagnose einbezogen wurden – eine unternehmensbezogene Auswertung der Stärken und Schwächen der Mitarbeiter erfolgen. Bisherige Erfahrungen mit dem Kasseler-Kompetenz-Raster zeigen, dass sich typische Kompetenzmuster von Teams innerhalb eines Unternehmens wiederholen und so von 4–6 Teams oft gut auf einen Bereich oder einen Standort geschlossen werden kann. Aus der teamübergreifenden Kompetenzdiagnose lassen sich wichtige Hinweise für die Personal-, die Organisations- und die Führungskräfteentwicklung ableiten.

Möglich ist natürlich auch eine Rückmeldung auf individueller Ebene mit der jedoch bislang noch nicht gearbeitet wurde.

4 Anwendungsbeispiel

Aus den Ergebnissen der Diagnose mit dem KKR lassen sich Ansatzpunkte für Kompetenz, Team- und Organisationsentwicklungsmaßnahmen ableiten (vgl. Kauffeld/Grote 2000b). Abweichungen von Vergleichswerten und Benchmarks sowie spezifische Kombinationen der Ausprägungen der Kriterien der Fach-, Methoden-, Sozial- und Selbstkompetenz machen Teamentwicklungsbedarf transparent und geben Hinweise auf geeignete Maßnahmen. Hierbei gilt es nicht nur seminaristisch angelegte Formen der Teamentwicklung zu nutzen, sondern insbesondere Möglichkeiten innerhalb des Arbeitsvollzuges auszuschöpfen. Die Schwächen im Problemlöseverhalten sollten nicht einseitig auf die Gruppe attribuiert werden. Organisationale Rahmenbedingungen müssen betrachtet und gegebenenfalls geändert werden. Dieser Ansatz wird gestützt durch empirische Befunde, die zeigen, dass die Bewältigung der Optimierungsaufgabe in erheblichen Ausmaß von organisationalen Rahmenbedingungen abhängig ist (vgl. Kauffeld/Grote 2000c, 2000d). Die grafisch in Form von Häufigkeiten aufbereiteten Ergebnisse können der Gruppe zurückgemeldet werden. Vergleichswerte liegen sowohl für gewerbliche Gruppen als auch für administrativ bzw. planerisch tätige Gruppen vor. Die Gruppenmitglieder können selbst definieren, mit welchen Werten sie zufrieden sind und was sie gern ändern möchten. Gemeinsam gilt es Maßnahmen zu erarbeiten.

Im vorliegenden Beispiel wurden den gewerblichen Mitarbeitern eines Unternehmens der chemischen Industrie, in dem Gruppenarbeit eingeführt wurde, ihre Ergebnisse grafisch aufbereitet zurückgemeldet. Primär aus den von den Mitarbeitern bei der Bewältigung einer Optimierungsaufgabe gezeigten Schwächen sind in Tabelle 3 Teamentwicklungs-Maßnahmen, die im Folgenden kurz erläutert werden, in Kooperation mit der Beratergruppe erarbeitet und ergänzt durch die Mitarbeiter abgeleitet worden. Die letzte Entscheidung darüber, welche der Maßnahmen tatsächlich umgesetzt werden, wurde von der Steuergruppe getroffen, in der neben den Beratern, Vertreter des Managements, des Betriebsrats und Gruppensprecher vertreten sind. Die Maßnahmen, die bislang angegangen wurden, sind in Tabelle 3 fett gedruckt.

Für die Gruppe konnte als eine Schwäche im Bereich der Fachkompetenz die mangelnde Suche nach Ursachen für Probleme konstatiert werden. Die Mitarbeiter äußern im Vergleich zu anderen Gruppen wenige Vernetzungen und lassen eine Prozessorientierung vermissen. Um jedoch in zusammenhängenden Prozessen denken zu können, müssen diese der Gruppe zunächst einmal bekannt sein. Die gemeinsam geteilte Wissensbasis der Mitarbeiter hinsichtlich der Prozesse wird jedoch häufig in Unternehmen überschätzt (vgl. Kauffeld/Frieling 2001). Als einfache und effektive Maßnahme der Teamentwicklung ergibt sich hier die Möglichkeit, bestehende Prozesse und Arbeitsabläufe in Workshops zu erheben. Häufig zeigt sich, dass sich für alle Teilnehmer – auch unabhängig von der Dauer der Betriebszugehörigkeit – neue Aspekte ergeben. Als „Nebeneffekt" finden sich Ansatzpunkte für Verbesserungen und Vereinfachungen. Die erarbeiteten Ergebnisse können anderen Gruppen vorgestellt und im Arbeitsbereich dargestellt und visualisiert werden (1).

Eine andere Möglichkeit stellt der systematische Einsatz von Job-Rotation-Programmen dar (2). Der gezielte Wechsel der Teammitglieder entlang der Prozesskette – innerhalb, aber vor allem auch außerhalb der eigenen Arbeitsgruppe – kann nicht nur wesentliche Beiträge zum Informationsfluss leisten, sondern auch die „mentalen Abbilder" der Mitarbeiter korrigieren und ergänzen. Die Bedeutung geteilter mentaler Modelle über die zu bewältigende Aufgabe, die einzelnen Rollen im Arbeitsprozess und die Arbeitssituation für die Gruppenleistung wird von verschiedenen Autoren betont (Cannon-Bowers/Salas/Converse 1993; Klimoski/Mohammed 1995). Im Beispiel-Unternehmen wurde ein regelmäßiger Austausch der Gruppensprecher in Form vierteljährlicher Coaching-Termine und wöchentlicher Kurzbesprechungen ins Auge gefasst (3). Die Gruppensprecher sollten dabei als Multiplikatoren wirken. Bei der Identifikation von Problemen mit vor- und nachgelagerten Bereichen wurde ein regelmäßiger Austausch über Workshops mit den betroffenen Bereichen angeregt (4).

Da zudem das Wissen, bei wem welche Information eingeholt werden kann, unzureichend vorhanden ist, wurde vorgeschlagen (5) Organigramme und Aufgabenbeschreibungen – (6) z. B. über die Erstellung von Handbüchern und Phototafeln – verfügbar und deutlich zu machen. (7) Die (Selbst-)Vorstellung von Experten/Ansprechpartnern im Rahmen der Gruppengespräche wurde angeregt. (8) Das Fragen sollte ausdrücklich erwünscht sein und im Rahmen von Coaching-Terminen geübt werden.

Tabelle 3: Ableitung von Kompetenzentwicklungsmaßnahmen aus der Diagnose einer Gruppendiskussion

Kompetenz-facette	Schwäche	Kompetenzentwicklungsmaßnahme
Fach-kompetenz	Verknüpfung bei der Problemanalyse: z. B. Ursachen und Folgen aufzeigen	1. Gemeinsame Abbildung der Prozesskette (z. B. mit Meta-Plan) 2. **Job-Rotation bzw. Mitarbeit in anderen Gruppen entlang der Prozesskette** 3. **Regelmäßiger Austausch der Gruppensprecher vor- und nachgelagerter Bereiche** 4. Regelmäßiger Austausch mit vor- und nachgelagerten Bereichen
	Wissen Wer: Mangelnde Kenntnis der Informationsträger, das heißt „Wer ist Experte für welches Thema in der Organisation?"	5. Organigramme erläutern 6. Erstellung von Handbüchern, Phototafeln 7. **(Selbst-)Vorstellung von Experten/Ansprechpartnern im Rahmen der Gruppengespräche** 8. Fragen üben
Methoden-kompetenz	Zusammenfassung: Ergebnisse zusammenfassen	9. Reflexionsphasen 10. **Feedback für den Gruppensprecher (Moderator)**
Sozial-kompetenz	Tadel/ Abwertung: Andere abwerten, „kleine Spitzen"	11. Gemeinsame Aufstellung von Team- und Besprechungsregeln (miteinander statt übereinander reden) 12. **Feedbackrunden im Rahmen von Coachings** 13. **Rotation Meister/Gruppensprecher** 14. **Hospitationen in anderen Gruppen** 15. **Keine Rangreihe der Gruppen bilden (von Vorgesetzten!)**
Selbst-kompetenz	Jammern: den negativen Ist-Zustand betonen, Schwarzmalerei	16. **Regelmäßige Gruppengespräche** 17. **Coaching der Gruppen (vierteljährlich)** 18. **Appell: Latte nicht zu hoch setzen**
	Autoritäre Elemente: auf Hierarchien und Zuständigkeiten verweisen	19. **Coaching und Training der Vorgesetzten (Ideen nicht als Kritik begreifen, sondern aktiv einfordern)** 20. **Keine Teilnahme der Meister an Gruppengesprächen (außer auf Wunsch der Mitarbeiter); Erfahrungen zulassen**

Im Bereich der Steuerung zeigte sich, dass die Gruppe wichtige Ergebnisse selten zusammenfasst. (9) Bewusst geplante Reflexionsphasen können hier hilfreich sein. Das Nutzen von Reflexionsschleifen „Was ist unser Ziel?" bzw. „Welche Erwartungen werden an uns gestellt?" und „Wo stehen wir jetzt?" muss geübt werden. Ein (10) konstruktives Feedback für den Moderator – in der Regel der Gruppensprecher – nach jedem Gruppengespräch wurde als weitere Maßnahme abgeleitet. Obwohl viele Teilnehmer direkt befragt angeben, bereits Moderationstrainings besucht zu haben und die erlernten Methoden für grundsätzlich sinnvoll halten, werden Methoden zur Strukturierung von Besprechungen kaum genutzt (Kauffeld/Frieling 2001). Offensichtlich besteht eine große „Hemmschwelle" diese im eigenen Unternehmen einzusetzen. Für die Anwendung von Moderations- und

Problemlösetechniken scheinen zwei Elemente von großer Bedeutung: Die Wahrscheinlichkeit, dass das im Rahmen von Seminaren Gelernte angewendet wird, steigt, wenn „echte" Gruppen die Problemlösemethoden gemeinsam erlernen und zwar wiederum an „echten" Problemstellungen. Zu oft werden die Techniken von Trainern an „künstlichen" Problemstellungen demonstriert. Die Überprüfung, ob die Methoden der späteren Arbeit am „echten" Problem standhalten, bleibt den Teilnehmern überlassen. Werden diese beiden Prinzipien berücksichtigt, verschieben sich die Grenzen von einem „klassischen Seminar" hin zu einer arbeitsintegrierten Form der Team- und Kompetenzentwicklung, einem Problemlösungsworkshop, an dessen Ende konkrete Lösungen und Maßnahmen stehen können und sollten.

Dem Tadeln und Abwerten im Bereich der Sozialkompetenz kann über (11) die gemeinsame Aufstellung von Team- und Besprechungsregeln („Miteinander statt übereinander reden"), auf die bei Bedarf verwiesen wird, begegnet werden. (12) Für die Gruppe wurde zudem Feedbackrunden im Rahmen der vierteljährlich stattfindenden Coachings eingerichtet. Die Mitarbeiter haben hier die Gelegenheit, Kollegen eine direkte Rückmeldung über ihr Arbeitsverhalten zu geben und Wünsche an die Gruppenmitglieder für die Zukunft zu formulieren. (13) Um das Abwerten der Meister in den Griff zu bekommen, den Blickwinkel zur erweitern und für die Schwierigkeiten der jeweils anderen Rolle zu sensibilisieren, wurde die Rotation zwischen Meister und Gruppensprecher im Unternehmen angeregt und nach entsprechender Vorbereitung umgesetzt. Als positiver Nebeneffekt wurde im Beispiel eine günstige Lösung für die Urlaubsvertretung des Meisters gefunden. (14) Um Verständnis für andere Gruppen zu erzeugen und dem Befund „Nähe schafft Sympathie" entgegenzukommen, hatten einzelne Mitarbeiter die Gelegenheit, in anderen Gruppen zu hospitieren. Damit die Gruppe nicht von außen in eine Konkurrenzsituation gepresst wird, wurden (15) die Vorgesetzten ausdrücklich aufgefordert, für die Gruppen in Gruppenarbeit keine Rangreihen zu bilden. Die Konsequenzen ihres Verhaltens wurden in einem Coaching der Vorgesetzten erarbeitet.

Häufige Gruppengespräche, in denen auch soziale Inhalte angesprochen werden können, gehen einher mit weniger „Jammeräußerungen" im Bereich der Selbstkompetenz (Kauffeld/Grote 2000d). Diesem Forschungsergebnis folgend wurden (16) regelmäßige, wöchentliche Gruppengespräche und (17) vierteljährliche Coaching-Termine mit externer Begleitung angesetzt. Ferner wurde (18) an alle Prozessbeteiligten appelliert, die „Latte nicht zu hoch zu hängen", keine Wunder zu erwarten, sondern auch kleine Erfolge zu honorieren, diese zu dokumentieren und sich zu vergegenwärtigen. Über regelmäßige Bilanzworkshops im Steuerkreis, an denen auch Gruppenmitglieder teilnehmen konnten, wurde versucht dies in die Praxis umzusetzen. (19) Der übermäßige Verweis auf Hierarchien und Zuständigkeiten in den Diskussionen wurde aufgegriffen, indem in den Trainings der Vorgesetzen der Umgang mit Ideen und Kritik thematisiert wurde: Verhaltensweisen, in denen Ideen aktiv von Mitarbeitern eingefordert werden, wurden jenen gegenübergestellt, die signalisieren, dass Ideen als Kritik zu verstehen sind. (20) Um Erfahrungen der Mitarbeiter zuzulassen, wurde darauf gedrängt, dass der Meister nicht wie bisher an den Gruppengesprächen teilnimmt, sondern nur auf Wunsch der Gruppe als Gast anwesend ist.

Werden die so abgeleiteten Maßnahmen umgesetzt, kann der Erfolg der Interventionen wiederum mit dem KKR geprüft werden. Als ausdrückliches Ziel der Einführung der Gruppenarbeit war im vorliegenden Beispiel die Erhöhung der Kompetenzen der Mitarbeiter formuliert worden, die mit dem KKR eindrücklich dokumentiert werden konnten. Die Ergebnisse wurden als Steuerungsinstrument für den Prozess und für die Bilanzierung des Projektes „Einführung von Gruppenarbeit" genutzt.

5 Möglichkeiten und Grenzen der Methode

Mit dem Kasseler-Kompetenz-Raster (KKR) wird ein neuer Ansatz zur Kompetenzmessung vorgestellt. Im Gegensatz zu anderen Instrumenten, die sich an der Selbstbeschreibung der Beschäftigten orientieren, können objektive Kriterien zur Kompetenzmessung herangezogen werden. Der Ansatz basiert auf Verhaltensdaten.

Der vermeintlich einfachste Weg zur Kompetenzmessung, die Selbstbeschreibung anhand vorgegebener Aussagen, die oft nur einzelne Aspekte der Kompetenz erfassen (z. B. Holling/Liepmann/König/Otto/Schmidt 1980; Stäudel 1988; Sonntag/Schäfer-Rauser 1993), wird verlassen. Es finden sich zahlreiche Belege, dass die häufig genutzten Selbsteinschätzungen der Mitarbeiter als alleinige Basis von Untersuchungen schwierig sind. Kritisch anzuführen ist neben der Frage der Validität bei der Nutzung von Selbsteinschätzungen hinsichtlich Attributions- und Beschönigungstendenzen, die sehr stark von den erwarteten Konsequenzen abhängig ist (Mabe/West 1982; Sonntag/Schäfer-Rauser 1993), ob Mitarbeiter beim besten Bemühen um eine ungeschönte und realistische Bewertung der eigenen Stärken und Schwächen in der Lage sind, sich selbst einzuschätzen. So beurteilt vielleicht ein Mitarbeiter eines schnell expandierenden Unternehmens der Wachstumsbranche seine Kompetenz negativer, als sie es objektiv ist, weil er sich durch den wenig strukturierten Arbeitsalltag und die ständig neuen Aufgabenstellungen subjektiv des Öfteren überfordert fühlt. Umgekehrt überschätzt vielleicht ein Mitarbeiter eines etablierten Unternehmens einer traditionellen Branche, in dem in den letzten Jahren der Markt stabil geblieben ist und für den einzelnen Mitarbeiter weder größere technische noch organisatorische Veränderungen zu bewältigen waren, ungewollt seine Kompetenzen, da sein Alltag ihn mit wenig Unerwartetem konfrontiert und er entsprechend routiniert und sicher seine Arbeit abwickeln kann. Mit dem Kasseler-Kompetenz-Raster zeigen sich im oben beschriebenen Fall hingegen deutliche Unterschiede (Kauffeld/Grote/Frieling 2000). Als alleiniger methodischer Zugang zur Kompetenzmessung können subjektive Verfahren wie Selbstbeschreibungsbogen nur als suboptimal bezeichnet werden.

Die Kompetenzfacetten Fach-, Methoden-, Sozial- und sogar die Selbstkompetenz, die bisher auf Grund der schwierigen Operationalisierung in vielen Verfahren unberücksichtigt geblieben ist (Sonntag/Schäfer-Rauser 1993) oder mit Persönlichkeitsanalysen abzudecken versucht wurde (Erpenbeck/Heyse 1999), die sich aber bei der Bewältigung von Optimierungsaufgaben für die Güte der Lösungen und die Zufriedenheit der Teilnehmer als sehr bedeutsam herausstellt (Kauffeld/Grote 2000b), werden mit dem KKR der Beobachtung zugänglich gemacht. Korrelationen als Methodenartefakte auf Grund der ähnlichen Operationalisierung von unabhängigen und abhängigen Variablen bzw. dem „overlap in content" (Kasl 1995; Zapf 1989) in Untersuchungen, die lediglich auf subjektive Methoden zurückgreifen, kann mit dem KKR für Untersuchungen, in denen die berufliche Handlungskompetenz von Mitarbeitern berücksichtigt werden soll, begegnet werden.

Das Kasseler-Kompetenz-Raster als Methode zur Kompetenzdiagnose bietet eine Möglichkeit, die berufliche Handlungskompetenz von Mitarbeitern, die sich im Rahmen einer Besprechung, eines Workshops oder einer KVP-Sitzung in den Äußerungen der Teilnehmer zeigen, bei der Bewältigung von Optimierungsaufgaben ihres Arbeitsbereiches zu messen. Das KKR hat damit das Potenzial, der Weiß,schen Forderung nach „Methoden und Instrumenten, die die arbeitsorganisatorischen Veränderungen sowie die sozialen und kommunikativen Prozesse in Lern- und Arbeitsgruppen in den Blick nehmen", nachzukommen (Weiß 1999, S. 451). Der Forderung nach der Erfassung impliziten Wissens, das sich erst in konkreten Anwendungs- und Handlungssituationen artikuliert, kann mit dem konkreten Anwendungsbezug ebenfalls Genüge getan werden (Weiß 1999). Einschränkend ist natürlich festzuhalten, dass es sich nur um *eine* Situation der betrieblichen Realität, in der die berufliche Handlungskompetenz der Mitarbeiter gefordert ist, handelt. Dieses ist jedoch nicht irgendeine Situation, sondern eine, die von Experten als zunehmend wichtiger angesehen wird, in der Mitarbeiterpotenziale abseits von den zu bewältigenden Routinetätigkeiten genutzt werden können und die berufs-, unternehmens- und branchenunabhängig anzutreffen ist. Dennoch gilt natürlich, dass Befunde die im Kontext der Bewältigung von Optimierungsaufgaben in Gruppen generiert werden, nicht per se auf andere betriebliche Situationen wie z. B. Beratungs- oder Verkaufsgespräche generalisiert werden dürfen. Spielt die Sozialkompetenz – ausgenommen das Lästern über andere – für die Entwicklung guter Lösungen in Gruppen eine eher untergeordnete Rolle (vgl. Kauffeld/Grote 2000b), kann sie z. B. für den Verkaufserfolg von Vertretern oder die individuelle Karriereentwicklung von Mitarbeiter entscheidend sein.

Das KKR kann als Instrument für die Messung von Kompetenzen auf der Analyseebene des Individuums, der Gruppe und der Organisation eingesetzt werden. Anderson/West (1996) bedauern, dass Arbeits- und Organisationspsychologen einseitig Variablen auf der individuellen Analyseebene zu messen versuchen, was die zahlreichen Instrumente zur Erfassung von Persönlichkeitsmerkmalen, Commitment, Gesundheitsbelastungen, Stress und Coping-Strategien im Gegensatz zu Instrumenten auf Gruppenebene dokumentieren. Sie sehen die Gefahr, dass Arbeits- und Organisationspsychologen „run the risk of being type-cast as *only* (Hervorhebung im Original) being able to offer these methodological competencies to client/host organizations" (Anderson/West 1996, S. 55) und den „practial demands of HR practitioners for valid measures of group and organizational phenomena" (ebd., S. 54) nicht genügen können. Das KKR kommt damit nicht nur der Forderung von Anderson/West (1996) nach, sondern berücksichtigt auch die Einschätzung von Knöchel (1996), dass Kompetenz nicht nur individuell, sondern auch für Leistungsgruppen oder sogar die ganze Organisation definiert und gemessen werden kann. Als Indiz dafür, dass bei einer Kompetenzdiagnose mit dem KKR z. B. zwei bis vier Gruppen für ein Unternehmen stehen können, kann gewertet werden, dass in allen Aspekten (und Kriterien) die Varianz zwischen den Unternehmen größer ist als die Varianz innerhalb der Unternehmen (vgl. Kauffeld 2000). Das KKR eröffnet zudem neben Diagnose- und Evaluationsmöglichkeiten differenzierte Gestaltungsperspektiven (vgl. Kauffeld/Grote 2000c). Es lassen sich aus den Ergebnissen des KKR mitarbeiter-, gruppen-, organisations- und branchenspezifische Ansatzpunkte besonders für arbeitsnahe Formen der Kompetenzentwicklungsmaßnahmen ableiten. Abweichungen von Vergleichswerten und Benchmarks sowie spezifische Kombinationen der Kriterien der Fach-, Methoden-, Sozial- und Selbstkompetenz machen Kompetenzentwicklungsbedarf transparent und geben Hinweise auf geeignete Kompetenzentwicklungsmaßnahmen.

Als Bedingung für den Einsatz des Instrumentes muss jedoch eine vertrauensvolle Atmosphäre definiert werden, um eine wirklich typische, unverfälschte Arbeitssituation als Datenmaterial für die Auswertung zu erhalten. Eine Auswahlsituation kann die Mitarbeiter dazu verführen, Äußerungen, die negative Kriterien der Kompetenzfacetten zugeordnet werden könnten und denen im Forschungskontext eine besondere Bedeutung zukommt, zu unterdrücken (vgl. ebd.). Richtig angewendet stellt das KKR aus Forschungsperspektive eine Möglichkeit dar, dem Mangel an fundierten Erkenntnissen zum Thema Teamkompetenz, der vor allem in den unzureichenden Erhebungsmethoden zur Messung von Kompetenz begründet liegt, zu begegnen.

6   Literatur

Albrecht, Günter (1997): Neue Anforderungen an Ermittlung und Bewertung von beruflicher Kompetenz, in: Arbeitsgemeinschaft Qualifikations-Entwicklungs-Management (Hrsg.), Kompetenzentwicklung '97: Berufliche Weiterbildung in der Transformation – Fakten und Visionen, Münster, S. 85–140

Anderson, Neil/West, Michael A. (1996): The Team Climate Inventory. Development of the TCI and its applications in teambuilding for innovativeness, in: European Journal of Work and Organizational Psychology, 5 (1), S. 53–66

Argyle, Michael (1972): Soziale Interaktion, Köln

Bales, Robert/Cohen, Stephen (1982): SYMLOG. Ein System für die mehrstufige Beobachtung von Gruppen (Übersetzung durch Schneider und Orlik), Stuttgart

Bales, Robert. (1950): Interaction process analysis: A method for the study of small groups, Chicago

Brauner, Elisabeth (1998): Die Qual der Wahl am Methodenbuffet – oder wie der Gegenstand nach der passenden Methode sucht, in: Ardelt-Gattinger, Elisabeth/Lechner, Hans/Schlögl, Walter (Hrsg.), Gruppendynamik: Anspruch und Wirklichkeit der Arbeit in Gruppen, Göttingen, S. 176–193

Bunk, Gerhard P. (1994): Kompetenzvermittlung in der beruflichen Aus- und Weiterbildung in Deutschland, in: Kompetenz: Begriff und Fakten, Europäische Zeitschrift Berufsbildung, 1, S. 9–15

Cannon-Bowers, Janis A./Salas, Eduardo/Converse, Sharolyn A. (1993): Shared mental models in expert team decision making, in: Castellan Jr., N. John (Hrsg.), Current Issues in individual and groups decision making, Hillsdale, S. 221–246

Dörner, Dietrich (1979): Problemlösen als Informationsverarbeitung, 2. Auflage, Stuttgart

Erpenbeck, John/Heyse, Volker (1999): Die Kompetenzbiographie. Strategien der Kompetenzentwicklung durch selbst organisiertes Lernen und multimediale Kommunikation, Edition QUEM, Bd. 10, Münster

Fisch, Rudolf (1994): Eine Methode zur Analyse von Interaktionsprozessen beim Problemlösen in Gruppen, in: Gruppendynamik, 25 (2), S. 149–168

Francis, Dave/Young, Don (1989): Mehr Erfolg im Team, Hamburg

Holling, Heinz/Liepmann, Detlev/König, Ferdinand/Otto, Jürgen/Schmidt, J.U. (1980): Spezifische Zusammenhänge zwischen Problemlösefähigkeit, Intelligenz, Temperament, Interessen und Selbsteinschätzungen, in: Wolfgang Schulz/Martin Hautzinger (Hrsg.), Klinische Psychologie und Psychotherapie, Bd. 2, Tübingen, S. 245–256

Imai, Masaaki (1992): Kaizen. Der Schlüssel zum Erfolg der Japaner im Wettbewerb, München

Kasl, Stan V. (1995): Methodologies in stress and health: Past difficulties, present dilemmas, future directions, in: Stan V. Kasl/Cooper, Cary L. (Hrsg.), Research methods in stress and health psychology, Chichester

Kauffeld, Simone (2000): Das Kasseler-Kompetenz-Raster (KKR) zur Messung der beruflichen Handlungskompetenz, in: Arbeitsgemeinschaft Qualifikations-Entwicklungs-Management (Hrsg.), Flexibilität und Kompetenz: Schaffen flexible Unternehmen kompetente und flexible Mitarbeiter?, Münster, S. 33–48

Kauffeld, Simone (2006). Kompetenzen messen, bewerten, entwickeln, Stuttgart

Kauffeld, Simone/Frieling, Ekkehart (2001): Die berufliche Handlungskompetenz bei der Bewältigung von Optimierungsaufgaben in betrieblichen Gruppen, in: Fisch, Rudolf/Beck, Dieter/Englich, Birte (Hrsg.), Projektgruppen in Organisationen, Göttingen, S. 74–89

Kauffeld, Simone/Grote, Sven (2000a): Persönlichkeit und Kompetenz, in: Arbeitsgemeinschaft Qualifikations-Entwicklungs-Management (Hrsg.), Flexibilität und Kompetenz: Schaffen flexible Unternehmen kompetente und flexible Mitarbeiter?, Münster, S. 187–196

Kauffeld, Simone/Grote, Sven (2000b): Sozialkompetenz als der Schlüssel zur erfolgreichen Bewältigung von Optimierungsaufgaben? – Zur Bedeutung der Kompetenzfacetten, in: Arbeitsgemeinschaft Qualifikations-Entwicklungs-Management (Hrsg.), Flexibilität und Kompetenz: Schaffen flexible Unternehmen kompetente und flexible Mitarbeiter?, Münster, S. 49–73

Kauffeld, Simone/Grote, Sven (2000c): Das Kasseler-Kompetenz-Raster (KKR) als Instrument zur Ableitung von Kompetenzentwicklungsmaßnahmen, in: Arbeitsgemeinschaft Qualifikations-Entwicklungs-Management (Hrsg.), Flexibilität und Kompetenz: Schaffen flexible Unternehmen kompetente und flexible Mitarbeiter?, Münster, S. 197–214

Kauffeld, Simone/Grote, Sven (2000d): Untersuchungsdesign und Stichprobenbeschreibung, in: Arbeitsgemeinschaft Qualifikations-Entwicklungs-Management (Hrsg.), Flexibilität und Kompetenz: Schaffen flexible Unternehmen kompetente und flexible Mitarbeiter?, Münster, S. 21–33

Kauffeld, Simone/Grote, Sven/Frieling, Ekkehart (2000): Diagnose beruflicher Handlungskompetenz bei der Bewältigung von Optimierungsaufgaben in Gruppen, Zeitschrift für Arbeitswissenschaft, 54 (3–4), S. 211–219

Kauffeld, Simone/Frieling, Ekkehart/Grote, Sven (2002): Soziale, personale, methodische oder fachliche: Welche Kompetenzen zählen bei der Bewältigung von Optimierungsaufgaben in betrieblichen Gruppen, Zeitschrift für Psychologie, 210 (4), S. 197–208

Klimoski, Richard/Mohammed, S. (1995): Team mental mode: Construct or metaphor?, in: Journal of Management, 20, S. 403–437

Knöchel, Wolfram (1996): Qualifikation, Kompetenz, Weiterbildung. Schriften zur beruflichen Aus- und Weiterbildung, Bd. 21, Schwerin

Lamnek, Siegfried (1995): Qualitative Sozialforschung. Methoden und Techniken, Weinheim

Mabe, Paul A./West, Stephen W. (1982): Validity of self-evaluation of ability: Review and meta-analysis, in: Journal of Applied Psychology, 67, S. 280–296

Nießen, Manfred (1977): Gruppendiskussion: Interpretative Methodologie, München

Sonntag, Karlheinz/Schäfer-Rauser, Ulrich (1993): Selbsteinschätzung beruflicher Kompetenzen bei der Evaluation von Bildungsmaßnahmen, in: Zeitschrift für Arbeits- und Organisationspsychologie, 37 (4), S. 163–171

Sonntag, Karlheinz/Schaper, Niclas (1992): Förderung beruflicher Handlungskompetenz, in: Sonntag, Karlheinz (Hrsg.), Personalentwicklung in Organisationen, Göttingen, S. 187–210

Stäudel, Thea (1988): Der Kompetenzfragebogen, in: Diagnostica, 34, S. 136–148

Weiß, Reinhold (1999): Erfassung und Bewertung von Kompetenzen – empirische und konzeptionelle Probleme, in: Arbeitsgemeinschaft Qualifikations-Entwicklungs-Management (Hrsg.), Kompetenzentwicklung '99: Aspekte einer neuen Lernkultur, Münster, S. 433–493

Zapf, Dieter (1989): Selbst- und Fremdbeobachtung in der psychologischen Arbeitsanalyse, Göttingen

Weiterführende Literatur zum KKR

Kauffeld, Simone (2002): Das Kasseler-Kompetenz-Raster (KKR) – ein Beitrag zur Kompetenzmessung, in: Arnold, Rolf/Clement, Ute (Hrsg.), Kompetenzentwicklung in der beruflichen Bildung, Opladen, S. 131–152

Kauffeld, Simone/Grote, Sven (2002): Teamarbeit gezielt fördern – Neue Methoden der Kompetenzdiagnose – Das Kasseler-Kompetenz-Raster, in: Grap, Rolf/Bohlander, Hanswalter (Hrsg.), Lernkultur Kompetenzentwicklung. Neue Ansätze zum Lernen im Beruf. Berichte aus der Betriebswirtschaft, Aachen, S. 69–78

Kauffeld, Simone/Grote, Sven/Frieling, Ekkehart (2000): Diagnose beruflicher Handlungskompetenz bei der Bewältigung von Optimierungsaufgaben in Gruppen, in: Zeitschrift für Arbeitswissenschaft, 54 (3–4), S. 211–219

Kauffeld, Simone/Frieling, Ekkehart/Grote, Sven (2002): Soziale, personale, methodische oder fachliche: Welche Kompetenzen zählen bei der Bewältigung von Optimierungsaufgaben in betrieblichen Gruppen, in: Zeitschrift für Psychologie, 210 (4), S. 197–208

Kauffeld, Simone (2006): Kompetenzen messen, bewerten, entwickeln, Stuttgart

Kauffeld, Simone (2006): Self-directed work groups and their impact on team competence, in Journal of Occupational and Organizational Psychology, 79, S. 1–21

Kauffeld, Simone (2007): Jammern oder Lösungsexploration – Eine sequenzanalytische Betrachtung des Interaktionsprozesses in betrieblichen Gruppen bei der Bewältigung von Optimierungsaufgaben, in Zeitschrift für Arbeits- und Organisationspsychologie, 51, S. 55–67

Kauffeld, Simone/Frieling, Ekkehart/Grote, Sven (2007): Das Kasseler-Kompetenz-Raster (KKR), in: Lutz v. Rosenstiel/John Erpenbeck (Hrsg.), *Handbuch Kompetenzmessung*, 2. Auflage, Stuttgart, S. 224–243

Beobachtung mit SYMLOG

Frank Heinze und Heiko Farwer

1 Einleitung

SYMLOG ist die Abkürzung für „A System for the Multiple Level Observation of Groups". Dieses Beobachtungssystem dient der Analyse und Entwicklung von Kleingruppen aller Art, insbesondere wenn die „beteiligten Personen und ihre gegenseitigen Beziehungen im Brennpunkt der Aufmerksamkeit stehen" (Bales/Cohen 1982, S. 35). Mehrstufigkeit bedeutet dabei innerhalb des SYMLOG-Ansatzes, dass dessen Instrumentarium eine Beobachtung von Kommunikationsstrukturen und -prozessen in Gruppen auf verschiedenen Ebenen ermöglicht: Sowohl die Gesamtgruppe als auch eine Einzelbeziehung können ins Zentrum der Aufmerksamkeit rücken. Möglich ist der systematische Vergleich verschiedener Wahrnehmungsperspektiven. Ebenso bietet SYMLOG die Chance, über die Beobachtung von Verhaltensweisen in der Gruppeninteraktion hinaus auch die mit dem Verhalten vermittelten Inhalte sowie verhaltensleitende Wertvorstellungen in die Analyse einzubeziehen.

Entsprechend der universellen Anlage des Ansatzes, ist der Einsatzbereich von SYMLOG in der Forschungs- und Beratungspraxis ausgesprochen vielfältig.[1] Der Anwendungsschwerpunkt, der im Zusammenhang dieses Handbuchs besondere Bedeutung besitzt, ist der Einsatz des Instrumentariums in Hinblick auf aufgabenbezogene Arbeitsgruppen in Unternehmen und Verwaltungen. Hier kann es genutzt werden, um Probleme in der Zusammenarbeit aufdecken und bearbeiten: Gegenstand der Bearbeitung sind z. B. das Führungsverhalten, die Steigerung der Teameffektivität, interkulturelle Zusammenarbeit sowie Rollendiffusion oder Mobbing-Phänomene. In den USA hat sich auf der Basis der akademischen Grundlagenforschung in den 80er Jahren ein Beratungsnetzwerk etabliert, das SYMLOG unter Führung der in San Diego beheimateten „SYMLOG Consulting Group" (SCG) gerade in diesem Feld zur Organisationsentwicklung einsetzt (Bales 1999, S. xvi ff.; www.symlog.com). Im deutschsprachigen Raum haben unter anderem Fassheber/Terjung (1986) bereits Mitte der 80er Jahre systematische Vergleiche von Führungsstilen mittels SYMLOG durchgeführt. Fisch/Beck (2000, 2001) schildern in neueren Veröffentlichungen Fallstudien zur „Kultur der Zusammenarbeit" in und zwischen behördlichen Organisationseinheiten. Trotz seiner interessanten Einsatzmöglichkeiten bleibt die Verbreitung von SYMLOG im deutschsprachigen Raum insgesamt aber relativ überschaubar. Für den Zeitraum von 1977 bis 1998 ermitteln Schneider/Paul (zit. n. Schneider 2000, S. 151 f.) in einem unveröffentlichten Statusbericht 108 nichtredundante Publikationen, wobei fast drei Viertel dieser Studien auf vier universitäre Arbeitsgruppen zurückgehen (Saarbrücken, Konstanz/Speyer, Göttingen, Heidelberg/Aachen).

Die Entwicklung des SYMLOG-Ansatzes hat bis zu seiner heutigen Form rund ein halbes Jahrhundert Forschungsarbeit in Anspruch genommen und ist untrennbar mit dem Lebenswerk des langjährigen Harvardprofessors Robert F. Bales verbunden. Sie nimmt ihren Anfang in den 50er Jahren des 20. Jahrhunderts und zwar in Form der von Bales entwickelten und in der Kleingruppenforschung weit verbreiteten Interaktionsprozessanalyse (IPA; Bales 1975). Die IPA gilt als Prototyp eines Kategoriensystems zur Beobachtung von Interaktionsprozessen in Face-to-face-Gruppen. Das Verhalten der Gruppenmitglieder wird im Rahmen des IPA-Systems anhand von 12 Kategorien klassifiziert. Mit der sozioemotionalen Orientierung und der Aufgabenorientierung liegen ihnen zwei Dimensionen sozialen Verhaltens in Gruppen zugrunde, die sich in modifizierter Form auch im späteren SYMLOG-System wiederfinden. 1970 veröffentlichte Bales unter dem Titel „Personality and Interpersonal Behavior" ein weiterentwickeltes, jetzt dreidimensionales Modell („Globusmodell"), das zusätzlich den Grad an Einflussnahme von Gruppenteilnehmern berücksichtigt. Dieses dreidimensionale Modell bildet die Grundstruktur des theoretisch und instrumentell ergänzten sowie empirisch untermauerten SYMLOG-Ansatzes, der 1979 von Robert F. Bales und Stephen P. Cohen vorgestellt wurde. 1982 erfolgte durch Schneider/Orlik die Übersetzung dieses für das Verständnis des SYMLOG-Ansatzes grundlegenden Buchs ins Deutsche. In den Folgejahren standen neben dem fortlaufenden Einsatz des Instruments in der Forschungs- und Beratungspraxis insbesondere die Überprüfung des Systems sowie dessen sukzessive Präzisierung, Erweiterung und die interkulturelle Übertragung im Mittelpunkt (vgl. unter anderem Bales 1985; Bales/Koenigs/Roman 1987). In seinem Spätwerk hebt Bales zunehmend die Bedeutung der Wertvorstellungsebene innerhalb des SYMLOG-Systems hervor (vgl. Bales 1999).

Eckpunkte des SYMLOG-Ansatzes

Das SYMLOG-System beruht auf der Grundannahme, dass jedes interpersonelle Verhalten eines Akteurs in einer Gruppe sowie die im Rahmen der Interaktion vermittelten Inhalte und die dem Verhalten zugrunde liegenden Wertvorstellungen drei bipolaren Dimensionen zugeordnet werden können (Bales/Cohen 1982, S. 62 f.; Bales 1999, S. 7 ff.):

- Die erste Dimension ist die sog. U-D-Dimension. Sie steht für den Grad der Dominanz der Gruppenmitglieder. Auf der Verhaltensebene wird beispielsweise mit U (für Upward) ein Einfluss nehmendes, aktives, steuerndes Verhalten und mit D (für Downward) ein auf Einfluss verzichtendes, passives, unterordnendes Verhalten bezeichnet.
- Die P-N-Achse ist die zweite Dimension. Sie repräsentiert den Grad personeller Offenheit gegenüber der Gruppe. Mit P (für Positiv) wird ein Verhalten bezeichnet, das das Gruppenklima fördert bzw. als freundlich und kooperativ empfunden wird. N (für Negativ) steht als Kennzeichnung für das Gegenteil, also ein unfreundliches, selbstbezogenes, sich abgrenzendes Verhalten.
- Die dritte und letzte Dimension ist die F-B-Dimension. Sie steht für den Grad der Akzeptanz gegebener Aufgaben und Ziele.[2] Die F-Richtung (für Forward) bezeichnet dabei ein konformes Verhalten, während B (für Backward) für ein Verhalten steht, das derartigen Vorgaben auf unterschiedlicher Weise nonkonform begegnet. Die soziale Form der Vorgaben kann je nach Gruppenkontext verschieden aussehen: Bales selbst spricht von „authority in a very broad sense" und nennt als Beispiele unter anderem Gebräuche, ethisch-moralische Normen, Arbeitserfordernisse, Effizienzregeln, schriftliche Regeln und Gesetze sowie Anordnungen vorgesetzter Personen (Bales 1999, S. 12).[3]

Die drei Dimensionen spannen gemeinsam ein räumliches Modell der Interaktion in Gruppen auf, welches in Abbildung 1 dargestellt ist. Dabei wird für die Gesamtheit aller Gruppen theoretisch Orthogonalität der Dimensionen unterstellt.[4] Einzelne Verhaltensweisen, Inhalte bzw. Wertvorstellungen können innerhalb dieses würfelförmigen SYMLOG-Raums durch ihre Lage auf den drei Raumachsen lokalisiert werden: Beispielsweise kann das Verhalten eines Gruppenmitglieds als stark an Gruppenregeln orientiert (F-B-Dimension) sowie Einfluss nehmend (U-D-Dimension) und zugleich wenig freundlich (P-N-Dimension) wahrgenommen werden. Durch eine Dreiteilung der einzelnen Dimensionen in Abschnitte lassen sich hier insgesamt 26 unterschiedliche Ausprägungen unterscheiden. Die „neutrale" Mitte des Raums ist nicht operationalisiert. Diese Kategorien werden in der SYMLOG-Sprache durch Kürzel, so genannte Richtungskodes gekennzeichnet. Das oben angeführte Verhaltensbeispiel würde als UNF bezeichnet werden. Ein archetypisches UNF-Verhalten ist etwa das, was man gemeinhin von einem autoritären Vorgesetzten erwartet. Umgekehrt tritt eine Person, deren Verhalten im DP-Bereich verortet ist, freundlich auf und verzichtet auf Einflussnahme. Da ihr Verhalten weder ausgeprägt zielgerichtet (F) oder emotional spontan (B) ist, steht die DP-Raumposition für den „stillen Mitläufer", der sich vertrauensvoll-loyal dem Gruppen-Mainstream anpasst.

Abbildung 1: Der dreidimensionale theoretische SYMLOG-Raum nach Bales/Cohen (1982, S. 63)

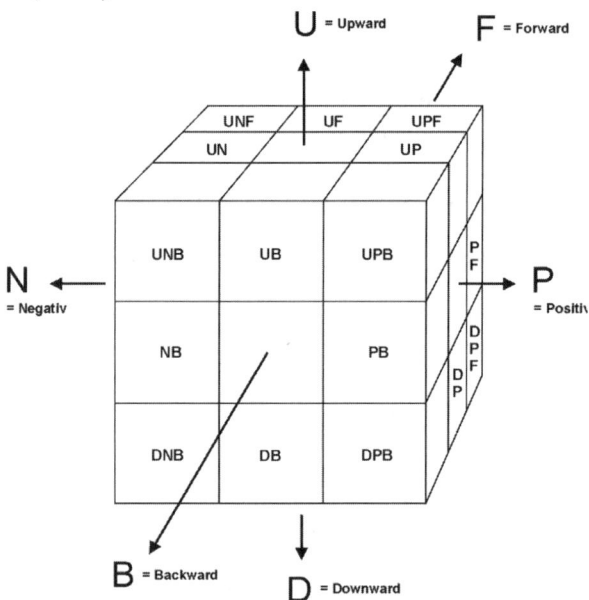

Der dreidimensionale SYMLOG-Raum ermöglicht durch das Aufgreifen der sechs Bewegungsrichtungen des Menschen ein intuitives Verständnis des Ansatzes, der gerade für das Feedback in der Teamentwicklung wertvoll ist. Allerdings wird aufgrund der bekannten Schwierigkeiten dreidimensionaler Abbildungen zur Analyse und Interpretation der gewonnenen Daten üblicherweise ein Felddiagramm benutzt, das eine zweidimensionale Darstellung des SYMLOG-Raums vornimmt. Das Diagramm wird anhand der F-B-Achse und der P-N-Achse gebildet. Beobachtungen bzw. dessen Merkmalsträger werden darin mit Hilfe von Kreisen verortet, wobei die Größe eines Kreises den Wert für die U-D-Dimension angibt. Je größer der Kreis ist, desto dominanter wirkt die Person innerhalb der Gruppe, je kleiner er ist, desto mehr bleibt die Person im Hintergrund. Die Abmessungen des Felddiagramms, der verschiedenen Dominanzkreise und weiterer Instrumente sind von Bales/Cohen detailliert festgelegt worden und im Anhang ihres Standardwerks nachzulesen (1982 S. 637 ff.).

Zur Veranschaulichung des Felddiagramms ist in Abbildung 2 die Fremdbeurteilung des Verhaltens mehrerer Personen des öffentlichen Lebens dargestellt. Der Bewertung liegt das Medienbild der entsprechenden Personen zugrunde. Dabei ist zu beachten, dass es sich bei den Bewerteten um keine interagierende Kleingruppe handelt. In einer tatsächlichen Kleingruppe sind über die Einzelcharakterisierungen hinaus auch die Personenkonstellationen interpretierbar.

Abbildung 2: Felddiagramm bekannter Persönlichkeiten (eigene Erhebung)

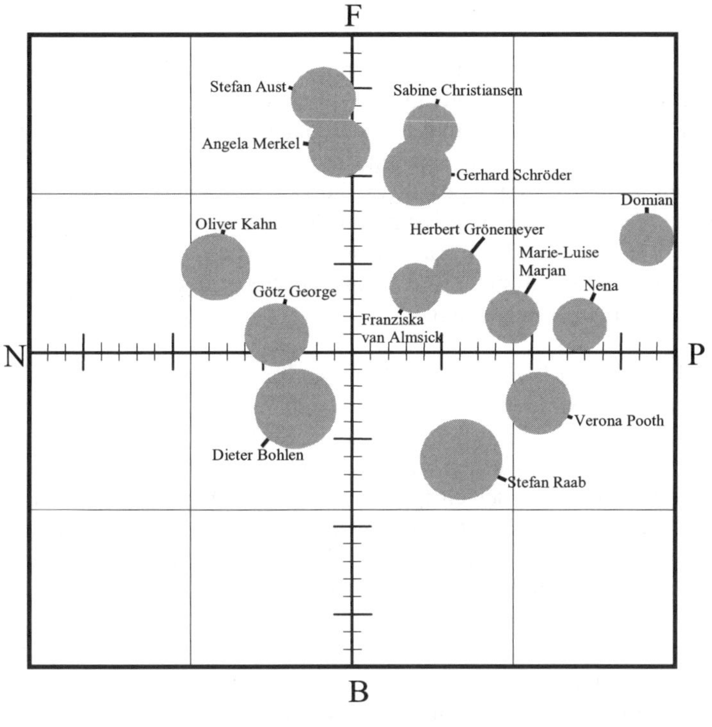

Das SYMLOG-Grundmodell und seine unten beschriebenen Verfahren und Instrumente beziehen sich in theoretischer Hinsicht gleich auf eine ganze Reihe unterschiedlicher Ansätze und Erkenntnisse der Psychologie, Soziologie und Sozialpsychologie (Bales/Cohen 1982, S. 47 ff.). Bales/Cohen (ebd., S. 49) bzw. Bales (1985) verwehren sich aber gegen den Vorwurf der eklektischen Anhäufung verschiedener Theoriefragmente. Im Gegenteil: Sie bestehen darauf, ein neu entwickeltes und integriertes Ganzes geschaffen und zu einer sozialpsychologischen Feldtheorie verbunden zu haben. Erkenntnisleitend ist dabei die

Grundannahme, dass jedwede Verhaltensweise innerhalb eines umfassenderen Kontextes – dem sozialen Feld – stattfindet. Das Verständnis dieses Kontextes ist für Bales der Schlüssel zum Verständnis und letztendlich zur Beeinflussung der Interaktion in Gruppen (Bales 1985). Die dem SYMLOG-Instrumentarium zugrunde liegende Theorie spielt allerdings nach Einschätzung von Schneider bei der Interpretation der Untersuchungen und deren Ergebnissen zunehmend weniger eine Rolle (Schneider 2000, S. 151).

2 Datenerhebung und Datenaufbereitung

Für die Erhebung von Daten stehen innerhalb des SYMLOG-Methodeninventars zwei grundsätzliche Verfahren zur Verfügung. Es sind die Interaktionssignierung und die Rating-Methode.[5]

Interaktionssignierung

Die Interaktionssignierung ist ein Verfahren zur fortlaufenden Protokollierung der Gruppeninteraktion durch nichtteilnehmende Beobachter. Hier werden Verhaltensweisen und Wertäußerungen, die aus der Sicht eines Beobachters für den Gruppenprozess bedeutsam sind, Akt für Akt erfasst. Dabei stellen die kleinsten eindeutig identifizierbaren Sinneinheiten im Rahmen des Gruppenprozesses die Beobachtungseinheiten dar. Jede einzelne Einheit wird auf drei Ebenen bzw. Stufen erfasst und in der SYMLOG-Schreibweise kodiert. Diese Stufen sind 1. die Verhaltensweise, 2. die darin vermittelten Vorstellungsinhalte[6] und 3. die Werthaltungen[7], die ein Gruppenmitglied gegenüber seinen Vorstellungsinhalten zum Ausdruck bringt:

- Auf der Stufe 1 wird verbales und nonverbales Verhalten unterschieden und im SYMLOG-Sprachgebrauch als ACT bzw. NON kodiert.
- Hinsichtlich der Vorstellungsinhalte wird auf Stufe 2 anhand des inhaltlichen Bezugspunkts der Aussagen zwischen Äußerungen zur eigenen Person (SEL), zu einem Gruppenmitglied (AND), der Gruppe als Ganzes (GRP), außen stehenden Einflüssen (SIT), der Gesellschaft (GES) sowie Fantasieäußerungen (FAN) differenziert.
- Auf Stufe 3 werden befürwortende und ablehnende Werturteile als PRO bzw. CON festgehalten (Bales/Cohen 1982, S. 261 ff.).[8]

Die analytisch zerlegten und kodierten Verhaltensakte werden im SYMLOG-Signierungsbogen erfasst. In Anlehnung an Bales/Cohen soll das Signierungsverfahren anhand eines Beispiels veranschaulicht werden: Innerhalb einer Sitzung ergreift Teilnehmer TOM nach kurzer Zeit die Initiative und macht eine Bemerkung in Richtung der Gesamtgruppe, um das Eis zu brechen. An ihn gewandt erwidert der Vorsitzende, dass er Wert darauf lege, jetzt ohne weiteres Vorgeplänkel in die Tagesordnung einzusteigen. Die entsprechenden Einträge in das Signierprotokoll sind in Abbildung 3 wiedergegeben.

Abbildung 3: Beispiel einer SYMLOG-Kodierung mit Hilfe des Signierungsbogens (nach Bales/Cohen 1982, S. 262)

Beobachter ___ Gruppe ___ Datum ___ Seite ___
Zeichnen Sie die Sitzordnung der Gruppenteilnehmer auf die Rückseite des ersten Protokollbogens.

Lfd. Nr.	Zeit	Wer	Zu wem	ACT NON	Richt. ACT NON	Geäußertes Vorstellungsbild (od. Kommentierung des Verhaltens)	PRO CON	Richt. des Elements	Vorstellungsbild Stufe
1	10	Tom	grp	Act	UP	Eine wirklich freundliche Gruppe	Pro	UP	Grp
2	11	Vor	Tom	Act	UNF	Heben Sie sich Ihre Freundlichkeiten für später auf	Con	UP	Tom
...	...	...	...	...	...	...	...	...	...

Für den ersten Verhaltensakt werden also der Interaktionszeitpunkt (hier 10 min. nach Beginn), der Name des Verhaltensträgers (TOM) und des Adressaten (GRP) festgehalten. Das Verhalten wird als verbal notiert (ACT) (Stufe 1) und als freundlich-initiative Handlung (UP) im SYMLOG-Raum lokalisiert. Ebenfalls notiert werden der paraphrasierte Vorstellungsinhalt einer „freundlichen Gruppe", die dem Inhalt gegenüber zum Ausdruck gebrachte zustimmende Werthaltung (PRO) (Stufe 3) sowie die Zuordnung des Inhalts im SYMLOG-Raum (UP) und dessen Bezugspunkt (GRP) (Stufe 2). Im direkt anknüpfenden zweiten Verhaltensakt (11 min.) richtet sich der Sender (VOR) reglementierend (UNF) an den Empfänger (TOM). Das geäußerte Vorstellungsbild richtet sich gegen (CON) die atmosphärische Einlassung (UP) im letzten Verhaltensakt (TOM).

Die Aufgabe der Protokollierung einer Gruppensituation mittels der Interaktionssignierung klingt nicht nur komplex, sie ist es auch. Bales/Cohen (1982, S. 602) gehen zudem von ein bis drei Signierungen aus, die je Beobachter in einer Minute Interaktionsgeschehen zu leisten sind. Entsprechend ist ein intensives Training der Beobachter vonnöten, um die Kodierung mit hinreichender Reliabilität sicherzustellen, auch wenn Hilfsmittel wie Tonband- oder Videoaufzeichnungen eingesetzt werden. Als Referenz für die Kodierung haben Bales/Cohen (1982, S. 519 ff.) ein ausführliche Beispielsammlung erstellt, die als Übersetzungshilfe zwischen direkt beobachtbarem Verhalten und den Stufen bzw. Richtungscodes gedacht ist. Aber auch für trainierte Beobachter bleibt der Aufwand groß. Der Aufwand für die Aufbereitung eines einstündigen Gruppengeschehens wird von erfahrenen Anwendern auf rund 20 bis 30 Stunden beziffert (Schneider/Becker 1985, S. 287; Schneider 2000, S. 153).

Der beachtliche Nutzen dieses Aufwands liegt in der Möglichkeit, den Gruppenprozess detailliert abzubilden, kleinschrittig zu analysieren und umfassend zu verstehen. SYMLOG „schließt die Beobachtung und Registrierung sowohl einfacherer als auch komplexerer Stufen des Verhaltens ein, die in derselben Kommunikation übermittelt und von einer einzigen Interaktionseinheit getragen werden" (Bales/Cohen 1982, S. 267). Hier wird sichtbar, was hinter dem Anspruch einer „Multiple Level Observation" steht.

Die Ergebnisse der Signierung können einzeln ausgewertet werden. Sinnvoll ist jedoch die Aggregation der Rohwerte aller beteiligten Beobachter über die Zeitachse. Dabei wird von einer Nivellierung individueller Beobachtungsfehler ausgegangen. Das Verfahren der rechnerischen Zusammenfassung und schließlich die Überführung der Ergebnisse in das oben vorgestellte Felddiagramm sind von Bales/Cohen (1982, S. 622 ff.) in der für sie kennzeichnenden Manier kleinschrittig festgelegt worden, um einen allgemeinen Standard zu setzen. Es ist ein wenig aufwändiger als der Rechenweg im Fall des Rating-Verfahrens und soll daher mit Verweis auf die untenstehenden Ausführungen an dieser Stelle ausgespart werden.

Rating-Verfahren

Die Rating-Methode entstand aus der Zielsetzung heraus, im Rahmen des SYMLOG-Ansatzes ein Erhebungsverfahren zu entwickeln, das ökonomischer zu handhaben ist als die Signierung. Entsprechend stark ist die Verbreitung dieses Verfahrens (Orlik 1989, S. 232 f.; Schneider 2000, S. 151). Grundlage der Rating-Methode sind Skalen mit 26 Kategorien, die aus verhaltensbeschreibenden Adjektiven bzw. aus Wertaussagen gebildet werden. Die Kategorien entsprechen den Raumpositionen des SYMLOG-Würfels. Mittels dieser Bögen wird der erlebte Gesamteindruck einer Person hinsichtlich ihres Verhaltens bzw. ihrer an den Tag gelegten Wertvorstellungen in der Gruppe retrospektiv erfasst („globale Rückerinnerung"). Das summarische und stark geführte Verfahren stellt geringere Anforderung an die Rater. Eine intensive Einarbeitung in das System, die im Fall der Interaktionssignierung unerlässlich ist, ist zumindest nicht zwingend notwendig. Entsprechend können die von ungeschulten Beobachtern oder von den Gruppenmitgliedern selbst stammenden Aussagen grundsätzlich ebenso verwendet werden, wie die von trainierten Experten (Orlik 1989).[9]

Das *Interaktionsverhalten* wird mittels des erstmals 1979 von Bales/Cohen veröffentlichten Adjektiv-Ratingbogens erhoben. Die verhaltensbeschreibenden Adjektive, die diesem Bogen zugrunde liegen, sind von Schneider/Orlik in sprachlich angepasster Form ins Deutsche übertragen worden (vgl. Tabelle 1). Die Adjektive stellen, wenn man sie mit der Signierung vergleicht, insbesondere die ACT-Stufe in den Mittelpunkt. Der Ratingbogen kombiniert je Kategorie mehrere Adjektive miteinander, die gemeinsam die Raumposition abbilden.[10] Z. B. steht „tatkräftig und durchsetzungsfähig" für das Verhaltensspektrum der UF-Raumposition.

Es gibt eine ganze Reihe von Weiterentwicklungen und Varianten dieses „Rating-Klassikers", die sich in der oben bereits angesprochenen Neukonstruktion der F-B-Dimension, der Auswahl und Gewichtung der Adjektive sowie in ihrer Länge unterscheiden (siehe auch den Überblick bei Fassheber et al. 1990, S. 12 ff.). Ein bereits früh geäußerter Einwand zum SYMLOG-Adjektiv-Ratingbogen ist, dass unerfahrene Rater durch mehrere Adjektive verunsichert werden können. Als Lösung für dieses Problem ist etwa im deutschsprachigen Raum von Fisch und Kollegen ein Verhaltensfragebogen entwickelt worden, der sich aus Oberbegriffen mit erläuternden Verhaltensbeschreibungen zusammensetzt (Fisch/Wunder 1989). Eine andere Lösung für diesen Einwand sind die von verschiedenen Forschungsinstituten entwickelten „Ein-Wort-Versionen". Diese Fassungen stehen allerdings vor dem Problem, nur stark reduzierte Abbildungen der einzelnen Raumpositionen anzubieten. Eine weitere Modifikation resultiert aus der Einschätzung, dass ein SYMLOG-Fragebogen mit seinen 26 Items recht lang ist (siehe auch Orlik 1987, S. 91). Besonders in größeren Gruppen oder sensiblen Kontexten kann das Ausfüllen durch die Gruppenmitglieder zu Ermüdungs- und Unlusterscheinungen führen. Um hier Flüchtigkeiten zu verhindern, wurden verschiedene Kurzform-Varianten entwickelt (vgl. Fassheber et al. 1990, S. 15; 2000, S. 174). Die SYMLOG Consulting Group setzt zur Erfassung der Verhaltensebene die gleichfalls in Tabelle 1 wiedergegebenen Adjektiv-Kombinationen ein (vgl. SCG 2001a). Auf eine Übersetzung des Adjektiv-Sets wurde seitens der SCG aufgrund dessen Kontextsensibilität bislang verzichtet.

Tabelle 1: SYMLOG-Adjektivlisten

	Verhaltsfragebogen, Bales/Cohen 1979 (in der dt. Übertragung durch Schneider/Orlik 1982)	Verhaltensfragebogen, SCG 2001a	Wertefragebogen, Bales 1999 (in der dt. Übertragung durch Fisch/Fleckenstein/Becker-Beck 2001, SCG 2001b)
U	aktiv, dominant, spricht viel	Dominant, active, talkative	Persönlicher finanzieller Erfolg, Ansehen und Macht
UP	extravertiert, geht aus sich heraus, sicher	Outgoing, sociable, extroverted	Beliebtheit und sozialer Erfolg, geschätzt und bewundert werden
UPF	zielbewusster und aufgabenorientierter, demokratischer Leiter	Persuasive, convincing, shows task leadership	Aktive Zusammenarbeit für gemeinsame Ziele, Einheit der Organisation
UF	tatkräftig und durchsetzungsfähig	Business-like, decisive, impersonal	Effizienz, unparteiisches Management
UNF	disziplinierend, folgerichtig	Strict, demanding, controlling	Durchsetzen von Autorität, Regeln und Vorschriften
UN	dominant, eigensinnig, nachdrücklich	Tough, competitive, aggressive	Knallhartes Vorgehen, selbstbewusstes Durchsetzungsvermögen
UNB	geltungssuchend, selbstbezogen, provozierend	Rebellious, unruly, self-centered	Rücksichtsloser Individualismus, Widerstände gegen die Leitung
UB	macht Späße, schauspielert, geht aus sich heraus	Joking, witty, clever	Sich's wohl sein lassen, Spannungen abbauen, Kontrollen lockern
UPB	optimistisch, humorvoll, hilfsbereit	Protects others, sympathetic, nurturant	Weniger fähige Gruppenmitglieder schützen, Hilfsbereitschaft
P	freundlich, partnerschaftlich	Friendly, democratic, group-oriented	Gleichberechtigung, demokratische Entscheidungsfindung
PF	interessiert, kooperativ	Cooperative, reasonable, constructive	Verantwortungsbewusster Idealismus, Zusammenarbeit
F	analytisch, aufgabenorientiert, lösungsorientiert	Serious, logical, objective	Herkömmliche, fest etablierte „korrekte" Arbeitsweisen
NF	kritisch, gewissenhaft, prinzipiell	Rule-oriented, insistent, inflexible	Einschränkung persönlicher Bedürfnisse zugunsten von Organisationszielen

Fortsetzung Tabelle 1

N	unfreundlich, negativistisch, individualistisch	Self-protective, unfriendly, negativistic	Selbstschutz, Vorrang eigener Interessen, Autarkie
NB	uninteressiert, unwillig, nicht kooperativ	Uncooperative, pessimistic, cynical	Ablehnung etablierter Vorgehensweisen, Ablehnung von Konformität
B	emotional, spontan	Expresses emotions, shows feelings	Umstellung auf neue Vorgehensweisen, auf andere Wertvorstellungen, Kreativität
PB	warmherzig, natürlich, freundschaftlich	Likable, affectionate, enjoyable	Freundschaft, gemeinsames Vergnügen, Ausspannen
DP	verständnisvoll, tolerant, gelassen	Trustful, accepting, sensitive	Vertrauen auf das Gute im Menschen
DPF	rücksichtnehmend, zuverlässig, andere anerkennend	Modest, respectful, dedicated	Hingabe, Gewissenhaftigkeit, Loyalität gegenüber der Organisation
DF	besonnen, sachlich	Cautious, dutiful, obedient	Getreu den Vorgaben handeln, der Leitung folgen
DNF	selbstkritisch, pflichtbewusst	Constrained, conforming, self-sacrificing	Nötigenfalls Selbstaufopferung, um Ziele der Organisation zu erreichen
DN	traurig, niedergeschlagen, deprimiert	Depressed, unsociable, resentful	Betontes Desinteresse an Beliebtheit, Einzelgängertum
DNB	entmutigt, verletzt, resignierend	Alienated, rejects task, withdraws	Eingeständnis des Misslingens, Verzicht auf weitere Bemühungen
DB	unentschlossen, ängstlich, unsicher	Indecisive, anxious, holds back	Passive Verweigerung der Zusammenarbeit mit der Leitung
DPB	behaglich, gemütlich, zufrieden	Quietly contented, satisfied, unconcerned	Stille Zufriedenheit, die Dinge von der leichten Seite nehmen
D	passiv, introvertiert, spricht wenig	Silent, passive, uninvolved	Verzicht auf persönliche Wünsche und Bedürfnisse, Passivität

Neben dem Adjektiv-Bogen zur Erfassung des Verhaltens haben Bales/Cohen bereits in ihrem Standardwerk einen Ratingbogen zur Erhebung von *Wertaussagen* („Value Statement Rating Form") vorgestellt (1982, S. 719 ff.). Dieser ist von Bales 1983 zum Bogen „Individual and Organizational Values" (IOVAL) weiterentwickelt worden (vgl. Bales 1999, S. 8). Das gleichfalls aus 26 Kategorien bestehende Instrument hat die Aufgabe, die an den Tag gelegten Wertvorstellungen[11] der einzelnen Gruppenteilnehmer im SYMLOG-Raum zu erfassen. Der Wertebogen setzt damit, im Sinne der mehrstufigen Beobachtung, analytisch auf einer höheren Stufe an und steht somit für den Multilevel-Ansatz im Bereich des retrospektiven Einsatzes von SYMLOG-Skalen. Auf der Ebene der Wert- bzw. Leitvorstellungen[12] liegen für Bales und die SYMLOG Consulting Group die wesentlichen Polarisierungs- und Konfliktursachen. Daher wird sie als zentraler Zugang zur Veränderung der Gruppeninteraktion gesehen (vgl. auch Koenigs/Cowen 1988, S. 68).

Darüber hinaus betonen Bales bzw. die SCG den Nutzen des Wertebogens für die Organisationsanalyse. Dadurch, dass der Ratingbogen den Wertehintergrund der Teaminteraktion in den Blick nimmt, beanspruchen sie, die analytische Reichweite des SYMLOG-Ansatzes über das einzelne Team hinaus ausdehnen zu können: „It appeared that a values form was most appropriate for making ratings that would examine specific aspects of the [...] organization as a whole; ideal goals; subgroups such as departments; role types; and the cultural ‚atmosphere' in general" (Koenigs/Crown 1988, S. 63; vgl. Bales 1999, S. 37 f.). Unabhängig vom Analysegegenstand ist der Wertebogen grundsätzlich ähnlich einzusetzen wie der verhaltensbezogene Adjektiv-Ratingbogen auch.

Der Bales'sche Wertebogen dominiert in seiner heutigen Fassung die amerikanische Anwendungspraxis. Für den deutschen Sprachraum existiert unter anderem ein erstmals 1986 von Fisch/Becker/Beck vorgelegter Ratingbogen mit dem Titel „Leitvorstellungen individuellen und organisationsbezogenen Handelns", der sich am IOVAL-Fragebogen orientiert. Die von Bales autorisierte deutsche Fassung des IOVAL-Bogens (SCG 2001b), die auch die Nutzung eines computergestützten Feedback-Systems der SYMLOG Consulting Group ermöglicht, findet sich in Tabelle 1.

Über die Entscheidung für eine Beobachtungsebene und damit einen Ratingbogen hinaus muss die Skalierung der Antwortmöglichkeiten bestimmt werden. Bales/Cohen (1982, S. 576 f.) bieten die Wahl zwischen drei und fünf Abstufungen an, denen – jeweils beginnend mit Null – ein bestimmter Zahlenwert zugeordnet wird. Abbildung 4 zeigt einen Ausschnitt des klassischen Verhaltens-Ratingbogens mit 3er-Skala in der Fassung für mehrere Zielpersonen.

Abbildung 4: SYMLOG-Adjektiv-Ratingbogen (Ausschnitt)

Name:			Herr X	Frau Y	Herr Z
	0 =	selten			
	1 =	manchmal			
	2 =	häufig			
aktiv, dominant, spricht viel					
extravertiert, geht aus sich heraus, sicher					
zielbewusster und aufgabenorientierter, demokratischer Leiter					

Zentral für die Verwendung der Ratingbögen ist die Fragestellung, unter der das Verhalten bzw. die Wertvorstellungen der einzelnen Personen beurteilt werden. Mit der Rating-Instruktion wird hier der Blickwinkel festgelegt, aus dem ein gruppeninterner oder externer Beobachter bzw. Rater die Interaktion erfasst. Als Perspektiven stehen verschiedene Aspekte der Selbst- und Fremdwahrnehmung zur Verfügung (unter anderem Bales/Cohen 1982, S. 61 f.; Nowack 1989, S. 22 f.; Fassheber et al. 1990, S. 27). Um einige zu nennen:

- In Hinblick auf das gegenwärtige Selbstbild lautet die dahinter liegende Fragestellung: Wie schätzt sich die Person innerhalb der Gruppe ein?
- Eine weitere Perspektive ist das *ideale Selbstbild*: Wie möchte sich die Person idealerweise in der Gruppe sehen?
- In Hinblick auf das *erwünschte Selbstbild* wird der Gruppe mehr Aufmerksamkeit geschenkt, indem gefragt wird: Wie wünscht sich eine Person, von den anderen beurteilt zu werden?
- Das *erwartete Selbstbild* hält fest: Wie glaubt das Gruppenmitglied von den anderen Gruppenteilnehmern eingeschätzt zu werden?

- Die Bewertung einer anderen Person wird als *Fremdbild* bezeichnet: Wie werden die Gruppenmitglieder X, Y und Z wahrgenommen?
- Das *ideale Fremdbild* drückt aus, wie eine Person sich eine andere hinsichtlich ihres Verhaltens bzw. ihrer Wertaussagen wünscht: Wie sollte sich z. B. der Vorgesetzte innerhalb der Gruppe verhalten bzw. welche Wertvorstellungen sollte er mit seinem Verhalten an den Tag legen?

Diese verschiedenen Bilder lassen sich weiter differenzieren und für theoretische Fragen und strategische Spiele auf einer beliebig hohen Metaebene formulieren (Fassheber et al. 1990, S. 21 ff.).[13] Zur Erfassung der Werteebene in einem organisationalen Setting hat Bales die Fragestellungen für insgesamt 19 Perspektiven exakt festgelegt (Bales 1999, Anhang B).

Nachdem die Entscheidungen zum Verfahren getroffen sind sowie der Ratingbogen verteilt, ausgefüllt und eingesammelt wurde, können die Daten aufbereitet werden. Hier sind – sinnvollerweise unter Software-Einsatz – eine Reihe im Grunde recht einfacher Rechenoperationen zu vollziehen (Bales/Cohen, 1982, insb. Anhänge B sowie G – K):

Zunächst werden für jede der sechs Dimensionsrichtungen des SYMLOG-Raums Summenwerte berechnet, indem die Bewertungen der entsprechenden Items aufaddiert und ihnen gut geschrieben werden. Z. B. werden die Bewertungen der Items, die eine U-Komponente besitzen, zusammengefasst: U, UP, UPF, UF, UNF, UN, UNB, UB und UPB. Mit den übrigen Dimensionen wird analog verfahren. Im nächsten Schritt werden diese sechs Richtungswerte zu den drei bipolaren SYMLOG-Dimensionen zusammengefasst. Dazu wird der D-Wert vom U-Wert, der B-Wert vom F-Wert und der N-Wert vom P-Wert abgezogen. Je nachdem, welche Richtung überwiegt, erhalten die Werte die entsprechende Richtungsbezeichnung als „Vorzeichen". Weist also eine Person Richtungswerte von 7 U und 9 D auf, ergibt sich ein Dimensionswert von 2 D. Es entstehen drei Summenwerte, die im Fall der 3er-Skala zwischen 0 und 18 und im Fall der 5er-Skala zwischen 0 und 36 variieren können. Alle Werte der 5er Skala werden daher für die spätere Verwendung halbiert und gegebenenfalls gerundet.

Die so aufbereiteten Daten lassen sich in der aus der Soziometrie bekannten interpersonalen Matrix darstellen, um die Werte aller Rater bezüglich aller Gruppenmitglieder zu gegebenenfalls mehreren Zeitpunkten in einer Übersicht zusammenzufügen (Bales/Cohen 1982, S. 613 ff.). Diese Matrix ist sinnvoll, um sich einen ersten Überblick über die Ergebnisse zu verschaffen. Zudem wird sie eingesetzt, um aggregierte Daten für einzelne Personen, einzelne Rater oder über mehrere Beobachtungszeitpunkte hinweg komprimiert darzustellen.

Die Durchschnittswerte der einzelnen Gruppenmitglieder bilden die Ausgangswerte für das so genannte Gruppendurchschnitts-Felddiagramm, das die übliche Form für die Darstellung der Matrixdaten darstellt. Für die Erstellung eines Felddiagramms werden die Summenwerte der F-B- bzw. P-N-Achse als Personenkoordinaten in das vorgegebene Diagrammschema übertragen (Abbildung 2). Die U-D-Werte müssen zuerst in Kreisgrößen überführt werden. Die Durchmesser sind bei Bales/Cohen (1982, S. 636) detailliert nachzulesen. Sie liegen zwischen 3,81 cm für 18 U und 0,28 cm für 18 D.

Die Summenwerte jedes einzelnen Raters für die Gruppenmitglieder sind die Grundlage für individuelle Felddiagramme. Die individuellen Felddiagramme stellen in der SYMLOG-Theorie, sofern die Bewertungen von den Gruppenmitgliedern selbst erstellt werden, Abbildungen der persönlichen Wahrnehmungsfelder dar, während das Gruppendurchschnitts-Diagramm Informationen zum „sozialen Interaktionsfeld" gibt. Das soziale Interaktionsfeld schließt für Bales/Cohen (1982, S. 50) „alle individuellen Wahrnehmungsfelder ein, die es in vielfältiger Weise spiegeln und zu seinem Aufbau beitragen." Dadurch, dass beide Ebenen über das gleiche Instrument dargestellt werden, ermöglicht SYMLOG einen „systematischen Einblick in die wechselseitige Verschränkung der individuellen Persönlichkeit mit der Eigendynamik des sozialen Feldes innerhalb der Gesamtheit von Gruppe und Situation".[14]

Neben dem weit verbreiteten Felddiagramm finden sich immer wieder alternative Darstellungsformen für die Beobachtungsergebnisse. Z. B. nutzen Fassheber et al. (1990, S. 45) eine dreidimensionale Darstellung. Fisch/Beck (2001, S. 71) verwenden ein Diagramm zur Darstellung der Verhaltensflexibilität. Diese Variante eignet sich z. B. für die Betrachtung die Stärke der einzelnen Dimensionsrichtungen, die das Felddiagramm nicht abbildet.

3 Datenanalyse und Dateninterpretation

Die vielschichtigen Möglichkeiten der Datenerhebung innerhalb des SYMLOG-Ansatzes sind die Basis für ebenso vielschichtige Möglichkeiten der Datenanalyse und -interpretation. Sowohl die Signierungs- als auch die Rating-Methode erlauben systematische Strukturanalysen und Vergleiche zwischen verschiedenen Beobachtungsebenen.

So ermöglicht die kleinschrittige Datenaufnahme im Rahmen der Signierung statische „Momentaufnahmen" der Gruppeninteraktion wie auch die Thematisierung von Entwicklungen im Verlauf einzelner Sitzungen oder über längere Zeitintervalle hinweg. Dies gilt z. B. für die Frage der Interaktionshäufigkeit einzelner Personen, absolut und bezogen auf einzelne Adressaten in der Gruppe (Wer-zu-wem-Matrizen). Registrieren kann man auch Veränderungen des Führungsstils oder eine Verhärtung der Fronten, die sich z. B. in einer Veränderung der geäußerten Vorstellungsinhalte niederschlagen. Die analytische Zerlegung der Verhaltensakte innerhalb der Signierung öffnet dabei den Raum für die trennscharfe Analyse von Besonderheiten und Differenzen auf und zwischen den Stufen. Auf den einzelnen Stufen gilt dies z. B. für den Vergleich verbalen und nonverbalen Verhaltens oder für die Häufigkeit, mit der einzelne Bezugspunkte (die eigene Person, das Team etc.) in den Vorstellungsinhalten erscheinen. Zwischen den Stufen ist z. B. der Vergleich darüber möglich, inwieweit die Raumpositionen der Verhaltensstufe und der Stufe der Vorstellungsinhalte auseinander fallen. Zentrales Instrument der Visualisierung und Analyse ist das Felddiagramm, indem z. B. Diagramme verschiedener Zeitpunkte oder Stufen miteinander abgeglichen werden.

Die Ergebnisse der Ratings sollten analog zum Signierungsverfahren zunächst für sich betrachtet und die Beziehungen der verschiedenen Personen untereinander analysiert werden. Sie gewinnen aber gleichfalls über den Vergleich an Aussagekraft. Hier sind es die gewählten Beobachtungsperspektiven und der individuelle Blickwinkel der einzelnen Rater, die über Ähnlichkeiten sowie ihre Abweichungen untereinander und vom Gruppendurchschnitt ein weites Feld für die Interpretation eröffnen.

Polarisations-Unifikations-Schablone

Ein zentrales Instrument zur Dateninterpretation innerhalb des SYMLOG-Werkzeugkastens ist die Polarisations-Unifikations-Schablone. Sie wird über das Felddiagramm gelegt,[15] um die Diagrammfläche zu strukturieren und so heuristische Hypothesen zur Gruppenstruktur bzw. möglichen Dynamiken zu entwickeln. Ihre Anschaulichkeit erleichtert die Diskussion im Rahmen der Teamentwicklung. Die der Schablone zugrunde liegende theoretische Prämisse geht davon aus, dass eine grundsätzliche menschliche Wahrnehmungstendenz darin besteht, als ähnlich wahrgenommene Beobachtungen weiter zu gruppieren („Unifikation"). Beobachtungen, die gegenüber den unifizierten Vorstellungen als zu unähnlich wahrgenommen werden, werden weiter davon abgerückt („Polarisation") (Bales/Cohen 1982, S. 646; Bales 1999, S. 16). Über diese Clusterbildung wird Ähnliches ähnlicher und Unähnliches unähnlicher.

Abbildung 5: Polarisations-Unifikations-Schablone (nach Bales 1999, S. 6)

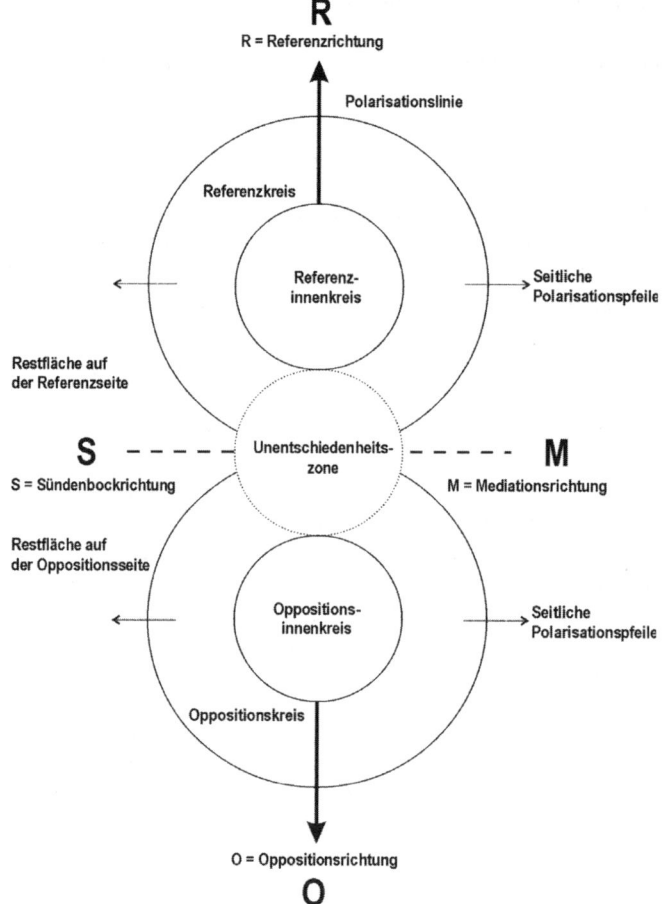

Mit Hilfe der Polarisations-Unifikations-Schablone (Abbildung 5) können innerhalb der Felddiagramm-Darstellung Gruppenstrukturen identifiziert und benannt werden. Bales erhebt zudem den Anspruch, auf dieser Basis Dispositionen für die weitere Gruppenentwicklung erkennen zu können (Bales 1999, S. 16 ff.):

- Polarisationslinie: Die Grundstruktur der Polarisations-Unifikations-Schablone zeigt zwei aneinander stoßende, gleich große Kreise, die von einer Hauptachse durchschnitten und durch eine senkrecht zur Achse stehenden Tangente getrennt werden. Die Hauptachse, die so genannte „Polarisationslinie", markiert in der Anwendung auf das Felddiagramm die Gesamtausrichtung der Gruppe (z. B. eine stärkere P- oder F-Ausrichtung).
- Referenz- bzw. Oppositionskreis: Die großen Schablonenkreise stehen für den „Referenz-" bzw. „Oppositionskreis". Bei der Analyse individueller Felddiagramme definiert sich der Referenzkreis darüber, dass er in der Regel das ideale und/oder erwünschte Selbstbild enthält. In Gruppendurchschnittsdiagrammen findet sich dort im Normalfall das gemittelte Wunschbild der Gruppenmitglieder. Aufgrund der beschriebenen Tendenz zur Polarisation umfasst der Oppositionskreis für gewöhnlich die Fremdbilder der Personen, deren Verhalten oder an den Tag gelegte Wertvorstellungen von einzelnen Ratern bzw. dem Gesamtteam abgelehnt werden. Bisweilen finden sich dort auch abgelehnte bzw. abgespaltene Aspekt des Selbstbildes.
- Innenkreise: Innerhalb der Referenz- und Oppositionskreise besteht eine Tendenz zur Unifikation, die besonders deutlich ausfällt, wenn Beurteilungen im so genannten „Innenkreis" liegen. Werden dort mehrere Personen lokalisiert, ist insbesondere im Referenzbereich von einer Disposition zur Herausbildung einer stark miteinander kooperierenden Untergruppe, der so genannten „Kerngruppe", auszugehen. In Hinblick auf Subgruppen im Oppositionskreis wird die Entstehung von engen Kooperationsstrukturen als schwieriger eingeschätzt.
- Marginalbereiche: Die restliche Flächen im Referenz- bzw. Oppositionskreis werden „Marginalbereiche" genannt und verfügen über eine entsprechend schwächere Unifikationskraft. Personen, die sich laut Rating in diesem Bereich befinden, werden als „marginale Mitglieder" der Untergruppe bezeichnet. Zwischen ihnen und den jeweiligen Kerngruppen existiert eine Verbundenheit, es gibt jedoch auch ein Potenzial für zukünftige Konflikte (Bales 1999, S. 19 ff.). Nach Bales/Cohen (1982, S. 100) existiert in Untergruppen eine Grenzlinie, „an der die Bewegung hin zu größerer Geschlossenheit zum Stillstand kommt, wo die Ambivalenz mancher Gruppenmitglieder gegen einige andere zum Durchbruch gelangt und wo negative Reaktionen eine kritische Stärke erreichen können".
- Seitliche Polarisationspfeile: Gerade die diametral gegenüberliegenden Marginalmitglieder werden oft nur über ihre Beziehungen zur der Kerngruppe verbunden. In gut funktionierenden Teams kann diese Aufgabe von einem so genannten „Leader-Mediator„ (Bales 1999, S. 22 f.) übernommen werden. Personen im Innenkreis spricht er ein entsprechendes Potenzial zu. Der Vermittler vereinigt im besten Fall die Werte von beiden Parteien in sich und schafft es in einer geschickten Art und Weise, die verschiedenen Bedürfnisse und Anforderungen zu verbinden. Ohne ihn sind die Werte und das Verhalten weit entfernter Mitglieder innerhalb eines Referenz- bzw. Oppositionskreises unter Umständen zu unterschiedlich, als dass eine reibungslose

Kooperation möglich ist. Nach Bales (1999, S. 20) besteht in einem solchen Fall die Gefahr der Teilung der Untergruppe. Diese latente Polarisationsachse wird durch die „seitlichen Polarisationspfeile" symbolisiert und verläuft rechtwinklig zur primären Polarisationsrichtung.
- Balancelinie: Die Kreistangente in der Mitte der Schablone ist die so genannte „Balancelinie". Sie markiert den Übergang zwischen dem Referenz- und dem Oppositionsbereich. Der SYMLOG-Ansatz postuliert, dass in einer polarisierten Gruppe die Gruppenmitglieder die Möglichkeit haben, „das mit der Polarisation zusammenhängende Ungleichgewicht durch Rollenzuweisung an einzelnen Personen zu beseitigen" (Bales/Cohen 1982, S. 14). Dazu steht ihnen die Rolle des „Sündenbocks" oder des „Mediators" die zur Verfügung. Der Sündenbock eint die Gesamtgruppe, indem er für beide Untergruppen zur gemeinsamen Zielscheibe wird. Der Mediator wird analog zum oben beschriebenen Leader-Mediator für die Gesamtgruppe tätig. Personen, die bei Anwendung der Schablone an den Enden der Balancelinie lokalisiert werden, besitzen die Disposition, in eine der beiden Rollen zu „rutschen".
- Unentschiedenheitszone: Der Kreis rund um den Schablonenmittelpunkt markiert die so genannte „Unentschiedenheitszone". Personen in der Unentschiedenheitszone haben sich noch nicht eindeutig einer Untergruppe zugeordnet, sei es, weil sie es nicht wollen oder können. Allerdings sind Tendenzen sichtbar, wenn die Person eindeutig auf der Referenz- oder Oppositionsseite liegt.
- Restfläche: Der Bereich, der außerhalb der Kreise liegt, nennt sich „Restfläche".

Die Anwendung der Polarisations-Unifikations-Schablone erfolgt iterativ durch Näherungen an den „Best fit". Sofern ideale und/oder erwünschte Selbstbilder der Gruppenmitglieder erhoben worden sind, bilden sie zumeist einen sinnvollen Fixpunkt zur Festlegung der Polarisationslinie; der zweite Fixpunkt kann über abgelehnte Bilder, also das Gegenteil der Ideal- bzw. Wunschselbstbilder festgelegt werden (Bales 1999, S. 18 f.). Sind keine Ideal- oder Wunschselbstbilder vorhanden bzw. erscheint ihre Lage eher paradox, greift ein alternatives Verfahren. Hier wird versucht, alle Personen innerhalb des Referenzkreises „unterzubringen", sie innerhalb des Kreises auszubalancieren und die Polarisationslinie per Rotation um den Mittelpunkt des Referenzkreises durch den Nullpunkt der PN- und FB-Koordinaten zu führen. Gelingt dies, so handelt es sich um ein unifiziertes, also nichtpolarisiertes Felddiagramm. Gelingt dies nicht, so sollten möglichst viele Personenbewertungen in beiden Kreisen platziert sein (polarisiertes Felddiagramm) (Bales/Cohen 1982, S. 649 f.). Gibt es mehrere Polarisierungen oder lässt sich überhaupt keine Orientierung erkennen, liegt eine unklare Feldstruktur vor (Bales/Cohen 1982, S. 95). Bisweilen werden auch die Gruppenmitglieder selbst einbezogen, wenn es gilt, die Schablonen-Positionierung festzulegen.[16]

Schema der Wertorientierungen

Das Wertorientierungsschema ist eine empirisch abgesicherte, normativ ansetzende Weiterentwicklung und Ergänzung der Polarisations-Unifikations-Schablone. Im Laufe seiner Lehrtätigkeit und über die SCG-Beratung von Wirtschaftsunternehmen hat Bales organisationskulturell verankerte Wertvorstellungen und Teamkonstellationen identifiziert, die nach seiner Einschätzung auf lange Sicht die beste Gewähr für ein Optimum an Effektivität in der Zusammenarbeit bieten. „Effektiv" bezieht sich dabei auf die Zielsetzung von Teams und Unternehmen zum „optimizing satisfaction, productivity, and in strengthening its prospects of survival" (Bales 1999, S. 81).

Das Wertorientierungsschema, das im Grundaufbau weitgehend einer nach PF ausgerichteten Polarisations-Unifikations-Schablone entspricht (vgl. Bales 1999, S. 61), teilt das Felddiagramm in 11 Zonen ein. Jede dieser Zonen steht für ein unterschiedliches Maß an Funktionalität bzw. Dysfunktionalität in Hinblick auf die Effektivität in der Zielerreichung (Bales 1999, S. 62 ff.). So werden beispielsweise Wertvorstellungen innerhalb der Unternehmenskultur bzw. Verhaltensweisen innerhalb von Teams, die im Innenkreis des Referenzkreises liegen, besonders positiv bewertet, da sie die P- und F-Dimension gleichwertig verbinden. Bales bezeichnet diese Zone konsequenterweise als „Kernbereich effektiver Zusammenarbeit" und stellt sie in den Gegensatz zum „Kernbereich radikaler Opposition", der dem Innenkreis des Oppositionskreises entspricht.

Für die 11 verschiedenen Zonen hat Bales über die Auswertung abertausender Ratings optimale „Besetzungsdichten" ermittelt, die im Rahmen der Teamentwicklung den Ergebnissen der eigenen Gruppenratings gegenübergestellt werden (Bales 1999, S. 69 ff.). Es wird also beispielsweise ermittelt, ob die tatsächliche Anzahl der Personen im Kernbereich den Vorgaben der „SCG Optimum norm" entspricht oder inwieweit die Personen in diesem Bereich über genügend Durchsetzungspotenziale verfügen. Abweichungen von diesem Standard werden als Entwicklungspotenziale für das Team oder die Organisation insgesamt gewertet.

SYMLOG-Balkendiagramm

Während das Felddiagramm und die darauf aufsetzenden Analyseinstrumente mit Summenwerten je Raumdimension arbeiten, dient das SYMLOG-Balkendiagramm zur Detailanalyse der Einzelitems (vgl. Bales 1999, S. 23 ff.). Über die Darstellung der Ausprägungen aller 26 SYMLOG-Kategorien als Balken innerhalb des so genannten „Profils" vermittelt sich ein anschauliches Bild des Gewichts, mit dem jedes einzelne Item in den Dimensionswert eingeht. Sichtbar werden so die Hintergründe, die zu einer Felddiagramm-Positionierung führen, was Interventionsmöglichkeiten eröffnet: „In order for an individual (or group) to understand the reasons why a particular image appears in a given location on the Field Diagram, or to think sensibly about how to change, it is important to know more specifically on what values and what behaviors the raters were focusing" (Bales 1999, S. 23 f.).

Analog zur Entwicklung des Wertorientierungsschemas hat Bales auch für das SYMLOG-Balkendiagramm verschiedene normative „Optimalprofile" ermittelt, die gleichfalls aus zahlreichen Bewertungen idealer bzw. erwünschter Verhaltensweisen und Wertvorstellungen gewonnen worden sind. Der Abgleich beobachteter Profile mit den Optimalprofilen dient im Rahmen der Team- und Organisationsentwicklung dem Zweck, Entwicklungspotenziale von Einzelpersonen oder Gruppen aufzudecken (vgl. dazu Bales 1999, S. 56 ff.). Aber auch ohne normative Vorgaben hat das Balkendiagramm seinen Wert, indem es den Vergleich der Profile verschiedener Wahrnehmungsebenen (Selbst- und/oder Fremdbilder) auf die Ebene der Einzelitems herunter bricht und so die Hintergründe voneinander abweichender Platzierungen im SYMLOG-Raum nachvollziehbar macht.

Feedback

Für das Feedback der SYMLOG-Ergebnisse im Zuge der Teamentwicklung liegen eine Reihe von Interventionsdesigns vor, die im Wesentlichen dem bekannten Survey-Research-Feedback-Ansatz der Organisationsentwicklung zuzurechnen sind (vgl. dazu Terjung 1988, S. 249). Daher soll an dieser Stelle nur kurz darauf eingegangen werden.[17]

Grundmodell des Survey-Research-Feedback-Verfahrens ist der Zyklus aus Datenerhebung, Feedback, Handlungsplanung, Ausführung und Erfolgskontrolle. In diesem Sinne hat Bales bereits 1981 einen ersten 17-teiligen Zyklus aus Interaktions- und Feedbacksitzungen entwickelt. Dieser Zyklus entspricht einem Interventionsdesign nach dem Schema ABAB, in dem jeweils auf Verhaltens-, Werte- und Zufriedenheitsratings der Gruppenmitglieder insgesamt 3 Feedback-Sitzungen mit der Gesamtgruppe und persönliche Gespräche folgen. Der Zyklus läuft über 17 Wochen. Bales wäre nicht Bales, hätte er nicht auch detaillierte Anleitungen zum Ablauf der einzelnen Sitzungen formuliert (vgl. Bales 1981). Kern der Gruppenarbeit ist demnach die Auseinandersetzung mit den Gruppendurchschnitts-Felddiagrammen, um die Anonymität der individuellen Ratings zu sichern. Deren Diskussion sowie die Erörterung eventueller Wahrnehmungsabweichungen und sich ergebender persönlicher Veränderungsziele erfolgt im Rahmen der Einzelgespräche zwischen Gruppenmitgliedern und OE-Berater (vgl. auch Schneider 1984, S. 234 ff.).

Später entwickelte und eingesetzte Designs unterscheiden sich in der zeitlichen und inhaltlichen „Dosierung" der Intervention, in der Schrittfolge und Anlage einzelner Schritte – nicht aber in der Grundkonzeption. So berichten Koenigs/Cowen (1988, S. 62 ff.) von dem 1982/83 durchgeführten ersten großmaßstäblichen Einsatz SYMLOGs im Zuge einer Unternehmensfusion. Im Rahmen eines Top-Down-Interventionsdesigns wurde SYMLOG eingesetzt, um in mehrtägigen Workshops zunächst mit Führungskräften und danach auch mit Mitarbeitern das organisationale Wertesystem zu diskutieren. Der IOVAL-Wertebogen diente dabei zum einen als Reflexionsinstrument in Hinblick auf das Set organisationaler Werte vor und während der Fusion. Zum anderen wurde es eingesetzt, um den gelebten Werten ein zukünftig erwünschtes Wertsystem gegenüberzustellen. In späteren Beratungseinsätzen der SCG wurde das Feedback um systematische Selbstbild-Fremdbild-Abgleiche mit Einzelpersonen ergänzt.

Um neben der US-amerikanischen Praxis ein Beispiel für den deutschsprachigen Raum zu nennen: Fassheber/Terjung (1986) bzw. Terjung (1988) starten den Einsatz von SYMLOG im Rahmen von OE-Veranstaltungen mit einer Informationsphase, der die Datenerhebung und ein anonymisiertes Gruppenfeedback der Gruppenkonstellation folgen. Persönliche Feedback-Gespräche sowie ein individuell zugeschnittenes teamdiagnostisches Gutachten sind die Basis für Einzelrückmeldungen an die Gruppenmitglieder. Schließlich erfolgt eine Gruppendiskussion der entanonymisierten Felddiagramme. Eine erneute Datenerhebung bildet die Grundlage für eine zweite Rückmeldesequenz inklusive der Evaluation der erzielten Entwicklungsfortschritte.

Zur Vereinfachung und zur Vereinheitlichung des Feedbacks hat die SCG Software zur Datenerfassung, Auswertung und Ergebnisdarstellung von SYMLOG-Ratings entwickelt. Über SCG-zertifizierte Berater können Gruppen bzw. deren Mitglieder auf diesem Wege computergenerierte Ergebnisberichte erhalten (Koenigs/Cowen 1988; Bales 1999; www.symlog.com). Im Mittelpunkt steht die Spiegelung der Einzelsituation am optimalen

"Effectiveness profile". Aufgrund sorgfältig ausjustierter Übersetzungen des IOVAL-Bogens wird das Feedback auch länder- und kulturübergreifend gegeben.

4 Anwendungsbeispiel

Einige zentrale Instrumente und Vorgehensweisen der SYMLOG-Datenerhebung, der Interpretation und des Feedbacks sollen anhand eines Beispiels aus der Teamentwicklung illustriert werden.

Ausgangssituation und erste Datenerhebung

Das ehrenamtliche Kuratorium einer Bürgerstiftung hatte sich vor 2 Jahren im Zuge der Stiftungsgründung formiert. Das 9-köpfige Team wurde durch einen älteren Vorsitzenden geführt, der während seiner aktiven Berufslaufbahn im Management eines gemeinnützigen Wohnungsbauunternehmens gearbeitet hat. Seit seiner Pensionierung widmete er sich mit ganzer Kraft dem Stiftungszweck. Das Team umfasste darüber hinaus eine Reihe selbstständiger Handwerker, Freiberufler und Kaufleute. Die einzige Frau im Kuratorium war leitende Angestellte eines Industrieunternehmens.

Das Kuratorium war nach seiner Einrichtung mit viel Euphorie an die Arbeit gegangen. Die Kuratoriumsmitglieder, die sich zuvor nur flüchtig kannten und erst über den Stiftungszweck zusammengeführt wurden, mussten sich in ihre Rollen finden, zugleich Arbeitsabläufe organisieren und den Ausbau der Organisation vorantreiben. Nach rund 1 ½ Jahren, als die Aufbruchstimmung nach und nach dem Alltag wich, stellten sich die ersten Differenzen innerhalb des Teams ein. Hinter vorgehaltener Hand wurden Arbeitsstile kritisiert. Vereinbarte Vorgehensweisen wurden verdeckt unterlaufen. Einzelnen Kuratoriumsmitgliedern wurden Eigeninteressen und Profilierungssucht nachgesagt. In dieser Situation entschloss sich das Kuratorium eine Teamanalyse durchzuführen. Ziel war, die latenten Konfliktlinien im Team aufzuzeigen und der Gruppe zu einem neuen Selbstverständnis zu verhelfen.

Die Erhebung der Ist-Situation erfolgte zunächst mit Hilfe der deutschen Fassung des klassischen Verhaltens-Ratingbogens (vgl. Tabelle 1, 1. Adjektivliste und Abbildung 4). Die Kuratoren wurden unter anderem gebeten, Beurteilungen zum Verhalten aller Teammitglieder im Rahmen der gemeinsamen Sitzungen abzugeben. Neben Fremdbeurteilungen war so auch ein Selbst-Rating gefordert, was den Beteiligten relativ schwer viel, zumal die meisten von ihnen keinerlei Erfahrungen mit der gruppenpsychologischen Reflexion ihres Verhaltens hatten.

Gruppenergebnis und Gruppenfeedback

Das Gruppendurchschnittsdiagramm des Kuratoriums (vgl. Abbildung 6) zeigt eine weitgehend unifizierte Teamstruktur, die einen fiktiven Gruppendurchschnitt inmitten des PF-Quadranten aufweist. Insgesamt beschrieb sich die Gruppe damit als sozio-emotional offen und kooperativ sowie aufgaben- und lösungsorientiert. Dabei schlug sich der gemeinnützige Wertehintergrund der Stiftung auf der Verhaltensebene in einem leichten P-Bias nieder.

Abbildung 6: Gruppendurchschnittsdiagramm des Fallbeispiels (gedehnte Werte)

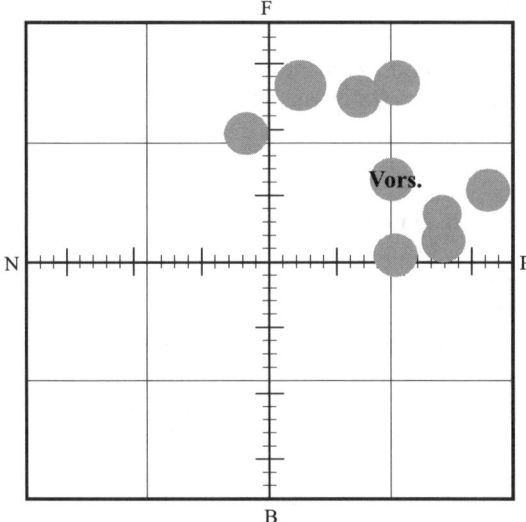

Dieses auf den ersten Blick recht harmonische Bild ohne offene Konfliktlagen zeigte bei näherer Betrachtung unter anderem zwei Auffälligkeiten:

- Bei Anwendung der Polarisations-Unifikations-Schablone wurde zum einen sichtbar, dass nicht alle Teammitglieder mit ihrem Interaktionsverhalten komplett im Referenzkreis zu liegen kommen. Einzelne Personenkreise mussten auch beim „Best fit" angeschnitten werden, gleich mehrere lagen in den Randbereichen des Referenzkreises (Marginalfläche) und zwar geklumpt beidseitig des Innenkreises. Der Schabloneneinsatz zeigte damit recht gut die latenten Konfliktlinien auf, die zum Auslöser der Teamberatung geworden waren. Diese verdeckte Konfliktachse verlief in F-P-Richtung und barg aufgrund der klaren Dichotomie der beiden Untergruppen durchaus die Gefahr, sich zu einer offenen Polarisation auszuwachsen.
- Die zweite Beobachtung betraf den Innenkreis, dessen Mitglieder laut Bales prädestiniert sind, die Zentrifugalkräfte von Untergruppen zu bändigen. Der Innenkreis war im Kuratorium jedoch personell nur dünn besetzt – und zwar mit dem Vorsitzenden. Dieser besaß zwar die von Bales für einen „Leader-Mediator" geforderte Eigenschaft, die Verhaltensweisen und Werte der Untergruppen in sich zu tragen, wurde aber auf der U-D-Achse als nicht besonders stark wahrgenommen. Die Einzelbetrachtung zeigte, dass er durchaus ein beachtliches Maß an Dominanz (U) an den Tag legte, er gleichzeitig aber durch ein häufig „pflichtbewusst-dienendes" Verhalten (DNF) innerhalb der Gruppe in seinem Führungsverhalten ambivalent erschien.

Das Ergebnis auf Gruppenebene wurde zur Grundlage für das erste Feedback an das gesamte Team. Da zunächst auf eine Offenlegung der Namen hinter den Personenkreisen verzichtet wurde, konnten die Kuratoriumsmitglieder zunächst vergleichsweise unvoreingenommen die Teamkonstellation für sich auswerten. Die Loslösung der Diskussion von Personen, die durch die Abstrahierung des Interaktionsgeschehens im Rahmen des Felddiagramms und ihre Übersetzung in Richtungscodes ermöglicht wurde, erlaubte es erstmals offen über die Gesamtkonstellation innerhalb des Kuratoriums zu diskutieren. Auf diesem Weg wurde für die Gruppe in einem zweiten Schritt auch die offene, entanonymisierte Diskussion der Teaminteraktion machbar. Die Beteiligten entdeckten sich als Antipoden einer Verhärtung zwischen einem „F-Subteam" und einem „P-Subteam": Das aufgabenorientierte F-Team bezog einen guten Teil seines Selbstverständnisses und internen Zusammenhalts aus der Abgrenzung vom P-Team, dem vorgeworfen wurde, „nicht genug mitzuziehen". Das P-Team wiederum beschwerte sich über das unpersönliche Klima, das durch die „Macherattitüde" des F-Teams hervorgerufen wurde und in einer sozial orientierten Organisation fehl am Platze sei.

Einzelergebnisse und Einzelfeedback

Im Mittelpunkt des Einzelfeedbacks standen personenbezogene Wahrnehmungsdifferenzen und ihre Interpretation im Rahmen der gesamten Teamkonstellation:

- So wurden beispielsweise mit dem Kuratoriumsvorsitzenden die anonymisierten Beurteilungen seines Verhaltens durch die übrigen Mitglieder besprochen und in Beziehung zu seiner Selbstwahrnehmung gesetzt. Sichtbar wurde auf diesem Wege das überdurchschnittlich heterogene Bild, das der Vorsitzende bei seinen Kollegen hinterließ. Er selbst sah sich deutlich zielstrebiger als alle übrigen. Er verband diese Selbsteinschätzung mit dem hohen Zeitaufwand, den er in die Stiftungsarbeit investierte. Seinen Führungsstil verstand er als „Motivieren durch Vorbild", wobei er sich selbst als „Arbeitsbiene" sah, die sich für keine Tätigkeit „zu schade" ist. Die Fremdbilder deckten in Verbindung mit den parallel geführten Einzelgesprächen auf, dass demgegenüber eine Reihe von Gruppenmitgliedern offensichtlich andere Erwartungen an ein „standesgemäßes Führungsverhalten" hegten, das einer angesehenen Stiftung angemessener sei. Die enttäuschten Erwartungen führten schließlich zu einer schleichenden Abwertung des Vorsitzenden und einen Verlust an Integrationsfähigkeit.
- Neben dem Selbstbild-Fremdbild-Abgleich stand die Spiegelung der eigenen Ratings an dem Gruppendurchschnitts-Rating im Mittelpunkt der Einzelgespräche. Für den Vorsitzenden wurde so z. B. zur Überraschung, dass das weibliche Kuratoriumsmitglied, das er als Unterstützung an seiner Seite wähnte, von allen anderen als eigenständig wahrgenommen wurde und im übrigen höhere UF-Werte zugeschrieben erhielt, als er selbst.

Weitere Themen der Einzelgespräche drehten sich unter anderem um die Prädisposition für eine „Sündenbock"-Position, ein ausgesprochen ängstliches Bewertungsverhalten seitens des „stillsten" Gruppenmitglieds und die wechselseitigen N-Beurteilungen zweier rivalisierender Kuratoriumsmitglieder.

Die Ergebnisse des Gruppenfeedbacks und der Einzelgespräche bildeten in den nachfolgenden Wochen die Basis für Selbstveränderungsprozesse innerhalb des Kuratoriums. Die Reflexion der latenten Konfliktmuster in Verbindung mit dem Wissen um die eigene Rolle innerhalb der Gesamtkonstellation führte zu überraschenden Ergebnissen: So zog sich der Vorsitzende – nach eigenen Worten „erleichtert" – in die zweite Reihe zurück und überließ die Führungsposition einem Mitglied des F-Teams. Er selbst fühlte sich jetzt frei, eigene Projekte innerhalb des Kuratoriums voranzutreiben, ohne die Führungsrolle wahrnehmen zu müssen. Der neue Vorsitzende war jetzt seinerseits als Integrationsfigur gefragt und betonte in der Folgezeit mehr P-Werte. Eine zweite und eine dritte Datenerhebungs-Feedback-Staffel, durchgeführt unter Hinzunahme weiterer Instrumente und ergänzender Beobachtungsperspektiven, stabilisierten in der Folgezeit die neu gefundene Konstellation.

5   Möglichkeiten und Grenzen der Methode

Bereits in der Kürze dieses Beitrags dürfte deutlich geworden sein, dass der SYMLOG-Ansatz ein ebenso interessantes wie vielschichtiges Instrumentarium zur Analyse und Entwicklung von Teams bereitstellt. Nicht umsonst gilt SYMLOG seit langem als das empirisch am besten untermauerte Kodierungssystem für soziale Interaktionen (vgl. Orlik 1987, S. 88). Damit ist das Instrument für die wissenschaftliche Anwendung ebenso interessant wie für die Beratungspraxis.

Eine der zentralen Qualitäten SYMLOGs liegt sicherlich in der universellen Einsetzbarkeit und Bearbeitungstiefe, die die mehrstufige Anlage des Systems zulässt. Hinzu tritt die Möglichkeit, verschiedene Beobachtungsperspektiven gezielt ansteuern und vergleichen zu können. Damit besitzt der Ansatz als Analyseinstrument genügend Eigenkomplexität, um die Komplexität der Teaminteraktion differenziert abzubilden. Der klar strukturierte SYMLOG-Raum schafft darüber hinaus einen adäquaten Rahmen, um diese Komplexität handhaben zu können und die Resultate für die Entwicklungsarbeit mit Teams nutzbar zu machen. Teamentwickler werden es zudem zu schätzen wissen, dass dasselbe Instrumentarium für die Datenerhebung, das Feedback und die Erfolgskontrolle einsetzbar ist (vgl. Terjung 1988, S. 264). Gerade für die Organisationsentwicklung mit ihren wenig formalisierten Analyse- und Interventionsinstrumenten stellt der Ansatz mit seiner hohen Standardisierung daher eine interessante Alternative dar.

Aus den Stärken rühren aber auch einige wichtige immanente Limitationen des Systems. Die Interaktionssignierung ist als einzige Technik des SYMLOG-Ansatzes geeignet, einzelne Kommunikationsakte zu isolieren und zugleich in ihre Ebenen zu zerlegen. Sie ist allerdings nicht nur aufwändig zu erlernen, sondern ebenso aufwändig in der Handhabung, so dass sie im Grunde nur für wissenschaftliche Zwecke in Frage kommt. Hier hat die Eigenkomplexität des Instrumentariums ihren Preis. Aber selbst im wissenschaftlichen Kontext tritt die Signierung hinter die Rating-Methode zurück. Schon vor Jahren äußerte sich Orlik kritisch zu dem starken Rückgriff auf die ‚bequeme' Fragebogentechnik (1989). Eine Kritik, die er insbesondere damit begründet, dass der Fragebogen bestenfalls eine Systematisierung von Personenwahrnehmungen darstellt, die aufgrund der Erfahrungen der Gruppeninteraktion zustande gekommen ist, aber keine Analyse der Gruppenprozesse im eigentlichen Sinne erlaubt. Die Möglichkeiten des SYMLOG-Systems werden so nur ansatzweise ausgeschöpft. Schneider sieht hier die universitäre Forschung gefordert, an

Lösungen für eine Weiterentwicklung der Interaktionssignierung zu arbeiten, die die analytische Tiefe des Instruments bewahren und gleichzeitig die Arbeitsökonomie steigern können (Schneider 2000, S. 161). Ansätze dazu sind vorhanden: Becker-Beck (1997) setzt beispielsweise auf eine „modulare" Anwendung der Signierung.

Die effizienter nutzbare Rating-Methode birgt umgekehrt in der praktischen Handhabung ein gewisses Risiko, einer Simplifizierung der Teamanalyse und -entwicklung Vorschub zu leisten. Die hohe Standardisierung der Datenerhebung und -auswertung ist natürlich prädestiniert, gerade die Beratungspraxis zu (vor-)schnellen Antworten zu verleiten. Die intuitiv nachvollziehbare SYMLOG-Raumstruktur schafft im Feedback zudem ein bisweilen faszinierendes Maß an Transparenz, lässt aber über die Interpretation der Größe und Distanzen von Kreisen leicht vergessen, dass der dreidimensionale Raum seinen Betrachter in seinen Betrachtungen auf die Konstrukte der Dominanz, der sozio-emotionalen Orientierung und der Vorgabenakzeptanz festlegt. Alle Aspekte des Interaktionsgeschehens, die darüber hinaus reichen, sind zwangsläufig durch die Brille des Ansatzes nicht sichtbar und können in der SYMLOG-Sprache nicht formuliert werden (vgl. auch Terjung 1988, S. 249 f.; Kröger/Wälte/Drinkmann 1996, S. 13). Der reflexive Umgang mit dem eigenen Instrumentarium wird damit zum Maßstab, an dem sich die Qualität der Teamentwicklung messen lassen muss.

Innerhalb des SYMLOG-Netzwerks schützt die SCG über ihre Beraterzertifikate und mit ihren standardisierten Feedback-Reports vor allzu einfachen Antworten auf Teamprobleme und sichert damit ein gewisses Qualitätsniveau. Gleichzeitig forcieren aber gerade die computergenerierten Reports zugleich die Tendenz, die Teamentwicklung mittels SYMLOG weiter zu „automatisieren". Wer sich entscheidet auf dieses Feedback-Instrumentarium zurückzugreifen, ist daher gefordert, die Reports im Sinne von Bales als Grundlage für die Teamdiskussion zu verstehen und nicht etwa als teamanalytisches Expertensystem. Wird der Bales'schen Vorbedingung an dieser Stelle nicht gefolgt, verliert SYMLOG schnell an Interpretationsoffenheit und damit auch viel seines heuristischen Potenzials für die Arbeit mit Teams. Gerade der Abgleich der Teamsituation mit normativen Optimalprofilen prägt ansonsten zwangsläufig die Richtung, wenn nicht das Ergebnis der Diskussion.

Unabhängig von der Frage der Qualität im Umgang mit dem komplexen SYMLOG-Ansatz liegt ein grundsätzlicher Diskussionspunkt aus soziologischer Perspektive in dem länder- und kulturübergreifenden Einsatz normativer Optimalprofile für die Teaminteraktion. Das Beratungsnetzwerk um die SCG treibt hier einen bemerkenswert hohen Aufwand, um sprachlich „geeichte" Erhebungsinstrumente zu entwickeln, die einen aussagekräftigen Abgleich der Teamdaten mit dem Normdatensatz ermöglichen. Jeder Bogen, der auf internationaler Ebene entwickelt und dem SYMLOG-System angegliedert werden soll, durchläuft ein mehrstufiges Validierungsverfahren bis die Autorisierung durch die SCG erfolgt. Bei allem Engagement zugunsten einer Internationalisierung des Ansatzes ist allerdings zumindest diskutierenswert, ob eine cross-nationale interkulturelle Äquivalenz z. B. im Verständnis einer UPF-Position tatsächlich zu erreichen ist. Die Frage stellt sich sowohl in Hinblick auf die Vergleichbarkeit der Erhebungsergebnisse aus verschiedenen Kontexten und erst recht in Hinblick auf einen allgemein gültigen normativen Optimalstandard der Gruppeninteraktion. Bereits innergesellschaftliche Kulturunterschiede und Milieus dürften diesem Anspruch erheblich zu schaffen machen. Teamanalytiker, die mit der hier unterstellen Unschärfe leben können, erhalten über den Profilabgleich ein ausgefeiltes Instrumentarium an die Hand. Allemal auf festerem Boden steht allerdings eine Analyse, die sich auf den Abgleich verschiedener Beobachtungsebenen innerhalb eines Teams oder z. B. zwischen verschiedenen Teams einer Organisation beschränkt.

Eine weitere grundsätzliche Frage stellt sich aus soziologischer Warte in Hinblick auf den Anspruch, über eine Abfrage vorhandener, erwarteter oder unterstellter Wertorientierungen zumindest in relevanten Teilen organisationskulturelle Muster zu erfassen. Die Berücksichtigung des sozialen Felds, in dem die soziale Interaktion stattfindet, ist integraler Bestandteil des SYMLOG-Ansatzes und macht einen Teil seiner Qualität aus. Mit Blick auf die organisationskulturelle Literatur ist aber diskussionswürdig, ob mit der Abfrage der SYMLOG-Werteebene die organisationskulturelle Komplexität eines Unternehmens, seine Mythen, Zeremonien, Rituale, Verhaltensstile, kurz: seine Deutungs-, Orientierungs- und Wertzusammenhänge, adäquat abgebildet werden können. Hier besteht sicherlich weiterer Forschungsbedarf.

Beiden grundsätzlichen Fragen implizit ist ein Plädoyer für eine „konservative" Handhabung des SYMLOG-Instrumentariums mit einem engen Bezug zur Gruppe, die die zweifelsohne nach wie vor vielfältigen und interessanten Möglichkeiten des Ansatzes nicht überdehnt.

6   Anmerkungen

1   Ein weiterer wichtiger Schwerpunkt liegt in der Untersuchung und Bewertung von gruppen- und familientherapeutischen Prozessen.
2   Die F-B-Dimension wurde in früheren Veröffentlichungen als eine Achse aufgefasst, die sich zwischen den Polen eines zielgerichtet-kontrollierten und emotionalen Verhaltens aufspannt (Bales/Cohen 1982, S. 62 f.). Die in dieser Anlage methodisch und inhaltlich immer wieder kritisierte Dimension (vgl. z. B. Fassheber et al. 1990, S. 13) hat in der aktuellen Fassung eine abstraktere und damit universellere Form. Je nach Gruppenkontext macht dies allerdings zumindest auf der Verhaltensebene eine Anpassung der Erhebungsinstrumente und Dimensionsbezeichnungen erforderlich (Bales/Koenigs/Roman 1987; Bales 1999).
3   Zentral für das Verständnis der Bales´schen Fassung der F-B-Dimension ist ihre Bezugnahme auf „a group environment of more or less organized social restraints and constraints, widely recognized to have some kind of legitimacy" (Bales 1999, S. 12).
4   Diese Annahme ist hinreichend empirisch untermauert. In Faktorenanalysen zum SYMLOG-Adjektiv-Ratingbogen (siehe unten), die Bales/Cohen (1982, S. 387 ff.) selbst vorgelegt haben, konnten drei voneinander weitgehend unabhängige Faktoren extrahiert werden, die die theoretische Struktur bestätigen. Ein empirisch nachweisbarer vierter Faktor, die sogenannte „Intensität", spielt zumindest bei trainierten Beobachtern kaum eine Rolle.
5   Trotz ihres deutlich unterschiedlichen Ansatzes gehen Bales und Cohen von einer hohen Konvergenz beider Methoden aus. Zu instrumentell bedingten Unterschieden in den Bewertungstendenzen vgl. Bales/Cohen1982, insb. S. 417 ff.
6   Die Autoren trennen die Vorstellungsinhalte bzw. Vorstellungsbilder, die durch ein Verhalten übermittelt werden, ausdrücklich vom Verhalten selbst (vgl. Bales/Cohen 1982, S. 265). Entsprechend kann eine Verhaltensweise im SYMLOG-Raum anders eingestuft werden als die Inhalte, die im Mittelpunkt, z. B. einer Äußerung, stehen.
7   Das inhaltliche Vorstellungsbild unterliegt als Träger von Bedeutungen und Gefühlen nach Bales/Cohen seinerseits Werturteilen, die ein Gruppenmitglied äußert, um damit die Haltung gegenüber den Inhalten zu beeinflussen. Das Werturteil ist in der Regel mit einen Normenvorschlag an die Gruppe verbunden (1982, S. 269 und S. 272).

8   Zur Weiterentwicklung der Interaktionskodierung vgl. Becker-Beck 1997.
9   Allerdings ergeben sich lt. Bales/Cohen (1982, S. 390f) bei „naiven" Bewertern eine Reihe von Problemen bzgl. der theoretisch unterstellten Gleichgewichtigkeit der Dimensionen und der Bipolaritätsprämisse. Diese Erkenntnis ist im Rahmen der Arbeit mit Teams zu berücksichtigen.
10 Die Zusammenstellung der Adjektive ist das Ergebnis von Itemanalysen, in denen die Auswahl in einer Vielzahl von Durchläufen optimiert worden ist. Hintergrund ist die recht aufwändige Skalenkonstruktion, in der die Items vielfach nicht nur eine, sondern zwei oder drei Dimensionen erfassen müssen. Der Nutzen dieses Aufwands liegt zum einen in einer kompakteren Skala als dies bei getrennten Messungen der Fall wäre und zum anderen in tiefergehenden interpretierbaren Aussagen hinsichtlich einzelner Richtungskombinationen (Bales/Cohen 1982, S. 307 f., S. 582).
11 Bales (1999, S. 12) spricht hier von „values shown in behavior rather than simply behavior".
12 Fisch/Beck (2001, S. 66) übersetzen den Begriff der „values" mit „Leitvorstellungen".
13 Der Hinweis auf den systematischen Vergleich von Beobachterperspektiven macht an dieser Stelle nochmals die wahrnehmungs- und erkenntnistheoretische Prämisse deutlich, dass sich die Analyse im SYMLOG-System stets auf Wahrnehmungen und Vorstellungsbilder von Personen bzw. deren Verhalten und Werthaltungen bezieht. Analysegegenstand sind damit nicht die Personen selbst (vgl. dazu auch Bales 1999, S. 33f).
14 Eine Problematik beim Vergleich von Felddiagrammen liegt in dem individuellen „Bewertungsstil" verschiedener Rater: Neben Personen, die das Spektrum ihrer Antwortmöglichkeiten voll ausnutzen, gibt es Personen, die eher vorsichtig beurteilen. In der Konsequenz streuen bzw. klumpen in den entsprechenden Felddiagrammen die Personenbeurteilungen unterschiedlich stark. Für einen systematischen Vergleich verschiedener Verhaltensweisen bzw. Wertvorstellungen, der diese Wahrnehmungstendenzen nivelliert, ist es daher notwendig, die Werte nach einer von Bales/Cohen (1982, S. 622ff) beschriebenen Prozedur („Dehnung") zu standardisieren.
15 Voraussetzung für den Schabloneneinsatz ist die Standardisierung der Felddiagrammdaten mittels Dehnung (vgl. Anmerkung 14).
16 Auf weitere heuristische Analyseinstrumente auf der Basis des Felddiagramms kann an dieser Stelle aus Platzgründen nur verwiesen werden. Zu nennen sind das sogenannte „Dominanzdreieck" und der sogenannte „Umkreis", die bei spezifische Akteurskonstellationen im Mittelpunkt stehen (Vgl. Bales/Cohen 1982; S. 102ff und 106ff).
17 Grundsätzlich zur Eignung von SYMLOG in der Teamentwicklung vgl. auch Wunder (1999).

7 Literatur

Bales, Robert F. (1970): Personality and Interpersonal Behavior, New York
Bales, Robert F. (1975): Die Interaktionsanalyse. Ein Beobachtungsverfahren zur Untersuchung kleiner Gruppen, in: König, René (Hrsg.), Beobachtung und Experiment in der Sozialforschung, 8. erg. Auflage, Köln, S. 148–167
Bales, Robert F. (1981): SYMLOG Consultant's Handbook, Cambridge
Bales, Robert F. (1985): The New Field Theory in Social Psychology, in: International Journal of Small Group Research, 1, 1, 1–18
Bales, Robert F. (1999): Social Interaction System: Theory and Measurement, New Brunswick, London
Bales, Robert F./Cohen, Stephen P. (1979): SYMLOG – a system for the multiple level observation of groups, New York
Bales, Robert F./Cohen, Stephen P. (1982): SYMLOG – ein System für die mehrstufige Beobachtung von Gruppen, Stuttgart (dt. Übersetzung durch Johann Schneider und Peter Orlik)

Bales, Robert F./Koenigs, Robert J./Roman, Paul D. (1987): Criteria for Adaptation of SYMLOG Rating Items to Particular Populations and Cultural Contexts, in: International Journal of Small Group Research, 3, 2, S. 161–179

Becker-Beck, Ulrike (1997): Soziale Interaktion in Gruppen. Struktur- und Prozessanalyse, Opladen

Fassheber, Peter/Niemeyer, Hans-Georg/Kordowski, Christian (1990): Methoden und Befunde der Interaktionsforschung mit dem Symlog-Konzept am Institut für Wirtschaftsforschung Göttingen. 18. Bericht aus dem Institut für Wirtschafts- und Sozialpsychologie der Georg-August Universität, Göttingen

Fassheber, Peter/Strack, Micha/Kordowski, Christian/Tita, Thomas (2000): Am Göttinger SYMLOG-Ratingbogen orientierte Kurzskalen zur sozialperspektivischen Imagepositionierung, in: Wälte, Dieter/Kröger, Friedebert (Hrsg.), Interaktionsforschung mit dem SYMLOG-Methodeninventar. Theorie und Praxis, Frankfurt a. M., S. 166–176

Fassheber, Peter/Terjung, Beatrix (1986): SYMLOG-Teamdiagnostik als Organisationsentwicklung, Bericht aus dem Institut für Wirtschafts- und Sozialpsychologie der Georg-August Universität Göttingen, Göttingen

Fisch, Rudolf/Beck, Dieter (2000): Kultur der Zusammenarbeit als Teil der Organisationskultur. Möglichkeiten der Diagnose und Entwicklung mit Hilfe des SYMLOG-Ansatzes, in: Wälte, Dieter/Kröger, Friedebert (Hrsg.), Interaktionsforschung mit dem SYMLOG-Methodeninventar. Theorie und Praxis, Frankfurt a. M., S. 177–199

Fisch, Rudolf/Beck, Dieter (2001): Ein Ekel in der Arbeitsgruppe? Konfliktanalyse mit Hilfe eines gruppendiagnostischen Verfahrens, in: Personalmanagement der Zukunft: Person – Team – Organisation, 134, Speyer, S. 61–80

Fisch, Rudolf/Becker, Ulrike/Beck, Dieter (1986): Zur Überprüfung der Gütekriterien des SYMLOG-Fragebogens „Leitvorstellungen individuellen und organisationsbezogenen Handelns", Sonderforschungsbereich 221: Verwaltung im Wandel, Universität Konstanz, Arbeitsbericht Nr. 13

Fisch, Rudolf/Wunder, Klaus (1989): Die Entwicklung und Qualitätsprüfung des „SYMLOG-Verhaltensfragebogen", Sonderforschungsbereich 221: Verwaltung im Wandel, Universität Konstanz, Arbeitsbericht Nr. 28

Koenings, Robert J./Cowen, Margaret A. (1988): SYMLOG as Action Research, in: Polley, Richard B./Hare, A. Paul/Stone, Philip J. (Hrsg.), The SYMLOG Practitioner. Applications of Small Group Research, New York, Westport, London, S. 61–87

Kröger, Friedebert/Wälte, Dieter/Drinkmann, Arno (1996): Interpersonale Diagnostik im SYMLOG-Raum, in: Gruppenpsychotherapie & Gruppendynamik, 32, S. 1–21

Nowack, Wolf (1989): Interaktionsdiagnostik. SYMLOG als Rückmelde- und Forschungsinstrument, Saarbrücken

Orlik, Peter (1987): Ein semantischer Atlas zur Kodierung alltagssprachlicher Verhaltensbeschreibungen nach dem SYMLOG-Raummodell, in: International journal of small group research, 3, S. 88–112

Orlik, Peter (1989): SYMLOG – wieder ein ‚New Look', der in die Jahre kommt? Oder: Der lange Weg zur theoriegeleiteten Beobachtung in der Kleingruppenforschung, in: Gruppendynamik, 20, 3, S. 221–241

Schneider, Johann F. (1984): SYMLOG als ein Rahmenmodell zur Durchführung und Evaluierung von Interventionen in Gruppen und Organisationen, in: Kurtz, Hans-Jürgen/Marcotty, Anja/Stiefel, Rolf Th. (Hrsg.), Neue Evaluierungskonzepte in der Management-Andragonik, München, S. 221–244

Schneider, Johann F. (2000): Methodische Weiterentwicklung der Kodier- und Ratingmethode: Bericht über die Forschungsarbeiten der Saarbrückener Gruppe, in: Wälte, Dieter/Kröger, Friedebert (Hrsg.), Interaktionsforschung mit dem SYMLOG-Methodeninventar: Theorie und Praxis, Frankfurt a. M., S. 150–165

Schneider, Johann F./Becker, Ulrike (1985): SYMLOG in der Gruppentherapieforschung. Einige theoretische und methodische Überlegungen, in: Czogalik, Dietmar/Ehlers, Wolfram/Teufel, R.

(Hrsg.), Perspektiven der Psychotherapieforschung. Einzelfall, Gruppe, Institution, Freiburg, S. 279–299

Schneider, Johann F./Paul, M. (1999): Status und Trend der deutschsprachigen SYMLOG-Forschung. Unveröffentlichter Statusbericht, Saarbrücken, Zit. n. Schneider, Johann F. (2000)

SYMLOG Consulting Group (2001a): General Behavior Rating Form, Arbeitsmaterialien der SCG, San Diego

SYMLOG Consulting Group (2001b): Wertefragebogen in der dt. Übersetzung durch Rudolf Fisch, G. Fleckenstein und Ulrike Becker-Beck, Arbeitsmaterialien der SCG, San Diego

Terjung, Beatrix (1988): Zum Zusammenhang von Organisationsentwicklung und Person-Centered Approach, in: Ges. für Wiss. Gesprächspsychotherapie (Hrsg.), Jenseits von Psychotherapie, S. 243–265

Wunder, Klaus (1999): Teamentwicklung und Feedback – Über den Einsatz von SYMLOG- und Video-Feedback in der Teamsupervision, Zürich

Inhaltsanalyse

Printmedienindikatoren

Jos Benders, Jan-Hendrik Klumb, Jurriaan Nijholt und Stefan Heusinkveld

1 Einleitung

In diesem Beitrag stellen wir eine auf bibliografischen Daten basierende Untersuchungsmethode vor, die zur Betrachtung von Organisationskonzepten genutzt werden kann. Organisationskonzepte sollen hier als normative, mehr oder weniger kohärente Auffassungen von Management definiert werden. Solche Gestaltungsvorgaben zur Organisation von Unternehmen werden von Akademikern, „Managementgurus" oder Unternehmensberatern geschaffen; genutzt bzw. konsumiert werden sie von Managern. Oft erfahren Organisationskonzepte beachtliche Aufmerksamkeit in der Fachpresse, die eine Welle von Projekten zu ihrer Umsetzung in Unternehmen nach sich zieht. Allerdings ist diese Popularität meist von beschränkter Dauer und das öffentliche Interesse kann so schnell abklingen, wie es entstanden ist. Die Ähnlichkeit dieses Prozesses mit ästhetischen Moden hat Wissenschaftler dazu bewogen solche Phänomene als „Managementmoden" zu konzipieren. Zu den bekanntesten Managementmoden der 1990er Jahre zählen Lean Production (LP) und Business Process Reengineering (BPR).

In den letzten Jahren ist eine wachsende Zahl an bibliografischen Datenbanken entstanden, die unkompliziert von Universitäten und Bibliotheken abonniert und genutzt werden können. In diesem Text möchten wir untersuchen, inwieweit solche Datenbanken eine Erfassung der Popularität und der Rezeption von Organisationskonzepten anhand von *Printmedienindikatoren* ermöglichen. Dieser Untersuchungsmethode liegt eine einfache Annahme zu Grunde: Die Anzahl der Veröffentlichungen zu einem Organisationskonzept in einer Periode spiegelt das Interesse der Printmedien an ebendiesem Konzept wider. Beim empirischen Vorgehen zur quantitativen Erfassung von Managementmoden wird die Zahl der Veröffentlichungen – im Normalfall Artikel in Wirtschaftsmagazinen und akademischen Zeitschriften – für einen bestimmten Zeitraum ermittelt. Der resultierende Graph ähnelt oft einer glockenförmigen Kurve, die Aufstieg und Fall einer Managementmode dokumentiert (Boogaard/Vermeulen 1997; Jones/Thwaites 2000).

Eine Abhandlung zur Methodologie von Printmedienindikatoren ist unseres Wissens bisher nicht verfügbar. Daher werden wir auf verschiedene Veröffentlichungen (vgl. Abrahamson/Fairchild 1999; Barley, Meyer/Gash 1988; Carson et al. 2000) sowie auf Erfahrungen unserer laufenden Forschungstätigkeit auf dem Gebiet der Managementmoden (vgl. Heusinkveld/Benders 2001; Nijholt/Benders 2007) zurückgreifen, um Möglichkeiten und Grenzen der Untersuchungsmethode zu eruieren. Allerdings werden bereits seit längerer Zeit verwandte Methoden angewendet. Dabei wird stets davon ausgegangen, dass die Medien mehr oder weniger indirekt ein Spiegelbild dessen liefern, was von der Gesellschaft aktuell als modern angesehen wird. Ein bekanntes Beispiel hierfür ist die Arbeit von Robinson (1976), in der die Fotos einer Londoner Zeitung erfasst werden mit dem Ziel, die populärsten Formen der Gestaltung von Bärten für den Zeitraum 1842–1972 zu bestimmen. Als Basis für eine inhaltliche Untersuchung zum Thema Organisationskultur identifizierten

Barley et al. (1988) zunächst eine geeignete Grundmenge an Artikeln, die sie anhand einer alle relevanten Publikationen der Jahre 1979–1985 umfassenden Grafik illustrierten. Obwohl sie feststellen, dass das Interesse an Organisationskultur im Jahr 1982 plötzlich und stark gewachsen war und dass sich die Idee rasch ausgebreitet hatte (ebd., S. 32), verzichten sie auf den Gebrauch des Begriffs Managementmode. Soweit wir wissen, kommt es zu einem Einsatz einer den Printmedienindikatoren verwandten Methode mit dem Ziel, das Interesse an populären Organisationskonzepten nachzuvollziehen, erstmals durch Pascale (1990, S. 20). Zu Illustrationszwecken lieferte er einen „Influence Index" mit einer Zählung der *Erwähnungen* von 27 verschiedene Organisationskonzepten in einer Anzahl von Publikationen, allerdings ohne dieses Vorgehen näher zu diskutieren.

Die Suche in Datenbanken erscheint als kostengünstige, überschaubare und lösbare Übung. Dennoch können sich diese vermeintlichen Vorteile als teuer erkauft erweisen, wie wir im Folgenden zeigen möchten, da ein unüberlegter Einsatz der Methode zu fehlerhaften Schlussfolgerungen führt. So werden Printmedienindikatoren bisweilen als direkter Gradmesser der Beliebtheit eines Organisationskonzeptes in der Praxis missverstanden. Diese Beziehung ist aber eher indirekter Art, insbesondere da interne Vorgänge bei den Medien den Gehalt von Printmedienindikatoren beeinflussen. Außerdem kommt den Printmedien bei der Verbreitung von Organisationskonzepten nicht nur die Rolle eines passiven Kanals zu, sondern durch die unterschiedlichen Autoren, die ihre vielfältigen Vorstellungen an verschiedenste Zielgruppen richten, auch die eines aktiven Teilhabers an der Neu- und Umgestaltung dieser Konzepte (vgl. Chen/Meindl 1991; Shoemaker/Reese 1991). Die Forschung anhand von Printmedienindikatoren sollte diese aktive Rolle der Medien so weit wie möglich berücksichtigen.

Nach der Bestimmung der Popularität in den Printmedien in der beschriebene Weise können eine Auswertung der ermittelten Datensätze und eine Analyse der entsprechenden Publikationen Erkenntnisse über die Wahrnehmung eines Organisationskonzepts in verschiedenen Printmedien-Bereichen oder sogar über seinen Einsatz in der Praxis liefern. Dies wird mittels einer als „Inhaltsanalyse" bezeichneten Methode erreicht, als die jedwede systematische Vorgehensweise gelten kann, die zur Untersuchung des Inhalts gesammelter Informationen entwickelt wurde (vgl. Gunter 2000, S. 56). Zwar könnten Printmedienindikatoren als eine spezielle Variante der Inhaltsanalyse angesehen werden, wir jedoch sind der Ansicht, dass sie lediglich den Ausgangspunkt zu einer Auseinandersetzung mit Organisationskonzepten bilden. Mit der Inhaltsanalyse werden die gewonnenen Resultate tiefgehender untersucht und die sich aus der systematischen Sammlung von Verweisen in Datenbanken ergebenden Texte schließlich ausgewertet. In diesem Sinn sollten Printmedienindikatoren von verwandten Methoden unterschieden werden. Das Auszählen der Erwähnungen eines Organisationskonzeptes in ausgewählten Veröffentlichungen, wie bei Pascale (1990), mag Aussagen über die Beachtung des Konzeptes ermöglichen, liefert aber keine breite Basis an auswertbaren Texten.

Eine weitere vergleichbare Methode ist die Zitatanalyse, die statistische Untersuchungen zur Häufigkeit der Zitierungen sowohl von einzelnen Artikeln als auch von wissenschaftlichen Zeitschriften als Ganzes erlaubt. Im Zusammenhang mit Organisationskonzepten konnte der Einsatz der Zitatanalyse das Maß der Aufmerksamkeit, die einer Bahn brechenden Veröffentlichung zuteil geworden ist, aufzeigen. Allerdings ist die Methode naturgemäß auf wissenschaftliche Journale ausgerichtet, da in Artikeln der auflagenstarken Wirtschaftsmagazine auf die Angabe von Zitatinformationen meist verzichtet wird und sie demnach für eine Untersuchung nicht infrage kommen. Darüber hinaus findet – anders als bei Printmedienindikatoren – eine Betrachtung der Verbreitung des Konzepts in den verschiedenen Untergruppen der Printmedien ebenso wenig statt wie eine Untersuchung der Interpretationen des Konzeptes und des jeweiligen Kontextes, in den es gesetzt wurde.

In den folgenden Abschnitten möchten wir die Einsatzmöglichkeiten wie auch die Grenzen von Printmedienindikatoren aufzeigen. Den Ausgangspunkt bildet die Qualität des Materials, das aus gängigen bibliografischen Datenbanken gewonnen werden kann.

2   Datenerhebung und Datenaufbereitung

Die Verwendung einer bibliografischen Datenbank für die Untersuchung von Organisationskonzepten ist erheblich von der Zusammensetzung der Datenbank geprägt. Welche Quellen wurden berücksichtigt, wie ist sie strukturiert und inwieweit kann sie als – im Hinblick auf das gewählte Thema – repräsentativ angesehen werden? Besteht hierüber Klarheit, folgt als nächster Schritt der Datenabruf anhand eines angemessenen Suchverfahrens. Beide Schritte werden im Folgenden diskutiert.

Zusammensetzung der Datenquelle

In der Vergangenheit sind Untersuchungen anhand von Printmedienindikatoren vielfach ohne eine Berücksichtigung der Zusammensetzung der genutzten Datenbanken erfolgt (Abrahamson 1996; Boogaard/Vermeulen 1997; Abrahamson/Fairchild 1999). Ein Verständnis dessen, was über das der Datenbank zugrunde liegende Portfolio an Datensätzen festgestellt werden kann, ist jedoch von entscheidender Bedeutung, da das Ergebnis der Datensuche a) von den spezifischen Charakteristika der Datenbank sowie b) von der Gesamtzahl der Veröffentlichungen über das betrachtete Organisationskonzept abhängt. Bedauerlicherweise fällt es ausgesprochen schwer, die Inhalte von Datenbanken zu vergleichen, da eine übergreifende, nach Eigenschaften gegliederte Erfassung von Datenbanken bisher fehlt (Read/Smith. 2000; De Stricker 1998). Für weitergehende Informationen zu Inhalt und Umfang ist oft eine Kontaktaufnahme zu Mitarbeitern der Institution, die die relevante Datenbank verwaltet, notwendig. Im verbleibenden Teil dieses Abschnitts möchten wir die genannten Punkte anhand einer Auswahl von Datenbanken, bestehend aus *ABI/Inform*, *Web of Science* und den deutschen Datenbanken *WISO I* und *GVK*, illustrieren. Lediglich der GVK ist als Webseite ohne ein entsprechendes Abonnement frei zugänglich.

Einige empfehlenswerte Datenbanken (Stand Dezember 2007)

WISO Wirtschaftswissenschaften
WISO Wirtschaftswissenschaften wird von dem Unternehmen GBI-Genios Deutsche Wirtschaftsdatenbank betrieben und ist wesentlich auf die deutsche Fachpresse der Bereiche Betriebs- und Volkswirtschaft ausgerichtet. Die Datenbank erlaubt ihrerseits einen Zugriff

auf Verzeichnisse wie *Betriebswirtschaftliche Literatur (BLISS)*; *ECONIS* und *FINECON*. Auch der *Kölner Betriebswirtschaftliche Katalog* und der *Katalog Volkswirtschaft und Politik* des Müchener ifo-Instituts sind mittlerweile integriert. Die Datenbanken enthalten 2.959.000 Literaturnachweise aus deutsch- und englischsprachigen wirtschaftswissenschaftlichen Zeitschriften. Ein Teil der Quellen ist auch als Volltext zugänglich, für etwa 340 der in WISO Wirtschaftswissenschaften erfassten Zeitschriften kann zudem eine separate Volltextlizenz erworben werden.

Gemeinsamer Verbundkatalog ‚GVK' (Stand Dezember 2007)
Etwa 450 Bibliotheken sind dieser frei zugänglichen, verschiedene Medien umfassenden Datenbank angeschlossen (http://gso.gbv.de). Es handelt sich um eine Erweiterung des niederländischen Picarta-Systems, das bereits mehrere Millionen Veröffentlichungen aus mehreren Ländern enthielt, bevor es um deutsche Quellen erweitert wurde und mittlerweile eine breite und umfangreiche Datenbasis bildet. Der GVK ist allerdings eher zur Suche nach Büchern geeignet denn zum Auffinden von Beiträgen in Periodika. Insgesamt enthält der GVK ca. 56 Mio. Einträge.

ABI/Inform Global (Stand Dezember 2007)
ABI/Inform ist über die Internetseite des Such- und Informationssystems ProQuest zugänglich und zielt vornehmlich auf die englischsprachige Wirtschaftspresse ab. Eine entsprechende Suchanfrage ergibt die Anzahl von 2.860 enthaltenen Zeitschriften. Dies sind zum Großteil englischsprachige Journale, die außerhalb der USA erscheinen. Die Nutzer können Veröffentlichungsdaten einschließlich kurzer Zusammenfassungen oder, soweit vorhanden, einschließlich der Volltexte ermitteln. Ein interessantes Merkmal ist die Möglichkeit, Suchanfragen auf wissenschaftliche Zeitschriften zu beschränken. Die Datenerfassung beginnt mit dem Jahr 1971.

Web of Science
Web of Science eröffnet dem Nutzer Zugang zu wissenschaftlichen Zeitschriften aus einer großen Bandbreite an Disziplinen und Sprachen mit mehr als 33 Millionen erfassten Artikeln seit 1945. Das Angebot gliedert sich in Teildatenbanken aus den Bereichen Sozialwissenschaft (1.950 Zeitschriften, zu 60% der seit 1992 erschienenen Artikel sind Zusammenfassungen erhältlich), Kunst- und Geisteswissenschaft (1.160 Zeitschriften) sowie Allgemeinwissenschaft (6.650 Zeitschriften, zu 70% der seit 1991 erschienenen Artikel sind Zusammenfassungen erhältlich). Enthalten sind neben Quellenangaben und Zusammenfassungen bisweilen auch Verweise auf Internetseiten außerhalb von Web of Science, auf denen Volltext-Versionen der jeweiligen Artikel erhältlich sind.

Charakteristika von Datenbanken

In diesem Abschnitt werden zentrale Charakteristika von Datenbanken erörtert. Wie bereits festgestellt wurde, sind diese Eigenschaften von Bedeutung, da das Ergebnis einer Suche als Funktion dieser Eigenschaften angesehen werden muss.

Ausrichtung der Datenbank
ABI/Inform ist in erster Linie auf Wirtschaftsmagazine und wissenschaftliche Managementzeitschriften ausgerichtet, während Web of Science auf Wissenschaftszeitschriften aller Disziplinen und GVK vor allem auf Buchpublikationen abzielt. Dieser Unterschied macht deutlich, weshalb die Resultate einer Datenbankabfrage nicht notwendigerweise ein getreues Abbild der in der praxisorientierten Wirtschaftspresse diskutierten Themen liefern. Wiederum muss im Ergebnis gewährleistet sein, dass die gewonnenen Daten nicht durch die Zusammensetzung der Datenbank verzerrt sind, sondern ein treffendes Spiegelbild des Diskurses wiedergeben.

Anzahl der in verschiedenen Jahren erfassten Publikationen
Weiterhin muss kontrolliert werden, ob die Resultate nicht durch Unregelmäßigkeiten bei der Zahl der in verschiedenen Jahren erfassten Publikationen zustande kommen. Schließlich muss die Möglichkeit von Nachträgen oder Rückwärtserweiterungen berücksichtigt werden. Viele Datenbanken enthalten Verweise auf Artikel aus der Zeit vor ihrer Einrichtung und es dauert einige Zeit, bis ältere Literaturquellen vollständig in die Datensammlung einbezogen sind. Eine im September 1998 durchgeführte Abfrage des niederländischen OnLine-Contents-(OLC-)Systems zum Stichwort Business Process Reengineering im Zeitraum 1992–1997 etwa ergab 1.969 Treffer. Das selbe Stichwort führte im November 2000 für ebendiesen Zeitraum zu 2.027 Nennungen (Heusinkveld/Benders 2000). Für die Praxis bedeutet dies, dass im Fall des Zugriffs über Webseiten der Zeitpunkt bzw. die Zeitpunkte der Datenbankabfrage angegeben werden müssen.

Die relative Bedeutung verschiedener Sprachen
Anders als ABI/Inform enthält WISO I Publikationen sowohl in deutscher als auch in englischer Sprache. Insofern kann WISO I für sprachübergreifende Analysen der Popularität von Organisationskonzepten genutzt werden. Hierfür wird eine Einschätzung der Anteile der in jeweils einer Sprache gehaltenen Publikationen an der Datenbank benötigt, zu denen die Trefferzahlen anschließend in Beziehung gesetzt werden können. Im Fall von WISO I steht eine vollständige Liste aller erfassten Periodika (sowohl Zeitungen als auch Zeitschriften) zur Verfügung, die für eine solche Einschätzung eingesetzt werden kann.

Die relative Bedeutung verschiedener Disziplinen
Die Popularität von Organisationskonzepten kann sich auf verschiedene Disziplinen erstrecken. Selbstverständlich hängt die Anzahl der Treffer innerhalb einer bestimmten Disziplin vom Anteil dieser Disziplin an der Datenbank ab. So konzentrieren sich sowohl ABI/Inform als auch WISO I auf Management-Literatur, weshalb Veröffentlichungen aus anderen Bereichen (etwa dem Gesundheitswesen), wo das Konzept eingesetzt worden und entsprechende Berichte entstanden sein könnten, unentdeckt bleiben.

Einbezogene Mediengattungen
Auch wenn sich das Forschungsinteresse auf die Wirtschaftspresse konzentrieren mag und die Datensuche deshalb auf Artikel in Managementmagazinen beschränkt wird, so können doch auch andere Medien in eine Untersuchung einbezogen werden. Managementbücher sind ohne Zweifel eine signifikante Informationsquelle und in letzter Zeit haben elektronische Medien an Bedeutung gewonnen. Der GVK kann zur Suche nach dieser Art

von Quellen genutzt werden, da er neben Periodika auch Bücher, Konferenzberichte, Arbeitspapiere, Doktorarbeiten, Mikrofilme und elektronische Quellen erschließt.

Verwendung mehrerer Datenbanken

Eine Möglichkeit, der Verzerrung von Ergebnissen durch die spezifische Zusammenstellung einzelner bibliografischer Datenbanken zu entgehen, ist die Verwendung mehrerer solcher Kataloge. Dies erscheint besonders sinnvoll, wenn zwei oder mehr Datenbanken als einander ergänzend angesehen werden können. Das in der folgenden Grafik dargestellte Beispiel basiert auf zwei Datenbanken. Sie zeigt einen sinuskurven-ähnlichen Verlauf, der für Managementmoden kennzeichnend ist (Nijholt/Benders 2007). In diesem Fall wurden Trefferzahlen aus dem *OLC* und der *Management-CD-ROM* (eine mittlerweile stillgelegte Datenbank) kombiniert, da die Nacherfassung von Publikationen im *OLC* als nicht ausreichend betrachtet wurde und man sich von der *Management-CD-ROM* ein akkurateres Bild der Intensität der Debatte um Gruppenarbeit in früheren Jahren versprach. Selbstverständlich müssen sämtliche Überschneidungen erfasst werden, wie hier in der Kategorie „Beide", die die in beiden Datenbanken gefundenen Artikel umfasst.

Abbildung 1: Printmedienindikatoren zu ‚*zelfsturende teams*' (Gruppenarbeit); Kombination aus OnLine Contents und Management CD

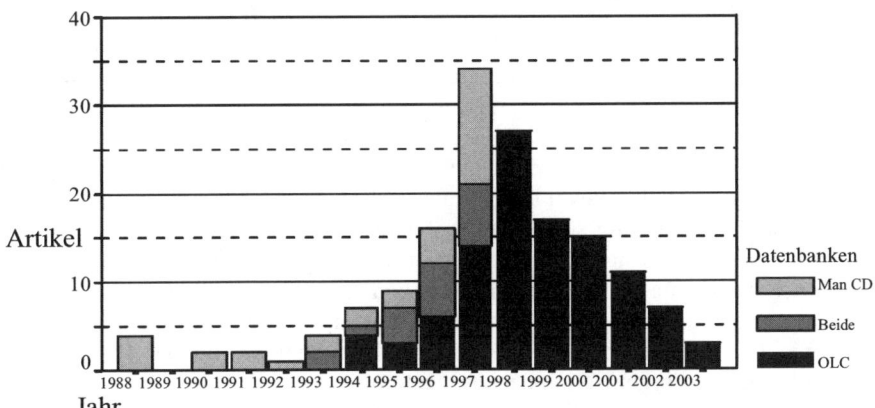

Quelle: Nijholt/Benders 2007

Suchverfahren

Das Ergebnis der Datenbankabfrage ist auch eine Funktion des Suchverfahrens, mit Hilfe derer Veröffentlichungen zusammengetragen werden. Die Vorgehensweise bei der Suche besteht aus zwei wichtigen Phasen. Zunächst muss ein Verständnis dafür entstehen, wie das zu untersuchende Organisationskonzept umschrieben und in angemessenen Schlagwörtern operationalisiert werden kann. Im zweiten Schritt muss die Suchanfrage an die Sprache und das Format des gewählten Informationssystems angepasst werden.

Organisationskonzepte

Datenbanknutzer stehen stets vor dem Problem, Suchanfragen in verschiedene Suchbegriffe herunter brechen sowie Eingabe- und Kombinationsmöglichkeiten festlegen zu müssen. Dabei ist wichtig, dass die Zweidimensionalität von Organisationskonzepten erkannt wird: Die *Bezeichnung* des Konzeptes als die eine, sein *Inhalt* als die andere Dimension. Naturgemäß wird zunächst die Bezeichnung für die Untersuchung anhand von Printmedienindikatoren genutzt. Organisationskonzepte – insbesondere Managementmoden – unterliegen allerdings stets einem gewissen Interpretationsspielraum (vgl. Ortmann 1995; Benders/Van Veen 2001; Giroux, 2006): Von eher unspezifischer Natur und unbestimmtem Charakter können sie in verschiedenen Kontexten angewendet werden. Aus diesem Grund werden sie für verschiedene wissenschaftliche oder fachliche Bereiche oder spezifische organisationale Umfelder unterschiedlich interpretiert. Schafft ein Organisationskonzept den Sprung über die Landesgrenzen, wird die zugehörige Bezeichnung womöglich übersetzt oder es findet gar eine Umbenennung statt. Ein weiteres Problem entsteht, wenn Synonyme existieren. Die Abkürzung „BSC" zum Beispiel kann „Balanced Scorecard" bedeuten, wird aber auch von einer Vielzahl von Sportvereinen im Namen geführt (z. B. Berliner Sportclub, Berner Sportclub). Solche mit Organisationskonzepten unverwandte Bedeutungen sollten in der Trefferliste eliminiert werden.

Illustriert wird dies durch die Rezeption des Organisationskonzepts „Business Process Reengineering" (BPR) in den Niederlanden. Viele Artikel über BPR führten im Titel lediglich den Begriff „Reengineering". Wird dieser als Suchbegriff eingesetzt, erhält man eine bedeutende Zahl irrelevanter Treffer, da er nicht nur im Zusammenhang mit Geschäftsprozessen, sondern eben auch mit rein technischen Systemen verwendet wird. Solche Treffer müssen als „falsch positiv" identifiziert werden (Deacon, 2007). Andererseits bleiben bei Verwendung des exakteren Begriffs „Business Process Reengineering" solche Veröffentlichungen unerkannt, deren Überschrift nur das „Reengineering" enthält. Sie müssen, so sie tatsächlich relevant sind, als „falsch negative" Treffer gelten (Deacon, 2007). BPR ist als Abkürzung sowohl für „Business Process Reengineering" als auch für „Business Process Redesign" genutzt worden. Wie bereits erläutert, kann ein Organisationskonzept auch inhaltliche Änderungen erfahren. Im IT-bezogenen Diskurs der Niederlande ist eine ausgeprägte Neigung zu erkennen, den BPR-Ansatz für Methoden der Systementwicklung zu übernehmen. Während hier die Analyse von Geschäftsprozessen im Vordergrund stand und organisationaler und technologischer Wandel durchaus ausgewogen behandelt wurden, sah sich BPR in der allgemeinen Diskussion der Kritik ausgesetzt, lediglich als Euphemismus für Beschäftigungsabbau zu dienen (Heusinkveld/Benders 2000).

Anschließend muss eine Grenze definiert werden, ab der Texte als irrelevant im Sinne des untersuchten Organisationskonzepts gelten müssen. Dies bedeutet eine schwierige Entscheidung, die in hohem Maße von der der Untersuchung zugrunde liegenden Fragestellung abhängt. Zunächst sind hierzu präzise ausgearbeitete Kriterien notwendig, anhand derer relevante Artikel identifiziert werden können und die sich – wie im Folgenden dargestellt – auf einer gedachten Trennschärfenskala einordnen lassen. Die Diskussion des Organisationskonzepts im Kontext anderer Themenfelder oder als eine von verschiedenen unabhängigen, für seine Popularität signifikanten Variablen (Barley et al. 1988) etwa kann als relevant im Sinne der Untersuchung angesehen werden. Dann könnten nahezu alle

Treffer der Suchanfrage – von fachfremden Synonymen abgesehen – für das Untersuchungsergebnis gezählt werden. Das andere Ende der Skala bildet eine auf grundlegende Beiträge und empirische Daten zu einer engen Auslegung des Organisationskonzeptes abzielende Untersuchung. Hier müssen Artikel, die das Organisationskonzept lediglich erwähnen, als irrelevant angesehen werden, und die verbleibenden Veröffentlichungen eine konsistente Interpretation des Konzeptes aufweisen. Bei Zweifel sollen die Texte von mehreren Wissenschaftlern anhand vorher festgelegter Kriterien beurteilt werden, um die Reliabilität der Ergebnisse zu überprüfen. In Zweifelsfällen sollen Konsenslösungen gesucht werden.

In manchen Fällen kann gar die Schreibweise das Ergebnis beeinflussen: Die Untersuchung des Balanced-Scorecard-Konzeptes mit einer Suche in OLC für die Jahre 1992–1999 ergab mit dem Suchbegriff „scorecard" 453 Treffer und in der Kombination der Begriffe „scorecard" und „balanced" 155 Treffer (Aubel 2000). Die Verwendung des Suchbegriffs „score card" erbrachte sechs weitere relevante Artikel.

Bei der Forschung anhand von Printmedienindikatoren kann daher ein iteratives Vorgehen sinnvoll sein. Ist die erste Suche bezüglich eines Ausgangsbegriffs erfolgt, kann die Auswertung der gefundenen Texte neue Bezeichnungen ergeben, die ihrerseits in bibliografischen Datenbanken abgefragt werden und weitere Einsichten zur Verbreitung des Konzeptes über verschiedene thematische oder sprachliche Grenzen erbringen können.

Suchfelder

Eine weitere bedeutende Eigenschaft von bibliografischen Datenbanken ist die Art und Weise, in der die Suchbegriffe mit dem zugrunde liegenden Portfolio an Datensätzen verbunden werden. Eine Datenbank erlaubt üblicherweise die Klassifizierung von Suchbegriffen als (1) Titel der Publikation, (2) der Veröffentlichung zugeordnetes Schlagwort, (3) in der Zusammenfassung des Textes erscheinende Wörter oder (4) eine Kombination der ersten drei. Ein Beispiel für die letzte Variante ist der Modus „Alle Wörter" im GVK. Zunehmend ermöglichen Datenbanken die Suche im Volltext von Veröffentlichungen und den Online-Zugang zu den ermittelten Treffern.

Wenn eine Spezifizierung der Art der aufzufindenden Quellen (z. B. Bücher, Artikel, Internetquellen) gewünscht wird, muss geklärt werden, inwieweit die genutzte Datenbank eine solche Unterscheidung während des Suchvorgangs erlaubt. Im Fall des GVK ist es möglich, die Art der aufzufindenden Quellen auszuwählen (siehe Abbildung 2).

Abbildung 2: Maske für die erweiterte Suche im GVK

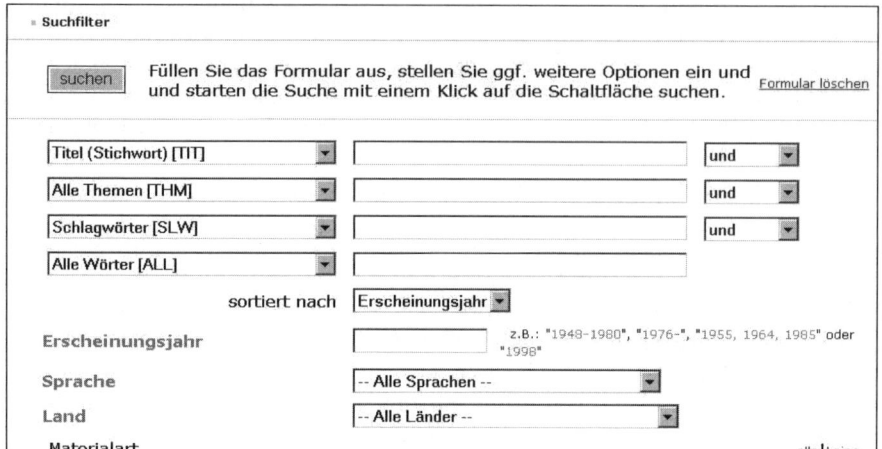

Quelle: http://gso.gbv.de/xslt/DB=2.1/ADVANCED_SEARCHFILTER

Die Benutzung von Stichwörtern ist selbsterklärend, ebenso wie weit verbreitete Boole'sche Operatoren, etwa AND oder NOT. Problembehafteter ist die Verwendung von Schlagwörtern. Datenbankeinträge können sich auf die von den Autoren eines Artikels angegebenen Schlagwörter beschränken. Da aber nicht alle Verfasser ihre Artikel mit Schlagwörtern versehen, wird eine Suche mit der Bezeichnung des Organisationskonzepts als Schlagwort nicht alle relevanten Veröffentlichungen ermitteln, wenn entweder gar keine Schlagwörter verzeichnet sind oder Synonyme verwendet werden. Bisweilen werden Schlagwörter von den die Datenbank pflegenden Mitarbeitern hinzugefügt. Dabei ist die Qualität dieses Prozesses entscheidend. Im Idealfall verfügen Datenbanken über ein Synonymverzeichnis mit allen erlaubten Schlagwörtern. Hat das untersuchte Organisationskonzept den Status eines Schlagwortes erreicht, sollten alle relevanten Artikel ohne Angabe von alternativen Schreibweisen oder Synonymen aufgefunden werden. ABI/Inform ermöglicht die Suche mithilfe eines solchen Thesaurus. Als Nachteil könnte sich die Tatsache erweisen, dass neuere Organisationskonzepte womöglich noch nicht in den Schlagwortkatalog aufgenommen worden sind. Web of Science nutzt sowohl die von den Autoren angegebenen Schlagwörter als auch ein *Key Word Plus* genanntes System, das Schlagwörter aus Wörtern oder Wortgruppen generiert, die in den Überschriften der zitierten Quellen eines Artikels wiederholt auftauchen. Wird ein Zusammenhang dieser Schlagwörter zum Inhalt des Artikels unterstellt, können sie auch zur Suche nach weiteren Artikeln mit ähnlicher Literaturverwendung eingesetzt werden.

3 Datenanalyse und Dateninterpretation

Nach der Durchführung der Suche können die Ergebnisse mithilfe verschiedener Programme gespeichert werden, etwa Excel, SPSS oder Access. Besteht das Ziel der Untersuchung schlicht darin, das steigende Interesse an einem bestimmten Organisationskonzept in einer bibliografischen Datenbank aufzuzeigen, können diese Programme zu einer Darstellung der Resonanz des Konzepts in der Datenbank und zu der Entwicklung über mehrere Jahre genutzt werden. In diesem Fall sollte die Anzahl der gefundenen Artikel eines Jahres ins Verhältnis zu der Gesamtzahl der in der Datenbank für dieses Jahr aufgeführten Veröffentlichungen gesetzt werden, was im Fall einer typischen Managementmode in einer glockenförmigen Kurve resultiert.

Die Auswertung kann allerdings deutlich hierüber hinaus gehen. Wir stellen im Folgenden verschiedene Möglichkeiten unter den Überschriften „Trefferanalyse", „Inhaltsanalyse" und „Einblicke in die Praxis" vor.

Trefferanalyse

Sind die gefundenen Datensätze erst einmal zusammengestellt, können verschiedene Formen der Datenanalyse durchgeführt werden. Die Analysen sollten zwar prinzipiell auf Basis der der Untersuchung zugrunde liegenden Hypothesen erfolgen, dennoch möchten wir an dieser Stelle einige übliche Auswertungsschemata erläutern.

So können die gefundenen Artikel etwa nach der Zielgruppe der jeweiligen Printmedien unterschieden werden, um zu identifizieren, wo das Organisationskonzept eine besondere Wirkung erzielt hat. Kriterien wie die Existenz eines Herausgeberausschusses oder die (häufige) Verwendung von Zitaten können zur Unterscheidung zwischen wissenschaftlichen und anwendungsorientierten Zeitschriften herangezogen werden. Anschließend sollten die Beurteilungen, inwiefern eine Zeitschrift diesen Kriterien entspricht, verglichen werden (Benders/van Bijsterveld 2000). Barley et al. (1988) befragten ein Panel von Auskunftspersonen zur Einordnung von Zeitschriften als eher wissenschaftlich oder eher praxisorientiert und fanden so heraus, dass die Aufmerksamkeit für das Thema Organisationskultur in der an Anwender gerichteten Presse am größten war. ABI/Inform nimmt seinen Nutzern diese Unterscheidung ab und ermöglicht so die Beschränkung der Suche auf wissenschaftliche Journale.

Weiterhin variiert die Popularität eines Konzeptes oft zwischen verschiedenen Disziplinen. Sie kann für verschiedene wissenschaftliche oder thematische Felder anhand der in Zeitschriften üblicherweise angegebenen Klassifikationen ermittelt werden. Bisweilen werden diese Klassifikationen auch einzelnen Veröffentlichungen in Zeitschriften zugewiesen. Ponzi und Koenig (2002) haben Klassifizierungen aus mehreren Datenbanken genutzt, um die Veröffentlichung von Artikeln zu Wissensmanagement in verschiedenen Disziplinen über mehrere Jahre nachzuvollziehen.

Durch das Einbeziehen oder Herauslassen von Artikeln bestimmter Sprachen kann das Interesse an einem Konzept in verschiedenen Sprachgebieten verglichen werden. Selbstverständlich hängen die Ergebnisse in hohem Maße von der Frage ab, ob die (meist in englisch gehaltene) Originalbezeichnung übersetzt worden ist.

Die genannten Unterscheidungen nach Zielgruppen sollte allerdings unter Berücksichtigung der Anteile der Zielgruppen an der bibliografischen Datenbank vorgenommen werden. Im Idealfall wird die Anzahl von Veröffentlichungen zu einem bestimmten Organisationskonzept in einer definierten Teilmenge (z. B. deutsche Artikel zum Thema BPR in IT-bezogenen Zeitschriften) ins Verhältnis zu der Gesamtzahl der Veröffentlichungen in der Teilmenge gesetzt (z. B. alle Artikel aus IT-bezogenen Zeitschriften), so dass die Auswertung mit anderen Disziplinen, die einen höheren oder niedrigeren Anteil an der Datensammlung haben, verglichen werden kann. Leider ist dies nicht immer möglich.

Schließlich könnte ein Interesse daran bestehen, weniger die verschiedenen Zielgruppen als vielmehr die Produzenten des Diskurses zu einem Organisationskonzept zu betrachten. Da viele Zeitschriften und Magazine biografische Informationen zu den Verfassern angeben, kann auch die Autorenschaft relevanter Artikel untersucht werden. Ist keine Information vorhanden, handelt es sich im Normalfall um – feste oder freie – Journalisten. Die Betrachtung dieser „Lieferanten" eines Organisationskonzeptes lenkt die Aufmerksamkeit auf die Funktion von Medien bei der Verbreitung von Konzepten. Ein im Verhältnis zu Journalisten und Wissenschaftlern hoher Anteil von Unternehmensberatern unter den Autoren, die zu einem bestimmten Konzept publizieren, weist auf die Nutzung der Medien als Podium zur Bewerbung von auf dem Organisationskonzept aufbauenden Beratungsprodukten und -leistungen hin. Dagegen haben Nijholt/Benders (2007) anhand des Anteils von Wissenschaftlern an Veröffentlichungen zum Thema Gruppenarbeit in praxisorientierten Publikationen gezeigt, wie dieses Organisationskonzept seinen Weg aus der akademischen in die Welt der Praxis gefunden hat.

Inhaltsanalyse

Keine der bisher aufgezeigten Analysemöglichkeiten hat den Inhalt der gefundenen Veröffentlichungen zum Gegenstand. Der Überbegriff *Inhaltsanalyse* erfasst ein breites Spektrum der Betrachtung von Texten, das jedwedes systematische Vorgehen zur Analyse des Inhalts niedergelegter Information umfasst (vgl. Gunter 2000, S. 56). Inhaltsanalysen werden für verschiedenste Zwecke eingesetzt, etwa bei der Untersuchung des symbolischen Gehalts der Fernsehwerbung zur Erfassung der damit transportierten Werte (ebd., S. 86) oder zur Messung der Lesbarkeit von Texten durch eine Zählung langer, kurzer und zusammengesetzter Wörter (Krippendorf 1980, S. 41). Sogar im Kontext der Forschung zu Organisationskonzepten sind quantitative Inhaltsanalysen verschiedentlich und mit unterschiedlichen Methodologien angewendet worden. Einige Beispiele werden im Folgenden vorgestellt.

Eine Inhaltsanalyse kann zur Erfassung der Bewertung eines Organisationskonzeptes in den Medien dienen. Abrahamson/Fairchild (1999) haben in einer ausführlichen Auswertung der Zusammenfassungen in der ABI/Inform-Datenbank die Entwicklung der Präsenz von „Qualitätszirkeln" in der Presse nachvollzogen. Dabei zählten sie die Häufigkeit von Wörtern aus vier definierten Gruppen positiver, negativer, kognitiver und emotionaler Begriffe. Für die Anstiegsphase der für Managementmoden typischen Sinuskurve zeigten die Resultate einen positiven, emotionalen und wenig schlüssigen Diskurs (ebd., S. 26).

Barley et al. (1988) haben Printmedienindikatoren als Ausgangspunkt für den Nachweis des steigenden Interesses der Medien am Thema Organisationskultur genutzt. Anschließend teilten sie die Treffer nach wissenschaftlichen und anwendungsorientierten Zeitschriften auf und führten eine Inhaltsanalyse beider Treffergruppen für den Beginn der Veröffentlichungswelle durch. Schließlich identifizierten sie Schlüsselbegriffe, die eine bestimmte Idee oder Sichtweise zum Thema Organisationskultur repräsentieren (z. B. „Alternative Paradigm", „Normative Control", „Rational Control" usw.) und zählten die Häufigkeit dieser Begriffe in allen Texten. Im Ergebnis stellten sie bei wissenschaftlichen Zeitschriften eine Zunahme solcher Schlüsselbegriffe fest, die zunächst eher in anwendungsorientierten Zeitschriften aufgetaucht waren. Der praxisorientierte Diskurs hatte also eher einen Einfluss auf den wissenschaftlichen als andersherum.

Carson et al. (2000) analysierten eine Anzahl von Veröffentlichungen zu verschiedenen Managementmoden und werteten jedes Konzept hinsichtlich seiner Charakteristika aus (z. B. Schwierigkeit der Umsetzung, Ängste schürend usw.). Diese Daten setzten sie zur Bestimmung einer Beziehung zwischen den Eigenschaften einer Managementmode und dem Lebenszyklus der Mode in den Medien ein. Demnach weisen neuere Managementmoden kürzere Lebensspannen auf (gemessen an der Kurve der Printmedienindikatoren). Außerdem konnte ein – wenn auch schwacher – statistischer Zusammenhang zwischen bestimmten Typen von Managementmoden und ökonomischen Kennzahlen festgestellt werden. So kommen fertigungsorientierte Managementmoden eher bei ungünstigen Handelsbilanzwerten zum Tragen.

Einblicke in die Praxis

Die Rezeption eines Organisationskonzeptes kann als die dem Konzept von verschiedenen diskursiven Teilgruppen der Medien entgegengebrachte Aufmerksamkeit operationalisiert werden. Auch wenn Printmedienindikatoren nicht als unmittelbare Widerspiegelung der Popularität in der Unternehmenspraxis missinterpretiert werden sollten, so kann doch die relative Popularität in verschiedenen fachlichen Bereichen der Medien Einsichten zur Anwendung eines Konzeptes in der Praxis liefern. Ist ein Großteil der aufgefundenen Texte in Zeitschriften aus dem Bereich Gesundheitswesen erschienen, kann daraus auf einen häufigeren Einsatz des Konzeptes im Gesundheitswesen geschlossen werden.

Dies ist nicht der einzige Weg, Printmedienindikatoren und Unternehmenspraxis zueinander in Beziehung zu setzen. Durch die Analyse des Inhalts von Veröffentlichungen können Texte bestimmt werden, die über den medialen Rahmen hinausgehen und zeigen, wie Organisationskonzepte angewendet werden. Auch ein solches Vorgehen kann als Inhaltsanalyse bezeichnet werden, allerdings hatten die hierzu bislang vorgestellten Beispiele das Erscheinungsbild von Organisationskonzepten *in den Medien selbst* zum Gegenstand. Nun argumentieren wir hingegen, dass eine eher qualitative Analyse der Volltexte tiefere Einsichten in die Wahrnehmung des Konzeptes *in verschiedenen Bereichen der Praxis* zu liefern und die Entwicklung im Zeitablauf oder in verschiedenen Disziplinen zu beleuchten vermag. Die Betrachtung der Texte kann empirische Daten hervorbringen (Erhebungen, Fallstudien usw.), die nicht nur verschiedene Aspekte der Anwendung des Konzeptes, sondern auch die Häufigkeit des Einsatzes betreffen können. Solche Daten zur Häufigkeit des Einsatzes sind ein echter Indikator der Popularität eines Konzeptes, allerdings sind entsprechende Untersuchungen kostspielig und methodisch oft schwierig. Zudem stellt sich angesichts der Organisationskonzepten innewohnenden Interpretationsspielräume die Frage nach der Operationalisierung in treffenden Begriffen. Aus diesem Grund sind Daten zu Einsatzhäufigkeiten eher rar, womit wiederum begründet ist, weshalb Printmedienindikatoren die am stärksten verbreitete Methode zur Betrachtung der Popularität von Organisationskonzepten darstellen.

4 Anwendungsbeispiel

Das Organisationskonzept „Lean Production" (LP) wurde mit dem Erscheinen des Buches *The Machine That Changed the World* (Womack/Jones/Roos 1990) bekannt. Innerhalb eines Jahres nach ihrer Veröffentlichung musste die deutsche Übersetzung *Die zweite Revolution in der Autoindustrie* (Womack/Jones/Roos 1991) sieben Mal nachgedruckt werden. Das hier vorgestellte Anwendungsbeispiel zeigt den Einsatz von Printmedienindikatoren zur Untersuchung der Rezeption von „Lean Production" in Deutschland in den Jahren 1992–1997 (eine ausführlichere Darstellung findet sich bei Benders/Van Bijsterveld 2000). Als bibliografische Datenbank wurde *Online Contents (OLC)* ausgewählt. Sie enthält ein breites Spektrum an wissenschaftlichen und anwendungsorientierten Zeitschriften aus unterschiedlichen Themenbereichen. Im Untersuchungszeitraum (1996 bis 1998) enthielt OLC Quellenangaben aus über 12.500 Zeitschriften. Seit 1992 aufgebaut wurden auch ältere Veröffentlichungen in die Datenbank einbezogen mit dem Ergebnis einer begrenzten Zahl von Verweisen aus dem Jahr 1991. Ein Sprecher von OLC schätzte den Anteil englischsprachiger Zeitschriften in der Datenbank auf 75%, den deutschsprachiger Publikationen auf 5 bis 8%.

Das Suchverfahren umfasste zunächst eine Suche in den Artikelüberschriften aus den Inhaltsverzeichnissen der in der OLC-Datenbank enthaltenen Publikationen. Als Suchbegriffe wurden „lean", „lean production" und „lean management" verwendet. Um einen nachvollziehbaren Vergleich der Popularität des Konzeptes in der deutsch- und der englischsprachigen Hemisphäre zu ermöglichen, wurde auf eine deutsche Übersetzung zugunsten der originären englischen Begriffe verzichtet (vgl. Tabelle 1). Die Bewertung der Relevanz der Treffer erfolgte auf Basis der Titel der Veröffentlichungen. Jedwede Verwendung des Wortes „lean" im Zusammenhang mit Geschäfts- oder Managementpraktiken wurde als relevant und treffend im Sinne der Popularität des Konzeptes gewertet. Lediglich die Fälle, in denen „lean" mit offenkundigem Bezug zu (z. B.) biologischen, technischen oder kulinarischen Themen Verwendung fand, blieben unberücksichtigt.

Tabelle 1: Resultate aus OLC (1992–1997)

Suchwort	Deutsch	Alle Sprachen	Anteil deutscher Treffer (in %)
Lean	286	1459	19
Lean Production	96	204	47
Lean Management	118	147	80

Quelle: Benders/Van Bijsterveld 2000, S. 54

Der Tabelle ist zu entnehmen, dass der Ausdruck „lean" und die zugehörigen Kombinationen öfter in deutschsprachigen Periodika auftauchten, als dies nach deren 5 bis

8% Anteil an der Datenbank bei einer gleichmäßigen Verteilung der Treffer über alle Sprachen zu erwarten gewesen wäre (Benders/Van Bijsterveld 2000, S. 54). Demnach war „Lean"-Sein in Deutschland weitaus populärer als in anderen Ländern. Weiterhin kann aus der Tatsache, dass „lean" häufiger mit „management" als mit „production" verbunden wurde, geschlussfolgert werden, dass das Adjektiv als für ein sehr viel weiteres Feld bedeutsam erachtet wurde als nur für die Fertigung.

Zur Messung der Aufmerksamkeit, die dem Konzept in der wissenschaftlichen bzw. in der anwendungsorientierten Diskussion zuteil wurde, erfolgte eine Aufteilung in akademische, Management- und Nicht-Management-Zeitschriften. Diese Unterscheidung wurde mittels einer Einschätzung der Zielgruppe der Zeitschriften und, im Fall von akademischen Journalen, anhand der Existenz eines aus Wissenschaftlern zusammengesetzten Gutachtergremiums oder eines Wissenschaftlers als Herausgeber vorgenommen. Die Zeitschriften wurden hierzu von zwei an der Untersuchung beteiligten Wissenschaftlern bewertet und in Zweifelsfällen eine Konsenslösung erreicht.

Tabelle 2: Deutschsprachige Veröffentlichungen mit dem Ausdruck „lean" als Bestandteil des Titels

Kategorie	Jahr						Gesamt
	1992	1993	1994	1995	1996	1997	
Wissenschaftlich	0	4	8	1	3	2	18
Management	19	55	63	22	14	13	186
Nicht-Management	4	7	37	17	13	4	82
Gesamt	23	66	108	40	30	19	286

Quelle: Benders/Van Bijsterveld, 2000, S. 55

Der Tabelle 2 ist zu entnehmen, dass:

- der Ausdruck „lean" den Höhepunkt seiner Popularität in den Jahren 1993 und 1994 erreichte. Während die Angaben aus der Aufbauphase der Datenbank 1992 und 1993 als nicht repräsentativ angesehen werden müssen, ist der abfallende Trend für die Zeit nach 1994 eindeutig.
- die Artikel in der Mehrheit in der Managementpresse erschienen. Anwender spielten in der Diskussion um LP demnach eine erheblich wichtigere Rolle als Wissenschaftler. Dies gilt auch dann, wenn die übliche Verzögerung bei der Veröffentlichung wissenschaftlicher Artikel berücksichtigt wird.
- die Verwendung des Adjektivs „lean" auf Nicht-Management-Zeitschriften übergriff, so etwa auf andere Disziplinen und gewerbliche Bereiche wie Marketing, Logistik und Gesundheitswesen.

Wie in der oben geführten Diskussion über Einblicke in die Praxis angeregt, konnten aus einigen Artikeln, die in der Trefferliste der Printmedienindikatoren enthalten waren, Daten zum tatsächlichen Einsatz von LP in Deutschland gewonnen werden. Die große Mehrheit der Veröffentlichungen war allerdings konzeptioneller Natur, lediglich drei Erhebungen und elf Fallstudien konnten identifiziert werden. Diese Daten wurden um Informationen aus einer Reihe von Sammelwerken erweitert. An dieser Stelle sollen lediglich die aufgefundenen Erhebungen vorgestellt werden, da sie die prägnantesten Einsichten zur Rezeption von Lean Production versprechen.

Kleb/Svoboda (1994a; 1994b) befragten 118 Spitzen-Entscheidungsträger von führenden multinationalen Unternehmen zu ihren Erfahrungen mit Lean Management, allerdings eher mit Blick auf Best-Practice-Unternehmen denn auf statistische Übertragbarkeit. Die Befragten interpretierten „Leanness" ausnahmslos als ein Komprimieren der Organisation und das Reduzieren von Hierarchien. Sussmann/Kraus (1994, S. 75) stellten in einer Befragung von 65 Managern kleiner und mittlerer Unternehmen fest, dass lediglich drei der Auskunftspersonen Lean Management mit „Kaizen", dem japanischen Wort für kontinuierliche Verbesserung, assoziierten. Dagegen stellen Womack/Jones/Roos (1990) Kaizen als integralen Bestandteil des Toyota-Produktionssystems dar. Als mit Lean Management verbundene Begriffe wurden am häufigsten Hierarchieabbau (18 mal) und eine schlanke und rationelle Organisation sowie Anstiege bei Produktivität und Effektivität (13 mal) genannt (Sussmann/Kraus 1994). Einige zentrale Komponenten des Toyota-Produktionssystems wurden dagegen nur in geringem Maße mit den deutschen Varianten von Lean Production assoziiert. Hier nannten die Befragten eine Reihe von organisationalen Veränderungen in verschiedenen Bereichen, Unternehmen und Funktionen, die stärker auf Rationalisierungsmaßnahmen als auf Qualitätsverbesserung und Fehlervermeidung abzielten. Diese spezifischen Assoziationen mit „Leanness" haben ihre Ursache womöglich im Zusammentreffen des Erscheinens von *The Machine That Changed the World* mit dem Beginn einer Wirtschaftskrise in Deutschland, durch die sich viele Unternehmen zu Hierarchie- und Kapazitätsabbau genötigt sahen. Die meisten Autoren, die Definitionen zu Lean Management benutzten, gebrauchten den Begriff in einem allgemeineren Zusammenhang und bezogen sich auf das organisationale „Schönheitsideal" weniger Hierarchieebenen und Abteilungen.

Die Verbindung des Ausdrucks LP mit den ursprünglichen, spezifischeren Inhalten des Konzeptes, mit denen japanische Fahrzeughersteller Effizienzverbesserungen anstrebten, wurde somit brüchig.

5 Möglichkeiten und Grenzen der Methode

In diesem Abschnitt widmen wir uns dem Vorgehen der Redakteure von Datenbanken, das Einfluss auf die Forschungsergebnisse ausüben kann. Zum Ende der vorliegenden Beschreibung von Printmedienindikatoren sollen noch einmal die Möglichkeiten dieser Methode zur Bestimmung der Popularität von Organisationskonzepten in den Medien und der Praxis heraus gestellt werden. Wir werden ebenfalls die Grenzen der Methode aufzeigen und erläutern, wo andere Herangehensweisen im Sinne eines weitergehenden Verständnisses der Nutzung eines Organisationskonzepts angebrachter sein können.

Einfluss der Redakteure von Datenbanken

Bedauerlicherweise wird das Ergebnis einer Suchanfrage nicht nur durch funktionale Eigenschaften der Datenbank beeinflusst. Bei der Erfassung von Titeln, Zusammenfassungen und Schlagwörtern werden etliche redaktionelle Entscheidungen getroffen.

Manche dieser Entscheidungen sind wesentlich für die Übertragbarkeit der gezogenen Schlüsse, gleichzeitig aber nur äußerst schwer bei der methodischen Gestaltung einer Untersuchung anhand von Printmedienindikatoren zu berücksichtigen.

Bisweilen kommt es zu Schreibfehlern: Die Suche nach „management" in den Titeln von Veröffentlichungen in der ABI/Inform-Datenbank ergibt 23.628 Treffer, die Anfrage nach dem fehlerhaften „mangement" noch 27 Treffer – eine Fehlerrate von 0,1% (Stand März 2004).

Datenbanken enthalten nicht notwendigerweise alle Artikel der vermeintlich abgedeckten Zeitschriften. Jacso (1997) ermittelte, dass die Information-Science-Abstract-Datenbank die einbezogenen Journale nicht vollständig abbildet und zusammenfasst, obwohl eine lückenlose Erfassung zu erwarten war. Dies könnte dem Umstand geschuldet sein, dass die Dateneingabe häufig auf Basis der Inhaltsverzeichnisse der Zeitschriften erfolgt und nicht im Rahmen einer vollständigen Quellendurchsicht. Kürzere Artikel und Beiträge, die nicht in den Inhaltsverzeichnissen genannt werden, werden bei einem solchen Vorgehen nicht erfasst. Besonders virulent wird das Problem bei Publikationen, die eher einem Zeitungs- als einem Zeitschriftenformat entsprechen, da hier vielfach ausschließlich die auf der ersten Seite enthaltenen Artikel und Inhaltsinformationen berücksichtigt und als Ersatz für ein fehlendes Inhaltsverzeichnis verwendet werden.

Dies kann als Nachlässigkeit oder gar als vorsätzliche Schlechtleistung interpretiert werden. Auch das Gegenteil ist denkbar. Besonders wenn Anbieter mehrere Datenbanken zusammenfassen (wie etwa im Falle von WISO I, die unter anderem BLIS und FITT/ECON kombiniert) ist es möglich, dass sich zwei oder mehr Treffer auf dieselbe Quelle beziehen. Die Resultate von Printmedienindikatoren sollten daher stets auf Doubletten hin kontrolliert werden.

Wie bereits in der Einführung erwähnt sollten Untersuchungen anhand von Printmedienindikatoren soweit wie möglich die aktive Rolle der Medien bei der Verbreitung populärer Konzepte berücksichtigen. Datenbankredakteure sind möglicherweise von der Popularität von Konzepten beeinflusst. Dies ist vor allem für zwei Vorgänge von Bedeutung: die Zuordnung von Schlagwörtern und die Zusammenfassung von Texten.

Schlagwörter werden entweder vom Autor des Textes festgelegt, was eine Abhängigkeit von der Auswahl des Autors induziert. Man könnte erwarten, dass auf diesem Weg ein akkurates Bild des Artikelinhalts entsteht, aber die Wortwahl zur Darstellung des Konzepts kann von Verfasser zu Verfasser variieren. Womöglich werden die Schlagwörter auch von der Datenbankredaktion zugeteilt. Wie bereits festgestellt wurde, sollte hierfür ein Thesaurus verwendet werden. Ist dies nicht möglich, sind die Suchergebnisse aus dem Einsatz von Schlagwörtern erheblich von subjektiven Entscheidungen der Redakteure geprägt, die durch die Popularität eines Konzeptes beeinflusst sein und dadurch zu einer unangemessenen Verwendung populärer Bezeichnung verleitet werden können. Dasselbe gilt für die Nutzung von Zusammenfassungen. Obwohl viele wissenschaftlichen Zeitschriften Resümees der Autoren enthalten, erstellen Datenbankredaktionen vielfach ihrerseits Zusammenfassungen. Die Kurzfassung von Veröffentlichungen ist ein komplexer Vorgang, der über eine schlichte „Miniaturisierung" hinaus geht. Sie umfasst nicht nur Auswahl- und Kürzungsvorgänge sondern auch Übertragungs- und Rekonstruktionsprozesse. Dies vermag zu Abweichungen von den ursprünglichen Texten und, wiederum, zu einer inadäquaten Wahl von Bezeichnungen führen.

So haben die Redakteure der Excerpta-Informatica-Datenbank den Begriff „business process redesign" als Schlagwort verwendet, weshalb eine entsprechende Suchanfrage mehr Treffer erzeugt als die Suche nach „reengineering" in Titeln und Zusammenfassungen. Möglich ist dies nur aufgrund der Tatsache, dass die Datenbankredakteure verschiedene Typen von Veränderungsvorgängen in der Popularitätsphase des Konzepts als „BPR" interpretiert haben, obwohl die Bezeichnung als solche in den ursprünglichen Texte nicht vorkam. Derselbe Vorgang wiederholte sich bei der Erstellung der Zusammenfassungen, in denen Excerpta Informatica viele unternehmerische Umstrukturierungen seit der Entstehung des Konzeptes als „Business Process Redesign" bezeichnet werden (Heusinkveld/Benders 2000). Infolgedessen sollte die Art und Weise der Zuordnung von Schlagwörtern und der Entstehung von Zusammenfassungen der jeweiligen Datenbanken berücksichtigt werden. Dadurch wird ein Vergleich und die Auswahl einer für die betreffende Untersuchung besonders geeigneten Datenbank ermöglicht.

Aussagekraft von PMI

Unter Umständen werden Printmedienindikatoren als Spiegelbild der Intensität, mit der Unternehmen ein Organisationskonzept einsetzen, missverstanden. Die Häufigkeit der Anwendung in der Praxis muss stets deutlich von der Intensität des Diskurses in den Medien abgegrenzt werden. Der Charakter und das Ausmaß der Beziehung zwischen beiden bleiben ungewiss, weshalb empirische Untersuchungen sowohl zur Diskussion in der Öffentlichkeit als auch zur Verbreitung in der Praxis die Voraussetzung für Erkenntnisse über die Existenz und die Art einer solchen Beziehung notwendig sind. Schließlich können Printmedien empirische Daten und Beispiele zum Einsatz des Organisationskonzeptes enthalten. Werden solche Publikationen identifiziert, können sie mit dem Ziel eines Verständnisses der Praxis ausgewertet werden. Zur angemessenen Darstellung der Art und des Umfangs der Wahrnehmung eines Konzeptes sollten Printmedienindikatoren dennoch nicht ausschließlich mit Sekundär-, sondern auch um Primärinformationen ergänzt werden. In Form von Experteninterviews (vgl. Heusinkveld 2004), Fallstudien oder Erhebungen können Daten aus einer Vielzahl verschiedener Quellen gewonnen werden und zu einem verlässlichen Bild beitragen (vgl. Easton/Jarrell 2000). Im Fall der *Balanced Scorecard* zum Beispiel zeigen Printmedienindikatoren eine stetige Zunahme der Popularität in den 1990er Jahren. Interviews mit Anwendern brachten hingegen stark divergierende Einschätzungen zur Bedeutung des Konzeptes zum Vorschein (Braam/Benders/Heusinkveld 2007). Während eine Gruppe die BSC lediglich als eine weitere Managementmode betrachtete, erwarteten andere eine dauerhafte Etablierung des Konzepts im Bereich Finanzen/Rechnungslegung oder sahen sogar eine weitere Zunahme der Popularität in der näheren Zukunft. Die Entwicklung von PMI-Kurven verläuft zudem nicht notwendigerweise parallel mit der Entwicklung der Popularität eines Organisationskonzeptes in der Praxis (Nijholt/Benders, 2007). Zwar beeinflussen beide Entwicklungen einander, stellen aber andererseits teilweise eigenständige Prozesse dar. Die Kombination aus Printmedienindikatoren und weiterer, ergänzender Forschung erzeugt das verlässlichste Bild der Rezeption eines Organisationskonzeptes sowohl in den Medien als auch in der Praxis.

6   Literatur

Abrahamson, Eric (1996): Management Fashions, in: Academy of Management Review, 21, Nr. 1, S. 254-285

Abrahamson, Eric/Fairchild, Gregory (1999): Management Fashion, Lifecycles, Triggers and Collective Learning Processes, in: Administrative Science Quarterly, 44, Nr. 4, S. 708-740

Aubel, Arjan (2000): De Balanced Scorecard: De balans opgemaakt. Diplomarbeit, Katholieke Universiteit Nijmegen

Barley, Stephen/Meyer, Gordon/Gash, Debra (1988): Cultures of Culture: Academics, Practitioners and the Pragmatics of Normative Control, in: Administrative Science Quarterly, 33, Nr. 1, S. 24–57

Benders, Jos/Van Bijsterveld, Mark (2000): Leaning on Lean: The Reception of a Management Fashion in Germany, in: New Technology, Work and Employment, 15, Nr. 1, S. 50–64

Benders, Jos/Van Veen, Kees (2001): What's in a Fashion? Interpretative Viability and Management Fashion, in: Organization, 8, Nr. 1, S. 33–53

Boogaard, Martin/Vermeulen, Raymond (1997): De Levenscyclus van Management-buzzwords, in: Holland Management Review, Nr. 56, S. 71–79

Braam, Geert/Benders, Jos/Heusinkveld, Stefan (2007): The balanced scorecard in the Netherlands; An analysis of its evolution using print-media indicators, in: Journal of Organizational Change Management, 20, Nr. 6, S. 866-879

Carson, Paula/Lanier, Patricia/Carson, Kerry David/Guidry, Brandi (2000): Clearing a Path Through the Management Fashion Jungle, in: Academy of Management Journal, 43, Nr. 6, S. 1143–1158

Chen, Chao C./Meindl, James R. (1991): The Construction of Leadership Images in the Popular Press: The case of Donald Burr and People, in: Administrative Science Quarterly, 36, Nr. 4, S. 521–550

De Stricker, Ulla (1998): Daring to Compare Database Coverage, in: Information Today, 15, Nr. 6, S. 12

Deacon, David (2007): Yesterday's papers and today's technology: Digital newspaper archives and ‚push button' content analysis, in: European Journal of Communication, 22, Nr. 1, S. 5-25

Easton, George S./Jarrell, Sherry L. (2000): Patterns in the Deployment of Total Quality Management: An Analysis of 44 Leading Companies, in: Robert E. Cole/Scott, W. Richard (Hrsg.), The Quality Movement & Organization Theory, Thousand Oaks/London/New Delhi, S. 89–130

Eccles, Robert G./Nohria, Nithin (1992): Beyond The Hype: Rediscovering the Essence of Management, Harvard

Giroux, Hélène (2007): `It was such a handy term'; Management fashions and pragmatic ambiguity, in Journal of Management Studies, 43, Nr. 6, S. 1227-1260

Gunter, Barrie (2000): Media Research Methods, London

Heusinkveld, Stefan (2004): Surges and Sediments; Organization Concepts between Transience and Continuity, Nijmegen

Heusinkveld, Stefan/Benders, Jos (2000): Print Media Traces and Reception Patterns: Exploring the Uptake of Management Fashions, CEMP Konferenz „The Role of the Media in the Consumption of Management Ideas", Barcelona, Dezember 1–2

Heusinkveld, Stefan/Benders, Jos (2001): Surges and Sediments; Shaping the Reception of Reengineering, in: Information & Management, 38, Nr. 4, S. 241–253

Jacso, Peter (1997): Databases: Peter's Picks and Pans, in: Database, 20, Nr. 1, S. 84–87

Jones, Matthew/Thwaites, Richard (2000): Dedicated Followers of Fashion: BPR and the Public Sector, in: David Knights/Willmott, Hugh (Hrsg.), The Reengineering Revolution; Critical Studies of Corporate Change, London, S. 50–62

Kleb, Ralf-Hendrik/Svoboda, Michael (1994a): Trends und Erfahrungen im Lean Management. Studie mit führenden multinationalen Unternehmen (Teil I), in: ZfO, 63, Nr. 4, S. 249–254

Kleb, Ralf-Hendrik/Svoboda, Michael (1994b): Trends und Erfahrungen im Lean Management. Studie mit führenden multinationalen Unternehmen (Teil II), in: ZfO, 63, Nr. 5, S. 299–304

Krippendorff, Klaus (1980): Content Analysis, London

Nijholt, Jurriaan/Benders, Jos (2007): Coevolution in Management Fashions: The Case of Self-Managing Teams in The Netherlands, in: Group & Organization Management, 32, Nr. 6, S. 628-652

Ortmann, Günther (1995): Formen der Produktion. Organisation und Rekursivität, Opladen

Pascale, Richard Tanner (1990): Managing on the Edge: How Successful Companies Use Conflict to Stay Ahead, London

Ponzi, Leonard/Koenig, Michael (2002): Knowledge Management: Another Management Fad?, in: Information Research, 8, Nr. 1, http://InformationR.net/ir/8-1/paper145.html

Read, Eleanor/Smith, Craig (2000): Searching for Library and Information Sciences Literature, in: Library Computing, 19, Nr. 1–2, S. 118–127

Robinson, Dwight E. (1976): Fashions in Shaving and Trimming of The Beard: The Men of the Illustrated London News, 1842–1972, in: American Journal of Sociology, 81, Nr. 5, S. 1133–1141

Shoemaker, Pamela/Reese, Stephen (1991): Mediating the Message: Theories of Influences on Mass Media Content, New York

Sussmann, Fred/Kraus, Peter (1994): Lean Management im Mittelstandsunternehmen, in: Management Zeitschrift, 63, Nr. 12, S. 75–77

Womack, James/Jones, Daniel/Roos, Daniel (1990): The Machine That Changed The World, New York

Womack, James/Jones, Daniel/Roos, Daniel (1991): Die zweite Revolution in der Autoindustrie, Frankfurt

Analysemethoden

Mehrebenenanalyse

Thomas Hinz

1 Einleitung

Die Mehrebenenanalyse, wie sie in diesem Beitrag verstanden wird, umfasst verschiedene statistische Verfahren zur Analyse von hierarchischen Daten. Man spricht in der Literatur auch von ‚hierarchischen linearen Modellen', ‚Mehrebenenmodellen' oder ‚Zufallskoeffizientenmodellen'. In der letzten Dekade haben sich die so bezeichneten statistischen Verfahren nicht zuletzt wegen der Verfügbarkeit von einschlägigen Softwarepaketen stark ausgebreitet. Darüber hinaus sind eine Reihe von neuen und didaktisch gut strukturierten Lehrbüchern erschienen, die den Zugang zu den Verfahren erleichtern können (z. B. Kreft/de Leeuw 1998; Snijders/Bosker 1999; Hox 2002; Luke 2004; in deutscher Sprache: Engel 1998; Langer 2004). Für viele Fragestellungen aus der sozialwissenschaftlichen Organisationsforschung sind die entsprechenden statistischen Modelle von großem Interesse (vgl. Raudenbush/Bryk 2002). Auch wenn die Mehrebenenanalyse der quantitativen Forschung zuzuordnen ist, besteht ein möglicher Anreiz für ihren Einsatz darin, dass Daten über Organisationen, die auf qualitativem Weg, etwa in Expertenbefragungen oder in Inhaltsanalysen, erhoben wurden, in die quantitativen statistischen Auswertungen einbezogen werden können.

Grundlegend für die Anwendung von Mehrebenenanalysen ist eine Datenstruktur, in der Daten in hierarchisch gegliederter und aufeinander bezogener Form vorliegen, also beispielsweise Mitarbeiter/innen von Abteilungen oder Arbeitsgruppen in Organisationen, die wiederum in räumlicher Hinsicht (in Arbeitsmarktregionen) unterschieden werden können. Man spricht von einer hierarchischen Gliederung, weil Einheiten unterer Ebenen zu Einheiten höherer Gliederungsstufe zusammengefasst werden können. Dieses Datenformat erfordert besondere Auswertungsstrategien und erlaubt soziologisch interessante Einsichten in die Wirkung und die Bedeutung von hierarchisch gegliederten Zugehörigkeiten zu *sozialen Kontexten*. In der Organisationsforschung liegen häufig Fragestellungen vor, die mit Mehrebenenanalysen sinnvoll zu bearbeiten sind:

- Wie wichtig sind Faktoren wie das ‚Arbeitsgruppenklima' für die individuellen Leistungen? Sind für alle Organisationsangehörigen die gleichen Effekte des Arbeitsgruppenklimas auf die Leistungserbringung feststellbar?
- Welche Konsequenzen ergeben sich aus der Zusammensetzung von Arbeitsgruppen – etwa nach Alter, ethnischen Merkmalen oder Geschlecht – für die individuellen und die kollektiven Gruppenergebnisse?
- Was sind die individuellen und kollektiven Voraussetzungen für Partizipation an organisatorischen Entscheidungsprozessen?
- Unter welchen regionalen Arbeitsmarktbedingungen verzeichnet man Lohnunterschiede zwischen Frauen und Männern, zwischen Inländern und Ausländern oder zwischen Organisationen unterschiedlicher Branchen?

Damit ist eine Reihe von Fragestellungen genannt, die auf sehr unterschiedlichen theoretischen Vorstellungen aufbauen und die in ihren theoretischen Dimensionen in diesem Überblicksartikel zur Methode der Mehrebenenanalyse nicht diskutiert werden können. Gemeinsam ist diesen Fragestellungen jedoch, dass Aussagen über die jeweils interessierenden Untersuchungseinheiten unter Einbezug unterschiedlicher Analyseebenen erzielt werden sollen. Individuen mit unterschiedlichen Merkmalen (etwa Erfahrungen, Herkunft, Geschlecht) arbeiten in Arbeitsgruppen (unterschiedlicher Zusammensetzung, unterschiedlicher Mitarbeiterzahl, mit unterschiedlichem Führungsverhalten und ‚Arbeitsklima' etc.), welche zu unterschiedlichen Organisationen (unterschiedlicher Größe, unterschiedlichen gewerkschaftlichen Organisationsgrads) gehören. Ihrerseits gehören die Organisationen zu verschiedenen sozialen, administrativen oder ökonomischen Einheiten höherer Ordnung (etwa Arbeitsmarktregionen, Landkreisen oder zu unterschiedlichen Wirtschaftszweigen). Mit der Anwendung von Mehrebenenanalysen sollen ebenenspezifische Einflussgrößen präziser ermittelt werden und damit auch theoretische Vorstellungen über die Wirksamkeit *sozialer Kontexte* adäquaten empirischen Tests zugänglich werden.

So häufig sich Fragestellungen in der Organisationsforschung finden lassen, die mit Hilfe mehrebenenanalytischer Verfahren sinnvoll bearbeitet werden könnten, so selten sind in diesem Feld bislang Forschungsprojekte oder bereits erhobene, frei verfügbare Datensätze, die solche Analysestrategien erlauben. Die Gründe hierfür sind vor allem forschungspraktischer Natur und sollen im folgenden Abschnitt erörtert werden. Dieser Abschnitt enthält auch einen Vorschlag für ein Standarddesign zur Datengenerierung, welches vor dem Einsatz entsprechender statistischer Verfahren bedacht werden sollte. Im zentralen dritten Abschnitt werden zwei grundlegende Modelle der Mehrebenenanalyse vorgestellt (*random intercept* und *random slope*) und ausführlich besprochen. Im vierten Abschnitt wird die Anwendung an zwei Beispielen demonstriert: Es geht zunächst um die Zufriedenheit von Organisationsmitgliedern mit Leistungen der Organisation, wobei eine metrisch skalierte Größe, ein Zufriedenheitsindex, als abhängige Variable betrachtet wird. Im zweiten Beispiel steht die Partizipation an organisatorischen Entscheidungen in Mitgliedschaftsorganisationen im Mittelpunkt des Interesses. Es handelt sich um ein Anwendungsbeispiel mit einer qualitativen (dichotomen) Variable. Im fünften Abschnitt werden dann einige Erweiterungen, aber auch mögliche Probleme bei der Anwendung der Verfahren behandelt.

2 Datenerhebung und Datenaufbereitung

Die Mehrebenenanalyse gehört zum methodischen Standardrepertoire der Soziologie als empirischer Wissenschaft. In dem 1972 erschienenen und von Hans J. Hummell verfassten Band „Probleme der Mehrebenenanalyse" wird auf einige klassische soziologische Untersuchungen verwiesen, die eine statistisch ausgereiftere Beschäftigung mit dem Problem aufeinander bezogener Analyseebenen vorbereitet haben. An herausragender Stelle ist Emile Durkheims „Der Selbstmord" zu erwähnen, eine empirische Studie aus dem 19. Jahrhundert, in der auf der Grundlage historischer Dokumentenanalysen zu sozialen Bedingungen des Selbstmords ein Mehrebenendesign paradigmatisch umgesetzt wurde (Durkheim 1983 [1897]). Immer dann, wenn die (theoretisch oftmals unterdeterminierten) Einflüsse von *sozialen Kontexten* (im Beispiel die unterschiedliche Integrationskraft von

Religion) thematisiert werden, liegt ein Problem der Mehrebenenanalyse vor. Im empirischen Beispiel geht es um die individuelle Neigung, Selbstmord zu begehen. Die Selbstmorde sind durch Einträge in Kirchen- und Gerichtsakten nachgewiesen. Durkheim setzt dann die ermittelten Raten (auf Aggregate bezogene Wahrscheinlichkeiten) in Bezug zu Merkmalen des *sozialen Kontextes*, etwa der Religion des jeweiligen Kirchen- oder Verwaltungsbezirkes. Teils werden diese Analysen noch getrennt nach weiteren (individuellen) Merkmalen wie Geschlecht durchgeführt. Auch wenn in der Untersuchung von Durkheim der Informationsgehalt der Daten im statistischen Sinn nicht vollständig genutzt wurde, liegt ein klassisches Beispiel einer Mehrebenenuntersuchung vor, wie sie für Organisationen genauso wie für Arbeitsgruppen in Organisationen als *soziale Kontexte* umgesetzt werden können. Der zu erklärende Sachverhalt ist dabei auf einer unteren Analyseebene (Leistung von Individuen in Arbeitsgruppen, kollektive Leistung von Arbeitsgruppen in Organisationen, Bruttolohnsumme von Organisationen in Wirtschaftsbereichen) angesiedelt. Als erklärende Faktoren werden an zentraler Stelle *Kontextvariablen* aus jeweils höheren Analyseebenen herangezogen („Arbeitsklima" der Arbeitsgruppe, Größe der Organisationen, gewerkschaftlicher Organisationsgrad des Wirtschaftsbereichs). Die statistischen Modelle erlauben dabei, neben dem Einfluss des Kontextes die Bedeutung von individuellen Faktoren zu berücksichtigen und eine mögliche Interaktion von individuellen Einflüssen und Kontextbedingungen auszudrücken.

Bei den *Kontextvariablen* unterscheidet man nach einer klassischen Typologie von Paul Lazarsfeld und Herbert Menzel (1961) *globale* Merkmale, *strukturelle* und *analytische* Merkmale. Bei *globalen* Merkmalen handelt es sich um Eigenschaften der Kontexteinheiten, welche nicht aus den Einheiten unterer Ebene ableitbar sind, beispielsweise im Fall von Arbeitsgruppen die Unterscheidung, ob es sich um eine Gruppe mit Teamentlohnung oder eine Gruppe mit Individualentlohnung handelt, im Fall von Organisationen Ausprägungen von Organisationskultur und im Fall von Wirtschaftszweigen die Einbindung in internationale Märkte. Bei *strukturellen* Merkmalen handelt es sich um Eigenschaften der Kontexteinheiten, welche sich aus den Beziehungen der Einheiten unterer Ebenen zueinander ergeben. Im Fall der Arbeitsgruppe kann deren Kommunikationsdichte als strukturelles Kontextmerkmal gelten. Bei Organisationen ließe sich die Anzahl der Führungsebenen als strukturelles Merkmal betrachten und bei Wirtschaftszweigen deren Konzentrationsgrad. Schließlich sind *analytische* Merkmale durch analytische Rechenoperationen aus Merkmalen unterer Einheiten abzuleiten. Typische Beispiele wären hier die Zusammensetzung von Arbeitsgruppen nach Geschlecht und Erfahrung, die bereits erwähnte Größe (in Beschäftigten) von Organisationen und die Durchschnittsumsätze pro Wirtschaftszweig.

Datenorganisation

Die zur Mehrebenenanalyse nötigen Daten müssen also verschiedenen hierarchisch aufeinander bezogenen Kontexten entstammen. Die abhängigen Variablen sind auf der niedrigsten Ebene zu messen, die erklärenden (unabhängigen) Variablen können auf allen Untersuchungsebenen erfasst werden, wobei die Unterscheidung von globalen, strukturellen und analytischen Merkmalen nicht nur heuristischen Wert besitzt, sondern auch mit statistischen Schätzproblemen verbunden sein kann.[1] Im Hinblick auf Datenerhebungsverfahren sind keinerlei Einschränkungen zu machen. Die Durkheim'schen Analysen basieren auf der Auswertung historischer Akten (prozessproduzierte Daten), die Daten können aber auch aus Befragungen, Beobachtungen und Inhaltsanalysen stammen. Dabei ist es auch möglich, dass auf den unterschiedlichen Untersuchungsebenen verschiedene Methoden der Datenerhebung zum Einsatz kommen. Die individuellen Arbeitsleistungen mögen auf der Basis von Tests oder Einträgen in der Personalkartei ermittelt werden. Die Daten zu den Arbeitsgruppen, in denen die Individuen tätig sind, können durch geeignete Mitarbeiter/innenbefragungen (siehe den Beitrag zur schriftlichen Befragung in diesem Band) gewonnen werden. Auf der Ebene von Wirtschaftszweigen kann man auch auf Daten der amtlichen Statistik zurückgreifen, wenn etwa die regionalen Arbeitsmarktbedingungen gekennzeichnet werden sollen. Es können auch Einschätzungen, die aus qualitativen Studien stammen, in die Analyse einbezogen werden, sofern die Ergebnisse – also etwa das durch Typologienbildung ermittelte Organisationsprinzip von Arbeitsgruppen – den quantitativen Daten zugewiesen werden können.

Die Auswertung der Daten erfolgt mit Hilfe von ökonometrischer Software. Die statistische Motivation zum Einsatz von Mehrebenenmodellen und die besonderen Erkenntnismöglichkeiten werden im nächsten Abschnitt ausführlich besprochen. An dieser Stelle soll zunächst die *Datenaufbereitung* angesprochen werden. Von zentraler Bedeutung sind *ebenenspezifische eindeutige Identifikationsvariablen*: Jedes Individuum innerhalb einer Arbeitsgruppe benötigt eine Identifikationsnummer, jede Arbeitsgruppe innerhalb einer Organisation, jede Organisation innerhalb eines Wirtschaftszwigs. Die ebenenspezifischen Identifikationsnummern dienen also der Kennzeichnung der Messebene, sie werden im Rahmen der statistischen Modelle angesprochen und finden darüber hinaus Verwendung im Rahmen von Rechenoperationen, so etwa bei der Erzeugung von kontextbezogenen Werten durch entsprechende Aggregation der Daten (also der Bildung von *analytischen* Merkmalen). Es lassen sich in den erwähnten Softwareprogrammen aus den Werten der Variablen unterer Ebenen eine Reihe von Kennzahlen zur Charakterisierung von sozialen Kontexteinheiten (Mittelwerte, Streuungsmaße, Ungleichheitsmaße etc.) berechnen. In Tabelle 1 ist eine Beispieldatenmatrix für einige Fälle des nachfolgend verwendeten Datensatzes aus dem Projekt ‚Problemlagen beruflicher Schulen' enthalten.[2] In der ersten Spalte ist die Identifikationsvariable (FALLNR) der untersten Ebene (Schüler/innen) verzeichnet (L1). Die zweite Spalte gibt die Identifikationsnummer der zweiten Analyseebene, den Schulklassen (KLASSE), an (L2) und in der dritten Spalte findet sich eine frei vergebene Variable, welche die Zugehörigkeit der Klassen zu Schulen (L3) angibt.[3] Ab FALLNR 472 wechselt die Identifikationsvariable für SCHULE von 1 auf 2, die Angaben beziehen nun also auf die zweite erfasste Schule. Die erste Schule umfasst 21 Kontexteinheiten der zweiten Ebene, also Klassen. Die weiteren Spalten enthalten vier individuenbezogene Variable (AUSL für Nationalität, GESCHL für Geschlecht, ALTER für Alter in Jahren und Z_ZUFR für einen Zufriedenheitsindex).[4] Die Bildung von analytischen Merkmalen (für höhere Ebenen) greift auf diese Daten (unterer Analyseebenen zurück), etwa wenn das klassenspezifische Durchschnittsalter gebildet wird. Über die Fälle 1–24 wird bei der Variable ALTER der Durchschnittswert für die KLASSE = 1 gebildet und dann als Variable für die zweite Analyseebene verwendet.

Tabelle 1: Ausschnitt aus Datenmatrix mit ebenenspezifischen ID-Nummern

FALLNR	KLASSE	SCHUL	AUSL	GESCHL	ALTER	Z_ZUFR
1,00	1	1	,00	,00	17	-,17
2,00	1	1	,00	,00	18	-1,66
3,00	1	1	,00	,00	18	-,67
4,00	1	1	,00	,00	16	1,31
5,00	1	1	1,00	,00	18	-,67
(...)						
22,00	1	1	,00	1,00	17	-,42
23,00	1	1	,00	,00	19	-,17
24,00	1	1	,00	,00	18	-1,41
25,00	2	1	1,00	,00	16	-,92
26,00	2	1	1,00	,00	19	,82
27,00	2	1	,00	,00	18	-,17
28,00	2	1	,00	,00	16	-1,41
29,00	2	1	,00	,00	16	,57
30,00	2	1	,00	,00	16	-,92
(...)						
468,00	21	1	,00	,00	17	,07
469,00	21	1	,00	,00	18	,32
470,00	21	1	,00	,00	16	-,17
471,00	21	1	,00	,00	17	,07
472,00	22	2	,00	,00	16	-,17
473,00	22	2	1,00	,00	17	-,92
474,00	22	2	1,00	,00	16	,32

Quelle: Problemlagen beruflicher Schulen, Schüler/innenbefragung 2002

Ebenso lassen sich Anteilswerte für die Teilmenge nicht-deutscher Schüler/innen berechnen. Ein globales Merkmal, das aus qualitativen Studien stammen könnte, wäre eine auf Inhaltsanalysen basierende und auf Schulklassen bezogene Typologie von Interaktions- und Konfliktbewältigungsstilen.

Bei der Datenaufbereitung ist zusammenfassend zu beachten, dass pro Ebene eine eindeutige Indikatorvariable vorhanden ist. Es bietet sich aus Gründen der Übersichtlichkeit an, die Daten auch *hierarchisch* zu organisieren. Wie in Tabelle 1 gezeigt, werden zunächst alle Fälle der ersten Organisation (KLASSE) angeführt. Dann folgen alle Fälle der nächsten Kontexteinheit, die noch zur gleichen Einheiten der nächst höheren Ebene zugehörig sind (SCHULE). Eine solche Anordnung kann in den Statistikprogrammen durch Sortierprozeduren leicht hergestellt werden. Die Sortierung nach Identifikationsnummern ist eine datentechnische Voraussetzung für das nach Kontexten geordnete Zuspielen weiterer Variablen.

Datenerhebung: Zufallsstichprobe

Um die vorgestellten statistischen Modelle der Mehrebenenanalyse sinnvoll anzuwenden, muss auch die Voraussetzung gegeben sein, dass auf *allen* Untersuchungsebenen *Zufallsstichproben* vorliegen. Dies bedeutet, dass nicht nur die Untersuchungseinheiten der unteren Ebene, sondern auch die verschiedenen Kontexte aus einer *Grundgesamtheit der Kontexteinheiten* (also beispielsweise aus allen Berufsschulen bzw. aus allen Berufsschulklassen der untersuchten Gebietskörperschaft) zufällig gezogen werden. Es handelt sich um eine Anwendung eines mehrstufigen Auswahlverfahrens.

Bei der Planung von Mehrebenenuntersuchungen in der Organisationsforschung sind Entscheidungen zum *Stichprobendesign* zu treffen. Zentrale Entscheidungsparameter sind die Stichprobenumfänge auf den unterschiedlichen Ebenen. Im Zweiebenen-Design muss man sich beispielsweise entscheiden, ob man bei gegebenem Forschungsbudget für wenige Organisationen und in diesen für viele zu befragende Mitglieder oder für viele Organisationen und pro Organisation entsprechend weniger Mitglieder optiert. In statistischer Hinsicht geht es darum, die optimale Stichprobengröße zu ermitteln – gegeben die zu schätzende Parameterzahl und die angestrebte Schätzgenauigkeit. Dazu ist es hilfreich, sich an die bei Hypothesentests übliche Unterscheidung zwischen Fehler 1. Art und Fehler 2. Art zu erinnern. Gewöhnlich will man, um einen theoretisch zu erwartenden Effekt (H_1) vorläufig zu „bestätigen", die Nullhypothese (H_0: Effekt besteht nicht) zurückweisen. Die Wahrscheinlichkeit H_0 zurückzuweisen, obwohl H_0 in der Grundgesamtheit zutrifft, wird als Signifikanzniveau α oder als Fehler 1. Art bezeichnet. Umgekehrt gilt β als Wahrscheinlichkeit H_0 nicht zurückzuweisen, obwohl H_1 in der Grundgesamtheit gilt (Fehler 2. Art). Die *statistische Aussagekraft* (oder auch: *power*) eines Signifikanztests ist definiert als die Wahrscheinlichkeit H_0 zurückzuweisen, wenn H_1 in der Grundgesamtheit gilt ($1-\beta$). Aus der im Forschungsprozess gewählten Vorgabe für α, der Power des Tests $1-\beta$, der Effektgröße[5] und dem Standardfehler lässt sich die entsprechende Stichprobengröße bestimmen (Snijders/Bosker 1999, S. 141). Im Fall von Mehrebenenanalysen ist die hierarchische Struktur von besonderer Bedeutung: Die gezogenen Fälle innerhalb der Kontexteinheiten sind *nicht unabhängig* voneinander. Anders ausgedrückt: Die Fälle innerhalb der Kontexteinheiten sind einander ähnlicher als die Fälle verschiedener Kontexteinheiten. Es besteht eine *Intraklassenkorrelation* ρ, die in Abschnitt 3 noch eingehender erläutert wird. Beispielsweise variiert also der in Tabelle 1 erwähnte individuelle Zufriedenheitsindex innerhalb von Schulklassen weniger als zwischen Schulen. Dieser Unterschied kann mit globalen (Schulklassen aus unterschiedlichen Stadtvierteln), strukturellen (Schulklassen mit unterschiedlichen dichten Freundschaftsnetzwerken) und analytischen (Schulklassen mit unterschiedlich hohem Mädchenanteil) Variablen zusammenhängen. Die Stichprobengröße insgesamt muss um den *Design-Effekt* erhöht werden, wenn die Schätzgenauigkeit gegenüber einer einfachen Zufallsstichprobe erhalten bleiben soll. Der Design-Effekt ist bei gleichen Gruppengröße definiert als $1 + (n-1)\rho$ (mit n als Gruppengröße). Je größer die Intraklassenkorrelation und je größer die Gruppen, desto stärker wird die Schätzung von der hierarchischen Datenstruktur beeinflusst. Die effektive Stichprobengröße ergibt sich, wiederum unter der vereinfachenden Annahme, dass alle Gruppen gleich groß sind, aus dem Verhältnis von N*n (wobei N die Anzahl der ausgewählten Einheiten auf der zweiten Ebene) und dem Design-Effekt. Wie lässt sich eine minimale Gruppengröße bei der Erhebung planen? Um eine vorgegebene Verlässlichkeit (*reliability* λ_0)[6] der Schätzung eines Effekts auf höherer Ebene zu erzielen, beträgt die minimale Stichprobengröße $n_{min} = \lambda_0 (1-\rho)/(1-\lambda_0)\rho$. Betrachtet werden beispielsweise Schulklassen als Kontexteinheiten höherer Ebene, auf der die Zufriedenheit mit der Organisationsleistung bestimmt werden soll. Die Intraklassenkorrelation ρ betrage 0,20 und die geforderte Verlässlichkeit der Schätzung soll $\lambda_0 = 0,8$ erreichen. Daraus errechnet sich ein minimaler Stichprobenumfang pro Klasse von $n_{min}=16$. Dabei wird auf vorgängiges Wissen zur Höhe von ρ zurückgegriffen. Theoretische Vorstellungen oder vorheriges empirisches Wissen müssen zur Planung des Forschungsdesigns herangezogen werden.

In der empirischen Forschungspraxis ist die Voraussetzung von Zufallsstichproben häufig zu hinterfragen. Im Extremfall liegen Daten für nicht zufällig ausgewählte Kontexteinheiten vor, also etwa die Personaldaten für eine begrenzte Anzahl von bestimmten Firmen. In solchen Fällen kann zwar das Prinzip einer Mehrebenenanalyse ebenfalls umgesetzt werden, die statistische Modellierung müsste nun jedoch von *fixen Effekten* für jede Ebene ausgehen. Die Prüfung, welcher Art die zur Verfügung stehenden Daten sind, muss vor der statistischen Bearbeitung erfolgen. In diesem Beitrag werden nur solche Modelle vorgestellt, die von einer Zufallsvariation ausgehen (*random effects* Modelle).

3   Datenanalyse und Dateninterpretation

Random-Intercept- und Random-Slope-Modelle

Die Mehrebenenanalyse wird an dieser Stelle anhand von zwei basalen Modellen vorgestellt, die beide auf der Varianzanalyse (ANOVA) und der OLS-Regression aufbauen.[7] Da in der einschlägigen Literatur überwiegend die englischen Begriffe verwendet werden, soll auch an dieser Stelle von *intercept* für den Achsenabschnittsparameter (oder die Konstante) eines Regressionsmodells und von *slope* für den Steigungsparameter gesprochen werden. Die Mehrebenenanalyse wird der Einfachheit halber für den Fall von zwei Ebenen demonstriert, das Verfahren lässt sich jedoch auch auf weitere hierarchisch aufeinander bezogene Ebenen ausweiten. Die abhängige (zu erklärende) Variable ist dabei eine metrisch skalierte Zufallsvariable Y, die für die Individuen i (i=1, 2, ... , n) in den Kontexten j (j=1, 2, ... , m) betrachtet wird. Zunächst werden die ebenenspezifische Variation des Mittelwerts (*grand mean*)[8] und die Verbindung der Mehrebenenanalyse zur Varianzanalyse vorgestellt. In der Terminologie der Mehrebenenmodelle handelt es sich um ein *leeres Modell*, das lediglich den als *grand mean*, als den ebenenübergreifenden Mittelwert, zu interpretierenden Intercept enthält. Dieses einfache Modell enthält die Fehlerterme u_{0j} und e_{0ij}. Die unterste Analyseebene soll als erste Ebene (L1 für Level 1, angezeigt mit dem Index i) bezeichnet werden. Die sozialen Kontexte j, in denen Y betrachtet wird, sind auf der zweiten Ebene (L2 für Level 2) angesiedelt.

$$Y_{ij} = \beta_{0ij} + u_{0j} + e_{0ij}$$

Der *grand mean* wird also um zwei Zufallsterme ergänzt, wobei u_{0j} der Zufallsfehler auf L2 und e_{0ij} der Zufallsfehler auf L1 ist. Beide Größen sind Zufallsvariablen mit dem Erwartungswert 0 und einer konstanten Varianz. In der Mehrebenenanalyse ist es nun von zentraler Bedeutung, die Varianzen für die ebenenspezifischen Fehlerterme zu schätzen: Var u_{0j} und Var e_{0ij}. Analog zu einer herkömmlichen Varianzanalyse wird die Streuung von Y auf unterschiedliche Ebenen „zerlegt": Var u_{0j} zwischen den Kontexteinheiten (*between groups*) und Var e_{0ij} innerhalb der Kontexteinheiten (*within groups*). Man bezeichnet die Schätzungen für die Varianzen als *random part* des Modells. Die Schätzungen für den Intercept und die (nachfolgend geschätzten) Slope-Werte werden dagegen als *fixed part* bezeichnet.

Das in den Mehrebenenanalysen verwendete Schätzverfahren ist ein Maximum-Likelihood-Verfahren, das hier nur in Grundzügen erklärt werden kann. Die Schätzung der

Parameter erfolgt so, dass bei gegebenen Daten der Stichprobe die Wahrscheinlichkeit für (das empirisch beobachtete) Y (bei Gültigkeit des Modells, also bei Wirkung etwaiger unabhängiger Variablen und einer Zufallsvariation der Koeffizienten der Kontexteinheiten) maximiert wird. Gesetzt den Fall, einige allgemeine Bedingungen sind erfüllt, gelten Maximum-Likelihood Schätzer als konsistent und asymptotisch effizient, das heißt sie schätzen bei hinreichend großen Stichproben unverzerrt und die Schätzungen selbst weisen einen minimalen Standardfehler auf. Bei der Mehrebenenmodellierung sind viele Besonderheiten zu beachten (vgl. Raudenbush/Bryk 2002, Kapitel 3). Erwähnt sei hier, dass man die Wahl zwischen Maximum-Likelihood bei voller Information (FIML, für *full information maximum likelihood*) und Maximum-Likelihood bei beschränkter Information (REML, für *restricted maximum likelihood*) hat. Im zweiten Fall werden die Parameter im *random part* an die Unsicherheiten im *fixed part* angepasst (Raudenbush/Bryk 2002). Der wesentliche Unterschied zwischen beiden Schätzverfahren bezieht sich also auf die Schätzungen der Varianzparameter. Sie werden bei beschränkter Information (über die *fixen* Werte) konservativer geschätzt. Simulationsstudien belegen, dass die REML-Methode weniger verzerrte, aber auch weniger effiziente Schätzungen als die FIML-Methode ergibt (Kreft/de Leuuw 1998, S. 135). Insbesondere bei einer kleinen Anzahl von Gruppen wird die REML-Methode als überlegen betrachtet.

Beide Schätzverfahren liefern für das *leere Modell* drei Parameterschätzungen für β_{0ij}, für Var u_{0j} und Var e_{0ij}. Aus dem Verhältnis von Var u_{0j} und Var e_{0ij} lässt sich der geschätzte Intraklasskorrelationskoeffizient ρ berechnen. Er gibt an, wieviel Varianz von Y um den *grand mean* durch die Zugehörigkeit zu den Kontexteinheiten erklärt wird. Je höher der Wert für ρ ausfällt, also beispielsweise die Ähnlichkeit des individuellen Zufriedenheitsindex innerhalb von Schulklassen ausfällt, desto mehr Information über die Ausprägungen von Y wird durch das Mehrebenendesign gewonnen. Anders ausgedrückt: Wenn keine oder nur eine sehr geringe Variation von Y über die Kontexteinheiten hinweg besteht, ist eine ebenenspezifische Modellierung von Effekten überflüssig. Je größer jedoch die Intraklasskorrelation wird, desto wichtiger wird auch die modelltechnische Berücksichtigung der verschiedenen Untersuchungsebenen. Würde man die Kontextgebundenheit in einem OLS-Modell vernachlässigen, würden die Standardfehler der Regressionskoeffizienten unterschätzt, man erhielte fälschlicherweise zu kleine Standardfehler, die zu einer zu optimistischen Beurteilung statistischer Signifikanz führen würden. In der modell- und schätztechnischen Berücksichtigung der Abhängigkeit von Kontexten, also einer Gruppierung der Daten in Einheiten höherer Ordnung (auch *Cluster* genannt), liegt eine wesentliche statistische Motivation zur Anwendung von Mehrebenenmodellen.

Die inhaltlichen Erkenntnischancen von Mehrebenenanalysen können am besten an Hand der folgenden Modellerweiterungen erläutert werden. Zunächst wird eine erklärende und auf der untersten Analyseebene gemessene Variable X hinzugefügt analog zur linearen Regression. Wir erhalten also zunächst die Gleichung

$$Y_{ij} = \beta_{0ij} + \beta_1 X_{ij} + u_{0j} + e_{0ij}$$

Hierbei handelt es sich um ein einfaches Random-Intercept Modell mit einer erklärenden Variable. Die Koeffizienten β_{0ij} und β_1 bezeichnet man auch als *fixed part* des Modells, die Fehlerterme u_{0j} und e_{0ij} als *random part*. Die Mehrebenenanalyse ist im Vergleich zur einfachen linearen Regression (OLS) durch eine komplexere Fehlermodellierung gekennzeichnet.[9]

Der Intercept des Modells variiert weiterhin als *grand mean* zwischen den Einheiten höherer Ordnung. Wenn die Variable X zur Erklärung von Y (aus theoretischen Gründen) etwas beitragen kann, dann sollten die Varianzen der Fehlerterme geringer ausfallen. Weil es sich um eine auf unterster Ebene gemessene Variable handelt, sollte vor allem die Varianz auf dieser Ebene (L1), Var (e_{0ij}), kleiner werden. Betrachten wir nun den Fall, dass eine weitere Variable Z aufgenommen wird, die jedoch auf der Ebene der Kontexte (L2) gemessen wird. Hierbei kann es sich um eine analytische, strukturelle oder globale Variable handeln.

$$Y_{ij} = \beta_{0ij} + \beta_1 X_{ij} + \beta_2 Z_j + u_{0j} + e_{0ij}$$

Bei entsprechender theoretischer Begründung (und empirischer Datenlage) verändert sich nun im Modell ausschließlich die Varianz des Fehlerterms für die Kontextebene Var (u_{0j}). Ein Kriterium zur Beurteilung der Erklärungskraft von unabhängigen Variablen lässt sich mit der Veränderung der empirischen (auf der Grundlage der realisierten Stichprobe bestimmten) Deviance-Werte angeben.[10] Ein weiteres Kriterium zur Beurteilung der Modellgüte kann bei Random-Intercept Modellen in der Veränderung der Fehlervarianzen bestehen. Das *leere Modell* mit den geschätzten Fehlervarianzen Var (u_{0j})$_0$ und Var (e_{0ij})$_0$ dient dabei als Referenzpunkt. Ähnlich der Logik des R^2-Wertes bei einer einfachen linearen Regression lassen sich R^2-Werte für die Varianzen zwischen den Kontexteinheiten und innerhalb der Kontexteinheiten berechnen. Dabei werden die jeweiligen Schätzwerte des um Kovariaten ergänzten Random-Intercept Modells (Var (u_{0j})$_1$ und Var (e_{0ij})$_1$) von den geschätzten Varianzanteilen des *leeren Modells* abgezogen und die Differenzen werden auf ebendiese Werte des *leeren Modells* bezogen. Die Werte geben jeweils Werte *erklärter Varianz* zwischen den Kontexteinheiten und innerhalb der Kontexteinheiten an (Kreft/de Leuuw 1998, S. 118).

Der Vorzug von Mehrebenenmodellen besteht nun darin, dass auch die Koeffizienten der erklärenden Variablen zwischen den Kontexteinheiten variieren können. Anders ausgedrückt: Der Einfluss von X auf Y schwankt zwischen den variablen, zufällig variierenden Kontexten.[11] In modelltechnischer Ausdrucksweise wird die Schätzgleichung nun erweitert.

$$Y_{ij} = \beta_{0ij} + \beta_{1j} X_{ij} + \beta_2 Z_j + u_{0j} + u_{1j} + e_{0ij}$$

Im *random part* des Modells findet sich nun eine weitere Fehlerkomponente u_{1j}, welche die Variation von β_{1j} zwischen Kontexteinheiten zulässt. Geschätzt werden die Varianz Var (u_{1j}) sowie die Kovarianz Cov (u_{1j}, u_{0j}), mit der die gemeinsame Variation von Intercept und Slope zwischen den Kontexten erfasst wird. Ein positiver Schätzwert bedeutet, dass mit steigenden Intercept-Werten auch die Slope-Werte ansteigen. Umgekehrt besagt ein negativer Wert für die Kovarianz ein Absinken der Slope-Werte bei steigenden Intercept-Werten.[12] Zur Beurteilung der Modellgüte kann wiederum der Vergleich der Deviance-Werte herangezogen werden. Aufgrund der komplexeren Fehlerstrukturen ist ein einfacher Ausweis des Zuwachses an erklärter Varianz nicht mehr möglich. Zu beachten ist, dass nur solche Variablen mit einer Zufallsvariation des Slopes berücksichtigt werden können, welche auf unterer Analyseebene erfasst wurden. Variablen auf der Ebene L2 sollten wiederum die Varianzen und die Kovarianzen reduzieren, sofern sie entsprechend ‚erklärungskräftig' sind.

Bei der Beurteilung der Schätzergebnisse sind die Tests für den *fixed part* und solche für den *random part* zu unterscheiden. Im *fixed part* können die geschätzten Koeffizienten ähnlich wie in der einfachen linearen Regression durch die Testgröße T (geschätzter Koeffizient/Standardfehler) auf Signifikanz geprüft werden. Zu beachten ist, dass die Anzahl der Freiheitsgrade der Testgröße bei Mehrebenenanalysen je nach Analyseebene getrennt zu bestimmen ist.[13] Bei der Beurteilung der Signifikanz für Variablen höherer Einheiten (L2 und darüber) kann man die Daumenregel (Vergleich des T-Wertes mit der Standardnormalverteilung für bestimmte Signifikanzschwellen) nur anwenden, wenn die Anzahl der Kontexteinheiten entsprechend groß ist (40 gilt hier als Richtgröße).

Die Frage, ob die Koeffizienten zwischen den Kontexteinheiten variieren (anders ausgedrückt: ob einzelne Parameter des *random part* überzufällig sind, das Mehrebenenmodell mit der Berücksichtigung von Kontexteffekten anstatt eines einfachen OLS-Modell angesichts der empirischen Datenlage gerechtfertigt ist), kann beispielsweise durch die Testgröße Z (die Quadratwurzel aus dem Schätzwert für die Varianz geteilt durch den Standardfehler des Schätzwertes) beurteilt werden, die annähernd normalverteilt ist (Raudenbush/Bryk 2002).[14] Am einfachsten kann man die Signifikanz des *random part* durch den bereits erläuterten Deviance-Test prüfen. Ergibt sich bei der Modellierung des *random part* eine Reduzierung des Deviance-Wertes, kann man mit dem oben beschriebenen Test die Signifikanz der Varianzparameter abschätzen. Hierbei ist zu bedenken, dass aufgrund der Einseitigkeit der Nullhypothese (H_0: Varianz ist null; Varianzen können nur positive Werte annehmen) die p-Werte (oder die Signifikanzschwellen) halbiert werden.

Wesentliche Grundzüge der hierarchischen linearen (Mehrebenen-)Analyse sind soweit dargestellt. Der Einsatz der geschilderten und vergleichsweise komplexen Mehrebenenmodelle rechtfertigt sich zum einen daraus, dass bei der alternativen Verwendung von einfachen linearen Regressionsmodellen die Cluster-Struktur der Daten nicht berücksichtigt wird. Bei Schätzungen zur Stärke des Einflusses von Variablen höherer Analyseebene (L2 und darüber) sind die Standardfehler (teilweise deutlich) unterschätzt.[15] Zum anderen erlauben die Modelle in theoretischer Hinsicht eine präzisere statistische Abbildung der untersuchten Zusammenhänge.

4 Anwendungsbeispiel[16]

Die Anwendung von Mehrebenenanalysen wird in diesem Abschnitt anhand von zwei – für die Organisationsforschung typischen – Fragestellungen veranschaulicht. Inwieweit hängen individuelle Zufriedenheit mit Organisationseigenschaften und die individuelle Bereitschaft, an Entscheidungsprozessen teilzunehmen mit Kontexteigenschaften zusammen? Im ersten Beispiel wird das im vorherigen Abschnitt ausgeführte hierarchische lineare Modell für eine metrisch skalierte Variable, den Zufriedenheitsindex, erläutert. Im zweiten Beispiel wird – ohne auf die statistischen Besonderheiten genauer einzugehen – die Anwendung mit einer dichotomen abhängigen Variable, der Teilnahme an einem innerorganisatorischen Abstimmungsprozess, erklärt. Beide Beispiele sollen die besonderen Erkenntnischancen von Mehrebenenanalysen in der Organisationsforschung unterstreichen.

Zufriedenheit mit Ausbildungsorganisationen

Mehrebenenanalysen wurden aus forschungshistorischen Gründen häufig in der Bildungsforschung eingesetzt, wo es verhältnismäßig einfach ist, eine hierarchisch aufeinander bezogene Datenstruktur zu ermitteln. Dort geht es beispielsweise darum, die Leistungen von Schülerinnen und Schülern zu erheben, die zu bestimmten Klassenverbänden gehören, welche ihrerseits in Schulen zusammengefasst sind. Der in den 60er Jahren verfasste Coleman-Report, aber auch zahlreiche weitere empirische Projekte der Bildungsforschung argumentieren mit Kontexteffekten wie beispielsweise der Wirkung der Klassenzusammensetzung. Das hier erläuterte Anwendungsbeispiel steht in dieser Tradition: Für eine bestimmte Auswahl beruflicher Schulen der Landeshauptstadt München werden Schülerinnen und Schüler zu ihrer Ausbildungssituation befragt (Ganser/Hinz 2007). Es stehen Angaben zum Klassen- und zum Schulkontext zur Verfügung, wobei an dieser Stelle nur der Zweiebenenfall (Schüler/innen in Klassen) besprochen werden soll. Untersucht wird die *Zufriedenheit* mit der Berufsschule als Ausbildungsorganisation – und damit eine Fragestellung, die in der Organisationsforschung häufig thematisiert wurde. Die theoretischen Hypothesen behaupten Effekte, die sich aus der individuellen Ausstattung der Organisationsmitglieder ergeben, und solche Effekte, die mit den sozialen Kontexten, also den Klassen, variieren. Die abhängige Variable ist ein standardisierter Zufriedenheitsindex aus fünf einzelnen Items (Cronbachs α=0,784) zu Leistungsaspekten der schulischen Ausbildung (fachliche Inhalte, allgemeinbildende Inhalte, Motivation der Lehrkräfte, Betreuung durch Lehrkräfte, Umgang der Lehrkräfte). An unabhängigen Variablen werden Alter, Geschlecht (Dummy: Frau=1), Nationalität (Dummy: nicht-deutsch=1) und ein standardisierter Motivations-Score verwendet.[17] Für die folgenden Analysen stehen Daten zu 4.817 Schüler/innen, in 284 Klassen in 21 Schulen zur Verfügung. Die Schätzergebnisse für die ersten, ausführlich erläuterten Anwendungsbeispiele finden sich in Tabelle 2. Insgesamt werden vier miteinander verbundene Modelle geschätzt.[18]

In einem ersten Auswertungsschritt geht es darum, die Varianzkomponenten auf den zwei Analyseebenen abzuschätzen oder mit anderen Worten den Intraklasskorrelationskoeffizienten ρ zu bestimmen. Hierzu kann das *leere Modell*, das nur den über die Klassen variierenden Intercept enthält, dienen. Die Schätzwerte für β_0 werden nicht eigens berichtet, da es sich bei der abhängigen Variable um eine z-transformierte Variable handelt (Mittelwert μ=0, σ^2=1). Inhaltlich bedeutsam ist hingegen die geschätzte *Variation des Intercepts*. Die entsprechende Schätzung (vgl. erste Spalte in Tabelle 2) liefert für Var (u_{0j}) einen Wert von 0,189 (Standardfehler 0,020) und für Var (e_{0ij}) einen Wert von 0,796 (Standardfehler 0,017). Daraus ergibt sich eine Intraklasskorrelation ρ von 0,19.[19] Dieser Wert zeigt an, dass immerhin ein Fünftel der Varianz der Zufriedenheitswerte auf die Aufteilung auf unterschiedliche Klassen zurückgeht. Eine Mehrebenenanalyse kann damit auch in empirischer Hinsicht sinnvoll ansetzen.

Tabelle 2: Modellschätzungen Zufriedenheitsindex

fixed part	leeres Modell		Random-Intercept		Random-Intercept	L2 Variable	Random-Slope	Motivation
Konstante	0.014	(0.029)	0.005	(0.026)	-0.006	(0.025)	-0.003	(0.025)
Motivation			0.306	(0.013)	0.293	(0.013)	0.291	(0.016)
Durchschnittliche Motivation					0.377	(0.069)	0.378	(0.069)
Random part								
Var u_{0j}	0.189	(0.020)	0.150	(0.017)	0.131	(0.015)	0.128	(0.015)
Var u_{1j}							0.024	(0.006)
Cov u_{0j}, u_{1j}							0.007	(0.007)
Var e_{0ij}	0.796	(0.017)	0.719	(0.015)	0.719	(0.015)	0.697	(0.015)
-2 log likelihood	13017.84		12495.87		12467.07		12436.32	
N	4817							

Quelle: Problemlagen beruflicher Schulen, Schüler/innenbefragung 2002, FIML-Schätzungen (in Klammern jeweils die Standardfehler)

Im nächsten Schritt wird ein Random-Intercept-Modell mit einer erklärenden Variable betrachtet: der individuellen Motivation der Schüler/innen (vgl. zweite Spalte der Tabelle 2).

$$z\_zufr_{ij} = \beta_{0ij} + \beta_1 \, z\_motiv_{ij}$$
mit
$$\beta_{0ij} = \beta_0 + u_{0j} + e_{0ij}$$

Geschätzt werden neben den Koeffizienten β_0 und β_1 im fixen Part wiederum die beiden Varianzen für die Fehlerkomponenten Var (u_{0j}) und Var (e_{0ij}). Es ergibt sich ein Wert für β_1 von 0,306 (bei einem Standardfehler von 0,013).[20] Damit besteht also ein deutlicher Zusammenhang zwischen Motivation und Zufriedenheit. Wichtig ist weiterhin, wie sich die Schätzwerte von Var (u_{0j}) und Var (e_{0ij}) verändern. Für Var (u_{0j}) erhält man nun einen Wert von 0,150 und für Var (e_{0ij}) ergibt sich 0,719. Die Intraklasskorrelation ist durch die Berücksichtigung der auf der unteren Ebene ansetzenden Variable also nur unwesentlich zurückgegangen (von zunächst $\rho=0{,}19$ jetzt auf $\rho=0{,}17$). Die erklärende Variable wirkt sich auf die Schätzung der Zufriedenheit aus, ohne zur Aufklärung der Unterschiede zwischen den Schulen allzu viel beizutragen. Des Weiteren lassen sich die Werte R^2 für die Regressionen zwischen den Gruppen und innerhalb der Gruppen berechnen. Für die Veränderung gegenüber dem leeren Modell ergibt sich ein R^2_{within} von $(0{,}796–0{,}719)/0{,}796 = 0{,}097$ und ein $R^2_{between}$ von $(0{,}189–0{,}150)/0{,}189 = 0{,}206$. Zu beachten ist allerdings, dass der Wert von Var $(u_{0j})_0$ wesentlich kleiner ist als der Wert von Var $(e_{0ij})_0$. Mit dem Deviance-Test kann die Veränderung der Modellgüte insgesamt beurteilt werden. Der Wert für die -2 log Likelihood geht von 13017,07 auf 12495,87 zurück. Die Differenz ist als Testgröße χ^2 verteilt: Der Wert $(13017{,}84–12495{,}87) = 521{,}97$ ergibt bei einem Freiheitsgrad ein hoch signifikantes Ergebnis – kein Wunder, wenn man bedenkt, dass das *leere Modell* lediglich die Gruppierungsvariable enthält.

Ergänzt wird das Modell nun um eine analytische Variable der *zweiten Ebene* (L2). Untersucht werden soll, inwieweit das durchschnittliche Motivationsniveau in den Klassen die Ausprägung der Zufriedenheit beeinflusst. Der *random part* bleibt im Hinblick auf die beiden zu schätzenden Parameter unverändert (vgl. dritte Spalte von Tabelle 2).

$$z\_zufr_{ij} = \beta_{0ij} + \beta_1 \, z\_motiv_{ij} + \beta_2 \, d\_motiv_j$$

Die Modellschätzung ergibt bei einer hoch signifikanten Verbesserung der Modellanpassung[21] folgende Schätzwerte: Für β_1 erhält man einen unwesentlichen kleineren Wert 0,293 (0,013) und für den Kontexteffekt β_2 den Wert 0,377 (0,069). Die Varianzkomponente des Modells verändert sich, da eine Variable auf der zweiten Ebene (L2) ergänzt wurde, nur auf dieser Ebene, sie reduziert sich auf 0,131 (0,015). Der entsprechende Wert für $R^2_{between}$ beträgt nun (0,189–0,131)/0,189 = 0,307. Es liegt also neben einem deutlichen Individualeffekt auch ein (im Betrag sogar größerer) Kontexteffekt vor: Je höher das durchschnittliche Motivationsniveau in den Klassen, desto höher die individuelle Zufriedenheit.

Schließlich soll auch der Slope β_1 für das individuelle Motivationsniveau über die Klassenkontexte variieren. Wie stark variiert der Einfluss der Motivation auf die Zufriedenheit zwischen den Schulklassen? Es wird daher ein Random-Slope-Modell geschätzt. Man erhält im *random part* des Modells zwei zusätzliche Schätzwerte für die Parameter: Var (u_{1j}) und Cov (u_{0j}, u_{1j}).

$$z\_zufr_{ij} = \beta_{0ij} + \beta_1 \, z\_motiv_{ij} + \beta_2 \, d\_motiv_j$$
mit
$$\beta_{0ij} = \beta_0 + u_{0j} + e_{0ij}$$
$$\beta_{1j} = \beta_1 + u_{1j}$$

Die Koeffizientenschätzungen bleiben in der Größe und in ihren Standardfehlern nahezu unverändert (vgl. vierte Spalte von Tabelle 2). Die Veränderung der Deviance (-2 log Likelihood) zeigt an, dass die Zufallsvariation des Slope-Parameters β_1 die Schätzung deutlich verbessert, das Modell also zu einem höherem Maß den empirischen Daten angepasst ist.[22] Die Schätzwerte für den *random part* lauten: Var (u_{0j}) 0,128 (0,015), Var (u_{1j}) 0,024 (0,006), Cov (u_{0j}, u_{1j}) 0,007 (0,007) und Var (e_{0ij}) 0,697 (0,015). Wie im letzten Abschnitt ausgeführt, können die Werte nicht mehr direkt mit den Resultaten des Random-Intercept-Modells verglichen werden. Die Schätzung des Random-Slope-Modells liefert jedoch weitere Erkenntnisse über die kontextspezifischen Zusammenhänge: Die Variation des Slope-Parameters ist selbst hinreichend groß (d.h. sie unterscheidet sich nach Klassen) und es besteht eine (nicht signifikante) positive Kovariation zwischen u_{0j} und u_{1j}. Je höher also der Intercept liegt, desto höher fällt tendenziell auch der Slope aus.[23] In Klassen mit überdurchschnittlicher Motivation wirkt sich die individuelle Motivation auch besonders positiv auf die Zufriedenheit aus.

Das empirische Beispiel hat die im vorherigen Abschnitt erläuterten statistischen Konzepte anhand einer für die Organisationsforschung interessanten Frage nach dem Zusammenhang von Motivation und Zufriedenheit mit den Organisationseinheiten erläutert. In inhaltlicher Hinsicht sind insbesondere die zur OLS-Regression zusätzlichen Erkenntnisse im *random part* wichtig, sie lassen sich bei Anwendung anderer (einfacher) Verfahren nicht erzielen. Um das Beispiel abzurunden, sollen weitere erklärende Variablen aufgenommen und ein Vergleich zu den Schätzungen eines einfachen OLS-Modells angestellt werden. Die Aufmerksamkeit liegt also nun besonders beim *fixed part*, den Koeffizienten und ihren Standardfehlern.

So werden ergänzend die Einflüsse von Geschlecht, Alter und Nationalität auf die Zufriedenheit untersucht. Hierzu werden drei Modelle geschätzt: ein OLS-Modell, das die hierarchische Datenstruktur ignoriert, ein Random-Intercept-Modell und ein Random-Slope-Modell, bei dem der Einfluss von Nationalität auf die Zufriedenheit mit den Kontexteinheiten *at random* gesetzt ist. Die Ergebnisse des Modells sind in Tabelle 3 dargestellt.

Vergleichen wir zunächst die OLS-Schätzung mit dem Random-Intercept-Modell. Die Schätzungen der Konstanten unterscheidet sich zwischen beiden Varianten hinsichtlich der Höhe. Auch wenn die Konstante in ihrem Wert im vorliegenden Beispiel nicht sehr anschaulich zu interpretieren ist, deutet die Differenz darauf hin, dass bei Berücksichtigung der Variation des Intercept auch weitere Koeffizienten in der Größenordnung unterschiedlich ausfallen. Zunächst ist festzuhalten, dass eine beachtliche Variation des Intercept besteht; die Modellgüte wird signifikant verbessert. Alle Koeffizienten im *fixed part* fallen im Betrag niedriger aus als bei der OLS-Schätzung. Wenn man die Mehrebenenstruktur vernachlässigt, würde man vor allem bei den Individualvariablen Geschlecht und Alter einen zu hohen und vermeintlich signifikanten Einfluss annehmen. Hierin liegt ein Hinweis auf mögliche Kompositionseffekte, etwa für die Bedeutung des Anteils von Schülerinnen oder des Durchschnittsalters der Schulklasse.

Tabelle 3: Modellschätzungen mit weiteren Kovariaten

	OLS		Random-Intercept		Random-Slope (für Nationalität)		Random-Slope (für Nationalität)	
fixed part								
Konstante	0.614	(.096)	0.445	(.097)	0.447	(.098)	0.515	(.101)
Motivation	0.350	(.013)	0.312	(.013)	0.310	(.013)	0.309	(.013)
Nationalität	0.143	(.031)	0.117	(.031)	0.116	(.037)	0.117	(.037)
Geschlecht	-0.169	(.027)	-0.075	(.032)	-0.076	(.032)	-0.035	(.036)
Alter	-0.031	(.005)	-0.024	(.005)	-0.024	(.005)	-0.024	(.005)
Frauenanteil							-0.205	(.078)
random part								
Var u_{0j}			0.139	(.015)	0.146	(.017)	0.138	(.017)
Var u_{1j}					0.106	(.031)	0.105	(.031)
Cov u_{0j}, u_{1j}					-0.034	(.018)	-0.025	(.017)
Var e_{0ij}	0.847	(.017)	0.715	(.015)	0.699	(.015)	0.699	(.015)
-2 log likelihood	12689.99		12456.50		12437.26		12430.63	
N	4817							

Quelle: Problemlagen beruflicher Schulen, Schüler/innenbefragung 2002, FIML-Schätzungen (in Klammern jeweils die Standardfehler)

Verändert man nun die Modellstruktur mit einem Random-Slope für Nationalität, dann bleiben die Koeffizienten im *fixed part* stabil. Die Dummy-Variable für Nationalität wirkt sich in den Schulklassen sehr unterschiedlich aus, wie man an der Schätzung für Var (u_{1j}) erkennen kann. Es besteht eine negative Korrelation mit dem Intercept. Je höher die Zufriedenheit, desto geringer fällt der (positive) Effekt von Nationalität aus. Wiederum verbessert sich die Modellanpassung signifikant. Schließlich wird im letzten Schritt eine Variable auf Klassenebene (L2) einbezogen: der Frauenanteil. Man erkennt nun einen nicht mehr signifikanten direkten Effekt und einen negativen Kontexteffekt: Je höher der Frauenanteil in einer Klasse, desto geringer fällt die Zufriedenheit aus. Bei dieser Schätzung geht vor allem die negative Korrelation von Slope und Intercept zurück. Der in der OLS-Regression deutliche negative Effekt von Geschlecht ist also als Kontexteffekt identifiziert.

Im Übrigen stellt auch die letzte Schätzung gegenüber der Schätzung ohne Frauenanteil eine signifikante Verbesserung dar. Zusammenfassend kann man also sagen, dass die Modellierung mit Berücksichtigung der hierarchischen Datenstruktur neben einer schätztechnischen Verbesserung auch inhaltliche Erkenntnisse mit sich bringt. Das durchschnittliche Niveau der Zufriedenheit unterscheidet sich in allen Modellen deutlich zwischen den Organisationseinheiten (Klassen). Der Einfluss von Motivation und von Nationalität sind ebenfalls nicht über alle Kontexte gleich, sie variieren teilweise deutlich. Die Analyse ergibt überdies auch signifikante Konntexteffekte, deren Standardfehler durch die verwendete Schätzstrategie korrekt ausfallen.

Partizipation in Organisationen

An einem weiteren Beispiel aus der Organisationsforschung wird weniger ausführlich als im vorherigen Abschnitt die Anwendung der Mehrebenenanalyse für *logistische Regressionen* veranschaulicht. Logistische Regressionsmodelle sind durch qualitative (dichotome) abhängige Variablen gekennzeichnet und werden in den Sozialwissenschaften sehr oft zur multivariaten Analyse von Zusammenhängen verwendet (Long 1997). Geschätzt werden dabei die Einflussgrößen der unabhängigen Variablen auf die Wahrscheinlichkeit, dass Y die Ausprägung 1 annimmt. Y ist eine binäre Variable, die für alle Einheiten i auf L1 in allen Kontexteinheiten j (auf L2) beobachtet werden kann (p_{ij} gebe die Wahrscheinlichkeit an, dass Y die Ausprägung 1 annimmt).[24] Formal liest sich das Modell der logistischen Regression mit Berücksichtigung eines Zweiebenendesigns wie folgt:

$$\log(p_{ij}/(1-p_{ij})) = \beta_{0ij} + \beta_1 X_{ij} + u_j$$

Der Term u_j gibt die Zufallsvariation auf der zweiten Ebene (L2) an. Für u_j wird eine Normalverteilung mit Erwartungswert 0 und konstanter Varianz angenommen. Ähnlich wie bei den bereits erläuterten Modellen gilt es, die Variation der Koeffizienten zwischen den Kontexteinheiten zu berücksichtigen. An dieser Stelle kann nur das Random-Intercept-Modell erläutert werden, es sind jedoch Erweiterungen mit Random-Slope möglich.[25]

Als Beispieldaten werden nun Informationen zur politischen Partizipation in einer politischen Partei eingesetzt. In einem Landesverband der Partei wurde im Jahr 1995 eine Urabstimmung zu wichtigen Fragen durchgeführt, bei der die teilnehmenden Mitglieder in den aktuellen Mitgliederlisten erfasst wurden (Mitgliederlisten dienten als Wählerverzeichnis).[26] Die Teilnahme an der Meinungsbildung lässt sich daher mit einer Reihe von Mitgliederinformationen verknüpfen, die in ihrer theoretischen Bedeutung für die Teilnahme hier nicht begründet werden können. Es handelt sich um das Alter in Jahren, Geschlecht (1=Frau), die Beitragshöhe, Funktionsübernahme (Dummy: 1=ja), beruflicher Stand (Dummy: 1=Arbeiter/in). Die Kontexteinheiten sind die untersten Parteigliederungen („Ortsvereine"). Zur theoretischen Motivation sei an Überlegungen erinnert, welche die Faktoren eines besonders hohen Partizipationsniveaus in Organisationen und seine Bedeutung für die Organisationen hervorheben (als klassische Studie: Lipset/Trow/Coleman 1956). Es liegen Daten für 25 Organisationen vor, der Anteil der Teilnahme schwankt auf Aggregatebene zwischen 29% und 95%.

Tabelle 4: Hierarchische logistische Regression

	(1)		(2)		(3)		(4)	
fixed part								
L1 Variable								
Konstante	-0.803	(0.185)	-0.396	(0.376)	0.427	(0.371)	0.183	(0.577)
Alter	0.011	(0.002)	0.011	(0.002)	0.011	(0.002)	0.011	(0.002)
Geschlecht	0.155	(0.081)	0.155	(0.081)	0.160	(0.081)	0.158	(0.081)
Beitrag	0.018	(0.004)	0.018	(0.004)	0.018	(0.004)	0.019	(0.004)
Funktion	2.229	(0.188)	2.233	(0.188)	2.233	(0.188)	2.225	(0.188)
Arbeiter/in	-0.348	(0.091)	-0.343	(0.091)	-0.341	(0.091)	-0.342	(0.091)
L2 Variable								
Arbeiteranteil			-2.052	(1.639)	-2.171	(1.279)	-2.028	(1.285)
			-2.105	*(0.521)*	*-2.824*	*(0.537)*	*-2.208*	*(0.568)*
Größe					-0.005	(0.001)	-0.005	(0.001)
					-0.004	*(0.001)*	*-0.004*	*(0.001)*
Frauenanteil							-0.008	(0.015)
							-0.019	*(0.007)*
random part								
Var u$_{0j}$	0.300	(0.097)	0.2745	(0.090)	0.151	(0.054)	0.144	(0.052)
-2 log likelihood	4861,57		4861,04		4849,51		4849,87	
N	3810							

Quelle: Urwahlstudie (1995), first-order MQL Schätzungen (in Klammern jeweils die Standardfehler), für L2 Variable sind kursiv die Schätzungen aus normalen logistischen Regressionen angegeben

In Tabelle 4 sind die Schätzresultate aus vier Modellen verzeichnet, die sich durch die unterschiedlichen Variablen der Kontextebene unterscheiden. Jeweils kursiv gesetzt sind die Koeffizientenschätzungen aus dem korrespondierenden Schätzmodell ohne Berücksichtigung der Cluster-Struktur von Ortsvereinen. Doch zunächst ein kurzer Blick auf die Intraklasskorrelation in diesem Beispiel: Zur Berechnung der Höhe der Abhängigkeit der Untersuchungseinheiten voneinander greift man auf die Annahme zurück, dass der Fehler einer standardisierten logistischen Verteilung folgt mit der Varianz $\pi^2/3$ (Guo/Zhao 2000, S. 451). Es ergibt sich aus der Var (u_{0j}) gemessen an der Gesamtvarianz (Var (u_{0j}) + $\pi^2/3$) eine Intraklasskorrelation ρ von 0,08. Dieser Wert ist zwar deutlich geringer als im ersten Anwendungsfall, die Vernachlässigung der Cluster-Struktur würde jedoch zu einer viel zu optimistischen Schätzung der Kontextvariablen (Arbeiteranteil und Frauenanteil) führen.

In der ersten Spalte findet sich das Referenzmodell, in dem alle Koeffizienten (bis auf Geschlecht) auf dem 1%-Niveau signifikant sind. In der zweiten Spalte wird die Kontextvariable „Arbeiteranteil des Ortsvereins" hinzugefügt: Es zeigt sich ein deutlicher Effekt, der aber bei Berücksichtigung der Mehrebenenstruktur nicht signifikant ist. Im Vergleich dazu würde eine normale logistischen Regression hingegen einen hoch signifikanten Koeffizienten anzeigen. Die Berücksichtigung der Größe der Organisationen bringt auch im hierarchischen Modell einen signifikanten Effekt (je größer die Einheiten, desto geringer die Wahrscheinlichkeit der Teilnahme, vgl. dritte Spalte von Tabelle 4). Schließlich kann ein weiterer Kontexteffekt (Frauenanteil) in der vierten Schätzung bei korrekter Modellierung keine Signifikanz erreichen, während bei Vernachlässigung der Cluster eine unberechtigte Schlussfolgerung gezogen würde. Das Untersuchungsbeispiel zeigt neben der Anwendbarkeit der Mehrebenenanalyse bei dichotomen abhängigen Variablen vor allem, dass die Kontexteffekte (der Variablen auf höherer Ebene L2) sehr unterschiedlich beurteilt werden, je nachdem ob die Mehrebenenstruktur in der Modellierung betrachtet wird. Dies ist auch einleuchtend: Es liegen ja zum Einen nur Informationen über 25 Organisationen vor, zum anderen kann man trotz der geringen Intraklasskorrelation nicht davon ausgehen, dass die Mitglieder der Ortsvereine voneinander hinreichend ‚unabhängig' sind.

Mit den Beispielauswertungen aus der Organisationsforschung können die allgemeinen Vorzüge der Mehrebenenanalysen belegt werden: (1) eine adäquate Schätzung der Kontexteinflüsse, (2) die Modellierung von ebenenspezifischen Einflüssen der Individualvariablen. Beide Vorzüge können in der quantitativen Organisationsforschung genutzt werden – vorausgesetzt, die entsprechende Datenstruktur liegt vor. Insbesondere bei der Planung von empirischen Projekten sollte darauf geachtet werden, ob verschiedene Untersuchungsebenen miteinander zu verknüpfen sind. Mitarbeiterbefragungen könnten beispielsweise um wichtige Fragestellungen (etwa nach der Wirksamkeit von Kompositionseffekten) erweitert werden, wenn bei der Stichprobenziehung die Zugehörigkeit zu verschiedenen Abteilungen systematisch berücksichtigt wird.

5 Möglichkeiten und Grenzen der Methode

Die beschriebenen statistischen Verfahren können in verschiedene Richtungen erweitert werden. Wie bereits angedeutet, ist es möglich, auch mehr als zwei Untersuchungsebenen zu berücksichtigen. Ein solches Vorgehen ist allerdings nur dann empfehlenswert, wenn auch für die Kontexte höherer Ordnung Zufallsauswahlen vorliegen und kontextspezifische Hypothesen aus den theoretischen Überlegungen folgen. In der Bildungsforschung ist dies durch die hierarchische Schulorganisation zumeist unproblematisch, in anderen Untersuchungsfeldern mag die datentechnische Voraussetzung etwa durch ein mehrstufiges Auswahlverfahren gegeben sein, jedoch dürften die inhaltlichen Implikationen der Mehrebenenmodellen theoretisch häufig nur schwer zu definieren sein. Insbesondere wenn die Kontexte höherer Ebenen von der Zahl her begrenzt sind (beispielsweise die 27 Nationalstaaten der EU), lässt sich eine Mehrebenenmodellierung mit *random effects* nicht begründen.

Auch beim hier demonstrierten Zweiebenenfall gibt es eine Reihe von weiteren Problemstellungen. Zunächst ist darauf hinzuweisen, dass häufig Variablen um den *grand mean* oder die jeweiligen *Gruppenmittel* zentriert werden.[27] Die erste Form der Variablentransformation ändert zwar die geschätzten Parameterwerte, jedoch nicht die Modellimplikationen. Bei Zentrierung von unabhängigen Variablen auf ihre Gruppenmittelwerte ist zu beachten, dass die Variation der auf die Gruppenmittelwerte zentrierten Variablen *zwischen* den Gruppen weg fällt. Dies führt mitunter dazu, dass sich für weitere Kontextvariablen gegenüber einem Modell mit nicht zentrierten Variablen deutlich veränderte Schätzungen ergeben. Überdies ist zu beachten, dass man die Gruppenmittel auch nach Zentrierung als analytische Kontextvariable in die Modelle aufnehmen kann (vgl. Kreft/de Leeuw 1998, S. 110–112). Es ist im Hinblick auf die Interpretation überaus bedeutsam, ob auf Gruppenmittel zentrierte Variablen oder die unveränderten Variablen verwendet werden. Anders ausgedrückt: Die theoretischen Überlegungen sollten entscheiden, ob man absolute oder relative Kontexteffekte untersuchen möchte.

Des Weiteren bieten Mehrebenenanalysen die Möglichkeit, Interaktionseffekte zwischen Variablen unterschiedlicher Hierarchieebenen zu bilden. Findet man beispielsweise eine signifikante Variation des Slope-Parameters für die Wirkung von Motivation auf den Zufriedenheitsindex (vgl. Tabelle 2), dann ließen sich verschiedene *cross level* Interaktionen untersuchen. So könnte man eine Variable ‚Motivation*Lernform' bilden, die unterschiedliche Lernformen berücksichtigt (z.B. 1 = Projektunterricht; 0 = kein Projektunterricht). Die Lernform wäre hier eine klassenspezifische Eigenschaft.

Zu erwähnen bleibt, dass Mehrebenenanalysen auch für die Untersuchung zeitbezogener Prozesse eingesetzt werden können. Die unterste Untersuchungsebene wären im Fall einer zeitbezogenen Auswertung die Messpunkte pro Indiviuum (Paneldatendesign). Man benötigt eine Identifikationsvariable für die Messpunkte $t_1, ..., t_n$. Auf der zweiten Ebene sind die Paneldaten pro Individuum verbunden, mögliche weitere Analysebenen entsprechen dem geschilderten Standardfall. Ein Auswertungsbeispiel liefern Hinz/Ziegler (1999) mit der Beschäftigungsentwicklung von neuen Betrieben. Geschätzt werden in solchen Fällen *growth curves*, welche eine organisationsspezifische Entwicklung modellieren können. Ziel solcher Analysen ist häufig, die gemeinsamen Determinanten von Wachstum zu identifizieren und trotzdem eine Variation des Wachstums über die unterschiedlichen Organisationen zu erlauben.

Mehrebenenanalysen sind natürlich auch für weitere statistische Modelle (etwa Zähldatenregression oder Ereignisanalysen; vgl. die Beiträge zur Zähldaten- und Ereignisdatenanalyse in diesem Band) möglich. In vielen Feldern sind statistische Modellierung und Schätzung derzeit in der Entwicklung.[28] Immer dann, wenn eine komplexere Fehlerstruktur mit hierarchischen Daten verbunden ist, kann man auf das Instrumentarium der Mehrebenenanalysen zurückgreifen. Die aktuelle Entwicklung ist vielversprechend und sehr dynamisch, sie lässt sich auf verschiedenen Internetplattformen gut verfolgen (beispielsweise: www.cmm.bristol.ac.uk/). Zu betonen ist jedoch, dass man Methode nicht um ihrer selbst willen einsetzen sollte. Die Verwendung von Mehrebenenmodellen ist nur dann sinnvoll, wenn theoretische Überlegungen zur Kontextabhängigkeit zu Grunde gelegt werden können.

6 Anmerkungen

1 Darauf wird an geeigneter Stelle näher eingegangen.
2 In diesem Projekt werden Maßnahmen der Schulsozialarbeit an beruflichen Schulen in München untersucht. Nähere Informationen bei Ganser/Hinz (2007). Der Abschlussbericht des Projekts findet sich unter: www.uni-konstanz.de/hinz/eval_berufsschule.pdf.
3 Die nachfolgenden Beispielauswertungen sind alle auf den Zweiebenenfall bezogen und benötigen die Informationen zu FALLNR und KLASSE.
4 Der Index wurde durch eine Z-Transformation standardisiert.
5 Die Effektgröße kann als „*the degree to which the null hypothesis is believed to be false*" bezeichnet werden. Der Standardfehler für die Effektgröße ergibt sich in normalen (Einebenen-)Untersuchungen aus der Stichprobengröße. Die Schätzgenauigkeit ist invers proportional zur Quadratwurzel der Stichprobengröße (Snijders/Bosker 1999: S. 141).
6 Die Reliabilität bezieht sich hier auf die Schätzung aggregierter Variablen, also etwa die Schätzung von Gruppenmittelwerten. Sie ist definiert als Quotient aus der Varianz der wahren Gruppenmittelwerte und der Varianz der beobachteten Gruppenmittelwerte. Mit steigender

Gruppengröße wird die Reliabilität höher: $\lambda_j = \dfrac{\tau^2}{\tau^2 + \sigma^2/n_j} = \dfrac{n_j \rho}{1+(n_j-1)\rho}$ mit n_j als Gruppengröße und τ^2 als wahrer Varianz der Gruppenmittelwerte, σ^2 als wahrer Varianz innerhalb der Gruppen. ρ ist der Intraklasskorrelationskoeffizient (Snijders/Bosker 1999: S. 17).

7   Gute Überblicke finden sich in den Standardwerken von Raudenbush/Bryk (2002) und Goldstein (2003).
8   Bei der ebenenspezifischen Variation um den *grand mean* handelt es sich um die Streuung der Gruppenmittelwerte (etwa des Zufriedenheitsindex für Schulklassen) um den Gesamtmittelwert.
9   Ähnlich wie auch Panelmodelle, die in ihrer *random effects* Variante mit dem hier vorgestellten Modell strukturgleich sind; die Clusterbildung liegt bei Panelmodellen auf der Ebene von Individuen vor, die über mehrere Zeitpunkte $t_1, ..., t_n$ beobachtet werden.
10 Gebildet als die Differenz der -2 Log Likelihood (Deviance) des *leeren Modells* (D_0) gegenüber der -2 Log Likelihood des Modells mit Kovariaten (D_1). Ob sich die Erklärungsleistung signifikant verbessert, kann mit einem Deviance-Test bestimmt werden. Die Testgröße D_0-D_1 ist approximativ χ^2-verteilt mit der Anzahl der zusätzlich geschätzten Parameter als Freiheitsgrade (df). Auch die Signifikanz der geschätzten Koeffizienten kann mit dem üblichen Testverfahren (T-Test) beurteilt werden.
11 Im folgenden Beispiel: Der Einfluss von individueller Motivation auf die individuelle Zufriedenheit mit der Schule schwankt zwischen den Schulklassen. Im Extremfall wäre er in einigen Klassen positiv, in anderen negativ.
12 Wiederum mit dem Datenbeispiel aus Abschnitt 4: Ein positiver Wert von 0.007 bedeutet, dass mit steigenden durchschnittlichen Zufriedenheitswerten in Schulklassen der Einfluss von Motivation auf Zufriedenheit zunimmt.
13 Bei Variablen auf L1 bestimmt sie sich aus der Anzahl der Fälle auf L1 minus der Anzahl der für L1 geschätzten Koeffizienten minus 1, bei Variablen auf L2 muss man die Anzahl der Kontexteinheiten heranziehen und die Anzahl der L2-Variablen und zusätzlich 1 abziehen.
14 Allerdings ist die Annäherung an die Normalverteilung ungenügend, wenn die Schätzwerte für die Varianz gegen Null gehen.
15 Dies gilt vor allem bei einer relativ großen Anzahl von Kontexteinheiten, die jeweils wenige L1-Einheiten umfassen.
16 Die beiden Beispiele zu Zufriedenheit und Partizipation in Organisationen stammen aus laufenden Forschungsprojekten des Autors.
17 Die theoretische Begründung für diese Auswahl der Variablen kann hier nicht geleistet werden. Aus theoretischen Überlegungen könnte man hier auch einen sich selbst verstärkenden Prozess annehmen. Die unabhängige Variable Motivations-Score ist also streng genommen nicht exogen. Für die Vorstellung der Methode soll davon abstrahiert werden
18 Verwendet wurde die Software MLwiN (Goldstein et al. 1998).
19 Nach der Formel: geschätzte Intraklasskorrelation ρ = geschätzte Varianz u_{0j}/(geschätzte Varianz u_{0j} + geschätzte Varianz e_{0ij}).
20 Damit ist der Wert zum Niveau α von 0.0001 signifikant.
21 Die Deviance geht nun von 12495,87 auf 12467,07 zurück. Die Differenz beträgt 28,80 – wiederum ein hoch signifikanter Testwert (df=1).
22 D_0=12467,07 und D_1=12436,32. Die Differenz D_0-D_1= 30,75 ist bei 2 Freiheitsgraden χ^2-verteilt. Dies stellt eine hoch signifikante Verbesserung der Modellanpassung dar.
23 Es lässt sich leicht aus Schätzwerten von Kovarianz und den Varianzen der Parameter ein Korrelationskoeffizient berechnen: r=0,126.
24 Man nimmt an, dass Y einer Bernoulli-Verteilung folgt.
25 Die Schätzverfahren sind komplexer als bei den bislang vorgestellten Modellen. Außerdem können teilweise deutliche Unterschiede bei den geschätzten Koeffizienten festgestellt werden. Bekannt sind first-order und second-order MQL und PQL Verfahren (vgl. Guo/Zhao 2000: 448).

Hier wird ohne weitere Diskussion das first-order MQL Verfahren eingesetzt. Es empfiehlt sich in der Untersuchungspraxis die Ergebnisse auf ihre Stabilität hin zu prüfen. Des Weiteren wird zu *bootstrap* Schätzungen geraten (Goldstein et al. 1998: 105).

26 Dem Autor wurden die Mitgliederlisten für Forschungszwecke anonymisiert zur Verfügung gestellt.

27 Die Zentrierung von Variablen erfolgt häufig aus technischen Gründen, um das Problem zu hoher Multikollinearität zu reduzieren (Kreft/de Leeuw 1998:114).

28 Schätzverfahren der Mehrebenenanalyse sind inzwischen auch bestens im Softwarepaket ‚stata' (Version 10) implementiert. Außerdem stehen von Nutzern geschriebene Module in stata zur Verfügung wie ‚gllamm'. Siehe auch: Rabe-Hesketh/Skrondal (2008).

7 Literatur

DiPrete, Thomas/Forrestal, J.D. (1994): Multilevel Models: Methods and Substance, in: Annual Review of Sociology 20, S. 331–357

Durkheim, Emile (1983): Der Selbstmord, Frankfurt a. M. [zuerst 1897]

Engel, Uwe (1998): Einführung in die Mehrebenenanalyse. Grundlagen, Anwendungsverfahren und praktische Beispiele, Opladen/Wiesbaden

Ganser, Christian/Hinz, Thomas (2007): Überforderung und abweichendes Verhalten in beruflichen Schulen, in: Kahlert, Heike/Mansel, Jürgen (Hrsg.), Bildung und Berufsorientierung, München, S. 37-57

Goldstein, Harvey (2003): Multilevel Statistical Models, London

Goldstein, Harvey et al. (1998): A user's guide to MlwiN, London

Guo, Guang/Zhao, Hongxin (2000): Multilevel Modeling for Binary Data, in: Annual Review of Sociology 26, S. 441–462

Hinz, Thomas/Ziegler, Rolf (1999): Gründungsmotive und Unternehmenserfolg, in: Mitteilungen aus der Arbeitsmarkt- und Berufsforschung 32, S. 423–433

Hox, Joop J.(2002): Multilevel Analysis. Techniques and Applications, Mahwah

Hummell, Hans J. (1972): Probleme der Mehrebenenanalyse, Stuttgart

Kreft, Ita/de Leeuw, Jan (1998): Introducing Multilevel Modeling, London

Langer, Wolfgang (2004): Mehrebenenanalyse: Eine Einführung für Forschung und Praxis, Wiesbaden

Lazarsfeld, Paul/Menzel, Herbert (1961): On the Relation between Individual and Collective Properties, in: Etzioni, Amataim (Hrsg.), A Sociological Reader on Complex Organisations, London, S. 499–516

Lipset, Seymour Martin/Trow, Martin/Coleman, James (1956): Union Democracy: The Internal Politics of the International Typographical Union, New York

Long, Scott L. (1997): Regression Models for Categorial and Limited Dependent Variables, Thousand Oaks

Luke, Douglas (2004): Multilevel Modeling, Thousand Oaks

Rabe-Hesketh, Sophia/Skrondal, Anders (2008): Multilevel and Longitudinal Modeling Using Stata, College Station

Raudenbush, Steven/Bryk, Anthony (2002): Hierarchical Linear Models, Newbury Park

Snijders, Tom/Bosker, Roel (1999): Multilevel Analysis. An Introduction to Basic and Advanced Multilevel Modeling, London

Netzwerkanalyse

Boris Holzer

1 Einleitung

Der Netzwerkbegriff hat Konjunktur. Soziologische Zeitdiagnostiker wie Manuel Castells beschreiben die Gegenwartsgesellschaft als „Netzwerkgesellschaft" (Castells 2000) und treffen damit den Nerv einer Zeit, in der aktives „Netzwerken" für Individuen wie Organisationen in Wissenschaft, Wirtschaft und Politik Pflicht zu sein scheint. Die Wissenschaftspolitik fördert interdisziplinäre Kooperationsnetzwerke und „Exzellenz-Cluster", die Wirtschaftspolitik Innovationsnetzwerke. Es ist nur folgerichtig, wenn sich auch die an diesen Prozessen stets beteiligten Organisationen zunehmend den Mantel der „Netzwerkorganisation" umhängen, unter dem das Verhältnis von Markt und Hierarchie neu justiert werden soll (Podolny/Page 1998; Powell 1990). Im vorliegenden Beitrag geht es allerdings nicht um die Frage, inwiefern Netzwerke als ein neues Strukturmerkmal zeitgenössischer Gesellschaften und Organisationen verstanden werden können. Der Zusammenhang zwischen Netzwerk und Organisation soll vielmehr unter dem Gesichtspunkt einer spezifischen Forschungsmethode – der soziologischen Netzwerkanalyse – hergestellt werden. Ein solcher Zugang behauptet nicht, dass Organisationen heute mehr als gestern aus Netzwerken bestehen. Es geht darum, das analytische Instrumentarium der Netzwerkanalyse zur Beantwortung organisationssoziologischer Fragen zu nutzen. Die Netzwerkanalyse ist damit keiner bestimmten Theorie oder Zeitdiagnose verpflichtet, sondern primär als ein Erhebungs- und Analyseinstrument zu verstehen.

Dass Netzwerke eine Rolle für Organisationen spielen, kann schlecht bestritten werden. Das schon fast sprichwörtliche „It's not what you know, but who you know" gilt sowohl für Transaktionen in als auch zwischen Organisationen (Raider/Krackhardt 2002). Die Analyse sozialer Netzwerke eröffnet dementsprechend mindestens zwei recht unterschiedliche Blickwinkel, unter denen Netzwerke für Organisationen relevant werden können. Zum einen geht es um Netzwerke innerhalb einer Organisation (*intraorganisationale Netzwerke*), zum anderen um jene zwischen verschiedenen Organisationen (*interorganisationale Netzwerke*). Das Interesse für die eine oder die andere Variante speist sich aus sehr heterogenen Theorien und richtet sich deshalb auch auf unterschiedliche Fragen. Intraorganisationale Netzwerke werden in der Regel als Operationalisierung der „informalen Organisation" benutzt und damit von der formal festgelegten Hierarchie unterschieden. Als interorganisationale Netzwerke dagegen können die verschiedensten Beziehungen zwischen Organisationen konzipiert werden: vom Austausch von Gütern und Dienstleistungen über mehr oder weniger dauerhafte Kooperationen bis zu personellen Verbindungen, z. B. über Mitgliedschaften in Aufsichtsräten und Vorständen. Die *Erhebung* der Netzwerkdaten für diese beiden Varianten unterscheidet sich beträchtlich: Während intraorganisationale Netzwerke meist durch eine Primärerhebung, z. B. durch eine Befragung, erhoben werden müssen, können interorganisationale Netzwerke oft durch die Auswertung existierender Datenbestände, z. B. über Handelsbeziehungen oder Aufsichtsratsmitgliedschaften, rekonstruiert werden. Die *Datenanalyse* hingegen kann in beiden Fällen auf ähnliche Konzepte und Techniken der Netzwerkanalyse zurückgreifen. So kann beispielsweise die Frage nach der „Zentralität" einzelner Knoten in einem Netzwerk sowohl für Personen (in intraorganisationalen Netzwerken) als auch für einzelne Organisationen (in interorganisationalen Netzwerken) sinnvoll sein.

Die formalen Methoden der Netzwerkanalyse sind immer dann anwendbar, wenn eine Menge von Knoten von den zwischen ihnen bestehenden Beziehungen unterschieden werden kann. Auf dieser allgemeinen Ebene bestehen nur geringe Unterschiede zwischen Anwendungen, die sich auf Personen oder Organisationen beziehen. Dies wird deutlich werden, wenn wir im dritten Abschnitt einige grundlegende Konzepte der Netzwerkanalyse betrachten. Bevor man mit Netzwerkdaten arbeiten kann, müssen diese jedoch erhoben bzw. aufbereitet werden. Hier bieten sich je nach Untersuchungsebene verschiedene Verfahren an, die im zweiten Abschnitt diskutiert werden. Im vierten Abschnitt beschränken wir uns auf intraorganisationale Netzwerke, um sowohl die Erhebung als auch die Analyse von Netzwerkdaten beispielhaft durchzuspielen. Dabei soll insbesondere gezeigt werden, dass die Netzwerkanalyse nicht lediglich das Ziel hat, die „Struktur" von Beziehungen zu beschreiben. Vielmehr soll diese Beschreibung dazu dienen, den Wandel von Organisationen besser erklären zu können. Am Beispiel eines gescheiterten Versuchs, eine gewerkschaftliche Interessenvertretung in einer EDV-Firma zu etablieren, soll daher gezeigt werden, wie die Identifikation von Netzwerkpositionen zur soziologischen Erklärung genutzt werden kann.

2 Datenerhebung und Datenaufbereitung

Die Netzwerkanalyse propagiert eine bestimmte Sichtweise auf soziale Phänomene, die deren *relationalen* Charakter betont. Das heißt, dass in der Netzwerkanalyse die Verbindungen und Interdependenzen zwischen Einheiten (z. B. Personen oder Organisationen) in den Vordergrund der Analyse gestellt werden. Diese Schwerpunktsetzung wird auch als *Strukturanalyse* bezeichnet, da sie die *Beziehungen* zwischen Akteuren – und nicht deren individuelle *Attribute* oder *Aktivitäten* – als wichtigstes Element soziologischer Erklärung begreift (Wellman 1988).[1] Das heißt, dass sowohl in der Erhebung als auch in der Analyse von Netzwerkdaten Verfahren zum Einsatz kommen müssen, die einen Umgang mit *relationalen* Daten erlauben.

Das zentrale Konstrukt der Netzwerkanalyse, das *Netzwerk*, lässt sich allgemein definieren als eine Menge von Akteuren und ihren Beziehungen (engl.: *ties*) untereinander.[2] Für die formale Repräsentation kann diese Definition graphentheoretisch interpretiert werden. Ein Netzwerk wird dann dargestellt als ein *Graph* mit einer abgegrenzten Menge von Knoten und den zwischen diesen verlaufenden Kanten. Die graphentheoretische Repräsentation ist besonders anschaulich. Für komplexere Analysen lässt sie sich kombinieren mit soziometrischen und algebraischen Verfahren, die insbesondere die Manipulation der Daten vereinfachen. Das Netzwerk wird dann in eine *Soziomatrix* übersetzt, d.h. in eine tabellarische Auflistung der Knoten und ihrer Beziehungen.[3]

Das folgende Beispiel illustriert, wie ein Netzwerk sowohl als Graph als auch als Matrix repräsentiert werden kann. Wir betrachten ein sehr einfaches Kooperationsnetzwerk von vier Unternehmen: Das Unternehmen H arbeitet bei der Entwicklung eines neuen Rußfilters für Kraftfahrzeuge mit den Unternehmen F, G und I zusammen; letzteres wiederum mit Unternehmen J; außerdem kooperieren F und G. Graph und zugehörige Soziomatrix dieses Netzwerks sehen wie folgt aus:

Abbildung 1: Beispiel eines Graphen

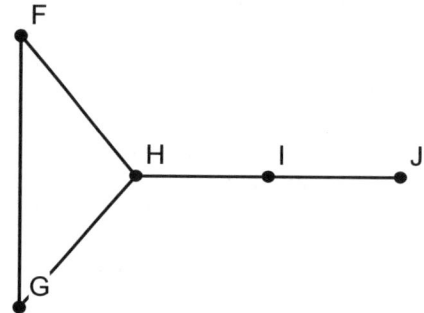

Tabelle 1: Beispiel einer Soziomatrix

	Kooperationen				
	F	G	H	I	J
F	-	1	1	0	0
G	1	-	1	0	0
H	1	1	-	1	0
I	0	0	1	-	1
J	0	0	0	1	-

Während die Kooperationsbeziehungen im Graphen durch durchgezogene Linien angezeigt werden, werden sie in der Matrix durch eine 1 bezeichnet. In diesem simplen Beispiel haben wir es mit nur mit *symmetrischen Beziehungen* zu tun, bei denen die Richtung der Beziehung keine Rolle spielt. Wenn wir eine andere Beziehungsart zum Gegenstand der Untersuchung machen, kann sich das natürlich ändern. So wären zum Beispiel Zuliefererbeziehungen *asymmetrisch*; die Soziomatrix wäre dementsprechend nicht entlang der Diagonale gespiegelt, sondern müsste gegebenenfalls unterschiedliche Werte für die einzelnen Paarungen, wie zum Beispiel (F, G) und (G, F) enthalten.

Entscheidend für das Aussehen (und die spätere Auswertung) eines Graphen und der zugehörigen Matrix ist die Wahl der interessierenden Elemente und der Beziehungsart(en). Je nach Ziel der Untersuchung kann die Netzwerkanalyse gleichartiger oder heterogener Elemente von Interesse sein; auch kann es manchmal genügen, eine Form von Beziehungen zu betrachten, während man in anderen Fällen am Vergleich verschiedener Formen interessiert ist. In der Organisationsforschung sind insbesondere zwei Netzwerke relevant: Bei interorganisationalen Netzwerken geht es um Beziehungen zwischen Organisationen, bei intraorganisationalen um Beziehungen zwischen Organisationsmitgliedern. Auch wenn wir uns im Beispiel in vierten Abschnitt auf letztere konzentrieren wollen, sollten wesentliche Unterschiede in den Strategien der Datenerhebung nicht unerwähnt bleiben.

Die Erhebung von Netzwerkdaten kann sich auf die mehr oder weniger direkte „Beobachtung" von Netzwerkbeziehungen stützen oder auf Auskünfte und Informationen (Burt 1983c; 1983b). In der ersten Variante versucht man, „Verhaltensdaten" über Beziehungen zu erheben. Gerade im Organisationsbereich werden interne und externe Transaktionen vielfältig dokumentiert und können zur Erhebung von Netzwerkdaten genutzt werden. Manchmal ist es auch möglich, Transaktionen direkt zu beobachten und aus ihnen Rückschlüsse über die Struktur von Netzwerken zu ziehen. In diesen Fällen kommt es vor allem auf die Wahl des Untersuchungszeitraumes und die Interpretation der stattgefundenen Transaktionen an, ob Beziehungen adäquat erfasst werden können. Anders verhält es sich hingegen, wenn man keine Verhaltensdaten zur Verfügung hat, sondern sich auf „Selbstauskünfte" von Informanten verlassen muss. Die direkte Frage nach Kontaktbeziehungen, sei es zu anderen Personen oder anderen Organisationen, ist nicht immer ein verlässliches Instrument. Wenn man von „behaupteten" auf „tatsächliche" Beziehungen schließt, begegnet man einem alten Problem der Umfrageforschung: inwieweit Einstellungsdaten Rückschlüsse auf tatsächliches Verhalten erlauben. Insofern sich Auskünfte über Beziehungen überhaupt überprüfen lassen, kommen Forscher regelmäßig zu dem Ergebnis, dass Informanten in dieser Hinsicht höchst unzuverlässig sind. So resümieren Bernard et al. nach einer Übersicht über Forschungen zur Zuverlässigkeit von Informanten: „what people say ... bears no resemblance to their behavior" (Bernard et al. 1982, S. 63; siehe auch Bernard et al. 1984). Ob dies eine wesentliche Einschränkung für die Analyse von Netzwerkdaten bedeutet, hängt jedoch vom Untersuchungsgegenstand ab. Sofern es weniger um die genaue Wiedergabe der Häufigkeit und Intensität von Beziehungen geht, sondern um besonders regelmäßige und typische Interaktionen, sind Informantenauskünfte durchaus verlässlich (Freeman et al. 1987).

Ob Beobachtung oder Befragung, in jedem Fall muss bei der Erhebung von Netzwerkdaten der Untersuchungsgegenstand klar abgegrenzt werden (vgl. Jansen 2003, S. 71 ff.; Wasserman/Faust 1994, S. 30 ff.). Anders als in der Umfrageforschung wird in der Netzwerkforschung oft auf Stichproben verzichtet und eine *Vollerhebung* angestrebt.[4] Insbesondere bei überschaubaren Forschungsobjekten wie zum Beispiel einer individuellen Organisation ist dies ohne größere Einschränkungen möglich. Hier ist dann auch die Frage der Abgrenzung des Netzwerks relativ leicht zu beantworten (Jansen 2002, S. 99). Dies ist schwieriger in jenen Fällen, in denen die Population sehr groß oder gänzlich unbekannt ist. Wer zum Netzwerk gehört und wer nicht, muss dann entweder „nominalistisch" durch eine entsprechende Festlegung durch die Forscher entschieden werden oder durch „realistische" Zugehörigkeitskriterien, die dem Feld entnommen werden (Laumann et al. 1983). Eine Untersuchung „großer" Unternehmen kann zum Beispiel so abgegrenzt werden, dass nur in Deutschland registrierte Aktiengesellschaften ab einem bestimmten Jahresumsatz in Betracht kommen. Gerade bei der Untersuchung interorganisationaler Netzwerke werden sehr häufig derartige regionale und/oder branchenspezifische Grenzdefinitionen verwendet (Galaskiewicz 1979; Galaskiewicz/Wasserman 1981).

Die Bestimmung der in Frage kommenden Einheiten oder Elemente ist die eine Seite der nötigen Abgrenzung des Untersuchungsgegenstands. Die andere Seite besteht in der Bestimmung der Relationen. Hier ist es nicht nur wichtig zu wissen, welche Beziehungen von Interesse sind, sondern auch, wie diese zu messen und inhaltlich zu interpretieren sind. Schon bei der Datenerhebung muss beispielsweise berücksichtigt werden, ob es sich um symmetrische oder asymmetrische, d.h. gerichtete Relationen handelt und ob – bei einer

Erhebung durch eine Befragung – eine Relation übereinstimmend von beiden Beteiligten festgestellt werden muss. Darüber hinaus kann es sinnvoll sein, Relationen nicht nur *binär* (vorhanden oder nicht) zu kodieren. In manchen Fällen ist eine andere Skalierung möglich, z. B. eine *ordinale* Rangskala, um die die Intensität der Relationen qualitativ wiederzugeben, oder eine *metrische* Skala, um die zwischen zwei Unternehmen fließenden Geldströme zu messen. Es ist allerdings zu beachten, dass viele Techniken der Netzwerkanalyse von dichotomen Merkmalen ausgehen, d.h. nur analysieren, ob eine Beziehung vorhanden ist oder nicht. Hat man aber höher skalierte Daten zur Verfügung, ist es unproblematisch, diese später durch die Definition eines Schwellenwerts zu binarisieren.

Sowohl für die inter- als auch die intraorganisationale Netzwerkanalyse stehen die geschilderten Optionen der Datenerhebung zur Verfügung. Man kann Netzwerkbeziehungen zwischen und in Organisationen dadurch aufspüren, indem man verfügbare Daten auswertet oder eine eigene Befragung durchführt. Gerade bei größer angelegten regionalen oder nationalen Studien von Organisationsbeziehungen wird allerdings oft auf bereits vorhandene Daten zurückgegriffen, während die Beziehungen zwischen Organisationsmitgliedern in der Regel durch Befragungen oder Beobachtungen erhoben werden. Dies trifft zumindest auf zwei verbreitete Anwendungen der Netzwerkanalyse zu: die Untersuchung von Unternehmensverflechtungen auf der einen und informeller Beziehungen in Organisationen auf der anderen Seite. Am Beispiel dieser beiden Forschungsthemen können typische Verfahren der Datenerhebung und -aufbereitung gut illustriert werden.[5]

Arbeiten mit Archivdaten: Interlocking Directorates

Zu den „Klassikern" der Analyse von Organisationsnetzwerken gehört die Frage nach jenen Verbindungen (*interlocks*) zwischen Unternehmen, die durch die Mitgliedschaft einzelner Personen in den Aufsichtsgremien (*directorates*) mehrerer Organisationen entstehen (Levine 1972; Levine/Roy 1979; Mizruchi/Schwartz 1987; Scott 1979; 1991b). Wenn der Chef der Deutschen Bank nicht nur bei DaimlerChrysler, sondern auch bei Siemens im Aufsichtsrat sitzt, so wird dadurch eine Verbindungen zwischen den drei Unternehmen hergestellt, die zum Beispiel den Fluss von Informationen zwischen ihnen erleichtern kann. Die Funktion derartiger „interlocks" zwischen Unternehmen wird unterschiedlich interpretiert: Theorien der Ressourcenabhängigkeit sehen sie als Ergebnis von Strategien, den Zugang zu Organisationsressourcen in einer komplexen und instabilen Umwelt zu sichern; Klassentheorien erkennen in ihnen den Ausdruck organisierter Kapitalinteressen; und für institutionalistische Theorien sind sie Kontaktstellen und Transmissionsriemen für kulturelle Austauschprozesse (Mizruchi/Galaskiewicz 1994, S. 231 f.; Windeler 2001, S. 104 f.). In jedem Fall wird der Verbindung zwischen Unternehmen strategische Bedeutung zugemessen. Man geht deshalb davon aus, dass eine zentrale Stellung in derartigen Netzwerken einem Unternehmen Vorteile beschert.

Wie kommt man an die Struktur von *interlocking directorates*? Zunächst einmal muss die Abgrenzung des Untersuchungsfeldes durch die Auswahl geeigneter Unternehmen erfolgen. Dies kann durch eine Konzentration auf deutsche, amerikanische oder auch besonders große Unternehmen geschehen, deren Namen man aus Handelsregistern oder aus einschlägigen Handbüchern und Publikationen gewinnt. In der bekannten Studie zur Machtstruktur amerikanischer Unternehmen von Mintz/Schwartz (1985) gingen die

Forscher so vor, dass sie eine Datenbank auf der Basis der Liste der fünfhundert größten Unternehmen des *Fortune*-Magazins erstellten. Da Unternehmen oft erst Jahre nach ihrer Gründung in der Liste auftauchen, wurde die Datenbank aus späteren Jahrgängen retrospektiv für das Jahr 1962 konstruiert. Für die dadurch erfassten 1144 Unternehmen wurden dann die Mitglieder der Aufsichtsräte bestimmt. Daten hierüber finden sich im *Standard and Poor's Register of Corporations, Directors and Executives* (verschiedene Jahrgänge) und, ergänzend, in einigen weiteren Verzeichnissen, wie z. B. den Statistiken der *Securities and Exchange Commission* (SEC). Dreizehn Firmen, deren Aufsichtsräte nicht ermittelt werden konnten, wurden aus der Analyse ausgeschlossen. Die mehrfachen Aufsichtsratsmitgliedschaften können relativ einfach in eine Soziomatrix der Beziehungen zwischen Firmen transformiert werden. Sitzt Johann Wiesenmann im Aufsichtsrat der Unternehmen A, B, C und E, nicht aber des Unternehmens D, so ergäbe sich daraus die folgende Teilmatrix:

Tabelle 2: Soziomatrix von „interlock"-Beziehungen

Interlock-Beziehungen

	A	B	C	D	E
A	-	1	1	0	1
B	1	-	1	0	1
C	1	1	-	0	1
D	0	0	0	-	0
E	1	1	1	0	-

Im Grunde ist es möglich, eine größere Soziomatrix für viele Unternehmen einfach aus der Addition solcher Teilmatrizen zu gewinnen und diese dann auf besonders zentrale Akteure hin zu untersuchen, die als Schaltstellen im Netzwerk der überlappenden Mitgliedschaften fungieren. Bei Untersuchungen, die mit Archivdaten arbeiten, ist allerdings zu beachten, dass die Rohdaten zunächst nach genauen Regeln aufbereitet werden müssen, damit sie für eine Netzwerkanalyse genutzt werden können. Wenn man, wie in der geschilderten Studie, auf unterschiedliche Quellen zurückgreift, kann nur so sichergestellt werden, dass ein aussagekräftiger Datensatz entsteht. Nicht immer passen die verfügbaren Daten genau auf die Forschungsfragen. Gerade bei Archivdaten muss deshalb geklärt werden, inwieweit die gewählten Indikatoren die in der Theorie formulierten Beziehungen erfassen, also zum Beispiel, ob „interlocking directorates„ als Hinweise auf Informationsflüsse und Handlungskoordination zwischen Organisationen zu werten sind. Beim Arbeiten mit Archivdaten ist, mit anderen Worten, die *Validität* der Daten der neuralgische Punkt, d.h. die Frage, ob tatsächlich gemessen wird, was gemessen werden soll.

Arbeiten mit Interviewdaten: Kommunikations-, Ratgeber- und Vertrauensnetzwerke

Wenn man nicht mit vorhandenen Daten arbeiten kann oder möchte, müssen Netzwerkbeziehungen in der Regel durch Befragung erhoben werden. Offensichtlich liegt hierbei die zentrale Aufgabe (und Schwierigkeit) darin, ein geeignet formuliertes Erhebungsinstrument zu finden, das die interessierenden Beziehungen auch tatsächlich erfasst. Um die eben angesprochene Validität (Gültigkeit) eines Erhebungsinstruments beurteilen zu können, muss man bereits ziemlich genau wissen, *was* man eigentlich messen möchte. Die Analyse von Netzwerken innerhalb von Organisationen interessiert sich für die informellen Beziehungen zwischen Organisationsmitgliedern, die sich nicht aus der formalen Stellenstruktur ableiten lassen. Dieses Interesse gründet sich auf die Annahme, dass das tatsächliche Organisationsverhalten mindestens ebenso stark von informellen wie von formellen Beziehungen beeinflusst wird (Krackhardt/Hanson 1993). Die Netzwerkanalyse in der Organisationsforschung schließt damit an eine lange Tradition an, welche die Bedeutung persönlicher Beziehungen für die Organisationsentwicklung betont. Seit der „Entdeckung" der informalen Organisation im Rahmen der Hawthorne-Studien von Mayo, Roethlisberger/Dickson und anderen (Mayo 1933; Roethlisberger et al. 1939) hat sich die Definition und Einordnung informaler Organisationsstrukturen immer wieder geändert. Auch wenn das Interesse sich hin zu Themen wie Macht und Mikropolitik verschoben hat (Crozier/Friedberg 1979; Küpper/Ortmann 1988; Neuberger 1995), ist die Unterscheidung zwischen expliziten, generalisierten, formalen Erwartungen und impliziten, tauschförmigen, informalen Erwartungen nach wie vor instruktiv für die Organisationssoziologie. Da die formale Struktur soziologisch nur ein „Teilmoment an einem ‚natürlichen' Handlungssystem" (Luhmann 1964, S. 27) darstellt, spielen informale Strukturen eine wichtige Rolle für die möglichst vollständige Erklärung der Handlungen in Organisationen.

Es macht allerdings wenig Sinn, pauschal nach „informalen" Netzwerken in einer Organisation zu suchen, da man nur schwer wird sagen können, was genau darunter zu verstehen ist. Gerade bei Befragungen müssen es schon recht spezifische und eindeutig erfragbare Kriterien sein, die eine Netzwerkbeziehung bestimmen. Die Untersuchung von informellen Netzwerken differenziert dementsprechend zwischen mindestens drei konkreten Formen informaler Beziehungen: dem allgemeinen Kommunikationsnetzwerk (mit wem spricht man über organisationsrelevante Themen), dem Vertrauensnetzwerk (wem vertraut man mikropolitische und andere Informationen an) und dem Ratsuchenetzwerk (an wen wendet man sich mit arbeitsbezogenen Problemen).

Will man diese drei Netzwerke durch eine Befragung von Organisationsmitgliedern erheben, müssen Fragen entwickelt werden, die als Indikatoren für entsprechende Beziehungen tauglich sind. Zu jeder dieser Fragen werden alle Organisationsmitglieder (oder ein bestimmter Ausschnitt) als Antwortmöglichkeiten vorgegeben. Sofern man sich für die Richtung der Beziehung interessiert, wird man darüber hinaus nach von den Befragten *ausgehenden* Verbindungen ebenso fragen wie nach *auf sie gerichteten*. Im Falle des Ratsuchenetzwerks könnte dies zum Beispiel so aussehen wie im folgenden Fragebogenausschnitt:

Abbildung 2: Ausschnitt aus Beispiel-Fragebogen

> **Frage:** Sie finden unten eine Liste von Personen, die hier arbeiten. Wir möchten wissen, an wen Sie sich wenden, wenn Sie Hilfe oder Rat benötigen. Wenn Sie also eine Frage oder ein Problem bei der Arbeit haben, zu welchen Personen würden Sie gehen? Bitte kreuzen Sie die entsprechende(n) Person(en) *links vom Namen* an. Außerdem interessiert uns, welche Personen sich Ihrer Meinung nach an Sie wenden würden, wenn Sie Fragen oder Probleme hätten. Bitte kreuzen Sie die entsprechende(n) Person(en) *rechts vom Namen* an.
>
> | An wen würden *Sie* sich mit Fragen und Problemen wenden? | | Wer würde sich mit Fragen und Problemen *an Sie* wenden? |
> |---|---|---|
> | ☐ | Name A | ☐ |
> | ☐ | Name B | ☐ |
> | ☐ | ... | ☐ |
> | ☐ | Name X | ☐ |

Je nachdem, ob man die verschiedenen informalen Netzwerke durch jeweils eine Frage erhebt oder diese weiter differenziert, kann man die Netzwerkbeziehungen direkt aus den einzelnen Namensnennungen generieren oder muss zunächst festlegen, wie die einzelnen Fragen zu gewichten sind. Im einfachsten Fall entsprechen die auf eine Frage erfolgten Namensnennungen einer Zeile in der Soziomatrix. Sofern es sich um symmetrische Beziehungen handelt, wird man in der Regel nur dann eine Beziehung eintragen, wenn sie von beiden Befragten übereinstimmend angegeben wurde. Bei asymmetrischen Beziehungen, in denen die Richtung eine Rolle spielt, ist das natürlich nicht der Fall. Die Frage, wann genau eine Netzwerkbeziehung aufgrund von Antworten eines oder mehrere Befragten festgestellt werden kann, wirft das bereits angesprochene Problem der Zuverlässigkeit von Befragungen auf. Befragungen sind kein probates Mittel, um außergewöhnliche oder gar einmalige Verbindungen zu untersuchen. Aufgrund der Unzuverlässigkeit von Befragungen in solchen Fällen eignen sie sich eher dafür, typische und häufig wiederkehrende Beziehungen zu identifizieren. Da es in der Netzwerkanalyse, wie wir im Folgenden sehen werden, um die Erklärung relativ dauerhafter Positionen und Konfigurationen geht, ist dies keine gravierende Einschränkung für den Einsatz von Befragungen.

3 Datenanalyse und Dateninterpretation

Die Analyse von Netzwerkdaten lässt mehr oder weniger intuitive Optionen zu, die relative Position einzelner Knoten oder zusammengefasster Netzwerksegmente zu bestimmen. Im Folgenden betrachten wir einige Maßzahlen und Analyseverfahren, die auf sehr unterschiedliche Netzwerke angewandt werden können und in der soziologischen Netzwerkanalyse immer wieder zum Einsatz kommen. Dazu zählen Zentralitätsmaße, die als Hinweise auf die relative „Wichtigkeit" einzelner Knoten im Netzwerk dienen können, sowie Verfahren zur Identifikation von Teilgruppen im Netzwerk, die sich entweder durch hohe interne Verbundenheit oder ähnliche Position auszeichnen. Diese und viele andere Netzwerkeigenschaften können auf der Basis der entsprechenden Matrizen schnell und einfach mit dem Softwareprogramm UCINET (Borgatti et al. 2002) berechnet werden.

Dichte und Zentralität

Manche Eigenschaften eines Netzwerks und einzelner Knoten lassen sich in einfachen Fällen ziemlich direkt sowohl am Graphen als auch an der Matrix ablesen. Wichtigstes Kennzeichen eines Gesamtnetzwerks ist zunächst die *Dichte* als Maß für die Selektivität des Netzwerks. Mit der Größe steigt in der Regel der Selektionszwang: In unserem Beispiel (Abbildung 1) mit fünf Unternehmen wäre es noch möglich, dass jeder mit jedem kooperiert, in einem umfangreichen Industriesektor sicherlich nicht. Die Dichte eines Netzwerks gibt das Verhältnis zwischen den *realisierten* Beziehungen zu den *möglichen* Beziehungen an. In unserem Beispiel aus Abbildung 1 mit N=5 Unternehmen wären N(N-1)/2=10 ungerichtete Beziehungen möglich, tatsächlich sind es aber 5. Das Netzwerk realisiert also 50% der möglichen Beziehungen und hat deshalb eine Dichte Δ=0,5.

Eine sich daran anschließende Frage hinsichtlich einzelner Knoten ist, wie viele Beziehungen zu anderen Knoten sie haben. Man nennt diese grundlegende Maßzahl der Verbundenheit eines Akteurs mit anderen seinen *Grad* (engl. *Degree*). Wenn wir den Wert für den i-ten Akteur in der j-ten Spalte mit x_{ij} bezeichnen, lautet die Formel für den Degree D des Akteurs i:

(1) $$D_i = \sum_{j=1}^{N} x_{ij} \quad \text{für } i \neq j^6$$

In *symmetrischen* Matrizen wie in unserem Beispiel, in denen es nicht auf die Richtung der Beziehungen ankommt, gewinnt man den Degree durch Aufsummierung der Spalten- oder Zeilenwerte. Es gibt aber Fälle, in denen die Richtung der Beziehung von Bedeutung ist, z. B. in Zulieferernetzwerken oder in den oben angesprochenen Hilfe- und Ratgebernetzwerken. Wenn A an B liefert, heißt dies schließlich nicht zwingend, dass B auch an A liefert. Es ergibt sich dann eine *asymmetrische* Matrix, in der die beiden durch die Hauptdiagonale getrennten „Hälften" der Matrix nicht mehr identisch sind. In diesem Fall lässt sich auch der Degree auf zweierlei Weise berechnen: entweder nur auf der Basis der von einem Akteur ausgehenden Beziehungen („wen beliefert A") oder auf der Basis der an einen Akteur gerichteten Beziehungen („von wem wird A beliefert"). Man spricht dementsprechend vom *Outdegree (od)* bzw. *Indegree (id)*.

Das Degree-Maß eignet sich als ein intuitiver Indikator dafür, wie „zentral" ein Akteur in einem Netzwerk ist. Wer wie Unternehmen B über eine große Zahl von Kooperationsbeziehungen verfügt, kann von vielen unterschiedlichen Informationsquellen, Ressourcen etc. profitieren. Deshalb wird der Degree (bzw. in gerichteten Netzwerken: der Outdegree) als ein *Zentralitätsmaß* verwendet. Als Maß der tatsächlichen Kontakte hängt der Degree stark von den möglichen Kontakten und damit von der Größe des Netzwerks ab. Um diesen Effekt zu neutralisieren, setzt man ihn ins Verhältnis zum maximal möglichen Wert. Bei N Akteuren kann ein Akteur n_i maximal $N-1$ Beziehungen zu anderen haben. Die Degree-Zentralität C_D bestimmt sich deshalb nach der einfachen Formel:

(2) $$C_D(n_i) = \frac{d_i}{N-1} \quad \text{bzw. in gerichteten Graphen: } C_D(n_i) = \frac{od_i}{N-1}$$

Für unser Beispiel können wir daraus das folgende Ranking der Unternehmen erstellen:

Tabelle 3: Degree-Zentralität

n_i	D_i	$C_D(n_i)$
H	3	0,75
F	2	0,50
G	2	0,50
I	2	0,50
J	1	0,25

Die Degree-Zentralität veranschaulicht gut das Grundprinzip einer netzwerkanalytischen Vorgehensweise: Der Stellenwert eines Akteurs in einem Netzwerk wird auf der Basis von Beziehungen zu anderen Akteuren bestimmt – und nicht aufgrund seiner individuellen Attribute. Allerdings ist die Degree-Zentralität manchmal kein guter Maßstab für die Stellung eines Akteurs im gesamten Netzwerk. Da lediglich die Verbindungen zu unmittelbaren Nachbarn Berücksichtigung finden, werden „local heroes" mit vielen Nachbarbeziehungen als zentraler gewertet als Akteure, die sich an kritischen Stellen des Informationsflusses befinden. Das kann dann unerwünscht sein, wenn ein Akteur zwar viele, dafür aber redundante Beziehungen unterhält. In diesem Fall ist die Degree-Zentralität kein guter Indikator für den Einfluss im Gesamtnetzwerk. Neben diesem intuitiv verständlichen und leicht zu berechnenden Zentralitätsmaß gibt es deshalb noch weitere Varianten, die nicht nur die direkten, sondern auch die indirekten Beziehungen berücksichtigen und dadurch für manche Fragestellung eine präzisere Operationalisierung erlauben. Zwei solcher Maßzahlen sind die *Closeness-* und die *Betweenness*-Zentralität (Freeman 1979).

Die *Closeness*-Zentralität misst nicht nur die Nähe zu unmittelbaren Nachbarknoten, sondern die Nähe zu *allen* Knoten. Sie basiert auf der durchschnittlichen Pfaddistanz eines Knoten zu den anderen erreichbaren Knoten des Netzwerks. Dazu summiert man zunächst die Pfaddistanzen eines Knoten zu allen anderen auf; die durchschnittliche „Nähe" ist dann der Kehrwert dieser Summe.[7] Wenn wir die Pfaddistanz, d.h. die Zahl der Kanten auf dem kürzesten Weg vom Knoten n_i zum Knoten n_j, mit $d(n_i, n_j)$ bezeichnen, lautet die Formel für die nähebasierte Zentralität:

$$(3.1) \quad C_C(n_i) = \frac{1}{\sum_{j=1}^{n} d(n_i, n_j)} \quad \text{für } i \neq j$$

Nach dieser Formel ist der maximale Wert der Closeness-Zentralität C_C auf $1/(n-1)$ beschränkt. Dieses Maximum wird erreicht, wenn ein Akteur alle anderen in genau einem Schritt erreichen kann, d.h. die Summe seiner Pfaddistanzen gleich (n-1) ist. Um zu erreichen, dass die Maßzahl immer zwischen 0 und 1 liegt, muss man sie noch standardisieren. Dazu genügt es, C_C mit (n-1) zu multiplizieren. Ist ein Knoten mit allen anderen direkt verbunden, erreicht die standardisierte Closeness-Zentralität C'_C dann ihren Maximalwert von 1.

$$(3.2) \quad C'_C(n_i) = \frac{n-1}{\sum_{j=1}^{n} d(n_i, n_j)} \quad \text{für } i \neq j$$

Vergleichen wir die bisher genannten Zentralitätsmaße an einem gegenüber unserem ersten Beispiel etwas erweiterten Graphen, so werden die Unterschiede schnell deutlich. Der Knoten mit der höchsten Degree-Zentralität in Abbildung 3 ist C: Er hat mit sechs direkten Verbindungen die meisten Nachbarn. Er ist der „Star" im Zentrum einer Sternkonfiguration aus den Knoten A, B, D, E, F und G. Orientieren wir uns dagegen an der Closeness-Zentralität, haben die Knoten F und G die höchsten Werte, denn von ihnen aus sind die anderen Knoten des Netzwerks am schnellsten zu erreichen. Je nachdem, ob es eher auf das Eingebundensein in das gesamte Netzwerk oder in die unmittelbare Nachbarschaft ankommt, ob also nur direkte oder auch indirekte Verbindungen „zählen", sind Degree oder Closeness geeignete Indikatoren für den „Einfluss" einzelner Akteure. Eine dritte Variante stellt nicht die Erreichbarkeit in den Mittelpunkt, sondern die Vermittlungsleistung. Die Idee der so genannten *Betweenness-Zentralität* ist, dass es zum Beispiel in Informationsnetzwerken sehr wichtig sein kann, über wen die meisten Kommunikationen laufen, an wem man gewissermaßen nicht vorbei kann, wenn man bestimmte Regionen des Netzwerks erreichen möchte. In Abbildung 3 hat zum Beispiel der Knoten H eine solche Position inne: Da die Knoten I und J nur über ihn erreichbar sind, spielt er im Austausch zwischen ihnen und dem Rest des Netzwerks die Rolle eines „cutpoints". Fiele er weg, zerfiele das Netzwerk in zwei unverbundene Teile. Je nachdem, wie viele Informationskanäle in dieser Weise durch einen Knoten „kontrolliert" werden können, variiert auch dessen Einfluss.

Abbildung 3: Beispielgraph Zentralitätsmaße

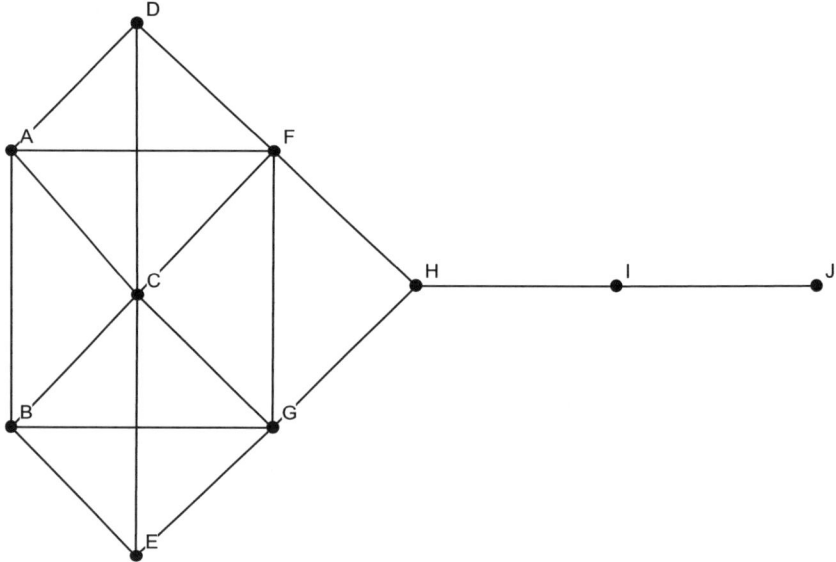

Um derartige Positionen zu identifizieren, die *zwischen* Teilen eines Netzwerks vermitteln, geht man folgendermaßen vor: Man betrachtet für alle Paare von Knoten n_j und n_k die kürzesten Pfade (Geodäsien) zwischen ihnen und prüft, wie oft ein anderer Knoten n_i auf einem dieser Pfade liegt. Im Beispiel existieren zwischen I und C zwei Geodäsien der Länge drei: C-F-H-I und C-G-H-I. Die Knoten F und G sind je einmal Teil eines kürzesten Pfades, der Knoten H zweimal. Wählt man zufällig einen der kürzesten Wege zwischen I und C, wird man also immer den Knoten H und entweder F *oder* G passieren. H ist öfter „zwischen" I und C als F und G. Allgemein gesprochen: Setzt man für alle Paare von Knoten die gesamte Anzahl g_{jk} kürzester Pfade zwischen n_j und n_k in Beziehung zur Zahl $g_{jk}(n_i)$ jener Pfade, die n_i enthalten, so enthält man eine Art „Wahrscheinlichkeit", dass n_i auf dem Weg von n_j zu n_k passiert werden muss, also seine „Betweenness„ b zwischen diesen beiden:

(4.1) $b_{jk}(n_i) = g_{jk}(n_i) / g_{jk}$

Um die Vermittlerrolle von n_i hinsichtlich des gesamten Netzwerks zu ermitteln, muss man seine einzelnen Betweeness-Werte aufsummieren:

(4.2) $C_B(n_i) = \sum_{j}^{n} \sum_{k}^{n} b_{jk}(n_i)$ für $j \neq k \neq i$ und $j < k$

Da es sich bei C_B wie bei den anderen Maßen zunächst um ein unstandardisiertes und deshalb schwer vergleichbares handelt, sollte man es außerdem noch so transformieren, dass es stets zwischen 0 und 1 liegt. Da der maximale Wert C_{BMAX} bei $(n^2 - 3n + 2)/2$ liegt (die Zahl aller Pärchen, zu denen n_i nicht selbst gehört), kann durch ihn geteilt werden, um ein standardisiertes Betweenness-Maß zu erhalten:

(4.3) $C'_B(n_i) = \dfrac{2 \sum_{j}^{n} \sum_{k}^{n} b_{jk}(n_i)}{n^2 - 3n + 2}$ für $j \neq k \neq i$ und $j < k$

Durchforsten wir den Graphen aus Abbildung 3 nach diesem Schema, so wird unsere Vermutung bestätigt: H ist ein zentraler Akteur, wenn wir auf die Vermittlungsleistungen achten. Im Vergleich dazu auch die mit UCINET berechneten Werte für Closeness und Degree:

Tabelle 4: Zentralitätsmaße

Knoten	Betweenness C_B	Betweenness std. C'_B in %	Closeness std. C'_c in %	Degree std. C_D in %
H	14,00	38,89	60,00	33,33
G	8,33	23,15	64,29	55,56
F	8,33	23,15	64,29	55,56
I	8,00	22,22	42,86	22,22
C	3,67	10,19	60,00	66,67
A	0,83	2,32	52,94	44,44
B	0,83	2,32	52,94	44,44
D	0,00	0,00	50,00	33,33
E	0,00	0,00	50,00	33,33
J	0,00	0,00	31,03	11,11

Nicht immer unterscheiden sich die Zentralitätsmaße so deutlich wie in unserem Beispiel. Es ist natürlich einfacher, von „zentralen Akteuren" zu sprechen, wenn diese drei Kriterien nicht zu stark voneinander abweichen. Ansonsten muss nach inhaltlichen Gesichtspunkten entschieden werden, welches Maß am besten geeignet ist, die Zentralität einzelner Akteure zu messen. Die drei Maße lassen sich als unterschiedliche Einflussvariablen im Kommunikationsprozess interpretieren (Jansen 2003, S. 137). Wenn man es beispielsweise mit Kommunikationsbeziehungen in einer Organisation zu tun hat, sollte man daher wissen, ob man die mögliche Kommunikations*aktivität* an sich für entscheidend hält – und daher die Degree-Zentralität als Indikator möglicher Kommunikationspartner wählt. Legt man dagegen mehr Wert auf die *Kontrolle* über Informationen, ist die Betweenness-Zentralität aussagekräftiger. Wenn einen die *Unabhängigkeit* einzelner Akteure von bestimmten Alteri interessiert, ist wiederum die Closeness-Zentralität ein guter Indikator. Worin sich die Zentralitätsmaße jedoch nicht unterscheiden, ist ihre Orientierung an der *relativen Position* einzelner Akteure: Es werden nicht bestimmte Attribute, wie zum Beispiel Kommunikationsfähigkeit oder Expertenautorität, sondern die Einbindung in Relationen als Determinanten von Macht und Einfluss interpretiert.

Teilgruppen

Diese Maxime schlägt sich in einem weiteren Analyseinteresse der Netzwerkforschung nieder: der Suche nach *kohäsiven Subgruppen*, also jenen Regionen eines Netzwerks, die intern besonders stark verbunden sind (Kappelhoff 1987a; Wasserman/Faust 1994, Kapitel 7; Jansen 2003, Kapitel 8). Im einfachsten Fall handelt es sich um eine *Clique*, in der jeder mit jedem *direkt* verbunden ist (Luce/Perry 1949). Im Beispielgraphen aus Abbildung 3 bilden A, C, D und F eine solche Clique; die Knoten C, F, G und H dagegen sind keine Clique, da C und H nicht direkt miteinander verbunden sind. Die inhaltliche Bedeutung des Cliquenkonzepts und verwandter Teilgruppenabgrenzungen liegt darin, das Konzept der „sozialen Gruppe„ graphentheoretisch zu formalisieren. Viele soziologische Theorien operieren mit Hypothesen, in denen die soziale Gruppe als eine unabhängige Variable auftaucht: Man denke nur an die oft zitierte *peer group*, die Unterscheidung von *in-group* und *out-group* oder Simmels Kreuzung sozialer Kreise. Auch wenn es nach wie vor nicht gelungen ist, eine allgemein zustimmungsfähige Definition der Gruppe als einer sozialen Einheit zu entwickeln (Tyrell 1983), gibt es einige regelmäßig wiederkehrende Merkmale: zum Beispiel die Reziprozität der Beziehungen, die Erreichbarkeit der Gruppenmitglieder untereinander, die Häufigkeit von Kontakten der Mitglieder und die höhere Dichte von Kontakten innerhalb einer Gruppe im Vergleich zu ihrem sozialen Umfeld (Wasserman/Faust 1994, S. 251 f.). Am klarsten identifizierbar sind Gruppen dann, wenn alle Mitglieder einander direkt kennen bzw. direkte Transaktionen untereinander tätigen. Genau dies wird mit dem Cliquenkonzept erfasst, das die Eindeutigkeit und Intuitivität seiner Definition jedoch mit recht hohen Ansprüchen an die interne Kohäsion bezahlt. In der Regel werden derart dichte Cliquen nur eine geringe Größe erreichen. Was aber entscheidender ist: Wenn man den Blick nur auf sie richtet, wird man weniger klare, aber dennoch relevante Verdichtungen innerhalb eines Netzwerke mitunter übersehen.

Es gibt deshalb andere, weniger strenge Definitionen von Teilgruppen. Zum Beispiel kann man nach so genannten *n-Cliquen* (Luce 1950) suchen, um auch solche Teilgruppen zu berücksichtigen, die durch indirekte Verbindungen zustande kommen. Die n-Clique besteht nicht nur aus direkt miteinander verbundenen Knoten, sondern aus allen, die höchstens n Knoten auseinander liegen. Setzt man n=1, ist man bei der „strikten" Clique; wählt man dagegen höhere Werte (üblicherweise 2 oder 3), werden größere Verbundstrukturen erfasst. So enthält der Beispielgraph (Abbildung 3) neben den 2-Cliquen (F,G,H,I) und (H,I,J) auch das größere Exemplar (A,B,C,D,E,F,G,H). Eine Besonderheit der n-Clique ist, dass die Definition über indirekte Pfade nicht ausschließt, dass diese Pfade über Nicht-Mitglieder der Gruppe führen (Alba 1973). Da dies nicht unbedingt der intuitiven Bedeutung einer verbundenen Subgruppe entspricht, gibt es Möglichkeiten, Teilgruppen entsprechend einzuschränken. Ein *n-Clan* ist beispielsweise so definiert, dass die maximale Pfaddistanz innerhalb des Clans – sein so genannter Durchmesser – nicht größer sein darf als *n*. Dadurch werden Verbindungen, die ausschließlich über Nicht-Mitglieder hergestellt werden, ausgeschlossen. Eine weitere Alternative sind *k-Plexe* (Seidman/Foster 1978), welche die Forderung einer direkten Beziehung zwischen den Knoten in einer anderen Richtung lockern: Es müssen zwar direkte Beziehungen vorhanden sein, aber nicht mehr zwischen *allen* Knoten. Der Parameter *k* legt dann fest, wie viele der Knoten innerhalb der Teilgruppe *nicht* direkt erreicht werden müssen. Es werden dadurch „Freiheitsgrade" der Verbundenheit eingeräumt, die gerade in der Arbeit mit empirischen Daten sinnvoll sein können.

Die Anwendung dieser verschiedenen Konzepte kohäsiver Subgruppen – n-Cliquen, n-Clans, k-Plexe – kann bei gleichem Datenbestand durchaus zu unterschiedlichen Ergebnissen führen. Es ist letztlich nur im Hinblick auf die tatsächlich erhobenen Beziehungen entscheidbar, ob das eine oder andere Konzept „besser" geeignet ist, um Subgruppen zu identifizieren.[8] Wenn weniger die durch Verbundenheit erzeugte Gruppenidentität im Vordergrund steht als z. B. der Austausch von Ressourcen und Informationen, mag es nicht so wichtig sein, ob die Beziehungen nur über die Gruppenmitglieder selbst laufen. Dann sind n-Cliquen ein sinnvoller Ansatzpunkt. Wenn es für die Untersuchung jedoch einen Unterschied macht, ob Transaktionen tatsächlich nur innerhalb der Gruppen oder unter Beteiligung Dritter erfolgen, machen die Einschränkungen eines n-Clans Sinn. Die bezüglich Verbundenheit weniger anspruchsvollen k-Plexe sind aussagekräftig in Fällen, in denen die Netzwerkbeziehungen nicht die einzige Dimension der Gruppendefinition sind und eine zu „strenge" Auslegung deshalb einzelne Knoten ausschließen würde. Grundsätzlich unterscheiden sich die Konzepte darin, ob sie die Zugehörigkeit zu Teilgruppen an der *Distanz* zwischen den Knoten festmachen (Cliquen- und Clan-Maße) oder an der *Dichte* der Beziehungen innerhalb der Gruppe (k-Plexe).

Es gibt neben diesen Kohäsionsmaßen noch eine weitere Möglichkeit, Teilgruppen in einem Netzwerk zu bestimmen, die so genannte *Blockmodellierung* (White et al. 1976). Ziel ist es nicht, miteinander verbundene Akteure zusammenzufassen, sondern solche, die ähnliche *Positionen* im Netzwerk besetzen (Burt 1983a; Kappelhoff 1987b). Es kommt also nicht darauf an, ob zwei Akteure durch Beziehungen verbunden sind, sondern ob sie ähnliche Beziehungen zu anderen Akteuren haben. In diesem Fall bezeichnet man sie als „strukturell äquivalent" und sie können zu einer „Position" zusammengefasst werden. Betrachten wir folgendes Beispiel:

Abbildung 4: Strukturelle Äquivalenz

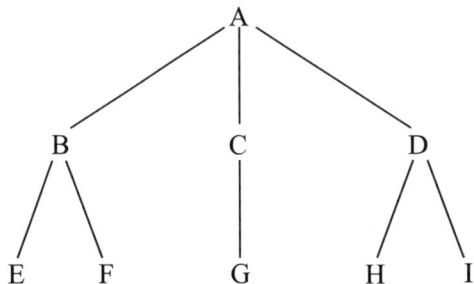

Die baumartige Abhängigkeitsstruktur im Graphen aus Abbildung 4 führt dazu, dass die Knoten bzw. Akteure B, C, D und E, F, G, H, I untereinander keine Verbindungen haben. Sie erfüllen deshalb natürlich nicht die Kriterien einer Clique. Dennoch könnte man unter bestimmten Voraussetzungen geneigt sein, E und F zum Beispiel als Mitglieder einer bestimmten Hierarchie-Ebene oder einer Abteilung zusammenzufassen. Schließlich stehen sie beide „unter" B. Ähnliches gilt für H und I. In der Tat sind E und F bzw. H und I *strukturell äquivalent*: Sie sind im Hinblick auf ihre Beziehungen zu anderen Knoten (B bzw. D) austauschbar und könnten daher zu zwei „Blöcken" zusammengefasst werden, die man zum Beispiel als „Mitarbeiter von B" (E, F) und „Mitarbeiter von D" (H, I) bezeichnen könnte. Auch wenn die hierarchische Darstellung dies nahe legt, gilt dies aber nicht für B, C und D: Sie haben zwar alle die gleiche Beziehungen zu A, unterscheiden sich aber in ihren Beziehungen zu E bis I. Das starke Kriterium struktureller Äquivalenz fasst also nur bestimmte Netzwerkpositionen zusammen.[9] Trotzdem erlaubt es schon eine recht gute Annäherung an Rollenstrukturen und Hierarchien, die sich in Netzwerkbeziehungen ausdrücken lassen. Während die oben beschriebenen Kohäsionsmaße Akteure nach der Existenz bzw. Intensität wechselseitiger Relationen gruppieren (Prinzip relativer Verdichtung), richten sich Blockmodelle nach der Gleichartigkeit von Relationen zu gemeinsamen Anderen; untereinander müssen die Mitglieder eines Blocks also nicht verbunden sein.

4 Anwendungsbeispiel

Die Methoden der Netzwerkanalyse erlauben es, Beziehungen innerhalb oder zwischen Organisationen zu untersuchen und dabei unter anderem nach zentralen Akteuren, kohäsiven Subgruppen oder strukturell äquivalenten Positionen zu suchen. Theoretische Vorbilder für die Frage nach Cliquenbildung, Macht und Äquivalenz gibt es reichlich und sie beziehen sich sowohl auf Industriesektoren und Organisationsfelder als auch auf einzelne Organisationen. Im Folgenden soll am Beispiel eines Forschungsprojekts zu intraorganisationalen Netzwerken gezeigt werden, wie sich die Instrumente der Netzwerkanalyse einsetzen lassen, um informale Organisationsstrukturen zu untersuchen.

Der Organisationsforscher David Krackhardt hat in einer Reihe von Studien die Struktur und Funktion von Freundschafts- und Ratgebernetzwerken in einer kleinen EDV-Firma an der amerikanischen Westküste erforscht (Krackhardt 1990, 1992; Kilduff/Krackhardt 1994; Krackhardt 1999; Krackhardt/Kilduff 2002). Bei der Firma „Silicon Systems" handelt es sich um eine Art „Face-to-face-Organisation„ (Kühl 2002), deren 36 Mitarbeiterinnen und Mitarbeiter in einem Gebäude untergebracht und sich überwiegend persönlich bekannt sind. Die drei Top-Manager der Firma sind gleichzeitig auch gleichberechtigte Eigentümer. Die Hierarchie der formalen Organisation von Silicon Systems ist überschaubar: Die drei Top-Manager bzw. Eigentümer führen die Firma trotz verschiedener Zuständigkeiten auf gleichberechtigter Basis; die nächste Ebene wird von fünf Managern gebildet, die Leitungsfunktionen für einzelne Tätigkeitsbereiche wahrnehmen (z. B. Entwicklung, Installation oder Kundenberatung); die restlichen 28 Mitarbeiterinnen und Mitarbeiter haben keine offiziellen Autoritätspositionen (siehe Abbildung 5).

Abbildung 5: Organigramm von Silicon Systems

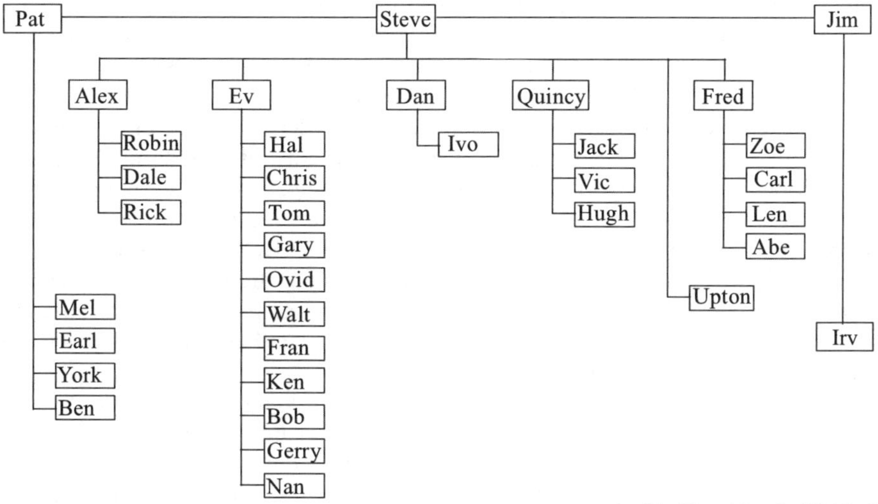

Quelle: Krackhardt (1992, S. 226)

Die Analyse der Netzwerkbeziehungen unter den Organisationsmitgliedern bezieht sich auf die „Firma hinter dem Organigramm" (Krackhardt/Hanson 1993), also auf die informale Organisation. Wie bereits erwähnt, lässt sich diese als Kombination verschiedener Beziehungsnetzwerke verstehen und abbilden. Die Untersuchung von Silicon Systems konzentriert sich auf zwei Arten von Netzwerkbeziehungen: das arbeitsbezogene *Hilfe- und Ratgebernetzwerk* und das *Freundschaftsnetzwerk*. Beide wurden durch einen standardisierten Fragebogen erhoben, der eine interessante Besonderheit aufweist. Es wird davon ausgegangen, dass alle Beteiligten über eine mehr oder weniger vollständige „kognitive Landkarte" der Beziehungen innerhalb der Organisation verfügen (vgl. Krackhardt 1987). Deshalb wurden in jedem Fragebogen nicht nur die Beziehungen *eines* fokalen Egos mit potenziellen Alteri abgefragt, sondern die Beziehungen *aller* Organisationsmitglieder untereinander. Es wurde also beispielsweise nicht nur danach gefragt, mit welchen Personen B, C, D, ... der Befragte A über arbeitsbezogene Angelegenheiten spricht, sondern auch danach, mit wem B, C, D, ... sprechen.

Eine derartige Befragung der „kognitiven Netzwerkkarten" ergibt nicht ein Netzwerk für jede Beziehungsart, sondern so viele unterschiedliche Netzwerke, wie es Befragte gibt. Wie analysiert man die Gesamtmatrix, die sich aus den einzelnen Netzwerkkarten zusammensetzt? Krackhardt (1987) definiert die Einzelmatrizen als Teil einer *Cognitive Social Structure* (CSS), die durch die dreistellige Relation $R_{i,j,k}$ gegeben ist: i ist der „Sender", j der „Empfänger" und k der „Beobachter" der Beziehung zwischen i und j. Wenn die Befragte D davon ausgeht, dass Person B bei Person E um Rat fragen würde, so ist $R_{B,E,D}=1$. Die CSS ist dementsprechend eine dreidimensionale Matrix der Größe N x N x N in Abhängigkeit von der Zahl der Befragten N. Die Netzwerkangaben der einzelnen Beobachter bilden zweidimensionale „Ausschnitte" (slices) dieser dreidimensionalen Matrix. Wie wir bereits gesehen haben, arbeitet die Netzwerkanalyse üblicherweise jedoch nicht mit drei-, sondern mit zweidimensionalen Matrizen. Wie kommt man von der dreidimensionalen CSS zu einem geeigneten zweidimensionalen Abbild? Inhaltlich bedeutet eine derartige Transformation, aus der Vielfalt der Perspektiven eine Repräsentation des Gesamtnetzwerks zu destillieren, die Daten also in einer bestimmten Weise zu reduzieren. Unter den verschiedenen möglichen Reduktionsverfahren sind insbesondere zwei interessant (Krackhardt 1987, S. 116). Erstens kann man die CSS zu einer *Locally Aggregated Structure* (LAS) reduzieren: Dann berücksichtigt man für jede mögliche Beziehung zwischen zwei Personen nur die Beobachtungen der beiden Beteiligten und trägt in der reduzierten Matrix eine Beziehung dann ein, wenn entweder beide ihr Vorhandensein bejahen (= Schnittmengenregel) oder zumindest einer dies tut (= Vereinigungsmengenregel). Es handelt sich um eine „lokale" Struktur, weil eben nicht die Informationen aller Befragten berücksichtigt werden, sondern nur die der direkt Beteiligten. Im Gegensatz dazu kann man zweitens eine *Consensus Structure* (CS) bilden, die auf der durchschnittlichen Meinung aller Befragten beruht. Man definiert dann zum Beispiel einen Schwellenwert, der angibt, wie viele Befragte eine Beziehung zwischen zwei Personen feststellen müssen, damit diese in die CS aufgenommen wird.[10]

Im Folgenden betrachten wir zwei aus den Netzwerkdaten von Silicon Systems gewonnene *Locally Aggregated Structures*: die LAS des Ratsuchenetzwerks und des Freundschaftsnetzwerks, gebildet jeweils nach der Schnittmengenregel. D.h., dass nur die Angaben der beiden potenziell Beteiligten ausgewertet werden und eine Beziehung dann angenommen wird, wenn sie von *beiden* beobachtet wird. Gibt also die Befragte D an, dass sie C um Rat fragen würde ($R_{D,C,D} = 1$), während C dies nicht erwartet ($R_{D,C,C} = 0$), so wird diese Beziehung nicht in die LAS aufgenommen, d.h. $R^*_{D,C} = 0$. Obwohl von den 36 Beschäftigten von Silicon Systems drei keinen Fragebogen ausgefüllt haben, lässt sich im

Netzwerkanalyse

Zuge dieses Verfahrens durch einen kleinen Kunstgriff ein „kompletter" Datensatz der Größe 36x36 für jede erhobene Beziehungsmodalität produzieren: Die fehlenden Werte der Non-Respondents werden durch die nach dem Konsensprinzip gemittelten Beobachtungen der anderen Netzwerkmitglieder approximiert und ersetzt. Die resultierenden Netzwerke sehen folgendermaßen aus:[11]

Abbildung 6: Das Ratsuchenetzwerk bei Silicon Systems

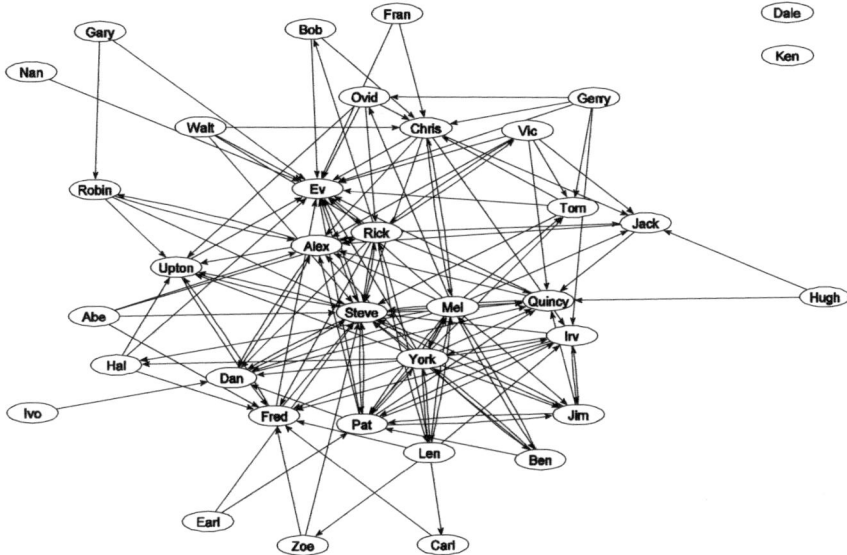

Abbildung 7: Das Freundschaftsnetzwerk bei Silicon Systems

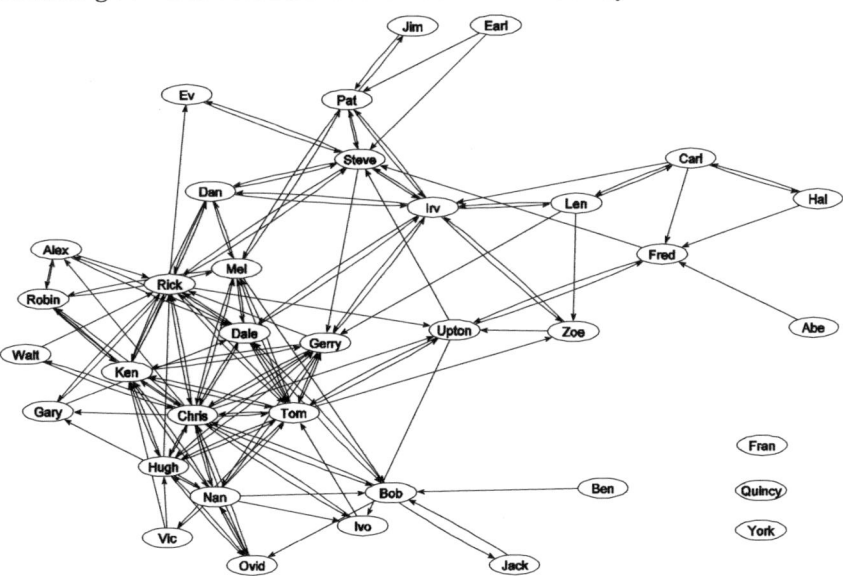

An den beiden Graphen lassen sich einige Eigenschaften der beiden Netzwerke relativ direkt ablesen. So wird deutlich, dass sich die Positionen einzelner Personen in den beiden Netzwerken durchaus unterscheiden. Zum Beispiel ist Ken im Hilfenetzwerk isoliert, d.h. niemand scheint sich bei ihm Rat zu holen, während er im Freundschaftsnetzwerk einige Verbindungen besitzt. Sehr auffällig ist außerdem, dass Ev – einer der Top-Manager – als Experte sehr gefragt ist, als Freund dagegen nur sehr wenig. Diese Eindrücke lassen sich bestätigen und präzisieren, indem wir einen Blick auf die Zentralitätsmaße einiger Personen in den beiden Netzwerken werfen.[12]

Tabelle 5: Zentralität in Ratsuche- und Freundschaftsnetzwerk

Ratsuchenetzwerk				Freundschaftsnetzwerk			
Name	*In.*	*Out.*	*Betw. %*	*Name*	*In.*	*Out.*	*Betw. %*
Ev	19	1	19,81	Chris	12	16	16,27
Steve	19	7	15,84	Bob	6	4	10,91
Rick	6	11	7,90	Steve	8	6	10,89
Mel	5	15	6,39	Rick	11	9	10,50
Fred	9	3	6,01	Upton	5	4	9,37
Quincy	10	3	5,62	Fred	4	2	9,30
Dan	7	3	5,48	Irv	8	7	7,75
York	5	15	5,28	Pat	5	4	7,03
Chris	7	6	5,14	Mel	6	7	6,89
Alex	11	2	3,10	Gerry	8	7	6,71
Pat	7	9	3,08	Tom	10	10	6,44
Len	3	7	2,29	Dale	8	7	5,42
Irv	6	5	1,78	Ken	9	7	2,63
Jack	5	2	1,56	Nan	5	7	2,50
Upton	7	3	1,31	Carl	2	4	2,12
Robin	2	3	0,80	Hugh	6	7	1,81
Tom	4	3	0,71	Dan	5	5	1,32
Ovid	2	4	0,43	Len	2	4	0,96
Vic	1	6	0,37	Zoe	3	2	0,69
Gerry	0	5	0,26	Ivo	3	2	0,30
Gary	0	2	0,19	Robin	4	4	0,28
Abe	0	4	0,13	Ovid	4	3	0,23
Jim	5	4	0,11	Alex	3	3	0,22
Hal	2	3	0,07	Gary	3	2	0,12
Zoe	1	2	0,06	Abe	0	1	0,00
Walt	0	4	0,02	Ben	0	1	0,00
Bob	1	2	0,02	Earl	0	2	0,00
Ben	2	4	0,00	Ev	2	1	0,00
Earl	0	2	0,00	Fran	0	0	0,00
Fran	0	2	0,00	Hal	1	2	0,00
Hugh	0	2	0,00	Jack	1	1	0,00
Carl	1	1	0,00	Jim	1	1	0,00
Ivo	0	1	0,00	Quincy	0	0	0,00
Nan	0	1	0,00	Vic	1	3	0,00
Dale	0	0	0,00	Walt	1	2	0,00
Ken	0	0	0,00	York	0	0	0,00

Anhand der Indegree-Werte im Ratsuchenetzwerk erkennt man, dass sowohl Steve, der Gründer und Präsident der Firma, als auch Ev, der technische Experte unter den Top-Managern, am häufigsten als Ansprechpartner genannt wurden. Dies ist angesichts ihrer Position und Erfahrung nicht überraschend. Die zentrale Position von Ev wird durch den höheren Betweenness-Wert unterstrichen, der auf eine wichtige Vermittlungsposition im Informationsnetzwerk der Firma hinweist. Instruktiv ist jedoch zum einen die sehr unterschiedliche Neigung der beiden, *andere* um Rat zu fragen. Steve nennt hier sieben potenzielle Kontakte, Ev lediglich einen. Dies ist ein Hinweis darauf, dass Steve eher wie ein um Kontakte bemühter „Manager" agiert und um einen kooperativen Führungsstil bemüht ist, während Ev sich auf die Rolle eines technischen „Problemlösers" beschränkt. In Umkehrung der klassischen Maxime „Don't call us – we'll call you" wird Ev von anderen Organisationsmitgliedern als Ratgeber geschätzt, wendet sich selbst aber nur an eine andere Person: Steve. Diese geringe Einbettung in die Reziprozität des Ratsuchenetzwerks korreliert mit einer eher marginalen Position im Freundschaftsnetzwerk (Krackhardt 1992, S. 229–231). Interessant ist insbesondere, dass die beiden Dimensionen der „informalen Organisation" unterschiedlich nah an der formalen Hierarchie sind. Was die Gefragtheit ihrer Expertise anbelangt, ist die Organisationsspitze auch im Ratsuchenetzwerk zentral. Zumindest in der Rangliste der Indegrees werden die ersten fünf Plätze von Mitgliedern der ersten und zweiten Hierarchie-Ebene belegt (Ev, Steve, Alex, Quincy, Fred). Das Freundschaftsnetzwerk stellt sich hingegen sehr viel eher als ein Spiegelbild der formalen Hierarchie dar, in dem Mitglieder der unteren Hierarchieebene die zentralen Akteure sind: Chris und Rick nach beiden Zentralitätsindizes; Tom als „local hero" mit hohem In- und Outdegree, aber deutlich niedrigerem Betweenness-Wert.

Einige dieser Ergebnisse werden bestätigt durch einen Blick auf die Cliquenstruktur von Silicon Systems. Wir erinnern uns: Cliquen sind Gruppen von Knoten eines Netzwerks, in denen alle Mitglieder miteinander verbunden sind. Die Intuition einer hohen internen Kohäsion wird am besten eingelöst, wenn wir nur die bidirektionalen Beziehungen berücksichtigen. Asymmetrische Beziehungen, in denen B zwar E als Freund angibt, E aber nicht B, werden nicht in die Cliquenanalyse eingeschlossen.[13]

Tabelle 6: Cliquen im Ratsuchenetzwerk

Clique	Mitglieder
1	Jim Pat Steve
2	Len Mel York
3	Mel Pat York
4	Ben Mel York
5	Irv Pat York
6	Irv Jim Pat

Tabelle 7: Cliquen im Freundschaftsnetzwerk

Clique	Mitglieder
1	Chris Dale Mel Tom
2	Chris Dale Rick Tom
3	Chris Gerry Hugh Tom
4	Chris Nan Ovid
5	Chris Gerry Nan
6	Chris Hugh Ovid
7	Chris Mel Robin
8	Bob Chris Dale
9	Gerry Hugh Ken Tom
10	Ken Rick Tom
11	Gerry Ken Nan
12	Dan Ken Rick
13	Irv Pat Steve
14	Dan Rick Steve
15	Dan Irv Steve

Es ist nicht untypisch, dass sich nur selten Cliquen mit mehr als drei Mitgliedern finden. Die hohen Anforderungen der Cliquendefinition führen meistens dazu, dass diese klein bleiben und sich häufig überlappen. Die Analyse von Cliquenmitgliedschaften erlaubt es deshalb in der Regel nicht, die Organisation in voneinander abgegrenzte Untergruppen aufzuteilen. Dafür müsste man entweder andere Kohäsionsmaße verwenden, die eine exklusive Aufteilung des Netzwerks in Subgruppen erlauben, oder die Cliquen nach Maßgabe ihrer Ähnlichkeit in voneinander unterscheidbare „Cluster" aufteilen.[14] Doch auch der Vergleich der unterschiedlichen Cliquenstrukturen der beiden Netzwerke ist aufschlussreich. Es gibt nur sechs Cliquen im Ratsuchenetzwerk, 15 dagegen im Freundschaftsnetzwerk; nur acht Personen sind überhaupt Mitglieder einer „Ratgeberclique", immerhin 16 aber gehören mindestens einem Freundschaftskreis an. Das ist erstaunlich, wenn man berücksichtigt, dass das Ratsuchenetzwerk dichter ist als das Freundschaftsnetzwerk und man deshalb dort mehr Cliquen vermuten könnte. Dies erklärt sich zum großen Teil allerdings dadurch, dass Rat- und Hilfebeziehungen häufiger asymmetrisch sind als Freundschaftsbeziehungen und deshalb seltener den strengen Bedingungen einer Clique genügen. Es ist unwahrscheinlicher, einen Kreis von Personen zu finden, in dem jeder jeden um Rat fragt, als einen, in dem alle miteinander befreundet sind.

Die Netzwerkpositionen und Cliquenmitgliedschaften der einzelnen Personen sind nicht nur von deskriptivem Interesse. Schließlich verfolgt die Netzwerkanalyse das Ziel, das Zustandekommen oder den Erfolg bestimmter Handlungen durch das Wissen über Netzwerkstrukturen besser *erklären* zu können. Das Beispiel der informalen Netzwerke von Silicon Systems bietet diese Möglichkeit. Kurz nach der Erhebung der Netzwerkdaten wurde in der Firma versucht, eine gewerkschaftliche Interessenvertretung zu organisieren. Eine Mehrheit der betroffenen Mitarbeiter hätte diesem Plan zustimmen müssen, was aber letztlich nicht der Fall war. Aus der Perspektive der Netzwerkanalyse liegt es nahe, Gründe für diesen Fehlschlag in den Positionen von Befürwortern und Gegnern einer „Unionization„ zu suchen. Dazu ist es jedoch nötig, die Analyse der Netzwerkstrukturen durch Wissen über die Akteure und die organisationsinternen Konfliktlinien zu ergänzen. Im Folgenden fasse ich Ergebnisse zusammen, die Krackhardt in verschiedenen

Publikationen vorgestellt hat und die nicht nur auf Netzwerkdaten zurückgreifen, sondern auch auf Interviews und ethnographische Beobachtungen (Krackhardt 1999, 1990, 1992).

Die Eigentümer und Leiter des Unternehmens waren von Beginn an besorgt, dass eine gewerkschaftliche Vertretung bisherige Wettbewerbsvorteile der kleinen Firma zunichte machen würde. Sie waren daher gegen den Plan, der die Abteilungen von Ev, Dan und Quincy betroffen hätte. Von den betroffenen Mitarbeitern stand eine Fraktion dem Vorhaben sehr positiv gegenüber (Ovid, Jack und Hal), eine andere eher negativ (Dale, Mel und Robin). Wenn wir die jeweiligen Betweenness-Werte als Richtschnur nehmen, waren die Gewerkschaftsbefürworter von Beginn an im Nachteil: Im Freundschaftsnetzwerk besetzen sie weniger zentrale Positionen als die Gegner, was für einen geringeren (informellen) Einfluss innerhalb der Organisation spricht. Insbesondere Hal, der offizielle Vertreter der Gewerkschaft, besetzt eine eher marginale Position. Dieses Ungleichgewicht wurde im konkreten Fall noch unterstützt durch die Tatsache, dass eine wichtige Person während der Kampagne sehr zurückhaltend blieb: Chris, der im Freundschaftsnetzwerk mit Abstand zentralste Akteur (sowohl hinsichtlich In- und Outdegree als auch bei der Betweenness-Zentralität). Zwar war er zu Beginn für die Ziele des Gewerkschaftsvorschlags, hielt sich aber währender der Kampagne eher im Hintergrund und stellte seinen informalen Einfluss nicht in den Dienst des Vorhabens. Ähnliches galt für Ovid, der sich trotz grundsätzlicher Zustimmung nicht in gleichem Maße engagierte wie Jack und Hal. Damit fehlte dem gewerkschaftlichen Vorhaben eine Basis in der informalen Organisation – zusätzlich zu der Tatsache, dass die Spitze der formalen Hierarchie ohnehin dagegen war.

Gibt es eine netzwerktheoretische Erklärung dafür, dass einzelne Mitglieder – insbesondere Chris – sich nicht aktiv *für* die Einrichtung einer Interessenvertretung einsetzten? Die Erklärung bliebe gewissermaßen unvollständig, wenn sie letztlich nur auf Einstellungsunterschiede zwischen den einzelnen Mitarbeitern verweisen könnte. In der Tat machte die spezifische Position von Chris ein stärkeres Engagement unwahrscheinlich. Dies legt der Blick auf die Mitgliedschaft der Beteiligten in den Freundschaftscliquen nahe. Dabei ist nicht nur interessant, wer in welcher Clique ist, sondern auch, wie viele Parallelmitgliedschaften es gibt. Zum einen unterscheiden sich die Personen darin, in wie vielen Cliquen sie überhaupt Mitglied sind: Einige sind Mitglieder von zwei oder drei Cliquen gleichzeitig, deutlich weniger (vier) partizipieren an vier oder fünf Cliquen. Einzig Chris, der offensichtlich geselligste Mitarbeiter, ist Mitglied von acht Cliquen.

Doch nicht allein die *Menge* der Mitgliedschaften ist von Interesse, sondern welche Verbindungen durch *Ko-Mitgliedschaften* entstehen. Chris unterhält über zwei Cliquen Verbindungen mit Mel, über eine mit Robin und über drei mit Dale – alles Gegner des gewerkschaftlichen Vorhabens. Mit Hal und Jack hingegen teilt er keine Mitgliedschaft in einer Clique. Wir können daher davon ausgehen, dass Chris gewissermaßen zwischen seiner pro-gewerkschaftlichen Einstellung und den Erwartungen seiner anti-gewerkschaftlichen Freunde hin- und hergerissen war. Das zumindest wäre die Prognose jener kognitiven und strukturellen Balance-Theorien, die einen Zusammenhang zwischen Netzwerk-Ties und Einstellungsvariablen behaupten (Heider 1946, 1979; Cartwright/Harary 1956; Holland/Leinhardt 1979). Aufgrund seiner Verbindungen zur anti-gewerkschaftlichen Fraktion im Freundschaftsnetzwerk befand sich Chris in einer ambivalenten Position. Angesichts seiner ursprünglich zustimmenden Haltung kann diese strukturelle Spannung erklären, warum er ein stärkeres Engagement vermied. Dafür spricht, dass er sich kurz vor der Abstimmung beurlauben ließ, um erst danach wieder zurückzukehren (Krackhardt 1999).

Diese „mikropolitische" Episode bei Silicon Systems zeigt, wie sich der Vergleich von formaler und informaler Hierarchie und die Darstellung der letzteren als Netzwerk zur Erklärung spezifischer Organisationsentwicklungen nutzen lassen. Die Einbettung und Positionierung kann nicht nur den Einfluss einzelner Akteure bestimmen, sondern auch Bedeutung dafür haben, welche Vorhaben und Entscheidungen letztlich den nötigen Rückhalt in der (informalen) Organisation finden. Die Netzwerkanalyse ist dann eine Möglichkeit, die oft komplexen und zunächst unübersichtlichen Informationen über persönliche Beziehungen so zu formalisieren, dass diese leichter zusammengefasst und so mit spezifischen Ereignissen korreliert werden können. Dazu ist die Interpretation selbstverständlich auf inhaltlich vielschichtiges Datenmaterial angewiesen (z. B. auf ethnografische Fallstudien), das mitunter über die Erhebung von Netzwerkdaten allein hinausgeht.

5 Möglichkeiten und Grenzen der Methode

Mit der Netzwerkanalyse werden teilweise große Hoffnungen auf eine relational orientierte, formale Soziologie verknüpft (Wellman 1988; Emirbayer 1997). Die Organisationsforschung ist nur ein Beispiel für die vielfältigen Anwendungen dieser immer populärer werdenden Forschungsmethode. In der Tat ist die relationale Ontologie der Netzwerkanalyse gut vereinbar mit zeitgenössischen Sozialtheorien, die gegenüber individualistischen Theorieprogrammen die „Einbettung" des Handelns in soziale Strukturen betonen (Granovetter 1985). Der Vorteil der Netzwerkanalyse liegt darin, dass sie es erlaubt, derartige Programmatiken empirisch umzusetzen. Das gilt sowohl für die relativ evidenten Konzepte, Netzwerke in wichtige Akteure oder Gruppen einzuteilen (Zentralität, Cliquen), als auch für analytische Abstraktionen, die sich nicht auf den ersten Blick aus den Daten erschließen (wie zum Beispiel Blockmodelle). Eine besondere Stärke der Netzwerkanalyse liegt darin, dass sie auf kleinräumige soziale Phänomene, wie Silicon Systems, ebenso anwendbar ist wie auf große Datenmengen. Da es weniger um die Repräsentativität der Daten geht als um die Herausarbeitung bestimmter Strukturprinzipien, können daher auch Fallstudien von netzwerkanalytischen Verfahren profitieren.

Die Grenzen der Netzwerkanalyse liegen vor allem dort, wo die Herausarbeitung von „sozialen Strukturen" nicht auf phänomenologische Daten verzichten kann. Der Anspruch, eine rein „relationale" oder „strukturalistische" Sozialwissenschaft zu begründen, die nicht Absichten oder Attribute von Akteuren, sondern allein deren Beziehungsmuster berücksichtigt, führt in die Irre, wenn sie über der Begeisterung für formale Methoden die Sinnstrukturiertheit ihres Gegenstands vergisst. Wie wir am Beispiel von Silicon Systems gesehen haben, ist eine soziologisch brauchbare Erklärung von Handlungsverläufen oft darauf angewiesen, Kontextwissen über die Organisation und ihre Mitglieder heranzuziehen. Das bezieht sich nicht nur auf den Faktor formale Hierarchie, sondern auch auf Prozesse und Erwartungen, die an den Netzwerkdaten selbst nicht abzulesen sind. Ethnografische Daten sowie Experteninterviews bereichern die Interpretation von Netzwerkmodellen nicht nur, sondern sind in der Regel unverzichtbar.

Ähnliches gilt für die theoretische Verankerung der Konzepte und Maßzahlen der Netzwerkanalyse (vgl. Kilduff/Tsai 2003: S. 35–65). Auch wenn manche davon eine gewisse intuitive Plausibilität beanspruchen können, sollte die Notwendigkeit einer theoretischen Vergewisserung darüber, was zum Beispiel „Macht" und „Einfluss" in Organisationen bestimmt, nicht vernachlässigt werden. Die Einordnung informaler Strukturen orientiert sich, wie im dargestellten Beispiel, oft an konflikt- und machttheoretischen Vorbildern. Unter verschiedenen theoretischen Vorzeichen mag man jedoch zu sehr unterschiedlichen Ansichten darüber kommen, ob Degree-, Closeness- oder Betweenness-Zentralität den Einfluss einzelner Akteure in einer Organisation am genauesten repräsentieren. Bei der Entscheidung zwischen derartigen Alternativen sollte nicht nur das gerade im Vordergrund stehende Untersuchungsinteresse berücksichtigt werden, sondern auch die theoretische Begründbarkeit. Wie bei anderen formalen Methoden besteht ansonsten die Gefahr, die Schwierigkeiten der Analyse vor allem in der korrekten Anwendung der Berechnungsverfahren zu sehen – und nicht in deren soziologischer Interpretation. Als soziologische Forschungsperspektive bietet die Netzwerkanalyse den Vorteil, dass sie den Blick des Forschers einerseits notwendigerweise auf soziale Zusammenhänge lenkt und andererseits zur empirischen Umsetzung unterschiedlichster theoretischer Fragen eingesetzt werden kann. Diese Offenheit kann und muss genutzt werden, indem man nicht davon ausgeht, die Ergebnisse von Netzwerkanalysen erklärten sich von selbst. Von der gelungenen Kombination formaler Analyseverfahren und aussagekräftiger Theorie wird es abhängen, ob das Netz der Netzwerkforscher weiterhin so schnell wachsen wird wie bisher.

6 Anmerkungen

1 Der zugrunde liegende Strukturbegriff wird meist recht anspruchslos gebraucht. In Anlehnung an Radcliffe-Browns Definition der Sozialstruktur als „network of actually existing relations" (Radcliffe-Brown 1940) werden hierunter meist beobachtbare Beziehungen und Austauschverhältnisse begriffen. Verhältnismäßig wenig Aufmerksamkeit widmet man der schon bei Nadel (1957) geübten Kritik, faktische Beziehungsmuster ergäben noch keinen soziologisch gehaltvollen Strukturbegriff.

2 Die im Folgenden beschriebenen Grundlagen der Netzwerkanalyse und Graphentheorie werden sehr viel ausführlicher beschrieben in den Einführungen von Scott (1991a), Wasserman/Faust (1994) und Jansen (2003).

3 Die algebraische Notation von Netzwerken ist eine dritte Alternative, auf die in diesem Beitrag nicht weiter eingegangen wird; für Details siehe Wassermann/Faust (1994, Kap. 3).

4 Zwar gibt es auch eine Stichprobentheorie, die statistische Schlüsse aus Zufallsauswahlen erlaubt. Diese kommt aber, gerade in der Organisationsforschung, kaum zum Einsatz. Für Details siehe die Arbeiten von Frank (1979; 1981; 1988).

5 Natürlich gibt es noch viele weitere Möglichkeiten, an Netzwerkdaten über Organisationen zu gelangen. Auch Interorganisationsbeziehungen lassen sich mit Fragebögen erheben, wie dies beispielsweise Knoke et al. (1996) für den Vergleich von Politiknetzwerken tun.

6 Diese Bedingung geht davon aus, dass die reflexive Beziehung der Knoten zu sich selbst, also die Werte der Hauptdiagonalen nicht interpretiert werden.

7 Sind einzelne Knoten nicht erreichbar, so haben sie eine unendliche Pfaddistanz zu allen anderen Knoten. Das Closeness-Maß kann deshalb nur in verbundenen Graphen berechnet werden – oder in entsprechend reduzierten Teilgraphen eines unverbundenen Graphen.

8 Für manche Anwendungen passen die beschriebenen, relativ gebräuchlichen Kohäsionsmaße möglicherweise ohnehin nicht. Dann bleibt immer noch ein Reservoir alternativer Konzepte, die

9   hier nicht behandelt werden können, wie z. B. n-Clubs, k-Cores, LS und Lambda Sets (Wasserman/Faust 1994, S. 260ff.) oder soziale Kreise (Kadushin 1966).

9   Stärker abstrahierte Äquivalenzkriterien sind deshalb oft sinnvoll, wie z. B. die „reguläre Äquivalenz" (Wasserman/Faust 1994, S. 473ff.). Sie verlangt lediglich gleichartige Beziehungen zu *strukturgleichen* Akteuren. Rollenbeziehungen zeichnen sich typische dadurch aus, dass ähnliche Beziehungen zu ähnlichen Akteuren vorhanden sind – so haben natürlich alle Mitglieder der Gruppe „Mütter" Beziehungen zu Kindern, aber eben nicht zu denselben Kindern. Überträgt man dieses Kriterium, das gar nicht so einfach in einen eindeutigen Algorithmus umsetzbar ist, auf unser Beispiel, so gäbe es folgende Gruppen regulär äquivalenter Akteuren: (A) (B,C,D) (E,F,G,H,I) – eine Einteilung, die der Intuition hierarchischer Ebenen sehr nahe kommt.

10   Diese und einige weitere Reduktionsverfahren sind mittlerweile in dem Softwareprogramm UCINET (Borgatti et al. 2002) implementiert, so dass man problemlos sowohl mit den Originaldaten als auch den reduzierten Formen LAS und CS arbeiten kann.

11   Die Grafiken wurden mit dem Netzwerkvisualisierungs- und Analyseprogramm Pajek (Batagelj/Mrvar 1998) erstellt.

12   Für die Berechnung der Betweenness-Zentralität mussten die asymmetrischen Beziehungen symmetrisiert werden. Dabei wurden – in Anlehnung an Krackhardt (1990, S. 351f.) – alle, also auch unidirektionale Beziehungen berücksichtigt. Aufgrund einer anderen Behandlung der fehlenden Werten in den Originalmatrizen der CSS weichen unsere Betweenness-Werte etwas von den bei Krackhardt (1992, S. 229, 231) genannten ab, was die Rangfolge jedoch nur unwesentlich beeinflusst und die Interpretation deshalb nicht verändert.

13   Die Cliquenanalyse geht von symmetrischen Beziehungen aus, so dass eine Entscheidung über die Behandlung und Transformation asymmetrischer Beziehungen ohnehin nötig ist. Sie könnte unter anderen inhaltlichen Voraussetzungen aber durchaus anders ausfallen.

14   Wie dies auf der Basis einer hierarchischen Clusterbildung nach Johnson im Fall Silicon Systems aussehen könnte, zeigt Krackhardt (1999). Aus einer solchen Clustereinteilung lässt sich dann auch ein Blockmodell gewinnen, dass die jeweiligen Cluster als strukturell äquivalente Positionen im Netzwerk interpretiert.

7   Literatur

Hinweise:
Eine leicht zugängliche und auf Organisationen abgestellte Einführung ist das Buch von Kilduff/Tsai (2003). Überblicke über die allgemeinen Grundlagen und weitere Anwendungen der Netzwerkanalyse und -theorie bieten die Einführungen von Scott (1991), Jansen (2003) und Holzer (2006). Die Methoden und formalen Konzepte sind ausführlich in Wassermann/Faust (1994) erläutert. Beispielhafte Anwendungen aus verschiedenen Bereichen finden sich in den Sammelbänden von Burt/Minor (1983), Wellman/Berkowitz (1988) und Wasserman/Galaskiewicz (1994); speziell zu Organisationen ist der Sammelband von Nohria/Eccles (1992) instruktiv. Zahlreiche Artikel, die sich mit spezifischen Aspekten der Netzwerkanalyse in der Organisationsforschung beschäftigen, bietet der *Blackwell Companion to Organizations* (Baum 2002). Die erwähnten Softwarepakete zur Netzwerkanalyse und -darstellung sind bei den Entwicklern erhältlich: das Programm UCINET von Borgatti et al. unter www.analytictech.com; Pajek von Batagelj und Mrvar unter vlado.fmf.uni-lj.si/pub/networks/pajek.

Alba, Richard D. (1973): A graph-theoretic definition of a sociometric clique, in: Journal of Mathematical Sociology 3, S. 113–126
Batagelj, Vladimir/Mrvar, Andrej (1998): Pajek – program for large network analysis, in: Connections 21(2), S. 47–57
Baum, Joel A.C. (2002): The Blackwell Companion to Organizations, Oxford
Bernard, H. Russell/Killworth, Peter D./Sailer, Lee D. (1982): Informant accuracy in social network data, V: an experimental attempt to predict the actual communication from recall data, in: Social Science Research 11, S. 30–66
Bernard, H. Russell/Killworth, Peter D./Sailer, Lee D./Kronenfeld, David (1984): On the validity of retrospective data: the problem of informant accuracy, in: Annual Review of Anthropology 13, S. 495–517
Borgatti, S.P./Everett, M.G./Freeman, Linton C. (2002): Ucinet for Windows: Software for Social Network Analysis, Harvard
Burt, Ronald S. (1983a): Cohesion versus structural equivalence as a basis for network subgroups, in: Burt, Ronald S./Minor, Michael J. (Hrsg.), Applied Network Analysis, London, S. 262–282
Burt, Ronald S. (1983b): Network data from informant interviews, in: Burt, Ronald S./Minor, Michael J. (Hrsg.), Applied Network Analysis, London, S. 133–157
Burt, Ronald S. (1983c): Network data from archival records, in: Burt, Ronald S./Minor, Michael J. (Hrsg.), Applied Network Analysis, London, S. 158–175
Burt, Ronald S./Minor, Michael J. (Hrsg.) (1983): Applied Network Analysis, London
Cartwright, Dorwin/Harary, Frank (1956): Structural balance: a generalization of Heider's theory, in: Psychological Review 63, S. 277–293
Castells, Manuel (2000): The Rise of the Network Society (The Information Age, vol. I), Oxford
Crozier, Michel/Friedberg, Erhard (1979): Macht und Organisation, Königstein/Ts.
Emirbayer, Mustafa (1997): Manifesto for a relational sociology, in: American Journal of Sociology 103(2), S. 281–317
Frank, Ove (1979): Estimation of population totals by use of snowball samples, in: Holland, Paul W./Leinhardt, Samuel (Hrsg.), Perspectives on Social Network Research, New York, S. 319–347
Frank, Ove (1981): A survey of statistical methods for graph analysis, in: Leinhardt, Samuel (Hrsg.), Sociological Methodology, San Francisco, S. 110–155
Frank, Ove (1988): Random sampling and social networks: a survey of various approaches, in: Mathematiques, Informatique, et Sciences Humaines 26, S. 19–33
Freeman, Linton C. (1979): Centrality in social networks: I. Conceptual clarification, in: Social Networks 1, S. 215–239
Freeman, Linton C./Romney, A. Kimball/Freeman, Sue C. (1987): Cognitive structure and informant accuracy, in: American Anthropologist 89, S. 310–325
Galaskiewicz, Joseph (1979): Exchange Networks and Community Politics, Newbury Park
Galaskiewicz, Joseph/Wasserman, Stanley (1981): A dynamic study of change in a regional corporate network, in: American Sociological Review 46, S. 475–484
Granovetter, Mark (1985): Economic action and social structure: the problem of embeddedness, in: American Journal of Sociology 91(3), S. 481–510
Heider, Fritz (1946): Attitudes and cognitive organization, in: Journal of Psychology 21, S. 107–112
Heider, Fritz (1979): On balance and attribution, in: Holland, Paul W./Leinhardt, Samuel (Hrsg.), Perspectives on Social Network Research, New York, S. 11–24
Holland, Paul W./Leinhardt, Samuel (1979): Structural sociometry, in: Holland, Paul W./Leinhardt, Samuel (Hrsg.), Perspectives on Social Network Research, New York, S. 63–83
Holzer, Boris (2006): Netzwerke, Bielefeld
Jansen, Dorothea (2002): Netzwerkansätze in der Organisationsforschung, in: Allmendinger, Jutta/Hinz, Thomas (Hrsg.), Organisationssoziologie (Sonderheft 42 der Kölner Zeitschrift für Soziologie und Sozialpsychologie), Opladen, S. 88–118
Jansen, Dorothea (2003): Einführung in die Netzwerkanalyse, Opladen

Kadushin, Charles (1966): The friends and supporters of psychotherapy: on social circles in urban life, in: American Sociological Review 31, S. 786–802

Kappelhoff, Peter (1987a): Cliquenanalyse. Die Bestimmung von intern verbundenen Teilgruppen in Netzwerken, in: Pappi, Franz Urban (Hrsg.), Techniken der empirischen Sozialforschung, Bd. 1: Methoden der Netzwerkanalyse, München, S. 39–63

Kappelhoff, Peter (1987b): Blockmodellanalyse: Positionen, Rollen und Rollenstrukturen, in: Pappi, Franz Urban (Hrsg.), Techniken der empirischen Sozialforschung, Bd. 1: Methoden der Netzwerkanalyse, München, S. 101–128

Kilduff, Martin/Krackhardt, David (1994): Bringing the individual back in: a structural analysis of the internal market for reputation in organizations, in: Academy of Management Journal 37, S. 87–108

Kilduff, Martin/Tsai, Wenpin (2003): Social Networks and Organizations, London

Knoke, David/Pappi, Franz Urban/Broadbent, Jeffrey/Tsujinaka, Yutaka (1996): Comparing Policy Networks. Labor Politics in the U.S., Germany, and Japan, Cambridge

Krackhardt, David (1987): Cognitive social structures, in: Social Networks 9, S. 109–134

Krackhardt, David (1990): Assessing the political landscape: structure, cognition, and power in organizations, in: Administrative Science Quarterly 35(2), S. 342–369

Krackhardt, David (1992): The strength of strong ties: the importance of philos in organizations, in: Nohria, Nitin/Eccles, Robert G. (Hrsg.), Networks and Organizations: Structure, Form, and Action, Boston, S. 216–239

Krackhardt, David (1999): The ties that torture: Simmelian tie analysis in organizations, in: Research in the Sociology of Organizations 16, S. 183–210

Krackhardt, David/Hanson, Jeffrey R. (1993): Informal networks: the company behind the chart, in: Harvard Business Review July-August, S. 104–111

Krackhardt, David/Kilduff, Martin (2002): Structure, culture and Simmelian ties in entrepreneurial firms, in: Social Networks 24(3), S. 279–290

Kühl, Stefan (2002): Jenseits der Face-to-face-Organisation: Wachstumsprozesse in kapitalmarktorientierten Unternehmen, in: Zeitschrift für Soziologie 31, S. 186–210

Küpper, Willi/Ortmann, Günther (Hrsg.) (1988): Mikropolitik, Opladen

Laumann, Edward O./Marsden, Peter V./Prensky, David (1983): The boundary specification problem in network analysis, in: Burt, Ronald S./Minor, Michael J. (Hrsg.), Applied Network Analysis, London, S. 18–34

Levine, Joel H. (1972): The sphere of influence, in: American Sociological Review 37, S. 14–27

Levine, Joel H./Roy, William G. (1979): A study of interlocking directorates: vital concepts of organization, in: Holland, Paul W./Leinhardt, Samuel (Hrsg.), Perspectives on Social Network Research, New York, S. 349–378

Luce, R. Duncan (1950): Connectivity and generalized cliques in sociometric group structure, in: Psychometrika 15, S. 169–190

Luce, R. Duncan/Perry, Albert D. (1949): A method of matrix analysis of group structure, in: Psychometrika 14, S. 95–116

Luhmann, Niklas (1964): Funktionen und Folgen formaler Organisation, Berlin

Mayo, Elton (1933): The Human Problem of an Industrial Civilization, New York

Mintz, Beth A./Schwartz, Michael (1985): The Power Structure of American Business, Chicago

Mizruchi, Mark S./Galaskiewicz, Joseph (1994): Networks of interorganizational relations, in: Wasserman, Stanley/Galaskiewicz, Joseph (Hrsg.), Advances in Social Network Analysis, Thousand Oaks, S. 230–253

Mizruchi, Mark S./Schwartz, Michael (Hrsg.) (1987): Intercorporate Relations. The Structural Analysis of Business, Cambridge

Nadel, Siegfried F. (1957): The Theory of Social Structure, London

Neuberger, Oswald (1995): Mikropolitik. Der alltägliche Aufbau und Einsatz von Macht in Organisationen, Stuttgart

Nohria, Nitin/Eccles, Robert G. (Hrsg.) (1992): Networks and Organizations: Structure, Form, and Action, Boston

Podolny, Joel M./Page, Karen L. (1998): Network forms of organization, in: Annual Review of Sociology 24, S. 57–76, online: links.jstor.org/sici?sici=0360-0572%281998%2924%3C57%3ANFOO%3E2.0.CO%3B2-Q

Powell, Walter W. (1990): Neither market nor hierarchy: Network forms of organization, in: Research in Organizational Behavior, Bd. 12, S. 295–336

Radcliffe-Brown, A. R. (1940): On social structure, in: Journal of the Royal Anthropological Society of Great Britain and Ireland 70, S. 1–12

Raider, Holly/Krackhardt, David (2002): Intraorganizational networks, in: Baum, Joel A.C. (Hrsg.), The Blackwell Companion to Organizations, Oxford, S. 58–74

Roethlisberger, F. J./Dickson, William J./Wright, Harold A. (1939): Management and the Worker. An Account of a Research Program Conducted by the Western Electric Company, Hawthorne Works, Chicago, Cambridge

Scott, John (1979): Corporations, Classes and Capitalism, London

Scott, John (1991a): Social Network Analysis: A Handbook, London

Scott, John (1991b): Networks of corporate power: a comparative assessment, in: Annual Review of Sociology (17), S. 181–203

Seidman, Stephen B./Foster, Brian L. (1978): A graph-theoretic generalization of the clique concept, in: Journal of Mathematical Sociology 6, S. 139–154

Tyrell, Hartmann (1983): Zwischen Interaktion und Organisation I: Gruppe als Systemtyp, in: Neidhardt, Friedhelm (Hrsg.), Gruppensoziologie (Sonderband 25 der Kölner Zeitschrift für Soziologie und Sozialpsychologie), Opladen, S. 75–87

Wasserman, Stanley/Faust, Katherine (1994): Social Network Analysis: Methods and Applications, Cambridge

Wasserman, Stanley/Galaskiewicz, Joseph (1994): Advances in Social Network Analysis, Thousand Oaks

Wellman, Barry (1988): Structural analysis: from method and metaphor to theory and substance, in: Wellmann, Barry/Berkowitz, S. D. (Hrsg.), Social Structures: A Network Approach, Cambridge, S. 19–61

Wellman, Barry/Berkowitz, S. D. (Hrsg.) (1988): Social Structures: A Network Approach, Cambridge

White, Harrison C./Boorman, Scott A./Breiger, Ronald L. (1976): Social structure from multiple networks: I. Blockmodels of roles and positions, in: American Journal of Sociology 81(4), S. 730–780

Windeler, Arnold (2001): Unternehmungsnetzwerke. Konstitution und Strukturation, Wiesbaden

Zähldatenanalyse[1]

Nikolaus Beck

1 Einleitung

Die Welt der Organisationen ist in ständiger Veränderung begriffen. Dies liegt zum einen daran, dass sich Organisationen wandeln: Neue Technologien oder Managementpraktiken entstehen und werden von einer Vielzahl unterschiedlicher Organisationen übernommen, wodurch sich eine Menge von Organisationen in ihren Strukturen ändert. Doch findet ein Wandel des organisationalen Kosmos nicht nur durch die internen Veränderungen einzelner Organisationen statt, sondern auch durch das Absterben von Organisationen eines bestimmten Typs oder durch Gründungen neuartiger Organisationen. Die Analyse der Entwicklung von Organisationen eines bestimmten Typs steht im Zentrum der Populationsökologie (Hannan/Freeman 1977). Diese Organisationen, die gleichartige strukturelle Merkmale – gleichartige Formen – aufweisen, werden in Ahnlehnung an die biologische Taxonomie als Populationen bezeichnet. Wenn Organisationen mit neuen spezifischen strukturellen Merkmalen gegründet werden und sich somit verbreiten, entsteht hierdurch eine neue Organisationspopulation. Deshalb ist in der Organisationsökologie, die gegenwärtig eine der prominentesten organisationstheoretischen Richtungen darstellt, neben der Untersuchung von organisationalen Änderungs- und Sterbeprozessen die Analyse von Gründungsprozessen, die zur Entstehung von neuen Organisationspopulationen führen, ein zentrales Anliegen, das hier näher betrachtet werden soll.

Während die Änderung und der Tod von Organisationen zu unterschiedlichen Zeiten *innerhalb* des Lebenslaufs einzelner Organisation vorkommen oder ganz ausbleiben, steht die die Gründung einer Organisation logischerweise immer zu Beginn ihrer Existenz. Somit können Gründungen von Organisationen nicht auf die gleiche Art registriert werden wie Änderungen oder Schließungen von Organisationen, die mit Individualdaten, also Informationen, die für jede einzelne Organisation vorliegen, erfasst werden. Wenn man Gründungsprozesse untersuchen will, dann muss man die Ereignisse der Unternehmensgründungen innerhalb einer anderen Analyseeinheit „aggregieren". Diese Analyseeinheiten sind normalerweise zeitliche Perioden innerhalb derer die Gründungsereignisse stattfinden. Somit ist die zentrale Frage, die man sich bei der Untersuchung von Gründungsprozessen stellt, folgende: *Unter welchen Bedingungen erhöht bzw. verringert sich die Häufigkeit von Organisationsgründungen im Zeitverlauf innerhalb eines Untersuchungsfeldes?* Konkrete Untersuchungen zu Gründungsprozessen behandeln beispielsweise den Einfluss der Marktkonzentration auf die Zahl von Gründungen von bulgarischen Zeitungsorganisationen pro Jahr (Dobrev 2000) oder den Einfluss der Zahl der Wettbewerber auf die Häufigkeit der jährlichen Gründungen innerhalb der Automobilindustrie in mehreren europäischen Ländern (Hannan et al. 1995).

Zur Analyse der Gründungsaktivität teilt man – in den meisten Fällen – den Untersuchungszeitraum in einzelne Perioden (Zeiteinheiten) ein und registriert die Zahl der

Gründungen pro Periode. Da die Gründungshäufigkeit pro Zeiteinheit zwangsläufig nur mit ganzzahligen, nicht negativen Werten – also natürlichen Zahlen[2] – gemessen werden kann, ist die Anwendung üblicher linearer Regressionsverfahren nicht angemessen. Denn bei diesen Verfahren wird die diskrete Natur und die Nicht-Negativität dieser Daten nicht berücksichtigt. Da diese Daten den gleichen Charakter aufweisen wie die Ergebnisse eines Zählprozesses – es wird die Häufigkeit der Organisationsgründungen *gezählt* – nennt man diese Daten auch *Zähldaten*. Für deren Analyse existieren spezielle Regressionsverfahren, die in diesem Beitrag vorgestellt werden.[3]

Zähldatenmodelle sind nicht nur für die Analyse von Gründungsprozessen geeignet, sondern auch noch für eine Reihe weiterer organisations- und sozialwissenschaftlicher Untersuchungen, bei denen als abhängige Variable Zählvariablen vorliegen. Dieser Beitrag wird sich aber auf die Anwendung von Zähldatenmodellen bei der Analyse von organisatorischen Gründungsprozessen konzentrieren, da in der Organisationsforschung Zähldatenmodelle eben hauptsächlich hierfür und nicht für die Analyse anderer Prozesse verwendet werden. Als ausführlicher Lehrtext zur Zähldatenanalyse eignet sich Winkelmann (2003).

2 Datenerhebung und Datenaufbereitung

Die Datenerhebung zur Analyse von Gründungsprozessen ist zwar nicht sonderlich kompliziert, unterliegt aber einigen starken Restriktionen. Wenn man retrospektive Befragungen von Organisationen eines bestimmten Typs durchführt und nach dem Gründungszeitpunkt fragt, so hat man das Problem, dass man logischerweise nur Organisationen, die zum Befragungszeitpunkt noch nicht abgestorben sind, befragen kann. Hierdurch fallen alle Gründungen von Organisationen, die inzwischen nicht mehr existieren, unter den Tisch. Somit ist die tatsächliche Zahl von Gründungen zu bestimmten Zeitpunkten nicht zu ermitteln. Hierzu tragen auch Antwortverweigerungen bei. Zur richtigen Analyse des Gründungsprozesses ist es aber notwendig, vollständige Informationen zu den Gründungsereignissen innerhalb des Beobachtungszeitraumes zu besitzen. Eine Stichprobe, die im Querschnitt zum Untersuchungszeitpunkt erhoben wurde, kann, auch wenn sie den gesamten Lebenslauf der Organisationen retrospektiv enthält, die tatsächliche Gründungsaktivität in der Vergangenheit falsch abbilden, da es in der zu untersuchenden Population immer irgendwelche Organisationen gibt, die vor dem Erhebungszeitpunkt abgestorben sind oder deren Gründungszeitpunkte durch eine Befragung nicht zu eruieren sind. Vollständige Gründungsdaten existieren nahezu ausschließlich in (historischen) Verzeichnissen. Zur Untersuchung von organisatorischen Gründungsprozessen muss man also auf Informationen aus solchen Verzeichnissen zurückgreifen und diese sind zumindest in Deutschland nicht gerade reichlich vorhanden. Allerdings existieren beispielsweise historische Brauereiverzeichnisse, die sämtliche Gründungen von Brauereien enthalten (z. B. FvB 2002).

Faktoren, die den Gründungsprozess beeinflussen, sind hauptsächlich in den Umweltbedingungen, unter denen die Gründungen erfolgen, zu finden. Hierzu gehören gesetzliche Regelungen, Wettbewerbsdruck, Konjunkturdaten und ähnliche externe Größen, die in der jeweiligen Gründungsperiode gemessen werden. Eine Vielzahl dieser Einflussfaktoren ist in verschiedenen öffentlichen Quellen – beispielsweise den Berichten des statistischen Bundesamts – gut dokumentiert. Es gibt aber auch Einflussfaktoren, die nicht mit der zeitlichen Periode variieren, so z. B. der Standort der Gründung.

Ein fiktiver Gründungsprozess ist in Abbildung 1 zu sehen. Der Beobachtungszeitraum ist hier in zehn Perioden aufgeteilt. Während des Beobachtungszeitraums finden 20 Gründungen – durch Punkte dargestellt – statt. In der dritten und fünften Periode findet überhaupt gar keine Gründung statt, während in der vierten und achten Periode die Höchstzahl von Gründungen pro Zeiteinheit (vier) zu finden ist. Es ist außerdem zu sehen, dass die Gründungen nicht nur über die Perioden hinweg unregelmäßig verteilt sind, sondern auch innerhalb der Zeiteinheiten. Diese Unregelmäßigkeit im Auftreten der Gründungsereignisse wird allerdings bei der in Abbildung 1 vorzufindenden Einteilung der Perioden nicht registriert. Man könnte sie zwar beseitigen, indem man so feine Zeiteinheiten wählt, dass höchstens eine Gründung pro Periode stattfinden kann. Jedoch ist das nicht immer möglich. Denn die vorgegebenen Zeiteinheiten aus den Verzeichnissen sind oft so grob, dass sie die genauen Zeitpunkte der Gründungen nicht wiedergeben. Für die weitere Betrachtung des Gründungsprozesses in Abbildung 1 gehen wir also davon aus, dass die exakten Gründungszeitpunkte zwar abgebildet, dem Forscher/der Forscherin aber nicht bekannt sind.

Abbildung 1: Darstellung eines fiktiven Gründungsprozesses

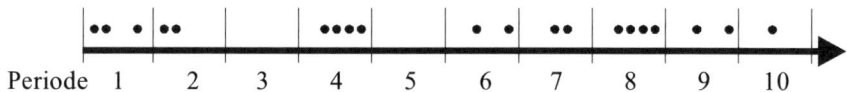

An Hand von Abbildung 1 kann man auch erklären, warum man zur Analyse des Gründungsprozesses nicht auf Stichproben zum Erhebungszeitpunkt zurückgreifen kann. Nehmen wir einmal an, die zehnte Periode ist der Erhebungszeitpunkt. Nehmen wir weiter an, alle drei Organisationen, die in der ersten Periode gegründet wurden, sind inzwischen abgestorben. Außerdem verweigern jeweils zwei Organisationen, die in der vierten bzw. achten Periode gegründet wurden, die Antwort – ihr Gründungsdatum kann nicht ermittelt werden. Somit werden sieben Gründungen nicht berücksichtigt. Dies führt dazu, dass die relativ starke Gründungsaktivität in der ersten Periode komplett übersehen wird und die besonders starke Gründungsaktivität in der vierten und achten Periode deutlich unterschätzt wird.

Die Erstellung eines Datensatzes für eine Zähldatenanalyse eines Gründungsprozesses ist relativ einfach. Notwendig ist natürlich eine Zählvariable, die die Zahl der Gründungen pro Periode enthält. Sie bildet die abhängige Variable im Zähldatenmodell. Zwar ist es nicht unbedingt notwendig auch die Perioden mit einer Variablen im Datensatz zu erfassen. Dennoch ist dies allein aus Gründen der Übersicht vorteilhaft. Darüber hinaus kann man so auch den Zeitverlauf als Kovariate verwenden. Schließlich müssen dann noch die Kovariaten, die die Gründungswahrscheinlichkeit beeinflussen, berücksichtigt werden. In Tabelle 1 ist dargestellt, wie der in Abbildung 1 erfasste Gründungsprozess in einen analysefähigen Datensatz umgewandelt werden kann. Als zusätzliche Variable, die als Kovariate in einem Zähldatenmodell verwendet werden kann, ist auch die Erfassung einer möglichen Dichte im untersuchten Feld – also die Anzahl der Organisationen eines Typs, die zur jeweiligen Periode existieren – zu sehen. Da Organisationen absterben können, unterscheidet sich diese Dichte von der kumulierten Zahl der Gründungen.

Tabelle 1: Erfassung des Gründungsprozesses aus Abbildung 1 mit Dichte als zusätzlicher Variable

Periode	N Gründungen	Dichte
1	3	3
2	2	4
3	0	3
4	4	7
5	0	5
6	2	7
7	2	9
8	4	11
9	2	12
10	1	10

Allerdings ist mit einer solchen Erfassung der Gründungsdaten ein Nachteil verbunden: Zeitkonstante regionale Spezifika, die einen erheblichen Einfluss auf die Gründungswahrscheinlichkeit haben können (z. B. Lomi 1995) – man denke z. B. an die in Deutschland geführte „Standortdiskussion" – können auf diese Weise nicht berücksichtigt werden. Deshalb ist es für die Untersuchung des Gründungsprozesses von Organisationen oftmals günstig, wenn man die Analyseeinheiten nicht nur in zeitliche Perioden einteilt, sondern noch eine weitere Einteilung nach regionalem Standort vornimmt. Wenn man nun die Einflüsse von Standortfaktoren berücksichtigen will, reicht eine Erfassung mit einer Datenzeile pro Periode nicht aus. Nehmen wir an, es ist bekannt, ob eine Gründung in Nord- oder Süddeutschland stattgefunden hat. Dann muss man sowohl für Nord- als auch für Süddeutschland alle Gründungen jeweils über die zehn Perioden hinweg erfassen und zusammenfassen (poolen) (Griffiths et al. 1993, S. 546 ff.). Der Datensatz könnte dann beispielsweise so aussehen:

Tabelle 2: Erfassung des Gründungsprozesses aus Abbildung 1 mit Dichte als zusätzlicher Variable – Gepoolter Datensatz

Periode	N Gründungen	Nord	Dichte
1	1	0	3
2	0	0	4
3	0	0	3
4	3	0	7
5	0	0	5
6	1	0	7
7	2	0	9
8	1	0	11
9	1	0	12
10	1	0	10
1	2	1	3
2	2	1	4
3	0	1	3
4	1	1	7
5	0	1	5
6	1	1	7
7	0	1	9
8	3	1	11
9	1	1	12
10	0	1	10

Der Datensatz ist also um zehn Zeilen erweitert worden. Die Zählvariable, die die Anzahl der Gründungen angibt, enthält in den ersten zehn Zeilen die Gründungen, die im Süden stattfinden und danach die Gründungen, die im Norden stattfinden. Die abhängige Variable ist also die Zahl der Gründungen pro Zeiteinheit pro Region. Die Dummy-Variable „Nord", die ja als Einflussfaktor in ein Zähldatenmodell mit aufgenommen werden soll, identifiziert nun die Region, in der die Gründungen in der jeweiligen Periode stattfinden. Die Dichte-Variable gibt auch hier die Zahl aller Organisationen des untersuchten Typs an. Hier geht man also davon aus, dass die Gesamtzahl der Organisationen im untersuchten Feld einen Einfluss auf die regionalen Gründungsprozesse hat. Zusätzlich könnte man auch die jeweiligen regionalen Dichten registrieren.

Bisher ist davon ausgegangen worden, dass ein Datensatz zur Untersuchung von Gründungsprozessen direkt aus den Informationen, die meist in entsprechenden Verzeichnissen zu finden sind, erstellt wird. Es ist aber auch möglich, einen solchen Datensatz aus einem Individualdatensatz, der die Informationen des Lebenslaufs *einzelner* Organisationen enthält, zu gewinnen. Diese Informationen können für jede Organisation in einer oder mehreren Datenzeilen stehen (siehe auch den Beitrag zur Ereignisdatenanalyse in diesem Band). Wenn diese Datenzeile(n) neben Zeitpunkten von organisatorischen Ereignissen, wie z. B. der Änderung oder der Schließung, auch den Gründungszeitpunkt der Organisation enthalten, kann man nun ein entsprechendes Programm schreiben, mit dem man die individuellen Gründungszeitpunkte in eine Zählvariable umwandelt. Allerdings ist dies ziemlich aufwändig und entsprechende Programmierkenntnisse sind auch nicht unbedingt von jedem Empiriker/jeder Empirikerin zu erwarten. Wesentlich einfacher ist es natürlich, sich eine solche Variable „von Hand zu basteln". Dies kann beispielsweise dadurch geschehen, dass man eine Häufigkeitsverteilung der Gründungsjahre der Organisationen erstellt (In SPSS mit dem Befehl ‚Frequencies') Wenn man einen für ereignisanalytische Untersuchungen aufbereiteten Datensatz vorliegen hat, muss man natürlich darauf achten, dass man nur eine Episode pro Organisation für die Häufigkeitsauszählung heran zieht.

3   Datenanalyse und Dateninterpretation

Innerhalb der Zähldatenanalyse geht man im einfachsten Fall davon aus, dass die Zahl der Ereignisse, die man untersuchen möchte, durch einen so genannten Poisson-Prozess generiert wird. Die Poisson-Verteilung gibt nun an, wie hoch die Wahrscheinlichkeit ist, dass innerhalb einer Untersuchungseinheit bzw. zeitlichen Periode eine bestimmte Zahl von Ereignissen – hier: Gründungen – zu finden ist. Die Formel für die Poisson-Verteilung lautet:

$$\Pr(Y_t = y_t) = \frac{\exp(-\lambda_t)\lambda_t^{y_t}}{y_t!} \qquad y_t = 0,1,2...$$

Dabei steht $\Pr(Y_t = y_t)$ für die Wahrscheinlichkeit, dass die tatsächliche Zahl der Ereignisse in einer spezifischen Periode t einer bestimmten Anzahl, y_t, entspricht. Auf einen Index für eine spezifische Region wurde verzichtet. λ_t bezeichnet die mittlere Zahl der Ereignisse, die auch als Rate aufgefasst werden kann. Um besser zu verstehen, wobei es sich bei einem Poisson-Prozess handelt, wird hier folgendes, einfaches Beispiel genannt: In Abbildung 1 finden im Mittel pro Periode zwei Gründungen statt. Der Einfachheit halber nehmen wir zunächst an, dass dieser Gründungsprozess durch keine äußeren Faktoren beeinflusst wird. Die im Poisson-Prozess bestehende Wahrscheinlichkeit, dass in einer beliebigen Periode tatsächlich zwei Gründungen stattfinden, ist nun nicht sonderlich hoch. Sie beträgt:

$$\Pr(Y_t = 2) = \frac{\exp(-2)2^2}{2!} = 0{,}271 \, .$$

Wichtig ist: Diese Wahrscheinlichkeit gilt für alle Poisson-Prozesse, für die eine mittlere Ereigniszahl von 2 existiert. Es ist also ganz egal, ob man 10 Untersuchungseinheiten bzw. Perioden und 20 Ereignisse oder 500 Perioden und 1000 Ereignisse vorliegen hat. Es ist auch zu beachten, dass diese Wahrscheinlichkeit unabhängig von der tatsächlich vorhandenen Verteilung ist, in der in diesem Fall in vier von zehn Perioden jeweils zwei Gründungen vorkommen.

Zur Veranschaulichung sind in Abbildung 2 drei Beispiele für Poisson-Verteilungen für mittlere Ereigniszahlen von 3, 7 und 15 abgebildet.

Abbildung 2: Drei verschiedene Poisson-Verteilungen

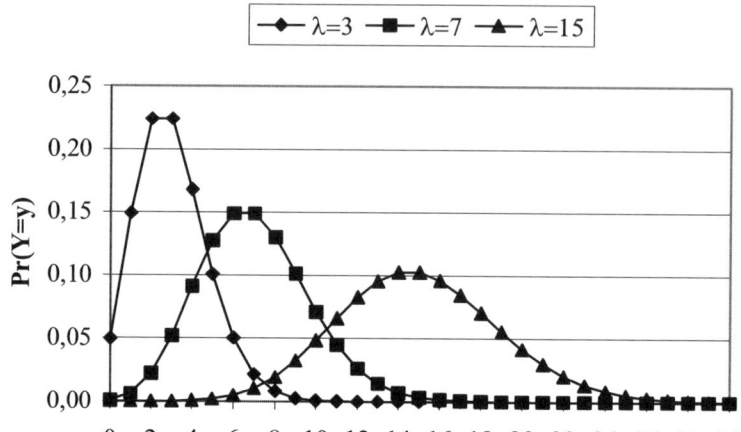

Die Poisson-Verteilung ist nun für die Schätzung der Parameter in einem multivariaten Zähldatenmodell notwendig, was gleich noch etwas ausführlicher erklärt wird. In diesem Modell wird als abhängige Variable die mittlere Ereigniszahl (λ_t) herangezogen. Wie bei ereignisanalytischen Modellen wird eine log-lineare Form der Regressionsfunktion gewählt, um sicherzustellen, dass die abhängige Variable positiv bleibt.[4] Die Formulierung des Regressionsmodells bei K unabhängigen Variablen lautet:

$$\lambda_t = \exp(\alpha_0 + \alpha_1 X_{1t} + \alpha_2 X_{2t} + ... + \alpha_K X_{Kt})$$

α_0 steht für die Konstante. Die anderen αs bezeichnen die Regressionsgewichte. Nehmen wir nun an, dass in dem Gründungsprozess, der in Abbildung 1 zu sehen ist, die hohe Gründungsaktivität in der vierten und achten Periode und die nicht vorhandene Gründungsaktivität in der dritten und fünften Periode durch spezifische Umstände, die in diesen Perioden herrschten, hervorgerufen wurde. Wenn man in der Lage ist, diese Umstände in Kovariaten zu erfassen, dann kann man schätzen, wie stark diese Kovariaten die geschätzte mittlere Zahl von Ereignissen verändern. Das heißt, man nimmt an, dass auf Grund der spezifischen Umstände die Gründungsereignisse, die während dieser Umstände stattgefunden haben, aus einer Poisson-Verteilung mit anderer mittlerer Ereigniszahl stammen. Das bedeutet weiterhin, dass hier – wie bei der linearen Regression – auf der linken Seite der Regressionsgleichung der vom Einfluss unabhängiger Variablen bedingte Erwartungswert (Mittelwert) steht.

Die Schätzung der Parameter erfolgt hier durch die Maximum-Likelihood-Methode und nicht durch das Kleinste-Quadrate-Verfahren wie es bei der linearen Regression der Fall ist. Die Maximum-Likelihood-Methode sucht bei gegebener Stichprobe und ausgehend von einer bestimmten Verteilung diejenigen Parameter, die das Auftreten der Stichprobe maximal wahrscheinlich machen.[5] Deshalb benötigt man zur Formulierung eines Regressionsmodells zur Untersuchung von Gründungen den Poisson-Prozess: Er liefert für dieses Modell die grundlegenden Verteilungsannahmen.

Eine Voraussetzung des Poisson-Modells ist allerdings, dass die Varianz der Zählvariable gleich dem Erwartungswert ist, dass also gilt:

$$\frac{V(y_t)}{E(y_t)} = 1,$$

wobei $E(y_t) = \lambda_t$. Man spricht hier auch von Äquidispersion. Diese Annahme der Äquidispersion ist allerdings häufig verletzt. Weitaus häufiger ist es nämlich der Fall, dass die Varianz größer als der Erwartungswert ist, dass also Überdispersion herrscht. Dies kann – unter anderem – an unbeobachteter Heterogenität liegen, also dem Nichtberücksichtigen wichtiger Einflussgrößen, da über sie keine Information vorliegt. Um die Überdispersion zu erfassen, muss man die Regressionsgleichung um einen Fehlerterm ε_t erweitern. Es gilt also:

$$\overline{\lambda}_t = \exp(\alpha_0 + \alpha_1 X_{1t} + \alpha_2 X_{2t} + \ldots + \alpha_K X_{Kt})\varepsilon_t .$$

Da $\overline{\lambda}_t > 0$ gelten muss, wählt man als Verteilungsfunktion für ε_t eine Gamma-Verteilung – eine sehr flexible Wahrscheinlichkeitsverteilung – mit einem Erwartungswert von 1 und einer Varianz α.[6] Somit ergibt sich folgende bedingte Wahrscheinlichkeitsverteilung:

$$\Pr(Y_t = y_t \mid \varepsilon_t) = \frac{\exp(-\overline{\lambda}_t)\overline{\lambda}_t^{y_t}}{y_t!} \qquad y_t = 0,1,2\ldots$$

Um zu einer unbedingten Verteilung von y_t zu kommen, muss man ε_t herausintegrieren. Unter spezifischen Annahmen, auf die hier nicht weiter eingegangen werden kann, gelangt man zu folgendem Ausdruck:

$$\Pr(Y_t = y_t) = \frac{\Gamma(y_t + v_t)}{\Gamma(v_t) y_t!} \left(\frac{v_t}{v_t + \lambda_t}\right)^{v_t} \left(\frac{\lambda_t}{v_t + \lambda_t}\right)^{y_t},$$

wobei $\Gamma(.)$ für die Gamma-Funktion steht. Hierbei handelt es sich um eine negative Binomial-Verteilung. Unter den hier gewählten Bedingungen entspricht die Varianz der Gamma-Verteilung $\alpha = 1/v$. Das entsprechende Regressionsmodell, das für Überdispersion kontrolliert, heißt konsequenterweise auch negatives Binomial-Modell. In diesem Modell stellt die Varianz α einen zusätzlich zu schätzenden Parameter dar.

Da $V(y_t) = \lambda_t(1 + \alpha\lambda_t)$ und $E(y_t) = \lambda_t$, gilt für das Verhältnis von Varianz und Erwartungswert

$$\frac{V(y_t)}{E(y_t)} = \frac{\lambda_t(1 + \alpha\lambda_t)}{\lambda_t} = 1 + \alpha\lambda_t .$$

Durch die Tatsache, dass das Produkt $\alpha\lambda_t$ nicht negativ werden kann – α ist ja eine Varianz und λ_t der Erwartungswert einer nicht negativen, ganzzahligen Variable – wird deutlich, dass das negative Binomial-Modell nicht bei Unterdispersion anwendbar ist. Unter der Bedingung, dass das negative Binomial-Modell anwendbar ist, bleibt noch die Frage, ob die Überdispersion tatsächlich signifikant ist. Um dies zu überprüfen kann man einen LR-Chi^2-Test durchführen, in dem getestet wird, ob der zusätzliche Parameter im Modell die Likelihood-Funktion signifikant verbessert.

4 Anwendungsbeispiel

Als Beispiel für Zähldatenanalysen zur Untersuchung eines Gründungsprozesses wird im Folgenden ein Modell der Gründungen deutscher Hausbrauereien vorgestellt. Die Daten hierzu stammen aus dem Verzeichnis deutscher Hausbrauereien (FvB 2002). Hausbrauereien sind Kleinstorganisationen, die sich auf den Ausschank von Biersorten, die sich meist deutlich von den üblich erhältlichen Sorten unterscheiden, spezialisiert haben. Häufig ist noch ein gastronomischer Betrieb bei der Brauerei vorhanden. Hausbrauereien haben einen lokal sehr begrenzten Markt, denn sie vermarkten ihre Produkte ausschließlich in der Produktionsstätte. Diese Form der Brauerei gibt es in Deutschland zwar schon seit Jahrhunderten, doch werden erst seit ungefähr 20 Jahren diese Organisationen wieder neu gegründet. (Ganz vereinzelt gab es schon in den 60er und 70er Jahren Gründungen von Hausbrauereien). Man kann also durchaus davon sprechen, dass diese jungen Hausbrauereien eine neue Organisationspopulation darstellen. In der deutschen Organisationsforschung, v. a. in der betriebswirtschaftlichen Organisationsforschung, herrscht bisher kein großes Interesse an solchen Kleinstorganisationen. Innerhalb des eingangs erwähnten theoretischen Ansatzes der Populationsökologie, die vor allem in Nordamerika weit verbreitet ist, wird kleineren Organisationen eine wesentlich größere Aufmerksamkeit geschenkt. Gerade amerikanische Microbreweries und die mit den deutschen Hausbrauereien vergleichbaren Brewpubs sind in der Populationsökologie ein sehr beliebter Untersuchungsgegenstand (z. B. Carroll/Swaminathan 1992, 2000).

Das Verzeichnis deutscher Hausbrauereien registriert die erste Gründung im Jahr 1960. Allerdings wurden bis 1983 nur fünf solche Brauereien gegründet. Deshalb beginnt der Untersuchungszeitraum des hier untersuchten Gründungsprozesses erst ab diesem Jahr. Ostdeutsche Gründungen wurden von der Analyse ausgeschlossen, da sie erst ab der Wiedervereinigung zu beobachten waren. Die Gründungsdaten lagen jahresgenau vor. Außerdem wurden die Informationen zum Gründungsprozess jeweils für jedes der elf westdeutschen Bundesländer – Berlin wurde Westdeutschland zugerechnet – erfasst und wie in Tabelle 2 zu einem Datensatz zusammengefasst. Dieser Datensatz enthält somit 209 Beobachtungen – die elf Bundesländer wurden jeweils über 19 Jahre beobachtet. In dieser Zeit kam es insgesamt zu 412 Gründungen von Hausbrauereien. Die abhängige Variable ist also die jährliche Zahl der Gründungen pro Bundesland.

In Tabelle 3 sind die Ergebnisse dreier verschiedener Modelle abgebildet, in denen die unterschiedlichen Gründungsaktivitäten in den einzelnen Bundesländern miteinander verglichen werden. Neben den Ergebnissen eines Poisson-Modells und eines negativen Binomial-Modells sind – aus Vergleichszwecken – auch die Resultate eines linearen Regressionsmodells (OLS) zu sehen. Die einzelnen Bundesländer wurden als Dummy-Variablen in die Modelle eingefügt. Referenzkategorie ist Rheinland-Pfalz. Es zeigt sich das wenig überraschende Resultat, dass in den größeren Bundesländern mehr Hausbrauereien gegründet wurden als in den kleineren. Die Schätzergebnisse der abhängigen Variablen sind dabei in allen drei Modellen gleich. Im linearen Regressionsmodell ist die Konstante 1,474. Das bedeutet, dass in Rheinland-Pfalz im Mittel über die 19 Jahre hinweg 1,474 Haus-Brauereien pro Jahr gegründet wurden. In den Zähldatenmodellen beträgt die Konstante 0,388. Das entspricht exakt dem Logarithmus von 1,474. Für Nordrhein-Westfalen ergeben sich im OLS-Modell 1,474+3,316 = 4,790 Gründungen pro Jahr. In den Zähldatenmodellen wird für die Gründungsrate in Nordrhein-

Westfalen exp(0,388+1,179) = 4,790 gerechnet. Zähldatenmodelle sind ja multiplikative Modelle, deren abhängige Variable nicht kleiner als 0 werden kann. Durch die Formulierung als Exponentialfunktion werden die Effekte als *Verhältnis* angegeben. In Nordrhein-Westfalen finden im Mittel pro Jahr exp(1,179) = 3,25 Mal so viele Gründungen statt wie in Rheinland-Pfalz, also 4,790/1,474. Diese Gleichheit der Effekt-Parameter zwischen den hier präsentierten Modellen gibt es allerdings nur, wenn man in die Regressionsgleichung lediglich Dummy-Variablen, die die verschiedenen Ausprägungen einer kategorialen Größe – hier: die Standort-Region – beschreiben, aufnimmt. Aber auch hier ergeben sich bereits deutliche Unterschiede in den Signifikanzen der jeweiligen Effekte. Insgesamt kann man beim Vergleich der Ergebnisse in Tabelle 3 feststellen, dass ein OLS-Modell die Signifikanzen der Effekt-Parameter zu gering einschätzt. Da Überdispersion herrscht, unterscheiden sich auch die Signifikanzen zwischen dem Poisson- und dem negativen Binomial-Modell deutlich – das Poisson-Modell unterschätzt die Standardfehler.

Tabelle 3: Modelle zur Gründung von Hausbrauereien in Westdeutschland

	OLS	Poisson	Negatives Binomial-Modell
Konstante	1,474***	0,388**	0,388
	(0,464)	(0,189)	(0,238)
Berlin	-1,000	-1,135***	-1,135***
	(0,656)	(0,383)	(0,434)
Baden-Württemberg	2,368***	0,958***	0,958***
	(0,656)	(0,222)	(0,302)
Bayern	3,526***	1,222***	1,222***
	(0,656)	(0,215)	(0,215)
Bremen	-1,316**	-2,234***	-2,234***
	(0,656)	(0,608)	(0,641)
Hessen	0,737	0,405*	0,405
	(0,656)	(0,244)	(0,318)
Hamburg	-1,111*	-1,387***	-1,387***
	(0,656)	(0,423)	(0,469)
Niedersachsen	0,789	0,429*	0,429
	(0,656)	(0,243)	(0,317)
Nordrhein-Westfalen	3,316***	1,179***	1,179***
	(0,656)	(0,216)	(0,297)
Schleswig-Holstein	-0,895	-0,934***	-0,934**
	(0,656)	(0,356)	(0,410)
Saarland	-0,947	-1,029***	-1,029**
	(0,656)	(0,369)	(0,421)
Alpha			0,398
χ^2 Alpha			34,10***
N	209	209	209
N Gründungen	412	412	412
χ^2 (DF)		323,4 (10)	362,4 (11)
(Pseudo) R^2	0,44	0,32	0,16

*p<=0,1   **p<=0,05   ***p<=0,01; Werte in Klammern sind Standardabweichungen

Die Spezifikation der Modelle in Tabelle 3 wurde aus Gründen der Anschaulichkeit gewählt. Für die Berechnung der hier präsentierten Effekte bräuchte man aber gar kein multivariates Modell, man könnte sie sich auch per Hand ausrechnen. Denn sie bestehen lediglich aus den Unterschieden zwischen den Mittelwerten der Gründungshäufigkeiten in den einzelnen Bundesländern. (Die Standardfehler – und somit die Signifikanzen – lassen sich natürlich nicht so leicht ausrechnen.) Aber mit einer multivariaten Analyse des Gründungsprozesses will man im Normalfall mehr herausbekommen als die Unterschiede in den Gründungszahlen zwischen einzelnen Regionen. Viel interessanter für die Untersuchung der regionalen Unterschiede bei Gründungsprozessen sind die Einflüsse der jeweiligen regionalen Umweltbedingungen, die in den untersuchten Perioden vorherrschen. Zu diesen Umweltbedingungen gehört die Anzahl der Organisationen gleichen Typs, die in der jeweiligen Periode existierten – die Organisationsdichte (z. B. Dobrev 2001; Carroll et al. 1993; Freeman/Lomi 1994; McKendrick et al. 2003).

Bei dem folgenden Untersuchungsbeispiel wurde die Dichte nun nicht wie in Tabelle 2 als Gesamtdichte – also alle existierenden Hausbrauereien in Deutschland zur jeweiligen Periode – sondern als „lokale" und „nichtlokale" Dichte konstruiert. Das heißt, es wurde zum einen für jedes Bundesland die Zahl der Hausbrauereien, die in diesem Bundesland zur betreffenden Periode existierten, ermittelt (lokale Dichte). Zum anderen wurde die Zahl aller außerhalb des jeweiligen Bundeslandes existierenden deutschen Hausbrauereien zur Bildung der nichtlokalen Dichte herangezogen. Die Theorie der Dichteabhängigkeit von Organisationsgründungen (Hannan/Freeman 1987) sagt einen umgekehrt U-förmigen Einfluss der Dichte auf die Gründungsrate voraus. Denn bei niedriger Dichte haben neue Organisationsformen Legitimationsprobleme, die mit zunehmender Zahl von Organisationen dieses Typs geringer werden. Dadurch steigt zunächst die Zahl der Gründungen mit der Dichte an. Ab einer gewissen Zahl von Organisationen der gleichen Form wird allerdings der Wettbewerbsdruck so stark, dass hierdurch wieder ein Rückgang an Organisationsgründungen einsetzt. Die lokale Dichte bildet dabei den direkten Wettbewerb zwischen einzelnen Organisationen ab und die nichtlokale Dichte den indirekten Wettbewerb zwischen räumlich von einander getrennten Gruppen von Organisationen (Barnett/Carroll 1987).

Zunächst wurde ein Modell gerechnet, in dem jeweils eine einzige Variable für die lokale Dichte und für die nichtlokale Dichte verwendet wurden. Das heißt, wenn beispielsweise eine Beobachtung in das Saarland fiel, dann wurde für diese Beobachtung der Wert der lokalen Dichte mit der Zahl von Hausbrauereien, die zur Beobachtungsperiode im Saarland existierten, gebildet. Der Wert der nichtlokalen Dichte wurde für diese Beobachtung durch die Zahl von Hausbrauereien, die zum Beobachtungszeitpunkt außerhalb des Saarlands existierten, gebildet. Wenn die Beobachtung in ein anderes Bundesland fiel wurden die Werte der *gleichen* Variablen analog gebildet. Die einzelnen Bundesländer wurden als Kontroll-Dummy-Variablen aufgenommen, um für Effekte der Größe des Bundeslandes oder zeitkonstanter lokaler Faktoren, die die Schätzung der Dichteabhängigkeit der Gründungsrate beeinflussen können, zu kontrollieren (vgl. hierzu Freeman/Lomi 1994). Die regionalen Dummies wirken hier gewissermaßen als fixe Effekte (Lomi 1995; Schulz 1998).

Da aber der Einfluss der Dichte in jedem Bundesland unterschiedlich ausfallen kann, wurden in einem zweiten Modell die lokalen Dichten für jedes Bundesland einzeln gebildet. Die nichtlokalen Dichten wurden in diesem Modell nicht berücksichtigt, da es bei einer

Berücksichtigung zu Schätzproblemen kam. Das bedeutet, dass für jedes Bundesland eine eigene Variable konstruiert wurde, die die Dichte des jeweiligen Bundeslandes enthält. Für alle Beobachtungen, die nicht in dieses Bundesland fallen, beträgt der Wert dieser Variablen 0. Anders ausgedrückt: es handelt sich um die Werte der Multiplikation zwischen den Bundesland-Dummies und der lokalen Dichte.

Um den möglichen nicht monotonen Einfluss der Dichte auf die Gründungsrate zu messen, wurden zunächst ein linearer und ein quadratischer Term der jeweiligen Dichten gebildet und in das Zähldatenmodell aufgenommen. Allerdings ergab eine erste Analyse, dass der quadratische Term der nichtlokalen Dichte im ersten Modell und die quadratischen Terme einiger lokalen Dichten im zweiten Modell keinen signifikanten Einfluss auf die Gründungsrate besaßen. In den hier präsentierten Modellen wurden sie deshalb wieder herausgenommen. Außerdem zeigte sich in beiden Modellen dass Überdispersion vorlag, weshalb negative Binomial-Modelle gerechnet wurden.

Im ersten Modell in Tabelle 4 ist zu sehen, dass die lokale Dichte, wie erwartet einen umgekehrt U-förmigen Einfluss auf die Gründungsrate besitzt – der lineare Term besitzt einen signifikant positiven Effekt, der quadratische Term einen signifikant negativen Effekt. Die nichtlokale Dichte hat lediglich einen negativen Effekt auf die Gründungsrate. Es ist zu betonen, dass dieser Effekt *unter Kontrolle* der lokalen Dichten besteht. Von der nichtlokalen Dichte geht also über den positiven Effekt, der vom linearen Term der lokalen Dichten auf die Gründungsrate ausgeübt wird, hinaus keine zusätzliche positive Wirkung auf die Gründungsaktivität aus, sondern sogar eine signifikant negative Wirkung. Allerdings ist hier nicht unbedingt von Wettbewerbsdruck auszugehen, sondern eher davon, dass sich hier noch andere Einflüsse als die der nichtlokalen Dichte ausdrücken (vgl. auch Baum 1996).

Da im Saarland, in Baden-Württemberg, Bremen, Hessen, Hamburg und Niedersachsen ein nicht monotoner Einfluss der lokalen Dichte auf die Gründungsrate nicht festzustellen war, wurden im zweiten Modell in Tabelle 4 die quadratischen Terme der lokalen Dichte für diese Bundesländer nicht als Kovariaten berücksichtigt. In diesen Bundesländern konnte lediglich ein positiver Effekt des linearen Terms festgestellt werden. Das bedeutet, dass in diesen Bundesländern die Anzahl an existierenden Hausbrauereien lediglich einen legitimierenden Effekt auf die organisationale Form der Hausbrauerei besitzt. Ein sich mit der lokalen Dichte entwickelnder Wettbewerbsdruck, der so stark wird, dass er ab einem bestimmten Punkt der lokalen Dichte zu einem einsetzenden Abnehmen der Gründungsrate führt, ist in diesen Bundesländern (noch) nicht festzustellen. Offensichtlich ist in diesen Bundesländern die Zahl der Hausbrauereien noch nicht so hoch, dass sich ein solch starker Wettbewerbsdruck entwickeln könnte. In den anderen Bundesländern besteht aber dieser umgekehrt U-förmige Zusammenhang zwischen der lokalen Dichte und der Gründungsrate. Hier zeigt sich also nicht nur der legitimierende Effekt einer zunehmenden Dichte, der zu einem Anstieg der Gründungsrate führt, sondern auch der negative Effekt eines immer stärker werdenden Wettbewerbsdrucks.

Schließlich lässt sich noch feststellen, dass sich die Effekte der Dummy-Variablen der Bundesländer durch die Aufnahme der Dichte-Variablen deutlich verändert haben.

Tabelle 4: Negative Binomial-Modelle zur Gründung von Hausbrauereien in Westdeutschland

	I		II	
Konstante	0,003	(0,246)	-0,927*	(0,553)
Nichtlokale Dichte	-0,002**	(0,001)		
Lokale Dichte	0,088***	(0,013)		
Lokale Dichte^2/100	-0,077***	(0,013)		
Lokale Dichte Saarland			0,272***	(0,103)
Lokale Dichte Baden-W.			0,021***	(0,007)
Lokale Dichte Bremen			0,554	(0,533)
Lokale Dichte Hessen			0,024*	(0,014)
Lokale Dichte Hamburg			0,281	(0,196)
Lokale Dichte Niedersachsen			0,018	(0,014)
Lokale Dichte Nordrhein-W.			0,085***	(0,019)
Lokale Dichte Nordrhein-W.^{2}/100			-0,086***	(0,025)
Lokale Dichte Rheinland-Pf.			0,203**	(0,088)
Lokale Dichte Rheinland-Pf.^{2}/100			-0,518*	(0,312)
Lokale Dichte Schleswig-H.			0,907**	(0,432)
Lokale Dichte Schleswig-H.^{2}/100			-8,848**	(4,208)
Lokale Dichte Berlin			1,242**	(0,616)
Lokale Dichte Berlin^2/100			-13,761*	(0,076)
Lokale Dichte Bayern			0,078***	(0,018)
Lokale Dichte Bayern^2/100			-0,074***	(0,019)
Berlin	-0,649	(0,401)	-1,700	(1,280)
Baden-Württemberg	-0,051	(0,306)	1,591***	(0,615)
Bayern	0,187	(0,337)	1,088*	(0,659)
Bremen	-1,587	(0,622)	-1,827	(1,331)
Hessen	-0,175	(0,281)	1,236	(0,646)
Hamburg	-0,937**	(0,437)	-1,258	(1,163)
Niedersachsen	0,228	(0,285)	1,362**	(0,652)
Nordrhein-Westfalen	0,139	(0,324)	1,005**	(0,671)
Schleswig-Holstein	-0,640*	(0,371)	-0,899	(1,143)
Saarland	-0,476	(0,389)	-0,741	(0,822)

	I	II
Alpha	0,081	0,060
χ^2 Alpha	3,17**	1,92*
N	209	209
N Gründungen	412	412
χ^2 (DF)	422,4 (14)	439,6 (27)
Pseudo R^2	0,24	0,26

*p<=0,1   **p<=0,05   ***p<=0,01; Werte in Klammern sind Standardabweichungen

Um den umgekehrt U-förmigen Einfluss der lokalen Dichte auf die Gründungsrate zu verdeutlichen, sind in Abbildung 3 und 4 die Multiplikatoren des Einflusses der lokalen Dichte in Bayern und Rheinland-Pfalz auf die Gründungsrate zu sehen, die an Hand der Parameter des zweiten Modells in Tabelle 4 berechnet wurden. Diese Abbildungen geben die multiplikative Veränderung der abhängigen Variablen für die beobachteten Werte der lokalen und nichtlokalen Dichte im Vergleich zu einer Dichte von 0 an. Die gestrichelten Linien geben den tatsächlich beobachteten Bereich der lokalen Dichte an.

In Bayern steigt die Gründungsrate mit der lokalen Dichte von Hausbrauereien bis zu einer Anzahl von 52 Brauereien an. Hier ist die Gründungsrate etwa sieben Mal so hoch wie bei einer Situation, in der es keine Hausbrauereien gibt. Ab diesem Punkt sinkt die Gründungsrate wieder ab. Innerhalb des beobachteten Bereichs – in Bayern wurden maximal 86 existierende Brauereien beobachtet – sinkt die Rate aber nicht unter das Ausgangsniveau ab. Sie ist bei der maximalen Dichte noch 3 mal so hoch wie bei einer lokalen Dichte von 0 Brauereien.

Abbildung 3: Multiplikator der Gründungsrate in Abhängigkeit von der lokalen Dichte (Bayern)

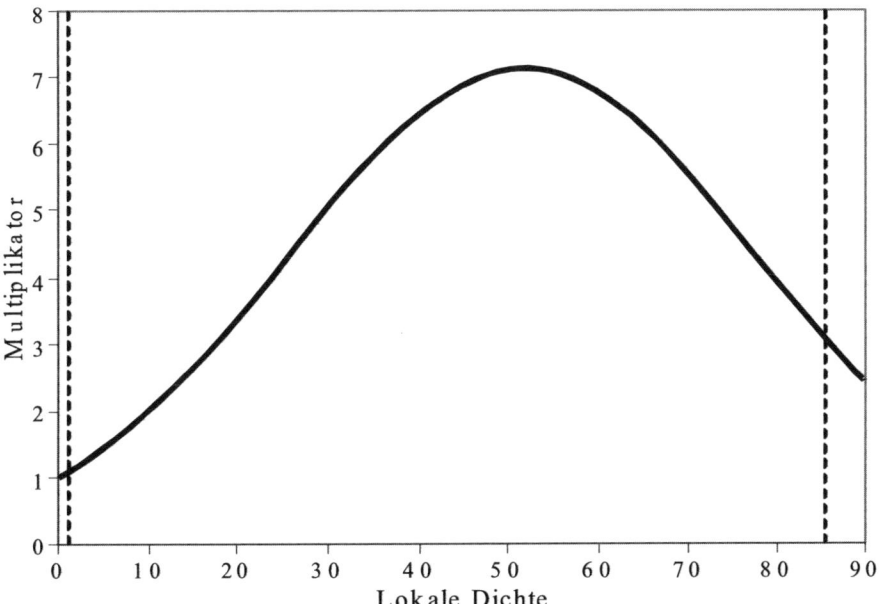

In Rheinland-Pfalz ist das Maximum der Gründungsrate bei 22 existierenden Hausbrauereien erreicht. Hier ist sie ebenfalls etwa sieben Mal so hoch wie bei einer Situation ohne existierende Hausbrauereien. Bis zum beobachteten Maximum von 27 Hausbrauereien sinkt die Rate nur bis auf das 5,5fache des Ausgangsniveaus ab. Folglich herrscht in Rheinland-Pfalz noch stärker als in Bayern, vornehmlich der positive, also legitimierende Einfluss der steigenden Dichte von Hausbrauereien vor.

Abbildung 4: Multiplikator der Gründungsrate in Abhängigkeit von der lokalen Dichte (Rheinland-Pfalz)

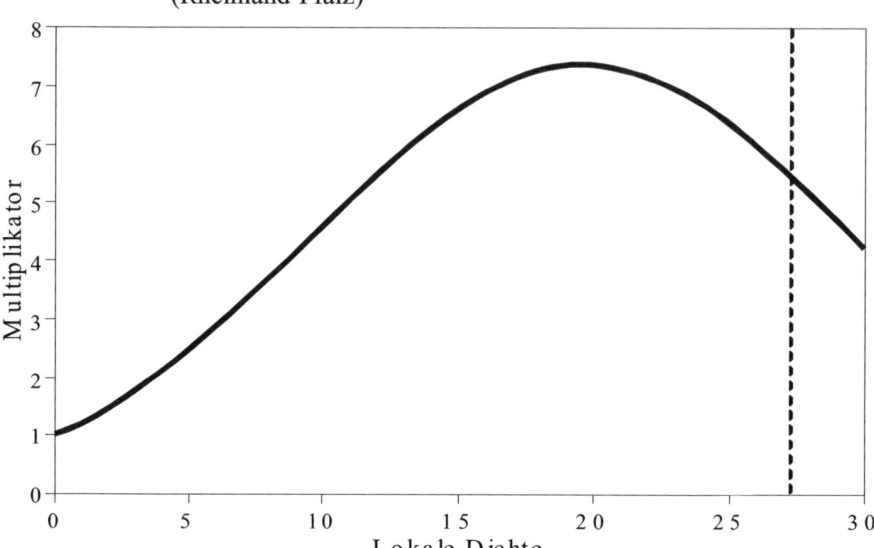

5 Möglichkeiten und Grenzen der Methode

Weitere Anwendungsmöglichkeiten von Zähldatenmodellen

Zu Beginn dieses Beitrags wurde darauf hingewiesen, dass sich die Anwendungsmöglichkeiten der Zähldatenanalyse nicht nur auf die Untersuchung von Gründungsprozessen beschränken. Es ist auch möglich, Zählprozesse auf Organisationsebene auszuwerten, z. B. die Anzahl von Innovationen einer Organisation pro Jahr. Es ist auch nicht der Fall, dass bei der Verwendung von Zähldatenmodellen die abhängige Variable immer „pro Zeiteinheit" gemessen wird. Wenn man Individualdaten auswertet, dann können die Analyseeinheiten auch aus den untersuchten Individuen – innerhalb der Organisationsforschung also aus den einzelnen Organisationen – bestehen, die über *unterschiedlich* lange Zeiträume beobachtet werden. So ist es mit den Methoden der Zähldatenanalyse möglich, Prozesse zu analysieren, die ansonsten mit den Verfahren der Ereignisanalyse (siehe auch den Beitrag zu Ereignisdatenanalyse in diesem Band) untersucht werden, z. B. bei Prozessen von sich wiederholenden Ereignissen – beispielsweise der Änderung der Produktpalette. Bei Verwendung der Methoden der Zähldatenanalyse wird dann die Zahl der Änderungen registriert, die eine Organisation während des Beobachtungszeitraums erlebt. Die Zeitdauer kann dann als unabhängige Variable aufgenommen werden. Der entscheidende Unterschied (und Nachteil) gegenüber der Verwendung ereignisanalytischer Verfahren zur Analyse sich wiederholender Ereignisse ist aber, dass das Timing des Ereigniseintritts bei Verwendung von Zähldatenmodellen nicht berücksichtigt werden kann (Brüderl 1997). Deshalb wird in der

Praxis zur Untersuchung von sich wiederholenden Ereignissen in Organisationen eindeutig den Methoden der Ereignisanalyse der Vorzug vor Zähldatenmodellen gegeben.

Alternative Methode zur Analyse von Gründungsprozessen

Nun können nicht nur Zähldatenmodelle zur Analyse von Prozessen verwendet werden, die üblicherweise mit ereignisanalytischen Methoden untersucht werden. Es ist auch der Fall, dass Gründungsprozesse nicht mit Zähldatenmodellen sondern mit ereignisanalytischen Verfahren untersucht werden können. Dies ist vor allem dann der Fall, wenn man genaue Angaben über die Gründungszeitpunkte vorliegen hat. Nehmen wir an, man hätte für die Gründungen, die in Abbildung 1 zu sehen sind, tatsächlich die Information der exakten Zeitpunkte, was wir bisher ja ausgeschlossen haben. Dann kann man die Zeitintervalle zwischen den einzelnen Gründungen als Episoden verwenden, die mit einer Gründung beendet werden. Diese Vorgehensweise wird allerdings nur sehr selten angewandt, so z. B. von Barnett et al. (2000), Carroll/Hannan (1989) sowie von Hannan/Freeman (1987). In all diesen Studien werden Cox-Regressionen gerechnet, da keine genaueren A-priori-Kenntnisse über den Verlauf der Hazardrate vorliegen.

Weitere Zähldatenmodelle

Die Präsentation der Zähldatenmodelle beschränkte sich auf das Poisson-Modell und das negative Binomial-Modell. Neben diesen Modellen gibt es noch eine Reihe weiterer Zähldatenmodelle, die hier nicht näher behandelt wurden. Dem Problem der Überdispersion kann auch durch einen anderen Ansatz – dem Quasi-Likelihood-Ansatz – begegnet werden (z. B. Barron 1992; Dobrev 2001; Hannan et al. 1995), der noch eine etwas flexiblere Antwort auf das Problem der Überdispersion darstellt. Allerdings ist dieses Verfahren nicht in den großen statistischen Software-Paketen, die man üblicherweise zur Analyse statistischer Daten verwendet, implementiert. Darüber hinaus gibt es zweistufige Modelle, die sowohl berücksichtigen, ob es überhaupt zu einem Ereignis gekommen ist, als auch die Zahl der Ereignisse registrieren. Dies sind Verfahren, die gelegentlich auch zur Untersuchung von Organisationsgründungen herangezogen werden (Carroll/Swaminathan 2000).

6 Anmerkungen

1 Für wertvolle Hinweise zu diesem Beitrag bin ich Mark Meyer und Dietmar Maringer zu Dank verpflichtet.
2 Das bedeutet $Y \in \{0,1,2,3,...\}$.
3 In Abschnitt 5 wird noch kurz auf eine alternative Analysemöglichkeit von Gründungsprozessen eingegangen.
4 Man spricht von einer log-linearen Funktion da $\ln(\lambda_t) = \alpha_0 + \alpha_1 X_{1t} + \alpha_2 X_{2t} + ... + \alpha_K X_{Kt}$. Durch die Logarithmierung der Gleichung erhält man also ein lineares Regressionsmodell.
5 Wichtig ist: Obwohl die verwendeten Datensätze bei Gründungsprozessen – wie erwähnt – alle Gründungsereignisse innerhalb des Untersuchungszeitraumes berücksichtigen sollen, also gewissermaßen Vollerhebungen darstellen, werden sie hier als „Stichproben" einer imaginären

Grundgesamtheit betrachtet. Für eine genauere Einführung in die Maximum-Likelihood-Methode siehe Andreß et al. (1997, S. 40 ff.).
6   Dies ist nur eine Variante der Gamma-Verteilung, die der hier vorliegenden Problemstellung angemessen ist.

7   Literatur

Andreß, Hans-Jürgen/Hagenaars, Jacques A./Kühnel, Steffen (1997): Analyse von Tabellen und kategorialen Daten. Log-lineare Modelle, latente Klassenanalyse, logistische Regression und GSK-Ansatz, Berlin

Barnett, William P./Carroll, Glenn R. (1987): Competition and Mutualism among Early Telephone Companies, in: Administrative Science Quarterly, 32, S. 400–421

Barnett, William P./Mischke, Gary A./Ocasio, William (2000): The Evolution of Collective Strategies Among Organizations, in: Organization Studies, 21, S. 325–354

Barron, David N. (1992): The Analysis of Count Data: Overdispersion and Autocorrelation, in: Sociological Methodology, 22, S. 179–220

Baum, Joel A.C. (1996): Organizational Ecology, in: Clegg, Stewart R./Hardy, Cynthia/Nord, Walter R. (Hrsg.), Handbook of Organization Studies, London, S. 77–114

Brüderl, Josef (1997): Regressionsverfahren in der Bevölkerungswissenschaft. Manuskript, Institut für Soziologie, München

Carroll, Glenn R./Hannan, Michael T. (1989): Density Dependence in the Evolution of Populations of Newspaper Organizations, in: American Sociological Review, 54, S. 524–541

Carroll, Glenn R./Swaminathan, Anand (1992): The Organizational Ecology of Srategic Groups in the American Brewing Industry from 1975 to 1990, in: Industrial and Corporate Change, 1, S. 65–97

Carroll, Glenn R./Swaminathan, Anand (2000): Why the Microbrewery Movement? Organizational Dynamics of Resource Partitioning in the U.S. Brewing Industry, in: American Journal of Sociology, 106, S. 715–762

Carroll, Glenn R./Preisendörfer, Peter/Swaminathan, A./Wiedenmayer, G. (1993): Brewery and Brauerei: The Organizational Ecology of Brewing, in: Organization Studies, 14, S. 155–188

Dobrev, Stanislav, D. (2000): Decreasing Concentration and Reversibility of the Resource Partitioning Process: Supply Shortages and Deregulation in the Bulgarian Newspaper Industry, 1987–1992

Dobrev, Stanislav, D. (2001): Revisiting Legitimation: Cognitive Diffusion and Sociopolitical Factors in the Evolution of Bulgarian Newspaper Enterprises, 1846–1992

Freeman, John/Lomi, Alessandro (1994): Resource Partitioning and Foundings of Banking Cooperatives in Italy, in: Baum, Joel A.C./Singh, Jitendra V. (Hrsg.), The Evolutionary Dynamics of Organizations, New York

Fördergemeinschaft von Brauereiwerbemittel-Sammlern e.V. (FvB) (2002): Verzeichnis deutscher Hausbrauereien

Griffiths, William E./Hill, R. Carter/Judge, George G. (1993): Learning and Practicing Econometrics, New York

Hannan, Michael T./Freeman, John (1977): The Population Ecology of Organizations, in: American Journal of Sociology, 82, S. 929–964

Hannan, Michael T./Freeman, John (1987): The Ecology of Organizational Founding. American Labor Unions, 1836–1985, in: American Journal of Sociology, 92, S. 910–943

Hannan, Michael T./Carroll, Glenn R./Dundon, Elizabeth A./Torres, John Charles (1995): Organizational Evolution in a Multinational Context: Entries of Automobile Manufacturers in Belgium, Britain, France, Germany and Italy, in: American Sociological Review, 60, S. 509–528

Lomi, Alessandro (1995): The Population Ecology of Organizational Founding: Location Dependence and Unobserved Heterogeneity, in: Administrative Science Quarterly, 40, S. 111–144

McKendrick, David G./Jaffee, Jonathan/Carroll, Glenn R./Khessina, Olga M. (2003): In the Bud? Disk Array Producers as a (Possibly) Emergent Organizational Form, in: Administrative Science Quarterly, 48, S. 60–93

Schulz, Martin (1998): Limits to Bureaucratic Growth. The Density Dependence of Organizational Rule Births, in: Administrative Science Quarterly, 43, S. 845–876

Winkelmann, Rainer (2003): Econometric Analysis of Count Data, 4. Auflage, Berlin

Ereignisanalyse[1]

Nikolaus Beck

1 Einleitung

Seit Ende der siebziger Jahre haben die organisationstheoretischen Ansätze der Populationsökologie (population ecology) (Hannan/Freeman 1977, 1984; Kieser/Woywode 1999; Ziegler 1995) und des Neo-Institutionalismus (Meyer/Rowan 1977; DiMaggio/Powell 1983; Walgenbach 1999, 2002) zunehmend an Bedeutung gewonnen. Heute sind dies – weltweit – die beiden dominierenden Ansätze in der Organisationswissenschaft. In beiden Ansätzen wird der Untersuchung organisatorischer Änderungen und der Überlebenschancen von Organisationen ein großer Stellenwert beigemessen. So beschäftigen sich empirische Studien des Neo-Institutionalismus mit der Übernahme von neuartigen Managementkonzepten (z. B. Anreizsysteme für Manager) oder Strukturelementen bzw. -formen (z. B. die divisionale Struktur), die von Akteuren im Umfeld der zu untersuchenden Organisationen als rational eingeschätzt werden und somit Legitimität besitzen. Solche Akteure können konkurrierende Unternehmen, Kunden, Berufsverbände oder der Staat sein. All diese Einflussgruppen können nun Druck auf spezifische Organisationen ausüben, diese Elemente zu übernehmen. Die Übernahme solcher extern legitimierten Konzepte und Strukturelemente sollte sich dann überlebensfördernd auf die adoptierenden Organisationen auswirken, da sich ihre Legitimität gegenüber ihrem Umfeld erhöht und somit der Zufluss an Ressourcen aus diesem Umfeld gesichert wird.

In der Populationsökologie betrachtet man hauptsächlich Änderungen von Elementen, die zum Kern einer Organisation gehören (z. B. Änderungen in der Unternehmensleitung oder Änderungen der strategischen Ausrichtung einer Organisation). Die Populationsökologen gehen allerdings davon aus, dass mit dem Wandel der von ihnen betrachteten Kernelemente eine unmittelbare Verschlechterung der Überlebenschancen einer Organisation eintritt. Erst langfristig kann die Änderung eines organisationalen Kernelements positive Auswirkungen auf die Überlebenschancen einer Organisation haben, nämlich beispielsweise dann, wenn mit einer solchen Änderung die Anpassung an eine geänderte Umwelt verbunden ist. Neben den Konsequenzen organisatorischen Wandels betrachten Populationsökologen auch noch eine Reihe weiterer Elemente, die das Überleben bzw. die Schließung (also den Tod) einer Organisation determinieren, so z. B. die Zahl der konkurrierenden Unternehmen in einem spezifischen Feld oder das Alter einer Organisation.

Sowohl die Neo-Institutionalisten als auch die Populationsökologen verwenden zur Untersuchung der Änderungen und der Überlebenschancen von Organisationen die gleichen quantitativen Verfahren. Es sind dies die Methoden der *Ereignisanalyse*, die auch als Verlaufsdatenanalyse bezeichnet wird. Die zunehmende Bedeutung der beiden erwähnten theoretischen Ansätze hat die Anwendung ereignisanalytischer Methoden innerhalb der Organisationsforschung im starken Maße gefördert. Diese Methoden gehören inzwischen zum unverzichtbaren Instrumentarium der quantitativen Organisationsforschung, wobei die Anwendung von ereignisanalytischen Verfahren in der Organisationswissenschaft natürlich nicht nur auf Fragestellungen, die innerhalb der Populationsökologie und des Neo-Institutionalismus diskutiert werden, beschränkt ist.

In der deutschen Soziologie sind diese Methoden, die ursprünglich aus der Bevölkerungs- und Medizinforschung stammen, alles andere als unbekannt. Allerdings finden sie hier eher im Bereich der Lebenslaufforschung (Mayer 1987) Anwendung, so z. B. in der Untersuchung von familialen Ereignissen, zu denen die Heirat, die Geburt von Kindern und die Scheidung einer Ehe gehören (s. z. B. Blossfeld/Huinink 1991; Diekmann/Klein 1991), oder der Untersuchung von Berufswechseln (z. B. Blossfeld/Mayer 1988) oder der räumlichen Mobilität (Wagner 1989). Die Untersuchung von organisatorischen Änderungen und Schließungen mit Hilfe der Ereignisanalyse wurde dagegen in Deutschland bisher relativ selten vorgenommen (beispielsweise von Brüderl et al. 1992, 1996; Harhoff et al. 1998; Tuschke/Sanders 2003). In jüngster Zeit sind in der deutschen Organisationsforschung auch Untersuchungen zur Änderung organisatorischer Regelungen entstanden, die auf ereignisanalytische Verfahren zurückgreifen (Beck 2001; Schulz/Beck 2002; Beck/Kieser 2003).

All diesen Untersuchungen gemeinsam ist die Tatsache, dass sie gewisse diskrete Ereignisse, die im Verlauf der Existenz einer Analyseeinheit vorkommen, beobachten und die Stärke des Einflusses von verschiedenen Faktoren schätzen, die die Wahrscheinlichkeit des Eintritts eines solchen Ereignisses determinieren können. Genauer gesagt beschäftigt sich die Ereignisanalyse mit folgender Frage: *Unter welchen Bedingungen steigt oder sinkt die Wahrscheinlichkeit, dass eine Analyseeinheit zu einem spezifischen Zeitpunkt ihrer Existenz ein Ereignis ‚erlebt', das in ihrer bisherigen Existenz noch nicht eingetreten ist?* Häufig spricht man auch davon, dass die Ereignisanalyse das „Risiko" des Eintritts eines Ereignisses schätzt. Die Bezeichnung Risiko ist auch korrekter, da die zentrale statistische Größe der Ereignisanalyse, auf die weiter unten eingegangen wird, nicht der mathematischen Definition einer Wahrscheinlichkeit entspricht.

Die Ereignisanalyse ist also ein Längsschnitt-Verfahren. Sie berücksichtigt nicht nur den Zeitverlauf bis eine Analyseeinheit den Eintritt eines Ereignisses erlebt, sondern kann auch Veränderungen der Analyseeinheit, die im Zeitverlauf stattfinden, sowie Veränderungen in der Umwelt einbeziehen. Die Ereignisanalyse trägt somit dem dynamischen Charakter Rechnung, der sozialen Entitäten im Allgemeinen zu Eigen ist und ein typisches Merkmal moderner Organisationen darstellt. Im Folgenden soll die Anwendung ereignisanalytischer Verfahren zur Untersuchung der oben angesprochenen Ereignisse, Änderung sowie Schließung von Organisationen, vorgestellt werden. Die Ausführungen hierzu sind aber nicht als Lehrtext über die detaillierten statistischen Eigenschaften der ereignisanalytischen Methoden gedacht. Hier stehen der Umgang mit organisationstypischen Daten sowie verschiedene ereignisanalytische Auswertungsstrategien im Vordergrund.

Zur Ereignisanalyse sind bereits einige Lehrbücher erschienen (Diekmann/Mitter 1984; Allison 1984; Blossfeld et al. 1986; Andreß 1992; Blossfeld/Rohwer 2002). Von den oben genannten Lehrbüchern ist das von Blossfeld/Rohwer (2002) aus einem spezifischen Grund herauszuheben: Es handelt sich nämlich nicht nur um ein Lehrbuch über die Grundlagen der Ereignisanalyse, sondern auch um ein Handbuch für die ereignisanalytischen Funktionen des Softwarepaketes TDA 6.2 (Rohwer/Pötter 1998)[2]. Dieses Programm ist äußerst leistungsfähig, was seine ereignisanalytischen Funktionen angeht, und wird sehr häufig von Organisationswissenschaftlern verwendet. Auch die hier angeführten Analysebeispiele wurden sämtlich mit TDA gerechnet. Bei der Darstellung der formalen Grundlagen der Ereignisanalyse werde ich mich weitgehend an die Notation halten, wie sie bei

Blossfeld/Rohwer zu finden ist. Zwischen dieser Notation und der Syntax von TDA besteht oftmals ein enger Zusammenhang.[3]

2 Datenerhebung und Datenaufbereitung

Datenerhebung

Die Ereignisanalyse wird überwiegend als Hypothesen testendes Verfahren eingesetzt. Deshalb muss man sich – wie bei den meisten anderen quantitativen Verfahren auch – über den Forschungsgegenstand und die theoretische Ausrichtung vor Beginn der Untersuchung im Klaren sein. Das bedeutet allerdings nicht, dass die Theoriebildung völlig unabhängig von der Kenntnis der Datenlage geschehen kann.

Üblicherweise verwendet man bei quantitativen empirischen Untersuchungen innerhalb der Sozialwissenschaften Befragungsdaten. Häufig greift man dabei auch auf Daten zurück, die öffentlich zugänglich sind und zentral bereitgestellt werden. Für ereignisanalytische Fragestellungen in der Organisationsforschung liegen öffentlich zugängliche Befragungsdaten aber nur selten vor (aber z. B. die Münchener und die Leipziger Gründerstudie (Brüderl et al. 2001)). So bleibt für die meisten ereignisanalytischen Fragestellungen innerhalb der Organisationsforschung nichts anderes übrig, als die Daten selbst zu erheben bzw. die Datensätze selbst „zusammenzustellen". Befragungen in Organisationen, die einen längeren Zeitraum erfassen sollen, können entweder durch Panelstudien oder als Retrospektivbefragungen durchgeführt werden. Nun sind Panelstudien äußerst langwierig und kostspielig. Retrospektivbefragungen sind ebenfalls problematisch, da diejenigen Organisationsmitglieder, die die Fragen beantworten, nicht unbedingt einen exakten Überblick über den zu untersuchenden Zeitraum besitzen müssen. Deshalb wird zur Datengewinnung für ereignisanalytische Studien in der Organisationsforschung häufig auf öffentlich zugängliche Dokumente zurückgegriffen. Solche öffentlichen Dokumente können z. B. Unternehmensverzeichnisse, Geschäftsberichte oder detaillierte Berichte über einzelne Unternehmen in der Wirtschaftspresse sein.

Leider gibt es in Deutschland nur wenige öffentliche Verzeichnisse, die einen Überblick über den gesamten Lebenslauf von Organisationen bereithalten und auch Informationen über bereits „abgestorbene" Organisationen liefern (z. B. Brauereiverzeichnisse). Die Informationen über Organisationen, die zum Untersuchungszeitpunkt nicht mehr am Leben sind, benötigt man, damit die Analyse keinem Überlebensbias unterliegt. Da die Informationen in öffentlichen Dokumenten nicht sonderlich reichhaltig sind, kommt man deshalb oft nicht umhin, die Fragestellungen eines Forschungsprojekts – vor allem was den Einfluss von unabhängigen Variablen betrifft – an die verfügbaren Daten anzupassen. Außerdem wird man häufig dazu gezwungen sein, Daten aus verschiedenen Quellen zusammenzufügen.

Datenstruktur für ereignisanalytische Untersuchungen

Die Analyseeinheiten bei einer ereignisanalytischen Studie sind die zeitlichen *Episoden*, in denen bei den zu untersuchenden Objekten ein Ereignis eintreten kann. Folgende Informationen müssen bei der Bestimmung einer Episode vorliegen:

- Zunächst muss der Zeitpunkt identifiziert werden, zu dem das interessierende Ereignis bei einem Untersuchungsobjekt frühestens eintreten kann. Dies ist der Beginn der zu untersuchenden Episode, ab dem das Untersuchungsobjekt (in diesem Falle also eine Organisation) gewissermaßen auf den Eintritt eines Ereignisses „wartet". Die „Uhr", die die Zeit bis zum (möglichen) Eintritt des Ereignisses – die *Episodendauer* – misst, beginnt ab diesem Zeitpunkt zu ticken. Bei der Untersuchung von Schließungen von Organisationen wird der Episodenbeginn üblicherweise mit dem Gründungszeitpunkt einer Organisation definiert. Bei organisatorischen Änderungen, die typischerweise nur einmal im Lebenslauf einer Organisation vorkommen, wird dann der Gründungszeitpunkt der Organisation als Beginn der Episode herangezogen, wenn die betreffende Änderung tatsächlich während des gesamten Lebenslaufs der Organisation vorkommen kann. Wenn man aber beispielsweise die Einführung eines bestimmten leistungsabhängigen Entlohnungssystems für Manager untersuchen möchte, solche Entlohnungssysteme aber erst *nach* der Gründung einiger (oder aller) untersuchten Organisationen entwickelt wurden, dann empfiehlt es sich, für diese Organisationen denjenigen Zeitpunkt als Beginn der Risikozeit zu wählen, zu dem solche Entlohnungssysteme erstmals „aufgetaucht" sind. Bei Änderungen, die mehrmals im Lebenslauf einer Organisation vorkommen, ist die Definition des Episodenbeginns etwas komplizierter. Weiter unten wird hierauf eingegangen.
- Weiter benötigt man die Information darüber, ob das Ereignis bei einem Untersuchungsobjekt während einer Episode eingetreten ist oder nicht.
- Schließlich muss noch der Zeitpunkt identifiziert werden, zu dem das Ereignis eingetreten ist. Dieser Zeitpunkt markiert das Ende der Episode und bestimmt somit die Episodendauer. Wenn aber beispielsweise zum Erhebungszeitpunkt einer Studie, der das empirische Beobachtungsende markiert, einige Untersuchungseinheiten noch kein Ereignis erlebt haben, dieses aber nach diesem Zeitpunkt noch erleben können, dann kennt man die „wahre" Episodendauer für diese Untersuchungseinheiten nicht. Man spricht in solchen Fällen davon, dass diese Untersuchungseinheiten zum Erhebungszeitpunkt „zensiert" worden sind. Bei der Verwendung ereignisanalytischer Methoden sind solche „Rechtszensierungen" relativ unproblematisch. Neben dem Beobachtungsende sind aber auch noch weitere Zensierungsmechanismen möglich.
- Wenn bestimmte Änderungen häufiger im Lebenslauf einer Organisation vorkommen können, dann beginnt mit jeder durchgeführten Änderung eine neue Episode. Die Risikozeit beginnt mit jeder Änderung von neuem. Somit wird die Dauer der Existenz einer Organisation in mehrere Episoden – also Analyseeinheiten – aufgeteilt.

Zur Verdeutlichung der verschiedenen möglichen Definitionen von Episoden bei der Analyse organisationaler Änderungs- und Schließungsprozesse ist in Abbildung 1 der fiktive Lebenslauf einer einzelnen Organisation dargestellt[4]. Drei verschiedene „Risiken" werden beobachtet, die in den empirischen Untersuchungen, auf die hier Bezug genommen wird, *getrennt voneinander* untersucht wurden[5]:

- Das Risiko des Ereignisses der Unternehmensschließung
- Das Risiko der Übernahme eines spezifischen Entlohnungssystems
- Das Risiko der Erweiterung der Produktpalette

Zum Zeitpunkt t_0 wird die Organisation gegründet und zum Zeitpunkt t_6 muss sie geschlossen werden. Die Episode für das Ereignis „Unternehmensschließung" dauert demnach von t_0 bis t_6 und ist mit dem durchgezogenen Pfeil dargestellt.

Abbildung 1: Darstellung eines fiktiven Lebenslaufs einer Organisation

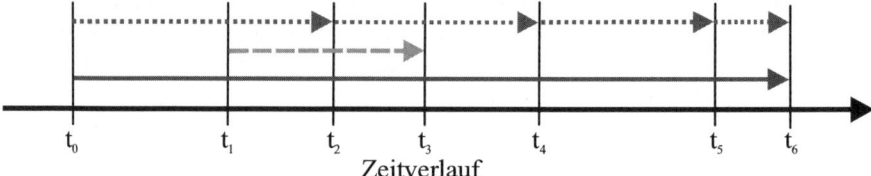

Zeitverlauf

Zum Zeitpunkt t_1 taucht im Umfeld der Organisation erstmals ein spezifisches leistungsabhängiges Entlohnungssystem für Manager auf. Zum Zeitpunkt t_3 wird es von der Organisation selbst eingeführt. Die Episode für die Übernahme dieses Entlohnungssystems dauert also von t_1 bis t_3. (Hier wird angenommen, dass eine solche Übernahme nur einmal im Lebenslauf der Organisation vorkommt – auch wenn in Wirklichkeit ein solches Entlohnungssystem evtl. wieder abgeschafft und zu einem späteren Zeitpunkt erneut eingeführt werden kann. Dies dürfte allerdings nur selten vorkommen. Darüber hinaus steht es einem Organisationsforscher aber in jedem Fall frei, sich nur mit der *ersten* Übernahme eines solchen Entlohnungssystems zu beschäftigen).

Zu den Zeitpunkten t_2, t_4 und t_5 wird die Produktpalette der Organisation erweitert. Diese Erweiterungen stellen also eine sich wiederholende organisatorische Änderung dar. Die einzelnen Episoden für dieses Änderungsrisiko dauern von t_0 bis t_2, von t_2 bis t_4 und von t_4 bis t_5. Zusätzlich beginnt ab t_5 noch eine Episode des Änderungsrisikos, die durch den Tod der Organisation zum Zeitpunkt t_6 zensiert wird. Ab dem Zeitpunkt t_5 unterliegt die Organisation zwar weiterhin dem „Risiko", eine Erweiterung der Produktpalette zu erleben. Ein solches Ereignis kommt aber während des Untersuchungszeitraums nicht mehr vor. Stattdessen wird die Unternehmung zum Zeitpunkt t_6 geschlossen. Da die Schließung des Unternehmens in diesem Fall nicht das zu untersuchende Ereignis bildet und eine Organisation nach ihrem Tod selbstverständlich nicht weiter beobachtet werden kann, gilt die letzte Episode als zensiert. Dies widerspricht zwar der eigentlichen Definition einer Zensierung. Denn nach dem Tod der Organisation besteht freilich auch nicht mehr das Risiko, dass eine weitere Änderung stattfindet. Bei der getrennten Betrachtung verschiedener Risiken gilt aber: Eine Episode kann nur mit einem Ereignis enden oder zensiert werden. Also wird eine Episode, die durch ein anderes Ereignis als dem zu untersuchenden nicht weiter beobachtet werden kann, als zensiert betrachtet. Hier sei allerdings noch einmal angemerkt, dass dies bei der Betrachtung konkurrierender Risiken auch nicht großartig anders ist.[6] Alle Definitionen, die im Folgenden vorgestellt werden, gelten deshalb für die jeweils einzelne Betrachtung eines Risikos. Dies ist bei ereignisanalytischen Untersuchungen in der Organisationsforschung auch überwiegend der Fall.

Da die Bildung eines für die Ereignisanalyse geeigneten Datensatzes nicht unabhängig von den zentralen methodologischen Konzepten unternommen werden kann, soll zunächst ein Überblick über diese Konzepte erfolgen, bevor die Möglichkeiten der ereignisanalytischen Datenaufbereitung genauer dargestellt werden.

Statistisches Grundkonzept

Die gerade beschriebenen Informationen benötigt man zur Berechnung des Risikos, dass eine Analyseeinheit ein Ereignis erlebt. Den Eintritt eines Ereignisses kann man auch als Übergang oder Wechsel vom Ausgangszustand (bevor das Ereignis eingetreten ist) in den Zielzustand (nachdem es eingetreten ist) bezeichnen. Bei Ereignissen, die nur einmal im Lebenslauf einer Untersuchungseinheit vorkommen können, wie z. B. der Tod von Organisationen, spricht man von „absorbierenden" Zielzuständen. Das Risiko eines Ereignisses wird innerhalb des „Übergangsprozesses" untersucht, in dem sämtliche Analyseeinheiten der Untersuchungspopulation entweder vom Ausgangszustand in den Zielzustand wechseln oder zensiert werden.

Zunächst muss man den Zeitverlauf, der für diesen Übergangsprozess gilt, für die statistische Definition dieses Risikos bestimmen. Die einzelnen Analyseeinheiten können zu völlig unterschiedlichen Zeitpunkten den Beginn und das Ende einer Episode erleben bzw. zensiert werden. Zur Verdeutlichung ist dies in Abbildung 2a exemplarisch für ein Untersuchungssample von drei Episoden abgebildet, wobei die beiden oberen Episoden mit einem Ereignis enden und die untere Episode mit dem Beobachtungszeitpunkt zensiert wird. Die Zeitachse markiert hier die Echtzeit.

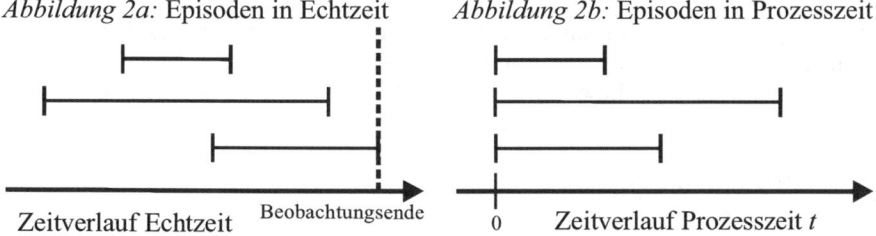

Abbildung 2a: Episoden in Echtzeit   *Abbildung 2b:* Episoden in Prozesszeit

In Abbildung 2b ist zu sehen, dass der Zeitverlauf des Übergangsprozesses *nicht* mit der Echtzeit identisch ist. Er beginnt für alle Episoden mit 0 und kann (theoretisch) unendlich lange dauern. Natürlich muss man sich bei empirischen Untersuchungen für einen Zeitpunkt entscheiden, bis zu dem man das Übergangsrisiko betrachten möchte. Dadurch, dass allen Episoden der Startzeitpunkt 0 zugewiesen wird, „rutschen" die einzelnen Episoden gewissermaßen an die Startlinie des Übergangsprozesses, dessen „Stoppuhr", die die Prozesszeit misst, ab hier zu laufen beginnt. Die Prozesszeit t verläuft kontinuierlich. Abbildung 2b macht auch deutlich, dass Zensierungen zu allen möglichen Zeitpunkten der Prozesszeit vorkommen, also auch schon kurz nach Beginn des Übergangsprozesses.

Das Risiko eines Zustandswechsels wird nun für den gesamten Zeitraum des Übergangsprozesses berechnet. Die statistische Bezeichnung für dieses Risiko lautet Übergangsrate[7] $r(t)$. Sie ist die zentrale Größe bei ereignisanalytischen Untersuchungen. Ihre mathematische Definition ist:

$$r(t) = \lim_{\Delta t \to 0} \frac{\Pr(t \leq T \leq t + \Delta t \mid T \geq t)}{\Delta t}$$

Der Ausdruck im Zähler ist von besonderer Wichtigkeit. Er bezeichnet die bedingte Wahrscheinlichkeit, dass im Intervall [t, $t+\Delta t$] ein Ereignis stattfindet, die Episode also beendet wird. Der Ausdruck T bezeichnet die Episodendauer. Die Bedingung ist, dass vor Beginn des Intervalls noch kein Ereignis stattgefunden haben darf. Da man von einer kontinuierlichen Betrachtung dieser Wahrscheinlichkeit ausgeht, muss man ihren Grenzwert bestimmen, sie also für infinitesimale Intervalle, deren Länge gegen 0 geht, berechnen. Da dieser Grenzwert aber selbst 0 ist, teilt man die bedingte Übergangswahrscheinlichkeit noch durch die Länge des Intervalls. Somit bezeichnet $r(t)$ den Grenzwert der bedingten Übergangswahrscheinlichkeit *pro Zeiteinheit*. Dieser Ausdruck kann größer als 1 werden, ist selbst also keine Wahrscheinlichkeit.

Eine weitere wichtige Größe der Ereignisanalyse ist die so genannte Überlebensfunktion $G(t)$. Ihre mathematische Definition lautet:

$$G(t) = \Pr(T > t)$$

Die Überlebensfunktion ist also die Wahrscheinlichkeit, dass zu einem spezifischen Zeitpunkt t die Episode noch nicht beendet ist. Anders ausgedrückt: Die Überlebensfunktion schätzt den Anteil derjenigen Analyseeinheiten in der Untersuchungspopulation, die zum Zeitpunkt t noch nicht „abgestorben" sind, das Ereignis also noch nicht erlebt haben. Wenn man mit N nun die Ausgangspopulation zum Zeitpunkt $t = 0$ bezeichnet, dann ergibt, wenn keine Zensierungen vorliegen, $N \cdot G(t)$ die Anzahl derjenigen Analyseeinheiten, die zum Zeitpunkt t noch „am Leben"[8] sind, die auch als Risikomenge (risk set) bezeichnet wird. Dies gilt allerdings nur, wenn keine Zensierungen vorliegen.

Eine andere Größe, die allerdings nur selten zu Analysezwecken herangezogen wird, ist die Dichtefunktion $f(t)$, die folgendermaßen definiert ist:

$$f(t) = \lim_{\Delta t \to 0} \frac{\Pr(t \leq T \leq t + \Delta t)}{\Delta t}$$

Die Ähnlichkeit dieser Funktion mit der Übergangsrate ist offensichtlich. Es gibt allerdings einen gewichtigen Unterschied: Die Dichtefunktion ist der Grenzwert der *unbedingten* Übergangswahrscheinlichkeit pro Zeiteinheit. Um den Unterschied zwischen bedingter und unbedingter Übergangswahrscheinlichkeit zu verdeutlichen sei folgendes Beispiel genannt: Nehmen wir einmal alle Personen einer bestimmten Geburtskohorte und berechnen für sie die Wahrscheinlichkeit mit 90 Jahren zu sterben. Diese unbedingte Wahrscheinlichkeit, die für alle Mitglieder der Kohorte gilt, wird ziemlich niedrig sein, da 90 ein Alter ist, das nur von wenigen Menschen erreicht wird. Die bedingte Wahrscheinlichkeit aber, mit 90 Jahren zu sterben, wenn man bereits seinen 90. Geburtstag gefeiert hat, ist dagegen deutlich höher. Die bedingte Übergangswahrscheinlichkeit wird also immer nur für die oben angesprochene Risikomenge berechnet, die mit zunehmender Prozesszeit natürlich immer kleiner wird.

Die drei vorgestellten Größen stehen deshalb auch in folgendem Zusammenhang:

$$r(t) = \frac{f(t)}{G(t)}$$

Die Übergangsrate ist also der Quotient aus der Dichte- und der Überlebensfunktion. Da letztere nur am Anfang gleich 1 ist und mit zunehmender Prozessdauer immer kleiner wird, wird hierdurch auch ersichtlich, dass die Übergangsrate bis auf den Anfang immer größer als die Dichte ist.

Datenerfassung und Konstruktion zeitveränderlicher Kovariaten

Im Folgenden soll der Weg von der Datenerfassung bis zur Analyse des Sterberisikos deutscher Hausbrauereien gezeigt werden. Ein besonderes Gewicht wird dabei auf die Konstruktion von Kovariaten gelegt, die ihren Wert im Zeitverlauf ändern können. Über die neu gegründeten Hausbrauereien existiert ein öffentlich zugängliches Verzeichnis, das Informationen über den Gründungszeitpunkt, über Änderungen und über Schließungen der Brauereien bereithält (FvB 2002). In Abbildung 3 ist beispielhaft der Lebenslauf von vier Hausbrauereien aus diesem Verzeichnis abgebildet.

Abbildung 2: Beispiele aus dem Verzeichnis deutscher Hausbrauereien

69502 Hemsbach, Bergstr.	**BW**			
a Burgbrauerei (g: 1985)		-	1989	U
b Hausbrauerei Zehntscheuer		x	1999	U
65399 Kiedrich, Rheingau	**HE**			
a Kiedricher Brauhaus „Waldmühle" (keP) (g: 1993)		-	1993	U
b Landgasthaus Waldmühle (keP)				U
95326 Kulmbach	**BY**			
a Kulmbacher Kommunbräu eG – Reale Bierwirtschaft (g: 1994)				U/E
235xx Lübeck	**SH**			
a Lübsch Privat Brauerei GmbH, Inh. Ursula Langmaack (g: 1989)		-	1991	U/E
b Lübsch Privat Brauerei GmbH, Inh. Weinkrüger		x	1995	

Quelle: Verzeichnis deutscher Hausbrauereien (FvB 2002)

Die Eintragungen im Verzeichnis halten Informationen bereit über den Ort und das Bundesland, in dem sich die Brauerei befindet. Außerdem sind die Informationen über das Gründungsdatum (g: ...) und das Sterbedatum (x) der Brauereien zu finden. Daneben gibt es Informationen darüber, ob die Brauereien bestimmte Werbemittel besitzen (U: Untersetzer; E: Etiketten), die als Indikatoren für die Größe der Brauerei angesehen werden können (Swaminathan/Wiedenmayer 1991). Schließlich sind noch Informationen, darüber vorhanden, ob die Brauereien selbst brauen oder sich von anderen Brauereien ihr Bier brauen lassen (keP: keine eigene Produktion)[9]. Wenn es Änderungen (beispielsweise im Namen, in der Rechtsform, in der Palette der Werbemittel oder Änderungen des Inhabers) gab, dann ist dies mit dem Beginn einer neuen Episode gekennzeichnet. Die Episoden sind mit den Buchstaben des Alphabets nummeriert. Wenn eine Brauerei noch am Leben ist, ist das dadurch ersichtlich, dass kein x nach der letzten Episode steht.

Eine erste Möglichkeit, diese Daten für eine ereignisanalytische Untersuchung zu erfassen, besteht darin, wie bei einer Querschnittsanalyse alle Informationen in *eine* Datenzeile zu fassen. Eine andere – und eigentlich bessere – Möglichkeit besteht darin, gleich bei der Erhebung die verschiedenen Episoden der Existenz der Brauereien in mehrere Datenzeilen zu fassen. Aus Gründen der Anschaulichkeit wird nun zunächst die erste Variante gewählt. Außerdem soll hier gezeigt werden, wie man durch Episodensplitting zur Generierung zeitveränderlicher Kovariaten kommt. Dies kann man am Besten tun, wenn man zunächst von einem Datensatz mit einer Datenzeile pro Untersuchungsobjekt ausgeht. Im Folgenden wird eine sehr simple Datenerfassung und -aufbereitung der Informationen aus Abbildung 3 präsentiert, mit der man den Einfluss einer Änderung sowie den Einfluss verschiedener Umweltfaktoren, die sich im Zeitverlauf kontinuierlich ändern können, auf das Schließungsrisiko untersuchen kann.

Tabelle 1: Kodierung der Information aus Abbildung 3

ID	BuL	Gruenddat	Aenddat	EpEnd	Tod
1	03	1985	1989	1999	1
2	06	1993	1993	2002	0
3	04	1994	9999	2002	0
4	12	1989	1991	1995	1

In der ersten Spalte wird der Brauerei, wie bei quantitativen Erhebungen üblich, eine ID-Nummer zugewiesen. In der nächsten Spalte (BuL) ist der Code des Bundeslandes eingetragen, in dem sich die Brauerei befindet. In den nächsten beiden Spalten sind das Gründungsdatum der Brauerei und das Datum der ersten Änderung der Brauerei zu finden. Wenn eine Brauerei keine Änderung erfahren hat, dann wurde ihr als Änderungsdatum ein Wert (9999) zugewiesen, der weit größer ist als 2002 – das Jahr, in dem das Brauereiverzeichnis erstellt wurde. In den beiden letzten Spalten ist schließlich das Datum des Episodenendes[10] und der Zielzustand zu finden, der mit „Tod" bezeichnet wurde (0: noch am Leben; 1: geschlossen). Wenn eine Brauerei zum Zeitpunkt der Erstellung des Verzeichnisses noch am Leben war, bekam sie als Episodenende den Wert 2002 zugewiesen.

Die Variable „Änderung" ist zeitveränderlich. Brauereien existieren im Zustand vor und im Zustand nach einer Änderung. Um den Einfluss der Änderung auf das Schließungsrisiko richtig zu erfassen, teilt man üblicherweise die Episoden in eine Subepisode bis zu einer Änderung und eine Subepisode ab dem Zeitpunkt der Änderung auf, man „splittet" also die Episoden.[11] Da die Variable „Änderung" aus zwei qualitativen Zuständen, nämlich

„nicht geändert" und „geändert" besteht, wird das folgende Episodensplitting also mit einer *qualitativen* Kovariate vorgenommen. Andere qualitative zeitveränderliche Kovariaten, an Hand derer man ein Episodensplitting vornehmen könnte, wären beispielsweise relevante Gesetzesänderungen, wie z. B. die Einführung des Dosenpfands.

Zum Splitten von Episoden gibt es – neben der Verwendung von TDA (vgl. Blossfeld/ Rohwer 2002, S. 140–175), was ich für die anwenderfreundlichste Variante halte – noch einige andere Möglichkeiten. Bei Blossfeld et al. (1986) findet sich ein Fortran-Programm zum Episodensplitting. Brüderl und Ludwig-Mayerhofer (1994) haben für SPSS ein Input-Programm zum Episodensplitting geschrieben. Mit den neueren Stata-Versionen lässt sich inzwischen das Episodensplitting vornehmen, ohne hierfür auf spezielle Programme zurückgreifen zu müssen. In Tabelle 2 ist nun das Resultat des Episodensplittings mit den Datenzeilen aus Tabelle 1 zu sehen:

Tabelle 2: Daten aus Tabelle 1 nach dem Episodensplitting zum Änderungszeitpunkt von Brauereien.

ID	ORG	DES	EpBeg	EpEnd	Start	End	Aend	Gdat	Aenddat	BuL
1	0	0	1985	1989	0	4	0	1985	1989	3
1	0	1	1989	1999	4	14	1	1985	1989	3
2	0	0	1993	2002	0	9	1	1993	1993	6
3	0	0	1994	2002	0	8	0	1994	9999	4
4	0	0	1989	1991	0	2	0	1989	1991	12
4	0	1	1991	1995	2	6	1	1989	1991	12

In der linken Spalte ist erneut die ID-Nummer zu finden. In der nächsten Spalte ist der Ausgangszustand (am Leben: ORG = 0) verzeichnet. Danach ist der Zielzustand zu sehen (0 = zensiert; 1 = geschlossen). Die beiden Spalten daneben beinhalten den Beginn und das Ende der Subepisoden in Echtzeit. Die beiden nächsten Spalten beinhalten Start- und Endzeitpunkt der Subepisoden in Prozesszeit. Die Spalte Aend enthält nun die eigentlich interessierende Variable, die die Information beinhaltet, ob eine Brauerei nun eine Änderung erlebt hat oder nicht. Daneben sind noch das Gründungsdatum, das Änderungsdatum und das Bundesland, in dem sich die Brauerei befindet, als Variablen abgebildet.

Es fällt auf, dass aus den ursprünglichen vier Datenzeilen sechs geworden sind. Die ersten beiden Datenzeilen beschreiben dabei den Lebenslauf der ersten Brauerei. Die erste Subepisode dauert vom Gründungszeitpunkt 1985 bis zum Änderungszeitpunkt 1989 und endet mit einer Zensierung (DES = 0). Denn beim Episodensplitting werden alle Subepisoden, die vor dem Beobachtungsende der ursprünglichen Episode enden, zensiert. Die letzte Subepisode bekommt den Wert des Zielzustands der Ausgangsepisode zugewiesen. Die zweite Subepisode dieser Brauerei beginnt 1989. Nun springt die Variable Aend von 0 auf 1. Das heißt, dass hiermit registriert ist, dass diese Brauerei eine Änderung erfahren hat. Die zweite Episode dieser Brauerei dauert von 1989 bis 1999. In diesem Jahr wird sie geschlossen (DES = 1). Außerdem ist zu sehen, dass die Startzeitpunkte der Subepisoden (in Prozesszeit gemessen) nach einer Änderung nicht 0 sind. Genau hierin liegt gewissermaßen der „Witz" des Episodensplittings. Die Subepisoden ab dem Ereignis einer Änderung beginnen mit dem Zeitpunkt zu dem die Änderung stattgefunden hat. Eine Änderung wirkt somit nur auf den zweiten Teil der ursprünglichen Episode ein. Wenn man nun ein parametrisches Modell, das die Zeitveränderlichkeit der Rate abbildet, mit gesplitteten Episoden rechnen möchte, dann muss man hierfür ein Programm verwenden, das in der Lage ist, nicht nur die Episodendauer sondern auch Start- und Endzeitpunkte der Subepisoden zu registrieren. Anders ausgedrückt: Das Programm muss erkennen, dass der Beginn einer Subepisode die Zeitdauer angibt, die die Gesamtepisode bereits am Leben ist. SPSS ist hierzu beispielsweise nicht in der Lage. Interessant ist der Fall der zweiten Brauerei. Sie hat im Gründungsjahr eine Änderung erlebt. Deshalb wurde hier kein Splitting der Episode vorgenommen, sondern der Episode dieser Brauerei wurde einfach der Wert 1 für die Änderungsvariable zugeordnet. Somit wird dieser Brauerei für die gesamte Prozesszeit der Zustand „geändert" zugewiesen. Das Episodensplitting wurde mit Echtzeitdaten vorgenommen, die Start- und Endzeitpunkte der Subepisoden in Prozesszeit wurden an Hand der Echtzeitdaten nach dem Episodensplitting konstruiert. Natürlich ist auch der umgekehrte Weg möglich. Wenn man sich für das Episodensplitting in Prozesszeit entschließt, muss man allerdings darauf achten, dass man auch die Zeitpunkte, zu denen gesplittet wird – hier die Änderungszeitpunkte – in Prozesszeit „übersetzt".

In einem nächsten Schritt wird nun präsentiert, wie sich ein *kontinuierliches* Episodensplitting auf den Datensatz auswirkt. Denn es gibt natürlich nicht nur qualitative, zeitveränderliche Variablen, die einen Einfluss auf das Schließungsrisiko von Organisationen haben können. Die Zahl anderer Organisationen der gleichen Form, die sowohl eine legitimitäts-, wie auch eine wettbewerbsfördernde Komponente besitzt (Hannan 1989; Hannan/Freeman 1987, 1988), die Marktkonzentration im Umfeld der zu untersuchenden Organisationen oder aber die Größe einer Organisation stellen Variablen dar, die sich stetig verändern können. Will man diese Größen in ihrer Zeitveränderlichkeit registrieren, so muss man den Datensatz kontinuierlich splitten. Da die präsentierten Brauereidaten nur relativ grob, nämlich jahresgenau, vorliegen, empfiehlt es sich für ein kontinuierliches Episodensplitting Jahressplits zu nehmen. In Tabelle 3 ist nun zu sehen, zu welchem Resultat ein jahresgenaues Episodensplitting mit dem Datensatz aus Tabelle 1 führt.

Tabelle 3: Daten aus Tabelle 1 nach dem kontinuierlichen jahresgenauen Episodensplitting

ID	ORG	DES	EpBeg	EpEnd	Start	End	Aend	Gdat	Aenddat	BuL
1	0	0	1985	1986	0	1	0	1985	1989	3
1	0	0	1986	1987	1	2	0	1985	1989	3
1	0	0	1987	1988	2	3	0	1985	1989	3
1	0	0	1988	1989	3	4	0	1985	1989	3
1	0	0	1989	1990	4	5	1	1985	1989	3
1	0	0	1990	1991	5	6	1	1985	1989	3
1	0	0	1991	1992	6	7	1	1985	1989	3
1	0	0	1992	1993	7	8	1	1985	1989	3
1	0	0	1993	1994	8	9	1	1985	1989	3
1	0	0	1994	1995	9	10	1	1985	1989	3
1	0	0	1995	1996	10	11	1	1985	1989	3
1	0	0	1996	1997	11	12	1	1985	1989	3
1	0	0	1997	1998	12	13	1	1985	1989	3
1	0	1	1998	1999	13	14	1	1985	1989	3
2	0	0	1993	1994	0	1	1	1993	1993	6
2	0	0	1994	1995	1	2	1	1993	1993	6
2	0	0	1995	1996	2	3	1	1993	1993	6
2	0	0	1996	1997	3	4	1	1993	1993	6

Fortsetzung Tabelle 3

ID	ORG	DES	EpBeg	EpEnd	Start	End	Aend	Gdat	Aenddat	BuL
2	0	0	1997	1998	4	5	1	1993	1993	6
2	0	0	1998	1999	5	6	1	1993	1993	6
2	0	0	1999	2000	6	7	1	1993	1993	6
2	0	0	2000	2001	7	8	1	1993	1993	6
2	0	0	2001	2002	8	9	1	1993	1993	6
3	0	0	1994	1995	0	1	0	1994	9999	4
3	0	0	1995	1996	1	2	0	1994	9999	4
3	0	0	1996	1997	2	3	0	1994	9999	4
3	0	0	1997	1998	3	4	0	1994	9999	4
3	0	0	1998	1999	4	5	0	1994	9999	4
3	0	0	1999	2000	5	6	0	1994	9999	4
3	0	0	2000	2001	6	7	0	1994	9999	4
3	0	0	2001	2002	7	8	0	1994	9999	4
4	0	0	1989	1990	0	1	0	1989	1991	12
4	0	0	1990	1991	1	2	0	1989	1991	12
4	0	0	1991	1992	2	3	1	1989	1991	12
4	0	0	1992	1993	3	4	1	1989	1991	12
4	0	0	1993	1994	4	5	1	1989	1991	12
4	0	1	1994	1995	5	6	1	1989	1991	12

Der Datensatz ist nun von sechs auf 37 Datenzeilen angewachsen. Erneut sind alle Subepisoden zensiert, die vor dem Eintritt des Ereignisses einer Betriebsschließung enden. Anhand des Beginns der jeweiligen Subepisoden (EpBeg) können nun verschiedene stetige zeitveränderliche Kovariaten dem Datensatz zugespielt werden. Hat man beispielsweise jahresgenaue Informationen über die Zahl deutscher Hausbrauereien, so können dank des Episodensplittings diese Informationen den jeweiligen Jahren, die der Datensatz erfasst, zugeordnet werden.

Schließlich sei hier noch einmal erwähnt, dass die Datenerfassung, wie sie in Tabelle 1 zu sehen ist und als Grundlage für das hier präsentierte Episodensplitting diente, nur aus didaktischen Gründen so simpel gewählt wurde. Durch diese Datenerfassung sind viele Informationen, die in Abbildung 3 vorhanden sind, nicht berücksichtigt worden. Eine für die empirische Praxis geeignetere Vorgehensweise wäre z. B. die in Tabelle 4 präsentierte Datenerfassung.

Tabelle 4: „Realistische" Erfassung der Daten aus Abbildung 3

ID	Epnr	Gdat	EpBeg	EpEnd	Tdat	U	E	BuL	keP	NAend	IAend
1	1	1985	1985	1989	1999	1	0	3	0	0	0
1	2	1985	1989	1999	1999	1	0	3	0	1	0
2	1	1993	1993	1993	9999	1	0	6	1	0	0
2	2	1993	1993	2002	9999	1	0	6	1	1	0
3	1	1994	1994	2002	9999	1	1	4	0	0	0
4	1	1989	1989	1991	1995	1	1	12	0	0	0
4	2	1989	1991	1995	1995	0	0	12	0	0	1

Direkt neben der ID-Nummer ist die Episodennummer verzeichnet. Daneben sind das Gründungsdatum, der Episodenbeginn und das Episodenende zu finden. Danach folgt das Todesdatum. Brauereien, die zum Zeitpunkt der Erfassung des Verzeichnisses noch am

Leben waren, bekommen den Wert 9999 zugewiesen. Daneben sind die Informationen darüber zu finden, ob die Brauereien Untersetzer und/oder Etiketten besitzen (1: ja; 0: nein). Die letzten drei Variablen geben an, ob es sich um eine Vertragsbrauerei handelt, ob eine Namensänderung und ob eine Änderung des Inhabers/der Inhaberin stattgefunden hat. All diese Variablen sind ebenfalls 0/1-kodiert. Die Daten der einzelnen Brauereien sind jetzt gleich in verschiedene Subepisoden aufgeteilt. (Man beachte, dass für die zweite Brauerei nun zwei Subepisoden existieren.)

3 Datenanalyse und Dateninterpretation

Es wurde bereits angesprochen, dass die Ereignisanalyse überwiegend als Hypothesen testendes Verfahren verwendet wird. Die Hypothesen, die mit einer ereignisanalytischen Untersuchung getestet werden, beziehen sich nun in den meisten Fällen auf die Effekte von unabhängigen Variablen auf die Übergangsrate. Häufig liegen auch schon Erkenntnisse über den Verlauf der gerade beschriebenen Übergangsrate vor. Dennoch ist es sehr oft angebracht, sich den Ratenverlauf erst einmal explorativ, das heißt ohne vorherige Verteilungsannahmen, auf welchen das statistische Modell aufgebaut ist, anzuschauen. Dies kann zur genaueren Spezifikation eines multivariaten parametrischen Modells dienen, in dem solche Verteilungsannahmen getroffen sind. Da aber die nichtparametrischen Verfahren, mit denen ein solch explorativer Blick unternommen werden kann, nicht im Mittelpunkt ereignisanalytischer Untersuchungen stehen und in Veröffentlichungen zur Veränderung oder Schließung von Organisationen nur selten – wenn überhaupt – präsentiert werden, wird hier auf eine Beschreibung dieser Verfahren verzichtet.[12]

Das Testen von Hypothesen geschieht bei ereignisanalytischen Studien – wie in den meisten quantitativen Untersuchungen – mit multivariaten Methoden. Die multivariaten Verfahren in der Ereignisanalyse sind nun Regressionsmodelle, in denen der Ratenverlauf innerhalb der Prozesszeit durch bestimmte *Parameter* spezifiziert wird. Diese Parameter werden dann als abhängige Variablen herangezogen, auf die der Einfluss von unabhängigen Variablen simultan geschätzt wird. Es ist allerdings auch möglich, den Einfluss von Kovariaten auf die Übergangsrate in einem Regressionsmodell zu schätzen, ohne die Rate durch bestimmte Parameter zu spezifizieren. In diesem Fall spricht man von einem semiparametrischen Verfahren. Im Folgenden werden nun nicht alle möglichen parametrischen Modelle vorgestellt, sondern nur diejenigen, die für die Organisationsforschung besonders relevant sind. Die hier vorgestellten parametrischen Modelle werden mit der Maximum-Likelihood-Methode berechnet, auf die allerdings nicht näher eingegangen wird.[13]

Parametrische Verfahren

Exponentialmodell
Das einfachste parametrische Modell ist das Exponentialmodell mit konstanter Rate während der Prozesszeit, wobei die Höhe der Rate als abhängig vom Einfluss von Kovariaten modelliert werden kann. Dies bedeutet, dass die Episodendauern T exponentialverteilt sind. Die Formulierung für die Übergangsrate bei K unabhängigen Variablen lautet demnach einfach:

$$r(t) = a \quad \text{wobei} \quad a = \exp(\alpha_0 + \alpha_1 X_1 + \alpha_2 X_2 + \ldots + \alpha_K X_K)$$

Der Parameter a, der die Höhe der Übergangsrate bestimmt, wird als log-lineare Funktion der Kovariaten parametrisiert.[14] Hierdurch wird ausgeschlossen, dass die Rate kleiner als 0 wird. Falls man keine Kovariateneinflüsse schätzt, lautet das Exponentialmodell:

$$r(t) = a = \exp(\alpha_0).$$

Durch $(\exp(\alpha_k)-1)*100$ ergibt sich der Prozenteffekt der jeweiligen Kovariate auf die Ratenhöhe, also der Prozentwert, um den sich die Rate erhöht oder absinkt, wenn sich die jeweilige Kovariate um 1 erhöht. Es ist leicht einzusehen, dass ein Modell mit konstanter Rate für die meisten Übergangsprozesse nicht sonderlich geeignet ist, denn konstante Übergangsraten sind empirisch praktisch nicht vorfindbar. Das heißt aber nicht, dass das Exponentialmodell für die empirische Forschung vollkommen nutzlos ist, im Gegenteil: Man kann mit Hilfe des kontinuierlichen Episodensplittings auch mit dem Exponentialmodell die Zeitveränderlichkeit von Übergangsraten sehr flexibel modellieren, indem man die Prozesszeit, die durch den Beginn der Subepisoden approximativ dargestellt wird (Spalte `Start` in Tabelle 3,) als Kovariate einführt.

Neben der Möglichkeit die Übergangsrate im Exponentialmodell durch Episodensplitting zeitveränderlich zu modellieren, gibt es auch die Möglichkeit, Exponentialmodelle mit stückweise konstanter Rate (piecewise constant exponential models) zu berechnen. In diesen Modellen wird die Episodendauer durch einzelne Teilpunkte auf der Achse der Prozesszeit, τ_l, in beliebig viele Zeitperioden I_l unterteilt. Dabei gilt:

$$0 = \tau_1 < \tau_2 < \tau_3 < \ldots < \tau_L \quad \text{sowie}$$

$$I_l = \{t \mid \tau_l \leq t < \tau_{l+1}\} \quad l = 1, \ldots L$$

Außerdem wird $\tau_{L+1} = \infty$ angenommen. Für jede Periode wird dann eine jeweils zeitkonstante Rate berechnet, deren Höhe von Kovariateneinflüssen abhängig modelliert werden kann. Durch eine geschickte Wahl der Periodengrenzen kann eine recht gute Anpassung an den tatsächlichen Ratenverlauf geschehen. Das Exponentialmodell mit stückweise konstanter Rate, das z. B. von Dobrev et al. (2001, 2003) sowie Dobrev/Carroll (2003) zur Analyse von organisatorischen Schließungsraten verwendet wird, existiert in zwei Varianten: In der ersten Variante werden für alle Perioden die gleichen Kovariateneffekte berechnet. Es lautet also:

$$r(t) = \exp(\alpha_{0l} + \alpha_1 X_1 + \alpha_2 X_2 + \ldots + \alpha_K X_K) \quad \text{für } t \in I_l$$

wobei α_{0l} die jeweilige Konstante für die $l$te Zeitperiode darstellt. Die zweite Variante besteht in der Möglichkeit für jede einzelne Periode spezifische Kovariateneffekte zu modellieren. Dieses Modell lautet:

$$r(t) = \exp(\alpha_{0l} + \alpha_{1l} X_1 + \alpha_{2l} X_2 + \ldots + \alpha_{Kl} X_K) \quad \text{für } t \in I_l$$

Mit TDA ist es auch noch möglich für einige Perioden die gleichen Kovariateneffekte zu berechnen. Gesetzt den Fall man hat ein Modell mit neun Zeitperioden spezifiziert, so kann man beispielsweise festlegen, dass die Effekte der Kovariaten für jeweils drei Perioden gleich sind, wodurch die Zahl der Parameter eines Modells natürlich deutlich verringert wird.

Monotone Raten

Die bisher vorgestellten parametrischen Modelle sind also durchaus geeignet, den „empirischen" Ratenverlauf und die Effekte von unabhängigen Variablen hierauf angemessen nachzuzeichnen. Allerdings sind die Modelle mit stückweise konstanter Rate nicht gerade sparsam, das heißt, es wird eine große Zahl an Parametern berechnet. Oftmals kommt man aber mit wesentlich sparsameren Modellen zu den gleichen oder sogar besseren Ergebnissen, vor allem dann, wenn man durch einschlägige Ergebnisse über spezifische Übergangsprozesse bereits über Kenntnisse des möglichen Ratenverlaufs verfügt oder aber durch explorative Untersuchungen mit Hilfe von nichtparametrischen Verfahren zu solchen Kenntnissen gekommen ist. Diese Modelle, in denen ein bestimmter nicht konstanter Verlauf der Übergangsrate durch wenige Parameter spezifiziert wird, werden im Folgenden vorgestellt. Zunächst wären hier Modelle mit monoton steigender oder monoton fallender Übergangsrate zu nennen. In ereignisanalytischen Untersuchungen werden solche Übergangsraten mit Gompertz- oder Weibull-Modellen modelliert. Das Gompertz-Modell lautet:

$$r(t) = b \exp(ct)$$

Dabei steht der Parameter b für den Wert, den die Rate zu Beginn des Übergangsprozesses annimmt. c ist der Parameter, der bestimmt, wie sich die Rate im Zeitverlauf t ändert. Man kann auf beide Parameter den Einfluss von Kovariaten modellieren. Dabei gilt:

$$b = \exp(\beta_0 + \beta_1 X_1 + \beta_2 X_2 + ... + \beta_K X_K) \quad \text{und}$$

$$c = \gamma_0 + \gamma_1 X_1 + \gamma_2 X_2 + ... + \gamma_K X_K$$

Dabei können völlig unterschiedliche Kovariaten auf die jeweiligen Parameter wirken. Häufig interessiert man sich in der Organisationswissenschaft auch nur für die Höhe der Rate und lässt deshalb Kovariaten nur auf den b-Parameter wirken. Durch $(\exp(\beta_k)-1)*100$ erhält man den Prozenteffekt der jeweiligen Kovariate auf die Ratenhöhe. In Abbildung 4 sind 3 verschiedene Übergangsraten im Gompertz-Modell abgebildet. Ist c größer als 0 erhält man eine steigende Übergangsrate, ist c kleiner als 0 erhält man eine sinkende Übergangsrate. Bei $c = 0$ erhält man als Spezialfall ein Exponentialmodell.

Abbildung 3: Verschiedene Übergangsraten im Gompertz-Modell mit b = exp(-2,5)

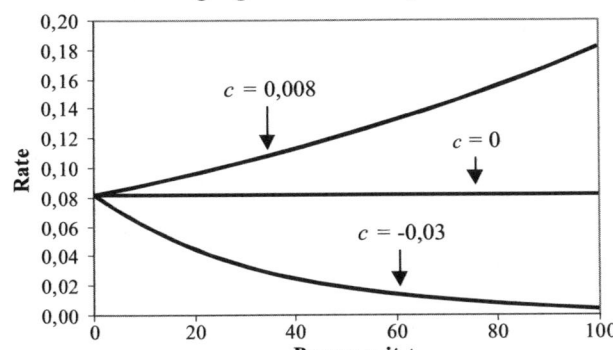

Abbildung 4 macht deutlich, dass im Gompertz-Modell wachsende Raten mit zunehmender Prozesszeit immer steiler ansteigen, somit gewissermaßen „explodieren". Solche Ratenverläufe sind aber ziemlich unwahrscheinlich. Deshalb wird in der Organisationsforschung das Gompertz-Modell meistens für sinkende Raten, vor allem für Schließungsraten, verwendet (z. B. Carroll 1983; Delacroix et al. 1989).

Eine sinkende Rate geht im Gompertz-Modell gegen 0. Diese Annahme ist aber nicht immer gerechtfertigt. Relativ häufig wird deshalb noch ein zusätzlicher Term ins Gompertz-Modell eingeführt, der bei negativem Ratenverlauf eine Asymptote darstellt, der sich die Rate nähert. Auch dieser Term, der Makeham-Term genannt wird, kann abhängig von Kovariateneinflüssen modelliert werden. Das Gompertz-Makeham-Modell[15] lautet:

$$r(t) = a + b \exp(ct) \text{ wobei}$$
$$a = \exp(\alpha_0 + \alpha_1 X_1 + \alpha_2 X_2 + \ldots + \alpha_K X_K)$$

Ein weiteres parametrisches Modell, mit dem man monoton ansteigende oder sinkende Raten abbilden kann, ist das Weibull-Modell:

$$r(t) = b a^b t^{b-1} \text{ wobei}$$
$$a = \exp(\alpha_0 + \alpha_1 X_1 + \alpha_2 X_2 + \ldots + \alpha_K X_K) \text{ und}$$
$$b = \exp(\beta_0 + \beta_1 X_1 + \beta_2 X_2 + \ldots + \beta_K X_K).$$

Im Weibull-Modell ist der *a*-Parameter für die Ratenhöhe verantwortlich und der *b*-Parameter für den Verlauf der Rate. In Abbildung 5 sieht man drei verschiedene Raten im Weibull-Modell, für die jeweils der gleiche *a*-Parameter gilt. Für $b = 1$ ergibt sich, wiederum als Spezialfall, das Exponentialmodell.

Abbildung 4: Verschiedene Übergangsraten im Weibull-Modell mit a = exp(-4)

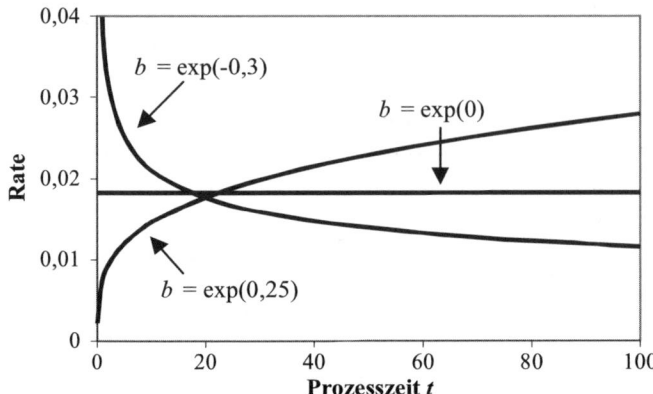

Wenn $b > 1$ ergibt sich ein degressiver Anstieg der Rate. Dies ist bei positivem Ratenverlauf meist eine realistischere Formulierung der „empirischen" Rate als der exponential ansteigende Verlauf im Gompertz-Modell. Es ist also oftmals empfehlenswert, bei ansteigenden Raten das Weibull-Modell zu verwenden (vgl. z. B. Barron et al. 1994; Hannan et al.1996).

Nichtmonotone Raten
In der ereignisanalytischen Forschung wurden eine ganze Reihe verschiedene parametrische Modelle zur Modellierung nichtmonotoner Ratenverläufe vorgeschlagen. Bei vielen nichtmonotonen Raten von Übergangsprozessen handelt es sich um umgekehrt U-förmige Raten, die erst ansteigen und, nachdem sie ein Maximum erreicht haben, wieder sinken. Häufig folgt das Schließungsrisiko von Organisationen einem solchen Ratenverlauf (Singh et al. 1986; Brüderl/Schüssler 1990; Fichman/Levinthal 1991; Barnett 1994). Ein parametrisches Modell, das sich als hervorragend geeignet zur Modellierung von Schließungsraten und anderen nichtmonotonen Raten erwiesen hat, ist das generalisierte log-logistische Modell (Brüderl/Diekmann 1995; Brüderl et al. 1992, 1996). Es soll hier als einziges Beispiel für ein Modell einer nichtmonotonen Rate genannt werden. Die Formulierung des generalisierten log-logistischen Modells lautet:

$$r(t) = c \frac{b(at)^{b-1}}{1+(at)^b} \text{ wobei}$$

$$a = \exp(\alpha_0 + \alpha_1 X_1 + \alpha_2 X_2 + ... + \alpha_K X_K),$$

$$b = \exp(\beta_0 + \beta_1 X_1 + \beta_2 X_2 + ... + \beta_K X_K) \text{ und}$$

$$c = \exp(\gamma_0 + \gamma_1 X_1 + \gamma_2 X_2 + ... + \gamma_K X_K)$$

Alle drei Parameter des Modells können abhängig von Kovarianteneffekten modelliert werden. Der c-Parameter ist für die Ratenhöhe verantwortlich, während der a-Parameter den Ort des Raten-Maximums auf der Zeit-Achse bestimmt. Wenn $b < 1$ ist, dann ergibt sich eine monoton sinkende Rate. Durch $(\exp(\gamma_k)-1)*100$ erhält man den Prozenteffekt der jeweiligen Kovariate auf die Ratenhöhe. In Abbildung 6 sind zwei verschiedene log-logistische Raten abgebildet.

Abbildung 5: Verschiedene Übergangsraten im generalisierten log-logistischen Modell mit $a = \exp(-2,5)$ und $c = \exp(-6)$.

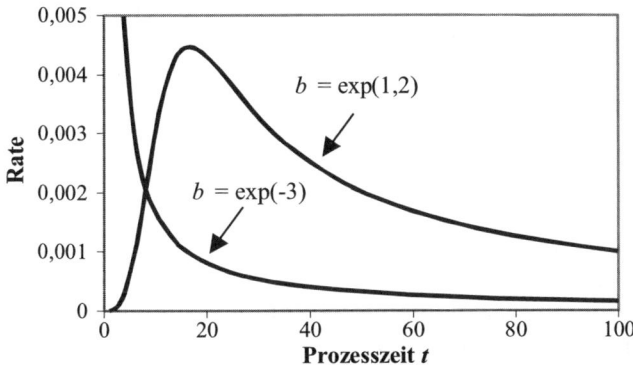

Semi-parametrisches Modell

Wenn man keine genaueren Kenntnisse über den Ratenverlauf besitzt oder dieser sich mit einem parametrischen Modell nicht angemessen modellieren lässt, dann besteht noch die Möglichkeit ein semi-parametrisches Modell mit nicht spezifizierter Basisrate zu verwenden. In diesem Modell werden also nur Kovariateneinflüsse geschätzt. Das von Cox (1972) vorgeschlagene semi-parametrische Modell lautet:

$$r(t) = h(t)\exp(\alpha_1 X_1 + \alpha_2 X_2 + ... + \alpha_K X_K)$$

wobei $h(t)$ die nicht spezifizierte Basisrate beschreibt. In diesem Modell wird keine Konstante berechnet. Durch $(\exp(\alpha_k)-1)*100$ erhält man erneut einen Prozenteffekt der jeweiligen Kovariate auf die (nicht spezifizierte) Rate. Eine Voraussetzung für die Anwendung dieses Modell ist allerdings, dass sich die Einflüsse der Kovariaten während der Prozesszeit nicht ändern, also lediglich proportionale Änderungen der Rate und keine Änderungen des Ratenverlaufs verursachen. Es gibt einige Verfahren zur Überprüfung der Proportionalitätsannahme und zur Korrektur bei Nicht-Vorliegen von Proportionalität (vgl. Blossfeld/Rohwer 2002, S. 240 ff.). In der empirischen Praxis verzichtet man aber häufig auf diese Verfahren. Cox-Modelle werden mit dem so genannten Partial-Likelihood-Ansatz geschätzt (ebd., S. 229 ff.).[16]

4 Anwendungsbeispiel

Hier soll nun noch eine multivariate Analyse des Sterberisikos deutscher Hausbrauereien erfolgen. Hausbrauereien gehören sicherlich zu Kleinstorganisationen, denen in der deutschen Organisationsforschung, vor allem in der betriebswirtschaftlichen Organisationsforschung, nicht all zu viel Aufmerksamkeit geschenkt wurde. Allerdings herrscht in der US-amerikanischen Forschung, vor allem in der Populationsökologie, ein wesentlich stärkeres Interesse vor, auch kleinere Organisationen zu untersuchen. Gerade amerikanische Microbreweries und die mit den deutschen Hausbrauereien vergleichbaren Brewpubs sind in der Populationsökologie ein sehr beliebter Untersuchungsgegenstand (z. B. Carroll/Swaminathan 1992, 2000).

Zur Untersuchung des Sterberisikos wurde ein Datensatz, der aus dem angesprochenen Brauereiverzeichnis gebildet wurde, einem jährlichen Episodensplitting unterzogen. Insgesamt kam es durch dieses Episodensplitting zu 3355 Subepisoden von 480 Brauereien, deren Daten verwendet werden konnten. Es wird analysiert, welchen Einfluss folgende Variablen auf das Schließungsrisiko besitzen:

- Die Anzahl deutscher Hausbrauereien innerhalb des Bundeslandes, in dem sich eine Brauerei befindet (lokale Dichte)
- Die Anzahl deutscher Hausbrauereien außerhalb des Bundeslandes, in dem sich eine Brauerei befindet (nichtlokale Dichte)
- Die Ausstattung einer Brauerei mit eigenen Untersetzern als Größenindikator (0: keine Untersetzer, 1: Untersetzer)
- Eine Variable, die angibt, ob eine Brauerei keine eigene Produktion besitzt (Vertragsbrauerei; 0: eigene Produktion, 1: keine eigene Produktion)
- Eine Variable, die angibt, ob ein Inhaberwechsel stattgefunden hat (0: kein Inhaberwechsel, 1: Inhaberwechsel)
- Die Zeit, die seit dem Inhaberwechsel vergangen ist

Alle Variablen sind zeitveränderlich. Die Abhängigkeit der Überlebens- und Gründungschancen von der Organisationsdichte in einem spezifischen Feld ist das am häufigsten untersuchte Thema in der populationsökologischen Organisationsforschung. Innerhalb dieser Forschungsrichtung geht man davon aus, dass bei niedriger Dichte eine Organisationsform wenig Legitimität besitzt, also mit Akzeptanzproblemen zu kämpfen hat. Deshalb sollte die Sterberate bei niedriger Dichte hoch sein. Mit zunehmender Zahl von Organisationen mit gleicher Form erhöht sich die Legitimität, die Sterberate sollte deswegen abnehmen. Mit zunehmender Zahl von Organisationen der gleichen Form erhöht sich aber auch der Wettbewerbsdruck, der bei einer niedrigen bis mittleren Dichte noch keine Rolle spielt. Durch den erhöhten Wettbewerbsdruck sollte die Sterberate bei hoher Dichte wieder ansteigen (Hannan 1989; Hannan/Freeman 1988). Dieser Mechanismus führt also zu einem U-förmigen Verlauf des Einflusses der Organisationsdichte auf die Sterberate. Deshalb werden in die Modelle auch noch quadratische Terme der jeweiligen Dichten eingeführt. Die lokale Dichte bildet dabei den direkten Wettbewerb zwischen einzelnen Organisationen ab und die nichtlokale Dichte den indirekten Wettbewerb zwischen räumlich von einander getrennten Gruppen von Organisationen (Barnett/Carroll 1987).

Größere Organisationen sollten aufgrund von Ressourcenvorteilen ein niedrigeres Sterberisiko besitzen (Barron et al. 1994), Vertragsbrauereien auf Grund von Legitimationsproblemen ein höheres. Ein Inhaberwechsel sollte das Sterberisiko unmittelbar erhöhen, da bisherige Routinen und Kundenbeziehungen beeinträchtigt werden. Mit zunehmender Zeit nach dem Wandel sollte das Sterberisiko wieder absinken (Hannan/Freeman 1984). Da nur der erste Inhaberwechsel registriert wird, steht dieser Effekt für den durchschnittlichen Einfluss sämtlicher Inhaberwechsel, die eine Brauerei erlebt hat. Die Zeit nach einem Wechsel wurde allerdings jedes Mal neu gemessen.

Im Folgenden werden zwei parametrische Modelle verwendet: Ein generalisiertes log-logistisches Modell, in dem die Kovariateneinflüsse auf den c-Parameter geschätzt werden, und ein Exponentialmodell mit stückweise konstanter Rate (**P**iecewise **C**onstant **E**xponential Model), wobei $\tau_2 = 3$, $\tau_3 = 6$, $\tau_{4=L} = 9$. Letzteres Modell wird in der ersten Variante verwendet, also mit einheitlichen Kovariateneffekten für alle Perioden. In Abbildung 7 sieht man, wie diese Modelle den Ratenverlauf abbilden. Die durchgezogene Linie beschreibt den Ratenverlauf des PCE-Modells und die gestrichelte Linie den Ratenverlauf des generalisierten log-logistischen Modells – jeweils ohne Kovariateneffekte. Der umgekehrt U-förmige Verlauf der Sterberate, wie er schon häufig gefunden wurde, zeigt sich auch hier. Die Parameter für die Ratenverläufe des generalisierten log-logistischen Modells und des PCE-Modells, wie sie in Abbildung 7 zu sehen sind, sind in Tabelle 5 in Modell 1 und 3 abgebildet. In dieser Tabelle sind die logarithmierten Parameter zu sehen.

Abbildung 6: Schließungsrate deutscher Hausbrauereien. Generalisiertes log-logistisches Modell und PCE-Modell.

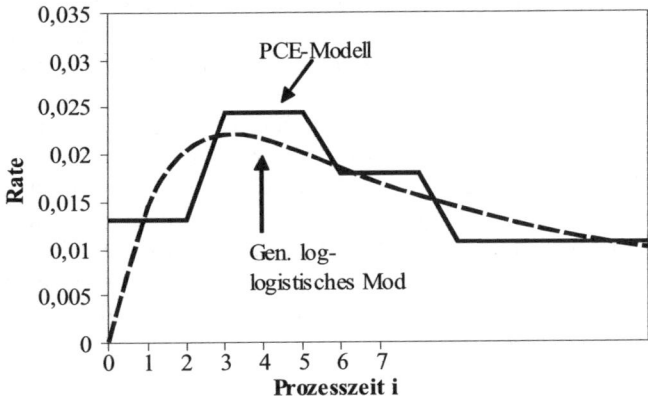

Tabelle 5 (s.u.) zeigt, dass die Effekte der Kovariaten zwischen den einzelnen Modellen nicht sonderlich variieren. Die oben genannten Vermutungen, was den Einfluss der Dichte auf die Sterberate angeht, bestätigen sich in beiden Modellen nicht. Es ist kein U-förmiger Einfluss der lokalen Dichte zu entdecken. Deshalb wurden Modell 3 und 6, in denen der quadratische Term der lokalen Dichte wieder entfernt wurde, zusätzlich berechnet. Insgesamt zeigt sich zwar tendenziell ein negativer Effekt der lokalen Dichte, der aber nicht signifikant ist.

Die nichtlokale Dichte hat nun einen umgekehrt U-förmigen Einfluss auf die Schließungsrate, wobei der lineare Term der nichtlokalen Dichte in Modell 2 und 4 knapp das Signifikanzniveau von 10% verfehlt, dieses aber in Modell 3 und 6 erreicht. Der umgekehrt U-förmige Verlauf des Einflusses dieser Variable auf das Schließungsrisiko widerspricht zwar der ursprünglichen Theorie der Dichteabhängigkeit, ist aber bereits in einer Reihe von Studien ebenfalls gefunden worden (z. B. Barnett/Carroll 1987). Dieses Ergebnis könnte damit erklärt werden, dass die Population der deutschen Hausbrauereien zunächst von gut vorbereiteten Pionieren gebildet wird, die ein niedriges Sterberisiko besitzen. Dann folgen Imitatoren, die weniger gut vorbereitet eine Hausbrauerei gründen, wodurch das Sterberisiko ansteigt. Irgendwann sind aber genügend Hausbrauereien „im Feld", so dass weitere Neugründungen von den Erfahrungen ihrer Vorgänger lernen können (Levitt/March 1988) und das Schließungsrisiko somit wieder sinkt. Allerdings bleibt diese Erklärung spekulativ.

Brauereien mit eigenen Untersetzern, also tendenziell größere Brauereien, haben wie vermutet ein niedrigeres Sterberisiko. Dieses ist in Modell 3 um 50,14% geringer als das Sterberisiko von Brauereien ohne eigene Untersetzer [(exp(-0,696)-1)*100]. Somit bestätigt sich das Ergebnis von Swaminathan und Wiedenmayer (1991), die einen solchen Effekt innerhalb einer anderen Population deutscher Brauereien gefunden haben. Brauereien ohne eigene Produktion haben dagegen ein höheres Sterberisiko, was ebenfalls den oben angeführten Überlegungen entspricht. Dieser Effekt ist im generalisierten log-logistischen Modell etwas stärker und besitzt eine höhere Signifikanz als im PCE-Modell.

In Tabelle 5 ist außerdem ein starker und hochsignifikanter positiver Effekt des Inhaberwechsels zu sehen, wie dies von Hannan/Freeman (1984) vermutet wird. Der Effekt der Zeit nach einem Inhaberwechsel ist tendenziell – wie angenommen – negativ, aber nicht signifikant. Grundsätzlich kann bei einem positiven Effekt des Wechsels in der organisatorischen Führungsebene auf die Sterberate unbeobachtete Heterogenität eine Rolle spielen: Gerade weil eine Organisation aus nicht beobachteten Gründen in Schwierigkeiten gerät, wird ein Wechsel in der Führungsspitze oder der Wandel anderer organisationaler Kernelemente vorgenommen (Barnett/Carroll 1995; Beck et al. 2002).

In Tabelle 5 sind noch die Ergebnisse der Chi-quadrat-verteilten Likelihood-Ratio Test-Statistik zu sehen.[17] Die jeweiligen Referenzmodelle sind die Modelle 1 und 4, also die Modelle in denen keine Kovariateneffekte berechnet werden. Durch die Aufnahme von Kovariaten erhöht sich die Qualität der Modelle erheblich: Die χ^2-Werte sind deutlich größer als die kritischen Werte des 5%-Signifikanz-Niveaus (14,067 bei 7 Freiheitsgraden und 15,507 bei 8 Freiheitsgraden).

Tabelle 5: Multivariate Modelle des Schließungsrisikos deutscher Hausbrauereien.

	Generalisiertes log-logistisches Modell			PCE-Modell		
	Modell 1	Modell 2	Modell 3	Modell 4	Modell 5	Modell 6
a-Parameter/0-3 Jahre	-1,215*** (0,452)	-1,374** (0,604)	-1,376** (0,604)	-4,347*** (0,243)	-4,303*** (0,650)	-4,295*** (0,637)
b-Parameter/3-6 Jahre	0,603*** (0,221)	0,524** (0,235)	0,523** (0,236)	-3,717*** (0,213)	-3,771*** (0,677)	-3,763*** (0,663)
c-Parameter/6-9 Jahre	-3,722*** (0,169)	-3,708*** (0,647)	-3,697*** (0,630)	-4,024*** (0,316)	-4,013*** (0,740)	-4,003** (0,726)
Über 9 Jahre				-4,550*** (0,408)	-4,327*** (0,760)	-4,317*** (0,746)
Lokale Dichte		-0,005 (0,021)	-0,006 (0,007)		-0,005 (0,021)	-0,006 (0,007)
Lokale Dichte^2/1000		-0,021 (0,259)			-0,018 (0,260)	
Nicht-lokale Dichte		0,010 (0,006)	0,010* (0,006)		0,010 (0,006)	0,010* (0,006)
Nicht-lokale Dichte^2/1000		-0,028** (0,014)	-0,028** (0,013)		-0,028** (0,014)	-0,028** (0,013)
Untersetzer		-0,697** (0,298)	-0,696** (0,295)		-0,705** (0,296)	-0,704** (0,295)
Keine eigene Produktion		0,749** (0,379)	0,749** (0,380)		0,713* (0,381)	0,713* (0,381)
Inhaberwechsel		1,182*** (0,449)	1,181*** (0,449)		1,226*** (0,453)	1,225*** (0,453)
Zeit seit Inhaberwechsel		-0,062 (0,137)	-0,062 (0,137)		-0,085 (0,140)	-0,085 (0,140)
Subepisoden	3355	3355	3355	3355	3355	3355
Ereignisse	55	55	55	55	55	55
χ^2-Wert im Vgl. zu Modell 1 bzw. 4		30,72	30,71		30,78	30,78
DF		8	7		8	7

*p<=0,1 **p<=0,05 ***p<=0,01
Werte in Klammern sind Standardabweichungen

5 Möglichkeiten und Grenzen der Methode

Bei dieser Präsentation der ereignisanalytischen Methode konnte nur ein Ausschnitt der Möglichkeiten der Ereignisanalyse präsentiert werden. Es wurden nur zeitkontinuierliche Modelle ohne konkurrierende Risiken vorgestellt. Natürlich gibt es noch weitere ereignisanalytische Verfahren, die hier wenigstens kurz angesprochen werden sollen. Außerdem sind mit ereignisanalytischen Methoden auch einige Probleme verbunden, die hier ebenfalls kurz erwähnt werden.

Konkurrierende Risiken

Es wurde bereits mehrfach darauf hingewiesen, dass sich bei der gleichzeitigen Betrachtung von alternativen Zielzuständen (also konkurrierenden Risiken) nicht viel an den statistischen Konzepten der Ereignisanalyse ändert. Nur zwei Änderungen halte ich für nennenswert:

1. TDA berechnet in Sterbetafeln[18] automatisch Überlebensfunktionen, die die unbedingte Wahrscheinlichkeit angeben, *sämtliche* alternativen Risiken zu überleben.
2. Bei parametrischen Verfahren wird für Modelle konkurrierender Risiken eine Log-Likelihood-Funktion für die Gesamtheit der Übergangsrisiken berechnet.

In beiden Fällen ändert sich aber nichts an der Berechnung der Übergangsraten für die jeweils einzelnen Risiken. Übergänge zu alternativen Zuständen werden also auch bei Modellen konkurrierender Risiken als Zensierungen des jeweils in Betracht gezogenen Risikos definiert!

Zeitdiskrete Modelle

Die Daten mit denen hier Beispiele gerechnet wurden, waren jahresgenau. Dies ist eine relativ grobe Einteilung der Prozesszeit und natürlich weit entfernt von der kontinuierlichen Abbildung der Zeit, die in den Modellen eigentlich unterstellt wird. Dennoch werden häufig zeitkontinuierliche Modelle mit jahresgenauen Daten gerechnet. Nichtsdestotrotz kann man auch multivariate ereignisanalytische Modelle berechnen, die eine diskrete Prozesszeit unterstellen. Allerdings ist es bei diesen Modellen nicht so leicht, die Form der Zeitabhängigkeit der Übergangsrate angemessen zu modellieren. Die Effektparameter bei zeitdiskreten Modellen unterscheiden sich – bei angemessener Formulierung der Zeitabhängigkeit der Rate – auch nicht sonderlich von denen zeitkontinuierlicher Modelle.[19]

Unbeobachtete Heterogenität

Ein weiteres Problem ereignisanalytischer Untersuchungen, das hier kaum behandelt werden konnte, ist das Phänomen der unbeobachteten Heterogenität, das zu erheblichen Verzerrungen bei der Parameter-Schätzung führen kann. Häufig wird der Einfluss von nicht erfassten Eigenschaften der Analyseeinheiten (unbeobachtete Heterogenität) auf die Form des Ratenverlaufs diskutiert. Als Lösung für dieses Problem werden häufig Modelle erwähnt, die von einer gemischten Verteilung der Episodendauern T ausgehen. Allerdings sind diese Modelle stark von willkürlichen Annahmen abhängig und nicht gerade unproblematisch (vgl. Blossfeld/Rohwer 2002, Kapitel 10).

Eine ebenso schwerwiegende, aber weniger häufig diskutierte Konsequenz unbeobachteter Heterogenität ist die Fehlschätzung von Effekt-Parametern. Bei der Diskussion des Effektes eines Inhaberwechsels auf die Sterberate wurde bereits darauf hingewiesen, dass ein positiver Zusammenhang zwischen einem Inhaberwechsel und der Schließungsrate nicht vorliegen muss, auch wenn die Ergebnisse dies offensichtlich nahe legen. Aber Wechsel in der Führungsebene einer Organisation können eben auf Grund des Misserfolgs von Organisationen zustande kommen. Somit induziert das höhere Sterberisiko den Wechsel und nicht umgekehrt. Mit Bezug auf das Änderungsrisiko von Organisationen lässt sich sagen, dass änderungsfreudige Organisationen eine höhere gegenwärtige

Änderungsneigung aufweisen und auch in ihrer Vergangenheit häufiger Änderungen erlebt haben als Organisationen die grundsätzlich änderungsresistenter sind. Deshalb kann es zu einem positiven Effekt vorheriger Änderungen auf die Änderungsrate kommen, selbst wenn sich für die Organisationen die Änderungswahrscheinlichkeit nach einem Wandel überhaupt nicht erhöht.

Um Effekte zu schätzen, die den tatsächlichen Kausalzusammenhang in solchen Situationen besser abbilden, empfiehlt es sich, Modelle mit fixen Effekten zu rechnen. Diese sind aber bei den zeitkontinuierlichen Verfahren nicht von vorneherein verfügbar. Eine eigene Programmierung dieser Modelle ist aber äußerst aufwändig. Außerdem können solche Modelle nur bei ereignisanalytischen Modellen für sich wiederholende Ereignisse angewendet werden, also nur bei Modellen der organisationalen Änderung, nicht bei Modellen der organisationalen Schließung. Wenn man Modelle mit fixen Effekten schätzen will, kann man als Alternative zu ereignisanalytischen Modellen des Sterberisikos auch Modelle mit anderen Indikatoren des organisationalen Erfolgs, wie z. B. des Wachstums rechnen. Hier kann man lineare Regressionsmodelle mit fixen Effekten verwenden (vgl. Beck et al. 2002).

Gründungsprozesse

In diesem Beitrag wurden ereignisanalytische Verfahren nur im Zusammenhang mit organisatorischen Änderungs- oder Schließungsprozessen behandelt. Hierzu werden sie in der Organisationsforschung auch ganz überwiegend verwendet. In einigen wenigen Fällen werden sie auch zur Analyse von Organisationsgründungen verwendet (z. B. Barnett et al. 2000; Carroll/Hannan 1989; Hannan/Freeman 1987). Hierbei werden Zeitdauern zwischen den einzelnen Gründungszeitpunkten als Episoden herangezogen, die mit einer Gründung beendet werden. Weitaus häufiger ist es aber der Fall, dass Gründungsprozesse mit den Zähldatenmodellen (siehe auch den Beitrag zur Zähldatenanalyse in diesem Band) untersucht werden.

6 Anmerkungen

1   Für wertvolle Hinweise zu diesem Beitrag bin ich Dietmar Maringer und Mark Meyer zu Dank verpflichtet.
2   Dieses Softwarepaket lässt sich kostenlos über das Internet beziehen (www.stat.ruhr-uni-bochum.de/tda.html).
3   Eine Einführung in die Syntax von TDA wird hier allerdings nicht geleistet. Sie würde den Rahmen dieses Beitrags sprengen.
4   Bei „echten" empirischen Untersuchungen hat man es natürlich mit Informationen vieler verschiedener Organisationen zu tun.
5   Tatsächlich kann man auch verschiedene Risiken, die für eine Analyseeinheit gleichzeitig gelten, auch gleichzeitig untersuchen (Modelle konkurrierender Risiken). Die Resultate unterscheiden sich aber bis auf wenige Ausnahmen nicht von denjenigen, die mit Modellen für jeweils einzelne Risiken berechnet werden.
6   Auf die Unterschiede wird nach der Vorstellung der statistischen Konzepte und des Anwendungsbeispiels in Kapitel 5 kurz eingegangen.
7   Eine weitere, häufig verwendete Bezeichnung für die Übergangsrate heißt „Hazardrate".

8   Die Begriffe „Überlebensfunktion", „absterben" und „am Leben bleiben" werden in der Ereignisanalyse für die Untersuchung von jeder Art von Risiken verwendet, nicht nur für die Untersuchung des Todesrisikos. Wie bereits erwähnt, kommen die ereignisanalytischen Verfahren ursprünglich aus der bevölkerungswissenschaftlichen und medizinischen Forschung, wo eben hauptsächlich der Eintritt des physischen Todes von Menschen untersucht wurde. Die Begrifflichkeiten wurden dann einfach aus diesen Disziplinen übernommen.

9   Diese Brauereiform entspricht den amerikanischen „Contract Brewers", die nach Carroll/ Swaminathan (2000) Legitimitätsprobleme besitzen, da sie ihr Bier eben nicht selbst brauen, was aber für die Kunden meistens nicht sofort ersichtlich ist. Diese Organisationen sind somit keine „echten" Brauereien. Dennoch darf man diese Betriebe nicht mit Gaststätten vergleichen, die mit einer größeren Brauerei einen Vertrag abgeschlossen haben und das Bier dieser Brauerei ausschenken. Vertragsbrauereien lassen sich die Biere, die sie ausschenken, oftmals von verschiedenen Brauereien nach spezieller Rezeptur exklusiv brauen.

10 Hier und im Folgenden wird der Begriff Episodenende auch für (Sub-)Episoden verwendet, die nicht mit einem Ereignis enden.

11 Es gibt auch eine Möglichkeit, den Einfluss zeitveränderlicher Kovariaten ohne Episodensplitting zu messen. Diese Option ist allerdings nur für so genannte Cox-Modelle (siehe „Semi-parametrisches Modell" im Kapitel 3) verfügbar und wird in der empirischen Praxis kaum angewendet, weswegen hier auch nicht näher darauf eingegangen wird (vgl. hierzu Blossfeld/Rohwer 2002, S. 234 ff. und Ludwig-Mayerhofer o. J.).

12 Für eine umfangreiche Darstellung nichtparametrischer Verfahren siehe unter anderem Blossfeld/Rohwer (2002, S. 56–85).

13 Eine gute Einführung in das Prinzip der Maximum-Likelihood-Methode geben Andreß et al. (1997, S. 40 ff.). Genauere Erläuterungen zur Anwendung der Maximum Likelihood-Methode bei ereignisanalytischen Modellen finden sich unter anderem bei Blossfeld/Rohwer (2002).

14 Man spricht von einer log-linearen Funktion da $\ln(r(t)) = \alpha_0 + \alpha_1 X_1 + \alpha_2 X_2 + ... + \alpha_K X_K$. Durch die Logarithmierung der Gleichung erhält man also ein lineares Regressionsmodell.

15 Für praktische Anwendungen des Gompertz-Makeham-Modells in der Organisationsforschung vgl. z. B. Freeman et al. (1982), Carroll/Delacroix (1982), Brüderl/Schüssler (1990).

16 Für organisationswissenschaftliche Anwendungen des Cox-Modells siehe z. B. Zucker (1987), Miner (1991), Harhoff et al. (1998).

17 Vgl. hierzu Blossfeld/Rohwer (2002, S. 97 f.).

18 Sterbetafeln gehören zu den nichtparametrischen Verfahren (vgl. Blossfeld/Rohwer S. 56-71).

19 Für genauere Erläuterungen zu zeitdiskreten Modellen vgl. unter anderem Rohwer/Pötter (1998, Kap. 6.17.6), Allison (1982), Hamerle/Tutz (1989).

7   Literatur

Allison, Paul D. (1982): Discrete-Time Methods for the Analysis of Event Histories, in: Sociological Methodology, 12, S. 61–98

Allison, Paul D. (1984): Event History Analysis. Regression for Longitudinal Event Data, Beverly Hills

Andreß, Hans-Jürgen (1992): Einführung in die Verlaufsdatenanalyse: Statistische Grundlagen und Anwendungsbeispiele zur Längsschnittanalyse kategorialer Daten, Köln

Andreß, Hans-Jürgen/Hagenaars, Jaques A./Kühnel, Steffen (1997): Analyse von Tabellen und kategorialen Daten. Log-lineare Modelle, latente Klassenanalyse, logistische Regression und GSK-Ansatz, Heidelberg

Barnett, William P. (1994): The Liability of Collective Action. Growth and Change among Early Telephone Companies, in: Baum, Joel A. C./Singh, Jitendra V. (Hrsg.), Evolutionary Dynamics of Organizations, New York, S. 337–354

Barnett, William P./Carroll, Glenn R. (1987): Competition and Mutualism among Early telephone Companies, in: Administrative Science Quarterly, 32, S. 400–421

Barnett, William P./Carroll, Glenn R. (1995): Modeling Internal Organizational Change, in: Annual Review of Sociology, 21, S. 217–236

Barnett, William P./Mischke, Gary A./Ocasio, William (2000): The Evolution of Collective Strategies Among Organizations, in: Organization Studies, 21, S. 325–354

Barron, David. N./West, Elizabeth/Hannan, Michael T. (1994): A Time to Grow and a Time to Die: Growth and Mortality of Credit Unions in New York City, 1914–1990, in: American Journal of Sociology, 100, S. 381–421

Beck, Nikolaus (2001): Kontinuität des Wandels. Inkrementale Änderungen einer Organisation, Wiesbaden

Beck, Nikolaus/Brüderl, Josef/Wowode, Michael (2002): The Causes and Consequences of Organizational Change. Arbeitspapier. Unversitäten Erfurt und Mannheim, RWTH Aachen

Beck, Nikolaus/Kieser, Alfred (2003): Complexity of Rule Systems, Experience, and Organizational Learning, in: Organization Studies, 24, S. 793–814

Blossfeld, Hans-Peter/Hamerle, Alfred/Mayer, Karl Ulrich (1986): Ereignisanalyse. Statistische Theorie und Anwendung in den Wirtschafts- Und Sozialwissenschaften, Frankfurt

Blossfeld, Hans-Peter/Mayer, Karl Ulrich. (1988): Arbeitsmarktsegmentation in der Bundesrepublik Deutschland, in: Kölner Zeitschrift für Soziologie und Sozialpsychologie, 40, S. 262–283

Blossfeld Hans-Peter/Huinink, Johannes (1991): Human Capital Investments or Norms of Role Transition? How Women's Schooling and Career affect the Process of Family Formation, in: American Journal of Sociology, 97, S. 143–168

Blossfeld, Hans-Peter/Rohwer, Götz (2002): Techniques of Event History Modeling. New Approaches to Causal Analysis, Mahwah

Brüderl, Josef/Hinz, Thomas/Ziegler Rolf (2001): Micro Data on Entrepreneurship: Munich and Leipzig Founder Studies, in: Schmollers Jahrbuch, 121, S. 435–442

Brüderl, Josef/Diekmann, Andreas (1995): The Log-Logistic Rate Model. Two Generalizations with an Application to Demographic Data, in: Sociological Models & Research, 24, S. 158–186

Brüderl, Josef/Preisendörfer, Peter/Ziegler Rolf (1992): Survival Chances of Newly Founded Business Organizations, in: American Sociological Review, 57, S. 227–241

Brüderl, Josef/Preisendörfer, Peter/Ziegler, Rolf (1996): Der Erfolg neugegründeter Betriebe. Eine empirische Studie zu den Chancen und Risiken von Unternehmens-gründungen, Berlin

Brüderl, Josef/Ludwig-Mayerhofer, Wolfgang (1994): Aufbereitung von Verlaufsdaten mit zeitveränderlichen Kovariaten mit SPSS, in: ZA-Information, 34, S. 79–105

Brüderl, Josef/Schüssler, Rudolf (1990): Organizational Mortality. The Liabilities of Newness and Adolescence, in: Administrative Science Quarterly, 35, S. 530–547

Carroll, Glenn R. (1983): A Stochastic Model of Organizational Mortality: Review and Reanalysis, in: Social Science Research, 12, S. 303–329

Carroll, Glenn R./Delacroix, Jacques (1982): Organizational Mortality in the Newspaper Industryies of Argentina and Ireland. An Ecological Approach, in: Administrative Science Quarterly, 27, S. 169–198

Carroll, Glenn R./Hannan, Michael T. (1989): Density Dependence in the Evolution of Populations of Newspaper Organizations, in: American Sociological Review, 54, S. 524–541

Carroll, Glenn R./Swaminathan, Anand (1992): The Organizational Ecology of Srategic Groups in the American Brewing Industry from 1975 to 1990, in: Industrial and Corporate Change, 1, S. 65–97

Carroll, Glenn R./Swaminathan, Anand (2000): Why the Microbrewery Movement? Organizational Dynamics of Resource Partitioning in the U.S. Brewing Industry, in: American Journal of Sociology, 106, S. 715–762

Cox, D.R. (1972): Regression Models and Life-Tables, in: Journal of the Royal Statistical Society, 34, S. 187–220

Delacroix, Jacques/Swaminathan, Anand/Solt, Michael E. (1989): Density Dependence versus Population Dynamics. An Ecological Study of Failings in the California Wine Industry, in: American Sociological Review, 54, S. 245–262

Delacroix, Jacques/Swaminathan, Anand (1991): Cosmetic, Speculative and Adaptive Organizational Change in the Wine Industry. A Longitudinal Study, in: Administrative Science Quarterly, 36, S. 631–661

Diekmann, Andreas/Klein, Thomas (1991): Bestimmungsgründe des Ehescheidungsrisikos. Eine empirische Untersuchung mit den Daten des sozioökonomischen Panels, in: Kölner Zeitschrift für Soziologie und Sozialpsychologie, 43, S. 271–290

Diekmann, Andreas/Mitter, Peter (1984): Methoden zur Analyse von Zeitverläufen. Anwendungen stochastischer Prozesse bei der Untersuchung von Ereignisdaten, Stuttgart

DiMaggio, Paul J./Powell, Walter W. (1983): The Iron Cage Revisited: Institutional Isomorphism and Collective Rationality in Organizational Fields, in: American Sociological Review 48: S. 147–160

Dobrev, Stanislav D./Carroll, Glenn R. (2003): Size (and Competition) among Organizations: Modeling Scale-Based Selection among Automobile Producers in four Major Countries, in: Strategic Management Journal, 24, S. 541–558

Dobrev, Stanislav D./Kim, Tai-Young/Hannan, Michael T. (2001): Dynamics of Niche Width and Resource Partitioning, in: American Journal of Sociology, 106, S. 1299–1337

Dobrev, Stanislav D./Kim, Tai-Young/Carroll, Glenn R. (2003): Sifting Gears, Shifting Niches. Organizational Inertia and Change in the Evolution of the U.S. Automobile Industry, in: Organization Science, 14, S. 264–282

Fichman, Mark/Levinthal, Daniel (1991): Honeymoons and the Liability of Adolescence. A New Perspective on Duration Dependence in Social and Organizational Relationships., in: Academy of management Review, 16, S. 442–468

Freeman, John/Carroll, Glenn R./Hannan, Michael T. (1983): The Liability of Newness: Age Dependence in Organizational Death Rates, in: American Sociological Review, 88, S. 692–710

Fördergemeinschaft von Brauereiwerbemittel-Sammlern eV. (FvB) (2002): Verzeichnis deutscher Hausbrauereien

Hamerle, Alfred/Tutz, Gerhard (1989): Diskrete Modelle zur Analyse von Verweildauer und Lebenszeiten, Frankfurt a. M.

Hannan, Michael T. (1989): Competitive and Institutional Processes in Organizational Ecology, in: Berger, Joseph/Zelditch, Morris Jr./Anderson, Bo (Hrsg.), Sociological Theories in Progress. New Formulations, Newbury Park, S. 388–402

Hannan, Michael T./Freeman, John (1977): The Population Ecology of Organizations, in: American Journal of Sociology, 82, S. 929–964

Hannan, Michael T./Freeman John (1984): Structural Inertia and Organizational Change, in: American Sociological Review, 49, S. 149–164

Hannan, Michael T./Freeman, John (1987): The Ecology of Organizational Founding. American Labor Unions, 1836–1985, in: American Journal of Sociology, 92, S. 910–943

Hannan, Michael T./Freeman, John (1988): The Ecology of Organizational Mortality. American Labor Unions, 1836–1985, in: American Journal of Sociology, 94, S. 25–52

Hannan, Michael T./Burton, M. Diane/Baron, James N. (1996): Inertia and Change in the Early Years. Employment Relations in Young, High-Technology Firms, in: Industrial and Corporate Change, 5, S. 503–536

Harhoff, Dietmar/Stahl, Konrad/Woywode, Michael (1998): Legal Form, Growth and Exit of West German Firms – Empirical Results for Manufacturing, Construction, Trade and Service Industries, in: The Journal of Industrial Economics, 46, S. 453–488

Kieser, Alfred/Woywode, Michael (1999): Evolutionstheoretische Ansätze, in: Kieser Alfred (Hrsg.), Organisationstheorien, 3. Auflage Stuttgart, S. 253–285

Levitt, Barbara/March, James G. (1988): Organizational Learning, in: Annual Review of Sociology, 14, S. 319–40

Ludwig-Mayerhofer, Wolfgang (o.J.): Event History Analysis with Tda: An Introductory Guide, Manuskript, München

Mayer, Karl Ulrich (1987): Lebenslaufforschung, in: Voges, Wolfgang (Hrsg.), Methoden der Biographie- und Lebenslaufforschung, Opladen

Meyer, John W./Rowan, Brian (1977): Institutional Organizations. Formal Structure as Myth and Ceremony, in: American Journal of Sociology, 83, S. 340–363

Miner, Anne S. (1991): Organizational Evolution and the Social Ecology of Jobs, in: American Sociological review, 56, S. 772–785

Rohwer, Götz/Pötter, Ulrich (1998): TDA User's Manual. Version 1, Bochum

Schulz, Martin/Beck, Nikolaus (2002): Die Entwicklung organisatorischer Regeln im Zeitverlauf, in: Allmendinger, Jutta/Hinz, Thomas (Hrsg.), Organisationssoziologie. Sonderheft 42 der Kölner Zeitschrift für Soziologie und Sozialpsychologie, Wiesbaden, S. 119–150

Singh, Jitendra V./House, Robert J./Tucker, David J. (1986): Organizational Change and Organizational Mortality, in: Administrative Science Quarterly, 31, S. 587–611

Swaminathan, Anand/Wiedenmayer, Gabriele (1991): Does the Pattern of Density Dependence in Organizational Mortality Rates Vary across Levels of Analysis? Evidence from the German Brewing Industry, in: Social Science Research, 20, S. 45–73

Tuschke, Anja/Sanders, Gerard (2003): Antecedents and Consequences of Corporate Governance Reform: The Case of Germany, in: Strategic Management Journal, 24, S. 631–649

Wagner, Michael (1989): Räumliche Mobilität im Lebenslauf, Stuttgart

Walgenbach, Peter (1999): Institutionalistische Ansätze in der Organisationstheorie, in: Kieser, Alfred (Hrsg.), Organisationstheorien, 3. Auflage, Stuttgart, S. 319–353

Walgenbach, Peter (2002): Neoinstitutionalistische Organisationstheorie. State of the Art und Entwicklungslinien, in: Schreyögg, Georg/Conrad, Peter (Hrsg.), Managementforschung 12, Managementforschung – Quo vadis?, Wiesbaden, S. 155–202

Ziegler, Rolf (1995): Organizational Populations, in: Warner, Malcom (Hrsg.), International Encyclopedia of Business and Management, London, S. 3956–3965

Zucker, Lynne G. (1987b): Normal Change or Risky Business. Institutional Effects on the ‚Hazard' of Change in Hospital Organizations, 1959–79, in: Journal of Management Studies, 24, S. 671–700

Zu den Autoren

Ammon, Ursula, Diplomvolkswirtin, 1953, Technische Universität Dortmund/Sozialforschungsstelle. Arbeitsschwerpunkte: Empirische Forschungs- und Gestaltungsprojekte zu den Themenbereichen Nachhaltiges Wirtschaften, Innovations- und Technikforschung, Gründungsnetzwerken, Gender Mainstreaming u. a.

Bachmann, Götz, Europäischer Ethnologe, 1965, Goldsmiths College, University of London, Centre for Cultural Studies. Arbeitsschwerpunkte: Technik-, Medien- und Organisationsethnographie.

Barth, Sonja, Dipl.-Soziologin, 1968, Persönliche Referentin des Präsidenten der Ärztekammer Berlin. Arbeitsschwerpunkte: Patientensicherheit, Führung, Organisationskultur. Laufendes Dissertationsprojekt zum Thema „Patientensicherheit als ärztliche Führungsaufgabe".

Beck, Nikolaus, Prof. Dr. rer pol., Soziologe, 1967, Universität Lugano, Institute of Management. Arbeitsschwerpunkte: Empirische Organisationsforschung, organisatorischer Wandel, Neo-Instituionalismus, Populationsökologie.

Benders, Jos, Prof. Dr., Betriebswirt, 1965, Universität von Tilburg, Departement Organisationswissenschaften Nijmegen School of Management. Arbeitsschwerpunkte: Organisationskonzepte, Technologie in Organisationen, mittelalterliche Numismatik.

Brake, Anna, Dr. phil., 1964, Vertretungsprofessorin am Institut für Soziologie der Westfälischen Wilhelms-Universität Münster. Arbeitsschwerpunkte: Bildungssoziologie, Familien- und Generationensoziologie, qualitative und quantitative Methoden der empirischen Sozialforschung.

Dittmar, Norbert, Prof. Dr., 1943, Freie Universität Berlin, Institut für deutsche und niederländische Philologie. Arbeitsschwerpunkte: Soziolinguistik, Diskursanalyse, gesprochene Sprache, Mehrsprachigkeit. DFG-Projekt „Jugendsprache: Längsschnittstudie". Dt-franz. Projekt (DAAD) mit Nantes (Frankreich).

Farwer, Heiko, Dipl.-Sozialwissenschaftler, 1971, Fachhochschule Brandenburg, Projekt „Studium lohnt". Arbeitsschwerpunkte: Studienberatung, Konzeptentwicklung, empirische Sozialforschung.

Forsthoffer, Irene, Linguistin (MA), 1961, Freie Universität Berlin, Institut für Deutsche und Niederländische Philologie. Arbeitsschwerpunkte: Gesprächsforschung, interkulturelle Kommunikation, Soziolinguistik.

Freitag, Matthias, Dipl.-Psychologe, 1960, Fachpsychologe für Klinische Psychologie/ Psychotherapie (BDP), Systemischer Therapeut und Berater, Supervisor. Leiter des Instituts für Systemische Arbeiten Chemnitz. Arbeitsschwerpunkte: Konstruktivistisch -systemische Evaluation, systemisch-lösungsorientierte Beratung.

Froschauer, Ulrike, Dr. Phil., 1957, Ass. Professorin am Institut für Soziologie der Universität Wien. Arbeitsschwerpunkte: Organisationssoziologie, Interpretative Methoden, Beratungs- und Evaluationsforschung.

Zu den Autoren

Heinze, Frank, Dipl.-Soziologe, Senior Berater, 1963, Büro Heinze und Partner, Dortmund. Arbeitsschwerpunkte: Strategie- und Organisationsberatung im öffentlichen Bereich.

Heusinkveld, Stefan, PhD, Betriebswirt, 1973, Radboud Universiteit Nijmegen, Nijmegen School of Management. Arbeitsschwerpunkte: Organisationskonzepte, Organisationsberatung.

Hinz, Thomas, Prof. Dr. rer. pol., Soziologe, 1962, Universität Konstanz, Fachbereich Geschichte und Soziologie. Arbeitsschwerpunkte: Methoden der empirischen Sozialforschung, Arbeitsmarktforschung, Sozialstrukturanalyse, Organisationssoziologie, Bildungsforschung.

Holtgrewe, Ursula, PD Dr., Diplomsoziologin, 1962, Teamleiterin für „Arbeit, Organisation, Internationalisierung" an der Forschungs- und Beratungsstelle Arbeitswelt (FORBA) Wien. Arbeitsschwerpunkte: Organisations- und Arbeitssoziologie, Dienstleistungsarbeit, Geschlechterverhältnisse.

Holzer, Boris, Ph.D., Diplomsoziologe, 1970, Soziologisches Seminar der Universität Luzern. Arbeitsschwerpunkte: Politische und Wirtschaftssoziologie, soziale Netzwerke und Globalisierungsforschung.

Kauffeld, Simone, Prof. Dr. rer. pol., Diplompsychologin, 1968, Technische Universität Braunschweig, Institut für Psychologie. Arbeitsschwerpunkte: Teamdiagnose und -entwicklung, Kompetenzdiagnose, -entwicklung und -management, Trainingsevaluation und -gestaltung, Lerntransfer, Innovation, Führung.

Klumb, Jan-Hendrik, Diplom Kaufmann, 1973, Universität Rostock, Lehrstuhl Mikroökonomie. Arbeitsschwerpunkte: Corporate Governance, Risk Management, Sustainable Investment, Managementkonzepte.

Knoblauch, Hubert, Prof. Dr., 1959, Professor für Allgemeine Soziologie an der TU Berlin. Arbeitsschwerpunkte: Wissenssoziologie, Kommunikations- und Sprachsoziologie, Religionssoziologie, Qualitative Methoden, Visuelle Soziologie.

Kriz, Willy Christian, Prof. Dr. phil., Mag. rer. nat., Diplompsychologe, 1968, Professor für Human Ressource Management, Fachhochschule Vorarlberg. Arbeitsschwerpunkte: Organisationspsychologie, Pädagogische Psychologie, Berufliche Bildung, Personal- und Organisationsentwicklung, Systemkompetenz, Planspielmethode, Evaluation.

Kühl, Stefan, Prof. Dr., 1966, Professor für Soziologie an der Universität Bielefeld. Arbeitsschwerpunkte: Organisationssoziologie, Arbeits- und Industriesoziologie, Entwicklungssoziologie, soziologische Theorie, qualitative und quantitative Methoden.

Kuhlmann, Martin, Dr. rer. pol., Soziologe, 1963, Soziologisches Forschungsinstitut (SOFI) an der Universität Göttingen. Arbeitsschwerpunkte: Arbeits- und Industriesoziologie, Industrielle Beziehungen, empirische Sozialforschung.

Lang, Rainhart, Prof. Dr., Betriebswirt, 1953, Technische Universität Chemnitz, Wirtschaftswissenschaften. Arbeitsschwerpunkte: Interkulturelle Führungsforschung, Organisatorischer Wandel, Unternehmenskultur, Professionalisierung in Personal- und Organisationsbereichen, Transformationsforschung.

Liebig, Brigitte, Prof. Dr. phil., Psychologin und Soziologin, 1959, Fachhochschule Nordwestschweiz, Hochschule für Angewandte Psychologie. Arbeitsschwerpunkte: Gender Studies, Bildungs- und Hochschulforschung, Arbeitsmarkt- und Organisationsforschung, qualitative Sozialforschung.

Liebold, Renate, Dr. phil., Soziologin (MA), 1962, Universität Erlangen-Nürnberg, Institut für Soziologie. Arbeitsschwerpunkte: Qualitative Methoden und Biographieforschung, Geschlechtersoziologie, Managementsoziologie und Eliteforschung.

Moldaschl, Manfred, Prof. Dr. phil., Dr. rer. pol., 1956, Lehrstuhl für Innovationsforschung und nachhaltiges Ressourcenmanagement, TU Chemnitz, Gesellschafter der Reflexive Consulting & Research München. Arbeitsschwerpunkte: Sozioökonomie, Unternehmenstheorie, Wissensökonomie, Sozialkapital, Subjektivität und Reflexivität, Innovationsarbeit, Beratungsforschung.

Nagler, Brigitte, Dipl.-Soziologin, 1951, Universität Bremen, artec- Forschungszentrum Nachhaltigkeit. Arbeitsschwerpunkte: Arbeitswissenschaftliche Organisations- und Beratungsforschung, betriebliche Veränderungsprozesse und Arbeitskulturen im Wandel, Gender- und Aktionsforschung.

Nentwig-Gesemann, Iris, Prof. Dr. phil., Diplompädagogin, 1964. Professorin für Bildung im Kindesalter an der Alice Salomon Hochschule Berlin und Leiterin des Studiengangs: Erziehung und Bildung im Kindesalter. Arbeitsschwerpunkte: Qualitative Sozial- und Evaluationsforschung, Kindheitsforschung, Bildungsprozesse im Kindesalter.

Nijholt, Jurriaan, Betriebswirt (MA), 1979, Radboud Universiteit Nijmegen, Nijmegen School of Management. Arbeitsschwerpunkte: Managementmoden, Organisationskonzepte, Unternehmensberatung.

Pfaff, Holger, Prof. Dr., Jg 1956, Professor für Medizinische Soziologie am Institut für Arbeits- und Sozialmedizin der Universität Köln, Vorsitzender der Deutschen Gesellschaft für Medizinische Soziologie (DGMS) und des Deutschen Netzwerks Versorgungsforschung (DNVF). Arbeitsschwerpunkte: Versorgungsforschung (Arzt-Patient-Beziehung, Shared Decision Making, Kooperation und Kommunikation in der integrierten/vernetzten Versorgung, Evaluation; Methoden- und Kennzahlenentwicklung) sowie Arbeit und Gesundheit (Stress und Ressourcen in der Arbeitswelt, betriebliche Gesundheitsförderung; Kennzahlen für das Betriebliche Gesundheitsmanagement).

Rosenberger, Matthias, Dr. rer. pol., Dipl.-Psych., 1965, Geschäftsführender Gesellschafter der elements and constructs GmbH, Dozent an der Universität Leipzig, der Technischen Universität Chemnitz und der Universität Viadrina, Frankfurt (Oder), Gründungsmitglied und wissenschaftlicher Beirat im Brentano Institut für angewandte Kategorienwissenschaft, Freier Trainer und Coach. Arbeitsschwerpunkte: Recruitment, Personal Development, Managementberatung und Marktforschung.

Saam, Nicole J., Prof. Dr. phil., Soziologin, 1964, Universität Erfurt, Staatswissenschaftliche Fakultät. Arbeitsschwerpunkte: Methodologie der Sozialwissenschaften, insb. Modellbildung und Simulation, Organisationssoziologie, Politische Soziologie, Wirtschaftssoziologie.

Scherf, Michael, Dipl.-Soziologe, 1974, Senior Berater, fgi Fischer Group International, Hamburg. Arbeitsschwerpunkte: Gestaltung und Beratung großflächiger Change-Management-Initiativen, empirische Analysen zur Organisationsberatung.

Schnettler, Bernt, Prof. Dr. phil., Soziologe, 1967, Professor für Kultur- und Religionssoziologie an der Universität Bayreuth. Arbeitsschwerpunkte: Wissenssoziologie, Religionssoziologie, Phänomenologie, Visuelle Soziologie, interpretative Methoden.

Strodtholz, Petra, Dr. rer.soc., Soziologin und Gesundheitswissenschaftlerin, 1968, Universität Bielefeld. Arbeitsschwerpunkte: Arbeits- und Organisationssoziologie, Versorgungsforschung, Evaluationsforschung und Methoden der empirischen Sozialforschung.

Taffertshofer, Andreas, Dipl.-Soziologe, 1969, wissenschaftlicher Mitarbeiter der TU Chemnitz, Professur für Innovationsforschung. Arbeitsschwerpunkte: Theorie funktionaler Differenzierung, Organisationstheorie, Organisationsberatung, Soziale Arbeit, Methoden der Interaktionsanalyse; Dissertation: Organisationsberatung (Arbeitstitel).

Trinczek, Rainer, Prof. Dr. phil., Soziologe, 1958, Universität Erlangen-Nürnberg, Institut für Soziologie. Arbeitsschwerpunkte: Arbeits- und Industriesoziologie, Industrial Relations, Qualitative Methoden der Sozialforschung.

Weber, Susanne Maria, Prof. Dr. phil., 1963, HS Fulda, Lehrstuhl Methoden, Sozialmanagement, Netzwerke. Arbeitsschwerpunkte: Large Group Interventions, Netzwerkentwicklung, Systemreflexive Evaluation, Beratungsforschung, Forschung zur Organisation von Zukunftsdiskursen.

Wirtschaftssoziologie: Der Stand der Forschung

> Die umfassende Übersicht über das Forschungsfeld

Andrea Maurer (Hrsg.)
Handbuch der Wirtschaftssoziologie
2008. 465 S. (Wirtschaft und Gesellschaft) Geb. EUR 34,90
ISBN 978-3-531-15259-2

Erhältlich im Buchhandel oder beim Verlag.
Änderungen vorbehalten.
Stand: Januar 2009.

Der Inhalt: Soziologie der Wirtschaft – Sozial- und gesellschaftstheoretische Zugänge – Institutionen der Wirtschaft – Wirtschaft in gesellschaftstheoretischer Perspektive

Das Handbuch der Wirtschaftssoziologie vermittelt soziologische Zugangsweisen zur Wirtschaft und demonstriert die Leistungskraft soziologischer Erklärungen und Analysen wirtschaftlicher Beziehungen, Institutionen und Strukturen.
Im deutschen Sprachraum hat trotz der Tradition sozio-ökonomischer Analysen und des wieder erwachten Interesses der Soziologie an wirtschaftlichen Phänomenen eine umfassende Übersicht über das Forschungsfeld bislang gefehlt.

Das Handbuch der Wirtschaftssoziologie schließt diese Lücke und präsentiert einen fundierten Überblick über die klassischen Grundlagen, die gegenwärtigen Theorieangebote und aktuelle Studien.

www.vs-verlag.de

Abraham-Lincoln-Straße 46
65189 Wiesbaden
Tel. 0611.7878-722
Fax 0611.7878-400

Das Grundlagenbuch zur Soziologie

> Überblick zu den aktuellsten Themen der Soziologie

Nina Baur / Hermann Korte /
Martina Löw /
Markus Schroer (Hrsg.)

Handbuch Soziologie

2008. 505 S. Geb. EUR 34,90
ISBN 978-3-531-15317-9

Erhältlich im Buchhandel
oder beim Verlag.
Änderungen vorbehalten.
Stand: Januar 2009.

Welche Deutungsangebote macht die Soziologie für die Analyse gesellschaftlicher Gegenstandsbereiche? Um dieser Frage nachzugehen, bietet das „Handbuch Soziologie" einen einzigartigen Überblick über die in deutschen, angloamerikanischen und französischen Zeitschriften am intensivsten diskutierten Themenfelder der Soziologie: Alter – Arbeit – Ethnizität – Familie – Geschlecht – Globalisierung – Individualisierung – Institution – Klasse – Kommunikation – Körper – Kultur – Macht – Markt – Migration – Nation – Organisation – (Post)Moderne – Prozess – Raum – Religion – Sexualität – Technik – Wissen – Wohlfahrtsstaat.

Für jedes dieser Themenfelder wird erläutert, mit welchen theoretischen Konzepten zurzeit geforscht wird oder in der Vergangenheit gearbeitet wurde. Die Autoren stellen konkurrierende Ansätze ebenso dar wie international existierende Unterschiede.

Das „Handbuch Soziologie" will ein besseres Verständnis von Theorie am konkreten Beispiel ermöglichen. In der Zusammenschau der Artikel werden die Systematik, Fruchtbarkeit und Grenzen theoretischer Zugriffe auf verschiedene Gegenstandsbereiche für eine breite Scientific Community vergleichbar sowie die Spezifik soziologisch-theoretischer Perspektiven in angemessener Sprache öffentlich gemacht.

www.vs-verlag.de

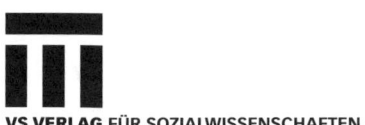

VS VERLAG FÜR SOZIALWISSENSCHAFTEN

Abraham-Lincoln-Straße 46
65189 Wiesbaden
Tel. 0611.7878-722
Fax 0611.7878-400

Beratung – Supervision – Coaching

Stefan Kühl
Coaching und Supervision
Zur personenorientierten Beratung
in Organisationen
2008. 226 S. Br. EUR 24,90
ISBN 978-3-531-16092-4

Astrid Schreyögg
**Coaching für die
neu ernannte Führungskraft**
2008. 284 S. mit 5 Abb. u. 2 Tab.
(Coaching und Supervision) Br. EUR 49,90
ISBN 978-3-531-15876-1

Gerhard Falk / Peter Heintel /
Ewald E. Krainz (Hrsg.)
**Handbuch Mediation und
Konfliktmanagement**
2005. 404 S. (Schriften zur Gruppen-
und Organisationsdynamik Bd. 3)
Geb. EUR 69,90
ISBN 978-3-8100-3957-6

Michael Pohl / Heinrich Fallner
Coaching mit System
Die Kunst nachhaltiger Beratung
3. Aufl. 2009. 249 S. Br. EUR 34,90
ISBN 978-3-531-16395-6

Harald Pühl (Hrsg.)
**Handbuch Supervision und
Organisationsentwicklung**
3., überarb. Aufl. 2009. ca. 450 S.
Geb. EUR 69,90
ISBN 978-3-531-15877-8

Astrid Schreyögg
Supervision
Ein integratives Modell. Lehrbuch
zu Theorie und Praxis
4., überarb. u. erw. Aufl. 2004. 400 S.
Br. EUR 49,90
ISBN 978-3-8100-4099-2

Hannes Krall / Erika Mikula /
Wolfgang Jansche (Hrsg.)
Supervision und Coaching
Praxisforschung und Beratung
im Sozial- und Bildungsbereich
2008. 286 S. Br. EUR 34,90
ISBN 978-3-531-15298-1

Walter Schwertl
Business-Coaching
Der Coach als Mountain Guide
und Hofnarr
2009. 200 S. Br. EUR 34,90
ISBN 978-3-531-15626-2

Erhältlich im Buchhandel oder beim Verlag.
Änderungen vorbehalten. Stand: Januar 2009.

www.vs-verlag.de

VS VERLAG FÜR SOZIALWISSENSCHAFTEN

Abraham-Lincoln-Straße 46
65189 Wiesbaden
Tel. 0611.7878-722
Fax 0611.7878-400